2P-

Otfried Eberz   Sophia und Logos

Otfried Eberz

Sophia und Logos oder die Philosophie der Wiederherstellung

Herausgegeben von Lucia Eberz

Verlag Rombach Freiburg im Breisgau

ἰδοὺ ποιῶ τὰ ἔσχατα ὡς τὰ πρῶτα.
Sieh', ich mache das Letzte gleich dem Ersten.
Ep. Barn. 6,13

© 1976 Rombach+Co GmbH, Druck- und Verlagshaus Freiburg. Fotomechanische Wiedergabe der im Ernst Reinhardt Verlag, München, 1967 erschienenen 1. Auflage. Alle Rechte vorbehalten. Hergestellt im Druckhaus Rombach+Co GmbH, Freiburg im Breisgau.
Printed in Germany.   ISBN 3-7930-0050-8

Vorbemerkung der Herausgeberin

Otfried Eberz (geboren am 1. X. 1878 in Limburg a. d. Lahn, gestorben am 21. III. 1958 in München) trug sich schon bald nach der Herausgabe seines Buches „Vom Aufgang und Niedergang des männlichen Weltalters" (Breslau 1931) mit dem Gedanken, ein weiteres Buch zu schreiben. Jedoch veröffentlichte er in der Nazizeit, die sein Buch als „unerwünscht" bezeichnete und damit eine Neuauflage verhinderte, lediglich im „Hochland" (1935/36, Heft 4) den Aufsatz „Das hoministische Lebensgefühl und die Frau". Ab 1945 hielt er in privaten Kreisen in Potsdam und Berlin eine Folge von Vorträgen, aus denen 1948 der Gedanke erwuchs, eine Aufsatzreihe zu verfassen unter dem Gesamttitel „Sophia und Logos oder die Philosophie der Wiederherstellung". Die Fortentwicklung seiner Gedankenkreise ließ ihn die jeweils früheren Arbeiten als nicht mehr befriedigend erscheinen, so daß er bis zuletzt die Absicht hegte, sie nochmals gänzlich umzuarbeiten, indem er jedem einzelnen Aufsatz noch wesentlich neue Gesichtspunkte hinzuzufügen gedachte. Das bisher Geschriebene ließ er also durchaus nicht mehr gelten bis auf die — aber ganz sicher ist auch das nicht — etwa letzten drei Arbeiten (den „Siebenten Aufsatz", den „Achten Aufsatz" und „Sophia-Logos und der Widersacher", seine allerletzte Arbeit, die er wenige Tage vor seinem unerwarteten Tode beendete, bereits auf eine neue Arbeit konzentriert, die u. a. eine eingehendere Auseinandersetzung mit der jüdischen Kabbala vorsah).

Otfried Eberz war so von seinen Ideen erfüllt, daß er bis zuletzt die Diskrepanz zwischen dem, was ihn innerlich bewegte, und der Form, unter der er bemüht war, es zum Ausdruck zu bringen, schmerzlich empfand. Er war sich bewußt, daß er noch sehr viel zu sagen hatte. So mußten die, die ihm innerlich nahe standen, seinen Heimgang wie ein gewaltsames Herausgerufen-werden aus seiner angespannten geistigen Tätigkeit empfinden; aber Otfried Eberz hatte die Einsicht, sich trotz seiner Arbeitsintensität ganz der höheren Einsicht zu beugen, auf die er längst geistig vorbereitet und, bei aller Produktivität, seelisch gefaßt war und sie auch, trotz der Plötzlichkeit seines Herzinfarktes, am Tage vorher geahnt hatte.

So ist es die Forderung des Hl. Ambrosius, die ihn aufs treffendste charakterisiert: „Frei der Sorge um weltliche Dinge, in der Betrachtung des Göttlichen versunken, soll Dich der Schlaf beim Eintritt der Ruhe überkommen."

Die Arbeit über Lao-tse sowie die Aufsätze 1—4 sind als Vorträge in Potsdam und Berlin gehalten worden. Im Jahre 1947 entstand „Über die gnostische Soziologie des chinesischen Philosophen Lao-tse", 1948 der 1. Aufsatz „Sophia und Logos", 1948 der 2. Aufsatz „Die gnostisch-gynäkokratischen Apokalypsen der Griechen und Goethes Pandora", 1949 der 3. Aufsatz „Die Philosophie des gnostischen Feminismus und die des agnostischen Hominismus", 1950 der 4. Aufsatz „Der gnostisch-gynäkokratische Doppelorden von Sophia und

Logos", 1950—1951 der 5. Aufsatz „Der gnostische Humanismus", 1952 der 6. Aufsatz „Das gnostische oder weibliche Christentum", 1953 der 7. Aufsatz „Das Schicksal des agnostischen Hominismus", an dem 1956—1957 nochmals gearbeitet wurde; 1954—1955 der 8. Aufsatz „Das Opfer. Eine religionsphilosophische These".

Die auf philosophischem Wege und über die Mythenforschung gewonnenen Einsichten und aufgestellten Thesen des Verfassers bezüglich einer prähistorischen Gynäkokratie werden weitgehend bestätigt durch die Aufsehen erregenden Funde der Ausgrabungen einer englischen archäologischen Expedition unter J. Melhaart von Tschatal Hüyük in Südanatolien. In Berichten von Hartmut Schmökel in der Süddeutschen Zeitung vom 20. II. 1964 und 26. VIII. 1964, der sich auf Veröffentlichungen des Grabungsleiters in den Illustrated London News vom 1. II. 1964 und 22. II. 1964 beruft, werden Grabungsergebnisse geschildert von mehreren Schichten, die früheste ist eine 9 Jahrtausende alte Stadt. Der weibliche Primat über den männlichen in dieser Epoche ist kenntlich gemacht
1. durch die anthropomorphe Darstellung der Muttergöttin gegenüber den tiergestaltigen und oft kleineren Symbolen für das männliche Prinzip.
2. Die weiblichen Bestattungen fanden sich an den Hauptplätzen der Wohnräume, die männlichen dagegen an weniger hervorgehobenen Stellen.
3. Die durch rituelle Bemalung der Knochen, Schmuck und sonstige Grabbeigaben markierte Rangbezeichnung fand sich bei den weiblichen Bestattungen, in bemerkenswertem Gegensatz zu den männlichen.
4. Das Priestertum, die geistige Führung dieser begabten, kultivierten und auffallend religiösen neolithischen Gemeinschaft oblag vorwiegend dem weiblichen Geschlecht.

Im Einverständnis mit dem Verfasser sind zur Veranschaulichung seiner theoretischen Ausführungen künstlerische Darstellungen seines geistesverwandten Bruders beigegeben worden, des bekannten Expressionisten und Kirchenmalers Professor Josef Eberz, München. Sowie auch Abbildungen eines ebenfalls geistesverwandten gebürtigen Rheinländers und Wahl-Münchners, des genialen Malers Hermann Mühlen. Zu allen Zeiten haben ja einzelne Künstler, wie Goethe in der Dichtung, durch Intuition eine Vorstellung vom gnostischgynäkokratischen Zeitalter gehabt, oft genug entgegen ihren persönlichen, zufallsbedingten äußeren Erfahrungen; denn das Genie faßt überindividuell auf. Was Otfried Eberz in der abstrakten philosophischen Begriffssprache formuliert, bringt Hermann Mühlen in Abb. XII höchst sinnfällig und stimmungsvoll zum Ausdruck: das weibliche Friedenszeitalter des gnostischen Identitätsbewußtseins, die geistige Heimat des aufstrebenden menschlichen Bewußtseins (siehe Tafelanhang).

Inhalt

Zur Einführung: Das hoministische Lebensgefühl und die Frau . . . 11

1. ABSCHNITT
Sophia und Logos oder die Philosophie der Wiederherstellung

Vorwort 21

Erster Teil oder erster Aufsatz: Sophia und Logos 23

   Erstes Kapitel: Unio gnostica (Metaphysik der Geschlechter) . . . 23
     I. Die zweigeschlechtliche Menschheit im All 23
     II. Gnostische und agnostische Philosophie 26
     III. Unio gnostica und Unio agnostica 31
     IV. Gnostisch-gynäkokratische und agnostisch-hoministische Bünde 34

   Zweites Kapitel: Die beiden Zeitalter der Menschheit (Metaphysik der Geschichte) 40
     I. Das Ende des gnostisch-gynäkokratischen Zeitalters und seiner Religion 40
       1. Der Paradiesmythus 41
       2. Die Passions- und Auferstehungsmythen 43
       3. Judentum, Christentum und der Mythus der gnostischen Gynäkokratie 47
     II. Das agnostisch-hoministische Zeitalter 50
       1. Die hoministischen Religionen 50
       2. Der christlich-theokratische Hominismus und der demokratische Hominismus 53
       3. Die Frau unter dem christlich-theokratischen und unter dem demokratischen Hominismus 62
     III. Der Sündenfall der Frau 66

Zweiter Teil oder zweiter Aufsatz: Die gnostisch-gynäkokratischen Apokalypsen der Griechen und Goethes Pandora 72

   Erstes Kapitel: Vom Wesen der Götter und ihrer Mythen . . . 72
     I. Die Götter 73
     II. Der Mythus 78
     III. Die gnostisch-gynäkokratischen Mythen und ihre Hominisierung 81

Zweites Kapitel: Die gnostisch-gynäkokratischen Apokalypsen in
Griechenland 85
   I. Hellenen und mediterrane Urbevölkerung 85
   II. Der Mythus vom leidenden und auferstehenden Gott in
      Griechenland 91
      1. Der Mythus von der Spaltung des Urandrogyns . . . 92
      2. Passio und Resurrectio der Kore 97
      3. Passio und Resurrectio des Dionysos 101
      4. Passio und Resurrectio des Prometheus 106
      5. Der Mythus von der verschwundenen und wiederkehrenden
         Pandora 117
Drittes Kapitel: Goethes Pandora 124
   I. Der Gnostiker Goethe 124
   II. Goethes Pandora, eine gnostisch-gynäkokratische Apokalypse 128
   III. Goethes Pandora und der Epilog zum Faust 134

Dritter Aufsatz: Die Philosophie des gnostischen Feminismus und
die des agnostischen Hominismus 138

   I. Der gnostische Feminismus 138
      1. Die Philosophie des gnostischen Ich-Nichtich-Bewußtseins . 138
      2. Die Philosophie der gnostischen Gynäkokratie 142
   II. Der antignostische Hominismus 145
      1. Der spiritualistisch-theistische Hominismus 148
      2. Der idealistische Hominismus 151
      3. Der materialistische Hominismus 158
   III. Virgines gnosticae 166

Vierter Aufsatz: Der gnostisch-gynäkokratische Doppelorden von
Sophia und Logos 171

   I. Die theoretische Begründung des Ordens 171
   II. Der gnostisch-gynäkokratische Orden der Urzeit und sein Ende 176
      1. Der Äon des gnostischen Friedens 176
      2. Der Satanismus 179
   III. Tendenzen zur Wiederherstellung des gnostisch-gynäkokratischen
      Doppelordens von Sophia und Logos 188
      1. Tendenzen in Indien und China 188
      2. Tendenzen im alten Judentum 191
      3. Tendenzen im christianisierten Abendland 199
         a) Der hoministische Charakter des christlichen Mythus . 199
         b) Gnostisch-feministische Restaurationsversuche in der
            Urzeit des Christentums 205

c) Mystisch-feministische Restaurationsversuche im Mittelalter 213
α) Die Frauenklöster 213
β) Brüder und Schwestern vom freien Geiste . . . 222
γ) Feministischer Satanismus 224
IV. Nachwort über die Zukunft des gnostischen Doppelordens . . 233

Fünfter Aufsatz: Der gnostische Humanismus 244

I. Humanismus und Kultur 244
 1. Das metaphysische Wesen des Menschen 244
 2. Die kosmische Natur des Menschen 246
 3. Die anthropologische Natur des Menschen 249
 4. Humanismus und Kultur 255
II. Der gnostische Humanismus der Urmenschheit 261
 1. Die Menschwerdung des Einen 261
 2. Die gnostisch-humanistische Kultur der Urmenschheit . . 263
 3. Der Sündenfall 267
III. Die Hominisierung des gnostischen Trinitätsdogmas . . . 278
IV. Sophia, Logos und der Antichrist 288

Sechster Aufsatz: Das gnostische oder weibliche Christentum . . 306

I. Der gnostische Leib 306
II. Der animistisch-theistische Hominismus 314
III. Die universelle Verbreitung der gnostisch-gynäkokratischen Apokalypsen 330
 1. Die Wichtigkeit der gnostisch-gynäkokratischen Apokalypsen 330
 2. Izanami und Izanagi 331
 3. Der drawidische Krishnamythus 334
 4. Der germanische Baldermythus 337
 5. Der finnische Mythus von Lemminkäinen 341
 6. Der toltekische Mythus von Quetzalcoatl 347
 7. Der Winter- und Narrenkönig 354
 8. Die Märchen 359
IV. Das weibliche oder gnostische Christentum 365

Siebenter Aufsatz: Das Schicksal des agnostischen Hominismus . 385

I. Das Telos der Erscheinungsexistenz des Einen 385
 1. Subjekt und Objekt 385
 2. Phänomenalistischer Verstand 387
 3. Intuition und vernünftiger Verstand 390

II. Der Sieg des agnostischen Hominismus 396
   1. Der geistige Urzustand der Menschheit 396
   2. Die erste Etappe des hoministischen Sieges 404
      a) Der Sturz des androgynen Monotheismus durch den unipolar hoministischen 404
      b) Das Geschlechterverhältnis unter dem unipolar-hoministischen Monotheismus 408
   3. Die zweite Etappe des hoministischen Sieges: Die Hominisierung der gnostisch-gynäkokratischen Apokalypsen . . 413
   4. Die dritte Etappe des hoministischen Sieges: Der Sieg des antichristlichen Hominismus 426
III. Der Sieg über den agnostischen Hominismus 436
   1. Die Wiedererstehung des gnostisch-gynäkokratischen Doppelordens von Sophia und Logos 436
   2. Der einheitliche hoministische Geist des Alten und Neuen Testamentes 444
   3. Die christlichen Nonnen und das weibliche Urchristentum 453
   4. Die zwei Menschenrassen 469

2. ABSCHNITT
Das Opfer. Eine religionsphilosophische These

Einleitung: Der philosophische Standpunkt 475
   I. Dem gnostisch-gynäkokratischen ersten Äon waren blutige Opfer unbekannt 478
   II. Die blutigen Opfer sind die religiös-soziologische Basis des zweiten oder hoministischen Äons 486
      1. Die realen blutigen Menschen- und Tieropfer 486
      2. Das unblutige oder symbolische Menschenopfer des antignostischen Hominismus 504
   III. Die Messe von Sophia und Logos 521

Anhang: Die Hominisierung des indischen Ur-Buddhismus und des chinesischen Ur-Taoismus 541
   I. Die Hominisierung des indischen Ur-Buddhismus 541
   II. Die Hominisierung des chinesischen Ur-Taoismus 556

3. ABSCHNITT
Über die gnostische Soziologie des chinesischen Philosophen Lao-Tse 573

Früher erschienenes Schrifttum von Otfried Eberz 596
Fremdwort-Erklärung 597

ZUR EINFÜHRUNG

Das hoministische Lebensgefühl und die Frau

I.

Gnosis oder intellektuelle Anschauung nenne ich die Bewußtseinsstufe, auf der ich mich und alle andern Erscheinungen in dem einen Urgrunde und den einen Urgrund in mir und allen andern Erscheinungen erkenne. Man mag dieses Bewußtsein auch als absolutes Wissen bezeichnen, nämlich als das Wissen vom Absoluten im Relativen der Erscheinungen und vom Relativen der Erscheinungen im Absoluten. Nur dieses metaphysische oder gnostische Bewußtsein hat das Recht auf den geistlos mißbrauchten Namen des Geistes. Geist ist also vollendete Bewußtheit. Ohne ihn käme der Mensch nicht zu Gott, aber auch Gott nicht zum Menschen. Gott bliebe in seiner Schöpfung ewig unoffenbart, denn seine Offenbarung kann nur als Erkenntnisakt im Geiste geschehen, durch den das ewige Licht in die Finsternis des empirischen Einzel- und Kollektivbewußtseins leuchtet.

Bis dahin lebt Gott in der Menschheit, ohne in ihr lebendig zu sein. Wir dürfen also auch sagen, daß in dem metaphysischen oder gnostischen Trieb des Geistes nicht nur der Mensch Gott sucht, sondern auch Gott den Menschen, um im Geiste geboren zu werden. Ist diese „Gottesgeburt" geschehen und sehen wir, gemäß der Formel des Malebranche, alle Dinge in Gott, so müssen wir notwendig auch die beiden Geschlechter, das männliche und das weibliche, in Gott schauen, eine Folgerung, die klar auszusprechen selbst konsequente Denker unterließen, vielleicht aus Motiven, die weniger mit der Erkenntnis als mit einem unbewußten Geschlechtsinteresse des empirischen Menschen zu tun hatten. Es verhält sich damit aber folgendermaßen. Das absolute Eine an sich gedacht ist jenseits jeder polaren Differenzierung. Wie aber steht es um seine Äußerung, seine Sich-Offenbarung in der Vielheit der räumlich-zeitlichen Dinge? Ihre sekundäre und bedingte Realität kann nur ein Abbild der absoluten und unbedingten Realität sein, des Einen. „Alles Vergängliche ist nur *Sein* Gleichnis." Das Gleichnis des absoluten seienden *Einen* in der Zeit und dem Werden aber ist die *Einung* als Prozeß. Die Einung als Prozeß aber setzt zwei sich einende Potenzen voraus. In der Schöpfung offenbart also das Eine sein absolutes Einessein im Gleichnis durch zwei sich einende Geschlechter. Das ist das *Mysterium*

Magnum der Erscheinungswelt — die Sichtbarwerdung der ewigen Einheit.

Tun und Lassen des Menschen sind Abspiegelung und Ausdruck seiner Bewußtseinsstufe, deren Wertcharakter also auch den des Handelns bestimmt. Auf der Stufe des agnostischen, ausschließlich empirischen Individual- und Gruppenbewußtseins bleibt deshalb die Einung eine rein zoologische Tatsache, eine *Unio zoologica*. Ohne religiös-metaphysische Bewußtseinsgrundlage ist aber die Einung nur eine äußerliche Scheineinung; denn die beiden Potenzen müssen einander immer fremd und feindselig bleiben, wenn sie nicht zur geistigen Einung in dem einen, ihnen beiden gemeinsamen Urgrund gelangen. Wie dem zoologischen Bewußtsein die *Unio zoologica*, entspricht dem gnostischen die *Unio gnostica*. Man gestatte mir die überspitzte, *cum grano salis* aufzunehmende Formulierung: in der *Unio gnostica* eint sich in den zwei Potenzen das Eine mit sich selbst. Nun aber erhebt sich die Frage: Welche der beiden Potenzen ist durch ihr Wesen bestimmt, die andere zur *Unio gnostica* in Gott zu führen? — damit die Einung zum zeitlichen Abbild des Einen und als die ewige Liebe in der sichtbaren Welt offenbart werde.

II.

Das „Hochland" brachte im Oktoberheft 1935 den Aufsatz „Hirn und Trieb" von Siegfried Behn. In seinen Ausführungen stellt der Verfasser die Auflehnung des „Triebes" gegen das „Hirn" als eine allgemeine europäische Erscheinung fest. Obwohl er nicht blind für die Folgen ist, mit denen diese Revolution das ganze geistige Leben der Menschheit bedroht, begrüßt er sie doch als Symptom und Voraussetzung einer hypothetischen „Regeneration". Und schließlich appelliert er an die scholastische Philosophie, den modernen Biologismus mit ihren logischen und dialektischen Waffen in diesem Kampf gegen das „Hirn", dessen siegreicher Ausgang ihm nicht zweifelhaft ist, zu unterstützen. Das von Behn beschriebene Phänomen ist unbestreitbar. Von Tag zu Tag wächst die Flut, und schon stehen sehr hohe Berge unter Wasser. Läßt sich vielleicht die Macht erkennen, die sie auf die Menschheit losgelassen hat? Kann man das Wesen dieses Krieges, den der „Trieb" so erfolgreich und siegesgewiß gegen das „Hirn" führt, vielleicht besser verstehen, wenn man diese beiden Begriffe inhaltlich deutlicher zu bestimmen vermag? Dann dürfte man auch hoffen, mit begründeterem Recht das Phänomen gutzuheißen oder zu bekämpfen.

Um nun das Wesen dieses von Behn beschriebenen Lebensgefühls zu durchdringen, muß man sich der von ihm übersehenen, aber entscheidenden Tatsache bewußt werden, daß es *masculini generis*, d. h. ein Lebenssymptom des männlichen Geschlechtes ist. Als Erscheinung an nur einem der beiden Pole kann dieses Lebensgefühl also nicht an sich und aus sich selbst verstanden werden, sondern nur in seiner Relation zum weiblichen Gegenpol. Betrachtet man es aber in dieser Relation, dann erkennt man es sofort als das Lebensgefühl der in ihm zum Kampf gegen die weibliche Potenz geeinten Männerbünde. Oder, wie es hier im voraus formuliert sei: es ist der gegen den weiblichen Willen zur *Unio gnostica* gerichtete männliche Gegenwille zur *Unio zoologica*.

Solange die männliche Potenz die weibliche und mit ihr sich selbst nicht in Gott als der *Coincidentia oppositorum* zu schauen imstande ist, solange steht sie als Ich einem ihr wesensfremden Nicht-Ich im Geschlechterkampfe gegenüber. Die Geschlechter „erkennen" sich nicht in der Einung, und deshalb ist die agnostische *Unio zoologica* nur der Ausdruck der Unter-Werfung der physisch schwächeren Potenz unter die physisch stärkere, also immer eine Vergewaltigung. Der Sieger genießt in seinem Sieg sich selbst und die physische Überlegenheit des männlichen Pols, die Besiegte hat ihren Herrn und Meister gefunden und ihm gehorsam zu dienen. Diesen geschlechtlichen Machtwillen der männlichen Potenz, den Ausdruck ihrer metaphysischen Unwissenheit nenne ich Hominismus, d. h. Männischkeit. Die hoministischen Männerbünde — es sind natürlich auch andere als hoministische denkbar — sind also Kampfgemeinschaften gegen die weibliche Potenz. Ihr Ziel ist, diese als Mittel der Lust und Fortpflanzung dem Männerbund als dem Selbstzweck und Sinn der Schöpfung zu dessen ewiger Dauer und Herrschaft zu unterwerfen; d. h. ihr Ziel ist die hoministische Herrschaft und ihr Wesen geschlechtlicher Solipsismus. In diesem Ziel sind alle Männerbünde aller Zeiten und Völker, mögen sie sich im übrigen bis auf den Tod hassen, einig. Hoministische Solidarität verbindet Farben und Rassen; und die Männerbünde der Primitiven, die mit Teufelsmasken und Schwirrhölzern die Weiber schrecken und hypnotisieren, unterscheiden sich nur durch Methode und Masken von denen der Zivilisierten. Nun, dieser uralte hoministische Vergewaltigungstrieb, die Seele der Männerbünde, ist es, der seit ein paar Jahrzehnten in Europa jenen Kampf gegen das „Hirn" führt. Mit Recht weist Behn auf Nietzsche und D. H. Lawrence als die beiden großen Propheten dieser *Vita nuova* hin; sie hätten ihm den Schlüssel zum Verständnis des Phänomens geben können. Der Kampf der Geschlechter bildet in beider Denken den Mittelpunkt, und beide lehren einen verkrampft-sadistischen Hominismus. Für den einen ist der Hominismus der blonden Bestie, für den andern der der roten das bewunderte Vorbild. Ist das Symbol des einen noch harmlos die Peitsche, mit der er „zu Frauen" geht, so verlangt die dunkle

13

Dämonie des andern den blutigen aztekischen Opferstein, auf dem „die Frau, die davonritt", geschlachtet werden muß, damit Sonne und Mond wieder in ihre richtigen Bahnen kommen, d. h. der männlichen Potenz durch religiösen Terror die Herrschaft gesichert bleibe. Ohne Nietzsche und Lawrence ist die Renaissance des Hominismus in Europa nicht denkbar. Sie haben dessen wahren Sinn wieder erfaßt; und ihre Klugheit verlangt Männerbünde mit absoluter Führung als Voraussetzung und Garantie der unbedingten Herrschaft der männlichen Potenz über die weibliche. Natürlich können beide nur die *Unio zoologica* gelten lassen. Die hoministischen Männerbünde müssen als Kampfbünde gegen die weibliche Potenz jede geistige Bindung an diese durch gnostische Liebe als Bedrohung ihres Absolutismus eifersüchtig betrachten. Lawrence hat in einem berüchtigten Buch das zoologische Geschlechtsleben eines ganzen hoministischen Kerls und hundertprozentigen Mannsbildes verherrlicht. Die Einung der Geschlechter ein metaphysisches Geheimnis? Hat denn dazu die Naturwissenschaft des 19. Jahrhunderts die Menschheit als Tierart unter Tierarten nachgewiesen? Hat man aber je bei Raubtieren von *Unio gnostica* gehört? Bekennen wir uns also ehrlich zu unserer tierischen Natur und zur *Unio zoologica*. Weder Lawrence noch Nietzsche waren ein Anfang (höchstens ein Anfang vom Ende der metaphysischen Erkenntniskraft des Abendlandes), sondern nur das letzte Wort des für das 19. Jahrhundert charakteristischen Naturalismus, der, weil er die metaphysische Realität verneinte, richtiger Negativismus als Positivismus genannt wird, und durch den die männliche Potenz in das zoologische Bewußtsein zurückfiel, das am Beginn ihrer Entwicklung gestanden hatte.

Wenn nun die männliche Potenz auf der Stufe des hoministischen Triebes den Krieg gegen das „Hirn", d. h. das Bewußtsein, führt, so ist unter diesem Begriff natürlich weder das empirische Selbstbewußtsein noch das zu seiner Selbstrealisierung dienende empirische Wissen zu verstehen. Im Gegenteil, gerade dieses hoministische Selbstbewußtsein ist es ja, das die männliche Potenz vom Betreten einer höheren Bewußtseinsstufe abzuhalten sucht. Und diese höhere Bewußtseinsstufe ist nichts anderes als das Wissen vom Absoluten, das absolute Wissen oder die Gnosis. Kampf des „Triebes" gegen das „Hirn" ist also gleichbedeutend mit dem des hoministischen Selbstbewußtseins gegen den Geist. Und zwar verneint die männliche Potenz etwas, das sie gar nicht kennt — denn besäße sie das Wissen vom Absoluten, so wäre es ihr unmöglich, es zu verneinen —, sondern nur aus einer „Witterung" heraus fürchtet, um ein von Behn gern gebrauchtes Wort zu benützen. Sie fürchtet sich nämlich davor, sich selbst und die weibliche Potenz in der Einheit des

Absoluten zu erkennen; d. h. sie fürchtet den Geist, der ihrem Wahne, selbst absolut zu sein, ein Ende machen würde. Der Geist hätte dann über die physische Gewalt, die Grundlage ihres geschlechtlichen Primats, gesiegt. Deshalb ist Kampf gegen den Geist gleichbedeutend mit Kampf gegen die weibliche Potenz und Verneinung der Gnosis gleichbedeutend mit Verneinung der *Unio gnostica* zugunsten der *Unio zoologica*, der Voraussetzung des Hominismus. Die Formel eines Nietzscheschülers umkehrend, können wir also die hoministische „Seele", d. h. die hoministische Vitalität und Irrationalität, als die natürliche Widersacherin des Geistes bezeichnen. Deshalb denken sich Nietzsche und seine Schüler die neuen Männerbünde als Kampfbünde wie gegen die weibliche Potenz so gegen den Geist; zu diesem Kampf will Nietzsche sie binden durch eine neue hoministische Religion oder einen neuen hoministischen Mythos. Gnosis soll durch Mythos unterdrückt und ersetzt werden. Die Götter dieser neuen Mythen aber sind eindeutig geheimnislos. Sie sind nur die Symbole der Männerbünde, unter denen diese sich selbst und ihren hoministischen Machtwillen anbeten — und unter denen sie auch von der weiblichen Potenz angebetet zu werden beanspruchen. Dieser ganze Kampf gegen den Geist ist aber im tiefsten der Kampf gegen Gott; denn Gott offenbart sich nur im Geiste, und im Geiste und der Wahrheit allein ist es möglich, ihn anzubeten. Nichts aber kann Gott genannt werden als allein Gott. Erscheinungen wie die Begriffsnebulose „Kosmos" oder irgendeinen Männerbund, sei es in ihrer realen Gestalt, sei es in einer symbolischen, als Gott und Absolutes zu verehren statt des in ihnen überseiend seienden und wirkenden Einen, das sich nur dem Geiste offenbart, ist Idolatrie, ist Götzendienst. Indem nun der geistfeindliche Hominismus Gott, die ewige Einheit, verneint, bejaht er die ewige Zwietracht. Deren Grundform aber ist die geschlechtliche Vergewaltigung der weiblichen Potenz durch die männliche in der *Unio zoologica*. Durch seine unipolare Verabsolutierung wird nun der Hominismus zum Prinzip der Zerstörung. Das liegt nicht am bösen Willen von einzelnen, sondern ist die unerbittliche Folge der Verneinung Gottes und des Geistes. Wie die weibliche Potenz als die zur gnostischen Einung führende der Pol des Lebens ist, so wird die männliche im Kampf gegen sie und ihre Bestimmung zum Pol der Entzweiung und des Todes. Denn nun muß die männliche Potenz in die Vielheit von Männerhäusern zerfallen, die einander feindlich gegenüberstehen, weil sie sich nicht in der Einheit Gottes erkennen; so daß sich, wie Jakob Böhme in der Vorrede zu den „Drei Prinzipien" sagt, „alles beißet, schläget, stößet, quetschet und feindet". Es ist aber der hoministische Kult der Gewalt seinem Wesen nach ein Kult der geschlechtlichen Vergewaltigung.

III.

Unio gnostica oder *Unio zoologica*? So heißt die Frage, die der lebendigen Dialektik der beiden Potenzen in der Einheit des göttlichen Seins zugrunde liegt. Von diesen beiden Polen ist der weibliche der positive, der männliche der negative, der des antithetischen Widerspruchs. Die weibliche Potenz ist nämlich die des Wissens vom Lebensgesetz der *Unio gnostica* und deshalb zu seiner Verwirklichung bestimmt. Sie allein kann das heilige, erleuchtende und erwärmende Feuer des Tempels hüten; von ihr allein läßt sich, wie Meister Wolfram berichtet, der heilige Gral tragen. Sie ist auch als der einende der wahrhaft aktive Pol in der Einung, während der männliche der in ihr geeinte, also passive Pol ist, was für den zoologischen Hominismus unbegreiflich bleibt, weil für ihn Einung mit Vergewaltigung gleichbedeutend ist und er Vergewaltigung für Aktivität hält. Von höherer Instanz als dem Geschlechtsegoismus der Männerbünde, vom Urgrund beider Potenzen selbst ist die weibliche berufen, die männliche zur gnostischen Einung, zur Zwei-Einheit in Gott zu führen. In ihre Seele hat Gott jene „selige Sehnsucht" nach „höherer Begattung", d. h. nach der *Unio gnostica*, gelegt, denn ihr gelten Goethes Worte:

> Und dich reißt ein neu Verlangen
> Auf zu höherer Begattung.

In dieser „seligen Sehnsucht" liegen Wesen und Bestimmung, Wert und Würde der weiblichen Potenz. Für sie darf die körperliche Einung nur Abbild und Folge der Einung im Geiste sein, oder sie wird, wozu der Hominismus sie herabwürdigen will, *„un ventre"*, ein Bauch. *„J'épouserai un ventre"*, schrieb Napoleon in echt hoministischem Stil, als er eine illusorische Dynastie zu gründen plante. Jene „selige Sehnsucht" dagegen war es, die, mit Scham und Ekel vor einem sie vergewaltigenden entgeistigten Leib verbunden, Scharen heiliger Frauen das Geheimnis des jungfräulichen Lebens lehrte.

Im gnostischen Selbstbewußtsein, das synthetisch die Relation beider Potenzen in der Einheit erfaßt, begreift die weibliche Potenz ihre religiöse Bestimmung, die männliche zur Zwei-Einheit in Gott zu führen, und erkennt ihre darauf beruhende Verantwortung für die geistige Erziehung des männlichen Geschlechts. Ihr wird bewußt, daß sie den Mann zweimal gebären muß, zuerst leiblich, dann geistig, und daß diese geistige Mutterschaft mit noch größeren Schmerzen verbunden ist als die leibliche. Die Geschichte der weiblichen Potenz in der Zeit ist nichts anderes als die Geschichte dieser Geburtswehen. Der Hominismus, dessen verhängnisvoller unipolarer Größenwahn nur den äußerlichen Lärm der

Männerhäuser für Geschichte hält, ahnt nichts von dieser ungeschriebenen Geschichte verschwiegenen seelischen Leides. Und doch ist es das Ewig-Weibliche gewesen, das, geführt von jener „seligen Sehnsucht" nach „höherer Begattung", das männliche Geschlecht aus der Tierheit „hinangezogen" hat. Mit welcher Not und mit welchen Rückfällen! Denn eigensinnig wehrt sich die männliche Potenz als die physisch stärkere und stärker von der Tierheit belastete, um ihren Absolutheits- und Unfehlbarkeitswahn zu behalten. Aber es bleibt keine Wahl: entweder zoologisiert die männliche Potenz die weibliche zum entgeistigten „Ventre", oder die weibliche Potenz erzieht die zoologische Männischkeit zu geistiger Männlichkeit. Diese zweite Mutterschaft der weiblichen Potenz darf man ihr geistiges oder gnostisches Matriarchat nennen. Dante, der Schüler Beatrices, und Goethe, der Prophet der *Mater gloriosa*, hätten sicherlich nicht die Sache, wahrscheinlich aber auch nicht das Wort abgelehnt.

1. ABSCHNITT

Sophia und Logos oder die Philosophie der Wiederherstellung

Vorwort

Es ist weniger bekannt als man glauben sollte, daß die Menschheit aus einer männlichen und einer weiblichen Hälfte besteht, und noch unbekannter ist, daß die Geschichte der Menschheit in der Dialektik ihrer beiden Geschlechter besteht. Diese Dialektik ist die des agnostischen Hominismus und des gnostischen Feminismus, dessen Ausdruck die gnostische Gynäkokratie ist. Seitdem das männliche Geschlecht auf der ganzen Erde, im Westen wie im Osten, die Bewußtseinsformung des weiblichen diktatorisch und ausschließlich an sich gerissen hat, ist dieses ganze Weltalter in seinen Philosophien, Religionen und Gesellschaftsformen geschichtsphilosophisch nichts als der Kampf des agnostischen Hominismus gegen die Möglichkeit einer *Wiederherstellung der untergegangenen gnostischen Gynäkokratie*. Das ist das gemeinsame Ziel, in dem alle spiritualistischen und materialistischen Philosophien und Religionen einig sind, so erbittert sie sich auch untereinander bekämpfen mögen. Was aber keiner der spiritualistischen Religionen gelungen war, nämlich das ganze männliche Geschlecht gegen das weibliche in einem einzigen Männerbunde zu organisieren, scheint dem materialistischen Hominismus vorbehalten zu sein. Diese Philosophie für Zyklopen mit Kindergehirnen, der mechanistische Materialismus, ist offenbar das letzte Wort und die konsequenteste Form des agnostischen Hominismus überhaupt, denn sein Ziel ist es, das ganze weibliche Geschlecht in einen einzigen weiblichen Produktionsautomaten im Dienste des männlichen Produktionsautomaten zu verwandeln. Aber indem er das geistige Leben der Menschheit tötet, schickt er sich zugleich an, das von höchster Instanz über die irdische Menschheit, als einen mißglückten Versuch, ausgesprochene Todesurteil auch an ihrem physischen Dasein zu vollstrecken: denn ihre Existenzberechtigung beruht allein auf dem Geiste oder der Gnosis, d. h. dem Selbstbewußtsein des in ihr individuierten Einen.

Dieses Buch wendet sich nun an die Frauen, in denen das Eine bereits zur intellektuellen Anschauung seiner selbst erwacht ist und an jene, in denen es durch den gnostisch-metaphysischen Trieb geleitet, noch auf dem Wege zu sich selbst ist. Es ist geschrieben, *um das weibliche Geschlecht, von dessen Tun oder Lassen es noch allein abhängt, ob die Menschheit eine Zukunft haben soll,* an seine von ihm vergessene Bestimmung zu erinnern. Seine Bestimmung aber ist es, das Eine in seinem männlichen Geschlechte zum gnostischen Ichbewußtsein und damit zur

Unio gnostica zu führen oder, was dasselbe bedeutet, es in der Religion des göttlichen Androgyns Sophia und Logos zu einigen: denn der gnostische Androgyn ist das Symbol des in seinen beiden Potenzen sich mit sich selbst einenden Absoluten. Das weibliche Geschlecht soll sich aber nicht nur wieder auf seine ewige, im Wesen des Einen begründete metaphysische Bestimmung wieder besinnen; das Buch will ihm auch helfen, sein historisches Bewußtsein wiederzufinden. Es muß seine mythisch-historische Tradition zurückerobern, die es sich hat stehlen und entstellen lassen. Denn es hatte im ersten gnostisch-gynäkokratischen Aeon der Menschheit seine Bestimmung schon einmal erfüllt und seine prophetischen Apokalypsen sagen ihm den eschatologischen Endsieg über den agnostischen Hominismus voraus. In dem Buche werden die philosophischen Grundlagen der gnostischen Gynäkokratie entwickelt und die Methode der Mytheninterpretation begründet. Daß aber das Eine, wenn es den Zweck seiner Welt- und Menschwerdung erfüllt hat, d. h. zur Gnosis seiner selbst gekommen ist, in seinen männlichen und weiblichen Individuationen zu einem inhaltlich gleichen Wissen vom Wesen und Sinn seiner Erscheinungen, also auch seines menschlichen Geschlechterverhältnisses kommen muß, beruht auf der metaphysischen Identität beider Geschlechter in dem Einen; wenn dieses daher in einer vereinzelten und kontingenten männlichen Individuation zum Selbstbewußtsein kommt, so geschieht es, um durch sie von dem weiblichen Geschlechte die Erfüllung von dessen eigener gnostischer Bestimmung zu fordern: das ist die erkenntnistheoretische und teleologische Rechtfertigung für den Anspruch dieses Buches. Sein zweiter Teil wurde erst einige Zeit nach dem ersten als seine notwendige Ergänzung geschrieben. Daß dadurch einzelne im ersten Teil behandelte Fragen eine neue und erweiterte Erörterung fanden, werden die Leser so wenig bedauern wie ich selbst. *Dis kai tris ta kala*, lautet ein griechisches Sprichwort, d. h. man kann das Schöne nicht oft genug sagen. In nicht geringerem Grade aber gilt der Satz für verloren gewesene und wieder gefundene Wahrheiten, die man nur durch wiederholtes Hören verstehen lernen kann.

ERSTER TEIL ODER ERSTER AUFSATZ

Sophia und Logos

ERSTES KAPITEL

Unio gnostica
(Metaphysik der Geschlechter)

I. DIE ZWEIGESCHLECHTLICHE MENSCHHEIT IM ALL

Das Eine Seiende hat sich in einer unbestimmbaren Zahl von Sonnensystemen und Einzelsternen individuiert, und da es außer ihm kein Zweites gibt, durch das es bestimmt werden könnte, da es also absolut, d. h. unbedingt, ist, so ist es in diesen Individuationen frei, d. h. seinem Wesen gemäß, also nur der inneren Notwendigkeit seiner eigenen Natur entsprechend, in die Erscheinung getreten. Alle Individuationen des Einen aber sind, weil es außer ihm kein Zweites gibt, Begrenzungen seiner selbst in sich selbst und durch sich selbst. Sie erscheinen deshalb alle als Gebilde einer einzigen unendlich gestaltungsfähigen Materie in dem einzigen unendlichen Raum und der einzigen unendlichen Zeit. Denn die eine Materie ist Sichtbarwerdung der einzigen und ewigen übermateriellen Substantialität des Einen; der eine unbegrenzte Raum ist die Sichtbarwerdung des Einen als der Voraussetzung und Bedingung aller seiner materiellen Individuationsmöglichkeiten, und die eine unendliche Zeit ist die Sichtbarwerdung seines zeitlos ewigen Seins, in deren anfangs- und endloser Sukzession die unbegrenzten materiellen Individuationsmöglichkeiten des Absoluten im unendlichen Raume realisiert werden. So individuiert sich das Eine in der Gesamtheit der Sonnensysteme, d. h. im Universum. Das Universum ist als solches ein Einziges. Es kann kein zweites Universum neben ihm geben, sonst wäre es eben nicht das Universum oder das All; es ist die sichtbare Erscheinung des Einzigen und Absoluten und muß deshalb selbst ein Einziges sein. Als ein einziges Universum muß dieses sichtbar gewordene Eine ontologisch und teleologisch eine Einheit sein. In der Welt der Erscheinungen aber bedeutet Einheit immer Einheit einer Vielheit. Jeder Gegenstand aber ist als Einheit seiner Teile ein Begrenztes und nur ein Begrenztes kann eine Einheit sein. Ist das Universum eine Einheit, so ist es also auch ein im Raume Begrenztes. Es muß also eine Gestalt haben, einen Mittelpunkt und Peripherie besitzen, wenn die Teile ontologisch zu einem Ganzen zusammengehalten werden sollen. Für unseren menschlichen Standpunkt im Raum erscheint das Universum als eine Sternenkugel. Aber nicht nur ontologisch sondern auch teleologisch ist das Universum eine Einheit insofern alle Teile des Ganzen untereinander in einem direkten und indirekten Zusammenhang der kausalen Wechselwirkung zu einem durch das Wesen des Einen selbst gesetzten Ziele oder Telos, d. h. in kausalteleologischer Wechselwirkung stehen. Auf dieses Ziel komme ich bald zu sprechen; die kosmische Kausalität aber, durch die es in der Zeit durch Selbstgestaltung sich zu diesem Ziele entwickelt, ist nur die Sichtbarwerdung jener absoluten zeitlos-ewigen Urkausalität, durch welche ewig der eine ewige Urgrund zur Vielheit der Dinge wird. Als diese ontologisch-teleologische Einheit nennt man das Universum auch einen Kosmos, d. h. eine Ordnung oder ein System. Verneint man aber die aus der Einheit des Einen folgende ontologisch-teleologische Einheit des Universums, seine Begrenzung durch einen Mittelpunkt und eine Peripherie, so wird der Kosmos auseinandergerissen und in ein Chaos zusammenhangsloser und angeblich unendlich vieler Sonnensysteme aufgelöst, die mit der Einheit der Form auch die Einheit des Zweckes verloren haben. Und dieser Kosmos ist ein sich in der zeitlichen Ewigkeit ewig Umgestaltendes: begrenzt im Raume ist es unbegrenzt in der Zeit. Denn dieser unser Kosmos, diese leuchtende Weltinsel in dem schwarzen Meere des unendlichen Raumes, hat in der Zeit angefangen und wird in der Zeit enden, d. h. das Eine wird sich aus ihm in einen anderen Kosmos umgestalten, wie es sich aus einem früheren in unser gegenwärtiges All umgewandelt hat, in dem kein Stern von dem voraus- und untergegangenen Universum mehr übrig ist. Denn das außerzeitlich-ewige Eine individuiert sich aus der metaphysischen Notwendigkeit seines Seins als der substantiell Eine zeitlich-ewige Kosmos, der in unfaßbaren Perioden von Ewigkeit zu Ewigkeit lebt und stirbt, um in immer neuen Palingenesien oder Wiedergeburten stets in anderer kontingenter Gestalt wieder zu erstehen:

    „Gestaltung, Umgestaltung,
    Des ewigen Sinnes ewige Unterhaltung"   (Faust II, 1)

Denn die Einheit jedes einzelnen Gegenstandes, also seine Identität mit sich selbst bei allen seinen Veränderungen in der Zeit, ist die Sichtbarwerdung der Identität des Einen mit sich selbst, deren umfassendster Ausdruck der eine alle einzelnen Gegenstände in sich einschließende Gegenstand, der in allen seinen sukzessiven Gestaltwandlungen mit sich selbst identische Kosmos ist. Und so ist dieser nach seinen eigenen immanenten Gesetzen sich selbst in der zeitlichen Ewigkeit ewig gestaltende und umgestaltende eine Kosmos nur die zeitlich-ewige Sichtbarwerdung des durch sich selbst seienden überzeitlich-ewigen Einen, ein Abbild seiner Aseität, seines Durch-sich-selbst-seins, um einen Begriff der Scholastik zu gebrauchen. Er ist nur das als Bedingtes und Relatives erscheinende Absolute und wäre nicht, wenn dieses nicht wäre, das sich in ihm als seiner Erscheinung individuiert hat: denn es gibt kein Abbild ohne ein Abgebildetes. Der unbegrenzte Raum aber und die grenzenlose Zeit, in denen sich das Absolute kosmisch individuiert, sind seine unmittelbarste Doppelerscheinung; so daß in dem Universum in Raum und Zeit das Absolute sich anschaut als das Begrenzte und Endliche in sich selbst als dem unendlichen und unbegrenzten Einen.

Doch nicht nur in den ohne Ich- und Weltbewußtsein, blind ihren unbekannten Zielen entgegengetriebenen kosmischen Lebewesen, den leuchtenden und lichtlosen Sternen, erscheint das Eine. Aus der metaphysischen Notwendigkeit seines alle Möglichkeiten einschließenden Wesens muß es sich auf bestimmten Sternen bestimmter Sonnensysteme auch in ich- und weltbewußten Lebewesen individuieren. Ja, jene der Zeit nach primären und riesenhaften aber unbewußt daseienden Individuationen des Einen sind nur die *conditio sine qua non*, nur die Voraussetzung für die Möglichwerdung dieser zeitlich sekundären und winzigen, aber bewußt existierenden und im Bewußtsein die Welt umfassenden Individuationen des Einen, so daß *sie* metaphysisch-teleologisch betrachtet das Primäre und jene das Sekundäre, *sie* das Bewirkende und jene das Bewirkte sind. Das heißt aber: das Eine mußte sich als Kosmos individuieren, um sich in ich- und weltbewußten Leibern individuieren zu können und zwar in zueinander getriebenen Leibern von zwei Geschlechtern, deren Vereinigung metaphysisch die Vereinigung des Einen mit sich selbst ist. Das ist das *eine* sich ewig gleich bleibende Ziel des Kosmos gewordenen Einen in der unendlichen Sukzession aller Gestaltwandlungen des einen Universums. Alle diese nach ihren Sonnensystemen differenzierten Arten von geschlechtlich verschiedenen ichbewußten Leibern des Einen aber bilden zusammen in der zeitlichen Ewigkeit die eine einzige Gattung der bewußt daseienden Individuationen des Einen. Wir kennen nur seine Individuationen in den männlichen und weiblichen ichbewußten Leibern des Menschengeschlechtes unserer Erde. Aber es wäre töricht, dieses irdische Menschengeschlecht als ein *Unicum sui generis* anzusehen, als ob das Eine seine ewige wesentliche Tendenz, sich in ichbewußten Lebewesen zu individuieren, nur ein einziges Mal, für einen Augenblick und unvollkommen genug habe realisieren können. Vielmehr ist diese irdische Menschheit nur als einzelne Spezies unter die allgemeine Gattung ichbewußter Individuationen des Einen überhaupt zu subsumieren. Wohl aber ist es erlaubt, diese ganze Gattung nach der einzigen uns bekannten ihrer Arten geradezu als Menschheit und unsere irdische Menschheit also nur als eine Art neben anderen Arten dieser einen ewigen Menschheit zu bezeichnen, so daß als das Ziel der zeitlich-ewigen Kosmos-werdung des Einen seine zeitlich-ewige Menschwerdung in zwei Geschlechtern begriffen wird; denn wir müssen die ganze ewige Menschheit analogisch als eine in zwei Geschlechtern differenzierte Gattung denken. Diese ewige zweigeschlechtliche Menschheit — denn die ewige Palingenesie des Kosmos muß von der ewigen Palingenesie der Menschheit als dem Zwecke des Kosmos begleitet sein — ist nun gespalten in die verschiedenen Menschheitsarten verschiedener Sonnensysteme und diese Arten müssen sich voneinander sowohl durch sublimiertere oder gröbere Konstitution wie durch Tiefe und Weite ihres Bewußtseins unterscheiden, obwohl sie alle dieselbe einzige Bestimmung haben, da auf dieser die Einheit der Gattung überhaupt beruht. Die irdische Menschenart aber scheint nicht die leiblich und geistig höchste menschliche Individuationsform des Einen zu sein.

II. GNOSTISCHE UND AGNOSTISCHE PHILOSOPHIE

Es wäre kein Wahrnehmen und kein Wissen von Gegenständen möglich, wenn das Eine sich nicht, um seiner selbst bewußt zu werden, in wahrnehmende oder wissende Subjekte und wahrgenommene oder gewußte Objekte gespalten individuiert hätte; und andererseits beruht die Möglichkeit eines Wahrnehmens und Wissens von Gegenständen nur auf dieser metaphysischen Identität der wissenden Subjekte mit den gewußten Objekten. Das Eine als Subjekt nimmt sich selbst in den Objekten wahr und das Eine als Objekt wird von sich selbst als den Subjekten wahrgenommen. In jedem seiner ichbewußten männlichen und weiblichen Leiber erfaßt sich nun das Eine als einzelnen persönlichen Leib im ganzen All der die Welt ausmachenden Gegenstände. So eng und begrenzt, so verworren und unklar auch das Bewußtsein des Ganzen, von dem der ichbewußte Leib ein Teil ist, auch sein mag, mitgedacht wird das Ganze immer; Ichbewußtsein und Weltbewußtsein, Bewußtsein des Teiles und Bewußtsein des Ganzen sind korrelativ und voneinander unabtrennbar. Als zweigeschlechtliche ichbewußte Menschheit aber individuierte sich das Eine, um zum Bewußtsein seiner selbst zu gelangen. Dieser Trieb des Einen zum Selbstbewußtsein geht notwendig nach zwei Richtungen. Er ist zugleich Wissenstrieb und Erkenntnistrieb; denn beide Arten der Intellektualität sind so untrennbar voneinander wie es ihre Objekte sind, nämlich das Eine von seinen Erscheinungen. Durch den

Wissenstrieb will das Eine das Wissen von seinem menschheitlichen und kosmischen Dasein beständig erweitern. Nicht in der Form von Wissensfetzen, denn die Welt ist kein Chaos sondern ein kausal-teleologisches System, das auch vom Bewußtsein als System reflektiert werden muß; und zu keinem anderen Zweck erstrebt das Eine zunächst diese Erweiterung des Wissens von den zusammenhängenden Erscheinungen der Welt als um sich immer klarer als einzelne ichbewußte Individuation in der Totalität seiner menschlichen und kosmischen Individuationen bewußt zu werden; denn der Teil ist nur in und aus dem Ganzen zu erfassen. Der Erkenntnistrieb des Einen aber ist auf sich selbst als den Urgrund aller seiner Erscheinungen gerichtet. Untrennbar synthetisch sind Wissen und Erkennen im Selbstbewußtsein des Einen vereinigt, in welchem dieses unmittelbar und evident das All der Dinge als seine Individuation und sich selbst als das im All der Dinge sich individuierende Eine weiß. Die Erkenntnis, welche das Eine von sich selbst als dem in allen ichbewußten und nicht ichbewußten Erscheinungen individuierten Einen hat, nenne ich seine metaphysische Erkenntnis oder seine Gnosis. Es muß also zuerst zum Wissen von sich als einer Erscheinung kommen, um dann zu seiner metaphysischen Selbsterkenntnis als des Wesens aller Erscheinungen oder zur Gnosis gelangen zu können. Daraus folgt, daß es notwendig zwei Arten des Ichbewußtseins geben muß. Durch das eine oder agnostische Ichbewußtsein seiner männlichen und weiblichen Individuationen weiß das Absolute von sich nur als von Körpern mit und ohne Ichbewußtsein in der Totalität aller räumlich-zeitlichen Erscheinungen, ohne diese als Erscheinungen des in allen Gegenständen erscheinenden Einen zu erkennen, so daß alle Dinge nur einen phänomenalen Zusammenhang haben. Durch das zweite oder gnostische Ichbewußtsein wissen sich die ichbewußten Individuationen zugleich als Individuationen desselben in ihnen wie in allen andern ich- oder nicht-ichbewußten Gegenständen individuierten Einen, so daß die Dinge außer ihrem phänomenalen auch einen metaphysischen Zusammenhang in der Einheit des sich in ihnen individuierenden Einen haben. Wenn also das Absolute zum Wissen kommen muß, um zur Erkenntnis gelangen zu können, so heißt das, daß es wenigstens in unsern irdisch-menschlichen Individuationen zuerst auf der Stufe des agnostischen Ichbewußtseins gestanden haben muß, um zu der des gnostischen Ichbewußtseins aufsteigen zu können.

So groß nun auch die Qual der Nichtbefriedigung des Wissenstriebes sein mag, die Möglichkeiten seiner relativen Befriedigung liegen doch wenigstens in der Ebene des primär gegebenen agnostischen Ichbewußtseins. Unendlich größer sind die Qualen des gnostischen Erkenntnistriebes, dessen Erfüllung nur in einer anderen als der raum-zeitlichen Bewußtseinswelt, in der metaphysischen möglich ist. Das große Buch des Universums mit seinen Hieroglyphen liegt vor der Menschheit aufgeschlagen. Am Tage sieht der Betrachtende die Erde mit ihrer verworren tätigen Menschheit und die Sonne; des Nachts ist die Seite mit der Welt der Sterne im unendlichen Raum vor ihm aufgeschlagen. Und wenn er nun am Tage und in der Nacht, ohne die Geduld und die Konzentration zu verlieren diese beiden Seiten des Buches zu entziffern sich bemüht, dann wird sich eines Tages oder eines Nachts aus den Wehen der intellektuellen Leidenschaft das zweite Bewußtsein des Einen, sein gnostisches Ichbewußtsein, ans Licht ringen, das mit ganz anderer Not zur Welt kommt als das erste agnostische Ichbewußtsein im Kinde, durch das sich das Eine plötzlich und ohne Anstrengung voll Verwunderung und Freude als ein von allen anderen Gegenständen verschiedenes Ich begreift. Und nun enthüllt sich ihm als Lohn für die Mühe mit einem Schlage die Bedeutung der einzelnen Hieroglyphen und der Sinn des ganzen Buches. Aber schön wäre es doch, wenn es sokratische Geburtshelfer gäbe, um die in unserem Äon nicht ungefährdete und für diesen selbst nicht ungefährliche Geburt des gnostischen Ichbewußtseins leichter zu machen. Dieses Selbstbewußtsein des Einen aber kann so wenig begründet oder bewiesen werden wie das Ichbewußtsein; beide sind unmittelbare, ihre Gewißheit und Evidenz in sich selbst tragende Intuitionen des Einen. Sie werden nicht begründet, sondern auf ihnen beruht überhaupt erst die Möglichkeit, etwas zu begründen. Es sind die zwei grundlosen Grundtatsachen des Bewußtseins.

Philosophie nenne ich das systematisch reflektierte Bewußtsein des Einen von sich als dem Ursprung und Sinn des Alls der Welten und von sich als dem Ursprung und Sinn der zweigeschlechtlichen Menschheit in diesem All; sie ist also das Bewußtsein von dem Ursprung und Sinn der Individuationen des Einen überhaupt. Die Notwendigkeit der Fragestellung und ihrer Beantwortung liegt in der Menschwerdung des Einen selbst, denn es wurde zweigeschlechtliche Menschheit, um sie zu stellen und zu beantworten. Objekt der Frage ist also nicht ein Fragment des Seienden, denn für das philosophische Denken ist der Teil nur aus dem Ganzen zu verstehen. Es ist auch nicht die Frage nach den zeitlichen Gründen, durch die ein gegenwärtiger Zustand des Seienden aus einem früheren geworden ist: das ist die Frage der Spezialwissenschaften. Sondern es ist die Frage, warum und wozu überhaupt etwas da ist, warum und wozu dieses Ganze, von dem die Menschheit einen Teil bildet, da ist. Philosophie ist daher gleichbedeutend mit Metaphysik. Verwirrend und wie bewußt abschreckend sind die zahllosen, in hilfloser

Objektivität die Systeme registrierenden Werke über Geschichte der Philosophie, durch deren Studium gewiß noch nie ein Novize denken gelernt, wohl aber mancher die Denkfähigkeit überhaupt verloren hat. Denn wie Thomas von Aquino ebenso schlicht als großartig formuliert hat: *studium philosophiae non est ad hoc quod sciatur quid homines serserint sed qualiter se habeat veritas rerum (de coelo et mundo I, lect. 22,8)*. Es kann aber entsprechend dem gnostischen und agnostischen Ichbewußtsein des Einen auch nur zwei Arten von Philosophie geben: die Philosophien des gnostischen Ichbewußtseins und die Philosophien des agnostischen Ichbewußtseins des Einen. In den ersteren begreift sich das Eine als den metaphysischen Grund der zweigeschlechtlichen Menschheit und der Welt, in denen es sich individuiert hat; darüber ist genug gesprochen. Indem sich das Eine aber als den Grund der Welt erkennt, begreift es sich zugleich als das Ziel der Welt, denn außer ihm gibt es nichts, das für es Ziel werden könnte; sich selbst als Ziel aber verwirklicht es durch das Bewußtsein von sich selbst. Hier ist der individualistisch so unsinnig mißbrauchte Begriff des Solipsismus in der Tat am Platze: denn das Eine ist das *Solum Ipsum* und sein Selbstbewußtsein ist also gnostischer Solipsismus. Es muß aber sein Ziel sein, nicht nur in einzelnen sondern in allen ichbewußten Individuationen, also nicht nur in denen unserer irdischen Menschheit, sondern ebenso in denen aller Arten der im gesamten Kosmos, dem gegenwärtigen und seinen vergangenen und künftigen Gestaltwandlungen, verstreuten einen Menschheit zu diesem Bewußtsein seiner selbst zu gelangen, also zur kosmischen Katholizität der Gnosis; der gnostische Solipsismus ist also die *philosophia perennis ac catholica* des Absoluten. Sie ist das Bewußtsein des Einen von sich selbst als dem Grunde und Zweck der Menschheit und des Alls und ihre Möglichkeit und Notwendigkeit sind damit aus dem Wesen des Einen selbst begründet. Auf diesem gnostischen Bewußtsein allein beruht die unvergleichliche Würde des Menschen. Der bloß existentielle Mensch hat so wenig oder so viel Würde wie ein existentieller Hund, die beide Individuationen des Absoluten sind. Die Würde kommt erst durch die bewußte Beziehung der Individuation zum Metaphysischen; und zwar nicht durch die bloß potentielle der menschlichen Gattung, sondern die aktualisierte der Individuation. Mit diesem gnostischen Selbstbewußtsein aber hat das Eine den ewigen Tod seiner zeitlichen Individuationen durch das Bewußtsein seines überzeitlich-ewigen Lebens überwunden; wie es durch sein gnostisches Selbstbewußtsein auch aus der Unfreiheit seiner durch das Kausalgesetz gefesselten Individuationen zur metaphysischen Freiheit seines Wesens zurückgekehrt ist. In der Welt der menschlichen Individuationen aber besteht seine Freiheit allein in dem Freiwerden von der Unwissenheit des agnostischen Ichbewußtseins.

Es sind nur zwei Arten zu philosophieren denkbar. Den allein positiven Philosophien des gnostischen Ichbewußtseins stehen die nur negativ zu bestimmenden Philosophien des agnostischen Ichbewußtseins des Einen gegenüber, in denen dieses nicht zum Bewußtsein seiner selbst gelangt, sondern im agnostischen Ichbewußtsein stecken geblieben ist. Diese agnostischen Philosophien können nun zu dem Problem jeder Philosophie, dem Verhältnis des Absoluten zum Relativen, d. h. zu seinen Erscheinungen, nur auf drei Arten Stellung nehmen, durch eine theistische oder eine materialistische Metaphysik oder durch eine beide Lösungsversuche skeptisch ablehnende Philosophie. Die erstere hypostasiert willkürlich das Absolute oder Eine zu einem transzendent Seienden, das sie mit einem aus den Mythologien stammenden Begriff als „Gott" bezeichnet und der Welt als deren Schöpfer gegenüber stellt. Diesem hypostasierten Absoluten schreibt die theistische Metaphysik ein Ichbewußtsein zu, während das Absolute an sich doch ebensosehr über jedem Bewußtsein wie Unbewußtsein stehen muß, die beide nur der Welt seiner Erscheinungen angehören können. Aber indem sie das transzendent gedachte Eine mit einem als absolut gedachten Ichbewußtsein identifiziert, hat sie nur das relative agnostische Ichbewußtsein der menschlichen Individuationen des Einen verabsolutiert und vergöttlicht. Theismus und Materialismus sind zwar polar entgegengesetzt, aber auch dialektisch untrennbar in der Einheit ihres agnostischen Ursprungs. Wie jener die Erscheinungsform des Ichbewußtseins, so verabsolutiert dieser die Materie, die ebensowenig durch sich selbst, sondern auch nur eine Erscheinungsform des Absoluten ist. Der agnostische Theismus kann die Welt nicht streichen, deren Dasein er ja zu erklären versucht; der agnostische Materialismus aber kann das transzendente Absolute streichen und sich sogar das Vergnügen machen, sein Absolutes, die Materie, und somit die phänomenale Welt selbst, „Gott" zu nennen. Aber Pantheismus und Materialismus sind nur zwei verschiedene Namen derselben atheistischen, d. h. den agnostischen Theismus verneinenden Philosophie. Und der Theismus ist die erste Stufe zum Materialismus. Gegen diese zwei in polarem Gegensatz zu einander stehenden Arten von agnostischer Metaphysik, die theistisch-spiritualistische und die atheistisch-materialistische, richtet sich der agnostische sogenannte Positivismus, der glaubt, der wesentlichen Frage aller Philosophie, dem Verhältnis des Absoluten zum Relativen zu einander, dadurch aus dem Wege gehen zu können, daß er sich auf das Relative allein beschränkt und das Absolute höflich ignoriert oder unhöflich leugnet; denn der agnostische Skeptizismus ist nur die höflichere Form des agnostischen Nihilismus, wie man den Positivismus eigentlich nennen sollte. Aber so sauber lassen sich die zwei Arten des Seins nicht scheiden. Alle diese agnostischen Nihilisten sind Metaphysiker ohne es zu wissen. Ihre ganze Erfahrungswissenschaft, auf die sie so stolz sind, beruht auf der Einheit der Gegenstände, der Einheit der Natur und der gesetzmäßigen Verknüpfung aller Dinge, wofür das ihnen zugrunde liegende Eine die Voraussetzung ist und ohne das die Wissenschaft eine Chimäre wäre. Sie denken also, ohne es zu wissen, das Eine bei allem mit und spotten ihrer selbst, ohne zu wissen, wie. In diesen positivistischen Nihilisten ergeht es also dem Einen wie dem Monsieur Jourdain, Molières Bourgeois-Gentilhomme, der auch kein Genie der Reflexion ist, und Prosa spricht ohne eine Ahnung von dieser Begabung zu haben, bis sein Sprachlehrer es ihm zum Bewußtsein bringt. Sich selbst gegenseitig verneinend aber sind diese drei Grundformen des agnostischen Philosophierens, die theistische Metaphysik, die materialistische Metaphysik und der positivistische Nihilismus, einig in der Verneinung der gnostischen Metaphysik; und die philosophische Dialektik des Einen mit sich selbst auf den zwei Stufen seines Ichbewußtseins, der gnostischen und der agnostischen, besteht in der Dialektik seiner gnostischen und agnostischen Philosophie. Aber das ist keine gutmütig synthetisierende Dialektik des Sowohl-Als auch, sondern die eines unversöhnlichen Entweder-Oder.

III. UNIO GNOSTICA UND UNIO AGNOSTICA

Das Eine hat sich als zweigeschlechtliche Menschheit individuiert, in deren beiden Geschlechtern es sich mit sich selbst eint: auf der Stufe des agnostischen Ichbewußtseins in der *Unio agnostica,* ohne zu wissen, was es tut; auf der des gnostischen Ichbewußtseins in der *Unio gnostica,* es wissend. Die Philosophie des gnostischen Ichbewußtseins ist also auch gnostische Erotologie, die des agnostischen Ichbewußtseins ist agnostische Erotologie und die Dialektik der zwei Arten des Bewußtseins ist die Dialektik der zwei Arten der Unio. In der *Unio agnostica* vereint sich das Eine mit sich selbst in zwei Individuationen, von denen jede an ihr es vom anderen trennendes agnostisches Ichbewußtsein gefesselt bleibt, so daß diese Vereinigung zur Vergewaltigung eines Fremden durch ein Fremdes, eines Ichs durch ein Nicht-ich wird. Aber das Eine wurde Kosmos, um im ganzen Kosmos verbreitete gnostisch-ichbewußte zweigeschlechtliche Menschheit zu werden und es wurde gnostisch-ichbewußte Menschheit, um im ganzen Kosmos sich gnostisch einende zweigeschlechtliche Menschheit sein zu können; denn das Eine will zur kosmischen Katholizität der Gnosis kommen, um die kosmische Katholizität der

Unio gnostica zu erreichen. So ist der gnostisch-ichbewußte Androgyn das katholische, d. h. das für alle Welten aller kosmischen Palingenesien gültige Symbol des übergeschlechtlichen Einen, das als ein Zweigeschlechterwesen in die Erscheinung tritt. Aber nun will ich auch einmal mythologisieren. Ich personifiziere die weibliche Potenz der einen ewigen Menschheit, insofern das Eine in ihr zum Bewußtsein seiner selbst gekommen ist, als Sophia oder als Göttin des gnostischen Wissens, und die männliche Potenz, insofern das Eine in ihr zu seinem gnostischen Ichbewußtsein gelangt ist, als Logos oder als Gott der gnostischen Vernunft oder Erkenntnis. Logos heißt „Wort": hier bedeutet es also das innere Wort, das das Eine in seiner männlichen Potenz als gnostisches Ichbewußtsein spricht. Sophia und Logos sind also zwei Namen für dasselbe gnostische Selbstbewußtsein des Einen, die zugleich die geschlechtliche Differenzierung der Träger dieses Wissens bezeichnen. Sophia und Logos sind daher die beiden Hälften der metaphysisch einen ewigen, zur Gnosis gelangten Menschheit; in ihnen schaut das Eine als in seinen suggestiven Zielbildern oder Göttern das ewige Ziel seiner ewigen Menschwerdungen an. Sophia und Logos nenne ich also den einen untrennbaren, ewigen göttlichen Androgyn, in dem und zu dem das Eine sich als Welt individuierte. Aber noch etwas soll durch den Namen Logos oder Wort ausgesprochen werden. Der Logos, die gnostische männliche Potenz, entsteht nicht allein als das innere Wort des Einen, sondern in der Welt der Erscheinungen auch durch das äußere Wort der Sophia: wodurch der Logos oder das innere Wort des Einen auch zum Logos oder äußeren Wort der Sophia wird. Was damit gesagt sein soll, wird gleich klar werden. Denn das Eine mußte sich als eine in zwei Geschlechter gespaltene Menschheit individuieren, um durch die gnostische Vereinigung beider Hälften in der ewigen Zeit zum Abbild und Gleichnis seiner überzeitlichen ewigen Einheit zu werden. Das ist das Mysterium der geschlechtlichen Existenz des Einen. Das Bewußtsein aber, daß das Gesetz der *Unio gnostica*, d. h. das durch das Wesen des Einen selbst gesetzte Endziel seiner Individuierung überhaupt, auf glücklicheren Sternen vollkommener erfüllt wird, gibt unserer Menschenart Ansporn und Kraft, mit jenen höheren Menschenarten, mit denen wir vielleicht auch in einem geistigen Zusammenhang stehen, wie wir metaphysisch in dem Einen mit ihnen verbunden sind, als mit unseren Vorbildern zu wetteifern, damit wir, wenn wir ihnen auch nicht gleichkommen oder gar sie übertreffen können, uns doch wenigstens nicht vor ihnen zu schämen brauchen.

Gynäkologie nenne ich die Lehre von der Bestimmung des weiblichen Geschlechtes in seinem Verhältnis zum männlichen; denn daß das Wort in einem für beide Geschlechter so beschämend beschränkten Sinne gebraucht wird, kann uns nicht hindern, es in seiner allgemeinen und etymologisch zu recht bestehenden Bedeutung zu verwenden. Das analog gebildete Wort Andrologie bedeutet dann Wissen und Lehre von der Bestimmung des männlichen Geschlechtes in seinem Verhältnis zum weiblichen. Und beide, Andrologie und Gynäkologie, sind, den beiden Formen des Ichbewußtseins des Einen entsprechend, notwendig entweder gnostisch oder agnostisch. Indem nun das Eine sich im gnostischen Ichbewußtsein als das sich in zwei Geschlechtern mit sich selbst Einende erkennt, erkennt es zugleich Wesen und Bestimmung der beiden Geschlechter, in denen es sich individuiert. Denn nicht der Gast sondern der Gastgeber, nicht der Eingeladene sondern der Einladende bestimmt unter Ebenbürtigen die Bedingungen des Empfanges; wer sich nicht nach diesen richtet, ist nur ein roher Eindringling. Es ist also das weibliche Geschlecht, das dem männlichen das Gesetz der *Unio gnostica* geben und begründen soll. Damit ist aber gesagt, daß es seine Bestimmung ist, Träger des gnostischen Wissens und Lehrer dieses Wissens für das männliche Geschlecht zu sein; daß es also seinem Wesen nach das gnostisch belehrende Geschlecht ist, wie das männliche das agnostische und zu belehrende. Das ist also der Kern der gnostischen Gynäkologie und gnostischen Andrologie. Platon hat im „Gastmahl" dieses gnostische Verhältnis der Geschlechter in der Erzählung von Diotima dargestellt, jener mantineischen Priesterin, die dem Sokrates das esoterische Wesen des Eros enthüllt, wodurch Sokrates zum Schüler und geistigen Sohn der Diotima wird. Diese Erzählung ist das Sinnbild für die zweite oder geistige Mutterschaft des weiblichen Geschlechtes und der zweiten oder geistigen Sohnschaft des männlichen. Trotz ihrer Christianisierung, die aber nicht über die der Namen hinausgeht, sind alle diese Darstellungen von der Mutter mit dem Sohne auf ihrem Schoße, welche die christliche Kunst, ohne zu wissen was sie tat, geschaffen hat, in Wahrheit nur das Symbol dieser ewigen, d. h. im Wesen beider Geschlechter begründeten Gynäkokratie: es sind Darstellungen der gnostischen Sophia, der ewigen Frau, und ihres geistigen Sohnes, des gnostischen Logos, des ewigen Mannes. Denn das männliche Geschlecht des Einen soll Logos werden, d. h. das Eine auch in ihm zum Bewußtsein seiner selbst als des übergeschlechtlichen Einen in beiden Geschlechtern kommen durch die gnostische Initiation, die es dem weiblichen Geschlecht, der gnostischen Sophia, verdankt. Und so wird die *Unio gnostica* beider Geschlechter im gnostischen Androgyn zur Vereinigung der geistigen Mutter mit ihrem durch sie für diese Bestimmung initiierten geistigen Sohne, also zur *Unio gnostica* von Sophia und Logos. Und nun verstehen wir auch, warum die männliche

Potenz im gnostischen Androgyn als das „Wort" der Sophia bezeichnet werden kann: denn durch ihr Wort oder ihre Belehrung erwacht das Eine in seinem männlichen Geschlecht zur gnostischen Vernunft. Der zur Erkenntnis gelangte Schüler kann auch als das „Wort" des Lehrers bezeichnet werden. Der Logos oder die gnostische Vernunft der männlichen Potenz kann also auch als der Logos der Sophia, als der ihn bewirkenden Ursache, verstanden werden.

IV. GNOSTISCH-GYNÄKOKRATISCHE UND AGNOSTISCH-HOMINISTISCHE BÜNDE

Nun individuiert sich aber das zweigeschlechtliche Eine nicht in untereinander zusammenhangslosen Einzelwesen, sondern in Individuationen, die zu Zweckverbänden zusammengeschlossen sind, die als solche die Sichtbarwerdung seiner überindividuellen transzendentalen Einheit sind. So muß sich also das Eine, um zur *Unio gnostica* mit sich selbst zu kommen, dem Sinn seiner Welt- und Mensch-werdung, in gnostisch- gynäkokratischen Bünden gnostisch-ichbewußtgewordener Frauen zusammenschließen. Und diese gnostischen Frauenbünde, deren Bestimmung es ist, das Weltgesetz der *Unio gnostica* dem männlichen Geschlecht zu verkündigen, vereinigen die durch sie zur Gnosis erweckten Individuationen des Einen in gnostischen Männerbünden. Das ist der soziologische Sinn der symbolischen Hieroglyphe von Sophia und Logos, von Mutter und Sohn, die nicht nur für unsere irdische Art, sondern auch für alle höheren zweigeschlechtlichen Menschenarten des Einen im ganzen Kosmos giltig sein muß, also wahrhaft ein Weltsymbol ist. Zu denken aber, daß der Primat des weiblichen Geschlechtes, d. h. die Gynäkokratie, auf etwas anderem beruhen könnte als seiner Bestimmung, Träger des Geschlechtergesetzes der *Unio gnostica* zu sein, daß es je eine agnostische Gynäkokratie geben könnte oder gegeben habe, wäre absurd. Die von den gnostischen Frauenbünden oder Frauenorden geborenen, d. h. gegründeten, Männerbünde nun, welche die *Unio gnostica* als den Sinn der Menschwerdung des Einen und die Gynäkokratie als das Mittel zur Erreichung dieses Zieles erkannt haben, muß man gnostisch-gynäkokratische Männerbünde nennen. Es sind Bünde für die *Unio gnostica* mit den gnostischen Frauenbünden; aber damit ist ihre Bestimmung nicht erschöpft. Sie haben auch die Aufgabe der geistigen Mitarbeit an dem Werke der gnostischen Frauenorden, das darin besteht, die Katholizität der Gnosis in dem ganzen weiblichen Geschlechte herzustellen, um durch dieses die gnostische Katholizität des männlichen, also die katholische gnostische Gynäkokratie, herbeizuführen. Dafür wirken die gnostischen Männerbünde unter Männern wie unter Frauen als Erwecker und Lehrer für beide. Aber wenn auch das Eine in seinen gnostischen Männerbünden das Ziel erkennen und lehren kann, es zu verwirklichen ist nur sein weibliches Geschlecht als das aufnehmende oder ausschließende imstande. Darin beruht die unvergleichliche Macht der Frau, aber auch ihre unübertragbare Verantwortung für das Schicksal des Geistes in der Menschheit.

Das Leben des Einen in der Menschheit besteht in der Dialektik seiner beiden Geschlechter, also in der Dialektik seines gnostischen und agnostischen Ichbewußtseins und damit des gnostischen und agnostischen Geschlechtergesetzes oder, soziologisch ausgedrückt, in der Dialektik seiner gnostisch-gynäkokratischen Frauenbünde und agnostischen Männerbünde. Besitzt nicht die gnostische Frau den Geschlechterprimat, so gehört er dem agnostischen Mann. Das Geschlechtergesetz beruht dann nicht mehr auf der Gnosis der metaphysischen Identität beider Geschlechter, sondern auf der physischen Gegensätzlichkeit und dem auf ihr gegründeten Recht des physisch stärkeren, welches das schwächere seinen agnostischen Zwecken dienstbar macht. Der Geschlechterkrieg ist dann offen oder versteckt in Permanenz und der Geschlechterfrieden nur ein Waffenstillstand oder Selbstbetrug. Die Unio aber beruht auf der Unterwerfung des physisch schwächeren, durch welche konventionellen Formeln die zivilisierten Männerstaaten diese Grundtatsache zu verschleiern auch immer sich anstrengen mögen. Sie ist eine agnostische und soll es sein, um das männliche Geschlecht im Bewußtsein seiner unbedingten Verschiedenheit und Überlegenheit und damit in der Macht über das Untergeworfene zu erhalten. Diesen auf offener und versteckter Gewalt beruhenden Primat des agnostischen männlichen Geschlechtes nenne ich die agnostische Androkratie oder den agnostischen Hominismus. Zugleich mit dem Verlust seines androgynen oder zweigeschlechtlichen Selbstbewußtseins, in dem es seine metaphysische Identität in beiden Geschlechtern erkannte, verschwindet dem Einen natürlich auch das Bewußtsein seiner metaphysischen Identität in den einzelnen Individuationen seiner beiden Potenzen. Wie sich also mit dem Vergessen ihrer metaphysischen Einheit die beiden Geschlechter fremd und feindselig gegenüberstehen müssen, so hassen sich untereinander als Fremde auch die Individuationen des gleichen Geschlechtes, da sie nur noch im agnostischen Ichbewußtsein leben; denn der Verlust des Bewußtseins ihrer metaphysischen Einheit ist zugleich der Untergang des allein aus diesem Bewußtsein entspringenden Friedenszustandes. Wie die Katholizität des gnostischen Ichbewußtseins des Einen in beiden Geschlechtern der ewige Frieden des Einen mit sich selbst wäre, so ist das agnostische Ichbewußtsein der ewige Krieg, das *bellum omnium contra omnes*. Der Frieden ist ein metaphysisches Problem; nur Dummheit oder Scheinheiligkeit kann ihn mit dem agnostischen Hominismus vereinbar halten. *Polemos patēr pantōn*, der Krieg ist der Vater aller Dinge, hat Heraklit gesagt; man kann vielleicht mit mehr Recht sagen: „Der Vater ist der Krieg aller Dinge", *patēr polemos pantōn*, wenn man unter dem „Vater" das agnostische männliche Geschlecht überhaupt versteht, das unter „Frieden" nur den Ersatz der Gewalt durch die List versteht. Wäre es dem männlichen Geschlechte mit seinem Gerede vom Frieden, zu dem es sich selbst überlassen niemals fähig ist, wirklich ernst, so müßte es die gnostische Gynäkokratie fordern, die allein imstande sein könnte, den mörderischen agnostischen Hominismus durch das Gesetz der *Unio gnostica* zu überwinden. So zerfällt also das eine männliche Geschlecht in eine Vielheit um die Macht übereinander kämpfender Männerbünde oder Staaten, und in jedem Männerbunde oder Staat wiederum ist die beherrschte Partei bestrebt, ihrerseits die herrschende zu unterdrücken, um selbst die Führung des Männerbundes an sich zu reißen: Krieg und Revolution in Permanenz ist die Signatur des agnostischen Hominismus. Die einzelnen Männerbünde oder Staaten aber sind ihrem Wesen nach auf geschlechtlicher Solidarität beruhende Bünde von Männern eines bestimmten Raumes zur Unterwerfung der denselben Raum bewohnenden weiblichen Individuen für die Zwecke der Männerbünde: sie sind also Organisationen des männlichen Geschlechterkampfes. Wer nicht von diesem Grundgedanken ausgeht, wird Herkunft und Wesen des Männerstaates nie verstehen. Die in den einzelnen agnostischen Männerhäusern sich streitenden Parteien kämpfen also um die Führung gegen das weibliche Geschlecht ihres Raumes, um ihm das den Geschlechtsinteressen ihrer Partei entsprechendere Geschlechtergesetz zu geben: sie wollen also das weibliche Geschlecht von einer alten Form des agnostischen Hominismus „befreien", um es einer neuen Form des Hominismus zu unterwerfen, was immer so viel heißt wie: es aus dem Regen unter die Traufe führen. Und um dasselbe Ziel wie die Parteien in den einzelnen Männerhäusern oder Staaten kämpfen diese selbst untereinander, um die Einheit des ganzen, in die Vielheit der einzelnen Männerstaaten zerrissenen männlichen Geschlechtes herzustellen und es als eine geschlossene Einheit gegen das weibliche zu führen. Es handelt sich dabei um die Auslese des jeweils zur Verwirklichung des agnostischen Hominismus am meisten fähigen Männerbundes. Positiv soll so von der männlichen die weibliche Katholizität durch ein für sie allgemein giltiges Geschlechtergesetz des agnostischen Hominismus begründet und negativ der von einem unbewußten Instinkt gefürchteten Gefahr einer den agnostischen Hominismus bedrohenden gnostischen Gynäkokratie vorgebeugt werden. Das ist der letzte Sinn des ganzen scheinbar so sinnlosen Treibens aller hoministischen Politik von den Männerhäusern der Naturvölker an bis zu den modernen Mammutstaaten. Hominisiert aber nenne ich die Frau, welche in dem agnostischen Hominismus der Männerstaaten oder Männerkirchen, die nur eine besondere, nämlich die theokratische Form der Männerstaaten sind, den Sinn der Menschheit erblickt, das hoministische Dogma unter der Kontrolle der Männerbünde verbreitet oder verteidigt, die gnostische Gynäkokratie dagegen, die Bestimmung ihres Geschlechtes, verleugnet und bekämpft.

Statt aber zu sagen, es kann im Prinzip nur zwei Arten von Bünden geben, kann ich auch sagen: es kann im Prinzip nur zwei Arten von Religionen geben; die auf dem gnostischen Ichbewußtsein des Einen beruhende gnostisch-gynäkokratische und die auf dem agnostischen Ichbewußtsein beruhende agnostisch-hoministische, und die Dialektik des Einen mit sich selbst in seinen beiden Geschlechtern ist die Dialektik dieser beiden Religionen. Denn was bedeutet das Wort Religion, das zu einem Sack geworden ist, in den ein jeder das Kostbarste steckt, das er an verworrenen Gedanken und unverstandenen Gefühlen besitzt? Undefinierte Begriffe, d. h. Schlagworte, im geistigen Verkehr auszugeben, ist aber ebenso unmoralisch wie im wirtschaftlichen mit ungedeckten Wechseln zu bezahlen. Das Wort „religio" nun wird von dem lateinischen *religare*, d. h. binden, abgeleitet. Objektiv bedeutet also religio einen Bund, dessen Mitglieder durch ein in ihren Augen oberstes und allgemeines Lebensgesetz zu einer Einheit verknüpft sind. Subjektiv ist religio das Sich-binden an diesen Bund durch das Bekenntnis zu ihm. Und drittens bedeutet das Wort religio die Symbole, in denen sich der Bund objektiviert. Ich verstehe also unter religio einen Bund, der in seinen Symbolen angeschaut wird und den die Mitglieder durch Verehrung seiner Symbole bekennen. Die Symbole selbst aber können mythologischer oder nicht-mythologischer Natur sein. Mythologische Symbole sind die, in denen sich der Bund in einem Gott, in einer anthropomorph-übermenschlichen Gestalt objektiviert hat, als dem mit allen Attributen der Macht verklärten Zielbild seiner selbst: wie in Jahwe, Zeus oder Jupiter Optimus Maximus. Mag das Wort „Gott" etymologisch herkommen woher es will; seine praktische Bedeutung ist nicht zweifelhaft. Gott ist das zu Bekennende und Anzubetende, also das, wofür man zu leben und zu sterben hat; das aber sind die Bünde, und der den Göttern geltende Kultus gilt den Bünden selbst. Ein religiöser Mensch verehrt also seinen Bund oder seinen Gott, die Objektivierung des Bundes, als den höchsten oder gar einzigen der Existenz oder des Kultus würdigen. Kein Gott ist natürlich ontologisch das Absolute selbst; alle Götter sind ohne Ausnahme Schöpfungen des Absoluten durch seine Bünde; und sie unterscheiden sich ihrem Wesen nach dadurch, daß sie Schöpfungen des agnostischen oder des gnostischen Ichbewußtseins des Einen sind. Der Mythus des Gottes aber ist die symbolische Geschichte einer symbolischen Gestalt. In den Göttermythen haben nämlich die Priester der Bünde deren Geschichte symbolisch erzählt: der Mythus ist die prähistorische Form der geschichtlichen Überlieferung. Auf Grund dieses Prinzips sollen bald zwei der wichtigsten prähistorischen Mythen gedeutet werden, die uns überliefert sind. Die Taten und Leiden des Bundes werden also auf Grund der Identität beider als Taten und Leiden des Bundesgottes selbst erzählt. Natürlich hat diese Mythen nicht ein sogenannter Volksgeist geschaffen. Das ist keine Sprache, die das Volk redete oder verstand: es ist die Geheimsprache eines Priesterstandes, die dem Volk, das heißt den Laien, rätselhaft bleiben mußte und sollte. Der katholische Priesterstand hat diese Sprache auch heute noch nicht ganz verlernt. Die agnostisch-hoministisch mythologisierenden Männerbünde des Einen aber sind die Religionen der Vatergötter und der *Unio agnostica,* seine mythologisierenden gnostisch-gynäkokratischen Frauenbünde — und es kann wohl nie andere als mythologisierende geben — sind die Religionen von Sophia und Logos und der *Unio gnostica.* Mit diesem auf der Verschiedenheit der Geschlechter selbst beruhenden unterscheidenden Prinzip ist der Faden gefunden, der durch das Labyrinth der religiösen Phänomenologie führt. Die Entwicklung von der symbolischen hoministischen Mythologie zur begrifflichen hoministischen Theologie aber ist immer ein Symptom für den Niedergang der Kräfte der religiösen Männerbünde. Die anthropomorphen Göttergestalten sind die in ihren Symbolen hypostasierten Bünde selbst; mythologische Hypostasen der Bünde könnte man diese selbständig gewordenen Wesen mit unabhängigem Leben nennen. Die agnostisch-theistische Philosophie hatte, wie wir gesehen haben, das Eine und Absolute als transzendenten Gott hypostasiert. Die willkürliche Gleichsetzung der mythologischen Bundeshypostasen mit dieser agnostisch-begrifflichen Hypostasierung des Einen ist nun die Grundlage der spekulativen Theologie geworden, wie der christlichen, so auch der jüdischen und islamischen. Die Theologie ist also nur ein dialektischer Zwitter aus Mythologie und agnostisch-theistischer Philosophie, weder ganz Mythologie noch ganz Philosophie, und bemüht sich, durch die begrifflichen Methoden der letzteren den Inhalt der ersteren zu intellektualisieren, bis keine mehr weiter kann; sie ist ohne die geheimnisvolle Dunkelheit der Mythologie und die evidente Klarheit der Philosophie, ein Dämmerungszustand. Aber Mythologeme werden dadurch, daß man sie zu rationalisierten Dogmen gefrieren läßt, nicht bewiesen oder vielleicht zu Tode bewiesen, denn sie verlieren ihr ehemaliges sich selbst beweisendes suggestives Leben. Es ist das Schicksal jeder Scholastik, daß sie die religiöse Sophistik ihres Bundes sein muß. Aber die Scholastik ist halbe Aufklärung, die nach der ganzen ruft, und Bernhard von Clairvaux hatte Abälard gegenüber den sichereren religiösen Instinkt. So konnten sich gegen die mythologisierenden hoministischen Bünde die religiösen Bünde des antimythologischen Hominismus erheben. Der Unterschied zwischen beiden Formen des religiösen Hominismus ist aber nur formaler, nicht wesentlicher Natur. Auguste Comte gründete die hoministisch-positivistische, in viele Sekten gespaltene und besonders im lateinischen Amerika verbreitete Kirche, Marx und Lenin gründeten die hoministisch-materialistische Religion, die russische Staatsreligion geworden ist. Beide sind Klassenreligionen: die eine die des abendländischen bürgerlichen Männerhauses, die andere die des proletarischen; aber jede macht im Namen der agnostischen Vernunft Anspruch auf Katholizität. Beide sind intolerant; die intolerantere ist die proletarische Männerkirche, die ihren Papst mit seinen Kardinälen an der Spitze, ihre Konzilien zur Feststellung des orthodox-materialistischen Glaubens und ihr Sanctum Officium, ihre Inquisition, zur Ausrottung der Ketzer hat. Beide nennen ihre Religion „wissenschaftlich", ein Schlagwort, das auf die unwissenschaftlichen und unkritischen Massen ebenso hypnotisierend wirkt wie in früheren Jahrhunderten das der Offenbarung. Es ist aber ebenso töricht, wenn ihre Gegner, eine beschränkte Definition des Begriffes „Religion" zugrunde legend, die materialistischen Marxisten religionslos nennen und diese sich selbst so bezeichnen; Herr Jourdain weiß wieder einmal nicht, daß er Prosa spricht. Denn es gibt ebensogut unmythologisch-atheistische wie mythologisch-theistische Religionen, Bünde, die sich in einem mythologisch-theistischen Symbol objektivieren, in einem Gotte, und Bünde, denen ihr bilderfeindlicher, wissenschaftlich genannter Puritanismus es verbietet, so daß sie ihr Glaubensbekenntnis, ihr Symbolum, in einer sachlich begrifflichen Form ablegen. Ihr Credo ist ein Programm oder ein Manifest; denn Comte wie Marx war jede mythisierende Imagination versagt. In einem aber sind der theistische und der atheistische religiöse Hominismus einig: im Kampfe gegen die gnostische Gynäkokratie. Und es scheint, daß die Führung in diesem Kampfe den atheistischen Religionen zufallen soll. Denn die nicht ohne die Schuld ihrer scholastischen Philosophien religiös energielos gewordenen theistisch-mythologisierenden Männerbünde sind auf der ganzen Erde im Rückzug vor den mythologie-feindlichen atheistischen; sie haben den Unterricht in der syllogistischen Dialektik mit ihren magischen Kräften bezahlt.

ZWEITES KAPITEL

Die beiden Zeitalter der Menschheit
(Metaphysik der Geschichte)

I. DAS ENDE DES GNOSTISCH-GYNÄKOKRATISCHEN ZEITALTERS UND SEINER RELIGION

Die Geschichte der Menschheit besteht in der Dialektik der gnostisch-gynäkokratischen und der agnostisch-hoministischen Religion. Universalgeschichte — um den Schillerschen Begriff zu gebrauchen — könnte also nur die Geschichte dieser Dialektik des in zwei Geschlechter gespaltenen Einen genannt werden; aber der männliche Dünkel nannte Universalgeschichte, was richtiger Geschichte des männlichen Geschlechtes seit dem Ende des ersten Äons oder Geschichte des agnostischen Hominismus genannt werden sollte. Die Geschichte der Vergangenheit der zweigeschlechtlichen Menschheit aber ist das Wissen von dem, was durch das in einer zweigeschlechtlichen Menschheit individuierte Eine geschehen ist. Dieses Wissen von Geschehenem ist eine Erinnerung, eine Anamnesis des Einen, die nicht konstruiert, sondern nur durch Überlieferung weitergegeben werden kann. Der Trieb zum historischen Wissen von seiner irdisch-menschlichen Vergangenheit ist also der Trieb des Einen, sich an die Wege und Irrwege zu seinem gnostischen Ziele zu erinnern, das es in seinem gnostischen Ichbewußtsein erkennt. Denn erst durch die ontologische Einheit des über allem Bewußtsein und Unbewußtsein stehenden Einen und durch die teleologische Einheit seines durch sein Wesen bedingten Zieles ist, wie die Geschichte des Kosmos so auch die der zweigeschlechtlichen Menschheit ein einheitliches Ganzes mit einem einheitlichen Sinn. Das Verstehen des Zusammenhanges der Ereignisse vom Sinn oder dem Telos des Ganzen aus nennt man Geschichtsphilosophie, und notwendig gibt es, entsprechend den beiden Bewußtseinsstufen des Einen, eine gnostisch-gynäkokratische und eine agnostisch-hoministische Geschichtsphilosophie. Dieser letzteren muß man nicht nur ihren metaphysischen Grundirrtum zum Vorwurf machen sondern auch die Unterschlagung der Grundtatsache der Menschheitsgeschichte überhaupt, nämlich der ihrer gnostisch-gynäkokratischen Urzeit, sowie die hoministisch-tendenziöse Auswahl und Deutung der Ereignisse. Diese Urzeit aber ist die Thesis: der agnostische Hominismus entstand erst als Antithesis gegen sie: denn die Dialektik des Einen mit sich selbst sind die Perioden der Menschheitsgeschichte. Die Thesis war die weibliche gnostisch-gynäkokratische Stimme des ersten Äons unserer Geschichte; die Antithesis ist die männliche agnostisch-hoministische Gegenstimme des zweiten Äons, in dem wir noch leben und der, wie es scheint, bald mit dem, was er als Widerspruch zu sagen hatte, fertig ist.

1. Der Paradiesmythus

Zwei ebenso berühmte wie als historische Zeugnisse allerersten Ranges unverstanden gebliebene Mythen erzählen den Untergang der gnostischen Gynäkokratie. Den einen pflegt man den Mythus vom Sündenfall zu nennen, den andern den Mythus vom getöteten und auferstandenen Gott: aber keine dieser Bezeichnungen läßt ahnen, worum es sich in ihnen wirklich handelt. Der erstere erzählt den Untergang der gnostischen Gynäkokratie vom Gesichtspunkte des neuen siegreichen Hominismus aus; der zweite dagegen berichtete in seiner Urform das Ereignis vom Standpunkte des besiegten gnostischen Feminismus aus. Es ist von Bedeutung, daß beide historischen Mythen in dem Raum zwischen Euphrat und Nil entstanden sind, in den Ländern, die das östliche Mittelmeer bespült, in denen die Religion von Sophia und Logos besonders geblüht haben muß und auch noch in den entstellten Formen der späten Zeit unausrottbar schien. Sie war hier allgegenwärtig und der ununterbrochene Kampf gegen sie für die neue hoministische Vaterreligion eine Lebensnotwendigkeit. Daß der hoministische Jahwist, der das zweite und dritte Kapitel der Genesis redigierte, sie nicht mehr verstehen konnte und wollte und, um von ihr abzuschrecken, sie tendenziös entstellen mußte, begreift man ohne weiteres; aber wir müssen ihm dankbar sein, daß er diese gnostisch-feministische Urzeit nicht einfach unterschlug, sondern nur im Geist des neuen Weltzeitalters interpretierte. Er hat dem historischen Bewußtsein der Menschheit für immer eine Periode ihrer Geschichte erhalten, die seine Kommentatoren, die keinen Mythus mehr zu lesen verstanden, durch unsinnige Deutungen mit glänzendem Erfolg wieder in Vergessenheit brachten. Dante, der Dichter der christlichen Scholastik, berechnet (Par. 26, 139—142) die Dauer des Aufenthaltes in dem Paradiese mit sieben Stunden, nämlich vom Sonnenaufgang bis 1 Uhr mittags. Aber dieser Aufenthalt der Menschheit im Paradiese, diese *aurea aetas*, dieses goldene Zeitalter, von dem so viele Völker berichten, dauerte einen ganzen Äon: es ist die mythische Erinnerung der Menschheit an ihre gnostisch-gynäkokratische Urzeit. In der Erzählung des Jahwisten ist die ganze Menschheit dieses gnostischen und weiblichen Äons in einem einzigen Paare und seiner Handlung symbolisiert. Denn wie der Begriff eine unbegrenzte Vielheit von artverwandten realen Einzeldingen zusammenfaßt, so verfährt analog auch der symbolisierende Mythus, der in einer einzelnen imaginierten handelnden Gestalt eine unbegrenzte Zahl von artverwandten handelnden realen Einzelgestalten zusammengefaßt anschaut. Was also der Jahwist des dritten Genesiskapitels als einmalige Tat eines einzigen Paares berichtet, ist überall und ununterbrochen, *semper et ubique*, wo sie gerade lebte, von der ganzen zweigeschlechtlichen Menschheit einen ganzen Äon hindurch begangene Tat, in der eben die Geschichte des ersten Äons besteht. Die Chawwa, die latinisiert Eva heißt, — mir scheint es aber würdiger, der Urmutter ihren hebräischen, urzeitlich erhabener klingenden Namen zu lassen als ihr den süß-koketten der Eva zu geben — die Chawwah ist also das einzelmenschliche Symbol des gnostisch-gynäkokratischen Frauenhauses und der Adam das des gnostisch- gynäkokratischen Männerhauses dieser ganzen Periode. Denn in diesem ersten Zeitalter der Menschheit war es Chawwah, der gnostische Frauenbund, in dem das Eine zum Bewußtsein seiner selbst gekommen war, der den gnostisch-gynäkokratischen Männerbund oder den Adam begründete, das männliche Geschlecht die *Unio gnostica* des Einen mit sich selbst lehrte und ihm als Priesterin das symbolische gnostische Sakrament spendete: denn nichts anderes bedeutet es, wenn Chawwah, der gnostische Frauenbund, dem Adam, dem zur Gnosis erweckten Männerbund, den symbolisch-sakramentalen Apfel reicht. Vor unseren Augen wird der gnostische Ritus der katholischen weiblichen Urkirche vollzogen. Die Schlange aber, die dritte Person dieses Dramas, die Beraterin des gnostischen Frauenhauses, ist als das „klügste Tier" das Symbol des gnostischen Wissens der gnostischen Göttin Sophia: also das Symbol, in dem gnostisches Frauen- und Männerhaus geeint sind. Auch Athena, die Göttin der Weisheit, hat noch ihre wissende Schlange neben sich, d. h. sie war einmal selbst durch die Schlange symbolisiert gewesen. Man mag auch an den Uroboros denken, die sich selbst in den Schwanz beißende Schlange, deren Kreisgestalt das kosmische All darstellen sollte, und den noch die sich nach der Schlange (Ophis) nennende späte gnostische Sekte der Ophiten als ihr Kultsymbol verehrte. Und nun erscheint die vierte Person dieser weltgeschichtlichen Tragödie. Es ist Jahwe Elohim, d. h. also der in dem Gott symbolisierte neue agnostisch-hominstische Männerbund mit seinem neuen agnostisch-hominstischen Geschlechtergesetz. Indem dieser aber das neue Gesetz als das Urgesetz und das Urgesetz als einen Abfall von dem neuen Gesetz hinstellt, also das *A Jove principium* oder in diesem Falle richtiger das *A Jahwe principium* für die Zukunft statuierte, gründete der revolutionäre Männerbund Jahwes die Autorität seines Geschlechtergesetzes auf eine Fälschung der Geschlechtergeschichte. Höhnisch verwirft das nun siegreiche agnostische Ichbewußtsein das vom weiblichen Geschlechte gelehrte gnostische Ichbewußtsein des Einen. Die Gnosis und die auf ihr beruhende Gynäkokratie wird in der Schlange verflucht und gegen das bisher gültige Geschlechtergesetz der *Unio gnostica* mit den lapidaren Worten: *et dominabitur tibi*, „und er soll dein Herr sein", das neue der *Unio agnostica* proklamiert, das Gesetz von dem Untergeworfensein des weiblichen Geschlechtes. Symbolisch wurde das neue Geschlechterverhältnis durch den Mythus sanktioniert, daß die Frau aus der Rippe des Mannes gebildet ist, als eine aus dem Manne und für den Mann geschaffene „Männin" (I. Mos. 2, 23); die androgyne Idee ist prinzipiell verneint, das weibliche Geschlecht ist nur ein Organon oder eine Emanation des männlichen. Die ganze Geschichte des weiblichen Geschlechtes im ersten Äon wird nun als Sündenfall diffamiert und seine Geschichte im zweiten Äon als Strafe für die gnostische Gynäkokratie des ersten aufgefaßt. Zwar wird auch das männliche Geschlecht dafür gestraft, daß es einen Äon hindurch diese gnostische Gynäkokratie anerkannte, aber seine Strafe ist gelinder, da ihm als dem Verführten mildernde Umstände zugebilligt werden; deshalb wird er auch zum Eheherrn, Zucht- und Strafmeister der Frau, der Hauptschuldigen, ernannt. Der Sieg des Vatergottes Jahwe über Sophia ist vollendet, aber die Erbschuld oder Erbsünde belastet die ganze Menschheit, die von den beiden Geschlechtern des ersten Zeitalters abstammt, so daß sie immer von einem möglichen Rückfall in die gnostische Gynökokratie bedroht ist. Am Schlusse werde ich noch einmal auf die gnostische Bedeutung der Begriffe Sündenfall und Erbsünde zurückkommen; hier, wo es sich um die Feststellung des historischen Sinnes dieses Mythus handelt, will ich nur noch eins hinzufügen. Ich halte es für wahrscheinlich, daß wir in der Erzählung des Jahwisten die tendenziöse Hominisierung eines ursprünglich gnostisch-gynäkokratischen Mythus vor uns haben, in dem die Unterdrückung der gnostischen Gynäkokratie durch den agnostischen Männergott mit der entgegengesetzten Tendenz berichtet war und in dem Jahwe, das Symbol des Hominismus und der *Unio agnostica*, als der böse Feind auftrat, so wie der neue Männergott in der zweiten Gruppe von Mythen erscheint, die vom Untergang der gnostischen Gynäkokratie berichten. Ein Mythus dieser Gruppe hat in Verbindung mit dem vom Sündenfall das abendländische Bewußtseinsleben zwei Jahrtausende lang gestaltet. Zugleich wird bei ihrer Betrachtung an einem zweiten Beispiele deutlich, wie ursprünglich weibliche Mythen hominisiert wurden.

2. Die Passions- und Auferstehungsmythen

Die Urform des Mythus, die allen erhaltenen Varianten dieser Gruppe zugrunde liegt, ist verloren, aber unschwer zu rekonstruieren; in einigen derselben ist sie weniger entstellt, in anderen sehen wir sie durch alle

Fälschungen und tendenziösen Umdeutungen noch durchleuchten, wie die Sonne durch die Wolken. Ich meine den Mythus von der Göttin und ihrem Geliebten, der durch eine feindliche Macht getötet wird, der aber wieder zum Leben aufersteht, weil ihn die trauernde Göttin aus dem Totenreiche holt zum neuen *hieros gamos*, zu neuer heiliger oder gnostischer Liebesvereinigung; die *Dea dolorosa* wird wieder zur *Dea gaudiosa*. Das ist das Grundschema des großen gnostisch-gynäkokratischen Mythus, des großen gnostisch-gynäkokratischen Menschheitsdramas, in dem drei Göttergestalten die *dramatis personae* sind. Ich kann nur an die bekanntesten Abwandlungen der Urform erinnern. In seiner ägyptischen Variante heißt das göttliche Liebespaar Isis und Osiris; der feindliche Gott ist Set. Die Isis dolorosa ruft den Osiris wieder ins Leben, indem sie die Teile des durch Set zerrissenen Leibes des Osiris aufs neue zusammensetzt. In der babylonischen Form des Urmythus heißt das göttliche Liebespaar Ischtar und Tammuz; dieser stirbt und die Ischtar dolorosa steigt in die Unterwelt, um das Wasser des Lebens zu holen, durch das Tammuz von den Toten aufersteht. In der phönikischen Version des Urmythus sind die Göttin Astarte, die sog. syrische Aphrodite, und der Gott Adonis (das semitische Adoni bedeutet „mein Herr") die beiden Liebenden, und der böse Gott Ares schickt den wilden Eber — d. h. er ist selbst der Eber —, der den Adonis tötet; aber der tote Adonis kehrt ins Leben zurück und die Astarte dolorosa wird wieder zur Astarte gaudiosa. In Klein-Asien ist Kybele, die anatolische Große Mutter, die liebende Göttin und Attis pileatus oder Attis mit der phrygischen Mütze, ihr Geliebter, der sich selbst entmannt, ursprünglich aber wohl vom Feind ihrer Liebe entmannt wurde und an der Wunde stirbt; auch er ersteht vom Tode und auch die Kybele dolorosa wird wieder zur gaudiosa. Ich will nur noch auf die germanische Fassung des Urmythus hinweisen, die aber nur indirekt abgeleitet und spät entstanden ist, als die Goten, deren Reich sich im dritten Jahrhundert unserer Zeitrechnung von der Ostsee bis zur Krim ausdehnte, in Beziehung zu der religiösen Tradition der anatolischen und iranischen Völker traten. Die liebende Göttin heißt hier Nana, der Geliebte ist Baldr, der böse Feind Hödur, der Gott des Streites, dessen Pfeil der tückische Loki auf Baldr lenkt; Baldr fällt, aber auch er wird am Ende der Zeiten wiederkehren und der Schmerz der Nana dolorosa ist bis dahin grenzenlos. Diese Mythen hat man vom christlichen Gesichtswinkel aus irreführend die Mythen vom sterbenden und auferstehenden Gottheiland genannt. Es sind aber die Mythen von der vernichteten und wieder auferstehenden gnostischen Gynäkokratie: ein ganzes Buch wäre nötig, um diese These würdig zu begründen. Alle diese Religionen sind Frauenreligionen, ihre Feste bis in die spätesten Zeiten Frauenfeste. Die Frauen erleben mit der Göttin leidend und jammernd die Passion und den Tod des Frauengottes, und in ihrem Schoße liegt der Getötete, wie der tote Adonis im Schoße der Astarte ruht, dem Urbild von Michelangelos Pietà; und gleich der Göttin feiern sie dann in ekstatischer Freude die Auferstehung des Frauengottes zu dem nun wieder möglich gewordenen *hieros gamos,* der heiligen Hochzeit, d. h. zur *Unio gnostica.* Nun sind, wie wir sahen, die Götter die Symbole ihrer religiösen Bünde und in mystischer Identität mit ihnen verknüpft, so daß die Geschichte der Götter die symbolische Geschichte dieser Bünde selbst ist. Mit diesem Schlüssel öffnet sich die Tür zum Verständnis des gnostisch-gynäkokratischen Mythus. Drei Götter, also drei religiöse Bünde, sind die handelnden Personen dieses die ganze Geschichte der Menschheit umspannenden Dramas in drei Akten. Der erste Akt spielt im Paradiese, also in der Urzeit des Menschengeschlechtes, dem später sogenannten goldenen Zeitalter der *Unio gnostica* und des Friedens. Die Göttin und ihr Geliebter, also Sophia und Logos, sind allein auf der Erdbühne, d. h. die in zwei Geschlechter gespaltene Menschheit besteht in dem gnostisch-gynäkokratischen Frauenbund und dem gnostisch-gynäkokratischen Männerbund. Denn die Göttin ist in allen diesen Mythen die überragende Gestalt, der Geliebte zuweilen nur menschlicher, nicht göttlicher Herkunft, was bedeutet, daß bei dem gnostisch-gynäkokratischen Frauenbund die Führung des männlichen Geschlechtes zur Gnosis und Unio gnostica liegt. Mit dem Auftreten der dritten Person, des dritten Gottes oder dritten Bundes, beginnt der zweite Akt, der des *Paradise lost,* der in anderer Symbolsprache inhaltlich eine Parallele zur Genesiserzählung von der Vertreibung aus dem Paradiese ist. Die agnostisch-hoministischen Männerbünde mit ihren Vatergöttern und ihrem agnostisch-hoministischen Geschlechtergesetz erscheinen: der agnostisch-hoministische Äon löst den gnostisch-gynäkokratischen ab. Die grausamen und tückischen Vatergötter rotten auf jede Art, die ihnen ihre fanatisch-sadistische Phantasie eingibt, die gnostisch-gynäkokratischen Männerbünde aus: Attis wird entmannt, Osiris in Stücke zerschnitten, Adonis von Ares, dem Eber, zerfleischt. In der vorauszusetzenden und von dem Jahwisten tendenziös umgearbeiteten feministischen Urfassung des Mythus von der Austreibung aus dem Paradiese hat auch Jahwe die Züge dieser tückischen, höhnischen und tyrannischen Götter getragen, von denen er noch so deutliche Spuren in dem Genesisberichte bewahrt hat. Das weibliche Geschlecht aber wird dem hoministischen Geschlechtergesetz unterworfen. Seine verfolgten gnostischen Bünde trauern als Sophia dolorosa um die ausgerotteten gnostisch-gynäkokratischen Männerbünde: „*aiai ton Adōnin*", jammern die Frauen in der Passionswoche des Gottes von Byblos. Aber sie klagen nicht nur: denn nun beginnt der dritte Akt des Dramas, der von dem *Paradise regained* berichtet. Die Göttin Ischtar holt ihren getöteten Geliebten, den Tammuz, aus der Unterwelt, und sie feiert mit dem vom Tode Auferstandenen wieder den *hieros gamos*, die *Unio gnostica*, wie in der paradiesischen Urzeit. Das heißt aber: der gnostisch-gynäkokratische Männerbund ist durch Ischtar, also den gnostisch-gynäkokratischen Frauenbund, aufs neue hergestellt; die agnostischen Männerbünde aber mit ihren tyrannischen Vatergöttern und ihrem agnostischen Geschlechtergesetz sind von der Erde verschwunden. Ihr Untergang ist die Voraussetzung für die Auferstehung: Sophia und Logos haben diesmal endgültig über Jahwe gesiegt.

Dieser geschichtsphilosophische Mythus der gnostischen Gynäkokratie ist historisch und prophetisch zugleich, eine Protologie und eine Eschatologie, eine Offenbarung der ersten und der letzten Dinge des Menschengeschlechtes, seiner Urzeit und seiner Endzeit. Er ist die Apokalypse der gnostischen Wiederherstellung, der gnostischen Apokatastasis, und gewiß die älteste Apokalypse der Menschheit. Das weibliche Geschlecht hat also auch seine eigene gnostisch-eschatologische Tradition, die der agnostisch-eschatologischen des männlichen widerspricht. Das Interesse des Hominismus ist es, zu verhüten, daß es sich dieser Tradition wieder bewußt wird; das Interesse des weiblichen Geschlechtes aber sollte es sein, seine von allen hoministischen Entstellungen und Fälschungen gereinigte Urtradition zurück zu gewinnen. Die uns verlorene Urform der großen gnostisch-gynäkokratischen Apokalypse aber ist wohl von einer Priesterin der alten Religion in einer Zeit offenbart worden, da man an dem Siege der revolutionären agnostischen Männerbünde und ihrer Vatergötter nicht mehr zweifeln konnte; denn in solchen Übergangszeiten der Not entstehen die Apokalypsen. Es ist das Testament des weiblichen Geschlechtes des untergehenden Äons für das des neuen. Entstanden aber ist es gewiß in jenem Raum zwischen Euphrat und Nil, wo die alte Tradition am tiefsten Wurzel geschlagen hatte. Und hier muß auch gleichzeitig mit dem Mythus von dem gemordeten und wieder auferstehenden Logos der Kultus des Gottes entstanden sein, das Sich-bekennen zu ihm als dem Wiederkommenden durch symbolische Handlungen, denn Mythus und Kultus sind untrennbar wie Seele und Leib: jenes Fest der Trauer um den Ermordeten und der Gewißheit seiner Auferstehung, das vielleicht mit einem alten Frühlingsfest verschmolzen wurde. Denn die neue eschatologische Religion sah die Gewißheit der Auferstehung des gnostisch-gynäkokratischen

Männerhauses in der, trotz ihres Unterganges, täglich wieder aufgehenden Sonne symbolisiert und in der Vegetation, die nach ihrem Wintertode wieder zum Leben erwacht. Deshalb ist natürlich der Frauengott kein Vegetations- oder Sonnengott im Sinne der hoministischen Religionshistoriker von Macrobius bis zu Dupuis und Frazer, sondern Sonne und Vegetation sind nur die exoterischen Zeichen für einen esoterischen Sinn, den der Eingeweihte kennt. Der Buchstabe und der Geist sind nicht identisch.

3. Judentum, Christentum und der Mythus der gnostischen Gynäkokratie

Für den in dem Raume zwischen Euphrat und Nil vordringenden Hominismus gab es nur zwei Möglichkeiten, mit dem gnostischen Feminismus fertig zu werden: seine Religion oder seine religiösen Bünde radikal auszurotten, oder sie zu hominisieren, d. h. gewisse äußere Formen zwar beizubehalten, aber ihnen einen hoministischen, seinen ursprünglichen Geist verneinenden Sinn zu geben. Unter falscher Flagge konnte auf diese Weise das hoministische Gesetz eingeschmuggelt und die gnostischen Frauenreligionen, die nun unter die Kontrolle der hoministischen Priesterstände kamen, hominisiert werden. Aber an eine Ausrottung war in diesen Ländern des östlichen Mittelmeers, der Heimat der Urform der gnostisch-gynäkokratischen Apokalypse und der wichtigsten von ihr abstammenden Varianten, nicht zu denken, obwohl gerade hier die revolutionären Vatergötter der semitischen Völker mit einem physischen und geistigen Terror gegen die gnostische Gynäkokratie wüteten, wie wohl sonst nirgends auf der Erde. Hier forderte ihr Blutdurst, um das gnostische Matriarchat durch das agnostische Patriarchat zu brechen, die menschliche Erstgeburt und ganze Hekatomben von Kinderopfern; hier schufen sie, nach ihrem Bilde als ihre Henkersknechte, die Teufel, um auch noch im Jenseits die Anhänger der alten Religion quälen zu können, wie sie es im Diesseits durch ihre Priester taten. Aber trotz seines semitischen Namens ist der Molochismus nicht weniger arisch als semitisch. Der agnostische Hominismus ist überhaupt seiner Natur nach Molochismus. *Les Dieux ont soif*, die Vatergötter haben Durst nach Blut — und zwar nicht nur in jener grauenhaften Übergangszeit vom ersten weiblichen zum zweiten männlichen Zeitalter der Menschheit. Da also die gnostisch-feministische Religion in dem Raume zwischen Euphrat und Nil nicht auszurotten war, mußte sie hominisiert werden. Daß sie dabei unter dem Einfluß agnostisch-hoministisch denkender Priester sensualistisch entartete und ihr gnostischer Grundgedanke immer mehr vergessen wurde, kann nicht Wunder nehmen; die männliche Geschlechterpolitik mußte diese sich unter ihrem Schutz vollziehende

Entwicklung, die zur Diskreditierung des weiblichen Geschlechtes beitrug, begrüßen. Gegen die bereits entartete Religion der Ischtar richtet sich in dem sumero-babylonischen Gilgameschepos der Hominismus des Gilgamesch, des Stadtkönigs von Uruk, und seines Freundes Enkidu: obwohl ihr Tempel E-anna der Ruhm Uruks ist, greifen beide Freunde die Stadtgöttin Ischtar selbst in blasphemischen Beschimpfungen und rohen Tätlichkeiten an. Aber vor allen Völkern dieses gnostisch-gynäkokratischen Raumes glaubte sich das jüdische Volk dazu berufen, der gnostisch-feministischen Urreligion ein Ende zu bereiten und den jahwistischen Hominismus zur Religion des männlichen Geschlechtes der ganzen Erde zu machen. Die Einheit der jüdischen Religionsgeschichte liegt in diesem Ziele: dem Vernichtungskampfe gegen die religiöse gnostische Gynäkokratie. Die Religionspolitik des orthodoxen Jahwismus der Propheten und der Synagoge wie die des heterodoxen oder christlichen Jahwismus erstrebte durch die gleiche, aber in verschiedenen Ausmaßen von ihnen angewandte Methode ihre Überwindung: durch die jahwistische Hominisierung ihres Mythus. In Kanaan begegneten sich und verschmolzen die von Osten, von Ninive, Babylon und Uruk gekommene Frauenreligion der Ischtar und des Tammuz, die von Byblos und dem Libanon stammende Frauenreligion der Astarte und des Adonis und die seit der Eroberung durch die Pharaonen von Süden eingedrungene Frauenreligion der Isis und des Osiris. Die jüdischen Frauen Kanaans, durch das Gesetz Jahwes zu gehorsamen Fortpflanzungsorganen für das hoministische jüdische Männerhaus erzogen, erfuhren so von einer mit der Genesistradition, durch die sie dem jahwistischen Geschlechtergesetz gefügig erhalten werden sollten, in Widerspruch stehenden Überlieferung von der Vergangenheit ihres Geschlechtes und seiner apokalyptischen Hoffnung. Sie gerieten unter den Einfluß dieser gnostisch-gynäkokratischen Religionen, die sie überall mit der Luft einatmeten, so daß es den jüdischen Männern schwer wurde, sie im Zaume und bei Jahwe, d. h. im Bewußtsein ihrer Minderwertigkeit zu halten. In der Zeit der Könige und des Exils feiern sie, wie Jesaja und Hesekiel empört berichten, Tammuz und Adonisfeste sogar im Tempelbezirke Jahwes. Es gibt Gründe, sogar einen vorchristlichen gnostisch-gynäkokratischen Bund von jüdischen Frauen anzunehmen, den ich provisorisch und unverbindlich einmal die Religion von Mirjam und Jeschua nennen möchte; so daß also das jüdische Volk nicht nur außerhalb seiner Grenzen ringsum von gnostisch-feministischen Religionen umgeben war sondern auch wichtige Teile seines eigenen weiblichen Geschlechtes gnostisch-gynäkokratischen Frauenbünden angehörten. Aus diesen Kreisen mag ein Teil der Bruchstücke stammen, die unter dem Titel des „Liedes der

Lieder" oder des „Hohen Liedes" gesammelt sind und die Wittekindt als Fragmente von Liedern eines jüdischen Ischtar-Tammuzkultes erkannt hat. Wie wahrscheinlich die jahwistische Genesiserzählung die hoministische Umgestaltung eines gnostisch-gynäkokratischen Mythus vom Siege des agnostischen Geschlechtergesetzes ist, so ist auch der apokalyptische Messianismus, das für die jüdische Religion charakteristischste Dogma, nur die Hominisierung des gnostisch-gynäkokratischen Messianismus. Denn die Urform des erwarteten jüdischen Messias ist der vom weiblichen Geschlecht erwartete Erlöser vom agnostischen Hominismus, der erwartete Tammuz, Osiris oder Adonis, — der von uns Logos genannte Gott, d. h. das wiedererstandene gnostisch-gynäkokratische Männerhaus. Aus Notwehr mußte der hoministische Jahwismus seinen eigenen Messias dem gnostischen Frauengott entgegensetzen, ihn umgestalten und seinen Mythus utilisieren, denn der Feind war bereits in den Tempel gedrungen. Und so setzte er der gnostisch-gynäkokratischen Prophetie und Apokalyptik seine agnostisch-hoministische Prophetie und Apokalyptik entgegen: und wieder blieb Jahwe Sieger über Sophia und Logos. Der heterodoxe Jahwismus aber, der christliche Männerbund, übertrug auf seine Messiasgestalt im Laufe seiner Ausbreitung immer neue einzelne Züge von den Göttern der gnostischen Frauenreligionen, um sie überflüssig zu machen, so daß christliche Theologen die Frauengötter schließlich als Präfigurationen des christlichen Messias zu deuten wagen konnten. Aber das waren nur Äußerlichkeiten, die der neue Mythus sofort für seine Zwecke sich zu assimilieren die Kraft besaß, während er den Geist, dem der gnostisch-gynäkokratische Mythus entsprungen war, zerstörte. So konnte die hoministische Theologie schließlich einen neuen hoministischen Erlösergott und seine *Passio* und *Resurrectio* dem ermordeten und wieder auferstehenden Erlösergott des weiblichen Geschlechtes entgegenstellen, einen hominisierten Logos des Vatergottes dem gnostisch-gynäkokratischen Logos der Sophia. Das war eine großartige Leistung „dialektischer" Theologie. Der Sohn der gnostischen Mutter, der vom neuen hoministischen Vatergesetz, von Ares, dem Eber, der Bestia Triumphans, umgebrachte und für das weibliche Gesetz ermordete Frauengott war nun in das gerade Gegenteil umgedeutet worden. Er wurde zum Sohn des Vaters, der freiwillig für das Gesetz des Vaters starb, um endgültig das weibliche Gesetz zu zerstören. Denn sein Tod sollte dem Vatergott Genugtuung leisten für alle Vergehungen gegen sein Gesetz, das dem hoministischen Mythus als das ewige Gesetz gilt, also vor allem für den großen Sündenfall, die gnostische Gynäkokratie der Urzeit. Diese Umgestaltung des weiblichen Mythus in sein Gegenteil war in der Tat die mythische Rechtfertigung des molochistischen Prinzips: der Vatergott läßt seinen ein- und erstgeborenen Sohn als Sühneopfer für die gnostische Gynäkokratie zum Heil der hominisierten Welt schlachten. Wir kennen die spekulative Theologie des semitischen Molochismus nicht, aber sie muß sich wohl in verwandten Gedankengängen bewegt haben. Auf jeden Fall aber konnte dieser christliche Jahwismus die Grundlage für einen neuen hominisischen Männerbund bilden. Es ist aber auch verständlich, wenn das weibliche Geschlecht der ersten christlichen Jahrhunderte begeistert für die Ausbreitung der neuen Männerkirche wirkte, da es in der Passio und Resurrectio des neuen Gottes nur eine neue Fassung der Urform des gnostisch-gynäkokratischen Mythus zu erkennen glaubte, und daß es sich zu einem Männerbunde bekannte, der es durch die Möglichkeit lebenslanger Virginität vom Joch des agnostischen Geschlechtergesetzes Jahwes und der andern hominisischen Götter befreite, so daß einzelne in dem neuen christlichen Männerbunde vielleicht sogar das wiederhergestellte gnostisch-gynäkokratische Männerhaus selbst erblickten. Auch die frühe christliche Kunst bestätigt das. Die jugendliche Gestalt der ältesten Christusdarstellungen auf Wandmalereien der Katakomben und Mosaiken stammt direkt von dem Geliebten der Göttin der hellenisierten Frauenreligionen des Ostens; bis diese Gestalt verdrängt wurde und das bärtige Christusantlitz jenen jahweisierten Ausdruck finsterer Unnahbarkeit erhielt, den man unrichtig „byzantinisch" genannt hat, in dem jede Erinnerung an den Frauengott ausgelöscht ist: die Theologen hatten offenbar die Gefahr einer Verwechslung erkannt. Der Christus in der Adonisgestalt aber ist dann wieder der Gott der mittelalterlichen Nonnenmystik geworden.

II. DAS AGNOSTISCH-HOMINISTISCHE ZEITALTER

1. Die hoministischen Religionen

Alle hoministischen Religionen oder religiösen Männerbünde müssen wir nicht nur begrifflich sondern auch historisch als aus einer hominisischen Urreligion hervorgegangen betrachten, so daß die historischen hominisischen Religionen nur durch die wechselnden Bedingungen des Geschlechterkampfes und die Rivalitäten der einzelnen Männerbünde untereinander zustande gekommene Gestaltwandlungen dieser einen, allen zugrunde liegenden Urform sind. Der Bund oder die Bünde, deren Ausdruck sie war, stellten dem alten bisher gültigen gnostisch-gynäkokratischen Geschlechtergesetz das neue agnostisch-hominisische entgegen. Es begann der Siegeslauf des agnostischen Ichbewußtseins des Einen, eine alles umstürzende Umwertung der Werte, die nur als eine neue Offenbarung begründet werden konnte. Man nannte diese später die Uroffenbarung, weil eine frühere Offenbarung vergessen werden sollte. Und doch war es eine Uroffenbarung, allerdings die des agnostischen Hominismus. Der neue Männerbund aber brachte den neuen Gott, in dem er sich selbst als höchsten Wert und Sinn des Lebens symbolisierte, zu dem er sich durch den neuen Kultus bekannte und dessen allgemeine Anbetung er forderte. Und da der neue, das alte gnostische Geschlechterverhältnis revolutionär umstürzende Bund ein Bund protestierender agnostischer Väter war, so symbolisierte er sich selbst in einem agnostisch ichbewußten Vater-Gott oder Gott-Vater. Die Uroffenbarung des Urmännerbundes muß einen solchen Ur-Vatergott als den Gesetzgeber der neuen hoministischen Geschlechterordnung und als Stifter des Bundes verkündet haben; vielleicht aber hat sich in dem symbolischen Gott-Vater auch die Erinnerung an den historischen revolutionären Urvater und Urgesetzgeber selbst erhalten, an diesen gewaltigen Gewaltmenschen, dessen Willen ein neues Weltalter von Jahrtausenden für die Menschheit begründete. Und da die hoministische Revolution nur von *einem* ehemals gnostisch-gynäkokratischen Männerhause oder einer Vielheit von solchen Männerhäusern, die nun religiös verschmolzen, ausgegangen sein wird, so steht am Beginn der hoministischen Religionsgeschichte auch nur ein einziger Vater-Gott. Die hoministische Urreligion ist also hoministischer Monotheismus, in dem das ganze männliche Geschlecht vereinigt werden sollte, um die gnostische Gynäkokratie zu stürzen und das ganze weibliche Geschlecht dem Kult des einen Vater- und Männergottes und der Herrschaft seines agnostisch-hoministischen Geschlechtergesetzes zu unterwerfen. Denn dieser Monotheismus war die bewußte Verneinung des göttlichen Paares Sophia und Logos der weiblichen Urreligion, das die Einheit des Absoluten in der Zweiheit seiner Geschlechter zum symbolischen Ausdruck brachte; so daß an seine Stelle jetzt ein eingeschlechtlicher männlicher Gott mit seinem hoministischen Gesetze als der ausschließliche Ausdruck des Absoluten trat. Der Hominismus war die „Zeitsignatur" der neuen Menschheitsperiode geworden. Aber unter den Männerhäusern begannen die Kämpfe um den wahren Sinn des hoministischen Urgesetzes und um sein wahres Symbol, also um den wahren Männerbund oder die wahre Kirche oder den wahren Staat; denn, um es noch einmal zu sagen: der agnostische Vater ist der Krieg aller Dinge — *patēr polemos pantōn*. Immer wieder erwachte, wenn der Abwehr- oder Angriffswille des männlichen Geschlechtes zu erlahmen schien, der hoministische Fanatismus, der in der Urzeit die Männerbünde und ihre Priesterstände zum heiligen Kriege gegen die gnostische Gynäkokratie ins Leben gerufen hatte. In allen großen hoministischen Propheten der letzten dreitausend Jahre ist dieser Fanatismus der Propheten der

Urzeit immer wieder aufgelodert. Immer wieder versuchte das im agnostischen Ichbewußtsein gefesselte Eine durch sie das agnostische Geschlechtergesetz der Urzeit in seiner Reinheit und Unbedingtheit zu erneuern, den radikalen Männergott wieder zu verkünden, um die letzten Spuren der gnostisch-gynäkokratischen Menschheitsperiode und die Erinnerung an sie auszutilgen. Denn die großen sogenannten Religionsstifter sind in Wirklichkeit alle nur Reformatoren, als welche sie sich selbst betrachteten, Reformatoren oder Erneuerer jener einen hoministischen Uroffenbarung und Urreligion des Urmännerhauses, dessen uns für immer unbekannter Stifter mit seiner ungeheuren Willensintensität in ihnen zu neuem Leben erwacht schien. Als Kung-fu-tse stellte er in China die hoministische Geschlechterhierarchie des Männergottes Schangti wieder her, in Indien verkündete er als der mythische Manu das strenge Geschlechtergesetz des Priestergottes Brahma, in Iran rief er als Prophet Zarathustra zum heiligen Kriege für Ahura-Mazda gegen den Satan Ahriman, von dem allein natürlich der Gedanke einer gnostischen Gynäkokratie stammen kann. Auf dem Boden zwischen Euphrat, Nil und Mittelmeer aber, dem Lande der gnostisch-gynäkokratischen Apokalypse von Sophia und Logos, von dem die monotheistisch-hoministische Gegenbewegung vielleicht überhaupt ausgegangen war, auf diesem Boden, wo die eigentliche Gefahrenzone für den agnostischen Hominismus lag, entstanden die drei in ihren Wirkungen am weitesten ausgreifenden Erneuerungen der hoministischen Urreligion. Der Prophet Mosche hat Jahwe, den radikalsten aller Männergötter, offenbart, den israelitischen Männerbund als sein Werkzeug gegründet und damit sein Volk zum auserwählten Volke des Hominismus gemacht. Jeschua, der zuletzt gekommene der großen leidenschaftlichen Propheten des jüdischen Hominismus, der Stifter der jüdischen Sekte, die zuerst in Antiochia den besonderen Namen der Christianer erhielt, dessen unerbittliche Erscheinung seine späten Anhänger seit der Aufklärungszeit so skandalös versüßlicht und verflacht haben, nennt sich selbst den Sohn Jahwes, des Vater-Gottes, von dessen hoministischem Gesetz kein I-tüpfelchen vergehen werde. Und Mohammed schließlich, der letzte Prophet einer hoministischen Weltreligion, hat den arabisch-islamischen Männerbund im Namen Allahs gegründet und den Gott und seinen Bund mit dem Feuer seines eigenen hoministischen Fanatismus erfüllt.

Es ist aber erstens klar, daß zwischen allen hoministischen Religionen eine Konkordanz besteht, die auf drei Grundlagen beruht. Einer metaphysischen, insofern sie alle Ausdruck des agnostischen Ichbewußtseins des Einen sind; einer historischen, insofern sie nach ihrer geschichtlichen Herkunft alle Abwandlungen der hoministischen Uroffenbarung sind, und schließlich beruhen alle auf der Gemeinsamkeit des Zieles. Diese heißt positiv: religiöse Hominisierung der Frau; negativ: bewußte oder instinktive Unterdrückung jeder Möglichkeit einer Wiederherstellung der gnostisch-gynäkokratischen Männer- und Frauenbünde durch Unterdrückung der gnostischen Erkenntnis. Auf dieser Konkordanz beruhen auch Erscheinungen wie die sogenannten Religionsparlamente oder die Una-Sancta-Bestrebungen: es sind Versuche, alle Kirchen des hoministischen Christentums oder gar alle hoministischen Religionen der Erde zusammenzuschließen gegen die vom Unterbewußtsein des männlichen Geschlechtes, allen Verstümmelungen und Fälschungen seiner historischen Überlieferung und der systematischen Unterdrückung des gnostischen Triebes zum Trotz, stets als möglich gefürchtete Wiederauferstehung der weiblichen Religion von Sophia und Logos. Es ist aber zweitens ebenso klar, daß, wie es eine Konkordanz aller hoministischen Religionen gibt, es auch eine aller gnostisch-gynäkokratischen auf dem gnostischen Ichbewußtsein des Einen beruhenden Religionen geben muß, die ebenfalls alle einen gemeinsamen historischen Ursprung und ein gemeinsames Ziel haben: wir haben einige der wichtigsten Varianten der letzten Form der weiblichen Offenbarung in ihrer Konkordanz kennengelernt. Und es ist drittens ebenso klar, daß zwischen den beiden, auf den zwei Arten des Ichbewußtseins des Einen beruhenden Gruppen von Religionen keine Konkordanz bestehen kann, sondern daß sie sich gegenseitig ausschließen.

2. Der christlich-theokratische Hominismus und der demokratische Hominismus

Nachdem das weibliche Geschlecht des ersten Äons den Kampf gegen die gnostische Unwissenheit des männlichen geführt hatte, begann mit dem zweiten der Kampf der metaphysischen Unwissenheit des männlichen Geschlechtes gegen das gnostische Wissen des weiblichen. Wir können heute bereits diese agnostisch-hoministische Periode des männlichen Geschlechtes von ihrem Anfang bis zu ihrem sich ankündigenden katastrophalen Ende als ein Ganzes überschauen.

Das revolutionäre agnostisch-religiöse Ur-Männerhaus war natürlich eine Theokratie, wie es auch das gnostisch-gynäkokratische Frauenhaus der Urzeit gewesen war. Theokratie nenne ich den Zustand oder den Status einer Gesellschaft, deren Führung bei dem Stande liegt, der das Gottessymbol der Gesellschaft, d. h. den den Bund und sein Gesetz symbolisierenden Gott und seine Kultform bestimmt. Es gibt keinen Bund ohne seinen Gott, durch den er aus einer Vielheit von Individuen überhaupt erst zu einem Bunde wird, und es gibt keinen wirkenden Gott ohne einen Bund, durch den er aus einer nur vorgestellten Existenz zur Realexistenz gelangt. Zuerst ein Gott des Priesterstandes, wird er durch diesen auch zum Gott des Laienstandes in der aus Priestern und Laien bestehenden Gemeinschaft, eines Status, d. h. einer stabilen Gesellschaftsordnung oder eines Staates. An sich bedeutet das Wort Status etymologisch jede Form der Gesellschaftsordnung einer Vielheit unter einheitlicher Zielführung stehender Individuationen des Einen. Man könnte also ebenso korrekt wie von einem Männerstaat auch von einem Frauenstaat sprechen, wenn die Geschlechter- und Gesellschaftsordnung durch das weibliche Geschlecht geschaffen und getragen wird. Da jedoch im hoministischen zweiten Äon das Wort „Staat" mit dem Begriff des Männerstaates identisch geworden und dadurch ebensosehr historisch belastet wie übel beleumundet ist, wird wohl das weibliche Geschlecht, um jede Verwechslung unmöglich zu machen, in einer neuen Menschheitsperiode den alten Namen zusammen mit der alten Sache durch einen neuen ersetzen. Erst durch das notwendige Attribut aber werden die Männerstaaten nach dem herrschenden Stand näher bestimmt als priesterliche, d. h. theokratische, feudale, bürgerliche oder proletarische Staaten. Der historisch entstandene Gegensatz von Kirche und Staat ist also an sich kein Wesensgegensatz; man spräche jedoch deutlicher, wenn man von Priesterstaat und Laienstaat reden würde. Geschaffen aber wurden die ersten Staaten durch die von ihren Göttern stammenden magischen Kräfte ihrer Priesterstände. Denn die den gnostischen oder agnostischen Sinn des Lebens im Gottessymbol lehrenden Individuationen des Einen bilden stets den besonderen Stand der geistigen Menschen, den Klerus oder Priesterstand des Gottes, den seine Bestimmung von allen nicht ausschließlich im Dienste des Gottes und seines Gesetzes geistig Tätigen, wohl aber über ihn zu Belehrenden, als den Laien, unterscheidet. Theokratie ist also Gottes- oder Priesterherrschaft, und wie es Götter des gnostischen und des agnostischen Ichbewußtseins des Einen gibt, so gibt es gnostische oder agnostische Theokratien. Diese in der geistigen Natur des Menschen begründete Urordnung von Priestern oder geistigen Menschen und Laien heißt Hierarchie oder heilige Ordnung. Die innerhalb des Laienstandes sich bildenden Standesunterschiede werden nur mißbräuchlich Hierarchien genannt; denn sie sind keine geistigen und deshalb heiligen, sondern ungeistige und profane Ordnungen. Das revolutionäre agnostisch-hoministische Urmännerhaus war also die erste aus Klerus und Laien bestehende Theokratie, und ebenso waren die Männerbünde, die sich wie geistige Kolonien von der hoministischen Urtheokratie abzweigten und das neue Geschlechtergesetz über die Erde verbreiteten, stets neue Theokratien. Die Geschichte der hoministischen Religionen ist also die Geschichte der hoministischen Theokratien und ihres Kampfes gegen die gnostisch-gynäkokratische Theokratie. Wie aber die Theokratie oder die Herrschaft des geistigen Menschen Urform und Anfang jeder gnostischen oder agnostischen Gesellschaftsordnung ist, so ist die Laikokratie oder die Herrschaft der Ungeistigen das Symptom ihrer Auflösung und ihres Endes. Das gilt für die Geschichte der Staaten des Altertums ebenso wie für die der modernen Staaten.

In den Theokratien des Mosche, Jeschua und Mohammed erlebte also die hoministische Theokratie des Urmännerhauses neue Auferstehungen. Aus der Saat Jeschuas und seines Zwölfmännerbundes, den, durch den Auferstandenen selbst berufen, ein dreizehnter Apostel ergänzte, erwuchs die christliche Theokratie des Abendlandes. Der christliche Hominismus hatte sich endgiltig von dem rabbinischen Hominismus der Synagoge getrennt; der nationale Männergott Jahwe war zum Reichsmännergott des Imperium Romanum geworden und sein Prophet ihm konsubstantiell gleichgesetzt. Der Hominismus seines Vorgängers, des Reichsgottes Jupiter Optimus Maximus, der die ihn bedrohenden weiblichen Mysterienkulte nicht mehr zu unterdrücken imstande war, deren letzter gnostischer Gedanke wohl nur noch von wenigen begriffen wurde, ging mit diesen zusammen unter; aber der Hominismus des neuen Reichsgottes Jahwe und seines Propheten rettete den Hominismus im Abendlande, der wieder einmal eine ohnmächtig gewordene Gestalt ablegte, um in einer neuen kraftvolleren das weibliche Geschlecht dem radikaler und konsequenter gefaßten agnostischen Geschlechtergesetze zu unterwerfen. Es entstand das christlich-theokratische hoministische Europa; denn Europa ist eine Schöpfung der christlichen Theokratie. Der Hohepriester von Rom unterwarf dem christlichen Geschlechtergesetz und dem Kultus Jahwes und seines Propheten das westliche germanische oder germanisierte Europa, der Hohepriester von Byzanz unterwarf ihm das östliche slawische oder slawisierte; die Balkanländer und das Reich der Rōs von Kiew, aus dem nach der Mongolenherrschaft das großrussische Reich von Moskau hervorging, unterstanden der geistlichen Leitung des ökumenischen Patriarchen von Kontantinopel. Die oströmische Theokratie war zäsaropapistisch, d. h. der Kaiser trug als solcher selbst sakralen Charakter und beanspruchte als Erbe des Augustus die Würde des Pontifex Maximus; die weströmische wurde in dem von Gregor VII., Innocenz III. und Bonifatius VIII. zu Ende gedachten System papozäsaristisch. Denn da Christus nicht nur Pontifex sondern auch Imperator mundi ist, so ist auch sein Stellvertreter auf Erden nicht nur Pontifex Maximus sondern als Vertreter des Christus Rex, des Christ-Königs, dessen neues Fest der Idee der römischen Theokratie gilt, auch der König der Könige, also Cäsar, und er übertrug nur seine ihm als dem Vicarius Christi inhärierende zäsarische oder oberste weltliche Gewalt auf einen obersten König aus der Laienwelt, den Kaiser. Der Papst war der Lehrer, der Kaiser der Beschützer der theokratischen Ständeordnung und ihres christlich-hominstischen Geschlechtergesetztes. Aber die eine christlich-römische Theokratie des Abendlandes zerfiel in eine Reihe von christlich-hominstischen Theokratien. Denn nicht nur der republikanische Gottesstaat Calvins in Genf und der revolutionäre Cromwells sondern auch die lutherisch reformierten Staaten und die hochkirchlich reformierte englische Monarchie mit ihren nach byzantinischem Vorbild geschaffenen Summepiskopaten sind Theokratien. Und in den römisch-katholischen und protestantischen absoluten Monarchien wie in den Republiken wurde die Symbiose von Thron und Altar oder Thron und Kanzel so eng, daß der Angriff auf die eine Gewalt auch den Angriff auf die andere bedeutete. Die einheitliche Führung des abendländischen christlichen Hominismus gegen den unsichtbaren Feind, die gnostische Gynäkokratie, war mit dem Sturze der päpstlichen Universaltheokratie untergegangen; nun führten ihn die zahlreichen, aus der Reformation hervorgegangenen nationalen Theokratien auf eigene Faust. Denn die Reformation ist eine Reaktion des sich durch den sensualistischen Humanismus und den paganisierten römischen Klerus bedroht fühlenden rigorosen christlichen Hominismus; und es ist auch nicht zu leugnen, daß durch den Marienkult und die Frauenklöster ein feminines Element in die Kirche eingedrungen war, gegen das sich der urwüchsige Hominismus Luthers und der kultiviertere Calvins empörten. Aber dieser neue puritanische, zum Urchristentum von Jerusalem zurückstrebende Hominismus brachte das unwiderruflich Verlorene nicht wieder, sondern zerstörte nur die Einheit des christlichen Europas. Die alte hominstische Theokratie, die sich selbst zu reformieren gezwungen war, und die neuen, sich gleichzeitig einander verfluchenden und bekämpfenden hominstischen Theokratien stritten in mehr als hundertjährigen Religionskriegen in fast allen Ländern Europas auf Leben und Tod, um die verlorene Einheit des abendländischen christlich-hominstischen Männerhauses wiederherzustellen und seine Führung gegen die seit der Begründung des agnostisch-hominstischen Urmännerhauses beständig gefürchtete Wiederherstellung der gnostischen Gynäkokratie zu übernehmen. Die Dialektik der Theologen war zur Dialektik der Waffen geworden. Denn — so wollen wir den heraklitischen Satz noch einmal variieren —: der Vatergott ist der Krieg aller Dinge. In diesem Gottesgericht der Religionskriege zwischen der alten hominstischen Theokratie und den neuen hominstischen Theokratien gab es keinen Sieger, sondern nur

Besiegte. Beide Parteien siechten seitdem an den Wunden, die sie sich gegenseitig beigebracht hatten, langsam dahin; der Auftrieb des christlichen Hominismus im Abendland war erschöpft. Aber aus der Blutsaat der christlichen Religionskriege wuchs das Zeitalter der Aufklärung. Dem theokratischen „Anathema sit!" der Vergangenheit antwortete Voltaires: *„Écrasez l'infâme"*, eine Forderung, der die abendländischen Völker nun schon zwei Jahrhunderte lang folgen. Um die theokratische Macht des geistlichen Standes zu stürzen, wurde die Glaubwürdigkeit seiner geistigen Grundlage zerstört: das besorgte die historische Kritik, durch welche die den Anspruch auf Absolutheit erhebende christliche Religion relativiert wurde.

Wenn auch lange vorbereitet, brach der große Laienaufstand in den christlichen Theokratien nach dem Bankrott der Religionskriege aus. Es war eine religiöse Revolution innerhalb des christlich-hoministischen Männerhauses, also ein Umsturz seines theokratischen Status, der theokratischen Staatsformen. Die neue laizistische Religion, die den theokratischen Hominismus des Abendlandes sowohl in seiner römischen wie in seinen nach byzantinischem Muster reformierten Formen stürzte, ist der demokratische Hominismus; denn die modernen Demokratien sind wie die antiken Auflösungserscheinungen ursprünglicher Theokratien. Die Laien sind der Demos: Laikokratie und Demokratie sind historisch gleiches bedeutende Namen. Die Demokratien aber sind hoministische Religionsgemeinden, also religiöse Bünde, die, wie alle religiösen Bünde, sich selbst Gegenstand des Kultus, also des Bekenntnisses, sind. Der dogmatische Demokratismus wurde Staatsreligion. Seine Regierungsbeamten sind zugleich deren Laienpriester, seine Professoren ihre Theologen; der demokratische Staat ist als solcher auch eine demokratische Kirche. Das die Stände auflösende Gleichheitsprinzip der demokratischen Religion ist zunächst gegen den theokratischen Priesterstand als der Grundlage aller Ständeordnung gerichtet. Sie muß ihn ihren Zwecken dienstbar machen oder auflösen. Aber das Gleichheitsprinzip der neuen demokratischen Religion hat eine noch allgemeinere Bedeutung: es verneint jede Idee einer geistigen Hierarchie und proklamiert zunächst die Gleichwertigkeit der geistigen und der ungeistigen Menschen, der geistigen und der ungeistigen Tätigkeiten, wodurch notwendig eine allgemeine geistige Nivellierung herbeigeführt und allmählich die geringere Zahl der geistigen Naturen der Herrschaft der ungeistigen Majorität ausgeliefert wird. Der Demokratismus ist die wider den Geist gerichtete Religion als gegen das die Gleichheit der Menschen bedrohende böse Prinzip. Die Priesterstände der ehemaligen Theokratien aber sinken zu Beamten von bürokratisch verwalteten Kultgemeinschaften herab, die toleriert werden, wenn sie sich zu dem religiösen Dogma des Demokratismus bekennen, das als ein antitheokratisches zugleich ein antichristliches ist, also wenn sie sich selbst verleugnen. Sie sind noch nicht, wie im römischen Reiche vor Konstantin, *collegia illicita*, sondern noch *collegia licita*, aber die Entwicklung wird diesmal rückwärts von diesen zu jenen gehen, wenn sie nicht vorher an ihrer eigenen Schwäche sterben. Es gibt zwar harmlose Christen, die den Untergang der christlichen Theokratien als eine Befreiung des sogenannten christlichen Geistes begreifen: solche Christen wünscht sich der Demokratismus, weil bei ihnen die sentimentale Kurzsichtigkeit bereits in Blindheit übergegangen ist. Aber das Christentum ist eine theokratische, keine demokratische Religion, und mit dem Priesterstand muß auch der Priestergott untergehen: „Wenn der Purpur fällt, muß der Herzog nach", wie Verrina grausam-höhnisch im „Fiesko" ausruft; dafür hat man aber nur noch in Rom den Instinkt.

Die Revolution der amerikanischen Kolonien Englands und die Gründung der Demokratie der Vereinigten Staaten machten, als Ausdruck des Jahrhunderts der Aufklärung, den Anfang. Von ihnen übernahm Frankreich zwar nicht die Fackel des Prometheus, aber die Brandfackel der demokratischen Prinzipien oder der agnostischen Menschenrechte, durch welche die christlich-theokratische Gesellschaftsordnung des ganzen weströmischen Abendlandes in Flammen gesetzt wurde; wie man übrigens mit ihnen, als den Prinzipien der ewigen agnostischen Revolution, jede neue, auf den Trümmern einer alten errichtete Gesellschaftsordnung wieder in die Luft sprengen kann. Doch Ehre wem Ehre gebührt: mit dem Aufgang der Vereinigten Staaten begann der Untergang Europas. Die spanischen Provinzen Mittel- und Süd-Amerikas folgten in demokratischen Religionskriegen ihrem Beispiele und fielen von Europa ab, das seit dem Verlust seiner Kolonien im Westen immer mehr auf sein Ausgangsgebiet reduziert worden ist und auch politisch zu einer Halbinsel des asiatischen Kontinentes zu werden scheint, so daß die letzten Europäer, wie die von Rom unterworfenen Griechen zu Graeculi wurden, wohl als Europaeuli enden werden. Denn Europa entstand als christliche Theokratie und wird mit dieser untergehen. Die christliche theokratisch-absolutistische Gesellschaftsordnung Ostroms aber wurde hundertdreißig Jahre nach der französischen durch die russische Revolution in Trümmer geschlagen. Denn seit der Eroberung Konstantinopels durch die Osmanen war Moskau der Vorort der byzantinischen Orthodoxie geworden, und seit der Vermählung Iwans III., des Großfürsten von Moskau, mit der Nichte des letzten Kaisers von Byzanz (1472), betrachteten sich die Zaren auch als die legitimen politischen Nachfolger des Basileus, so daß das untergegangene byzantinische Reich in der orthodoxen russischen Theokratie zu einem neuen Leben auferstanden war. Jetzt endlich hatte die von Amerika ausgegangene revolutionäre demokratische Sintflut ganz Europa überschwemmt. Von Westen nach Osten war die Revolution der „glorreichen Prinzipien" ausgewandert, und vom Osten kehrt sie vielleicht eines Tages in unerwünschter Gestalt in ihre amerikanische Heimat nach Westen zurück; denn man kann Lawinen und Revolutionen durch kein noch so kategorisches: „Non plus ultra, bis hierher und nicht weiter" zum Stehen bringen. Bürgertum und Proletariat führten den Kampf gegen die bestehende religiöse, politische und soziale Ordnung in der amerikanischen und französischen Revolution noch gemeinsam, wenn auch ihre Gegensätze in dieser letzteren schon deutlich zutage traten; aber erst auf Grund des kommunistischen Manifestes konstituierte sich das Proletariat als vierter, vom dritten unterschiedener Stand; in Wirklichkeit sind es zwei Klassen, die zusammen den einen ökonomischen Stand bilden. Dem bürgerlich-kapitalistischen Demokratismus mit seiner parlamentarischen Staatsform tritt jetzt der proletarisch-kommunistische Demokratismus mit seiner diktatorischen Staatsform entgegen. Wir dürfen den ersteren auch den freimaurerischen oder masonischen Demokratismus nennen, denn aus den Logen stammten die Triebkräfte für die amerikanische und französische Revolution im achtzehnten und die bürgerlichen Revolutionen Europas im neunzehnten Jahrhundert. Die masonische Kirche war es, die in Italien die notwendige öffentliche Meinung geschaffen und jene entscheidenden Ereignisse vorbereitet hat, deren Abschluß der Einmarsch der Piemontesen durch die Bresche der Porta Pia am 20. September 1870 und die Annexion des Kirchenstaates durch den italienischen Laizismus mit der Zustimmung von ganz Europa bildete. Mit dieser Expropriierung des ältesten und legitimsten aller europäischen Herrscher fand der Sieg des revolutionären demokratischen Laizismus über das alte theokratische Europa und sein Prinzip der Legitimität erst seinen realen und symbolischen Abschluß. Auch heute noch ist die Loge die eigentliche Trägerin der bürgerlich-demokratischen Doktrin und Religion. Die kommunistischen Geheimbünde dagegen, die Träger und Wächter des Dogmas der neuen atheistisch-orthodoxen Ostkirche, die wie ihre Vorgängerin zäsaropapistisch ist, kann man die Freimaurerei des vierten Standes nennen. Abgesehen von der Verstaatlichung der Produktionsmittel unterscheidet sich aber die Religion des proletarisch-kommunistischen Demokratismus in nichts von der Religion des bürgerlich-kapitalistischen Demokratismus. Beide Religionen sind im Wesen gleich materialistisch, atheistisch und antichristlich; aber seitdem der bürgerliche Demokratismus bei Meister Tartuffe studiert hat, will er nicht gern an das Schicksal Ludwig XVI. erinnert werden, der ebenso gutmütig und harmlos war wie Nikolaus II., und auch nicht daran, wie er mit dem Klerus in der Zeit des Konventes und des Direktoriums umsprang. Der bürgerliche Demokratismus hat zuerst das ökonomische Evangelium vom unendlichen Fortschritt der Menschheit durch Produktion und Technik verkündet als eine laizistische Soteriologie. Der durch ihn zum Materialismus erzogene vierte Stand übernahm von ihm diese frohe Botschaft des Industrialismus. Von ihm lernte er, daß die ökonomische Produktion der Wert aller Werte ist, daß Technik und Nationalökonomie den Platz von Theologie und Philosophie einzunehmen haben, daß alle geistige Produktion nur Mittel für die technisch-materielle ist. Den Geist aber kann die bürgerliche Demokratie, da sie keine geistige Hierarchie anerkennt, nur als eine käufliche Ware, wie jede körperliche Arbeitskraft, werten. Wahrhaftig, der bürgerliche Demokratismus darf dem proletarischen höchstens vorwerfen, daß er ein allzu intelligenter Schüler gewesen ist; aber er muß ihn als seinen legitimen Sohn anerkennen, an dem er allerdings kein Wohlgefallen hat. Denn dieses *enfant terrible* hat das Familiengeheimnis der demokratischen Religion ausgeplaudert und diese damit schwer kompromittiert. Auch die von der bürgerlichen Demokratie noch halb verschämt begonnene Entwertung der geistigen Existenz wird durch die proletarische Demokratie naiv-zynisch, aber konsequent zu Ende geführt: nur noch als *ancilla oeconomiae* hat jetzt die Philosophie eine Daseinsberechtigung und der Philosoph nur noch als „Hirnarbeiter" im Dienste des einzigen wahren Gottes: der Wirtschaft. Dieser kollektiv-wirtschaftliche Sklavenstaat des agnostischen Ichbewußtseins mit seiner Verachtung der gnostischen Bestimmung des Menschengeschlechtes aber lag in dem widergeistigen ökonomischen Evangelium des revolutionären Bürgertums bereits enthalten wie die Frucht im Samen und diesen wiederum versteht man erst aus seiner Frucht. Es gibt also zwei demokratische Weltkirchen im Abendlande, die an die Stelle der weströmischen und der oströmischen christlichen Theokratie getreten sind. Die eine demokratische Männerkirche steht — symbolisch gesprochen — geistig unter der Leitung der Logen von Washington, wo heute die Hauptstadt des weströmischen Abendlandes liegt; die andere demokratische Männerkirche steht — ebenfalls symbolisch gesprochen — unter der Leitung der kommunistischen Logen von Moskau. Die dritte abendländische hoministische Weltkirche, die römische, aber ist trotz *Città Vaticana* keine Theokratie mehr, sondern nur noch eine Schule mit einem Schuloberhaupt, das mit seinem moralischen Gewicht die eine oder die andere der beiden Waagschalen, die plutokratische oder die proletarische, beschweren kann. So wird der antitheokratische Hominismus der demokratischen Religion eine Periode laizistischer Religionskriege heraufführen. Die beiden demokratischen Konfessionen, die der Moskauer Observanz und die der Observanz von Washington, werden auf Leben und Tod um die wahre Demokratie kämpfen, wie in der Zeit der theokratischen Religionskriege die christlichen Konfessionen sich um das wahre Christentum schlugen. Und nehmen wir einmal an, in diesem neuen heiligen Kriege wäre der Sieg der kommunistisch-demokratischen Kirche zugefallen, so würden sofort in der einen kommunistisch-katholischen Kirche die Kämpfe um den wahren proletarischen Kommunismus beginnen. Den Theokratien Asiens gilt der Kampf der beiden demokratisch-religiösen Männerbünde nicht weniger als der christlichen Theokratie des Abendlandes. Der eine erstrebte ihren Sturz durch die Aufwiegelung des Bürgertums gegen die priesterlich-theokratischen Gesellschaftsordnungen der islamischen Welt, Indiens, Chinas und Japans, der andere durch die Revolutionierung der Parias und der Kulis; jeder, um unter seiner Führung den freimaurerisch-plutokratischen oder den kominformistisch-proletarischen Weltmännerbund zu schaffen. Und dank ihren Bestrebungen ist heute der Orient ein chaotisches Trümmerfeld wie das Abendland selbst. Alle großen hoministischen Religionen waren bisher vom Orient gekommen; nun endlich hat auch der Okzident seine eigene, ihm homogene und seiner würdige hoministische Religion gefunden und verbreitet sie als wahrhaft katholische über die ganze Erde. Der demokratische Hominismus aber ist nur ein Gestaltwandel des antithetischen Hominismus überhaupt. Wie die agnostisch-hoministische Theokratie ist auch die hoministische Laikokratie nur als Antithesis gegen die Urthesis in der historischen Dialektik der Geschlechter zu verstehen. Statt des theokratischen Hominismus hat der laizistische die Führung des Kampfes gegen die in der Urzeit zwar überwundene, aber von dem hoministischen Instinkte und einer metaphysischen Ahnung des Unbewußtseins immer als möglich gefürchtete Wiederherstellung der gnostischen Gynäkokratie übernommen. Der Kampf der beiden hoministisch-demokratischen Religionen um die Herstellung des wahren agnostisch-demokratischen Weltmännerbundes geht also metaphysisch betrachtet um Wichtigeres als um die doch nur sekundäre Frage: private oder kollektiv-staatliche Produktionsweise? Sie kämpfen um die Herrschaft über das weibliche Geschlecht. Jeder der beiden katholischen Weltmännerbünde, der des Westens und der des Ostens, ist bestrebt, die bürgerliche oder proletarische Katholizität des weiblichen Geschlechtes herzustellen und ihr sein agnostisch-hoministisches Geschlechtergesetz aufzuzwingen: das der bürgerlichen oder proletarischen *Unio agnostica*.

3. Die Frau unter dem christlich-theokratischen und unter dem demokratischen Hominismus

Es ist keine Frage, daß der demokratische Hominismus beider Gestalten im Kampfe gegen eine mögliche Wiederherstellung der gnostischen Gynäkokratie viel radikaler verfährt als es die christliche Theokratie getan hatte. Diese hatte die Religion von Sophia und Logos zwar hominisiert, jener aber rottet sie aus. Hominisiert war zwar der historisch-eschatologische Mythus von Sophia und Logos, aber die Gefahr bestand, daß einmal der wahre historisch-prophetische Sinn dieses gnostisch-gynäkokratischen Mythus wieder verstanden würde. Hominisiert waren auch die gnostisch-kontemplativen Frauenklöster der Urzeit; aber bestand nicht die Gefahr, daß in diesen Jungfrauenbünden, die ein Widerspruch waren gegen das jahwistische Gesetz der agnostischen Fortpflanzung des „Wachset und mehret euch", auch wenn sie unter der Leitung hominisierter Äbtissinnen und hoministischer Beichtväter standen, daß in diesen, der Welt des agnostischen Bewußtseins entrückten Frauen- und Mädchenbünden das Eine wieder zum Bewußtsein seiner selbst erwachen könnte? Die Reformation hatte ein Organ für diese Bedrohung und stieß die Nonnen in die Welt des agnostisch-ichbewußten Hominismus hinaus; der römische Priesterstand dagegen glaubte sich dieser Gefahr gewachsen und sprach noch auf dem Konzil von Trient das Anathem über diejenigen aus, welche das eheliche Leben über das jungfräuliche stellen. Keine Institution des christlich-theokratischen Abendlandes erinnert so an die geistige Atmosphäre des gnostisch-gynäkokratischen Äons wie die Nonnenklöster des 13. und 14. Jahrhunderts. Es scheint, als ob für sie nur noch ein kleiner Schritt nötig gewesen wäre, um sich in gnostisch-gynäkokratische Orden umzugestalten: aber diesen geistigen Schritt zu machen waren sie nicht imstande. Beides gilt auch für die zweite Blüte der Nonnenklöster, die sich in der Zeit der Gegenreformation besonders in Spanien und Frankreich verbreiteten. Das geistige Band, das alle diese Mädchen und Frauen vereinigt, ist der *amor amoris divini sive gnostici;* ihr Instinkt ahnte mehr als ihr Bewußtsein fassen oder ihre Zunge sagen konnte. Der christliche Logos wurde ihnen durch unbewußte Erinnerung wieder zum gnostischen Logos, dem gnostischen Frauen- und Liebesgott, um dessen Passion und Tod sie klagten, wie die Adoniazusen, ohne sich bewußt zu machen, wer das gnostische Männerhaus des Einen zerstört hatte und ohne zu wissen, daß es allein durch ihr Geschlecht wieder auferstehen kann. In Maria, der Mutter des Erlösers, ahnten sie Sophia, die Göttin der Erkenntnis und der *Unio gnostica.* Mit sicherem Instinkt lasen und kommentierten sie immer wieder besonders zwei Texte der gnostisch-gynäkokratischen Überlieferung: das Hohe Lied und jenes zwölfte Kapitel der Apokalypse, das, judenchristlich überarbeitet, reine gnostisch-gynäkokratische Tradition enthält und dessen eschatologische Prophezeiung vielleicht derselben Zeit des Untergangs des ersten Äons angehört wie der Passionsmythus. Inhaltlich ist diese sicher von einer Frau geschaute Vision eine Parallele zum Auferstehungsmythus. Sophia, das gnostisch-gynäkokratische Frauenhaus, durch Sonne, Mond und Sterne als kosmische Weltmacht symbolisiert, bringt ihren messianischen Logos, das gnostische Männerhaus, zur Welt und besiegt den Drachen, das hoministische Männerhaus, das da heißt: Set, Ares der Eber, oder auch Jahwe Elohim; es sind auch hier die drei uns nun bekannten *dramatis personae*, der diesen Namen wirklich verdienenden Zeitwende. Wie in der Urzeit wurde im theokratischen Abendland gegen den Willen des hoministischen Paulus die Frau wieder Lehrerin des geistlichen Lebens; die gelehrtesten Theologen wurden ihre Schüler. Nur einmal schien die theokratische Männerkirche durch eine Frau ernstlich bedroht, die zwar nicht Nonne, sondern eine Dame der großen Welt war, aber von keiner Nonne an Heiligkeit des Lebens übertroffen wurde und in der die ganze gnostische Frauenbewegung des Mittelalters vor dem Zusammenbruche des Abendlandes durch den Demokratismus seinen Höhepunkt und Abschluß fand: das war Madame Guyon, deren Schüler und Verteidiger der große Fénelon wurde. Der Kampf, der zwischen vier der bedeutendsten Personen ihrer Zeit, zwischen Ludwig XIV. und Bossuet auf der einen, Madame Guyon und Fénelon auf der anderen Seite geführt wurde, wurde von den beiden ersten, dem großen König und seinem großen Hofbischof und Hoftheologen, den die Franzosen gern den letzten Kirchenvater nennen, bewußt als geistlicher Geschlechterkrieg mit nicht immer sehr edlen Waffen geführt; ihr Geschlechtsinstinkt fühlte den theokratischen Hominismus durch eine gnostische Gynäkokratie bedroht. Noch eine zweite Erscheinung der christlich-theokratischen Periode, die wie eine plötzlich aufsteigende Erinnerung an den aus dem Bewußtsein verdrängten gnostisch-gynäkokratischen Äon wirkt, sei erwähnt: die *cours d'amour* (Liebeshöfe) des zwölften und dreizehnten Jahrhunderts, über die Andreas, der Kaplan der Gräfin Marie de Champagne, berichtet, welche eine der hohen Beschützerinnen der Bewegung war. Zwar erscheinen die in den *cours d'amour* nach der Methode der beginnenden Scholastik dialektisch behandelten Fragen und ihre Lösungen oberflächlich, spielerisch und ohne metaphysische Doktrin gewesen zu sein; aber als Symptome des weiblichen Protestes gegen den theokratischen Hominismus und sein Geschlechtergesetz haben sie auf der Laienebene doch eine

Bedeutung, die man allerdings nur in dieser Hinsicht mit derjenigen der Nonnenmystik in der geistlichen Sphäre vergleichen kann. Auch sie scheinen tastende, sich selbst nicht verstehende Versuche, etwas Verlorenes, das sie selbst aber nicht kennen, wiederzufinden: Frauenkonzile einer Frauenkirche in einer Zeit der Frauenverehrung und eines dem Lehnsverhältnisse nachgebildeten Frauendienstes.

Der Sieg des demokratischen Laizismus bedeutete, daß im Kampf um die Herrschaft über das weibliche Geschlecht eine schwächer gewordene Form des agnostischen Hominismus durch eine stärkere überwunden war. Die demokratische Laizisierung der Frau ist die schwerste und entscheidende Niederlage des theokratischen Hominismus auf der ganzen Erde; denn alle hoministischen Theokratien, die indische oder chinesische so gut wie die christliche, waren ja zur Beherrschung des weiblichen Geschlechtes entstanden. Auf der ganzen Erde aber werden die Frauen von der Beeinflussung durch die Priesterstände befreit, natürlich nur, um zu Hörigen der neuen Männerreligion und ihrer Offenbarung zu werden. Deshalb ist es auch eine weibliche Torheit, irgendeinen der um sie rivalisierenden Männerbünde mehr Kredit zu geben als einem andern oder von einem neuen mehr als von seinem Vorgänger zu erwarten. Er befreit wohl von dem früheren Tyrannen, aber nur um noch tyrannischer zu werden. Das ist nicht seine Schuld, sondern folgt notwendig aus dem Gesetz des agnostischen Ichbewußtseins, nach dem er angetreten. Schuld haben nur die Toren oder Törinnen, die glauben, einen Neger weißwaschen zu können. Die laizistisch-demokratischen Frauenbünde aber sind religiöse Bünde und werden durch die laizistisch-religiösen Männerbünde oder politisch-religiösen Männerparteien, für deren Zwecke sie tätig sind, ebenso geführt wie die christlichen Frauenbünde durch den Klerus, für dessen theokratische Ziele sie arbeiten: beide sind Werkzeuge des agnostischen Hominismus. Die einen sprechen die neuen eingelernten hoministischen Dogmen ebenso gelehrig nach wie die andern die alten. Die bürgerliche Frauenbewegung bekennt die Dogmen der privatwirtschaftlichen und privatkapitalistischen Religion, vielleicht mit einer Messerspitze christlichen Salzes, wie die marxistischen Frauenbünde die der kollektivwirtschaftlichen und staatskapitalistischen Religion wiederholen, vielleicht mit einem Löffel antichristlichen Pfeffers. Sie können diese auf eine einschläfernde und pedantische Art wiederholen, aber von dem, was die Frau Eigenes sagen könnte, so daß auch Männer die Ohren spitzen müßten, wissen sie nichts. Auf ihren Denkmälern trägt die ägyptische Königin Hatschepsut, wenn sie bei Staatsaktionen dargestellt ist, den pharaonischen Kinnbart vorgebunden; denn die Staatszeremonien konnten nur durch männliche Pharaonen vollzogen werden, und da

Hatschepsut kein männlicher Pharao war, mußte sie durch die magische Kraft des vorgebundenen Bartes in einen solchen verwandelt, mußte sie äußerlich hominisiert werden. So hört man auch, wenn die Predigerinnen der Religion des Klassenkampfes ihre Lektion aufsagen, die Männerbärte von Karl Marx und Friedrich Engels im Winde rauschen. Alle diese demokratisch frommen Frauen sind nur die Diakonissen der neuen Männerreligionen, Hausgehilfinnen mit vorgebundenen Bärten in den bürgerlichen und proletarischen Männerhäusern. Und tragen die Standesgenosssinnen Hatschepsuts, die Semiramisse, Elisabeths und Katharinas nicht auch Bärte, natürlich nur außerhalb ihres Privatlebens, wenn sie nach den Prinzipien Macchiavellis und Tartuffes agnostisch-hoministische Staatspolitik treiben? Die hoministische Geschichtsschreibung nennt sie große Königinnen, das sind ideal hominisierte Frauen, welche das Wesen des agnostischen Hominismus so gut verstehen wie ein Mann, und das der gnostischen Gynäkokratie so schlecht wie eine hominisierte Frau. Zum Feldzug gegen die gnostische Gynäkokratie sind also auch unter der Führung ihrer Männerbünde jene Frauenbünde der neuen ökonomisch-demokratischen Religion aufgebrochen und bekennen damit ein dreifaches Kriegsziel. Erstens die Unterdrückung des metaphysischen Triebes des Einen, im weiblichen Geschlechte zum gnostischen Ichbewußtsein zu erwachen und seine Fixierung ausschließlich auf sein agnostisches Ichbewußtsein, beides im Interesse der ökonomischen Produktion als dem Sinne des Lebens und der auf dem agnostischen Ichbewußtsein beruhenden Männerherrschaft. Zweitens die Unterdrückung des historisch-prophetischen Mythus der gnostischen Gynäkokratie, der, auch wenn er christlich-theokratisch hominisiert ist, der Männerherrschaft, wie die Vergangenheit zeigt, noch immer gefährlich werden kann, in seinem wahren Sinne interpretiert ihr aber verhängnisvoll werden müßte. Und drittens die Unterdrückung der *Unio gnostica* durch die *Unio agnostica*. Diese Forderung ist eine Folge der ersten. Die Religion von Sophia und Logos und ihr gnostisches Geschlechtergesetz müßte die auf dem agnostischen Hominismus, also der *Unio agnostica* beruhende Männerherrschaft, ins Wanken bringen; denn die *Unio gnostica* von Sophia und Logos hat die gnostische Gynäkokratie zur Voraussetzung. Es ist nicht auszudenken, wie die Produktion gestört und verringert würde, wenn man nicht mehr in ihr den letzten Sinn des Lebens sähe. Deshalb darf es keine Metaphysik, sondern nur eine Physik der Liebe geben. Es ist besser, daß die Liebe, wie Mephisto, eine Spottgeburt aus Dreck und Feuer oder auch aus Dreck ohne Feuer ist, als daß die auf der Männerherrschaft beruhende Produktionssteigerung Schaden litte. Am besten wäre es deshalb, wenn durch ein von den hominisierten Frauenbünden empfohlenes hoministisches Geschlechtergesetz der Fortpflanzungsbetrieb der Arbeitssklaven geregelt würde unter wohlwollender Berücksichtigung des Bedürfnisses der männlichen Produktionssklaven nach dem berühmten russischen Glas Wasser. So wurden und werden die agnostischen Frauenbünde zu Collaboranten bei dem Vernichtungswerke des agnostischen männlichen Geschlechtes, das sinnlos zerstört, sinnlos wieder aufbaut, um wieder sinnlos zerstören zu können. Wie Mosche vom Nebo aus könnten die Führerinnen der hominisierten Frauenbünde das gelobte Land, dem sie ihr Geschlecht entgegenführen, schon vor sich sehen, wenn sie die Augen aufzumachen noch imstande wären. Da ist es, das numerierte Weiberkollektiv, abgerichtet zum Dienst des numerierten Männerkollektivs, Sklavinnen von Sklaven des ökonomischen Männerhauses, beständig geschult in den Dogmen der hoministischen Wirtschaftsreligion, dem neuen Opium für das Volk, von Analytikern des demokratischen Hominismus, die ihr die letzten etwa noch vorhandenen Complexe ihres gnostisch-gynäkokratischen Unterbewußtseins ausreißen sollen, von Zeit zu Zeit, wie von Zahnärzten, untersucht, von weiblichen Polizistinnen zur Arbeit, von Heereshelferinnen und weiblichen Offizieren in den Krieg geführt. Wahrhaftig, der demokratische Hominismus des Abendlandes hat sein Ziel, die agnostische Katholizität des weiblichen Geschlechtes auf der ganzen Erde herzustellen, radikaler durchgeführt und vollkommener erreicht als es dem christlich-theokratischen Hominismus gelungen war. Doch an dem Nieder- und Untergange der Menschheit, dem Ziele des Totentanzes der beiden Geschlechter, trägt nicht der Mann die Hauptschuld, sondern die Frau, die sich hominisieren ließ und die gnostische Bestimmung ihres Geschlechtes vergessen hat. Über diese ihre Schuld zum Schlusse noch einige Worte.

III. DER SÜNDENFALL DER FRAU

In einer Homilie (Hom. II super „Missus est") sagt Bernhard von Clairvaux: „*Ecce si vir cecidit per feminam iam non erigitur nisi per feminam*" (Siehe, wenn der Mann durch die Frau gefallen ist, dann kann er auch nur durch die Frau wieder aufstehen). Auch für uns spricht dieser Satz eine Wahrheit aus, aber die Worte bedeuten für uns etwas anderes als für den Heiligen. Auch wir sprechen von einem Sündenfall des weiblichen Geschlechtes. Unter Sünde im allgemeinen Sinne verstehe ich, etwas nicht zu tun, was man tun sollte, und etwas zu tun, was man nicht tun sollte. Im gnostischen Sinne verstehe ich also darunter die Nichterfüllung des gnostischen Gesetzes und die Erfüllung des agnostischen Gesetzes; denn das agnostische Ichbewußtsein des Einen, auf dem das agnostische Gesetz beruht, ist eine Bewußtseinsstufe, die kraft des metaphysischen oder gnostischen Triebes durch sein gnostisches Ichbewußtsein, die Grundlage des gnostischen Gesetzes, überschritten werden soll. Das gnostische Gesetz des weiblichen Geschlechts aber lautet, selbst im Besitz der Gnosis zu sein, um das männliche Geschlecht zur Gnosis zu führen. Die Sünde besteht also für das weibliche Geschlecht darin, dieses gnostische Gesetz nicht zu erfüllen, sondern dem agnostischen des männlichen zu gehorchen. Der Begriff des Sündenfalls aber schließt ein, daß der, der in die Sünde fiel, einmal nicht in der Sünde war, also höher stand, sonst hätte er nicht fallen können. Um in die Sünde fallen zu können, muß also das weibliche Geschlecht früher höher gestanden haben, d. h. es muß in der Zeit vor dem Sündenfall sein gnostisches Gesetz erfüllt haben. Diese Zeit nennen wir den ersten Äon der Menschheitsgeschichte. Die Zeit vor ihrem Sündenfall ist also die der Erfüllung des gnostisch-gynäkokratischen Geschlechtergesetzes durch die Frau: in dieser Zeit tat sie, was sie tun sollte, und tat nicht, was sie nicht tun sollte. Der Sündenfall des weiblichen Geschlechtes besteht also in dem Vergessen und der Nichterfüllung dieses Gesetzes und in der Bejahung und Erfüllung seines Gegengesetzes: dieses aber ist das agnostisch-hoministische Gesetz. Religiös ausgedrückt: der Sündenfall des weiblichen Geschlechtes besteht in der Anbetung des agnostischen Männergottes und seines agnostischen Geschlechtergesetzes, also in der Absage an Sophia und Logos und ihr Gesetz der *Unio gnostica*. Wie aber das männliche Geschlecht, das stärker im agnostischen Ichbewußtsein verwurzelt ist und deshalb die Führung zur Gnosis durch das andere Geschlecht braucht, im ersten Äon durch dessen Verdienst zum gnostischen Ichbewußtsein und zur *Unio gnostica* geweckt worden war, so mußte auch es aus seinem gnostischen Ichbewußtsein, zu dem es durch die Frau emporgehoben war, in das agnostische hinunterfallen, als das weibliche Geschlecht seine metaphysische Verantwortung ihm gegenüber vergaß; so daß man mit Recht sagen darf, daß der Sündenfall der Frau als der primäre auch den Sündenfall des Mannes als sekundären zur Folge hatte. Und nun: *incipit tragoedia generis humani* — nun kann die Menschheitstragödie des zweiten Äons beginnen. Wir überflogen die Geschichte des agnostisch gewordenen männlichen Geschlechtes vom ersten hoministischen Männerhaus bis zu den ökonomisch-demokratischen Männerbünden oder Staaten der Gegenwart und die des weiblichen Geschlechtes vom ersten hominisierten Frauenhaus oder der untergeworfenen Chawwah bis zu den modernen Frauenbünden der ökonomisch-demokratischen Männerreligionen. Unter der Führung der agnostischen Männerbünde kämpfen diese hominisierten Frauenbünde gegen die Erhebung der

Menschheit vom Sündenfall in den früheren Zustand, also zur Erhaltung der Erbsünde, d. h. der ererbten Sünde, nämlich für die Erhaltung des durch den Sündenfall entstandenen agnostischen Geschlechterverhältnisses, das eine Generation der anderen als den Willen Gottes oder den der Natur vererbt, was beide Male nur bedeutet: als den Willen der agnostischen Männerbünde, und welches das zum Selbstbewußtsein gekommene Eine als das seinem Wesen Widersprechende, also als Sünde erkennt. Die Geschichte des zweiten Äons ist die Geschichte des Sündenfalls in die gnostische Unwissenheit und die seiner Bestrafung, die dauern wird solange die Menschheit im Zustand der Unwissenheit verharren wird, d. h. solange der zweite Äon dauert. Es sind die Strafen, mit denen sich das in der zweigeschlechtlichen Menschheit unseres Planeten individuierte Eine selbst straft, weil es nicht in der Katholizität seines Selbstbewußtseins lebt. Denn epidemische Individual- und Collectivhysterien sind die automatisch notwendigen Folgen des metaphysisch entwurzelten Ichbewußtseins, in dem die agnostischen Männerbünde und ihre hominisierten Frauenbünde die Menschheit zu erhalten suchen durch die Unterdrückung und Verdrängung des gnostischen Triebes, auf dem gerade der wesentliche Unterschied des Menschengeschlechtes von allen anderen Gattungen irdischer Lebewesen beruht.

Nachdem wir uns die Worte der ersten Hälfte des Bernhard'schen Satzes: „Siehe, wenn der Mann durch die Frau gefallen ist", zu eigen gemacht, aber in einem von dem des Autors ganz verschiedenen Sinne erklärt haben, wollen wir nun auch noch mit seiner zweiten Hälfte: „Dann kann er auch nur durch die Frau wieder aufstehen", ebenso verfahren. Um aber den Mann von seinem Falle aufheben zu können, muß sie sich selbst vorher von dem ihrigen wieder erhoben haben. Es ist indessen wahr, daß dieses letztere das erstere ebenso einschließt, eines vom anderen ebenso untrennbar ist, wie mit ihrem Fall zugleich der des Mannes gesetzt war. Der Wortlaut des Bernhard'schen Satzes spricht also die messianische Bestimmung des weiblichen Geschlechtes aus, die wir, ohne diesen Begriff zu gebrauchen, aus dem Wesen des in zwei Geschlechter gespaltenen Einen abgeleitet haben. Das Eine wird durch die Forderung seiner weiblichen Potenz seine männliche von dem agnostischen Ichbewußtsein wieder erlösen, in das es durch sie gestürzt war, und damit wird das Eine wieder zur *Unio gnostica* mit sich selbst als dem Einen fähig werden. Diese Umwandlung des agnostischen Ichbewußtseins des Einen in seinen männlichen und weiblichen Individuationen zum gnostischen Ichbewußtsein bezeichne ich mit dem nach Johannes dem Täufer auch von den christlichen Theologen verwendeten Begriffe der Metanoia oder des Umdenkens. Da nun das Eine in weiblichen und männlichen Individuationen erscheint, die, dasselbe Ziel erstrebend, zu Bünden oder Religionen vereinigt sind, so müssen wir sagen, daß die Wiederaufrichtung des gefallenen männlichen Geschlechtes durch das zuerst wieder aufgestandene weibliche darin besteht, daß der wiederhergestellte gnostisch-gynäkokratische, in der Religion von Sophia und Logos geeinte Frauenbund durch sein gnostisches Magisterium den gnostisch-gynäkokratischen, in der Religion von Sophia und Logos geeinten Männerbund wiederherstellt. Erst durch das Erscheinen der beiden Bünde erhält die beginnende Wiederaufrichtung der Menschheit von ihrem Falle ihren sichtbar-realen Ausdruck. Und dieser als möglich gefürchteten Wiederherstellung der beiden Bünde gilt der wiederholt erwähnte Kampf der agnostischen Männerbünde und ihrer hominisierten Frauenbünde im ganzen zweiten Äon. Sie sind also gegen den gnostisch-gynäkokratischen Messianismus gerichtet: er ist der unsichtbare, vom bösen Gewissen während der ganzen Zeit des Sündenfalls gefürchtete Feind. Die metaphysische Bestimmung der weiblichen Potenz des Einen ist natürlich unabhängig von jeder historischen Begründung; sie folgt vielmehr aus dem ewigen Wesen des Einen selbst, das sich in allen sukzessiven Umgestaltungen des einen Kosmos und in allen ihren zweigeschlechtlichen Menschheitsarten individuiert, um durch seine weibliche Potenz zur bewußten *Unio gnostica* mit sich selbst zu kommen, als dem begrifflichen Abbild seiner überindividuellen Einheit. Aber durch sein historisches Bewußtsein hat es das Wissen von einer früheren Verwirklichung dieses seines ewigen immanenten Zieles in der Menschheit unseres Planeten und versteht es die künftige Herstellung dieses Zieles als die *Wieder*-Herstellung eines Gewesenen. Mit diesem historischen Bewußtsein wird über den durch die Schuld der Frau entstandenen Hiatus eine Brücke geschlagen, die den ersten Äon mit dem dritten verknüpft. Aber wird es einen dritten Äon geben?

Man kann wohl theoretisch sagen, worin die Wiedererhebung der Menschheit von ihrem Fall in die gnostische Unwissenheit bestehen müßte, aber man kann nicht im voraus sagen, ob das weibliche Geschlecht zu diesem Werke noch fähig ist, ehe es selbst die Antwort gegeben hat. Einerseits könnte man annehmen, da der gnostische Trieb in der Menschheit, solange sie noch Menschheit ist, nicht zerstört werden kann, daß das Eine durch eine geistige *generatio spontanea* sich in neuen gnostischen Frauenbünden, neuen Hüterinnen des ewigen Feuers, individuieren wird. Dann behalten die Prophetinnen der letzten weiblichen Offenbarung, der von der Passio und Resurrectio des Logos, doch recht, die sie als das letzte Wort des untergehenden ersten Äons den siegreichen agnostischen Männerbünden und den hominisierten Frauenbünden, der gefallenen Chawwah, zuriefen. Es müßten dann neue Prophetinnen der *Unio gnostica* von Sophia und Logos erscheinen, deren gnostische Kraft und Willensintensität stark genug wäre, einen neuen Äon der Menschheit ins Leben zu rufen. In seiner Rede „Über die Würde des Menschen" *(De dignitate hominis)* stellt Pico della Mirandola den Menschen als ein Zwischenwesen zwischen Tier und Engel dar, das sich entscheiden muß, ob er ins Tier herunterfallen oder zum Engel, d. h. zu einer gnostischen Menschenart, aufsteigen will. Das Eine, in seiner ganzen irdischen Menschheit seiner selbst bewußt geworden, müßte in einem neuen dritten Äon, belehrt durch die grauenhaften Erfahrungen seines agnostisch-hoministischen zweiten, durch die Gnosis in den Besitz geistiger Kräfte gelangen, die es in seinem ersten noch nicht voll entwickeln konnte, wenn sie auch latent in seiner ersten Menschheit lagen; so daß das weibliche Geschlecht der dritten Menschheit dann wohl zurückblickend und wissend geworden sein *„mea maxima culpa"* bekennen müßte, aber zugleich auch: O *felix culpa!* hinzufügen dürfte. In diesem Falle wäre also der Moment der Entscheidung noch nicht verstrichen; aber dann gälte das Wort der johanneischen Apokalypse: „Der Augenblick ist nahe". Andererseits aber könnte man annehmen, daß er bereits vorüber sei, daß es den vereinten Kräften der agnostischen Männerbünde, der Männerstaaten und Männerkirchen, und ihrer hominisierten Frauenbünde bereits gelungen sei, den gnostischen Trieb in der Menschheit zu ersticken und damit die gnostischen Frauenbünde für immer von der Erde zu vertilgen, daß die geistige Substanz des weiblichen Geschlechtes restlos verbraucht sei, dann wäre die Menschheit bereits auf dem Rückwege zum Tier. Viele, aber vielleicht falsch gedeutete Symptome scheinen zu diesem Schlusse zu berechtigen. Der pythagoreische Arzt Alkmaion aus Kroton, der Stadt, in der der Meister durch den demokratischen Pöbel den Märtyrertod im Feuer fand, scheint dann in einem dunklen Ausspruch die Diagnose dieser Entmenschlichung der Menschheit ausgesprochen zu haben. „Die Menschen", sagt er, „gehen darum zugrunde, weil sie den Anfang nicht an das Ende knüpfen können" (*Diels*, Vorsokratiker, I). Aber wenn auch das Eine den Sinn seiner Individuationen in der Menschenart unseres Planeten, dieses „Tropfens am Eimer", wie ihn Klopstock nennt, zu erfüllen nicht die Kraft haben wird, wenn sie durch das Wesen des Einen prädestiniert ist, nur ein mißglückter gnostischer Versuch zu bleiben — was bedeutet das? In anderen, höheren Arten der einen ewigen Menschheit, die man mythologisch Engel nennen mag, und die gleichzeitig mit uns in demselben Raume auf andern Welten da sind, erreicht es dafür sein Ziel, die *Unio gnostica* von Sophia und Logos, in einem für uns unvorstellbaren Grade der geistigen Vollkommenheit, wie es dieses Ziel in der unendlichen Zahl von vergangenen Gestaltwandlungen des Universums schon erreicht hat und in der unendlichen Zahl der künftigen Gestaltwandlungen des Kosmos noch erreichen wird: denn sein ist die Kraft und die Macht und das Reich mit seiner Herrlichkeit in Ewigkeit. Amen.

ZWEITER TEIL ODER ZWEITER AUFSATZ

Die gnostisch-gynäkokratischen Apokalypsen der Griechen und Goethes Pandora

ERSTES KAPITEL

Vom Wesen der Götter und ihrer Mythen

Ehe es mir möglich ist, die Idee von Goethes prophetischem Drama „Pandora" zu entwickeln, dessen Bedeutung im umgekehrten Verhältnis zu seiner Popularität steht, muß ich versuchen, den ursprünglichen Sinn des antiken Pandoramythus klar zu machen, den der moderne Dichter neu gestaltet hat. Soll aber die Deutung eines Mythus nicht eine Fahrt ins Blaue oder eine Glasperlenspielerei sein, so muß man sich vorher über den Begriff des Mythus überhaupt Rechenschaft geben. Die Literaten haben das Wort mißbraucht, um verworrene Träumereien unter dieser Achtung gebietenden Flagge aussegeln zu lassen, und zuletzt geriet es sogar in die Hände der Politiker. *Georges Sorel*, der Theoretiker des Syndikalismus, führte es um die Jahrhundertwende in seinen *„Réflexions sur la violence"* in die Ideologie und den Jargon des Klassenkampfes ein und sprach vom *mythe du grève général*, und andere wiederum nahmen das Wort in das Lexikon des Rassenkampfes auf: so kam es herunter und wurde Bezeichnung für zug- und suggestivkräftige agitatorische Schlagworte. *Liberté, égalité, fraternité*, die Menschenrechte und andere abgenützte und mißbrauchte Dinge wurden, um den Eindruck von Vornehmheit und Jungfräulichkeit vorzutäuschen, neu als „Mythen" etikettiert, oft von Leuten, die als stramme Antihumanisten kein Wort griechisch verstanden und keine Ahnung davon hatten, was der Begriff „Mythus" überhaupt bedeutet. Durch die Definition dieses Begriffes aber erhalten wir nicht nur ein Kriterium, um den echten Mythus von nur mythusähnlichen Gebilden, also Pseudomythen, abzusondern, sondern zugleich auch die Grundlage für die Deutung der Mythen selbst; denn jeder einzelne Mythus, ein aztekischer oder germanischer, ein griechischer, indischer oder jüdischer, kann als Mythus nur aus dem allgemeinen Wesen des Mythus überhaupt verstanden werden. Das griechische Wort Mythos nun bedeutet ursprünglich jede Art von Erzählung. Mythen konnte man also ebensogut geschichtstreue oder sagenhaft gesteigerte Erzählungen von einzelnen historischen Personen oder ganzen Völkern nennen; aber auch nur unterhaltende Erzählungen, welche die Lust zu fabulieren erdichtete, also roman- oder novellenartige Gebilde der Phantasie, sind ebenfalls Mythen. Schon im Altertume aber begann man dem Worte den begrenzten und speziellen Sinn zu geben, in dem wir es zu gebrauchen gewohnt sind. Mythen sind für uns Erzählungen einer besonderen Art von Wesen, die man Götter nennt, und solche Göttermythen haben oder hatten alle Völker der Erde. Durch diesen Gegenstand wird der Mythus zur heiligen Erzählung, zum *hieros logos*, der sich von allen profanen Erzählungen unterscheidet. Was sind aber nun die Götter, von denen diese dritte Art von Erzählungen berichtet? Es müßten Wesen der Geschichte sein ohne Personen der Geschichte zu sein, Gestalten der reinen Imagination ohne reine Phantasiegebilde zu sein, also diese zwei sich scheinbar ausschließenden Existenzformen dialektisch in sich vereinigen, wenn der Mythus, als eine dritte Form der Erzählung, neben den beiden andern bestehen und nicht mit einer von ihnen zusammenfallen soll. Gibt es eine Methode, die den Mythen eigentümliche Sprache, die bei allen Völkern prinzipiell die gleiche ist, zu entziffern und den Sinn des Textes wieder zu verstehen, um zu erfahren, wer diese göttlichen Wesen sind, von denen so seltsame Dinge erzählt werden?

I. DIE GÖTTER

Das Eine allein wirklich Seiende und wirklich Wirkende hat sich auf unserer Erde in zwei Geschlechtern individuiert, und zwar in zwei Geschlechtern, die nicht aus isolierten Einzelindividuen bestehen, sondern in Bünden vereinigt sind, d. h. es hat sich in Frauen- und Männerbünden individuiert, und diese stehen, als Erscheinungen des in beiden Arten von Bünden erscheinenden Einen, in einem korrelativen Verhältnis zu einander oder genauer gesagt, das Eine selbst steht in beiden als seinen Erscheinungen in einem korrelativen Verhältnis zu sich selbst. Ihr Verhältnis zu einander aber wird durch das Geschlechtergesetz bestimmt, das eines von beiden dem anderen gibt oder die beide miteinander in Streit sind, welches von ihnen es dem anderen zu geben hat. Und da diese Bünde sich aus agnostisch — oder gnostisch ichbewußten Individuationen zusammensetzen, d. h. aus Individuationen, in denen sich das Eine seiner selbst als des Einen bewußt geworden ist oder nicht, so unterscheiden sie sich als agnostische oder gnostische Frauen- und Männerbünde. Zu einem Bunde zusammengebunden aber werden die einzelnen Individuen durch das Bekenntnis eines gemeinsamen Bundessymbols. Das griechische Wort Symbolon bedeutet ursprünglich eine

Erkennungsmarke oder ein Erkennungszeichen zur Feststellung der Identität einer Person. Ein Bundessymbol ist also ein Erkennungszeichen für die Identität eines Bundes als einer Einheit und eines Ganzen. Diese ihre Erkennungszeichen nennen die Bünde ihre Götter. Das rituell vollzogene Bekenntnis zu diesen Göttern ist die *religio* der Bünde, durch die, wie es die Etymologie des Wortes ausspricht, der Bund mit seinem Gotte oder Symbolon zu einer Einheit verbunden ist. Diese Bünde sind also ihrem Wesen nach religiöse Bünde, d. h. Bekenntnisbünde oder Bekenntniskirchen. Das Bekenntnis kann aber ebensowohl das eines einzelnen wie das der ganzen Bundesgemeinde sein: immer ist es das Bekenntnis zu einem religiösen Kollektiv, dessen Symbol oder Zeichen der Gott ist. Deshalb sind aber die Götter nicht etwa bloße Nomina; ihre Realität ist die der Bünde selbst: die Götter und die in ihnen geeinten Bünde sind identisch. Sie sind die Objektivationen der Bünde als überindividueller Einheiten, sie sind deren objektiviertes, in einem Symbol ausgedrücktes Selbstbewußtsein als soziologischer Einheiten. So stehen sie als objektiv angeschaute Einzelwesen den Bünden oder Kirchen gegenüber, als deren Stellvertreter, als Abbilder ihrer vergangenen und gegenwärtigen Wirklichkeit und zugleich als Vorbilder ihres Bundeszieles, also ihrer zukünftigen Bundesherrlichkeit, d. h. sie sprechen Realität und Idealität der Bünde zugleich aus. Indem nun der Einzelne den Gott anbetet, bekennt er seine geistige und leibliche Hingabe an den in ihm symbolisierten Bund, und dieser bekennt sich durch den gemeinsamen Kultus der Bundeshieroglyphe zu seiner vergangenen, gegenwärtigen und künftigen Einheit. Und einmal durch die Imagination hypostasiert, führt der Gott, als der verklärte Doppelgänger der Bundes, sein eigenes selbständiges Leben. Genährt durch Gebete und Opfer, blutige oder unblutige, gewinnen die Götter als Bundeshypostasen ein immer selbständigeres magisch-dämonisches Dasein. Man kann nun auch in rein persönlichen Angelegenheiten zu ihnen beten, und sie gewähren dem ihrem Gesetze gehorsamen Gläubigen alles, was der Einheit des Bundes nicht widerspricht und seine Macht steigern kann. So werden die göttlichen Stellvertreter der Bünde mächtiger als die Bünde selbst, deren Ausdruck sie doch sind, denn die Idee ist immer der Tyrann der Wirklichkeit. So wird das hypostasierte Bundessymbol erst wirklich zum „Gott". Denn „Gott" bedeutet den unbedingten Herrn, der unbedingten Gehorsam fordert und als Zeichen der unbedingten Unterwerfung die bedingungslose Anbetung d. h. Anerkennung seines Gesetzes verlangt. Die Götter haben jetzt die Bünde durch ihr Gesetz geschaffen, regieren sie und führen sie zum Siege über alle andern Bünde und deren Bundesgötter. Neue Götter bedeuten also Symbole für neue Bünde. Der Prophet eines neuen Gottes hat in ihm das Symbol eines neuen Bundes geoffenbart; denn der neue Gott ist der nur erst potentielle neue Bund, der durch Aktualisierung verwirklicht werden soll. Als Jahwe, Allah und der Gott Christus geoffenbart wurden, wurde in ihnen der neue jüdische, arabische und christliche Männerbund geoffenbart. Mit Recht nennt sich die christliche Kirche soziologisch-symbolisch das Corpus Christi Mysticum und jeder religiöse Bund kann sich mit dem gleichen Rechte symbolisch als den mystischen Leib oder die Glieder seiner in dem Gotte hypostasierten Bundeseinheit bezeichnen: denn der Gott und sein Bund sind so untrennbar und verhalten sich zueinander wie ein Leib und die hierarchisch geordnete Vielheit der Glieder des Bundes. Als geoffenbarte Idee des Bundes gehen also die Götter den Bünden voraus, wie der Samen der Frucht voraus geht, die er aber latent in sich trägt. Nachdem das Symbol der Bundeseinheit einmal objektiv hypostasiert ist, kann man daher die Bünde ebensogut auch als Objektivationen der Götter, als ihre Kinder und Schöpfungen bezeichnen, wie die Götter als die Objektivationen ihrer Bünde. Der Gott oder das objektiv hypostasierte Symbol des Bundes und seiner Einheit war also *vor* dem Bunde da, der durch ihn erst möglich wurde, er ist *in* ihm da, weil der Bund nur in ihm geeint als Bund existiert und der Gott ist auch *nach* oder durch den Bund da, weil er nur aus dem Bunde selbst, als dessen Einheit, erkannt werden kann — er ist also, um eine scholastische Formel zu gebrauchen, *ante rem, in re* und *post rem* zugleich. Man versteht also den Gott nicht, wenn man ihn nicht in seinem Bunde und den Bund nicht, wenn man ihn nicht in seinem Gotte erblickt. Die Intensität des Lebens der Götter ist deshalb korrelativ mit der Intensität des Lebens ihrer Bünde als religiöser Einheiten, und mit dem Gott stirbt sein Bund wie mit dem Bund sein Gott untergeht. Die Theogonien erzählen deshalb die Entstehung von Bünden, und Götterdämmerungen sind Bundesdämmerungen. Denn wenn dem Gotte durch Bekenntnis, Gebet und Opfer keine magische Nahrung mehr zugeführt wird, schwinden seine, die individuellen Glieder zum Ganzen des *Corpus Mysticum* organisierenden Kräfte; und wenn der Bund auseinanderfällt, geht mit seiner Einheit notwendig auch sein Einheitssymbol, der Gott, unter. Die Religionsgeschichte ist also nicht nur ein Friedhof der Götter sondern auch der in diesen Göttern als ihren Einheitssymbolen einmal vereint gewesenen Bünde. Es gibt wohl nichts, das nicht stellvertretendes Erkennungszeichen, also Bundessymbol, also ein Gott werden konnte oder es auch einmal gewesen ist. Aber als Bundessymbole sind alle Götter, die, welche uns hohe, und die, welche uns niedrige Formen des Göttlichen scheinen, wesensgleich und besitzen dieselbe magische Realität. Die Erde, ihre Berge und Steine, ihre Flüsse und ihre Lufthülle, die kosmischen Wesen, die Sonne, der Mond, die Sternbilder, ja das ganze Himmelsgewölbe sind einzeln und in ihren Relationen zueinander stellvertretende Symbole der Frauen- und Männerbünde gewesen. Andere Geschlechterbünde symbolisierten ihre Einheit und deren Geschlechtergesetz in theriomorphen und dendromorphen Göttern, ihren Totemtieren, Totembäumen und Totempflanzen. Wieder andere Bünde beteten ihre Einheit in organomorphen Göttern an, das heißt sie erblickten ihre Bundeseinheit in Werkzeugen, wie der göttlichen Doppelaxt oder dem Schwerte. Eine künftige Menschheit wird so vielleicht einmal den Motor oder die Atombombe als ihren organomorphen Gott verehren, dessen Theologen dann die Techniker sein werden. Andere Bünde aber objektivierten ihre Einheit anthropomorph in der symbolisch erhöhten Gestalt ihres Stifters oder Stammvaters. Alle diese Himmelskörper und Tierarten, diese Artefakte und Einzelmenschen haben eine doppelte Existenz, eine Realexistenz und eine Symbolexistenz, sie haben eine doppelte Natur, eine physische und eine bundessymbolische oder göttliche und zwischen beiden besteht eine *communicatio idiomatum,* wie die Theologen sagen. Denn diese Sonne oder der Mond, das Känguruh oder das Schwert sind ja für die Symbolsichtigkeit des Bundes auch die in ihm objektiviert angeschaute Einheit des Bundes selbst, also mit ihm identisch, und aus dieser erhöhten Identität heraus können diese astrischen oder zoologischen Wesen, diese verstorbenen Menschen, die in ihren konservierten Reliquien, Schädeldecken und Knochen ja noch weiterleben, dem Bunde Orakel und Gesetze verkünden und in seiner Sprache zu ihm reden. Alles was vom Bunde gilt, gilt also auch vom Monde oder vom Känguruh, denn der Bund ist eines mit Känguruh oder Mond, in denen er sich als Einheit objektiviert anschaut, so daß das Känguruh im Bunde Mensch geworden ist und die Bundes- oder Stammesmitglieder alle Känguruhs sind, und bei den Kulttänzen springen sie wie wirkliche Känguruhs. Schließlich haben andere Frauen- und Männerbünde sich anthropomorph-symbolisch in rein imaginierten menschlich-übermenschlichen männlichen oder weiblichen Wesen objektiviert. Diese, von der Imagination, also dem Geiste, geschaffenen Götter haben also auch eine rein geistige Existenz; sie sind geistige, spirituale Wesen, die man nur mit dem geistigen Organ erblicken kann. Doch der priesterliche Künstler kann sie in die Materie bannen, so daß sie auch für die leiblichen Augen des Bundes sichtbar werden, der auch in ihnen seine eigene Bundeseinheit anschaut. Aber ihr wahres Dasein wird von der Imagination in den *hyperuranios topos,* den überhimmlischen Raum jenseits des kosmischen Raumes, in ein Empyreum verlegt, von dem aus sie mit nie schlafenden Argusaugen die Erfüllung des Bundesgesetzes als der Grundlage der Bundeseinheit, die in ihnen hypostasiert ist, eifersüchtig überwachen. Diese Bünde haben also ihre Einheit in transzendenten Göttergestalten objektiviert; und wie das göttliche Känguruh der australischen Stämme nichts anderes ist als die in ihm angeschaute Einheit des Känguruhstammes, so ist auch der Zeus vom Olymp oder der Jahwe vom Sinai nichts anderes als die anthropomorph objektivierte Einheit des Zeusbundes oder die des jahwistischen jüdischen Männerhauses.

So hat sich das Eine, seitdem es sich als zweigeschlechtliche Menschheit auf dieser Erde individuierte, in zahllosen nebeneinander und nacheinander existierenden religiösen Männer- und Frauenbünden oder Männer- und Frauenkirchen individuiert. Diejenigen seiner Männer- und Frauenbünde nun, in denen das Eine zur Gnosis seiner selbst als des in der zweigeschlechtlichen Menschheit mit ihren Frauen- und Männerbünden wie im All der Welten erscheinenden Einen gekommen ist, nannte ich gnostische, diejenigen, in denen es auf der Stufe des agnostischen Ichbewußtseins stehengeblieben ist, nannte ich agnostische Bünde. Notwendig sind also auch die Götter und Göttinnen dieser Bünde, als Ausdruck von deren Bewußtseinsstufe, entweder gnostische oder agnostische Götter und Göttinnen. Für die Sophisten blüht der Weizen, wenn das Absolute „Gott" genannt wird: sie legen dann ihren Bundesgöttern das Attribut des Absoluten bei. Das Absolute aber ist von diesen, seien es nun gnostische oder agnostische Bundesgötter, durch den ganzen metaphysischen Abgrund getrennt, der zwischen dem Einen und seinen Erscheinungen liegt, wozu die Bünde mitsamt ihren Göttern gehören. Um also sophistische Zweideutigkeiten zu verhüten und eine klare Erkenntnis sowohl von der Natur des Absoluten wie von der Natur der Götter möglich zu machen, die Geschöpfe des Absoluten durch seine Bünde sind, nennen wir die Götter Götter und das über allen Göttern als ihr Ursprung stehende Absolute nur das Absolute oder das Eine, und nicht Gott. Wenn dieses auch in agnostischen Bünden mit ihren agnostischen Göttern erscheint, so sind doch das Ziel und der Sinn seiner Individuationen natürlich nur die gnostischen Bünde mit ihren gnostischen Göttern. In den auf seiner metaphysischen Unwissenheit über sich selbst beruhenden Männer- und Frauenbünden, in denen es nicht zum gnostischen Bewußtsein seiner Identität in beiden Geschlechtern gekommen ist, kann der wie sein Bund agnostische Gott auch nur der Verkündiger eines agnostischen Geschlechtergesetzes, also der *Unio agnostica* sein; in seinen aus gnostisch ichbewußten Individuationen bestehenden gnostischen Frauen- und Männerbünden dagegen, in denen sich das Eine als das Eine in beiden Geschlechtern erkannt hat, lehren die Göttin und der Gott das gnostische Geschlechtergesetz der *Unio gnostica*. Die Göttin der gnostisch-gynäkokratischen Frauenbünde des Einen, in der sich diese als in ihrem Bundessymbole objektiv hypostasiert haben, habe ich Sophia, als die Göttin des gnostischen Wissens in der weiblichen Potenz des Einen genannt; den Gott der gnostisch-gynäkokratischen Männerbünde, welche durch die gnostischen Frauenbünde in die Gnosis und das gnostische Geschlechtergesetz initiiert sind, nannte ich Logos, als den Gott oder das Bundessymbol des gnostischen Selbstbewußtseins des Einen in seiner männlichen Potenz.

II. DER MYTHUS

Mit der Beantwortung der Frage nach dem Wesen der Götter, *de natura deorum*, ist zugleich die Antwort auf die nach dem Wesen des Mythus gegeben, und die Definition der Götter schließt zugleich die Methode der Interpretation ihrer Mythen ein. Denn wenn die Götter die Symbole der gnostischen oder agnostischen Männer- und Frauenbünde sind, so sind auch die Göttermythen oder Erzählungen von den Göttern nichts anderes als die symbolisch-analogisch erzählte Geschichte dieser Bünde selbst. Glaubt der Bund seine Entsprechung oder Analogie in einem Gegenstande gefunden zu haben, oder ist dieser ihm als solche von dem Propheten oder Stifter des Bundes geoffenbart, dann muß er notwendig seine eigene Geschichte analogisch als die Geschichte dieser Entsprechung erzählen. Da diese also die Geschichte eines Symbolons ist, bezeichnet man sie mit Recht als eine symbolische Geschichte. Der Gott sowohl als seine Geschichte werden also durch die Fähigkeit zum analogischen Vorstellen geschaffen und dieses beruht zuletzt auf der metaphysischen Grundtatsache, daß die ganze Erscheinungswelt ein analogisches Erkennungszeichen oder Symbolon des Einen selbst, daß alles Vergängliche nur ein Gleichnis des Absoluten ist. Die Göttermythen sind also Bundesmythen. Der Bund selbst ist Subjekt und Objekt des Mythus, die heilige Überlieferung, der *hieros logos* vom Gotte, ist der *hieros logos* vom Bunde selbst. Der Mythus eines Gottes ist also in analogisch symbolischer Sprache das historisch-soziologische Selbstbewußtsein eines Bundes in seiner Beziehung zu sich selbst und zu andern Bünden oder Göttern. Aus dem Wesen des Bundes als eines handelnden und erleidenden Kollektivs von Individuen folgt die Notwendigkeit eines handelnden und leidenden Bundessymbols, so daß also in dem Tun und Erleiden des Gottes nicht nur das Sein des Bundes als einer statischen oder ontologischen Einheit sondern zugleich auch sein Wirken als das einer dynamischen Einheit analogisch-symbolisch reflektiert ist. Der Mythus ist die Geschichte des *corpus mysticum* eines Gottes, er erzählt die Geschichte eines Bundes *sub specie dei*. So steht also der profanen Alltagssprache des Einzelnen und seiner Einzelgeschichte innerhalb der Gemeinschaft die heilige oder analogische Bildersprache des in dem Gotte symbolisch geeinten Kollektivs gegenüber. Es ist die Sprache der in das Wesen der Götter eingeweihten Priesterstände, die also zugleich die Dogmatiker und Historiker der Bünde sind. So sind denn in der Tat die Mythen jene postulierte dritte Erzählungsart, die von Gegenständen berichtet, die zugleich Imagination und historische Wirklichkeit sind, denn sie erzählen die Geschichte historischer Bünde unter der Gestalt von imaginierten, diese Bünde symbolisierenden Wesen. So wenig wie sich das Eine in ichbewußten Einzelnen individuieren könnte, wenn diese ohne Ich-gedächtnis wären, da es ohne dieses keine Kontinuität, also auch keine Identität im Ichbewußtsein gäbe, ebensowenig könnte es sich als ein Bund von männlichen und weiblichen Individuen individuieren, ohne daß dieser ein Bewußtsein seiner Identität und Kontinuität in der Zeit hätte. Wie also der Einzelne sein einzelpersönliches Ichbewußtsein hat, das Bewußtsein von der Geschichte seines Ichs, von seinen vergangenen Relationen zu Menschen und Dingen, so muß auch der Bund als ein Ganzes und eine Einheit das Bewußtsein von seiner Bundesgeschichte haben, von seinen vergangenen Relationen zu andern Bünden und Dingen, oder er hätte nicht das Bewußtsein von seiner Bundesidentität. Männerhäuser und Frauenhäuser ohne Geschichtsbewußtsein, d. h. ohne geschichtliche Überlieferung, kann es also auf der Erde nicht gegeben haben. Wie die sogenannte historische Menschheit ihre Geschichte in tatsächlichen Berichten schriftlich überliefert hat, so hat die sogenannte prähistorische die ihrige in bundessymbolischen Göttermythen mündlich durch Priesterstände mit beneidenswerter Gedächtniskraft überliefert, bis auch diese Mythen schriftlich in Zeiten fixiert wurden, die bereits das Verständnis für ihren Sinn verloren hatten. In den Mythen ist also die Geschichte der prähistorischen Menschheit enthalten; sie sind unsere Geschichtsquelle für das geistige, gesellschaftliche und historische Leben der vorgeschichtlichen Menschheit. Das scheint so einfach und einleuchtend wie das Ei des Kolumbus. Daß aber so schwere Mißverständnisse über das Wesen der Mythen möglich wurden, hatte seinen Grund darin, daß sich das agnostisch-individualistische Ichbewußtsein des Einen immer stärker auf Kosten seines gnostisch-kollektiven entwickelte; der Sieg des agnostischen Ichbewußtseins ist ja der eigentliche Charakter der Periode, die wir die historische Zeit zu nennen pflegen, durch den sie sich von der vorausgegangenen Periode unterscheidet, man konnte deshalb die Mythen nicht mehr in Beziehung zu ihren Bünden verstehen als das geschichtliche Selbstbewußtsein des *corpus mysticum* eines Gottes: Leib und Seele waren dualistisch getrennt, und die Mythen schwebten wie

Dinge an sich in der Luft. Denn die ursprünglichen Männer- und Frauenbünde, die sie geschaffen hatten, bestanden nicht mehr, und sie in den von ihnen als Zeugnisse ihres Daseins hinterlassenen Mythen zu erkennen, vermochte man nicht mehr. Sie waren von ihrer Bundesrelation gelöst und damit zu absoluten, d. h. beziehungslosen Gebilden geworden, die man nun aus sich selbst zu erklären versuchte, was natürlich eine Unmöglichkeit war und zu Absurditäten führen mußte. Das konkrete Mythenverständnis der noch Mythen schaffenden alten Zeiten verschwand und an seine Stelle trat eine abstrakte Deutung des Mythus, die ihn philosophisch, naturwissenschaftlich, ethisch, poetisch-ästhetisch und schließlich sogar individual- oder kollektiv-psychoanalytisch erklären wollte. Abstrakt aber sind diese Wege deshalb, weil sie die echten Mythen von der Wirklichkeit des historisch-soziologischen Lebens der religiösen Gemeinschaften loslösten oder abstrahieren: der Mythus gleicht nun einem Ballon, dem das ihn an die Erde bindende Tau durchschnitten ist und der nun entfesselt in der Luft umhertaumelt, bis er in immer sublimere Höhen der Spekulation aufsteigend, schließlich vor lauter leerem Geist zerplatzt. Denn Mythen sind keine rebusartig formulierten Philosopheme: wohl aber liegt ihnen, wie jeder geistigen Schöpfung, eine Philosophie zugrunde, die des gnostischen oder agnostischen Ichbewußtseins. Sie sind keine allegorisierte Naturwissenschaft, keine Meteorologie, keine Astronomie: wohl aber haben sie eine Vorstellung vom All, in dem die Bünde leben, zur Voraussetzung. Sie sind keine didaktische Ethik, wohl aber spricht sich in ihnen das Gesetz aus, auf dem die gnostischen und agnostischen Männer- und Frauenhäuser der Urzeit errichtet waren. Sie sind auch keine Anweisungen für magische Riten; wohl aber beruhen sie auf einer Einsicht in die magisch-vitale Wechselwirkung zwischen dem Gott und seinem Bunde. So ist in den Mythen, diesen religiöshistorischen und religionshistorischen Epen der Urzeit, auch das ganze Wissen der prähistorischen Männer- und Frauenbünde *implicite* enthalten. Aber diese erzählen in ihren größten und erhabensten Mythen analogisch-symbolisch nicht nur ihre Vergangenheit sondern auch ihre imaginierte Zukunft. Denn der vollständige Mythus ist zugleich eine Offenbarung der rätselhaften Vergangenheit und der noch rätselhafteren Zukunft: er ist Apokalypse der Vergangenheit und Apokalypse der Zukunft, der letzten Dinge wie der ersten, eschatologisch wie protologisch. Die Generationen der Bünde, die auf dem Wege zu dem im Gotte geoffenbarten Ziele sind, wollen wissen, wie nach ihnen das Ziel erreicht wird und was dann sein wird. Denn der Trieb des Einen zu seinem historischen Selbstbewußtsein in der Menschheit geht vom ersten bis zum letzten Menschen auf sein in der Einheit des Seins begründetes totales

Geschichtsbewußtsein, und die größten Schöpfungen der mythischen Imagination sind Ausdruck dieses Triebes des Einen zu seinem totalen Geschichtsbewußtsein. Dieses aber kann seinen Ausdruck nur in der allgemeinen und mythischen, d. h. analogisch-symbolischen Sprache finden, die das Eine als urzeitliche Menschheit gesprochen hat und nicht in der tatsächlichen, nur von konkreten Einzelheiten berichtenden Sprechweise des historischen Menschen. Seit der Verdrängung des gnostisch-kollektiven Ichbewußtseins des Einen durch das agnostisch-individualistische aber, also seitdem die Beziehung auf den gnostischen Gott und die gnostische Göttin, d. h. auf das in ihnen angeschaute gnostische Telos, das Einheitssymbol der Bünde, verloren ging, seitdem also der Geist, d. h. der metaphysische Sinn, aus dem Geschehenden herausgetrieben war, türmte sich jener Scherbenhaufen der Stücke, ein babylonischer Monte Testaccio in die Höhe, den man gern Geschichtswissenschaft nennt und der fast nur eine wüste Sammlung nicht wissenswerter Anekdoten ist. Diese Geschichte, als das agnostisch-nihilistische Wissen vom Geschehenen, ist darum eine ebenso sinnlose Beschäftigung wie das Geschehene selbst sinnlos ist. Dem Menschen der historischen Zeit mit seinem Bewußtsein von einer Unmenge geschichtlicher Einzeltatsachen ohne geistiges Band steht also der Mensch der prähistorischen Zeit, die wir nun auch die mythische Zeit nennen können, gegenüber, der Mensch mit dem mythischen Geschichtsbewußtsein.

III. DIE GNOSTISCH-GYNÄKOKRATISCHEN MYTHEN UND IHRE HOMINISIERUNG

Die Mythen der urzeitlichen Männer- und Frauenhäuser erzählen demnach deren Geschichte als die ihrer Götter und Göttinnen, und zwar sowohl ihre innere Geschichte wie ihre äußere, nämlich die des Verhältnisses der männlichen und weiblichen Geschlechterbünde zueinander. Sie sind die Quellen für das wichtigste, weil folgenschwerste Ereignis nicht nur der prähistorischen Zeit, sondern der ganzen bisherigen Menschheitsgeschichte, die Quellen für jene den Namen einer Zeitwende bisher allein mit Recht verdienende Zäsur, durch welche das weibliche Weltalter vom männlichen geschieden wurde, eine Zwischenzeit des Übergangs und der Verwirrung, welche Jahrtausende umfaßt haben muß, und deren Ergebnis die Ablösung der gnostisch-gynäkokratischen Daseinsperiode der Menschheit durch ihre agnostisch-hominatische gewesen ist. Es ist eine naiv-kluge, aber dennoch törichte Selbsttäuschung des agnostischen Mannes, für sein Geschlecht das Recht zu Klassenkämpfen, Rassenkämpfen und Völkerkriegen als etwas, das zu dessen Wesen gehört, in Anspruch zu nehmen, von einem historischen Geschlechterkampf aber nichts wissen zu wollen, obwohl doch, wenn überhaupt von einem Gegensatz innerhalb der Menschheit gesprochen werden kann, derjenige zwischen den Geschlechtern der von der Natur selbstgeschaffene Urgegensatz ist. Dieser auf die Polarität der Geschlechter beruhende und deshalb zu ihrem Wesen gehörende Geschlechterkampf, den man zwar weglügen, aber nicht unwirklich machen kann, hat einen metaphysischen Sinn. Ihrer metaphysischen Natur nach ist nämlich die Frau die Trägerin des Geschlechtergesetzes; der Mann wurde es erst durch eine historische Perversität, durch den Sündenfall der Frau. Gynäkokratie oder Feminismus nenne ich nun dasjenige soziologische Verhältnis der Geschlechter zueinander, in dem die Frau die Trägerin des Geschlechtergesetzes ist, Androkratie oder Hominismus dasjenige, in dem es der Mann ist. Denn wenn das Wort *homo* auch allgemein den „Menschen" als Gattung, um ihn vom Tier zu unterscheiden, bezeichnet, so bedeutet es doch auch speziell den „Mann", im Gegensatze zur Frau, insofern er sich als den „Menschen" *par excellence* bezeichnet, und es ist in diesem Sinne als *homme, uomo* und *hombre* in die romanischen Sprachen übergegangen. Die metaphysische Bestimmung der Frau ist es nun, Trägerin, Lehrerin und Priesterin des gnostischen Geschlechtergesetzes zu sein, des Gesetzes der *unio gnostica*, d. h. des der bewußten Einigung des in beiden Potenzen identischen Einen mit sich selbst, also die gnostische Gynäkokratie zu errichten und den agnostischen Hominismus zu verhüten. Die Gynäkokratie beruht also auf einer geistigen, gnostischen oder metaphysischen Grundlage, der Hominismus auf einer ungeistigen, agnostischen oder metaphysisch-nihilistischen, so daß von einer gnostischen Gynäkokratie oder einem agnostischen Hominismus zu reden eigentlich ein Pleonasmus ist. Das gnostische Matriarchat aber ist nur eine der Formen und Folgen der gnostischen Gynäkokratie, weshalb wir auch nicht den spezielleren Begriff des Matriarchats, sondern den allgemeineren der Gynäkokratie gebrauchen, um das erste Zeitalter zu benennen. Das agnostische Matriarchat jedoch, eine widergeistige, nur animalisch-zoologische Institution, die sich noch bei einzelnen Naturvölkern findet und sich bei einigen historischen Völkern noch lange erhielt, ist nichts als eine Verfallserscheinung und ein Nachklang der längst untergegangenen gnostischen Gynäkokratien. Denn das Eine wurde zweigeschlechtliche Menschheit mit dem Bewußtsein seiner selbst in seiner weiblichen Potenz und begann seine Menschheitsgeschichte mit der gnostischen Gynäkokratie als der Urform der menschlichen Geschlechterordnung. In den Frauenhäusern wurde, als die alte Weltordnung zusammengebrochen war, die Erinnerung an die gnostische Gynäkokratie in den Mythen vom goldenen Zeitalter oder vom Paradiese bewahrt; sie sind mythisch-historische Dokumente für die älteste Urzeit des Menschengeschlechtes vor der großen Zäsur, historisch-soziologische, nur vom tendenziösen Hominismus bestrittene Zeugnisse für die gnostische Gynäkokratie der ältesten Menschheit; er müßte aber, wenn er konsequent wäre, nicht nur die historisch-soziologische Bedeutung dieser besonderen, ihm unbequemen, Mythenkreise sondern die des Mythus überhaupt leugnen. Das agnostische Matriarchat der Vorgeschichte hat zuerst der geniale Bachofen mit hellsichtigem Instinkt wieder ausgegraben; bis zu der noch tieferen Schicht der gnostischen Gynäkokratie hinunterzustoßen, verhinderten ihn das Dogma des 19. Jahrhunderts von der gradlinig aufsteigenden Entwicklung der Menschheit, dem auch er huldigte, und seine eigene agnostische Natur. Er war ein Hominist und ein Christ. Geschichtsphilosophisch sah er die Entwicklung der Menschheit als eine Dialektik zwischen dem Materialismus des weiblichen Geschlechtes, das sich zwar vom materialistischen Hetärismus der Urzeit zum ebenfalls materialistischen demetrischen Matriarchat zu erheben vermochte, aber dem endgültigen spiritualistischen Patriarchat des männlichen Geschlechtes weichen mußte, dessen höchste Bestätigung er in Christus erblickte als der vollkommensten Offenbarung der Idee des solar-spiritualistischen Patriarchats. Aber er hatte nun einmal den Gedanken einer durch die Frau bestimmten Vorzeit ausgesprochen, in deren Verdrängung aus dem Bewußtsein der gelehrte wie der ungelehrte Teil des männlichen Geschlechtes einig sind, er hatte etwas berührt, auf dem das stärkste Tabu des Hominismus liegt. Der hoministische Instinkt war zur Notwehr geweckt und witterte Gefahr, weil der Teufel an die Wand gemalt war. Die Philologie- und Geschichtsprofessoren schlossen auf Grund des Axioms der orthodoxhoministischen Wissenschaft genau wie Morgensterns Professor:

„messerscharf,
daß nicht sein kann, was nicht sein darf",

und gaben, besorgt um das Schicksal der hoministischen Geschichtsauffassung, die Parole aus: „als unwissenschaftlich totzuschweigen". Es war eine unsterbliche Blamage. Denn natürlich handelte es sich nicht um Irrtümer Bachofens in der Interpretation der einzelnen Mythen, sondern um das Prinzip. Man soll aber auch die Haltung der Historiker und klassischen Philologen zu verstehen suchen. Denn ihre Bestimmung ist es nun einmal, die Hüter der *hoministischen* Tradition der Griechen und Römer zu sein wie die Rabbiner und christlichen Theologen die der *hoministischen* Tradition der Juden sind. Daß die Erzählungen von der mythischen Urzeit bei Juden und Griechen tendenziös hoministisch gefälscht sind, dürfen sie nicht wissen wollen und müssen jeden als unwissenschaftlichen Ketzer unschädlich machen, der ihr Grunddogma antastet. Diese Tendenz des agnostischen Hominismus, die Erinnerung an die gnostische Gynäkokratie der Urzeit aus dem Bewußtsein zu verdrängen, beginnt aber schon in prähistorischer Zeit mit seinem Siege über die alte Geschlechterordnung: die mythische Geschichtstradition der besiegten Frauenhäuser mußte nun entweder überhaupt unterschlagen und unterdrückt werden oder, wenn das nicht möglich war, wenigstens hominisiert, d. h. hoministisch umgedeutet, verschleiert, gefälscht oder verdreht werden. Denn dasselbe was bei dem Menschen der historischen Zeit die Geschichtsfälschung bedeutet, ist für den der prähistorischen Zeit die Mythenfälschung. So sind die in mythischer Form erzählten geschichtlichen Überlieferungen der Frauenhäuser, nämlich erstens die Traditionen von der gnostisch-gynäkokratischen Friedenszeit des Uranfangs des Menschengeschlechtes, zweitens die von der folgenden Periode, der des großen Religionskrieges der Geschlechter, der mit dem Untergang der gnostischen Gynäkokratie endete, und drittens die prophetisch-apokalyptische Tradition von der Wiederherstellung der gnostischen Geschlechter- und Gesellschaftsordnung, nur in der sie tendenziös entstellenden hoministischen Redaktion erhalten und müssen in ihren Urformen erst wiederhergestellt werden. Auf diese Weise aber läßt sich wenigstens ein Teil der weiblichen Urtradition wiedergewinnen; und in Zeiten, wo die Lebendigen tot sind, müssen die Toten wieder lebendig werden. Wenn Babylon und Assur, Troja und Knossos wieder erstehen konnten, dann können eines Tages vielleicht auch jene historischen gnostisch-gynäkokratischen Frauenhäuser der Urzeit wieder heraufbeschworen und ihnen ihre mythisch-historischen Überlieferungen zurückgegeben werden. Die geistigen Frauen dieser urzeitlichen Bünde aber haben gewiß weniger Ähnlichkeit mit den bürgerlichen Frauchen, den proletarischen Genossinnen oder den hominisierten Parteipolitikerinnen besessen als mit den Sibyllen Michelangelos an der Decke der Sistina. Doch die Verdrängung der gnostisch-gynäkokratischen Urreligion und ihrer mythisch-historischen Traditionen durch die erste revolutionäre hoministische Gegenreligion und die von ihr abstammenden und ihr Werk immer gründlicher fortsetzenden hoministischen National- und Weltreligionen der späteren Zeiten war eine dämonische Tat von wahrhaft menschheitsgeschichtlicher Dimension und ein Wagnis, dessen Kühnheit und Erfolg immer aufs neue gleiches Staunen erwecken.

Wir haben nun unser erstes Ziel erreicht. Wir haben die Götter und ihre Mythen allgemein als die Form des historisch-soziologischen Selbstbewußtseins des in Männer- und Frauenbünden individuierten Einen verstanden, als Schöpfungen seiner analogisch-symbolisierenden Imaginationskraft. Durch diesen historisch-soziologischen Charakter unterscheidet sich der echte Mythus von allen anderen Schöpfungen der *per analogiam* symbolisierenden Phantasie, die nur mit Unrecht Mythen genannt werden, denn es fehlt ihnen jede Beziehung zu einem wirklichen oder möglichen Bunde, d. h. zu einer religiösen Gemeinschaft. Die symbolische Form einer Erzählung nämlich, auch wenn deren Personen Götter genannt werden, schafft so wenig einen Mythus wie die Kutte einen Mönch macht oder die Uniform einen Napoleon. Mit dieser Definition des Götter-Mythus haben wir aber nicht nur ein Kriterium gewonnen, um den echten Mythus vom Scheinmythus zu unterscheiden, sondern auch eines, um die echten Mythen als gnostisch-gynäkokratische oder agnostisch-hoministische zu erkennen. Und auf Grund dieser Definition und der aus ihr folgenden Interpretationsmethode sind wir jetzt imstande, den ursprünglichen Sinn der gnostisch-gynäkokratischen Apokalypsen aus der prähistorischen Zeit Griechenlands wie auch die Umstände, die zu ihrer Hominisierung führten, aus ihnen selbst wieder abzulesen.

ZWEITES KAPITEL

Die gnostisch-gynäkokratischen Apokalypsen in Griechenland

I. HELLENEN UND MEDITERRANE URBEVÖLKERUNG

In der sogenannten Mittelmeerrasse, deren Wohnsitze sich vom Indus über Iran bis zu den Säulen des Herakles im Westen ausdehnten, scheint in prähistorischer Zeit die gnostisch-gynäkokratische Urreligion besonders tiefe Wurzeln geschlagen zu haben, und auf ihrem engeren Gebiete zwischen dem Euphrat im Osten und dem jonischen Meere im Westen, zwischen Thrakien im Norden und Ägypten im Süden, hat sich jener religiöse Geschlechterkampf abgespielt, der das geistige Antlitz der Menschheit, d. h. das bewußte Dasein des Einen in ihr, umgestaltete. Ägypten, Syrien, Mesopotamien, Klein-Asien aber sind im Osten dieses Raumes, wie Griechenland, die Inseln des ägeischen Meeres, die Hellas und das kleinasiatische Festland als eine Landbrücke aufs engste verbinden, Kreta und auch Sizilien im Westen dieses Gebietes die Hauptkampfplätze des weiten Kriegsschauplatzes gewesen. In diesen Gebieten hatte zwar der religiöse Hominismus schon seit mehreren Jahrtausenden den religiösen Feminismus zurückdrängen oder unterdrücken können, seitdem nämlich das gnostische Ichbewußtsein des weiblichen Geschlechtes, auf dem seine geistige Führung, also die Gynäkokratie, beruht hatte, der Vergangenheit angehörte; und das agnostische Ichbewußtsein des männlichen Geschlechtes hatte bereits die neuen hoministischen Gesellschaftsordnungen geschaffen, mit denen die eigentliche historische Zeit beginnt: aber erst mit der Invasion der arischen Völker in diese Länder oder durch ihre mittelbare Beeinflussung kam der endgültige letzte Zusammenbruch der alten Institutionen. Um das Jahr 2000 begann diese große indogermanische Völkerwanderung. Die vedischen Arier drangen in das Industal und zerstörten die drawidische Kultur von Mohendjodaro und Harappa, nächstverwandte arische Stämme, die sich von den vedischen getrennt hatten, brachen in Iran und vor der Mitte des zweiten Jahrtausends noch andere, die achäischen Stämme, in die Balkanhalbinsel ein. Diese neuen Völker hatten die eigene gnostische Gynäkokratie bei sich längst überwunden und erschienen als fanatische Verkünder der neuen Religion des Hominismus, die auf dem sich immer mehr steigernden agnostischen Ichbewußtsein beruhend, in ihrem Wesen eine Religion des Krieges war und sein mußte. In der vorarischen, mediterranen Urbevölkerung Griechenlands aber waren die Institutionen aus der gnostischen Periode der Menschheit, wie das Matriarchat, noch sehr lebendig, so daß die Invasion der arischen Achäer ein Rassenkrieg, ein Religionskrieg und ein Geschlechterkrieg zugleich war. Erwägt man nun die große Zahl und den hohen geistigen Rang der hellenischen Mythen, die von diesem Geschlechterkriege berichten, so muß man zu dem Schlusse kommen, daß der mit der prähistorischen Zeitwende begonnene Kampf der beiden Geschlechter nirgends auf der Erde mit solcher Erbitterung geführt wurde wie auf griechischem Boden, daß hier das Zentrum des weiten mediterranen Schlachtfeldes lag, daß hier in beinahe schon historischer Zeit, im griechischen Heroenzeitalter, eine der entscheidenden Schlachten des mit der großen Zäsur und Zeitwende vor Jahrtausenden begonnenen Geschlechterkrieges der Menschheit geschlagen wurde, den der revolutionäre und aggressive agnostische Hominismus gegen die gnostische Gynäkokratie der Urzeit begonnen hatte, und der metaphysisch auf der gnostisch-agnostischen Dialektik des Einen in seinen beiden Potenzen beruht. Die Juden und die Römer waren die beiden andern Völker, die in ihren Räumen den hoministischen Kampf gegen die Reste und Erinnerungen der mediterranen Gynäkokratie am leidenschaftlichsten führten, dessen Leitung später an die christliche Theokratie überging: aber die hellenischen Stämme der indogermanischen Völkerwanderungszeit hatten die Grundlage zu einer endgültigen Stabilisierung des zweiten Äons im Abendlande durch Errichtung hoministischer Gesellschaftsordnungen gelegt. Es gibt keinen allgemeinen historischen Namen, mit dem wir alle Völker mediterraner Rasse, die auf dem später von den Griechen eroberten Boden lebten, zusammenfassen könnten, nämlich die Stämme des griechischen Festlandes, der ägeischen Inseln, in die wir auch Kreta einbeziehen müssen, die der thrakischen und die der kleinasiatischen Küste, die erst in der Zeit der dorischen Wanderung von den achäischen Joniern besiedelt wurde; früher nannte man sie willkürlich gern „Pelasger". Seit etwa 2000, also mehrere Jahrhunderte vor der Invasion der Achäer in Griechenland, ist für die westmediterranen Stämme Kreta wie ein politischer so auch ein geistiger und religiöser Mittelpunkt gewesen. In dieser Zeit der kretischen Thalassokratie, d. h. des maritimen Imperiums der Insel, das nach dem Könige und Gesetzgeber Minos das minoische genannt wird, herrschte ein molochistischer Hominismus auf der Insel, wohl infolge einer semitischen Eroberung oder unter semitischem Einfluß; denn Knaben und Mädchen wurden als Tribut von den Vasallenstaaten nach Knossos zum Fraße für die Molochgestalt des Minotaurus in das Labyrinth geliefert, wie aus dem Mythus von Theseus bekannt ist. Wenn auch in dem ganzen mediterranen Raume, wie bereits seit dem fünften Jahrtausend in dem vordynastischen Ägypten und in Sumer, der Hominismus als Zeitsignatur sich durchzusetzen begonnen hatte, so darf man sie doch noch, nicht nur ihrer Vergangenheit wegen, sondern auch weil deren Charakter noch allgemein sichtbar war, als gnostisch-gynäkokratische Länder bezeichnen. Denn die Hominisierung der Erde erfolgte nicht schlagartig auf einmal, sondern in Etappen, die sich über Jahrtausende ausdehnten, und auch nicht überall gleichzeitig, sondern so, daß immer noch gnostisch-gynäkokratische Inseln übrigblieben, die erst durch nachfolgende Wellen überschwemmt wurden; als solche Inseln sind auch die jetzt noch lebenden armseligen agnostisch-matriarchalen Stämme von Naturvölkern übriggeblieben, klägliche Erinnerungen an die gnostisch-gynäkokratische Urperiode der Menschheit. Die Griechen sind zu dem geworden, was sie wurden, durch den Widerspruch gegen das, was sie vorfanden; die hoministische Idee und der hoministische Elan, mit dem sie als Achäer und Dorer in die Geschichte eintraten, hat sich als Antithese gegen die gnostisch-gynäkokratische Idee ihrer Vorgänger, der mediterranen Urbevölkerung, entwickelt. Nur als Geschlechterdialektik des Absoluten, nur als der dialektische Widerspruch des agnostischen Hominismus und seines Geschlechtergesetzes gegen den gnostischen Feminismus wird die ganze Problematik der griechischen Geschichte verständlich, wie übrigens auch diejenige der zum agnostischen Hominismus Jahwes und seinem Geschlechtergesetz bekehrten, in Kanaan eingedrungenen israelitischen Stämme: selbst ein Zweig der mediterranen Rasse, wurde auch ihr Widerspruch immer von neuem bis zum hoministischen Fanatismus durch die gnostisch-feministischen Traditionen der unterworfenen Kanaanäer und der Nachbarvölker herausgefordert. Ebenso entwickelte sich der griechische Hominismus im

Widerspruch und Gegensatz zu der Welt und ihrer Atmosphäre, die ihn beständig und überall umgab, zum klaren Bewußtsein seiner selbst. Hier liegt auch der Grund für die Gefahr der Spaltung, in welcher der griechische Mensch infolge der Vermischung der beiden Rassen mit so verschiedenen Bewußtseinsebenen lebte: denn das verdrängte, aber im Unterbewußtsein lebendige Wissen um das Gesetz der gnostischen Urzeit versuchte immer wieder einen Einbruch in die Welt des agnostisch-hoministischen, nun allein zugelassenen Wachbewußtseins, das geistig-widernatürlich den metaphysischen Erkenntnistrieb gefesselt hielt. Auf diesem, von Erdbeben dauernd bedrohten geistigen Boden aber erwuchs die *beauté de diable* des agnostischen Hominismus Griechenlands. Die einzelnen griechischen Männerhäuser wuchsen in den hellenisierten Landschaften zu kantonalen Männerstaaten zusammen; in Attika galt dieser Synoikismos als das Werk des attischen Nationalheros Theseus. Wie die kleinen Männerhäuser der Dorfgemeinschaften beruhte auch das große Männerhaus, der Staat, auf dem agnostischen Ichbewußtsein des Einen. Die gnostische Gynäkokratie der Urzeit dagegen war der Ausdruck des gnostischen Ichbewußtseins des Einen gewesen; in ihm sind, als seine Konsequenz, gnostische Gynäkokratie und *Unio gnostica* ebenso eingeschlossen wie Hominismus und *Unio agnostica* in dem agnostischen Ichbewußtsein. Der Kampf der hoministischen Staaten gegen die gnostische Gynäkokratie war also philosophisch ausgedrückt die Antithese des agnostischen Ichbewußtseins gegen die Grundthese des gnostischen in der Dialektik der geschlechtlich differenzierten Individuationen des Einen. Der agnostische Hominismus aber hat seinen ersten und vollendeten Ausdruck in den Epen Homers gefunden, deren Geist nur dialektisch als Antithese gegen den gnostisch-gynäkokratischen Geist der philosophischen Tradition der Urzeit zu verstehen ist. Homer hat zwar nicht den Griechen ihre Religion gegeben, er hat aber die Griechen das neue für Götter und Menschen gültige Geschlechtergesetz des Hominismus gelehrt, weshalb denn auch die beiden Epen sofort kanonisches Ansehen erwarben, denn sie sprachen das hoministische Ichbewußtsein der Erobererrasse aus. Mit dem Niedergang der griechischen feudalen Aristokratie, die der eigentliche Träger des neuen Gesetzes gewesen war, aber erwachten seit etwa 700, zweihundert Jahre vor den Perserkriegen, mit der Monarchie und Aristokratie ablösenden Demokratie, die ein Aufsteigen der mediterranen Urbevölkerung bedeutete, wieder die Erinnerungen an die gnostische Philosophie der Urzeit. In den Kolonien des Ostens und Westens, in Jonien wie in Unteritalien und Sizilien, regte sich von neuem der gnostisch-metaphysische Trieb des Einen zum Selbstbewußtsein. In Heraklit und Parmenides, in Pythagoras und Empedokles suchte das Eine seiner selbst als des Einen wieder bewußt zu werden. Aber der agnostische Hominismus war sogar bei solchen Denkern zu tief eingewurzelt, um sich selbst Problem werden zu können; auch in den pythagoreischen Frauen war die Anamnesis an die gnostische Tradition ihres Geschlechtes nicht mehr stark genug, so daß sie den Meister wohl zu hören, aber nicht weiterzuführen imstande waren. Mit Sokrates setzte dann die Reaktion des agnostisch-hoministischen Ichbewußtseins gegen jene vorsokratischen gnostischen Restaurationsversuche des Bewußtseins und gegen die in ihnen liegenden Gefahren für den Männerstaat ein; durch ihn und seine Schüler wurde für die griechische Philosophie endgültig das agnostisch-hoministisch reflektierende Ichbewußtsein der Standort des Denkens statt des Absoluten selbst. Damit war die so verhängnisvolle geistige Abspaltung des Abendlandes vom Morgenlande vollzogen, das seine gnostisch-metaphysische Tradition nie so allgemein preisgegeben hat wie der agnostisch ichbewußte Westen. So war endlich das männliche Geschlecht als das allein zur Philosophie fähige erklärt, und Philosophie war gleichbedeutend mit Erkenntnis des vollkommenen Männerstaates geworden. Die gnostisch-gynäkokratische Philosophie der Urzeit hatte ihre radikale Antithese erhalten. Es war am Ende der griechischen Geschichte aber nur das in Begriffen ausgesprochen, was die hoministischen hellenischen Theokratien an ihrem Beginn instinktiv gewußt und gewollt hatten.

Der Gott, in dessen Kult die hellenischen Stämme bei ihrer Invasion geeinigt waren und in dessen Namen die bisherigen Herren des Landes unterworfen wurden, wie die Kanaanäer von den im Kult Jahwes geeinten israelitischen Stämmen unterjocht wurden, also das hypostasierte Symbol der Einheit der achäischen Männerhäuser, war Zeus. Die Götter der vorgriechischen Stämme, die ihren Frieden mit den Einwanderern machten, wurden in den synkretistisch-pantheonischen, d. h. alle diese Götter umfassenden, Olymp als Söhne und Töchter des Zeus oder unter anderen Fiktionen aufgenommen, so daß der Olymp also zum symbolischen Ausdruck für die neue Bundesgemeinschaft wurde, in der Sieger und Besiegte verschmolzen, und in der das neue hoministische Geschlechtergesetz des Zeus, d. h. der Eroberer, herrschte. Auch Göttinnen der gynäkokratischen Vorzeit wie Hera, Athena, Demeter, Aphrodite, Artemis, d. h. die hypostasierten Symbole früherer gynäkokratischer Bünde, konnten in den Olymp des Zeus aufgenommen werden, wenn diese ihre Vergangenheit verleugneten und sich dem hoministischen Geschlechtergesetz des Zeus unterwarfen. Dafür aber, wie das neue Ehegesetz des Zeus von dem Gott-Vater und Gesetzgeber selbst verstanden wurde, gibt Homer ein drastisches und vorbildliches Exempel. Im V.

Gesang der Ilias (14—33) erinnert er seine Gemahlin Hera daran, wie er einmal von seinem ehelichen Züchtigungsrecht Gebrauch machte: er hatte sie mit gebundenen Händen und zwei Ambossen an den Füßen im Aether aufgehängt und jeden Gott, der aus Mitleid — und hoffentlich auch ein wenig aus Scham für Zeus — ihr helfen wollte, auf die Erde hinabgeschleudert, wo er ohnmächtig liegen blieb. Hier spürt man noch etwas von der Brutalität, mit der dieser Geschlechterkampf geführt wurde und deren ganzen Umfang die attische Tragödie enthüllt. Denn sie ruft noch einmal aus dem Totenreiche der Vergangenheit diese Endphase des vieltausendjährigen Religionskrieges der Geschlechter im Zeitalter der Heroen, denen es endlich gelang, der Geschlechteranarchie ein Ende zu machen und die Frau dem neuen hoministischen Geschlechtergesetz und seinen Göttern zu unterwerfen. Es war keine leichte Sache, mit diesen überdimensionalen Weibern, diesen Klytämnestras, Elektras, Antigones, Phädras und Medeas fertig zu werden. Aber man wurde mit ihnen fertig: eine Gynäkokratie, die keine gnostische mehr ist, sondern ebenso agnostisch-geschlechtsegoistisch wie der Hominismus, hat länger kein Existenzrecht und keine Existenzkraft. Die hoministischen Priesterkollegien der Religion des Zeus und der andern olympisierten Götter brachten die neue Theologie zu Stande. Sie verfälschten hoministisch das Wesen der gnostisch-gynäkokratischen Göttinnen und Götter und damit notwendig auch deren Mythen, die symbolisch-historische Geschichtstradition der Frauen- und Männerhäuser dieser Gottheiten. Aber sie hellenisierten die mediterranen Mythen mit demselben Recht, mit dem die Juden die kanaanäischen jahweisierten und die Christen die jüdischen und später auch die hellenischen christianisierten. Denn der Lebende hat recht oder nimmt sich wenigstens das Recht, die geistigen Schöpfungen der früheren Generationen ebenso umzugestalten, wie die Natur ihre Geschöpfe transformiert. Wie also alle siegreichen Religionen mit den besiegten verfuhren und umdeuteten, was sich nicht ausrotten ließ, um es unschädlich oder sich dienstbar zu machen, so hellenisierten auch die hoministisch-hellenischen Priesterkollegien die besiegte Religion der vorhellenischen mediterranen Urbevölkerung, die Götter, die Kulte und die Mythen ihrer gnostisch-gynäkokratischen Frauen- und Männerhäuser. Wir haben im ersten Teile dieses Buches den gnostisch-gynäkokratischen Charakter der Urformen von zwei auch für die abendländische Menschheit wichtig gewordenen Mythenkreisen aufgezeigt: der Mythen vom getöteten und auferstehenden Gott und des Paradiesmythus. Bei der Betrachtung des ostmediterranen Raumes, der vom Euphrat bis zum jonischen Meere reicht, hatten wir damals eine Lücke gelassen: das vorhellenische mediterrane Griechenland. Diese Lücke soll jetzt ausgefüllt werden. Wir werden den ursprünglichen gnostisch-gynäkokratischen Sinn der beiden Mythenkreise auch bei der mediterranen Urbevölkerung Griechenlands aufzeigen, nämlich der Mythen vom leidenden und auferstehenden Gott und vom verlorenen Paradiese. Wir wollen also den übergeschriebenen hoministischen Text sorgfältig wieder abkratzen, um die Urform dieser beiden Mythen, wie sie vor der hoministischen Überarbeitung einmal auf dem Palimpseste gestanden haben, wieder zu entziffern, soweit der ursprüngliche Text noch lesbar ist. Man wird dann die gnostisch-gynäkokratische Religion als das Band erkennen, das alle Völker der ostmediterranen Rasse zwischen Euphrat und jonischem Meer in prähistorischer Zeit geistig miteinander verknüpfte, und sehen, daß zu diesen gnostisch-gynäkokratischen Völkern auch die Stämme der mediterranen Urbewohner Griechenlands gehört hatten, ehe sie durch die achäische Invasion aus diesem engen Zusammenhange herausgerissen und zugleich hellenisiert und hominisiert wurden.

II. DER MYTHUS VOM LEIDENDEN UND AUFERSTEHENDEN GOTT IN GRIECHENLAND

Es handelt sich um drei Mythen: den Mythus von der geraubten, aber wiederkehrenden Kore, d. h. der Jungfrau, um den von dem zerrissenen, aber wieder auferstehenden Dionysos Zagreus und um den Mythus vom angeschmiedet gefangen gehaltenen, aber wieder befreiten Prometheus. Es sind drei Mythen, deren große religionsgeschichtliche Bedeutung allgemein bekannt ist und deren wahren oder ursprünglichen Sinn wir mit Hilfe der Methode, die aus der Definition des Wesens der Götter und ihrer Mythen folgt, wiederfinden können. Alle drei stammen, wie die früher besprochenen orientalischen Parallelen, aus der Zeit der sterbenden gnostischen Gynäkokratie. Sie sind wie jene historisch und apokalyptisch zugleich, insofern sie symbolisch den Untergang der gnostischen Gynäkokratie in dem getöteten oder gefangen gehaltenen Gotte erzählen und ihre zukünftige Wiederkehr in der Auferstehung des Ermordeten oder Befreiung des Gefangenen prophetisch verkünden. Es sind Gesichte der letzten Sibyllen des mediterranen prähistorischen Griechenlands. Denn diese westlichen gnostisch-gynäkokratischen Apokalypsen von Kore, Dionysos Zagreus und Prometheus werden, wie die östlichen von Tammuz und Osiris, Attis und Adonis, in den letzten, der alten Religion treu gebliebenen Frauenhäusern entstanden sein, um die Idee über das anbrechende hoministische Zeitalter, gegen das es keinen Widerstand mehr gab, hinüber zu retten. Aber alle späteren historischen Sibyllen, wenn sie auch im Prinzip das Werk ihrer Vorgängerinnen fortsetzen, sind nur schwache Schatten dieser großen vorhistorischen Prophetinnen, zu denen auch einmal eine Delphica gehört hatte, ehe sie nach der hellenischen Invasion im Dienste der Zeusreligion apollinisch hominisiert wurde. Während aber die Einheitlichkeit aller östlichen gnostisch-gynäkokratischen Apokalypsen auf dem Grundschema der drei handelnden Personen und ihrer Beziehungen zueinander beruht, nämlich auf dem Verhältnisse der Göttin, d. h. des gnostisch-gynäkokratischen Frauenhauses, zu ihrem Geliebten, d. h. dem gnostisch-gynäkokratischen Männerhause und dem Verhältnisse beider zu dem bösen Feind, dem Vater-Gott, d. h. dem neuen revolutionären Männerhause, das in dem Symbol des Geliebten das alte gnostische Männerhaus selbst ausrottet, also auf dem Gegensatz des alten Gesetzes der *Unio gnostica* und des neuen der *Unio agnostica* des Einen mit sich selbst, gegründet ist, bleibt das erotische Element in den westlichen Formen der Apokalypsen unausgesprochen im Hintergrund, obwohl es natürlich auch hier die wahre treibende Kraft ist. Der Gegensatz ist in den Apokalypsen des Westens mehr auf den eigentlichen Kampf auf Leben und Tod zwischen den Vertretern des alten und des neuen Gesetzes beschränkt. An Unerbittlichkeit und Grausamkeit steht der westliche Vater-Gott in diesen Mythen nicht hinter dem orientalischen zurück. Aber da in diesen Apokalypsen in ihrer heutigen Gestalt die Göttin der gnostischen Liebe, die Isis, die Ischtar, die Astarte fehlt, erhalten die griechenländischen Apokalypsen des Geschlechterkampfes ein finstereres und wilderes Pathos als die östlichen. Das war die Antwort, welche die alte Gynäkokratie dem neuen Geschlechtergesetz des Zeus gab, d. h. den neuen hoministischen Männerbünden, welche sich in Zeus symbolisch hypostasiert hatten. Der Hominismus hatte sein Werk im Osten schon seit mehreren Jahrtausenden vollendet, ehe es ihm auch im Westen gelang. Die griechenländischen Apokalypsen sind also, wie auch ihre Formen bezeugen, jünger als ihre Vorbilder, die morgenländischen. Lassen sich diese östlichen Mythen alle auf eine gemeinsame Urform zurückführen, deren Entstehungsort wir aber so wenig wie ihre Entstehungszeit feststellen können, so scheinen die westlichen Fassungen durch die besonderen Verhältnisse des religiösen Geschlechterkrieges in Griechenland bedingte Umgestaltungen dieser östlichen *formae secundae* des orientalischen Urmythus zu sein.

1. Der Mythus von der Spaltung des Urandrogyns

Der Begriff des goldenen Zeitalters, des *chryseon genos* Hesiods, der *aurea aetas* der Römer, der an sich nur die Wertung oder Qualitätsbestimmung einer unbekannten Größe ist, verliert seine vage Nebelhaftigkeit erst, wenn wir ihn inhaltlich konkret als die Menschheitsperiode der gnostischen Gynäkokratie bestimmen, die der des agnostischen Hominismus vorausging. In allen Traditionen der verschiedensten Völker aller Farben erscheint es als ein Äon des Friedens; mit dem agnostischen Hominismus dagegen, wo und wann er auch zuerst sein blutiges Banner erhob, mußte der Krieg aller gegen alle zum Naturzustand der Menschheit werden. Denn der Friedenszustand kann nur als die Sichtbarwerdung des Selbstbewußtseins des Einen als des in allen männlichen und weiblichen Individuationen erscheinenden Einen, gedacht werden. Diese Gnosis seiner selbst muß also das Eine in jenem ersten Äon, wenn er ein Äon des Friedens war, allgemein besessen haben. Die Allgemeinheit der Gnosis auch im männlichen Geschlecht aber ist nur zu verstehen, wenn das weibliche Geschlecht die geistige Führung des männlichen besaß. Nicht nur als das Reich des gnostischen Friedens sondern auch als das Reich der gnostischen Liebe ist aber dieser erste Äon im Gedächtnis der Menschen geblieben: die gnostische Gynäkokratie war die unbedingte Voraussetzung für das eine wie für das andere. Denn dieses sogenannte goldene oder paradiesische Zeitalter war das des gnostisch-gynäkokratischen Geschlechtergesetzes und der auf ihm beruhenden *Unio gnostica*, der bewußten Einigung des Einen mit sich selbst. Der gnostisch-gynäkokratische Androgyn oder das gnostisch-gynäkokratische Zweigeschlechterwesen muß daher als das Symbol postuliert werden, in dem das Eine im ersten Weltalter das Telos seiner Welt- und Menschwerdung aussprach; er muß das religiöse Ursymbol der Menschheit überhaupt in den Frauen- und Männerhäusern des vorhoministischen Zeitalters gewesen sein. Und in der Tat, auf dem Bewußtsein des Absoluten von sich selbst als dem im gnostischen Androgyn, Sophia und Logos, adäquat verwirklichten Einen beruht die wahre, einmal über die ganze Erde verbreitet gewesene Urreligion des Menschengeschlechtes. Sie herrschte in Polynesien, Melanesien, Australien, Neu-Seeland, Asien, Afrika, Europa und Amerika. Der katholische Missionar P. Winthuis, der lange Jahre bei den Gunantunas auf Neu-Pommern lebte, hat sie zur Unzufriedenheit und zum Unbehagen der Mödlinger Ethnologenschule des P. Schmidt, deren Grunddogma vom hoministischen Monotheismus als der Urreligion der Menschheit er bedrohte, für die australischen und melanesischen Stämme in einer Reihe wichtiger ethnologischer Werke nachgewiesen. Er wurde von ihnen behandelt wie Bachofen von den offiziellen Professoren seiner Zeit, wenn auch nicht ganz so mausetot geschwiegen. Dieselbe androgyne Urreligion der Menschheit lernt man auch gleich zu Beginn der eigentlichen Theogonie Hesiods als die älteste Religion der mediterranen Stämme des vorhellenischen Griechenlands kennen. Man könnte, nach dem empirischen

Axiom: *nihil est in intellectu, quod non fuerit in sensu,* ein richtigeres mythologisches Axion formulieren: *nihil est in coelo, quod non fuerit in terra,* nämlich daß alle mythischen anthropologisch-soziologischen Beziehungen der kosmischen Wesen zueinander nur Projektionen irdisch-menschlicher Verhältnisse sind. Wenn also alle genannten Völker denselben Mythus von der Trennung des sogenannten Weltelternpaares erzählen, für den wegen seiner Seltsamkeit und Gleichartigkeit eine einzige, allen Varianten gemeinsame Quelle vorauszusetzen ist, wenn sie nämlich berichten, wie das in Liebe verschlungene Zweigeschlechterwesen, Himmel und Erde, also der kosmische Welt-Androgyn, durch seine bedrängt zwischen den Eltern lebenden „Kinder" auseinandergerissen und seine männliche Hälfte, der Himmel, zu gebührender Distanz von seiner weiblichen, der Erde, in die Höhe gehoben worden sei, so ist das der kosmisch-symbolische Ausdruck dafür, daß sich das Männerhaus aus seiner geistigen Abhängigkeit von dem gnostisch-gynäkokratischen Frauenhause zu einer Distanz, wie die des Himmels von der Erde, emanzipiert hat. Diese Mythen sind also ihrem Wesen nach nicht kindische kosmologische Spekulationen, sondern sie sind, wie alle echten Mythen, kosmisch-symbolisch erzählte Menschengeschichte. Aus ihrer allgemeinen Verbreitung über die ganze Erde ergibt sich die Allgemeinheit des von ihnen berichteten Ereignisses. Dieses Ereignis aber ist das wichtigste und folgenreichste der bisherigen Menschheitsgeschichte: nämlich der Untergang des gnostisch-gynäkokratischen oder goldenen oder paradiesischen Zeitalters. Denn der Androgyn, der hier natursymbolisch gespalten wird, ist in der Realität die im androgynen Selbstbewußtsein des Absoluten begründete Einheit der Frauen- und Männerhäuser, deren religiöses Einheitssymbol der göttliche Androgyn war, und die von nun an nur noch zwei, ihrer empirisch-geschlechtlichen Differenziertheit, aber nicht mehr ihrer metaphysischen Einheit bewußte Geschlechterhäuser sein werden. Mit der Zerreißung des androgynen Gottessymbols in zwei Hälften durch die „Kinder", d. h. durch ein neues revolutionär-hoministisches Männerhaus, das sich gegen das androgyne Gesetz der Eltern empörte, ist die alte Religion des gnostischen Zweigeschlechterwesens verworfen, mit dieser Religion die Geschlechter- und Gesellschaftsordnung, die auf ihr beruhte, zerstört, und mit dieser Zerstörung ist das goldene Zeitalter selbst beendet worden. Der Mythus von der Spaltung des göttlichen Androgyns, den man nicht sehr bezeichnend und sogar irreführend den Mythus von der Trennung des Weltelternpaares zu nennen pflegt, erzählt daher die Vernichtung der gnostisch-gynäkokratischen Frauen- und Männerhäuser durch den revolutionären agnostischen Hominismus der bösen hoministischen Buben und ihrer törichten hominisierten Schwestern, also den Untergang des gnostisch-gynäkokratischen oder goldenen Zeitalters. Der erwachende agnostisch-ichbewußte Individualismus fand zwischen den Eltern zusammengepreßt, d. h. unter dem Druck des gnostisch-gynäkokratischen Gesetzes der beiden androgyn verbundenen Geschlechterhäuser, deren Göttersymbole Himmel und Erde waren, nicht Raum und Luft genug zum Atmen. „Es ist eine Lust zu leben", rief gewiß auch dieser neue agnostisch-hoministische Männerbund, als er die alte gnostisch-gynäkokratische Gesellschaftsordnung zertrümmerte und die Geschlechterhäuser seinem neuen Gesetze unterwarf. Revolutionäre Morgenfrische weht in diesem Mythus, und nur die Weisen konnten ahnen, was der Abend bringen würde. So erzählen diese scheinbar läppischen Mythen symbolisch die Geschichte eines ganzen Äons und seines Endes und sind eine Quelle für die prähistorische Geschlechtergeschichte. Eine mediterrane Variante des Mythus erzählt Hesiod gleich zu Anfang der eigentlichen Theogonie. Bei ihm aber wird nicht nur der göttliche Androgyn des Frauen- und Männerhauses, der ebenfalls Himmel-Erde, Uranos-Gaia heißt, auseinandergerissen, sondern Uranos, das Gottessymbol des gnostisch-gynäkokratischen Männerhauses, auch entmannt. Hier sind also zwei Mythen vom Untergang des ersten oder goldenen Zeitalters kontaminiert: der eben besprochene, über die ganze Erde verbreitete Mythus von der zwar gewaltsamen, aber doch unblutigen Erhebung der revolutionären „Kinder" des neuen Äons mit dem von der blutigen Zerstörung des gnostisch-gynäkokratischen Männerhauses durch das neue revolutionär-hoministische, das der „Kinder", die Titanen genannt werden und unter der Führung des Kronos stehen. Ob diese Benennung richtig ist, kann erst später entschieden werden; das uranische, d. h. sich nach Uranos nennende Männerhaus aber tritt damit in die Reihe jener gnostisch-gynäkokratischen Männerhäuser, die der revolutionäre Hominismus grausam und gewalttätig ausrottete, um dem gnostisch-gynäkokratischen goldenen Zeitalter des Einen ein Ende zu machen. So wird Uranos, der Gott des gnostisch-gynäkokratischen Männerhauses, der Leidensgenosse des ebenfalls entmannten mediterran-kleinasiatischen Attis und wird wohl auch in dessen Nähe und um dieselbe Zeit seine Passio für die untergehende gnostische Gynäkokratie erduldet haben. Der phrygische Hominismus hatte die gewaltsame Entmannung des Attis durch die Priester des neuen Gesetzes, als diese sich nicht mehr zu ihrer Schandtat zu bekennen wagten, in eine freiwillige Selbstentmannung seines Opfers umgefälscht und damit einmal den Mythus des Attis zu einer verworrenen Erzählung gemacht und zugleich das Verständnis für den wahren religiös-hoministischen Ursprung des Eunuchismus verschüttet: denn Attis hat so wenig sich selbst verstümmelt wie Uranos. Kybele aber, die Göttin des besiegten gnostisch-gynäkokratischen Frauenhauses, klagt als die *Dea dolorosa* um den durch den neuen Hominismus verstümmelten Geliebten, das Symbol ihres gnostisch-gynäkokratischen Männerhauses. Doch der entmannte Attis lebte in dem Bund der phrygischen Gallen weiter, der seinem Wesen nach eine Erinnerung an die barbarische Unterdrückung der gnostischen Gynäkokratie in der später nach den eingewanderten Phrygern genannten kleinasiatischen Landschaft war; denn dieser Gallenbund bestand aus Mitgliedern, die sich im Rausche der Ekstase selbst entmannt hatten, um ihrem Gotte ähnlich zu werden und sein Kreuz mit ihm zu tragen. Trotz seines skandalösen Verfalls — denn *corruptio optimi pessima* — ist dieser Attisbund, der in der späten römischen Kaiserzeit noch seinen Tempel auf dem Palatin hatte, seiner Idee wegen eine ehrwürdige historische Ruine des prähistorischen gnostisch-gynäkokratischen Männerhauses Phrygiens. Dieser Gallenbund nun erzählte den Attismythus in der bereits hominisierten Gestalt, welche die Selbstentmannung des Gottes berichtete: er erzählte das Schicksal des Attis als ätiologischen Mythus für seinen eigenen Aufnahmeritus, denn wie seine Mitglieder sich selbst freiwillig entmannten, sollte auch der Gott, den sie nachahmten, indem sie sein Stigma an ihren Leibern trugen, sich selbst verstümmelt haben. Attis sollte in diesem Bunde weiterleben, um immer wieder sein Schicksal zu erleiden — solange der Hominismus dauert. Das ist gewiß der ursprüngliche Sinn dieses Mythus gewesen. So ist der Attisbund der Gallen auch in seiner entarteten Gestalt immer noch ein lebendiges Zeugnis für die Existenz eines prähistorischen gnostisch-gynäkokratischen Männerhauses in Phrygien und zugleich ein Denkmal für die Art und Weise seiner Unterdrückung. Uranos der Entmannte, Attis der Entmannte, Osiris der Zerstückelte, Dionysos der Zerrissene und die andern sadistisch gemordeten Götter, in deren Schicksalen die ihrer zerstörten gnostisch-gynäkokratischen Männerhäuser sich spiegeln, bezeugen, wie blutrot die Sonne des neuen hoministischen Äons aufging. Der Umstand aber, daß das Schicksal des Uranos analog dem des Attis erzählt wurde, beweist, daß in diesen beiden Mythen dieselbe religiöse Entwicklungsebene fixiert ist; wenn man also den Sinn des Attismythus verstanden hat, hat man auch den Uranosmythos verstanden und mit ihm zugleich den Mythus von der Spaltung des Androgyns. Während aber der Attismythus nicht nur die Passio des Gottes erzählt, sondern auch seine *resurrectio* verkündigt, weiß der Uranosmythus von einer *resurrectio* nichts: kein klagendes Frauenhaus hat durch den Mund seiner Bundesgöttin Gaia das Geschick ihres Gatten beklagt und seine Auferstehung zu früherer Kraft vorausgesagt. Das beweist offenbar, daß das düstere phrygische Motiv mit seinen aufregenden Flötentönen erst später in die Urform des Mythus von der Spaltung des göttlichen Androgyns, so wie ihn die Naturvölker kennen, einbezogen wurde. Dieser Mythus ist also ein rein hoministisches Siegeslied des neuen Männerhauses in freudig-jauchzendem Dur auf den Sturz des gnostisch-gynäkokratischen des Uranos. Es bleibt bei der Spaltung: sie ist endgültig. Von einer Wiedervereinigung der beiden getrennten Hälften, also zur Apokatastasis des Urandrogyns, ist keine Rede. Dieser Mythus ist also nur ein hoministisch-historischer, kein eschatologischer. Ganz anders aber steht es um die drei griechenländischen Mythen, denen wir uns jetzt zuwenden. Alle sind apokalyptische Mythen der besiegten Frauenhäuser. Sie sind nicht hoministische Siegeslieder der revolutionären „Kinder"; hier wird die Spaltung des Urandrogyns oder die Vertreibung aus dem Paradiese als eine Menschheitstragödie begriffen. Es sind die Antworten auf jene Siegeslieder: auch unausgesprochen wird in ihnen dasselbe epochale Ereignis, nämlich symbolisch gesprochen, die Zerreißung des göttlichen Androgyns, betrauert und seine Wiederherstellung verheißen. Noch in den grotesk zweigeschlechtlichen Wesen, von denen Aristophanes in Platons Symposion halb ernst, halb ironisch erzählt, die von Zeus, dem Gotte des neuen Hominismus, zur Strafe für ihren Ungehorsam in zwei Teile gespalten wurden, „wie man Birnen, um sie einzukochen, entzweischneidet", klingt die Erinnerung an jenes Ereignis nach, das die Menschheitsgeschichte in zwei Zeitalter mit zwei Religionen geteilt hat, und das wir als den Verlust des androgynen Selbstbewußtseins des Einen und den Untergang der auf ihm beruhenden gnostischen Religion des göttlichen Androgyns bezeichnen können.

2. Passio und Resurrectio der Kore

Die erste dieser drei gnostisch-gynäkokratischen Apokalypsen Griechenlands, die von Kore, d. h. der Jungfrau, die Apokalypse von Eleusis, hat, verglichen mit allen andern, einen ganz besonderen Charakter. Wohl ist sie, wie die orientalischen, auf dem Schema von drei handelnden Personen aufgebaut. Es sind: erstens die Göttin Demeter, in der das gnostisch-gynäkokratische Frauenhaus symbolisch hypostasiert ist. Zweitens der Gott Pluton, der Bruder des Zeus, der Zeus der Unterwelt, das Symbol des agnostisch-hoministischen Männerbundes, der wohl nicht nur nach dem neuen Geschlechtergesetz des Zeus die Verstorbenen richtet sondern auch die Lebenden durch sein Urteil ins Totenreich schickt, eine unheimliche Priesterkorporation, die sich sicher nicht umsonst nach dem König der Toten nannte, eine würdige Parallele zu den östlichen Kollegen, zu Ares, dem Eber, der den Attis entmannte, oder Set, dem Metzger, der den Osiris zerstückelte, und die besonders in dieser Zeit des Geschlechterkampfes auf ihre eigentümliche Art für das hoministische Gesetz gewirkt haben muß. Die dritte Gottheit aber ist in der eleusinischen Apokalypse nicht wie im Osten der Geliebte der Göttin, kein Tammuz oder Adonis, d. h. die symbolische Hypostase eines gnostisch-gynäkokratischen Männerhauses, das zerstört und in die Unterwelt geschickt wurde, und das die *Dea dolorosa* überall sucht aber nirgends mehr findet, sondern es ist in der eleusinischen Eschatologie die Tochter der Göttin, die einfach Kore, das Mädchen, die Jungfrau, heißt und später mit der Unterweltsgöttin Persephone gleichgesetzt wurde, also das symbolisch hypostasierte Jungfrauenhaus. Der Terror des plutonischen Männerbundes, des bösen Feindes der gnostischen Gynäkokratie, hat ihm ein Ende gemacht und es ins Reich der Toten geschickt, es also, um gemäßigt zu sprechen, mit Gewalt unterdrückt. Der demetrische Frauenbund aber, die *Dea dolorosa*, wird den ganzen zweiten Äon hindurch umsonst nach der Jungfrau suchen und sie erst, wenn Zeus und Pluton gestürzt sind, wiederfinden. Das ist der logische und analogische Grundgedanke der eleusinischen Apokalypse in ihrer Urform. Kore, die Jungfrau, wird erst wieder auferstehen, wie auch Osiris und Adonis, wenn das Weltalter der gewalttätigen agnostischen Götter des hoministischen Weltalters, das des Zeus und des Pluton, zu Ende ist, und wie dort die liebende Göttin den Geliebten, so hier die Mutter die Tochter aus der Unterwelt ins Leben zurückgeholt hat. Die Vergewaltigung des Jungfrauenhauses wird von dem Mythus nach dem wildzerklüfteten Bergland von Henna im Herzen der Insel Sizilien verlegt, die von einem westlichen Zweig der gnostisch-gynäkokratischen mediterranen Rasse besiedelt war; und da sie unter dem Einfluß Kretas stand, so gehört dieses Ereignis wohl noch der vorhellenischen Periode Griechenlands an, als auf Kreta der molochistische Hominismus des Minotaurus zur Macht kam. Auf jeden Fall aber ist es von Wichtigkeit zu sehen, mit welcher Grausamkeit der siegreiche Hominismus auch gegen die gnostisch-gynäkokratischen Jungfrauenhäuser verfuhr, nachdem wir seine Methode, die gnostisch-gynäkokratischen Männerhäuser auszurotten, in den Schicksalen des Osiris, des Adonis und der andern Frauengötter kennengelernt haben. Natürlich ist das Jungfrauenhaus etwas anderes als ein Bund unverheirateter Bürgermädchen und Eheaspirantinnen. Kore ist ihrem Wesen nach die ewige Jungfrau. Sie und ihre Gespielinnen, die der hoministische Dämon Pluton auf der Blumenwiese von Henna überfällt, bilden einen gnostisch-gynäkokratischen Jungfrauenorden; denn sie ist die Göttin, in der sie geeint sind, sie bilden ihr Corpus mysticum, und die Geschichte der Göttin erzählt symbolisch die ihres Ordens. Es sind prähistorische Nonnen der ewigen Jungfrau Kore. Denn die Jungfrauen sind die wahren Trägerinnen und Lehrerinnen der Gnosis und des Gesetzes der gnostischen Gynäkokratie. Nicht auf den Müttern, die in gefährlicher Zerstreuung leben und die Welt allzu häufig von der Perspektive der Kinderstube aus betrachten, kann diese beruhen, sondern nur auf dem in der Konzentration des Bewußtseins als die *Sponsae Verbi* lebenden gnostischen Jungfrauen des Einen. Die gnostische Gynäkokratie ist also eine Parthenokratie, sie steht und fällt mit der Jungfrau, bei der allein die geistige Führung des gnostischen Frauenhauses liegen kann. Wie in der Reformation und Revolution der agnostische Hominismus mit sicherem Instinkt die Klöster aufgehoben und die Nonnen verheiratet hat, so hat er es schon in der Zeit der Demeter gemacht; der Raub der jungfräulichen Kore und Zerstreuung ihrer jungfräulichen Gespielinnen ist also ein prähistorischer hoministischer Klostersturm. Denn was bedeutet der Raub anderes, als daß in seiner Göttin der gnostische Jungfrauenbund selbst untergegangen ist und nun im Totenreiche weilt und wartet, bis er durch Demeter wieder aus der Unterwelt befreit und dem Leben zurückgegeben wird — wie Ischtar in dem Tammuz das gnostisch-gynäkokratische Männerhaus wieder auf die Oberwelt zurückholt. Die ganze gnostisch-gynäkokratische Urzeit hat die gnostischen Jungfrauenorden als ihre geistige Grundlage gekannt. Nur wenige Kilometer von Eleusis entfernt lag Athen, die Stadt der ewigen Jungfrau Athena, die trotz aller Hominisierung und Verstaatlichung im Wesen die geblieben ist, die sie war: die symbolische Hypostase der gnostisch-gynäkokratischen Jungfrauenbünde der vorgriechisch-prähistorischen Zeit Attikas. Die Parthenos oder die Jungfrau der Akropolis von Athen, und die zugewanderte Jungfrau oder Kore von Eleusis, ihre geistige und unglückliche Schwester, bezeugen, in welcher hohen Verehrung die gnostische Virginität, die in Wahrheit geistige Mutterschaft ist, auf diesem Boden gestanden hat, auf dem später der Hominismus den Kampf gegen die Möglichkeit einer Wiederherstellung der gnostischen Gynäkokratie der Urzeit mit Homosexualismus und Hetärismus führte, zwei Übeln, die wie zwei Rachedämonen sich aus dem Grabe der erschlagenen Geschlechterordnung erhoben hatten. So ist denn die Apokalypse von Eleusis der Mythus von der *Passio et Resurrectio Virginis*. Die eleusinische Religion aber ist eine Mysterienreligion, d. h. die Religion eines Geheimbundes, der durch ein nur in Symbolen angedeutetes, vor den Nichteingeweihten oder Profanen geheimgehaltenes Ziel geeint ist. Dieses Ziel der ureleusinischen Religion aber war, wie ihr nun verstandener *hieros logos* oder Bundesmythus beweist, die Wiederherstellung des gnostisch-gynäkokratischen Jungfrauenordens als der Grundlage der wieder erneuerten gnostischen Gynäkokratie, und die Voraussetzung für diese Befreiung Kores war der Sturz des durch Zeus und Pluton und ihre Männerbünde eingeführten revolutionären hoministischen Geschlechtergesetzes. Der ureleusinische Bund war also ein gnostisch-gynäkokratischer Geheimbund. Dem hoministischen Priesterkollegium von Eleusis aber gelang es im Laufe der Jahrhunderte, diesen Charakter völlig zu unterdrücken und den Weg zum Verständnis des Geheimnisses zu versperren. Es war eine Meisterleistung der umdeutenden Theologie. Die allen Symbolen innewohnende Vieldeutigkeit erleichterte die Aufgabe. Die materialistischen Theologen sahen in den Leiden und der Auferstehung der Kore nur noch Symbole für die Geschichte des Getreides und seiner Bearbeitung: sie machten die eleusinische Religion zur Bäckerreligion. Die spiritualistischen Theologen deuteten die Geschichte der Göttin als die der Schicksale der individuellen Seele und belohnten den Gehorsam gegen das hoministische Gesetz im Leben durch ein glückliches Dasein nach dem Tode. Der Ureleusinier dagegen, der wahre Koremyste, hatte auch in der Vegetation nur das jedes Jahr sich erneuernde Symbol für die einmalige und endgültige Parusie der Jungfrau in der Zukunft erblickt. Die einen machten also die Botschaft von Eleusis zur Erlösungsreligion im Dienste des Hominismus. Die Umdeutung der gestorbenen und wiederauferstehenden Gottheiten der gnostisch-gynäkokratischen Religionen durch die andern zu sogenannten Vegetationsgöttern erfreut sich jedoch bei den modernen Mythenexegesen wie schon bei denen des Altertums einer großen Beliebtheit, weil sie ihnen besonders geeignet erscheint, den eschatologischen Offenbarungscharakter dieser Mythen zu verwischen. Aus dem Kampf um Leben und Tod zwischen Kore und Pluton, d. h. zwischen dem Gesetz der Kore und dem des Pluton, dem Zeus der Unterwelt, machten die hoministischen Vermittlungstheologen den salomonischen Kompromiß der Halbschicht: die eine Hälfte des Jahres bleibt sie bei der Mutter, während sie, die ewige Jungfrau, die andere Hälfte bei dem düsteren und grausamen, infernalischen Gatten verbringt. Sie mußte also, um den Hominismus zu sanktionieren, ihre jungfräuliche Natur durch den Genuß des symbolischen Granatapfels, d. h. durch ihre Teilnahme am hoministischen Sakramente, verraten, womit sie, ein Schatten von sich selbst geworden, in der Tat würdig war, über die Schattenwelt des neuen Gesetzes zu herrschen. Wie Kore ihren *modus vivendi* mit Pluton gefunden hatte, so schloß auch Demeter ihren Kompromiß mit Zeus, dem Mitschuldigen an dem Raube ihrer Tochter. Der Sinn der eleusinischen Apokalypse war in sein Gegenteil verkehrt und das gnostisch-gynäkokratische Mysterium von Eleusis hominisiert. Die wahre Religion von Eleusis war unschädlich gemacht und wurde zum integrierenden Bestandteil der attischen Staatsreligion: sie ist nicht die einzige Religion, die aus einer Feindin des Staates zu seinem gehorsamen Werkzeuge wurde. Die leidenschaftliche religiöse Schöpfung der weiblichen Empörung war zu einer Erlösungsreligion im Dienste des Hominismus verflacht.

3. Passio und Resurrectio des Dionysos

Im VII. Jahrhundert, als in Rom die ersten Nachfolger des Stadtgründers Romulus regierten, stand die monarchisch-feudale Gesellschaftsordnung der griechischen Staaten, die ihren verklärten Ausdruck in den Gedichten Homers erhalten hatte, in Jonien, auf den Inseln und in denjenigen Landschaften des Festlandes, die durch die letzte Invasion, die der Dorer, nicht in direkte Abhängigkeit von Sparta geraten waren, vor dem Zusammenbruch. Der hemmungslose Subjektivismus der aristokratischen Lyrik steuert dem bewußten Relativismus des Protagoras entgegen, und mit der Auflösung der aristokratischen Staatsformen sind auch deren olympische Götter, als ihre symbolischen Hypostasierungen, von der Aufklärung bedroht; denn das Schicksal der Aristokratie und das ihres Gottes, des Zeus, standen in untrennbarer Wechselwirkung miteinander. Es war eine Zeit, in der die mediterrane Urbevölkerung, die wichtigste Trägerin der künftigen Demokratie, wenn auch in Folge der Vermischung mit den Eroberern in ihrem bewußten Leben hellenisiert, wieder geistige und politische Geschichte zu machen begann. Wir sahen, wie das Eine in der vorsokratischen Philosophie sich bemühte, sein gnostisches Selbstbewußtsein wiederzufinden, das durch das agnostische Ichbewußtsein verdrängt worden war, worauf eben der Untergang des gnostisch-gynäkokratischen Weltalters beruht hatte. Auch die prähistorischen mediterranen Götter erwachten zu neuem Leben. Und nun begann der Gott seinen Triumphzug, der schon in der gnostisch-gynäkokratischen Vorzeit den Kampf gegen Zeus geführt hatte, der damals zwar unterlegen war, jetzt aber sich anschickte, den hominiistischen Usurpator für immer vom Olymp zu vertreiben und die untergegangene gnostische Gynäkokratie wieder aufzurichten. Der Mythus von der Passio und Resurrectio des Dionysos Zagreus ist die zweite gnostisch-gynäkokratische Apokalypse Griechenlands; er erzählt von den vergangenen und künftigen Schicksalen des gnostisch-gynäkokratischen Männerhauses wie der Mythus der Kore die des gnostisch-gynäkokratischen Jungfrauenhauses offenbart hatte. Denn die Analogie des Dionysosmythus mit den Mythen der gnostisch-gynäkokratischen Männerhäuser der östlichen mediterranen Völker ist so in die Augen springend, daß große Verblendung durch Vorurteile nötig ist, um ihn nicht, in Zusammenhang mit ihnen, als den Mythus von dem in seinem Gotte vernichteten und in ihm wieder auferstehenden gnostisch-gynäkokratischen Männerhaus begreifen zu wollen. Dieser dionysische Mythus ist das prophetische Vermächtnis der durch den siegreichen Hominismus des Zeus mit der Zerstörung ihrer Männerhäuser zu Tode getroffenen Gynäkokratie des mediterranen Griechenlands. In den mittelgriechischen Landschaften Böotien und Phokis ist die gnostisch-gynäkokratische Apokalypse von dem zerrissenen und wieder auferstehenden Gotte Dionysos zuerst offenbart worden. Hier haben sich in prähistorischer Zeit jene Greuel bei der Ausrottung der gnostisch-gynäkokratischen Männerhäuser ereignet, die im Mythus symbolisch erzählt werden. Das böotische Theben wird als Geburtsstadt des Gottes genannt, in dem phokischen Delphi wurde das heilige Grab des zerrissenen Dionysos gezeigt. Vielleicht ist die dionysische Apokalypse schon als Protest gegen den Molochismus einer früheren semitischen Einwanderung entstanden, welche die gnostisch-gynäkokratischen Männerhäuser in diesem Gebiete grausam unterdrückte, worauf die Beziehungen der Personen des Mythus zu der Familie des Phönikiers Kadmos, der aus Sidon stammte, hinzuweisen scheinen; aber ihre eigentliche Gestalt erhielt sie erst im Widerspruch gegen die achäische Invasion, welche die Religion des Zeus mitbrachte und das Werk ihrer molochistischen Vorgänger fortsetzte und vollendete. Von Phokis und Böotien aus wurde die frohe Botschaft, das weibliche Euangelion, von der Auferstehung des zerrissenen Frauengottes durch ein freiwilliges oder durch Vertreibung erzwungenes Apostolat über den mediterranen Raum des ägeischen Meeres, über die Inseln nach der kleinasiatischen und thrakischen Küste verbreitet. In Kleinasien aber begegnete das dionysische Evangelium dem einer geistesverwandten religiösen Bewegung, der des entmannten Attis: denn ursprünglich bedeutet gewiß auch die Zerreißung des Dionysos nichts anderes als seine Entmannung, so daß Uranos, Attis und Dionysos das gleiche Martyrium durch den Hominismus erlitten. Hier findet auch die religiöse Verehrung, die dem heiligen Phallos, natürlich dem des Dionysos, als dem Heilssymbol des Bundes zuteil wurde, ihre Erklärung: denn dieser Kult ist nicht ein primitiver Naturalismus wie der agnostische Hominismus, zustimmend oder ablehnend, meint. Der heilige Phallos des Dionysos wird als Leidens- und Siegeszeichen des Gottes verehrt wie von den Christen das Kreuz als Symbol des Leidens und Triumphes des Herrn: die drei Weltalter der Geschlechtergeschichte, ihre gnostische Urzeit, die agnostisch-hoministische Periode und die künftige Wiederherstellung der *Unio gnostica* werden vom Eingeweihten in ihm symbolisch-mythisch, d. h. historisch-prophetisch, angeschaut. So findet die große Bedeutung des heiligen Phallos in der dionysischen Religion, wie auch in der analogen des Osiris, auf dessen Phallos es Set besonders abgesehen hatte, seine eigentliche Erklärung. Das war die Periode der urdionysischen Religion in der prähistorischen Zeit. Von Thrakien aus aber kam sie in der Zeit der mediterranen Renaissance im VIII. und VII. Jahrhundert nach ihrem Geburtslande wieder zurück: damit beginnt die zweite oder neudionysische Periode der Religion des Zerrissenen. In ihrem böotisch-phokischen Heimatlande hatte sie gewiß unterirdisch weitergelebt: die Erinnerungen an seinen grausamen Tod waren in Delphi sicher nie erloschen, und so konnte diese heilige Stadt wieder der Mittelpunkt der von Norden zurückkehrenden Religion werden. Von hier ging dann die große dionysisch-mänadische Flut aus, deren Ziel die Auferstehung des Zerrissenen in der wiederhergestellten gnostischen Gynäkokratie der Urzeit war. Die prähistorische Urform des Mythus und ihr Sinn leuchten durch alle späteren, sie tendenziös entstellenden hoministischen Bearbeitungen unzerstörbar hindurch. Der Name der Paredros des prähistorischen Dionysos, also der Göttin des mit dem gnostisch-dionysischen Männerhaus in Syzygie verbundenen gnostischen Frauenhauses, ist uns nicht bekannt; nennen wir sie also mit ihrem späteren Namen: Ariadne. Denn der Frauengott ist ohne Frauengöttin nicht denkbar: Ariadne und Dionysos bilden eine ebenso untrennbare Einheit wie Isis und Osiris, Astarte-Aphrodite und Adonis, und auch sie wird den Toten einmal beweint haben wie Isis den Osiris. Denn wie seine göttlichen Brüder im Osten fällt auch Dionysos als Märtyrer des gynäkokratischen Gesetzes. Die spätere mythische Überlieferung der Orphiker sagt, die Titanen hätten ihn in Stücke gerissen. Wer die Titanen sind, werden wir bald sehen: aber die Tat beging, direkt oder indirekt, Zeus selbst, der Vater-Gott des neuen Geschlechtergesetzes. Vielleicht hat er den Empörer einmal mit seiner Lieblingswaffe, dem Blitz, erschlagen, wie schon seine Mutter Semele, das hypostasierte Symbol eines gnostisch-gynäkokratischen Frauenhauses, deren Mord später fadenscheinig genug durch eine erhaben klingende allegorische Deutung bemäntelt wurde. Denn es kann keinen Kompromiß zwischen Zeus mit den „ambrosischen Locken" und Dionysos dem Zerrissenen geben, und so muß auch die wahre Auferstehung des Dionysos, d. h. die Apokatastasis der gnostischen Gynäkokratie, mit Untergang des Zeus, d. h. des agnostischen Hominismus, gleichbedeutend sein. Aber in jenem VII. Jahrhundert stand Dionysos nicht wieder von den Toten auf. Der Frauenorden des Dionysos-Bakchos, die Bakchai und Mänaden des Gottes, die Priesterinnen der gnostisch-dionysischen Ekstase, mußten weiter in den wilden Schluchten des Parnassos um seine Ermordung klagen, wie die Adoniazusen um die des

Adonis, und konnten seine Parusie, d. h. die Verwirklichung seines gnostischen Frauenreiches, nur als prophetische Vision schauen. Gewiß sind die Ekstasen und heiligen Orgia der Mänaden in historischer Zeit keine reinen gnostischen mehr; sie sind, von anderem abgesehen, auch durch die blutigen Kommunionen besudelt, in denen der Einfluß der hominisierten Opfermetzgerei nicht zu verkennen ist. Aber der Trieb des Einen zur *Unio gnostica,* zu „höherer Begattung", den es nur durch die gnostische Gynäkokratie befriedigen kann, ist die metaphysische Grundlage, die auch das Wesen der mänadischen Religion bestimmt, und von der aus diese allein ihrem Wesen nach verstanden und beurteilt werden kann. Aus dem Geiste dieser dionysischen Erweckung, dem stärksten Ausdruck der Renaissance des prähistorischen mediterranen Geistes in diesem Jahrhundert, wurde die Tragödie, das dionysische Mysterienspiel, geboren, die ursprünglich in dem Schicksal des leidenden und auferstehenden Mysteriengottes das Schicksal der gnostischen Gynäkokratie selbst darstellte: so daß also außer der vorsokratischen Philosophie, der eleusinischen und der dionysischen Religion, auch die griechische Tragödie ein Geschenk der prähistorischen Gynäkokratie Griechenlands ist. Und die beiden Sakramente, das des Brotes des eleusinischen und das des Weines des dionysischen Geheimbundes sind vereinigt zur christlichen Eucharistie geworden, die also in diesem Symbol eine Synthese der Sakramente des weiblichen gnostisch-gynäkokratischen Geheimbundes und des männlichen darstellt. Die nichteingeweihte Masse aber sah natürlich in Dionysos nur einen Weingott wie in Demeter und Kore Getreide- und Brotgöttinnen. Aber die durch die dionysisch-mänadische Sturmflut von einem neuen religiösen Geschlechterkrieg bedrohte Zeusreligion wurde gerettet. Zeus, der Gott des panhellenischen Männerhauses, der in prähistorischer Zeit zum erstenmale über seinen gnostisch-gynäkokratischen Antipoden gesiegt hatte, gewann nach einem schweren Existenzkampfe in historischer Zeit seinen zweiten Sieg über Dionysos und Ariadne. Er siegte durch die Klugheit der unter seinem hominiistischen Gesetzen stehenden Priesterkollegien und eine neue prophetische Gegenbewegung, die des Orphismus, der seine Offenbarungen auf einen vorgeschichtlichen Propheten mit Namen Orpheus zurückführte, also die prähistorische Tradition des dionysischen Frauenordens durch eine angeblich ebenfalls prähistorische Offenbarung, die des mediterranen Thrakers Orpheus über Dionysos, zu paralysieren suchte. Dieses theologische System der Orphiker aber entstammte trotz allem derselben Renaissance des Geistes der vorhistorischen gnostischen Gynäkokratie Griechenlands wie die philosophischen Systeme der Vorsokratiker und die Tragödie; und trotz der tendenziösen Bearbeitung hat die orphische Theologie allein uns wertvollste Elemente des urdionysischen Mythus erhalten. Ihre Tendenz aber ging dahin, die traditionelle Apokalypse des gnostisch-gynäkokratischen Dionysos durch eine neue hominisierte zu ersetzen und zugleich mit einer reformierten Zeusreligion als Vermittler zwischen beiden synthetisch zu verbinden. Die orphische Religion erfüllte also an der echten urdionysischen eine ähnliche Aufgabe wie die spätere eleusinische an der echten ureleusinischen. In solchen Situationen, wenn der religiöse Gegner nicht mehr umzubringen war, haben es die gefährdeten Priesterschaften immer verstanden, ihn durch Konzessionen und Umdeutungen unschädlich zu machen und den fremden Strom in das Bett des eigenen abzulenken, nicht nur um Überschwemmungen zu verhüten sondern auch um ihre eigenen Mühlen von ihm treiben zu lassen. Die Stromregulierung war nicht leicht: Dionysos mußte sowohl von den Orphikern wie von den zeusorthodoxen Theologen in sein gerades Gegenteil umgedeutet werden. Man machte den Frauengott unschädlich, indem man ihn olympisierte, d. h. unter die hoministischen Staatsgötter des Olymp aufnahm, der ihm bisher verschlossen war, und den zu stürzen, aber nicht zu stützen in seiner Absicht gelegen hatte: denn Aufnahme in den Olymp bedeutete Unterwerfung unter das dort herrschende hoministische Geschlechtergesetz des Zeus. Der Anti-Olympier und Anti-Zeus Dionysos mußte also, theologisch gesprochen, *erstens* zum Sohne des Zeus gemacht werden, wie die vorgriechische gnostisch-gynäkokratische Jungfrau-Göttin Athena von den Theologen schon lange zur Tochter des Zeus ernannt und dem hoministischen Gesetze ihres Gott-Vaters unterworfen war. Die von den Theologen ausgedachte symbolische Geburtsgeschichte dieser beiden Zeus so wesensfremden Gottheiten sollte deren wahren Ursprung durch eine groteske Überbetonung ihrer angeblichen Abstammung von Zeus allein verschleiern und in Vergessenheit bringen: denn man machte Zeus für beide zum Vater und zur Mutter zugleich. Athena hat er in seinem Haupte erzeugt und geboren; den Dionysos hat er zwar in Semele, einer vorgriechisch-mediterranen Göttin, erzeugt: aber er erschlug diese gnostisch-gynäkokratische Mutter mit seinem Blitz und barg den kaum empfangenen Embryo in seinem Schenkel, als einem Uterusersatze, bis er geburtsreif war. So hat er also auf den Dionysos nicht weniger als auf Athena alleiniges Anrecht: beide sind wesentlich mutterlos; wie könnten sie als reine Vaterkinder gnostisch-gynäkokratische Forderungen erheben wollen? So war die Überbetonung seines Rechtes in diesen frostigen und ausgeklügelten hoministischen Allegorien nur ein Beweis, daß er ursprünglich überhaupt kein Recht auf diese seine angeblichen Kinder besaß. Aber nun war der Anti-Zeus durch die Zeustheologie zum Sohne des Zeus proklamiert, und von diesem

Grunddogma aus mußte nun auch *zweitens* die Geschichte seiner Passion neu erzählt werden. Die ewigen Feinde des Vaters, die Titanen, sind daher auch seine Feinde geworden, und um den Vater zu treffen, mußten sie den Sohn ermorden. Das ist eine erstaunliche theologische Verdrehung, um die Schuld des Vaters auf die ewigen Sündenböcke der Olympier, die Titanen, abladen zu können, denn als Feind des Zeus und seines hoministischen Geschlechtergesetzes müßte ja Dionysos in Wirklichkeit der Freund und Bundesgenosse der Titanen in ihrem Kampfe gegen den Tyrannen im Olymp sein. Und *drittens* endlich mußten die Zeustheologen nun auch den Sinn der Resurrectio, der Auferstehung des Dionysos verändern, die nun nichts mehr sein durfte als die Auferstehung des Ermordeten als Gott unter den Göttern des Olymps. Diese orthodoxe Gestalt mag unter orphischem Einfluß das kluge Priesterkollegium von Delphi, das sich auf Kompromisse verstand und das heilige Grab des Dionysos hütete, der gnostisch-gynäkokratischen Apokalypse der prähistorischen Zeit gegeben haben, um die neudionysische Frauenbewegung aufzuhalten und in eine orthodox-hoministische Richtung abzubiegen. Denn Delphi, uralter gnostisch-gynäkokratischer Boden, in prähistorischer Zeit Sitz eines weiblichen Orakels der Gaia oder Themis, das nach der Völkerwanderung Zeus und Apollon hominisierten, dessen Pythia oder Prophetin aber immer eine lebendige Erinnerung an die Sibyllen der gnostisch-gynäkokratischen Vorzeit blieb, Delphi war das Zentrum dieser weiblichen Erweckungsbewegung und die Delphi umgebenden Berge des Parnassos der Hauptschauplatz der Riten des dionysisch-mänadischen Geheimbundes gewesen. Orthodoxes und orphisches Priestertum hatten also gemeinsam den Kampf gegen die gnostisch-gynäkokratische Religion des Dionysos geführt und ihre Expansion zum Stehen gebracht: der gemeinsame Hominismus hatte sie gegen den gemeinsamen Feind geeinigt. Daß in dem spiritualistischen und asketischen Orphismus eine neue Bedrohung der positiven staatlichen Zeusreligion lag, mußte damals aus religionspolitischen Gründen übersehen werden; denn es handelte sich im Augenblicke nur darum, den nun ketzerisch gewordenen feministischen Dionysos im Namen des wahren, hominisierten Sohnes des Zeus zum Schweigen zu bringen, und diesen Dienst zu leisten war der orphische Dionysos bereit. Denn Zeus und der orphische Dionysos hatten denselben gefährlichen Feind: den gnostisch-gynäkokratischen Dionysos.

4. Passio und Resurrectio des Prometheus

Wie tief die gnostische Gynäkokratie im Bewußtsein der mediterranen Urbevölkerung Griechenlands eingewurzelt war, bezeugt der Widerstand, den sie der hoministischen Zeusreligion der Eroberer entgegen setzte. Die Entstehung der beiden besprochenen Geheimbünde, deren symbolische Hypostasen Kore und Dionysos sind, und deren Geschichte symbolisch in den apokalyptischen Mythen dieser beiden Gottheiten erzählt ist, beweist, mit welcher Erbitterung auf beiden Seiten der prähistorische Religionskrieg geführt wurde. Als Religionen von Geheimbünden nennt man sie Mysterienreligionen; denn etwas anderes bedeutet das Wort seinem Sinne nach nicht. Aus gnostisch-gynäkokratischer Zeit stammend ist ihr geheimgehaltenes Ziel, ihr religiöses oder Bundesgeheimnis, die Wiederherstellung der gnostischen Gynäkokratie. Sie sind als ein Widerspruch gegen den siegenden agnostischen Hominismus der Männerstaaten entstanden, und solange sie sich selbst noch begriffen, konnten sie kein Bündnis mit den hoministischen Staatsreligionen eingehen. In späterer Zeit suchte man eine Verschmelzung der eleusinischen und der dionysischen Mysterienreligion: diese Verschmelzung der beiden Mysterienbünde miteinander wurde symbolisch als eine Ehe der beiden Bundeshypostasen, der Kore und des Dionysos, bezeichnet. Hätten beide Bünde damals noch ihr wahres Wesen besessen oder verstanden, so hätte diese Vereinigung vielleicht zu einer für Zeus, das heißt den hoministischen Staat, gefährlichen Kraft werden können. Wenn wir heute an Zeus denken, so erscheint er uns immer so, wie ihn Homer in den berühmten und erhabenen Versen des ersten Gesanges der Ilias schildert, die den Phidias zu seinem Meisterwerke, der Zeusstatue im Tempel des Gottes zu Olympia, inspirierten:

„Also sprach und winkte mit schwärzlichen Brauen Kronion;
Und die ambrosischen Locken des Königs wallten ihm vorwärts
Von dem unsterblichen Haupt; es erbebten die Höhn des Olympos."
(Ilias I,528-531, Übers. Voss)

Ohne Rivalen scheint er vom Weltenthrone auf dem Olymp oder im Empyreum her nach seinem Gesetze das All und die Menschheit zu regieren und Widerspruch oder Auflehnung gegen seine unzerstörbare Macht mit Vernichtung des Wahnsinnigen zu bestrafen. So sahen ihn schon die Achäer, als sie, um sein Reich zu errichten, in das mediterrane Griechenland einbrachen; aber die Eingeborenen betrachteten ihn mit anderen Augen. Ihr Widerstand gegen den König Zeus und seine achäischen Stämme gab jedenfalls dem nichts nach, den die kanaanäische Urbevölkerung dem König Jahwe, dem Herrn der Heerscharen, d. h. der im Jahwesymbol durch Mosche geeinten kriegerischen Stämmen Israels, einige Jahrhunderte später entgegensetzten. Die Kanaanäer und die mediterrane Urbevölkerung Griechenlands verteidigten sich gegen Landräuber und Religionszerstörer. Denn die Zeusstämme, d. h. die in dem gemeinsamen Zeussymbol vereinigten einzelnen Männerhäuser der hellenischen Stämme, brachten das neue radikal-hoministische Geschlechtergesetz des Zeus, wie die jahweistischen Stämme das Jahwes, das sie zur Ausrottung aller Gynäkokratien auch in ihren letzten Spuren verpflichtete. In welchem Verfallszustand sich auch damals vor ihrem Untergang die gnostische Gynäkokratie des vorhellenischen Griechenlands befunden haben mag, im ganzen beruhte das religiöse, politische und gesellschaftliche Leben, das philosophische und historische Bewußtsein immer noch auf den gnostisch-gynäkokratischen Traditionen der Vergangenheit und wurde dieser Boden zerstört, so schien ein geistiges und gesellschaftliches Chaos die unvermeidliche Folge. Es war ein Kampf zweier Bewußtseinsformen auf Leben und Tod. Im Anfang der griechischen Geschichte steht daher ein Religionskrieg, der ein Geschlechterkrieg ist, und dieser Anfang wirkt durch die ganze griechische Geschichte. In der Zeit dieses religiösen Geschlechterkrieges der mediterranen und hellenischen Stämme, der bis zur Entscheidung wohl mehrere Jahrhunderte brauchte, müssen sich nun mitten unter Siegern und Konvertiten jene gnostisch-gynäkokratischen Geheimbünde, von denen wir sprachen, gebildet haben, deren Aufgabe es war, wenigstens die Traditionen der Vergangenheit über den hoministischen Äon hinüberzuretten. Auch in Griechenland führte, wie wir sahen, der agnostische Hominismus den Geschlechterkrieg mit dem grausamen Fanatismus, den er in allen seinen Religionsformen immer aufs neue bezeugt hat; auch die griechische Stimme klingt laut mit in dem Chor der priesterlichen Flucher, die das Anathem über die gnostische Gynäkokratie der Vergangenheit ausrufen. Die Zeit aber, in welcher der griechische Hominismus seinen Geschlechterkampf führte, ist das griechische Heroenzeitalter, das mit dem trojanischen Kriege endet und in dem die hellenischen Jung-Siegfriede, die Apostel der Zeusreligion, in ungehemmter Männlichkeit die letzten noch glühenden Funken der weiblichen Vergangenheit austraten, indem sie die Ungeheuer, d. h. die ungeheuerlichen Götterhieroglyphen, und die Amazonen vertilgten. Die Gestalt des Herakles aber ist das vollkommenste Symbol für diese in Heroenkulten geeinten Männerhäuser geworden. In der Heroensage ist die Geschichte dieser Zeit des religiösen Geschlechterkrieges sozusagen aus der Laienperspektive erzählt; aus der priesterlichen Perspektive der Zeusreligion, in der Sprache des Göttermythus, aber hat diese Zeit in dem Mythus von der Titanomachie, d. h. des Kampfes zwischen Zeus und den Titanen, ihren Ausdruck gefunden. Denn da Zeus nur einmal einen solchen Kampf um sein göttliches Sein oder Nichtsein gegen eine frühere Göttergemeinschaft zu führen hatte, wie die ist, von dem der Mythus der Titanomachie berichtet, nämlich den Religionskrieg gegen die Götter der gnostisch-gynäkokratischen Männer- und Frauenhäuser der Stämme der mediterranen Urbevölkerung, so müssen wir schließen, daß die Titanen, die er bekämpft, nur diese vorhellenischen Götter sein können. Als das Oberhaupt des titanischen Götterpantheons, also als das Gottessymbol des mächtigsten dieser, nach dem Namen ihrer Götter also titanisch zu nennenden Stämme, gilt Kronos. Unter dem Namen des Kronos aber sind zwei ganz verschiedene Göttergestalten in eine einzige zusammengeschmolzen worden. Einmal ein molochistischer, kinderfressender Gott Kronos, den das Volksmärchen später, da er nicht mehr zu fürchten war, als den dummen Teufel verlachte, der Wackersteine statt der Kinder verschlang, und der von ihm völlig verschiedene Gott Kronos, mit dem die Römer ihren Saturn, den Gott des goldenen Zeitalters, identifizierten: böswilliger Religionshaß, den wir gleich verstehen werden, hat diesen Gott des Friedens und der allgemeinen menschlichen Glückseligkeit mit dem molochistischen Scheusal gleichgesetzt. So wie es zwei ganz verschiedene „Kronos" genannte Götter gab, so gab es bekanntlich auch zwei ganz verschiedene Götter, die „Zeus" hießen. Denn von dem olympischen Zeus ist wesensverschieden der kretische Zeus, dessen Geburtsgrotte und Grab auf Kreta gezeigt wurden, und der offenbar einer jener gestorbenen und auferstandenen vorhellenisch-mediterranen Götter von dem Charakter des Dionysos oder Adonis gewesen ist. Die Zeit des *titanischen* Kronos und der andern titanischen Götter ist also die der vorolympischen gnostischen Gynäkokratie. Und Zeus hat sie nicht nur depossediert sondern auch diffamiert; denn seitdem gehen nun die Titanen, mit dem Stigma der Zeuspriester gebrandmarkt und verleumdet als die Feinde jeder Ordnung durch die Geschichte, während sie in Wirklichkeit doch nur das neue agnostisch-hoministische Geschlechtergesetz der Zeusreligion bekämpften und die alte gnostisch-gynäkokratische Weltordnung verteidigten. Die Zeuspriester haben aus Alt-konservativen Revolutionäre gemacht und aus den revolutionären Olympiern Alt-konservative. Denn der siegende Gott ist der wahre und gute Gott und hat immer recht, und der besiegte ist immer der falsche und böse Gott und hat immer unrecht. Aber zu Mördern des Dionysos, der mit ihnen sein Leben für die Erhaltung derselben gnostisch-gynäkokratischen Religion einsetzte, hat sie erst eine mythologisch unsinnige Spekulation der orphischen Theologie gemacht, die hier an die durch die Zeustheologen bereits fixierte Natur der Titanen anknüpfte. Da nämlich Dionysos olympisiert, d. h. unschädlich gemacht werden sollte, war eine Entlastung für Zeus, den am Tode des neuen Olympiers moralisch und vielleicht auch faktisch Schuldigen, notwendig: so schrieb man denn die Tat den traditionellen

Todfeinden des Zeus zu, den stets bereit stehenden Sündenböcken, den Titanen, die der empörte Olympier dann mit seinem Blitz zu Asche verbrannte und damit nicht nur unliebsame Zeugen loswurde, sondern auch der dualistischen Spekulation der Orphiker die Möglichkeit gab, eine geistvolle Allegorie über die aus Titanischem und Dionysischem gemischte menschliche Seele zu entwickeln. Titanomachie, Titanenkrieg, bedeutet also zunächst das mythisch-historische Faktum des siegreichen Kampfes des Zeus, d. h. der Männerhäuser der Zeusreligion, gegen die Titanen, d. h. gegen die titanischen Männerhäuser der gnostischen Gynäkokratie; dann nannte man so auch die Dichtungen, die von der Titanomachie erzählten. Der Zeus und seinem hoministischen Gesetze, der Dike, gläubig ergebene böotische Dichter Hesiod hat um das fünfte Jahrzehnt nach der Gründung Roms eine Theogonie verfaßt, eine genealogische Klassifikation oder genealogisch geordnete Inventuraufnahme aller ihm bekannten griechischen Götter und Götterabstrakta, in der Zeus als der Sinn und das Ende der ganzen theogonen Entwicklung erscheint, und hat in ihr eine Titanomachie eingeflochten. Wir haben aber auch eine satirische Darstellung des Titanenkrieges und neben den andern erhaltenen Berichten über diesen Götterkampf, die das Wesen der Titanen im Dunkel lassen und sich durch hohles und leeres Pathos auszeichnen, hat diese satirische Erzählung allein den wahren Charakter und Sinn dieses für das griechische Geistesleben grundlegenden mythisch-prähistorischen Ereignisses tief und wesentlich erfaßt. Denn in dem schon erwähnten aristophanischen Mythus Platons, der viel von der vorhellenisch-mediterranen Religion wußte, in jener Erzählung des Symposions von dem Aufstand der grotesken Zweigeschlechterwesen gegen das Gesetz und den Kultus des Zeus, kann ich nur eine karikierte Darstellung des Titanenkrieges sehen. Hier werden nämlich die im Kult des göttlichen Androgyns vereinigten Männer- und Frauenhäuser, die das Absolute unter der Gestalt des göttlichen Zweigeschlechterwesens anschauten, von Zeus oder dem neuen Geschlechtergesetz *auseinandergeschnitten*, genauso, wie von den „Kindern" die religiös im zweigeschlechtlichen Gottessymbol geeinten Frauen- und Männerhäuser der Naturvölker durch *Erhebung* des Uranos von einander getrennt wurden. In Wirklichkeit wurden also die androgynen Götter oder Symbole der titanischen Männer- und Frauenhäuser symbolisch durch das neue Gesetz auseinandergeschnitten und damit allerdings diese selbst. Der Komiker machte sich nun den Spaß, das, was von den Bünden als Einheiten und ihren Symbolen gilt, auch auf die Individuen zu übertragen, die er nach dem Gleichnis und Bilde ihrer Götter zu zweigeschlechtlichen Individuen gestaltet. War aber der Androgyn das Gottessymbol dieser

Vormenschen, dann müssen sie in einer gnostisch-gynäkokratischen Gesellschaftsordnung gelebt haben, denn wir haben das göttliche Zweigeschlechterwesen als deren spezifisches religiöses Symbol kennen gelernt, so daß gnostische Gynäkokratie und Religion des Androgyns dasselbe sind, und Untergang des Androgyns mit dem Ende jener gleichbedeutend ist. Man kann hinzufügen, daß wie der Androgyn als erstes Prinzip am Anfang steht und nicht aus ihm vorangehenden Prinzipien abgeleitet wird, so also auch mit der gnostischen Gynäkokratie die Geschichte der Menschheit begonnen haben muß. Nun denn, da Zeus nur einen einzigen großen Religionskrieg zu führen hatte, nämlich den gegen die Titanen, so muß erstens der Religionskrieg des aristophanisch-platonischen Zeus eine satirische Darstellung eines Krieges gegen die Titanen sein; und daraus folgt dann sofort zweitens, daß die Titanen, als die Verehrer des Androgyns, notwendig eine gnostisch-gynäkokratische Geschlechter- und Gesellschaftsordnung besessen haben müssen. Nur von diesem soziologischen Gesichtspunkte aus läßt sich übrigens auch die doppelte, scheinbar sich widersprechende Menschenschöpfung der griechischen Überlieferung als wertvolles mythisch-historisches Dokument verstehen. Denn Menschenschöpfung bedeutet in der symbolischen Sprache des Mythus nichts anderes als die Schöpfung einer unter einem bestimmten Gesellschaftsgesetz stehenden Menschheit. Menschenschöpfung ist also menschliche Gesellschaftsschöpfung. Die erste Menschheit, die von Prometheus geschaffene, war die der gnostisch-gynäkokratischen Gesellschaftsordnung. Sie war dem hoministischen Zeus ein Greuel; deshalb vernichtete er sie und mit ihr das Geschlechtergesetz, auf dem sie beruhte, durch die große Flut, die er über sie kommen ließ und aus der nur Deukalion und Pyrrha gerettet wurden. Beide wurden die Stammeltern der neuen oder zweiten Menschheit: aus den Steinen, die Deukalion hinter sich warf, entstanden die Männer, aus denen der Pyrrha die Weiber des neuen hoministischen Äons. Deukalion und Pyrrha stammen selbst zwar von Prometheus: sie werden also nur als Renegaten der alten Religion und als Konvertiten und Apostel des neuen Gesetzes des Zeus gerettet. Denn die Sintflut hat die Greuel der ersten prometheischen Menschheit von der Erde weggewaschen, d. h. ihre gnostisch-gynäkokratische Gesellschaftsordnung weggeschwemmt und Platz gemacht für eine neue Menschheit und ihr neues Geschlechtergesetz. Übrigens haben die sumero-babylonische Fluterzählung des Gigameschepos und die von ihr abhängige jüdische der Genesis, die beide ebenfalls von einer alten Menschheit vor und einer neuen nach der Flut berichten, denselben Sinn: auch sie erzählen in mythisch-symbolischer Sprache von demselben Ereignis, nämlich dem Untergang des ersten gnostisch-gynäkokratischen und deshalb sündhaften Äons und seiner Ablösung durch den zweiten oder hoministischen. Die Titanomachie berichtet also in anderer Symbolsprache dasselbe Ereignis wie der griechische Flutmythus. Die Titanomachien der siegreichen Zeusreligion, wie sie in den zeusgläubigen Männerhäusern erzählt wurden, verherrlichten rhetorisch-panegyrisch den Herrn des Olymps und sein neues hoministisches Gesetz: aber die besiegte Titanenreligion schuf etwas unvergleichlich Erhabeneres und Tieferes, neben dem jene pathetisch-verleumderischen Siegesposaunen nur leeren Lärm machten, den Prometheusmythus, die titanische Apokalypse, die dritte große gnostisch-gynäkokratische Apokalypse Griechenlands.

Wie die Apokalypsen der Kore und des Dionysos ist auch die prometheische entstanden unter dem Eindruck des endgültigen Zusammenbruchs der alten gnostisch-gynäkokratischen Ordnung und in der ungebrochenen Hoffnung auf ihre dereinstige Wiederherstellung. Prometheus erscheint als der Gott, d. h. das hypostasierte Symbol desjenigen titanischen oder gnostisch-gynäkokratischen Männerhauses, bei dem die Führung des gegen Zeus und die Olympier geeinten Bundes der titanischen Männerhäuser lag. Der Mythus des Prometheus ist also die symbolisch-historische Erzählung von dem Schicksale dieses führenden Männerhauses und er wurde, als Prometheus selbst das Symbol des ganzen Titanenbundes geworden war, auch zum symbolisch-historischen Mythus des Titanismus überhaupt. Die Göttin oder das Symbol des gnostisch-gynäkokratischen Frauenhauses aber, das die geistige und religiöse Leitung des prometheischen Männerhauses hatte, hieß, glaube ich, Pandora; doch von ihr können wir erst später sprechen. Der zur Macht gekommene Hominismus hatte bei den ostmediterranen Völkern die gnostische Gynäkokratie der Urzeit durch die Zerstörung der gnostisch-gynäkokratischen Männerhäuser ausgerottet, durch die Entmannung des Attis, die Zerstückelung des Osiris und die Zerfleischung des Adonis; bei den westmediterranen Völkern Griechenlands vernichtete die hoministische Zeusreligion das gnostische Jungfrauenhaus der Kore und zerschlug das gnostisch-gynäkokratische Männerhaus des Dionysos durch Zerreißung des Gottes. Prometheus, der Gott des titanischen Männerhauses, aber hatte ein noch grausameres Schicksal: er wurde lebendig an einen Felsen des mythischen Kaukasus geschmiedet, des Grenzgebirges am äußersten Rande der Erdscheibe, zu dessen Füßen der die ganze Erde umkreisende Okeanos fließt; und jeden Tag fraß der Adler des Zeus an der Leber des Opfers, die des nachts wieder nachwuchs. Aus solchen sadistischen Strafen kann man den Grad der Angst des klugen Usurpators auf dem Olymp vor der gnostisch-gynäkokratischen Gefahr ermessen und zugleich die Stärke des Widerspruches und des Hasses, mit denen die vorhellenische Bevölkerung sein ihr fremdes hoministisches Gesetz aufnahm. Denn das Gesicht, das Zeus im Olymp zeigt, ist nicht das, mit dem er die Anhänger der alten Religion betrachtet. Und wenn er auch der Tafelmusik der neun Musen lauscht, überhört er nicht das Konzert von Flüchen und Klagen, das ihm aus dem Tartaros entgegenklingt, in dessen Tiefe er auch jenen kaukasischen Felsen hinuntergestürzt hat, an dem der von ihm gekreuzigte Gott hängt: und für ihn, als den zur Zeit allmächtigen Weltherrn, hat dieses höllische Konzert der gestürzten Feinde seines Gesetzes, von denen jede Klage ein Zeugnis für seine Macht und die neue Zeit ist, eine noch größere Wichtigkeit als die Lobpreisungen seiner Musenkapelle. Denn in seinem Gewissen weiß er, daß er selbst ebenso dämonisch, gewalttätig und grausam ist wie sein Gesetz, und er verachtet die Sterblichen, die ihm schmeichlerisch eine biedermeierische edle Einfalt und stille Größe zuschreiben. Ich glaube aber, daß die drei besprochenen und bisher unverstandenen Apokalypsen helfen werden, das wahre Wesen dieser erhabensten unter den hoministischen Göttergestalten der Griechen, des Königs Zeus, der die „zeusentsprossenen" Könige durch sein Beispiel die hoministische Regierungskunst lehrt, besser zu verstehen. Das ist die symbolisch-historische Hälfte des Prometheusmythus, die Geschichte der Niederlage und der Passio des Titanen. Die zweite Hälfte, seine Resurrectio, ist die symbolisch-eschatologische. Denn auch der Prometheusmythus war in seiner Urform eine vollständige gnostisch-gynäkokratische Apokalypse. Auch Prometheus ist ein Frauengott so gut wie Dionysos; auch er hat seine Passio für die gnostische Gynäkokratie auf sich genommen, wie Dionysos für sie zerrissen wurde. Um ihren leidenden Prometheus werden die titanischen Frauenhäuser gejammert haben wie die Adoniazusen um ihren ermordeten Adonis: der am Felsen hängende Prometheus und vor ihm der Chor der klagenden Okeaniden in der Tragödie des Aeschylus ist wahrhaft eine prometheische Pietà. So wird auch die Apokalypse des Gefesselten in dem prometheischen Frauenhause entstanden sein, wie die des Zerrissenen in dem dionysischen. Sie ist das prophetische Vermächtnis dieses titanischen Frauenbundes, seine Antwort an die Priester des Zeus, die den Kampf gegen Prometheus gewonnen hatten. Sie verheißt die eschatologische Befreiung des Prometheus, was gleichbedeutend ist mit dem dereinstigen Sturze des Zeus; sie verkündet also die Wiedererstehung des prometheisch-titanischen Männerhauses, also den Anbruch eines neuen gnostisch-gynäkokratischen Zeitalters, was wiederum gleichbedeutend ist mit dem Untergang des gegenwärtigen agnostisch-hoministischen. Solange dieser aber dauert, solange wird auch

Prometheus am Felsen hängen. Er aber wartet auf seine Stunde, die, wie er weiß, kommen muß. Denn er selbst ist ein Prophet, der die Zukunft kennt, woher er ja seinen Namen Prometheus, d. h. der Vorausdenkende hat; aber er überschaut und meditiert ebenso die ganze Vergangenheit, weshalb er auch Epimetheus, der Nach-denkende, d. h. der der Vergangenheit Nachsinnende ist. In ihm lebt also das Bewußtsein des ganzen historischen Prozesses; als Epimetheus sieht er das Telos der Geschichte in der Vergangenheit, als Prometheus sieht er es in der Zukunft wieder verwirklicht. Und aus dieser übermenschlichen Gewißheit vom Sinn des geschichtlichen Prozesses stammt auch die übermenschliche Geduld dieses Lebendig-Toten. Sein wahrer Name ist also Epi-Pro-metheus. Später hat man die eine einzige Person, den Epi-Prometheus, in zwei verschiedene Personen, einen Prometheus und einen Epimetheus, den man als seinen Bruder ausgab, gespalten. So entstanden aus der Zerstörung der Einheit des Zeitbewußtseins in einer Person zwei im Grunde unsinnige Monomanen, zwei psychologische Abstrakta und Monstra: denn im Ichbewußtsein sind Bewußtsein von der Vergangenheit und von der Zukunft untrennbar vereinigt. Dieser Epi-Pro-metheus aber ist der Allwissende, er ist weiser als Zeus, er weiß, wie und wodurch Zeus, d. h. der hoministische Äon, untergehen wird, und das ist das eigentliche Prometheus-geheimnis, das er dem um seine Zukunft zitternden Zeus nicht verrät, wofür dieser sein Opfer samt dem Felsen, an den er es geschmiedet hat, am Schlusse der Aeschyleischen Tragödie in den Tratarus stürzt. Nun wartet er im Hades mit den anderen von der hoministischen Verfolgung getöteten oder gefangengehaltenen Gottheiten der weiblichen Menschheitsperiode, mit Tammuz, Attis, Osiris, Adonis, Dionysos und Kore, bis die gnostisch-gynäkokratischen Frauenhäuser wieder erstehen und die gnostisch-gynäkokratischen Männerhäuser wieder ins Leben rufen, bis Ischtar den Tammuz, Demeter die Kore, Ariadne den Dionysos und ihn selbst die wiederkehrende Pandora vom Felsen befreit. Denn alle diese Apokalypsen sind eines Wesens, von demselben Leiden und derselben Hoffnung auf Genesung inspiriert und so, wie sie wohl auf eine gemeinsame mediterrane Urform zurückgehen, deren Varianten sich wechselseitig ergänzen und erklären, eigentlich nur eine einzige Apokalypse; sie sind, obwohl erst an ihrem Ende entstanden und durch die hoministischen Religionen deformiert, die erhabensten und wichtigsten Zeugnisse für die prähistorische Gynäkokratie.

Von den Urformen der drei griechenländischen Apokalypsen ist die prometheische, weil sie für die Staatsreligion des Zeus die gefährlichste schien, auch die hoministisch am meisten entstellte. Auf Grund der

Relation, die zwischen den Bünden und ihren symbolisch-historischen Mythen besteht, muß auch die spätere Entwicklung des Prometheusmythus aus der Entwicklung der Prometheusbünde selbst erklärt werden. Er erzählt dann symbolisch-historisch die Entartung des Urbundes selbst; so daß ein Neu-Prometheismus von einem Alt-Prometheismus zu unterscheiden ist. Denn was undenkbar schien, wurde Ereignis. Prometheus, der Unbedingte und Unzeitgemäße, schloß seinen Kompromiß mit Zeus: d. h. die ursprünglich gnostisch-gynäkokratischen Männerhäuser der Prometheusreligion kamen in der Einsicht, daß ihre Zeit vorüber sei, zu einem ralliement mit der Zeusreligion. Jetzt erst war der Titanenkrieg, wenigstens in seiner ersten Phase, wirklich zu Ende: der größte der gnostisch-gynäkokratischen Titanen nahm, Renegat seiner selbst, das olympische Credo an, *laudabiliter se subjecit*. Natürlich heißt das nur, daß die Gläubigen ihren Gott und sein Gesetz wie üblich verrieten und den eigenen Verrat zu ihrer Rechtfertigung mit dem des Gottes selbst begründeten. Und, wie das bei Konvertiten zu sein pflegt, suchten die neu-prometheischen Männerbünde nun ihre Herkunft und Vergangenheit zu beschönigen, zu verschleiern oder auszumerzen. Wie schwierig es aber war, die äußerliche Art und Weise für eine so unmögliche Sache wie die Befreiung des göttlichen Titanen auszudenken, der gelobt hatte, an seinem Marterfelsen auszuharren bis zum Sturze des Zeus und den neuen Äon zu inaugurieren, beweist die schließlich gefundene Erzählung, die kein Mythus, sondern nur eine Anekdote ist, von der Erschießung des Adlers durch den Zeussohn Herakles und von dem stellvertretenden Selbstopfer des guten lebensmüden Pferdemenschen Chiron. Äschylus, der in der Zeit der mediterranen Renaissance lebte, und der für eine Versöhnung und Verständigung der Traditionen der gnostisch-gynäkokratischen Vorzeit mit der Zeusreligion der Gegenwart dachte und dichtete, hat seiner Prometheustrilogie, deren Mittelstück allein uns erhalten ist, diesen Kompromiß der neu-prometheischen Religion zu Grunde gelegt; wie er auch in seiner Orestie die alte Welt durch allerdings nur äußerliche Zugeständnisse formaler und ritueller Natur mit der neuen, für ihn endgültigen, Welt des Zeus zu versöhnen bemüht war. Aber diese Bestrebungen beweisen nur, wie unversöhnlich die Gegensätze in Wirklichkeit waren. Die zweite Aufgabe der ralliierten neuprometheischen Theologie bestand darin, den Titanen von seiner kompromittierenden gnostisch-gynäkokratischen Vergangenheit zu befreien, die entweder überhaupt totgeschwiegen oder auf eine Art Doppelgänger übertragen werden mußte. Diesen großartigen Einfall kannte man schon in der Zeit Hesiods, des Zeustheologen, der deswegen aber dem Renegaten Prometheus nicht freundlicher gesinnt ist. Es wurde also die einheitliche Person des Titanen Epi-Prometheus gespalten: ihre epimetheische, d. h. in die Vergangenheit blickende Bewußtseinshälfte wurde als Epimetheus, ihre in die Zukunft schauende, also prometheische, als Prometheus hypostasiert. Das ist aber mehr als moralisierende Allegorie, es ist echter historisch-symbolisierender Mythus. Diese Erzählung kann nämlich nur aus einer Zeit stammen, als das eine prometheische, d. h. also epi-prometheische, Urmännerhaus sich in zwei Zweige gespalten hatte, von denen der eine sich selbst als das wahrhaft prometheische Männerhaus, das andere aber geringschätzig als das epimetheische bezeichnete; um im heutigen Jargon zu reden, das eine nannte sich selbst fortschrittlich und revolutionär und bezeichnete das andere als konservativ-reaktionär oder, um das schöne Wort zu gebrauchen, als „konterrevolutionär". Natürlich hatte dieses neuprometheische Männerhaus, das mit Zeus und seinem Geschlechtergesetz seinen Kompromiß schloß, mit der Verneinung des gnostisch-gynäkokratischen Prinzips den wahren titanischen Geist selbst verleugnet; sein Prometheus war gar kein Titane mehr, denn er war hominisiert und daher reif zur Verständigung mit Zeus und damit reif für die Befreiung, denn sein Martyrium hatte nun, da die Voraussetzung gefallen war, keinen Sinn mehr. Die ganze gnostisch-gynäkokratische Hälfte des Epi-Prometheus aber wurde als Epimetheus zur selbständigen, von Prometheus als sein Gegensatz abgespaltenen Person. Mit seinem Namen bezeichneten die Sezessionisten spöttisch das der Tradition treugebliebene Männerhaus, auf das sie mit ihrem neuen Prometheus als auf beschränkte Pandorahörige geringschätzig heruntersahen. Den wahren Mythus dieses, von ihnen epimetheisch genannten Männerhauses zu überliefern, haben sie sich wohl gehütet. Sie erzählten ihn in karikierter Form; ihn, oder was gleichbedeutend ist, den epiprometheischen Urmythus wiederherzustellen, ist unsere Absicht. Denn auch nach der Spaltung hat sich das orthodox gebliebene Männerhaus dem protestierenden gegenüber gewiß weiter als das epiprometheische verstanden: die Spaltung der Person des Urtitanen kann es nicht anerkannt haben. Für dieses, die Tradition bewahrende Männerhaus hat der große Titane natürlich nie ein Kompromiß mit Zeus schließen können und seine Passio wird erst mit dem Untergang des Zeus und seines hoministischen Gesetzes ihr Ende finden. Daher muß auch Pandora bei diesen Epimetheiden ihre ursprüngliche Bedeutung bewahrt haben: denn ihre Gestalt ist der eigentliche Zankapfel und Stein des Anstoßes gewesen, der zur Spaltung des urtitanischen Männerbundes geführt hatte.

5. Der Mythus von der verschwundenen und wiederkehrenden Pandora

Der Hominismus war endgültig der alleinige Erbe der gnostischen Gynäkokratie und ihrer mythisch-historischen Traditionen geworden. Wenn aber schon innerhalb des hominisierten männlichen Geschlechtes die *einzelnen* Stämme und in diesen die Klassen und Parteien die Geschichte ihrer Vergangenheit vom speziellen Gesichtspunkt ihrer neuen Situationen und deren Interessen aus beständig tendenziös redigieren, umschreiben und zu ihrem moralischen und politischen Vorteile fälschen, so kann man sich vorstellen, in welchem Umfange diese egozentrische Methode im *allgemein* hoministischen Interesse Anwendung gefunden haben muß, als durch die folgenschwerste Revolution der menschlichen Geschichte das männliche Geschlecht die geistige Führung an sich riß. „Siehe, ich mache alles neu", rief dieses jubelnd aus an jenem Morgen, als die blutrote Sonne des Hominismus aufging und bezog in sein Versprechen auch die Vergangenheit ein. Das besiegte Geschlecht und das siegende, beide mußten ihr altes Verhältnis zu einander für immer vergessen, um nicht mehr von Rückfällen in den alten Zustand bedroht zu werden. Was waren aber jene weiblichen Apokalypsen in ihren gefährlichen Urformen anders als Aufforderungen zur Restauration der eben erst zerstörten Geschlechterordnung? So blieb den zum Hominismus konvertierten Männerhäusern einfach nichts anderes übrig als ihre eigene mythische, d. h. symbolisch-historische Tradition und die der Frauenhäuser vom Standpunkt des neuen Gesetzes aus „neu zu machen", d. h. der Zukunft zu liebe die Vergangenheit zu fälschen. Das, was sie die Überlieferung nun sagen ließen, war unwahr, aber daß sie diese es *so* sagen ließen, war Ausdruck einer Wahrheit, nämlich der Wahrheit ihrer Konversion und der auf ihr beruhenden neuen Geschlechterordnung. In dieser Fälschung und Umdeutung aber hatte man die neue Waffe, mit welcher der religiöse Geschlechterkrieg erfolgreich weitergeführt werden konnte. Denn man fühlte in der Angst des bösen Gewissens instinktiv, daß der unnatürliche Gewaltfrieden nur ein Waffenstillstand war, der jederzeit überraschend gebrochen werden konnte; deshalb mußte vor allem das gnostisch-historische Bewußtsein von seiner Vergangenheit im weiblichen Geschlechte unterdrückt werden. Erst der moderne positivistisch aufgeklärte Hominismus aber hat hier ganze Arbeit geleistet. Nun erging es der Überlieferung von einem goldenen Zeitalter und den von uns als gnostisch-gynäkokratische Apokalypsen erkannten Mythen sehr schlimm. Im Vergleich mit dem, was sie später zu kosten bekam, war der Menschheit die Erinnerung an ihre Urzeit wie die an ein paradiesisches oder goldenes Zeitalter lebendig geblieben:

die Priesterstände des christlichen wie des nichtchristlichen Hominismus wagten zwar nicht mehr, das Kind bei seinem wahren Namen zu nennen, aber sie hatten auch noch nicht die Keckheit, diese allmenschliche Tradition als infantilen Wunschtraum mit töricht-großer Geste von der Tafel wegzuwischen. Diesen Mut fand erst der aufgeklärte und fortschrittsabergläubische Mann, der die Urmenschheit zu einer Herde von Halbtieren degradierte, die sich immer höher bis zu der Herrlichkeit des hohen geistigen Niveaus eines antiklerikalen Volksschullehrers entwickelte. Damit hat jedoch der Hominismus überhaupt sein unbewußt-immanentes Ziel endlich voll verwirklicht, indem er das goldene Zeitalter und seine gnostische Gynäkokratie endgültig zum Teufel schickte. Alle die hoministischen Geschichtsphilosophien, die jetzt so üppig ins Kraut schießen, konstruieren die Geschichte als reine Männergeschichte, ohne einen ganzen Menschheitsäon auch nur eines Blickes zu würdigen und zeigen, in welche ausweglose Sackgasse sich das hoministisch-geschichtsphilosophische Denken verrannt hat. Mit jenen gnostisch-gynäkokratischen Apokalypsen aber bemüht sich die hoministische Mythenexegese schon seit den Tagen der Griechen und Römer fertig zu werden, indem sie diese als Sonnen-, Mond- oder Vegetationsmythen banalisiert. Wer kann sich aber im Ernst vorstellen, daß die Frauen- und Männerhäuser der Urzeit, ohne Interesse an dem historischen und gesellschaftlichen Leben ihrer Gemeinschaften, wie hypnotisiert Jahrtausende hindurch, gleich Heines sentimentalem Fräulein am Meer, das der Sonnenuntergang „so sehre" rührte, immer nur vom Aufgang und Niedergang der Sonne oder des Mondes oder vom Wachstum und Welken der Pflanzenwelt in wilden anthropomorphen Bildern erzählt hätten. Die Männer- und Frauenhäuser der Urzeit sind keine Narrenhäuser gewesen und ihre Theologumena mehr als solarer und lunarer Dadaismus. Nein, so billig und oberflächlich wird man mit dieser gleichartigen Gruppe seltsamer Passions- und Auferstehungsmythen nicht fertig. Sie, die für das geistige und religiöse Leben der Menschheit von einzigartiger Bedeutung gewesen sind, umgibt eine ganz besondere Aura von Geheimnis, von dunklem Leiden und leuchtender Hoffnung, wodurch sie von allen anderen Mythen isoliert werden. Auch in ihrer späten hominisierten Gestalt haben sie ihr gnostisch-feministisches Wesen nie verloren, sondern standen immer, wenn auch in ihrem Wesen unverstanden, wie Antithesen den Mythen der hoministischen harten, gefühllosen und grausamen Religionen gegenüber.

Doch wir haben bisher erst das Schicksal des großen gnostisch-gynäkokratischen Titanen Epi-Prometheus dargestellt; wir müssen nun auch das der weiblichen Person, der Pandora, in dem großen mythischen

Menschheitsdrama betrachten und versuchen, die Urform auch ihres Mythus wiederherzustellen. Was wir über Pandora wissen, verdanken wir dem zeusfrommen Titanenfeinde, dem böotischen Bauern Hesiod, der in seiner zweiten uns erhaltenen Dichtung, den „Werken und Tagen", in denen er seinem Bruder Perses, mit dem er einen Vermögensprozeß führte, moralische und landwirtschaftliche Vorträge hält. Aber was dieser bis zum Frauenhaß hoministische Dichter von ihr erzählt, ist nicht ihr Mythus, den er nicht verstanden und sicher schon entstellt vorgefunden hat, sondern es ist, wenn man von der plumpen Gehässigkeit absieht, eine fast Lukians würdige Götterparodie. So geht sie nun seit fast dreitausend Jahren von Hesiod bis Wedekind als freche Verführerin des starken Geschlechtes und es vampirisch zerstörend über die Erde; nur Goethes durchdringendes Auge hatte die große Göttin wieder in ihr erkannt. Wenn man jedoch aus dem Grade der Hominisierung eines gnostisch-gynäkokratischen Mythus, aus seiner boshaften Entstellung, aus der verworrenen und widerspruchsvollen, offenbar absichtlich irreführenden Art, ihn zu erzählen, einen Schluß auf die Wichtigkeit eines so entstellten Mythus ziehen darf, so muß die Urform des Pandoramythus in bestimmten religiösen Kreisen für eine der allergefährlichsten unter den gnostisch-gynäkokratischen Apokalypsen gegolten haben. Diese Kreise können nur die rallierten neuprometheischen Männerbünde gewesen sein. Ich kann hier nicht begründen, sondern Begründetes nur kurz darstellen. Die in der titanischen Weltperiode spielende gnostisch-gynäkokratische Urform des Pandoramythus war nach demselben Grundriß wie die andern bisher besprochenen historischen Apokalypsen aufgebaut. Die Träger der Handlung waren die drei uns nun bekannten *dramatis personae*: die Göttin, der Geliebte und der böse Feind. Pandora ist die Göttin mit dem tönernen Fasse, dem Pithos. Durch ihren Namen wird sie als die Allschenkende oder Allgütige und Allbarmherzige gekennzeichnet; sie ist das hypostasierte Symbol des gnostisch-gynäkokratischen Frauenhauses der vorgriechischen, titanischen Stämme. Wie in der Religion von Eleusis Demeter und Kore ihre *Cista mystica*, ihren mystischen Kasten, hatten, so hatte die Pandorareligion ihr mystisches oder sakramentales Faß, ihres *Pithos mystikos,* in denen die heiligen geheimgehaltenen Bundessymbole, vor allem natürlich das Symbol der Göttin selbst, aufbewahrt wurden. Man kann diese sakramentalen Behälter mit der Bundeslade oder den christlichen Sakramentshäuschen vergleichen. Bei besonderen Gelegenheiten wurde das heilige Faß geöffnet, das Symbol zur Verehrung herausgenommen, dann an seinen Ort zurückgebracht und der Deckel wieder auf das Faß gelegt. Und wie nun der Christ Gott seine „Hoffnung" nennt und Maria als *Spes nostra,* unsere Hoffnung oder unsere Elpis, gegrüßt wird, so wird auch Pandora, als die Allschenkende und Allgütige, auch unter dem Namen Elpis als unsere Hoffnung angerufen worden sein: und so war die Hoffnung, die Elpis, also die Göttin selbst, immer in dem geschlossenen Fasse real-symbolisch gegenwärtig und „blieb im Fasse zurück", wie Hesiod sagt, wenn nämlich der Deckel wieder aufgelegt war. Ganz besonders aber wird man Pandora, seitdem die Verfolgung ihrer Bundesgemeinde begonnen hatte, als Elpis, unsere Hoffnung, angerufen haben; und zwar jetzt in dem apokalyptischen Sinne, daß man auf sie hofft als auf diejenige, die wiederkehren und die gnostische Gynäkokratie von neuem aufrichten wird. Das ist die ebenso einfache wie einleuchtende Wahrheit über das berüchtigte Faß der Pandora, das schließlich sogar zu einer Büchse wurde. Die zweite Person des mythologischen Dramas ist der noch ungespaltene Urtitane Epi-Prometheus, das gemeinsame Symbol der damals noch ungetrennten Einheit der epimetheischen und prometheischen Bünde, der Gott des titanischen gnostisch-gynäkokratischen Männerhauses, der Geliebte und Gatte der Pandora, der Göttin des titanischen Frauenhauses. Er ist der Pyrkaeus, der Feueranzünder, nach dem das erste Stück der aeschyleischen Trilogie seinen Titel hatte. Das heißt nicht, daß er im ethnologischen Sinne der erste Feuerbohrer der Menschheit, ihr erster homo faber oder erster Techniker, gewesen sei. Das Feuer, das er bringt, hat in der mythischen Sprache eine religiössoziologische Bedeutung. Denn jedes Frauenhaus und jedes Männerhaus hat, wie seinen Gott, in dem es sich hypostasiert hat, auch sein heiliges Bundes- oder Herdfeuer auf dem Bundesaltare seines Gottes. So nehmen die Kolonisten, die ausziehen, eine neue Niederlassung zu gründen, Glut von dem heiligen Feuer ihrer Polis in die neue Stadt mit, um die politische Verbundenheit der alten und der neuen Gemeinschaft symbolisch zu bezeugen. Als Gottesgemeinschaften sind die Bünde daher auch Feuergemeinschaften, und statt von einer Bundesgründung durch einen Gott kann man mythisch-symbolisch von der Feuerbringung oder Feuerentzündung durch den Gott sprechen; denn das Feuer steht als *pars pro toto* für den ganzen Bund. Als Feuerbringer ist also Epi-Prometheus der Begründer einer Gesellschaftsordnung und eines Geschlechtergesetzes für die Frauen- und Männerhäuser: dieses kann natürlich nur das titanische oder gnostisch-gynäkokratische Geschlechtergesetz sein. In dem Mythus vom feuerbringenden Prometheus haben die titanischen Bünde wohl auch ihre eigene missionarische Wirksamkeit und ihren religiösen Eifer symbolisch erzählt. Das ist der *erste*, noch im goldenen Zeitalter spielende Teil des großen Menschheitsmythus. Mit dem Auftreten der dritten Person des Dramas, des neuen Gottes Zeus, also des hoministischen

Männerhauses, beginnt der *zweite* Teil: er berichtete vom Untergang des ersten Äons durch den Sieg des Zeus über die Titanen. Grausam und höhnisch wie Jahwe in das gnostisch-gynäkokratische Paradies bricht auch Zeus in die alte Welt ein und richtet, verurteilt und bestraft nach seinem neuen Geschlechtergesetz. Prometheus, der titanische Adam, wird gefangen und an den Marterstein gehängt, an dem nun seine Passio den ganzen zweiten Äon hindurch dauern wird. Das Schicksal der Ur-Pandora aber, der titanischen Chawwah, wird von unserer Überlieferung totgeschwiegen. Gewiß irrt auch sie den ganzen zweiten Äon hindurch umher, um den Epi-Prometheus wieder zu finden und zu befreien, wie Demeter in diesem Weltalter des Zeus nach ihrer Tochter Kore, der Jungfrau, sucht. Denn wie Prometheus, der am Felsen hängende, einen Äon hindurch wartende, gnostische Mann ist, so ist Pandora die wartende gnostische Frau. Beide harren auf den Untergang des sich notwendig selbst zerstörenden Regimentes des Zeus und beobachten die Zeichen, die das Ende des Hominismus verkünden; während Zeus, der Gott dieser Weltzeit, auf seinem Throne von immer größerer Nervosität und Angst erfaßt wird: denn alle hoministischen Götter leben, trotz ihrer großartigen Gesten und Worte, in einer Götterdämmerungsstimmung, — sie alle zittern nicht weniger als Zeus vor dem Prometheusgeheimnis. Der *dritte* Teil des titanischen Menschheitsmythus enthielt die eschatologische Apokalypse. Wie mit der Fesselung des Epi-Prometheus der hoministische zweite Äon begann, so ist seine Befreiung der Anfang des dritten Weltalters, der gnostischen *restitutio in integrum*, der gnostisch-gynäkokratischen Apokatastasis. Wenn wir aus der inneren Verwandtschaft aller dieser mediterranen Apokalypsen einen Schluß ziehen dürfen, so wird bei der Auferstehung des Prometheus in der Urform des Mythus auch Pandora die wichtigste Rolle gespielt haben; die ralliierten Prometheusbünde aber ersetzten, boshaft und raffiniert, die Göttin durch den hoministischen Allerweltshelden Herakles, der obendrein noch ein Sohn des Zeus ist. Pandora, die verschwundene, muß also wiedergekommen sein und ihren Epi-Prometheus wiedergefunden haben wie Ischtar den Tammuz und Isis den Osiris. Die Wiederherstellung der gnostisch-gynäkokratischen Männerhäuser der Urzeit aber ist gleichbedeutend mit dem Untergang der hoministischen Diktatur des Zeus. Denn auf Kratos und Bia, auf Kraft und Gewalt, beruhte die Macht des Zeus, den beiden Schergen, die in dem „gefesselten Prometheus" des Äschylus in dem Gefangenen die ganze gnostisch-gynäkokratische Vergangenheit ans Kreuz schlagen, wie auch die Macht des hoministischen Jahwe auf seinen Schergen, seinen himmlischen Heerscharen, beruht, von denen einer, der Cherub mit dem feurigen Schwerte, die Rückkehr ins

Paradies oder zu dem gnostisch-gynäkokratischen Gesetze der Vergangenheit mit Gewalt unmöglich machen soll. Erst jetzt also ist der Titanenkrieg, nach der Zwischenregierung des Zeus und seiner Priester im zweiten Äon, wahrhaft zu Ende. Die in der Unterwelt gefangen gehaltenen Titanen haben den scheinbar verlorenen Krieg gegen Zeus von neuem aufgenommen und diesmal mit der Auferstehung des Prometheus gesiegt. In dem Augenblicke nämlich, in dem die Fesseln des Prometheus fielen, versank auch der Olymp mit Zeus und den andern Göttern des hoministischen Äons in den Abgrund der Vergangenheit. Das Ende der Dinge ist nach dem hoministischen Interregnum wieder an den Anfang zurückgekehrt. Das gnostische Ichbewußtsein des Einen hat in Prometheus auf der Erde über sein in Zeus symbolisiertes agnostisches Ichbewußtsein gesiegt.

Es lohnt sich noch kurz, diese schematisch rekonstruierte Urform des Mythus von Pandora und Epi-Prometheus und seine überlieferte Gestalt wenigstens in einigen Punkten miteinander zu vergleichen, um die Methode, mit der gnostisch-gynäkokratische Mythen hominisiert wurden, besser zu verstehen: denn neben dem jahweisierten Paradiesmythus ist der Pandoramythus dafür ein durch gleiche Durchsichtigkeit ausgezeichnetes Schulbeispiel. Der Ur-Pandoramythus verhält sich nämlich zu seiner neoprometheisch-hoministischen Bearbeitung wie die in anderem Zusammenhang besprochene gnostisch-gynäkokratische Urfassung des Paradiesmythus zu seiner jahweistisch hominisierten Endgestalt. Der jahwegläubige wie der zeusgläubige Hominist sprechen dasselbe Verdikt über das gnostisch-gynäkokratische Weltalter, und um das zu können, negieren sie seine Identität mit der goldenen oder paradiesischen Menschheitsperiode, die sowohl Hesiod wie der Jahwist ihm vorausgehen lassen, wodurch es ihnen möglich wird, ihr hoministisches Geschlechtergesetz als von Uranfang an gültig erscheinen zu lassen; sie setzen also die gnostische Gynäkokratie erst in die Zeit, als die Greuel der hoministischen Geschlechterrevolution bereits begonnen hatten. Die Berichte Hesiods und des Jahweisten sind zynische Verspottungen der alten Religion, ihrer Göttin und ihrer Riten; aber beide Mythen bezeugen dadurch wider Willen die Existenz einer religiösen Gynäkokratie. Chawwah reicht Adam das gnostische Sakrament des Apfels und Pandora bringt ihren sakramentalen Pithos in das Männerhaus des Epi-Prometheus, wo sie ihn ursprünglich gewiß selbst öffnete und am Schluß der heiligen Handlung wieder verschloß. Und dieses priesterliche Wirken der Frau wird von beiden Mythen als die eigentliche Ursache für alle kommenden Leiden der Menschheit verantwortlich gemacht: denn diese sind alle Strafen für den Apfel der Chawwah oder die Folgen der Pithosöffnung

der Pandora. So wälzte der jüdische und der griechische Hominismus die katastrophalen Auswirkungen seiner religiösen Revolution auf das weibliche Geschlecht ab, es wurde zum Sündenbock für das männliche. Wir sahen früher, was der Jahweist aus dem Apfelsakrament gemacht hat; so wurde auch das sakramentale Ritual der Pandorareligion von der Quelle Hesiods, der die alten Gebräuche noch gut bekannt waren, auf eine nicht geistlose Weise parodiert. Ohne die Voraussetzung dieses Rituals allerdings bleibt die Erzählung nicht nur ohne Pointe und Salz, sondern auch verworren und ohne Sinn. Es waren nicht Segensgeister, höhnt der Spötter, die aus dem rituell geöffneten sakramentalen Tonfasse der Pandora aufstiegen, sondern Fluchgeister, von denen befreit zu werden es keine Hoffnung mehr gibt; die Elpis-Pandora selbst aber, „unsere liebe Frau von der guten Hoffnung", bleibt von nun an mit für immer verschlossenem Deckel in ihrem Sakramentshäuschen begraben. Es wird keine pandorische Faßöffnung oder Pithoigia mehr geben. Niemand mehr wird das Symbol der Göttin aus seinem heiligen Schreine herausholen, um es der Gemeinde zu zeigen, denn die Zeit der Pandora-Elpis und ihrer gnostisch-gynäkokratischen Frauenreligion ist zu Ende: die Hoffnung ist nun selbst ohne Hoffnung. Wenn aber Chawwah und Adam, die einmal hypostasierte Bundessymbole, also Götter, waren, durch das neue Männerhaus Jahwes zu geschaffenen Menschen degradiert wurden, so fand die Bundesgöttin Pandora ein noch beklagenswerteres Schicksal: sie wurde zu einem vom olympischen Hominismus geschaffenem scheinlebendigen und mit allen Reizen der Verführung ausgestatteten Automaten, so etwas wie Villiers de l'Isle Adams *„Ève future"*, und hätte, ähnlich wie die Puppe der Gackeleia, von sich sagen können:
    Keine *Göttin* bin ich, nur
    Eine schöne Kunstfigur.

Sogar ihr Name wurde boshaft umgedeutet: sie ist nicht mehr aktiv die Allschenkende, sondern passiv die vom ganzen hoministischen Olymp zum Verderben der Menschheit Allbeschenkte. So hatten die Theologen des neuen, mit der Zeusreligion ralliierten Prometheusbundes, als echte Apostaten und Konvertiten, alles Menschenmögliche getan, um ihre guthoministische Gesinnung glaublich zu machen: sie beteten an, was sie verhöhnt hatten, und verhöhnten, was sie angebetet hatten. Sie hatten den einen prähistorischen Bund des göttlichen Titanen Epiprometheus gesprengt und sich als fortschrittliche Prometheiden von dem der gnostisch-gynäkokratischen Tradition treugebliebenen Bunde der Epimetheiden getrennt. Der Bund des neuen Prometheus als des bürgerlichklugen Herrn Vorbedacht, der die Zeichen der Zeit verstanden und sich ihr angepaßt hatte, machte aus seiner von ihm als Bruder abgespaltenen zweiten Hälfte den bürgerlich unklugen und unzeitgemäßen Epimetheus, einen Herrn Nachbedacht, der mehr einem Trottel als einem Titanen glich; aber dieser Verspottete war in Wirklichkeit allein Titane geblieben, während der zum olympischen Hominismus bekehrte und dafür vom Felsen befreite Prometheus nur ein Renegat des Titanismus und kein Titane mehr war. Er hatte seine titanische Vergangenheit verraten, an die sich nur noch Epimetheus, sein besseres Ich, erinnerte. Und um das Maß voll zu machen, wurde nun von Prometheus erzählt, daß er die gnostische Gynäkokratie der Pandora überhaupt nie anerkannt und seinen Bruder vergebens vor ihr gewarnt habe.

DRITTES KAPITEL
Goethes Pandora

I. DER GNOSTIKER GOETHE

Am 14. Juli 1806 wurde die Rheinbundakte, das Todesurteil des alten Deutschen Reiches, unterzeichnet: sechzehn deutsche Fürsten schieden aus dem Reichsverbande aus und bildeten unter dem Protektorate Napoleons einen Bund westdeutscher Pufferstaaten gegen Preußen und Österreich, der Kanonenfutter und Steuern zu liefern hatte. Drei Wochen später, am 6. August, legte Franz II die Deutsche Kaiserkrone nieder: das Todesurteil war vollstreckt. Drei Monate später, am 14. Oktober, stürzte in der Schlacht bei Jena das alte Preußen zusammen. Am gleichen Tage wurde Weimar geplündert: Goethe und Wieland, auf die Napoleon besondere Hoffnungen setzte, blieben verschont. Am 7./8. Februar des nächsten Jahres 1807 verloren die verbündeten Preußen und Russen die Schlacht bei Eylau, am 14. Juni die bei Friedland; der Hof war aus Berlin zuerst nach Königsberg, dann nach Memel geflüchtet. Am 7. Juli wurde der Friede von Tilsit geschlossen: Preußen verlor alle Besitzungen westlich der Elbe. Napoleon hatte seine Mission, die bürgerliche Revolution über die Erde zu verbreiten, in Deutschland erfüllt. Auch hier hatte er das *ancien régime* des Feudalismus und der theokratischen Monarchien gestürzt und die europäische Revolution entfesselt, deren zwangsläufige und unaufhaltsame Entwicklung er, ein blindes Werkzeug des Schicksals, weder voraussah noch hätte aufhalten können. Als das Jahr des Untergangs einer fast 900jährigen Staatsform aber hat 1806 für die Deutschen eine ähnliche Bedeutung wie das Jahr 1789, das die staatsrechtlichen Grundlagen des fast ebenso alten Capetingerstaates vernichtete, für die Franzosen. Die Agonie des Reiches hatte lange gedauert. Sein erster Schlaganfall war die, Reformation genannte, religiöse Revolution des 16. Jahrhunderts gewesen, die zum dreißigjährigen Kriege geführt und mit dem Frieden von Münster geendet hatte, der die Libertät der Reichsstände garantierte. Der zweite Schlaganfall waren die von Friedrich II gegen das Reichsoberhaupt geführten schlesischen Kriege gewesen. Aber wie schwach auch immer, die Lebenskraft war aus dem Reichskörper noch nicht ganz gewichen, und, wie das so häufig geschieht, begriff man erst, als der Sterbende seinen Geist ausgehaucht hatte, was da verloren gegangen war, nicht nur für das deutsche Volk sondern auch für Europa. Denn mit dem alten Kaisertum war auch die Idee der europäischen Einheit aus der Welt verschwunden, die Papsttum und Kaisertum im Mittelalter repräsentiert hatten. Die nationale und internationale Anarchie trat an die Stelle der untergegangenen und untergehenden hierarchischen Ordnung. Napoleon gab sich zwar als den neuen Charlemagne, weil er den Raum von dessen Reiche beherrschte, aber dieses Karolingertum war nur eine oberflächliche und theatralische Maskerade für die Massen, deren Zeitalter der Imperator heraufzuführen half. Und was sollte ihn ablösen, wenn das Meteor verschwand und nur Trümmer, Leichen und revolutionäre Ideen zurückließ? In solchen Zeiten der Zerstörung und Verstörung suchen die Menschen die Ruinen wieder aufzubauen, um sich durch Restaurationen über die wirkliche Situation zu täuschen, bis dann die nächste Erdbebenwelle die scheinbar wiederhergestellten Gebäude für immer in Trümmer wirft. So begannen auch seit 1806 die religiösen Konversionen und Erweckungen, die nun für eine Reihe von Jahren zum guten Ton in Gesellschaft und Literatur gehörten: jetzt erst kam die romantische Bewegung zum klaren Bewußtsein ihrer wahren Bestimmung, Verteidiger der legitimen historischen Mächte gegen die Revolution zu sein, Propheten des Hominismus der Vergangenheit gegen die Propheten des revolutionären Hominismus der Zukunft. Man kann das Entsetzen darüber, daß der Boden unter den Füßen wankte und eine alte Gesellschaftsordnung durch das immer weiter greifende revolutionäre Erdbeben zusammenbrach, mit der Angst von heute vergleichen. Die Zeit der ästhetischen Kultur gehörte über Nacht der Vergangenheit an. In diesem Jahre des Zusammenbruchs wurden Philosophen und Dichter zu Propheten; das Denken wurde apokalyptisch. Auch Goethe, den die französische Revolution und ihre europäischen Auswirkungen zum Geschichtsphilosophen gemacht hatten, hatte in dieser Zeit eine prophetisch-apokalyptische Vision, die zwar für den nur die unmittelbaren Nöte und Leiden des Tages sehenden Blick ohne direkte Beziehung zu diesen zu stehen scheint, die aber das Wesen der Krankheit erkennt und die Wurzel des Übels selbst ausreißen will, statt an ihren augenblicklichen Symptomen zu kurpfuschen, eine Vision, die nicht bloß für das Jahr 1806/7, sondern für den ganzen Äon ihre Geltung hat. Denn sie kann ihm weder vom Zeitgeiste der Revolution noch von dem der europäischen Restauration eingegeben sein; aber von menschheitsgeschichtlicher Perspektive aus ist Goethes Apokalypse die Verkündigung der denkbar radikalsten Revolution und zugleich die der denkbar reaktionärsten Restauration: in welchem Sinne das zu verstehen ist, werden wir bald sehen. Diese Apokalypse ist die „Wiederkunft der Pandora". Sie sollte aus zwei Teilen bestehen, von denen nur der erste als „Pandora" vollendet ist, vom zweiten aber nur ein kurzgefaßtes „Schema der Fortsetzung" vorliegt. Am 15. Dezember 1807 konnte Goethe den fertigen ersten Teil vorlesen; er hatte ihn für die neubegründete Zeitschrift „Prometheus" seines alten Schützlings Leo von Seckendorf bestimmt, die ihn im folgenden Jahre 1808 veröffentlichte. Es war dieses das Jahr, in dem Goethe, vom Herzog zum Kongreß nach Erfurt berufen, dort am 2. Oktober die merkwürdige Audienz bei Napoleon hatte, der ihn mit den Worten: *„Vous êtes un homme"*, empfing.

Nach einer schweren Krankheit und nachdem sein Freund Schiller 1805 gestorben war, begann mit dem Katastrophenjahr 1806 für Goethe die dritte und letzte Phase seines Lebens, das der Tod 1832 beendete. Diese drei Phasen lösen einander ab mit der wunderbaren Instinktsicherheit der „geprägten Form, die lebend sich entwickelt". In der ersten Phase war er unter der Führung Shakespeares der Stürmer und Dränger gewesen, alle die jungen Revolutionäre turmhoch überragend. In der zweiten, in welche die italienische Reise fällt, wird er zum Meister der Form in Leben und Dichtung; unter der Führung der griechischen und römischen Dichter und des französischen Dramas wird er selbst zum Klassiker. Aber auch diese Stufe ließ er hinter sich. Wieder einmal starb er, um zu werden: und er ward der gnostische Weise und Prophet in der dritten Phase seines Lebens. Die „erschreckende Großheit", die er Lord Byron zuspricht, ist jetzt sein eigenes Kennzeichen. Er ist von nun an der Magus von Weimar. Das Eine ist jetzt in ihm zum dauernden Bewußtsein seiner selbst gekommen. Alles, was er in dieser dritten Entwicklungsphase noch sagt, ist von diesem gnostischen Ichbewußtsein begleitet. Sowohl als Naturforscher wie als Historiker und Soziologe, denkt er als Gnostiker. Goethe spricht nicht oft direkt von dem Grund der Gründe; denn dieser ist das allem zu Grunde liegende Geheimnis, das Geheimnis bleiben soll: spricht er aber einmal von ihm, so geschieht es mit jener Klarheit, Sicherheit und Vertrautheit, die ihn zum Ebenbürtigen der größten Gnostiker des Ostens und Westens machen. Er lebt wie sie in der ununterbrochenen *visio beatifica* des Einen, das wir allein aus seinem Abglanz, nämlich seinen Individuationen, kennen lernen können: denn nur „am farbigen Abglanz haben wir das Leben". Das Eine lebt in ihm in der dauernden intellektuellen Anschauung seiner selbst. Er weiß, daß er nur noch ein Werkzeug des unbekannten Einen ist, das in ihm lebt und in dem er lebt. Die unbedingte Forderung seiner Mission macht ihn zum Einsamen und Entsagenden; und im Bewußtsein seiner Bestimmung wird er immer wieder Herr über starke und gefährliche Versuchungen. Er wird sich selbst zum Rätsel der gnostischen Gnadenwahl des Einen; aber nicht imstande, das Rätsel seiner prädestinierten Erwähltheit zu begreifen, betrachtet er sich selbst aus weiter Distanz wie etwas Fremdes, etwas Erstaunliches, ja Erschreckendes. Im Ewigen lebend wie im Zeitlichen wird aber der Gnostiker Goethe in seiner dritten Lebensperiode zum gnostischen Propheten für die Menschheit. Seine wichtigsten Schriften aus dieser Periode sind gnostisch-prophetische Werke in der einzigen, für sie möglichen Sprache, derjenigen der Symbolik: denn alles Vergängliche wird jetzt für ihn zum Gleichnis. Am Anfang dieses Lebensabschnittes steht die Apokalypse der Pandora, an seinem Ende, 25 Jahre später, die des zweiten Faust: so beginnt und schließt der Kreis der prophetischen Schriften Goethes. Immer aber weiß er mehr als er zu sagen wagt. Oft redet er mit der gnostischen Ironie des Wissenden und überläßt den Berufenen, zwischen den Zeilen zu lesen und selbst die unausgesprochenen Folgerungen zu ziehen. Er spricht von Geheimnissen im Geheimnis:

„Was ich denke, was ich fühle,
Ein Geheimnis bleibe das",

heißt es in der Parialegende. Seine Lehre ist eine geheime Lehre: die Dunkelheit seines Stiles ist die des gnostischen Hierophanten und Propheten. Er unterscheidet Eingeweihte und Profane. Den Profanen stellt er seine Lehre in einer exoterischen, ihrer Bewußtseinsstufe entsprechenden Form dar; er spricht zu den verschiedenen Ständen vom Standpunkt ihrer relativen Bestimmung aus, nicht von dem des letzten Wissens, zu dem sie nicht berufen sind: denn das Geheimnis selbst, das über die Fassungskraft ihres agnostischen Ichbewußtseins hinausgeht, kann den esoterischen Naturen allein und nur im Bilde anvertraut werden. „Sagt es niemand, nur den Weisen." Daher stammen auch Goethes scheinbar sich widersprechenden Urteile über letzte Dinge. Doch die Profanen haben es fertig gebracht, den Metaphysiker, um ihn unschädlich zu machen, in einen Positivisten umzudeuten. Die neuen Nicolai's bekämpfen ihn nicht mehr mit den plumpen, aber offenen und ehrlichen Waffen ihres Stammvaters, sondern mit den feinen der Heuchelei; sie hassen und

fürchten ihn nicht weniger, aber sie geben vor, ihn zu feiern, um die
Autorität seines Namens für ihre elenden politischen Zwecke auszubeuten und sich selbst zu verherrlichen, indem sie ihn zu einem ihresgleichen
machen. Aber er hat sie durchschaut:

„Sie lassen mich alle grüßen,
Und hassen mich bis in Tod."

II. GOETHES PANDORA,
EINE GNOSTISCH-GYNÄKOKRATISCHE APOKALYPSE

Der apokalyptische Pandoramythus Goethes gehört zu seinen unbegreiflich hohen Werken, nicht nur nach seinem Inhalt, sondern auch nach seiner Form. Daß solche Möglichkeiten in der deutschen Sprache lägen, hatte vor diesem Werke niemand ahnen können. In diesen sonoren jambischen Trimetern der antiken Tragödie, in diesen gleitenden, jedem Gefühl angepaßten Rhythmentänzen der lyrischen Teile, in dieser erhabenen priesterlich-dunklen Sprache aber hat er für die tiefsinnigen Gedanken, ja den ungeheuerlichen Inhalt der Dichtung die allein dieses Stoffes würdige und ihm in allen Nuancen entsprechende Form gefunden. Denn mit intuitiver Hellsichtigkeit und Sicherheit hat er Pandora wieder als Göttin erkannt und ihrem karikierten und verstümmelten Mythus, mit wiederholter Polemik gegen die bösartige Torheit der hesiodischen Überlieferung, seinen wahren Sinn zurückgegeben und ihn als Apokalypse neu gestaltet; so daß die letzten Pandoramysten, wenn sie vereinzelte, unorthodoxe Äußerungen über das Verhältnis von Titanen und Olympiern überhört hätten, dieses Mysterienspiel als die einem eingeweihten Bruder gewordene Offenbarung, zu ihrer Erbauung und Stärkung in der Hoffnung, als *hieron dromenon,* als heilige Handlung oder heiliges Drama hätten aufführen können. Sie hätten in ihm die Antwort ihres pandorisch-epimetheischen Frauen- und Männerbundes auf die verleumderische Diskreditierung ihrer Göttin und ihres Gottes durch das von ihnen abtrünnig gewordene neuprometheische Männerhaus erblicken dürfen. Denn hellsichtig hat Goethe den wesentlichen Charakter der prähistorischen Menschheit wiedererkannt und deshalb auch vermocht, den hoministisch verwirrten Pandoramythus zu durchschauen und aufs neue zu entwirren. Ist doch der Inhalt dieser geschichtsphilosophischen Apokalypse nichts anderes als der Untergang des hoministischen zweiten Zeitalters, desjenigen des Prometheus, und der Anbruch der dritten oder gnostisch-gynäkokratischen Menschheitsperiode, derjenigen der Wiedervereinigung von Pandora und Epimetheus.

Das Meer, das vor uns rauscht, ist Hölderlins Archipelagus, das von

Goethe so verklärte ägeische Meer, mit seinen zahlreichen Inseln und ihrer vorhellenischen mediterranen Kultur, über das sich am Ende der klassischen Walpurgisnacht, während der Mond im Zenith steht, der strahlende Triumphzug der kosmischen Liebesgöttin Galathea-Aphrodite bewegt. Auf der einen Seite hausen, nicht weit vom Gestade auf einem Felsen, der an die Raubnester von Tiryns und Mykenae erinnert, Prometheus mit seinem Sohne Phileros, d. h. Liebesfreund, und mit seinen Mannen, Arbeitern und Soldaten, und bilden eine Männerhorde, die unter dem Gesetz strenger puritanischer Disziplin steht; die Frau ist hier Dienerin. Gegenüber, in der Ebene, wie etwa Knossos im offenen Gelände liegt, steht das mit Geschmack erbaute und eingerichtete Haus des Epimetheus, in dem er mit Epimeleia, d. h. der „Sinnenden", wie Goethe den Namen übersetzt, seiner Tochter von Pandora, wohnt: hier herrscht seit den Tagen der nun schon lange verschwundenen Göttin die Atmosphäre der Frau. Prometheus ist das hypostasierte Symbol des agnostisch-hoministischen, Epimetheus das des gnostisch-gynäkokratischen Männerhauses. Denn seit der Spaltung des urtitanischen Männerbundes wird mit dem Namen der beiden Brüder derselbe Gegensatz bezeichnet, der früher nach dem Männerhause des Zeus und dem des Epimetheus benannt war. Prometheus hat die Züge Napoleons, des Mannes von 1806, mit dessen Wesen Goethe das seinige vergleicht und wertet und dem er bald in Erfurt Aug in Auge gegenüber stehen wird; Epimetheus dagegen trägt die Züge Goethes: d. h. Napoleon gehört zum Männerhause des Prometheus, wie Goethe zu dem des Epimetheus. Jenes ist das Männerhaus des agnostischen Ichbewußtseins, der industriellen Technik, des Krieges, es ist der agnostisch-hoministische Staat; dieses ist das Haus des gnostischen Ichbewußtseins, der Kontemplation, der magischen Kräfte, es ist das gnostisch-gynäkokratische Männerhaus. Das prometheische Männerhaus ist notwendig der Feind des gnostisch-gynäkokratischen Frauenhauses der Pandora, durch das es seine Existenz bedroht fühlt; der Untergang dieses Frauenhauses und damit das Ende des ersten Äons ist symbolisiert durch das Fortgehen seiner Göttin Pandora. Damit begann das zweite oder prometheische Weltalter, in dem die beiden Männerhäuser, das prometheische und das nur in der Diaspora zerstreut lebende epimetheische, feindselig oder fremd nebeneinander leben. Prometheus, in dem der allmächtige Staat präfiguriert ist, der Diktator über Wirtschaft und Armee, der die frohe Botschaft von der Arbeit und dem Kriege verkündet und alles in den militarisierten Produktionsprozeß eingegliedert hat, sucht beständig der Vergangenheit durch die Flucht in die Zukunft zu entkommen und die Erinnerung an das Zeitalter der Pandora zu verdrängen und zu vergessen. Dagegen lebte das epimetheische Männerhaus während dieses ganzen zweiten Äons nur in der Erinnerung an den ersten pandorischen und in der Sehnsucht nach der Wiederherstellung der gnostischen Gynäkokratie, symbolisch gesprochen: nach „Pandoras Wiederkehr". Die Frage Fausts:

> Und sollt' ich nicht, sehnsüchtigster Gewalt,
> Ins Leben zieh'n die einzige Gestalt?

verstummt auch im Epimetheus keinen Augenblick. Die technischen Werkzeuge des Prometheus versagen hier, aber durch die magische Waffe der Konzentration, durch die magischen Kräfte des Glaubens, der Hoffnung und der Liebe erzwingt Epimetheus das Wunder. Von dem ebenso zielbewußten, energischen und gescheiten wie ungeistigen Prometheus kann kein Mensch glauben, daß er je am Felsen gehängt hat oder hängen wird; Epimetheus aber, der wartende gnostische Mann, hing diesen ganzen Äon hindurch am Passionsfelsen, und der Adler der Sehnsucht fraß Tag und Nacht an ihm. Nun aber kehrt Pandora als Erlöserin und Befreierin zu dem Wartenden zurück: in den wenigen Stunden zwischen Mitternacht und Sonnenaufgang geht die alte Welt unter und wird eine neue geboren. Der agnostisch-hoministische Äon der prometheischen Täter findet ein seiner würdiges Ende in Krieg, Blut und Feuer. Den Anstoß zu den schlagartig aufeinander folgenden Ereignissen gibt des Prometheus Sohn Phileros, der Liebesfreund. Mit unbeherrschter Leidenschaft liebt er Epimeleia, die Sorgende oder die Sinnende, wie Goethe übersetzt, des Epimetheus und der Pandora Tochter. In grundloser Eifersucht will er das Mädchen, als er es in der Frühe im Gespräch mit einem Hirten findet, töten; er verwundet es und erschlägt den Hirten. Dessen Stammesbrüder rächen seine Ermordung und stecken die Gehöfte des Epimetheus in Brand. Zu ihrer Bestrafung ziehen die Mannschaften des Prometheus in den Krieg gegen die Hirten. Um sich selbst für sein Verbrechen an Epimeleia zu richten, springt Phileros von einem Felsen ins Meer, und Epimeleia, unfähig ihn zu überleben, stürzt sich in die Flammen eines brennenden Hauses. Das also zeigt der Dichter, daß dieser zweite oder hoministische pandoralose Äon ohne Wiederkehr der Göttin, d.h. ohne *mutation brusque,* nämlich ohne die transzendentale Umwandlung des Ichbewußtseins des Einen, an sich selbst zu Grunde gehen muß. Da steigt Eos, die Göttin der Morgenröte, am Himmel empor und macht dieser Nacht der Schrecken, aber auch der Wunder, ein Ende. Denn sie verkündet die unmittelbar bevorstehende Rückkehr der Göttin und meldet, daß Epimeleia und Phileros in den Fluten und Flammen nicht umgekommen, sondern zusammen auf dem Wege hierher sind.

So schließt der von Goethe ausgeführte erste Teil, der den Untergang der alten agnostisch-hoministischen Menschheit darstellt; der zweite, dessen Plan nur in einem knappen Schema erhalten ist, hätte die Entstehung der neuen gnostisch-gynäkokratischen Menschheit gezeigt. Offenbar sollte sich die Handlung in drei Stadien entwickeln. Das *erste* Stadium hätte die triumphale Rückkehr des verwandelten Paares gebildet: des wiedergeborenen Phileros als des neuen aus dem Wasser gestiegenen Dionysos Anadyomenos und der neuen Epimeleia, also der neuen Ariadne. Sie sind die Symbole der alten und der neuen zweigeschlechtlichen Menschheit, des alten agnostisch-hoministischen und des neuen gnostisch-gynäkokratischen Geschlechtergesetzes. Der alte Phileros und die alte Epimeleia sind in Wasser und Feuer, bekannten Initiationsriten, den mystischen Tod gestorben und ein neuer Phileros und eine neue Epimeleia sind auferstanden: sie haben das Gesetz der geistigen Entwicklung, das des „Stirb und Werde" erfüllt. Sie sind gereinigt, d. h. das Eine ist in ihnen zur Gnosis erwacht: die gnostische Menschheit ist an die Stelle der des agnostischen Ichbewußtseins getreten. Nicht mehr der *amor agnosticus,* wie bisher, sondern der *amor gnosticus* ist für sie von jetzt an das *summum bonum* und der Sinn des Lebens: das metaphysische Gesetz, das sie jetzt selbst erfüllen und die Welt lehren werden, ist das gnostisch-gynäkokratische Geschlechtergesetz der *Unio Gnostica.* Diese Bewußtseinswandlung der Menschheit durch die gnostische Wiedergeburt ist die erste von der nahenden Göttin Pandora ausgehende und sie bezeugende Wirkung. — Das *zweite* Stadium der geplanten Handlung beginnt mit einem Boten, der anzeigt, daß sie nicht mehr lange fern bleiben kann; es ist ein unerhörter Ankömmling. Eine riesige Kypsele, d. h. eine Kiste, so groß, daß sie die aufgehende Sonne verdeckt, und an den Außenwänden mit hieroglyphischen Reliefs geschmückt, kommt über das Meer herangeschwommen. Die Phantasie des Dichters hat sie nach jener berühmten Kypsele, der Kyseloslade gestaltet, die etwa um 600, in der Zeit Heraklits, geschaffen und von Pausanias beschrieben wurde, ein bedeutendes und historisch wichtiges Kunstwerk mit teils aus Holz geschnitzten, teils aus Gold und Elfenbein aufgesetzten Relieffiguren, welches die Legende mit jener primitiven runden Kypsele oder Schachtel gleichsetzte, in der der spätere, nach ihr genannte Tyrann von Korinth, Kypselos, d. h. Herr Kastner, von seiner Mutter vor den Verfolgern gerettet wurde. Es ist die Arche oder Bundeslade des neuen Zeitalters, die *cista mystica* der Pandorareligion, das neue sacramentale, das den alten Pithos, das sakramentale Tonfaß, ersetzt hat, von dem Hesiod so törichte Dinge erzählte. Nun steht die Kypsele mit ihrem Geheimnis im Innern da und niemand vermag sie zu öffnen. Es beginnt ein Kampf um sie. Prometheus, der Häuptling des hoministischen Positivismus, wittert, wie damals als Pandora zum erstenmal mit ihrem Pithos kam, Gefahr. Er fürchtet eine gnostisch-gynäkokratische Apokatastasis und will die Kypsele ins Meer stürzen oder vergraben; seine Soldaten halten es dagegen für gescheiter, sie zu zerschlagen und auszuplündern. Aber die drei Metaphysiker, die Bekenner der gnostischen Pandorareligion, welche vielleicht die Botschaft der hieroglyphischen Reliefs an den Außenwänden der Kypsele zu lesen vermögen, widersetzen sich den hoministischen Positivisten: Epimetheus, der Gatte Pandoras, widerspricht seinem Bruder, Phileros seinem Vater, von dem er zu Pandora abgefallen ist, und Epimeleia, die Sorgende und Sinnende, ist die Tochter ihrer Mutter und ihres Vaters. — Während dieses Kampfes um die Kypsele erscheint nun im *dritten* Stadium der Handlung endlich die so lang Ersehnte selbst, unsere liebe Frau Pandora, deren Name Spenderin aller Gnaden und Gaben bedeutet. Sie bringt das dem Einen in seinen Individuationen des prometheischen Äons verloren gegangene gnostische Selbstbewußtsein zurück und das auf diesem als seine Folge beruhende ewige, in Vergessenheit geratene, Geschlechtergesetz der *Unio Gnostica*. Sie kommt, um gegen die Proklamierung des Evangeliums von der Arbeit und dem Kriege durch Prometheus, von der agnostischen und deshalb sinnlosen Aktivität als dem höchsten Wert des Lebens, die gnostische Liebe der Geschlechter als den metaphysischen Sinn der Erscheinung des Absoluten wieder bewußt zu machen. Sie kommt also, um die gnostische Gynäkokratie der Urzeit nach dem katastrophalen Intermezzo des agnostischen Hominismus im prometheischen Äon wiederherzustellen. Aus der mythisch-symbolischen Sprache in die tatsächliche übersetzt, bedeutet die Rückkehr der Pandora natürlich nichts anderes, als daß sich neben dem agnostisch-prometheischen Männerhaus und dem gnostisch-epimetheischen endlich auch das von diesem so ersehnte gnostisch-gynäkokratische Frauenhaus wieder gebildet hat, das sich in der zurückgekehrten Pandora symbolisch hypostasiert und in deren Mythus seine eigene Geschichte symbolisch erzählt. Damit das wiedererworbene Wissen nun nicht ein gefährdeter und vereinzelter Zufall bleibt, gründet Pandora ein männliches und ein weibliches Priestertum als Hüter des Gesetzes der *Unio Gnostica* oder der Religion des gnostischen Androgyns. An die Spitze der Priester beruft die Göttin Phileros, den Liebesfreund, den Umgewandelten, der jetzt der Freund des *Eros gnosticus* ist, wie er vor seiner Wiedergeburt aus dem Wasser der des *Eros agnosticus* war; und zum Oberhaupt der Priesterinnen macht sie Epimeleia, die seit ihrer Wiedergeburt aus dem Feuer die gnostisch Sinnende geworden ist, und dieses weibliche Priestertum der Sinnenden kann nur als der gnostische

Lehrer des männlichen gedacht sein. Wie überhaupt die Sorge für die neue, auf der *Unio Gnostica* aufgebaute Gesellschaftsordnung der Hohenpriesterin Epimeleia, als der nun gnostisch Sorgenden, ihrem symbolischen Namen gemäß anvertraut zu denken ist. Aber schon hat sich die Kypsele von selbst geöffnet und läßt in einer Vision den künftigen Tempel dieser Religion des göttlichen gnostisch-gynäkokratischen Androgyns erschauen. Das Leben in diesem zweiten weiblichen Äon, dem wiedergekommenen goldenen Zeitalter, wird durch eine Bemerkung des Schemas charakterisiert: *„Schönheit,* Frömmigkeit, Ruhe, Sabbat, Moria" — Moriah ist der Name des Tempelberges von Jerusalem, der hier symbolisch als Berg des geistigen oder gnostischen Friedens gedacht ist. Das ist die dem Prometheus so sehr verhaßte neue oder vielmehr wiedergekehrte alte Welt des gnostischen Feminismus, die Welt der geistigen Konzentration des Einen, der Schönheit und des Friedens; der Lärm, das Geschrei, die Gewalttaten, die knarrenden Lieder des Krieges und der Arbeit des prometheisch-hoministischen Zeitalters aber klingen uns aus dem ersten Teil noch wie Flüche in den Ohren nach. Nun hat Pandora ihr hohes messianisches Werk vollendet und mit dem verjüngten Epimetheus, der als Verjüngter das Symbol der wieder erneuerten Urreligion des Männerhauses ist, fährt sie zum *hieros gamos,* zur *Unio gnostica* in den Himmel auf. Über das Schicksal des Prometheus enthält der Entwurf keine Andeutung; die letzte Bemerkung, die ihn erwähnt, lautet: „Phileros, Epimeleia, Epimetheus für sie (Pandora ist gemeint). Prometheus entgegen." Es ist überflüssig zu sagen, daß er, das Symbol des unbedingten agnostisch-hoministischen Prinzips, sich dem ebenso unbedingten gnostisch-gynäkokratischen nicht unterwerfen kann und daß ein Kompromiß zwischen beiden undenkbar ist. Diesmal müßte die Kunst des großen Kompromißlers versagen: sein Reich ist zu Ende und mit der Vernichtung seines Gesetzes ist er selbst vernichtet. Mit Prometheus, dem Gottessymbol, in dem es sich hypostasiert hatte, ist aber das agnostisch-hoministische Männerhaus selbst untergegangen. Denn der Pandoramythus Goethes ist ganz nach dem Schema der antiken gnostisch-gynäkokratischen Apokalypsen aufgebaut. Die uns bekannten drei *dramatis personae* sind auch bei Goethe die eigentlichen Träger der Handlung: die liebende Göttin, der Geliebte und der böse Feind der Göttin und ihres Gesetzes, der hier Prometheus heißt. Auch Goethes Mysteriendrama umfaßt also die drei Weltzeitalter der menschlichen Geschlechtergeschichte: retrospektiv wird das erste nur in der Erinnerung des Epimetheus wiedergespiegelt, das zweite umfaßt die den ganzen Äon dauernde Passio des Epimetheus in den dunklen Abgründen der Unterwelt der Seele und des Geistes, und das dritte ist das der Resurrectio des

Epimetheus, zu der ihn Pandora emporführt, wie Ischtar den Tammuz aus dem Totenreiche, und seiner Verjüngung und Himmelfahrt: denn Pandora, das gnostische Ewig-Weibliche, „zieht ihn hinan" in das Empyreum, wie die Gloriosa den Faust. Auf der Erde aber wird es von jetzt an nur das gnostische Liebesreich der Epimeleia und des Phileros geben, des irdischen Abbildes des göttlichen, zum Himmel aufgefahrenen androgynen Paares. Die Göttin, in der das Frauenhaus der Epimeleia geeint ist, wird Pandora, der Gott des Männerhauses des Phileros wird Epimetheus heißen: es sind nur kontingente Namen für zwei Gestaltwandlungen des ewigen Androgyns Sophia und Logos. Das Eine ist in beiden Geschlechtern wieder zum Bewußtsein seiner selbst als des Einen gekommen und damit das verlorene goldene Zeitalter zurückgekehrt. Denn Goethes Pandora ist das Drama der Hoffnung oder der Elpore. Elpore aber heißt die zweite, bei der Mutter gebliebene Tochter der Verschwundenen und des auf Pandoras Wiederkehr wartenden Mannes. „Den Morgenstern auf dem Haupte" erscheint Elpore, die Hoffnung, dem verlassenen, sich nach der verlorenen Urzeit zurücksehnenden Epimetheus in seinen Morgenträumen vor dem Erwachen und gibt ihm Kraft, den Tag zu überstehen. Und könnte die Tochter der Pandora-Elpis einen passenderen Namen als Elpore tragen, der mit dem der Elpis gleichbedeutend ist? Es ist wunderbar, mit welcher Hellsichtigkeit Goethe die Pandorareligion als die Religion der Hoffnung erkannt hat. Als *Elpore thraseia*, als kühne oder verwegene Hoffnung auf die Wiederherstellung, hätte Elpore sogar das kommentierende letzte Wort des Stückes sprechen sollen. Denn das Schema der Fortsetzung schließt mit der Bemerkung: „Elpore thraseia (hinter dem Vorhang hervor). *Ad spectatores*"; so wie Mephisto am Schluß des Helenaaktes sich zeigen sollte, „um, insofern es nötig wäre, im Epilog das Stück zu kommentieren". Hat doch die Intensität der Hoffnung des Epimetheus, der das Symbol des den zweiten Äon hindurch in der Diaspora lebenden Männerhauses ist, das scheinbar Unmögliche durch die Kraft seiner Hoffnung wirklich zu werden gezwungen. Elpore thraseia selbst aber ist nun zu erkennen als die unbesiegbare Hoffnung auf die gnostisch-gynäkokratische Apokatastasis, als die *Spes victrix* der Epimetheiden, die alle rational beschränkten Einwände des prometheischen Männerhauses und des gesunden Männerverstandes zu Schanden gemacht hat.

III. GOETHES PANDORA UND DER EPILOG ZUM FAUST

Während Goethe an der Pandora arbeitet und sie in Druck gibt, hält im Akademiegebäude in Berlin Fichte seine „Reden an die Deutsche Nation": in Berlin spricht ein prometheischer Politiker des zweiten Äons, in Weimar der Prophet des dritten. Das sind zwei durch Abgründe getrennte Welten. Im Oktober des Jahres, in dem Pandora erscheint, steht in Erfurt der epimetheische Apokalyptiker vor dem prometheischen Herrn der Welt, dem er in dem Mysterium das Urteil gesprochen hatte. Goethe lebt als Bürger des zweiten Äons nach dessen Gestzen, aber er ist der Prophet des dritten: so gibt er dem Kaiser, was des Kaisers und Gott, was Gottes ist. Er wird die „Forderung des Tages", wie er die Pflicht definiert, erfüllen; er wird den Ständen dieses Äons auch Klugheitsregeln geben, so daß er den Anschein erweckt, als ob er weder hinter ihn zurück noch vorwärts über ihn hinaus schaue. Aber er ist der wiedergekommene, in Äonen denkende Epiprometheus, der, wie es der Schluß des Faust symbolisch ausspricht, weiß, daß dieses Weltalter seinem Ende entgegen eilt und daß in dieser Zeit „der Handelnde immer unrecht und der Betrachtende immer recht hat". So entwickelt er in diesen Jahren seiner beständig zunehmenden geistigen Vereinsamung auch immer mehr seine mystifizierende Ironie. Was man im dritten Äon offen sagen wird, darf man nämlich im zweiten nur symbolisch verhüllt als Geheimnis aussprechen. Denn Goethe hat in dieser dritten gnostisch-prophetischen Phase seines Lebens ein Geheimnis, das er zugleich aussprechen und verhüllen muß, verhüllen, damit auch ihm nicht, wie es Nietzsche für sich fürchtet, „in seine Gärten die Schweine und die Schwärmer brechen". Er hat einmal an den Herzog geschrieben: „Meine Idee von den Frauen ist nicht von den Erscheinungen der Wirklichkeit abstrahiert, sondern sie ist mir angeboren oder in mir entstanden, Gott weiß, wie." Diese „Idee von den Frauen", die er ausdrücklich als überempirischer Herkunft bezeichnet, also die Metaphysik des weiblichen Geschlechtes, ist das eigentliche Goethegeheimnis. Soweit er durfte, hat er es in den beiden Apokalypsen der dritten Periode seines Lebens ausgesprochen, in der schönen und vorbereitenden von 1807, die am Anfang, und in der erhabenen und endgültigen von 1831, die, 24 Jahre später, am Ende dieser Phase und zugleich seines Lebens steht, in der Pandora und im Epilog zum Faust. Wohl nur einmal hat Goethe den mißbrauchten Begriff des „Mystischen" in einem positiven und von ihm bejahten Sinne verwendet, als er den Chor der in der letzten Erkenntnis geeinten Seligen den *„Chorus mysticus"* nannte und durch ihn der „Weisheit letzten Schluß" aussprechen ließ; denn was der sterbende Faust so nennt, ist nur seines Wahnes letzter Schluß. „Mystisch" aber heißt der Chor, weil er Goethes Mystik, d. h. seine geheime Lehre verkündet. Er hat in diesen acht Zeilen, seinem *mystikos logos*, sein ganzes Credo, wenn man so sagen darf, konzentriert ausgesprochen. Dieser Schlußchor des Epilogs aber ist das Hohe Lied der gnostischen Gynäkokratie. Deutlicher als in dessen letzten Worten: „Das Ewigweibliche zieht uns hinan" durfte Goethe nicht mehr werden, ohne sein Geheimnis zu verraten. Aber in Wirklichkeit hat er es in diesem letzten Satz seines großen Testamentes und Ewigen Evangeliums, das er in doppeltem Sinne versiegelt der Nachwelt hinterließ, jedem enthüllt. Denn dieser Satz spricht nicht ein sentimental-individualistisches, sondern ein metaphysisch-soziologisches Urteil aus. In diesem letzten Satz der Dichtung ist der Grundgedanke des ganzen Faust und das Ergebnis der Gesellschafts- und Geschlechterphilosophie Goethes formuliert. Die mythisch-symbolische Gesellschaftsordnung des Paradieses aber, die im Epilog zur Erscheinung kommt, ist die gnostische Gynäkokratie des Himmels als des Urbildes der irdischen. Denn den zweiten oder faustisch-prometheischen, kurz den hoministischen Äon, wird der dritte, der gnostisch-gynäkokratische der Gloriosa, ablösen, dessen teleologisch-metaphysischer Rechtsgrund in jenem Satze ausgesprochen ist. Er sagt nämlich: daß das Eine, das sich in zwei Geschlechtern individuiert, weibliches Geschlecht geworden ist, um sich selbst in seinem männlichen Geschlechte, das sonst in der Finsternis des agnostischen Ichbewußtseins begraben bliebe, „hinanzuziehen", d. h. emporzuführen zur Gnosis seiner selbst als des Einen sich in seinen beiden Potenzen mit sich selbst einenden. Dieses „Ewigweibliche", d. h. diese ewige, der weiblichen Potenz des Einen immanente Bestimmung aber wird symbolisch-mythologisch angeschaut und angebetet oder bekannt dort *sub specie Pandorae,* hier *sub specie Gloriosae,* Symbolen der gnostischen Frau, deren Macht nur die magisch wirkende Gnosis ist, auf der allein die Gynäkokratie beruhen kann. Pandora und die Gloriosa sind aber nur zwei Erscheinungsformen der einen ewigen Sophia. Das in der Göttin Pandora und das in der Göttin Gloriosa geeinte Frauenhaus haben also dieselbe messianische Bestimmung: den Mann zur Gnosis und zu der auf ihr beruhenden *Unio Gnostica* zu führen, was negativ ausgedrückt bedeutet, die geistige Macht der agnostisch widerstrebenden, in Prometheus oder in Mephisto geeinten Männerhäuser zu vernichten. Erst im Jenseits erkennt Faust die eigentliche Bestimmung des Menschengeschlechtes; erst durch den Epilog erhält die Dichtung einen positiven Sinn. Ohne ihn wäre sie nur ein nihilistisches Bekenntnis der Sinnlosigkeit der Existenz wie Byrons von Goethe bewunderter Don Juan. Der bürgerliche Hominismus wird jedoch, um sich selbst bestätigt zu finden, fortfahren, wenigstens die letzten Worte des sterbenden Faust willkürlich als das persönliche, für ihn selbst gültige Bekenntnis des Dichters zu erklären; und der theologische Hominismus wird weiter das gefährliche Buch bekämpfen, weil es nicht den christlichen Hominismus lehrt. Aber beide verkennen den Grundgedanken des Werkes: denn dieses ist, als die

Kritik des abendländischen Hominismus, die des Hominismus überhaupt und der Epilog ist seine metaphysische Verurteilung. Das große Testament Goethes, der Faust, enthält dieselbe Offenbarung wie das kleine, die Pandora: Goethe ist in seinen beiden Apokalypsen der Prophet der gnostischen Gynäkokratie und der Erwecker der *Elpore thraseia,* der verwegenen Hoffnung auf ihre Wiederherstellung.

DRITTER AUFSATZ

Die Philosophie des gnostischen Feminismus und die des agnostischen Hominismus

I. DER GNOSTISCHE FEMINISMUS

1. Die Philosophie des gnostischen Ich-Nichtich-Bewußtseins

Wenn das Eine in einer seiner ich-bewußten, also menschlichen oder menschenartigen Individuationen, sich als die ontologische Realität erkennt, die sowohl in dem ich-bewußten anschauenden Subjekte wie in allen von diesem als in Raum und Zeit mit ihm daseiend angeschauten Objekten, ich-bewußten oder ihrer nichtbewußten, identisch ist, so sage ich, daß das Eine zur *Gnosis* seiner selbst gekommen ist, d. h. zum Bewußtsein seiner selbst als der einzigen ontologischen Realität, welche sich sowohl in dem anschauenden Subjekte als auch in allen von diesem angeschauten Objekten individuiert hat oder in ihnen erscheint, daß das Eine also sowohl das Subjekt wie das Objekt ist. *Agnostisches Ichbewußtsein* nenne ich daher dasjenige Ich-Nichtichbewußtsein des Einen, in dem dieses noch nichts von der Identität dieser beiden Pole weiß, die im Bewußtsein immer untrennbar vereinigt sind, denn es kann kein Subjekt geben, ohne ein korrelatives Objekt. *Gnostisches Ichbewußtsein* dagegen nenne ich das Ich-Nichtichbewußtsein derjenigen Individuationen des Einen, in denen dieses zum Bewußtsein seiner Identität in beiden Polen gekommen ist. Was aber für das Verhältnis des Subjekts zu den äußeren Objekten gilt, das gilt auch für das Verhältnis des Leibes als des Objektes zu dem mit ihm verbundenen Ichbewußtsein als dem Subjekte. Wenn sich also das Eine in einem ichbewußten Leibe als die Identität von Sein und Bewußtsein dieses Leibes begreift, oder vielmehr als das in Sein und Ichbewußtsein, Leib und Seele, identische Eine, dann ist es auch in Bezug auf diese Individuation zur gnostischen Erkenntnis seiner selbst gelangt als der Identität des wissenden Geistes oder des Subjektes und des gewußten Leibes als des Objektes, d. h. als der Identität von Sein und Bewußtsein. Stand sich das Eine zuerst als Geist und Leib fremd und polar gegensätzlich gegenüber, so ist nun dieses frühere agnostische Ichbewußtsein zu einem um die Identität beider wissenden gnostischen Ichbewußtsein geworden. Gnosis nenne ich also das Bewußtsein des Einen von sich selbst als der Identität aller polaren Differenz, sowohl der äußeren Polarität von Subjekt und Objekt, von Ich und Nichtich oder von Ich und Welt, wie der inneren Polarität von Geist und Leib, aus der das ichsagende Subjekt selbst besteht. Die Erkenntnis der einen Identität schließt die der anderen ein: keine ist in der Gnosis des zum Selbstbewußtsein gekommenen Einen von der anderen getrennt oder trennbar; die Erkenntnis der Identität der einen Differenz ist zugleich die der anderen. Im *gnostischen Ichbewußtsein* des Einen ist also das Bewußtsein von seiner Identität im anschauenden Subjekte wie im angeschauten Objekte und zugleich das Bewußtsein von seiner Identität im wissenden Geiste und seienden Leibe zugleich enthalten. Die Unterscheidung, die wir hier machen mußten, ist nur eine analytisch-abstrakte des diskursiven Verstandes.

Diese gnostische Anschauung der Dinge durch das in Subjekte und Objekte gespaltene Eine kann man auch als *intellektuelle Anschauung* bezeichnen, um sie von der unintellektuellen oder agnostischen oder naiven Anschauung zu unterscheiden, in der das Eine als ein Subjekt wohl Objekte oder Dinge anschaut, indessen noch nicht erkennt, daß es bei dem Anschauungsvorgang sowohl das anschauende Subjekt wie die angeschauten Objekte ist. Mit dem lateinischen Worte „*intellectus*" oder dem äquivalenten griechischen Begriffe „*nus*" bezeichne ich also dasselbe wie mit dem Worte Gnosis: nämlich das Bewußtsein des Einen von sich selbst als des in Subjekt und Objekt Identischen, also das Selbstbewußtsein des in dieser erscheinenden Zweiheit mit sich selbst identischen Einen. Wie das Eine als einzelner menschlicher Leib spontan, unbegründbar, intuitiv „Ich" sagt und damit den ganzen übrigen Kosmos, in dem es an einer bestimmten Stelle des unendlichen Raumes und in einem bestimmten Augenblicke der unendlichen Zeit da ist, als das Nicht-ich von sich absondert, ebenso spontan, unbegründbar und intuitiv kommt es mit unmittelbarer Gewißheit in demselben, als Ich vom Nicht-ich getrennten Leibe zu der gnostischen Erkenntnis, daß es selbst allein sowohl das ichsagende Subjekt ist wie die als Nicht-ich unterschiedenen anderen Dinge des Kosmos. Das erste, die Dinge unterscheidende Bewußtsein aber kann nie ausgelöscht werden; denn allein aufgrund dieser Unterscheidung kann das Eine zur Erkenntnis seiner Identität in beiden Polen, dem Ich und dem Nichtich, gelangen: nur als die *coincidentia oppositorum* kann es sich begreifen und sein Selbstbewußtsein ist die Einsicht, daß es als das Subjekt auch das Objekt und als das Objekt auch das Subjekt ist. Denn würde sich das Eine nicht um sich selbst erscheinen zu können, in ein wahrnehmendes Subjekt und ein von diesem wahrgenommenes Objekt spalten, so würde es weder von seinem Sein noch von seinem Wesen etwas wissen; wie andererseits aber auch die Wahrnehmungsmöglichkeit eines Objektes durch ein Subjekt erkenntnistheoretisch ohne ihre metaphysisch-ontologische Identität unmöglich wäre. Daher ist es nicht so, daß ein ichbewußter Leib selbsttätig und aus eigener Kraft andere ebenso selbständige von ihm als Nichtich bezeichnete Körper des Kosmos wahrnähme und auf sie einwirkte, sondern das Eine ist es, das als Subjekt sich selbst in der Objektform wahrnimmt und auf sich selbst unter der Objektgestalt einwirkt. Denn die Dinge sind nichts als unselbständige und bedingte Erscheinungen des sich in ihnen anschauenden unbedingten Einen: sie haben keine andere Realität als eine Erscheinungsrealität, in dem das Absolute als Objekt sich selbst als einem Subjekte erscheint, und zwar so, daß in der Relation der Dinge jedes Objekt auch ein Subjekt ist und jedes Subjekt auch ein Objekt. So ist es allein das wahrhaft Seiende, das in allen Erscheinungen sich selbst erscheint, das in allen Gestalten des Alls als wahrnehmendes Subjekt immer nur sich selbst wahrnehmen und als wirkendes Subjekt immer nur auf sich selbst einwirken kann: denn neben dem einen Absoluten ist seinem Begriff nach kein Platz für ein zweites.

Das Eine als einzelner ichbewußter Leib weiß von diesem als von einem bestimmten Teile des Alls der Dinge oder des Universums, welches dem Leibe, den es einschließt, als ein einheitliches, in sich geschlossenes Ganzes, als das große Objekt oder Nicht-ich gegenübersteht, das von dem kleinen ichbewußten Subjekte nach seinem begrenzten Vermögen angeschaut wird. Das Ichbewußtsein des Subjektes ist also untrennbar mit dem Bewußtsein dieses kosmischen Objektes verbunden oder mit ihm zugleich gesetzt. Das Ichbewußtsein des einzelnen Leibes ist daher immer ein kosmologisches Ichbewußtsein. Der Trieb des ichbewußten Leibes, dieses kosmologische Bewußtsein beständig zu erweitern, sich immer deutlicher als Teil in seinen Beziehungen zu dem Ganzen bewußt zu werden, ist, gnostisch oder metaphysisch betrachtet, der Trieb des Einen, zu einem immer umfassenderen Bewußtsein von der Totalität seiner Erscheinungen, also zu seinem vollkommenen *phänomenologischen Selbstbewußtsein* zu gelangen. Dieser auf ein unerreichbares Ziel gerichtete Trieb würde, wenn er befriedigt werden könnte, nicht nur zum Wissen von System und Geschichte der ewig aufeinander und durcheinander folgenden Kosmen gelangen sondern auch zum Wissen von System und Geschichte aller in diesen Kosmen existierenden ichbewußten Lebewesen, von denen uns nur die auf unserm Planeten lebende Art, unsere Menschheit, empirisch bekannt ist. Ein solches Ideal des phänomenologischen Wissens hat der Mensch als den *Intellectus infinitus Dei* vergöttlicht. Wo dieser Trieb rein ist, ist er rein theoretisch, d. h. ohne jede praktische Nebenabsicht; denn das Wissen, das er erstrebt, ist nichts als das vollendete phänomenologische Selbstbewußtsein des Einen und als solches sein eigener Zweck. Aber auf der primären Stufe des Ichbewußtseins, auf der das Eine seine Identität in Subjekt und Objekt noch nicht begreift, kann es auch die gnostische Bedeutung und das Wesen dieses kosmologischen Wissenstriebes als des Triebes zu seinem phänomenologischen Selbstbewußtsein noch nicht erkennen. Dieser agnostische Standpunkt ist der der empirischen Wissenschaften, in denen das Eine nur unter der Gestalt seiner Erscheinungen von sich weiß, die von dem naiven Bewußtsein als Realitäten an sich, aber nicht als auf der Subjekt-Objekt-Spaltung beruhende Erscheinungen aufgefaßt werden. Wenn aber das Eine in einer kosmologisch-ichbewußten Individuation zum Bewußtsein seiner selbst als der 'Αρχή oder des Prinzipiums aller Erscheinungen gekommen ist, so begreift es in und mit dieser Erkenntnis zugleich sich selbst, oder vielmehr das Bewußtsein von sich selbst, auch als Τέλος oder *finis*, als den Endzweck seiner sich also teleologisch oder final transformierenden Individuationen. Das gnostisch-*ontologische* Selbstbewußtsein des Einen von seiner Identität in allen seinen Erscheinungen ist also zugleich auch das gnostisch-*teleologische* von dem Sinn oder dem Wozu? aller dieser seiner Erscheinungen in dem unendlichen Raume und der unendlichen Zeit, deren polardifferenzierte Einheit wiederum nur ein Abbild des Einen selbst ist als des ewigen Urgrundes aller seiner Erscheinungen. Das ewige Ziel des Einen in allen seinen ewigen kosmischen Transformationen ist es also, sich in gnostisch-ichbewußten Lebewesen zu individuieren, um sich selbst von Angesicht zu Angesicht anzuschauen und sich selbst als das Eine in dem Anschauenden und Angeschauten zu erkennen. Zum gnostischen Selbstbewußtsein erwacht, erkennt also das Eine es als das Gesetz seines Wesens, als gnostisch-ichbewußte Menschheit sich selbst erscheinen zu müssen und begreift damit dieses seinem Wesen immanente Gesetz als für alle Sterne aller gegenwärtigen, vergangenen und künftigen Welten gültig, auf denen es in ichbewußten Individuationen in Erscheinung tritt. Solange es aber eine Menschheit im Kosmos gibt, solange ist diese auch imstande, das Prinzip des Seins der Welt zu erkennen, weil sie dieses Prinzip nicht nur in sich trägt, indem sie nur durch es da ist, sondern dieses Prinzip selbst ist. Die Erkenntnis des Prinzipiums oder des Ursprungs schließt aber zugleich die des Sinnes und Zweckes der Welt ein, denn Anfang und Ende, 'Αρχή und Τέλος, werden nur vom trennenden Verstande unterschieden. Philosophie umfaßt zwar mehr als Erkenntnistheorie; aber das erkenntnistheoretische Problem ist das Grundproblem des philosophischen Denkens, durch welches dieses selbst überhaupt erst erweckt wird. Da nun die erkenntnistheoretische Grundfrage der Philosophie die nach dem Verhältnis von Subjekt und Objekt oder Ich und Außenwelt ist, — denn alle sogenannte praktische Philosophie ist in der Beantwortung dieser theoretischen Frage bereits mitenthalten — so kann es auch prinzipiell nur zwei Arten von Philosophie geben. Wir können diese beiden Standpunkte der Philosophie kurz als den der gnostischen Identität und als den der agnostischen Differenz oder auch als den der gnostischen Einheit und den der agnostischen Zweiheit unterscheiden. Die eine ist die *gnostische Philosophie*, die, auf dem Bewußtsein des Einen von seiner Identität in Subjekt und Objekt, in Ich und Nichtich beruhend, diese gnostische Bewußtwerdung des Einen in der Menschheit als deren Sinn und Bestimmung erkennt. Die andere ist die *agnostische Philosophie*, welche das Eine auf der Stufe des agnostischen Ich-Nichtich-Bewußtseins festhält, indem sie dieses als unübersteigbare Grenze erklärt. Später, im zweiten Teile dieses Aufsatzes, sollen die drei auf dem agnostischen Ichbewußtsein des Einen beruhenden Arten zu philosophieren aus diesem selbst als notwendig abgeleitet werden.

2. Die Philosophie der gnostischen Gynäkokratie

Als Menschheit erscheint sich das Eine als in zwei zur Vereinigung bestimmte Geschlechter differenziert, die sich als Subjekt und Objekt polar gegenüberstehen, denn auch die geschlechtliche Polarität ist eine neue nuancierte Sichtbarwerdung der Urpolarität von Subjekt und Objekt, auf der die Möglichkeit, daß das Eine sich selbst erscheint oder für sich selbst da ist, überhaupt beruht. Wenn also das Eine sowohl in seinen zur Vereinigung bestimmten weiblichen ichbewußten Leibern wie in seinen männlichen ichbewußten Leibern seinem immanenten Wesen gemäß teleologisch zur Gnosis seiner Identität im Subjekt und Objekt kommen soll, also zum Bewußtsein seiner Identität im Männlichen und Weiblichen, so heißt das, daß es zur gnostischen Vereinigung zweier gnostisch-ichbewußter Individuationen verschiedenen Geschlechtes kommen muß. Denn das gnostische Ichbewußtsein kann nicht allein für sich sein eigener Endzweck sein, da das Eine die Identität des Geistigen und des Leiblichen ist, so daß also nur in dem vergeistigten Leibe oder dem verleiblichten Geiste die Einheit seiner gnostisch-ichbewußten Individuationen besteht. In der agnostischen Unio vereinigt es sich wohl mit sich selbst, aber ohne zu wissen, was es tut; in der gnostischen Unio weiß es in beiden Hälften, daß es sich mit sich selbst vereinigt und daß diese *Unio gnostica* die symbolische Sichtbarwerdung der Ureinheit des Einen in der Überwindung der Subjekt-Objekt-Spaltung bedeutet, auf der die Erscheinungswelt überhaupt beruht. So ist die *Unio gnostica* praktische Metaphysik: sie ist die denkbar erhabenste und bedeutungsvollste Handlung des Einen in der Welt seiner Erscheinungen und der Ausdruck ihrer Zurückführung in das Absolute; sie ist also die gnostische Handlung par excellence. So kann das zum Bewußtsein seiner selbst als der Identität von Ich und Nichtich gekommene Eine von sich sagen, daß es sich in die Polarität von Subjekt und Objekt spalten mußte, um zur gnostischen Unio mit sich selbst in zwei Geschlechtern gelangen zu können; so daß wir also die gnostische Liebe, da sie Ursache und Zweck der Individuierung des Einen überhaupt ist, als sein *summum bonum* oder sein höchstes Gut, als den Sinn aller seiner unendlichen Transformationen erkennen müssen. Die *Unio gnostica* ist daher das geistige Universalgesetz des Universums, wo immer in diesem das Eine sich zu ichbewußten geschlechtlich differenzierten Leibern gestaltet hat. Was wir vorher von der theoretischen Seite her die Philosophie des gnostischen Ichbewußtseins nannten, können wir also jetzt von der praktischen her auch als die *Philosophie der Unio gnostica* bezeichnen; und ebenso können wir die Philosophie des agnostischen Ichbewußtseins nach ihrer praktischen Sichtbarwerdung nun auch als die Philosophie der *Unio agnostica* bestimmen. Gewiß will das Eine in seinen *beiden* Geschlechtern zur *Unio gnostica* seiner selbst mit sich selbst kommen, aber die Erreichung dieses Zieles wird durch das Wesen und die geistige Relation beider Geschlechter zu einander bestimmt. Als das einende Geschlecht ist das weibliche seinem Wesen nach dasjenige, durch welches das männliche zur gnostischen Einung geführt werden soll; es zur gnostischen Einung führen aber heißt, es zunächst zum gnostischen Ichbewußtsein führen. Damit ist gesagt, daß die weibliche Potenz des Einen ihrem Wesen nach als das Geschlecht des gnostischen Identitätsbewußtseins verstanden werden muß; seine männliche aber als die des agnostischen Differenzbewußtseins, jedoch des gnostischen Identitätsbewußtseins fähige. Von den beiden Arten der Philosophie ist also die des gnostischen Ichbewußtseins oder die der *Unio gnostica*, die dem weiblichen Geschlechte, dagegen die Philosophie des agnostischen Ichbewußtseins oder die der *Unio agnostica*, die dem männlichen Geschlechte von Natur eigene. Der Geschlechterunterschied ist also nicht nur ein physischer, sondern auch ein geistiger, die Relation der Geschlechter eine gnostisch- oder agnostisch-philosophische. Sein Telos oder Ziel, die *Unio gnostica*, erreicht demnach das Eine nur, wenn es als gnostisches weibliches Geschlecht den philosophischen Primat über das agnostische männliche hat, d. h. durch die *gnostische Gynäkokratie*; diese ist daher der Ausdruck des Sieges der gnostisch-feministischen über die agnostisch-hoministische Philosophie, deren Charakter im zweiten Teile stärker beleuchtet werden wird. So kann man die Philosophie des gnostischen Ich-Nichtich-Bewußtseins, die wir schon weniger abstrakt als die Philosophie der *Unio gnostica* bezeichneten, jetzt auch als die *Philosophie der gnostischen Gynäkokratie* bestimmen: diese Namen drücken nur analytisch deutlich die bewußt gewordenen Konsequenzen aus, die latent in dem Begriff des gnostischen Identitätsbewußtseins des Einen synthetisch eingeschlossen lagen. Die gnostische Gynäkokratie ist also der Weg, auf dem allein das Eine sein Ziel, die *Unio gnostica,* erreichen kann. Es ist in dem teleologischen Prozesse des Einen die Bestimmung des primär gnostischen weiblichen Geschlechtes, auch das sekundär gnostische, das männliche, zum Identitätsbewußtsein und damit zur Anerkennung der gnostischen Hierarchie der Geschlechter zu führen, damit die Menschwerdung des Einen auch in seinem männlichen Geschlechte vollendet werde. Die *gnostische Soziologie* ist also die Lehre von der gnostischen Gynäkokratie als derjenigen Form der Gesellschaftsordnung, durch welche das Eine den Sinn seiner Individuationen als zweigeschlechtliche Menschheit verwirklicht, indem es als weibliche Potenz Lehrerin seiner gnostischen Identität und Erzieherin zur *Unio gnostica* für das männliche Geschlecht wird. Die Einheit des gnostischen Bewußtseins in den weiblichen Individuationen wird soziologisch als gnostisch-gynäkokratischer Frauenbund oder Frauenorden sichtbar, der in allen seinen Gliedern zur Erkenntnis der Bestimmung des weiblichen Geschlechtes gekommen ist; diese ewige Bestimmung aber, die durch keine Verdrängung für immer in dem menschlichen Bewußtsein unterdrückt werden kann, ist die geistige Erziehung des männlichen Geschlechtes zur intellektuellen Anschauung und damit zur *Unio gnostica*. Durch das Bekenntnis einer gemeinsamen Gottheit aber erscheint die soziologische Einheit des gnostisch-gynäkokratischen Frauenbundes unter *religiöser* Gestalt, wird dieser also zum Frauenorden. Denn die Götter sind die hypostasierten Symbole der Bünde, ihres Seins und ihrer Ziele. Das Gottessymbol der gnostischen Gynäkokratie nun, in dem ihr Ziel den adäquaten Ausdruck findet, ist der gnostische Androgyn; er ist aber zugleich auch das vollkommenste philosophische Symbol für den Grund und das Ziel des ganzen kosmischen Prozesses, der auf der Subjekt-Objekt-Spaltung des Einen beruht, die in der *Unio gnostica* des Einen mit sich selbst durch eine gnostisch-symbolische Handlung überwunden wird. Der gnostische Androgyn aber ist kein neu erfundener Gott. Er ist der älteste Gott der Menschheit, der Gott der weiblichen Uroffenbarung, der Gott der urzeitlichen gnostischen Gynäkokratie, der ältesten Gesellschaftsform des Menschengeschlechtes. Der gnostisch-gynäkokratische Frauenorden wird sich also nur seines ältesten und vollkommensten Gottessymboles wieder bewußt, das durch ein neues Weltalter, das hoministische, gestürzt und entgeistigt wurde. So hat der gnostisch-gynäkokratische Frauenbund auch seine *historische Tradition*. Die mythisch-historischen Überlieferungen des weiblichen Geschlechtes dieser Erde aber erinnern es mahnend, daß es seine Bestimmung in der Urzeit des Menschengeschlechtes einmal erfüllt hatte, daß die Urgesellschaft gnostisch-gynäkokratisch lebte und die Religion des gnostisch-gynäkokratischen Androgyns einmal die Universalreligion des Menschengeschlechtes war.

II. DER ANTIGNOSTISCHE HOMINISMUS

Als das weibliche Geschlecht seine Bestimmung dem männlichen gegenüber vergaß, begann der zweite Äon der Menschheitsgeschichte, der des agnostischen Ich-Nichtich-Bewußtseins des Einen. Sein negativer Bewußtseinspol wurde Herr über seinen positiven oder, soziologisch gesprochen, die agnostische Androkratie über die gnostische Gynäkokratie. Diese im männlichen Geschlechte immer latent liegende und nur durch die geistige Kraft des weiblichen zu überwindende Möglichkeit mußte Wirklichkeit werden, als der gnostisch belehrende Gegenpol versagte. Es schüttelte die geistige Fessel des Identitätsbewußtseins und damit das in diesem liegende Gesetz der Beschränkung ab, d. h. verdrängte und vergaß es. Nun konnte sich das agnostische Ich-Nichtich-Bewußtsein hemmungslos und in luciferischem Stolz wie eine alles fressende Flamme erheben und sein agnostischer Machtwille unter den Objekten, die nur noch Nichtiche waren, wie der Wolf im Schafspferch wüten. Denn durch die Ich-Bewußtseinsstufe wird das Handeln des Subjektes gegen das Objekt bestimmt; das Handeln ist nur dessen Sichtbarwerdung. Für die Stufe des agnostischen Ichbewußtseins des Einen, auf der ihm seine Identität in Subjekt und Objekt unerkannt bleibt, hat der Hobbes'sche Satz: *Homo homini lupus* unbedingte Gültigkeit, wobei es gleichgültig ist, ob das Raubtier ein einzelner ist oder ob es sich um ein Kollektiv, also ein Rudel von Raubtieren handelt, und ob es sich Staat, Stand, Klasse oder Räuberbande nennt. Auf diesem Boden des negativen Bewußtseins sogenannte Humanität oder Ethik zu predigen oder zu befehlen, ist absurde Naivität oder gerissene Heuchelei; auf jeden Fall aber wäre es immer nur eine Humanität oder Ethik von Raubtieren für Raubtiere. Denn ohne das gnostische Bewußtsein ihrer Identität müssen nicht nur die einzelnen Individuen desselben Geschlechtes sondern auch die beiden Geschlechter gegeneinander „Wölfe" sein. Damit ist übrigens der Charakter der *Unio agnostica* zart, aber unmißverständlich beschrieben. Recht ist, was die stärkeren agnostisch-ichbewußten menschlichen Raubtiere als solches festsetzen. Das Rudel aber kommt durch ethische oder religiöse Lügen leicht über diese Tatsache hinweg; denn das agnostische

Rudel kann und will nicht denken und erkennen, sondern nur existieren. Das ist der Gesellschaftszustand, in dem das agnostische Ichbewußtsein notwendig seinen Ausdruck findet; er ist seine soziologische Sichtbarwerdung und beruht auf der Unwissenheit des Einen über sich selbst und das Wesen seiner Individuationen. Da nun das männliche Geschlecht der Träger und Lehrer dieses agnostischen Ichbewußtseins und seiner soziologischen Erscheinungsformen ist, so nenne ich Hominismus den Anspruch dieses Geschlechtes auf den geistigen Primat über das weibliche im Namen dieses Bewußtseins. Wie also in dem gnostischen Ich-Nichtich-Bewußtsein des Einen die gnostische Gynäkokratie als praktische Folge enthalten ist, so daß ich die Philosophie des gnostischen Ichbewußtseins auch als die der gnostischen Gynäkokratie bezeichnen konnte, so kann ich auch die Philosophie des agnostischen Ichbewußtseins, in dem die agnostische Androkratie als praktische soziologische Folge eingeschlossen ist, die Philosophie des agnostischen Hominismus nennen. Die Dialektik dieser beiden Philosophien ist daher die Dialektik der beiden Geschlechter, in denen sich das Eine auf polar verschiedenen Stufen seines Ichbewußtseins individuiert hat; und da die Philosophie der gnostischen Identität die historisch ältere ist, so ist die der agnostischen Differenz, die antithetisch gegen die Philosophie, Soziologie und Religion der gnostischen Gynäkokratie protestiert, die historisch jüngere Erscheinung. Denn diese Philosophie ist nicht nur agnostisch sondern bewußt antignostisch, sie setzt die gnostische Philosophie und deren praktische Konsequenzen als ihren Gegner voraus und man kann die ganze historische Bedeutung ihres Standpunktes erst begreifen, wenn man sie als den hoministischen Widerspruch gegen die Philosophie der Identität von Ich und Nichtich, d. h. die Philosophie der gnostisch-gynäkokratischen Urzeit, versteht.

Wir wollen nun die Formen dieses Kampfes gegen das gnostische Ichbewußtsein des Einen betrachten, den sein protestierendes agnostisches Ichbewußtsein im männlichen Geschlechte führte und weiterführen muß. Natürlich war die Einheit des Seins nicht objektiv-ontologisch zerrissen, aber sie war es im subjektiven Bewußtsein der Individuationen des Einen durch jene Urnegation, die sich in den verschiedenen Gedankensystemen, nur seine Formen wechselnd, weiter entwickelte, und es mußte verlorene Liebesmüh bleiben, die Einheit des Seins im Bewußtsein von der neuen, sie prinzipiell negierenden Basis aus, wiederherzustellen. Wir übergehen vorausliegende Entwicklungsstadien und betrachten das antignostisch-hoministische Bewußtsein erst von der Phase an, wo es die Vollendung seiner dialektischen Reflektionskraft erreicht hat. Da lassen sich nun innerhalb des einen antignostisch-hoministischen Bewußtseinspoles selbst wiederum zwei Pole unterscheiden: dem spiritualistisch-theistischen Bewußtsein tritt das agnostisch-antispiritualistische entgegen, das seinerseits wiederum in sich polar differenziert ist, nämlich als idealistisches, vom Subjekt ausgehendes, oder als materialistisches, vom Objekt ausgehendes Ichbewußtsein. Somit erscheint uns der agnostische Hominismus unter drei Formen: der spiritualistisch-theistischen, der idealistischen und der materialistischen. Wir berücksichtigen aber nur das abendländische hoministische Denken und beschränken uns zeitlich auf seine letzten zweitausend Jahre. Es sind drei Versuche der dialektischen Reflexion, von der Basis des seiner selbst gewissen agnostischen Ichbewußtseins aus, mit der erkenntnistheoretischen Urfrage des Denkens, der nach dem Wesen und Verhältnis von Subjekt und Objekt, also sowohl dem von Ich und Nichtich wie von Geist und Leib, fertig zu werden. Denn die Beantwortung dieser Ur- und Grundfrage aller Philosophie gibt erst dem Denken einen festen Standort für die auf ihr beruhende Lösung aller anderen Probleme, z. B. des kosmologischen und soziologischen; mit diesen aber zu beginnen, hieße das Pferd am Schwanze aufzäumen, um Galopp zu reiten, oder selbst ohne Boden unter den Füßen in der Luft schwebend, Wolken fangen wollen, wäre also nur ein Zeitvertreib der improvisierenden Phantasie. Die drei Arten, antignostisch zu philosophieren, lösten einander in der Herrschaft über das abendländische Bewußtsein ab, und zwar so, daß die zuletzt gekommene sich als die stärkere Vorkämpferin des agnostischen Ichbewußtseins gegen den ihnen allen gemeinsamen prinzipiellen Erbfeind erscheint. Denn trotz ihrer Gegensätzlichkeit und Rivalität untereinander entstammen diese drei Philosophien einer einzigen Wurzel, dem agnostischen Ichbewußtsein, und finden in dem gemeinsamen negativen Ziel, die Philosophie der gnostischen Identität und ihre Konsequenz, die gnostische Gynäkokratie zu unterdrücken, ihre gemeinsame antignostische Einheit und Einigkeit. Ihnen allen gilt das weibliche Geschlecht als zur Philosophie unfähig, weil ihnen nur die dialektische Reflexion des agnostischen Ichbewußtseins des Einen als Philosophie gilt, die seines gnostischen Ichbewußtseins also keine sein darf. *Sic volo sic jubeo.* Was philosophisch wahr oder unwahr ist, bestimmt die agnostisch-hoministische Vernunft. Denn die Philosophie des agnostischen Ichbewußtseins ist die Grundlage jeder hoministischen Gesellschaftsordnung, wie die Philosophie der Identität von Subjekt und Objekt die der gnostischen Gynäkokratie ist; damit diese nicht sei, darf auch jene nicht sein. Dagegen ist es dem weiblichen Geschlechte erlaubt, die ihm wesensfremden hoministischen Philosophien als die „Wahrheit" zu studieren, damit es dadurch seinem eigenen wesenhaften Denken entfremdet werde und das Eine auch in ihm nicht mehr zum Bewußtsein seiner selbst gelange.

1. Der spiritualistisch-theistische Hominismus

Im spiritualistisch-theistischen Ichbewußtsein wird die Identität des Einen als anschauendes Subjekt und angeschautes äußeres Objekt ebenso negiert, wie seine Identität in Leib und Bewußtsein der einzelnen Individuationen, wodurch diese selbst in zwei Teile zerrissen werden. Die Person besteht aus zwei wesensverschiedenen und ungleichwertigen Substanzen, von denen die geistige, das Bewußtsein oder die Seele, allein wertvoll und unsterblich ist, die andere, der materielle Leib, sterblich und minderwertig ist. Das einzelne Ichbewußtsein wird also von der spiritualistischen Reflexion als besondere geistige Substanz hypostasiert. Das heißt aber: die von dem in allen Erscheinungen identischen Einen durch das Nichts-von-ihm-wissen emanzipierte einzelne Individuation setzt sich jetzt jedem Nichtich als Ego auf Grund ihrer doppelten Substantialität zweimal entgegen: als substantieller Ich-Leib und als substantielle Ich-Seele oder substantialisiertes Ichbewußtsein. Das Ego ist also nicht nur einmal, sondern zweimal Ego: der spiritualistisch emanzipierten Ich-Individuation genügt es nicht, sich einmal zu bejahen, sie bejaht sich zweimal, um sich von jedem Nichtich ontologisch zweimal zu unterscheiden und somit die Identität mit ihm zweimal zu verneinen. Um dieses agnostisch-spiritualistische Ichbewußtsein metaphysisch zu begründen, mußte dieselbe radikale und unüberbrückbare Differenz, die der spiritualistische Egoismus zwischen Leib und Seele wie zwischen Subjekt und Objekt geschaffen hatte, auch für das Eine und die Welt seiner Erscheinungen behauptet werden. So wurden also das Eine und die Welt seiner kosmischen Individuationen ent-zweit, indem es selbst als ein transzendent Seiendes, d. h. als Gott, hypostasiert wurde, so daß ihm nun der von ihm als dem *Deus faber* oder dem *Deus magus* nicht notwendig, sondern willkürlich geschaffene Kosmos als sein Nicht-ich entgegengesetzt wurde. *Das* Eine war *der* Eine geworden. Die antignostische Philosophie des spiritualistischen Theismus war als die Philosophie der dualistischen Spaltung damit vollendet. Das antignostisch-hoministische Ichbewußtsein vermochte das Eine nur noch als persönlichen, d. h. ichbewußten und geistigen Gott, als für sich bestehendes transzendentes Ich-Nichtichbewußtsein oder als agnostischen *intellectus infinitus* zu denken. Aber Bewußtsein kann nur den Individuationen des an sich auch über jedem Bewußtsein stehenden Absoluten und nicht diesem selbst zugeschrieben werden; eine absolute ichbewußte Persönlichkeit, also Gott, ist deshalb eine *contradictio in adjecto*. In Wahrheit hatte sich auch nur das hominitisch-agnostische Ich-Nichtichbewußtsein selbst apotheosiert oder divinisiert. Von der einen unbedingten und primär geistigen Substanz, d. h. dem vergöttlichten und hypostasierten Ichbewußtsein, auf welches das Eine reduziert worden war, leitet also der spiritualistische Theismus zwei geschaffene oder bedingte Arten von Substanzen ab. Einmal die sekundär geistigen Substanzen, die Bewußtseinsseelen, die zwar Gedanken, also Objekte des *intellectus infinitus*, den Körpern gegenüber aber Subjekte sind; und dann die körperliche oder materielle Substanz, die ebenso wie die sekundären geistigen Substanzen von der primären absoluten Substanz geschaffen ist. Das sind tiefsinnig klingende Worte der reinen Vernunft, denn diese Philosophie des spiritualistischen Theismus kann man auch die der reinen Vernunft nennen, deren Geburtsstunde die des dualistischen Spiritualismus war und die die Substantialität des reinen Geistes zur Voraussetzung hat. Diese Idee der reinen Vernunft ist die wesentliche Schöpfung des spiritualistischen Hominismus. Ihr Denken operiert nur mit von ihr selbst geschaffenen Größen, so daß sie in der Tat durch nichts Fremdes verunreinigte reine Vernunft bleibt. In ihr beruht die wahre Würde und eigentliche Gottähnlichkeit des Menschen oder des Mannes, der allein zu ihr fähig ist; sie ist zwar ein begrenztes Bewußtsein, ein *intellectus finitus*, aber als Ideen denkende Vernunft doch ein Abbild des göttlichen *intellectus infinitus*, des vergöttlichten Ich-Nichtich-Bewußtseins. So war also die Beziehung der menschlichen Vernunft zur transzendenten Vernunft Gottes hergestellt. Aber nachdem einmal durch die spiritualistische Dialektik die substantielle Gegensätzlichkeit von Leib und Seele geschaffen war, die *ex definitione* zwei einander ausschließende Substanzen sind, — wie sollte da eine Beziehung der oberen Welt des Geistes zu der unteren Welt der Körper denkbar gemacht werden? Wie kann eine materielle Außenwelt in das Bewußtsein, das Geist ist, eindringen? Wie kann der Leib auf die Seele, wie die Seele auf den Leib einwirken? Diese Wechselwirkung ist nur durch ein beständiges Wunder Gottes, der ersten Substanz, erklärbar, wurde geantwortet, ohne sich zu fragen, ob diese Hypothese nicht auf einer falschen Definition von Geist und Leib beruhe. Doch nachdem das Absolute und die Welt, die Welt und der Mensch, der Leib und die Seele durch das agnostische Ichbewußtsein auseinander gerissen und so scheinbare Probleme geschaffen waren, mußte man auch versuchen, diesen wenigstens durch Worte eine scheinbare Lösung zu geben. Descartes meinte, daß die mir erscheinende Außenwelt objektive Wirklichkeit sei, die so ist, wie sie wahrgenommen wird, weil Gott mich nicht wolle täuschen können. Für Leibnitz beruht das Verhältnis von Sein und Bewußtsein, von Körper und Denken, von

Subjekt und Objekt, auf der von Gott gewollten prästabilierten Harmonie und Parallelität der beiden Substanzen; für Malebranche auf der beständigen *assistentia supranaturalis*. Es ist die erkenntnistheoretische Grundfrage, welche alle Occasionalisten des XVII. Jahrhunderts nur durch ein beständiges Wunder erklären können, womit sie zweifellos, wenn auch nicht im theistischen Sinne, recht haben. Vom spiritualistischen Denken der reinen Vernunft kann also das erkenntnistheoretische Problem nur festgestellt, nicht gelöst werden, da sich dieses Denken durch seine Voraussetzungen selbst den Weg dazu versperrt hat. Die Tätigkeit der geistigen Substanz des Menschen aber ist in sich wiederum nach ihrer Blickrichtung polar differenziert. Neben ihre höchste, die transzendenten Objekte denkende Äußerungsform, also neben die souveräne reine Vernunft, tritt die niedere des nach unten blickenden Verstandes, der auf Grund der empirischen Dingwahrnehmung die von Gott festgesetzten objektiv gültigen Gesetze der objektiv daseienden materiellen Körperwelt erforscht. Auf dem spiritualistischen Ichbewußtsein beruht die dialektische Philosophie, auf dem empirischen Ichbewußtsein die empirische Wissenschaft.

Die Philosophie des spiritualistischen Theismus ist historisch und dialektisch nur zu verstehen als die hoministische Gegenphilosophie des agnostischen Ich-Nichtich-Bewußtseins gegen die weibliche Philosophie des gnostischen Bewußtseins der Identität von Subjekt und Objekt, von Leib und Seele. Das erkenntnistheoretische Axiom: „Gott kann mich nicht täuschen wollen" bedeutet in Wahrheit, daß der Unterschied von Leib und Seele, von Ich und äußerem Nichtich, den das agnostischprimäre Bewußtsein macht, letzte ontologische Wahrheiten seien, daß diese doppelte Differenz unaufhebbar sei. In dieser Statuierung liegt der wahre Sinn der spiritualistischen Philosophie. Das gnostische Denken der Identität als das Selbstbewußtsein des Einen, ist also ein widergöttliches Denken geworden, seitdem das Eine nur noch als ein ontologisch transzendentes Sein gedacht werden durfte. Radikal und konsequent verneint das Eine in seinem agnostisch-ichbewußten männlichen Geschlecht seine metaphysische Identität mit dem weiblichen Nichtich. Auf dessen Unfähigkeit zur reinen Vernunft, d. h. zum spiritualistischtheistischen Hominismus als der „wahren" Philosophie, beruhte seine philosophische Diskriminierung, und auf dieser Diskriminierung beruhte die spiritualistische Hierarchie der Geschlechter. Denn seinen soziologischen Ausdruck fand der theistische Spiritualismus in dem christlichtheokratischen Männerbunde, der religiös im Kultus des vergöttlichten agnostischen Ich-Nichtichbewußtseins geeinigt ist. Die hoministische Theokratie des spiritualistischen Theismus ist also ein philosophischer

Bund des männlichen Geschlechtes, der gegen die weibliche Philosophie der Identität und die in ihr enthaltene Möglichkeit der Wiederherstellung der gnostischen Gynäkokratie gerichtet ist. Seine Einheit verehrt er in seinem soziologischen Gottessymbol, dem göttlichen Manne, indem er sich selbst als Ziel und Sinn der Schöpfung anbetet, d. h. bejaht, und den er dialektisch mit dem philosophischen Gotte, also dem als transzendenter Gott hypostasierten Einen, gleichsetzt. Wie philosophisch muß er auch religiös-soziologisch das weibliche Geschlecht dem Kultus des göttlichen Mannes, dem Symbol seines Bundes, unterwerfen; denn dieser Kultus ist das Bekenntnis zu dem in ihm angeschauten theistisch-spiritualistischen Hominismus. Dieser Kult bedeutet also die Absage an den des gnostischen Androgyns der weiblichen Urzeit; denn die Unterdrückung der weiblichen Philosophie mußte notwendig auch die Unterdrückung des auf ihr begründeten gnostisch-soziologischen Gottessymbols zur Folge haben.

2. Der idealistische Hominismus

Durch die spiritualistische Negation der Identität von Subjekt und Objekt war der antignostische hoministische Subjektivismus geschaffen. Seine erste, die spiritualistische, Etappe aber konnte nicht seine letzte bleiben. Der Trieb des agnostisch-hoministischen Poles des Einen, sich von seinem Identitätsbewußtsein als einer Einschränkung seines Ichbewußtseins zu befreien, mußte es zwangsläufig auch zur Abschüttelung der spiritualistischen Fesseln seines Ichbewußtseins führen. Denn dem theistischen Gottesbegriff, dem transzendent hypostasierten Einen, hing, obwohl dieses in seinem Wesen negiert war, noch genug von seiner begrifflichen Herkunft an, so daß das Ichbewußtsein fürchten mußte, es könne unter der Maske des theistischen Gottesbegriffes einmal das verabscheute *principium identitatis* wieder eingeschmuggelt und die errungene Emanzipation vom Nichtich wieder rückgängig gemacht werden. War die hominisierte Mystik, übrigens nur eine Art scheinbarer gnostischer Renaissance, nicht schon ein Warnungszeichen, welchen Gang die Entwicklung einmal nehmen könne, allen Abwehrversuchen der Hüter des orthodoxen spiritualistischen Theismus zum trotz? Konnte nicht hinter der überempirischen reinen Vernunft eines Tages das gnostische Ichbewußtsein des Einen wieder auftauchen, das sie hatte verdrängen sollen? Die Aufgabe der spiritualistischen Metaphysik war erfüllt; sie hatte darin bestanden, das gnostische Identitätsbewußtsein zu überwinden und durch die spiritualistisch-theistische Sanktionierung das agnostische Ichbewußtsein großzuziehen und zu kräftigen. Nun konnte das transzendente Gerüst abgebrochen werden: das Ichbewußtsein konnte jetzt auf eigenen Füßen stehen. Es trat selbständig und unabhängig ans Licht, indem es seinen bisherigen Beschützer, der ihm eine Gefahr zu werden drohte, tötete: denn die reine Vernunft, als ein übersinnliches Erkenntnisvermögen, starb durch die Kritik der reinen Vernunft, und mit dieser hörten auch ihre hypostasierten Begriffe, ihr realer *intellectus infinitus* oder der transzendente Gott und die Substantialität des geistigen Ichs, oder die Seele, auf, ontologische Wahrheiten zu sein. So hat also nach dem Sturze des spiritualistischen Hominismus der reinen Vernunft der antispiritualistische Hominismus die geistige Führung in dem philosophischen Kampfe des männlichen Geschlechtes gegen die weibliche Gnosis übernommen. Dieser antispiritualistische Hominismus aber erscheint als in zwei Schulen gespalten, die ihrerseits miteinander sich um diese antignostische Führung streiten: die *idealistische*, die das Sein aus dem Bewußtsein, und die *materialistische*, die das Bewußtsein aus dem Sein ableitet. Es ist die alte ewige Frage nach dem Verhältnis von Subjekt und Objekt, von Leib und Seele. Die geistige Geschichte des Abendlandes seit dem XVIII. Jahrhundert besteht in der Dialektik dieser beiden hoministischen und antignostischen Systeme, die mit dem Siege des materialistischen zu enden scheint.

Der Idealismus, um den es sich hier handelt, ist natürlich weder der ethische noch der ästhetische, die beide, populär „Ideale" genannte, Normen der Sittlichkeit oder der Kunst zu begründen versuchen. Man pflegt ihn seit seiner Begründung durch die im Jahre 1710 erschienene „Abhandlung über die Prinzipien der menschlichen Erkenntnis" des Bischofs Berkeley als erkenntnistheoretischen Idealismus von den beiden anderen zu unterscheiden; vielleicht hätte man diese Erkenntnistheorie, nach der die Außenwelt nur als meine Idee, d. h. nur als meine Vorstellung existiert, einfacher und bestimmter „Ideeismus" nennen sollen. Der Bischof Berkeley war noch kein absoluter Idealist, er behielt die Substantialität Gottes und der Seele; Hume war konsequenter und löste idealistisch auch diese beiden Begriffe auf. Kant, der, wie er erklärte, durch Hume aus dem dogmatischen Schlummer geweckt war, d. h. aus dem naiven Glauben an eine unabhängig von einem vorstellenden Subjekt objektiv existierende Außenwelt, die so, wie sie ist, sich auch im Bewußtsein abspiegelt, suchte die subjektiven Bewußtseinselemente und ihre Funktionsweisen zu analysieren, durch welche die Vorstellung von einer Außenwelt überhaupt erst möglich wird. Diese das primäre Bewußtsein zum Objekt des Bewußtseins machende und insofern über es „hinausgehende" Methode, also das erkenntniskritisch reflektierende Bewußtsein des Bewußtseins, nennt Kant transzendental, ein Wort, das von denen, die den Sinn des Kantischen Begriffes nicht verstanden, oft skandalös mißbraucht wurde. Kants Idealismus aber, den der Denker nicht systematisch, sondern analytisch oder kritisch entwickelte, wird richtig *kritischer transzendentaler* Idealismus genannt. Fichte endlich, Kants Schüler, gab mit seiner „Wissenschaftslehre" von 1794 das erste System des *absoluten transzendentalen* Idealismus, der konsequent die Grenzen des Kantischen überschritt, indem er ihn zuende dachte.

Wenn das Eine nicht zur Gnosis seiner selbst als des in Subjekt und Objekt sich selbst polar differenziert erscheinenden Identischen gelangt, wenn es aber auch die erkenntnistheoretische Ausflucht des Theismus als solche erkennt, nämlich die Annahme von einem transzendenten göttlich-persönlichen Willen, der die Übereinstimmung von Vorstellung und Außenwelt garantiert, wenn also kein drittes ontologisches Prinzip die beiden anderen verbindet, dann steht sich das Eine als Subjekt und Objekt in einem erkenntnistheoretischen Kampfe auf Sein oder Nichtsein gegenüber, nämlich in der Frage, welches von beiden das andere bedingt. Kant vergleicht seine erkenntnistheoretische Leistung mit der astronomischen des Kopernikus. Wie dieser das geozentrische System des Ptolemäus durch das die Himmelserscheinungen einfacher erklärende heliozentrische ersetzte, so erklärt Kant das Bewußtsein nicht mehr durch die Außenwelt als deren exaktes Abkonterfei, sondern diese durch das Bewußtsein. Das Bewußtsein ist keine passive Abspiegelung der äußeren Dinge, es schafft vielmehr durch seine Anschauungs- und Denkgesetze diese und ihre Gestalt. Nur weil es die Dinge geschaffen hat, kann es sie erkennen, und es erkennt von ihnen nur, was es in sie hineingelegt hat. Die Naturgesetze sind unsere objektivierten Denkgesetze, und die Allgemeingültigkeit der Naturgesetze kann nur aus der Allgemeingültigkeit der Denkgesetze erklärt werden. Wir erkennen also die Dinge nicht so, wie sie an sich, d. h. außerhalb unseres Bewußtseins sind, sondern so, wie sie durch die Funktionsweise unseres Vorstellungsvermögens für uns sind, also unter der Gestalt und in der Verknüpfung, die ihnen das menschliche Subjekt gibt. Aber was soll im Kantschen Denken der Begriff von „Dingen an sich" überhaupt für einen Sinn haben? Er ist eine sich selbst aufhebende *contradictio in adjecto*. Denn die Kritik der reinen Vernunft will ja gerade zeigen, daß es überhaupt keine Dinge außerhalb eines apperzipierenden, anschauenden und kategorial verstehenden Bewußtseins geben kann, daß der Begriff eines Objektes an sich, ohne Korrelation zu einem Subjekt, ein Mißbrauch des Dingbegriffes ist. Warum nimmt also Kant mit der einen Hand die Erkenntnis, die er mit der anderen gab, wieder zurück? Wohl aus demselben Grunde, aus dem er auch in der zweiten Auflage der Kritik der reinen Vernunft den allzu berkeleyanisch klingenden zweiten Abschnitt der „Deduktion der reinen Verstandesbegriffe" vollständig umarbeitete, weshalb ihn Schopenhauer erbittert angriff: weil er als vorsichtiger Mann den Schein des absoluten Idealismus vermeiden wollte; denn auch Kant hätte das Siegel Spinozas mit dem Worte: „*Caute!*" „Vorsicht!" führen können. Fichte macht Kant und seinen orthodoxen Schülern den Vorwurf, daß sie ein Ding an sich als Grund der objektiven Realität zulassen und sich damit in Widerspruch mit dem Prinzip des Idealismus setzen. „Ihr Erdball", ruft er aus, „ruht auf dem großen Elefanten, und der große Elefant — ruht auf dem Erdball. Ihr Ding an sich, das ein bloßer Gedanke ist, soll auf das Ich einwirken." So gab erst Fichte, der keine Furcht vor seinen Gedanken und deren Folgen hatte, aber alle geistigen Halbheiten und Kompromisse verabscheute, das erste System des reinen oder absoluten Idealismus. Kants Standpunkt war doch prinzipiell nur ein psychologischer und ametaphysischer; Fichte ist als Erkenntnistheoretiker Metaphysiker. Das Eine faßt sich auf der idealistischen Bewußtseinsstufe Fichtes nur als Bewußtsein oder Denken, dem kein zweiter Pol als Sein gegenübersteht. Die absolute Realität ist also für ihn nicht die Identität von Sein und Bewußtsein, sondern allein das denkende, also subjektive, Prinzip, das er das absolute Ich nennt und das sich in den einzelnen relativen Ichbewußtseinen verwirklicht, in die es sich spaltet, deren eines auch Johann Gottlieb Fichte ist. Die Welt der äußeren Objekte, der ganze Kosmos, wird deduziert als die Selbstbegrenzung des absoluten Ichs, des reinen Subjektes oder des Geistes, als der notwendigen Voraussetzung für es, um handeln und wirken zu können, wodurch das Wesen des Geistes als eines schöpferischen und aktiven Prinzips erst sichtbar wird. So entsteht das Objekt, als ein nur Abgeleitetes, aus dem absoluten Subjekt. Das Objekt ist nichts als das Ich oder das Subjekt unter der Gestalt des Nichtich. Das Objekt ist durch und für das Ich gesetzt. Dieses Sich-selbst-begrenzen des absoluten Ichs, also die Entstehung des Objekts, des Kosmos, durch das Subjekt nennt Fichte die produktive Einbildungskraft, durch welche eben das Objekt durch die Selbstbeschränkung des absoluten Subjekts diesem „eingebildet" wird. So wird das Objekt aus dem Subjekt deduziert, womit der agnostische Idealismus seine metaphysisch-erkenntnistheoretische Begründung gefunden hat. Denn das Objekt ist kein ursprüngliches, dem Subjekt korrelatives Prinzip mehr; das Subjekt hat das Objekt verschlungen — oder auch aus sich entlassen, wie man will: das Subjekt, das Ich, ist das Eine und Absolute und das allein wirklich Seiende. Daraus ergibt sich folgendes: der Idealismus, der die Polarität des Einen in Subjekt und Objekt negiert und also die Identität des in beiden korrelativ sich selbst erscheinenden Absoluten nicht erkennt, das seiner Subjekterscheinung nicht weniger übergeordnet ist wie seiner

Objekterscheinung, der Idealismus ist erkenntnitheoretisch eine subjektivistisch-antignostische Philosophie. Die idealistische Identität von Ich und Nichtich ist prinzipiell und wesentlich völlig verschieden von der gnostischen Identität, nur den Namen, der zu der Verwechslung Anlaß geben könnte, haben sie gemeinsam. Subjekt und Objekt sind gnostisch-erkenntnistheoretisch zusammen durch das Eine gesetzt; ihre Identität ist daher die des gemeinsamen Ursprungs. Die Identität, von welcher der agnostisch-subjektivistische Idealismus spricht, ist dagegen die des Subjektes mit dem aus ihm entlassenen Objekt; die eine ist die des Einen mit sich selbst, die andere die des Subjektes mit sich selbst. Als antignostisch ist aber der Idealismus auch notwendig antifeministisch, da wir die Gnosis als die Philosophie des Feminismus erkannt haben; der antignostische Idealismus ist also idealistischer Hominismus. Nach und neben dem spiritualistischen Theismus ist er die zweite hoministische Gegenphilosophie der männlichen Potenz des Einen gegen die gnostische Philosophie seines weiblichen Poles. Zum subjektivistischen Idealismus unfähig, muß deshalb das weibliche Geschlecht nach dem bekannten Schlußverfahren auch für diesen das zur Philosophie überhaupt unfähige Geschlecht sein, welches vom männlichen das auf der idealistischen Erkenntnistheorie beruhende Sittengesetz der praktisch-hoministischen Vernunft zu empfangen hat. Für den idealistischen Hominismus muß daher, wie für den theistisch-spiritualistischen, die Frau ein Bewußtseinswesen zweiten Grades sein, d. h. im philosophischen Sinne ist sie überhaupt kein Bewußtseins- oder Vernunftwesen. Konsequent idealistisch müßte man sie einbeziehen in das von dem absoluten männlichen Subjekt oder dem absoluten Ich, das Vernunft ist, entlassene Objekt oder Nichtich, das Nicht-Vernunft ist, aber von der Vernunft als ihre Schranke und ihr Gegensatz gesetzt werden mußte, um sich in ihm praktisch zu verwirklichen. Diese abstrakte Formulierung aber sagt nichts anderes, als was schon der Jahweist der Genesis in seinem symbolischen Mythus ausgesprochen hatte; denn auch Adam „entläßt" die Chawwah aus sich, mit Jahwe selbst als Geburtshelfer, um eine Gehilfin zur Verwirklichung seiner subjektiv-hoministischen Vernunft an ihr zu haben.

Jede Gesellschaftsordnung ist die Sichtbarwerdung einer Philosophie, denn jede Philosophie enthält bereits in ihren ersten erkenntnistheoretischen Prinzipien eine Gesellschaftsordnung als Folge in sich. Das liegt daran, daß der Mensch dem Bewußtsein nur als ein vergesellschaftetes Wesen gegeben ist, daß also die Reflexion über das Wesen des Menschen weder von seinem Geschlecht noch von seiner gesellschaftlichen Relation absehen kann, wenn auch zu theoretischen Zwecken die eine oder andere Seite vorübergehend abgeblendet werden darf und bei dem diskursiven Charakter des Denkens abgeblendet werden muß. Jede Philosophie hat daher notwendig soziologische Folgen. Aus Furcht vor diesen vergifteten die Athener den Sokrates, und verbrannte Klemens VIII. den Giordano Bruno. Emerson hat einmal in berühmt gewordenen Sätzen die revolutionierende Wirkung geschildert, die von einem großen Denker ausgeht. Erinnern wir uns an das geistige Erdbeben, das durch die Philosophie Nietzsches im Abendlande hervorgerufen wurde, um uns einigermaßen die soziologische Wirkung, die von der idealistischen Philosophie ausging, vorstellen zu können. Nietzsche philosophierte „mit dem Hammer", Kant wurde der „Alleszermalmer" genannt. Der Idealismus war eine bewußtseinsrevolutionäre, eine „kopernikanische" Philosophie. Friedrich Schlegel erblickte in Fichtes Wissenschaftslehre, in Goethes „Wilhelm Meister" und in der französischen Revolution die drei großen „Tendenzen" seines bürgerlich-revolutionären Jahrhunderts. Kant und Fichte, die das Objekt, also den Kosmos, subjektiviert hatten, subjektivierten notwendig auch die menschliche Gesellschaft. Für den Idealismus gibt es kein Denkendes, sondern nur ein Denken. Wir müssen uns hüten, dieses als das Denken eines Denkenden zu verstehen; denn das Subjekt des Denkens hat keine andere Realität als die, daß es als solches vom Denken selbst gedacht wird. Fichte spottet einmal über die ewige „Substanzenmacherei" des vulgären Denkens. Das Ich ist also für das idealistische Ichbewußtsein nicht etwas Substantielles, wie für das spiritualistische Bewußtsein, das die Kategorie der Substanz transzendent mißbraucht, die für den Idealismus nur innerhalb der phänomenalen Dingwelt zum Zustandekommen dieser empirischen Welt der Vorstellung eine berechtigte Anwendung findet. Das Ichbewußtsein ist also nur die Synthesis der Apprehension, durch welche die Data der Sinneseindrücke vom Denken auf ein ichbewußtes Subjekt bezogen werden, dessen Realität nur in seinem vom Denken Gedachtwerden besteht. Also denkt auch nicht etwa der Leib, der selbst nur ein aufgrund der Sinneseindrücke Vorgestelltes ist. Diese ichbewußten Erscheinungen, also das Menschengeschlecht, sind daher die Gedanken des Denkens, und durch das für alle seine ichbewußten Erscheinungen gleiche und gleichverbindliche Sittengesetz der praktischen Vernunft, in der das Denken Ziel, Sinn und Vollendung findet, wird der Mensch erst zu einem Vernunftwesen. Nicht von einem transzendenten Wesen ist also dem Menschen das Sittengesetz gegeben, sondern als ein zur Vernunft bestimmtes Wesen trägt er es in sich selbst. Und dieses Vernunftgesetz ist das einzige Band, durch welches die isolierten ichbewußten Individuen miteinander verknüpft sind, es ist also auch die einzige Grundlage der Gesellschaftsordnung. So wurden Kant und Fichte die Lehrer des revolutionären bürgerlichen Vernunftstaates, d. h. des in staatlicher Form organisierten idealistischen Männerbundes, der aus freien, d. h. nur noch durch die Vernunft, also nicht heteronom sondern autonom, bestimmten männlichen Individuen besteht, welche durch die Anerkennung des Vernunftgesetzes als der obersten und einzigen Instanz für ihr Handeln aus Individuen zu Persönlichkeiten oder Individualitäten werden. Diese Systeme des transzendentalen und absoluten Idealismus waren also nicht weniger soziologisch als erkenntnistheoretisch revolutionär. Sie waren die Kriegserklärung des „vernünftig" gewordenen Bürgertums an die bestehenden theokratisch-absolutistischen Männerstaaten des *ancien régime*, die auf spiritualistisch-theistischen Philosophien beruhten, die Kriegserklärung im Namen der auf die idealistische Vernunft gegründeten Menschenrechte des bürgerlichen Hominismus.

Ist aber dieser bürgerliche Idealismus Fichtes wirklich schon absoluter Idealismus? Ist nicht die Annahme einer Vielheit von meiner Vorstellung unabhängig daseiender Bewußtseinssubjekte noch ein Rest von dogmatischem Glauben an eine objektiv existierende Außenwelt? Ist, wenn auch das Ding oder Objekt an sich verschwand, nicht eine Vielheit von vorstellenden *Subjekten an sich* übrig geblieben? In der Tat steht die Annahme einer unabhängig von mir objektiv existierenden Menschheit im Widerspruch mit dem Grundprinzip des idealistischen Subjektivismus. Der konsequente Idealismus muß daher, um absolut zu sein, notwendig solipsistisch sein. Welt und Menschheit stehen zusammen dem sie vorstellenden Subjekt als ein einziges Nichtich oder Objekt gegenüber; ihre Realität beruht nur darauf, daß sie von einem Subjekte als real vorgestellt werden. Für den solipsistischen Idealismus ist also das vorstellende Subjekt das Absolute; Welt und Menschheit aber existieren nur als sein Bewußtseinsinhalt. Und weil der Begriff des Absoluten ein zweites Absolutes neben ihm ausschließt, kann auch kein zweites vorstellendes Subjekt an sich neben ihm existieren. Jetzt erst ist der Subjektivismus absolut geworden. Die Autonomie aber, die das idealistische Subjekt sich zuschreibt, ist die des solipsistischen Absoluten. Autonomer Wille indessen kann nur einem einzigen absoluten Subjekte zugeschrieben werden: denn wie könnten zwei Absoluta mit autonomem Willen nebeneinander bestehen? Daher ist der solipsistische oder konsequente Idealismus in Wahrheit auch die Vereinigung jeder objektiv daseienden Gesellschaft und die prinzipielle Proklamierung der Anarchie des allein wirklichen autonomen „Einzigen". So überwindet der radikale Idealismus den inkonsequenten transzendentalen, und indem er die objektive Realität der vorgestellten menschlichen Subjekte verneint, hat sich der idealistische Subjektivismus auch von einem angeblich allgemein gültigen menschlichen Sittengesetze befreit. Da aber nun auch das ganze weibliche Geschlecht nur als die Vorstellung des männlichen Subjektes existiert, muß man schließlich in dem solipsistischen Hominismus die radikalste und vollkommenste Form des idealistischen Hominismus überhaupt erkennen.

3. Der materialistische Hominismus

Die Entwicklung, die der erkenntnistheoretische Idealismus nahm, bedrohte das agnostisch-hoministische Ichbewußtsein des Einen mit derselben Gefahr, von der es sich durch die Entwicklung, die der spiritualistische Theismus zu nehmen schien, bedroht gefühlt hatte. Damals war ihm der Idealismus zu Hilfe gekommen, um den Rückfall des Einen in sein gnostisches Identitätsbewußtsein zu verhindern und so sein agnostisches Ichbewußtsein mit dem auf ihm beruhenden Hominismus zu retten; jetzt wiederum schien auch die von Kant ausgegangene Philosophie auf dem Rückweg zur Gnosis zu sein. Diese neue Philosophie war zwar nicht mehr der eigentliche, vom Ichbewußtsein ausgehende Idealismus Kants, aber sie schien zu zeigen, wohin dieser führen müsse. Auf Sinn und Bedeutung dieses nachkantischen Denkens kann hier nicht näher eingegangen werden; es verlangt eine Betrachtung in einem anderen Zusammenhange, der die Hominisierung des Identitätsgedankens überhaupt zum Gegenstande hat. Als Retter des gefährdeten agnostischen Hominismus aber trat dem idealistischen Ichbewußtsein des Einen jetzt das materialistische Ichbewußtsein entgegen. Auch der Begriff des Materialismus wird hier wie der des Idealismus in einem erkenntnistheoretischen Sinne und nicht in einem ethisch oder ästhetisch wertenden verwandt. Unter Materialismus verstehe ich also jene Philosophie, welche den Erscheinungscharakter der körperlichen Dinge verkennend der dreidimensionalen Körperwelt eine absolute, d. h. durch sich selbst seiende Realität zuschreibt und das Bewußtsein, die zweite Erscheinungsweise des Einen neben seiner körperlichen, nur als ein Produkt des menschlichen Leibes erklärt, so daß also das Bewußtsein nicht nur seinem Inhalte sondern auch seinem Wesen nach als Bewußtsein nur durch den Körper da ist. So, wie es der Herr Dr. med. Cabanis im XVIII. Jahrhundert klassisch formuliert hat: daß das Gehirn das Denken absondere, wie die Gallenblase die Galle! In der Dialektik des antignostischen, also die Identität von Subjekt und Objekt negierenden, Bewußtseins aber mußte auf die idealistische Thesis: „Der Leib ist durch das Bewußtsein da" notwendig die materialistische Antithesis: „Das Bewußtsein ist nur durch den Leib da" antworten. Bei aller geistigen Niveauverschiedenheit machen sich jedoch Idealismus und Materialismus derselben erkenntnistheoretischen *confusion des genres*, derselben μετάβασις εἰς ἄλλο γένος, schuldig. Beide heben die Polarität des Einen in Denken und Sein auf, indem sie, jeder von seinem Pole aus, die Unipolarität durch Verschlingen des Gegenpoles herstellen, d. h. durch die Deduktion des anderen Poles aus dem einen von ihnen bevorzugten; wobei infolge der Negation der Identität der eigene Standpunkt nicht mehr aus einem dritten höheren begründet, sondern als der absolute behauptet wird. So ist also der vom Subjekt oder dem Denken als der einzigen Realität ausgehende Idealismus seinem Wesen nach absoluter Subjektivismus mit dem *salto mortale* in die Körperwelt, der Materialismus absoluter Objektivismus mit dem *salto mortale* in die Welt des Bewußtseins; aber beide brechen dabei den Hals. Zugleich mit der gnostischen Identität von Denken und Sein, von Leib und Bewußtsein, in der Einheit der Person wird von dem materialistischen Ichbewußtsein aber auch die metaphysische Identität von Subjekt und äußerem Objekt verneint und damit eine Erklärung für das Zustandekommen der Wahnehmung einer Außenwelt prinzipiell unmöglich gemacht, die ohne die Voraussetzung der Identität von Anschauendem und Angeschautem undenkbar ist. Denn zu glauben, daß durch das Geprassel und Getrommel der auf die Sinnesorgane von fremden Körpern einstürmenden Wellen ein Bewußtsein entstehen könne, statt anzunehmen, daß auch ein bereits vorhandenes durch diesen Spuk verrückt oder zerstört werden müsse, das scheint doch eine schon unanständige erkenntnistheoretische Naivität. Und wenn auf diese Weise gar noch ein objektiv genaues Konterfei der Außenwelt im Bewußtsein erzeugt werden soll, so kann man das nur als eine erkenntnistheoretische Mystifikation bezeichnen. Um nun das Objekt von dem Einen, dem Grunde seiner subjektiv-objektiven Erscheinungsexistenz endgültig loszulösen, wurde der Kosmos unter der Gestalt unendlich vieler und unendlich kleiner in einem objektiven Raumtopf und einem objektiven Zeitsieb durch sich selbst daseiender kleinster Teilchen verabsolutiert; die Elektronen zittern schon vor dem Tag, wo auch sie noch gespalten und durch noch kleinere Kleinchen beschämt werden. So hat sich aus den hypothetischen und unwiderruflich Allerkeinstchen auf Grund hypothetischer Naturgesetze zwangsläufig zwar ohne Zweck und Sinn, aber doch wissenschaftlich-materialistisch exakt dieser ganze kosmische Zauberkasten gebildet. *Sancta Simplicitas!* Heilige erkenntnistheoretische Unschuld! Das also ist die dritte Gestalt, unter welcher der agnostische Hominismus dem gnostischen Feminismus theoretisch engegentritt. So stehen sich also eigentlich nur noch zwei philosophische Systeme gegenüber, und diese sind zugleich der Ausdruck des geistigen Kampfes oder der Dialektik der beiden Geschlechter: der gnostische Feminismus und der materialistische Hominismus. Soziologisch tritt dieser als materialistischer Männerbund in Erscheinung. Alle Staaten sind zwar ihrem Wesen nach gegen die Möglichkeit einer gnostischen Gynäkokratie gerichtete Männerbünde; aber von allen hoministischen Staaten ist notwendig der materialistische Staat, d. h. also die politische Vereinigung materialistisch ichbewußter Männerleiber, der hoministisch radikalste und geistig roheste. Philosophisch und soziologisch ist der Materialismus jedenfalls das letzte und unmißverständlichste Wort des antignostischen Hominismus überhaupt.

Denn der idealistische Bürgerstaat sollte nur ein Zwischenspiel sein zwischen der theokratisch-absolutistischen Gesellschaftsordnung des theistisch-spiritualistischen Hominismus, den zu zerstören seine Aufgabe war, und dem materialistischen Hominismus, dem er den Weg bereitete. Mit dem Neukantianismus der Epigonen in der zweiten Hälfte des vorigen Jahrhunderts begann der Verteidigungskampf des idealistischen Hominismus gegen den immer stärker vordringenden materialistischen. Im Jahre 1866 erschien *Fr. Albert Langes* vom kritizistischen Standpunkt aus geschriebene „Geschichte des Materialismus und Kritik seiner Bedeutung in der Gegenwart". Verschiedene Schulen, die man, bei aller Gegensätzlichkeit untereinander, als neuidealistische zusammenfassen kann, entstanden: die des Wiener Physikers und Philosophen Ernst Mach, die empiriokritische des Züricher Philosophen Richard Avenarius, die der Immanenzphilosophie Schuppes und Schubert-Solderns, die neokritizistische des französischen Philosophen Renouvier und die pragmatistische Bewegung, die von dem amerikanischen Philosophen und Psychologen William James ausging, um nur einige, die geistige Atmosphäre der Zeit charakterisierende Namen zu nennen. Wenn sich diese Philosophen, die eigentlich Psychologen waren, als „Positivisten" bezeichneten, so lag in diesem Begriffe nicht nur die Ablehnung der alten theistisch-spiritualistischen sondern auch die der neuen materialistischen Metaphysik mit ihrer infantilen Erkenntnistheorie. Der nicht immer mit Namen genannte Gegner war der marxistische Materialismus, das vollkommenste aller materialistischen Systeme. Büchners, D. Fr. Strauss' und Haeckels Materialismus waren noch bieder und kleinbürgerlich gewesen; durch Marx, Engels und Lenin aber wurde der Materialismus zur Philosophie des revolutionären Proletariats. Auf einem materialistisch-naturphilosophischen Unterbau, dem sogenannten dialektischen Materialismus, war ein materialistisch-geschichtsphilosophischer Oberbau, der sogenannte historische Materialismus, errichtet, der die Geschichte der Menschheit als die ihrer ökonomischen Klassenkämpfe deutet und in einer Apokalypse der Zukunft endete. Aus dem Bürgertum, das sich in seiner Jugend idealistisch gebärdet hatte, war inzwischen eine ihrer eigenen Philosophie entfremdete Bourgoisie geworden. Sie schien beweisen zu wollen, daß ein Stand und ein Staat ohne Philosophie leben könne; aber ihr Untergang hat sie widerlegt: sie starb, weil sie keine Philosophie mehr hatte. Diese durch ihr ausschließlich ökonomisch-existentielles Denken verdummte Bourgoisie begriff diese neue, die Erde umspannende materialistische Bewußtseinsrevolution nur von der ökonomischen Froschperspektive aus. Sie hatte keine aus philosophischen Prinzipien folgende Apokalypse mehr; ohne Eschatologie aber ist das Leben nur ein blindes Sichschleppen von einem Tage zum andern, bis zu dem nicht mehr weit entfernten letzten. Dem Proletariat aber hatten Marx, Engels und Lenin gegeben, was das Bürgertum nicht mehr besaß: ein ernstgenommenes philosophisches System, das durch die russische Revolution zur intoleranten staatlich-orthodoxen Kathederphilosophie wurde.

Das materialistische Denken ist ein rational- mechanistisches oder vielmehr maschinistisches Denken, das lange unterwegs war, um endlich im Zeitalter der Maschine seine Vollendung zu finden. Sage mir, mit wem oder was du umgehst, und ich will dir nicht nur sagen, wer du bist, sondern auch, was du wirst. „Mensch, was du liebst, in das wirst du verwandelt werden", sagte Angelus Silesius. Der Maschinenerfinder, der Maschinentechniker, der Maschinenarbeiter, ja die ganze Menschheit, deren Daseinsweise auf der Technik beruht, werden schließlich Natur und Mensch nur noch *sub specie machinae* betrachten können. So wird die Maschine zur wahren Erzieherin der Menschheit: sie wird das Symbol der kosmischen Weltmaschine und das Vorbild für die Staatsmaschine, deren Rädchen die Einzelindividuen sind, deren Körper ebenfalls nur als kleine Einzelmaschinen erscheinen. *L'homme-machine, l'État-machine* und *l'Univers-machine* sind korrelative Begriffe. Die menschliche Gesellschaft ist eine kleine Maschine, ein Mikroautomaton, innerhalb der großen kosmischen Maschine, dem Makroautomaton; ein neuer materialistischer Universismus ist an die Stelle des urzeitlichen animistischen getreten. Kein Bund oder Staat aber ist als Einheit oder *corpus mysticum* ohne Symbolausdruck dieser Einheit, d. h. ohne seinen Gott, denkbar, wenn er sich auch noch so sehr gegen diesen historisch belasteten Begriff sträubt, weil er dessen soziologischen Sinn nicht versteht. Der Gott oder das Symbol der staatlichen Männerbünde des technisch-materialistischen Zeitalters, das den ganzen Kosmos als Maschine denkt, kann folgerichtig nur die vergöttlichte Maschine, d. h. die Idee der Maschine als Urbild und Vorbild überhaupt, sein. Schon Hobbes, der große materialistische Philosoph Englands im XVIII. Jahrhundert, hat die Einheit seines materialistischen Männerstaates, um seine *ingens potentia* oder *potestas* verständlich zu machen, nicht nur zoomorph als das jüdisch-babylonische Seeungetüm Leviathan, nicht nur anthropomorph als den *magnus homo* oder Übermann sondern auch als „automaton" und „machina", als Automaten und Maschine, symbolisiert. Das Ziel von Hobbes' materialistischer Staatslehre war die Konstruktion eines absoluten und totalitären Männerstaates als einer vollkommenen, automatisch funktionierenden Befehls- und Gehorsamsmaschine: im kommunistischen Maschinenstaat hat sie zum erstenmal ihre Verwirklichung erlebt. Wie jeder Männerstaat ist natürlich auch der materialistische seinem Wesen nach ein hoministischer Kampfbund des männlichen Geschlechtes gegen das weibliche, und sein Sieg und seine Unbesiegbarkeit scheinen durch die Willenseinheit und die auf ihr beruhende Stoßkraft der Männermaschine gewährleistet, in der sich jedes einzelne Rad als eines Teiles des ganzen Apparates bewußt wird. Das apokalyptische Symbol dieses hoministischen Maschinenstaates aber, die Maschine, ist wie in ihrer kosmologischen und soziologischen so auch in ihrer erotischen Bedeutung der denkbar stärkste Protest gegen das Symbol der gnostischen Gynäkokratie, den gnostischen Androgyn; denn die Maschine ist auch der adäquate Ausdruck für die materialistisch-mechanistische *Unio agnostica et biochemica* der Geschlechter als der Widerspruch gegen die *Unio gnostica* von Sophia und Logos. Sie ist mit einem Worte das Universalsymbol des materialistischen Hominismus. Ihn zu verwirklichen ist die Aufgabe des proletarisch-materialistischen Männerbundes, den das kommunistische Manifest von 1848 ins Leben rief. Es ist das Manifest des dritten abendländischen Hominismus. Denn indem der industriell-proletarische Männerbund die Diktatur für das ganze männliche Geschlecht für sich forderte, um dieses auf materialistischer Grundlage zu proletarisieren und zu mechanisieren, forderte er damit zugleich auch die Führung in dem ununterbrochenen Geschlechterkampfe des männlichen gegen das weibliche Geschlecht, um es der Männermaschine zu unterwerfen. Die Diktatur des männlichen Proletariats bedeutet also in ihrem letzten Sinn nichts anderes als Diktatur dieses männlichen Proletariats über die Frau, also die philosophische und soziologische Diktatur des antignostischen hoministisch-materialistischen Proletariats über das ganze weibliche Geschlecht, dessen Wesen in seiner gnostischen Bestimmung liegt. „Diktatur des Proletariats" ist also der Kriegsruf des totalen Hominismus gegen die gnostische Gynäkokratie geworden. Niemand aber wird dem materialistischen Hominismus seinen Anspruch auf die Führung des männlichen Geschlechtes in seinem Kampfe gegen das weibliche bestreiten wollen, der sich klar gemacht hat, aus welcher verzweifelten Lage dieser den

Hominismus überhaupt gerettet hat, in die er durch die idealistische Philosophie geraten war.

Natürlich war auch die idealistische Philosophie eine reine Männerphilosophie und der von ihr als ein Bund freier autonomer Vernunftwesen deduzierte Staat als reiner Männerstaat gedacht. Es ist leicht einzusehen, von welcher Gefahr innerer Selbstauflösung dieser vom Subjekt aus definierte und konstituierte idealistische Männerbund und mit ihm der Hominismus überhaupt bedroht war. Zu dieser inneren Gefahr kam aber noch eine äußere. Damit die Frau dem Einfluß des theistischen Hominismus entzogen werde, mußte sie idealistisch hominisiert werden. Zwar blieb auch für den Idealismus das Geschlechtsaxiom des naiven Hominismus, daß Mann und Mensch gleichsetzte, in Geltung, so daß er, wenn er vom Menschen sprach, den Mann meinte, aber die Frau verstand es anders und las, daß auch sie als Mensch ein autonomes Vernunftwesen sei, das sich von der Heteronomie des anderen Geschlechtes befreien müsse. Die Geschlechter schienen sich, wie Adam und Eva, ihrer Nacktheit zu schämen; die Männer wollten nicht mehr Männer und die Weiber nicht mehr Weiber sein, das war zu gewöhnlich. Sie gebärdeten sich als übergeschlechtliche Vernunftwesen, sie waren nur noch abstrakte Menschen. Man hatte eine neue konventionelle Lüge erfunden: die des idealistischen Selbstbetrugs. Die Frau hatte zwar Philosophie gelernt, aber nicht gelernt, zu philosophieren. Deshalb war sie auch nicht fähig, der hoministischen eine feministische Philosophie der Geschlechter entgegenzusetzen, sondern nur Ansprüche des weiblichen Subjektivismus im Namen einer mißverstandenen männlichen Philosophie zu erheben, deren Vernunftpostulate sie naiv-gläubig als ewige Wahrheiten aufnahm. So entstand ein agnostisch-idealistischer Feminismus, eine Art weiblicher idealistischer Popularphilosophie, die an Substanz und Originalität tief unter jedem agnostischen Hominismus stand; er diente nicht der Erkenntnis, sondern der Agitation. Denn dieser Feminismus wurde militant und amazonisch. Es genügte ihm nicht, der *déclaration des droits de l'homme*, den „Menschenrechten" des hoministischen Idealismus, die er instinktiv richtig als Männerrechte begriff, theoretisch eine *déclaration des droits de la femme* gegenüber zu stellen; man wollte diese praktisch verwirklichen, und dazu brauchte man politische Macht. So erhob der idealistisch hominisierte Feminismus den Ruf nach dem Frauenstimmrecht, nach *„votes for wommen";* denn wie philosophisch war die idealistisch-bürgerliche Frau notwendig auch soziologisch nur eine Kopistin der männlichen Torheiten und Irrtümer. Mit den in fremder Schmiede hergestellten Waffen drang sie schließlich, um die Männerherrschaft zu bekämpfen, in die parlamentarische Männerhöhle selbst ein. Die bürgerliche Frauenemanzipation war zur bürgerlichen Frauenrevolution geworden. Mit dem Eindringen der Frauen in die Parlamente, die letzten, aber unhaltbar gewordenen Männerfestungen, hatte der Staat aufgehört, ein Männerstaat zu sein. Zwar versuchte man, die eingedrungenen Frauen in Männerparteien aufzufangen und so unschädlich zu machen; aber das waren nur letzte Verteidigungsversuche der entscheidend Geschlagenen. Als aber der Staat aufgehört hatte, reiner Männerstaat zu sein, verlor er jede Autorität. Der agnostische bürgerliche Feminismus hatte damit seine negative Aufgabe erfüllt; zu einer positiven war er seinem Wesen nach unfähig. Er hatte die alte hoministische Geschlechterhierarchie zerstört, ohne imstande zu sein, eine neue feministische an seine Stelle zu setzen, und so blieb die Gleichberechtigung der Geschlechter, d. h. die Anarchie der Geschlechter, übrig. Er hatte zwar gezeigt, daß der Zauber, auf dem die Autorität des Männerstaates beruhte, ein fauler Zauber war; aber er selbst besaß nicht einmal einen faulen Zauber. Ohne eigene Idee und deshalb ohne Autorität begründendes magisches Charisma hätte dieser parlamentarische Feminismus nur zu einer faden moralisch-politischen Tantokratie* führen können, der gegenüber sogar die Geschlechteranarchie als etwas Fruchtbares und Hoffnungsvolles erscheint. Doch diese bürgerliche Frauenbewegung ist mit dem liberalen bürgerlichen Staat untergegangen, dessen Ende sie beschleunigen half.

Offenbar kann sich der antignostische Hominismus nur durch geistige Diktaturen behaupten. Als christlicher spiritualistisch-theistischer Hominismus hatte er die Autorität des männlichen Geschlechtes neu zu begründen und durch eine theokratische Diktatur jeden feministischen Mißbrauch seiner Philosophie und historischen Tradition zu verhindern vermocht. Ohne solchen geistigen Schutz hatte der idealistische Hominismus diesem Mißbrauch nicht entgehen können; Fichte allerdings hatte Neigung und Begabung zum idealistischen Diktator bewiesen. Belehrt durch die Erfolge des ersten und die Mißerfolge des zweiten, gab der dritte Hominismus, der materialistische, der Methode des ersten den Vorzug. So konnte Lenin, zur Rettung des seiner Auflösung zutreibenden westlichen Hominismus, in seinem Staate den totalen Hominismus verwirklichen. Der Staat wurde wieder reiner Männerstaat und dieser Männerstaat ist eine präzis funktionierende proletarische Männermaschine. Die Philosophie aber, nach deren Prinzipien diese Maschine konstruiert wurde, ist der marxistisch-leninistische Materialismus. Wenn diese Maschine reibungslos arbeiten soll, muß also deren materialistisch-hoministische Orthodoxie rein erhalten bleiben: dafür sorgt die Männerdiktatur der hierarchisch geführten kommunistischen Partei. Aber auch

* (Von „Tante". Anm. d. Herausg.)

sie steht nicht über und außerhalb der Maschine, sondern ist als Motor in den Automaten eingebaut. So bildet eine einzige, durch Idealismus und Spiritualismus so wenig wie durch Gnosis geistig geschwächte Klasse, die proletarische, ein auserwähltes Männervolk, die auserwählte russische Männermaschine. Auserwählt nämlich, oder weniger mythologisch und mehr im Sinne des historischen Materialismus gesprochen, durch den naturgesetzlichen Mechanismus der ökonomisch-politischen Entwicklung gezwungen, ist sie *dazu*, durch die Eingliederung der „Proletarier aller Länder", aus dem ganzen männlichen Geschlecht eine einzige planwirtschaftlich funktionierende Welt-Männermaschine zu bauen. Aber der offen erklärte ökonomische Zweck dieser Welt-Männermaschine ist nicht ihr wahrer und letzter Sinn. Das Ausgesprochene ist in der Diplomatie der Männerpolitik immer von geringerer Bedeutung als das Verschwiegene. Seit dem Untergang des ersten Äons der Menschheit lebt im männlichen Unterbewußtsein die durch Religionen und Philosophien gezüchtete geheime Angst vor einer möglichen Wiederherstellung der gnostischen Gynäkokratie der Urzeit. Man gesteht sie sich nicht ein und leugnet sie ab, wenn einer von ihr zu sprechen wagt, denn man weiß, daß man den Teufel nicht an die Wand malen darf, wenn er nicht erscheinen soll. Diese Angst spricht aus dem System des materialistischökonomischen Hominismus, der sich gerade in der Zeit des bürgerlichen Feminismus entwickelte, für den, der Ohren hat, nicht weniger laut als aus dem des spiritualistisch-theistischen und dem des idealistischen Hominismus. Diese Systeme sind zwar alle einig in der Maxime *mulier taceat in ecclesia,* aus Furcht, die Frau könne, ungenügend hominisiert, wieder einmal anfangen, ihre eigene Philosophie zu lehren; jedes einzelne aber hält sich für den wahren und sichersten Weg, die Frau endgültig geistig zu hominisieren. Man muß in diesem edlen Wettstreit sowohl der Theorie wie der Praxis des ökonomischen Materialismus den Preis zuerkennen; er ist hundertprozentiger gnoseophober Hominismus. Nicht nur aus egozentrischem Konkurrenzneid unterdrückt er die beiden anderen hoministischen Systeme, die versagt haben, sondern vor allem weil er in ihren Spekulationen Brücken zum gnostischen Identitätsbewußtsein, d. h. zum gnostischen Feminismus, fürchtet. So organisiert also der marxistische Materialismus das ganze männliche Geschlecht zu einem einzigen gegen das ganze weibliche gerichteten Kampfbund und überträgt der orthodox-materialistischen Männerkirche die unbeschränkte geistige Diktatur über das immer suspekte weibliche Geschlecht. Die Frau, die noch im theokratischen Mittelalter auf der geistigen Höhe einer Mechtild, einer Katharina und einer Schwester Hadewich gestanden hatte, und die in der bürgerlichen Zeit bis zum Niveau der Männerparlamente entspiritualisiert worden war, erreichte die letzte Stufe des Niedergangs als materialistisch-hominisierte Genossin, d. h. als Klassenkampfgenossin im Dienste des dritten Hominismus und erwiderte als Anti-Antigone zynisch ihrer sanften und starken griechischen Schwester, deren ewiges Wort umdrehend: „nicht mitzulieben, mitzuhassen bin ich da". So kann der antignostische, antifeministische und antierotische Marxismus das weibliche Geschlecht, um seine Philosophie der *Unio gnostica* für immer unschädlich zu machen, endlich als gefügige weibliche Räder in die kolossale *Welt-Männermaschine* einbauen, die damit zur zweigeschlechtlichen *Menschheitsmaschine* wird. Denn deren Räder müssen sich selbst, ehe sie verbraucht sind und verschrottet werden, durch neue rein biomechanisch erzeugte Räderchen ersetzen, damit die Menschheitsmaschine nie zum Stillstand kommt. Obwohl diese Maschine aber aus zwei Arten von geschlechtlich verschieden funktionierenden Rädern zusammengesetzt ist, möchte man sie doch eigentlich geschlechtslos nennen, so ohne Bedeutung und Wert ist dieser Unterschied für das Wesen des Automaten. Orthodoxe Ingenieure, selbst nur Räder des Automaten, werden die planwirtschaftliche Fortpflanzungsfunktion der Maschine überwachen, daß sie sich wissenschaftlich-unpersönlich und biomechanisch-unerotisch vollzieht. Dann ist endlich die neue „*Una Sancta*" fertiggestellt: die *una sancta machina hoministica et materialistica;* der materialistische Hominismus hat das technische Paradies verwirklicht. Goethe erzählt im XI. Buch von „Dichtung und Wahrheit" den Eindruck, den das heute wieder zu Ehren gekommene materialistische „*Système de la Nature*" Holbachs auf ihn und seine Straßburger Freunde machte: „Es kam uns so grau, so kimmerisch, so totenhaft vor, daß wir Mühe hatten, seine Gegenwart auszuhalten, daß wir davon wie vor einem Gespenste schauderten ... und so schien uns jenes Buch als die rechte Quintessenz der Greisenheit, unschmackhaft, ja abgeschmackt". Der Materialismus ist die Philosophie des bereits in die geistige „Greisenheit" eingetretenen Hominismus; der Marxismus aber ist das letzte Wort des Materialismus.

III. VIRGINES GNOSTICAE

Neben den vier philosophischen Systemen, die wir besprochen haben, dem gnostischen, dem spiritualistisch-theistischen, dem idealistischen und dem materialistischen, ist kein anderes mehr möglich, weil auf die Grundfrage der Philosophie nach dem Verhältnis und Wesen von Subjekt und Objekt, von Ich und Nichtich oder Außenwelt, nur diese vier Antworten gegeben werden können. Aber diese vier Systeme sind imgrunde nur zwei. Dem positiven Bewußtsein des Einen von seiner Identität in Ich und Nichtich in seinen also gnostisch ichbewußten Individuationen steht sein Nichtbewußtsein von seiner Identität in seinen also agnostisch ichbewußten Individuationen gegenüber. Auf diesem gemeinsamen agnostischen Ichbewußtsein des Einen aber beruhen die drei Systeme: das spiritualistisch-theistische, das idealistische und das materialistische, die wir also als eine geistige Einheit betrachten müssen, so daß ihre Verschiedenheiten keine prinzipiellen, sondern nur relative sind. Prinzipiell verschieden sind nur gnostische und agnostische Philosophien. Diese agnostischen und antignostischen Philosophien nannten wir auch hominEistische Philosophien, weil sie den soziologischen Primat des männlichen Geschlechtes eben auf dieses es charakterisierende agnostische Ichbewußtsein des Einen gründen; die gnostische Philosophie dagegen nannten wir feministisch, weil es die Bestimmung des weiblichen Geschlechtes ist, das männliche zur *Unio gnostica* des Einen mit sich selbst zu führen. Der Streit der drei antignostischen Systeme untereinander aber ist nur ein innerhoministischer Kampf darum, welches von ihnen das zur radikalen Unterdrückung der weiblichen Gnosis, also das zur Herstellung des totalen Hominismus, geeignetste sei. Zwei dieser Philosophien hatten bereits ihre große Stunde; jetzt hat die Stunde der dritten, der materialistischen Philosophie, geschlagen. Noch wehren sich die beiden anderen Systeme, so daß das seit der französischen Revolution aus den Fugen gegangene abendländische Bewußtsein sich in einem chaotisch verworrenen Zustand befindet. Aber nachdem der Hominismus schon einmal A. und dann B. gesagt hat, wird er, um einer Schlußfolgerung zu entgehen, die er für noch schlimmer halten muß, auch noch C. sagen lernen. Und es ist allerdings soweit, daß jene beiden Philosophien nur noch in Büchern oder auf Kathedern ihr Dasein fristen, im Leben selbst aber, d. h. in ihren Wirkungen, nicht mehr zu finden sind. Sie haben das Vertrauen in sich verloren und überzeugen sich selbst nicht mehr. Der bürgerliche Hominismus aber, der heute mit dem proletarischen um seine Existenz kämpft, ist in Wahrheit nicht weniger materialistisch als dieser selbst. Ökonomismus, Technik und Materialismus: „dreieinig sind sie, nicht zu trennen" (Faust II.) Da aber dieser bürgerliche Hominismus seine unsauberen Gründe hat, das nicht einzugestehen, verkoppelt er seinen praktischen Materialismus mit einem rein theoretischen Theismus oder Idealismus, die jenen nach dem Prinzip der doppelten Wahrheit ungestört lassen. Der theistische und der idealistische bürgerliche Materialismus aber haben in Wirklichkeit das gleiche erkenntnistheoretische Prinzip: *les affaires sont les affaires.* So entstanden zwei geistige Mißgeburten, die man nicht widerlegt, sondern verachtet. Ein Ganzes aber ist immer stärker als ein Halbes; und dieser verschämte und verlogene bürgerliche Materialismus des bösen Gewissens, ein echtes Sowohl-als-auch-Produkt geistiger Geschäftsdiplomatie, ist ein Schwächling gegenüber dem dritten Konkurrenten, dem robusten proletarischen Naturburschen-Materialismus des guten Gewissens. Die widerliche geistige Zwittergestalt aber wird den Fäusten des plumpen und ungeschlachten Riesen nicht entwischen; um ihren Tod aber werden nur die Krokodile weinen.

Die Not, die der Hominismus bereits über die Menschheit gebracht hat, ist groß, aber noch lange nicht groß genug. Ein Mann, der es wissen muß, Eugen Diesel, hat in einem Vortrag gesagt: „Gewiß! Viele Probleme der Technik sind gelöst... Aber es werden immer *noch* größere Kräfte, immer *noch* größere Mittel, *noch* raffiniertere Organisationen, *noch* unheimlichere Waffen zur Verfügung stehen." Die Technik steckt also noch in ihren Kinderschuhen. Mit ihren Fortschritten aber wächst zwangsläufig die Menschheitsmaschine. Denn der monströse Automat wird, als eine Karikatur auf die gnostische Einheit des Menschengeschlechtes, gebaut und einmal vollendet werden, weil die geschichtliche Logik mit ihren Folgerungen ebenso unerbittlich ist wie die theoretische mit ihren Schlüssen. Die materialistischen Maschinenerbauer, denen das menschliche Wesen eine *terra incognita* war, aber ahnten in ihrer menschenfeindlichen Zuversicht nicht, daß die Maschinenräder einmal mit epidemischen Geistes- und Gemütskrankheiten gegen die widernatürliche Mechanisierung reagieren werden und im Interesse der Selbsterhaltung der menschlichen Gattung das Monstrum schließlich zertrümmern müssen. Doch bis dahin hat es noch Zeit. Erst wenn der technisch-materialistische Hominismus des zweiten Äons an und durch sich selbst zugrunde geht und das geistige und gesellschaftliche Chaos zurückläßt, sind die wahren apokalyptischen Schrecken da. Das aber was man in der Gegenwart vorauseilend zuweilen deren apokalyptische Schrecken nennt, sind in Wirklichkeit nur erst die Geburtswehen des anbrechenden Maschinenzeitalters, also nur Übergangssymptome einer älteren Phase des Hominismus zu einer neuen, die noch nicht sein Ende bringen, sondern vielmehr ihn zu seiner letzten Höhe emporreißen wird, die dann allerdings sein Untergang werden muß. Dann endlich hat das Eine in seiner übrig gebliebenen irdischen Menschheit — vorausgesetzt es bleibt noch eine übrig — aus Erfahrung das Wesen des agnostischen Hominismus begriffen und wird kein Verlangen mehr tragen, das tragische Experiment noch einmal zu wiederholen. Auf den chaotischen Trümmern, die der tragische Äon des Hominismus hinterlassen hat, wird die Menschheit den neuen Äon — wenn ihr noch ein neuer vergönnt ist — beginnen, den Äon des wieder zum Selbstbewußtsein gekommenen Einen, den Äon der wiederhergestellten gnostischen Gynäkokratie. Proportional mit den Fortschritten der Technik und dem Anwachsen der Männermaschine muß die materialistische Hominisierung der Frau zunehmen. Von dieser geistig hominisierten Frauenmasse ist, ihrer Schulung und Abrichtung entsprechend, nichts zu erwarten als Widerspruch gegen den gnostischen Feminismus. Umso stärker aber wird sich das Eine in einzelnen seiner weiblichen Individuationen aus einem eschatologischen Instinkt, aus dem Gefühl einer näherrückenden Katastrophe, auf sich selbst und den Sinn seiner menschlichen Erscheinung wiederbesinnen. Die männliche Gegenphilosophie des agnostischen Ich-Nichtichbewußtseins überwindend, werden diese Vereinzelten die ewige gnostische Philosophie ihres Geschlechtes wiederfinden. Aber sie werden nicht Vereinzelte bleiben. Das Gewissen und die gnostische Gewißheit werden sie, ob sie wollen oder nicht, zu einem Bunde vereinigen. Dieser Bund wird ein gnostisch-eschatologischer Bund sein. Vor der Katastrophe gegründet, ist er bestimmt und hält er sich bereit, den Rest der Menschheit über den Wendepunkt hinüberzuretten und die Grundlage für die gnostische Gynäkokratie der neuen Menschheit zu werden. Er ist die Brücke zwischen zwei Weltaltern. Es handelt sich also nicht um einen „Frauenverein", sondern um einen gnostischen weiblichen Orden. Die Grundlage jeder Religion ist eine Philosophie; die Religionen mit ihren Göttersymbolen sind nur soziologisch sichtbar gewordene Philosophien. So ist auch der weibliche gnostische Orden, indem er ein philosophischer Bund ist, zugleich ein religiöser, der in der Verehrung des göttlichen, gnostisch-gynäkokratischen Androgyns geeint ist. In diesem Orden ist die gnostische Virginität der Urzeit wieder erstanden, allen hoministischen Entstellungen und aller Feindschaft des materialistischen Muttertums zum Trotz, das eine Lust darin findet, nicht mehr, wie Hamlet noch zu Ophelia sagen konnte, Sünder zur Welt zu bringen, sondern Maschinenräder zu liefern. Und dieser Orden der *Virgines gnosticae*, der Orden der göttlichen Sophia als der *Sponsa Verbi* oder des göttlichen Logos, wird, wenn es das Schicksal will, auch das männliche Geschlecht aus seinem geistigen Tode im objektiven Materialismus noch einmal zu einem neuen gnostischen Dasein erwecken, so daß auch in ihm wieder das gnostische Identitätsbewußtsein des Einen lebendig wird und das Eine auf diesem Planeten durch sich selbst von seiner Unwissenheit wieder erlöst ist. Dann könnte noch einmal durch das Wirken der gnostischen Jungfrauen, der durch und für den Geist Geweihten, die Menschheit aus einer einzigen toten Maschine in ein einziges lebendiges *Corpus spirituale* des Einen verwandelt werden. Das ist die apokalyptische Tradition des Ordens der *Virgines gnosticae* der Vorzeit, die er, bei seinem Untergang durch den zweiten oder hoministischen Menschheitsäon, als Vermächtnis für die Zeit seiner Wiederherstellung dem weiblichen Geschlecht hinterlassen hat.

Damit will ich diese Darstellung des Unterschiedes und Gegensatzes von gnostischer oder weiblicher und agnostischer oder männlicher Philosophie abschließen. Wenn man mir vorwirft, daß der Standpunkt, von dem aus ich die Frage beantwortet habe, ein verbotener kopernikanisch-gynäkozentrischer statt des allein orthodox gewordenen ptolemäisch-androzentrischen oder hoministischen sei, so kann ich die Wahrheit dieser Feststellung nicht bestreiten. Aber diese veränderte Perspektive ist kein Experiment der Willkür, durch welches ein neuer relativer Standpunkt vor einem alten, ebenso relativen, wenn auch konventionell für absolut geltenden, subjektiv bevorzugt würde, sondern er erhält seine Begründung aus der geistig notwendigen Überwindung des agnostischen Ich-Nichtichbewußtseins des Einen durch sein gnostisches Identitätsbewußtsein.

VIERTER AUFSATZ

Der gnostisch-gynäkokratische Doppelorden von Sophia und Logos

I. DIE THEORETISCHE BEGRÜNDUNG DES ORDENS

Die Menschwerdung des Einen ist erst dann vollendet, wenn es in allen seinen männlichen und weiblichen Individuationen der Gattung Mensch zum Bewußtsein seiner selbst als des in ihnen erscheinenden absoluten Seins, d. h. zur Gnosis, gekommen ist; bis dahin existiert es nur potentiell als Menschheit, und das Positive dieser potentiellen Menschheit ist allein ihr metaphysischer Trieb zur gnostischen Menschwerdung. Durch dieses Selbstbewußtsein begreift sich nun das Eine als das in Subjekt und Objekt, der untrennbaren Polarität, in der es sich selbst erscheint oder da ist, als das in Ich und Nichtich metaphysisch Identische. Es begreift also seine Identität im wahrnehmenden oder vorstellenden Subjekt wie im wahrgenommenen oder vorgestellten Objekt, die Identität des Verstehenden mit dem von ihm verstandenen Gegenstand, und daß, wenn das Ich zu einem Du über etwas spricht, der Sprechende, der Angesprochene und das, worüber gesprochen wird, identisch sind. So ist also auch das begehrende Subjekt mit dem begehrten Objekt, das wollende Ich mit dem gewollten Nichtich, der hervorgebrachte Gegenstand mit seinem Hervorbringer metaphysisch eines. Dieses gnostische Selbstbewußtsein des Einen nenne ich Vernunft oder Intellekt *(Nous)*, und es bedeutet dasselbe, wenn ich sage, das Eine kommt zu seinem Selbstbewußtsein oder das Eine kommt zur Vernunft. Durch den *Verstand* versteht daher das Eine in seinen Individuationen die von einem Subjekt angeschauten Objekte in ihrem phänomenologisch-kausalen Zusammenhang; durch die *Vernunft*, den Intellectus, dagegen erkennt es sich als das in jedem Subjekt-Objektverhältnis, seiner notwendigen Erscheinungsweise, Identische, und damit als die metaphysische Kausalität aller Dinge als seiner Individuationen. Verstand und Vernunft sind also im Selbstbewußtsein des Einen so unabtrennbar voneinander wie Erscheinung und Wesen, indem das Eine durch sein Verstandesvermögen zu seinem rational-phänomenologischen, durch sein Vernunftvermögen zu seinem noumenal-ontologischen Selbstbewußtsein kommt. Mit der Erkenntnis seiner Identität in Subjekt und Objekt ist sich das Eine aber nicht nur seiner Identität in Ich und Außenwelt bewußt geworden sondern auch seiner Identität in dem polaren Subjekt-Objektverhältnis von Leib und Geist, *corpus et mens*, seiner ichbewußt körperlichen Individuationen. Denn das Eine, die *coincidentia oppositorum* oder die Identität von Subjekt und Objekt, ist sowohl das Leibende wie das Denkende in ihnen, so daß das denkende Ich und das leibende Ich Erscheinungen des in beiden identischen Einen sind, das denkende also identisch ist mit dem leibenden Einen und das leibende Eine mit dem denkenden. Das Eine kann daher ebensogut sagen, der Leib denkt, wie die Vernunft leibt und darf mit demselben Recht von dem gnostischvernünftigen Leibe wie von der leibenden gnostischen Vernunft reden. Die Menschwerdung des Einen, von der wir ausgingen, ist also dann vollendet, wenn die Gattung, in der das Eine erscheint, nur noch aus gnostischen männlichen und weiblichen Leibern besteht, in denen sich das Eine seiner selbst als des in ihnen allen individuierten bewußt geworden ist. Die verschiedenen Grade der Intensität, Klarheit und Dauer dieses Bewußtseins und die der Geistigkeit der aus ihm resultierenden Wirkungen und Handlungen bestimmen den Wert dieser Individuationen, und wir sind gezwungen anzunehmen, daß dieses Selbstbewußtsein des Einen in vollkommeneren Individuationen glücklicherer Sterne des Kosmos eine Tiefe erreicht, zu der unsere terrestrische Menschheit nie fähig sein wird, wenn wir auch als gnostische Bewußtseinswesen trotz ihrer höheren geistig-leiblichen Konstitution von ihrer Art sind.

Als Kosmos ist also das absolut ewige Eine ein sich selbst nach dem Gesetze seines Wesens durch zeitlich ewige Transformationen Gestaltendes, dessen immanentes Telos es ist, in gnostischen Leibern zum Bewußtsein seiner selbst als des in Subjekt und Objekt Identischen zu gelangen, in Leibern, deren Grad der Vergeistigung dem Grade seines Selbstbewußtseins entspricht. Und da nun das Eine als Menschheit durch die Subjekt-Objektspaltung in zwei zur Unio bestimmte Geschlechter differenziert ist, so kann man auch sagen, daß das Ziel seiner zeitlichewigen Transformationen in seiner *Unio gnostica* mit sich selbst besteht und seine Menschwerdung in dieser ihren Ausdruck findet. Was beim agnostischen Vormenschen animalischer Sexualtrieb war, ist in den vergeistigten oder gnostischen Leibern durch das absolute Bewußtsein oder das Bewußtsein des Absoluten von sich selbst in Liebe umgewandelt. Das Telos, das Ziel aller Kosmogenesen des Einen ist also seine *Unio gnostica* mit sich selbst oder seine gnostische oder intellektuelle Liebe zu sich selbst; negativ erscheint diese als Horror vor dem agnostischen Leibe. Der Todestrieb, der nicht nur jede einzelne Erscheinung sondern auch den Kosmos als ein Ganzes beherrscht, — denn das „Stirb und Werde" muß für das Ganze nicht weniger gelten als für seine einzelnen Teile, —

diese Voraussetzung für die Transformationsmöglichkeiten des Einen steht also im Dienste seines gnostischen Liebestriebes, indem es immer vergeistigtere Formen seinen Leibern und ihrer Unio sucht. Keine aber kann je eine adäquate Verwirklichung der absoluten Einheit sein, die das Eine in sich selbst ist; auch die geistig vollkommenste ist nur ein relatives Abbild seiner ewigen Ureinheit: doch das Eine hat in der Unio seiner gnostischen Individuationen „schon am Gleichnis, hat am Bild genug", denn nur im Bilde und Gleichnis erkennt es sein Wesen. Wenn es aber einmal in diesem agnostisch-hoministischen Zeitalter in seltenen Individuationen zur gnostischen Liebe und Unio zu gelangen im Stande ist, so möchten wir solchen zeitfremden Fällen eine prophetische Bedeutung zuschreiben, wie sie andererseits auch das untergegangene gnostisch-gynäkokratische Weltalter der irdischen Menschheit in die Erinnerung zurückrufen.

Das gnostische Wesen der Geschlechter und ihrer geistigen Relation läßt sich natürlich auf der Stufe des agnostischen Ichbewußtseins nicht erkennen, mögen auch die zusammengehäuften physiologischen, biologischen und psychologischen Tatsachen ins Uferlose anschwellen; denn alle Versuche, Ordnung und System in diese Tatsachen hineinzubringen, beruhen auf einer allem gemeinsamen Basis: dem tendenziösen apriorischen Hominismus, dessen Subjektivismus eine objektive, d. h. über dem eigenen agnostischen Geschlechtsinteresse stehende Wissenschaft von vornherein ausschließt. Erst wenn das Eine zur intellektuellen Anschauung seiner selbst als des in beiden Geschlechtern Identischen, also zur Vernunft gekommen ist, und sein Selbstbewußtsein in zeitlichen männlichen und weiblichen Individuationen und damit seine *Unio gnostica* in beiden als den teleologischen Sinn seiner Phänomenalität begriffen hat, hat es damit auch das Wesen der Geschlechter und das ihrer geistigen Relation zueinander objektiv erkannt. Denn das weibliche Geschlecht ist dann seinem Wesen oder seiner Idee gemäß als das einverleibende notwendig auch das des Wissens um den gnostischen Sinn dieser Einverleibung, dasjenige also, durch welches das Eine auch an sein männliches Geschlecht die Forderung der gnostischen Intellektualität als der Voraussetzung der gnostischen Unio stellt; die gnostische Unio aber ist die *conditio sine qua non* für jede Einverleibung, einer anderen bleibt die Tür verriegelt. Wie demnach das weibliche Geschlecht seiner Idee nach das primär gnostisch-intellektuale ist, so ist das männliche, entsprechend der geistigen Polarität des Einen in seinen beiden Geschlechtern, das primär agnostisch-rationale, aber als menschliche Individuation des Einen natürlich ebenfalls zur Intellektualität oder Gnosis strebende und bestimmte; die Äußerlichkeit der männlichen Geschlechtskennzeichen und die Innerlichkeit der weiblichen haben als Ausdruck der beiden Ichbewußtseinsstufen des Einen ihre geistig-symbolische Bedeutung. Wie nun das Eine in allen seinen kosmischen Erscheinungen ein sich selbst durch Subjekt-Objekt-Wechselwirkung teleologisch Gestaltendes und Umgestaltendes ist, so ist es auch seine Tendenz, sich durch sich selbst aus einer agnostischen Vormenschheit in eine gnostische Menschheit umzugestalten, d. h. es will durch sein gnostisches weibliches Geschlecht auch in seinem agnostischen männlichen zum Bewußtsein seiner selbst kommen. Das weibliche Geschlecht ist also seiner Idee nach zur gnostischen Erzieherin des männlichen, d. h. zu seiner Initiatorin in das Mysterium der *Unio gnostica* bestimmt. Das aber heißt nichts anderes, als daß die zweigeschlechtliche Menschheit in der Idee als gnostisch-gynäkokratische Menschheit erkannt wird, daß also die Überwindung seines agnostischen Vormenschentums in der gnostisch-gynäkokratischen Menschwerdung des Einen, in seinen beiden Geschlechtern Identischen, besteht.

Die gnostische Gynäkokratie besteht also darin, daß das weibliche Geschlecht, als das seinem Wesen nach primär gnostische, das männliche, als das sekundär gnostische, durch die Initiation zum gnostischen umwandelt. Die gnostische Gynäkokratie führt daher den Kampf der geistigen Liebe gegen die animalische Unio; dieser heilige Krieg aber ist die Achse, um die sich das geistige Weltall dreht. Wie nun alle Einheit die einer Polarität ist, die in der Subjekt-Objektspaltung des sich selbst erscheinenden Einen ihren letzten Grund hat, so beruht auch die soziologische Einheit eines jeden einzelnen der beiden Geschlechter auf der Polarität seiner Führenden und seiner Geführten. Das gilt natürlich für jedes der beiden Geschlechter, das durch sein unterscheidendes Geschlechtsbewußtsein dem anderen gegenüber eine Einheit bildet, stehe es nun auf der Stufe des agnostischen oder gnostischen Ichbewußtseins. Daß aber die auf der politischen Polarität von Regierenden und Regierten beruhenden Männerstaaten ihrem soziologischen Wesen nach die politische Einigung des männlichen Geschlechtes gegen das weibliche, d. h. also gegen die gnostische Gynäkokratie sind, wird nur den wenigsten bewußt. Doch wir haben es hier nur mit der letzteren zu tun. Wenn in ihr das Eine in allen seinen weiblichen Individuationen zum gnostischen Ichbewußtsein gekommen ist, so verdanken diese, empirisch betrachtet, ihre Erkenntnis der Initiation durch ihre geistige Führung, die auch ihr Halt gegen die Gefahr eines Rückfalls ist. Ohne diese Führung durch die geistig Bevorzugten gäbe es keine gnostische Gynäkokratie; die Führerinnen und die Geführten aber bilden in der Gemeinsamkeit des Zieles, der *Unio gnostica*, eine untrennbare Einheit. Diese gnostischen

Frauen, in denen das Eine sein relativ vollkommenes ontologisch-teleologisches Selbstbewußtsein erreicht hat, und die, um zu sein, was sie sein sollen, nämlich ihrem Geschlechte Lehrerinnen der Gnosis und Führerinnen in seinem heiligen Kriege gegen den agnostischen Hominismus, diese Frauen müssen auch eine von der der anderen Frauen unterschiedene theoretisch-kontemplative Lebensordnung, einen gnostischen *ordo vitae*, einhalten und bilden daher den gnostisch-gynäkokratischen Orden des weiblichen Geschlechtes. Ganz der Idee und ihrer Verwirklichung lebend verzichtet das Eine in ihnen bewußt auf die leibliche *Unio gnostica*, damit es sie in den anderen verwirklichen kann; aber diese gnostischen Jungfrauen wissen ja um ihre Identität mit den anderen. So ist also dieser auf der reinsten, d. h. persönlich uninteressierten, Liebe zur zweigeschlechtlichen Menschwerdung des Einen gegründete Orden der *Virgines gnosticae*, dieser Orden von Vestalinnen der Idee, das Werkzeug, durch welches das Eine zur gnostischen Menschheit und damit erlöst wird. Selbst geeint im absoluten Zielbild des Einen, dem gnostischen Androgyn Sophia-Logos, vereinigt der Orden also in diesem Gottessymbol das ganze weibliche Geschlecht und: *in hoc signo vinces!* „Unter dieser Fahne wirst du siegen!"

Denn mit der gnostischen Einigung des weiblichen Geschlechtes ist nur eine Hälfte seines Werkes vollendet; erst durch die gnostische Initiation des männlichen kann die gnostische Gynäkokratie verwirklicht werden. Die magisch-suggestive *auctoritas* der gnostischen Frau beruht auf der Vollkommenheit des ihr ganzes Dasein durchdringenden und gestaltenden Wissens. Deshalb ist die Kraft ihrer Worte nicht die des agnostisch-ichbewußten Machtwillens: es ist die Ausstrahlung des in ihr bewußt gewordenen Einen selbst. Ihr Lehren ist kein Abrichten. Sie *erweckt* den auch in seinen männlichen Individuationen schlummernden Trieb des Einen zur Vernunft. Aber das Selbstbewußtsein des Einen kann sie ihnen weder schenken noch aufzwingen, das muß das Eine selbst in ihnen hervorbringen: sie ist nur seine Geburtshelferin. Der weibliche Orden aber hat gesiegt, wenn es ihm gelungen ist, den gnostisch-gynäkokratischen Männerorden zu gründen, der analog dem weiblichen ein gnostisch-philosophischer Orden ist und aus denselben Gründen auf die leibliche *Unio gnostica* verzichtet, aber sie das übrige männliche Geschlecht lehrt, das in ihm, als seinem geistigen Mittelpunkte, seine Einheit findet und sich in ihm und durch ihn zur gnostischen Gynäkokratie, d. h. zur *Unio gnostica*, bekennt. Gleich dem weiblichen Orden ist also auch der männliche in dem Gottessymbol Sophia und Logos geeint. Von diesem weiblich-männlichen Doppelorden wird also die gnostische Gynäkokratie als von ihren beiden geistigen Säulen getragen.

Aber der männliche Orden ist nur der Helfer des weiblichen im Bereiche des männlichen Geschlechtes; denn der weibliche Orden ist die Jungfrau, die den jungfräulichen Sohn für diese Aufgabe geboren hat: *ecce Virgo mater et filius eius*. Und diese beiden Orden, der der gnostischen jungfräulichen „Mutter" und der ihres gnostischen jungfräulichen „Sohnes" bilden eine androgyne Einheit in der vergeistigsten Form der gnostischen Liebe, zu der das Eine auf unserer Erde fähig ist, um seine ewige Idee, die Unio von Sophia und Logos, zu verwirklichen.

II. DER GNOSTISCH-GYNÄKOKRATISCHE ORDEN DER URZEIT UND SEIN ENDE

1. Der Äon des gnostischen Friedens

Ob das Eine sein gnostisches Ziel als Menschheit unserer Erde in der Vergangenheit einmal verwirklicht hat, ist eine sekundäre historische Frage; wichtiger ist es, seine Bewußtwerdung als das ewige Ziel seiner Menschwerdung zu erkennen und in dieser Erkenntnis für die Verwirklichung dieses Zieles in der Zukunft tätig zu sein. Die Bestimmung des Menschen kann aus der Geschichte nicht begründet werden; die Geschichte bezeugt nur, ob sie erfüllt wurde oder nicht. Und da bezeugen die mythisch-historischen Überlieferungen, daß sich das Eine in einer gnostisch ichbewußten Urmenschheit individuierte, deren soziologischer Ausdruck die gnostische Gynäkokratie war. Diese symbolisch-historischen Mythen sind vor allem die von uns früher gnostisch-gynäkokratische Apokalypsen genannten und besprochenen, zu denen auch der hebräische Paradiesmythus zu rechnen ist, die alle dasselbe epochale Ereignis in verschiedener Fassung erzählen und trotz ihrer hominitischen Entstellung durch die Theologen des Heidentums und Christentums und trotz aller tendenziösen Interpretation durch die antike wie die moderne hoministische Wissenschaft ihren unzerstörbaren Charakter bewahrt haben. Der Mensch ist also nicht nur seiner Idee nach oder in der Idee des Absoluten das gnostische Wesen, sondern das Eine hat auch als empirische Menschheit seine Geschichte mit dem noch unreflektierten Bewußtsein seiner Identität in Subjekt und Objekt begonnen. Die Menschheit durchlebte daher die erste Periode ihrer phantastischen Existenz nicht nur in einem Zustand von Hellsinnigkeit, sondern auch in einem Zustand von Hellgeistigkeit; mit dem Verlust von diesem aber ging auch jener verloren. Nichts ist einleuchtender als die hohe und erhabene Geistigkeit der Urmenschheit, in der das Eine zum erstenmal auf unserer Erde die Augen seines Selbstbewußtseins aufschlug und voller Erstaunen sich selbst in allem, was es sah, erkannte. Der Sinn seiner Menschwerdung war zum erstenmale erfüllt; die Handlungen der neuen Individuationen aber waren, wie man zu sagen pflegt, ethisch oder, wie man richtiger sagen sollte, intellektuell, weil sie der Ausdruck dieses gnostischen Wissens waren. Für diese gnostische Natur des Urmenschen, die sein Wesentliches ist, fehlt der den Interessen der bürgerlich-proletarischen „Jetztzeitmenschen" dienenden hoministisch-mechanistischen Philosophie das Organ; denn der durch Selbstkastration vernunftlos gewordene Verstand, der die ganze Menschheitsgeschichte *sub specie industriae* betrachtet und seine Vernunftlosigkeit als exakte Wissenschaftlichkeit proklamiert hat, läßt uns auch den geheimnisvoll gewaltigen Urmenschen „jetztnahe" als den noch vorwissenschaftlich verworren denkenden ersten homo faber endlich restlos verstehen. So haben seine technisch-fortschrittlichen Jetztzeitnachkommen sein Bild nach ihrem Bild „rekonstruiert", um ihm gegenüber sich bewußt zu werden, wie herrlich weit sie es gebracht haben, im Unterbewußtsein vielleicht aber auch, um ihm die Verantwortung für die Menschheitskatastrophe aufzubürden, der sie mit mutigen Fortschrittsbeinen entgegenlaufen. Aber diese Verantwortung tragen andere, die wir noch kennenlernen werden.

Die gnostische Philosophie ist die älteste des Menschengeschlechtes. Sie ist seine erste Philosophie und in Wahrheit die einzige positive Philosophie überhaupt; alle späteren Philosophien sind nur dialektisch-subjektivistische Negationen dieser Urphilosophie. Gewiß war das Selbstbewußtsein des Einen in der ersten Menschheit noch eine unreflektierte und keine dialektische Gnosis, denn noch gab es keinen begrifflich-dialektischen Widerspruch. Es war ein vorbegriffliches intuitives Wissen des Einen von sich selbst als des in Subjekt und Objekt Identischen, ebenso unbegründet und unmittelbar gegeben wie sein Ichbewußtsein in den einzelnen Individuationen; und unabtrennbar von diesem Wissen war die Gewißheit, daß es Grund und Zweck der Menschwerdung sei. Die Tatsache der gnostischen Gynäkokratie der Urmenschheit und ihre Folge, das gnostische Matriarchat, aber bezeugen, daß das weibliche Geschlecht als das primär gnostische, als das Geschlecht der *visio intellektualis* des Einen, das sekundär gnostische männliche in die *Unio gnostica* initiierte. Denn die gnostische Philosophie ist die Philosophie des gnostischen Mutterschoßes. Das weibliche Geschlecht war durch viele Jahrtausende oder Jahrzehntausende auch die *geistige* Ernährerin, die gnostische Lehrerin und Erzieherin des männlichen, für dessen unruhigen Erkenntnistrieb sie die Antwort besaß, indem sie das Selbstbewußtsein des Einen auch in ihm weckte. So war also das weibliche Geschlecht der ersten Menschheit selbst philosophisch in sich geeint und hatte auch die philosophische Einheit des männlichen geschaffen, so daß das Eine in jedem seiner beiden Geschlechter seine Identität mit dem anderen erkannte. Indem es philosophisch geeint war, war es aber das weibliche Geschlecht auch religiös. Denn jede Religion ist das Bekenntnis einer Gemeinschaft zu einem und demselben in einem Symbol als ihr Gott angeschauten und verehrten Ziele, hat also eine onto-teleologische Philosophie, oft ohne es zu wissen, zur Voraussetzung, so daß also die Religionen so viel Wert und Wahrheit besitzen als die sie tragenden Philosophien. Die Religion des zum Bewußtsein seiner selbst als des in beiden Geschlechtern Identischen erwachten Einen aber ist die des gnostischen Androgyns, des vollkommensten Symbols sowohl für die ontologische Einheit des Einen in seiner Subjekt-Objektspaltung wie für die *Unio gnostica* mit sich selbst als dem Telos seiner ewigen Individuierungen. In ihm waren die philosophischen Frauenbünde der Urstämme selbst religiös geeint und in ihm hatten sie auch die Männerbünde der Urstämme religiös geeinigt. Denn diese Religion des gnostischen Androgyns ist nicht nur die Urreligion sondern auch einmal die Universalreligion des Menschengeschlechtes gewesen. Mythisch-symbolisch gesprochen — und wie könnte man über Uranfänge anders reden? — ist also die Urmutter auch die Urphilosophin und die Gründerin des Doppelordens gewesen, des gnostischen Nonnenordens und des von ihm geleiteten gnostischen Mönchsordens der ersten Menschheitsperiode. Auf diesem Doppelfelsen hat die Ursibylle, in der das Eine zur intellektuellen Anschauung seiner selbst gelangt war, jene gnostisch-gynäkokratische Kirche des ersten Äons gebaut, die geeint ist in der Erkenntnis und dem Bekenntnis des ewigen Androgyns Sophia und Logos, dem Symbole jenes *Amore gnostico* *che muove il sole e l'altre stelle.*

Das Weltalter des Identitätsbewußtseins, das der gnostischen Gynäkokratie und des *Amor gnosticus*, war notwendig als ein Äon des Friedens auf Erden in Erscheinung getreten, wie auch umgekehrt das goldene Zeitalter des Friedens, von dem die universale Tradition der Menschheit berichtet, nur auf dem Identitätsbewußtsein des Einen in allen seinen menschlichen Individuationen, also nur auf der gnostischen Gynäkokratie, beruht haben kann. Sie meint der Prophet von Agrigent, Empedokles, wenn er von dem ersten oder weiblichen Äon der Menschheit erzählt:

> Bei jenen war nicht Ares, war kein Wüter,
> Nicht Zeus, der Herr, nicht Kronos, noch Poseidon;
> Nur Kypris war die Herrin. *(Sänger)*

So schuf die Begründerin der menschlichen Gesellschaftsordnung eine Hierarchie der Geistigsten in einer geistigsten Menschheit. Die Orden waren die geistigen Führer und Lehrer der Laienwelt, d. h. der nicht zum Orden gehörenden geistigen Menschheit der Männer- und Frauenhäuser der Stämme, und über dem Orden des intelligenten männlichen Geschlechtes stand der des intellektuellen weiblichen. Das Eine hatte die soziologische Grundlage geschaffen, um in der Menschheit zu immer höheren Graden seines Selbstbewußtseins und damit zu vollkommeneren Formen der *Unio gnostica* emporzusteigen. Denn die für die Orden notwendige Entsagung bedeutete nicht eine Verwerfung oder Entwertung der *Unio gnostica*; die bloße Existenz der Orden bekannte „Idee und Liebe" als die höchsten und im Wesen identischen Werte des zum Selbstbewußtsein erwachten Absoluten, aber seine Begrenzung durch die Individuation hat auch die „Arbeitsteilung" für die einzelnen Glieder des menschheitlichen Corpus mit sich gebracht. Die im hoministischen Weltalter entstandenen Mönchs- und Nonnenorden dagegen sind Orden der Negation; sie haben ihr gnostisch-gynäkokratisches Ur- und Vorbild in sein Gegenbild hominisiert. Der Untergang des Doppelordens aber war ein Zeichen der geistigen Erschöpfung des weiblichen Geschlechtes, das auch damals immer noch am Anfang seiner historischen Bestimmung stand. Die Zukunft wird zeigen, ob diese Erschlaffung sein geistiges Ende oder nur eine „schöpferische Pause" war.

2. *Der Satanismus*

Satan nenne ich das antithetische, widersprechende, neinsagende Prinzip im Prozesse der gnostischen Bewußtwerdung des Einen, das sich dessen Aufstieg zum Selbstbewußtsein dialektisch widersetzt, um es auf der Stufe des agnostischen Ichbewußtseins festzuhalten; er ist die sich dem gnostischen Erkenntnistrieb entgegenstemmende Trägheit. Nicht das Ichbewußtsein als solches ist satanisch — das Ichbewußtsein des Einen in seinen menschlichen Individuationen ist vielmehr die notwendige Bedingung für sein Selbstbewußtsein —, satanisch ist nur der antignostische Protest des Ichbewußtseins gegen die Erkenntnis der Identität von Ich und Nichtich. Satanismus nenne ich also die rein negative Lehre von der absoluten Differenz des Subjekts und Objekts. Sie kann nicht mit ihrem Gegensatz, der Lehre von der Identität beider, synthetisiert werden; beide verneinen sich gegenseitig durch ein Entweder-Oder. Satan ist, als das verneinende Prinzip das zu verneinende; im gnostischen Ichbewußtsein ist die Negation des antignostischen enthalten, — und umgekehrt. Die Verneinung und Bekämpfung des agnostischen Hominismus durch die weibliche Potenz des Einen ist also gleichbedeutend mit Verneinung und Bekämpfung des Satanismus, und man kann den zweiten Äon ebensogut den antignostisch-hoministischen wie den satanistischen nennen. Die sichtbare Schöpfung dieses hoministischen Satanismus ist die Menschheitshölle. Bewußtsein und Sein sind identisch. Als daher der Satanismus jedes menschliche Ich von jedem menschlichen Nichtich, jedes Ichbewußtsein von jedem anderen Ichbewußtsein durch die unüberbrückbare Kluft des Nichterkennens des anderen getrennt hatte, mußte der Äon der ewigen Liebe und des Wissens, der Äon der Aphrodite Urania oder der Sophia, von dem Äon des ewigen Krieges, der Unwissenheit und des Hasses, dem Äon Satans, abgelöst werden. Die Menschheit wurde zum Pandämonium. Alle haben voreinander Angst, beneiden und hassen einander, die Geschlechter, Stände, Klassen und Völker. Sie sind, wie neulich ein französischer Ministerpräsident von den Parteien des parlamentarischen Dschungels in Paris sagte: *"Verdammt, miteinander zu leben."* Denn auch die Verdammten haben zuweilen, wenn ihnen ihre Existenz unerträglich scheint, Momente der Ehrlichkeit, während ihr übriges Leben nur Selbstbetrug und Lüge sein kann, ohne daß sie begreifen, warum. Denn die Staaten des hoministischen Satanismus sind, ihrem agnostischen Wesen gemäß, nichts anderes als Angst-, Raub- und Mordverbände — *magna latrocinia*, nennt sie der heilige Augustinus an einer berühmten Stelle seiner *Civitas Dei* (IV,4) — und beruhen auf Henkern und Soldaten, auf *le bourreau et le sodat*, wie Joseph de Maistre, dieses geniale *enfant terrible* des reaktionären Hominismus in seinen *Soirées de St. Petersbourg* eingesteht, indem er zugleich beide Institutionen heilig spricht. Das ist wenigstens großer und mutiger Satanismus; aber der pazifistische Satanismus, der arme sentimental-beschränkte Seelen düpiert, ist nur ein geduckter und feiger. Auf der Stufe des agnostischen Ich-Nichtichbewußtseins muß jeder Staat dem anderen zuvorkommen, der nicht der zuerst Aufgefressene sein will, und der Friede kann nur ein latenter oder verlogener Krieg sein. Aber es heißt ja, daß Satan ein Lügner von Anbeginn ist; von Anbeginn, das bedeutet seit der Ur-verneinung der Identität des Einen in Subjekt und Objekt. Aber indem die satanistischen Individuationen des Einen sich wechselseitig vergewaltigen und ausrotten, legen sie, ohne es selbst zu wissen, das Bekenntnis ab, daß sie als agnostische menschliche Individuationen keine Existenzberechtigung haben, da sie ihre gnostische Bestimmung nicht erfüllen. So müssen die Menschen über sich selbst das verdiente Todesurteil aussprechen und es aneinander vollstrecken. Das Eine selbst streicht also seine satanistischen Individuationen als Fehlleistungen wieder aus und begreift diese Negation des Negativen als eine Bejahung seines gnostischen Endzweckes.

Historisch trat die satanistische Philosophie als Verneinung der Urphilosophie der Menschheit zuerst in Erscheinung als die Philosophie des antignostischen Hominismus gegen die des gnostischen Feminismus. Das sich gegen die gnostische Gynäkokratie erhebende männliche Geschlecht stellte dieser eine eigene hoministische Philosophie mit ihren immanenten Konsequenzen entgegen; denn die Geschichte der Menschheit ist die ihrer Philosophien. Diese Geschlechterrevolution begrub das erste Zeitalter und begründete den zweiten oder satanistischen Äon. Sie ist die einzige totale Revolution, welche die Menschheit erlebt hat; eine zweite totale Revolution könnte nur in der Wiedergewinnung des verlorenen gnostischen Ichbewußtseins bestehen, was gleichbedeutend mit Wiederherstellung der gnostischen Gynäkokratie wäre. Denn alle Revolutionen seit der Zeit, wo „Männer" Geschichte zu machen begannen, die jene Urrevolution bereits im Keime in sich trug, sind nur noch innerhoministische, durch jenen Urfortschritt bedingte Entwicklungen; seitdem können die satanisierten Beine des männlichen Geschlechtes nicht mehr stille stehen und müssen marschieren als ob sie Siebenmeilenstiefel anhätten. Aber alle späteren Männerrevolutionen, zu denen auch die noch zu erwartenden gehören, haben dasselbe Ziel: das Werk der glorreichen Urrevolution und ihrer Urfortschrittler unter sich verändernden Formen zu befestigen und zu vollenden. Seit dem damals akut gewordenen Geschlechterkampf hat der notwendig attributiv näher zu bestimmende Begriff des Fortschritts einen esoterisch-hoministischen Sinn. Jede fortschrittliche Männerrevolution versteht unter Fortschritt ein Hinausgehen über die Methoden ihrer Vorgänger zu wirksamerer Unterdrückung der Gnosis und zu wirksamerer Bekämpfung der vom bösen Gewissen gefürchteten Möglichkeit einer gnostisch-gynäkokratischen Wiederherstellung. Die alten konservativen Methoden, dasselbe Ziel zu erreichen, gelten dann als rückständig und reaktionär. Eine Übersetzung des philosophischen und religiösen Schlagwortlexikons des hoministischen Geschlechterkampfes ins Gnostisch-Feministische, durch die zugleich Ursprung und Zweck der Schlagworte deutlich würde, wäre eine interessante und wissenschaftlich wertvolle Beschäftigung.

Die hoministische Revolution wird von den ersten abtrünnig gewordenen, bis dahin gnostisch-gynäkokratischen Männerorden innerhalb des Doppelordens ausgegangen sein, der nun durch Unterwerfung des weiblichen Ordens unter das neue Gesetz sein Ende fand. In den christlichen Nonnenklöstern, den römischen Vestalinnen und den peruanischen Sonnenjungfrauen, um nur ein paar bekannte Beispiele zu nennen, hat der damals besiegte und hominisierte Jungfrauenorden weitergelebt. Das ganze Männerhaus des Stammes schloß sich dem revolutionären Orden an, der durch seine Tat die Geschichte der Menschheit in eine neue Bahn lenkte. Auch er war ein Mönchsorden, der aber als ein revolutionär-hoministischer auf der Verneinung und Bekämpfung des feministischen Geistes beruhte, und er wurde mit diesem Prinzip der geistige Stammvater aller späteren Männerorden des zweiten Äons, christlicher, buddhistischer, taoistischer und freimaurerischer. Dieser hoministische Gegenorden ruhte auf der neuen Philosophie, die seine Mitglieder lehrten. Denn der gewaltige Begründer des Ordens war, mythologisch gesprochen, der hoministische Urphilosoph, der erste Lehrer jener Philosophie, die wir, ihres negativen Charakters wegen, antignostischen Satanismus nannten, und aus der, als aus ihrer gemeinsamen Wurzel, alle, äußerlich betrachtet sich so sehr widersprechenden, Systeme des zweiten Äons hervorgegangen sind. Nur selten noch erschien in dieser Periode einem Denker, aus der Tiefe der unbewußten Erinnerung aufsteigend, als geistige Führerin die übermenschliche philosophische Jungfrau Sophia, wie dem Parmenides oder dem Dante auf seinen Irrwegen oder dem Boethius im Gefängnisse vor seiner Hinrichtung; aber sie waren nicht mehr im Stande, die zerfließende Gestalt zu verdichten und so vermochte diese auch nicht, den schlummernden gnostischen Logos in ihnen wieder zu erwecken, so daß diese Denker nur die hoministischen Lehren, die ihr Wachbewußtsein zu hören wünschte, vernahmen und nicht das, was sie hätten hören können, wenn ihre Beschwörungskraft stärker und hingebender gewesen wäre.

Es war die erste bewußt gegen die feministische Philosophie der *Unio gnostica* gerichtete Philosophie des hoministischen Willens zur Macht. Das Eine negierte im agnostischen männlichen Ichbewußtsein seine metaphysische Identität mit jedem Nichtich, womit diese, *realiter* zu sein, natürlich nicht aufhörte. Es widersprach nur der Philosophie der Einheit in der Zweiheit mit einer Philosophie der einheitslosen Zweiheit, d. h. der Philosophie der Eintracht mit einer Philosophie der Zwietracht, die sich auch psychologisch in der Zerrissenheit des Ichbewußtseins selbst, in der Spaltung der Persönlichkeit der einzelnen Individuationen, in dem Kampf aller Tendenzen der Einzelpsyche gegen alle, seinen Ausdruck finden mußte. Empedokleisch gesprochen der Philosophie der Philia und Harmonia trat die des Neikos und der Eris entgegen, also die des antignostischen Satanismus. Das Eine wurde von seinen Erscheinungen getrennt und ontologisch als ein transzendent extramundan Seiendes hypostasiert, dem die ganze Erscheinungswelt als sein Nichtich gegenüberstand. In der allgemeinen Negation der Identität von Subjekt und Objekt war auch die der Identität von Leib und Geist eingeschlossen, deren Einheit gleichfalls dualistisch in eine unsterbliche und eine sterbliche Substanz auseinandergerissen wurde. Mit diesem dualistischen Prinzip der absoluten Differenz hatte das männliche Geschlecht die Grundlage seiner agnostisch-hoministischen Gegenphilosophie als die Negation der gnostisch-gynäkokratischen des weiblichen gelegt. Ursprünglich, symbolisch gesprochen also in der Zeit des revolutionär-hoministischen Urordens, schrieb das männliche Geschlecht nur seiner Natur die Unsterblichkeit zu; die Minderwertigkeit der Frau aber beruhte auf ihrer der Unsterblichkeit unfähigen Natur. Nur weil es das unsterbliche ist, ist das männliche auch das geistige Geschlecht; es allein hat außer seiner körperlichen auch eine geistige Substanz. Noch auf dem Konzil auf Elvira scheinen die spanischen Väter die urhoministische These, daß die Frau keine unsterbliche Seele besitze, diskutiert zu haben. Der philosophische Satanismus hatte also die gnostische Identität der beiden Geschlechter durch eine Differenz absoluter Wesensverschiedenheit ersetzt. Das weibliche ist das dem Geiste von Natur widersprechende und materielle, das männliche dagegen das von Natur jenes bekämpfende und unterwerfende geistige Geschlecht und als geistiges unsterblich. Damit war die neue Hierarchie der Geschlechter dogmatisch begründet. Der Sieg des agnostisch ichbewußten männlichen Geschlechtes über das gnostisch ichbewußte weibliche, also über die gnostische Gynäkokratie, wird damit zum eigentlichen Sinn der menschlichen Geschichte. Der revolutionäre Männerorden selbst aber war in einem auf seiner spaltenden Gegenphilosophie beruhenden religiös-soziologischen Gottessymbol geeint, das selbst aus einer Spaltung entstanden war, nämlich in der hominisierten Hälfte des gnostisch-gynäkokratischen Androgyns, der so zum Männergott mit dem neuen antifeministischen Männergesetze umgewandelt wurde. Und dieser hominisierte Männergott wurde gleichgesetzt mit dem absoluten hypostasierten reinen Sein, das durch ihn anthropomorphe Attribute erhielt. In dieser theologisch-philosophischen Synthese besteht der Urmonotheismus des männlichen Geschlechtes, so daß das hoministische Geschlechtergesetz als Offenbarung des Absoluten selbst betrachtet werden konnte. Das neue hoministische Gegensymbol begann nun den Kampf gegen den göttlichen Androgyn Sophia und Logos, d. h., konkret gesprochen, gegen den gnostisch-gynäkokratischen Doppelorden, bis schließlich durch apostolische Missionen, deren erste von dem urmonotheistischen Männerorden selbst ausgegangen sein müssen, die weibliche und die männliche Menschheit dem Gotte des Hominismus und seiner dualistisch-theistischen Philosophie unterworfen waren. Die Kraft nun, durch die der hoministische Subjektivismus des männlichen Geschlechtes das weibliche Geschlecht der neuen Lehre unterwarf, war die terroristische magische Suggestion, so daß man die spiritualistisch-theistische Gegenlehre auch als magischen Spiritualismus bezeichnen kann. Die gnostische Magie ist nur eine ungewollte Nebenerscheinung oder passive

Ausstrahlung des in einer Individuation zum teleologischen Selbstbewußtsein gekommenen Einen und steht deshalb in harmonischem Zusammenhang mit Menschheit und Kosmos; die gnostische Magie ist daher die weiße Magie. Die magischen Kräfte des die Identität negierenden und die absolute Differenz bejahenden agnostischen Ichbewußtseins der hoministischen Gegenorden aber war die konzentrierte und geschulte Aktivität des agnostisch ichbewußten Willens zur Macht: die agnostische Magie ist also die schwarze oder satanische Magie. Magie und Technik sind die beiden Methoden, durch die das Eine seine Ziele in seinen menschlichen Individuationen verwirklicht. Beide Vermögen sind polar untrennbar; aber das eine oder das andere kann in einzelnen Individuationen und in verschiedenen Epochen dominieren. Beide können „vernünftig" sein, d.h. im Dienste des zur Vernunft oder zum Selbstbewußtsein gekommenen Einen und seines Willens stehen, beide auch vernunftlos, d. h. im Dienste des agnostischen Ichbewußtseins angewendet werden; beide sind als Erscheinungen des Satanismus aber gleich verhängnisvoll. Insofern als sie satanisch-vernunftlos sind, täuschen sich beide auch über ihre Grenzen und dann beansprucht jedes dem anderen gegenüber alleinige und ausschließliche Gültigkeit zu besitzen. In der Gegenwart erleben wir die nicht mehr durch die Vernunft begrenzten Totalitätsansprüche des satanisierten technischen Vermögens; in der Zeit, da der zweite Äon begann, war das magische Vermögen von demselben Größenwahn besessen. Weil der Magier Herr der menschlichen Seelen war, glaubte er auch Herr über die Seelen d. h. über die Willen aller anderen Dinge zu sein, auch Herr über die kosmischen Wesen, und sie durch seinen Zwang in Ordnung zu halten oder ihnen nach seinem Willen zu gebieten. Er besaß die Unsterblichkeit, er die magische Allmacht, der sich alle Wesen im Himmel, auf der Erde und unter der Erde beugen mußten, kurz über jegliches Nichtich. Der Sieg des hoministischen zweiten Äons beruhte auf seiner schwarzen Magie, als das gnostische Bewußtsein des ersten und mit ihm seine eigenen magischen Kräfte im Niedergang waren; denn der Hominismus hatte die antignostische Tendenz auch im weiblichen Geschlechte erweckt. An der Angst vor diesem durch Konzentrationsübungen autosuggestiv gesteigerten magischen Größenwahn der hoministischen Urorden zerbrach das gnostische Zeitalter, auf ihr beruhte der neue Äon. Das schwächer gewordene gnostische Bewußtsein des weiblichen Geschlechtes unterlag der Furcht vor dem magischen Terror des männlichen; es beugte sich seinem magischen Spiritualismus und dem neuen Geschlechtergesetz, das er erzwang. Man unterscheidet Natur- und Kulturvölker: die ersteren möchte ich die Völker des magisch-terroristischen Hominismus, die letzteren die des technisch-terroristischen

Hominismus nennen. Man könnte sie auch als die Völker des chthonischen und des solaren Hominismus bezeichnen, wenn man in dem Chthonischen das Symbol des Irrational-Instinktiven, in dem Solaren das des Rational-Reflektiven sehen will. Es sind die zwei Seiten des hoministischen Satanismus und es ist allzu einfach und außerdem irreführend, sie nur zur Symbolisierung des Geschlechtergegensatzes zu verwenden, wie es der hoministischen Philosophie und Wissenschaft leider gelungen ist. Mit dem Pandämonium des magisch-spiritualistischen Satanismus begann der antignostische Hominismus das Werk der Verneinung, das er mit dem technisch-materialistischen Satanismus der mechanischen kosmischen Klappermühle vollendete. Zunächst aber atmete man auf, als man sich nach der Schreckensperiode der vernunftlosen magischen Kräfte des Hominismus der Herrschaft seiner ebenso vernunftlosen Verstandeskräfte anvertraute. Den entscheidenden ersten Schritt zur Entgeistigung des Seins aber hatte der magische Spiritualismus gemacht, als er das Eine als transzendentes reines Sein hypostasierte, von seinen Erscheinungen trennte und es ihnen als ein ichbewußtes abgezogenes oder abstraktes sogenanntes höchstes Wesen antithetisch entgegensetzte. Aber jedes ichnichtichbewußte Wesen, sei es auch ein sogenanntes höchstes, ist seiner Natur nach gerade durch sein Ichbewußtsein immer nur eine begrenzte Erscheinung des Absoluten; auch das höchste ichbewußte Wesen könnte nie mehr als eine Individuation des Absoluten sein, durch das es eben als seine höchste Individuation hervorgebracht worden wäre, also als eine Erscheinung, die einmal nicht war und einmal nicht mehr sein wird. Zu bestreiten jedoch, daß es im All der Erscheinungen auf anderen Sternen im Vergleich mit uns und untereinander höhere und höchste Wesen geben müsse, die wir als Übermenschen oder Götter bezeichnen können, wäre borniert und lächerlich. Die Vorstellung von solchen konkreten Göttern hat bei der Entstehung der Religionen eine große Rolle gespielt; doch hier handelt es sich um den abstrakten Gott der Philosophen. Die Identifizierung des soziologischen anthropomorphen Gottes mit dem durch das agnostische Ichbewußtsein zum supramundan Seienden hypostasierten und aus seinen Erscheinungen eliminierten Einen hatte es mit sich gebracht, daß dieses transzendent Seiende nun gleichfalls Gott genannt wurde. Durch diese Gleichsetzung sind eine Menge zum Teil beabsichtigter Zweideutigkeiten entstanden. In der magischen Periode des Hominismus, als der *deus magus* des magischen Männerordens das hoministische Gottessymbol war, wurde auch das absolut Seiende der antignostischen Philosophie theologisch als *Deus Magus* gedacht, der wie der Zauberer durch seine Zauberformel Welten aus dem Nichts erschafft, sie erhält und zerstört. Als man aber in der Technik ein besseres Mittel zur Herrschaft über die äußere Natur als in der Magie erkannte, wurde das transzendent Seiende zum *Deus Faber*, zum „*Grand Architecte de l'Univers*" oder zum Techniker des kosmischen Perpetuum Mobile. Für die mit Worten spielende theologische Sophistik des Hominismus sind solche Gleichsetzungen Kleinigkeiten. Ihr philosophischer Sinn aber ist der, daß das Eine auf der Stufe des agnostischen Ichbewußtseins nicht mehr im göttlichen Androgyn, sondern im Symbol des hoministischen göttlichen Magiers oder Technikers den Sinn seiner Individuationen erblickt. Der Widerspruch zwischen theistischer und atheistischer Philosophie, also zwischen denjenigen, die ein transzendent-abstraktes Seiendes denken zu müssen glaubt, und derjenigen, die ohne es auszukommen meint, ist geringer als man glaubt. Der hoministische Theismus ist der erste Schritt zum hoministischen Atheismus. Der Widerspruch zwischen beiden ist nur ein innerhalb der antignostischen Gegenphilosophie dialektisch notwendiger Widerspruch; die Einheit beider aber besteht darin, daß beide, Theismus wie Atheismus, Negationen des Einen als des sich selbst erscheinenden Absoluten, daß sie zwei miteinander disputierende Stadien in der antignostischen Selbstverneinung des Einen sind.

Der Angriff des magischen Hominismus hatte die Zerstörung der gnostisch-gynäkokratischen Doppelorden von Sophia und Logos zum Ziel, von denen die allgemeine gnostische Gynäkokratie überhaupt getragen wurde; sie wurden ausgerottet oder gegensinnig hominisiert. Die früher von uns analysierten gnostisch-gynäkokratischen Apokalypsen der östlichen Mittelmeerländer von Hellas und Ägypten im Westen bis nach Sumer im Osten erzählen in mythisch-historischer Sprache den Untergang dieser Doppelorden der *Unio gnostica* durch den Terror der hoministischen Männerorden. Wir kommen hier auf diese tragische Katastrophe nicht mehr zurück; wie die Apokalypsen selbst sie direkt bezeugen, so ist auch die griechische Tragödie, ihrem Wesen nach ein apokalyptisches Mysterienspiel, die dramatisierte Erinnerung an diese Urtragödie des Menschengeschlechtes, an den Untergang des gnostischen weiblichen Äons durch das neue agnostische Zeitalter des Hominismus. Aber diese Apokalypsen erzählten nicht nur die Tragödie seines Unterganges, sie verkündeten in dem eschatologisch-prophetischen Mythus vom dritten Äon, dem des wiederauferstandenen Frauengottes, die dereinstige Wiederherstellung des Doppelordens als teleologisch notwendige zweite gnostische Selbstverwirklichung des Einen in der zweigeschlechtlichen Menschheit. Im zweiten Äon aber büßt das weibliche Geschlecht durch die *Unio agnostica* dafür, daß es das Eine in seiner männlichen Potenz nicht mehr von seiner gnostischen Unwissenheit zu erlösen im Stande war. Der agnostische Mann des zweiten Äons ist das

Werk der Frau, wie es der gnostische des ersten war, und der nun durch seine Unwissenheit Verdammte mußte sie in die Verdammnis des eigenen Nichtwissens hineinreißen. Die Theorie von einer tierischen Promiskuität der Geschlechter und einer animalischen Sumpfzeugung am Anfang der menschlichen Geschichte ist ein echt hoministischer, zur Entlastung des männlichen Geschlechtes erdichteter Evolutionsmythus, eine tendenziöse Verleumdung der gnostischen Gynäkokratie des Anfangs, die abzuleugnen eine Forderung der männlichen Geschlechtseitelkeit ist. Symbolisch gesprochen ist Sophia weder chthonisch, noch lunar, noch solar, sondern uranisch, die geistige Aphrodite Urania der *Unio gnostica*. Wohl aber entstanden durch die hoministische Revolution für das weibliche Geschlecht Zustände, die man benutzte, um es zu diffamieren und seine Unterdrückung im zweiten Äon zu legitimieren. Die gnostischen Jungfrauenorden aber wurden hominisiert. Die Vestalinnen und christlichen Nonnen sind Werkzeuge der hoministischen Geschlechterpolitik geworden. Andere Jungfrauenorden wurden in Kedeschen- und Hierodulenorden für den Männergott umgewandelt; aber noch der Begriff der heiligen Prostitution, der eine *contradictio in adjecto* ist, läßt erkennen, daß die Erinnerung an eine urzeitliche *Unio gnostica sive sacra* noch im hoministischen Äon vorhanden war, so daß wir in diesen Verbänden die durch den Hominismus mißbrauchte weibliche Hälfte eines ehemaligen gnostischen Doppelordens sehen dürfen. Im Jahre 1939 hatte Herr Lenzen von der deutschen Warkaexpedition das Glück, in E-anna, dem heiligen Tempelbezirk Ischtars in Uruk, einen fast lebensgroßen, wenig beschädigten Frauenkopf zu finden,* den die Gelehrten der rein sumerischen Djemdet Nasr-zeit zuschreiben, die etwa der Zeit der Einigung von Ober- und Unterägypten durch Menes, den ersten Pharao des alten Reiches, entsprechen soll. Psychologisch ist dieser Kopf einer der bedeutungsvollsten Frauenköpfe des Altertums. Man weiß nicht, ob er Ischtar-Innin selbst oder ihre irdische Stellvertreterin darstellt, die aber beide im Geist Eines sind. Die schmerzhafte aber resignierte Verachtung, die der Mund ausspricht, ist erschütternd; doch die ehemals eingesetzt gewesenen großen Augen scheinen, unberührt von den Erfahrungen des Mundes, in eine erlösende Zukunft zu schauen. Ich möchte sie „Unsere liebe Frau" oder die Mater dolorosa von Uruk nennen. So müssen die sumerischen Sibyllen in die Welt des hoministischen Äons geblickt haben, durch deren schmerzhaft verächtlichen Mund das Eine die gnostisch-gynäkokratische Apokalypse von Innin und Dumuzi, von Ischtar und Tammuz, verkündete. Und so wird wohl auch die gnostische Frau der Zukunft blicken, die den gnostischen Doppelorden von Sophia

---

* Siehe Tafel III im Tafelanhang

und Logos wiederherstellt und das durch den hoministischen Satanismus aus seiner Bahn geschleuderte weibliche Geschlecht seiner Bestimmung zurückgibt.

III. TENDENZEN ZUR WIEDERHERSTELLUNG DES GNOSTISCH-GYNÄKOKRATISCHEN DOPPELORDENS VON SOPHIA UND LOGOS

1. Tendenzen in Indien und China

Wir können jetzt zusammenfassend sagen: das vollständige Selbstbewußtsein des Einen, zu dem es in seinen irdischen männlichen und weiblichen Individuationen fähig ist, enthält folgende fünf Elemente. Erstens das ontologische Bewußtsein seiner selbst als des in Ich und Nichtich Identischen. Zweitens das auf diesem beruhende teleologische Bewußtsein von der Unio gnostica durch das weibliche Geschlecht als dem letzten Ziele seiner geschlechtlichen Spaltung in der Erscheinungswelt. Drittens das Bewußtsein von dem gnostisch-gynäkokratischen Doppelorden als dem soziologischen Mittel, um zur Allgemeinheit seines onto-teleologischen Selbstbewußtseins zu kommen, da sich die Individuationen durch die Tiefe und den Umfang ihrer Erkenntnis von Natur hierarchisch unterscheiden und der Doppelorden von Sophia und Logos aus den gnostisch relativ Vollendeten besteht. Viertens das empirisch-historische Bewußtsein von der Geschichte seines onto-teleologischen Selbstbewußtseins, also von der Geschichte des gnostisch-gynäkokratischen Doppelordens als des Trägers und Lehrers seines gnostischen Selbstbewußtseins. Und Fünftens endlich das bewußte Begreifen der antignostisch-hoministischen Philosophien als negativer Philosophien. Unvollständig ist dagegen die Gnosis, wenn ihr eines dieser fünf Elemente fehlt oder eines in sich selbst fragmentarisch ist. Im zweiten Äon der abendländischen und morgenländischen Menschheit kam in aufeinander folgenden Epochen der gnostische Trieb immer wieder wie ein Sturm über sie, so daß es scheinen konnte, die Zeit sei da. Der Riese unter dem Vulkan schien frei zu werden, aber es gab nur Eruptionen, er selbst blieb gefesselt. Die Schläfer schienen zu erwachen, aber sie hatten sich nur auf die andere Seite gelegt und schliefen weiter: es war kein Erwachen, sondern nur verworren ahnendes Träumen und dumpfes Erinnern. War dieser Trieb stärker in der Zeit als die gnostisch-gynäkokratischen Apokalypsen entstanden, als das Neue noch neu war, oder in späteren Jahrtausenden, als der Terror der hoministischen Negation immer drückender geworden war? Jedenfalls war der gnostische Trieb weder der frühen noch der späten Zeit im Stande, den negativen Hominismus mit seinen Göttern bewußt zu überwinden; vielleicht bricht er einmal in der Zukunft mit der für das *opus magnum* notwendigen Kraft hervor.

Die matriarchale drawidische Urbevölkerung Nordindiens, besonders die der uns seit den Ausgrabungen von Mohendjodaro nicht mehr ganz unbekannten Indusstaaten, und die ebenfalls matriarchale Urbevölkerung Chinas südlich des Yangtse müssen als geistige Grundlage ihrer Gesellschaftsordnung die vorhoministische gnostisch-gynäkokratische Philosophie des Doppelordens besessen haben; denn der Androgyn, das Symbol der gnostisch-gynäkokratischen Gesellschaftsordnung, ist für die Stämme dieser Länder einmal das allgemeine religiös-soziologische Symbol gewesen. In China war es der Androgyn Yin-Yang, dessen beide Hälften später hoministisch umgewertet wurden. In Indien bezeugt diese Urreligion der im späteren Brahmanismus und Tantra-buddhismus des Vajrayana, aber ebenfalls hominisiert wiederauferstandene Shaktikult. Und die dieser androgynen Urreligion zugrunde liegende Philosophie der Identität ist die Urphilosophie der vorhistorischen Völker Indiens und Chinas gewesen. In Indien ist der antignostische und deshalb notwendig kriegerische Hominismus sicher erst mit der arischen Völkerwanderung zur Macht gekommen, und auch China ist er wahrscheinlich ebenfalls durch fremde Eroberer aufgezwungen worden. Aber die friedliebenden Urbevölkerungen, an Zahl den hoministischen kriegerischen Herren weit überlegen, bewahrten ihr altes gnostisches Wissen und es kam die Zeit, da die Besiegten die Lehrer der Sieger wurden. Aber das war nicht mehr die vollständige feministische Urgnosis, deren Elemente wir eben aufzählten, welche die aus Schülern zu neuen Meistern gewordenen Lehrer jetzt verbreiteten. Die neue Gnosis, die sich in Indien seit der Upanishadenzeit des achten Jahrhunderts, in China in der Zeit vor Lao-tse entwickelte, der ihr die vollendete Gestalt gab, beruhte bereits auf dem unerschütterlichen hoministischen Grunddogma. Der brahmanische und der chinesische Hominismus hatten die gnostische Gegenbewegung, die für das männliche Geschlecht gefährlich zu werden drohte, zum Stehen gebracht und die Gnosis hominisiert, was ja eigentlich eine *contradictio in adjecto* ist. Der gnostisch-gynäkokratische Doppelorden erstand nicht wieder; und die neuen gnostischen Männerorden verfielen zwar nicht dem totalen Satanismus der Negation, wie das Abendland, aber doch sozusagen einem halben und gemäßigten, wenn es so etwas geben kann. Denn während der spiritualistische Subjektivismus des hoministischen Abendlandes die weibliche Gnosis der Urzeit philosophisch und also auch religiös radikal bekämpfte und ausrottete, erhielt sich in den indischen und chinesischen Männerorden wenigstens prinzipiell die gnostische Bewußtseinsgrundlage von der ontologischen

Identität des Einen in Ich und Nichtich. Wessen sich das Eine in ihnen aber nicht bewußt wurde, ist Folgendes. Erstens nämlich unterdrückten sie, um die Absolutheit und Autorität des männlichen Geschlechtes zu begründen, das androgyn-teleologische Selbstbewußtsein des in die Subjekt-Objektdifferenz gespaltenen Einen samt dessen historischem Bewußtsein von seiner gnostisch-gynäkokratischen Vergangenheit; deshalb wurde ihre Philosophie bewußt und prinzipiell ahistorisch und antihistorisch. Und zweitens entwerteten sie das weibliche Geschlecht selbst zu einem geistigen Negativum, zur höchsten Form der, zu sein nur scheinenden aber nicht wirklich seienden Maya, der illusionären Erscheinungswelt, und machten es zu deren Symbol. Das nicht wirklich seiende weibliche Geschlecht ist daher nur als zu überwindende Versuchung des gnostischen Mannes da, als jenes „Plastron, moralisch zu rapieren", wie Mephisto spottet, und wie es später auch in den Augen des christlichen Mönchs ein Werkzeug des Teufels war. Auf feinere scheingnostische Weise als auf die plump spiritualistische der abendländischen Männerorden haben auch die hoministischen morgenländischen dasselbe Ziel erreicht: die Frau war als Lehrerin der gnostischen Gynäkokratie zum Schweigen gebracht, d. h. die Zeit des gnostischen Doppelordens war auch für den Osten endgültig vorüber. Verglichen mit der Urgnosis hat also diese hominisierte Gnosis des Ostens einen negativen oder satanistischen Charakter und durch die Negation oder Negativierung der weiblichen Potenz in dem Einen wurde das befruchtende und sein Erscheinungsdasein erhöhende Wissen des Einen von sich selbst in eine versteinernde und tötende Kraft verwandelt. Denn die Verneinung der gnostischen Liebe des Einen zu sich selbst ist Bejahung des Todes, ja, sie ist im Wesen die Verneinung des Einen selbst. Die hoministischen Orden des Ostens und die des vorchristlichen und christlichen Westens aber wählten die Verneinung, Satan oder den Tod, um die Herrschaft des männlichen über das weibliche Geschlecht zu begründen. Trotzdem steht natürlich auch die hominisierte Gnosis der Männerbünde des Ostens der gnostischen Urphilosophie der Menschheit näher als die spiritualistische Philosophie der abendländischen; denn jene haben bei aller tendenziösen Entstellung doch das Grundprinzip von dem sich individuierenden Einen bewahrt, auf dessen Verneinung der spiritualistische Individualismus des Westens beruht. In einem Prinzip aber liegen von anfang an alle sich aus ihm ergebenden Folgerungen für immer eingeschlossen, gleichgültig, ob und zu welcher Zeit man sie einmal herausläßt, d. h. bewußt macht; die ihm sophistisch untergeschobenen Folgerungen aber werden dann als unechte Kinder entlarvt und nach ihrer wahren Herkunft erkannt werden. Die ostasiatische Frau, die durch die Schule der hominisierten Gnosis gegangen ist, wird aber den Weg zur gnostisch-gynäkokratischen Philosophie des weiblichen Geschlechtes leichter zurück und damit vorwärts finden als die durch den spiritualistischen Individualismus erzogene abendländische. Es ist deshalb möglich, daß ihr die gnostische Führung des ganzen weiblichen Geschlechtes vorbehalten ist, damit das Eine, den morgenländischen und abendländischen Hominismus überwindend, auch im männlichen Geschlechte wieder zum Bewußtsein seiner selbst kommt. Dieser Bestimmung wird sich die gnostische Frau Asiens vielleicht erst ganz bewußt werden, wenn der hoministische Satanismus des Westens theoretisch und praktisch auch den des Ostens in seine Hölle der Negation mit sich hinuntergerissen hat. Der erste gnostisch-gynäkokratische Doppelorden würde dann als *caput et mater omnium ecclesiarum* im Osten entstehen: *ex oriente lux gnostica*. Er wäre der wiederauferstandene, von der hoministischen Weltrevolution der Urzeit zerstörte Doppelorden von Sophia und Logos und die gnostisch-gynäkokratischen Apokalypsen hätten das Schicksal der Menschheit richtig vorausgesagt.

2. Tendenzen im alten Judentum

Der magische Spiritualismus der abendländischen christlichen Theokratie und der der brahmanischen Theokratie Indiens haben den Kampf gegen scheinbar auch unbedeutende Anzeichen eines Wiedererwachens des gnostisch-gynäkokratischen Selbstbewußtseins des Einen mit untrüglichem Geschlechtsinstinkt nach derselben Methode gleich erfolgreich geführt. Nur was mit ihren kanonischen hoministischen Offenbarungsschriften, dem Alten und Neuen Testament und den Veden, d. h. was mit der Existenz selbst dieser hoministischen Theokratien absolut unvereinbar war, wurde ausgeschieden, was assimilierbar war, wurde durch eine von beiden Männerkirchen gleich vollkommen geübte symbolische Interpretationstechnik in hoministischem Sinne gedeutet und für die eigenen Zwecke utilisiert. So wurden synkretistisch die zwei babylonischen Türme der brahmanischen und christlichen Scholastik erbaut, deren Stärke und Schwäche darin lag, daß sie des Guten zu viel tun wollten. Aber man wird sie immer anstaunen als die Riesenkathedrale und die Riesenpagode der gegen die gnostische Gynäkokratie gerichteten sophistischen Dialektik des hoministischen Verstandes, als die Summa des westlichen und die Summa des östlichen Hominismus im zweiten Zeitalter der Menschheit, das wir das negativistische und deshalb auch das satanistische oder dämonische Zeitalter nennen.

Die mosaische Religion ist durch die beiden von ihr ausgegangenen Sekten, die christliche und die islamische, zur Begründerin des europäischen und vorderasiatischen Hominismus geworden. Durch Mosche und seine Schüler Jeschua und Mohammed erhielt der noch mit allzu vielen Erinnerungen aus der gnostisch-gynäkokratischen Urzeit belastete und bedrohte Hominismus der Syrer, Griechen, Römer und vorislamischen Araber seine endgültige philosophisch-religiöse Rechtfertigung als der durch seine Propheten offenbarte Wille eines extramundanen Schöpfergottes, der den Mann nach seinem Bilde, d. h. als Herrn und Gebieter über die Natur und das aus ihm emanierte Weib geschaffen hat. Altes Testament, Neues Testament und Koran sind aber bei aller Filiation ihrem Wesen nach nur drei durch Zeit, Raum und Völkerart verschiedene Aspekte desselben gegen die gnostische Gynäkokratie der Urzeit gerichteten revolutionären monotheistischen Urhominismus und werden sich vielleicht bewußt zu einer Trinität vereinigen, wenn der Entscheidungskampf heranrückt.

Wenn auch die Erinnerung an die gnostische Gynäkokratie der Urzeit mit ihrem androgynen Gottessymbol in den syrischen Gebieten nie verloren ging, so hatte sich doch schon vor der hebräischen Invasion das hoministische Prinzip in Kanaan wie auch in den andern Ländern zwischen Tigris und Mittelmeer durchgesetzt. An Stelle des gnostisch-gynäkokratischen Doppelordens waren zwei getrennte Orden getreten, der des Baal und der der Baalah, von denen der letztere, entsprechend der neuen Geschlechterhierarchie des agnostischen Ichbewußtseins des Einen, unter der geistigen Leitung und Kontrolle des ersteren stand. Für den totalen mosaischen Hominismus der hebräischen Eroberer aber war ein Kompromiß unannehmbar. Ihr Monotheismus zerbrach, getreu dem Sinne der hoministischen Urreligion, auch den Einfluß, der dem weiblichen Geschlecht bei anderen Völkern noch geblieben war. Denn hoministischer Monotheismus bedeutet soziologisch nichts anderes, als daß nur das Gottessymbol des Männerordens, also auch nur dieser ein Existenzrecht hat; er bedeutet also die prinzipielle Verneinung des weiblichen Ordens und seiner Göttin. Mit der Negierung des Androgyns als des Gottessymbols aber ist die Subjekt-Objekt-Identität des Einen selbst negiert und es bleibt nur die hoministische Unipolarität des agnostischen männlichen Ichbewußtseins und seines Machtwillens übrig, das sich in seinem monotheistischen Gottessymbol selbst anbetet, das heißt, bejaht. Die aus dieser Pervertierung des Bewußtseins entstandenen monotheistischen Götter der hoministischen Männerbünde sind also als Götter der Negation satanistische Götter, deren Regierungsmaxime die des Caligula ist, das *„oderint dum metuant"*. Seit der Gründung des Jahweordens ist das von ihm geleitete hebräische Volk in beständiger Flucht vor seiner eigenen, von ihm verleugneten, gnostisch-gynäkokratischen Vergangenheit; es hat das böse Gewissen des Renegaten, der seine innere Unsicherheit gerade durch die Überbetonung des neuen Credos verrät. So macht es aus seiner ganzen Existenz eine einzige Buße für diese Vergangenheit, die es nicht zugestehen will, obwohl es sich selbst beständig durch die Befolgung der Gesetze Jahwes für sie bestraft. Deshalb leidet es auch mehr als andere, oberflächlichere Völker an der hoministischen Hysterie ohne begreifen zu wollen, daß seine Krankheit Jahwe heißt. Denn durch diesen Gott der antignostischen Negation ist es zum Volk der Negation überhaupt gezüchtet worden, auserwählt zur Führung im Kampfe gegen die auf das Selbstbewußtsein des Einen gegründete gnostische Gynäkokratie von Sophia und Logos, unter der in der Vorzeit, wie die übrige Menschheit, auch die Ahnen der hebräischen Stämme gelebt hatten. Denn in dem Paradiesmythus der Genesis ist, wie wir früher sahen, die absichtlich entstellte Erinnerung an ihre eigene urzeitliche gnostische Gynäkokratie erzählt, die durch den extremsten Hominismus zu sühnen nun die Aufgabe ihrer Geschichte werden sollte. In zwei Institutionen fand diese Absage ihren deutlichen Ausdruck: in der Beschneidung und dem Opfer der männlichen Erstgeburt. Die Beschneidung ist zunächst das Symbol der Zugehörigkeit zum Männerbunde Jahwes. Sie wird damit zum sichtbaren Ausdruck für den Primat des männlichen Geschlechtes, denn nur der für Jahwe beschnittene Mann ist eigentlich ein Mensch; das Weib erhält seinen menschlichen Wert nur als Fortpflanzungsorgan für ihn. Aber damit ist der Sinn dieses Ritus nicht erschöpft. Er bedeutet eine symbolische Kastration, eine Bestrafung des Teiles, mit dem er gesündigt hatte, als er noch nach dem gnostisch-gynäkokratischen Geschlechtergesetz lebte. Es ist dasselbe Vergehen, für das, wie wir früher sahen, Uranos und Attis realiter entmannt wurden. Die Beschneidung wird damit zur Sühne des Sündenfalls des männlichen Geschlechtes unter die gnostische Leitung des weiblichen; denn der gnädige Jahwe ist mit einer bloß symbolischen Kastration zufrieden. So ist also die Beschneidung nicht nur ein einfaches Bundeszeichen sondern auch ein Zeichen der Erinnerung und der Strafe. Zugleich aber enthält sie das Gelöbnis des Initiierten (denn sie wurde wie bei andern Naturvölkern, bei denen sie denselben Sinn hat, ursprünglich gewiß erst als Pubertätsritus vollzogen), sich der Aufnahme in den Männerbund durch Bekämpfung der jahwefeindlichen Gynäkokratie würdig zu erweisen. Der beschnittene Mann trägt also das Zeichen des antifeministischen Hominismus als Gelöbnis an seinem Leibe. Eine analoge Bedeutung hat das Opfer der menschlichen Erstgeburt, das der hoministische Jahwe, ebenso grausam und tückisch wie die kanaanäisch-phönikischen Baalim, aus demselben Grunde wie diese verlangt; denn dieser Terror gegen das weibliche Geschlecht war notwendig, um das gnostische Matriarchat durch das agnostische Patriarchat zu ersetzen, indem durch ihn der antignostische Vatergott, d. h. der Väterbund, auf die grausamste und eindrucksvollste Weise das alleinige Eigentumsrecht des männlichen Geschlechtes über das Kind symbolisch proklamierte. Auf diesen beiden Institutionen, Beschneidung und Erstgeburtsopfer, beruhte der Sieg des hoministischen Jahweordens. Aber die Erinnerungen an die vorhistorische Gynäkokratie und die an den historischen molochistischen Terror des Jahwismus, durch den sie überwunden wurde, und der später in der Königszeit wiederauflebte, durchzittern wie Erinnerungen an zwei Alpträume die ganze jüdische philosophische und religiöse Spekulation, die ohne sie unverständlich bliebe. Die unterbewußte Erinnerung aber läßt sich durch bewußtes Ableugnen nicht täuschen; die Juden jedoch, die diese Erinnerungen nicht ertragen konnten, wurden zum Volk der Verdrängung. Später, als der molochistische Terror sein Ziel erreicht hatte und das antignostische Patriarchat nicht mehr bedroht war, konnte Jahwe auf menschliche Erstgeburtopfer verzichten und das Kind durch ein tierisches Ersatzopfer „lösen" lassen, wie Abraham seinen Sohn Isaak durch das Widderopfer löste; aber das molochistische Postulat behielt, wie noch der christliche Mythus zeigen wird, seine prinzipielle Gültigkeit. Denn auch die Götter müssen nach dem „Gesetz leben, nach dem sie angetreten", und der Molochismus gehört zum intelligibeln Charakter dieses Gottes. Seine Ableugnung durch opportunistische Theologen ist eine Verleugnung Jahwes selbst.

Die fast großartig zu nennende tendenziöse Simplifizierung und Schematisierung der jüdischen Geschichte durch die jahwistisch-hoministischen Redaktoren der kanonischen Bücher hat den weiblichen Protest gegen die religiöse Männerdiktatur so gut wie vollständig unterschlagen und in seinem wahren Sinn verfälscht. Denn die Methoden der hoministischen Geschichtsschreibung sind zu allen Zeiten dieselben gewesen, die sie auch heute sind, und die wir gerade heute durchschauen lernen, so daß wir die hoministischen Traditionen auch der Vergangenheit *a priori* skeptisch anzuhören gewohnt sind: wir wissen nämlich jetzt nicht nur, wie Männer Geschichte machen sondern auch wie sie Geschichte schreiben. Die weibliche Opposition im Judentum ist so alt wie der Jahwismus selbst und an ihrer Spitze steht keine geringere als Mirjam, die Schwester des Magiers und Gesetzgebers Mosche selbst, die erste weibliche Gegenprophetin, deren Fraueninstinkt sich gegen den hoministischen Terror ihres Bruders empörte. Das vierte Buch der Thora (Kap. XII.) erzählt ihre Geschichte als abschreckendes Beispiel: denn sie wurde zur Strafe ihres Widerspruchs von Jahwe mit Aussatz geschlagen und eine Woche im Aussätzigenlager bei Hazeroth am Sinai festgehalten, bis Jahwe ihr, auf die Bitten Mosches hin, die Gesundheit wiedergab. Wir erblicken in dieser Geschichte von dem Gegensatze der beiden Geschwister eine symbolische Erzählung vom Sieg der neuen Männerreligion über die Opposition der alten gnostisch-gynäkokratischen, die unter den hebräischen Frauen noch starken Anhang besaß und den hoministischen Jahwismus als bösartigen revolutionären Eindringling begriff. Man darf sich nämlich die starken Frauen des alten Israel nicht nach dem Bilde der vom späteren orthodoxen Rabbinismus gezüchteten, geistig und religiös passiv der Autorität des Mannes hörigen, also völlig jahweisierten Frau, vorstellen; sondern wie bei allen Völkern der Menschheit gab es auch im alten Israel den philosophisch-religiösen Geschlechterkampf zwischen dem antignostischen Hominismus und dem gnostischen Feminismus. Erst wenn wir den Jahweismus als die ihrer selbst bewußte Antithese zur gnostisch-gynäkokratischen Urreligion der Hebräer, also nicht nur zu derjenigen anderer Völker sondern vor allem auch zu der des weiblichen Geschlechtes des eigenen Volkes erkennen, wird uns seine wahre Bedeutung verständlich. Mosche hat dann in der Tat nur den vom Patriarchen Abraham inaugurierten Hominismus im Namen Jahwes vollendet. Die wahre und älteste Tradition der Hebräer aber ist nicht bei den Patriarchen, Mosche und den Propheten zu finden, die nur den neuen hoministischen Gott des revolutionären Jahweordens verkünden; die älteste und wahre hebräische Tradition besaß der gnostisch-gynäkokratische Doppelorden der hebräischen Urzeit, den man, da uns die unterdrückten hebräischen Namen seines Götterpaares bis jetzt noch unbekannt sind, inzwischen nach dem syrophönikischen Götterpaare als Astart und Adon oder nach dem ägyptischen als Isis und Osiris oder nach dem assyrischen als Ischtar und Tammuz nennen mag, wenn man nicht vergißt, daß es sich um eine *hebräische* Astart und einen *hebräischen* Adon oder um eine *hebräische* Ischtar und einen *hebräischen* Tammuz handelt, daß es also in der Urzeit ein spezifisch hebräisches gnostisch-gynäkokratisches Mysterium gegeben hat. Der letzte Sinn der Schriften des Alten Testamentes aber wird uns erst verständlich und lebendig, wenn wir den ungenannten wahren Feind erkennen, gegen den sie alle in einer fast panisch zu nennenden Angst gerichtet sind, nämlich den Androgyn der gnostisch-gynäkokratischen Doppelorden der Urzeit. Es muß also hebräische Frauenkreise gegeben haben, deren Geheimbund oder Orden eine gnostisch-gynäkokratische Apokalypse besaß, welche unter dem Symbol seines Gottes den gewaltsamen Untergang des gnostisch-gynäkokratischen Männerbundes durch seinen Feind Jahwe-Satan erzählte und seine künftige Auferstehung „nach drei Tagen" prophezeite; wie solche weiblichen Geheimbünde auch unter allen benachbarten semitischen Völkern bestanden und mit demselben Wissen um dieselbe Vergangenheit auch dieselben Hoffnungen auf die Wiederherstellung der gnostischen Gynäkokratie verbanden. In der späteren Königszeit aber, als der molochistische Jahweorden das Opfer der menschlichen Erstgeburt wieder in sein Ritual aufnahm und rigoros durchzuführen bemüht war (die bethlehemitische Kinderschlächterei ist ein mythologischer Nachklang dieser Schreckenszeit des Tales Hinnom, in der „Rahel weint um ihre Kinder / und will sich nicht trösten lassen, / weil sie nicht mehr sind". Matt. II,18), damals also trat der hebräische Ischtar-Tammuzorden bewußt und mutig in die Öffentlichkeit als der weibliche gnostisch-gynäkokratische Gegenorden und Träger der wahren hebräischen Tradition aus der vorjahwistischen Periode. Noch in der Zeit des Exils sieht Hesekiel (VIII, 14) die Frauen von Jerusalem im Tempel Jahwes sitzen, „die weinten über den Tammuz". Es muß ein religiöser Geschlechterkrieg gewesen sein, über den wir nur durch die siegreiche Partei unterrichtet sind; denn der Erfolg blieb diesem genuin hebräischen Frauenorden, dem vielleicht einst Mirjam, die Schwester des Mosche, eine neue Gestalt gegeben hatte, versagt. Doch wenn auch die Zeit für die dauernde Wiederherstellung des gnostisch-gynäkokratischen Doppelordens von Ischtar und Tammuz noch nicht gekommen war, so war doch die Erinnerung an ihn aufs neue lebendig geworden.

Der Mythus von Ischtar und Tammuz ist der semitisierte altsumerische von Innin und Dumuzi. Wir wissen bereits, daß die historischen Mythen die symbolisch erzählte Geschichte menschlicher Gemeinschaften sind, und ein historisch-soziologischer Mythus war, lange bevor er astralisiert wurde, auch der von Innin und Dumuzi. Dumuzi wird erklärt als „der echte oder wahre Sohn", aber wessen wahrer Sohn? Er ist der wahre Sohn der Mutter, denn sein Mythus ist ein gnostisch-matriarchaler. Der Tammuzmythus ist nur eine der Varianten der gnostisch-gynäkokratischen Urapokalypse, deren ermordete und wiederauferstehende Götter im Wesen alle identisch sind und deren Mythen einander wechselseitig erklären und ergänzen. Und ebenso sind ihre Mörder, die Götter der neuen Männerorden des antignostischen Vaterrechts, alle miteinander identisch; der hebräische Jahwe ist nur eine Variation der satanischen Urgestalt. Jeder von diesen jung ermordeten Göttern der Apokalypsen kann, wie ihr Bruder und Geliebter, auch der wahre Sohn der Göttin genannt werden. Denn durch diese symbolische Ausdrucksweise wird, mit dem Verhältnis der beiden Götter zu einander, das der beiden Hälften des Doppelordens selbst bezeichnet. Diese Götter sind Söhne der Mutter, einmal weil der Männerorden, den sie symbolisieren, von dem gnostisch-gynäkokratischen Frauenorden, also der Ischtar oder der Isis, gegründet und geleitet sind, und zweitens, weil sie das gnostische Matriarchat und die *Unio gnostica* bejahen. Deshalb ist Ischtar die wahre Mutter und Geliebte des wahren Sohnes und Geliebten Tammuz, die beide in *Unio gnostica* miteinander verbunden sind. Als „wahren Sohn" bewies er sich schließlich aber auch als er sein Leben, gleich dem Osiris und den anderen, für das Reich der Mutter opferte. Denn er ist, wie sie, das am Anfang der neuen hoministischen Menschheitsperiode geschlachtete Gründungsopfer oder, mythologisch gesprochen, das am Anfang der „Welt", d. h. des neuen hoministischen Äons, geschlachtete Lamm, — „*agnus occisus ab origine mundi*". Alle diese Opfer des Vatergottes erscheinen in den Mythen als heilige, gerechte und weise, ohne gewaltsamen Widerstand fallende Wesen, sie „widerstehen nicht dem Bösen" nach der Forderung Tolstois. Platon hat einen von diesen mythischen Gerechten der weiblichen Apokalypsen vor Augen, den er im „Gorgias" dem brutalen Machtmenschenideal des Kallikles entgegenstellt. Einem solchen für das geistige Liebesreich der gnostischen Gynäkokratie gefallenen Gott, eben dem *hebräischen* Tammuz, galt der Kult der hebräischen Frauen, die nach Hesekiel im Tempel Jahwes, seines Mörders, „um den Tammuz weinten". Denn der gnostisch-gynäkokratische Männerorden, also der hebräische Tammuz selbst, mußte durch den revolutionär-hoministischen Männerorden Jahwes fallen, wenn das auf dem Doppelorden beruhende weibliche Zeitalter zu Tode getroffen werden sollte; die Vermutung ist naheliegend, daß der Mythus den hebräischen Tammuz sein Ende in jahwistischem Molochfeuer finden ließ. Es ist aber möglich, daß der Name Jahwe auch einmal der des Gottes eines gnostisch-gynäkokratischen Männerordens der hebräischen Urzeit, ja sogar der Name des den Doppelorden vereinenden Androgyns selbst war. Wenn daher auch einmal in der hebräischen Urzeit der Gott der männlichen Hälfte des Doppelordens den Namen Jahwe geführt haben sollte, so ist dieser seinem Wesen nach ein von dem historischen Jahwe völlig verschiedener Gott gewesen. Spekulationen der kabbalistischen Rabbinen, die den strengen Talmudisten als Ketzer immer verdächtig waren, über die androgyne Bedeutung des heiligen Tetragrammaton, also der vier Konsonanten, die den Namen Jahwes bilden, und andere kabbalistische Spekulationen über die androgyne Natur des Adam Kadmon sind ihrer Substanz nach wahrscheinlich nur Erinnerungen, wenn auch hominisierte, an religiös-philosophische Traditionen der urhebräischen Gynäkokratie und ihrer Renaissance in der Ischtar-Tammuz-Bewegung der Königszeit, also Erinnerungen an einen androgynen Jahwe der Urzeit, den übrigens auch einzelne Stellen des alten

Testamentes erschließen lassen. Nach dem allgemeinen Schema der gnostisch-gynäkokratischen Apokalypsen wird der Inhalt des Mythus, des *hieros logos*, oder der Geheimlehre der hebräischen Adoniazusen der nachmosaischen Zeit etwa folgender gewesen sein. Zuerst gab es den gnostisch-gynäkokratischen Doppelorden, der in dem Symbol des androgynen Jahwe geeint war. Jahwe bestand also aus Jahwe-Ischtar und Jahwe-Tammuz. Dann erschien unter dem usurpierten Namen Jahwes der Verneiner, Jahwe-Seth oder Jahwe-Satan, das antignostische Männerhaus des Mosche. Er spaltete den androgynen Jahwe und tötete die Tammuzhälfte des Doppelordens. Die Ischtarhälfte des gnostischen Jahwes aber dringt in die Unterwelt, um den Tammuz wieder ins Leben zurückzuholen. Es ist ihr gelungen, Tammuz ist auferstanden und beide feiern aufs neue den *hieròs gámos* der *Unio gnostica*. Der gnostisch-gynäkokratische Doppelorden der Urzeit ist also wiederhergestellt; der androgyne Jahwe mit sich selbst wieder vereint. Der mosaische Jahwe aber, der Satan, das Gottessymbol des auf die Negation gegründeten agnostisch-hoministischen Männerordens, ist durch diese neue androgyne Bejahung selbst negiert, also vernichtet. Das Eine hat in der zweigeschlechtlichen Menschheit das Bewußtsein von seiner Identität in Subjekt und Objekt wiedergewonnen.

Um die Gefahr zu paralysieren, die dem mosaischen Jahwismus von der Wiedererstehung des gnostischen Doppelordens der vormosaischen hebräischen Urzeit drohte, und um die Erinnerung an ihn für immer auszulöschen, erhoben sich neue jahwistische Prophetenorden, und ihnen gelang es, die gnostisch-gynäkokratische Apokalypse durch eine dialektische Umkehrung, die alle hoministischen Priesterkorporationen beherrschen, in eine hoministisch-jahwistische Apokalypse zu verwandeln; denn da sie im Bewußtsein nicht mehr zu unterdrücken war, sollte sie wenigstens für die Zwecke des jahwistischen Hominismus utilisiert werden. So kam eine der großartigsten Verdrehungen eines Sinnes in seinen Gegensinn zu Stande, die für das geistige Leben der Menschheit ungeheuerliche Folgen gezeitigt hat. Der vom weiblichen Geschlechte als sein Erlöser vom agnostischen Hominismus erwartete Frauengott, d. h. der Messias des weiblichen Geschlechtes, wurde zu einem im Dienste des mosaischen Jahwe stehenden endgültigen Befreier des männlichen Geschlechtes von der Gefahr einer gnostischen Gynäkokratie umgefälscht. Wenn man erwägt, daß die ganze theologische Spekulation der Juden seit der Tammuzbewegung sich um das Messiasproblem dreht, also um die Schöpfung des Gegenmythus von einem jahwistisch-hoministischen Messias, dann kann man das ganze Entsetzen verstehen, das die jahwistische Männerwelt vor dieser Wiedererinnerung an die vormosaische

Philosophie und Religion der Hebräer erfaßte. In großartiger Weise hatte am Ende des babylonischen Exils Deuterojesaias in den berühmten Kapiteln 40—55 des *corpus jesaicum*, dem sogenannten Trostbuche, den Grundstein zu diesem Bau des hoministischen Messianismus gelegt, als er den vom weiblichen Geschlechte erwarteten Befreier vom mosaischen Gesetze, den *hebräischen* Tammuz, in den Ebed Jahwe, den Knecht oder Sklaven Jahwes, verwandelte. Aber das war nur der Anfang; erst das Schicksal des Propheten Jeschua, des Nazoräers, gab den Anstoß zur Vollendung des Gegenmythus, indem zugleich der Geist des ganzen jahwistischen Judaismus seinen letzten und endgültigen Ausdruck fand. Denn Altes und Neues Testament bilden eine untrennbare geistige Einheit.

Wenn einmal in der jüdischen Frau das Selbstbewußtsein des Einen wiedererwacht und sie in seiner *Unio gnostica* den Sinn seiner Menschwerdung wiedererkennt, wenn sie die heraufziehende Dämmerung aller hoministischen Götter, deren stärkster Jahwe war, kommen sieht und sich an die wahre Tradition ihres Geschlechtes und Volkes seit der hebräischen Urzeit wiedererinnert — nennen wir sie symbolisch die Mirjamtradition —, die schon einmal in den Frauen, die im Tempel Jahwes „weinten über den Tammuz", wieder lebendig geworden war, dann dürfen wir auf die Orientalin des Westens eine ähnliche Hoffnung setzen, wie auf die Orientalin des Ostens. Dann dürften wir hoffen, daß durch sie der erste gnostisch-gynäkokratische Doppelorden wieder entstehen werde und daß so die gnostische jüdische Frau gutmache, was der antignostische jüdische Mann an ihr und an sich selbst böse gemacht hat. Dann würde man einmal das Wort des Johannesevangeliums: „*Salus ex Judaeis*" nicht mehr: „Das Heil kommt von den Juden", sondern „das Heil kommt von der Jüdin" übersetzen müssen, und diese Übersetzung träfe dann die Wahrheit besser als die andere ihr je entsprechen konnte.

3. Tendenzen im christianisierten Abendland
a) Der hoministische Charakter des christlichen Mythus

Der Prophet Jeschua wußte sich eins mit dem Gott-Vater Jahwe, d. h. er wußte, daß sein eigener hoministischer Wille dasselbe wollte, wie der durch das Gesetz offenbarte hoministische Wille des Vatergottes, und er verkündete die eschatologisch unmittelbar bevorstehende Verwirklichung von dessen Reich durch den jahwistischen Hominismus der Armen, des Am ha-arez. Aber erst das Schicksal des Propheten und die mythologische Interpretation dieses Schicksals war das Entscheidende für die Zukunft der Bewegung. Daß er nämlich die Marter am Kreuze überlebte, d. h. auferstand, und erst nach einer symbolischen Zahl von vierzig Tagen starb, d. h. zum Himmel fuhr, (wenn man nämlich einmal die Evangelien als historische Quellen ansieht, muß man auch diese beiden Tatsachen als symbolisch erzählte Ereignisse und nicht als Halluzinationen verstehen), das waren für den von ihm gegründeten Männerbund der zwölf Apostel so unerhörte und erschreckende Dinge, daß er sie gar nicht anders als mythisch deuten und erzählen konnte. Aber waren Passio und Resurrectio nicht auch das Schicksal des hebräischen Tammuz oder das des syrischen Adonis gewesen, der beiden Frauengötter, deren Kult überall zu finden war? Die spiritualistisch-hoministische Lehre und apokalyptische Prophetie des Vatersohnes war indessen der gnostisch-gynäkokratischen des Muttersohnes, heiße er nun Tammuz oder Adonis, antipodisch entgegengesetzt. Hier war also der jahwistisch-hoministische Anti-Tammuz erschienen, ein Tammuz des Vaters gegen den Tammuz der Mutter. Bei aller Ähnlichkeit des mythisch erzählten äußeren Schicksals der beiden Gestalten war also ihr Wesensunterschied ein absoluter. Denn dem Dumuzi oder Tammuz, dem „wahren Sohne" der gnostischen Mutter, der im Kampfe für ihr Reich gefallen war, dem Gotte des gnostisch-gynäkokratischen Männerordens, trat jetzt der Christus, der „wahre Sohn" des Vaters entgegen, der im Kampfe für das Gesetz Jahwes starb und zum Gott des antignostisch-hoministischen Männerbundes wurde. Auf der einen Seite stand Tammuz, der Anti-Christus, auf der anderen der Christus, der Anti-Tammuz. Daß der hebräische Tammuz durch den mosaischen Jahwebund für das Gesetz der Mutter sterben mußte, versteht sich von selbst; wie aber konnte der Sohn des Vaters gleichzeitig für und durch den Vater fallen? Das ist nur aus der molochistischen Natur Jahwes zu erklären. Wie der hoministische Baal-Moloch, d. h. Baal-König, in seinem Vernichtungskriege gegen die gnostische Urgynäkokratie die Kinderopfer verlangte, so hatte auch der hoministische Jahwe-Moloch, d. h. Jahwe-König, in demselben Kampfe das Opfer der menschlichen Erstgeburten verlangt. Um ihn endgültig mit der Menschheit wegen ihres Sündenfalles wieder auszusöhnen, brauchte er ein vollkommenes, sich in freudigem und freiwilligem Gehorsam darbietendes menschliches Sühneopfer; ein solches, seinen hoministischen Grimm versöhnendes Opfer, konnte aber nur sein eigener Sohn sein. Unter der Sünde, in die die Urmenschheit gefallen war, ist, wie in einem früheren Aufsatze gezeigt wurde, die vorjahwistische gnostische Gynäkokratie zu verstehen; die Erbsünde aber ist die seitdem als allgemein vererbt angenommene Tendenz der menschlichen Natur, in die gnostische Gynäkokratie zurückzufallen. Der Messias des Vaters ist also gestorben, um mit seinem Blute den gnostisch-gynäkokratischen Schandfleck von der Menschheit abzuwaschen. Mit anderen Worten: der jüdisch-christliche Messiasmythus ist in Wahrheit eine subtil-sophistische Rechtfertigung der Kinderopfer, die Jahwe Melech, d. h. Jahwe-König, zu fordern pflegte. Er ist also die Aitiologie des molochistischen Opferrituals; und wir dürfen annehmen, daß er der theologischen Argumentation der Priester des Jahwe-Melech im Tale Hinnom nachgebildet ist. Denn wenn der göttliche Vater seinen göttlichen Sohn opfert, wie dürfte da der menschliche Vater zögern, seinen menschlichen Sohn zu opfern? Und wie sollte nicht der menschliche Sohn bereit sein, sich schlachten zu lassen, wenn ihm das Beispiel des himmlischen Sohnes vor Augen steht, der sich seinem himmlischen Vater, Jahwe-Moloch, opferte? Denn die Milde, Güte und Sanftmut, diese für die Frauengötter so bezeichnenden Eigenschaften, die der Ausdruck des gnostischen Selbstbewußtseins des Einen in ihnen sind, wurden auf den Ebed Jahwe, den Knecht Jahwes, übertragen, so daß dieser wie ein zum jahwistischen Molochismus konvertierter Tammuz oder Osiris erscheint. Das Opfer am Kreuze ist also das vollkommenste Symbol des molochistischen Jahwismus, der absoluten *patria potestas*; und die Messe, die pausenlos auf beiden Hemisphären dieses Opfer realiter wiederholt, bedeutet die ununterbrochene Bejahung des molochistischen Hominismus. In ihr hat der Geist des hoministischen Äons seinen vollendeten, furchtbaren und erhabenen, sinnbildlichen Ausdruck gefunden. Wenn es etwas der Messe Analoges in den ältesten gnostischen Mysterienreligionen des weiblichen Geschlechtes gegeben hat, was so gut wie sicher ist, also eine Messe der Passion und Auferstehung des Osiris, des Attis und des Dionysos, so läßt sich die Umwandlung des ursprünglichen Gedächtnismahles zu Ehren des Herrn in ein liturgisch-symbolisches Opferdrama leichter verstehen; wie der gnostisch-gynäkokratische Tammuz seine Messe hatte, so mußte der neue hoministische Gegen-Tammuz seine Gegenmesse erhalten. Damit ist aber gesagt, daß der Geist der gnostisch-gynäkokratischen Urmesse zu dem der christlichen Messe in einem unversöhnlichen Gegensatz gestanden haben muß; denn wie die gnostisch-gynäkokratische Apokalypse selbst mußte natürlich auch der Sinn des durch sie erklärten Opfers christlich hominisiert werden. Die ewige triumphale Wiederholung des Opfers am Kreuze ist der bewußte Gegensatz zu der gnostisch-gynäkokratischen Messe, welche die Mordtat des antignostischen Vatergottes an dem „wahren Sohn" der Mutter verdammte, der durch die Liebe der gnostischen Mutter wieder zum Leben erwacht, um ihr gnostisches Liebesreich aufs neue herzustellen und dem Reich des revolutionären Vatergottes und seinem Hominismus für immer ein Ende zu bereiten. Durch das unverbrüchliche Schweigen der heidnischen Mysten und durch die Fähigkeit der christlichen Schriftsteller, Peinliches zu unterdrücken, sind uns nur Rückschlüsse aus dem antithetischen christlichen Zentralmysterium auf das gnotisch-gynäkokratische möglich. Aber die Erinnerung an es hat sich in dem Begriff der „schwarzen Messe" erhalten, die der Teufel der weißen christlichen Messe entgegengestellt hat, obwohl ihre historische Priorität außer Frage steht. Wir werden noch einmal kurz auf sie zurückkommen.

Aber Tammuz und Osiris waren mehr als männliche Einzelwesen: untrennbar in androgyner *Unio gnostica* ist mit ihnen Ischtar und Isis verbunden; wer Tammuz verneinte, verneinte Ischtar. Der Kampf des neuen auf der jahwistisch-molochistischen Opfertheorie beruhenden christlichen Gegenmythus mußte zuletzt gegen Ischtar-Isis, den wahren Feind, geführt werden, also gegen den gnostisch-gynäkokratischen Frauenorden, weil er die Voraussetzung für den gnostischen Männerorden war. Denn solange der gnostische weibliche Orden bestand, solange drohte auch die Gefahr einer Auferstehung des Tammuz, also die einer Wiederherstellung des gnostisch-gynäkokratischen Doppelordens. Die gnostische Mutter- und Liebesgötin mußte daher mythisch vernichtet werden. Wir kennen bereits das Schicksal, das der jahwistisch-christianische Gegenmythus des neuen jeschuanischen Männerbundes zwei von den Personen der gnostisch-gynäkokratischen Apokalypsen bereitet hat. Set, der Verneiner und Mörder des Osiris, der hoministische Verneiner und Zerstörer der alten Welt, wurde bejaht in Jahwe als dem einzig wahren und auf sein agnostisches Ich-Nichtichbewußtsein eifersüchtigen Gott; sein Opfer, Osiris-Tammuz, aber war zu ihm übergegangen, hatte sich als Sohn des Vaters bekannt und sich als freiwilliges Versöhnungsopfer für ihn kreuzigen lassen. Die dritte und wichtigste Person der gnostisch-gynäkokratischen Apokolypsen, die Liebes- und Muttergötin Ischtar-Isis, wurde in die Menschenwelt deklassiert und ihr einheitliches Wesen unter zwei Frauengestalten aufgespalten, von denen die eine als die Mutter Jeschuas, die andere als seine liebende Freundin erscheint. In beiden ist auch Ischtar zum orthodoxen molochistischen Jahwismus bekehrt, d. h. Ischtar ist als Konvertitin ihrem gnostisch-gynäkokratischen Prinzip ebenso untreu geworden, wie ihr Sohn und Geliebter Tammuz. Die eine Hälfte der ehemaligen Göttin, die um den Sohn klagende *Dea dolorosa*, die aber, während der tote Sohn und Geliebte in ihrem Schoße liegt, schon den künftigen Untergang des siegreichen Hominismus und die Wiederauferstehung der gnostischen Gynäkokratie in der Resurrectio des Toten vor Augen sieht, — diese eine Hälfte der ehemaligen Göttin steht jetzt als agnostische menschliche *Mater dolorosa* jahweergeben und ohne eigenen Willen auf dem Galgenberge von Jerusalem.

Sie ist zum jahwistischen Molochismus bekehrt, sie hat Jahwe ihren Sohn geschenkt und muß selbst seiner Opferung zusehen. So wie es auch die jüdischen Frauen gelernt hatten, als ihre Kinder im Tale Hinnom, das unter dem Namen Gehenna zum Symbol der Hölle werden sollte, für Jahwe-Melech verbrannt wurden, damals als „Rachel um ihre Kinder weinte, weil sie nicht mehr sind"; so wie es auch die phönikischen Frauen von Sidon, Tyrus und Karthago gelernt hatten, als ihre Kinder zur Versöhnung des Baal-Moloch ins Feuer geworfen wurden und Gebrüll und Musik der hoministischen Ekstase das Geheul von Müttern und Kindern erstickte. Die Bilder von dem Ereignis auf dem Galgenberg sind daher rein molochistische Darstellungen; sie sind deswegen so empörend, weil der schuldige Vater-Gott sich nicht selbst abbilden läßt, sondern versteckt hält, um die Empörung gegen den Schuldigen durch eine religiös-menschliche Sentimentalität von sich abzulenken, die nicht im Stande ist, sich des wahren Sinnes dieses Dramas bewußt zu werden. Aber auch diese unvollkommene Darstellung genügt, um aus dieser Gruppe des zwar selbst unsichtbaren, aber durch sein Werk sichtbaren Vatergottes, des blutenden Sohnes und der vor Schmerz zusammenbrechenden Mutter das vollkommenste und als Vorbild gedachte Abbild des jahwistisch-molochistischen Patriarchats zu machen. — Die andere Hälfte der vermenschlichten Ischtar, Maria von Magdala, wird von dem Sohne des Vaters mit *„Noli me tangere"* zurückgewiesen, während der auferstandene Tammuz den *hieròs gámos* der *Unio gnostica* mit ihr feierte. Eine spätere Legende läßt Maria von Magdala nach der Provenca auswandern und in einer Berghöhle der Chaîne de la Ste. Beaume für die Sünden Buße tun, die sie gegen das Vatergesetz begangen hatte, als sie noch die Göttin der gnostischen Gynäkokratie war.*

Um die Deutung des Sinnes der christlich-jahwistischen Gegenapokalypse, deren historisch wichtigsten Teil, die Passio des leidenden Gottes, wir verständlich zu machen suchten, wenigstens formal zum Abschluß zu bringen, sei, ohne auf Einzelheiten einzugehen, nur noch hinzugefügt, daß der eschatologischen *Resurrectio* der Frauengötter, d. h. also der Wiederauferstehung des gnostisch-gynäkokratischen Männerordens durch die Liebeskraft der weiblichen Göttin, analogisch die Parusie Christi entgegengesetzt werden mußte, nicht seine *Resurrectio* oder *Ascensio*, die bereits in der Erzählung seines irdischen Lebens ihren Platz gefunden hatten. Übrigens läßt sich diese seltsame Irregularisierung des Schemas nur verstehen, wenn sie durch Ereignisse eines persönlichen Lebens er-

---

* Vgl. hierzu die Deutung der Maria von Magdala, die der Verfasser in seinem letzten Werke gibt: „Sophia-Logos und der Widersacher", München 1959, Seite 124 u.s.f. (Anmerk. des Herausg.)

zwungen wurde; so daß gerade die besondere Art, wie der Mythus des Messias erzählt wird, die Existenz einer historischen Person voraussetzt, daß also die Existenz eines historischen Jeschua gerade durch den besonderen Charakter seines Mythus selbst bestätigt wird, dessen Leben zu gleicher Zeit mythisch-symbolisch erzählt und gedeutet werden sollte. Wenn aber der wiedergekommene Menschensohn, d. h. der Sohn Adams, als Stellvertreter des Vatergottes durch das letzte Gericht über diesen Äon die Erde von den letzten Erinnerungen an den Sündenfall in die gnostische Gynäkokratie gereinigt hat, — wie der Vater das schon einmal durch die Sintflut ohne Erfolg versucht hatte —, dann wird der Urzustand der Menschheit, den sich der Jahwismus unter dem Zwang der Bewußtseinsverdrängung als einen jahwistisch-hoministischen vorstellen muß, also das hoministische Paradies, in einem neuen Äon als das tausendjährige Reich wiederkommen. Das männliche Geschlecht wird nun in dem zweiten Adam, dem deuteros Adam, geeint sein, der seine Hingabe an das antignostisch-hoministische Vatergesetz durch den Tod am Galgen bewiesen hat; nie wird er der Versuchung zur gnostischen Gynäkokratie erliegen, wie der erste Adam. Das weibliche Geschlecht aber wird in Maria, der jahwistisch-hominisierten zweiten Eva, geeint sein, welche die Schrecken des strafenden Vatergottes erlitten hat, und nie den Suggestionen der gnostisch-gynäkokratischen Schlange Gehör schenken wird, wie die erste Eva. Die Menschheit ist durch Schaden klug geworden. In dem christlich-messianischen Mythus hat also der Jahwismus das letzte Geheimnis seines Wesen ausgesprochen. Der auf dem gnostischen Ichbewußtsein des Einen beruhenden weiblichen Apokalypse hat das Eine mit der auf seinem agnostischen Ichbewußtsein gegründeten männlichen Gegenapokalypse widersagt. Kein neuer hoministischer Mythus wird je den von Jahwe und seinem Propheten, dem Messias Jeschua, ersetzen können. Kein Volk mehr wird je das jüdische in seiner ihm von Mosche auf die Schultern gebürdeten hoministischen Mission ablösen. Wenn dieses aber zur Besinnung kommt und sein Blick für das Wesen seiner Bestimmung nicht mehr durch armselige nationale Interessen oder alberne Wortklaubereien dogmatischer Textinterpretationen getrübt ist, dann werden die Juden das gräßliche Crucifige-Gebrüll ihrer von einer borniertenPriesterkaste verhetzten Väter gut machen und begreifen, daß keiner ihrer Propheten den letzten Sinn des hoministischen Jahwismus so klar begriffen hatte wir ihr letzter und größter Prophet, und daß in seinem Mythus die Geheimlehre, der *hieros logos*, des universalen Hominismus überhaupt enthalten ist. Denn die Führung der durch Jeschua und seinen Männerbund begründeten, heute durch ihre Anpassung an die „Jetztzeit" immer mehr magische Kräfte verlierenden

Männerkirche, gebührt von rechtswegen ihnen, und sie vermöchten vielleicht ihr eine neue hoministische Renaissance zu bringen; wenn nicht vorher, wie wir andeuteten, die jüdische Frau selbst das esoterische Geheimnis des hoministischen Jahwismus, das seiner Synagoge und das seiner Kirche, durchschaut hat. In einer Zeit, da das Patriarchat in den östlichen wie in den westlichen Mittelmeerländern erschüttert war, wurde die antitammuzische Gegenapokalypse verkündet und rettete den bedrohten Hominismus. Denn der jeschuanische, im Kreuz verbundene Männerorden unterwarf überall das weibliche Geschlecht dem Männersymbol des Kreuzes und damit dem christianisierten männlichen Geschlecht selbst. „Ich bin gekommen, die Werke des Weibes aufzulösen", lautet ein berühmtes, bei Clemens von Alexandrien erhaltenes Logion Jeschuas aus dem Ägypterevangelium; es formuliert in lapidarer Einfachheit und Präzision den letzten Sinn seines prophetischen Hominismus. Denn unter den „Werken" des Weibes sind nicht nur enkratitisch seine physiologischen sondern vor allem seine religiös-soziologischen „Werke" zu verstehen. Und das „Weib", um das es sich handelt, ist *das* Weib, die gnostische Göttin Ischtar-Isis-Astart selbst. Dieses Jeschuawort spricht also das Todesurteil über den gnostisch-gynäkokratischen Doppelorden von Sophia und Logos.

b) Gnostisch-feministische Restaurationsversuche in der Urzeit des Christentums

Im zweiten Äon, dem der Negation, gab es abwechselnd Perioden, in denen das Eine in seinen menschlichen Individuationen lebhafter getrieben wurde, das unterdrückte Bewußtsein seiner selbst wiederzufinden und sich an seine ins Unterbewußtsein verdrängte gnostisch-gynäkokratische Vergangenheit zu erinnern, während es in anderen im agnostisch-hoministischen Tiefschlafe der *ignorance voulue*, lag. Die Zeit, in der der neue christlich-jahwistische Männerbund mit seiner hoministischen Apokalypse das römische Reich überrannte, war eine Zeit gnostischfeministischer Renaissance. Deren Träger waren die Mysterienbünde, die alle zuletzt auf die urzeitliche gnostisch-gynäkokratische Tradition von Sophia und Logos zurückgehen und statt im Symbol eines monotheistisch-eingeschlechtlichen Vatergottes in dem des androgyn-zweigeschlechtlichen Gottes religiös vereinigt waren. Aber der eleusinische Geheimbund vom Jahre 100 der christlichen Zeitrechnung besaß nicht mehr dasselbe Gesicht wie damals, als er noch 1500 Jahre jünger war. Denn in alle Mysterienbünde war der hoministische Geist eingedrungen, in ihre bewußte Lehre wie in ihre Organisation; zu einer eindeutigen, radikalen Erneuerung der gnostisch-gynäkokratischen Idee, zu einer Wiederherstellung des Doppelordens von Sophia und Logos, waren sie nicht mehr im Stande. Der Thyrsosträger gab es, wie Platon sagt, eine Menge, aber die Zahl der wahren Bakchen war gering. Dennoch lebte in den gnostisch-gynäkokratischen Apokalypsen der Geheimbünde und in ihren symbolischen Riten, wenn auch unverstanden, das Wissen weiter und in diesem unbewußten Wissen des Einen von seinem onto-teleologischen Wesen, also in diesem nicht mehr ins Bewußtsein erhobenen gnostisch-gynäkokratischen Wissen des Einen von sich selbst, lag gerade das die Eingeweihten des Geheimbundes miteinander und das die Bünde untereinander vereinigende Element. Dieses feministische Element war es gerade, das der christlich-jahwistische Hominismus mehr instinktiv als klar, aber richtig, das *„Heidentum"* nannte und als seinen prinzipiellen Gegner fürchtete. Der Kampf des Jahwismus gegen das hebräische Ischtar-Tammuz-Mysterium in Palästina war nur eine örtliche Teiloperation gewesen, die den großen christlichen Geschlechterkrieg einleitete; das ganze Imperium romanum mußte Kriegsschauplatz für die Gesamtoffensive werden, die das ganze männliche Geschlecht, vereinigt in dem eifersüchtigen christlich-jahwistischen Monotheismus unter der Führung des wahren und einzigen Sohnes des Vaters, gegen die Reste der gnostisch-gynäkokratischen Religion, also gegen das Heidentum par excellence, führen sollte. Denn Jeschua war nach dem Ägypterevangelium gekommen, um „die Werke des Weibes", d. h. die gnostische Gynäkokratie, zu zerstören. Und als Theodosius, den die Kirche aus wohlbegründeter Dankbarkeit den Großen genannt hat, den Tempel der beiden Mysteriengöttinnen von Eleusis schloß, war auch das Heidentum, wie durch einen symbolischen Akt, selbst abgeschlossen.

Zweimal sehe ich die hoministische Kirche durch geistige Bewegungen des schwer zu christianisierenden weiblichen Geschlechtes bedroht, in denen ich mehr oder weniger bewußte Tendenzen des Einen zur gnostischen Wiederherstellung erblicken muß, und die als solche gewiß auch von den klügsten ihrer Bekämpfer verstanden wurden, wenn sie auch gescheit genug waren, das Kind nicht mit seinem ominösen wahren Namen zu nennen. Die erste dieser zwei geistigen Frauenbewegungen, die gnostische, wie sie sich selbst nannte, erstreckte sich über die drei ersten Jahrhunderte der ihr Leben beginnenden Männerkirche und zwang diese zur theologischen Fixierung ihres christologischen Mythus; die zweite, die mystische, entstand in der Zeit des Höhepunktes ihrer theokratischen Macht, mit dem ihr Niedergang anfing, und war eine Parallelerscheinung zu ihrer Auflösung im 15. Jahrhundert. Eine jede dieser zwei Bewegungen aber wäre ohne die rücksichtsloseste Abwehr verhängnisvoll für sie geworden. Sollte jemals eine dritte entstehen und Erfolg haben, so müßte das Eine in ihr alle Verworrenheiten und Verschwommenheiten eines sich adaptierenden halben Denkens durch das klare gnostische Bewußtsein von sich selbst überwunden haben, so daß es den christlich-hoministischen Gegenmythus und seine spiritualistische Philosophie ihrem Wesen nach als den dialektisch notwendig gewordenen Widerspruch des agnostischen Ichbewußtseins gegen den gnostisch-gynäkokratischen Urmythus und seine gnostische Philosophie begriffe. Wir wollen nun die drei Bewegungen der Vergangenheit kurz charakterisieren.

Wenn man den gemeinsamen Grundgedanken der vielen Schulen und Sekten sucht, in die sich die historische Gnosis, die heidnische, jüdische und die christliche, zersplitterte, so wird man ihn gewiß in der Lehre von dem in die Individuation gestürzten Einen finden, das sich durch die Gnosis, d. h. durch die Erkenntnis seiner selbst, von diesem Falle in ein niedrigeres Bewußtsein wieder zu erheben im Stande ist. Diese gnostische Bewegung war also in Wirklichkeit ein Suchen nach der verlorenen gnostisch-gynäkokratischen Urphilosophie, die sie aber nicht finden konnte, weil sie den Hominismus geistig zu überwinden nicht vermochte. Deshalb mußte sie auch den wahren Sinn der Mysterienapokalypsen ebenso mißverstehen wie die ihr philosophisches und theologisches Werk fortsetzenden Neuplatoniker, obwohl beide mit sicherem Instinkt ahnten, daß in diesen verschiedenen Mythen ein und dasselbe der Lösung harrende Rätsel der menschlichen Geistesgeschichte verborgen lag, das nur aus dem gnostischen Selbstbewußtsein des Einen zu begreifen sei. Den iranischen Gott Mithras, den „König Helios", schloß im allgemeinen ein richtiger Instinkt von dieser Synthese aus, denn er war der rein hoministische Gott eines militärischen Geheimbundes; aber zwischen dem hoministischen Mithras und dem hoministischen Christos wurde schließlich die entscheidende Theomachie um die Würde der Reichsgottschaft ausgefochten, aus der bekanntlich, durch die Schlacht am Pons Milvius, der Gott des jüdischen Hominismus den des iranischen besiegte. So starb das Heidentum ohne den wahren Kern seines Wesens bewußt erfaßt zu haben. Der kirchliche Hominismus aber mußte die dem Geiste nach feministische Weisheit als seinen gefährlichsten Feind anathematisieren und unterdrücken; denn auch noch in den Systemen der historischen Gnostiker brechen, wie durch verdunkelnde Wolkenmassen, immer noch die letzten Strahlen der weiblichen Urphilosophie hindurch. Es muß aber neben der uns bekannten männlichen literarischen Gnosis — wenn man nämlich eine Sache bekannt nennen darf, von der man nur durch ihre Abspiegelung im Bewußtsein ihrer Todfeinde und durch Zitate etwas weiß, die sie zu polemischen Zwecken aus dem Zusammenhang gerissen haben, während die gefährlichen Bücher selbst von der Kirche vernichtet wurden, — es muß also neben dieser uns bekannten männlichen literarischen Gnosis eine spezifisch weibliche Gnosis bestanden haben, welche der feministischen Urphilosophie homogener und der Versuch war, diese und die auf ihr beruhende Religion wiederherzustellen. Wir betrachten deshalb die großen gnostischen Denker als die Helfer der *Virgines gnosticae* bei diesem Werke, als die Werkzeuge des Einen, die dazu bestimmt waren, der unter die Gewalt der agnostischen Archonten gefallenen Sophia wieder den Weg ins Pleroma zu zeigen, nämlich in die „Fülle" des vollendeten Selbstbewußtseins des Einen, womit sie ihrer gnostisch-gynäkokratischen Bestimmung zurückgegeben wird. Versteht man unter der sogenannten christlichen Gnosis der Kirchengeschichte Spekulationen über das Wesen des Christos, die auf den Prinzipien der gnostischen Metaphysik beruhen, dann wird der wesentliche Unterschied zwischen männlicher und weiblicher Gnosis sofort deutlich, wenn wir sagen, daß der Christos für jene ein Äon, für diese der Geliebte oder Bräutigam ist. Die gnostischen Konvertitinnen nämlich, die aus den Mysteriengemeinschaften von Isis-Osiris, Astart-Adôn oder einem anderen der zahlreichen, in ihrer Wurzel feministischen, Geheimbünde zur christlichen Kirche gekommen waren und die Erbschaft der früheren Initiationen mitbrachten, mußten versuchen, das Neue vom Alten aus analogisch zu verstehen oder es gar mit dem Alten überhaupt gleichzusetzen. War denn dieser sanftmütige und liebende Christos, der getötet wurde und wieder auferstand, nicht die neue Gestalt des alten Adon, des alten Osiris, des alten Tammuz, die alle ihre Passio und Resurrectio erlebten? War er nicht der von den gnostischen Frauen erwartete Liebesgott, das Gottessymbol des wiederauferstehenden gnostisch-gynäkokratischen Männerordens, das sie früher unter anderem Namen verehrt hatten? Und war seine Mater dolorosa nicht die neue Gestalt der trauernden Liebesgöttinnen Ischtar und Isis? Das war natürlich ebenso absurd wie häretisch, denn der Sohn des Vaters wurde damit zum Sohn der Mutter gemacht. Dem hoministischen Christentum drohte von Innen her die Gefahr eines feministisch-heidnischen tammuzisierten Gegenchristentums; gerade im Namen dessen, der sie hatte vernichten wollen, schienen die alten gnostisch-gynäkokratischen Jungfrauenorden zu neuem Leben zu erstehen. *„Deposuit potentes de sede, et exaltavit humiles"*, die Mächtigen hat er vom Throne gestürzt und die Niedrigen erhöht — war in diesem apokalyptischen Vers des Magnificat nicht auch eine Drohung für das männliche und eine Verheißung für das weibliche Geschlecht eingeschlossen? Der alte gnostische Frauen- und Liebesgott, die männliche Hälfte des gnostischen Androgyns Sophia und Logos, entfesselte unter dem neuen Namen des

Christos im ganzen Imperium romanum eine geistige Frauenbewegung, die vom Sturm zum Orkan anzuwachsen drohte. In der *Virgo gnostica* empörte sich das zum Selbstbewußtsein drängende Eine gegen die ihm in seinem weiblichen Geschlecht auferlegte widergeistige Last der *Unio agnostica*, gegen seine agnostische Fortpflanzung in neuen agnostischen Individuationen; in seiner weiblichen Geistigkeit protestierte es gegen das agnostische Fortpflanzungsgesetz Jahwes, welches das weibliche Geschlecht dem hoministischen Demiurgen unterwarf. Aber das war nur die negative Seite dieser gnostischen Virginitätsbewegung. Durch diese gnostischen Jungfrauen, durch diese Bräute und Geweihte des gnostischen Liebesgottes Tammuz-Christos, durch diese heiligen Mänaden der gnostischen Virginität stellte das Eine an das männliche Geschlecht die Forderung des *amor gnosticus*, forderte es von ihm die Verwirklichung der gnostischen Idee des Ewig-Männlichen in einem neuen Äon. Ihr Gott aber ist nicht etwa nur die eine Hälfte, die Logoshälfte, des gnostischen Androgyns Sophia-Logos, denn der Jungfrauenorden selbst ist der lebendige Ausdruck seiner gnostischen Liebesgöttin Sophia, in der es ein einziges weibliches *Corpus gnosticum* bildet. Wenn die Göttin weniger stark betont erscheint, so ist das nur das Zeichen dafür, wie lebendig sie in jeder einzelnen Jungfrau des Ordens unbewußt gegenwärtig ist; denn in jeder Jungfrau wirkt in Wahrheit Sophia selbst, die sich im geistigen *hieròs gámos* dem geliebten Logos hingibt. Der Kult des Liebesgottes des gnostischen Männerbundes, Tammuz-Christos, ist also, da dieser Gott selbst die männliche Hälfte des Androgyns ist, notwendig der Kult des ganzen Androgyns Sophia-Logos; beide sind untrennbar vereinigt, der Kult des einen schließt auch den der anderen ein. Indem also die *virgo gnostica* den Logos verehrt und damit zugleich den männlichen Orden des Logos fordert, fordert sie notwendig auch den Orden der jungfräulichen Sophia als seine Voraussetzung; und indem sie in dem Logos den gnostischen Androgyn verehrt, als den Sinn der Individuationen des Einen, verlangt sie die Wiederherstellung des gnostisch-gynäkokratischen Doppelordens der Urzeit. Der agnostische Mann dieser zu Ende gehenden hoministischen Menschheitsperiode aber existiert für die *virgo gnostica* bereits nicht mehr. Wie großartig wird das deutlich in jenen unvergleichlichen Legenden der jungfräulichen Märtyrerinnen der *Unio gnostica*, einer heiligen Agnes oder heiligen Cäcilia, dieser edlen Opfer des brutal-stumpfsinnigen Hominismus. Wie eindrucksvoll und verlockend schildern die auf gnostischer Grundlage beruhenden, wenn auch orthodox überarbeiteten Apostelakten, besonders die des Thomas und des Andreas, die in diesen Romanen als Apostel der gnostischen Virginität erscheinen, den Jungfrauen und verheirateten Frauen die geistige Unio mit dem göttlichen Logos! Und diese Verfasser begriffen nicht einmal den ganzen metaphysischen Sinn und deshalb auch nicht die ganze Größe dieses Wunders.

Dem christlichen Hominismus trat also schon bald nach seiner Entstehung diese erste gnostische Frauenbewegung in den Weg. Die in Frage gestellte religiöse Abhängigkeit des weiblichen Geschlechtes vom männlichen mußte deshalb durch die Tat bewiesen werden: die gnostische Virginitätsbewegung mußte unter die Leitung der Männerkirche kommen. Denn die gnostische Virginität ist die einzige, aber unwiderstehliche Waffe des weiblichen Geschlechtes in seinem Kampfe gegen den staatlichen wie den kirchlichen Hominismus. Während aber der Männerstaat die gnostischen Jungfrauenorden nur brutal negiert, da er nie genug Arbeiter und Soldaten bekommen kann, verstand es die christliche Männerkirche, die gnostischen Jungfrauen von ihrem wahren feministischen Ziele abzulenken und das unzerstörbare Virginitätsbedürfnis der geistigen Frau für ihre eigenen kirchenpolitischen Ziele zu verwerten, so daß sie dieselben auch dem Staate gegenüber zu verteidigen im Stande war. Die gnostische Frauenbewegung mußte daher, wenn sie in der Kirche bleiben wollte, dem christlich-monotheistischen Hominismus unterworfen werden. Sie mußte aufhören, ihrem heidnisch-feministischen Androgyn Namen zu geben, die sie der christlichen Männerkirche entwendet hatte, und deren Inhalt zu bestimmen dieser allein zukam. Der Marienmythus der Kirche ist der eindeutige und vollkommene Gegenmythus zu dem der gnostisch-gynäkokratischen Mutter- und Liebesgöttin, die Goethe „Mater gloriosa" nennt und die in der Tat als Jungfrau, Mutter, Königin und Göttin verehrt wird. Es wäre absurd, Maria eine Göttin zu nennen oder zu sagen, daß sie eine *ci-devant* Göttin sei; für die Kirche, die sie geschaffen hat und es also wissen muß, ist sie nichts als die verklärte historische Mutter des historischen Rabbi Jeschua, des Gottmenschen, aber kein kosmisches und kein metaphysisches Prinzip. So erhielt das weibliche Geschlecht durch kluge Berechnung als einendes Symbol an Stelle der gnostisch-gynäkokratischen Göttin, durch die es sinnbildlich als eine selbständig wirkende Potenz anerkannt worden wäre, die zwar sogar leiblich in den christlichen Olymp, den Himmel, aufgenommene, aber ihrer Natur nach nur menschliche Mutter des göttlichen Sohnes Jahwes, die nur Gottesgebärerin (Theotokos) war, ohne selbst Göttin zu sein. Sie ist begnadete Kreatur; aber sie bleibt ein Menschenweib, wie auch die von Zeus geliebten sterblichen Frauen durch diese Liebe nicht zu Göttinnen wurden, selbst Alkmene nicht, die ihm doch den Herakles gebar. Deshalb konnte sie in den christlichen Himmel auch nur passiv, durch *assumptio*, aufgenommen werden und nicht aktiv, durch *ascensio*, in ihn auffahren, wie ihr göttlicher Sohn; und sie kann sich als Geschöpf nicht selbst die Krone aufsetzen, sondern wird von ihrem Sohne, ihrem Schöpfer, gekrönt. Ihre Stellung läßt sich also mit der einer Sultanin Walideh vergleichen, die ihren Sohn beraten darf, der aber selbst nach seinem *bon plaisir* hoministisch entscheidet. So hat die christlich-jahwistische Männerkirche in Jesus und seiner Mutter Maria, die der heilige Bernhard am Anfang des letzten Gesanges von Dantes Paradiso als *figlia del tuo figlio*, als Geschöpf ihres eigenen Sohnes anruft, symbolisch-dogmatisch die Hierarchie der Geschlechter festgestellt; denn in diesem Theologumenon des christlichen Hominismus ist die Antithese zu der gnostisch-gynäkokratischen These prägnant formuliert. Es sagt in seiner symbolischen Sprache, daß das weibliche Prinzip die Schöpfung des männlichen ist; dem Geiste nach also nichts anderes als was der alte jahwistische Hominismus durch das Mythologem von der Entlassung Evas aus Adam ausgesprochen hatte. Beide negieren also den gnostisch-gynäkokratischen Androgyn als die Erscheinung des in beiden Potenzen identischen Einen. So ist Maria, die neue Eva, das vorbildliche Symbol des vollkommen christlich-jahwistisch hominisierten weiblichen Geschlechtes, das mit seiner bedingungslosen Unterwerfung unter das Gesetz Jahwes und seines Sohnes, d. h. unter das Gesetz der in beiden symbolisierten christlich-jahwistischen Männerkirche, zugleich der gnostischen Gynäkokratie der Urzeit widersagt, in der es seinen Sündenfall erkennt, für die der Sohn dem Vater die blutige Genugtuung leisten mußte; durch diese seine *maxima culpa* trägt es allein dafür die letzte Verantwortung. Das Wesen Marias als Nichtgöttin ist daher gegen alle schwärmerische Sophistik eindeutig fixiert, und ihre Verehrung, ihre Latrie, — ein adorierender Kultus ist ihr versagt — dient eigentlich nur der Verherrlichung ihres Sohnes, der sie geschaffen hat. Wenn man einzelne Attribute der gnostischen Muttergöttin, z. B. in der lauretanischen Litanei, auf sie übertrug, so war das dogmatisch gefahrlos; diese Beinamen bekamen durch die neue Persönlichkeit, deren Attribute sie wurden, einen neuen Sinn. Eine gewisse Zweideutigkeit übrigens war, bei der Eindeutigkeit ihres Wesens, nicht einmal unerwünscht; denn das ganze römische Reich war noch Missionsgebiet und die Möglichkeit einer Verwechslung konnte die Arbeit erleichtern. Die Kirche hat immer Extravaganzen der Volksfrömmigkeit, die meistens aus Sentimentalität erhaltene Reste des Heidentums waren, dem christlichen Am ha-arez großzügig nachgesehen; wenn sie sich nur christianisieren ließen und dem dogmatischen System nicht prinzipiell widersprachen, waren es unschädliche Konzessionen. Wie weit diese gehen dürfen, entscheidet der Pontifex Maximus, aus dem der Heilige Geist selbst, d. h. der hoministische

Instinkt der Männerkirche, unfehlbar spricht; denn er ist der oberste Wächter und Hüter ihres dogmatischen und institutionellen Hominismus. So konnte man auch ohne Gefahr dulden, daß dem Christus der Kirche eine Tammuzmaske aufgesetzt wurde, um die gnostischen Jungfrauen für ihn leichter zu gewinnen; der Erfolg rechtfertigte das zwar gewagte, aber psychologisch richtige Mittel. Denn der neue göttliche Bräutigam, hinter dessen Maske die törichten Jungfrauen das Symbol des christlich-jahwistischen Männerbundes nicht zu erkennen vermochten, verführte sie zur Unterwerfung unter den hoministischen Willen seines Vaters Jahwe; und damit war der ursprüngliche Sinn der gnostischen Frauenorden in sein Gegenteil verkehrt. Durch das Brautgemach ging der Weg leichter in die Buß- und Strafkammer: die ehemals gnostisch-gynäkokratischen Jungfrauenorden wurden in der Tat zu weiblichen Buß- und Strafgemeinschaften, die für den Sündenfall der *Virgines gnosticae* der Urzeit Genugtuung leisteten; die mittelalterliche Rekluse ist die letzte Konsequenz dieser Idee. Die Buße wäre aber begründeter gewesen, wenn sie der mangelhaften Erfüllung ihrer gnostisch-gynäkokratischen Bestimmung gegolten hätte. Doch der Sieg der Männerkirche über das ganze weibliche Geschlecht des Abendlandes war vollendet, als dessen geistige Elite, die gnostischen Jungfrauenorden, sich dem hoministischen Sohne des Vaters, dem Anti-Tammuz in der Tammuzmaske, unterworfen hatten, um die neue Elite der *Sponsae Christi* zu bilden.

Nach der Einnahme Roms durch Alarich (410) konnte endlich der heilige Augustinus in seiner *Civitas Dei*, einem großen antifeministischen Werke der Weltliteratur, das Siegeslied der antignostischen Männerkirche anstimmen. Die historische Gnosis, für die der vor allem politisch-soziologisch denkende Theologe des christlichen Hominismus weder besonderes Interesse noch Verständnis zeigt, war im Abendlande für mehrere Jahrhunderte erledigt, bis sie sich unter Karl dem Kahlen in dem tiefsinnigen *Scotus Eriugena*, dem Vorsteher der *Schola Palatii*, wieder zum Worte meldete, um zwar sofort wieder mundtot gemacht zu werden, aber dennoch im ganzen Mittelalter als geistige Unterströmung weiterzuleben. Die Invektiven der triumphierenden Kirche gegen die Götter des sterbenden Heidentums haben nur noch ein historisches Interesse; man möchte sagen: Männergötter unter sich. Auch der Versuch Augustins, die mosaischen und christlichen Dogmen auf neuplatonische Beine zu stellen, ist eine ebenfalls der Vergangenheit angehörende Glanzleistung dialektischer Akrobatik und Sophistik. Aber seine negative Psychologie und Bewertung des weiblichen Geschlechtes, die er im XIV. Buch seines Werkes als eine Interpretation des jahwistischen Mythus vom Sündenfall gegeben hat, sind durch ihn zu unerschütterlichen Dogmen des christlichen Hominismus geworden. Das weibliche Geschlecht verurteilt er als das primär schuldige, während er dem Adam, als dem Verführten, mildernde Umstände zubilligt. Der jahwistisch-christliche Hominismus kann die gnostische Gynäkokratie der Urzeit nicht anders beurteilen. Es ist aber zu bedauern, daß Augustinus diesen Begriff der gnostischen Gynäkokratie nicht kannte; seine *Civitas Diaboli* hätte an Anschaulichkeit und Denkbarkeit gewonnen, wenn er diese als in jener verwirklicht erkannt und sie als das von Satan immer aufs neue erstrebte Ziel verstanden hätte. Auch wenn sich aber Augustinus dieser Identität von *Civitas Diaboli* und gnostischer Gynäkokratie nicht klar bewußt wurde, der Kampf seiner irdischen *Civitas Dei* gegen die irdische *Civitas Diaboli*, d. h. der Kampf des von den Pristern der christlichen Kirche theokratisch geleiteten christlichen Männerstaates, mit dem Papst an der Spitze der einen, dem Kaiser an der Spitze des andern, dieser Kampf wurde im Mittelalter unter der Führung der großen Päpste in der Tat gegen das gefährliche weibliche Geschlecht geführt, um durch seine bedingungslose geistige Unterwerfung unter das hoministische Christentum die an sich immer mögliche Wiederherstellung einer gnostischen Gynäkokratie für alle Zukunft unmöglich zu machen. Dieser Kampf gegen die gnostische Gynäkokratie als die *Civitas Diaboli* ist, in unsere Sprache übersetzt, der eigentliche Grundgedanke und das Programm von Augustins großem Werke. Denn seine *Civitas Dei* besteht in der unbedingten Herrschaft des christlich-hoministischen Prinzips sowohl im Diesseits wie im Jenseits, *sicut in coelo, et in terra*.

c) Mystisch-feministische Restaurationsversuche im Mittelalter
α) *Die Frauenklöster*

Wenn man einen Gegenstand „mystisch" nennt, so bedeutet das, der Etymologie des Wortes entsprechend, daß man über ihn vor Profanen nicht sprechen oder ihn Uneingeweihten nicht zeigen darf; denn das griechische Wort „*myein*" heißt: den Mund geschlossen halten. Aber nicht jeder geheim zu haltende Gegenstand ist deshalb auch „mystisch"; die Anwendung dieses Begriffes ist auf philosophische und religiöse Gegenstände beschränkt. Eine mystische Lehre ist also eine Geheimlehre und eine mystische Methode die nur einer Elite vorbehaltene Methode geistiger Schulung; eine mystische Religion ist eine Geheimreligion, und ein mystischer Kult ein Geheimkult. Erst durch ihre Geheimhaltung wird also eine philosophisch-religiöse Lehre zu einer mystischen, zu einem *mystikòs lógos;* dadurch daß der Bund oder Orden der Wissenden durch ein Gelübde zu schweigen oder nur in einer verhüllenden Symbolsprache zu reden verpflichtet ist. Als das gnostische Identitätsbewußtsein des Einen, das es in seinen menschlichen Individuationen des ersten Äons allgemein verwirklicht hatte, durch den agnostisch ichbewußten Hominismus unterdrückt wurde, mußten diejenigen Individuationen des Einen, in denen es noch zum Selbstbewußtsein kam, sich in geheimen, d. h. also mystischen, Bünden zusammenschließen, um die gnostische Tradition in der Menschheit zu erhalten. Damals zuerst also wurde die Gnosis, durch die hoministische Revolution gezwungen, zu einer Mystik, d. h. zu einer *mystikè didaché*, zu einer Geheimlehre, so daß man also seitdem von einer „mystischen" Gnosis reden kann. Damals wurde zuerst der Gnostiker zum Mystiker, d. h. zum Verkünder einer geheimen Lehre, welche aber im Anfang keine andere war als die nun unterdrückte gnostisch-gynäkokratische des ersten Äons. So wurden für das allgemeine Bewußtsein Gnosis und Mystik, Gnostiker und Mystiker identisch; der an sich rein äußerliche und attributive Begriff des Mystischen bekam einen substantiellen Inhalt. Wie aber im zweiten Äon die zur Mystik gewordene Gnosis selbst hominisiert und ihre ursprüngliche Natur durch Anpassung an die neue hoministische Bewußtseinsgrundlage entstellt wurde, haben wir an einzelnen Beispielen des Morgen- und Abendlandes, zu denen auch die Gnostiker der Kirchengeschichte gehören, bereits gesehen. Auch in der mystisch-gnostischen Frau, um deren eigentliche Lehre es sich doch handelte, erreichte das Eine nicht mehr die Klarheit und Eindeutigkeit seines urzeitlichen Selbstbewußtseins, dieses gnostischen Kapitals, von dem, sei es in den Jahrtausenden noch so heruntergewirtschaftet worden, die geistige Menschheit auch heute noch lebt. Deshalb können wir zusammenfassend sagen: die „Mystik" genannte Gnosis ist die getrübte und hominisierte Gestalt, unter der im zweiten oder hoministischen Äon die Urgnosis des ersten gnostisch-gynäkokratischen Äons sich selbst überdauerte.

Für die Geschichte des abendländischen Geisteslebens bedeutet das Jahr 1000 einen entscheidenden Wendepunkt. Als die Sylvesterglocken das Ende dieses Jahres verkündeten, begann auch die tausendjährige Angstpsychose zu weichen, welche der Prophet Jeschua durch seine Verkündigung von dem nahe bevorstehenden *Dies irae* des Weltuntergangs und des Weltgerichtes hervorgerufen hatte und die nun schon zehn lange Jahrhunderte wie ein Alpdruck auf der Menschheit lastete. Durch das beständige Ausbleiben dieses Tages Jahwes war die nervöse Spannung so unterträglich geworden, daß man schließlich, um einem Schrecken ohne Ende zu entgehen, das Ende mit Schrecken herbeiwünschte und die Theologen auf der Grundlage der mosaischen Chronologie der Weltschöpfung das Jahr 1000 als den Termin der entsetzlichen Befreiung von einer noch entsetzlicheren Zwangsvorstellung errechneten. Denn, wie

alle Religionen des dualistisch-theistischen Hominismus, der auf der agnostischen Differenz von Subjekt und Objekt beruht, ist auch die christlich-jahwistische eine Religion der Angst und des Zitterns des Ichs vor dem göttlichen Nichtich. Seit jener religiösen Enttäuschung durch das Jahr 1000 aber dringen, natürlich nicht in die Idee des Christentums — denn die Ideen besitzen ein unveränderliches begriffsewiges Wesen —, wohl aber in die christianisierte Gesellschaft des Abendlandes für den hoministischen Charakter ihrer Religion gefährliche Vorstellungen ein. Es sind gnostisch-feministische Tendenzen. Wenn man die gnostische Bestimmung der weiblichen Potenz des Einen erwägt, erscheint es ganz natürlich, daß gerade in ihr der gnostische Trieb mit besonderer Kraft wirksam werden mußte. Die Formen dieser etwa bis zur hoministischen Reformation dauernden gnostisch-feministischen Bewegung bilden, so verschieden sie untereinander erscheinen, dennoch in ihrer Tendenz eine geistige Einheit; denn das den verschiedenen Richtungen gemeinsame unbewußte Ziel ist die Wiederherstellung der weiblichen Urreligion. Die drei gleich unzulänglichen Methoden zur Erreichung dieses Zieles aber waren die christlichen Nonnenklöster, die Laiengemeinschaft der Brüder und Schwestern vom freien Geiste und die satanistische Frauenkirche.
Sponsae Christi

Dem hoministischen Wahnsinn, der religiös und politisch die abendländische Existenz der Vernichtung entgegentrieb, antwortete eine neue Virginitätsbewegung des weiblichen Geschlechtes, die an Ausbreitung, Ernst und Energie derjenigen der ersten christlichen Jahrhunderte ebenbürtig war. Aber diese alles überflutende und mitreißende Strömung wurde nicht nur von der Verzweiflung über die sich auflösende bankrotte hoministische Gesellschaftsordnung getrieben sondern auch von der Hoffnung auf eine neue feministische, durch die Virginitätsbewegung zu schaffende Welt. Denn der Zweck der Jungfrauenorden, die dem weiblichen Geschlechte Schutz vor der allerdings ungeheuerlichen Rohheit des kriegerischen und sinnlichen Hominismus jener mittelalterlichen Jahrhunderte boten, war nicht der, sich im Sinne des bürgerlichen Liberalismus individuell geistig zu kultivieren; auch nicht der, materielle Versorgungsanstalten zu sein, als die sie, aus der Froschperspektive des proletarischen historischen Materialismus betrachtet, erscheinen können; aber auch nicht der der sozialen Caritas, womit sie ein sogenannter christlicher Sozialismus verteidigen zu müssen glaubt. Das sind alles nur von einer tendenziösen hoministischen Oberflächlichkeit überbetonte Symptome, um ihr wahres geistiges Wesen totschweigen zu können; das sind alles, wenn der Geist, aus dem sie stammen, nicht mehr in ihnen lebt, nur Symptome ihrer Entartung. Ihre Bestimmung ist eine metaphysische. Die Orden der *Virgines mysticae* sind ihrem Wesen oder ihrer Idee nach in *unio mystica* mit ihrem Gotte lebende Mädchenbünde, deren Existenz allein schon dem männlichen wie dem weiblichen Geschlecht die *unio gnostica* als die Überwindung des hoministischen Animalismus verkündet. An dieser ewigen Idee der gnostischen Jungfrauenorden müssen alle ihre historischen Erscheinungen, vergangene und künftige, gemessen werden. Ohne diese Orden der *Virgines gnosticae* sinkt das Geschlechterverhältnis ins Agnostisch-Animalische; mit welchen magischen Weihungen der Hominismus es auch eine Zeitlang umgeben mag, die Magie verliert ihre Zauberkraft, wenn sie nicht der Gnosis entspringt. Die gnostischen Jungfrauen dagegen leben in der Einheit mit der göttlichen Sophia, dem Symbol der gnostisch-weiblichen Potenz des Einen, und deswegen auch in der *Unio*. mit dem von ihr untrennbaren göttlichen Logos, dem Symbol der Einheit der gnostischen männlichen Potenz; im Bewußtsein der *Virgines gnosticae* verwirklicht sich also die androgyne *Unio gnostica* des Einen mit sich selbst. Aus dieser in der Idee der Jungfrauenorden immanent liegenden Bedrohung des agnostischen Hominismus erklärt sich die instinktive Feindschaft, die dieser notwendig für sie empfinden muß; es bleibt ihm nichts übrig als sie auszurotten oder zu hominisieren. Aber konnten in den Jahrhunderten, von denen wir sprechen, aus den *Virgines Christi* überhaupt noch einmal *Virgines gnosticae* werden? Konnte aus dem jahwistischen Pantokrator, der von seinen Bräuten als Strafe für die gnostisch-gynäkokratische Ursünde ihres Geschlechtes asketische Kasteiung und Selbstkreuzigung forderte, der gnostisch liebende Gott werden? Ein solcher Wandel im Charakter ihres Symbols hätte die hoministische Männerkirche selbst in eine Frauenkirche feministisch verwandeln müssen. Denn gegen den hoministischen Christus in der Tammuzmaske schien, wie schon einmal in der ersten Zeit des Christentums, der wirkliche Tammuz und Adôn von seinen liebenden Jungfrauen wieder zum Leben erweckt zu werden; instinktiv schienen die *Sponsae Christi* das Geheimnis ihres wahren Gottes und den wahren Sinn der Virginität zu ahnen. Noch verstand diese mystische Frauenbewegung nicht ihren Sinn; aber eines Tages konnte sie sich begreifen als das, was sie war: als den Versuch, die gnostischen Jungfrauenorden der Urzeit gegen die antignostisch-hoministische Philosophie und ihre christliche Männerreligion wiederherzustellen und den gnostisch-gynäkokratischen Doppelorden neu zu begründen. Was die Kirchenväter, besonders ein Ambrosius und Hieronymus im alten römischen Reiche getan hatten, um die mystischen Jungfrauen in das kirchlich-hoministische System einzugliedern, das mußten auch die Theologen in dem germanisch erneuerten tun: um den jahwistischen Christus zu retten, mußte man seine äußerliche und exoterische Tammuzisierung, wenn nötig in noch höherem Grade, dulden, während gleichzeitig sein wahres esoterisches Wesen dogmatisch durch die Scholastik unzweideutig bestimmt wurde. Den Gegenschlag gegen den eindringenden Feminismus, die gefährlichste, weil prinzipiell gegensätzlichste aller möglichen Häresien, mußte auf eine geeignetere Zeit verschoben werden. Die Geduld wurde belohnt: diese Zeit kam.

Unter den heiligen Schriften war für die *Virgines mysticae* der römischen wie der germanischen Periode des römischen Reiches das Hohe Lied die heiligste. Daß diese von dem hoministischen Instinkt der Synagoge lange umstrittene Schrift schließlich doch in den Kanon aufgenommen wurde (noch auf der Synode zu Jamnia [90—100] wurde ihr die Berechtigung bestritten), war ein Sieg des noch immer nicht ganz ausgetriebenen feministischen Geistes im Judentum. Denn es ist das heilige Buch der früher besprochenen antijahwistischen gnostisch-gynäkokratischen Religion der jüdischen Frauen. Tammuz und Ischtar erscheinen hier als Schulamit und Schelomoh, als Friedensgöttin und Friedensgott: das waren wenigstens zu einer gewissen Zeit sicher einmal die früher noch unbestimmt gelassenen hebräischen Namen des göttlichen Androgyns der hebräischen Frauenreligion, der auch einfach Geliebter-Geliebte, Dod-Dodah, genannt wurde; denn die Anrede seiner männlichen Hälfte als Dod kommt in dem Liede wiederholt vor. (Siehe darüber: *W. Wittekindt*, Das Hohe Lied, Orient-Buchhandlung Heinz Lafaire, Hannover 1925.) Es waren also zeitlich bedingte Namen des ewigen Androgyns Sophia-Logos. Die pulverisierte Gestalt, in der das Werk erhalten ist, scheint anzudeuten, daß es sich um Exzerpte aus einer umfangreichen Literatur dieser gnostisch-gynäkokratischen Frauenreligion handelt, und die willkürliche Zusammenstellung der Fragmente sollte wohl die Spur noch mehr verwischen. Die bürgerlich-liberale Theologie wollte in diesen Fragmenten harmlose Liebesliedchen von Alltagsmenschen sehen, Hochzeitslieder für einen beduinischen Hans und seine Grete; da hatte die von der positivistischen Philologie bekämpfte alte othodoxe Exegese, so unsinnig sie an sich ist, doch wenigstens Verständnis für den mythologischen Geist des Werkes bewiesen. Die jüdische Orthodoxie machte aus dem göttlichen Geliebten, dem Dod, Jahwe selbst (vielleicht sogar in Erinnerung daran, daß es einmal einen *androgynen* Jahwe gegeben hatte) und aus der Göttin Sophia, der hebräischen Chokmah, die Synagoge, also die Männergemeinde; die in ihren Fußstapfen wandelnde christliche machte aus dem Gotte ihren Christos und aus der Göttin die Ecclesia oder gar Maria. Aber diese beiden Eindringlinge haben einen älteren legitimen Gott verdrängt: den gnostisch-gynäkokratischen

Liebesgott. Die wilde abstruse oder geistreichelnde Symbolisiererei erfüllte ihren Zweck, da sie von dem wahren feministischen Problem immer weiter weg in das hoministische Dickicht metaphysischer und psychologischer Abstraktionen hineinlockte. Das nach dem Geliebten genannte Hohe Lied des Schelomoh wurde dann dem historischen König Salomo als seinem Verfasser zugeschrieben. Es kann nur eine letzte Fassung von heiligen Texten der Literatur jenes Frauenbundes sein, der im Jahwetempel um den hebräischen Tammuz, den Dod oder Schelomoh, weinte. Vor dem Exil entstanden, war es sicher nur eine für die Eingeweihten bestimmte esoterische Textsammlung, aus der uns die willkürlich zusammengestellten Fragmente und Fetzen erhalten blieben, die im IV. Jahrhundert, dem Phillips und Alexanders des Großen, redigiert wurden. Es wäre ein Wunder, wenn nicht Profanationen und Entstellungen eingedrungen wären. Doch das ist unwichtig. Wichtig ist, daß auch in den Resten des pulverisierten Ganzen der Geist des hebräisch-jüdischen Doppelordens durch die Jahrtausende lebendig blieb. Denn der gnostisch-gynäkokratische Frauenorden, die „Töchter Jerusalems", der unter der Leitung der die Dodah-Sophia symbolisierenden Ordensführerin steht, und der gnostisch-gynäkokratische Männerorden, die „Begleiter", unter der Führung seines den Dod-Logos symbolisierenden Ordensoberhauptes, bilden in dem androgynen Selbstbewußtsein des Einen, das in allen Personen der beiden Hälften gleichmäßig verwirklicht ist, eine gnostisch-androgyne Einheit. Das „Lied der Lieder" ist daher das Hohe Lied des gnostisch-gynäkokratischen Doppelordens. Inhaltlich ist dieses Buch der hebräischen Frauenreligion einmal die gnostisch-gynäkokratische Apokalypse von Dodah und Dod gewesen. Denn dieses Epithalamium, das das Eine sich selbst gesungen hat, beruhte auf dem direkt ausgesprochenen oder zwischen den Zeilen zu lesenden Grundgedanken von einer dereinstigen eschatologischen Sich-selbst-Verwirklichung in der *Unio gnostica* der ganzen Menschheit durch den gnostisch-gynäkokratisch geleiteten Doppelorden. Deshalb muß es auch von der Passio des Liebesgottes, von seiner *Resurrectio* und von der gnostisch-androgynen *Unio* des Auferstandenen mit der gnostischen Liebesgöttin in *hieros gamos* gesprochen haben. Wir können sagen, daß wir in ihm Texte besitzen, von denen manche gewiß in der hebräischen gnostisch-gynäkokratischen Messe verwendet sein werden. Denn wir müssen natürlich eine Dodmesse als Analogie zur Messe des Osiris oder des Dionysos oder zur Messe von Eleusis postulieren, eine mehr oder weniger dramatisierte symbolische Darstellung jener Urtragödie der Menschheit des ersten *Äons* und der erwarteten Wiederauferstehung der mit dem gnostischen Liebesgott untergegangenen weiblichen Menschheitsperiode; also eine dramatisierte Dodah-Dod-Apokalypse. Über die Jahrtausende hinweg aber begriff das Eine in den mittelalterlichen Nonnen besser als alle Theologen den wahren esoterischen Sinn dieses Buches. Es wurde zur Brücke, auf der sich die „Töchter Jerusalems", die um den Tammuz weinten, mit denen begegneten, die um den Christos weinten, und die das von jenen unvollendet hinterlassene Werk fortzusetzen bestimmt waren. In diesem Zusammenhange verdient folgende Parallelerscheinung erwähnt zu werden. Ebenso nämlich, wie der mosaisch-jahwistische Hominismus seine reformierte Fortsetzung im christlichen fand, ebenso fand auch die antijahwistische gnostisch-gynäkokratische Religion der hebräischen Frauen, die wir symbolisch-mythologisch die Mirjamreligion nannten, die Religion der Dodah und des Dod, ihre reformierte Fortsetzung in der gleichzeitig mit dem hoministischen Christentum einsetzenden Virginitätsbewegung, ohne daß dieser der historische Zusammenhang bewußt geworden wäre. Jahwe und Ischtar setzten also unter christlichen Namen ihren Kampf gegeneinander fort, der mit dem zweiten Äon begonnen hatte. Und die christianisierten Jungfrauenorden übernahmen von den hebräischen Adoniazusen deren esoterisches, dem agnostisch-hoministischen Ichbewußtsein verschlossenes, Buch der gnostisch-androgynen Religion des weiblichen Geschlechtes: denn beide bekannten dieselbe Religion, die Religion der *Unio gnostica* des Einen mit sich selbst.

Um die in dem gnostischen Ichbewußtsein gegründete feministische Mystik, d. h. Geheimlehre, zu überwinden, mußte die auf dem agnostischen Ichbewußtsein beruhende Männerkirche mit einer orthodox-hoministischen Gegenmystik antworten. Wie ihre Philosophie und ihre Religion Negationen sind, so ist auch ihre Geheimlehre die Negation einer Geheimlehre, deren Begriffe sie beibehielt, indem sie dieselben mit vollendeter Kunst in ihr Gegenteil umzudeuten verstand. Sie ist nur die hominisierte weibliche Mystik. Der Zentralbegriff, um den es sich handelte, war der der *Unio mystica;* er mußte ins Spiritualistisch-Theistische übersetzt werden, um das Bewußtsein von der *Unio gnostica* des Einen in seinen beiden Geschlechtern zu verdrängen. Man pflegt in der christlichen Mystik eine sogenannte intellektuelle und eine sogenannte Brautmystik zu unterscheiden. Indessen ist der Unterschied mehr äußerlich und willkürlich als wesentlich, denn man scheint mit ihm sagen zu wollen, daß die erstere durch ihre begriffliche Form die vorzugsweise für das männliche, die zweite, durch ihre mehr affektive Form, die vorzugsweise für das weibliche Geschlecht bestimmte Form der christlichen Mystik ist; beide beruhen jedenfalls auf der Unterdrückung des Triebes des Einen zum gnostischen Selbstbewußtsein. Durch Platon hatte man gelernt, den Erkenntnisakt, die *Unio intellektualis* eines erkennenden Subjekts mit einem erkannten Objekt, als eine Analogie zur physiologischen *Unio* eines weiblichen und eines männlichen Körpers zu betrachten; so daß der Platonismus den Erkennungstrieb auch mit demselben Namen wie den physiologischen Trieb als Eros bezeichnete. Diese erotische Bildersprache ließ sich von der spiritualistisch-theistischen Philosophie nützlich verwenden. Denn die intellektuelle Beziehung des geschaffenen Subjektes zu dem absoluten Objekt dieser Philosophie, dem von dem agnostischen Ichbewußtsein dualistisch als transzendent supramundane Person gedachten Absoluten, also zu dem göttlichen Nichtich, konnte nun als eine intellektuelle *Unio gnostica* bezeichnet werden. Kunstvolle dialektische Eiertänze waren allerdings nötig, um zu demonstrieren, daß diese *Unio mystica* des Subjekts mit dem transzendenten Objekt nicht auf einer Identität der beiden in einem höheren Dritten beruhe, sondern daß die Differenz zwischen Schöpfer und Geschöpf unaufhebbar sei. Diese theoretische *Unio mystica* ist aber zugleich auch eine praktische *Unio mystica* des Willens des Ichs mit dem Willen des göttlichen Nichtichs; die *Unio* der beiden Willen aber erscheint als Unterwerfung des geschöpflichen Eigenwillens unter den Willen des Schöpfers, d. h. als Gehorsam. Nun aber ist dieser transzendente Gott der als absolute Person symbolisierte agnostisch-hoministische Wille des männlichen Geschlechtes; die *Unio mystica* mit diesem Gott bedeutet also die unbedingte Unterwerfung unter diesen Willen, der unbedingte Gehorsam gegen das Gesetz des Hominismus, also die Verneinung der gnostischen Gynäkokratie. Die christliche Brautmystik erscheint neben dieser intellektuellen abstrakten als ein konkretes anschauliches Duplikat; denn in dem konkreten Gott ist der transzendente Gott Mensch geworden, so daß die *Unio mystica* mit dem konkreten zugleich die mit dem abstrakten Gott ist. Die *Unio mystica* mit dem konkreten Gott, in der das Wesen der Brautmystik liegt, besteht nun natürlich ebenfalls in der Einswerdung mit seinem Willen, der aber kein anderer ist als das hoministische Gesetz des transzendenten Gottes, seines Vaters: die *Unio mystica* zeigt sich also verwirklicht im unbedingten Gehorsam gegen dieses Gesetz. Und da der sichtbare Ausdruck seines göttlichen Willens die von ihm gegründete Männerkirche ist, so erscheint die *Unio mystica* mit ihm als Gehorsam gegen den Willen dieser selbst in *Unio mystica* mit ihm, als ihrem Gotte, verbundenen Männerkirche. Jede Seele aber, sei sie männlich oder weiblich, die ihren Willen mit dem göttlichen Bräutigam oder der Kirche vereinigt, ist seine Braut. Das männliche Geschlecht ist also zur Brautschaft nicht weniger fähig als das weibliche. Mit dieser dualistischen Dialektik läßt sich auch beweisen, daß aus dem männlichen Geschlecht, dem es von Natur leichter fallen muß, zur *Unio mystica* seines Willens mit dem des göttlichen hoministischen Gesetzgebers zu gelangen, vollkommenere Bräute stammen müssen, als aus dem weiblichen. Damit war die ehemalige gnostisch-gynäkokratische Brautmystik in die restlos hominisierte christliche Brautmystik umgewandelt; die *Unio gnostica* des weiblichen Geschlechtes mit dem männlichen im *hieròs gámos* des Einen war zu einer *Unio mystica* des weiblichen Geschlechtes mit dem antignostisch-hoministischen Prinzip geworden.

So ist die christliche Mystik ihrem Wesen nach die Geheimlehre des christlich-kirchlichen Hominismus. Dieser hat zwei zusammenwirkende Methoden ausgebildet, um gnostisch-gynäkokratische Infiltrationen abzuwehren: die philosophische Scholastik, die Schulung der Ratio, zur Verteidigung des spiritualistisch-theistischen Dualismus und die mystische Scholastik, die Schulung des Willens und des Gefühlslebens zur Einswerdung mit dem Corpus Christi, der Männerkirche. Im Gegensatz zu der *vita activa* des Weltlebens konnten nur die Mönchsorden eine ausschließlich der mystischen Konzentration gewidmete *vita contemplativa* führen. So wurden die drei großen Männerorden des Mittelalters mit ihren verschiedenen Congregationen, der Orden der Benediktiner und mehr als sechs Jahrhunderte später die Bettelorden der Dominikaner und Franziskaner, von denen jeder seinen eigenen, durch das Genie des Stifters bestimmten persönlichen Charakter und Stil hatte, die Energiezentren und Energiequellen des mystischen Hominismus. Die ihnen mit modifizierter Regel affiliierten Frauenorden standen unter ihrer geistlichen Leitung. So wurden aus den gnostisch-gynäkokratischen Doppelorden der Urzeit in vollständiger Umkehrung die christlich-hoministischen Doppelorden des Abendlandes, in denen der zweite Äon seine antithetische Vollendung erreicht hat. Unter der hoministischen Mystagogie aber konnte die mystische Frauenbewegung ihren wahren Sinn nicht verstehen lernen: sie war zwar eine Renaissance des Triebes zur Gnosis gewesen, aber sie wurde keine Renaissance des gnostischen Selbstbewußtseins des Einen; die „vollkommen Erwachte" war ausgeblieben. Der berühmte Doppelorden der am Hominismus verweifelnden schwedischen Birgitta, welche ihren Männerorden unter die Leitung ihres Frauenordens stellte, war gewiß keine Erneuerung der gnostisch-gynäkokratischen Doppelorden der Urzeit; aber vielleicht trugen doch auch unterbewußte Menschheitserinnerungen in dieser Visionärin und nicht nur feministisches Ressentiment zu ihrer Ordensgründung bei. Ihr von einer Äbtissin geleitetes Doppelkloster von Vadstena am Wettersee war indessen weder das erste noch das einzige dieser Art; es hatte diese Institutionen, in denen wir Erinnerungen an eine urzeitliche Tradition erblicken müssen, bereits im Orient wie auch im frühmittelalterlichen Abendland gegeben. Der gnostische Sturm jedoch, der mit einer Hadewich und Mechthilt begonnen hatte, endete in dem eintönigen und einschläfernden Gesäusel sentimental-infantiler Gesichte der kleinen Nonnen von Töss und Winterthur. In der Zeit der Gegenreformation, als katholischer und protestantischer Hominismus sich gegenseitig auszurotten bemüht waren, ging zwar noch einmal eine große mystische Virginitätsbewegung durch das katholisch gebliebene Abendland. Aber so wenig wie in der mittelalterlichen vermochte das Eine in dieser, sich von der den gnostischen Trieb erstickenden antignostisch-hoministischen Mystagogie zu befreien und sein gnostisch-gynäkokratisches Selbstbewußtsein wiederzufinden; so strahlend im übrigen auch dieser Sonnenuntergang der christlichen Frauenmystik war.

β) Brüder und Schwestern vom freien Geiste

Der im weiblichen Geschlecht erwachte Trieb des Einen zum gnostischen Selbstbewußtsein und zur *Unio gnostica* lebte nicht nur innerhalb der Klosterzellen. Seit dem XIII. Jahrhundert verbreitete sich in Nordfrankreich, Flandern, Brabant und den Rhein entlang ein Geheimbund von Frauen und Männern des Laienstandes mit einer geheimen, also mystischen Lehre, der sich die Brüder und Schwestern vom freien Geiste nannte. Ende des Jahrhunderts war diese Bewegung in den Beghinengemeinschaften schon so verbreitet, daß Beghinen und Schwestern des freien Geistes fast gleichbedeutend wurde. Der Name Schwestern und Brüder des freien Geistes bezeugt, daß es sich um einen Doppelorden handelte, der allerdings nicht räumlich, sondern nur geistig zusammenlebte; und aus dem Wenigen, das wir von seiner Lehre wissen, müssen wir schließen, daß deren Kern die Lehre von der *Unio gnostica* bildete, das aber ist die Geheimlehre des weiblichen Geschlechtes. Wir sehen daher in ihm einen der Versuche des Einen, durch das weibliche Geschlecht den gnostischen Doppelorden der Urzeit wiederaufzurichten, dessen Geist er sicher näher kam als der Doppelorden der Birgitta. Von den Forschungen *W. Fraengers,* der zuerst den geheimen Sinn der Bilder des Hieronymus Bosch interpretierte, darf man erwarten, daß sie Licht über diese, vom kirchlichen Hominismus verleumdete und absichtlich in Dunkelheit gehüllte, Bewegung verbreiten werden. Es mag sein, daß die mystische Lehre des Doppelordens durch die pantheistische Doktrin des Amaury von Bène, eines Theologen der Pariser Universität, der 1204 seine Lehre in Rom vor Innozenz III. zu widerrufen gezwungen wurde, und durch die seines Schülers David von Dinant beeinflußt war; aber der Geist der Bewegung entstammte dunkleren Tiefen. Doch es ist wichtig, in diesem Geheimbund, wenigstens zur Zeit seines Niederganges, zwei Strömungen zu unterscheiden: eine gnostisch-feministische und eine vulgärpantheistisch-hoministische. Es steht außer Frage, daß von der ersteren ein großer Einfluß auf die Virginitätsbewegung der *Unio mystica* des XIII. Jahrhunderts ausging; Mechtilt war, ehe sie ins Kloster Helfta eintrat, Beghine in Magdeburg gewesen und auch in der Hadewich lebte der Geist der Beghinenbewegung. Der Pantheismus aber ist eine hoministische Entstellung der gnostisch-gynäkokratischen Urgnosis des Einen. Das Eine ist seinem Wesen nach weder Gott noch Mensch; gibt es Götter, — und es gibt sie gewiß auf vollkommeneren Sternen —, dann sind sie, wie die Menschen, seine Individuationen. Das Absolute oder das Eine aber Gott zu nennen, ist eine objektive Beleidigung seiner namenlosen Majestät; es subjektiv in gutem Glauben zu tun, ist ein Zeichen des unklaren und naiven Denkens, es aus persönlichem Interesse und zur Irreführung zu tun, ist geistige Unsauberkeit. Der Pantheismus ist antignostisch und hoministisch: das Eine sieht auf dieser Bewußtseinsstufe das Ziel seiner Individuationen nicht mehr im gnostischen Androgyn, sondern in seinem männlichen Geschlecht. Hoministischer Pantheismus und hoministischer Theismus haben, jeder auf seine besondere Art, den Begriff des Einen im Dienste des agnostisch-hoministischen Ichbewußtseins ontologisch und teleologisch mißbraucht. So kann es kein Wunder nehmen, daß, als der pantheistische Hominismus der Brüder des Doppelordens über die gnostisch-feministische Tendenz der Schwestern gesiegt hatte, von den ersteren auch die echt hoministische Forderung der Güter- und Weibergemeinschaft erhoben wurde. Aber in der Zeit seiner Entstehung, der feministischen Periode des Doppelordens, war die von ihm verbreitete mystische Gnosis die stärkste Bedrohung des theistischen Hominismus. Das weibliche Geschlecht machte zum erstenmal der Inquisition große Sorge; bald sollte es ihr noch mehr Arbeit machen. Doch es gab damals Ireniker unter den Theologen, die glaubten, ohne Inquisition eine Synthese der Gegensätze auf kirchlicher Grundlage schaffen zu können. Der Versuch dieser Synthese ist das, was man die deutsche Mystik nennt. Es war ein törichtes Vorurteil, in den Lehren der drei großen christlichen Mystiker, Ekkeharts, Ruysbroecks und des unbekannten Verfassers der „Theologia Deutsch", verkappte Gegner der Kirche oder auch nur Antischolastiker zu sehen; sie sind im Gegenteil die Verteidiger der Kirche gegen die mystische Gnosis der Schwestern und Brüder vom freien Geiste. Sie bekämpfen diese nicht nur in der direkten Polemik einzelner Stellen: ihre Predigten und Schriften sind vielmehr als Ganzes eine einzige Polemik gegen den Doppelorden, indem sie, um ein Schisma zu verhüten, zu zeigen versuchen, daß auch die Kirche das hat, was er hat, und noch mehr dazu, daß er also keinen Grund zur Verneinung der Kirche hat. Aus der Intensität und dem hohen geistigen Niveau dieser Bekämpfung aber erkennt man nicht nur die ganze Größe der Gefahr, die der Kirche von diesem gnostisch-feministischen Geheimbund drohte, sondern auch die hohe Geistigkeit seiner Lehre. Die Methode des Kampfes gegen die neue Gnosis war die der Kirchenväter in ihrer Polemik gegen die alte; was die Kirche von dem Gegner übernahm und sich assimilierte, wurde damit nicht nur kirchlich sondern war es auch immer gewesen. Diesmal aber mutete man dem Denken zu viel zu. Der Theismus und die Gnosis, der seine Persönlichkeit dreimal als christlicher Trismegistos bejahende transzendente Gott und das an sich über jeder Individuation stehende Eine, die absolute Differenz von Subjekt und Objekt und die Identität beider, der antignostische Hominismus und der gnostische Feminismus, — das sind Gegensätze, die sich im Denken nicht vereinigen lassen. Hier stehen sich zwei konträre Systeme gegenüber, von denen jedes ein Klotz am Bein des andern ist und ihm das Gehen, d. h. das Denken, unmöglich macht. Wenn man zwei konträre Systeme, von denen jedes ein Ganzes ist, verschmelzen will, kommt nur eine Halbheit heraus, oder noch besser gesagt, reine Sophistik. Es ist die Zauberei des Perlippe-Perlappe, die der Hans Wurst des Volksschauspiels vom Doktor Faust so tadellos beherrscht: bald zitiert der theologische Sophist das gnostische Eine und kommandiert es wieder weg; bald zitiert er den dreifach persönlichen Gott und läßt ihn wieder verschwinden, um das Eine wiederkommen zu lassen, je nach den Umständen, denen sich seine Dialektik anzupassen hat. Aus diesem Grunde war die deutsche Mystik eine geistige Halbheit; ihre Synthese war ein Selbstbetrug. Durch ihren Kompromiß mit seinem Gegensatz schadet sie der Selbstbesinnung des Einen mehr als sie ihr nützt und bleibt im unklaren Halbdunkel des Bewußtseins stehen, das sie für Licht hält. Aber die christliche Kirche und der gnostisch-feministische Doppelorden waren geistige Ganzheiten. Dem sicheren Lebensinstinkt der orthodoxen Kirche ist die gnostisierende Mystik mit Recht immer verdächtig, wie die Kabbala dem orthodoxen Talmudismus und der Sufismus dem orthodoxen Islam; den bedrohten christlichen Hominismus konnte nur die hoministische Inquisition retten.

γ) *Feministischer Satanismus*

Die dritte große mystisch-gnostizistische Auflehnung des weiblichen Geschlechtes im Mittelalter ist die des feministischen Satanismus. Er ist seine kühnste und radikalste, nicht lokal beschränkte, sondern über das ganze Abendland verbreitete Empörung gegen den christlichen Hominismus. Angenommen, der Satz Tertullians von der *anima naturaliter christiana* hätte wenigstens für das männliche Geschlecht Geltung, so ist er, auf das weibliche angewandt, eine Absurdität. Die christianisierte Frau ist, weil sie damit zugleich hominisiert wird, nicht mehr für die Natur ihres Geschlechtes repräsentativ; man verfälscht die Wahrheit weniger, wenn man der Frau eine *anima naturaliter gnostica* zuschreibt. Der feministische Satanismus ist ein Selbstbekenntnis des weiblichen Geschlechtes über seine wahre Natur, vor der alle hoministischen Tendenztheorien zunichte werden. Hier hat dieses auf das Nachsprechen eingetrichterter unverstandener Sätze und auf die Zurschaustellung ihm vom Hominismus anerzogener falscher Gefühle verzichtet und gibt seine *anima* als das, was sie ist, als eine *anima naturaliter antichristiana*. Der Satanismus ist seinem Wesen nach, und war es auch im Anfang seiner Geschichte, die Philosophie und Religion einer gnostischen Elite des weiblichen Geschlechtes. Satan ist der Gott einer gegen die christliche Männerkirche protestierenden antichristlichen Frauenkirche; um aber deren so sehr verkanntes, ja kaum als Kirche erkanntes, Wesen zu verstehen, muß man zuerst das Wesen ihres Gottes begreifen; denn auch die Inquisitoren wußten wohl, daß der Satanismus eine spezifisch weibliche theologische Doktrin und Religion war. Negativ ist Satan die Personifikation der Verneinung; er ist der Verneiner Jahwes wie dieser seinerseits der Verneiner Satans, also ebenfalls ein Satan ist. Positiv aber ist Satan die gnostisch-gynäkokratische Bejahung, wie Jahwe die antignostisch-hoministische ist. Satan ist der von dem neuen Gott gestürzte ältere Gott der gnostisch-gynäkokratischen Urzeit des Menschengeschlechtes und deshalb der Gott der Gegenrevolution; Jahwe ist der illegitime Gott der Revolution des zweiten Äons. Es ist zum Erstaunen, mit welcher instinktiven Hellsichtigkeit das Unterbewußtsein des weiblichen Geschlechtes hinter der aufgestülpten Teufelsfratze das wahre Gesicht seines guten, sanften und friedliebenden Gottes wiedererkannte. Der feministische Satanismus ist daher zu verstehen als ein Versuch des Einen, dem zweiten Äon, dem tragischen Äon des weiblichen Geschlechtes, ein Ende zu machen durch die Wiederherstellung der dem Bewußtsein verloren gegangenen Philosophie und Religion der Urzeit. Denn die Religion Satans ist eine eschatologisch-apokalyptische. Sie ist die letzte Gestalt der gnostisch-gynäkokratischen Urapokalypse, eine ihrer Varianten, wie die Religion des Osiris, des Dionysos oder des Tammuz, der Brüder Satans, die, wie er, „wahre Söhne" der Mutter, die alle, wie er, Verneiner des antignostischen Hominismus sind und unter seinem Namen in ihm wieder lebendig wurden. Sie erklären ihn und er erklärt sie. Aber Satan, der Verneiner, ist nur ein negativer Beiname; sein positiver

Name ist Lucifer, d. h. der Träger der gnostischen Erleuchtung, in dem das Eine zu seinem vollkommenen androgynen Selbstbewußtsein gekommen ist. Deshalb wird Lucifer-Satan selbst, ebenso wie seine zweigeschlechtlichen Brüder, als Androgyn vorgestellt und dargestellt; wo aber der Androgyn als Gott verehrt wird, herrscht die Religion der gnostischen Gynäkokratie. Er ist also die androgyne Einheit Lucifera-Lucifer, die der Einheit Isis-Osiris oder Ischtar-Tammuz entspricht. Diese Androgynität Satans oder Lucifers heißt in christlich-puritanischer Verfratzung: der Teufel und seine Großmutter. Die gnostisch-gynäkokratische Apokalypse Lucifer-Satans aber erzählte die Geschichte dieses androgynen Frauengottes ganz nach dem allgemeinen Schema dieser Eschatologien, so daß in der mythischen Geschichte dieses Gottes die der ganzen Menschheit symbolisch enthalten war. Der erste Äon, in dem er mit seinen „Engeln" unbestritten in dem gnostisch-gynäkokratisch lebenden Menschengeschlecht herrschte, war das Zeitalter der Unio gnostica und des unter dem Symbol der androgynen Schlange des Paradieses bestehenden Friedens auf Erden. Dann aber kam die Revolution Jahwes und seiner Engel, die den antignostischen Hominismus des zweiten Äons und damit den ewigen Krieg über die Welt brachte. Was in den andern gnostisch-gynäkokratischen Apokalypsen als die Ermordung oder Verstümmelung des gnostischen Liebesgottes erzählt wurde, wird in der satanistischen als der Sturz Satans vom Himmelsthrone berichtet und als seine und seiner Engel Gefangensetzung in den Verließen der Unterwelt, den Kerkern des siegreichen hoministischen Despoten. Denn der sogenannte Engelsturz ist der Mythus einer Theomachie zwischen dem Gott der gnostischen Gynäkokratie und dem des antignostischen Hominismus. Sie ist eine Analogie zu dem Kampfe des Zeus und seiner Olympier gegen Prometheus und die Titanen, der das gleiche menschheitsgeschichtliche Ereignis mythisch erzählt: die Fesselung Lucifer-Satans und die des Prometheus haben denselben mythisch-historischen Sinn. Dieser zweite Äon ist also der der Passio Satans. Unter dem Terror des patriarchalen Hominismus und in der Erinnerung an das *„Paradise Lost"* weinen in diesem zweiten Äon die Adoniazusen um ihren Adonis, die Frauen von Jerusalem um ihren Dod-Tammuz und die Satanistinnen der christlichen Zeit um ihren gefesselten Satan-Lucifer. Der dritte Äon wird dann die Auferstehung der gnostischen Liebesgötter und die Befreiung Satans bringen, der Jahwe stürzen wird. Diese gnostisch-gynäkokratische Apokalypse des Satanismus wird als die Lehre eines Geheimbundes im XIII. Jahrhundert verbreitet worden sein. Damals als der Machtwahnsinn der pontifikalen und des cäsarischen Hominismus den Kampf um die Weltherrschaft im Namen Jahwes und seines Sohnes führte und das

Abendland ruinierte, stellten die Verkünder der neuen Religion dem hoministischen Satan, Jahwe, dem Verneiner der gnostischen Gynäkokratie und ihres göttlichen Androgyns, den feministischen Satan, Lucifer, den Verneiner des antignostischen Hominismus und seiner Götter entgegen. Aber diese satanistische Apokalypse ist wohl kaum die persönliche Schöpfung einer einzelnen genialen Frau und Sibylle gewesen; an so etwas haben Generationen gearbeitet, in ihnen steckt die condensierte Kraft von Jahrhunderten. Es muß einen viel älteren unterirdischen Satanismus gegeben haben, für dessen frohe Botschaft jenes Jahrhundert der Verzweiflung reif geworden war. Man könnte denken, daß es unter den zahlreichen antijahwistischen Schulen des jüdischen Gnostizismus, die wohl alle zuletzt dem Geiste der feministischen Doda-Dodreligion entstammen, auch einen Geheimbund des feministischen Satanismus gegeben habe, dessen Traditionen dann im XIII. Jahrhundert, durch neue Erfahrungen und Erkenntnisse bereichert, die für ihre Wirksamkeit zeitgemäße Form erhielten. Das wäre dann wieder ein Beispiel dafür, wie zäh Geheimlehren unter der Oberfläche ein verborgenes Leben führen und warten können, bis ihre Zeit gekommen ist, weil ihr unterbewußtes Zukunftswissen weiß, daß sie einmal kommen muß. Auch wir ahnen heute nicht, welche Keime im Dunkel der geistigen Erde ihrer Auferstehung warten; das rationale Bewußtsein ist nur ein Wissen von der Oberfläche, von dem das bereits den Boden durchbrochen hat.

Der auf dem androgynen Prinzip des Einen beruhende und im androgynen Bundesgott geeinte gnostisch-gynäkokratische Doppelorden des Satanismus muß in jenem Jahrhundert, in dem die Idee der Unio mystica alle geistigen Frauen beherrschte, als gnostische Führerinnen seine *Virgines mysticae*, seine Bräute Satans, gehabt haben. Ich betrachte den Satanismus überhaupt als die wiedererstandene Religion des Hohen Liedes; er ist die auf es gegründete androgyne Frauenkirche, die den wahren Geist des Buches besser verstand als die Theologen der christlichen Männerkirche. In der Unio mystica mit der weiblichen Hälfte des göttlichen Androgyns lebten die Sponsae Satanae auch in der Unio mystica mit seiner männlichen, denn diese ist ohne die Unio in Sophia nicht möglich. Die Virgines waren also Individuationen des Einen, in denen es sich als das Eine in seiner androgynen Erscheinungswelt begriff; und der Doppelorden, dessen männliche Hälfte an Bedeutung stets hinter die weibliche zurücktrat, war ein Versuch, den Doppelorden der Urzeit wieder zu erneuern. Daß er auch die gnostisch-gynäkokratische Urmesse wiederherzustellen versuchte, daß er eine, von den Gegnern als „schwarze" gebrandmarkte Messe hatte, steht außer Frage. Was aber über sie berichtet wird, stammt aus späteren Jahrhunderten, als Scharlatane und

Kriminelle sie für ihre Zwecke mißbrauchten. Der Sinn und die Gestaltung dieser Riten lassen sich nur aus dem gnostischen Geist selbst verstehen oder rekonstruieren, aus dem sie entsprungen sind; und jeder begreift nur den Gesit, dem er gleicht. Hoministische Greuelmärchen sind aber keine Geschichtsquellen. Man erinnere sich daran, daß es nicht nur der heidnische Pöbel war, der glaubte, daß die Kommunion der Christen im Verspeisen eines zu diesem Zwecke geschlachteten Kindes bestehe, und daß als Nachtisch dann, nach Auslöschen der Lichter, „ödipodeische Vermischungen", eine allgemeine Promiskuität der Gläubigen, stattfände, daß also das *„toutes pour tous et tous pour toutes"* des Jehan de Meung der Sinn der christlichen Agapen sei. Das apokalyptische Ziel des satanistischen Doppelordens aber war die gnostische Gynäkokratie, also, in der Sprache des heiligen Augustinus, die *Civitas Diaboli*, d. h. die des Androgyns Lucifera-Lucifer.

Im XIV. Jahrhundert ging, während der Dauer des über hundert Jahre währenden Krieges zwischen England und Frankreich, das alte Europa aus allen Fugen; im XV., dem Jahrhundert der Königsdramen Shakespeares, der Pucelle, des François Villon und der nihilistischen Totentänze, ist es von einer vollendeten schamlos-zynischen Verkommenheit und in der rapiden Auflösung seiner ständischen Ordnung. Der kirchliche und der politische Hominismus hatten jede Autorität verloren und waren besonders für das weibliche Geschlecht nur noch Gegenstände der Verachtung. Auch ein hoministischer Satanismus war entstanden. Dieser hoministische Satanismus hat mit dem feministischen nichts zu tun; man kann die Verschiedenheit beider nicht stark genug betonen. Den feministischen androgynen Satan-Lucifer kennen wir; der hoministische Satan aber ist der Teufel des kirchlichen Dogmas. Man dient ihm, aber mit bösem Gewissen, in beständiger Frucht vor der Höllenstrafe des Kirchengottes, seines Herrn. Er ist der Gott der Magie, und man dient ihm, um durch die Magie irdische Macht zu gewinnen. Die hoministische Magie ist, wie wir früher zeigten, im Gegensatz zur gnostischen, die Methode, durch psychischen Terror die Geister der dualistisch gedachten Dinge und Menschen zu zwingen, dem stärkeren Willen des Zauberers zu gehorchen; sie ist Ausdruck des Machtwillens des agnostischen Ichbewußtseins. Satan, der dem Zauberer diese Kraft verleiht, ist der depossedierte und degradierte Gott des antignostisch-magischen Schamanismus und im XV. Jahrhundert ein Symptom der Auflösung des Hominismus. Dieser hoministische Satanismus ist der des Doktor Faustus. Es ist der jenes Gilles de Rais, der in seinen düsteren Burgen von Machecoul und Tiffauges, um Gold zu machen, Dörfer von ihren Kindern entvölkerte, deren er als Opfer für Satan bedurfte. Dieser hoministische Satanismus ist der jenes Abbé Guibourg, der dreimal auf dem Leibe der Montespan, um ihr die Gunst Ludwigs XIV. zu erhalten, die sogenannte schwarze Messe las, bei der jedesmal ein Kind geschlachtet wurde. Denn der hoministische Satanismus war auch eine Auferstehung des hoministischen Molochismus; der Hominismus kann ohne Blut nicht selig werden, d. h. seine terroristische Herrschaft über das weibliche Geschlecht sichern. Der hoministische Okkultismus hat seine Geheimnisse. Wie aber der Doppelorden der Brüder und Schwestern vom freien Geiste durch das Eindringen des hoministischen Pantheismus seinen ursprünglichen Sinn verlor, so wurde der Charakter des feministischen Satanismus durch das Eindringen des hoministischen Magismus verdunkelt und entstellt. Der feministische Satanismus war die letzte große Mysterienreligion des weiblichen Geschlechtes, eine den antiken weiblichen Mysterienreligionen ebenbürtige Umgestaltung der gnostisch-gynäkokratischen Urapokalypse des Einen. Es war die Religion des Satan Soter, die Botschaft von Satan dem Erlöser in der Zeit eines beispiellosen Massenelends, das der Hominismus geschaffen hatte. Nun aber ließ sich diese neue und doch alte Mysterienreligion verführen, in der Magie ein Mittel zur Erreichung ihres Zieles zu erblicken, so daß die ganze Bewegung, die doch einen viel tieferen Sinn hatte, sogar von den sogenannten Hexen ihren Namen erhielt. Aber der feministische Satanismus hat im Anfang ohne Hexen existiert und hätte ohne sie eine wesensgemäßere Entwicklung nehmen können; sie hätten im hoministischen Satanismus ebenso gut oder besser ihren Platz finden können. Das Hexentum im feministischen Satanismus kann nur vom Geiste des Doppelordens aus verstanden und bewertet werden; es ist weder mit diesem identisch noch kann aus ihm das geistige Wesen des Doppelordens erkannt werden. Inzwischen hatte sich nämlich dieser zu einer Kirche entwickelt, so daß es neben ihm selbst auch noch Laien gab, d. h. nicht zum Orden selbst gehörige und in dessen geheimes Ziel eingeweihte Mitglieder der Gesamtkirche, die im XV. Jahrhundert über ganz Europa verbreitet war. Der Orden war in seiner Propaganda unter das Volk gegangen und hatte damit mehr auf die Quantität als auf die Qualität Wert zu legen gelernt. So kamen auch die Hexen, die den unterdrückten Frauen der ungebildeten Schichten entstammten und die außerdem als dem feindlichen satanistischen Hominismus abgewonnene Seelen betrachtet werden konnten, in die Kirche; man konnte sie sogar im Konkurrenzkampf gegen ihn brauchen. Doch das Ziel des Doppelordens blieb, auch wenn er den magischen Terrorismus utilisierte, dasselbe: den kirchlichen Hominismus durch die gnostisch-satanistische Gynäkokratie zu stürzen, aber nicht, ihn mit einem anderen, etwa dem satanistischen Hominismus, zu vertauschen. Doch gerade durch diese Konzession war der satanistische Doppelorden unfähig und unwürdig geworden, dem Einen als Werkzeug zur Herstellung einer in Sophia und Logos geeinten Menschheit zu dienen.

Seit 300 Jahren bedrohte das weibliche Geschlecht im christianisierten Abendlande den zwar widervernünftigen und in seinen Auswirkungen für die Menschheit katastrophalen, aber durch Mosche als Wille Jahwes geoffenbarten antignostischen Hominismus; seit hundert Jahren aber, seitdem es eine unterirdische satanistische Frauenkirche gab, begann das männliche Geschlecht in einer Angstpsychose vor den magischen Kräften der Frau zu leben. Man wußte wohl, daß da, wo Rauch ist, auch Feuer sein muß, aber gerade dieses „Zentralfeuer", den Herd der Bewegung, konnte man nicht entdecken; denn gleich den Eingeweihten der antiken Mysterien besaßen auch die Mysten des satanistischen Geheimbundes eine bewundernswerte *disciplina arcani* und nahmen ihr Geheimnis mit auf den Scheiterhaufen. Natürlich reden wir hier nicht von jenen Opfern der hoministischen Justiz, die ohne jeden Grund der Mitgliedschaft des Bundes bezichtigt waren, sondern nur von denen, die ihm wirklich angehörten. Es sind das aber wohl nur Eingeweihte niedersten Grades, also nur Hexen, gewesen; die Bundesleitung des Doppelordens, der Kopf der Kirche, blieb unentdeckt. Die objektive Existenz dieser Kirche des gnostisch-gynäkokratischen Satanismus, ihren Mythus, ihren Kultus, ihre Riten, ihre Initiationsgrade aber leugnen, und damit die armen Opfer, die sich für ihre reale Frauenkirche jahrhundertelang foltern und verbrennen ließen, als Halluzinantinnen einer nicht vorhandenen Kirche abzustempeln, ist eine neue, diesmal posthume, hoministische Grausamkeit. Der Hominismus der klerikalen Richter verurteilte sie zum Scheiterhaufen, der des antiklerikalen Liberalismus plädiert nachträglich für das Irrenhaus. Aber der klerikale Richter ahnt wenigstens eine geheime Frauenkirche, ohne sie greifen zu können; denn er kann objektiv denken und deshalb ist Satan für ihn eine objektive soziologische Realität. Der liberale Richter denkt subjektivistisch: für ihn ist Satan eine subjektive Einbildung und deshalb auch seine Kirche. Der eine wollte diese Kirche mit Gewalt ausrotten; der andere will nicht, daß sie überhaupt existiert hat. Es sind zwei Methoden des Hominismus, sie zu vernichten, und beide entspringen der Angst vor dem nicht hominisierten weiblichen Geschlecht. Daß es Närrinnen unter den Opfern gab, wird niemand bestreiten; aber damit wird die Existenz des gnostisch-gynäkokratischen Doppelordens mit seinem androgynen Gottessymbol noch kein Narrenwahn. Deshalb sind diese zahllosen Opfer des Hominismus als Märtyrerinnen für die gnostisch-gynäkokratische

Idee des weiblichen Geschlechtes gestorben, die sie — und das ist ein begreiflicher und verzeihlicher Irrtum — im feministischen Satanismus bereits verwirklicht glaubten. Die Angst vor der unterirdischen satanistisch-feministischen Gegenkirche war im XV. Jahrhundert zu einer Massenpsychose geworden; die Hexenriecherei war noch allgemeiner und jedenfalls unheimlicher als die Jesuitenriecherei im XVIII. Massenwahn war in beiden Fällen nicht der Glaube an die Existenz der Orden, sondern der an ihre Ubiquität und Allmacht, der beidemale durch die Ausstrahlung ihrer Willensintensität hervorgerufen wurde. Die *Bulle Summum desiderantes* des echten Renaissancepapstes Innocenz VIII., die sogenannte Hexenbulle von 1484, war die Kriegserklärung des bedrohten christlichen Hominismus an die unsichtbare Kirche des satanistischen Feminismus. Drei Jahre später erschien der theologisch-juristische *Malleus Maleficarum*, der Hexenhammer, der beiden Dominikaner Institoris und Sprenger, die also schon damals „mit dem Hammer philosophierten"; es war nach der Kriegserklärung des obersten Führers der bis in alle Einzelheiten entworfene strategische Feldzugsplan. Das Buch ist eines der für die Psychologie des Hominismus wichtigsten Dokumente. Niemand wird das Recht des Hominismus auf Notwehr bezweifeln, aber jeder wird auch diese Art der Verteidigung als die dem Hominismus wesensgemäße verstehen. Denn alle hoministischen Götter leben von Menschenopfern. In dem Jahrhundert, in dem der Menschenmetzgerei zu Ehren des aztekischen Huitzilopochtli auf dem Adlerstein des großen Teocalli in Mexico ein Ende gemacht wurde, begannen die Hexenbrände zu Ehren des christlichen Huitzilopochtli. Die brennenden Scheiterhaufen illuminierten ganz Europa mit ihrem blutroten Licht, neben dem das Licht der lebenden Fackeln Neros nur das von kleinen Leuchtwürmchen war. Als der eine christliche Hominismus in einen römischen und einen gegen diesen protestierenden gegenrömischen Hominismus auseinandergefallen war, bekämpften beide Männerkirchen ihren gemeinsamen Feind, die feministische Gegenkirche, mit demselben Eifer und derselben Waffe. Hüben und drüben leuchteten die Scheiterhaufen mit ihren weiblichen Opfern; denn Jahwe-Moloch, Jahwe-König, verlangte diesmal statt der Kinder die Mütter, wenn sie allerdings auch zuweilen als Satanskinder den Müttern im Feuer Gesellschaft leisten mußten. Der wahre, konkrete und deshalb natürlich nicht zugegebene Sinn der theologischen Zänkereien zwischen dem katholischen und protestantischen Hominismus aber war der Streit beider um die Hegemonie im Kampfe gegen das weibliche Geschlecht wegen der seinem Wesen immanenten Tendenz zur gnostischen Gynäkokratie. Der protestantische Hominismus suchte deshalb den antifeministischen Jahwismus reiner Prägung wiederherzustellen. Er hob die Konzessionen — übrigens, wie wir sahen, nur Scheinkonzessionen —, die dem Feminismus mit der Mariolatrie und den Jungfrauenklöstern von der allgemeinen Kirche gemacht worden waren, wieder auf; in den letzteren fürchtete er nämlich nicht mit Unrecht die Mittelpunkte eines geistigen und deshalb gefährlichen Feminismus. Das für den Hominismus lebensgefährliche Experiment der *Virgines mysticae* sollte nicht wieder versucht werden, das weibliche Geschlecht nach rabbinischem Vorbild zur biederen, dem Mann religiös hörigen Hausfrau hominisiert werden; der protestantische Hominismus hatte aus der Vergangenheit gelernt. Der katholische Hominismus seinerseits, neugestärkt durch das Trienter Konzil und den Jesuitismus, konnte auf diese Konzessionen, die er sich synkretistisch einverleibt hatte, nicht mehr verzichten. Aber die Orden der *Sponsae Christi* waren seit den nachtridentinischen Klosterreformen keine Gefahr mehr für den dogmatischen Hominismus; die Nonnen wurden wieder zu gefangenen Bräuten des Männergottes und ihr geistlicher Mystagoge wurde zu ihrem Gefängnisseelsorger. So konnten die Nonnen durch ihre bloße Existenz zum Beispiel werden, wie sich das weibliche Geschlecht der Weisheit des männlichen unterzuordnen hat.

So endete die große gnostisierende Frauenbewegung des Mittelalters. Sie war der Höhepunkt des weiblichen Widerspruchs gegen die christlich-hoministische Männerkirche, der gleichzeitig mit ihrer Entstehung eingesetzt hatte. Doch diese Bewegung setzte nur uralte vorchristliche Bestrebungen des weiblichen Geschlechtes fort, die alle dasselbe Ziel verfolgten, den antignostischen, theistischen oder pantheistischen, Hominismus geistig zu überwinden durch die Wiederaufrichtung des gnostisch-gynäkokratischen Doppelordens der Urzeit, durch die Erneuerung der menschheitlichen Urkirche der Unio gnostica von Sophia und Logos. Die hemmungslose Brutalität von Lüge und Gewalt aber, mit welcher der bedrohte und von panischem Entsetzen ergriffene christliche Hominismus den satanistischen Feminismus ausrottete, läßt, als schwacher Nachklang, die Greuel und den Terror ahnen, mit denen der revolutionäre Hominismus der Urzeit die bestehende gnostische Gynäkokratie zerbrochen und vernichtet hatte, um das Reich des agnostischen Ichbewußtseins zu gründen. Die gnostisch-gynäkokratischen Apokalypsen haben die Erinnerung an diese Schreckenszeit erhalten, und es ist zu verstehen, daß der wissenschaftliche Hominismus, um das Prestige des männlichen Geschlechtes zu verteidigen, durch harmlose Interpretationen diese mythischen Dokumente zu versimpeln sich alle Mühe gibt. Denn das weibliche Geschlecht hat eine geistige Geschichte, und diese fällt zusammen mit der Geschichte des gnostischen Selbstbewußtseins des Einen in seiner zweigeschlechtlichen Menschheit. Sie ist daher die Geschichte des Kampfes um die gnostische Gynäkokratie. Diese Geschichte wurde ihm vom antignostischen Hominismus, als er die geistige Führung des weiblichen Geschlechtes usurpiert hatte, gestohlen, d. h. aus dessen Bewußtsein verdrängt. Doch der gnostische Trieb des Einen zum Selbstbewußtsein ist im weiblichen Geschlechte auf die Dauer unzerstörbar und mit ihm das Bewußtsein seiner gnostischen Bestimmung und damit das Bewußtsein seiner empirischen gnostischen Geschichte. Wenn in der abendländischen Frau die Erkenntnis wieder erwacht, daß es die Bestimmung des weiblichen Geschlechtes ist, das Eine im männlichen zur Unio gnostica zu führen, dann hat es auch seine Geschichte wiedergefunden, die nichts anderes ist als die Geschichte seiner gnostischen Bestimmung. Wenn also das Eine in der abendländischen Frau das Wissen von seiner Identität in Ich und Nichtich wiedergefunden hat, dann braucht diese nicht mehr auf die chinesische, die indische oder die jüdische Frau zu warten, dann kann durch sie die gnostische Sonne auch einmal im Westen aufgehen und hier zuerst wieder der gnostisch-gynäkokratische Doppelorden von Sophia und Logos entstehen; denn die abendländische Frau hat nicht nur wie jene eine gnostisch-gynäkokratische Tradition, sie hat auch ein gnostisch-gynäkokratisches Martyrologium.

IV. NACHWORT ÜBER DIE ZUKUNFT DES GNOSTISCHEN DOPPELORDENS

Theismus, Pantheismus, Materialismus sind nur philosophische Häute desselben antignostischen Hominismus. Wenn sie ihren Zweck erfüllt hat, wirft er die alte Haut ab und läßt sie am Wege der Geschichte liegen, um in der neuen verjüngt weiterzuleben und das gnostische Weib Sophia kräftiger in „die Ferse zu stechen". Er stach es in der Haut des spiritualistischen Theismus, in der er sich transzendent begründete; er tat es in der pantheistischen Haut, in der er sich selbst immanent vergöttlichte; er tut es in der Haut des Materialismus, welche von der Farbe des Staubes ist, über den er kriecht. In allen Häuten aber steckt dasselbe hoministische Axiom. Die Geschichte eines jeden hoministischen Jahrhunderts scheint die letzte mögliche Höhe von Wahnwitz und psychischer wie physischer Vernichtung zu sein. Aber das nächste Jahrhundert türmt sich dann vor dem entsetzten Blick als ein noch höherer Gipfel empor; denn in dem die Identität von Ich und Nichtich negierenden Prinzip des Hominismus liegen unbegrenzte Möglichkeiten der Zerstörung eingeschlossen. Die hominisierte Frau aber, durch die Verheißungen der Fortschrittsapokalypse hypnotisiert, vermag, nach dem Verlust ihres gnostischen Instinktes, den Betrug solcher Versprechungen nicht mehr *a priori* zu wittern und hält das Recht auf gläubige Dummheit für eines der unveräußerlichen Menschenrechte. Es ist natürlich — *exceptis excipiendis* — dieselbe Methode, welche die hoministische Schlange, die eine andere ist als die gnostische des Paradieses, auch unter ihren früheren Häuten erfolgreich angewendet hat; und wie das weibliche Geschlecht früher sich seine gnostisch-gynäkokratische Philosophie durch den theistisch-spiritualistischen Hominismus rauben ließ, so ist sie jetzt bereit, diese für den hoministischen Materialismus einzutauschen. Der Materialismus verwechselt die Materie, die nur eine Erscheinung des Einen ist, mit diesem selbst. Der neue Hominismus nennt sich wissenschaftlich. Was ist wissenschaftlicher Hominismus? Es gibt zwei Arten von Wissenschaft. Wissenschaft ist das auf dem Verstande seiner ichbewußten Individuationen beruhende systematische Wissen des Einen von dem kausal-phänomenalen Zusammenhang seiner Erscheinungen. Das Ich-Nichtichbewußtsein des Einen aber kann, wie wir wissen, ein gnostisches oder agnostisches sein. Im gnostischen Ich-Nichtichbewußtsein, sagten wir, ist das Eine zur Vernunft oder zum onto-teleologischen Bewußtsein von sich gekommen; im agnostischen dagegen nicht. Da nun das Wissen um die phänomenologischen Beziehungen, oder das Wissen des Verstandes, auf einer der beiden Stufen des Ichbewußtseins des Einen beruht, der Verstand also entweder vernünftig, d. h. von Vernunft begleitet tätig ist, oder nicht, so gibt es notwendig auch zwei Arten von Wissenschaft: die des vernunftlosen Verstandes des Einen oder die seines vernünftigen Verstandes. Notwendig müssen wir die letztere Art der Wissenschaft, wenn das Eine die Phänomene nicht getrennt von sich selbst als ihrem Prinzip versteht, wenn also sein Verstand nicht ohne seine Vernunft tätig ist, als die dem gnostischen Feminismus eigentümliche Art der Wissenschaft erkennen. Die erstere Art der Wissenschaft dagegen, die des vernunftlosen Verstandes, welche die Dinge wie an sich seiend betrachtet, müssen wir als die dem agnostischen Hominismus eigentümliche bezeichnen. Mit dieser Negation aber hat sich der vernunftlose Verstand selbst den Ast abgesägt, auf dem er sicher zu sitzen glaubte. Denn wäre es nicht dasselbe Eine, das in allen seinen menschlichen Individuationen nach denselben ihm immanenten Denkgesetzen sich selbst als Objekt versteht, so könnte es überhaupt keine Wissenschaft geben, deren Charakter Allgemeingültigkeit ist, sondern es gäbe nur subjektive Meinungen, von denen jede ebensoviel oder ebensowenig recht hätte, wie die ihr widersprechende; gibt es aber eine allgemeingültige Wissenschaft, oder wird sie auch nur postuliert, so setzt ihre Existenz auch die Einheit des in allen Individuationen sich selbst objektiv, d. h. unter der Objektform verstehenden Einen voraus. Jene hominstische, agnostische oder vernunftlose Wissenschaft aber ist, weil sie die Welt der Erscheinungen nur aus sich und ohne Beziehung auf das Eine verstehen will und sie damit um ihren gnostischen Grund und Zweck bringt, in Analogie zu der negativen oder satanistischen Magie auch als die negative oder satanistische Art der Wissenschaft zu bezeichnen. Denn die Wissenschaft von der Natur und der zweigeschlechtlichen Menschheit bleibt nicht rein theoretisch, sondern dient der Verwirklichung praktischer Zwecke des Menschen. Diejenigen Zielsetzungen des Einen, welche auf seinem gnostischen Selbstbewußtsein beruhen, sind seine vernünftigen, die auf seinem agnostischen Ichbewußtsein beruhenden sind seine vernunftlosen, negativen oder satanistischen Zielsetzungen; die agnostische Androkratie ist also eine vernunftlose und die gnostische Gynäkokratie eine vernünftige Zielsetzung. Deshalb ist die Wissenschaft des vernünftigen Verstandes das soziologische Werkzeug des Einen zur Errichtung des gnostisch-gynäkokratischen Reiches seines Identitätsbewußtseins; die des vernunftlosen Verstandes dagegen, der sich von der Vernunft emanzipiert hat, so daß er sich nicht mehr als Verstand des Einen versteht, dient zur Errichtung des vernunftlosen hominstischen Reiches des agnostischen Bewußtseins von der absoluten Differenz des Ichs und des Nichtichs. Negativ in seiner Grundlage und seinem Ziele, ohne Kontrolle durch die gnostische Vernunft, kann der entfesselte wissenschaftliche Hominismus nur destruktiv und terroristisch wirken, wie früher der magische. Auf dem Terrorismus des vernunftlosen Verstandes aber beruht in der gegenwärtigen Periode die geistige Herrschaft des männlichen Geschlechtes und seine Macht, weshalb es die vernunftlose Wissenschaft mit Wissenschaft überhaupt gleichsetzen muß. Sein Kampf gegen die gnostische Gynäkokratie ist daher auch ein Kampf gegen deren Wissenschaft des vernünftigen Verstandes. Um diese unmöglich zu machen, muß deshalb das weibliche Geschlecht vernunftlos-wissenschaftlich hominisiert werden. Die alte listige Schlange aber versteht es, dem weiblichen Geschlecht dieses rein hoministische Interesse als sein eigenes, als frohe Botschaft und Erlösungslehre, in die Ohren zu flüstern. Sehen wir, was ihm damit zugemutet wird.

Das unausgesprochene, direkte oder indirekte Ziel der vernunftlosen Wissenschaft ist die Vernichtung der gnostisch-gynäkokratischen Idee des weiblichen Nichtichs von der Unio gnostica. Es handelt sich also um die wissenschaftliche Zerstörung des geistigen Wesens der weiblichen Natur, um sie sicherer beherrschen zu können. Deshalb muß der gnostische Trieb des Einen, im weiblichen Geschlecht zum Bewußtsein seiner selbst zu kommen, als unwissenschaftlich, d. h. als mit dem Prinzip des materialistischen Hominismus unvereinbar, unterdrückt werden. Von allen Verdrängungen aber ist die des metaphysischen Triebes, welche die weibliche Individuation und in ihr das Eine selbst um den Sinn seines Daseins betrügt, die in ihren seelischen Auswirkungen verhängnisvollste. Die ganze Geschichte des männlichen Geschlechtes ist ein einziges Zeugnis für die psychopathischen und neurotischen Folgen dieser Verdrängung des gnostischen Triebes, die in einem zerstörenden und sinnlosen extrovertierten Aktivismus, sowohl in der Wissenschaft wie in der Praxis, in einem hysterischen Tun um des Tuns willen, einem besessenen Fortschrittsrasen in Erscheinung tritt. Dabei ist das männliche Geschlecht, wie wir im Anfang festgestellt haben, das von Natur sekundär gnostische und in diesen psychopathischen Zustand geraten, weil ihm die geistige Führung durch das primär gnostische weibliche verloren ging. Und gerade dieses soll durch den Kranken nach seinem Bilde agnostisch hominisiert, also im agnostischen Ichbewußtsein festgehalten werden. An die Stelle der männlichen Seelsorger und Beichtväter früherer Jahrhunderte, welche das weibliche Geschlecht, durch Unterdrückung seines gnostischen Triebes im Namen der Offenbarung des Männergottes christlich zu hominisieren hatten, sind die sogenannten Psychoanalytiker als Beichtväter getreten, die aus demselben männlichen Instinkt denselben ewigen gnostischen Trieb jenes Geschlechtes unterdrücken. Daß gerade Theologen der Psychoanalyse so zugetan sind, kann also nicht überraschen; sie und die Psychoanalytiker sind Verbündete im Kampfe gegen den gnostischen Feminismus. Auch im weiblichen Geschlecht soll sich das Eine nur noch agnostisch-ichbewußt individuieren dürfen; die durch die Unterdrückung des gnostischen Triebes in Erscheinung tretenden Krankheitssymptome sollen dann von Menschen desselben agnostischen Ichbewußtseins beseitigt werden, in denen das Eine nichts von sich weiß und denen deshalb die geistige Natur beider Geschlechter eine *terra incognita* ist. Da dem hoministischen Analytiker das objektive Wesen des gnostischen Triebes unbekannt ist, sucht er die aus der Nichtbefriedigung stammenden Störungen zu heilen, indem er dem Trieb ein anderes Objekt unterzuschieben sucht: aber das Eine ist durch keinen Ersatz, sondern nur durch sich selbst zufrieden zu stellen; wozu ihm allerdings die hoministische Psychologie weder helfen kann, noch will, noch darf. Geheilt aber wird das weibliche Geschlecht genannt, wenn es gelernt hat, sich auch geistig der Gesellschaftsordnung des bürgerlich-proletarischen Hominismus und seiner Unio agnostica anzupassen, in dessen Dienst die Psychoanalyse tätig ist; diese sogenannte Heilung ist in Wirklichkeit ein Krankmachen. Der gnostische Trieb ist nicht beseitigt, sondern in noch tiefere Keller vergraben worden und spottet in seltsamen Eruptionen solcher suggestiver und manchmal possierlicher Methoden der vernunftlosen hoministischen Wissenschaft. Als Idee aber ist diese hoministische Psychoanalyse nur der unbewußte Widerspruch gegen die im Selbstbewußtsein des Einen latent und noch unreflektiert eingeschlossene gnostisch-feministische Psychoanlayse, die, als Diagnose und Therapeutik, bewußt zu machen, für das weibliche Geschlecht an der Zeit wäre. Sie würde zeigen, daß die Unterdrückung des gnostischen Triebes durch den wissenschaftlichen Hominismus die vollendete geistige Perversion ist, daß nicht dieser Trieb, sondern seine Nichtbefriedigung die strafenden und warnenden seelischen Krankheiten hervorruft und daß diese Krankheiten in beiden Geschlechtern solange dauern müssen, bis das Eine sein Telos in seiner zweigeschlechtlichen Menschheit verwirklichen kann: die Unio gnostica durch die gnostische Gynäkokratie. Die hoministische Psychoanalyse bedarf einer Analyse durch die gnostisch-feministische. Der Bund der Analytiker ist ein orthodox-hoministischer Männerbund, der dem jahwistisch-christlichen Hominismus statt der wirkungslos gewordenen metaphysisch-theistischen eine psychologische Begründung gibt. Frauen in diesem Bund vermögen nicht über seinen wahren Charakter zu täuschen, sind aber interessante Objekte für das psychologische Studium der wissenschaftlich hominisierten Frau. Über die Jahrtausende hinüber sind Geist und Ziel der Psychoanalyse dieselben, wie die der psychologischen Methoden jener Urzeit, als die hoministische Revolution die gnostische Gynäkokratie gestürzt hatte, als dem Vater die Aufgabe gestellt war, den Sohn vor dem geistigen Einfluß der Mutter zu schützen und ihn zum Kampfgenossen gegen die gnostische Gynäkokratie zu erziehen. Solange dauert schon die Angst des männlichen Geschlechtes vor einer Wiederherstellung der damals zerstörten gnostischen Gesellschaftsordnung. Wie der antifeministische Theologe mit der Hölle, so droht der antifeministische Analytiker mit der Neurose für den Fall, daß „die Ablösung von der Mutter nicht früh und nicht wurzelhaft genug geschah". Das ist nicht etwa nur individualpsychologisch sondern vor allem soziologisch zu verstehen; denn auch die hominisierte Mutter, die ohne Ahnung von der Vergangenheit ihres Geschlechtes lebt, ist immer noch das Symbol der gnostischen Gynäkokratie der Urzeit. Für die hoministische Glaubensgemeinschaft der Analytiker aber ist die gnostische Sophia, die im christlichen Hominismus des Teufels Großmutter geworden war, die „maligne" oder „letale Mutter". Denn da sie das Reich des gnostischen Selbstbewußtseins des Einen wiederherstellen, also das des agnostischen Ichbewußtseins, in dem die hoministische Angstpsychose ihre Wurzel hat, überwinden will, so ist sie für den Hominismus allerdings „letal". Die „gute Mutter" dagegen, die ihr entgegengestellt wird, ist das Symbol für das agnostisch hominisierte weibliche Geschlecht, mag es nun christlich, rabbinisch oder psychoanalytisch erzogen sein, denn alle drei Religionen wetteifern, diese vollkommen hominisierte Frau zu schaffen. Man darf also die hoministische Psychoanalyse als eine Erlösungslehre bezeichnen, deren Ziel es ist, das männliche Geschlecht vor dem „Sog der letalen Mutter" zu retten, d. h. vor der Wiedererstehung der gnostischen Gynäkokratie.

Dieser psychologische wird ergänzt durch einen biologischen Neuhominismus. Nach den Statistiken werden in den Vereinigten Staaten jährlich etwa 21000 „künstliche Kinder" zur Welt gebracht, in London etwa 6 000 jährlich; Mütter zeigen in den Zeitungen ihr Geborenes stolz als *„test-tube-baby"* an. Der Herr Samenspender, der *„donor"*, erhält für jedes Experiment 50—100 Dollar. Tausende von unbekannten Tubenvätern pflanzen sich in ihnen unbekannten Tubenkindern biomechanisch-wissenschaftlich fort. *„Brave new world!"*, rief *Aldous Huxley* prophetisch aus; seine Utopie beginnt Wirklichkeit zu werden. Das weibliche Geschlecht als Ganzes wird die Dummheit einzelner Frauen zu bezahlen haben, die nicht zu denen zählten, die das Gras wachsen hören; denn „den Teufel spürt das Völkchen nie / und wenn er sie beim Kragen hätte." Diese Frauen sind nur die Versuchskaninchen für das große hoministische Endziel; und dieses Ziel ist kein Geheimnis mehr. Vor einiger Zeit hat eine wissenschaftlich hervorragend hominisierte Dame, die Referentin im ungarischen Unterrichtsministerium *Martha Ligitt*, das Recht des Staates, d. h. also des gegen das weibliche Geschlecht politisch und geistig organisierten Männerbundes, proklamiert, „Ordnung im weiblichen Schoß zu schaffen". Einige Sätze dieser in die Ziele des biologischen Hominismus Eingeweihten, die den Mut hat, die Katze aus dem Sack zu lassen, verdienen hier, nach der Meldung des Evangelischen Pressedienstes von 1949, zitiert zu werden. „Die natürliche Fortpflanzung", sagt sie, „ist eine nicht mehr zu verantwortende Materialverschwendung ... Auch die Frauen werden sich mit dieser neuen Ordnung der Dinge abfinden, ja, es wird ihnen manche peinliche Überraschung nicht erspart bleiben. Sie erhalten ausschließlich ärztlich-wissenschaftlich garantierte Samen eingesetzt. Jede Ampulle wird alle nötigen Kennzeichen tragen: Blutmerkmale des Vaters, geographische Lage von dessen Heimat, Körpergröße, Temperament, blond oder schwarz — kurz alles, was ein Mensch wissen muß." Der Laboratoriumspedant und Naturforscher Professor Wagner war doch ein Prophet, als er dem rückständigen Mephisto erwiderte: „Behüte Gott! Wie sonst das Zeugen Mode war, / erklären wir für eitel Possen." Wie durch die Psychoanalyse über die weibliche Psyche, will also der hoministische Staat durch die wissenschaftliche Biologie auch über den „weiblichen Schoß" Herr werden. Das männliche Geschlecht erhebt im Namen der vernunftlosen Wissenschaft den Totalitätsanspruch auf das weibliche; und das Wort der jahwistischen Offenbarung: „Er soll dein Herr sein", wird endlich durch die Wissenschaft verwirklicht. Man entrüste sich aber nicht zu rasch über die künstliche Befruchtung als über etwas Widernatürliches; es ist wichtiger, diese neue Etappe des Hominismus in seiner allgemeinen Entwicklung zu verstehen. Geistig und biologisch widernatürlich war bereits das Patriarchat, das durch die hominisktische Revolution über die ganze Erde verbreitet wurde; aus einer giftigen Wurzel aber können keine eßbaren Früchte wachsen. Doch wäre es naiv zu glauben, daß die hoministische Geschlechterrevolution — wir leben noch mitten in ihr — auf die Dauer durch den Sieg einer einzelnen Männerpartei zum Stillstand kommen könne; Revolutionen fressen bekanntlich immer ihre eigenen Kinder. Über den stehengebliebenen alt und kraftlos gewordenen theologischen Hominismus mußte notwendig ein neuer radikaler hinweggehen; und der stärkere Hominismus, der, in dem die Idee der hoministischen Revolution gegen den gnostischen Feminismus bewußter lebt, wird das Recht haben oder es sich nehmen, die Führung der antifeministischen Revolution zu übernehmen, besonders, wenn sich im weiblichen Geschlecht Spuren eines gnostischen Erwachens zeigen sollten. Wie in der alten Zeit durch den Terror der molochistischen Religionen, muß es in der neuen durch den Terror der vernunftlosen Wissenschaften gebändigt werden. Die künstliche Befruchtung allein schon öffnet den Blick auf neue, nur erst unklar zu erblickende Möglichkeiten des negativen oder satanistischen Hominismus: die staatlich-wissenschaftliche Zwangsbefruchtung, die wissenschaftliche Maternität und ihr Correlativ, die Zwangssterilisierung, die wissenschaftliche Virginität, sind nur zwei von den „kommenden Dingen", und nicht die schlimmsten. Die Unio gnostica war durch die Unio agnostica des vorwissenschaftlichen Hominismus überwunden worden; jetzt wird auch diese durch den biomechanischen wissenschaftlichen Hominismus überflüssig. Als der spiritualistisch-theistische Hominismus die gnostische androgyne Einheit des Menschengeschlechtes negierte und damit das weibliche Geschlecht der agnostischen Lehre von der absoluten Differenz von Subjekt und Objekt hörig machte, war theoretisch die Möglichkeit der Liebe negiert, die nur die gefühlsmäßige Bewußtwerdung der Identität des Einen mit sich selbst ist. Der animalische Fortpflanzungstrieb wurde nun mißbräuchlich mit dem Wort „Liebe" bezeichnet. Der spiritualistische Theismus aber war es, der die materialistische Geschlechterlehre vorbereitet hat. Und jener Urwidersinn, mit dem sich der Mann zum Herrn der Fortpflanzung erklärte, wird nun zur biologischen Planwirtschaft ausreifen, in der das weibliche Geschlecht nur noch als Befruchtungsmaterial für vernunftlose naturwissenschaftliche Experimente und als subalterner Handlanger beim Aufbau der zu ihrer Beherrschung errichteten *Civitas Diaboli* Wert hat. Professor Wagner hofft sogar, daß es auch als Befruchtungsmaterial eines Tages entbehrlich sein und aussterben wird wie die Pferde, Kamele und Elefanten. Denn der wissenschaftliche Hominismus hat auch seine Apokalypse; und die Utopien von heute sind bekanntlich die Wirklichkeiten von morgen. Dann endlich ist das männliche Geschlecht als das allein lebenswerte ungestört unter sich. Inzwischen aber hat der Genius der hoministischen Revolution den wissenschaftlichen Neuhominismus an Stelle des theologischen Althominismus als Wegebereiter für diesen Aufstieg berufen, um Rächer des männlichen Geschlechtes für die Schmach der gnostischen Gynäkokratie der Vergangenheit und Retter vor ihrer im Unterbewußtsein gefürchteten Wiederholung in der Zukunft zu sein. Sein Ziel ist also die Neubegründung der erschütterten antignostischen Diktatur des männlichen Geschlechtes über das weibliche. In der Person des zukünftigen hoministisch-wissenschaftlichen und politischen Diktators, der die hoministisch-christliche Diktatur des Papsttums abzulösen berufen ist, ist die Einheit des ganzen männlichen Geschlechtes und seines Machtwillens symbolisch repräsentiert, das sich selbst der diktatorischen Führung als der *Conditio sine qua non* unterwerfen muß, um als Herr und Gesetzgeber das weibliche in geistiger Abhängigkeit halten und den gnostischen Erkenntnistrieb des Einen in ihm ersticken zu können.

Wenn man aus dem heroischen Kampf, den das weibliche Geschlecht für die *Unio gnostica* gegen den Offenbarungshominismus führte, einen Schluß ziehen darf, dann wird auch sein Widerstand gegen den wissenschaftlichen Neuhominismus einmal verzweifelte Formen annehmen müssen. Aus dem weiblichen Problem ein nur ökonomisches und staatsbürgerliches zu machen, war der metaphysischen Blindheit des bürgerlich-proletarischen Hominismus und des durch seine Schule gegangenen Feminismus vorbehalten. Denn das weibliche Problem ist metaphysischer Natur und dem agnostischen Hominismus muß deshalb notwendig das Organ zu seinem Verständnis fehlen. Natürlich wird die große Masse des weiblichen Geschlechtes von dem neuen Zauberwort ebenso fasziniert werden wie früher von dem alten; diese Frauen werden sich als „vernünftige" Frauen der „wirklichen" Welt auch wissenschaftlich-fortschrittlich zwangsbefruchten lassen. Ebenso gewiß aber wird, wenn die Menschheit noch nicht vor ihrem geistigen Ende steht, dieser Verdrängung des gnostischen Triebes in der extravertierten Masse des weiblichen Geschlechtes ein umso stärkeres Erwachen des Triebes des Einen zum

Selbstbewußtsein in einzelnen seiner weiblichen Individuationen entsprechen. In den geistigen Jungfrauen wird das Eine im Widerspruch gegen die hominisierten Mütter die gnostische Bestimmung oder die Idee des weiblichen Geschlechtes wiederfinden. Dieses Erwachen des Einen zum gnostischen Ich-Nichtichbewußtsein aber muß umso mehr um sich greifen, je sinnloser und unerträglicher die menschliche Existenz durch eine Wissenschaft wird, die auf dem agnostischen Ichbewußtsein des Hominismus beruht und deshalb nur zerstörend wirken kann. Die scheinbaren Vorteile und Bequemlichkeiten, die sie mitbringt, sind in Wirklichkeit nur das Katzengold Satans, der Speck, mit dem er seine Mäuse fängt. Denn das männliche Geschlecht ist nicht mehr im Stande, aus eigener Kraft den Dämon des vernunftlosen Fortschritts, dem es sich verschrieben hat und der es vorwärts peitscht, von sich abzuschütteln. Die Welle einer neuen gnostischen Virginitätsbewegung wird die einzige und unausbleibliche Antwort sein, die das weibliche Geschlecht, wenn das Eine in ihm wieder zu seinem teleologischen Selbstbewußtsein erwacht ist, zu geben hat. Denn bei diesem Geschlecht liegt die letzte Entscheidung über das Schicksal der Menschheit; durch ihre bloße Existenz erklärt daher die gnostische Virginitätsbewegung, daß dieses agnostische männliche Geschlecht des mechanisierten Animalismus, der *Unio agnostica* und *Unio artificialis,* nicht mehr fortpflanzungswert, also zum Aussterben verurteilt ist. Erschrocken durch die drohende Überbevölkerung der Erde, die damit verbundene Erschöpfung des Bodens und die daraus folgende Senkung des allgemeinen Lebensniveaus, will der Hominismus das drohende Schicksal durch eine biologische Planwirtschaft verhüten. Es wäre seltsam, wenn er nicht eines Tages, um sein Leben zu fristen, den Einfall hätte, Aktivistinnenorden von Hand- und Kopfarbeiterinnen zu gründen, die auch aus bevölkerungspolitischen Gründen ein asketisches Leben führen und es dem letzten Huitzilopochtli und Moloch, den der Hominismus hervorbrachte, seinem letzten Gotte „Produktion" zum Opfer bringen. Man hat Satan, das negative Prinzip, den Affen Gottes, des positiven Prinzips, genannt. Solche äußerlichen Nachäffungen sind Kunstgriffe, um eine Bewegung unschädlich zu machen, indem man sie in ihr Gegenteil verkehrt. Das Zeitalter des wissenschaftlichen Hominismus würde damit nur dieselbe Methode anwenden, wie das des theologischen, das aus den *Virgines gnosticae* die hominisierten Nonnen der Kirche zu machen verstand. Mit solchen hominisierten Aktivistinnenorden im Dienste des Antifeminismus aber, die, um die Karikatur zu vollenden, gewiß durch sie leitende und kontrollierende männliche Aktivistenorden zu Doppelorden ergänzt werden, fände die Tragödie des hoministischen Weltzeitalters einen geradezu klassischen Abschluß:

in einem tragikomischen Satyrspiel. Aber nur die törichten Jungfrauen lassen sich täuschen. Die klugen Jungfrauen der zu erwartenden gnostischen Virginitätsbewegung, in denen das Eine wieder zu seinem ontoteleologischen Selbstbewußtsein gekommen ist, und die das Ziel, zu dem sie berufen sind, klarer begreifen als die der Vergangenheit, sind für die hoministischen Tricks immun, weil sie den sophistischen Mißbrauch des Begriffes „Wissenschaft" durchschauen; aus der Gnosis stammt ihr Gefühl der Verantwortung und das Bewußtsein ihrer Kraft.

Unter jenen gnostischen Jungfrauen aber, deren geistige Existenz durch die hoministischen Männer und die hominisierten Frauen gleichmäßig bedroht ist, wird einmal die „vollkommen Erwachte" sein, die Frau, in der das Eine zum vollendeten gnostischen Selbstbewußtsein, zur vollendeten intellektuellen Anschauung seiner selbst gekommen ist. Sie wird in einem hohen Grade jene numinosen Kräfte wieder besitzen, die mit der gnostischen Bewußtseinskonzentration verbunden sind und die der Menschheit durch ihre einseitige Extrovertierung verloren gingen. Mag sie im Orient oder im Occident erscheinen, sie wird, mythisch gesprochen, an der Grenze zweier Zeitalter stehen, wie einst jener Urvater und hoministische Urphilosoph, dessen Lehre den ersten Äon in Trümmer schlug und den zweiten heraufführte. Die Bewußtseinsmutation des Einen wird mit ihrem Namen verknüpft bleiben, und mit ihr wird eine neue gnostisch-gynäkokratische Zeitsignatur wiederbeginnen. Ihr Werk, mit dem das neue Zeitalter zuerst sichtbar in Erscheinung tritt, aber wird der *ordo duplex restitutus*, der erneuerte gnostisch-gynäkokratische Doppelorden von Sophia und Logos sein, um den in Wahrheit der säkulare geistige Kampf der Geschlechter geführt wurde. Niemand kann ihr ungestraft und ohne der Idee selbst zu schaden, vorgreifen; hier heißt es abwarten und sich geistig vorbereiten, um ihr Erscheinen selbst zu beschleunigen. Ihr Orden aber ist der der Urzeit und doch ein anderer. Denn jener beruhte auf dem noch instinktiven und unreflektierten gnostischen Ichbewußtsein des Einen; dieser beruht auf seiner reflektierten, am Gegensatz zum agnostischen Ichbewußtsein sich ihrer bewußt gewordenen Gnosis. Es ist der von den gnostisch-gynäkokratischen Apokalypsen des Einen prophezeite Doppelorden; seine magischen Kräfte aber sind nur die ungewollten Ausstrahlungen seiner gnostischen Vertiefung. Geeint in dem Orden der gnostischen Jungfrauen der Sophia wird das weibliche Geschlecht das männliche im Orden des Logos einigen und es wieder die *Unio gnostica* lehren; denn der Gott des Doppelordens und durch ihn der der ganzen zweigeschlechtlichen Menschheit ist aufs neue der gnostisch-gynäkokratische Androgyn geworden, der Archetypos oder die Idee der ewigen

Kosmogenesen des Einen. Mit dieser Gründung des gnostisch-gynäkokratischen Männerordens durch die „vollkommen Erwachte" aber hat die Heilung der Krankheit des männlichen Geschlechtes begonnen, die in der Unwissenheit des Einen über sich selbst bestand. Mit dieser Gründung des gnostisch-gynäkokratischen Doppelordens von Sophia und Logos hat also das Eine seine geistige Existenz in der Menschheit unseres kosmischen Winkels gerettet.

FÜNFTER AUFSATZ

Der gnostische Humanismus

I. HUMANISMUS UND KULTUR

Humanismus nenne ich, der etymologischen Bedeutung des Wortes gemäß, das Bewußtsein und die Lehre von Wesen und Bestimmung der menschheitlichen Existenz: die in diesem Bewußtsein lebende und geeinte Menschheit ist also die humanistische Menschheit, die sich ontologisch und teleologisch versteht und bewußt verwirklicht. Den Inhalt dieses Bewußtseins aber will ich nun darzustellen versuchen.

1. Das metaphysische Wesen des Menschen

Das menschliche Selbstbewußtsein, von dem hier gesprochen werden soll, ist in Wahrheit das Selbstbewußtsein des Einen *sub specie humanitatis,* d. h. auf der Stufe seiner Menschwerdung. Ob das Eine an sich ist, d. h. auch ohne Beziehung zur Welt seiner Erscheinungen, und was es an sich sein mag, das bleibt ihm auch in den höchsten übermenschlichen Formen seiner Individuationen notwendig verschlossen. Das ist im Wesen seiner Individuationen selbst begründet. Denn Sich-individuieren bedeutet eben, daß das Eine nicht mehr *an* sich, sondern *für* sich ist, indem es sich in die Relation von Subjekt und Objekt gespalten hat; so daß jedes einzelne, den Dingen als seinen Objekten gegenüberstehende, Subjekt diesen wiederum selbst als ihr Objekt gegenübersteht. Jede einzelne Erscheinung ist also zugleich relativ ein Subjekt und ein Objekt und wird damit zum Symbol der absoluten Subjekt-Objektivität des Einen selbst. Ohne diese Spaltung in Subjekt und Objekt, ohne dieses Fürsichsein in der Subjekt-Objektform seiner Erscheinungswelt, könnte das Eine — menschlich gesprochen — von sich überhaupt nichts wissen. So aber weiß es von sich selbst nicht nur agnostisch als von den existierenden Dingen sondern gerade in der Spaltung und durch die Spaltung erkennt es sich gnostisch, d. h. durch die intellektuelle Anschauung seiner selbst in den Dingen, als das sich in Subjekt und Objekt erscheinende Eine. Denn dieser Begriff des Einen bestimmt es als die metaphänomenologische Einheit von Subjekt und Objekt: es sagt, daß das numerische Zwei-sein von Subjekt und Objekt nur die Sichtbarwerdung seiner übernumerischen Eins, daß also $1 + 1 = $ der Übereins sei. Der Satz des Widerspruchs, d. h. der Gegen-satz von Subjekt und Objekt, von Ich und Nichtich, der Grund-satz, auf dem die ganze Erscheinungswelt überhaupt beruht, ist im gnostischen Selbstbewußtsein des Einen in der Zweiheit metaphysisch aufgehoben. Denn erst dadurch, daß es sich als die phänomenale Welt des Subjekt-Objekt-Widerspruches erscheint, in der das „Wahrlich Dieses ist nicht Das" unbedingte Gültigkeit hat, konnte sich das Eine seiner selbst bewußt werden: nämlich als der metaphysischen Einheit in der Zweiheit. Und so spricht das Absolute in den Individuationen, in denen es zum Selbstbewußtsein erwacht ist, zugleich: „Wahrlich, Dieses ist nicht Das, und doch wahrlich, Dieses ist Das". Synonym mit diesem Begriffe des *Einen* in der Zweiheit sind eine Reihe anderer. Es kann sich auch in der intellektuellen oder gnostischen Anschauung seiner selbst die *Identität* der beiden Nicht-identischen, die *Indifferenz* der beiden Differenzen, die *coincidentia oppositorum* oder das die beiden bedingten Relativa, Subjekt und Objekt, Ich und Nichtich bedingende Unbedingte, d. h. das *Absolute* nennen. Diese Begriffe, in denen der Widerspruch aufgehoben ist, sind nicht nominalistische Abstracta, sondern Realbegriffe, mit denen sich das dem Gegensatz der realen Welt zu Grunde liegende Überreale, als die Voraussetzung der in die Zweiheit gespaltenen Realität, in der intellektuellen oder gnostischen Anschauung der Dinge selbst erkennt. Hat die Welt noch eine andere als Gedankenrealität, so ist auch ihre Einheit, d. h. die Einheit ihrer Zweiheit, etwas anderes als eine bloße Gedankeneinheit. Die reale Zweiheit könnte nicht sein ohne die sie bindende überreale Einheit, deren sich das individuierte Absolute im Begriff nur bewußt wird. Dieses Wissen aber ist kein *apriori* Wissen, das der Anschauung vorausgeht, kein *aposteriori* Wissen, das aus ihr folgt, sondern ein zuerst *occasionell* in der Anschauung selbst entzündetes und deren Wesen verstehendes neues Wissen, nämlich das des Einen von sich selbst in den Dingen. Die Sache selbst aber, die Identität, ist, auch ohne daß sie bewußt wird, in einer überrealen Weise als Fundament wirklich. Die Phänomenalität und die Überphänomenalität sind ein einziges und dasselbe Mysterium.

Gewiß ist für das über jeder Differenz der Erscheinungswelt stehende überphänomenale Wesen die neutrale Form der Benennung als das Eine, das Identische, das Indifferente, das Absolute allein angemessen. Daß man es Gott genannt hat, ist die Veranlassung zu täuschender Sophistik geworden, weshalb wir auf diese historisch, dogmatisch und sentimental belastete Benennung, die zudem auf *masculini generis* differenziert ist, verzichten müssen. Die Götter sind nur Individuationen des übergöttlichen Wesens. Es ist das schlechthin Namenlose und Unbenennbare, das nur in seinen Erscheinungen benennbar wird. Die Namen, die man dem Metaphänomenalen gibt, bezeichnen daher nicht positiv sein Wesen, sondern sind nur Negationen phänomenaler Kategorien, durch die zwar einerseits die Untrennbarkeit des Phänomenalen vom Metaphänomenalen ausgesprochen wird, aber zugleich auch sein wesensverschiedenes Anderssein. Sogar die allgemeinste Kategorie, die des Seins, kann nur symbolisch auf es angewendet werden; es vom phänomenalen Seinsbegriffe aus das Nichtseiende zu nennen, wäre zutreffender. Das ontologische Selbstbewußtsein des Einen nun, indem ihm nur *daß* es ist, aber nicht *was* es ist, bewußt wird, dieses Sichselbsterkennen in der subjektiv-objektiven Welt, als die es sich erscheint, ist unmittelbar begleitet vom Gefühl der unbedingten Wahrheit und der Gewißheit seiner selbst. Die erhabenen Worte, die Pascal nach seinem Erlebnis in seinem „Memorial" stammelt: „Gewißheit, Gewißheit, Empfinden, Freude, Friede", sind der Ausdruck für den Zustand des Einen, wenn es sich selbst, nachdem es sich in seiner unbewußten Schöpfung verloren hatte, im gnostischen Bewußtsein seiner menschlichen Individuationen wiederfindet; denn das Ichbewußtsein des Einen in seinen Individuationen ist nicht gewisser und unwiderleglicher als sein Identitätsbewußtsein. Untrennbar aber von diesem ontologischen Bewußtsein des Einen, vielmehr identisch mit ihm, ist sein teleologisches Selbstbewußtsein, daß nämlich dieses ontologische Selbstbewußtsein in den gnostischen Individuationen auch das Telos, d. h. der Sinn und Zweck seines Erscheinungsdaseins überhaupt ist, daß in der gnostischen Menschwerdung der Sinn seiner Weltwerdung überhaupt liegt. Denn das *Gnōthi sauton* des delphischen Tempels ruft das Eine sich selbst zu, um sich in seinen Individuationen beständig an den Sinn seiner Menschwerdung zu erinnern. Es ist sein gnostischer Imperativ, der nichts anderes ist als der ohne Unterbrechung tätige metaphysische Trieb des menschlichen Bewußtseins.

2. Die kosmische Natur des Menschen

Das Für-sich-sein des Einen in der Form seiner Subjekt-Objekt-erscheinung ist zugleich mit seinem Wesen als der Identität beider gesetzt. Seine Freiheit, d. h. sein Vermögen, als Subjekt-Objekt dazusein, ist also identisch mit seiner Notwendigkeit: als Erscheinung ist das Unbedingte das durch sich selbst Bedingte. Das Eine allein, keine seiner Erscheinungen, kann im absoluten Sinne das Wort Pindars: „Werde der du bist!" erfüllen. So erscheint sich denn das metaphänomenal überräumliche und überzeitliche, unbegrenzte Eine infolge seiner ihm immanenten und es begrenzenden Subjekt-Objekt-spaltung als eine unbegrenzte Vielheit begrenzter Individuationen, die im unbegrenzten Raume, also als körperliche Dinge, dasind; und zugleich erscheinen diese auch als in der Zeit daseiende, d. h. auch als zeitlich begrenzte Körper. Das Eine schaut sich daher als in sich selbst und durch sich selbst individuiert an. Denn der unbegrenzte und indifferenzierte Raum und die unbegrenzte indifferenzierte einsinnige, d. h. nicht rückläufige Zeit sind das phänomenologische Abbild oder die Erscheinung des Einen selbst als der unendlichen Potentialität zu unendlich vielen begrenzten körperlichen Individuationen. Die Dinge, die gerade in Raum und Zeit dasind, sind also nur die momentan kontingenten körperlichen Selbstverwirklichungen des Einen, angeschaut in der unendlichen Potentialität des Einen zu einer unendlichen Vielheit von anderen körperlichen Dingen. Und da es dasselbe Eine ist, das sich in allen körperlichen Gegenständen individuiert hat, so müssen auch alle untereinander in der Relation der Subjekt-Objekt-Wechselwirkung stehen, indem sie sich selbst und einander wechselseitig nach einem und demselben teleologischen Kausalgesetz gestalten im Dienste des in der Individuation des Einen überhaupt liegenden allgemeinen und absoluten Endzweckes.

So vollzieht sich also der Prozeß der kosmischen Individuationen des Einen in diesem selbst, das als Raum-Zeit erscheint. Denn es hat sich das Eine, um für sich dazusein, in dem Universum einer unzählbaren Vielheit von Sonnensystemen individuiert. In jedem einzelnen steht es allen anderen als Subjekt seinen Objekten gegenüber; und zu jedem einzelnen wurde es, um in ihm zu seinem onto-teleologischen Selbstbewußtsein zu kommen, also um gnostisches Sonnensystem zu sein. Was ich damit meine, wird gleich deutlich werden. Die Sonnensysteme sind als Individuationen des Einen notwendig teleologisch lebendige, d. h. beseelte, wenn auch bewußtlose Makroorganismen. Daseiendes und Lebendes sind gleichbedeutende Begriffe. Wie könnte Lebendes auf ihnen entstehen, wären sie nicht selbst lebendig? Sie wurden von anderen gleichartigen Lebewesen geboren und werden sich, nach den Gesetzen dieser Gattung von Organismen fortpflanzen, um selbst zu sterben, wenn ihre Bestimmung erfüllt ist. Die riesigen Einzelglieder dieser Makroorganismen, die selbst nur Atome sind, die Planeten, hängen zwar nicht, wie die der Mikroorganismen in unmittelbarer Berührung miteinander zusammen, sondern sind durch für uns ungeheure Räume getrennt, werden aber besonders durch die Gravitation genannte geheimnisvolle Kraft, die von ihrem gemeinsamen Lebenszentrum, der Sonne, ausgeht, zu einem einzigen beseelten Leibe. Jedes dieser Planetenglieder hat zwar, wie die Glieder des menschlichen Leibes, seine selbständig sich entwickelnde Funktion, aber alle zusammen bilden den einen einzigen lebendigen Leib des Sonnensystems und entwickeln sich teleologisch innerhalb des Ganzen, wie sich dieses selbst im Zusammenhang und in Wechselwirkung mit der ganzen Gattung von lebendigen Sonnensystemen teleologisch zu einem einzigen bestimmten Zweck der Zwecke entwickelt. Dieses allen Sonnensystemen gemeinsame Telos ist ihr kosmologisches Selbstbewußtsein oder präziser gesagt: das Eine will seinem Wesen gemäß in jedem einzelnen bewußtlos-lebendigen Sonnensystem, in dem es sich individuiert hat, allen anderen gegenüber nicht nur zu seinem kosmologischen Ich-Nichtichbewußtsein sondern auch zu seinem Identitätsbewußtsein erwachen, d. h. zum Bewußtsein seiner metaphänomenalen Identität in den als bewußtlose Iche lebenden Sonnensystemen wie in den als Nichtiche ihnen gegenüberstehenden. So besteht denn die Lebenskraft der Sonnensysteme, welche die teleologisch sich schöpferisch entwickelnde Kraft des in ihnen individuierten Einen oder ihre Seele ist, darin, sich auf einem oder mehreren ihrer Planetenglieder in eine Gattung von Leibern zu transformieren, in der sie sich ihrer kosmologisch bewußt werden können. Wenn auch diese Gattung bewußt gewordener Leiber zunächst auch nur als die Schöpfung des beseelten Gestirnsleibes erscheint, der sie hervorgebracht hat, so vermöchte dieser doch nichts, wäre er nicht ein Glied des ganzen Makroorganismus, durch den und in dem er besteht. Daher ist unsere terrestrische Menschheit durch die teleologische Entwicklung unseres Sonnensystems nach dessen Analogie oder Bilde als sein bewußt gewordener Extrakt entstanden und unlösbar physisch und geistig mit ihm verknüpft: unsere terrestrische Menschheit ist also kosmisch betrachtet das Bewußtseins- und Erkenntnisorgan nicht nur der Erde, deren bewußtlos beseelter Leib sich vom glutflüssigen Zentrum, ihrem Herzen und Lebenskern, bis zur äußersten Grenze der Atmosphäre ausdehnt, sondern auch das Bewußtseinsorgan des ganzen teleologisch beseelten Sonnensystems, von dem der Erdleib nur ein einzelnes Glied ist. Mit der Menschwerdung oder der Anthropogonie unseres Sonnensystems aber hat das Eine den Zweck dieser seiner Individuation erreicht. Die Kosmologie ist damit zur Anthropologie geworden und vollendet sich in ihr. Wir sagten vorher, daß das Telos der Individuationen des Einen in ihrerselbst bewußten Sonnensystemen bestehe und haben nun diesen Begriff erklärt. Es gibt daher notwendig auch eine Hierarchie der Sonnensysteme, welche durch den Grad von Bewußtsein bestimmt wird, den das Eine in ihnen erreicht hat. Wenn man nicht vergißt, daß die Bewußtseinsorgane, d. h. die bewußten Lebewesen der Sonensysteme, so verschieden sein müssen wie diese selbst, mag man der Vereinfachung wegen nach der Analogie des unseren auch bei ihnen von ihren Menschwerdungen oder Anthropogonien reden und die ganze Gattung der Bewußtseinsleiber im Universum der Sonnensysteme nach der uns allein bekannten Art als Menschheit bezeichnen, auch wenn diese Bewußtseinsleiber von übermenschlicher Art sind, die von Engeln und Göttern. Denn es gibt unter den sich teleologisch-anthropogen entwickelnden Sonnensystemen, in denen sich das Eine individuiert hat, eine Rivalität zu höherer Bewußtwerdung, also zu vollkommeneren, d. h. vergeistigteren Bewußtseinleibern. Wie es auch eine Unzahl von Sternleibern geben wird, die am Endzweck des Einen gemessen nur verunglückte Experimente und deshalb sich notwendig selbstzerstörende Mißgeburten sind. Das ins Werden und die Bewußtlosigkeit eingegangene überphänomenale Eine ist infolge seiner Subjekt-Objektspaltung als Welt der Erscheinungen das sich aus der Finsternis der Bewußtlosigkeit zum Licht seines Selbstbewußtseins emporringende Urwesen der Welt. Daher muß es im Universum außer den Himmeln, d. h. zu Engeln und Göttern gewordenen Sonnensystemen, auch Höllen geben, Sonnensysteme, deren Erkenntnisorgane Teufel und Dämonen sind; während unser Sonnensystem zu denen zu gehören scheint, deren Schicksal, ob sie zu Himmeln oder Höllen werden, noch nicht erkennbar ist. Im Suchen nach dem Paradiso seines Selbstbewußtseins durchwandert also das Eine selbst sein Inferno und sein Purgatorio. Vom Telos des Ganzen aus betrachtet sind indessen die Teufel nur mißglückte oder gefallene Engel. Natürlich sind alle Arten von Dämonen und Göttern gleich der terrestrischen Menschenart keine absoluten Wesen, sondern nur kosmische Individuationen des Absoluten, also in der unendlichen Zeit enstanden und in ihr vergehend, wie lange oder kurz auch an unserer Lebenszeit gemessen die Existenz dieser Wesen dauern mag.

3. Die anthropologische Natur des Menschen

Die Sonnensysteme, unseres wie alle anderen innerhalb oder außerhalb unserer Milchstraßeninsel, muß man also anthropozentrisch nennen, weil ihre Menschheitswerdung das ihnen allen bewußtlos immanente Telos ist, das ihnen aber erst bewußt werden kann, wenn sie ihre anthropogene Potentialität zu aktualisieren imstande waren, d. h. wenn das Eine sie in ihnen zu realisieren vermocht hat. Deshalb haben die Naturphilosophen der Renaissance den terrestrischen Menschen, als die Abkürzung und das Compendium des ganzen Sonnensystems oder des Makrokosmos, auch als den Mikrokosmos bezeichnet. Der Mikrokosmos, können wir daher noch deutlicher sagen, ist der bewußte Menschheit gewordene bewußtlose Makrokosmos, und der Makrokosmos ist der Mikrokosmos auf seiner vormenschlichen Seinsstufe. Auch das Gegensatzpaar des Makroanthropos (des großen Menschen) und des Mikroanthropos (des kleinen Menschen) sowie das kabbalistische des Makroprosopon (des großen Gesichtes) und des Mikroprosopon (des kleinen Gesichtes) haben dieselbe naturphilosophische Bedeutung. Wird aber die Identität des

Einen in Mikrokosmos und Makrokosmos ignoriert oder geleugnet nach der dialektischen Methode des Mephisto: „wer will was Lebendigs erkennen und beschreiben, / sucht erst den Geist herauszutreiben", dann wird durch dieses Heraustreiben des Geistes, d. h. des Einen selbst aus seiner Welt, der lebendige Kosmos in ein Reich des Todes verwandelt und in zusammenhangslose Ding-Atome aufgelöst. Dann wird nicht nur die metaphysische Einheit von Gestirn und Lebewesen, von Anorganischem und Organischem, sondern auch im Organischen die Einheit von Leib und Bewußtsein auseinandergerissen — d. h. natürlich nur im falschen Denken, nicht in der wirkenden Wirklichkeit; und es ist verlorene Liebesmüh, die Scherben durch die Fiktion eines transzendenten *Deus ex machina* oder die einer absoluten Materie wieder zusammenzuleimen. Die Begriffssophistik auch der gerissensten Zauberlehrlinge, die das Eine aus der Welt herausbugsierten und dann natürlich nur die Teile in der Hand behielten, „spottet ihrer selbst und weiß nicht wie", wenn sie sich stellt, als ob sie durch das Denken eine neue Realeinheit der Teile schaffen könnten.

Es werden also die Gestirne nicht etwa aus eigener Kraft zu Menschheiten, sondern das in lebendigen Sonnensystemen individuierte Eine selber ist es, das auf gewissen, durch die Notwendigkeit seines Wesens prädestinierten Sternen, um sein Gestirnsein teleologisch zu vollenden, in geschlechtlich differenzierten Menschenleibern sich erscheinen muß. Der sich analog den Pflanzen- und Tierleibern unbewußt teleologisch gestaltende, also beseelte menschliche Leib wurde aber zum menschlichen erst dadurch, daß er zum ichbewußten, d. h. vorstellenden und denkenden Leibe wurde. Bewußter Leib zu werden, ist also das Telos des unbewußten potentiell-menschlichen Leibes. „Wer hat des irdischen Leibes / Hohen Sinn erraten?" fragt Novalis. Sicher nicht derjenige, der durch die Sprache, die ihre Begriffe zu hypostasieren pflegt, verführt und als ein Schüler Mephistos Leib und Geist in zwei verschiedene Substanzen auseinanderreißt, anstatt sich des denkenden menschlichen Leibes als einer unteilbaren Individuation des überphänomenalen Einen bewußt zu werden. Daß der menschliche Leib das Vermögen zum Denken hat, bezeugt er existentiell. Er hat die *virtus cogitativa*, wie das Opium die *virtus dormitiva* in der Antwort des Baccalaureus bei Molière. Wie kann aber der Leib diese Fähigkeit besitzen? Sowenig wie die Sterne aus eigener Kraft zu Menschheiten werden, sondern sie diese Kraft nur als dazu bestimmte Individuationen des Einen haben, sowenig hat der Leib diese Kraft aus sich, sondern nur als eine zum Denken bestimmte Individuation des Einen; bei diesem aber, als der absoluten Potentialität, sind alle Dinge möglich. Der Leib ist ein denkender Leib einfach deshalb, weil das Eine sich in ihm als denkender Leib erscheint. Das Wesen des mikrokosmischen Leibes selbst aber ist ein Mysterium, und deshalb sind auch alle seine Vermögen Mysterien.

Sich selbst den Dingen gegenüber als ein Ich gegenüber Nichtichen zu erleben, sich zu ihnen als begehrenden begehrend getrieben zu fühlen und das Lustgefühl der Aneignung und Assimilation zu empfinden, wie es die tierischen, pflanzlichen und in ihrer Art wohl auch die kosmischen Individuationen des Einen kennen, heißt noch nicht Bewußtsein haben. Denn Bewußtsein haben heißt Vorstellungen haben. Zu einem Bewußtsein seiner selbst als eines Ichs unter Nichtichen aber kommt der Leib erst, wenn er seine eigene reale Existenz, die der realen Dinge und ihren auf Wechselwirkung beruhenden kosmologischen Zusammenhang zum Objekt einer Vorstellung genannten geistigen Tätigkeit macht und dabei sich des Unterschiedes von Vorstellung und Wirklichkeit bewußt ist. Durch diese geistige Tätigkeit wird die ganze wahrgenommene reale Welt noch einmal in einem reflektierten Abbilde angeschaut; mit der Vorstellung oder dem Bewußtsein aber hat der Leib ein geistiges sogenanntes Innenleben, ein geistiges Vorstellungsleben, ein Bewußtseinsleben erworben. Durch dieses vermag er denkend die durch Begriffe zusammengefaßten Einzeldinge zu erforschen; er erinnert sich an sie, er sieht sie voraus oder er imaginiert phantastische Gegenstände in phantastischer Wechselwirkung. Er ist zum bewußt wollenden Leibe geworden, der die Dinge nach seinen Vorstellungen gestalten oder vernichten kann. Das ist die *erste Stufe* der Vergeistigung des Leibes durch sich selbst; sie bleibt innerhalb der Grenzen des kosmologisch anthropologischen Bewußtseins, also innerhalb der phänomenalen Welt oder des agnostischen Ichbewußtseins des Einen.

Aber ein neuer, die anschauende Wahrnehmung der Dinge und ihre Vorstellung begleitender geistiger Trieb meldet sich im Bewußtsein des Leibes, der gnostische. Die geistigen Leiden, welche die Geburt des metaphänomenalen Selbstbewußtseins des Einen begleiten, sind die des ganzen, Menschheit gewordenen Sonnensystems; es ist das Seufzen des Kosmos und aller vormenschlichen Kreatur, von dem der Apostel spricht, und das im metaphysischen Triebe des menschlichen Leibes seine Konzentration und sein Wort gefunden hat. Die nur phänomenologisch ichbewußten menschlichen Leiber des Einen werden, wenn dieser gnostische Trieb sein Ziel erreicht hat, zu gnostisch ichbewußten Leibern. Denn das Ich-Nichtichbewußtsein des menschlichen Leibes hört natürlich nicht auf, solange dieser selbst noch da ist; aber indem das Eine in der einzelnen leiblichen Individuation seine metaphysische Identität auch mit den bewußt oder unbewußt existierenden fremden

Leibern erkennt, wird aus dem agnostischen ein gnostisches Ich-Nichtichbewußtsein. Das Telos des agnostisch-ichbewußten Leibes ist also, gnostisch ichbewußter Leib zu werden. Das ist die *zweite Stufe* der Vergeistigung des menschlichen Leibes durch sich selbst, die wir seine gnostische Spiritualisierung nennen wollen; eine Stufe, die vielleicht der künftigen Menschheit vorbehalten ist. Gnostische Menschheit geworden begreift in dieser unser Sonnensystem seine metaphysische Identität mit allen anderen, die es wie sich selbst, intellektuell als Erscheinungen des in Subjekt und Objekt identischen Einen anschaut. Damit aber hat dieses den Sinn oder die Idee seiner Subjekt-Objekterscheinung überhaupt erfaßt. Zu den kosmischen Leibern der Sonnensysteme wird es in der zeitlichen Ewigkeit, um zu gnostisch ichbewußten, also sich spiritualisierenden weiblichen und männlichen Leibern werden zu können, d. h. zu den prädestinierten gnostisch ichbewußten Menschheiten der prädestinierten Sonnensysteme. Von den geistigen Kräften der gnostisch-spiritualisierten menschlichen Leiber ist hier nicht zu sprechen. Sie liegen latent oder potentiell in unsern noch agnostisch materiellen der ersten Stufe ihrer Vergeistigung; in den gnostisch spiritualisierten Leibern der übermenschlichen Arten bewußter Lebewesen, Engeln und Göttern, werden sie in hohen und höchsten Graden verwirklicht sein.

Auch die spiritualisierten männlichen und weiblichen Leiber bleiben einander begehrende Leiber; denn in allen leiblichen Individuationen sucht das Eine als Subjekt sich selbst unter der Form des Objekts. Essen und Trinken sind ebenso empirische Beweise für die metaphysische Identität des Einen in Subjekt und Objekt, wie die Begattung von Pflanzen, Tieren und Menschen — und schließlich auch die der Sonnensysteme selbst. Denn die Analogie ist die allgemeine Form, unter der das Eine, eben weil es das Eine ist, sich auf den verschiedenen Seinsstufen erscheint; und ebenso ist aus den allgemeinen analogen Existenzformen und Existenzweisen aller Arten der Erscheinungen das Übersein des Einen Identischen zu erkennen. Die Gnosis ist also etwas anderes als ein abstraktes und unverbindliches Wissen des professoralen Hörsaals; sie ist für die existierenden Leiber das geistige Mittel zu ihrer Spiritualisierung. Solange nicht der ganze Leib in Gedanken, Worten und Taten gnostisch geworden ist, hat das gnostische Bewußtsein noch nicht seinen Zweck erfüllt. Das Verhältnis der Geschlechter zueinander ist daher das entscheidende Kriterium für den Grad der gnostischen Umwandlung der Leiber. Dem *coitus vulgaris et profanus* der agnostischen Leiber oder, wie sich Nietzsche ausdrückt, der „zwei Tiere, die sich erraten", ist als art- und wesensverschieden die Unio gnostica der gnostisch spiritualisierten Leiber entgegengesetzt. Der gnostische Androgyn verhält sich also zum agnostischen, oder zu Sar Peladans „*bête a deux dos*", wie in der Fabel Herakles zum Affen. Einige Sprachen haben den in seiner Bedeutung unverständlich gewordenen Begriff des „Erkennens" als Synonym mit dem der geschlechtlichen Vereinigung erhalten; so „erkannte" (יֵדַע) Adam sein Weib Chawwah (Gen. 4,I). In der gnostischen Urzeit war das der Ausdruck für die Unio gnostica, in der das Eine als Subjekt seine Identität mit dem Objekt „erkannte". Der unverstandene Begriff wird später einseitig hoministisch verwendet; wäre in der Genesisstelle gesagt, daß das Eine in beiden wechselseitig sich selbst „erkannte", so wäre das metaphysische Bewußtsein des gnostischen Androgyns ausgesprochen. Die Unio gnostica aber, die das Eine in zwei seiner Individuationen bewußt mit sich selbst, *sub specie aeternitatis suae*, vollzieht, ist aber mehr als eine einmalige zeitbegrenzte, sie ist eine in der Zeit vollzogene ewige Tat. Damit habe ich das Wesen der gnostischen Ehe, oder vielmehr das Wesen der Ehe überhaupt, definiert. Der gnostische Androgyn ist also die dem Einen immanente ewige Idee seiner selbst, die es in den gnostisch ichbewußten Leibern, in denen es sich individuiert hat, als *causa et finis* seiner Subjekt-Objektspaltung zu einer Welt der Erscheinungen, anschaut. Mythisch kann es daher den gnostisch androgynen Eros auch als den kosmogonischen Eros oder die Causa seiner Subjekt-Objektdifferenzierung bezeichnen und zugleich in ihm das Symbol seiner Erlösung, d. h. des Telos seiner kosmischen Menschwerdung erblicken. Der gnostische Androgyn ist daher das allesumfassende Zeichen seiner Kosmogonie und Anthropogonie, in dem sich das Eine als die *coincidentia oppositorum* und als die Identität seines sichtbaren phänomenalen Daseins mit seinem unsichtbaren metaphänomenalen Übersein anschaut. Der gnostische Androgyn ist daher die teleologische Kraft des Einen, welche die Sonnensysteme einander in die Arme treibt, daß sie sich in einem lebendigen embryonalen Chaos ineinander auflösen, um sich zu neuen kosmischen Organismen umzubilden mit ihren zur Unio gnostica fähigen Menschen, Engeln und Göttern. Er ist die eine ewige, für alle vergangenen, gegenwärtigen und künftigen Sonnensysteme gültige Idee des sich selbst erscheinenden Absoluten.

Wie verhalten sich nun die beiden Hälften des ewigen gnostischen Androgyns zueinander in Bezug auf seine zeitliche Verwirklichung? Denn durch seine polare Spaltung in Subjekt und Objekt ist das Eine in ein dialektisches Verhältnis zu sich selbst getreten. Seine lebendigen Sonnensysteme stehen hinsichtlich ihrer höheren oder tieferen, übermenschlichen oder dämonischen Bewußtseinsstufen in einem rivalisierenden gnostischen Agon miteinander, und auch unter den Bewußtseinswesen eines jeden einzelnen von ihnen kann das Eine sein gnostisches

Ziel nur dialektisch, in Widerspruch gegen die in ihm liegende Negation, verwirklichen. Das absolute Ziel dieser Dialektik aber besteht darin, agnostisch ichbewußte Leiber in spiritualisierte gnostisch ichbewußte umzuwandeln; durch seinen eigenen dialektischen Widerspruch treibt es sich selbst durch dessen Überwindung zu höheren Graden seines Selbstbewußtseins, so daß sich seine menschlichen Leiber qualitativ verändern müssen. Diese Dialektik vollzieht sich einmal innerlich, d. h. im Bewußtsein eines jeden ichbewußten Leibes, und zweitens äußerlich, nämlich im Dialog der verschieden ichbewußten Leiber untereinander. Es handelt sich bei dieser Dialektik natürlich um die Überwindung des dem absoluten Telos widersprechenden antignostischen Ichbewußtseins, also um ein Entweder-Oder, nicht um eine Juste-Milieu-Synthese des Sowohl-Als auch. Denn zwischen den beiden sich ausschließenden Bewußtseinsstufen kann es keine Vermittlung geben, sondern nur eine auf der Erkenntnis beruhende Entscheidung für die eine oder die andere. Solange der dialektische Sieg des gnostischen Ichbewußtseins des Leibes über sein agnostisches in der einzelnen Person nicht errungen ist, spricht man von den zwei Seelen in ihrer Brust oder moderner, von der neurotischen Bewußtseinsspaltung dieses Leibes. Das agnostische Ichbewußtsein widersetzt sich dem Eindringling mit der Kraft des Selbsterhaltungstriebes, bis der metaphysische Trieb verjagt wird oder als die stärkere Kraft die Burg erobert. Dieser innerlichen Dialektik im Bewußtsein des Einzelnen entspricht die äußerliche, die zwischen den gnostisch ichbewußten Leibern auf der einen und den agnostisch ichbewußten auf der anderen Seite stattfindet. Daß das Eine sein ewiges Telos, den gnostischen Androgyn, nur durch sein weibliches Geschlecht als das den Charakter der Liebe allein bestimmende, verwirklichen kann, muß als ein keines Beweises bedürftiges Axiom gelten. Daraus folgt, daß das weibliche seiner ewigen Idee nach das eigentlich gnostische Geschlecht ist. Folglich ist das männliche, als der polar-dialektische Gegensatz, seiner Idee nach das des antignostischen Ichbewußtseins, dessen Widerspruch durch das weibliche Geschlecht dialektisch zu überwinden ist, wenn es zur Unio gnostica fähig werden soll. Die geistige Zukunft des Einen wird also in unserem Sonnensystem durch das weibliche Geschlecht entschieden. Hominismus nennen wir nun die das männliche Geschlecht charakterisierende negative oder antignostische Dialektik; die Frau, die der männlichen Dialektik unterliegt und auf ihre metaphysische Bestimmung verzichtet, nennen wir „hominisiert". Von gnostischer Gynäkokratie aber sprechen wir, wenn die Frau den Widerspruch der antignostischen Negation des männlichen Geschlechtes dialektisch überwunden hat. Beide Begriffe haben also eine rein geistige Grundbedeutung. Den ewigen Androgyn schließlich, d. h. die ewige dem Wesen des Einen überbewußt immanente teleologische Idee, *causa et finis* seiner Subjekt-Objektspaltung, die im gnostischen Bewußtsein als Idee erkannt wird, nennen wir mythisch die Unio gnostica von Sophia und Logos.

4. Humanismus und Kultur

Nach diesen Betrachtungen über die metaphysische, kosmische und anthropologische Natur des Menschen läßt sich der Begriff des Humanismus, von dem wir ausgingen, seinem Wesen und Inhalt nach bestimmen. Der Humanismus ist das Bewußtsein, welches das menschheitgewordene Eine vom Sinn seiner Menschwerdung hat; es ist das Wissen von der Idee des Menschen. Und da das Eine als Menschheit auf zwei Bewußtseinsstufen, der des gnostischen und der des agnostischen Ichbewußtseins erscheint, so muß es notwendig auch zwei Arten des Humanismus geben. Der Inhalt der einen Art des humanistischen Bewußtseins ist uns nun bekannt; wir können diesen Humanismus des seiner selbst bewußtgewordenen Einen seinen gnostisch-androgynen oder auch gnostisch-gynäkokratischen Humanismus nennen. Aber zum Verständnis der zweiten Art sind noch einige Worte nötig. Dieser antignostische Humanismus ist der dialektische Widerspruch gegen den gnostischen; es ist der Widerspruch derjenigen Individuationen des Einen, die ihr Ichbewußtsein im gnostischen Identitätsbewußtsein zu verlieren fürchten, weil sie ohne die Gnosis nicht begreifen können, daß sie es durch diese erst wahrhaft gewinnen und sanktionieren. Die bloße Existenz verleiht noch keine Würde und gibt noch keine Menschenrechte; das sind verschwommene Begriffe oder vielmehr politische Schlagworte aus der Welt der zänkischen Relativität. Die menschliche Existenz erhält erst Würde und Rechte dadurch, daß sie in bewußter Beziehung zum Absoluten steht; ohne metaphysische Begründung sind sie bloße Worte ohne objektiven Gehalt. Der agnostisch-ichbewußt existierende Leib kann keinen Anspruch auf sie erheben; er hat von beiden nur so viel, als er den Nichtichen temporär abtrotzen kann. Die verheerenden Folgen des agnostischen Ichwahns, der spezifisch männlichen Geschlechskrankheit, welche die Erde in ein Jammertal verwandelt hat, sind in den früheren Aufsätzen gebührend gewürdigt worden. Diese Krankheit heißt agnostisch-hoministischer Humanismus. Der agnostisch ich-nichtichbewußte Leib handelt nämlich praktisch solipsistisch, sei das Ich nun ein einzelnes Individuum oder ein Kollektiv von einzelnen Individuen, ein Volk, ein Staat, ein Stand, eine Klasse oder eine Räuberbande. Das Nichtich sind immer die Barbaroi oder die Gojim. Selbst die Hottentotten nennen sich in ihrer Sprache die Khoi-Khoin, was „Menschen" bedeutet; der Nicht-Hottentotte ist also sogar für den hottentottischen Humanismus nur ein Vieh. Wie alle geistigen Bünde sind auch die organisierten agnostisch-hoministischen Männerbünde (Staaten und Kirchen, Stände und Klassen, um nur die umfassendsten zu nennen), in ihren teleologischen Menschenbildern geeinigt, von denen der hoministischen Gottmenschen bis zu denen der hoministischen Maschinenmenschen. Sie sind die hoministischen Urbilder oder Archetypen, die Ideale oder die in anthropomorpher oder symbolischer Gestalt angeschauten Ideen ihrer Humanismen. Diesen ihren Urbildern widmen die Bünde, die in ihnen die Götter oder teleologischen Zielbilder ihrer Humanismen bekennen, einen gemeinsamen Kultus; sie sind also ihre Kultsymbole, nach deren Urbild die Menschheit als Abbild geschaffen wurde, d. h. sich selbst bilden soll; natürlich sind für jede der agnostisch-hoministischen Kultgemeinschaften die Götter aller anderen Götzen. Der agnostisch-hoministische Humanismus mit seinen individualistischen Göttern, d. h. den teleologischen Archetypen der hoministischen Negation, ist die Verneinung des gnostisch-feministischen Humanismus mit seinem gnostischen Androgyn. Das Ziel jedes hoministischen Humanismus ist es, zu verhüten, daß die abgebrochene Brücke des Identitätsbewußtseins wieder Ich und Nichtich verbinde und der archetypische Androgyn wieder zum Symbol gnostisch-gynäkokratischer Frauenbünde werde. Die Dialektik der beiden Geschlechter erscheint daher als die Dialektik zweier Humanismen, zweier einander ausschließender Lehren von Wesen und Bestimmung des Menschengeschlechtes, zwischen denen es keine Vermittlung geben kann. Vom Standpunkt des zum Selbstbewußtsein gekommenen Einen aus gibt es natürlich prinzipiell nur einen Humanismus und seinen ihn verneinenden Antihumanismus oder Pseudohumanismus. Das ist der antignostisch-hoministische des die Erde beherrschenden Geschlechtes der Iche von Dünkelsbühl, das zwar im antignostischen Willen geeint ist, aber im Kampf um den wahren hoministischen Humanismus oder die wahre Religion in zahllose, einander erbarmungslos befehdende Sippen gespalten ist.

Der Freiheitsbegriff des antignostischen Humanismus verneint den des gnostischen. Freiheit ist, allgemein gesprochen, der Zustand der aufgehobenen Unfreiheit, Unfreiheit der der aufgehobenen Freiheit: beide Begriffe sind korrelativ untrennbar. Was durch sich selbst und nicht durch ein anderes bestimmt wird, ist frei; unfrei, was nicht durch sich selbst, sondern durch ein anderes bestimmt wird. Nur das durch kein zweites, sondern ausschließlich durch die Notwendigkeit seiner Natur bestimmte absolute Eine ist also notwendig und allein frei; alle seine sich wechselseitig kausal-teleologisch bestimmenden Erscheinungen dagegen sind als solche notwendig unfrei. Das Eine ist daher als das Unbedingte oder Absolute an sich frei, als Erscheinung aber, als das Bedingte, unfrei. Doch es hat die Fähigkeit, sich zu befreien. Indem es sich durch die Gnosis seiner selbst als des Absoluten, des Unbedingten, bewußt wird, wird es sich seiner selbst als des in der absoluten Unfreiheit absolut Freien bewußt. Das Eine wird also in der Erscheinungswelt wieder frei, indem es sein agnostisches Ichbewußtsein durch das gnostische überwindet. Der gnostische Humanismus des Einen ist also die Lehre von der Unfreiheit, Befreiung und wiedergewonnenen Freiheit des Einen als des Zweckes seiner Menschwerdung. Er ist der Humanismus der Freiheit. Das Agierende ist natürlich nicht die erscheinende Individuation, sondern das allein reale Eine selbst durch die Individuation, in der es zum Selbstbewußtsein gekommen ist. Es ist zweideutig und irreführend, diese Individuation selbst als frei zu bezeichnen; sie selbst bleibt als prädestinierte Erscheinung notwendig unfrei. Ebenso notwendig und unfrei ist ihre durch die neue Erkenntnis bedingte neue Existenzweise; „so mußt du sein, du kannst dir nicht entfliehen". Auch dieser Wille ist gemußter Wille. Der agnostische Humanismus dagegen imaginiert eine Freiheit für bedingte Relativa, ein sophistisch begründetes und in seinen Auswirkungen katastrophales Wunschbild des Ichdünkels. Die Willensfreiheit des dualistisch-antignostischen Humanismus ist nur eine psychologische Selbsttäuschung oder eine politisch-praktischen Zwecken dienende Suggestion; diese Theorie selbst ist nur der Ausdruck des sich geistig vom Leibe trennenden und verabsolutierenden agnostischen Ichbewußtseins. Nicht einmal das Absolute besitzt Willensfreiheit, d. h. Willkür, sondern muß sich nach dem Gesetz seines Wesens im Prozeß seiner werdenden Individuationen erscheinen. Geradezu sinnlos ist es daher, sie seinen notwendigen Erscheinungen zuzuschreiben, die immer nur passiv gelebt werden, und zwar gerade dann, wenn sie sich für aktiv halten. Vielmehr ist die Willensnotwendigkeit der Erscheinungen nur ein Abbild der Willensnotwendigkeit des Einen selbst. Der agnostische Ichwille, ob er sich nun für frei oder unfrei hält, ist Machtwille, und die erstrebte Freiheit ist die Unfreiheit der nicht mit uns assoziierten Nichtiche. Und das Rad dreht sich beständig; was oben war, kommt nach unten, und das Untere nach oben. Da der Ichdünkel nicht sehen will, muß er fühlen. Das schnellste Tier, das Euch zur Erlösung trägt, hat Meister Eckehart gesagt, ist das Leiden. Das Schicksal der Welt und der Menschheit aber ist das des Einen in ihnen individuierten. Der gnostische Humanismus ist daher der seiner Befreiung; der negativ-antignostische ist der Humanismus seiner Unfreiheit, denn er hält es in der Unwissenheit von sich selbst gefangen.

Als Erscheinung des durch nichts anderes als sein eigenes Wesen bestimmten Absoluten ist auch die Welt der Dinge, als sein Abbild, eine sich nur durch sich selbst in allgemeiner Subjekt-Objektwechselwirkung kausal-teleologisch gestaltende Einheit. So gestaltet sich das Eine zu seinen Sonnensystemen, so gestaltet es sich in deren Menschwerdungen; und wie alle Sonnensysteme durch Wechselwirkung mit allen verknüpft sind, so müssen auch alle Menschheiten des Weltalls untereinander in irgendwelchen sie gestaltenden, uns unbegreiflichen, Verbindungen stehen. Doch zunächst ist jede einzelne, wie auch unsere zweigeschlechtliche terrestrische Menschheit, eine in sich geschlossene und sich bewußt geistig selbst gestaltende Einheit; geistige Gestaltung aber ist die geistige Erziehung des Einen durch sich selbst. Das geistige Medium, wodurch das möglich wird, ist das Wort. Durch das Wort wird das in die Vielheit der ichbewußten menschlichen Leiber zerrissene Eine zu einer Bewußtseinseinheit; die Sprache ist das Mittel der geistigen Kommunikation des Einen mit sich selbst. Diese Erziehung pflegt man *Kultur* zu nennen; denn dieser Begriff bedeutet seinem Wortsinne nach: Züchtung, Zucht, Bildung, Formung. Alle Formung aber setzt eine teleologische Idee als das Primäre voraus, im Hinblick auf die der Formende oder Bildende formt, also im Falle der menschlichen Kultur ein humanistisches Ideal. Jede Kultur ist also eine humanistische Kultur und jeder Humanismus hat seine eigene. Eine humanistische Kulturgemeinschaft ist daher eine humanistische Kultusgemeinschaft: Kultur und Kultus sind enger als nur etymologisch miteinander verwandt.

Kultur oder Erziehung hat daher ein Mensch, der nach einem Urbilde, einem Archetypus, existentiell geformt oder gebildet ist. Unkultiviert oder ungebildet ist der, welcher nicht auf diese Weise existentiell erzogen ist. Gerade die existentielle Formung ist das Entscheidende. Man kann die Kulturen aller Völker durch Studium und Anempfindung kennen und doch selbst ein völlig kulturloser Mensch sein, weil das alles die Grenzen der Intellektualität und Vorstellung nicht zu überschreiten braucht. Man pflegt die Werke der humanistischen Kulturen mit dem häßlichen, offenbar aus der Sprache des Welthandels stammenden, Worte „Kulturgüter" zu nennen und versteht darunter die geistigen Erziehungsmittel früherer existentieller Humanismen, die in der ökonomischen Epoche der Menschheit zu profanierten Handelsobjekten der geistigen Markthallen geworden sind. Die Philosophen, Dichter, bildenden Künstler und Musiker, die diesen Namen verdienen, sind keine intellektuellen Glasperlenspieler, sondern Priester und Erzieher. Priester nämlich ihres humanistischen Gottes, den sie stets aufs neue als das Urbild der Menschheit offenbaren, und Erzieher durch ihre Werke; denn, sagt Aristophanes in den „Fröschen": „Was für die Knaben der Lehrer, ist für die Erwachsenen der Dichter". Fähig, die Idee der Menschheit im Archetypus selbst zu schauen, besitzen sie zugleich die dem Grade und der Klarheit ihres Schauens entsprechende magische Kraft, durch Worte, Töne, Linien und Farben, in den Menschen den Willen zur Verwirklichung des Urbildes zu erwecken. Kultur ist also die Erziehung zur Verwirklichung eines humanistischen Ideals, und da es, entsprechend den Bewußtseinsstufen des Einen in seinen erscheinenden Individuationen, prinzipiell nur zwei einander widersprechende Arten von Humanismus gibt, muß es prinzipiell auch zwei einander widersprechende Kulturen, d. h. zwei Bildungs- oder Erziehungswege zu ihrer Verwirklichung geben, von denen der eine zu diesem, der andere zu jenem humanistischen Telos führt. Zum Telos des gnostischen Ichbewußtseins des Einen führt die gnostisch-gynäkokratische Kultur, zum Telos des agnostischen und antignostischen Bewußtseins des Einen führt die agnostisch-hoministische Kultur. Die Dialektik der Geschlechter äußert sich also auch als die Dialektik zweier humanistischer Kulturen. Die gnostisch-gynäkokratische ist nicht nur die positive These sondern auch historisch die primäre Kultur der Menschheit; die antignostisch-hoministische ist nicht nur die negative Antithese sondern auch die in der Menschheit erst sekundär erschienene Kultur. Daher ist es die Aufgabe der positiven gnostischen Kultur, die negative agnostisch-hoministische dialektisch zu überwinden, d. h. das männliche Geschlecht zur Gnosis zu erziehen und durch die humanistische Kultur die hoministischen Kulturen abzulösen. Die Zeit der großen hoministischen Kulturen ist abgelaufen; die indische, die chinesische, die japanische und die christlich-abendländische Kultur sind in Auflösung und Verwesung wie die Kulturen der Naturvölker. Die magischen Kräfte dieser Kulturen hatten auf Vorstellungen beruht, die, wenn auch hoministisch umgestaltet, noch aus der ältesten Periode der Menschheit, der gnostisch-gynäkokratischen, entstammten. Aber dieses Urzeitkapital ist restlos verbraucht. Der christliche Spiritualismus, der das Eine aus der Körperwelt der Natur heraustrieb, mußte im Abendlande der Bahnbrecher des totalen Materialismus werden, der konsequent genug war, es auch aus dem menschlichen Leibe zu verjagen, in dem es sich als Individualseele incognito verkrochen hatte. Der spiritualistische Humanismus war eine Halbheit, der materialistische Humanismus ist kompromißlos. Es ist der Humanismus des Maschinenmenschen, des *homo machina,* der als Maschine auch in Maschinen denkt; dessen Kultur eine Maschinenkultur ist, d. h. dessen Bildung und Formung durch die Maschine geschieht. Denn der Maschinenmensch ist stumpfsinnig und erbarmungslos wie seine Maschine. Man stellt ihn irgendwo auf und er funktioniert dann unerbittlich wie ein bewußtloser Automat; man nennt ihn deshalb einen „Funktionär". Glücklich sind die Despoten, die es fertig bringen, aus ihren menschlichen Untertanen durch die mechanistisch-materialistische Erziehung solche tadellos funktionierenden Arbeitsmaschinen zu machen. So soll auch den Negern von Haiti etwas ähnliches mit ihren unheimlichen „Zombis" gelungen sein; wie denn der dienende Automat ein altes Wunschbild der Menschheit ist. Der Despotismus darf hoffen: *la science psychotechnique est en marche*. Auch seine Sprache bildet sich bereits zu einer Sprache „neuen Typs", zu einem auf die Anfangsbuchstaben der Wörter beschränkten stoßartigen Maschinenrülpsen um; und die Ohren „neuen Typs" hören bereits im verführerischen Geheul der Fabriksirenen die Harmonie des nahenden irdischen Paradieses. In diesem materialistischen Humanismus, der sich, um mit Huysmans zu sprechen, „der Seele durch den Unterleib entledigt", und in seiner Maschinenkultur erscheint der antignostische Hominismus endlich vollendet und ohne fälschende Beimischung in seiner ganzen dämonischen Negativität. Gegen die Dialektik des gnostischen Ichbewußtseins des Einen ist als ihr Antipode die sophistische Gegendialektik des agnostischen Ichbewußtseins aufgetreten, die mit jener geistigen Wendigkeit und Fingerfertigkeit, die keine Hexerei ist, jeden Begriff durch Begriffshokuspokus in seinen Gegenbegriff umschlagen lassen kann, so daß die Begriffe an progressiver Begriffserweichung sterben wie Menschen an progressiver Gehirnerweichung. Und einfach unwiderleglich ist dazu noch das erkenntniskritische Argument der fortschrittlichen Sophistik, daß das Spätere immer richtiger und wahrer ist als das Frühere, bloß weil es das Spätere ist. Denn wie es ein geistiges Spießbürgertum des begrenzten Raumes, des Städtchens oder der Nation, gibt, so gibt es auch das Spießbürgertum der begrenzten Zeiten, der „Jetztzeiten" mit ihrem Generationsdünkel; die hohlen Nüsse der agnostischen Ich-anekdoten, als Einzelne oder als „kompakte Majoritäten", machen ihre räumlich-zeitlichen Punktexistenzen zum Wertmaßstab, den sie der ganzen Vergangenheit der Menschheit anlegen. Die Antwort auf die Frage des Pilatus: „*Quid est Veritas*" braucht also kein Kopfzerbrechen mehr zu machen; die Wahrheit ist die letzte als wahr geltende Dummheit und Massenpsychose. Gibt es Werke, die heute „zeitnäher" sind als die Dialoge, in denen Platon pathetisch und ironisch den Kampf gegen die Sophistik und die auf sie gestützte Rhetorik seiner Zeit geführt hat? Allerdings besaß diese griechischen esprit, während die materialistische Sophistik der Gegenwart plump, pedantisch, klotzig und klobig ist. *Friedrich Engels* dozierte ernsthaft, die Wahrheit des naiv wissenschaftlichen Materialismus werde durch die Industrie bewiesen; der humorlose

Materialismus von 1848 ist also wenigstens noch zu unfreiwilligen Witzen von entwaffnender Komik fähig. Doch solange das Eine im Kerker seines agnostischen Ichdünkels gefangen sitzt, muß seine Dialektik sophistisch sein; sein Humanismus ist daher nur ein Antihumanismus, seine Kultur ist die Kultur der Kulturlosen, seine Bildung eine auf Sand gebaute Scheinbildung. Das Eine sucht dann sein Telos im Relativen seiner Erscheinungen statt im Absoluten, nämlich in sich selbst. Seine Individuationen sind nur mit allerhand Kulturfetzen jeglicher Provenienz behangene Vogelscheuchen, vor denen die Vögel des Himmels erschrocken und doch belustigt davonfliegen. Aber je tiefer die geistige Nacht des materialistischen Hominismus herabsinkt, umso lauter wird das Eine in den männlichen und weiblichen Individuationen, in denen es zum Bewußtsein seiner selbst erwacht ist, die gnostische Gynäkokratie fordern als die Voraussetzung für die gnostische Humanität und für die Überwindung der geistigen Barbarei. Diese Forderung aber ist das Postulat der Wiederherstellung eines geistigen Zustandes, in dem die Menschheit im Anfang ihrer Geschichte einmal gelebt hat.

II. DER GNOSTISCHE HUMANISMUS DER URMENSCHHEIT

1. Die Menschwerdung des Einen

Menschheitliches Bewußtsein haben, heißt aber nicht nur, sich des absoluten gnostisch-humanistischen Telos der Menschheit in *abstracto* bewußt zu sein sondern auch, sich Rechenschaft zu geben von der Verwirklichung oder Nichtverwirklichung ihrer ewigen Idee durch die menschliche Gattung in der Zeit; menschheitliches Bewußtsein ist also auch ein gnostisch-historisches Bewußtsein. Einzelheiten der menschlichen Geschichte zu kennen, ohne sie vom absoluten Telos der menschlichen Existenz aus zu verstehen, ist nur ein zerstreuendes Anekdotenwissen; da sieht einer vor lauter einzelnen Menschen die Menschheit nicht mehr, die nur als die menschliche Geschichte des Einen eine Einheit und einen Sinn erhält. Sie hatte einen Anfang und wird ein Ende haben. Wie sie ihre Endstation, ihren *terminus ad quem*, erreichen wird, ob geistig siegreich oder geistig bankrott, das werden einmal die Richter des Jüngsten Tages feststellen, aus denen das Gewissen nicht nur dieser letzten Menschheit sondern der ganzen Menschheit reden, und durch deren Mund das Eine das endgültige und unwiderrufliche Urteil über den Wert seiner irdischen Inkarnation sprechen wird. Denn wie in der Urmenschheit die ganze spätere Menschheit präexistentiell enthalten war, so ist in der letzten Menschheit die ganze vorausgegangene postexistentiell eingeschlossen. Das ist das *allgemeine* Weltgericht des Endes. Aber das *besondere* Urteil spricht es im Gewissen jeder einzelnen seiner menschlichen Individuationen, wenn die Zeit für sie abgelaufen ist. Wie dieses besondere Urteil, das die konkrete einzelne Existenz an der ewigen Idee des Menschen mißt, einmal lauten wird, ob es verdammt oder freispricht, wird jeder einzelne früh genug erfahren, und es wird das Geheimnis sein, das er in die Ewigkeit mitnimmt; für viele wird der letzte der einzige Augenblick ihres Lebens sein, in dem sie sich über sich selbst nicht belügen. So wird auch die letzte Menschheit, vor ihrem Ende noch einmal ihre ganze Vergangenheit mit einem einzigen Blick überschauend, sich nicht mehr über sich selbst belügen können, wie das ihre Art war, solange sie noch eine Zukunft hatte. Bis dahin aber hatte sie ihre Gründe, sich über den *terminus a quo* zu belügen, über den Zustand und über die Reiseausrüstung, mit denen sie ihre lange und doch so kurze Fahrt antrat. Damals nämlich war sie im Besitz der berühmten gnostischen Perle aufgebrochen, aber sie war töricht genug gewesen, diese unterwegs bei geistigen Falschmünzern gegen deren Fabrikate, die Zwangskurs im Lande hatten, umzutauschen; und dann spielte sie sich selbst als Bettler den Millionär vor und klimperte mit falschem Geld in der Tasche. Daher hat sie, um sich nicht vor sich selbst zu schämen, die Erinnerung an ihren glänzenden und vielversprechenden Ausgangszustand in sich unterdrückt. Vielleicht wird sie sich noch besinnen, dem Treiben der Gauner, welche die Perle versteckt halten, ein Ende machen, und wieder mit ihr, wie bei ihrem Aufbruche, geschmückt, den *terminus ad quem* erreichen. Denn die versteinerten sogenannten Naturvölker und die noch sogenannteren Kulturvölker auf der fortschrittlichen Rutschbahn stehen gleich wesensfremd der von ihnen als ein Drittes scharf abzusondernden Urmenschheit gegenüber. Beide haben sich von ihrer geistigen Wurzel getrennt; das ist der letzte Grund für die Entartung und Katastrophe beider. Doch hat sich in den Überlieferungen mancher Völker des Altertums die Erinnerung an diesen Äon der Urmenschheit als an das „Zeitalter der Götter" erhalten, das dem viel späteren und an Format viel kleineren „Zeitalter der Menschen", („wie *nun* die Sterblichen sind", sagt Homer) voraus ging. Gilt das im gewissen Grade auch noch für den ganzen langen paläolithischen Äon, so gilt es doch *in sensu eminentissimo* für die eigentliche Urmenschheit im engsten Sinne, für jene Generationen des Ursprungs, als die ersten irdischen Bewußtseinsorgane unseres Sonnensystems entstanden waren, als das Eine sich zum erstenmal in einer gnostisch ichbewußten Menschheit individuiert hatte. In dieser, durch ein für uns wie für sie selbst unbegreifliches Wunder enstandenen, Urmenschheit erschaute sich das Eine zum erstenmal intellektuell-gnostisch als menschgewordenen Kosmos und begriff den gnostischen Leib intuitiv als das Telos aller Erscheinungen, das es als menschliche Gattung verwirklichte. Diese Urmenschheit war eine Gemeinschaft von vollendeten Weisen und Heiligen, die das ewige Gesetz des Seins noch unreflektiert, d. h. ohne dialektischen Widerspruch, begriffen und es in ihrer Sprache aussprachen, dieses Gesetz, das gültig ist für alle Menschwerdungen des Einen und das den ganzen paläolithischen Äon hindurch wenigstens prinzipiell in Geltung war. An diesem geheimnisvollsten und wichtigsten Tage seiner Geschichte hatte das Sonnensystem den Sinn seiner Existenz erfüllt. Im Menschen erkannte sich das Eine als die jenseitige Sonne, um welche alle seine erscheinenden Sonnensysteme kreisen, denn es schaute, wie die Isismysten, die „Sonne um Mitternacht". Oder, um eine durchaus nicht nüchterne Sache in nüchternen Begriffen auszudrücken: es erkannte seine Identität und das Wissen um sie als die *causa finalis* seiner Subjekt-Objektspaltung. Nicht also, als ob das Eine sich zuerst in agnostisch ich-nichtichbewußten Leibern individuiert hätte, als ob es dann auf einer höheren Stufe seiner Bewußtseinsentwicklung zum Bewußtsein seiner Identität fortgeschritten wäre, als ob es dann auf einer dritten Stufe den Schluß, ein gnostisch ichbewußter Leib zu sein, gezogen und schließlich auf einer vierten die gnostische Bewußtwerdung als das Telos seiner Individuationen überhaupt erkannt hätte: — sondern dies gnostische Ich-Nichtichbewußtsein der Urmenschheit war ein einziger ungeteilter Akt, nichts Erschlossenes oder Entwickeltes, der Urakt der gnostisch-intellektuellen Selbstanschauung des Einen im Augenblicke seiner Menschwerdung. Nur *uns* geistig Entarteten erscheint das gnostische Ichbewußtsein als ein Entwicklungsprodukt, weil *wir* den Weg von dem agnostischen Ichbewußtsein, in dem man uns festhalten will, mit Mühe durch Exercitien und im dialektischen Kampf erst wieder erwerben müssen. Das war die gnostische Anthropogonie des Einen; der Mensch ist nicht nur seinem Wesen und seiner Idee nach sondern auch in seiner Entstehung *homo gnosticus*.

2. Die gnostisch-humanistische Kultur der Urmenschheit

Der Humanismus der Urmenschheit, d. h. ihr Bewußtsein von der Bestimmung des Menschen, war also gnostischer Humanismus und ihre Kultur daher eine gnostische, nämlich Erziehung zur gnostisch ichbewußten Existenz und existentieller Ausdruck dieser Erziehung oder Bildung. Die gemeinsame Urkultur der ganzen Menschheit unseres Sonnensystems war eine gnostisch-humanistische. Kultur aber ist nur in einem menschlichen Gesellschaftsleben möglich; auch als in zwei Geschlechter differenzierte gnostische Menschheit ist also das Eine ein sich selbst teleologisch Gestaltendes. Diese Gestaltung aber geschieht durch das Wort, durch die

Sprache. Die Urmenschheit des gnostischen Ichbewußtseins, in der sich das Eine individuiert hatte, lebte in einem beständigen geistigen Rausche des Erkennens und des Verstehens; sie sah sich und die Welt der Dinge als das sichtbar gewordene Eine. Die Erscheinungen im phänomenologischen Bewußtsein kausal zu verknüpfen, war untrennbar von dem gnostischen Trieb zur Versenkung in das Wesen und Telos dieser Erscheinungen. Es wäre absurd, anzunehmen, die Urmenschheit sei ohne begriffliches Denken gewesen, denn dieses gehört zur Natur des Menschen überhaupt. Zum sophistischen Mißbrauch der Begriffe war sie allerdings noch unfähig; sie konnte irren, aber lügen hatte sie noch nicht gelernt. Natürlich war die Sprache der notwendige Ausdruck des Denkens, nicht ihre „schöpferische Erfindung", sondern sie entwickelte die Ursprache, die sie auf die Welt mitgebracht hatte, mit der Erweiterung ihres äußeren und der Vertiefung ihres inneren Wissens, das sie im Wort aussprach. Aber ehe diese gnostische Menschheit erschien, muß ihr, wie die Überlieferungen aller Völker in Mythen und Märchen bezeugen, eine Art dämonisch-bestialischer Tiermenschen oder Vormenschen voraus gegangen sein, in denen so etwas wie ein agnostisches Ichbewußtsein erwacht war. Durch dieses waren sie nicht mehr ganz Tiere, aber sie waren auch keine Menschen, weil sie von Natur zum gnostischen Ichbewußtsein unfähig waren; sie waren Zwischenwesen zwischen Tier und Mensch. Diese Monstren mußten abgestoßen, ausgeschieden oder „entlassen" werden, ehe das Eine sich als *homo gnosticus* individuieren konnte, und sie waren, wie alle Mißgeburten, zum Aussterben verurteilt, obwohl sich diese Tier-menschen vielleicht stellenweise bis in die ältesten historischen Zeiten als abschreckende und zugleich für entartete Zweige des Menschengeschlechtes als verführerische Karikaturen erhalten haben. In der geheimnisvollen Vorgeschichte des menschlichen Ursprungs hat es ein objektiv Dämonisches gegeben, von dem sich das Bewußtsein später vergebens zu befreien suchte, indem es aus diesen vergangenen Wirklichkeiten subjektive Einbildungen machen wollte. Diese menschenähnlichen Tiermenschen aber waren für die gnostische Urmenschheit eine größere Gefahr als alle Raubtiere; denn sie konnte diese Wesen, die der lebendige neidische Widerspruch gegen die ihnen selbst versagte gnostische Menschwerdung waren, mit sich verwechseln. Was hier aus der Menschheit ausgeschieden wurde, waren die Wesen des *coitus bestialis*. Der Tiermensch Enkidu des Gilgameschepos ist der älteste Repräsentant dieses *homo bestialis* in der Literatur; die Riesen, Zwerge, Satyrn, Sphinxe, Kentauren und andere Monstren sind durch Kunst und Dichtung verharmloste Erinnerungen an diese schrecklichen Wesen, denen sich die Urmenschheit gegenüber sah. Doch zu meinem Bedauern muß ich mich für diesmal von der Betrachtung der verschiedenen Species dieser Gattung des *homo bestialis* losreißen. Der dialektische Gegensatz zwischen ihm und dem *homo gnosticus* beruht aber in dem des *coitus bestialis* und der *Unio gnostica:* es ist die Dialektik von Bestialität und Humanität.

Es soll hier nicht davon geredet werden, wie die intellektuelle Anschauung der Urmenschheit, die Komos und Menschheit als ein teleologisches Ganzes in dem Einen erblickte, infolge des gnostischen Sündenfalls, von dem bald die Rede sein wird, in mißverstandene Bruchstücke auseinander fiel, und wie das Denken sich dann vergebens bemühte, eine neue Einheit der Dinge im Bewußtsein wiederherzustellen, aber in Wirklichkeit als Animismus, Magismus, Psychismus und Theismus nur Karikaturen der Urgnosis hervorbrachte. Im Denken der sogenannten Naturvölker ist dieses ihnen verloren gegangene Urbewußtsein nur noch wie in einem verzerrenden Hohlspiegel enthalten. Aber es ist doch immerhin diese verlorene Urgnosis, die sich auch in den dummen und lächerlichen Verlängerungen und Verkürzungen der Formen in den Hohlspiegelgehirnen erhalten hat; und wenn sich auch von der Fratze aus die Urgestalt nicht mehr verstehen läßt, so ist es doch wenigstens möglich, von der Urgestalt aus die Ungestalt zu verstehen. Nur zwei dieser Karikaturen seien hier erwähnt. Die eine ist das materialistisch entgeistigte Matriarchat einzelner Naturvölker, das eine letzte verschwommene Erinnerung an die urzeitliche gnostische Gynäkokratie ist, aus der es stammt und deren Bestehen aus diesem kläglichen Überrest auch historisch zu erschließen ist. Und die zweite Karikatur ist der materialistisch entgeistigte ehemalige gnostische Androgyn, der, wie früher bereits gesagt wurde, allen Naturvölkern bekannt ist oder war, und über dessen monomanisch banalisierte Vorstellung bei Australiern und Melanesiern die Bücher des Paters Winthuis ausführlich informieren. Doch auch aus dieser Verpöbelung der androgynen Idee — *corruptio optimi pessima* — läßt sich — und das ist das Beste an ihr — auf ihre ursprüngliche gnostische Gestalt zurückschließen. Beide Karikaturen sind für hellhörige Ohren der letzte Nachhall aus jener gnostischen Urzeit, da das sich selbst teleologisch gestaltende und erziehende Eine durch sein weibliches Geschlecht das männliche vor dem Fall in das tiermenschliche Bewußtsein und damit vor dem Fall in die *unio agnostica et bestialis* bewahrte, also das gnostische Wesen und damit den Sinn der Menschwerdung des Einen überhaupt rettete. Durch diese Forderung der *Unio gnostica* und die Erziehung zu ihr aber war die Frau Lehrerin des gnostischen Humanismus und Trägerin der gnostischen Kultur der Urmenschheit. Diese Kultur war also eine gnostisch-gynäkokratische und ihr Ziel die Spiritualisierung der Leiber durch die Gnosis. Das soziologisch-religiöse Symbol dieses Telos aber, in dem die Urmenschheit durch das weibliche Geschlecht geeinigt war, war der gnostisch-gynäkokratische Androgyn. Er war das archetypische Bild der *Unio gnostica* des Einen mit sich selbst in zwei gnostisch spiritualisierten Leibern, das Bild des Einen als des kosmogonischen androgynen Eros, als der Archē und des Telos, als *causa et finis* seiner Subjekt-Objektdifferenzierung in der Welt. Im mittleren und oberen Aurignacien des jüngeren Paläolithicums muß Südfrankreich der Mittelpunkt dieser gnostischen Gynäkokratie und ihrer religiösen Kultur gewesen sein. Nicht ohne Grund ging von hier viele zehntausende von Jahren später der Frauenkult der Troubardours aus und waren hier Mittelpunkte der Marienverehrung; auch Lourdes liegt innerhalb des Kulturraums von Aurignac: die unterbewußte Erinnerung der Menschheit und die Kraft des *genius loci* erlöschen nicht mit den Generationen. Die Menschen dieser genialen Aurignacrasse, die 80 oder 60 Jahrtausende vor unserer Zeitrechnung gelebt haben soll, waren nämlich weder mongoloid noch negroid sondern „sahen fast indogermanisch aus" *(Bohmers)*. Das Apostolat dieser gnostisch-gynäkokratischen Religion, aus der die ältesten uns erhaltenen Plastiken der Menschheit stammen, umfaßte außer Südfrankreich ein weites Gebiet: Oberitalien, Belgien, Niederösterreich und erstreckte sich bis zum Don, ja bis Ostsibirien. In den Departements Dordogne und Haute-Garonne, den Mittelpunkten dieser gnostisch-gynäkokratischen Kultur, erblicken wir also das heilige Land des Aurignacensischen Paläolithicums. Die in symbolisch-expressionistischen Formen dargestellten Frauen — einige naturalistische Gelehrte haben sie als „afrikanisch" oder gar als „hottentottisch" mißverstanden — sind die Göttin oder die sie stellvertretenden Priesterinnen der gnostischen Gynäkokratie. In der namenlosen Göttin von Lespugue erkennen wir ein historisch bedingtes, naiv-symbolisches Bild der ewigen gnostischen Sophia. Ihre Priesterinnen — vielleicht ist es aber auch die Göttin selbst — tragen eine das Gesicht verhüllende Haube oder Kapuze. Die bekannte sogenannte Venus von Willendorf trägt etwas derartiges und ebenso die Frau des religionsgeschichtlich bedeutsamen Reliefs von *Laussel* (Dordogne). Diese hält in der rechten Hand ein Trinkhorn mit dem sakramentalen Trank des ewigen Wissens und Lebens. Sie scheint als Spenderin des gnostisch-gynäkokratischen Sakramentes aufgefaßt wie auch Chawwah, als sie dem Adam den sakramentalen Apfel reichte, nachdem sie selbst von ihm genossen hatte. Die Haube ist natürlich nicht ein Zeichen der Unfähigkeit des Künstlers, ein Gesicht darzustellen, — das elfenbeinerne Frauenköpfchen von Unter-Winternitz, auch das von Brassempouy können eines besseren belehren —, es ist auch kein Zeichen für das geringe Interesse, das die Künstler an diesem Körperteil in Vergleich mit anderen für sie wichtigeren, hatten; das ist doch wohl nur ein harmlos-frivoler Gelehrtenwitz. Man darf in dieser Göttin vielleicht die verschleierte Isis der Aurignacien sehen. Das verhüllte Gesicht deutet die sich den Eindrücken der Außenwelt verschließende gnostische Konzentration der Göttin oder Priesterin an. Denn Mystik ist etymologisch die Kunst, die Augen des Leibes zu schließen, damit die des Geistes sich auftun; so daß man daher in den Frauen mit verhüllten oder scheinbar überhaupt nicht vorhandenen Gesichtern, die aber, wie zum Beispiel die Skulptur von Lespugue, in Wirklichkeit doch wohl ebenfalls als verhüllt zu denken sind, die Pristerinnen oder die Göttin der mystischen Erkenntnis, jedenfalls also in dem weiblichen Geschlecht die vollendete Geistigkeit erblickte. Der im vorausgegangenen Aufsatz für die Urmenschheit postulierte Doppelorden von Sophia und Logos, der diese unter weiblicher Führung zur *Unio gnostica* erzog und den Schutzwall gegen die *Unio agnostica et bestialis* mit der den menschlichen Raum umlauernden Tiermenschen bildete, muß, wie sein ausgedehntes Apostolat beweist, noch im Aurignaciens besonders tätig gewesen sein; er muß immer noch der Träger der humanistisch-androgynen Kultur gewesen sein. Soziologisch war also die Urmenschheit eine gnostisch-gynäkokratische Theokratie, deren Hierarchie durch die Grade des gnostischen Bewußtseins begründet wurde. Aber der Weg zur Spiritualisierung der Leiber, der frei schien, wurde jäh versperrt durch den Sündenfall.

3. Der Sündenfall

Die Idee des Sündenfalls ist gnostischen Ursprungs. *Sünde* ist ein metaphysischer Begriff, der die negative Haltung einer menschlichen Individuation zum Absoluten bezeichnet. Es gibt nur eine einzige Ursünde, alle anderen Sünden eines noch so langen Sündenregisters sind nur die unter bestimmten äußeren und inneren Bedingungen und Umständen notwendige Sichtbarwerdung der einen sie alle latent enthaltenden Ursünde. Diese Ursünde aber ist der negative Seinszustand des agnostischen Ichbewußtseins des Menschen, durch den er sich selbst egoistisch zum Telos, also das Relative zum Absoluten macht. Dieser *Sündenfall* der Menschheit, der Fall in die Ursünde, wird als ein historisches, nicht als ein intelligibles Ereignis überliefert. Es war nicht nur ein Verkennen dieser historischen Natur sondern auch, was schlimmer ist, ein Verkennen der Natur des Einen selbst, wenn einzelne neuplatonisierende Köpfe diese Erzählung als ein emanationistisches Symbol für den Sturz des Einen in die Welt der Individuationen deuten wollten, wodurch die ganze Erscheinungswelt zum Sündenfall des Absoluten wurde. Vielmehr berichtet diese Überlieferung von dem seit seiner Entstehung bisher wichtigsten geistesgeschichtlichen Ereignis der Menschheit. Sie erzählt nämlich, daß die Urmenschheit durch die gnostische Gynäkokratie in der intellektuellen Anschauung des im Ich und Nichtich identischen Einen geeint lebte, bis sie in einem bestimmten Zeitpunkte durch einen Sündenfall des Bewußtseins aus diesem gnostischen in das agnostische Ichbewußtsein des Hominismus fiel. Ihr Leben in der intellektuellen Anschauung war ihr Aufenthalt im Paradiese; denn es ist dumm, das Paradies anderswo als im Geiste zu suchen, — vorausgesetzt daß man es finden will. Aber der Sündenfall machte der gnostischen Kultur und Humanität der paradisischen Urzeit ein Ende, denn die Pervertierung des Bewußtseins, d. h. die Verneinung der gnostischen Idee des Menschen, ist zwangsläufig begleitet von der *Sündenstrafe*, nämlich von den *Sündenfolgen* des Ichwahns, durch den die menschliche Existenz gleichzeitig zu einer infernalischen Komödie und diabolischen Tragödie wird, indem das Eine die sich dem Telos seiner Erscheinung widersetzenden, also widersinnigen Fehlleistungen seiner Menschwerdungen unter Tränen und Hohngelächter ausstreicht. Wenn auch die von der begnadeten Urmenschheit begründeten Traditionen während der drei, vier oder fünf Jahrhunderttausende des sogenannten paläolithischen Zeitalters prinzipiell in Geltung blieben, so daß man dieses den gnostisch-gynäkokratischen Äon der Menschheit nennen muß, so war es doch unausbleiblich, daß, als die Gnosis aufhörte, Geschenk zu sein und erworben werden mußte, das agnostische Ichbewußtsein in Stärke und Ausbreitung unter den Menschen wuchs. Je weiter man sich zeitlich von der eigentlichen Urmenschheit entfernte, und vielleicht nicht ohne den Einfluß der langsam aussterbenden Tiermenschen, bildeten sich an verschiedenen Orten agnostisch-hoministische Oppositionszentren. Das sind die paläolithischen Präludien zu dem allgemeinen Sündenfall im Mesolithicum. Doch der gnostisch-gynäkokratische Gesamtcharakter der paläolithischen Menschheit, die Signatur des Äons, wurde durch diese dissidierenden und häretischen, geistig entarteten Stämme des Ichdünkels nicht verändert; die gnostisch-gynäkokratischen Stämme behielten das Übergewicht. Aber mit dem Ende des Paläolithicums wurden diese Oppositionszentren immer zahlreicher; der Abfall war die Zeitsignatur geworden. Die schmelzenden Eismassen und die sich bildenden Riesenströme waren die Sintflut, welche die alte gnostisch-gynäkokratische Kultur überschwemmte. Die Menschen des Mesolithicums erscheinen, verglichen mit den Menschen, welche die Kunst des Aurignacien und Magdalénien schufen, wie von vorn anfangende Barbaren. Ein Kulturvacuum, ein Kulturhiatus trennt das untergegangene Paläolithicum vom Neolithicum. Die alte Kultur ist zusammengebrochen und noch keine neue da.

Für das Schicksal der Menschheit aber hat diese chaotische Übergangszeit des Kulturzusammenbruchs eine entscheidende Bedeutung: es ist die Periode der großen Revolution des männlichen Geschlechtes gegen das alte Geschlechtergesetz, die mit dem Siege des agnostischen Hominismus über die gnostische Gynäkokratie endet. Wir haben ein diese Chronologie bestätigendes Dokument: die Erzählung vom Untergang der gnostischen Gynäkokratie durch den Jahwismus im zweiten und dritten Kapitel der Genesis. Ich sagte schon früher, daß dieser Mythus nur als hoministischer Gegenmythus der Jahwepriester gegen eine gnostisch-feministische Überlieferung zu verstehen ist, deren Einfluß bei den Jahwegläubigen durch ihn paralysiert werden sollte. Das kann natürlich nur die Tradition kanaanäischer gnostischer Frauenbünde, wie der von Astart-Adon, Ischtar und Tammuz, gewesen sein, in deren Ausrottung die hebräischen Einwanderer ihre göttliche Sendung erblickten; vielleicht aber auch gegen die Tradition eines geheimen hebräischen Frauenbundes, von dem im vierten Aufsatz gesprochen wurde, und der wohl mit jenen anderen irgendwie geistig und religiös in Beziehung stand. Die jahwistische Erzählung ist also ein polemisch-apologetischer, mit der Gnosis dieser Bünde aber nur oberflächlich vertrauter Mythus. Die Schlange ist natürlich keine irdische Märchenschlange, sondern die große, das Weltall umschließende kosmische Himmelsschlange der Milchstraße, durch welche das Eine als Kosmos seiner Priesterin Chawwah das gnostische Telos enthüllt und als sich selbst in den Schwanz beißende Schlange zugleich den gnostischen Androgyn als dieses Telos offenbarte. Das war die Urweisheit des Menschengeschlechtes, gegen die der revolutionäre Jahwismus sturmlief, indem er sich selbst als diese Urweisheit aufspielte und zugleich die lange historische Dauer der gnostischen Gynäkokratie, um sie vergessen zu machen, auf einen einmaligen kurzen sakramentalen Akt reduzierte. Die kosmische Schlange wurde von den gnostischen Bünden der Urzeit, wie später noch von den Ophiten, in einer irdischen Schlange angeschaut. Das Symbol aber oder der Gott ist mit seinem Bunde identisch, dessen Mitglieder als Kinder oder „Samen" des Gottes gelten; der Fluch, der Genesis 3,14 von Jahwe über die Schlange ausgesprochen wird, gilt deshalb zugleich ihren Bünden. An dieser vielbehandelten und mißhandelten Genesisstelle wird unter dem Bilde der angeborenen Feindschaft zwischen Mensch und Schlange der zu erwartende Kampf zwischen dem hoministischen Jahwismus und der feministischen Gnosis angekündigt und offenbar der Sieg des ersteren durch Vernichtung der ganzen gnostischen Schlangenbrut vorausgesagt. Es war eine erfolgreiche und deshalb natürlich wahre Umwertung der gnostisch-gynäkokratischen Werte durch den revolutionären agnostischen Hominismus: durch das neue Telos wurde das, was Wahrheit war, Lüge, und was Lüge war, wurde Wahrheit; Heiligkeit wurde Sünde und Sünde Heiligkeit. Denn das *peccatum*, die Sünde, bestand bis dahin in der Unterdrückung des gnostischen Ichbewußtseins. Für das gnostische Denken kann also der Begriff des peccatum *originale*, der Ursünde, nur den Sinn haben, daß mit ihm für die Menschheit der neue antignostisch-hoministische Äon begann, dessen Ursprung der Fall aus dem Wissen in die Unwissenheit war. Peccatum *hereditarium* oder Erbsünde aber mußte diese Ursprungssünde mit recht deswegen genannt werden, weil seitdem jede Generation auf die nächste durch deren antignostische Erziehung die gnostische Unwissenheit weiter vererbt. Man kann also den sogenannten Mythus vom Sündenfall präziser und deutlicher den jahwistisch hominisierten Mythus vom Untergang der gnostischen Gynäkokratie nennen. Aber er berichtet nicht universalhistorisch, sondern was er erzählt ist offenbar eine panhebräische Überlieferung von der Unterdrückung der gnostischen Gynäkokratie nur innerhalb der hebräischen Stämme. Diese Erzählung bestätigt deren Bestand für die hebräische Urzeit; sie bezeugt, wie tief eingewurzelt die gnostische Gynäkokratie bei diesen Stämmen war und wie schwer es gewesen sein muß, sie auszurotten. Niemand wird sich also darüber wundern, daß auch bei den Juden das geistig und religiös unterdrückte weibliche Geschlecht seine genuine gnostische Geheimtradition hatte, über die an anderer Stelle gesprochen wurde. Die Gynäkokratie aber muß bei den Hebräern im Mesolithicum deshalb noch bestanden haben, weil der Mythus ihren Untergang im Neolithicum erzählt. Damit kehren wir endlich zur Chronologie zurück. Die jüdischen und christlichen Exegeten haben als Zeit der Vertreibung aus dem Paradiese, d. h. also der Unterdrückung der gnostischen Gynäkokratie innerhalb eines begrenzten Raumes und eines bestimmten Volkes das Jahr 3761 errechnet. Der Sieg Jahwes und der Zusammenbruch der alten Menschheitsordnung fällt also nicht mehr in das postdiluviale Mesolithikum, sondern in das mittlere Neolithicum, von denen man das erstere zwischen 10 000 und 5000 und das letztere zwischen 5000 und 2000 ansetzt. Das Jahr 3761 ist keine absurde Zeitbestimmung; es kann eine relative chronologische Richtigkeit haben. Weltschöpfung und Menschenschöpfung haben im symbolisch-soziologischen Denken der Hebräer wie bei den orientalischen Völkern überhaupt (z. B. im Weltschöpfungsepos der Babylonier) oft die Bedeutung der Schöpfung einer neuen Menschheitsordnung nach dem Untergang einer älteren Welt, die als die Zeit des Chaos, des Tohu wabohu betrachtet wird. So ist auch das

Jahr 3761 als der Beginn der hoministischen Ära unter den Hebräern zu verstehen. Andere Völker werden mit analogen Mythen von demselben Ereignis bei ihnen seit dem Mesolithikum vorausgegangen sein, so daß die Hebräer wahrscheinlich eines der erst spät hominisierten Völker gewesen sind. Für den hebräischen Mythographen beginnt daher die hebräische Stammesgeschichte, die eine Geschichte der allgemeinen Menschheit zu sein beansprucht, erst mit dem zweiten Äon, mit dem ersten jahwistisch hominisierten Hebräer; das ganze voradamitische Menschengeschlecht des ersten Äons jedoch darf nicht existiert haben, weil es nicht nur voradamitisch sondern auch vorjahwistisch war, da Jahwe erst später geboren wurde. Daher stand auch der Baum Jahwes, als Baum des Lebens, nicht von Anfang an im Paradiese, sondern ist erst eine Pflanzung des jahwistischen Erzählers. Denn im gnostisch-gynäkokratischen Paradiese der Urzeit kann es natürlich nur einen einzigen Baum gegeben haben, den des gnostischen Wissens, der auch der Baum des gnostischen Lebens gewesen war. Der Fruchtbaum ist der religiöse und deshalb heilige Mittelpunkt der Stämme, weshalb er das älteste soziologische Symbol der Menschengruppen ist, die in seinem Schatten leben und durch den Genuß seiner Früchte zu einer sakramental verbundenen Einheit werden. In den langen Jahrtausenden des gnostisch-gynäkokratischen Äons war es also unmöglich, von einem anderen Baum als dem der gnostischen Schlange die sakramentale Nahrung zu pflücken, welche die gnostische Frau dem Manne als Kommunion reichte. Die unklare Bezeichnung dieses gnostischen Lebensbaumes als des Baumes vom „Wissen des Guten und Bösen" beweist, daß hier bewußt der Charakter dieses Wissens verheimlicht werden sollte. Die Urmenschheit konnte also vom Baume Jahwes einfach deshalb nichts genießen, weil es noch keine jahwistisch-hoministischen Stämme und daher auch keinen Baum des jahwistisch-hoministischen Lebens gab. Der Baum des Lebens ist daher ein später Eindringling in das Paradies; ja, als er in das Paradies gepflanzt wurde, war es mit diesem für immer zu Ende. Die in diesem Gegenbaum als ihrem soziologischen Symbol geeinten Stämme erklärten den feministischen Baum des gnostischen Wissens und Lebens zum Baum des Todes und betrachteten zugleich ihr neues Gesetz als rückwirkend, so daß die ganze frühere gnostisch-gynäkokratische Menschheit dem Fluche des jahwistischen Hominismus verfiel. Vor dem Baum des revolutionären jahwistischen Hominismus aber mußten umgekehrt die Anhänger des Urgesetzes erschrecken als vor dem Baume des Todes; und in der Tat, die weitere Geschichte der Menschheit bewies, daß seine Früchte giftig waren. Es liegt also ein wichtiges historisches Geheimnis darin, wenn die Juden das gegenwärtige Jahr 1950/51 als das Jahr 5711 seit der Schöpfung der Menschheit zählen; sie zählen nach dem Geburtsjahr ihres eigenen jahwistischen Hominismus, der durch Christentum und Islam die Welt erobern sollte. Fünftausendsiebenhundertundelf Jahre, das will nicht viel heißen, verglichen mit den vorausgegangenen vier oder fünf Jahrhunderttausenden, also der hundertmal längeren Dauer, der gnostischen Gynäkokratie, die sich notwendig dem menschlichen Unterbewußtsein tiefer eingegraben haben müssen als die paar Jahrtausende des hoministischen Alluviums. Diese Jahreszahl darf man daher — da man keine bessere hat — mythisch-symbolisch das Geburtsjahr des antignostischen Hominismus in der abendländischen Menschheit überhaupt oder auch das ihres zweiten Äons nennen. Daß aber diese entscheidende Erhebung des hebräischen Hominismus gerade in dem Gebiete des östlichen Mittelmeers vor sich ging, daß gerade hier der Fluch über die gnostische Schlange gesprochen wurde, wird nicht überraschen, wenn man bedenkt, welche unzerstörbare Lebenskraft die Idee der gnostischen Gynäkokratie gerade in diesem Landstriche zwischen Nil und Euphrat, (wo noch im Mesolithicum und frühen Neolithicum ihr eigentliches heiliges Land, ihr „Paradies", gelegen haben muß) bis in die spätesten Zeiten des Altertums bewahrt hat. Mag also auch der Genesisbericht noch so sehr hoministisch-tendenziös entstellt sein, seine historische Wichtigkeit für die menschliche Urgeschichte kann gar nicht überschätzt werden. Sie ist die nicht ohne Siegerironie verfaßte hoministische Umkehrung eines älteren, aber noch nicht wirkungslosen, gnostisch-gynäkokratischen historischen Mythus, des *hieros logos* eines geheimen antijahwistischen Bundes hebräischer Frauen. Wenn aber in der spät mesolithischen und mittleren neolithischen Epoche die alte gnostische Gynäkokratie nicht nur bei den Hebräern sondern allgemein zusammenbrach, so muß auch die Antwort, die sie der Welt hinterließ, aus der gleichen Zeit stammen. Diese Antwort aber ist die gnostische Urapokalypse, die eine mythisch-symbolische Erzählung dieser blutigen und wüsten Ereignisse vom Standpunkt der Besiegten aus und zugleich eine Prophetie der künftigen Wiederherstellung war, der Apokatastasis des gnostischen Urbewußtseins des Einen in der Menschheit. Zweifellos entstand diese Urapokalypse in dem Gebiet des östlichen Mittelmeers, in einem der Länder zwischen Euphrat und Nil. Über ihre Varianten und deren gemeinsame Tendenz haben wir im ersten und zweiten Aufsatz einiges Licht verbreitet, so daß man nun ihre ganze Entwicklung von ihrer mesolithischen Entstehung an bis zu ihrer letzten christlich hominisierten Gestalt überblicken kann. Damit ist das vielleicht wichtigste Kapitel der menschlichen vorhoministischen Geistesgeschichte, das absichtlich aus dem Bewußtsein verdrängt worden war, dem Bewußtsein zurückgewonnen.

Das frühe Paläolithicum, das als ihr goldenes Zeitalter der Menschheit in Erinnerung blieb, war deshalb ein Äon des Friedens gewesen, weil das Menschengeschlecht im Bewußtsein der metaphysischen Identität lebte; dieser gnostische Pazifismus aber ist nur als das Werk der gnostischen Gynäkokratie verständlich. Nicht *l'Empire c'est la paix*, wie der agnostische Hominismus durch den dritten Napoleon proklamierte, *ni l'Empire français ni romain ni russe*, überhaupt kein *Empire hoministique*, sondern nur *la femme gnostique c'est la paix*. Während der ganzen Periode blieb die wohl nur für Tierjagden und nicht für Menschenjagden bestimmte Waffenproduktion auf derselben niedrigen und schablonenhaften Stufe stehen. Offenbar hatte man kein sonderliches Interesse für Mordwerkzeuge; denn sonst hätte das Bedürfnis auch die Mittel gefunden. Weil der Wille fehlte, fehlte auch der Weg. Der Schwerpunkt des Lebens lag für die Menschheit des ersten Äons im Geistigen; sie waren die ersten Lehrer des gnostischen Humanismus und seiner Kultur. Wie ihr Verstand ein gnostischer Verstand war, d. h. ein nicht vom gnostischen Ichbewußtsein emanzipierter, so war auch ihre Technik eine gnostische, d. h. sie diente dem Telos der gnostischen Existenz. Sie hatte sich noch nicht zum Selbstzweck erklärt, wodurch sie zum Symptom der geistigen Entartung eines Zeitalters wird. Denn es ist ein materialistischer Wahn, aus der hypertrophischen Entwicklung der Technik auf eine Höhe des geistigen Lebens zu schließen und aus der Primitivität der Technik auf seinen Tiefstand. Vielmehr scheint das Eine der Kaufpreis für das Andere zu sein; wir jedenfalls haben die Technik gewählt und sie mit unserem geistigen Leben in bar bezahlt. Nachdem nun einmal der geistige Sündenfall in das agnostische Ich-Nichtichbewußtsein geschehen war, konnte der Fortschritt zum negativen Telos nicht mehr aufgehalten werden. Alle aus dem ersten Äon durch gnostische Männer- und Frauenbünde herübergeretteten geistigen Elemente konnten das durch den Sündenfall bestimmte Wesen des Hominismus nicht ändern; sie waren wirkungslos oder wurden für die neuen Zwecke mißbraucht. Die Metalle wurden entdeckt und bearbeitet; aber Kupfer, Bronze und Eisen mußten ohne das hierarchisch regulierende gnostische Prinzip zu Werkzeugen des entfesselten agnostischen Hominismus werden. Weil sich nun das Eine im Nichtich nicht mehr wiedererkannte, fürchtete jedes Ich sich mit recht vor jedem anderen Ich als einer die eigene Existenz bedrohenden Gefahr: die Kollektive fürchteten sich voreinander, der Einzelne vor seinem Kollektiv und das Kollektiv vor seinen Einzelnen, das Weib vor dem Manne und der Mann vor dem

Weibe. Denn der Äon des Sündenfalls ist der Äon der Angst und deshalb der des permanenten, nur durch kurze Lügenfrieden unterbrochenen Kriegszustandes; die Angst zwang zur Erfindung immer fortschrittlicherer Vernichtungsmittel. War der gnostisch-gynäkokratische Äon der des gnostisch-gynäkokratischen Pazifismus gewesen, so mußte der zweite, auf den Ichwahn gegründete, der des antignostisch-hoministischen Bellizismus werden. „So ist der Mensch" sagt man; gewiß, aber so ist er nicht seiner ursprünglichen historischen oder gar metaphysischen Natur, sondern vielmehr seiner Unnatur nach; so ist er geworden durch die Unterdrückung des unausrottbaren, wenn auch eingeschläferten gnostischen Triebes, der ihm die Möglichkeit gibt, sich wieder von seinem Sündenfalle zu erheben. Nur Interessenten an der Erhaltung dieses unwürdigen Zustandes im Bunde mit denen, die den Sinn des Sündenfalles antignostisch-hoministisch mißdeuten, können den Menschen mit der Irreparabilität und Endgültigkeit seines jetzigen Seinszustandes einzuschüchtern wagen.

Wie die positive gnostische Philosophie die Philosophie des ersten Äons war, so ist die materialistische die vollendete antignostische Gegenphilosophie des hoministischen Äons des Sündenfalls. Philosophie aber nenne ich hier jedes synthetisch und insofern auch systematisch zusammenhängende Wissen von Wesen und Sinn des Kosmos und der Menschheit. Die Menschheit nach dem Sündenfall war noch lange mit geistigen Traditionen aus der gnostischen Vergangenheit belastet, die sie für die neuen Ziele umdeuten und umgestalten mußte. Die Verneinung der Identität bedeutete andererseits die Bejahung der nicht mehr gnostisch verstandenen Materialität der Dinge: so daß der Sündenfall also prinzipiell der Sturz in den agnostischen Materialismus ist. Ehe dieser aber sich seiner selbst völlig bewußt werden konnte, mußte es in der Entwicklung des Bewußtseins zu einer Dialektik zwischen der gnostischen Thesis der Vergangenheit und der materialistischen Antithesis der Zukunft kommen. So entstanden unklare eklektische und inkonsequente theologische Systeme. Sie waren Halbheiten, die noch von immer unklarer gewordenen gnostischen Vorstellungen der Vergangenheit zehrten und zugleich auf das agnostisch materialistische Denken nicht verzichten konnten. Daraus entstanden dualistisch-hybride theologische Gebilde, die weder dem gnostischen noch dem materialistischen Angriff auf die Dauer widerstehen konnten. Für eine gnostische Wiederbesinnung aber war es noch zu früh; der Äon war noch mitten im Werden. Es mußte also die Zeit des totalen theoretischen und praktischen Materialismus kommen. Denn das geistige Gesetz des neuen Äons war die Ausrottung der Gnosis auch in ihren letzten entarteten Resten. Das lag im Wesen des

Sündenfalls, in dem der totale Materialismus implicite enthalten lag; nur durch den materialistischen Hominismus konnte ein Rückfall in die gnostische Gynäkokratie verhütet werden. Denn es gibt in Wahrheit nur zwei unbedingte und kompromißlos konsequente Denksysteme: das gnostische und das materialistische. Sie sind der Ausdruck der beiden unversöhnlichen Bewußtseinsgegensätze, des gnostischen Ichbewußtseins des Einen und seines agnostischen. Zwischen ihnen sind die dualistisch-eklektischen Gebilde nur erfolglose Vermittler gewesen; durch den agnostischen Begriff der Wissenschaft drang der Materialismus in sie ein und löste sie von innen her auf. Der siegreiche mechanistische Materialismus aber ist seinem Wesen nach antignostische Negation, Negation der gnostischen Thesis. Er negiert das absolute Eine und verabsolutiert damit die Erscheinungswelt. Durch diese Negation der metaphysischen *Ontologie* macht er die *materia secunda* zur *materia prima* und zum allein Seienden. Die Negation der metaphysischen Ontologie aber schließt die der *Teleologie* ein: die phänomenale Welt ist ohne Telos, und die Materie verfällt einem durch ein sinnloses Kausalgesetz getriebenen Mechanismus. Denn er kennt keine andere Kausalität als die mechanische, im Materiellen wie im Geistigen. Das Leben selbst ist verneint durch die Negation seiner ewigen metaphänomenalen Quelle. Der Materialismus ist die Philosophie des Todes: alles was er berührt muß sterben. Die materialistische *Kosmologie* macht aus den lebendigen Sonnensystemen tote sinnlose Maschinen. Seine *Anthropologie* sieht in der Menschheit eine besondere Gattung von existenzhungrigen Maschinen, die mit List und Gewalt den Kampf um ihr Maschinendasein führen, d. h. sich selbst einander und die äußere Natur für ihre relativen Zwecke ausbeuten; denn da der Mensch mit der Erde durch kein gemeinsames Telos verbunden ist, kann es für ihn keine andere Beziehung zu ihr geben als die ihrer rücksichtslosen Vergewaltigung. Die stärkeren Maschinen müssen die schwächeren unterdrücken: das ist das physikalische Gesetz von Stoß und Gegenstoß. Diese soziologische Physik ist die Erzieherin zur rücksichtslosen Brutalität. Gegen die Vergewaltigung, sei es die durch einen einzelnen Gewaltmenschen, sei es die durch die stärkeren Massen, zu protestieren, ist so absurd wie ein Protest gegen Erdbeben und Überschwemmungen im Namen der Würde des Menschen. Auf diesem Naturrecht des Stärkeren über den Schwächeren beruht auch der Hominismus. So ist der Materialismus die Philosophie der Gewalt, und deshalb der Angst, wie die Gnosis die des androgynen Humanismus und der Liebe ist. Eine so durch die materialistische Anthropologie entgeistigte Maschine wie es der Mensch seinem Wesen nach ist, kann natürlich keine gnostische Urzeit gehabt haben. Die negative *historische Anthropologie* des Materialismus muß deshalb auch die gnostische Urmenschheit und den Sündenfall verneinen, den er durch einen Mythus von dem mechanisch notwendigen Fortschritt zu verdrängen sucht, indem er an den Anfang der menschlichen Geschichte, auf Grund von einigen Schädeln aus einer mehrere Jahrhunderttausende umfassenden Periode, einen angeblichen Urmenschen rekonstruiert, der eher ein Bild des ausgestoßenen vormenschlichen Tiermenschen zu sein scheint. Die Psychologie der Urmenschheit, ihr Gefühls- und Willensleben und vor allem ihr Denken, sind überhaupt nicht vom agnostischen Ichbewußtsein des modernen Menschen aus, sondern nur aus ihrem gnostischen Ichbewußtsein zu verstehen. Daher sollte man auch ihr prälogisch genanntes Denken, das man, wie schon gesagt, nicht mit dem entarteten der Naturvölker gleichsetzen darf, besser ein gnostisch-logisches Denken nennen, um es von dem agnostisch-logischen des zweiten Äons zu unterscheiden. Gerade durch die Negation des Sündenfalls bestätigt aber der Materialismus seine wahre geistige Herkunft. Er ist ein Kind, das seinen Vater, den Sündenfall, ableugnet, aber durch seine Natur seine wahre Abstammung verrät. Er ist nichts als die, infolge des Sündenfalls in das agnostische Differenzbewußtsein, aus dem egoistischen Ressentiment geborene Gegenphilosophie gegen die des Identitätsbewußtseins, als die hoministische Antithese in der Dialektik, in der das Eine mit sich selbst spricht. Auf ihm beruht die vollendete antignostische Männerkirche, das letzte Ziel des hoministischen Äons, des Äons des Sündenfalls. Eine *Kirche*, eine ecclesia, ist eine in einem gemeinsamen Bewußtsein vom Sinn der Menschheit im Kosmos, also in einem Humanismus geeinte Gemeinschaft, die entschlossen ist, dieses Ziel durch ihre Lebensführung zu verwirklichen; *Religion* aber ist dieses sie einende Bewußtsein und der durch es bestimmte Wille. Die materialistische Kirche und Religion sind daher die des materialistischen Humanismus. Das sie geistig beherrschende und verbindende humanistische Zielbild oder ihre Idee des Menschen ist der Gott der Kirchen; alle Kirchen sind also Theokratien, und auch die materialistische Kirche ist eine *Theokratie*. Ihr Gott ist die Idee der mechanisierten materialistischen Menschheit. Das ist die Menschheit, die ihr geistiges Leben dem leiblichen untergeordnet hat, die nicht den Leib spiritualisiert, sondern den Geist somatisiert hat, die die Erlösung in der Befreiung von der Gnosis erblickt. Alle Theokratien haben ihre heiligen Schriften, durch die ihr Gott offenbart wird; sie sind also auch *Bibliokratien*. Denn das griechische Biblion bedeutet zwar im allgemeinen nur „Buch"; für jede Kirche aber ist notwendig ihre heilige Schrift das Buch aller Bücher, d. h. *die* Bibel. Auf dem jüdisch-christlichen Kanon, den Offenbarungen Jahwes, beruhen die jüdische und die christliche Theokratie, auf der durch die dialektisch-materialistische Vernunft gegebenen Offenbarungen beruht die materialistische Theokratie. Aber die Quelle der einen wie der anderen ist in Wahrheit das agnostische Ichbewußtsein des Sündenfalls. Damit die heiligen Schriften aber orthodox interpretiert werden, muß es ein oberstes und unfehlbar entscheidendes Lehramt in den Kirchen geben, in der materialistischen so gut wie in der christlichen. Nur durch eine solche oberste geistige Autorität wird die einheitliche Exegese ihrer heiligen Schriften vor protestierendem Subjektivismus und Anarchismus bewahrt. Alle bibliokratischen Theokratien brauchen daher, wenn sie sich nicht auflösen wollen, eine infallible papistische Spitze. Ein *Index librorum prohibitorum* muß als schützende Wand errichtet werden, um die Wölfe von der Herde fernzuhalten. Soziologisch also bedeutet die materialistische Theokratie die geistige Herrschaft ihres obersten Pontifex und seines Klerus, als den Esoterikern der materialistischen Religion, denen allein das letzte Geheimnis der Kirche bekannt ist, über die exoterischen Laien, die das in den heiligen Schriften geoffenbarte Telos gläubig annehmen, denn die Masse braucht eine Leine, an der sie geführt wird. Diese Leine sind die Verheißungen der Kirchen, sei es für das Jenseits oder das Diesseits; denn das Begierdeleben der Massen steht im umgekehrten Verhältnis zu ihrer geistigen Kapazität. Die beiden antipodischen agnostischen Männerkirchen, die christlich-spiritualistische und die antichristlich-materialistische, stehen in einem Kampf auf Leben und Tod um die Leitung des ganzen männlichen Geschlechtes in seinem Kampf gegen das seinem Wesen und seiner Geschichte nach gnostische weibliche. Von ihrer Vorgängerin und allein noch ernst zu nehmenden Gegnerin hat die marxistisch-materialistische *ecclesia militans* zwar viel von äußerlicher organisatorischer Technik gelernt; aber die diktatorischen, inquisitorischen und terroristischen Methoden der Konversion und Kirchenleitung sind dem Wesen jedes religiösen Hominismus überhaupt inhärent. Die orthodoxe marxistisch-materialistische Theokratie denkt, wie alle hoministischen Theokratien denken müssen, papocäsaristisch und cäsaropapistisch. Auch ihr Ziel ist die universelle Kirche. Das *„unus pastor et unum ovile"* ist auch ihr Ziel; das bedeutet die Unterwerfung aller Staaten unter die kirchliche Diktatur. Die Kirche befiehlt dem Laienstaat nicht nur dogmatisch sondern auch politisch, wodurch der Staat zum Kirchenstaat wird. Um aber einer protestierenden Laienbewegung vorzubeugen, muß das Kirchenoberhaupt in Personalunion auch Staatsoberhaupt sein. Die vollendete Theokratie der materialistischen Religion ist daher eine unfehlbare, papocäsaristisch-hoministische Kirche. Nur die wahren Gläubigen haben das Recht zu herrschen; die Ungläubigen, die Giaurs, haben die Pflicht zu dienen. An Schnelligkeit und Umfang der Ausbreitung des neuen Massen-Evangeliums übertrifft der militante marxistisch-materialistische Klerikalismus aber die frühchristliche und die frühislamische Missionstätigkeit. „Die Kinderlein hören es gerne", daß die sogenannten proletarischen Massen das auserwählte Volk der Göttin Dialektik und zur apokalyptischen Weltherrschaft berufen sind; weshalb sie, als die ernsten Bibelforscher der neuen hl. Schriften, den ihre egoistischen Affekte und Begierden aufreizenden und rechtfertigenden materialistischen Kathechismus im Schweiße ihres Angesichtes studieren. Aber dieser proletarische Materialismus ist in Wahrheit nicht von der Arbeiterklasse, sondern vom Bürgertum geschaffen: die Philosophie des materialistisch entartenden Bürgertums von 1848 wurde vom Proletariat — wenn man so sagen darf; denn die Begründer seiner Lehre waren echt bürgerliche, d. h. nur ökonomisch denkende Typen — zu Ende gedacht und zu einer eigenen Klassenphilosophie zurechtsystematisiert. Aber damit ist eine neue hoministisch-imperialistische Weltreligion erschienen, die von einem religiösen Fanatismus beseelt ist, den die beiden anderen Weltreligionen, die ihre große historische Zeit hinter sich haben, nicht mehr aufzubringen imstande sind. Wie die Erde in vergangenen Jahrhunderten mit hoministischen Kirchen, Moscheen und Tempeln bedeckt war, so wird sie wohl in der Zukunft mit den „Kulturpalästen" des materialistischen Hominismus besät werden.

III. DIE HOMINISIERUNG DES GNOSTISCHEN TRINITÄTSDOGMAS

Der Begriff der Hominisierung darf aus der Geschichte des menschlichen Geistes nicht mehr verschwinden. Er sagt aus, daß Vorstellungen, die der weiblichen Potenz des Einen entstammen, von der männlichen für ihre Zwecke umgestaltet oder umgedeutet wurden. Ebenso wie wir z. B. sagen, daß das jüdische Christentum hellenisiert oder romanisiert oder germanisiert wurde, so wurden auch vom weiblichen Geschlechte gebildete gnostisch-ontologische und teleologische Vorstellungen und Dogmen vom männlichen seinen agnostischen Zwecken gemäß rationalbewußt oder unbewußt-instinktiv umgestaltet oder hominisiert. Das war seit der großen Revolution des männlichen Geschlechtes, seit der Weltwende zum zweiten Äon, eine unbedingte Forderung; denn der Hominismus mußte in einer Übergangszeit noch scheinbar gnostisieren, ehe er reif wurde, sich in seiner rein materialistisch-antignostischen Gestalt zu zeigen. Unter einem philosophischen Dogma versteht man, der etymologischen Bedeutung dieses Wortes in der griechischen Philosophie entsprechend, jeden Lehrsatz über Wesen und Sinn des Alls, der Menschheit und ihrer Geschichte; so daß man daher auf dem gnostischen oder agnostischen Ichbewußtsein des Einen beruhende Dogmen zu unterscheiden hat. Es gibt daher gnostische und antignostische Dogmen, und diese letzteren zerfallen, ganz allgemein betrachtet, in spiritualistische oder materialistische. Während die gnostischen Dogmen die Identität des Einen in seiner geistigen und leiblichen Erscheinungsform erkennen, zerreißen die beiden anderen Betrachtungsweisen, die der Gnosis gemeinsam widersprechen, aber untereinander feindliche Brudersysteme bilden, die Einheit der Erscheinungswelt zugunsten des einen und zum Nachteil des andern Prinzips. Die Kirchen aber, die gnostische wie die in sich selbst wiederum antithetische widergnostische, sind Vereinigungen von Menschen, die sich zu dem einen oder anderen philosophischen Dogma bekennen. In den vorausgegangenen Aufsätzen ist das Dogma der gnostisch-gynäkokratischen Geschichtsphilosophie dargestellt worden, wie es mythisch-historisch in den als gnostisch-gynäkokratische Apokalypsen erkannten Überlieferungen ausgesprochen ist, und es wurde auch gezeigt, wie der Sinn dieser Mythen vom Geiste des neuen Menschheitsäons hoministisch verfälscht wurde. Aber die Hominisierung dieser geschichtsphilosophischen Apokalypsen, welche die eschatologische Wiederherstellung oder Apokatastasis der gnostischen Gynäkokratie der Urmenschheit lehrten, konnte allein natürlich nicht genügen. Die metaphänomenologische Bewußtseinsbasis dieser Eschatologie selbst mußte negiert werden, um ihre phänomenologische Sichtbarwerdung unmöglich zu machen. Denn solange die Wurzel lebte, mußte sie auch von selbst immer wieder den unerwünschten Schößling hervortreiben. Es war daher unerläßlich, das ontologische Grunddogma der gnostischen Frauenkirche der Urzeit, ihr gnostisches Trinitätsdogma, zu verdrängen und zu ersetzen. Nach einer Reihe vorchristlicher Lösungsversuche fanden diese Bemühungen endlich in dem rein hoministischen Trinitätsdogma der christlichen Männerkirche ihren Abschluß. Endlich war die antignostische Trinitätslehre als Gegendogma gegen die gnostische formuliert, und sie bleibt in der Tat ihrem Sinne und ihrer Entstehung nach ein Geheimnis, das eigentliche christliche Mysterium, solange sie nicht als die hoministische Antithese zur gnostisch-feministischen These erkannt ist.

Das gnostische Selbstbewußtsein des an sich jenseits von Sein und Nichtsein, jenseits von Bewußtsein und Nichtbewußtsein, jenseits von Männlichem und Weiblichem, kurz als die *coincidentia oppositorum* jenseits aller Polarität stehenden Einen oder seine intellektuelle Sichselbst-Anschauung in den Dingen, ist eine ontologische und eine teleologische Selbsterkenntnis. Wie sehr sich graduell dieses Bewußtsein auch in den menschlichen und übermenschlichen Individuationen des Einen subjektiv unterscheiden mag, inhaltlich ist sein Objekt dasselbe, nämlich das kosmisch individuierte Absolute selbst. Ontologisch erkennt es sich als das in Subjekt und Objekt Identische; teleologisch begreift es in seinen menschlichen Inkorporationen, da die Menschheit eine zur geschlechtlichen Vereinigung getriebene Gattung von Bewußtseinswesen ist, daß die Unio gnostica der Sinn dieser Erscheinungen und daß sie das für Menschen, Engel und Götter gleicherweise geltende Gesetz der Phänomenalität des Absoluten ist. Indem es aber diese wissende Liebe zu sich selbst als die Zweck-Ursache seiner Kosmogenesen und Anthropogenesen erkennt, begreift es seine Unbegreiflichkeit unter dem Bilde und in der Idee des ewigen gnostischen Androgyns. Das Telos ist also das in seinem ewigen Wesen enthaltene und mit diesem gesetzte ewige Ziel für die existentielle Welt, das überbewußte Ziel, dessen es in der intellektuellen Anschauung seiner selbst bewußt wird. Indem es also durch das gnostische Selbstbewußtsein den gnostischen Androgyn als das Telos seiner Phänomenalität begreift und ihn zugleich als die Idee seines Wesens erkennt, muß es dieses Wesen in der Idee als das ewige archetypische Urbild seiner Erscheinung überhaupt verstehen, muß es also sein Wesen als sein überphänomenales trinitarisches Leben in sich selbst als dem in diesem dreifachen Leben Identischen begreifen. Das noumenale Eine erkennt also sein Wesen als ein über allem Bewußtsein stehendes androgynes Sein, dessen es sich im gnostischen Selbstbewußtsein seiner menschlichen Inkorporationen als eines solchen bewußt wird. Damit aber wird das sonst nur negativ-ontologisch bestimmbare Absolute zu einem positiv-ontologisch Bestimmten. Das Eine begreift sich jetzt als den absoluten Androgyn, als das sich in seinem noumenalen androgynen Leben selbst absolut liebende Überseiende; phänomenale Welt aber wurde es, um sich selbst auch in seinen relativen Individuationen gnostisch lieben zu können. Die absolute Einheit des ontologisch-noumenal und teleologisch-archetypisch für die Erscheinungswelt als gnostischer Androgyn aufgefaßten Einen besteht also in seiner absoluten Liebe zu sich selbst, d. h. eben in seiner überseienden und überbewußten absoluten Androgynität. Nun wird der Sinn des gnostisch-gynäkokratischen Trinitätsdogmas verständlich sein. Das Eine enthält, als die absolute Potentialität, sowohl die weibliche Potenz einschließlich ihrer gnostischen Möglichkeiten wie die männliche Potenz, einschließlich ihrer gnostischen Möglichkeiten, in sich. Die gnostische weibliche Potenz des Einen, die Sophia, die geistige Mutter, ist als die gnostisch aufnehmen wollende die primäre gnostische Potenz des Einen und bringt durch ihre Sehnsucht als ihren geistigen Sohn die zweite Potenz des Einen, den Logos, hervor, und indem sie diesen „Sohn" in sich aufnimmt, werden die Beiden zu einer neuen, dritten Person, zum Androgyn. Die gnostische weibliche Potenz des Einen, die Sophia, ist also die „erste Person", die durch Sophia zur Gnosis geborene männliche Potenz des Einen ist die zweite, und der aus beiden in dem Einen und durch das Eine entstandene gnostische Androgyn ist die „dritte Person" dieser gnostischen Trinität; denn er ist ein Drittes und Neues, nicht durch eine mechanische Addition Entstandenes, zu dem das Erste und das Zweite durch die Liebe geworden sind. Wenn er auch von beiden ausgeht, — *procedenti ab utroque* —, so sind doch beide in dieser — mythologisch gesprochen — „dritten Person" oder Potenz des Einen, auch wenn jede der beiden andern Potenzen seine sogenannte Personalität als Potenz bewahrt, zu einem von ihnen verschiedenen Dritten geworden. Der gnostische Androgyn ist aber ein gnostisch-gynäkokratischer. Die gebärende Mutter ist vor dem Sohne da; natürlich handelt es sich hier nicht um ein Früher oder Später in der Zeit, sondern in der Idee. Das trinitarische Leben des Einen ist also ein gnostisch-gynäkokratisches Liebesleben; und es selbst ist aus einem abstrakten Begriff zu einem Leben schaffenden Lebendigen geworden. Denn es hat nun sein eigenes metaphysisches Wesen und damit das seiner ganzen Phänomenalität als trinitarischen Willen zur gnostisch-gynäkokratischen Androgynität verstanden.

Offenbar ist die trinitarische Seinsformel der Gnosis, die von Sophia, Logos und dem Androgyn, in der das Absolute samt seiner Erscheinung enthalten ist, die also zugleich theogonischen und kosmogonischen Sinn hat, umfassender als die Trinitätsformel des christlichen Dogmas von Vater, Sohn und Hl. Geist. Jene ist eine Weltformel, weil sie die beiden Potenzen des Seins in ihrer Relation zu einander umfaßt, diese dagegen ist nur die Formel für die sich selbst verabsolutierende männliche Potenz des Einen. In der unbedingten Transzendenz Gottes und seinem dreifachen transzendenten Leben hat sie den radikalen Ausdruck für ihre Emanzipation und ihren Anspruch auf Einzigkeit gefunden. Sie ist die Formel des absoluten Hominismus, der Ausdruck des Machtwillens der agnostischen männlichen Potenz. Die Drei, als vollkommene Zahl, als Symbol der ewigen Zeit in Gegenwart, Vergangenheit und Zukunft, und als ewige Zeit Symbol der zeitlosen Ewigkeit, ist die Formel für die in sich geschlossene Seinseinheit und Identität der emanzipierten männlichen Potenz des Einen. Einseitig verabsolutiert und vom Gegenpol befreit, bejaht sich das männliche Prinzip des Einen ontologisch dreifach in seiner Unbedingtheit, Einheit und Identität als männliche Potenz in Vater, Sohn und Hl. Geist und zugleich bejaht sie sich teleologisch als archetypisch-soziologisches Urbild der patriarchalen Gesellschaftsordnung: die christliche Trinität ist die patriarchale Generationsformel, als wesenhaft verschiedene Gegenformel des gnostisch-gynäkokratischen Trinitätsdogmas, wenn auch nach ihrem Muster gebildet. Nicht mehr von der Mutter Sophia wird der Sohn, der Logos, geboren, sondern vom Vater; sowenig wie auch der Enkel des Vaters, der Hl. Geist, eine Mutter hat, sondern entweder direkt vom Sohn ausgeht und durch den Sohn indirekt auch vom Vater, wie in der abendländischen Doktrin, oder vom Vater direkt gleich dem Sohne, wie in dem byzantinischen Dogma. Dieses hat, indem es in dem Urvater allein die Quelle alles abgeleiteten Seins erblickt, für das patriarchale Vaterprinzip des Ahnenkultes eine paradox-großartige symbolische Formulierung gefunden. Doch ob mit oder ohne filioque, alle drei Generationen sind als „Personen" drei Hypostasen desselben einen verabsolutierten hoministischen Urprinzips und Willens, dessen Entfaltung und ewige Konstanz in den Generationen sie bedeuten. Die christliche Trinität ist damit das Symbolum der hoministischen Soziologie überhaupt, wie sie in dem Wesen und den Relationen der drei göttlichen Personen der einen, von der Polarität befreiten männlichen Potenz als Telos der Menschheit archetypisch-noumenal ausgesprochen ist. Es ist aber nicht zu verkennen, daß die christlichen Theologen der alten und neuen Zeit einer klaren Definition der dritten Person fast ängstlich aus dem Wege gehen und offenbar Gründe haben, ihr Wesen unbestimmt zu lassen. Deshalb drängt sich die Vermutung auf, daß hier wirklich ein Geheimnis verborgen gehalten werden soll. Die Analogie zu der gnostischen Urtrinität muß ursprünglich noch deutlicher bewußt gewesen sein als später. Wie die beiden Potenzen Sophia und Logos durch die Liebe, die von beiden ausgeht, zu einem Dritten vereint sind, so müssen auch Vater und Sohn durch ihre wechselseitige Liebe zu einem dritten vereint gewesen sein, also zu einem Androgyn — wenn man in diesem Falle so sagen dürfte — der einen männlichen Potenz. Vater und Sohn waren einmal als zu einer dritten Person, dem Hl. Geiste, vereint gedacht. Man erinnere sich an die karikierten gleichgeschlechtlichen Doppelmänner des platonischen Aristophanes; aber man vergesse nicht, daß es sich um ein esoterisches, vor dem geistigen Pöbel geheim zu haltendes Symbol der hoministischen Metaphysik handelt. Dieses durch den heiligen Geist der Liebe verbundene Doppelwesen von Vater und Sohn, das selbst als die neue dritte Person Heiliger Geist genannt wird, halte ich in der Tat für die ursprüngliche Form, unter der die dritte Person der hoministischen Trinität angeschaut wurde, ehe sie durch die Dialektiker eine bloße Verbalexistenz erhielt. So hatte also der antignostische Hominismus dem gnostischen, aus der Einheit der beiden Potenzen bestehenden Androgyn ein einheitliches Doppelwesen der männlichen Potenz entgegengesetzt: die christliche Trinität ist die antithetische Analogie zur gnostischen. Es ist daher das christliche Trinitätsdogma das des agnostisch-hoministischen Ichbewußtseins des Einen; die weibliche Potenz aber ist ontologisch das Nichtseiende, das μὴ ὄν. Sie in die christliche Trinität durch eine sophistische Hintertür einschmuggeln zu wollen, wäre oberflächlich und absurd; es wäre die abgeschmackte Verwässerung einer in sich geschlossenen und großartig einseitigen Konzeption. In fast allen babylonischen und ägyptischen Göttertriaden, Formulierungen der neuen vaterrechtlichen Familie, hatte die weibliche Potenz ihre Stelle. Aber diese Triaden sind nur Scheintrinitäten und verflachende Entstellungen der gnostischen Urtrinität; denn das Kind ist keine dritte Potenz des Absoluten, sondern gehört selbst entweder der männlichen oder der weiblichen Potenz an. Die christliche Trinitätsformel ist also diejenige des seiner selbst bewußt gewordenen zweiten Äons, der im Namen des Vaters, *in nomine Patris,* begann; sie ist die Formel der großen Geschlechterrevolution und die bewußte Negation der gnostisch-gynäkokratischen Trinität des ersten Zeitalters der Menschheit.

In seinem ewigen urbildlichen noumenalen Sein wie in seinem zeitlichen phänomenalen ist das überseiende Eine die *coincidentia oppositorum.* Die noumenalen opposita, durch welche die unendliche Vielheit der phänomenalen opposita bedingt ist, bilden in ihrer Gegensätzlichkeit die ewige Einheit der noumenalen Synthese von Thesis und Antithesis; auch diese Synthesis ist natürlich, wie These und Antithese, nur Erscheinung des sich noumenal trinitarisch erscheinenden Absoluten, nicht dieses an sich selbst. D. h. auf der Stufe seines noumenalen Selbstbewußtseins erkennt sich das absolut Eine als die *ewige* weibliche Polarität, die Sophia, als die ewige männliche Polarität, den Logos, die beide als ewiger Androgyn, Sophia-Logos, eine untrennbare Einheit bilden, weil keines ohne das andere denkbar ist. Wenn also von dem ewigen Androgyn gesprochen wird, so sind die beiden differenzierten Potenzen Sophia und Logos gemeint, und wenn von den beiden differenzierten Potenzen Sophia und Logos die Rede ist, so ist der ewige Androgyn zu verstehen. Denn da die geschlechtliche Polarität die vollendete Form der phänomenalen Polarität des Einen überhaupt ist, so müssen wir unter ihrem Bilde auch die noumenale Polarität des Absoluten ausdrücken. Durch die Ignorierung der weiblichen Potenz im christlichen Trinitätsdogma kann und soll der Schein einer Überpolarität hervorgerufen werden; aber, was übrig bleibt, ist in Wirklichkeit nur eine einseitige hoministische Unipolarität. Es ist einfach eine nicht zu unterdrückende Denknotwendigkeit, die weibliche Potenz in das noumenale Sein des Absoluten aufzunehmen. Aus dieser Denknotwendigkeit und aus dunklen

Erinnerungen an die gnostische Trinität des ersten Äons erklären sich gewisse Versuche der abendländischen Spekulation, der Idee der Sophia einen Platz anzuweisen; natürlich nicht mehr innerhalb der hominisierten Trinität selbst — hier hat sie keine Existenzmöglichkeit. Hier ist der Vater an die Stelle der Mutter getreten, und der Logos des Vaters ist der bewußtes Wort gewordene Vaterwille; wie in der Urzeit der gnostische Logos des Einen als das Wort der schweigenden Weisheit seiner weiblichen Potenz begriffen war, als der von der ewigen Jungfrau-Mutter geborene, also gnostisch-gynäkokratische Sohn. Wenn schon von Origenes der hoministische Logos ebenfalls Sophia genannt wurde, so hieß er so als die Weisheit des ewigen Vaters; der Name bedeutete also keine von dem Sohne selbst verschiedene Potenz. Die von Kaiser Justinian in Konstantinopel erbaute Hagia Sophia war ebensowenig zur Verherrlichung der gnostischen weiblichen Potenz des Absoluten wie zu Ehren der Theotokos Maria errichtet, sondern zu Ehren der zweiten Person der christlichen Trinität, des Logos des Vaters, der als dessen Weisheit Sophia genannt wurde; Sapientia, Sagesse, Weisheit, also Sophia, heißt der Logos übrigens noch in zwei auch heute allgemeiner bekannten Schriften, einer des deutschen Mystikers Suso und einer des französischen Marienverehrers Grignon de Montfort. Diese Benennung des Logos war in Wirklichkeit die christliche Verneinung der Sophia als Potenz; das alles ist christlich-orthodox. Bedenklicher, weil nach Häresie schmeckend, wurde aber die Sache, als man unter dem Einfluß der neuplatonisierenden Naturphilosophie der Renaissance die Chokma-Sophia-Sapientia der alexandrinischen Weisheitsbücher des alten Testamentes, der sogenannten Sprüche Salomons und des Buches der Weisheit (auf deren Tradition übrigens auch die Spohiaspekulation Philos v. Alexandria beruht), nicht mehr mit dem trinitarischen Logos, sondern mit der Weltseele, der Psyche des plotinischen Emanationssystems, in Beziehung setzte. Diese Tradition der christlichen Mystik scheint mit Jakob Böhme zu beginnen und geht über Gichtel, Gottfried Arnold und Baader bis zu Solowjew. Aber die Sophiaspekulation dieser Denker ist ein mißlungener Kompromiß zwischen der christlich-hoministischen und der gnostisch-feministischen Trinität. Die Orthodoxen befürchteten das Eindringen einer vierten Person in die schöpferische Trinität, und daß aus dieser eine Quaternität oder Tetraktys werden könnte. Diese Gefahr besteht jedoch nicht, und das christliche Trinitätsdogma bleibt, wenn auch verschieden interpretiert, bei diesen Theologen unangetastet bestehen. So wie die Chokma-Sophia bei dem Verfasser der Proverbien (8, 22—31) ausdrücklich als das erste Geschöpf Gottes, als Werkmeisterin Gottes bei der Schöpfung der Welt erscheint, so ist auch die Sophia dieser christlichen Denker nur ein Geschöpf der hoministischen Trinität; sie ist keine selbständige Urpotenz neben den drei anderen, sondern als das Geschöpf der Trinität von dieser wesenhaft verschieden. „Diese Weltseele", sagt Solowjew, „ist ein Geschöpf, und zwar das erste von allen Kreaturen, *Materia prima*, und das wahrhafte Substrat unserer erschaffenen Welt." Das ist ganz im Geiste der Verfasser der zitierten Proverbienstelle und der „Weisheit Salomos" gedacht. Schon sie, nicht erst ihre christlichen Nachfahren, haben die Ur-Sophia hominisiert, als in hellenistischer Zeit die Erinnerungen an die gnostisch-gynäkokratische Urzeit wieder im Bewußtsein erwachen wollten und den agnostischen Hominismus bedrohten. Diesem blieb nichts übrig, als zu gnostisieren, d. h. das gnostische Denken durch die scheinbare Übernahme seiner Begriffe zu hominisieren, also in sein Gegenteil umzubilden. Die wahre Sophiologie und weibliche Trinitätslehre aber muß auch noch für die hellenistische Zeit bei jenen gnostisch-mystischen Frauenbünden vorausgesetzt werden, von denen wir früher gesprochen haben; und die Hominisierung der Sophia durch die genannten Schriften des alexandrinischen Judentums bezeugen, daß der gnostische Geheimbund der hebräischen Frauen noch existierte, der im göttlichen Androgyn Doda-Dod geeint war und dessen Kultmythus von dem apostolischen Christentum jahweisiert wurde. So ist also auch Solowjew, der letzte bedeutende Lehrer der hominisierten Sophia, in Wahrheit der Gegner der gnostischen Sophia gewesen, der ersten Potenz im noumenalen Sein des Absoluten, die mit dem in Ewigkeit von ihr, der Jungfrau-Mutter, geborenen gleich ewigen Sohne, dem Logos, in ewiger noumenaler Androgynität vereinigt ist. Seine Sophia aber ist das Geschöpf, aus dessen chaotischer Sehnsucht nach Dasein die sichtbare Welt hervorging, ein Geschöpf, das, zwischen dem trinitarischen transzendenten Gott und seinem Widersacher hin- und herschwankend, sich von Gott abwandte und in die Sünde fiel, das aber am Ende der Zeiten zu ihm zurückfinden wird.

Das gnostisch-androgyne Ichbewußtsein war das der urmenschheitlichen Individuationen des Einen gewesen; die hoministisch-individualistische Kultur beruhte auf seiner Unterdrückung. Der weibliche wie der männliche Kulturmensch haben deshalb die Liebe verlernt; sie ist das verlorengegangene Geheimnis der Urzeit. Der androgyne Eros wurde durch den egoistischen oder solipsistischen vertrieben. Lüge und Selbstbetrug versuchen umsonst darüber hinwegzutäuschen, daß mit dem Bewußtsein der Identität auch die Fähigkeit zu lieben schwindet. Das Gewissen jedes Einzelnen und seine uneingestandene Sehnsucht wissen besser, wozu er in Wahrheit bestimmt ist; denn durch sie redet das in der zweigeschlechtlich differenzierten Menschheit incorporierte Eine.

Auch in den agnostisch hominisierten Völkern, also den Kulturvölkern, erwachte, besonders wenn die unausbleiblichen Katastrophen, die der Hominismus so notwendig mit sich bringt wie die Ursache die Wirkung, immer wieder, bei Männern und Frauen, das Wissen um den wahren Grund des Verhängnisses der historischen Menschheit. „Die Politik ist das Schicksal", sagte Napoleon, und das ist gültig für den jetzigen Äon des Hominismus; aber „die Art der Liebe ist das Schicksal, auch das der Politik", hätte das weniger oberflächliche Ewig-Weibliche ihm antworten können. Als die Menschheit aber aufhörte, das Eine als den noumenalen Androgyn zu erkennen und zu verehren, war ihr Schicksal besiegelt und die Politik kam. Es sollen hier nur zwei für die Entwicklung des abendländischen Geisteslebens besonders wichtige Völker genannt werden, in denen das allmenschlich-ökumenische Urbewußtsein des Einen von seiner noumenalen Androgynität, unter der egoistisch-hoministischen Oberfläche, jahrtausendelang, zweifellos durch aus der Urzeit stammende Geheimbünde erhalten, den gnostisch-gynäkokratischen Äon überlebte: die Griechen und die Juden. In der orphischen Lehre von dem aus dem Urei oder dem Absoluten entstandenen zweigeschlechtlichen Phanes oder Eros; ferner in dem ironisierend vorgetragenen tiefsinnigen Mythus des platonischen Aristophanes von den urmenschlichen doppelgeschlechtlichen Kugelwesen (die Kugel, die Sphaira, ist das Symbol der alles umfassenden Vollkommenheit), d. h. von den durch ihr Identitätsbewußtsein zu Liebeseinheiten verbundenen Doppelwesen; und schließlich — um es dabei bewenden zu lassen — in den stupenden sogenannten Hermaphroditen der hellenistischen Kunst, hat die untergegangene gnostisch-gynäkokratische Vorzeit Griechenlands noch einmal von sich Zeugnis abgelegt. Zwar muß, wenn man aus den mehr oder weniger geglückten Kopien auf das verlorene hellenistische Original zurückschließen darf, dieses bis zur Grenze des Naturalistisch-Überraffinierten gegangen sein, aber aus dieser symbolisch-metaphysischen Schöpfung spricht dennoch das durch Erkenntnis wieder gewonnene und durch Tradition im Gedächtnis bewahrte Urwissen der Menschheit. Es ist dasselbe Motiv, das auch tibetanische und indische Kunst, allerdings mit einer anderen Aura, auszudrücken versuchte. Aber im Abendland ist, wenn man die Augen dafür hat, der hellenistische Hermaphrodit die vollkommenste symbolische Darstellung des undarstellbaren Einen als Sophia und Logos geblieben: denn was hier im Symbol ausgesprochen wird, ist die gnostische Dreieinigkeit des Absoluten in der noumenalen Androgynität seiner beiden Potenzen. Daß auch der gnostisch-gynäkokratische Bund der hebräischen Frauen, gleich den weiblichen Geheimbünden der griechischen und vorderasiatischen, mit denen er derselben

Wurzel entwuchs, auf dem Wissen um diese Androgynität des Einen beruhte, ist zu wiederholen nicht mehr nötig. Wenn aber in der Genesiserzählung (2, 22) Jahwe durch einen chirurgischen Eingriff zwar nicht die Chawwah, sondern nur eine Rippe aus Adam herauszieht, aus der er dann das Weib formt, so wird damit natürlich nicht gesagt, daß Adam als Androgyn geschaffen worden sei. Vielmehr hat der misogyne Verfasser, dem jedoch keineswegs ein kaustischer Witz fehlte, damit das unbedingte Eigentumsrecht des Mannes über seine Rippe in eindeutig symbolischer Sprache proklamiert und geradezu eine Satire gegen die gnostischen hebräischen Frauenbünde geschrieben. Er ist ein solipsistischer Hominist; sein Einfall ist eine witzige Parodie, ein humoristisches Gegensymbol, aus dem die schwerblütigen Exegeten dogmatischen Ernst machten. Wie also durch die Chokma-Sophia-Sapientia-Literatur die gnostisch-androgyne Sophia-Logosidee hominisiert wurde, so war bereits sechs bis sieben Jahrhunderte früher, unter dem Zwang derselben Zeitsignatur, durch unsere Genesisstelle auch die alte gnostisch-androgyne Anthroposidee hominisiert worden. Und wie jene Hominisierung der Sophiaidee, so ist auch diese Hominisierung der Anthroposidee für Böhme und seine Schule die Grundlage für ihre gnostisierende Anthroposspekulation geworden. Adam ist deshalb für Böhme wie für den Verfasser der Genesisstelle, die männliche Potenz, welche auch die weibliche besitzt. Das ist kein Androgynismus mehr, sondern seine Negation, nämlich solipsistischer Hominismus. Der Schein-Androgyn Adam ist etwas wesentlich verschiedenes von dem gnostischen Androgyn, in dem nicht die eine Potenz auch die andere „hat", in dem vielmehr beide Potenzen als gleich selbständige in dem Einen ein neues Drittes bilden. Für Böhme aber ist die Schöpfung des Weibes ursprünglich gar nicht vorgesehen, sondern etwas Sekundäres, das gar nicht hätte sein sollen. „Hätte Adam nicht nach der Irdischkeit imaginiert", sagt er, „so wäre Eva nicht aus ihm gemacht worden, sondern er hätte wohl können auf magische Art gebären." Adam ist also nur ein noumenaler Zwitter, nicht die männliche Potenz des gnostischen Androgyns. Erst mit dem Sündenfall, d. h. mit seinem Sturz aus der noumenalen in die phänomenale Welt, ist sein weiblicher Teil von ihm getrennt worden; bis dahin war er ein Mann, der gebären konnte, also ein noumenales Monstrum. Das Weib aber ist nur eine vom totalen Mann durch die symbolische Rippe abgesonderte Funktion, eine „Männin" (אִשָּׁה), wie sie bezeichnend (Gen. 2,23) genannt wird. Mit der Reabsorption der weiblichen Kraft in die männliche, von der sie abgespalten war, also mit Wiederherstellung des totalen Mannes, ist das noumenale Paradies zurückgewonnen; denn das Weibliche ist nur eine durch den Sündenfall des Mannes bewirkte Verselbständigung, eine Exteriorisation und Materialisierung seiner eigenen weiblichen Kraft. Dieser hominisierte Androgyn ist also nur ein Zwitter und der solipsistische Adamismus eine Karikatur der noumenalen und phänomenalen Androgynität des Absoluten; die eingeschlechtliche männlich differenzierte Individuation oder auch das ganze männliche Geschlecht, beansprucht für sich, was nur des Absoluten ist. Denn das Eine muß sich selbst von Ewigkeit zu Ewigkeit in zwei Potenzen erscheinen, um sich selbst erkennen, lieben und sich bewußt mit sich selbst einen zu können. Es ist für Böhme und seine Schule bezeichnend, daß sie viel von der Fortpflanzung und wenig von der Liebe reden, deren gnostisches Geheimnis sich ihnen nicht entschleierte. Der solipsistische Hominismus will von der Schererei mit dem weiblichen Nichtich als dem Mittel zu seiner Fortpflanzung befreit werden; denn der Adam vor dem Sündenfall hätte natürlich auch ohne Schmerzen geboren. Der hoministische Adamismus ist in Wahrheit der unipolare Egoismus des agnostischen männlichen Geschlechtes, das alles sein und können will. Professor Wagner, der in der Retorte das „chymische Männlein" Homunculus braut, huldigt ihm ebenso wie der euripideische Hippolytos, der meint, der Mann sollte durch Einwerfen eines Geldstücks in den Opferstock, ohne einer Frau zu bedürfen, direkt von den Göttern ein Kind geliefert bekommen: Sobald das Geld im Kasten klingt, Ein Kindlein dir entgegenspringt. Allerdings kann das adamisch-solipsistisch denkende männliche Geschlecht nur den einen Wunsch haben, die Rippe, also sein ursprünglich eigenes Gebärorgan, das sich seit seiner Exteriorisation als selbständige Potenz aufspielte, wieder in sich zurück zu nehmen und dem ganzen weiblichen Spuk ein Ende zu machen, an den er nur durch seinen animalischen Fortpflanzungstrieb gebunden sein kann. Denn er „erkannte" sein Weib bedeutet für diesen adamitisch-solipsistischen Geschlechtsegoismus nichts anderes als er „erkannte" sein eigenes Gebärorgan wieder.

IV. SOPHIA, LOGOS UND DER ANTICHRIST

In seinen gnostischen Individuationen zum Selbstbewußtsein gekommen, begreift sich also das Eine noumenal als die ewige metaphysische Identität zweier noumenaler Potenzen, und diese *coincidentia oppositorum* als sein ontologisches Wesen und überphänomenales Sein. Die wechselseitige Beziehung der beiden noumenalen Potenzen des Absoluten in diesem selbst aber ist die Liebe des Einen zu sich selbst, durch die es sich selbst als noumenalen Androgyn ewig bejaht und bestätigt. Die ganze unendliche Unendlichkeit des Seins, die in dem androgynen Übersein des Einen enthalten ist, wird ihrerseits sichtbar als die mit diesem zugleich gesetzte räumlich und zeitlich unbegrenzte Welt, in der das androgyne Absolute individuiert da ist. Sie ist aber nichts anderes als der da-seiende noumenale ewige Androgyn, der selbst wiederum nichts anderes ist als das absolute Eine. Das ist die ontologische Natur der Welt, in der zugleich ihre teleologische Bestimmung enthalten ist. Denn da das phänomenale Dasein und das noumenale Sein des Absoluten im Wesen identisch sind, weil sie sich zueinander wie Subjekt und Objekt verhalten, deren beider coincidentia das Eine ist, so ist es auch die Bestimmung der bipolaren Welt der Vielheit, daß das Eine auch in seiner phänomenalen Erscheinungswelt durch die Liebe zur gnostischen Androgynität gelange, wie in seinem noumenalen Sein. Die durch seine räumlich-zeitlichen Individuationen bedingten Hemmungen und Beschränkungen müssen schließlich alle dem noumenalen Telos dienen, durch das und für das sie ja überhaupt da sind. Daher begreift das Eine in den Individuationen, in denen es zum Bewußtsein seiner selbst gelangt, den absoluten Androgyn von Sophia und Logos und das gnostisch-gynäkokratische Verhältnis beider als das Urbild oder den Archetypus aller seiner kosmischen Menschwerdungen, als das Zeichen, unter dem es überhaupt Welt wurde. Während aber die gnostische Liebe des Einen in sich selbst im noumenalen Androgyn eine ewig seiende und nicht gewordene ist, so daß dieser zur Definition des Absoluten selbst wird, ist der phänomenale Androgyn das Ziel des auch ins ewige Werden der Dinge eingegangenen Einen. Der obere Androgyn, die ewige Sophia und der ewige Logos, ist als ewig auch zeitlos und geschichtslos; der untere Androgyn, d. h. das in die Zeit eingegangene Eine, hat sowohl als Gedanke wie als Realisierung eine Geschichte, deren Inhalt nichts anderes ist als die Bewußtwerdung des Einen in der terrestrischen Menschheit. Denn die Geschichte der Menschheit wird entweder gnostisch-zentripetal verstanden, oder sie ist eine Sammlung von sinnlosen zentrifugalen Geschichten ohne geistigen Zusammenhang; sie kann nur eine Geschichte egozentrischer Partikularitäten sein, oder sie ist die des Einen selbst, das alle Partikularitäten, auch die differenzierten Geschlechter, in sich einschließt, wodurch sie erst zu einer Geschichte der Menschheit als einer Einheit wird. Sie erhält also nur vom bewußt gewordenen gnostischen Telos der phänomenalen Individuierung des Absoluten aus ihren Sinn, oder sie bleibt, wie bisher, eine Sammlung von partikularistischen Chroniken des agnostischen Hominismus. Da der absolute Androgyn in einer unendlichen Vielheit der phänomenalen Androgyne sich verwirklichen muß, ist die menschliche Geschichte, teleologisch betrachtet, die Geschichte des sich selbst in seinen relativen Erscheinungen verwirklichenden noumenalen Androgyns oder, was dasselbe ist, des sich verwirklichenden trinitarischen Seins des absolut Überseienden. Denn die geschlechtlich differenzierten Individuationen des Einen werden durch die sie verbindende gnostische Liebe zu Androgynen oder trinitarischen Individualitäten, in dem jede Individuation sie selbst ist und beide zusammen eine höhere, nämlich die dritte oder androgyne Individualität bilden, die sich ihrer gnostischen Einheit durch die Liebe bewußt wird. Die Menschheit ist also ihrem Wesen nach eine unbegrenzte Vielheit von gnostischen Androgynen, in denen sich das Eine inkorporiert hat, und von denen jeder eine unzerreißbare Einheit bildet. In dieser Menschheit erkennt sich das phänomenologisch individuierte Eine als Abbild seiner ewigen noumenalen gnostisch-gynäkokratischen Androgynität von Sophia und Logos. Denn auch diese androgyne Menschheit ist nur durch die gnostische Gynäkokratie realisierbar, die ein Abbild jener ewigen noumenalen ist; so daß also die Geschichte der Menschheit ihrem wahren Wesen nach die Geschichte ihrer gnostischen Gynäkokratie ist. Das heißt aber, daß die menschliche weibliche Potenz als die untere Sophia, oder als die phänomenale Existenz der noumenalen Sophia, die menschliche männliche Potenz oder den unteren Logos nicht nur leiblich sondern auch geistig gebären soll, damit beide in der Erkenntnis der oberen oder himmlischen oder noumenalen Androgynität des absolut Einen und Identischen vereint seien. Der Sinn der Menschheitsgeschichte besteht also in der Geburt des unteren Logos durch die untere Sophia, die geschehen ist, wenn beide Potenzen ihr Telos begriffen haben, Abbilder der ewigen oberen Sophia und ihres ewigen oberen Logos zu sein, d. h. wenn das Eine sich auch in seinen männlichen Individuationen durch das weibliche Geschlecht vom agnostischen zum gnostischen Ichbewußtsein erhoben hat. Die untere Sophia und der untere Logos aber waren einmal durch das weibliche Geschlecht in der gnostischen gynäkokratischen Urkirche des paläolithischen Zeitalters verwirklicht gewesen, damals als das weibliche Geschlecht in der ewigen oder oberen Sophia und durch sie das männliche in dem ewigen oder oberen Logos und beide daher im Bewußtsein des Absoluten als des noumenalen Androgyns vereinigt waren. Unter der unteren Sophia ist also, wenn wir uns auf die terrestrische Menschheit beschränken, das ganze irdische, in der Erkenntnis und im Kulte der oberen teleologischen Sophia geeinte weibliche Geschlecht zu verstehen, das erst dadurch, und nur dadurch, zur geistigen Einheit der unteren Sophia wird; die untere Sophia ist also die gnostische Frauenkirche der oberen Sophia. Und unter dem unteren Logos ist analog die von dieser gnostischen Frauenkirche gegründete gnostische Männerkirche zu verstehen, in der das männliche Geschlecht in der Erkenntnis und im Kulte des oberen ewigen Logos teleologisch geeinigt ist. Durch die untere Sophia verwirklicht sich also die obere Sophia in ihren weiblichen Individuationen, wie sich der obere Logos in seinen männlichen Individuationen als unterer Logos verwirklicht. Die Geschichte der Menschheit ist daher die Geschichte des in dieser androgynen Doppelkirche von Sophia und Logos individuierten Einen. Diese androgyn-trinitarische Urkirche ging unter, als das weibliche Geschlecht auf seine gnostische Bestimmung verzichtete. Das war der Sündenfall der unteren Sophia aus dem gnostischen Ichbewußtsein ihrer Urzeit in das agnostische Ichbewußtsein des hoministischen Äons. Weil sie die geistige Führung der Menschheit dem gnostisch blinden Geschlecht überließ, das durch sie sehend werden soll, trägt aber die untere Sophia durch ihren Fall allein die Schuld für alles, was dann kommen mußte und kam. Die gnostische Frauenkirche wurde durch die Revolution des agnostischen Hominismus vernichtet, der schließlich den ganzen Planeten eroberte. Aber die Vernichtung der Kirche der Sophia war nur die eine Hälfte des hoministischen Zerstörungswerkes; auch die Männerkirche des noumenalen Logos mußte ausgerottet werden, um das ganze männliche Geschlecht in der Gegenkirche des agnostischen Ichbewußtseins gegen die gnostisch-gynäkokratische Doppelkirche zu vereinigen. Über die fanatisch-grausamen Arten, mit denen das geschah, berichten die gnostisch-gynäkokratischen Apokalypsen.

So wichtig auch die sumerisch-babylonischen, griechischen und indischen Mythen sind als Zeugnisse für die gnostisch-gynäkokratische Urzeit selbst und für die Bestrebungen des weiblichen Geschlechtes dieser Völker, dem hoministischen Zeitalter durch die Wiederherstellung der despotisch unterdrückten gnostischen Gynäkokratie ein Ende zu machen: an historischer Bedeutung werden sie alle durch die in den heiligen Schriften des Alten und Neuen Bundes enthaltenen Überlieferungen übertroffen. Es gibt keine zweite Literatur von einem gleich unbedingten puritanischen Hominismus, weil das weibliche Geschlecht keines antiken Volkes mit gleicher Kraft von seiner gnostisch-gynäkokratischen Bestimmung überzeugt war wie das der hebräisch-israelitischen Stämme. Denn die Stärke der Abwehr, der Reaktion, beweist nur die Stärke des Angriffs, der Aktion; und wenn diese Abwehr fast tausend Jahre lang auch literarisch fortgesetzt werden mußte, so beweist das, daß im Altertum bei der hebräischen Frau die geistige Führung des ganzen weiblichen Geschlechtes gegen den antignostischen und widernatürlichen Hominismus lag. Alle Bücher der Bibel sind Abwehrschriften gegen die unterirdische Gefahr einer Wiederherstellung der androgynen Kirche von Sophia und Logos durch die hebräischen Frauenbünde; und wenn man diesen Gegner nicht überall zwischen den Zeilen sieht, hat man den dialektischen Zweck des Kanons nicht verstanden. Daß dieser Sinn nicht erkannt werde, lag im Interesse des Welthominismus, dessen Vorkämpfer die jüdische Männerkirche ebenso war wie die hebräische Frauenkirche zu ihrer Zeit die des gnostischen Weltfeminismus. Es ist kein Wunder, daß dessen heilige Schriften, mit Ausnahme des verstümmelten „Liedes der Lieder", zerstört wurden und uns verloren sind; die Synagoge ist auch auf dem Gebiete der Büchervernichtung ihrer Tochter, der christlichen Kirche, mit gutem Beispiel vorangegangen. So wissen wir von der gnostisch-antijahwistischen Frauenbewegung im israelitischen Volke nur das, was dessen jahwistische Autoren uns mehr indirekt als direkt mitzuteilen für opportun hielten. Aber schon das ist für das Verständnis der geistigen Geschlechtergeschichte des Volkes Israel ausreichend; ja, sie haben, ohne es zu wollen, sogar mehr verraten als für ihre Zwecke vielleicht gut war. Jedenfalls ist es für den, der hoministische heilige Texte zu lesen gelernt hat, durch ihre Berichte möglich, die Geschichte der gnostisch-gynäkokratischen Tradition der hebräischen Frauen vom Neolithicum bis zu dem großen, durch das negative Prinzip des Jahwismus hervorgerufenen Erdbeben, das im Jahre 70 den theokratischen Staat von Jerusalem vernichtete, in ihren allgemeinen Grundzügen zu überblicken; nach der Zerstörung Jerusalems konstituierte sich dann der jahwistische Hominismus unter rabbinischer Führung und ohne weiblichen Widerspruch diktatorischer wie je von neuem. Zwar hatte, äußerlich betrachtet, im Neolithicum die jahwistisch-hoministische Revolution unter den hebräischen Urstämmen gesiegt und die alte Gesellschaftsordnung zertrümmert. Die Frau war dem alten gnostischen Gesetze von Sophia und Logos entrissen und dem antignostischen Männerbunde unterstellt — „und dein Wille soll deinem Manne unterworfen sein und er soll dein Herr sein", Gen. 3,16 —, aber die gnostischen Führerinnen und Prophetinnen des weiblichen Geschlechtes nahmen ihre vorjahwistische Tradition und ihren Haß gegen Jahwe und seine Gesellschaftsordnung in den neuen Äon hinüber. Nach dem Vorbild der gnostischen Prophetinnen bereits hominisierter Völker des vorderen Orients gaben auch ihre Prophetinnen nun den hebräischen Frauen ihre gnostisch-gynäkokratische Apokalypse. Alle späteren Sibyllen gehen auf die Ursibylle der gnostisch-gynäkokratischen Urapokalypse zurück, wie alle einzelnen uns bekannten Apokalypsen nur Varianten einer gnostisch-gynäkokratischen Urform zu sein scheinen. Die Sibyllen aber sind die Prophetinnen vom Untergang des hoministischen Äons und der Wiederherstellung des gnostisch-gynäkokratischen. Das ist das Wesen des prophetischen Sibyllinismus, der im Übergang vom ersten zum zweiten Zeitalter der Menschheit in Erscheinung trat; die Ursibylle, auf die daher alle Orden des weiblichen Prophetismus zurückzuführen sind, war die Visionärin der Urapokalypse. Es wäre ein Wunder, wenn schließlich nicht auch männliche Literaten sich über diese prophetischen Verkündigungen hergemacht und sie für hoministisch-politische Zwecke umgefälscht oder handwerksmäßig fabriziert hätten; was bekanntlich geschehen ist. Keiner unter allen Apokalypsen dieser Gattung, weder der ägyptischen noch sumerischen, weder der kleinasiatischen noch griechischen aber sollte eine Zukunft beschieden sein wie der Apokalypse der hebräischen Sibylle. In Kanaan begegnete der hebräische Frauenbund dem syrophönizischen: beide hatten sich bereits soweit auseinander entwickelt, daß eine Verschmelzung unmöglich war. Die Königin Athalja, die Tochter der Isebel, brachte gewiß den syrophönizischen Ritus des Androgyns Astart-Adon nach Jerusalem; aber dieser und auch der unter Manasse in Jerusalem eindringende Ischtar-Tammuzkult konnte den hebräischen Frauenmysterien wohl neues Leben zuführen, aber den ihm eigentümlichen Geist nicht mehr verändern. Vor allem gegen das Umsichgreifen dieser gnostischen Frauenreligion und ihres Prophetismus erhob sich im Nordreich, das in dauerndem politischen und wirtschaftlichen Kontakt mit den Ländern der syrophönizischen Frauenreligionen stand, die Abwehrbewegung des jahwistischen Prophetismus. Der von Elias gegründete Prophetenorden war bahnbrechend. Diese vor nichts zurückschreckende hoministische Reaktion ließ durch den Prophetensohn Jehu die mit König Ahab von Samaria vermählte thyrische Prinzessin Isebel, die Mutter der Athalja, abschlachten, was der Anfang vom Ende des Nordreiches wurde; und der Hohepriester von Jerusalem, Jojada, vollendete dann das Werk mit der Ermordung ihrer Tochter Athalja. Die jahwistischen Propheten hatten die ganze Rasse verflucht, deren starke Frauen mit falschen und untauglichen Mitteln das Reich des misogynen Jahwe zu stürzen versuchten. Der Geschlechterkrieg, der den zweiten Äon eingeleitet hatte, schien in Israel wieder ausbrechen zu wollen. Die Frau wird immer deutlicher als das Böse erkannt, ihre Religion als unvereinbar mit dem Gesetz Jahwes. Die aristokratischen Damen von Jerusalem reizen die Propheten zu maßloser Wut; und hinter dem Baal, dem die Ausfälle der jahwistischen Propheten gelten, wird oft genug der androgyne Baal des hebräischen Frauenbundes selbst zu verstehen sein. Noch Ezechiel, der letzte der großen Propheten, sieht von seinem Verbannungsort in Babylonien aus, wie die Frauen im Tempel Jahwes zu Jerusalem „um den Tammuz weinten". Nichts beweist deutlicher als dieser Sturmlauf des Hominismus und das Wüten und Wettern seiner Propheten, mit welchen Gefahren die neubelebte gnostisch-gynäkokratische Urreligion des weiblichen Geschlechtes die jahwistische Gesellschaftsordnung bedrohte. Nach dem Exil setzte der Doppelorden, seiner vorhistorischen Bestimmung getreu, den Kampf gegen das jahwistisch-hoministische Gesetz, wie es Esra endgültig kodifiziert hatte, unterirdisch mit neuer Kraft fort. Das weibliche Prinzip des göttlichen Androgyns erscheint jetzt als Chokma d. h. Sophia, das männliche als Memra, als „Wort" oder Logos. Wir haben gesehen, wie sich die jüdische Schule von Alexandrien während der letzten zwei Jahrhunderte vor unserer Zeitrechnung, um die neue Gefahr zu bannen, die Sophialehre zu hominisieren bemüht war. In den jüdisch-gnostischen Schulen der Folgezeit zerbrach dann der Haß gegen Jahwe, den Demiurgen und Gesetzgeber, alle Dämme. Der Jahwismus scheint in völliger Auflösung zu sein, als der Rabbi Jeschua sie reformierte. In welchem Zusammenhang diese jüdisch-gnostischen Sekten mit der weiblichen Urtradition standen, bleibe dahingestellt.

Die Urform der hebräischen gnostisch-gynäkokratischen Apokalypse, also die Antwort des weiblichen Geschlechtes auf seine „Vertreibung aus dem Paradiese", d. h. auf den Sturz der gnostischen Gynäkokratie bei den Hebräern vor „5711" Jahren, ist uns unbekannt. Wenn natürlich auch nicht das Wort *„Messias"*, so gehört doch sowohl die Sache selbst als ihre Idee bereits der ältesten gnostisch-gynäkokratischen Menschheit, der des ersten Äons, an; das Wort selbst aber stammt aus dem urhebräischen gnostischen Frauenbunde, der die Tradition der Urmenschheit gegen den revolutionären jahwistischen Hominismus verteidigte. Es bedeutet bekanntlich der „Gesalbte" und ist griechisch und lateinisch exakt mit Χριστός und *Christus* übersetzt. Von wem aber ist soziologisch der „Gesalbte", der Messias oder Christus, gesalbt, und wozu ist er gesalbt? Die Frage ist leicht zu beantworten. Im gnostisch-gynäkokratischen Äon kann das natürlich nur durch das weibliche Geschlecht geschehen sein und nur zu dem Zweck, die gnostische Gynäkokratie zu schützen, um ihre Existenz auf der Erde möglich zu machen. Wenn man will, mag man daher sagen, der Messias oder der Christus ist der gnostisch-gynäkokratische Priester-König; er ist seinem Wesen nach das von der gnostischen Frauenkirche gesalbte Oberhaupt der gnostischen Männerkirche. Wie die weibliche Kirche der Menschheit mit ihrer geistigen Führerin das irdische Abbild der oberen und ewigen Sophia, so ist der Messias oder der Christus, das Oberhaupt der gnostischen Männerkirche, das irdische Abbild des oberen und ewigen Logos; und seine Salbung durch die Frau ist religiös-soziologisch der symbolische Ausdruck jenes noumenalen Mutter-Sohn-Verhältnisses der beiden Potenzen der gnostischen Trinität in der irdischen gnostischen Menschheit, in der das Eine zum Bewußtsein seiner selbst gekommen ist. Das ist die älteste

Phase des gnostisch-androgynen Messianismus oder Christianismus; die Zeit des ersten Äons ist die des wahren Urchristentums. Gnostische Gynäkokratie, gnostischer Messianismus oder gnostischer Urchristianismus sind also nur verschiedene Namen für dieselbe Urform der menschlichen Gesellschaftsordnung. Im gnostischen Bewußtsein des Einen lebte die messianisch-gynäkokratische Urmenschheit als eine androgyne Einheit, und in der Zeit daseiend lebte sie zugleich in der Ewigkeit. Dann aber erschien der *Antimessias* oder der *Antichrist,* der Herr des zweiten Äons. Unter Antichristianismus oder Antimessianismus verstehe ich den vom gnostischen zum agnostischen Ichbewußtsein eingeschrumpften Hominismus insofern er der Verneiner der gnostisch-gynäkokratischen Gesellschaftsform des Einen ist; denn den Gesalbten der Sophia verneinen, heißt ja nichts anderes als die gnostische Gynäkokratie negieren. Mit dem Erscheinen des Antichrists am Ende des ersten Äons begann das große Messiasschlachten auf der Erde. Wie alle einzelnen Maschiachim der gnostisch-gynäkokratischen Stämme in dem oberen noumenalen Logos-Christos, der sich in ihnen individuiert hatte, zu einem einzigen unteren geeint waren, so bildeten auch alle Antichristoi eine Einheit in dem dämonischen Gegenbilde der Negation. Die gnostisch-gynäkokratischen Apokalypsen haben in ihrem historischen Teile die Erinnerung an den blutigen Terror dieses antichristlichen Religionskrieges erhalten. Die Maschiachim der einzelnen Stämme und Völker und mit ihnen die gnostisch-gynäkokratischen Männerkirchen fielen als widerstandslose Opfer der Brutalität des antichristischen Hominismus: Adonis, Tammuz, Osiris und die anderen, die alle von derselben gnostischen Wesensart sind und alle mit derselben Ruhe ihr Schicksal auf sich nahmen. In dem *agnus occisus ab origine mundi,* in dem „seit Anfang der Welt geschlachteten Lamme", hat sich dem Bund der gnostischen Hebräerinnen das Martyrium ihres urzeitlichen Messias-Christus für immer eingeprägt. Das geschah natürlich am Anfang der *neuen* Welt des Hominismus, die vor „5711" Jahren geschaffen wurde; und dieses am Anfang der Welt geschlachtete Lamm der weiblichen Überlieferung erzählt unmißverständlich, auf welche Art die Vertreibung aus dem Paradiese, d. h. der Untergang des gnostisch-gynäkokratischen Äons, durch den jahwistischen Hominismus in Wirklichkeit vor sich ging. Diese Erinnerung, die der Hominismus bewußt verdunkelt hat, um durch komplizierte Deutungen ihren so einfachen Sinn zu entstellen, beweist aber, daß für den gnostisch-hebräischen Frauenbund Jahwe der Schlächter des hebräischen Messias war, also der hebräische Urantichrist; so wie auch Set, der den Messias der ägyptischen gnostischen Frauenreligion, den guten und friedliebenden Osiris, zerstückelte, der ägyptische Urantichrist war. Das also ist der prähistorische Sieg des hebräischen Urantichristus über den hebräischen Urchristus am „Anfang der Welt", wie ihn der vorjahwistische gnostisch-gynäkokratische Frauenbund der hebräischen Stämme in geheimgehaltener Überlieferung als ihren *hieros logos* erzählte. Für diesen Frauenbund blieb daher während der Jahrtausende seines Bestehens sein Messias oder Christus das vom hoministischen Vaterprinzip, d. h. von Jahwe, als Grundsteinopfer für sein Reich geschlachtete Lamm. *Sanguis fundamentum regnorum.*

Aber der Kern der hebräischen Frauenapokalypsen war, wie der in den Apokalypsen aller andern durch den Hominismus gestürzten Gynäkokratien, nicht die retrospektive, sondern die prophetisch-eschatologische Christologie. Die weibliche Messiaslehre verkündete die dereinstige Wiederherstellung der unteren Sophia-Logos-Kirche als des Abbildes der oberen und ewigen, die sich in jener individuiert hatte. Nicht um die Vorstellung von der Parusie untergegangener Individuationen handelte es sich natürlich — es ist, weil zweideutig, gefährlich, auch nur symbolisch so zu sprechen — sondern um die Parusie der ewigen Idee in der phänomenalen Welt in neuen, nie dagewesenen Individuationen des Einen, das nicht arm genug ist, um sich wort-wörtlich wiederholen zu müssen. Man soll aber dem hebräischen Hominismus dankbar dafür sein, daß er, ein Werkzeug höherer Fügung, uns wenigstens Fetzen der hebräischen Frauenapokalypse erhalten hat, wenn sie auch nur entstellt wiedergegeben und absurd interpretiert wurden; die Schriften selbst wurden natürlich vernichtet. Es sei auf nur drei wichtige, aber hominisierte Stellen aus der weiblichen Apokalyptik hingewiesen, die vom Siege der unteren Sophia und des unteren Logos, ihres messianischen Sohnes, also vom Siege der gnostisch-gynäkokratischen Doppelkirche über den Antichristus handeln. Wenn Gen. 3, 15 vom Samen des Weibes die Rede ist, der einmal der Schlange den Kopf zertreten wird, so ist die Betonung dieser matriarchalen Deszendenz dem absolut patriarchalen Denken der Juden ebenso fremd wie es für das gnostisch-gynäkokratische natürlich ist. Diese Prophezeiung kann also auch nur aus einer gnostisch-gynäkokratischen Apokalypse stammen. Die verräterische Stelle ist dem Redaktor einfach durchgeschlüpft; zuweilen schläft sogar Homer, meint Horaz. Die Schlange aber ist in der dem Jahwisten bekannt gewordenen apokalyptischen Quelle natürlich nicht die gnostische gewesen; es handelte sich da um den von ihr wesensverschiedenen hoministischen Drachen, d. h. um Jahwe als den Antichristus. Es ist derselbe Drache des jahwistischen Hominismus, der seit der Vertreibung aus dem Paradiese die Verwirklichung der noumenalen Sophia in der Menschheit zu verhindern sucht. Wie der die menschliche

Erstgeburt für sich fordernde Jahwe-Melech-Moloch, d. h. Jahwe-König, lauert er in dem mehr bewunderten als verstandenen XII. Kapitel der johanneischen Apokalypse dem den irdischen Logos-Messias gebärenden Weibe, der unteren Sophia, auf, „um ihr Kind gleich nach der Geburt zu verschlingen" (12,4). Aber diesmal umsonst, da die eschatologische Zeit gekommen ist. Wie ein erratischer Block liegt diese Vision in einer ihr ganz fremden Landschaft, und was auch spätere symbolisierende Sophistik in ihn eingeritzt hat, der Block bleibt ein Fremdling und Findling und die eingeritzten Zeichen erklären weder seine Herkunft noch Heimat. Dieses mit der Sonne bekleidete Weib, das den Mond unter seinen Füßen hat und eine Krone von zwölf Sternen auf dem Haupte trägt, entstammt einer weiblichen Apokalypse; sie ist die Sophia triumphans, die gnostische Frauenkirche, die am Ende des hoministischen Äons den Antichristus, den Drachen des jahwistischen Hominismus, überwindet und die Kirche des gnostisch-gynäkokratischen Messias wieder gebiert. Und wenn schließlich die johanneische Apokalypse mit der Hochzeit des Lammes und der Braut, die das himmlische Jerusalem bedeuten soll, endete, (21,9) so ist auch das nur die Hominisierung des *hieros gamos* oder der Unio gnostica, die für die hebräische Frauenapokalyptik wie für alle gnostisch-gynäkokratischen Apokalypsen überhaupt, das Telos der Menschheit ist; denn sie sind alle Eschatologien des unteren gnostisch-gynäkokratischen Androgyns, dessen Urbild der obere noumenale ist. Die Hochzeit der Sophia und des wiederauferstandenen, gleich einem Lamme durch Jahwe, den Drachen, geschlachteten Logos-Messias steht am Beginne des neuen, dritten Äons, wie ihre Unterdrückung das Ende des ersten und der Anfang des zweiten Zeitalters war. Daß aber unter dieser Hochzeit des triumphierend wiederauferstandenen Messias mit der Geliebten die des jahweisierten Christus mit seiner Männerkirche zu verstehen sei, ist derselbe unnatürliche Interpretenkrampf, der auch aus dem Hohen Liede ein Epithalamium auf die Hochzeit Jahwes mit seiner Männersynagoge gemacht hat; es gibt eine Exegese des schlechten Gewissens.

Nicht allzu schwer ist es, aus den heiligen Büchern des jüdisch-christlichen Hominismus die gnostisch-gynäkokratische Urtradition des hebräischen Volkes, seine wahre, vorjahwistische Überlieferung, wiederherzustellen; denn diese Schriften sind eine fortgesetzte direkte oder indirekte Polemik gegen sie, um sie zu diffamieren und zu verdrängen. Daß diese Bemühungen Erfolg hatten, ist unbestreitbar; aber sie beweisen auch, wie fest diese Vorstellungswelt seit paläolithischen Zeiten bei den Frauen und Männern Israels eingewurzelt war, so daß Israels Jahwismus vielleicht nur eine Episode seiner geistigen Geschichte sein wird, wie es die gnostisch-gynäkokratischen Apokalypsen voraussagten. Diese Überlieferungen waren so stark, daß, um ihren Einfluß zu paralysieren, der vorchristliche jahwistische Prophetismus dem gnostisch-gynäkokratischen Messianismus und seiner Apokalyptik mit einem jahwistisch-hoministischen Messias und seiner Gegenapokalypse erwidern mußten durch jahwistische Umgestaltung ihrer Vorbilder. Damit wurde der wahre Urmessias oder Urchristus der Sophia zum falschen oder zum Antichristus, der später gekommene hoministische Gegenmessias oder Antichristus Jahwes zum wahren Messias erklärt. Das mußte die Sophiakirche so verstehen, daß das Werk Jahwes, des absoluten Antichristus, das in der Urzeit durch dessen antichristliches Priestertum begonnen war, durch einen endzeitlichen Antichristus, den Messias Jahwes, vollendet werden soll. Die mosaische Theologie verneinte das noumenale trinitarische Leben des Absoluten und machte aus diesem, um die noumenale Begründung der gnostischen Gynäkokratie verwerfen zu können, ein abstraktes transzendentes Eines. Diese abstrakte Einheit und Einzigkeit war das Symbolum des israelitischen Hominismus, wie das überphänomenale trinitarische Leben des Einen in sich selbst das der gnostischen Gynäkokratie war, und jenes wurde in bewußtem Gegensatz zu diesem immer schärfer formuliert. Das morgens und abends zu betende Schma ist, noch ehe es auch eine Absage an die Trinität des Christentums wurde, bereits eine Verneinung der von diesem hominisierten gnostischen Trinität gewesen. Der jüdische Messias ist daher keine trinitarische Potenz; die Seele des Messias wurde wie alle Seelen, wenn auch als eine auserwählte, von Jahwe geschaffen und wird von ihm, zu einer von ihm vorausbestimmten Zeit, auf die Erde geschickt, um dem Reich Jahwes die ganze Menschheit zu unterwerfen, also um alle Reste des Reiches von Sophia und Logos endgültig zu vernichten.

Nachdem die jahwistischen Propheten von der hebräischen Frauenreligion einmal die Messias-Christus-Idee im allgemeinen übernommen hatten, waren weitere Anleihen bei deren Christologie zunächst spärlich. Die Umwandlung des weiblichen Christus, des Messias der Frauen, der für die gnostische Gynäkokratie gelitten hat, gestorben ist und wieder auferstehen wird, in ein Werkzeug des jahwistischen Hominismus, konnte nicht ohne weiteres einleuchten und brauchte lange Zeit, um aufgenommen und mit dem Jahwismus assimiliert zu werden. Erst Deuterojesajas tat einen neuen entscheidenden Schritt, als er auf seinen „Sklaven Jahwes", den Ebed Jahwe, vorsichtig einige Einzelheiten aus der Passion des weiblichen Christus übertrug; doch von dem Tode und der Auferstehung eines jahwistischen Messias wagte auch er noch nicht zu reden. Wir wissen nicht, wie der *hieros logos*, der symbolisch-historische Mythus des hebräischen Frauenbundes, den Tod seines Messias-Christus erzählte. Es ist aber wahrscheinlich, daß, wie der Messias Osiris durch den Antichristen Set, d. h. durch dessen Priesterschaft, zerstückelt, oder wie Attis gewaltsam entmannt wurde, oder wie der Baal Moloch den Messias seines Herrschaftsgebietes als Holokaustum verbrannt haben wird, daß so der hebräische Messias durch Jahwe, den Antichristus, d. h. durch seine Priesterschaft, in der Urzeit ans Kreuz geschlagen wurde. Die Kreuzigung ist eine uralte semitische Art der Hinrichtung. Wenn also Platon an einer besonders großartigen Stelle des Staates (II,361) den vollkommen Gerechten, in dem der gnostisch-gynäkokratische Messiastypus unverkennbar ist, nach allen Beschimpfungen und Mißhandlungen schließlich am Kreuze sterben läßt, so stand ihm offenbar ein semitischer Messiasmythus vor Augen. Warum sollte es nicht der Christus des hebräischen Frauenbundes gewesen sein? Zudem scheinen die mittelalterlichen, auf apokryphen Überlieferungen beruhenden Kreuzlegenden, weniger durch das historische Kreuz als durch jenes der mythischen Urzeit, mit dem es später gleichgesetzt wurde, veranlaßt zu sein. Die ganze, sogar mit erotischen Gefühlen durchsetzte Kreuzesmystik geht dann auf jenes von Jahwe für das „Lamm" errichtete Urkreuz zurück, das, umgeben von einem dunklen Geheimnis, für die hebräischen Frauen den ersten vom zweiten Äon trennte, und nicht auf eine Kreuzigung im hellen Licht der Geschichte. In dem Palästina der Römer waren die Kreuzigungen etwas ganz Alltägliches und Geheimnisloses, man möchte fast sagen Banales, seitdem sie nach semitischem Vorbild als die reguläre Art der Hinrichtung in der judäischen Prokuratie übernommen waren. Aber auf das Kreuz des Rabbi Jeschua gingen alle gnostischen, religiösen und historischen Schauder über, als seine Anhänger das Wagnis unternahmen, den mythischen am Kreuze gestorbenen weiblichen Messias mit ihrem so wesensverschiedenen hoministischen gleichzusetzen und das historische Kreuz mit dem mythischen Urkreuz des Frauenmysteriums zu identifizieren. Beides geschah, um das weibliche Geschlecht von seinem Messias zu dem hoministischen herüberzuziehen. Hier ist also das Distinguo von entscheidender Wichtigkeit. Es gab einmal einen gekreuzigten prähistorischen Christus, den Sohn der Sophia und einen in später historischer Zeit gekreuzigten Sohn des Vaters: den gekreuzigten weiblichen Urmessias und seinen gekreuzigten hoministischen Gegenmessias. Das wahre Urchristentum liegt also nicht in historischer, sondern in vorgeschichtlicher Zeit; und der wahre Christus ist in der Tat jenes am Anfange der hoministischen Welt getötete Lamm: *agnus occisus ab origine mundi*. Die Botschaft des Rabbi

Jeschua hatte ihrem Sinne nach gelautet: „es gibt nur einen Gott Jahwe und Jeschua ist sein Prophet und Messias." Nicht mehr und nicht weniger lag in diesem Programm als die Ausbreitung des jahwistischen Monotheismus und Hominismus über die ganze Erde, was ja auch das Ziel aller früheren Propheten gewesen war. Zwei Zeitgenossen haben damals den Hominismus vor einem verfrühten Sturze gerettet und die Menschheit vor einer Katastrophe bewahrt, da das weibliche Geschlecht für seine Bestimmung nicht reif war. Der eine konstituierte das hoministische römische Reich nach dem Siege über Kleopatra, den machtgierigen Dämon von Ägypten, der andere legte die Grundlage der künftigen jahwistisch-hoministischen Reichskirche. Die apostolischen und nachapostolischen Begründer der Kirche vollendeten das von Deuterojesajas begonnene Bild des jüdischen Messias, indem sie schließlich das ganze Leben des Reformators nach dem Schema der modifizierten weiblichen Christologie erzählten. Aber der historische Charakter der Person und der Sinn seiner Lehre sollte und konnte nicht entstellt werden, sondern im Gegenteil, der weibliche Urmessias selbst wurde zum Ebed Jahwe hominisiert. Doch der revolutionäre Einzug des Propheten als jüdischer Messias in Jerusalem, das Hinaustreiben der Händler aus dem Tempel, seine Erklärung, nicht den Frieden zu bringen, sondern das Schwert, sein Wille, die Welt in Brand zu setzen und sein Bedauern, daß sie nicht schon brennt, damit das Reich Jahwes erscheinen kann — das alles sind ihrem Geiste nach gegen den feministischen gerichteten Proklamationen des hoministischen Messianismus. Denn dieser weibliche war so stark, daß keine andere Möglichkeit mehr blieb, seiner Herr zu werden, als ihn zu utilisieren. Gestützt auf einzelne seltsame Analogien zwischen den historischen Erlebnissen des Rabbi Jeschua und den mythischen des weiblichen Christus, übertrug man, sie hominisierend, auf jenen einfach die Züge, die das weibliche Geschlecht als vom Wesen ihres Messias untrennbar betrachtete. Das war natürlich im Grunde eine objektive Irreführung; aber *femina vult decipi* und der Erfolg bewies schließlich die Richtigkeit der psychologischen Rechnung. Wir haben schon im 4. Aufsatz über die so entstandene Zweideutigkeit des jahwistischen Messiasbildes gesprochen. Die Frau sollte ihren Christus vergessen, indem sie ihn in dem „Anderen" zu erkennen glaubte; ohne diese propagandistische Täuschung aber wäre das weibliche Geschlecht nie gewonnen worden und ohne dieses hätte es keine christliche Kirche gegeben. Aber was unvereinbar ist und nur durch Dialektik und Politik amalgamisch zusammengehalten wird, muß wieder einmal auseinanderfallen, wenn das unterscheidende Bewußtsein erwacht. Der jahwistisch-hoministische Christus und der gnostisch-gynäkokratische haben geistig nur den Gegensatz gemeinsam; die Synthese war eine Scheinsynthese. Sie konnte nur durch eine dogmatische Diktatur zusammengehalten werden; aber das Ergebnis dieses Kompromisses war der Substanzverlust beider Konzeptionen. Sie werden wieder auseinanderfallen, und dann wird sich zeigen, ob das weibliche Geschlecht noch einmal das ewige Christentum zu verwirklichen vermag. Von der Beantwortung dieser Frage aber hängt das Schicksal nicht nur der abendländischen Menschheit ab.

Ganz analog dem Schicksal ihres Logos mußte aber das der gnostischen Sophia werden; denn nur durch die Hominisierung beider Teile des gnostischen Androgyns war es möglich, die dem Jahwismus von der weiblichen Potenz her drohende Gefahr zu überwinden. Der nach dem Bilde des gnostischen Messias geschaffene jahwistische Gegenmessias war da; es blieb noch übrig, nach dem Bilde der gnostischen Sophia auch eine jahwistische Gegensophia zu gestalten. Kluge Anhänger des neuen Messianismus warnten nicht ohne Grund; aber noch Klügere befürworteten eine solche Scheinkonzession, um das weibliche Geschlecht zu gewinnen, und sie drangen durch. Man sieht hier noch einmal, welche Bedeutung die weibliche Mysterienreligion vom göttlichen Paare Sophia und Logos zur Zeit der Entstehung des jahwistischen Christentums hatte. Schon in den Geburtsgeschichten der Evangelien des Matthäus und Lukas hat sich diese Tendenz durchgesetzt. Wie die jahwistische Christologie der gnostischen, so trat von Anfang an, und sie begleitend, eine Mariologie der Sophiologie entgegen. Aus denselben psychologischen Gründen, aus denen man auf den hoministischen Messias Züge des feministischen übertrug, schrieb man seiner nach den drei ersten Evangelien gut bürgerlich und fromm-pharisäisch denkenden Mutter Eigenschaften und Erlebnisse der oberen und der unteren Sophia zu. So wurde auch sie zu einer geistigen Zwittergestalt. Ihr wahres jahwistisches Gesicht mußte zu zeiten eine gnostische Maske tragen; sie durfte Sophia scheinen, ohne es zu sein. Im Dienste des Kampfes gegen die gnostische Sophia war die Zweideutigkeit eine erlaubte Kriegslist, wie sie es auch im Kampfe der jahwistischen Christologie gegen den gnostisch-gynäkokratischen Christus war. Eine Gefahr für die jahwistisch-messianische Ecclesia bestand nicht, wenn die geistigen Autoritäten, im Wissen um ihr esoterisches Geheimnis, die Augen und auch die Ohren offenhielten. Der Logos der feministischen Trinität war mit dieser selbst hominisiert und mit dem jahwistisch-hoministischen Messias Jeschua als seiner historischen Incorporation gleichgesetzt; die Sophia aber war als Potenz aus der hominisierten Trinität vollständig ausgeschaltet. Sie hatte aufgehört, eine Kategorie des sich entfaltenden Absoluten zu sein. Das Geschlechterdogma stand wie ein *rocher de bronce* fest und die exoterische Sentimentalität der Volksfrömmigkeit war nur ein erwünschtes „Spiel der Wellen" um ihn her, das ihn nicht erschüttern konnte. Indem man statt des Denkens und Erkennens nur Affekt und Gefühl beschäftigte, war bei aller rhetorischen Übertreibung ein Seitensprung in den gnostischen Feminismus nicht zu befürchten. Die Theologen duldeten nachsichtig und zufrieden lächelnd auch solche Hyperbeln, die alle nur der Männerkirche zugute kamen. Die Idee der jungfräulichen Mutterschaft der oberen Sophia, die Erzählung von den Leiden der unteren Sophia beim Tode ihres durch Jahwe gekreuzigten Sohnes, der Mater dolorosa, die allen gnostisch-gynäkokratischen Apokalypsen bekannt ist, hatten einen neuen und ungefährlichen Sinn bekommen, seitdem sie auf eine historische Person, die Mutter des historischen Rabbi Jeschua, übertragen waren. Aber in Wirklichkeit entstammen das Stabat Mater und Michelangelos Pietà nicht dem Geiste des historischen Ereignisses unter Tiberius, sondern jenen, aus der unterbewußten Erinnerung nie entschwundenen und nie entschwindenden vorhistorischen Passion von Sophia und Logos, als der erste Äon der gnostisch-gynäkokratischen Männerkirche sein Ende fand und damit die ewige Sophia in ihrer unteren Erscheinung zur Mater dolorosa wurde. So war also gegen den gnostischen Christus der hebräischen Frauentradition ein jahwistischer Antichristus und gegen die gnostische Sophia eine antisophianische Maria aufgestellt. Denn man muß die Mariologie der Kirche als den hoministischen Damm gegen die gnostisch-gynäkokratische Sophiologie verstehen. Das heißt, wie Jeschua als der Gegner der gnostischen Gynäkokratie, für diese der Antichristus ist, so ist die jahwistische Maria, als die Antisophia, die Feindin der gnostischen Gynäkokratie. Die Kirche hat diese marianische Politik dem weiblichen Geschlechte gegenüber zu allen Zeiten konsequent durchgeführt. Über das Dogma der unbefleckten Empfängnis oder der leiblichen Himmelfahrt Marias disputierende Marianisten und Antimarianisten innerhalb der Mauern der Kirche aber unterscheiden sich nur durch die Taktik in ihrem gemeinsamen Kampfe gegen Sophia und Logos.

Durch sein Wesen bestimmt, sich selbst unter den Formen von Subjekt und Objekt zu erscheinen, wurde das Eine zu diesem Kosmos von sich zu Menschheiten gestaltenden Sonnensystemen. Dieser Prozeß ist kein pantheistisch-mechanischer, in dem jede einzelne existierende solare oder menschliche Individuation durch ihr bloßes notwendiges Dasein gleichwertig mit jeder anderen daseienden ist. Vielmehr ist das Eine seinem Wesen nach ein sich teleologisch gestaltendes Ganzes geworden, dessen Glieder, die einzelnen Sonnensysteme mit ihren verschiedenen Menschheiten, nur soviel positiven Wert und Sinn haben, als sie zur

Erfüllung des absoluten Telos des Ganzen beitragen. Dieses absolute Telos des Einen aber ist sein Bewußtsein von sich selbst als dem in Subjekt und Objekt Identischen; alles Handeln ist nur dieses unter bestimmten Voraussetzungen der Existenz sichtbar werdende gnostische Selbstbewußtsein des Absoluten. Daher kann man den ganzen kosmischen Prozeß als den des sich selbst erlösenden Einen bezeichnen. Die Erlösung aber, um die es geht, ist die Erlösung von der Unwissenheit über sich selbst. Es will sich nicht vom Dasein befreien — das wäre absurd, weil es unmöglich ist, denn das Eine ist ja von Natur das ewig Daseiende — sondern von dem nichts von sich wissenden Dasein. Deshalb mußte es zu den Menschheiten der anthropogonischen, nicht von sich wissenden Sonnensystemen werden. Dieser Prozeß ist ein dialektischer, der die niederen antithetischen Bewußtseinsstufen seiner Phänomenalisierung durch den stärkeren Erkenntnistrieb höherer überwinden muß. Denn auf jeder einmal erreichten Stufe will das Eine in diesem Dasein beharren, nach dem Gesetz der Trägheit, das in seiner Art ebenfalls ein Abbild des absoluten Seins ist. Ichbewußte Menschheit geworden, muß daher das Eine sein agnostisches Ichbewußtsein durch sein gnostisches Ichbewußtsein überwinden, um sich von der Unwissenheit über sich selbst zu erlösen. Das ist der dialektische Prozeß, den es in unserer terrestrischen Menschheit durchmachen muß: die Tendenz des Einen in seinem männlichen Geschlecht zum agnostisch-egozentrischen Ichbewußtsein muß daher durch die Tendenz des Einen in seinem weiblichen Geschlecht, die zum gnostisch-androgynen Ichbewußtsein, besiegt werden. Mit diesem, dem absoluten Telos der Menschheit entsprechenden Siege begann die Geschichte unserer Gattung, deren erster Äon ein gnostisch-gynäkokratischer war. Mit dem Absinken der gnostischen Bewußtseinsintensität des weiblichen Geschlechtes begann sofort das antithetische Aufsteigen des agnostischen Ichbewußtseins, soziologisch also das des Hominismus. Der antignostisch-hoministische Äon der Menschheit löste den gnostisch-gynäkokratischen ab. Dieser hinterließ als sein Vermächtnis den Messianismus seiner gnostisch-gynäkokratischen Apokalypsen, denen der antignostische Hominismus, sie umkehrend, seine eigenen gegenmessianischen Apokalypsen dialektisch-antithetisch entgegenstellte. In den hebräischen Stämmen hat der gnostisch-gynäkokratische Messianismus und sein antignostisch-hoministischer Gegenmessianismus einen für die ganze Menschheit entscheidenden Einfluß ausgeübt.

Seinem Wesen nach ist der jüdische Messias der Befreier und Erlöser des männlichen Geschlechtes von der gnostischen Gynäkokratie; er ist also deren Antichristus. Um sie möglich zu machen, muß er ihre Bewußtseinsgrundlage unterdrücken, d. h. verhindern, daß das Eine in der Menschheit sein absolutes Telos erreiche, nämlich das Bewußtsein von seiner Identität in Ich und Nichtich; er muß es im agnostischen Ichbewußtsein der Differenz festhalten, von dem sich zu befreien der Sinn seiner Menschwerdung ist. Durch das antignostische Bewußtsein zersplittert kann die Menschheit auf dieser Basis auch die mit dem gnostischen Ichbewußtsein verlorene ökumenische Einheit nicht mehr wiederfinden; aber sie wird es immer wieder vergebens versuchen, bis sie einsieht, daß sich ein Kreis nicht in ein Viereck verwandeln läßt. Der messianische Hominismus ist also auf dem agnostischen Ichbewußtsein beruhender Wille zur Macht des männlichen über das weibliche Geschlecht. Der ganze zweite Äon ist der des triumphierenden Antichrists, d. h. des messianischen Hominismus, der nach zahllosen, sich wechselseitig exkommunizierenden, Gestaltwandlungen zuletzt als materialistischer oder, in der Sprache des Hexensabbats, als proktophantasmistischer Messianismus erschien. Es wäre aber ein Irrtum, den Logos-Christus für den einzigen oder eigentlichen Gegner des Antichrists zu halten. Denn der gnostische Logos ist nur das Wort der Sophia, die Wortgewordene Weisheit, und den Sohn tötet er nur, um indirekt die Mutter selbst zu treffen, indem er ihr Werk, die gnostisch-gynäkokratische Männerkirche, zerstört. Der messianischen Frau, der Mutter und Geliebten des Messias, gilt seine Totfeindschaft — erinnern wir uns an den Drachen, der in der Apokalypse dem messianischen Weib auflauert. Die Alternative lautet: die Eine oder der Andere, gnostisch-feministischer oder antignostisch-hoministischer Messianismus. Sophia oder der Antichrist, These und Antithese, sind die dialektischen Gegensätze in dem Prozeß der Geschlechtergeschichte des sich erscheinenden Einen. Der untere Logos aber liegt im Grabe, nicht solange es dem Antichrist gefällt, denn dieser ist nur negativer Widerspruch, sondern solange, bis ihn die untere Sophia wieder vom Tode erlöst. Denn aus eigener Kraft vermag er nicht sich zu erheben. Isis muß die Glieder ihres zerstückelten Osiris wieder zusammensetzen, und Ischtar den Tammuz aus dem Totenreiche der Ereschkigal holen. Und die Frauen am Grabe Christi sind in der ursprünglichen hebräischen Frauenapokalypse sicher nur eine einzige Frau gewesen, Sophia, die Mutter und Geliebte, die den durch den jahwistischen Hominismus gekreuzigten Logos am Ende des Äons wieder durch ihre Liebe zum neuen Leben erwecken wird. Denn der Vatergott konnte kein sonderliches Interesse an seiner Auferstehung nehmen, sonst hätte er ihn als Antichrist nicht erst zu kreuzigen brauchen, und es wäre höchst unpolitisch von ihm gewesen, sein Reich durch den Antipoden von neuem in Frage stellen zu lassen. Die Auferstehung aus eigener

Kraft aber bedeutet, daß das männliche Prinzip sich bereits autonom vom weiblichen befreit hat und hoministisch selbständig geworden ist. Die sich widersprechenden evangelischen Erzählungen von der Auferstehung, die tendenzbestimmte Umgestaltungen der ursprünglichen Fassung des hebräischen Frauenmysteriums sind, stimmen jedoch alle darin überein, daß es das weibliche Geschlecht ist, das zuerst das leere Grab sieht und dann den Männern berichtet. Seine ursprünglich aktive Beteiligung bei dem Ereignis ist zwar durch die Erzählungen der Evangelien auf ein bloß passives Konstatieren beschränkt, aber auf das weibliche Prinzip überhaupt zu verzichten, war unmöglich, da ein hoministischer Gegenmythus geschaffen werden sollte, der die Frauen nicht zu sehr enttäuschen und abstoßen durfte. Da nun unter den Frauen am Grabe vor allen anderen Maria von Magdala hervortritt, so darf man wohl in ihr die vermenschlichte Sophia erkennen, die, Trägerin des gnostisch-gynäkokratischen Systems in der hebräischen Frauenapokalypse, nun als Sünderin dargestellt wird, aber als eine Sünderin, die sich zum hoministischen Messianismus bekehrte; die beiden anderen Frauen begleiten sie wie im Hohen Liede die „Töchter Jerusalems" als Chor die Sulamith beim Suchen nach dem toten Geliebten, dem Dod, begleitet haben werden. Sie sind die hebräischen Adoniazusen, die bezeugen können: „Unser Herr, Adonai-Adonis, ist wahrhaft auferstanden!" [*]

Wenn das Eine, wie es durch seine Ursibyllen prophezeit hat, auf unserer Erde noch einmal als untere Sophia den unteren Logos ins Leben zurückrufen sollte, wenn es also in beiden Geschlechtern noch einmal zur Katholizität seines Identitätsbewußtseins gelangen wird, dann ist der negative Äon des Antichrists zu Ende und ein neuer weiblicher Äon hat begonnen. Es ist, um zu dem Begriff, von dem wir ausgingen, wieder zurückzukehren, das Zeitalter des gnostischen Humanismus, das dann kommen wird, das Zeitalter der fortschreitenden Spiritualisierung des menschlichen Leibes durch die fortschreitende Vertiefung der Selbsterkenntnis des Einen in dem sich endlich seiner ökumenischen Einheit wieder bewußt gewordenen Menschengeschlechte.

---

[*] Vgl. hierzu die Deutung der Maria von Magdala, die der Verfasser in seinem letzten Werke gibt: „Sophia-Logos und der Widersacher", München 1959, Seite 124 ff. (Anmerk. d. Herausg.)

SECHSTER AUFSATZ

Das gnostische oder weibliche Christentum

I. DER GNOSTISCHE LEIB

1.

Wenn wir sagen: das Eine erscheint sich selbst, so bedeutet das: das jenseits der Gegensätze von Subjekt und Objekt stehende, also in sich selbst gegensatzlose Eine oder Absolute hat sich, um für sich da zu sein oder zu existieren, in sich selbst in die gegensätzliche Zweiheit von Subjekt und Objekt gespalten oder sich in ihr individuiert. Nun ist das Eine zu einer unendlichen Vielheit von Subjekten geworden, denen es als eine unendliche Vielheit von Objekten gegenübersteht, und zwar so, daß jedes dieser Subjekte seinerseits wieder ein Objekt für jedes einzelne der unendlich vielen Objekte ist, die ihm gegenüber sich ihrerseits im Subjektverhältnis befinden. Das Eine, das die absolute Identität von Subjekt und Objekt ist, erscheint sich also in Individuationen, die relativ zugleich Subjekt und Objekt sind, so daß also in dieser relativen Identität die absolute Identität angeschaut wird. Aber wie alle daseienden Dinge nichts als die Erscheinungen des in das Subjekt-Objekt-Verhältnis eingegangenen Absoluten sind, so ist auch die Doppelform Raum-Zeit, welche die Voraussetzung für diese Individuationen ist, nichts als die Erscheinung des Absoluten selbst, in der es sich als die unendliche Individuationsmöglichkeit anschaut. Unser ganzer gegenwärtiger Kosmos mit allen Sonnensystemen und deren Lebewesen ist nur ein aktualisierter Einzelfall der im unbegrenzten Raum und der grenzlosen Zeit angeschauten unendlichen kosmogonischen Potentialität des Absoluten. Denn alle seine Individuationen sind nur Begrenzungen des als Raum und Zeit erscheinenden unbegrenzten Vermögens des Einen zur Selbstbegrenzung in Individuationen. In Raum und Zeit erscheint sich also das Absolute als das Unbegrenzte, in seinen Individuationen als das kontingent Begrenzte: denn das Eine kann sich nicht begrenzt erscheinen, ohne sich zugleich als unbegrenzt zu erscheinen, und umgekehrt. So wenig wie die einzelnen Dinge sind also auch Raum und Zeit absolut; beide sind nur Sichtbarwerdungen des Absoluten. Und dieses kann sich nur erscheinen als Begrenztes im Unbegrenzten. Raum und Zeit sind daher ebenso wirklich oder unwirklich wie die in ihnen daseienden Dinge selbst.

Wenn aber das Eine in seinen menschlichen, des gnostischen Bewußtseins fähigen Individuationen sich als den Urgrund seines unbegrenzten subjektiv-objektiven Erscheinungsdaseins erkannt hat, hat es auch den teleologischen Sinn seiner Individuationen in Raum und Zeit erkannt. Sein ontologisches Selbstbewußtsein schließt zugleich sein teleologisches ein, wie dieses auch jenes in sich enthält; beide sind nur ein einziges untrennbares Bewußtsein. Das Eine begreift in ihm nämlich das ontologische Bewußtsein als den Sinn seiner Inkarnationen überhaupt. Sein Wesen erfüllt sich, indem es sich differenziert als Subjekt und Objekt gegenübersteht, um in dieser Spaltung sich als das in beiden, in Ich und Nichtich, Identische zu erkennen. Das ist das Telos, das Ziel oder der Sinn der Inkorporationen des Einen und ihrer Transformationen in Raum und Zeit. Das Ziel des unendlichen kosmisch-anthropologischen Prozesses des sich erscheinenden Einen ist es also, zu Gattungen von identitätsbewußten, also gnostischen, Individuationen zu werden, d. h. zu gnostischen Leibern. Durch seine Subjekt-Objekt-Spaltung ist das Eine für sich da als ein Universum aller Sonnensysteme mit ihren Lebewesen, das zwar in sich räumlich und zeitlich begrenzt und geschlossen ist, das sich aber in unendlicher Sukzession zu immer neuen Gestaltungen umwandelt. Keines dieser sukzessiven Universa, die alle aber nur ein einziges sich umgestaltendes Universum sind, ist ein Chaos, sondern ein jedes ein einziger, zweckmäßig werdender lebendiger Kosmos, eine ontologische und teleologische Einheit als Erscheinung des Einen. Das absolute Telos des Einen aber, welches alle Kosmogenesen und ihre Metamorphosen begründet, ist der gnostische Leib. Nie gab es eine Zeit, in der das Absolute sich nicht in Sonnensystemen eines Universums individuiert hätte, um sich auf von Ewigkeit prädestinierten Sternen, den immanenten Gesetzen seines unbegreiflichen ewigen Wesens gemäß, in gnostischen Leibern zu inkorporieren, und es wird keine Zeit geben können, in der die prädestinierten Sonnensysteme eines Universums nicht die Tendenz und die Kraft hätten, sich zu gnostischen Lebewesen umzugestalten. Denn sonst müßte das Eine mit seinem immanenten Telos nicht mehr da sein; aber ohne das Eine könnte es auch keine Erscheinungen mehr geben.

Durch seine Subjekt-Objekt-Spaltung ist das sich selbst erscheinende Absolute zu diesem einen und einzigen Universum geworden. Außerhalb dieses Universums, d. h. der Allheit aller seiner Erscheinungen, kann es begriffsmäßig keine Erscheinungen geben; denn außerhalb deren Totalität gibt es nur noch deren einen und einzigen, in jeder einzelnen individuierten Urgrund. Nun erscheint sich aber das Eine als ein Universum von *lebendigen* Körpern; die großen Himmelskörper sind nicht weniger auf ihre Art lebendige Leiber als deren kleinste Lebewesen. Das ewige Sein des Absoluten erscheint sich selbst in dem vergänglichen und doch zeitlich grenzenlosen *Leben* seines Universums. Dasein ist Leben und alles Daseiende ist lebendig. Leben aber heißt Objekte begehren und zu den begehrten Objekten getrieben werden. Alle Subjekte suchen ihre Objekte und diese wiederum suchen als Subjekte ihre Objekte nach den Gesetzen ihrer Gattungen und, gemäß dem immanenten absoluten Telos des Einen, zu Gattungen gnostisch begehrender Leiber zu werden. Denn diese sind das Endziel der Kosmogonesen und die hierarchische Spitze der Leibwerdungen des Absoluten überhaupt. Dieses ist also da als ein Universum sich teleologisch gestaltend-umgestaltender Leiber. Aber schon das Sich-gestalten des Einen in jedem einzelnen Leibe ist ein beständiges Sich-umgestalten, bis es dann in dieser Individuation, zur Reife der Selbstgestaltung gekommen, eine andere sie anziehende Individuation begehrt, um sich mit dieser in eine von beiden verschiedene neue Inkorporation zu transformieren. Bei der auf der Identität des Seins beruhenden Analogie aller Erscheinungen untereinander wird es den lebendigen Sonnensystemen nicht anders ergehen als deren Lebewesen; und unser Sonnensystem, das, wie es heißt, auf das Sternbild des Herkules zu getrieben wird, wird wohl einem unbekannten, es prädestiniert anziehenden Sonnensystem zueilen, indem es auf dem unermeßlichen Wege vielleicht noch seine Bestimmung erfüllt und sich in eine Gattung gnostischer Leiber verwandelt. In einer neuen Gestalt wird dann das Eine das Werden zu demselben gnostischen Telos wiederum beginnen und das eine ewige Lied von neuem anheben.

2.

„Magie" nenne ich die Kraft, durch welche das in wechselseitig einander begehrenden Leibern erscheinende Eine sich anzieht und sich mit sich selbst vereinigt, um sich zu veränderten oder neuen Erscheinungen teleologisch umzugestalten. Magie ist also die Kraft der transformierenden Wechselwirkung sowohl aller Teile eines einzelnen einheitlichen Gesamtorganismus miteinander, z. B. der einzelnen Planeten eines Sonnensystems, oder der einzelnen Organe eines tierischen Leibes, und zweitens ist Magie die transformierende Wechselwirkung aller einzelnen Gesamtorganismen untereinander, also z. B. die der unzählbaren Sonnensysteme eines Universums und die der Menschen einer Menschheit. Das Eine erscheint also als ein panmagisches Universum, und der Weltprozeß ist ein magischer. Wechselwirkung und Magie sind also identische Begriffe; so daß die Einheit des magisch zusammen gehaltenen Universums zu einem räumlich-zeitlichen Abbild der Einheit des Absoluten wird. Es gibt eine Magie der bewußtlosen, der unbewußten und der mit reflektierendem Bewußtsein begabten Leiber; von dieser letzteren wird erst später gesprochen werden. Was aber Gravitation, Magnetismus, Elektrizität, Chemie, Physiologie, Ernährung und Fortpflanzung genannt wird, sind nur Wirkungsformen der einen magischen Urkraft des erscheinenden Absoluten, das durch die verschiedenen magischen Kräfte seiner Erscheinungen die Subjekt-Objekt-Spaltung immer wieder erfolglos aufzuheben sucht; denn es ist dasjenige, das sich wesensgemäß in zeitlicher Ewigkeit erscheinen muß. Ohne einander wahrzunehmen, ohne um ihre Bestimmung zu wissen, werden die Sonnensysteme blind und magisch-instinktiv, wie sie sich selbst unterwegs magisch-instinktiv umgestalten, den Zielen entgegengetrieben, welche ihnen durch die Natur des Einen gesetzt sind, das sich in ihnen teleologisch individuiert hat. Erst in den Gattungen der Lebewesen, in die sie sich umwandeln, erhalten sie ihre Erkenntnisorgane. Wenn sich unser Sonnensystem auch in vormenschlichen Pflanzen- und Tiergattungen auf der Erde transformiert hat, durch deren Sinnesorgane sich das Eine unbewußt als Subjekt-Objekt wahrzunehmen imstande ist, so werden doch auch sie nur blind magisch-instinktiv ihren wahrgenommenen Objekten zugetrieben; denn erst in der Gattung gnostisch-bewußter menschlicher Leiber inkarniert erreicht das Eine in unserem Sonnensystem sein immanentes Telos.

Daß sich das Eine in einer Gattung bewußt lebender, d. h. begehrender, Leiber individuiert hat, ist nicht wunderbarer als daß es sich in Gattungen unbewußt lebender erscheint. Es gibt nur *ein* Urwunder: das ist seine Subjekt-Objekt-Spaltung überhaupt; die Gattungen seiner Erscheinungen sind nur die notwendigen teleologischen Folgen dieses Urwunders. Denn vorstellen und denken zu können, ist nicht ein dem menschlichen Leibe wesensfremdes, durch ein Wunder ihm verliehenes, sondern zu seiner Definition gehörendes Vermögen; nur ein abstraktes Analysieren hat die Einheit von Denken und Ausdehnung in eine substantielle Verschiedenheit zerrissen. Denn die Einheit von Leib und Bewußtsein beruht darauf, daß das Eine als diese Einheit erscheint. Weder ist der Geist aus der Materie noch die Materie aus dem Geist abzuleiten, sondern beide nur aus einem dritten, über ihnen stehenden Prinzip, das in der Einheit von Geist und Materie in Erscheinung tritt, so daß also beide metaphysisch betrachtet identisch sind. Es denkt also eigentlich nicht der Leib, sondern das Leib gewordene Eine denkt im Leibe. Die Identität des unbewußt Seienden und des bewußt Seienden, des Leibes und des Geistes, in derselben Individuation beruht aber auf der allgemeinen Identität des Absoluten in Subjekt und Objekt überhaupt, durch die auch die Ichindividuation und die Nichtichindividuation identisch sind. Der Leib der menschlichen Bewußtseinswesen ist daher seiner Natur nach eine durch Vorstellen, Erinnerung, Imagination und Denken vergeistigte und wachsender Vergeistigung fähige Inkarnation des Einen. Der Geist gehört also ausschließlich der Erscheinungswelt an; er ist nur eine Tätigkeitsform von Leibern, in denen sich das Eine inkorporiert hat. Der vorstellende und die Vorstellung durch das Denken synthetisierende und verstehende Leib ist aber zugleich ein sprechender; dem Grade seiner Vergeistigung entspricht das Vermögen, die Vorstellungen in Worten auszusprechen. Durch das Wort steht das als eine Gattung vergeistigter Leiber erscheinende Eine in geistiger Wechselwirkung mit sich selbst. Weil nun das Eine durch seine Subjekt-Objekt-Spaltung in allen vorstellenden Subjekten allein das Subjekt und in allen vorgestellten Objekten allein das Objekt ist, haben sowohl die Vorstellungen einen objektiv gültigen Inhalt und sind auch die vorgestellten Dinge für alle Vorstellenden dieselben; sonst könnten die Vorstellungen nur subjektivistische Delirien des Leibes sein. Durch sein Bewußtsein oder den Geist wird sich also der getriebene Leib mitsamt der ganzen magisch getriebenen Dingwelt, von der er ein Teil ist, zum Objekt, und erhalten die Erscheinungen außer ihrer Seinsexistenz noch eine Bewußtseins- oder Vorstellungsexistenz. Das Eine ist also doppelt da: als unbewußt Seiendes und im Bewußtsein als vorgestellt Seiendes, als Bild und als Abbild. „Wahrheit" nennt man die Übereinstimmung von Bild und Abbild; „Irrtum" ist die falsche Wiedergabe und „Lüge" die beabsichtigte Fälschung des Daseienden im Wort gewordenen Abbilde.

Die Vergeistigung der geistlos-unbewußt magisch durch blinden, aber teleologisch sicheren Instinkt getriebenen Inkorporationen des Einen geschieht durch ein doppeltes Bewußtwerden, von denen das erste die Voraussetzung für das Erwachen des zweiten ist; aber beide zusammen bilden erst das vollendete Bewußtsein des als Leib erscheinenden Absoluten. Ich unterscheide sie als das phänomenale und das noumenale Bewußtsein des Leibes. Durch das phänomenale Bewußtsein wird dieser sich bewußt als eines einzelnen Leibes im Universum der Körper, stellt er sich also vor als einzelnen Teil eines zeitlich-ewigen Universums, das zu erforschen er durch seinen auf die Phänomene gerichteten Verstand getrieben wird, um sich selbst zu verstehen. Durch diesen wird sich also das Eine seiner unendlichen Phänomenalität bewußt. Dieses phänomenale Bewußtsein ist agnostisch, bis im geistigen Leben des Leibes der beständig suchende metaphysische Trieb sein Ziel erreicht und der Leib auch zu seinem gnostischen oder noumenalen Bewußtsein gelangt. Durch dieses erkennt das geistiger Leib und durch ihn seiner selbst phänomenal bewußt gewordene Eine sich nun auch noumenal als das in allen Erscheinungen Identische. Zum noumenalen Bewußtsein seiner selbst gelangt ist sich nun der einzelne Leib, oder richtiger gesagt, das Eine als der einzelne Leib, seiner metaphysischen oder noumenalen Identität mit allen erscheinenden oder phänomenalen Leibern des Universums bewußt geworden. Kam es zuerst durch das phänomenale Bewußtsein zu Verstand, so ist es nun durch das noumenale auch zur Vernunft gekommen. Durch die Vernunft aber wird die phänomenale *natura naturata* aus der *natura naturans*, die Natur aus der Übernatur, die Übernatur aus der Natur begriffen. Wie schon gesagt, ist dieses ontologische Bewußtsein zugleich ein teleologisches und umgekehrt; das Wissen vom Sein enthält, wenn es vollständig ist, notwendig zugleich das Wissen vom Sinn des Seins. Sowohl als Leib des agnostisch-phänomenalen wie als Leib des gnostischen, die Phänomenalität erkennenden Bewußtseins, also sowohl als gnostischer wie als agnostischer Leib, auf beiden Stufen seines ontologischen Selbstbewußtseins, muß sich das Eine auch das Telos seiner Inkorporationen vorstellen, in dem einen Fall also ein agnostisches, in dem andern das gnostische. Aber der Geist oder das Bewußtsein ist mehr als ein bloß theoretisches Vermögen des Leibes. Er ist dessen magisches Werkzeug, durch das er sich selbst teleologisch umgestaltet; durch die Kraft der Vorstellung ist er imstande, sich selbst und seine Affekte dieser entsprechend zu formen. Zu der natürlichen Magie seines physischen Lebens ist die Magie seines geistigen Lebens hinzugekommen; durch sein Vorstellungsvermögen vermag der Leib sich auch physisch durch geistige Konzentration auf das Telos zu gestalten. Diese geistige Konzentration erscheint als Wille, als gnostischer oder agnostischer, je nach der Bewußtseinsstufe. Die Magie der instinktiven Triebe ist nun einer stärkeren Magie des Leibes gehorsam: der Magie des teleologisch bewußten Willens. Nun ist es der Geist, der sich den Körper baut. Der physisch-animalische Leib verwandelt sich durch die Realisierung seines geistigen Willensvermögens in einen geistigen Leib. So wird das in seinen bewußt gewordenen, also vergeistigten Leibern erscheinende Eine aus einer Gattung von magischen Leibern des agnostisch-phänomenalen Ich-Nichtich-Bewußtseins zu einer Gattung gnostisch-magischer Leiber, die durch ihr gnostisches Ich-Nichtich-Bewußtsein zum „Tempel des heiligen Geistes" werden. Das ist auf unserem Sonnensystem bis jetzt nur eine Möglichkeit; aber auf anderen Sonnensystemen muß das Eine die Möglichkeit zum absoluten Telos seiner Erscheinungen in höheren Graden verwirklicht haben. Wir nennen diese in vollkommeneren Graden vergeistigten gnostischen Leiber des Einen Engel oder Götter. Es ist uns verwehrt zu wissen, *wie* diese vollkommener vergeistigten Leiber sind; es muß uns genügen, *daß* sie sind. Wir verstehen auch nicht, in welcher Art magischer

Wechselwirkung sie untereinander stehen oder sie zu uns und wir zu ihnen. Aber schon das Wissen, daß sie da sind, macht diese Unbekannten zu Vorbildern für die Erfüllung unserer eigenen gnostischen Bestimmung. Unsere Gattung steht mit ihrer gnostischen Aspiration nicht allein im Universum. Unser Wissen, daß diese andern da sind, und ihr Wissen, daß wir da sind, ist schon eine wichtige Art magischer Verbindung zwischen ihrem und unserem Dasein. Aber wenn unser Sonnensystem zu den durch das Wesen des Einen prädestinierten gehören sollte und unsere terrestrische Menschheit bestimmt wäre, sich in eine Gattung gnostischer Leiber umzugestalten und in dem *Chorus mysticus* aller gnostischen Gattungen, in denen sich das Eine im Universum individuiert hat, mitzusingen, dann wird unsere Menschheit wohl einmal in noch viel engerer magischer Wechselwirkung mit den höchsten Engeln der „himmlischen Hierarchie" stehen. Dieser *Chorus gnosticus* ist auch jetzt im Universum verwirklicht, wie er es von Ewigkeit her war, denn erst in dieser bewußten Einheit und Wechselwirkung aller seiner gnostischen Individuationen erreicht das Eine das Telos seines Erscheinungsdaseins. Diese Bewußtseinsgemeinschaft der zu Engeln, d. h. zu gnostischen Leibern verwandelten Sonnensysteme, ist die wahre Harmonie der Sphären. Die Bewußtseinswesen *unseres* Sonnensystems aber sind in dieser *Hierarchia coelestis* bis jetzt noch nicht aufgenommen.

3.

Das in der menschlichen Gattung individuierte Absolute transformiert sich durch seine gebärende weibliche Potenz in immer neue Leiber. Das Telos dieser unbegrenzten Gestaltwandlung ist seine gnostisch-geistige Leibwerdung. Von diesem kosmischen Telos des Einen aus betrachtet aber sind die agnostischen Leiber Mißgeburten. In seiner weiblichen Potenz muß daher das Eine primär zum Bewußtsein vom Sinn seiner kosmischen Individuationen kommen. Noumenal verstanden ist also die Frau nach Wesen und Bestimmung gnostischer Leib, der gnostische Leiber gebären soll. Das ist das Axiom der gnostischen Gynäkologie. Die männliche Potenz aber, als die nichtgebärende, weiß als solche um den geistigen Sinn und das Geheimnis der Umwandlungen des Einen in neue gnostische Individuationen durch die sogenannte Fortpflanzung nicht primär, sondern sekundär. Von Natur ist seine Geistigkeit wesentlich phänomenologischer und nicht gnostischer Art; auch sie in eine gnostische umzugestalten, gehört zur Bestimmung des weiblichen Geschlechtes. Denn es müßte dem gnostischen weiblichen Leibe wie die Vermischung mit dem Männchen einer fremden Gattung erscheinen, wenn sie sich mit einem agnostischen männlichen Leibe vereinigen sollte. Die Stärke dieses

Gefühls der magischen Abstoßung ist ein Kriterium des Grades der Entwicklung des heiligen Geistes. Das gnostische weibliche Geschlecht muß daher die Unio gnostica mit einem gnostischen männlichen fordern; so wird die weibliche Potenz zum Werkzeug des Einen, um auch die männliche in eine gnostische umzuwandeln. Das geschieht aber nicht durch Lehren einer bestimmten Doktrin, sondern durch Erweckung des auch in der männlichen Potenz, als einer Inkorporation des Absoluten, schlummernden gnostischen Triebes. Denn das Eine muß sich in jeder einzelnen Individuation selbst finden, um sich im Bewußtsein zu besitzen; und den Besitz bezeugt nur das verwandelte Leben des Leibes und des Geistes. Wenn der Geist nämlich nicht den Leib und seine agnostisch-egoistischen Triebe vergeistigt, ist das Wissen vom Absoluten nur totes zerebrales Wortwissen ohne magische Gestaltungskraft. Wenn der Schüler nicht die schweigende und erleuchtende Versenkung lernt, wird ihm das Verborgene verborgen bleiben. Und auch die Worte des Lehrers bleiben leere *flatus vocis*, wenn sie nicht von einem durch den Geist magisch verwandelten Leibe gesprochen werden. Denn wichtiger als Worte ist das Sein und überzeugender als Reden ist das gnostische Schweigen. Soziologisch gesprochen, erreicht also das Eine sein den Erscheinungen immanentes Telos, nämlich seine Inkarnation in einer Gattung gnostischer Leiber, durch die gnostische Gynäkokratie. Nennt man eine Gesellschaft, die gemeinsam ein geistiges Lebensziel erstrebt, dem sie alle anderen Zwecke unterordnet, eine Kirche, so ist die gnostische Gynäkokratie eine gnostische Frauenkirche, die den Anspruch erhebt, eine von ihr gegründete korrelative Männerkirche geistig, d. h. gnostisch, zu leiten. Beide Kirchen aber sind durch ein gemeinsames Kultsymbol und Credo nur eine einzige Kirche in zwei Geschlechtern: die Kirche von Sophia und Logos. Nun ist aber jede Kirche die soziologische Erscheinungsform einer Philosophie, d. h. einer das ganze Sein umfassenden teleologischen Ontologie oder ontologischen Teleologie. Das soziologische Telos wird von dem Einen in einem Symbol als der Gott angeschaut und bekannt und gilt zugleich ontologisch als die Ἀρχή oder das weltschöpferische Prinzip, daher als Alpha und Omega. Denn Ἀρχή und Τέλος sind in dem Einen identisch und werden nur von dem begrifflich sondernden Verstande unterschieden. Religion, d. h. Bindung, ist aber das Bekenntnis zu dem Gott einer aktuellen oder potentiellen Kirche. Das zum Bewußtsein seiner selbst als der Identität in der erscheinenden Polarität erwachte Eine schaut sich nun an, wie im vorigen Aufsatz gezeigt wurde, unter dem trinitarischen Symbol des gnostischen Androgyns Sophia und Logos. Er ist das ontologische Symbol von Subjekt und Objekt, von Pol und Gegenpol, und zugleich das teleologische Symbol der bewußt gewordenen Unio gnostica des Einen mit sich selbst. Er ist also der Gott der gnostischen Doppelkirche des Einen, das sich in ihm als Ἀρχή und Τέλος bejaht. Das Credo dieser gnostischen Doppelkirche aber ist der Glaube, daß sich das Eine als Sophia und Logos auch auf dieser Erde in einer Gattung gnostischer Leiber durch das weibliche Geschlecht verwirklichen werde, der Glaube also an eine Prädestination unseres Sonnensystems, ein zeitliches Abbild des noumenalen ewigen Androgyns Sophia und Logos zu werden. Die allgemeine gnostisch-gynäkokratische Doppelkirche beruht aber ihrerseits, wie früher gezeigt wurde, auf dem gnostisch-gynäkokratischen Doppelorden von Sophia und Logos. Und dieser wird, wenn die Zeit kommen sollte, durch die prädestinierte weibliche Individuation des Einen gegründet werden, die messianische Frau, die vollkommen Erwachte. Mehr über sie zu sagen, fehlt mir die Kompetenz. Durch sie würde das weibliche Geschlecht unserer Erde seiner Bestimmung gemäß mit der Gründung der weiblichen Doppelkirche von Sophia und Logos zur Erzieherin des agnostischen männlichen werden. Die Worte, die Schiller „an des Jahrhunderts Neige" den Künstlern zurief, wird „an der Neige" des hoministischen Äons die „vollkommen Erwachte" dem ganzen weiblichen Geschlechte, wenn die Menschheit in der kritischen Stunde ihrer geistigen Existenz die entscheidende Wahl zu treffen hat, zurufen müssen:

„Der Menschheit Würde ist in euere Hand gegeben.
Bewahret sie!
Sie sinkt mit euch! Mit euch wird sie sich heben!"

II. DER ANIMISTISCH-THEISTISCHE HOMINISMUS

1.

Die Hieroglyphe des gnostischen Androgyns ist nicht nur das ontoteleologische Symbol der *Unio gnostica* der zwei Potenzen des Einen im Bewußtsein ihrer noumenalen Identität. Ein philosophisches Symbol ist immer die synthetische Hieroglyphe des ganzen Denksystems. Erwähnen wir nur zwei in diesem synthetischen Symbol enthaltene und angeschaute Ideen. Der Androgyn ist auch ein gnostisch-psychologisches und ein gnostisch-soziologisches Symbol. Ein soziologisches, weil in ihm die Einheit des gnostisch-gynäkokratischen Doppelordens und damit die der ganzen Doppelkirche von Sophia und Logos dargestellt ist als die Voraussetzung, um das Telos der *Unio gnostica* in der Menschheit zu verwirklichen, womit er zur Hieroglyphe für die gnostisch-gynäkokratische Menschheit überhaupt wird. Und er ist zweitens auch ein psychologisches Symbol, weil er auch die untrennbare geistige Einheit der beiden Pole des Bewußtseins, des noumenalen und des phänomenalen Poles, ausspricht. Dieses vollkommene Bewußtsein des Einen von sich selbst kann man die androgyne Einheit des Bewußtseins nennen, wenn man in dem gnostischen Pole desselben die spezifisch weibliche, in dem phänomenalen den spezifisch männlichen Pol der Einheit des Bewußtseins erkennt, welches das zweigeschlechtliche Menschheit gewordene Eine von sich selbst hat. Daß der Androgyn schließlich auch die untrennbare Einheit des leiblichen Poles und des gesamten geistigen in den menschlichen Individuationen bedeutet, ist zu begründen wohl überflüssig. In diesem noch ungespaltenen gnostisch-phänomenalen Doppelwissen des Einen von sich selbst bestand das noch unreflektierte Bewußtsein der Urmenschheit. Ihr noumenales Wissen konnte unendlich vertieft, ihr phänomenales unendlich erweitert werden. Das Menschengeschlecht begann also seine Geschichte als eine in der gnostischen Frauenkirche von Sophia und Logos und der Religion des göttlichen Androgyns geeinte Gattung von gnostisch-phänomenal bewußten Leibern, in denen sich das Eine individuiert hatte; die Geschlechter waren durch den gnostischen Eros und alle einzelnen Individuen durch die gnostische Philia verbunden. Aber die harmonische Einheit der zwei Seiten des Bewußtseins des gnostischen Leibes, welche dieser parallel und korrelativ zueinander hätte entwickeln und steigern sollen, um sich durch die magische Kraft des Bewußtseins in einen immer vollkommneren gnostischen Leib umzugestalten, wurde zerbrochen und der gradlinige geistige Weg der Menschheit unterbrochen, als der Leib sein phänomenales Bewußtsein hypertrophisch und einseitig auf Kosten seines noumenalen zu entwickeln begann, bis er dieses völlig unterdrückte und jenes allein übrig behielt. Es war das zugleich der Sieg der phänomenal ich-nichtich-bewußten männlichen Potenz des Einen über seine die Identität von Ich und Nichtich noumenal durchschauenden weiblichen Potenz. Kurz, es war der Sieg des agnostischen Hominismus. An die Stelle der empedokleischen, auf dem Identitätsbewußtsein beruhenden gnostischen Philia trat der Neikos, welcher die Folge des agnostisch ichbewußten individuellen und kollektiven hominstischen Machtwillens und seiner Rechthaberei ist. Die egozentrisch-verlogene Bosheit des sogenannten natürlichen Menschen haben *Larochefoucauld* und *Pascal* analysiert, die wahren „Tiefenpsychologen" der gefallenen menschlichen Natur. Satan bedeutet: Widersacher, Widersprecher, Verneiner. Für das gnostische Denken ist daher Satan der Name des bewußt antignostischen Willens. Denn diejenigen Individuationen des Einen, die auf der Bewußtseinsstufe des agnostischen Egoismus stehen bleiben und sich nicht zum Bewußtsein des überphänomenalen Wesens der Phänomenalität zu erheben imstande sind, müssen ihrer Natur gemäß den gnostischen Trieb auch in allen andern Individuationen zu ersticken suchen, um die Entstehung des gnostischen Leibes überhaupt unmöglich zu machen. Satanisch nenne ich daher den Leib des negativ-satanischen Bewußtseins, dessen Telos die Gattung satanischer männlicher und weiblicher Leiber ist, mit ihren unbegrenzten Möglichkeiten wechselseitiger Züchtigung und Zerstörung; einig sind diese sich egoistisch fortpflanzenden satanischen Leiber nur im Satanismus, der Verneinung des gnostischen Leibes. Wenn also das geistige Leben im phänomenalen Verstandesdenken stecken bleibt, ohne in das noumenale Vernunftdenken vorzudringen, wird es zum Fluche statt zum Segen, denn es ist dann nur Werkzeug der Triebe und Affekte des antignostischen oder satanischen Leibes. Aus diesem Boden wächst keine Hoffnung. Aber einer der größten Erfolge des universellen Satanismus ist der vernunftwidrige Glaube an die Lüge, daß auf dieser Bewußtseinsbasis die Welt je etwas anderes als ein Inferno sein könnte. Denn sie beruht auf dem Lügen- oder Pseudoandrogyn, der die satanistische Karikatur des gnostischen ist, und in dem der leiblichen Einheit durch die Differenz des egoistischen Bewußtseins widersprochen wird, der sich also selbst negiert, da seiner Scheineinheit durch wechselseitige vampirische Ausbeutung widersprochen wird. Der biologische Hominismus hat diesen satanistischen Androgyn aus bevölkerungspolitischen Gründen für die Menschheit als Vorbild aufgestellt; doch er züchtet nur eine hybride Gattung, die nicht mehr zum Tier zurück kann und Mensch nicht mehr werden will.

2.

Es kann nur zwei Möglichkeiten geben, das Wesen der Welt zu denken: entweder ist sie die Erscheinung des Absoluten oder sie ist selbst absolut. Entweder ist die Differenz von Ich und Nichtich, von Subjekt und Objekt, nur die Erscheinung der *coincidentia oppositorum*, des in ihnen Identischen, oder in dieser Differenz selbst besteht das Wesen der Welt. In dem einen Falle ist die Welt das Phainomenon des absoluten *Ens reale,* im andern ist sie selbst das *Ens reale.* Nach der Verneinung der Monas bleibt nur der Dualismus der Dyas übrig; das auflösende analytische Denken hat damit das synthetische verdrängt. Dann aber werden nicht nur Ich und Nichtich unvereinbare polare Gegensätze, das Ich selbst spaltet sich dann dualistisch in ein leibendes und ein denkendes Ich. Nachdem das analytische Denken die androgyne Einheit beider zerbrochen hat, versucht es im Schweiße seines Angesichtes vergebens, beide wieder zusammenzuleimen. Realiter sind sie natürlich gar nicht getrennt worden, sondern nur verbaliter, denn in der Identität des individuierten Einen denkt das leibende Ich und leibt das denkende

Ich. Die sophistische Spaltung soll nur von der Besinnung auf diese noumenale Identität ablenken, um das egoistisch-agnostische Ichbewußtsein zu retten, welches das dualistische Problem überhaupt erst geschaffen hat. Denn es ist eine aus der Negation der Identität des Einen in beiden folgende Dialektik zwischen agnostischem Animismus oder Psychismus und agnostischem Materialismus. Der Leib bockt gegen das Bewußtsein und das Bewußtsein gegen den Leib; die zwei Königskinder können nicht mehr zusammen kommen, seitdem das agnostische Ichbewußtsein sie durch das allzu tiefe Wasser der substantiellen Differenz getrennt hat.

Der agnostische Animismus oder Psychismus stellt sich alle Dinge nun nach Analogie des Menschen dualistisch als aus Leib und Bewußtsein zusammengesetzt vor. Er steht nicht am Anfang der menschlichen Bewußtwerdung überhaupt, wie der evolutionistische Hominismus dogmatisierte, um auf dieser wackligen Basis seine Theorie vom gradlinigen Fortschritt bis zu ihm selbst konstruieren zu können. Vielmehr ging ihm die präanimistische oder prädualistische Ontologie der gnostischen Gynäkokratie voraus; und vermutlich ist mit dieser animistisch-hoministischen Gegenphilosophie auch die antithetisch mit ihr verknüpfte materialistisch-hoministische Gegenphilosophie zugleich enstanden, die beide in polarer Gegensätzlichkeit miteinander untrennbar verbunden sind. Durch den antignostischen Animismus verlor die Welt ihre in dem Einen gegründete reale Einheit, die zu einer nur nominalistischen wurde, während das eine Universum in *a pluralistic universe* auseinanderfiel. Denn durch das agnostische Zieldenken wird die ganze Erscheinungswelt entzweit und der Egoismus zum Weltprinzip. Alle Erscheinungen, die Sterne wie ihre Lebewesen, stehen, wenn sie vom Bewußtsein nicht mehr als Individuationen des einen Prinzips verstanden werden, in einem sinnlosen Kampf miteinander auf Leben und Tod und ohne Waffenstillstand. Der Neikos, die Zwietracht, ist der Aspekt, unter dem sich die ganze Erscheinungswelt dem entzweienden Blicke des animistischen Dualismus darstellt. Feinde ringsum! Denn alle Dinge sind boshafte lebendige Wesen, die einander mit Neid und Haß betrachten. Die gnostische Lehre, daß alles Daseiende als Erscheinung des überlebendigen Einen lebendig ist, war verfratzt und karikiert, seitdem das individualistische Ichbewußtsein das Universum als ein chaotisches Pandämonium von machthungrigen teuflischen Wesen dachte, von denen jedes das andere auffressen muß, um nicht selbst aufgefressen zu werden. Denn da es mit der Verneinung des Einen kein Ganzes mehr gab, konnte es auch keinen Sinn, kein Telos des Ganzen mehr geben; es gab nur die blinde Notwendigkeit, daß das stärkere Lebendige, seien es nun Himmelskörper oder deren Lebewesen, das schwächere seinen egoistischen Daseinsinteressen unterwerfen muß. Der agnostische Animismus ist die Ontologie der hoffnungslosen Angst, entsprungen aus der Angst und bestimmt, Angst zu erzeugen. Es war ein ungeheurer geistiger Rückschritt, der das Bewußtsein von der gnostischen Ontologie zu dieser ihrer agnostisch-animistischen Negation führte. Diese antithetische Ontologie des agnostischen männlichen Prinzips, diese die Monas und den gnostischen Androgyn verneinende Philosophie der Dyas, ist das Werk jenes geistigen Typus, den man als Schamanen, Magier oder Zauberer kennt. Sein theoretischer Animismus aber ist nur die Voraussetzung seines praktischen, und der praktische Animismus ist die Magie. Magie ist das Vermögen der Anziehung, Vereinigung und Umwandlung, haben wir früher gesagt, als wir das Universum panmagisch nannten. Es gibt eine natürliche Magie, welche die nicht zu Vorstellungen fähigen Körper aufeinander ausüben, und eine geistige Magie, welche die zu Vorstellungen und damit zu bewußtem Wollen fähigen Leiber miteinander verbindet, wobei zu beachten ist, daß auch diese, insofern sie Leiber sind, sich und andere aktiv und passiv durch natürliche Magie gestalten und umgestalten. Die geistige Magie der Leiber aber besteht darin, daß sie aufeinander ihre Vorstellungen und ihren bewußten Willen zu übertragen vermögen, so daß das magisch beeinflußte Individuum der stärkeren magischen Kraft geist- und leibeigen wird. Auch das pandämonische Universum des agnostischen Animismus ist panmagisch. Der Kampf aller Wesen ums Dasein ist ein magischer Existenzkampf; seine Waffe ist die Magie und Sieger bleibt der magisch stärkere Wille. Für das an magischen Kräften stärkste aller lebenden Wesen hält sich nun der Schamane. Da aber alle Lebewesen als geistig anthropomorph vorgestellt, d. h. ein dem Bewußtsein des Menschen analoges Vorstellungs- Gefühls- und Willensvermögen besitzten, also auch menschlicher Suggestionskraft unterliegen, so kann der Wille des Magiers durch das richtige Willenswort suggestiv auch auf alle einwirken und sie, die er physisch nicht vergewaltigen kann, als Kenner der bannenden Zauberworte, durch Drohungen einschüchtern oder durch Bitten und Schmeicheleien, durch Zuckerbrot und Peitsche, sich gefügig machen. Zwar ist der Schamane nur in seiner Imagination imstande, Erde, Sonne, Mond und Sterne zu bannen und zu hypnotisieren, aber er suggeriert doch wenigstens dem Stamme, dessen geistiges Oberhaupt er durch seine magischen Kräfte ist, daß er das alles vermag. Er ist für diesen in Wahrheit der allmächtige Herr über Himmel und Erde. Durch diesen Glauben befreit er bis zu einem gewissen, ihm opportun erscheinenden Grade, die Stammesgläubigen wieder von der Weltangst, die er ihnen durch seine Ontologie induziert hat;

denn er ist ein Arzt, der krank macht, um die Krankheit kurieren zu können. Nachdem er die Menschen durch die Schrecksuggestionen des agnostischen Animismus in die Angstpsychose getrieben hat, kommt er nun als Heiland, der beständig auf dem Posten stehen muß, um Ordnung in das pandämonische Chaos zu bringen, das er selbst geschaffen hat. Wehe dem, der dem Zauberer, der alles weiß, alles kann und immer recht hat, ohne dessen Kraft der Stamm keinen Tag leben könnte, nicht glaubt! Denn er kann den Frevler, der durch seinen Unglauben die Existenz des ganzen angstbesessenen Stammes bedroht, durch den magischen Schock seines Fluches sofort vernichten. Wie der theoretische, die gnostische Identität von Ich und Nichtich negierende Animismus theoretischer Satanismus ist, so ist der praktische Animismus des magischen Terrors und der magischen Vergewaltigung des Nichtichs praktischer Satanismus. Alle nichtgnostische Magie beruht ontologisch auf dem egoistischen Prinzip der Dyas und ist daher schwarze Magie.

Sonne und Erde, Ströme und Winde vermochten die Schamanen der Stämme nicht durch magische Riten ihrem agnostischen Subjektivismus zu unterwerfen. Die himmlischen Leiber dienten dem absoluten Telos des sich erscheinenden Einen, — wie übrigens die Zauberer selbst, wenn auch nur negative, Werkzeuge für diese von ihnen nicht erkannte Bestimmung waren. Aber die Menschheit wurde durch deren magische Kräfte völlig umgestaltet. Die animistischen Schamanenbünde schufen ein Werk, das noch heute besteht, nämlich die antignostisch-hominisitische Gesellschaftsordnung. Von nun an nämlich gehört der Primat notwendig dem männlichen Geschlecht als dem allein zum magischen Terror fähigen, auf dem die agnostisch-animistische Existenz beruht. Denn auf ihre Gegenphilosophie der animistischen Dyas gründeten die Magier die ersten hominisitischen, gegen den Doppelorden von Sophia und Logos gerichteten Männerhäuser oder die hominisitischen Kirchen der Stämme. Das männliche Geschlecht eines Stammes nach dem andern auf der ganzen Erde wurde von der Massensuggestion der neuen magisch-hominisitischen Offenbarung, die es von epileptischen Ekstatikern empfing, wie von einer geistigen Infektion erfaßt. Aus der Angst vor dem feindlichen Nichtich geboren — und jedes Nichtich war als ein solches seiner Natur nach ein Feind — mußte sie Angst vor ihm erzeugen. Das ganze weibliche Geschlecht war aber für das männliche das Nichtich, der Geschlechtsfeind. Man war zum Zwiedenken fortgeschritten, und es war Zeit, die gnostische Gynäkokratie des ersten Äons mit den Waffen der terroristischen schwarzen Magie endgültig zu zertrümmern, um den neuen hominisitischen Äon zu begründen. Die Frauenhäuser der weiblichen Potenz des gnostischen Androgyns, der noumenalen Sophia, wurden aufgelöst, die Männerhäuser der männlichen Potenz des gnostischen Androgyns, des noumenalen Logos, wurden in schamanistisch-hoministische Männerhäuser umgewandelt. Schwirrhölzer, Masken und Tänze, wie sie noch heute bei den sogenannten Primitiven, d. h. bei den auf der animistisch-magischen Stufe des Hominismus stehengebliebenen Völkern zur Einschüchterung des weiblichen Geschlechtes üblich sind, sind noch harmlose, fast spaßhafte Seiten dieses magischen Satanismus; aber auf seinen Höhepunkten, der rituellen Prostitution, den liturgischen Menschenopfern und dem rituellen Kannibalismus hört der Spaß auf. Blut ist bekanntlich der besondere magische Saft und das Menschenopfer stand am Anfang und im Mittelpunkt des hoministischen Monotheismus. Gewiß sind nicht alle Schamanen zu ihrem und ihrer Gläubigen Unglück epileptische Ekstatiker gewesen; neben diesen echten Besessenen gab es sicher zu allen Zeiten auch vereinzelte Zauberer, die ihren blutigen Hokuspokus aus hoministischer Geschlechtspolitik für notwendig hielten und dabei ein „koptisches Lied" summten: aber diese klugen Monstren waren gewiß noch gefährlicher als jene fanatischen. Mit dieser satanistischen Magie der agnostisch-hoministischen Bosheit konnte die gnostische weibliche Magie nicht lange konkurrieren. Beim Anblick dieser Greuel mußte, wie die männlichen Geheimbünde richtig kalkuliert hatten, den Frauen das Blut erstarren. Dieser ungeheuren magischen Macht der männlichen Potenz gegenüber wurden sie sich ihrer Ohnmacht bewußt und streckten die eigenen magischen Waffen: das männliche war für sie zum magischen Geschlecht geworden. So entstand das Minderwertigkeitsgefühl, das ursprünglich das Gefühl ihrer Minderwertigkeit *in rebus magicis* war; von ihm geheilt werden kann sie natürlich nicht durch die hoministische Psychoanalyse, die als Suggestionsmethode nur eine besondere Art der schwarzen Magie ist, sondern nur durch die Wiedererweckung des verdrängten Bewußtseins von ihrer gnostischen Bestimmung. Das weibliche, animistisch hominisierte Geschlecht wurde das Werkzeug für die Züchtung schamanistisch satanisierter Leiber. Ein Teil des weiblichen wie auch des männlichen Geschlechtes aber bewahrte die gnostische Urtradition des Doppelordens von Sophia und Logos: das waren die Kreise, aus denen die gnostisch-gynäkokratischen Apokalypsen von der Wiederherstellung hervorgingen. Ein anderer Teil des weiblichen Geschlechtes jedoch wurde von den Schamanen zu Hexen ausgebildet, die im Geiste des animistischen Hominismus wirkten. Später gab man diesen Namen mit Unrecht auch den Frauen der gnostisch-gynäkokratischen Geheimbünde: man muß also scharf die wirklichen animistisch hominisierten Hexen von den fälschlich so genannten Hexen der geheimen gnostischen Frauenbünde unterscheiden. Nach dem endgültigen Siege des Hominismus aber schüttelten die Magier jene sie kompromittierenden und mit ihnen rivalisierenden Hexenbünde von sich ab; der Mohr hatte seine Schuldigkeit getan.

3.

Der Sieg des hoministischen Gegengottes des Schamanismus über den androgynen Gott der gnostischen Gynäkokratie war vollständig. Die Götter sind die Ideen oder Ideale, unter denen das Eine, je nach seiner Bewußtseinsstufe, das soziologische Telos seiner Menschwerdung sich symbolisch vorstellt. Sie haben also eine rein geistige Existenz, die in einer suggestiv-magischen Hieroglyphe angeschaut wird. Diese ist eine Abkürzung für die ganze Gesellschaftsordnung, deren individuelle Atome erst durch die Bejahung eines Gemeinschaftssymboles zu einem einheitlichen sozialen Körper organisiert werden. Denn erst die im Symbol ausgesprochene Idee verwandelt das allerdings nur in der Abstraktion denkbare, aber realiter undenkbare Chaos der Individuen in einen sozialen Kosmos. Nach diesen Ideen oder Göttern, in denen das Absolute das Telos seiner menschheitlichen Inkarnation vorstellt, nach diesen Archetypen gestaltet das Eine durch seine menschlichen Individuationen die sozial-politische Wirklichkeit; und diese Ideen verlieren nie ihre geistige Realität, da das Eine nie aufhört, nach ihnen, als seinen Paradigmen, die menschliche Gesellschaft immer adäquater zu formen. Es ist klar, daß die Ideen oder die Götter des Absoluten auf der Stufe seines agnostischen Ich-Nichtichbewußtseins sich antithetisch zu denen seines gnostischen Identitätsbewußtseins verhalten müssen, daß es also gnostische Ideen oder Götter und agnostische Ideen oder agnostische Götter geben muß. Und ebenso klar ist es, daß es keine Gesellschaft ohne wirkliche, d. h. wirkende, Ideen oder Götter geben kann. Jede „Ideologie" ist also ihrem Wesen nach eine Theologie und ebenso jede Theologie eine „Ideologie"; auf das Wort kommt es nicht an. Auch nicht auf die hypostasierend mythologische oder unmythologisch-begriffliche Sprache dieser Theologien oder „Ideologien". Daher ist auch jede Gesellschaft eine religiöse, d. h. eine mit einem Gott verbundene Gemeinschaft. Eine absolut atheistische Gesellschaft ist daher eine *contradictio in adjecto;* sie wäre nur als ein Haufen zusammenhangsloser, also anarchischer Individuen zu denken. Eine sogenannte atheistische Gesellschaft hat sich also ihren eigenen religiösen Charakter nur noch nicht bewußt gemacht; sonst würde sie sehen, daß ihr Atheismus in Wirklichkeit nur ein Allotheismus ist, nur die Negation eines anderen Gottes im Namen ihres eigenen, vielleicht noch ungenannten. Die animistisch-christliche Gesellschaftsordnung schaut ihre zu verwirklichende

Idee im göttlichen Symbol des Kreuzes an, wie die materialistisch-kommunistische die ihrige im göttlichen Symbol von Hammer und Sichel. Die ganze soziologische Doktrin der Gesellschaften ist in ihren Gemeinschaftssymbolen, den Symbolen ihrer Götter oder vorbildlichen Ideen, enthalten; Hammer und Sichel ist die Hieroglyphe für die Idee des Hammer und Sichel verwendenden vorbildlichen Menschen, d. h. des physisch arbeitenden Menschen. Zuletzt ist die Idee oder der Gott das gnostische oder antignostische Gesetz, durch das die Gesellschaft sozialpolitisch geschaffen und erhalten wird. Der Schamane nun war die Verkörperung des Willens der ganzen animistisch-magischen Gesellschaftsordnung. Das Symbol für deren Idee ist daher der göttliche Überschamane, der als absolut gedachter Schamane, als Deus Magus, das unerreichbare, aber stets erstrebte Urbild des Schamanen ist, das zugleich als der Schöpfer der hoministisch-magischen Gesellschaftsordnung und ihrer kosmischen Bedingungen verehrt wird. Wie der Magier schafft auch er durch sein Zauberwort, seinen magisch-hoministischen Logos „Fiat" aus Nichts Welten; er erhält sie durch die Konzentration seines Machtwillens und zerstört sie wieder, wenn es ihm so gefällt. Und wie der irdische Magier nach der ungeheuren Willensanspannung bei dem magischen Werke erschöpft ruht, so bedarf auch sein Gott nach den Zauberwerken der sechs Tage der Entspannung: *et requievit die septimo ab universo opere quod patrarat* (Gen. II,2). Denn Jahwe ist seinem wahren, von Moralisten und Theologen noch nicht bürgerlich verwässerten Wesen nach die Idee, das Wunschbild, der Archetypus der magischen Allmacht, das der magische Hominismus der hebräischen Zauberer geschaffen hat. Magie und Hominismus sind bei diesen wie bei ihrem Gotte untrennbar: der magische Hominismus der Zauberer und ihres Gottes machten der gnostischen Gynäkokratie bei den Hebräern ein Ende. Jahwe ist ein „furchtbarer Gott", El Schaddai, der Gott des magischen Terrors; seine beiden Propheten, der Moses des Pentateuchs und der Jeschua der Evangelien, waren mächtige Zauberer und wirkten mit dem Schem, d. h. dem magische Kräfte in sich schließenden Namen Jahwes, die erstaunlichsten Wunder.

Man darf den magischen *Urmonotheismus* der Menschheit nicht mit ihrer *Urreligion* verwechseln und gleichsetzen. Die Urreligion der Menschheit war die des gnostischen androgynen Gottes, den wir Sophia-Logos nennen; er war das Zielsymbol des gnostisch-gynäkokratischen Doppelordens und der auf ihm beruhenden gnostisch-gynäkokratischen Gesellschaftsordnung. Der später erschienene Urmonotheismus der ersten schamanischen Männerbünde war monotheistisch nicht nur, weil er für seinen Gott, d. h. also für die schamanistisch-hoministische Gesellschaftsordnung, die Alleinherrschaft über die ganze Menschheit forderte, sondern auch weil er, den in der Einheit der zwei Potenzen vorgestellten Gott der Urreligion spaltend, dessen weibliche Hälfte negierte und nur die männliche, in den Deus Magus umgewandelte, übrig ließ. Wenn aber auch Jahwe noch so viele Züge des magisch-hoministischen monotheistischen Urgottes behalten hat, so doch nicht alle. Erst wenn man die vielen Umwandlungen dieses monotheistischen Urgottes zusammen betrachtet, die alle nur Brechungen der einen übergewaltigen monotheistischen Urkonzeption sind, also den noch nicht durch Prophetismus, Parsismus und Hellenismus moralisierten hoministischen hebräischen Urjahwe, den aztekischen Huitzilopotchtli, den keltischen Teutates, den germanischen Odin, den hinduistischen Schiwa, um nur einige der fürchterlichsten Varianten zu nennen, die alle samt ihren grausamen blutigen Riten dem magischen Animismus entstammen, erst dann bekommt man eine Ahnung von dem versteinernden Entsetzen, das die noch nicht schamanistisch hominisierte Menschheit bei der Offenbarung des monotheistischen Urgottes gepackt haben muß, der alle diese Greuelgestalten schon latent in sich trug, in denen er sein Wesen im Ablauf der Zeit enthüllte. Denn sie alle sind die zeitbedingten, nur scheinbar polytheistischen Erscheinungsformen und Aspekte der faszinierenden und abschreckenden Urgestalt. Mit der Offenbarung dieses egozentrisch-hoministischen Gegengottes begann der zweite, der hoministische oder der blutige Äon. In den hinduistischen Göttermonstren, die mit ihren vielen Köpfen alles sehen, mit ihrer Menge von Armen alles packen und mit ihren zahlreichen Füßen alles zertreten, ist dieser monotheistische Gegengott der schamanischen Urmännerbünde in eine sichtbare Hieroglyphe gebannt. Es ist derselbe monotheistische Urgott, der auch in den aztekischen Götterbildern mit ihren kannibalischen Freßorganen, in den afrikanischen Fetischen, in den Masken vom Kongo oder von Neu-Guinea symbolische Gestalt annahm. Das alles ist Gestalt gewordener Satanismus. Aber wirkt der gestaltete oder der ungestaltete Satanismus unheimlicher? Denn alles, was dargestellt wird, muß doch etwas von seinem Geheimnis und seiner Furchtbarkeit verlieren, weil die vorstellende Phantasie notwendig begrenzt. Vielleicht hat deshalb schon der schamanische Urmännerbund, wie später sein Reformator Moses, verboten, ein „geschnitztes Bild" von dem monotheistischen Urgott des magisch-hoministischen Terrors zu formen. Wie der im Dunkel umherschleichende und ungreifbare geheimnisvolle Jahwe, wird auch schon der Gott des Urmonotheismus verboten haben, die grenzenlose Furchtbarkeit seines Wesens durch ein Bild zu begrenzen und durch das Bild magische Gewalt über ihn selbst zu gewinnen. Auch hier wird

Jahwe nur die Tradition des hoministischen Urmonotheismus fortgesetzt haben; die Todesstrafe für die Übertretung des Verbotes vollstreckten dann die Schamanen, also der Gott selbst, an dem Frevler. Denn sie bildeten einen hoministischen Geheimbund, der den neuen negativen oder satanischen Gott des magischen Terrors verkündete, und sie hüteten sein Geheimnis so sorgfältig wie das eigene, denn beide waren in der Tat nur ein einziges religiös-soziologisches Mysterium.

4.

Als die Existenz des hoministischen Deus Magus nicht mehr durch die schwindenden magisch-terroristischen Kräfte seiner Priester bewiesen werden konnte, versuchten diese es mit dem sophistischen Zauber der agnostischen Vernunft. Die Ontologie des begrifflich systematisierten dualistischen Theismus beruht auf der Negation des gnostischen Absoluten; diese aber ist gegründet auf dem verneinenden Gegenaxiom des agnostischen Ichbewußtseins, dem von der absoluten Differenz von Subjekt und Objekt, womit also sowohl die absolute Differenz von Ich und Nichtich wie die von Geist und Leib statuiert wird. Dieser negative dualistische Grundsatz ist die Voraussetzung für die vier berühmten Gegendogmen des animistischen Theismus. Das erste derselben ist das theistisch-ontologische. Es beruht auf dem Schlusse von der ideologischen Existenz des Deus Magus auf seine ontologische Realexistenz und erklärt eine ichbewußte Person für das Absolute, womit dessen Wesen total verneint wird. Wenn das Eine auf der Stufe des agnostisch-magischen Ichbewußtseins auch den göttlichen Schamanen als teleologische Idee denkt, so erhält diese damit keine objektive oder gar absolute Realität; der göttliche Schamane ist nur eine inadäquate Idee des Absoluten. Auch der göttliche Androgyn ist ja nicht das Absolute selbst, sondern nur die adäquate Idee, unter der das Eine sich auf der gnostischen Bewußtseinsstufe als das in seinen beiden Potenzen Identische erkennt. Der monotheistisch-hoministische und der monotheistisch-androgyne Gott der gnostischen Gynäkokratie haben beide dieselbe rein ideologisch-noumenale Existenzform. Der agnostische Magier hat den geistigen Pol seiner dualistisch zusammengesetzten Natur, ihn von dem körperlichen Pol des *mixtum compositum* der menschlichen Seinsweise abstrahierend, in einem Wesen hypostasiert, das reiner, d. h. körperfreier, bewußter magischer Machtwille ist. Es ist der Gott oder die Idee des egozentrisch-hoministischen, bewußten magischen Willens, der Gott des magischen Personalismus, der die hierarchische Stellung des Magiers in der schamanistischen Gesellschaft begründet. Aber ein ontologisch absolut seiender persönlicher Gott ist eine *contradictio in adjecto*.

Denn eine ichbewußte Person ist gerade durch ihr Bewußtsein nur ein begrenztes, kein absolutes Wesen; sie ist immer nur eine relative Individuation des übergöttlichen und überpersönlichen Absoluten neben anderen relativen Individuationen. Man kann wohl sagen, daß dieser Gott das absolute, d. h. unbedingte Ziel des Absoluten ist, man kann ihr aber unmöglich den Namen des Absoluten selbst beilegen. Der animistisch-theistische Gott ist also nur ein inadäquates Wunsch- und Zielbild des Absoluten auf seiner agnostisch-magischen Bewußtseinsstufe.

Das zweite Gegendogma des dualistischen Monotheismus, das der theistischen Kosmologie, ist gegen die gnostische Kosmologie gerichtet, die in dem Universum die Sichtbarwerdung des durch die Notwendigkeit seines Wesens sich selbst von Ewigkeit teleologisch erscheinenden Absoluten erkannt hatte. Nun aber war die Welt nicht mehr notwendig da, sondern deswegen, weil der Deus Magus einmal jenseits aller Zeit den Wunsch hatte, sie zu schaffen: *car tel était notre plaisir*. Solange sie da ist, hält sie der irdische Schamane durch seine Zauberkräfte in Ordnung, denn der himmlische Schamane hat ihn nach seinem Bilde erschaffen, nachdem er selbst ihn als sein Wunschbild geschaffen hatte. Und wenn der launische Deus Magus keine Lust mehr hat, dann ist es mit dem Weltspuk zu Ende. Ob es ihm dann noch einmal einfällt, eine neue Welt in die Existenz zu zaubern, weiß niemand zu sagen: die Magier sind Stimmungsmenschen. Es war ein beliebtes Diskussionsthema der theistischen Philosophenschulen, ob der absolute Magus nur einmal eine Zauberwelt geschaffen hat oder ob es zu seinem Wesen gehört, durch sein allmächtiges „Fiat" immer wieder neue aus dem „Nichts", d. h. dem Nichtsein, zu rufen. Die Klugen werden sich eine Stellungnahme erspart haben: denn wer könnte das Geheimnis der göttlichen Freiheit ergründen? Dieser Welt aber, seiner magischen Seifenblase, steht die ichbewußte Person des Deus Magus als seinem Nichtich dualistisch-transzendent gegenüber. Doch ebensowenig wie als absolut kann eine ichbewußte Person als transzendent gedacht werden; vielmehr muß sie als ichbewußte Person in der Totalität der Erscheinungen des Absoluten immanent enthalten sein, kann sie also nicht transzendieren. Nur das überpersönliche und übergöttliche Absolute selbst könnte, als *causa et finis* aller seiner Individuationen, in seinem Verhältnis zu ihnen sie transzendierend genannt werden; nie aber eine einzelne seiner ichbewußten Individuationen, die alle ohne Ausnahme, mögen sie ideologische oder ontologische Wirklichkeit besitzen, nur immanente Erscheinungen sein können. Einige theistische Apologeten erfanden, um den radikalen Dualismus zwischen dem persönlichen, der Welt gegenüber agnostisch ich-nichtichbewußten Gott und seiner magischen Schöpfung zu überbrücken, oder vielmehr zu vertuschen, den Panentheismus, da doch in jeder Uhr auch der Uhrmacher und also auch im „Weltgebäude" der *grand architecte de l'Univers* stecke; womit die Transzendenz des magischen Uhrmachers und seine Immanenz in der Uhr zugleich gesetzt sei. Es ist das die Dialektik einer Art von doppelter ontologischer Buchführung, welche die Identität des Absoluten mit dem persönlichen Deus Magus der Genesis sophistisch unterschieben möchte. „Rin in die Kartoffeln", rufen diese panentheistischen Apologeten ihrem theistischen Gott zu, wenn es sich um Scheinkonzessionen an das gnostische Denken handelt, und „raus aus die Kartoffeln" wenn es gilt, ihre dualistisch-theistische Orthodoxie zu beweisen. Der Panentheismus ist die leistungsfähige, für Halbdenkende berechnete Sophistik des jahwistischen Theismus.

Die zwei übrigen Gegendogmen des theistischen Hominismus sind anthropologischer Natur. Beide beruhen auf der dualistischen Unterscheidung von Anima und Corpus als zweier absolut verschiedener Substanzen; beide sanktionieren das agnostisch-hoministische Ichbewußtsein und den Ichwahn der ihren Erscheinungscharakter ignorierenden Individuationen des Absoluten. Ob diese beiden Dogmen übrigens in dem durch den agnostischen Hominismus gestalteten Bewußtseinsleben der Menschheit ihren praktisch-soziologischen Nutzen haben, steht hier nicht zur Diskussion; sie werden nur unter dem Gesichtspunkt ihres ontologischen Wahrheitsgehaltes betrachtet. Gibt es nach dem Namen Gottes noch einen Begriff, der so von Wirrköpfen, Schelmen und Tyrannen mißbraucht wurde wie der Begriff der individuellen Willensfreiheit? „Frei" nennt man ein Wesen, das nur durch sich selbst und durch kein anderes bedingt und bestimmt wird. Es gibt also nur ein Wesen, das „frei" genannt werden kann, nämlich das Absolute oder Eine selbst, soweit es an sich betrachtet wird, weil es neben ihm kein zweites gibt, durch das es bestimmt werden könnte, so daß es also nur durch sein eigenes Wesen bestimmt in Erscheinung tritt. Alle Erscheinungen des Einen aber sind sowohl ihrer Seinsform nach wie in ihrer Wechselwirkung untereinander durch das Wesen des in ihnen Erscheinenden bedingt, also notwendig unfrei. In der relativen Welt von Subjekt und Objekt kann es daher nur eine relative Schein- oder Erscheinungsfreiheit geben, die, metaphysisch betrachtet, nur eine Unfreiheit ist. Alle Individuationen des Einen und alle ihre sogenannten freien Handlungen sind also nur durch das Wesen des sich selbst erscheinenden Einen prädestinierte Notwendigkeiten. Aber „frei" nennen wir auch diejenige menschliche Erscheinung des Absoluten, in der dieses sich von der Unwissenheit über sich selbst und sein Wesen *befreit* hat; „unfrei" dagegen diejenigen Individuationen, in denen es sich von der Unwissenheit über das Wesen seiner metaphysischen Freiheit *nicht befreit* hat. Nicht die Individuation ist also eigentlich frei, sondern das Eine selbst ist in einer prädestinierten Individuation frei geworden; und nicht der einzelne Mensch ist unfrei, sondern das Eine selbst ist in diesem einzelnen Menschen unfrei, weil es in ihm von der Unwissenheit über sich selbst nicht frei geworden ist. Der freie Mensch ist also der gnostische Mensch und der unfreie Mensch ist der agnostische. Diese durch die Gnosis bewirkte Freiheit aber ist das Telos des in den Weltprozeß eingegangenen Absoluten. Von einer solchen Individuation mit dem „frei" gewordenen Bewußtsein kann man *cum grano salis* auch sagen, daß sie durch ihr gnostisch-teleologisches Bewußtsein einen von den Zielsetzungen der metaphysischen Unwissenheit freien, d. h. befreiten Willen besitzt. Denn mit der Befreiung des Bewußtseins wird notwendig auch der Wille befreit. Aber dieser befreite Wille ist nicht ein „freier" Wille im agnostischen Sinne des Wortes, vielmehr erkennt das zum befreiten Bewußtsein gekommene Eine die totale metaphysische Bedingtheit seiner Individuationen und damit auch die ihres Wollens und Handelns. Denn das Absolute ist als das Absolute zwar frei, aber notwendig in jeder einzelnen Erscheinung durch sich selbst bedingt. Keine Erscheinung kann als solche, ohne ihrem Begriff zu widersprechen, frei sein; wohl aber kann sich das Eine in einer prädestinierten Gattung von Erscheinungen und innerhalb dieser in prädestinierten Einzelnen von der Unwissenheit über sich selbst frei machen. Das hängt aber nicht von einer sogenannt freien Wahlentscheidung ab, sondern diese ist, sei sie gnostisch oder agnostisch, immer durch das Wesen des Einen selbst von Ewigkeit her entschieden. Die hoministische Bewußtseinsrevolution, die das Ichbewußtsein emanzipierte, setzte nun dem gnostischen Freiheitsbegriff den agnostischen entgegen. Diese Befreiung des Ichs beruhte auf der Negation seiner noumenalen Identität mit dem Nichtich; und die so errungene „Freiheit" bestand darin, sein individuelles Wesen durch physische und psychische Vergewaltigung des Nichtichs zu bezeugen. Denn nachdem das Absolute verneint war, erklärten sich die agnostischen Iche selbst zu kleinen Absoluten; sie waren als Karikaturen des Absoluten „schöpferisch" und „frei" geworden wie dieses selbst. Der freie agnostische Wille war sanktioniert, der agnostische Individualismus begründet. Der Mensch, d. h. der gefallene oder agnostisch-ichbewußte Mensch, ist nach einem Worte Pascals von Natur aus Pelagianer und wird erst durch die Gnade Augustiner. Wenn aber das Ich nun an die Willensfreiheit des Nichtichs appellierte, bekam das Wort einen neuen Sinn: dann bedeutete es, daß der andere die Freiheit besitzt, sich meinem Willen zu unterwerfen, also freiwillig unfrei zu werden, also auf sein Ich zugunsten eines fremden Nichtichs zu verzichten. Die individuelle Willensfreiheit ist eine Entdeckung der schamanistischen Gegenphilosophie. Sie beruht auf deren dualistisch-animistischer Anthropologie; der Magier glaubte sein freies, magisches und vom Leibe substantiell verschiedenes Ich durch die Ekstase bewiesen. Während der Leib unfrei im Starrkrampfe daliegt, macht die zweite Substanz, der Geist, als wahrer Kosmostrotter ausgedehnte Reisen durch Himmel und Hölle. Diese geistige, leibfreie Ichsubstanz ist aber auch die magisch-wollende Substanz; der magische Wille ist also freier Wille. Im Anfang mußten sich natürlich die Magier, als allein zur Ekstase fähig, auch allein den freien Willen zuschreiben; der Wille des Nichtmagiers dagegen war unfreier, leibbestimmter Wille. Auf diesem Vermögen, animistisch-leibfrei zu wollen, beruht der gesellschaftliche Machtanspruch der Schamanenbünde. In jener Zeit der folgereichsten geistigen Revolution der Menschheitsgeschichte forderten sie den Primat des „freien Willens", der das Ende der gnostischen Gynäkokratie herbeiführte. Ihre neue hoministische, der gnostischen entgegengesetzte Gynäkologie definierte die Frau als ein bloß materielles, zum dualistisch-magischen Bewußtsein und damit zur Willensfreiheit, also zur terroristischen Magie, unfähiges Wesen. Das männliche Geschlecht verlangte unter der Führung seiner Zauberer die Freiheit seines subjektivistischen Geschlechtswillens im Namen des Geistes, d.h. im Namen des die Identität der beiden Geschlechter in dem Einen negierenden Gegengeistes. Der freie Wille, als der individuelle Wille des einen Geschlechtes gegen den androgynen Willen, war das Schlagwort, mit dem die Revolution gegen die gnostische Gynäkokratie gewonnen wurde. Denn es bedeutete die Freiheit des agnostisch-hoministischen Willens; aber es bezeugt schon für sich allein die Existenz der prähistorischen gnostischen Gynäkokratie; wie auch jene Entwertung des weiblichen Prinzips durch die hoministische Gynäkologie als Ressentimentgefühl eine vorausgegangene gnostische Gynäkologie negativ bestätigt. Mit der Lehre vom freien magischen Willen des männlichen Geschlechtes aber wurde die Grundlage des zweiten Äons, der egoistische Individualismus der männlichen Potenz, gelegt. Der monotheistische Gott des schamanischen Urmännerbundes ist nichts anderes als der hypostasierte hoministische „freie" magische Wille des männlichen Geschlechtes.

Das zweite anthropologisch-psychologische Gegendogma des dualistischen Theismus ist das von der Unsterblichkeit der persönlichen Anima, deren leibfreie substantielle Existenz, ehe man sie begrifflich-dialektisch begründete, durch die magische Ekstase empirisch bewiesen wurde. Ursprünglich war daher auch die Unsterblichkeit das ausschließliche Vorrecht der Magi, die diese Doktrin zuerst offenbarten. Nur die Geister der magischen Übermenschen konnten sich, wenn sie sich im Tode vom Leibe getrennt hatten, mit dem Deus Magus vereinigen, um noch stärker als im Leben ihre Stämme und Völker von ihren Pyramiden und Dolmen aus magisch-suggestiv zu beherrschen und die revolutionäre hoministische Gesellschaftsordnung zu überwachen. Dem weiblichen Geschlecht aber mußte die neue antignostische Gynäkologie des magischen Hominismus mit der Fähigkeit zum freien magischen Willen notwendig auch die zur Unsterblichkeit absprechen, denn magische Kraft, d. h. Geist, und Unsterblichkeit waren untrennbar. Erst viel später, als der Deus Magus aufhörte, der Gott eines exklusiven Magierordens zu sein und zum Allerweltsgott geworden war, erhielten aus soziologischen Zweckmäßigkeitsgründen zuerst die nichtschamanischen Laien, die männlichen Krethi und Plethi, und schließlich sogar die Frauen unsterbliche Seelen, ohne daß durch diese Konzessionen der magisch-hierarchische und hoministische Charakter dieser Theokratien zunächst wesentlichen Schaden zu nehmen schien. Die Lehre von der Unsterblichkeit der individuellen Seele aber ist nicht einmal die stärkste Bejahung des agnostischen Egoismus. Der agnostische Ichwahn verlangte konsequent auch die Unsterblichkeit des individuellen Leibes, der zweiten Substanz, wie in den Eschatologien der Ägypter und Juden. Beide Vorstellungen vereinigt stellen offenbar den Höhepunkt des egomanischen Denkens dar. Doch auch der ostasiatische Individualismus, der das Einzelich auf Grund des Karmagesetzes sich durch endlose Zeiten in immer neue Existenzformen verwandeln läßt, beruht auf demselben Ichwahn. Denn auch die Lehre von der Metempsychose schreibt dem einzelnen Ich eine Substantialität zu, die sich nach jeder Exkarnation im ewigen Strom der Wandlungen immer wieder aufs neue inkarniert; auch sie verwechselt also das Ich mit dem Absoluten, welches, als das allein wirklich Seiende, auch allein das sich in immer neuen Erscheinungen Umgestaltende sein kann. Die animistische Psychologie des abendländischen und die des morgenländischen Hominismus sind also nur zwei gleichberechtigte und gleichwertige Schlußfolgerungen aus derselben unberechtigten agnostisch-animistischen Prämisse. Die agnostisch-ichbewußten Individuationen des Einen eignen sich also ein nur dem Absoluten, aber nicht seinen einzelnen Erscheinungen gebührendes Prädikat an. Denn ewig, ungeboren und deshalb unsterblich, ist nur das Eine; aber alle seine Erscheinungen und deren Kräfte, auch wenn sie als Abstrakta hypostasiert werden, sind vergänglich. Und dennoch muß man auch ihnen eine überphänomenale Ewigkeit zusprechen. Denn alle durch das ewige Wesen des Einen notwendigen Erscheinungen müssen auch von Ewigkeit her prädestiniert in ihm enthalten sein, sind also so ewig wie das Eine selbst. Daher sind alle räumlichen und zeitlichen Individuationen desselben zwar geworden und vergänglich, und doch so ewig, ungeworden und unvergänglich wie dieses selbst.

III. DIE UNIVERSELLE VERBREITUNG DER GNOSTISCH-GYNÄKOKRATISCHEN APOKALYPSEN

1. Die Wichtigkeit der gnostisch-gynäkokratischen Apokalypsen

Demjenigen, der einmal gewisse Mythen als hominisierte gnostisch-gynäkokratische Apokalypsen erkannt hat, öffnet sich ein tiefer Blick in die Geistesgeschichte der prähistorischen Menschheit. Er hat eine Wünschelrute in der Hand, die verschüttete Quellen entdeckt. Er hat das Zauberwort: „Sesam, öffne dich!" wiedergefunden und steht überrascht und geblendet vor den Schätzen der unterirdischen Höhle; aber der Wunsch, sie wieder zu schließen, um ihr egoistischer Alleinbesitzer zu bleiben, kommt ihm nicht. Ich habe nicht die Absicht, in diesem Abschnitte einen Zettelkasten vor dem verblüfften Leser auszuschütten, sondern höre auf die Warnung Hesiods: „die Toren, sie wissen nicht, um wieviel die Hälfte mehr ist als das Ganze." Als Ergänzung zu den früher besprochenen gnostisch-gynäkokratischen Apokalypsen der ostmediterranen Völker will ich noch einige große und repräsentative mythische Überlieferungen der Menschheit aus voneinander weit entfernten Teilen der Erde auswählen. Nach Abtragung der zwei übergelagerten Schichten stößt man auch bei ihnen auf das Urgestein selbst und erkennt die Urformen auch dieser Mythen als gnostisch-gynäkokratische Apokalypsen. Die unterste und älteste der beiden Schichten aber ist die aus der Vorzeit selbst noch stammende hominisierte Form des weiblichen Mythus; das war sein erster Tod. Die zweite ist die hoministische Interpretation dieses hominisierten Mythus, die ebenfalls bis in das Altertum hinaufreicht; und diese ist der zweite Tod des Urmythus, um in der Sprache der johanneischen Apokalypse zu reden.

Wie bereits früher gesagt, scheint die Urform aller Apokalypsen von der gnostisch-gynäkokratischen Wiederherstellung südlich vom Taurus in einem der Länder zwischen Nil, unterem Euphrat und Mittelmeer, in Sumer, Phönikien oder Ägypten, entstanden zu sein als prophetischer Protest der untergehenden alten Gesellschaftsordnung gegen den siegenden antignostischen Hominismus. Von hier aus mag das Euangelion, die frohe Botschaft, durch männliche und weibliche Missionäre zu den Frauen der von einem gleichen Schicksal bedrohten oder bereits betroffenen Länder gebracht worden zu sein. Die unterdrückten gnostisch-gynäkokratischen Doppelorden wurden zu reaktionären, gegen die verflachende hoministische Bewußtseinsrevolution gerichteten philosophisch-religiösen Geheimbünden, welche das Wissen der Urzeit von der Identität des Einen in Ich und Nichtich, von dem noumenalen Androgyn als den Sinn der Individuationen des Absoluten und den Glauben an die dereinstige Wiederauferstehung der Gnosis in der Menschheit durch das weibliche Geschlecht, (was negativ ausgedrückt den Glauben an den Untergang des agnostischen Hominismus bedeutet,) zu bewahren und esoterisch zu verbreiten suchten. Der historische und der prophetische Teil dieser geheimen Überlieferungen der Bünde, die mythische Erzählung von dem Untergang der in ihren Göttern symbolisierten gnostisch-gynäkokratischen Doppelorden und von ihrem künftigen Wiedererstehen, die in dem ἱερὸς λόγος der Bünde berichtet und gewiß von Anfang an auch in einem ἱερὸν δρώμενον, einem Mysteriendrama, lebendig vor Augen gestellt wurden, diese Erzählung mußte variieren je nach den Schicksalen, welche die Orden selbst betroffen haben, ebenso wie die prophetischen Visionen ihrer Wiederherstellung. Aber das waren nur sekundäre Varianten. Im Geiste, in der Idee, im Telos waren sie alle einig, bildeten sie eine unsichtbare weibliche *Ecclesia gnostica et catholica* der Wiederherstellung. Dem Versuche des neuplatonischen Hominismus in römischer Zeit lag zwar eine richtige Ahnung zugrunde, er mußte aber scheitern, da die Mysterienbünde damals schon lange hominisiert und national-egoistisch erstarrt waren, so daß nur ein synkretistisches Chaos entstand. Dieser mißglückte neuplatonische Versuch, der die entstellte Gestalt der Mysterienbünde für die wahre nahm, zeigt nur, wie es nicht gemacht werden darf: *tamen est laudanda voluntas*.

2. *Izanami und Izanagi*

Die Geschichte von den beiden göttlichen Geschwistern Izanami und Izanagi wird, unwesentlich variiert, in den zwei ältesten, aus der Nara-Periode stammenden Werken der japanischen Literatur erzählt, dem im Jahre 712 unserer Zeitrechnung abgefaßten Kojiki, der „Geschichte der Begebenheiten im Altertum", und dem 720 redigierten Nihongi, den „japanischen Annalen", die beide die ältesten mythischen Shinto-Überlieferungen aus der Götterzeit und dem ältesten Menschenzeitalter enthalten. Nach der Übersetzung von *K. Florenz* in seinem Buche: Die historischen Quellen der Shintoreligion (Quellen der Religionsgeschichte Bd. 9, Göttingen 1919) Seite 13—14 erzählt das Kojiki die Geschichte von der Göttin Izanami und ihrem Bruder, dem Gott Izanagi, die sich ehelich vereinigen wollen, folgendermaßen: „Da dies so ist, so wollen wir beide, ich und du, um diesen himmlischen hehren Pfeiler (in entgegengesetzter Richtung) herumgehen und einander begegnen. (Das Herumgehen um einen Pfeiler, erklärt *Florenz* in einer Anmerkung, war in der ältesten Zeit offenbar ein wichtiger zeremonieller Akt bei der Schließung der Ehe.) Nachdem sie sich dies Versprechen gegeben hatten, sagte er: gehe du von der rechten Seite herum mir entgegen; ich gehe von der linken Seite herum dir entgegen. Als sie nach Abschluß dieses Versprechens demgemäß den Rundgang machten, rief Izanami no Mokito *zuerst*: o schöner lieblicher Jüngling! Hierauf rief Izanagi no Mokito: o schöne liebliche Jungfrau! Nachdem sie beide ihre Rede beendet hatten, sprach er zu seiner jüngeren Schwester und sagte: »*Daß das Weib zuerst spricht, paßt sich nicht.*« Trotzdem vollzogen sie auf dem Brautlager den Beischlaf und erzeugten einen Sohn Hiru-ko. Diesen Sohn setzten sie in ein Schilf-Boot und *ließen ihn fortschwimmen*. Sodann erzeugten sie die Insel Aha. Auch *diese schlossen sie nicht in die Zahl ihrer Kinder ein.*"

Das Nihongi berichtet über das Ereignis folgendes: „So machten sie Ono-goro-jima zum Pfeiler der Landmitte, worauf die männliche Gottheit sich nach links wendete und die weibliche Gottheit sich nach rechts wendete, und sie beide getrennt um den Pfeiler des Landes (in entgegengesetzter Richtung) herumgingen. Als sie auf der anderen Seite zusammentrafen, sprach *die weibliche Gottheit zuerst* und sagte: O, wie herrlich! Ich habe einen holden Jüngling angetroffen! Die männliche Gottheit war darüber mißgestimmt und sprach: Ich bin ein *Mann und sollte von rechtswegen zuerst sprechen*. Wie kommt es, daß du als Weib im Gegenteil zuerst sprichst? Das war keine Glück bedeutende Sache. *Wir sollten noch einmal herum gehen.* Hierauf gingen die beiden Gottheiten zurück, und als sie wieder einander begegneten, sprach diesmal die *männliche Gottheit zuerst* und sagte: O, wie herrlich! Ich habe eine holde Jungfrau angetroffen!" . . .

In diesem naiv-ehrlichen und eindeutigen Mythus gibt der japanische Hominismus offen eine historische Tatsache zu, welche die anderen Völker in ihren Mythen zu vertuschen oder zu verdrehen, kurz aus dem Bewußtsein zu verdrängen sich bemühen, nämlich die Tatsache, daß dem männlichen Zeitalter ein weibliches vorausging. Auf eine Zeit der weiblichen Gattenwahl, also auch eines weiblichen Eherechtes, folgte die eines männlichen Ehegesetzes. In dieser Erzählung hat sich also die Erinnerung an den Untergang der primordialen gnostischen Gynäkokratie im japanischen Volke durch ein neues agnostisch-hoministisches Zeitalter erhalten, in dem der Mann „von rechtswegen" das erste Wort spricht, d. h. das Gesetz gibt. Der japanische Mythus berichtet also dasselbe Ereignis wie die hebräische Paradiesgeschichte. Auch der knappe japanische Bericht ist, wie der poetische hebräische, natürlich ein hoministisch tendenziöser, der über das epochale Ereignis nur so viel mitteilt, als er für zweckmäßig hält. Diese Erzählung von Izanami und Izanagi ist mehr als ein bloß nationaler Mythus; er hat den Wert eines allgemeinen Menschheitsmythus. Freilich, so harmlos, wie er in der japanischen Erzählung erscheint, die nur das Endergebnis der Geschlechterrevolution statuiert, den Weg dahin aber verschweigt, war der Agon des männlichen und des weiblichen Geschlechtes um den Primat gewiß auch im japanischen Volke nicht. Die Sonnengöttin Amaterasu, die gesetzgebende Göttin der untergehenden weiblichen Gesellschaftsordnung, aber wurde schließlich, geistig hominisiert, von der siegreichen Männerreligion der Yamato-Rasse, dem Shinto, als Ur- und Stammutter mitsamt ihren beiden alten weiblichen Symbolen, dem heiligen Spiegel und dem paradiesischen Sakaki-Baum, übernommen, denen allerdings das männliche Symbol, das Schwert, hinzugefügt wurde. Die Diktatur des Schwertes über den Spiegel, der *Actio* über die *Contemplatio,* der japanische Hominismus, war damit sanktioniert. Die Beibehaltung der Göttin nach ihrer Entmachtung, d. h. nach dem Sturz ihrer gnostisch-gynäkokratischen Gesellschaftsordnung, ist die bekannte hoministische Taktik: die Taktik der religiösen Maske. Mit ihr gelang die hoministische Revolution vollkommen, die von der männlichen Hälfte des ursprünglichen gnostisch-gynäkokratischen Doppelordens ausging, der in der Erzählung unter dem Symbol von Schwester und Bruder erscheint. Man machte *tabula rasa*: die der alten Gesellschaftsordnung entsprungenen Kinder wurden nach dem neuen Recht nicht mehr als legitim anerkannt und außer Landes geschickt. Zu einem religiösen Protest durch eine gnostisch-gynäkokratische Apokalypse ist die japanische Frau aber unfähig gewesen. Vielmehr unterwarf sie sich dem „Bruder" und überließ den Kampf um die gnostisch-gynäkokratische Wiederherstellung den Frauen der andern Völker; sie selbst zog es vor, eine zierliche und pflichttreue, aber geistig bedeutungslose Puppe aus sich machen zu lassen. Aber einmal in der japanischen Geschichte, im XI. Jahrhundert, schien sich Schwesterchen Izanami wieder darauf besinnen zu wollen, daß ihr in der Urzeit das „erste Wort", d. h. die geistige Führung des männlichen Geschlechtes zum gnostischen Sinne des Lebens gehört hatte. Die klassische japanische Literatur der Heianperiode ist eine von Frauen geschriebene Literatur. Frau Murasaki Shikibu dichtete ihren großen Genjiroman, Frau Sei Shonagon schrieb ihre bissigen, scharfsichtigen Tagebücher. Auch auf die buddhistische Religion — das hoministische Shinto trat immer mehr in den Hintergrund — übte die japanische Frau entscheidenden Einfluß aus. Der Kult des Amida Buddha und der seiner weiblichen Emanation

Kwannon charakterisieren dieses weibliche Zeitalter. Die ganze höfische Kultur des Kaiserhofes von Kioto wurde durch die Frau bestimmt, wie der französische Hof im XIII. und XVIII. Jahrhundert. Der hoministische Gegenschlag gegen diesen weiblichen, auf keine gnostische Apokalypse gegründeten Einfluß konnte allerdings dort so wenig wie hier ausbleiben. Das neu begründete Shogunat von Kamakura und die napoleonische Gewaltherrschaft waren die Formen des hoministischen Protestes. Izanagi hatte sein Schwesterchen im Osten wie im Westen wieder einmal zur Raison gebracht; denn eine agnostische Gynäkokratie ist nur eine leere, verpuffende Seifenblase. Sie ist eine episodische Phase im agnostischen Geschlechterkampf.

3. Der drawidische Krishnamythus

Von den vier gnostisch-gynäkokratischen Apokalypsen, die nicht im Mittelmeerraume entstanden sind, betrachten wir zuerst den drawidischen Krishnamythus. Krishna ist ein Gott der dunkelhäutigen Urbevölkerung, besonders der Zentral-Indiens, gewesen, der Drawiden, der vedischen Dasijus, nach deren Hautfarbe er selbst von den hellen Eroberern Krishna, d. h. „der Schwarze", genannt wurde. Seinen historisierten Mythus erzählen das Hariwamsha, ein Anhang des großen Mahabharata, und spätere Puranas. Trotz seiner Übermalung in mehreren Jahrtausenden durch den brahmanischen Hominismus ist sein wahres Wesen immer noch erkennbar. Um nämlich diesen Gott der vorarischen gnostischen Gynäkokratie, der offenbar nicht umzubringen war, so unschädlich wie möglich zu machen, erklärte ihn schließlich die hoministische Theologie der Brahmanen, nachdem sie seinen Charakter zweckmäßig verändert hatte, für eine orthodoxe Inkarnation Wishnus. Die alten Drawiden, die, wie die Ausgrabungen von Mohendjodaro im unteren und von Harappa im oberen Industal beweisen, mit den Sumerern in engen kulturellen Beziehungen standen, waren ein spekulativ hoch begabtes Volk, dem gegenüber die im zweiten Jahrtausend vor Christus eindringenden hominisierten Arier philosophisch überhaupt nicht in Betracht kamen. Philosophisch standen sie auf der Stufe eines naiven magischen Phänomenalismus und dickschädligen agnostischen Individualismus. Ihre auf dem agnostischen Ichbewußtsein beruhende Religion entsprach ihrer Philosophie. Der oberste Gott des vedischarischen Männerhauses, Indra, war ein echter Barbar: ein trinkfester Naturbursche und Raufbold, der dem Riesengeschlechte Gargantuas und Pantagruels zu entstammen scheint. So fielen später die Dorer über die raffinierte achäisch-kretische, die Germanen der Völkerwanderung über die römische Kulturwelt her. Von den Drawiden lernten die Arier allmählich gnostisches Denken, und einige späte Hymnen des Rigveda und die Upanishadenspekulation beweisen, daß sie begabte und berufene Schüler waren. *Graecia capta ferum cepit victorem.* Leider versuchten sie, das gnostische Denken mit dem agnostischen Hominismus ihrer vedischen Offenbarungsschriften zu amalgamieren, deren geistige Bedeutung maßlos überschätzt wurde; wie später auch einzelne christliche Theologen den unfruchtbaren und in die Irre führenden Versuch machten, den jahwistischen Offenbarungshominismus mit der Gnosis zu vereinigen; aber Gnosis in Antignosis oder Antignosis in Gnosis aufzulösen, ist ein unfruchtbares, rein dialektisches Experimentieren, ist theologische Sophistik. Die Drawiden aber verloren mit ihrer politischen Unabhängigkeit nicht ihre philosophische Begabung: der große scharfsinnige Lehrer des strikten Advaita, Shankara, ein Zeitgenosse Karls des Großen, sein geistig ebenbürtiger Gegner Ramanuja, der im XI. Jahrhundert, in der Zeit des ersten Kreuzzugs, dem Wishnuismus neues Leben einhauchte, und Madhva, der im XIII. Jahrhundert der große wishnuitische Lehrer und Reformer war, alle drei waren Drawiden. Und auch der drawidische Gott Krishna selbst ist ein großer gnostischer Denker. Vor der entscheidenden Schlacht auf dem Kurufelde trägt er, auf Seiten der Pandavas in menschlicher Gestalt kämpfend, dem Arjuna die allerdings stark brahmanisierte Identitätslehre vor, in jener weltbekannten Episode des Mahabharata, die nach ihm Bhagavat Gita, „der Gesang des Erhabenen", heißt. Der Urkrishna ist also ein Gott des gnostischen Wissens gewesen, d. h. die hypostasierte Idee des drawidischen gnostischen Männerhauses, das die Unio gnostica lehrte und lebte. Die Göttin des alten gnostischen Frauenhauses hat vielleicht selbst schon Radha geheißen. In dem preziös leidenschaftlichen Kunstepos in zwölf Gesängen des bengalischen Hofdichters Jayadeva zu Anfang des XII. Jahrhunderts, in der Gitagovinda, einer Art lyrischen Gesangspieles, dessen erzählende Strophen von Liedern unterbrochen werden, die bei Festen im Tempel gesungen wurden und das Rückert virtuos-meisterhaft, wenn auch nur unvollständig, übersetzt hat, wird die Unio gnostica Krishnas und Radhas verherrlicht. Als die göttliche männliche Potenz nimmt Krishna, was sich in der brahmanisch-hoministischen Kultur von selbst versteht, einen höheren Rang ein als die bloß menschlich aufgefaßte Hirtin Radha. Vor dem endgültigen Siege der hoministischen Geschlechtsrevolution durch die arische Invasion wäre diese Umwertung gewiß nicht denkbar gewesen. Denn Radha war als die Göttin des gnostisch-gynäkokratischen Frauenhauses eine Erscheinungsform der noumenalen Sophia wie Krishna eine des noumenalen Logos. Sie verhalten sich also zueinander wie Ischtar und Tammuz, Isis und Osiris, Astart und Adon. Wie es seiner ideellen Bestimmung entspricht, ist das weibliche Prinzip in der Urzeit für das männliche die Lehrerin der Gnosis, also der Unio gnostica gewesen. Die Gitagovinda, das „indische Hohe Lied", feiert daher, wie das hebräische, den noumenalen Androgyn, die gnostische Einigung des Einen mit sich selbst in seinen zwei Potenzen: in beiden Liedern lebt daher der Geist der vorhistorischen gnostischen Gynäkokratie. Was in dem hebräischen Hohen Liede die Braut und der Bräutigam, Sulamith und Salomo sind, die hebräische Sophia und der hebräische Logos des gnostisch-gynäkokratischen hebräischen Doppelordens, das werden in der vorbrahmanischen Urform des indischen Hohen Liedes, dem die brahmanisierte Gitagovinda die letzte Gestalt gab, Radha und Krishna gewesen sein, die androgyne Gottheit des drawidischen Doppelordens. Wie dort um die Göttin oder ihre menschliche Stellvertreterin sich die „Töchter Jerusalems" als Chor scharen, die Mitglieder des gnostischen Frauenbundes um die Sulamith, und um den Dod die des gnostischen Männerordens, so ist hier auch der Bundesgott Krishna, der „gute Hirte", von den gnostischen Hirten, und die Bundesgöttin Radha, die „gute Hirtin", von den gnostischen Hirtinnen ihres weiblichen Ordens umgeben. Die gnostische Liebe der im noumenalen Androgyn vereinigten beiden Potenzen des Absoluten aber ist das Vorbild für das, was auf Erden verwirklicht werden soll, so daß, wie es die hermetische Tabula smaragdina verlangt, das Obere wie das Untere und das Untere wie das Obere wird.

Wenn also Kirshna, der drawidische Frauengott, das Bundessymbol des gnostisch-gynäkokratischen Männerordens war, so bekommen auch seine Heldentaten ein neues Gesicht oder vielmehr ihr altes zurück. Krishna war in seiner ältesten Gestalt der aktive Kämpfer gegen den siegreich vordringenden antignostischen Hominismus, nämlich den der erobernden Arier und den der zu ihnen abgefallenen drawidischen Könige. Von diesen Abtrünnigen scheint einer sein mythischer Oheim Kansa gewesen zu sein. Dieser, der Bruder von Krishnas jungfräulicher Mutter Devaki, verfolgt ihn schon vor seiner Geburt, und als dieser indische Herodes den eben Geborenen nicht fassen kann, gibt er den Befehl, alle neugeborenen Kinder bis zu zwei Jahren in seinem Lande umzubringen. Man sieht, die hoministische Revolution war in Indien nicht weniger molochistisch als im Westen; wahrhaftig, das hoministische Männerhaus darf mit recht von sich sagen: „Es zieht sich eine blutige Spur / Durch unser Haus von alters". So war Krishna schon vor seiner Geburt zum Kampf gegen den agnostischen Hominismus prädestiniert, und die Kämpfe, die er führte, müssen der Erhaltung der gynäkokratischen Gesellschaftsordnung der Drawiden gegolten haben. Die brahmanisierte Überlieferung hat das offenbar vergessen wollen. Schließlich stirbt der Frauengott durch einen Pfeil, der ihn angeblich zufällig und unabsichtlich in die Ferse traf, die einzige verwundbare Stelle seines Leibes. Dieser seltsame Tod aber birgt sicher ein dunkles Geheimnis. Das ist die Passio und der Opfertod Krishnas, über welche nicht deutlicher zu sprechen, die Brahmanen ihre Gründe hatten. Zu Radha und Krishna ist offenbar, wie auch in den Apokalypsen des Westens von Isis und Osiris, von Astart und Adon, als dritte Person des Dramas der böse Feind getreten, der mit der symbolischen Ermordung seines Gottes das gnostisch-gynäkokratische Männerhaus selbst vernichtete. Der wahre Mörder Krishnas ist daher derselbe wie der jener westlichen Frauengötter, der agnostisch-ichbewußte satanistische Hominismus, diesmal brahmanischer Observanz. Und auch dieser nimmt sein Opfer, nachdem er es kunstgerecht hominisiert hat, in sein eigenes orthodoxes Pantheon auf und kann sicher sein, daß die stumpfen Augen der suggestiv beherrschten Masse nach einiger Zeit die Fälschung nicht mehr vom Original zu unterscheiden vermögen. Mit Krishna geht also für Indien der erste Äon zu Ende. Doch vor seinem Tode prophezeite der Gott noch das heraufziehende eiserne Zeitalter, den Kali-yuga, d. h. die Zeit des vollendeten Hominismus, den er trotz aller Kämpfe nicht hatte aufhalten können. Aber wie alle gnostisch-gynäkokratischen Apokalypsen die Resurrectio ihres durch den Hominismus getöteten Gottes verkünden, d. h. die Wiederherstellung seines gnostisch-gynäkokratischen Ordens, so verkündete auch die drawidische Frauenapokalypse die Wiederkehr Krishnas. Wenn nämlich der Hominismus des Kali-yuga das Leben auf der Erde unmöglich gemacht hat, wird Krishna auf einem weißen Rosse, wie der Held der johanneischen Apokalypse, aus den Wolken herabkommen, die alte geschändete Erde durch Feuer zerstören oder reinigen und das neue Zeitalter, den dritten Äon begründen, in dem die gnostische Gynäkokratie des ersten Weltalters, welche durch die hoministische Episode nur unterbrochen, nicht beendet war, wiedererstehen und sich vollenden wird.

4. Der germanische Baldermythus

Von dem Radha-Krishna-Mythus, der gnostisch-gynäkokratischen Apokalypse der Drawiden, wenden wir uns nach Westen zu derjenigen der Urgermanen, dem Balder-Nanna-Mythus. Der schönste, geistigste, stillste d. h. versunkenste Gott und die schönste, geistigste, stillste Göttin der Edda, Balder und Nanna, bildeten den göttlichen Androgyn des gnostisch-gynäkokratischen Doppelordens der vorhoministischen germanischen Urzeit. Keine Beziehungen hat das Wesen dieses Götterpaares zu dem der bereits hoministischen naiv-sinnlichen Wanen oder zu dem der jüngeren kriegerischen und machtgierigen Asen; denn Balder als der Sohn Odins ist nur ein späteres tendenziöses Theologumenon der Asenpriester. Balder und Nanna haben weder Vater noch Mutter: sie waren vom Anfang des gnostischen ersten Äons an da; sie sind der Urandrogyn. Eine undurchdringliche Atmosphäre der Ehrfurcht geht von diesem einsam dastehenden androgynen Götterpaare aus, mit dem verglichen die jungen Wanen und die noch jüngeren Asen des zweiten Äons wie riesenhafte genuß- und machthungrige Plebejer erscheinen. Dieser gnostische Androgyn steht als eine Welt für sich den beiden hoministischen Göttergruppen gegenüber, fremd und deshalb gefürchtet und bedroht: „denn ein Würde, eine Höhe / entfernte die Vertraulichkeit". Sie sind das in gnostischer Unio geeinte Götterpaar des ersten Äons, die Göttin und der Gott der gnostischen Liebe, die mit ihrem Zeitalter durch die hoministische Geschlechterrevolution untergehen müssen. Balder und Nanna fühlen die Schwermut zum Tode verurteilter Götter, die Schwermut eines untergehenden Weltalters; sie begreifen ihr Schicksal als unvermeidlich und fügen sich ihm aus Erkenntnis. Sie sind die zeitliche germanische Erscheinungsform des ewigen noumenalen Androgyns Sophia und Logos und wissen um ihre überphänomenale Identität und Ewigkeit. Die erste Wala oder Sibylle, die nach der Katastrophe die erste gnostisch-gynäkokratische Apokalypse der germanischen Frau offenbarte, wußte darum; und auch die letzte Wala, die der Völuspâ, wenn sie auch nur eine literarische Fiktion und ihr Denken durch die Odinstheologie hominisiert ist, hatte immer noch eine dunkle Ahnung davon, daß die Nanna-Balderreligion die wahre germanische Urreligion und daß das Schicksal ihres gnostischen Liebesgottes Balder auch das der germanischen Frau, d. h. das der germanischen gnostischen Gynäkokratie war. Aber in einem andern Tone als diese fingierte und letzte Wala mit ihren Konzessionen an den herrschenden Odinismus wird die wahre Urwala, die zuerst die gnostisch-gynäkokratische Apokalypse der Germanen, die Passio und Resurrectio Balders, verkündete, gesprochen haben. Wie Boileau von sich sagte, daß er es wagt, eine Katze eine Katze und Roland einen Schurken zu nennen, so werden die ersten Walen, trotz der Gefahr, keinen geringeren Mut gezeigt haben; denn Propheten pflegen ungezogener und rücksichtsloser als gebildete Menschen zu sein. Sie werden Odin als den wahren Mörder Balders entlarvt haben oder wenigstens als den an der Passio Balders allein Schuldigen. Denn diese Apokalypse des aus der germanischen Urzeit stammenden gnostisch-gynäkokratischen Frauenordens von Sophia-Nanna und Balder-Logos ist der Protest gegen den siegenden Hominismus, der im Namen Odins gegen die urgermanische Gynäkokratie zusammengeschlossenen antignostischen Männerbünde. Odin erweckte denselben apokalyptischen Widerspruch bei den germanischen Frauen wie Jahwe bei den hebräischen oder Brahma bei den drawidischen. Alle diese durch die hoministische Geschlechterrevolution zur Macht gekommenen antignostischen Vatergötter, d. h. ihre zur Macht gekommenen Männerhäuser, von denen jedes, wie nicht oft genug wiederholt werden kann, mit gleichem Rechte sich rühmen darf: „Es zieht sich eine blutige Spur / Durch unser Haus von alters", alle diese verschiedenen „alliebenden" Vatergötter oder Allväter, deren Güte nur die Fiktion der hoministisch-geschlechtsegoistischen Propaganda ist, erkauften den Weltenthron mit der Passio ihres Vorgängers, des göttlichen gnostisch-gynäkokratischen Androgyns der Doppelorden. Man höre die Klagen des angeschmiedeten Prometheus, des zerstückelten Osiris, des zerfetzten Adon, des Attis, des Krishna, des gekreuzigten Ur-Jesus, des erschossenen Balder; aus den weiblichen Hälften des Androgyns aber machten sie die Dolorosen. Sie umarmten ihre Opfer in ihrer Allvater-Liebe, nachdem sie ihnen den Dolch in den Rücken gestoßen hatten. Denn sie gaben ihnen den Friedenskuß und erhoben sie, nachdem sie von ihren Theologen hominisiert waren, in ihren hoministischen Himmel. So erging es auch dem Frauengotte Balder, einem dieser am Anfang des zweiten Äons für das neue Prinzip geschlachteten Götter; um ihn vollends zu töten, machte sein Mörder, der Odinismus, ihn zum Sohne Odins, wie der Ur-Jesus, der hebräische Frauengott, zum Sohne seines Mörders Jahwe wurde. Die Schuld am Tode Balders aber schrieben dann die Odinstheologen dem Loki, dem Lügengotte, zu, der in diesem Falle doch nur die Abspaltung und Personifikation einer charakteristischen Seite von Odins Wesen und der Vollstrecker seines unbewußten Willens ist; denn Odin ist auch der Gott der politischen Lüge und des Verrates. Der blinde Hödur aber ist wiederum nur das Werkzeug von Odin-Loki; er ist nur „die Tat von ihren Gedanken". Der Schuldige an der Passio Balders ist also zwar dunkel, aber doch eindeutig zu erkennen. Dieser Gott ist seines Beinamens Yggr, d. h. der Schreckliche, ebenso würdig wie Jahwe seinen dasselbe bedeutenden Namen El Schaddai verdient. Mit Balder hat der Einäugige indirekt auch die gnostische Liebesgöttin Nanna getötet, die weibliche Hälfte des Androgyns, die ihrer männlichen nachstirbt; denn in der einen Hälfte wird auch die andere getroffen. Odin ist also der Mörder des urgermanischen Androgyns und hat damit dem ersten Äon bei den Germanen ein Ende gemacht.

Aber der Gott, der damit zum Begründer des zweiten Zeitalters wurde, kann seines Sieges nicht froh werden. Nicht, als ob er Gewissensbisse hätte; die hoministischen Götter des reinen Machtwillens haben selbst kein Gewissen, sie verlangen es nur von den Menschen. Aber die Reste des unterdrückten Doppelordens, besonders die Walen, ängstigen ihn mit der Prophezeiung von Balders Wiederkehr, die seinen eigenen Untergang bedeuten würde. In seiner Existentialangst befragt er sogar diese gedemütigten Sibyllen, die er gezwungen hatte, in seine Dienste zu treten. Aber was er sucht, ist nicht Erkenntnis und Weisheit, sondern nur existentialistisch-egoistisches Wissen, ob und wann die Katastrophe, Ragnarök, die Dämmerung der hoministischen Götter des zweiten Äons, kommt. So schweift der düstere „Schreckliche", den Geschmack des Todes im Munde, durch die an ihm zugrunde gehende Welt; seine Todesangst aber ist nichts anderes als die Angst vor der Wiederkehr des toten Balder, die ihm geweissagt ist.

Wenn Edda wirklich Urgroßmutter bedeutet, dann erblicken wir in dieser Edda jene Sibylle, die nach Balders und Nannas Untergang die gnostisch-gynäkokratische Urapokalypse der Germanen offenbart hat, welche die letzte Wala, d. h. der Dichter der Völuspa, auf ihre Weise odinisiert wiedererzählt hat; dieser Kompromiß mit dem Odinismus ist natürlich schon lange vor der Wikingerzeit zustande gekommen. Die Völuspa ist an sich eine frostige und gelehrte Arbeit, die nur durch die Größe ihres sie überragenden Stoffes und vielleicht durch einzelne übernommene Verse älterer Fassungen stellenweise wirkliches Leben bekommt. Betrachtet man aber einmal die ganze Liedersammlung der älteren Edda mit den Augen der Nanna-Balder-Prophetin, als vom Standpunkte ihrer balderozentrischen Geschichtsphilosophie aus, sowohl die Götterlieder wie die Heldenlieder, so muß man sie, um ihren wahren Sinn zu verstehen, als Lieder der „Schwert- und Beilzeit" begreifen, als Gesänge der sich auflösenden und ihr Ende erwartenden Welt des hoministischen Äons. Beide Hälften der Liederedda sind von der gnostisch-prophetischen Balderidee aus als ein apokalyptisches Ganzes zu verstehen, in dem der Sinn jedes Teiles nur aus der Einheit der apokalyptischen Balderidee begriffen werden kann, womit die einzelnen Stücke aufhören, bloße Anekdoten zu sein. Denn die Seelen dieser gefallenen Helden des zweiten Teiles werden zu Einheriern in Walhall, um als Morituri dem Odin in den letzten Kampf zu folgen, in dem sich die beiden großen hoministischen Parteien gegenüberstehen, um sich wechselseitig zu erschlagen und damit den Hominismus überhaupt zu vernichten. Die Edda wäre ohne die messianische und alles tragende Grundidee der apokalyptischen Wiederherstellung die bitterste und blutigste Satire auf die Sinnlosigkeit der menschlichen Existenz und des Lebens überhaupt. Aber nach der Schilderung der Passio Nanna-Balders und ihrer Folgen für die Menschheit verkündete die Wala der gnostisch-gynäkokratischen Urapokalypse die Wiederherstellung, die Apokatastasis, die *restitutio in integrum* durch die Resurrectio von Balder und Nanna, d. h. die Wiederherstellung des Doppelordens von Sophia und Logos, und das bedeutet die Wiedererstehung der gnostischen Gynäkokratie der Urzeit. Der Hominismus der untergegangenen Asen und Wanen war nur eine Episode zwischen zwei gnostisch-weiblichen Zeitaltern, dem des Anfangs und dem des Endes der Menschheit. Leider ist gerade die Verkündigung von der Resurrectio in der Völuspa der letzten Wala nicht nur dunkel sondern konfus und sogar sinnlos. Die Unklarheit über die Resurrectio Balders aber bezeugt offenbar, daß hier etwas Gefährliches vertuscht und entstellt werden sollte; und gar die letzten, offenbar interpolierten Verse, wo der „Starke von oben" herniedersteigt, scheinen anzudeuten, daß der odinisierte Baldermythus schließlich noch christianisiert werden sollte. „Balder kehrt wieder", ruft die Wala zwar aus, und auch die goldenen Tafeln des goldenen Zeitalters sind wieder da. Aber in ihrer hoministischen Kompromißbereitschaft schmuggelt sie die Nachkommen der Asen und Wanen, von denen die Welt eben glücklich befreit war, ebenfalls in den dritten Äon hinüber, womit das alte Spiel des agnostischen Ichbewußtseins in dem neuen Zeitalter wieder beginnen würde. Die gnostisch-gynäkokratische Urapokalypse der germanischen Frau von der Auferstehung Balders, welche notwendig die der Nannahälfte des gnostischen Androgyns einschließt, hat also, wie zu erwarten war, eine analoge hoministische Überarbeitung und Verfälschung, gewiß auch aus denselben leichtbegreiflichen Gründen, erfahren wie die Apokalypsen der orientalischen Frauenbünde, deren für die Menschheit wichtigste die des hebräischen Frauenbundes wurde.

5. Der finnische Mythus von Lemminkäinen

Die gnostisch-gynäkokratische Apokalypse des finnischen Volkes wird als Episode in dessen Nationalepos, dem Kalewala, erzählt, allerdings in einer Gestalt, die beweist, daß der letzte Laulaja oder Aöde, dem wir sie verdanken, von ihrer wahren Bedeutung nichts mehr verstanden hat. Durch die sukzessiven „Jetztzeiten" wurde die gewaltige Urgestalt dieses finnischen Mythus immer mehr dem Format der kleiner gewordenen Nachkommen angepaßt und schließlich zum kleinbäuerlichen märchenartigen Unterhaltungsstoff. Unter finnischer Tradition darf man aber nicht etwa nur die Bewohner des heutigen Finlands verstehen, sondern muß sich erinnern, daß diese nur einen kleinen Teil der finnischen vorrussischen Bevölkerung bildeten, die sich etwa vom Wolgaknie bei Kasan und vom unteren Dnjepr bis zum nördlichen Eismeer und vom heutigen Finland im Westen bis weit über den Ural hinüber tief nach

Sibirien hinein ausdehnte. Fast ganz Rußland hätte also einmal Finland heißen können. Im IX. und X. Jahrhundert muß der Stamm der ostfinnischen Permier, nach welchem das durch die nordischen Sagas berühmt gewordene Biarmia oder Bjarmaland an der unteren Dwina und am Weißen Meer genannt wurde, der Hauptträger der alten finnischen Kultur gewesen sein. Diese ost- und westfinnischen Stämme aber sind alle mongolischer Herkunft; und wie sie alle agglutinierende Sprachen reden, so werden sie auch nicht nur urfinnische sondern auch urmongolische und panmongolische Traditionen von Innerasien nach Westen mit sich gebracht haben. Das Kalewala (die finnischen Worte haben den Ton auf der ersten Silbe), das Nationalepos der heutigen Finländer, darf also, wenigstens in gewissen Bestandteilen, als ein panfinnisch-mongolisches Epos betrachtet werden und die in ihm erzählten Mythen mögen im Biarmien der Wikingerzeit, der Zeit der germanischen und finnischen Seeräuberei, als die Permier über Finland vom nördlichen Eismeer zu den ergiebigeren Beuteplätzen der Ostsee mit ihren Liedern und Traditionen vordrangen, noch in einer weniger harmlosen Form gesungen worden sein. Das heißt aber natürlich nicht, daß sie damals noch Geist und Sinn ihrer ältesten Urmythen verstanden hätten. Der hoministische Jetztzeitmensch einer jeden Epoche vergewaltigt die Vergangenheit wie die Gegenwart; sein naiver Existentialismus hat immer „recht". Bekanntlich hat der finnländische Arzt Elias Lönnrot die in seinem Volke gesungenen zahlreichen Einzellieder gesammelt und in einem Epos, das er Kalewala, d. h. „Land des Riesen Kalewa" nannte, womit Finland gemeint ist, vereinigt und das in der vollständigen Ausgabe von 1849 fünfzig Runot oder Gesänge in 23 000 Versen umfaßt; womit er nicht nur seinem Volke sondern der ganzen Menschheit ein Werk unschätzbarer geistesgeschichtlicher Bedeutung gegeben hat. Aber nicht die künstliche willkürliche und mißglückte Einheit der Einzelepen, die er als Redaktor wieder herzustellen glaubte, macht den Wert dieses Werkes aus; dieser beruht, trotz der Scheineinheit, in den geretteten Einzelepen, die ursprünglich wohl verschiedenen finnischen Stämmen und Ständen angehörten. Die Einheit der Einzellieder liegt weder in der der Personen oder der Handlung, sondern in der Idee der magischen Kraft. Das Kalewala ist das Epos des panmongolischen Schamanismus. Hier weht die Sinne und Verstand verwirrende Luft von Tibet und der Mongolei. Sein Geist ist der Geist der ursprünglich Westtibet, im besonderen dem oberen Ladakh am oberen Indus, angehörenden Sage von Bogda Gesser Khan; Kalewala und das lappische Nordland Pohjola bekämpfen einander mit denselben Zauberwaffen der schamanischen Hypnose wie etwa in Tibet die Bonreligion und der magische Buddhismus der Rotmützen Padmasambhavas und Milaraspas. Erst unter Erik dem Heiligen im XII. und unter den Folkungern im XIII. Jahrhundert begann die Christianisierung Finlands. Dann mußten die katholisch gewordenen Zauberer unter Gustav Wasa evangelisch werden; Juhani Aho hat in seinem schönen Roman „Panu" das Leben und den Untergang des letzten Schamanen, des fanatisch christenfeindlichen Panu, erzählt. Die drei großen Zauberer und Helden des Epos Kalewala, die den magischen Krieg mit den Zauberern Pohjolas, d. h. Lapplands führen, an deren Spitze die Hexe von Pohjola steht, nämlich Wäinämöinen, Ilmarinen und Lemminkäinen, aber sind zu magischen Übermenschen gewordene ehemalige Götter von Zaubererbünden und von unter ihrer schamanischen Herrschaft stehenden Stämmen. *Wäinämöinen,* der stets „der Alte" heißt, scheint der älteste Magiergott der permischen Urzeit gewesen zu sein, der Gott des ältesten priesterlichen Schamanenbundes in der vorgeschichtlichen „permischen" Kultur, die ihre Spuren im mittleren Ural und an der oberen Kama hinterlassen hat. Dieser Gott hatte die Welt durch sein Zauberwort „fiat" geschaffen, nämlich durch seine Zauberlieder, die er mit den Zaubertönen seiner Kantele begleitet. Der zweite Held des Epos, der zaubermächtige Schmied *Ilmarinen,* ist viel jünger als der uralte Wäinämöinen. Er ist nicht mehr der nur magisch wirkende Gott, sondern ein bei aller Magie technisch-rationalistischer, der Sonne und Mond schmiedet, also eine Art Vorläufer des Uhrmachergottes. Offenbar war er ursprünglich der Gott eines schamanischen Schmiedebundes und stammt vielleicht aus der ältesten permischen Eisenzeit (1—700 p. C.). Wenigstens scheinen die Permier neben den Ugriern (Wogulen, Ostjaken und Magjaren) Mitträger dieser Kultur gewesen zu sein: denn auch die Zauberer fingen an, „ein gute Wehr und Waffen" zu schätzen und sich nicht mehr ausschließlich auf die magische Kraft ihres Wortes zu verlassen, wenn sie einen umbringen wollten. Es gab also in alter Zeit einmal finnische Ilmarinenstämme und Wäinämöinenstämme, die beide nach den schamanischen Göttern der Zaubererbünde genannt waren. Mit beiden vereinigte sich viel später der Lemminkäinenstamm. *Lemminkäinen,* der dritte Held des Epos, wenn auch an Zauberkraft den beiden andern ebenbürtig, erscheint immer jünger als diese; er ist ein ewig jugendlicher Gott gewesen: wie Wäinämöinen „der Alte", heißt er stets „der junge Lemminkäinen". Diese drei Stämme sind einmal vereint auf ihrem Zuge nach Pohjola, einer Art Argonautenfahrt, gewesen, um den Sampo, ein rätselhaftes, Gedeihen und Fruchtbarkeit bringendes Zauberding, einen Fetisch, so etwas wie den Gral oder das goldene Vliess, nach Kalewala zurück zu holen. Diese, vielleicht etwas zu langen, Vorbemerkungen schienen mir unerläßlich, um auch von einer ethnologischen Perspektive aus den Lemminkäinenmythus, den eigenartigsten und religionsgeschichtlich wichtigsten unter den Mythen des Kalewala, verstehen zu können. Denn man darf nicht glauben, daß die in diesem Epos überlieferten Traditionen nur solche des kleinen finnischen Volkes seien, ohne in Erwägung zu ziehen, daß darunter auch allgemein finnische, ja vielleicht sogar finno-mongolische Überlieferungen liegen müssen.

Die Lemminkäinen-Stämme, d. h. die Stämme des Gottes Lemminkäinen, besaßen eine gnostisch-gynäkokratische Apokalypse, die, wie sich von selbst versteht, hominisiert wurde. Erst als seine Hominisierung vollendet war, konnte er mit Wäinämöinen und Ilmarinen zu dem Dreimännerbunde vereinigt werden, der die Fahrt nach dem Sampo unternahm. Aber wie aus einer Reihe von Stellen des Kalewala hervorgeht, war er immer etwas verdächtig und man sprach mit bedeutsamem Kopfschütteln von ihm; denn seine Vergangenheit als Frauengott war eine Belastung. Und auch nach seiner Konversion hingen die Frauen mehr an ihm als an dem alten Zauberer Wäinämöinen, der gerade kein großes Glück mit dem weiblichen Geschlechte hatte. Der Gott Lemminkäinen aber ist einer der ermordeten und wieder auferstandenen jugendlichen Götter, wie wir sie aus den gnostisch-gynäkokratischen Apokalypsen kennen. Lemminkäinen ist der Osiris, der Tammuz, der Balder der finnischen Rasse, mit denen er dasselbe Schicksal teilt. Keiner der alten finnischen Helden hängt an seiner Mutter wie er; keine Mutter an ihrem Sohn wie sie an dem ihrigen. Sie hat im Epos keinen Personennamen: sie ist nur „die Mutter" oder „die alte Mutter", d. h. die mythische Urmutter schlechthin. In dem Urmythus von der Mutter und Lemminkäinen war sie wohl, wie in den analogen Mythen, die Mutter-Geliebte und er ihr Sohn-Geliebter; aber in dem überlieferten Texte ist jede Erinnerung daran ausgemerzt. Die Erinnerung an die mystische Bedeutung dieser Bezeichnungen war verloren gegangen, seitdem der Hominismus die geistige oder gnostische Mutterschaft des weiblichen Geschlechtes verboten und ihm nur die physische gelassen hatte; ihre Beibehaltung wäre ein Nonsens oder ein Skandal gewesen. Die Mutter, d. h. die Göttin des finnischen Frauenhauses, und Lemminkäinen, der Gott des gnostisch-gynäkokratischen Männerhauses, bildeten also den im ersten Äon verehrten gnostischen Androgyn, die finnische Erscheinungsform des ewigen noumenalen Androgyns Sophia und Logos. In diesem ersten Äon bezaubert Lemminkäinen die Mädchen und Frauen der beiden Inseln (Rune XI und XXIX), wie Krishna die Gopis, die Hirtinnen. Natürlich ist es der gnostische Gott Lemminkäinen, zu dessen Kultus die Frauen der gnostischen „Mutter" herbeiströmen, der Gott der *Unio gnostica*. Als aber der Gott zu einem menschlichen Einzelindividuum degradiert war, banalisierte der Hominismus diese sogenannten Liebesgeschichten des Gottes zu den vulgären Abenteuern eines Draufgängers und finnischen Don Juans. Wie wir im zweiten Teil dieses Aufsatzes sahen, war es der terroristische agnostisch-egoistische Schamanismus, welcher der gnostischen Magie des ersten Äons und damit diesem selbst das Ende bereitete. Mythisch gesprochen war es der alte Wäinämöinen, der das androgyne Identitätsbewußtsein durch das agnostische Ichbewußtsein verdrängte, womit er in der Tat zum Weltschöpfer, nämlich zum Schöpfer der hoministischen Weltordnung, wurde. Die Alternative lautete damals in der Zeit der ugrofinnischen Geschlechterrevolution: die gnostisch-androgyne Magie der gnostischen Muttergöttin und ihres Sohnes Lemminkäinen oder die agnostisch-egoistische Magie des „fortschrittlichen" Hominismus. Dieser Geschlechterkampf der Urzeit war ein magischer Kampf und bildete vielleicht einmal den wichtigsten und ältesten Bestandteil des finnischen Mythus. Es war der Gegensatz zwischen der alten Lemminkäinenreligion und der neuen Wäinämöinen-Ilmarinenreligion; kurz der Kampf des Geistes des ersten Äons mit dem des zweiten. Mit der anfangs bewußten, dann automatisch fortschreitenden Verwischung dieses Gegensatzes kam der alte Mythus um seine lebendige Substanz. Die ursprünglich geistige und epochale Antithese von Kalewala und Pohjola, d. h. der gnostisch-gynäkokratischen weißen und der agnostisch-hoministischen schwarzen Magie, wurde zu einer geographischen nationalen, wie auch die Götter aus Ideen zu heldischen Einzelindividuen geworden waren. Die terroristische schwarze Magie behielt den Sieg über die Magie Lemminkäinens. Aber auch die zu Tode getroffene gnostische Gynäkokratie der Ugrofinnen verschied nicht, ohne in einer Apokalypse ihr Testament zu hinterlassen. Natürlich wurde auch sie, um sie unschädlich zu machen, wie die andern weiblichen Apokalypsen hoministisch überarbeitet — mit demselben Erfolg und Mißerfolg wie diese. In der XIV. und XV. Rune werden Passio und Resurrectio des finnischen Frauengottes erzählt. Als Lemminkäinen es wagt, in Tuonela, die finnische Unterwelt, einzudringen und die Herrschaft des Hominismus auch im Hades durch die Erschießung des auf dem See der Totenwelt schwimmenden Geisterschwanes, der wohl wie der griechische Charon die Gestorbenen in das „Land ohne Heimkehr" überfahren soll, zu zertrümmern, da ereilt ihn selbst der Tod. Sibelius, der die Landschaften und das Volk Suomis in großartigen Tongemälden geschildert hat, hat in seiner Komposition „Tuonelas Schwan" auch die hoffnungslose Finsternis, das Totengewässer und den auf ihm geräuschlos dahingleitenden Totenvogel wie einen gespenstischen Alp wieder heraufbeschworen. Von diesem Alpdruck, den der agnostische Hominismus gebracht hatte, wollte

offenbar Lemminkäinen die Welt durch Erschießung des Schwanes wieder befreien. Aber ein Dämon, der „blinde Nasshut", stößt ihm beim Betreten des finnischen Hades eine Schlange ins Herz; er ist blind wie Hödur, der Balder erschießt. Beide wissen nicht was sie tun, denn sie sind metaphysisch blind, und beide machen durch ihre Tat symbolisch dem ersten Äon ein Ende. Nach seinem Tode aber wird der „muntere Lemminkäinen", der „schöne Kaukomieli", d. h. „der in die Ferne Sinnende", von einem Unterweltsgeist zerstückelt wie Dionysos und Osiris. „Tot ist der schöne Adonis", klagten die Adoniazusen; und „tot ist der schöne Kaukomieli" werden die finnischen Mädchen und Frauen gejammert haben. Aber nun greift die vergebens auf den Geliebten wartende Mutter ein, dessen Tod ihr durch ein böses Zeichen gemeldet war. Verzweifelt, wie Demeter die Tochter, sucht sie mit ungestümer Leidenschaft und wilden Drohungen überall den verschwundenen Sohn. Und wie Ischtar, um ihren Tammuz zu holen in Irkalla, das sumerische Totenreich, dringt sie wie ein Sturmwind in Tuonela ein. Sie recht die einzelnen Körperfetzen von Lemminkäinens Leibe zusammen und fügt, wie Isis die einzelnen Teile des zerrissenen Osiris, wieder zu dem Leibe ihres Sohnes zusammen. Der große finnische Maler Gallén-Kallela hat die in der Kalewala erzählte Pietà in einem Meisterwerke dargestellt. Helleuchtend liegt der wieder zusammengefügte Leib des Sohnes, das Gesicht mit einem Tuche bedeckt; vor ihm hockt knieend die Mutter, den Blick zum Himmel empor auf die herabfliegende Biene gerichtet, die dem noch toten Leibe den belebenden Geist bringen soll. Der Künstler hat Lemminkäinen eine Christus ähnliche Gestalt gegeben; instinktiv richtig sah er in ihm einen Christus verwandten Gott. Die Mutter aber ist eine derbe Bäuerin von energischem Willen: die liebende Göttin, die Ischtar und Isis in sich vereinte, in der Mutter zu sehen, war er nicht im Stande. Mit dem Balsam aber, den die Biene brachte, salbt die Mutter den Sohn und das Leben kehrt in dessen toten Leib zurück als sie gebietet:
> Stehe auf von deinem Schlafe
> Und erheb' dich aus dem Schlummer.

Auf die Passio des Gottes ist seine Resurrectio gefolgt. Was dieser zweite oder prophetische Teil der ugrofinnischen Frauenapokalypse lehrt, ist dieses: Lemminkäinen und das in ihm getötete gnostisch-gynäkokratische Männerhaus des zweiten Äons kann nur durch die Liebeskraft des gnostischen Frauenhauses noch einmal in der Zeit verwirklicht werden.

Die gnostisch-gynäkokratischen Apokalypsen sind keine exoterische Unterhaltungsliteratur, sondern Theologumena und Philosophumena zu gleicher Zeit, geschichtsphilosophische und soziologische Kultmythen von Geheimbünden. Wenn diese Apokalypsen im Geiste und in ihrer Komposition alle so überraschend miteinander übereinstimmen, so beweist das offenbar, daß sie direkte oder indirekte Variationen einer einzigen Urapokalypse oder Uroffenbarung, also monogenetischer, nicht polygenetischer Herkunft sein müssen. Wenn sie sich in den Einzelheiten, z. B. bei der Schilderung der Passio des Gottes unterscheiden, so sind diese Nuancen nicht freie willkürliche Erfindungen, sondern wahrscheinlich durch die spezifische Art bestimmt, wie die gnostisch-gynäkokratischen Männerbünde bei den einzelnen Völkern vernichtet wurden; denn was seinen irdischen Vertretern geschieht, erleidet der Bundesgott selbst. Und wenn, wie in der Lemminkäinen-Apokalypse, Motive aus den Apokalypsen der verschiedensten und entferntesten Völker verschmolzen sind, wie das Mädchenmotiv aus dem drawidischen Krishnamythus, das Motiv vom zerstückelten Gott aus dem Osiris-Dionysosmythus, das vom *descensus ad inferos* der sumero-babylonischen, ihren Tammuz wieder belebenden Nin-lil oder Ischtar und schließlich Motive aus dem germanischen Baldermythus, so ist das kein literarischer Cento und kein gelehrt-konfuses Quodlibet. Vielmehr erkennt man daraus, wie intensiv und ausgedehnt die Missionstätigkeit dieser gnostisch-gynäkokratischen Geheimbünde gewesen sein muß. Auch ist darin die Tendenz zu erkennen, die Differenzen der einzelnen Kultmythen durch eine synthetisierende Verschmelzung zu überwinden, um zu einer neuen katholischen Einheit des in allen Varianten identischen Mythus zu gelangen und damit zu einer im noumenalen Androgyn geeinten gnostisch-gynäkokratischen *Una Sancta*. Denn das Wesen der weiblichen Religion des zweiten Äons besteht in der Erwartung des durch die Männerreligionen, die alle auf die agnostische Differenz von Ich und Nichtich gegründet sind, getöteten gnostischen Frauengottes. Nur die trauernde gnostische Göttin kann ihn aus seinem Scheintode wieder erwecken; denn die Frauengöttin des zweiten Äons ist die *Dea Dolorosa*.

6. Der toltekische Mythus von Quetzalcoatl

Man kann also sagen, daß die gnostischen Apokalypsen über die ganze östliche Hemisphäre verbreitet waren. Bei einem Teile derjenigen Völker, die dem Anscheine nach keine besaßen, hat der Hominismus in ihrer Unterdrückung oder Entstellung ganze Arbeit geleistet. Bei einem andern, tiefer stehenden Teil, der vielleicht wirklich nie eine besaß, hatte das weibliche Geschlecht bereits jeden gnostischen Instinkt verloren und fügte sich, bewußtlos und stumpfsinnig, in die neue Ordnung. Aber auch die vorkolumbische westliche Hemisphäre hatte offenbar ihre gnostisch-gynäkokratische Apokalypse, deren Spuren sich in dem Mythus des toltekischen Gottes Quetzalcoatl finden, dessen Name Quetzalvogel-Schlange bedeutet. Wir wollen versuchen, mit unserem Schlüssel auch die Tür zum Verständnis dieses toltekischen Mythus zu öffnen, des bekanntesten und wichtigsten, aber auch dunkelsten aller indianischen Mythen. Vielleicht schon in den Zwischeneiszeiten, sicher aber in der Nacheiszeit werden die Urbewohner von Nordamerika aus den mongolischen Ländern Asiens, aus Tibet, der Mongolei, China und Sibirien in die nördliche Hälfte des Doppelkontinentes eingewandert sein. Das Denken der Urindianer war wie das aller Stämme und Völker der Urmenschheit gnostisch-androgyn; das Eine begriff sich in ihm noch als die Identität seiner beiden erscheinenden Potenzen. Und die Religion der Urindianer bestand, wie die der Urmenschheit überhaupt, in der Verehrung des noumenalen Androgyns Sophia und Logos, der sich in den beiden menschlichen Potenzen verwirklichen will. „Mutter und Vater, Erhalter und Gebärerin" wird das Absolute im Einleitungskapitel des „Popol Vuh" genannt, der Heiligen Schrift der Quiche-Indianer, eines schließlich in Guatemala seßhaft gewordenen Mayastammes. Bei ihnen heißt Quetzalcoatl Kucumatz. Dieser ist offenbar androgyn gedacht; denn die drei anderen Namenspaare von ehelich verbundenen Schöpfergöttern, die im ersten Kapitel des Popol Vuh genannt werden, beziehen sich nach Krickeberg (Märchen der Azteken und Inkaperuaner, Maya und Muisca, Jena 1928, p. 356) alle synonym auf ihn, „der wie der höchste Gott der Mexikaner, zugleich das weibliche und das männliche Prinzip in sich verkörpert". Was aber von dem Kucumatz der Quiche gilt, gilt auch von dem mit ihm identischen Quetzalcoatl der Tolteken. Die Vorstellung vom Absoluten als der Identität der beiden Polaritäten darf als panindianische gnostische Urphilosophie gelten. Noch bei den viel späteren Azteken hat sich dieses Theologumenon der Urzeit erhalten. Sie versetzen in den obersten der zwölf Himmel — also in die höchste noumenale Bewußtseinsebene — den wahren Gott „Zwei Herr" mit der wahren Göttin „Zwei Frau". (*Krickeberg,* S. 356). Jeder von beiden wird demnach wiederum als „Zweiheit", d. h. als androgyn gedacht. Der androgyne Urgott ist Mayas, Tolteken und Azteken gemeinsam, um nur diese höchstentwickelten indianischen Völker zu nennen. Dieser Ἀρσενόθηλυς oder mannweibliche Gott, den die Orphiker und der neuplatonisierende Bischof Synesios von Kyrene in Hymnen verherrlichen, diese ewige Uridee, durch die sich das übergöttliche Eine in Raum und Zeit individuiert, ist der Gott der Urreligion wie der übrigen Menschheit so auch der ihres indianischen Zweiges gewesen. Diese Urreligion ist der vorhoministische duale Urmonotheismus, der, wie wir früher zeigten, richtiger trinitarischer Urmonotheismus genannt würde. Wo aber das Eine sich selbst als den noumenalen Androgyn erkennt und verehrt, besteht oder bestand gnostische Gynäkokratie. In dieser religiösen Gesellschaftsordnung lebten also, wie die Völker der östlichen Hemisphäre, auch die vorgeschichtlichen Indianer der westlichen; das Matriarchat der Irokesen und anderer Stämme ist als entgeistigtes und versteinertes Relikt ihrer gnostischen Urzeit zurückgeblieben. Auf dem Hochplateau von Anahuac, wo die beiden Vulkane Popocatepetl und Iztacciuatl, der rauchende Berg und die weiße Frau, donnern, dem Herzen von Mexico, wurde nun von alters her die androgyne Gottheit unter dem Namen Quetzalcoatl verehrt. Schon sein Name, der im Symbol von Vogel und Schlange das männliche und das weibliche Prinzip vereinigt, verrät seinen androgynen Charakter wie auch seine Verehrung als die Identität von Morgen- und Abendstern. Sein androgynes Wesen wird übrigens schon durch seine Gleichsetzung mit dem androgynen Kucumatz bewiesen. Das Volk, in dem sich das Absolute in dem androgynen Symbol des Gottes Quetzalcoatl symbolisierte, hieß: „Tolteken" oder die Kundigen, gewiß nicht nur wegen ihres gerühmten astronomischen Wissens und ihrer künstlerischen Fähigkeiten sondern vor allem wegen ihrer philosophisch-theologischen Erkenntnisse. Die Tolteken sind also diejenigen, die das gnostische Urwissen der indianischen Menschheit besitzen. Die Zeit dieser Tolteken oder Gnostiker und ihres androgynen Gottes gilt als das goldene Zeitalter; wie auch auf der östlichen Hemisphäre der gnostisch-gynäkokratische oder erste Äon mit seiner androgynen Gottheit als die *Aurea Aetas* der Menschheit unvergessen blieb. Die in der Einheit zwiefache Natur des Gottes erschien soziologisch als der gnostisch-gynäkokratische Doppelorden der Mönche und Nonnen Quetzalcoatls: und bis zu ihrem Untergang blieb trotz aller Entartung dieser Doppelorden der eigentliche Träger der indianischen Urreligion.

Dieselbe geistige Bewußtseinsrevolution, die dem gnostisch-gynäkokratischen Äon im Osten ein Ende bereitete, vernichtete, wenn auch vielleicht ein paar Jahrtausende später, den ersten Äon der indianischen Völker: denn hier wie dort endete sie mit dem Sieg des antignostischen Hominismus. Es war die Empörung des agnostischen Ichbewußtseins gegen das gnostisch-androgyne der Urzeit. Der religiöse Geschlechterkrieg war leider kein Vorrecht der Völker auf der östlichen Hemisphäre. Die Menschheit ist eine untrennbare Einheit im Guten wie im Bösen und ein solidarisches Ganzes bei geistigen wie bei physischen Epidemien. Die neuen indianischen Männerreligionen waren natürlich der Ausdruck des gegen das Identitätsbewußtsein protestierenden agnostischen Ichbewußtseins. Selbst verzaubert durch ihre Götter, die magischen Kondensationen des Willens der schamanistischen Männerbünde, vernichteten diese durch magischen Terror die gnostisch-gynäkokratischen Doppelorden oder hominisierten sie: wir haben diese Taktik des revolutionären Hominismus bereits zur Genüge kennengelernt. Die einzelnen Völker, Nahua- und Chichimekenstämme, die nacheinander das Plateau von Anahuac eroberten, steigerten jedesmal den Hominismus ihrer Vorgänger, bis schließlich die Letztgekommenen, die Azteken, das nicht mehr zu steigernde letzte Wort sprachen und den Schlußstein im Gebäude des indianischen Hominismus setzten. Man mußte starke Nerven haben, um den aztekischen Hominismus zu ertragen. Wie alle ihre Vorgänger in dem Hochtal von Mexico übernahmen auch die Azteken die äußere Zivilisation der Tolteken, indem sie den gnostisch-androgynen Geist des Friedensgottes Quetzalcoatl endgültig mit dem ihres Schlächtergottes Huitzilopochtli von dem Plateau vertrieben. Die spanischen Eroberer standen bewundernd vor den großartigen Tempelpyramiden; aber sie mußten sich die Nasen zuhalten, wenn sie die engen Teocallis, die Götterkapellen auf den Plattformen, betraten, deren Wände von Menschenblut stanken. Zwei Höhepunkte des Hominismus begegneten sich hier: der spanisch-christliche und der aztekische, beide zu wechselseitiger Ausrottung bereit. Der spanische Egozentrismus sah wohl den allerdings dicken Splitter im Auge des Bruders, aber den Balken im eigenen nicht. Er konnte nicht einsehen, daß diese Greuel dem Wesen des agnostisch-egoistischen Hominismus überhaupt immanent sind und daß spanisch-christlicher und heidnisch-aztekischer Hominismus nur zwei Nuancen desselben negativen agnostisch-hoministischen Grundprinzips darstellen. Spanier und Azteken haben beide auf ihre Art konsequent die Folgerungen aus ihrem gemeinsamen Prinzip entwickelt, das sie zu Lügnern, Heuchlern und Gewaltmenschen machen mußte. Auch die hoministischen Götter können nur nach dem Gesetz, nach dem sie angetreten, existieren und schwinden dahin, wenn sie, d. h. ihre Priesterschaften, ihm untreu werden. Sie sind aber angetreten, um durch magischen Terror die gnostische Gynäkokratie und ihren androgynen Gott niederzuschlagen. Ob nun den Opfern für Huitzilopochtli auf dem Adlerstein das Herz ausgeschnitten wird oder ob sie Jahwe zu ehren als Holokauste auf Scheiterhaufen in einem *Auto de fè* verbrannt werden, das wird durch den Geschmack der Götter und ihres Klerus bestimmt. Denn alle hoministischen Götter, die das Eine auf seiner agnostischen Bewußtseinsstufe imaginiert, also auch Huitzil und Jahwe, können infolge dieses Ursprungs nur relative Bewußtseinserscheinungen des Absoluten sein; der Anspruch des Relativen auf Absolutheit kann aber nur durch „schlagende" Argumente begründet werden.

Die Tolteken Anahuacs, die dem Ansturm der hoministischen Nahuavölker erlagen, waren wohl weniger ein Stamm als eine Religionsgemeinschaft; das Toltekenreich, das in dem milden und weisen Friedensfürsten Quetzalcoatl, dem androgynen Gotte des Doppelordens, geeint war, war eine Kirche, eine Erinnerung an die allgemeine gnostisch-gynäkokratische Kirche der ältesten Menschheit. Unter analogen Umständen wie auf der östlichen Halbkugel, entstand in dieser Phase des religiösen Geschlechterkampfes, also beim Zusammenbruch der androgynen Kirche Quetzalcoatls, auch die gnostisch-gynäkokratische Apokalypse der Tolteken. Obwohl sie von demselben Geiste wie die älteren Apokalypsen der andern Hemisphäre inspiriert ist, erscheint sie doch als eine rein indianische Schöpfung. Wir kennen ihren Mythus nur aus den Berichten, die auf den tendenziösen Darstellungen feindseliger oder kompromißlerischer Staatstheologen des aztekischen Reiches beruhen, die den wahren Geist der indianischen Gnosis so wenig verstehen konnten und wollten wie die orthodox-christlichen Haeresiographen den der gnostischen Sekten ihrer Zeit. Quetzalcoatl, der von Huitzilopochtli und Tezcatlipoca, den revolutionären, die indianische Urreligion ausrottenden Göttern Gehaßte, der Feind der Menschenopfer und der Menschenfresserei, war für den orthodoxen aztekischen Hominismus der gefährlichste Ketzergott. Wenn er in das aztekische Pantheon aufgenommen werden sollte, und das war bei der Zahl seiner offenen und geheimen Anhänger unvermeidlich, so mußte er hominisiert und aztekisiert werden. Daher gleichen einzelne Mythen seine Natur der des Stammes- und Staatsgottes Huitzilopochtli an und machen aus ihm einen Kriegs- und Rachegott. Aber das Symbol des aztekischen Hominismus war das kannibalische Menschenopfer; in seinem Zeichen wurde der Religionskrieg, der zugleich ein Geschlechterkrieg war, auf dem Hochplateau geführt. Es war deshalb ein großer Triumph für den blutdürstigen Hominismus der Priester des obersten Reichsgottes, als der entartete Klerus von Quetzalcoatls bedeutendstem Tempel in Cholula den aztekischen Ritus der Menschenopfer übernahm und aus dem heiligsten Wallfahrtsorte dieses Opferblut verabscheuenden Gottes ein Schlachthaus machte, das an Zahl der Opfer — Kinder waren besonders erwünscht — sogar mit dem auf der großen Pyramide von Tenochtitlan rivalisierte. Quetzalcoatl war zu einem aztekischen Gott geworden, aber der hoministische Blutrausch unter den letzten Königen Mexico-Tenochtitlans rief als Antwort eine messianische Quetzalcoatl-Untergrundsbewegung hervor, die wohl nie ganz hatte unterdrückt werden können. Man erinnerte sich in diesen Kreisen der besonders durch den aztekischen Hominismus ausgerotteten oder verfälschten Urreligion an die Apokalypse von der Passio und der Wiederkehr Quetzalcoatls. Das goldene Zeitalter der indianischen Menschheit, ihr erster Äon, der des gnostisch-gynäkokratischen

Doppelordens und seiner androgynen Gottheit Quetzalcoatl, war zu Ende gegangen, als die „Dämonen", die hoministischen Götter, erschienen, um künftig an seiner Stelle die Welt zu regieren. Unter diesen Dämonen war der gefährlichste das Einbein Tezcatlipoca, der „rauchende Spiegel", in der Apokalypse die Inkarnation des hoministischen Gegenprinzips. Nun beginnt die Passio Quetzalcoatls, deren Geschichte auch die seiner verfolgten toltekischen Kirche ist. Denn die Verfolgungen der Götter sind auch die Verfolgungen ihrer Bünde und die Leiden der Bünde spiegeln sich ab in den Leiden ihrer göttlichen Bundessymbole. Der schamanische Gaukler Tezcatlipoca berauscht Quetzalcoatl mit Pulque und suggeriert seinem Opfer Minderwertigkeitskomplexe, Schuldgefühle und Altersmelancholien, da er ja der alte urzeitliche Gott ist, der „alte der Tage", weshalb er auch bärtig vorgestellt wird. Im Pulquerausch, zu dem ihn der grauenhafte Tezcatlipoca verführte, soll er seine Schwester vergewaltigt haben. Hier ist offenbar ein mißverstandenes Mythologem zu einer gehässigen Anekdote geworden, die aber, ohne es zu wollen, ein erwünschtes Blitzlicht auf die wahre Natur des verfolgten androgynen Gottes wirft. Der ägyptische Androgyn Isis-Osiris wurde wie der japanische Izanami-Izanagi als gnostisches Geschwisterpaar gedacht, d. h. die beiden noumenalen Potenzen des Einen, Sophia und Logos, können symbolisch ebenso wie Mutter und Sohn auch Bruder und Schwester genannt werden, so daß also die *Unio gnostica* des Einen mit sich selbst in einem esoterischen Theologumenon als die noumenale Unio von Bruder und Schwester bezeichnet werden kann. Analog besteht also auch die androgyne Einheit Quetzalcoatl aus einer Bruder- und einer Schwesterhälfte. Der gnostische Doppelorden Quetzalcoatls bestand dementsprechend aus einem Brüderorden und einem Schwesternorden, die in dem androgynen Bundesgott geeint waren. Diejenigen, die zum noumenalen Denken keinen Zugang haben und nur individualistischanekdotenhaft verstehen können, wie Tezcatlipoca und analysierende Psychologisten, schnuppern hier zufrieden „Inzestmotive". Der aus seiner Hauptstadt Tollan oder Tula vertriebene und von dem entsetzlichen Tezcatlipoca verfolgte Quetzalcoatl, d. h. also auch die Reste seines Doppelordens, kommen ans Meer und der Gott besteigt ein Schiff. „So fuhr er von dannen und wurde auf dem Wasser entrückt; niemand weiß mehr, wie er nach Tlapallan gelangte", berichtete Sahagun. Tlillan Tlapallan, das mystische Ziel seiner Reise, aber ist das noumenale Pleroma, aus dem er stammte und zu dem er zurückkehrt. So endete der erste Äon für die indianischen Völker; die hoministischen Religionen der Nahuastämme hatten die toltekische ausgerottet. Der „wunderbare" Huizilopochtli, der grausame Tezcatlipoca, der „rauchende Spiegel", und Xipe Totec, „unser Herr, der Geschundene", herrschte nun ungestört über das Plateau von Anahuac. Es sei aber noch bemerkt, daß nach der Darstellung einer anderen Schule Quetzalcoatl, ehe er aus Tula floh, sich unter der Suggestion Tezcatlipocas stehend, in eine „Steinkiste", wie in ein Grab, legen ließ, vier Tage darin als ein „Knochen" lag, und dann sich wieder daraus erhob; seiner „Schwester" wird dabei nicht gedacht. Dieser von den Quellen vorsichtig erzählte Mythus ist eine vollkommene Analogie zu den Mythen der alten Welt von den durch den Hominismus gemordeten aber wieder auferstehenden Frauengöttern, denen Quetzalcoatl wesensverwandt ist. Ob nun diese Variante die ältere oder jüngere Gestalt des Quetzalcoatlmythus ist, wird schwer zu entscheiden sein. Wichtig ist hier nur zu erkennen, daß in beiden Varianten, der vom begrabenen Quetzalcoatl und der von dem vertriebenen, der Hominismus Tezcatlipocas die satanisch-zerstörende Macht war, derselbe Hominismus, der als Set den Osiris zerstückelte und als Jahwe den alten gnostischen Gott Jeschua der hebräischen Frauenreligion kreuzigte.

Das ist der historisch-symbolische Teil der Passio Quetzalcoatls, aber wie alle Apokalypsen hatte auch die toltekische ihren prophetischen Teil, der für die Gläubigen natürlich der wichtigere war. Denn er enthielt die frohe Botschaft von der dereinstigen Rückkehr des Gottes, d. h. also von der Wiederherstellung des gnostisch-androgynen Doppelordens. Aber die gnostischen Götter kommen erst zurück, wenn die Menschen durch ihre Bewußtseinsänderung zu ihnen gekommen sind. Unter Montezuma II. jedoch dachte niemand mehr an die Wiedergewinung des verlorenen gnostischen Bewußtseins; die hoministischen Götter hatten das Volk endgültig zum agnostisch-egoistischen Ichbewußtsein erzogen. Der Quetzalcoatl, den man jetzt erwartete, war nicht mehr die gnostisch-androgyne Gottheit des ersten Äons: er war das hominisierte messianische Gottessymbol der sozialen Revolution. Er war die Hoffnung der unterdrückten Massen, die er von der Ausbeutung durch die herrschenden Stände, den Klerus, den Feudalismus und die bürgerliche Plutokratie, befreien sollte, deren Macht auf dem Terror der Menschenopfer beruhte. Sturz dieser Priesterschaften und ihrer anthropophagen Götter bedeutete für ihren hoministischen Pseudomessianismus nur den Sturz der konservativen Mächte. Die hominisierten Mysteriengötter des *Imperium Romanum* hatten eine ganz analoge Entwicklung durchgemacht; und auch dem hominisierten und historisierten Gotte Jeschua erging es nicht anders. Den Besessenen erschien Cortez, oder wenigstens sein Gott, als der wiedergekommene Quetzalcoatl. Die alte gnostisch-gynäkokratische Apokalypse von Quetzalcoatl wurde vom Volke mißdeutet, um seinen hoministisch-messianischen Massenwahn zu rechtfertigen. Erst auf den Trümmern Tenochtitlans begriffen sie, daß sie die Teufel Huizilopochtli, Tezcatlipoca und Xipe mit Beelzebub ausgetrieben hatten. Es war aber ihre Bestimmung, den Bannkreis des hoministischen Satanismus nicht mehr überschreiten zu können.

7. Der Winter- und Narrenkönig

Das wichtigste Ereignis in der Geschichte des menschlichen Bewußtseins ist der Sündenfall aus dem gnostischen Ich-Nichtichbewußtsein in das agnostische, was soziologisch die hoministische Gesellschaftsordnung zur Folge hatte. Das weibliche Geschlecht ist, noumenal verstanden, der Träger der ersten, das männliche der Träger der zweiten Bewußtseinsstufe des Einen. Historisch betrachtet war die Folge des Sündenfalls der Untergang des ersten gnostisch-androgynen und der Aufgang des zweiten oder agnostisch-individualistischen Äons des Menschengeschlechtes. Das erste Zeitalter hinterließ seine gnostisch-gynäkokratischen Apokalypsen von der Wiedergewinnung des Selbstbewußtseins des Einen in einer durch dieses Bewußtsein aufs neue geeinten Menschheit. Die weibliche Urapokalypse war der Hieros Logos oder der Kultmythus der weiblichen Urmesse, die kultisch-dramatisch den Tod und die Auferstehung des gnostischen Androgyns feierte, welcher das göttliche Symbol des gnostisch-gynäkokratischen Doppelordens war; alle späteren Variationen der Urapokalypse dienten analog demselben Zwecke. Das heraufkommende zweite oder hoministische Zeitalter antwortete mit einer grausamen und blasphemischen Parodie dieser weiblichen Messe, mit der schwarzen Magie der schwarzen Messe, durch die rituell der Tod des gnostischen Gottes bejaht und damit die gnostische Gynäkokratie verneint wurde. Wir betrachten die zwei ältesten Formen dieser hoministischen schwarzen Gegenmesse, den sogenannten Tod des Winters und den Tod des Narrenkönigs.

Durch ihre Existenz gezwungen, sich, wie in der räumlichen so auch in der zeitlichen Phänomenalität zu orientieren, hat die Menschheit zu allen Zeiten auch eine kosmische Zeitrechnung besessen, sei es eine Mond- oder Sonnenzeit, hat sie immer ein altes und ein neues Jahr gekannt. Der siegende Hominismus sah nun in dem alten Jahre symbolisch zugleich den ganzen abgelaufenen gnostisch-weiblichen Äon, wie ihm auch das neue kommende Jahr zum Symbol des neuen hoministischen Zeitalters wurde.

„Nun ward der *Winter* unsres Mißvergnügens
Glorreicher *Sommer* durch die Sonne Yorks" (Richard III.)

Eine neue Sonne aber bedeutet in der mythischen Sprache, z. B. in derjenigen der Azteken, ein neues Weltalter. Durch das Fest des sogenannten Winteraustreibens wurde also symbolisch der alte Äon immer von neuem verjagt; denn in der revolutionären Übergangszeit mußte die Möglichkeit seiner Wiederkehr immer gefürchtet werden, und alle Kraft des schamanischen Hominismus wurde aufgeboten, um die magische Gegenkraft, die von der gnostischen weiblichen Messe ausging, die also reaktionär den „Winter" zurückbringen wollte, durch eine schwarze Gegenmesse zu paralysieren. Denn ehe diese zu der bekannten und unverstandenen Volksbelustigung wurde, war die sogenannte Wintervertreibung ein Ritualmord. Der Winter ist etwas mehr als eine personifizierte Jahreszeit, wie man ihn später verharmloste und tarnte, als der Zweck erreicht war. Vielmehr symbolisierte man ursprünglich in dem Winterkönig die männliche Hälfte des androgynen Gottes der Urzeit oder auch diesen in seiner Ganzheit. Durch den periodischen Ritualmord wurde dieser Frauengott von dem monotheistischen Urhominismus dem Vatergott zu Ehren massakriert, um als Sühneopfer von ihm Verzeihung für die gnostisch-gynäkokratische Vergangenheit des Menschengeschlechtes zu erkaufen; denn die neue Männerreligion war gegründet auf das Opfer des gnostischen Frauengottes in einem ihn repräsentierenden menschlichen Stellvertreter. In den ältesten Zeiten wird dieses der gnostisch-gynäkokratische Priester selbst gewesen sein. Was in der mythisch-symbolischen Erzählung der Apokalypsen der Vatergott selbst getan hatte, das sollte *ad perpetuam rei memoriam* nach seinem Beispiele periodisch für alle Zeiten von seinem ihn repräsentierenden Priesterkönig wiederholt werden. So erfand der antignostische Hominismus das Menschenopfer. Das war der religiöse Sinn der Vertreibung des Winters durch die Sonne.

Was für die nördlichen Völker die rituelle Ermordung des gnostischen Winterkönigs bedeutet, das war für die südlichen die Opferung des gnostischen Narrenkönigs. Denn wie der Winterkönig ist auch der Narrenkönig eine Karikatur der männlichen Hälfte des gnostischen Androgyns der Urzeit. Seinem Wesen und Ursprung nach ist auch das Narrenfest sehr bezeichnend ein Neujahrsfest, nämlich das Siegesfest des neuen hoministischen Äons über den alten weiblichen. Hatte der nördliche agnostische Hominismus die Einschränkung des individuellen Egoismus des männlichen Geschlechtes als eine winterliche Erstarrung der Kräfte empfunden, von der diese durch die Sonne des neuen Zeitalters befreit wurden, so verhöhnte das hoministische Narrenfest der südlichen Völker die alte gnostisch-gynäkokratische Gesellschaftsordnung des goldenen Zeitalters als Narrenfreiheit. Dieser Triumph der Absurdität sollte als hoministische Karikatur der Vergangenheit Ekel erregen und von jedem Wunsch nach ihrer Rückkehr abschrecken. Zwar haben die römischen Saturnalien ihre Pointe verloren, so daß ihr eigentlicher Sinn unverständlich geworden ist. Aber das babylonische Neujahrsfest, das Zakmukfest, hatte noch diese Pointe, deren blutiger Ernst alle diese Narrenfeste ursprünglich einmal überschattet hatte. Was hier in grausamem Realismus agiert wurde, war das Leben und das Ende des ersten Äons; vielleicht war es die Karikatur eines Mysteriendramas der gnostisch-apokalyptischen Geheimbünde. Auch der Narr ist der menschliche Stellvertreter, also der Priester des gnostischen Liebesgottes selbst. Die hoministisch aufgeklärten Augen der Babylonier sahen in der alten Menschheit mit ihrer gnostisch-gynäkokratischen Gesellschaftsordnung nur einen Haufen von Betrunkenen oder Verrückten. Der Narrenkönig muß ursprünglich der priesterliche Stellvertreter der männlichen Hälfte des sumerischen Doppelordens gewesen sein, also der des Dumuzi-Tammuz, des wahren Sohnes und Geliebten der Irnini-Ischtar. Denn Marduk, der Stadtgott und spätere Reichsgott von Babylon, nennt sich mit unrecht ihren Sohn. Ist er doch selbst vor seiner Apostasie, d. h. vor dem Abfall des in seinem Namen geeinten Männerbundes, der Gott einer gnostisch-gynäkokratischen Apokalypse gewesen, der gestorben war und vom Tode wieder auferstanden. Er war also ursprünglich einmal die Tammuzgestalt eines gnostisch-gynäkokratischen Männerordens gewesen. Diesen Mythus von seinem Tode und seiner Auferstehung überlieferten die Mardukpriester auch noch, als sie das neue hoministische Dogma annahmen und sich mit ihrem Gotte hominisierten. Das war sinnwidrig und konnte nur theologischer Sophistik gelingen; sie haben aber damit, ohne es zu wollen, den wahren gnostisch-gynäkokratischen Ursprung ihres Gottes verraten. Späteres vorwegnehmend können wir sagen, daß sein Schicksal das gleiche war, wie das des ursprünglichen Frauengottes Jeschua, der später jahwistisch hominisiert wurde. Der zum revolutionären hoministischen Dogma bekehrte Mardukklerus machte nun aus dieser ehemaligen Tammuzgestalt den Vernichter der gnostisch-gynäkokratischen Urzeit, der, wie er selbst, das verbrannte, was er angebetet, und anbetete, was er verbrannt hatte. Marduk, der babylonische Reichsgott, wurde jetzt zum Mörder seiner androgynen Urmutter Tiamat, dem Symbol der nun als Monstrum vorgestellten gnostischen Gynäkokratie der Urzeit, die von jetzt an als chaotischer Zustand der Menschheit aufgefaßt wurde. Durch diese, in dem babylonischen Epos von der Weltschöpfung erzählte Tat wurde er zum „Weltschöpfer", d. h. zum Schöpfer des neuen hoministischen Weltalters. Aber es scheint, daß er, d. h. sein Klerus, nicht nur der Mörder der Tiamat sondern als echter Renegat auch der Feind und Mörder des Tammuz, d. h. der gnostisch-gynäkokratischen Tammuzbünde war. An jedem Neujahrsfeste zu Beginn des Frühlings, das vielleicht mit dem Sakkäenfest zusammenfällt, wurde Marduk in seinem Tempel Esagila zu Babylon feierlich inthronisiert: es ist der Gedächtnistag der neuen, durch ihn eingeführten hoministischen Gesellschaftsordnung, also seiner Weltschöpfung. Als Voraussetzung der Inthronisation Marduks müssen Passio und Tod des Tammuz, d. h. die Vernichtung der alten Gesellschaftsordnung, vorhergegangen sein; denn der Tod des Tammuz hat dieselbe symbolische Bedeutung wie der Tod der Tiamat: in beiden stirbt die alte gnostische Gynäkokratie. In der Zeit des religiösen Geschlechterkampfes in Irak wurden natürlich am Sakkäenfeste zuerst die ihn vertretenden Priester des Tammuz selbst geopfert; ihr Verbrechen war gewiß Beleidigung der neuen, durch Marduk proklamierten Majestät der hoministischen Idee. Später, als auch der Tammuzorden hominisiert, sein ursprünglich kämpferischer Geist jedenfalls nicht mehr lebendig war, wählte man als Opfer für die Sakkäen wirkliche, zum Tode verurteilte Kriminelle als Stellvertreter des Tammuz und seiner Priester. Für wenige Tage wurde den Unglücklichen, wie den Opfern des aztekischen Xipe Totec „unseres Herrn, des Geschundenen", absolute Narrenfreiheit gegeben; sogar die Benutzung des königlichen Harems war ihnen gestattet. Denn dieser Narrenkönig war für die Zeit seiner Narrenfreiheit, durch die das weibliche Zeitalter parodiert werden sollte, zu dem Gott, den er darstellte, selbst geworden; gerade wie bei den Azteken das Opfer des Xipe, mit dem es identifiziert wurde, seine Narrenfreiheit aus seiner nun vergotteten Natur ableitete. Am letzten Tage aber wurde dieser babylonische Narrenkönig und Pseudotammuz oder Narrengott völlig ausgezogen, gegeißelt und schließlich verbrannt. Darf man in dieser Passio seines Stellvertreters eine Nachahmung der Passio des Tammuz selbst erblicken? Hatte auch Tammuz, der Gott, im Mythus einmal auf dem Scheiterhaufen der hoministischen Priesterkaste des Marduk, also Marduks selbst, geendet? Jedenfalls besteht über den Mythus des sumerischen Frauengottes eine Art von *conspiratio silentii*. Mardukklerus und Tammuzbünde, Anhänger und Gegner des Gottes, haben das Tammuzgeheimnis gut bewahrt.

Aber an den Wichtigsten unter allen vom Pöbel zu Narrenkönigen Gekrönten, an den in diesem Zusammenhang gewiß schon jeder gedacht hat, muß ich hier noch erinnern. Denn auch der christliche Messias wurde von der römischen Soldateska als Narrenkönig adoriert, nachdem sie ihn mit rotem Mantel, Szepter und Dornenkrone maskiert hatte; auch er also wurde als der Liebesgott des ersten Äons parodiert. Es wird uns später deutlich werden, wie richtig sein ursprüngliches und wahres Wesen in dieser Parodie zum Ausdruck gekommen ist.

Armer zerstückelter Osiris, armer zerrissener Dionysos, armer zerfleischter Adonis, armer, vielleicht verbrannter Tammuz! Noch heute parodieren euch und euer Weltalter die freiwilligen Nachfolger des babylonischen Narrenkönigs. Sie werden nicht mehr verbrannt, denn der fortschrittliche und aufgeklärte Hominismus hat inzwischen die Menschenrechte studiert. Sie sterben nur noch einen Schauspielertod zwischen Scheinverrückten und Sektflaschen. Aber symbolisch stirbt in dem Prinzen Karneval immer wieder euer gnostisch-gynäkokratisches Zeitalter in einer rituellen Hanswurstiade! Schon der Narrenkönig des Sakkäenfestes aber war zugleich auch ein Ketzerkönig, was übrigens noch für seinen modernen Gestaltwandel gilt. Jener babylonische Narrenkönig war nämlich das lebendige Symbol der Urketzerei, der gnostisch-gynäkokratischen, die jede religiöse Form des Hominismus bedrohte, indem sie seine Bewußtseinsbasis, das agnostische Ichbewußtsein, wegzog. Daher wurde in dem Narren- und Ketzerkönig der gnostisch-gynäkokratische Äon totgelacht und totgeschlagen oder vielmehr totgebrannt. Diese religiöse Handlung des Verbrennens aber war Farce und Tragödie zugleich, also die vollkommenste Unterhaltung für den Pöbel. Mit ihr war die ideale Form für Ketzervernichtung der Sekten auch innerhalb des Hominismus selbst gefunden, auch wenn keiner dieser Irrlehrer auch nur im Traume an eine Wiedererweckung der gnostisch-gynäkokratischen Urreligion gedacht hatte. Diese ideale Form ging nicht mehr verloren. Die rituellen Ketzerverbrennungen der christlich-hoministischen Kirche, in den „gesegneten Flammen der Scheiterhaufen", befolgten, ohne es zu wissen, den Ritus der Sakkäenopfer; er scheint also im Denken und Fühlen des Hominismus überhaupt verankert. Symbolisch wird in dem christlichen Ketzer die ganze falsche Kirche, zu der er gehört, mitverbrannt; wie die ganze gnostisch-gynäkokratische Kirche der Urzeit von der abtrünnigen babylonischen Staatsreligion im Narrenkönig symbolisch vernichtet wurde. Auch der christliche Ketzer stirbt als verrückter Priesterkönig. Das Bußhemd des Sanbenito und die papierene, mit Teufelsfratzen bemalte Tiara parodieren die priesterkönigliche liturgische Bekleidung. So bestieg er den Scheiterhaufen wie einen Altar als ein dem hoministischen Kirchengotte angenehmes Menschenopfer, während die durch Trompeten zum Schauen dieses „Glaubensschauspiels" herbeigerufenen frommen Massen das Te Deum, das „Großer Gott wir loben dich", sangen. Alle hoministischen Religionen beruhen auf demselben düsteren Mysterium: *sanguis fundamentum religionum.* „Zur größeren Ehre" der hoministischen Götter floß auch das Blut der Winter-, Narren- und Ketzerkönige; in dem Blute dieser Ritualmorde sollte die gnostische Gynäkokratie für immer ertränkt werden.

8. Die Märchen

Die universelle Verbreitung der gnostischen Gynäkokratie, ihrer Apokalypsen und ihres Kultus, bezeugen schließlich die Märchen. Das deutsche Wort Maere hat dieselbe allgemeine Grundbedeutung wie das griechische Wort Mythus. Eine Maere ist einfach und unbestimmt eine Erzählung; erst eine nähere attributive Bestimmung klärt über die Kategorie von Erzählungen auf, zu denen eine einzelne gehört. Der Begriff des Mythus wurde aber schließlich auf die Erzählung von Göttern eingeschränkt, und in der Diminutivform „Märchen" wurden die Maeren von den alten degradierten Göttern, an die man nicht mehr glauben durfte, von ihren letzten heimlichen Getreuen auf eine für sie ungefährliche Weise zu scheinbar harmlosen kleinen Geschichten umgestaltet und erhalten. In den Märchen leben also die ci-devant Götter maskiert und incognito eine bescheidene Existenz weiter nach der Machtergreifung der neuen. Märchen sind daher das letzte Stadium der Göttermythen oder Göttermaeren; man könnte sie vielleicht auch Kryptomythen nennen. Und da nun die Götter die Symbole ihrer Gesellschaftsordnungen sind, so leben in den Märchen auch diese ihre posthume Existenz. Der in das Ich eingekapselte Individualismus sah in den Märchen nur Seelenvorgänge erzählt; für die objektive soziologische Realität, die in ihnen symbolisch ausgesprochen ist, fehlte ihm das Organ. So verfuhr eine ganze psychologistische Schule, die alle Mythen esoterisch oder exoterisch individualpsychologisch zu deuten unternahm. Die echten Märchen aber sind symbolisch erzählte Erinnerungen an Gesellschaftsformen untergegangener Menschengruppen und an deren Vorstellungen vom Sinn der menschlichen Existenz. Wir werden also ohne weiteres auch Märchen, welche die Erinnerung an die gnostisch-gynäkokratische Periode der Menschheit bewahrt haben, erwarten dürfen. In der ungeheuren Masse von Erzählungen, die man konventionell und unklar „Märchen" zu nennen pflegt, lassen sich leicht die Produkte der Imagination von drei historisch aufeinander folgenden Bewußtseinsstufen der Menschheit unterscheiden. Die oberste und auch oberflächlichste Schicht dieser Märchenmasse gehört dem rational-hoministischen Vorstellungsleben an, hat also eine positivistische Tendenz. Diese sogenannten Märchen sind in Wahrheit nur Pseudomärchen, nur märchenartig erzählte allegorische Moralitäten und Lebensklugheiten; die letzten dieser geheimnislosen Art hat Andersen gedichtet. Die Märchenschicht darunter, also die sogenannten Märchen, die der Periode des magisch-theistischen Hominismus angehören, sind Zauberergeschichten, die in den arabischen, persischen und indischen Sammlungen ihre Vollendung erreicht haben;

auch die phantasieärmeren Zaubergeschichten, die von christlichen Asketen, besonders von ägyptischen und syrischen, berichtet werden, entstammen der Imagination derselben Bewußtseinsstufe des agnostisch-schamanistischen Hominismus. Diese Erzählungen sind ebenfalls keine Märchen; vielmehr sind sie Erzählungen, welche die alten und echten, aus dem gnostischen Mythus stammenden Märchen bekämpfen und ersetzen und den schamanistischen Terror des magisch-theistischen Hominismus und seine Götter verherrlichen sollen. Als echte Märchen bleibt nur jene älteste, an Quantität geringe, an Bedeutung und Tiefe aber die ganze hoministische Märchenmasse aufwiegende Gruppe übrig, die man die gnostisch-gynäkokratischen oder nach ihrer Herkunft auch die mythischen Märchen nennen kann. Denn diese Urmärchen sind nichts anderes als die in exoterischer Gestalt vom Volke, d. h. den Laien, geretteten und überlieferten gnostisch-gynäkokratischen Apokalypsen der urzeitlichen Doppelorden und sie können nur von deren Kultmythus, ihrem Hieros Logos, aus verstanden werden. Sie sind also zu gnostisch-gynäkokratischen Märchen gewordene gnostisch-gynäkokratische Kultmythen. Trotz aller Verweltlichung sind sie von der Atmosphäre ihrer gnostisch-religiösen Herkunft umgeben; sie sind die einzigen Märchen, die ein Geheimnis enthalten, dessen suggestiver Kraft sich weder Kinder noch Erwachsene entziehen können. Sie sind das Vermächtnis einer untergegangenen Menschheit. Die Frau erzählt diese Märchen nicht nur ihren Kindern, sie hat diese Märchen auch für sie geschaffen, wie sie auch die ihnen zugrunde liegenden Apokalypsen geschaffen hatte. Diese Märchen sind die älteste erhalten gebliebene Frauenliteratur. War auch das Bewußtsein der Frau hominisiert, ihr Unterbewußtsein blieb mit der gnostisch-gynäkokratischen Menschheitsordnung verknüpft. Und da wir den Frauen der germanischen Stämme den bei weitem größten und kostbarsten Teil dieser Märchen verdanken, so muß bei diesen Stämmen die gnostische Gynäkokratie mit ihrer Nanna-Balderapokalypse lebendig und tief eingewurzelt gewesen sein. Als der heidnisch-germanische Hominismus die germanische gnostische Gynäkokratie zerstört hatte, brauchte der weibliche Mythus noch nicht Märchen zu werden; denn das Heidentum besaß noch keine Inquisition. Erst seit der Christianisierung konnte sich dieser weibliche Mythus mit seiner Hoffnung nur noch in Märchenform erhalten. Aber auch in dieser scheinbar harmlosen Umgestaltung blieb er dem christlichen Hominismus immer verdächtig; und er witterte richtig. Der christliche Hominismus duldete die rätselhaften und verdächtigen Märchen nur widerstrebend; der nicht mehr christliche sondern positivistisch aufgeklärte Hominismus des Abendlandes aber verachtete sie im XVIII. Jahrhundert als *des contes à dormir debout*, und der noch aufgeklärtere klotzige Materialismus des XX. Jahrhunderts ist von einem geradezu psychopathischen Märchenhaß beherrscht. Natürlich sind die banausisch verstandene Wissenschaft und die heuchlerische Moral dieses intolerantesten und totalsten Hominismus nur Vorwände: der wahre Grund ist geschlechtspsychologischer und geschlechtspolitischer Natur. Denn auch diese brutalste Form des Hominismus wittert etwas; und in den Märchen will er, ohne es bewußt zu begreifen, das ihm fremde, unverständliche und beunruhigende Werk der gnostischen Frau vernichten; wie auch sein Haß gegen das hominisierte Christentum im Grunde dessen weiblichen Elementen gilt, die aus dem gnostisch-gynäkokratischen Urchristentum stammen, das sein hellfühliger Haß hinter dem historischen unbewußt ahnt. Die Rettung der Märchen, in denen sogar noch das hominisierte weibliche Geschlecht den Kindern von seinem Glauben, seiner Hoffnung und — last not least — von seiner Liebe zur gnostischen Liebe erzählte, hängt von dessen gnostischem Lebensinstinkte ab. Von der wiederverstandenen Geheimsprache seiner Märchen aus könnte es sogar den Rückweg zu seiner gnostischen Philosophie und Religion, und damit zum Bewußtsein seiner noumenalen Bestimmung finden. Denn die Märchen und die gnostisch-gynäkokratischen Kultmythen sind der symbolische Ausdruck derselben gnostischen Philosophie. Sie erzählen die teleologisch durch das Wesen des Einen bestimmte Geschichte seiner Menschheitswerdung, stellen also, wie die Mythen, die gnostisch-gynäkokratische Geschichtsphilosophie dar; Mythen und echte Märchen sind also wesensgleiche Apokalypsen. Zum Märchen wird der Mythus, wenn er dem liturgischen und rituellen Schutze eines gnostischen Bundes entzogen und den Laien, d. h. dem Volke, ausgeliefert ist; wie Mythen zu Märchen, so könnten also auch Märchen wieder zu Mythen und dramatisierte Märchen zu Mysterienspielen werden. Denn wie das Esoterische zum Exoterischen wird, so kann auch das exoterisch Gewordene wieder zum Esoterischen werden, wenn die geistige Kraft es wieder zu tabuisieren vermag. Die erstaunliche magische Lebenskraft der Märchen aber ist ein Zeugnis für die magische Kraft des Mythus, der sich in sie umgewandelt hat und das Leben ihres Lebens ist. Es ist auch wahrscheinlich, daß die Varianten der denselben Grundgedanken in so verschiedenen Bildern aussprechenden Märchen auf variierende Modifikationen des ursprünglichen apokalyptischen Kultmythus zurück zu führen sind, die noch aus einer Zeit stammen, als die Märchen noch Mythen waren.

Die wesentlichen Märchen sind, wie gesagt, gnostisch-gynäkokratische Apokalypsen. Sie berichten von der untergegangenen geistigen Geschlechterordnung mit dem „Es war einmal", und erzählen auch die erst erwartete und prophezeite Wiederherstellung als ein Ereignis der Vergangenheit; gerade dadurch bekamen diese Apokalypsen ihren „märchenhaften" Charakter und wurden so den Nasen inquisitorischer Schnüffler weniger verdächtig. Denn diese Märchen sind ihrem Wesen nach gnostisch-gynäkokratische Erlösungsmystik. Auch sie kennen das gnostisch-gynäkokratische Friedensreich der Urzeit; sie wissen von seinem Untergang, seiner Passio, und verkünden seine Wiederherstellung, seine Resurrectio. Es ist die Lehre der gnostischen Frauenbünde: das Eine erlöst sich selbst von seiner Unwissenheit über sich durch die gnostische Gynäkokratie. Das weibliche und älteste Zeitalter der Menschheit, das der Großmutter und ihrer Enkelin *Rotkäppchen*, deren priesterlichen Charakter wohl die symbolische rote Kopfbedeckung kennzeichnen soll, wird durch den neuen Äon des Hominismus, das wölfische Ungeheuer, verschlungen. Aber dessen Herrschaft dauert nicht lang. Der gnostische Jäger erscheint, der neue gnostische Männerorden, der den Wolf überlistet und die Verschlungenen befreit, so daß dem Ungeheuer nichts übrig bleibt, als sich selbst in den Abgrund zu stürzen. Damit ist die gnostische Gynäkokratie der Urzeit wieder hergestellt. Ein anderes Märchen. Der König und die Königin, Sophia und Logos, herrschten im ersten Äon. Aber zur Zeit ihrer Tochter *Dornröschen* kam dessen Ende. Das Schicksal webte der Menschheit das Zeitalter des agnostischen Hominismus, d. h. des gnostischen Schlafes oder der gnostischen Unwissenheit, der aber nur eine begrenzte Zeit von hundert Jahren dauern soll. Dann erscheint der neue gnostische Männerorden, diesmal nicht unter dem Symbol eines das Ungeheuer erlegenden Jägers, sondern dem des Prinzen. Das Eine erwacht in der Menschheit wieder zu seinem gnostischen Selbstbewußtsein und nun ist seine Unio gnostica in dem Prinzen und der Prinzessin wieder möglich geworden: der androgyne Doppelorden ist wieder erstanden. Wie unchristlich, ja antichristlich der Geist dieser gnostisch-feministischen Märchen ist, läßt die rätselhafte Gestalt der bösen Stiefmutter erkennen. Da die Gestalten der Märchen religiössymbolische Wesen sind, hat man solche auch in der guten Mutter wie in der bösen Stiefmutter zu erblicken. Ich sehe also in der ersteren die vorchristliche gnostisch-gynäkokratische Doppelkirche, in der letzteren die das gnostische weibliche Geschlecht geistig unterdrückende christlich-hoministische Männerkirche. Für die Anhängerinnen der alten unterdrückten — d. h. „Verstorbenen" — Frauenreligion kann also die neue Mater Ecclesia nur eine ihnen aufgedrängte böse Stiefmutter, eine *Noverca Ecclesia* sein, von der sie grausam behandelt werden, weil man ihnen nicht traut. Wie sie ihre eigene Kirche unter dem Symbol der gnostischen Urmutter darstellten, so mußten sie unter dem Bilde der

Noverca auch die hominisierte und historisierte Mutter Christi, Maria, verstehen; es würde dann zugleich mit der Männerkirche die in der hominisierten Mariologie ausgesprochene Idee von Wesen und Bestimmung der weiblichen Potenz abgelehnt. Auch die kirchenreformatorischen Ketzer, die seit dem XII. Jahrhundert überall im Abendlande auftraten, hätten die reichgewordene, machtgierige und inquisitorische Kirche so nennen können, falls sie es nicht tatsächlich getan haben sollten, was ich nicht weiß; aber diese Bezeichnung wäre jedenfalls milder gewesen als die der babylonischen Hure. Unter den bösartigen und häßlichen Töchtern aber, welche die Stiefmutter mitbringt, verstand die weibliche Opposition wohl die christlichen Frauenorden, welche die gnostisch-gynäkokratischen Frauenbünde vertreiben sollten. Ist diese Deutung richtig, so ist der religionsgeschichtliche Charakter der Märchen eindeutig bestimmt: sie sind Dokumente einer unterirdischen apokalyptisch-antikirchlichen Frauenopposition, die endlich in der Zeit der sogenannten Hexen auch an die Oberfläche stieg. Die alten und echten Märchen, von denen allein hier gesprochen wird, gehören dann zur ketzerischen Volksliteratur. Ihre Grundmotive stammen aus dem Beginn des zweiten oder hoministischen Äons; ihre heutige Gestalt aber werden sie im wesentlichen von ketzerischen Frauen in den Zeiten erhalten haben, als die Städte der Albigenser in Flammen aufgingen oder als die Leiber der Hexen brennend zum Himmel fuhren. Sie sind aus der Furcht des weiblichen Geschlechtes vor dem christlich-klerikalen Hominismus und aus seiner Hoffnung auf die Wiederherstellung der Urreligion des gnostischen Androgyns geboren. Sie sind die letzten, tiefsinnig-naiven Abwandlungen der gnostisch-gynäkokratischen Urapokalypse, also weder Ammenmärchen noch Produkte einer leeren, spielerischen Einbildungskraft. Sie sind Schöpfungen desselben gnostisch-apokalyptischen und antikirchlichen Geistes, der auch in den echten Hexen, nicht in ihren schamanistisch hominisierten Karikaturen lebte. *Schneewittchen*, dessen wahre Mutter bald nach ihrer Geburt starb, bekam eine böse Stiefmutter, die sich für die „Schönste im ganzen Lande" hielt, und um es zu bleiben, ihre schönere Stieftochter umbringen will. Schließlich scheint sie ihr Ziel mit einem vergifteten Apfel erreicht zu haben. Schneewittchen ist das Symbol oder die Göttin des alten gnostischen Frauenordens; die Stiefmutter ist die neue *Noverca Ecclesia*, welche die alte gnostische Frauentradition haßt und ausrotten will, weil sie sich für „schöner" hält. Die Schönheit, um die es sich da handelt, ist die *intellectual beauty*, die geistige Wahrheit. Aber Schneewittchens Tod war nur ein Scheintod. Auch sie wird aus ihrem Scheintode durch den Prinzen, den Gott der männlichen Hälfte des androgynen Doppelordens, wieder zum Leben erweckt und es wird eine glänzende Hochzeit, der *hieros gamos*, die *Unio gnostica*, gefeiert. Die böse Stiefmutter tanzt sich in rotglühenden Eisenschuhen zu Tode. Der christliche Hominismus ist verschwunden. Die Stiefmutter, sein Symbol, hat also dieselbe Bedeutung wie der Wolf Rotkäppchens oder die böse Fee Dornröschens, die niemand eingeladen hatte. Auch *Aschenputtel* hat ihre gute Mutter verloren und eine böse Stiefmutter bekommen, die zwei häßliche Töchter, mit breiten Füßen, in die Ehe mitbringt. Sie sind wohl Symbole für christliche weibliche Orden. Schönheit und Häßlichkeit sind auch hier geistige Symbole für Wahrheit und Lüge oder Scheinwahrheit. Der Prinz, das Symbol des gnostischen Männerordens, soll eingefangen und durch Heirat mit einer der häßlichen Töchter der Kirche unterworfen werden. Aber sein gnostischer Instinkt vereitelt das Spiel: der gnostische Gott ahnt beim Tanzen die gnostische Göttin. Zur Magd war der gnostische Frauenorden durch den christlichen Hominismus erniedrigt worden; der Prinz erhebt ihn wieder zu seiner alten Würde. So ist der Doppelorden von Sophia und Logos auch in diesem Märchen wieder hergestellt und die *Unio gnostica* des Einen mit sich selbst von neuem unter den Menschen Wirklichkeit geworden. Die falschen Schwestern werden mit geistiger Blindheit geschlagen, denn das gnostisch-androgyne Taubenpaar pickt ihnen die Augen aus; die Taube aber war immer und überall das Symbol der gnostischen Liebesgöttin, auch noch als diese schon lange keine gnostische mehr war. Die ganze Zeit der Prüfung hindurch aber hatte die tote Mutter, die gestürzte gnostische Sophia, an deren Grabe Aschenputtel stets neue Kraft und Hilfe fand, über das Schicksal ihres Kindes gewacht, d. h. der im Verborgenen weiterlebende gnostische Frauenorden hatte die Entwicklung des zur Wiederherstellung berufenen Mädchens geleitet. So beginnt durch dieses für die gnostische Gynäkokratie ein neuer Äon.

Im Gegensatz zu dem hoministisch-schamanischen Märchencorpus der Scheherezade muß man jedenfalls das Märchencorpus der Brüder Grimm nach dem wichtigsten und den Charakter der ganzen Sammlung bestimmenden Teile ein gnostisch-gynäkokratisches nennen. Das gnostische Geschlecht sollte es von dem Mann, der nichts mehr damit anzufangen weiß, als eine der Heiligen Schriften seiner gnostischen Überlieferung zurückfordern; bekanntlich verdanken die Brüder Grimm eine Reihe der schönsten Märchen einer deutschen Scheherezade, einer hessischen Bäuerin, die in einem engen inneren Verhältnis zu der von ihr überlieferten weiblichen Tradition stand. Es fällt mir schwer, an so tiefsinnigen Märchen wie dem von Brüderchen und Schwesterchen, vom Machandelboom und an all den anderen, die an Wert und Bedeutung ebenbürtig sind, wortlos vorbeigehen zu müssen. Aber ich hatte hier nur im allgemeinen den gnostischen Charakter der Märchen aufzuzeigen, um sie in einen übergeordneten Ideenzusammenhang der menschlichen Geistesgeschichte eingliedern zu können. Es gibt jedoch in unserer Zeit auch Frauen — meist sind es wohl aufgeklärte Schullehrerinnen, — die im Dienste der radikalsten Form des antignostischen Hominismus, des dialektisch-materialistischen, das Werk der Märchenerzählerinnen unschädlich machen möchten, indem sie die Märchen, deren Geist ihnen versiegelt bleibt, vom Standpunkte des borniertes klassenkämpferischen Fanatismus aus zu diffamieren, korrigieren und umzudichten wagen. Das ist ein Vorgang, der sich in der Geschichte der mythischen Tradition des weiblichen Geschlechtes mehr als einmal wiederholt hat: daß nämlich die geistig hominisierte Frau als freiwilliges Werkzeug des männlichen Geschlechtes ihre eigene Überlieferung umfälscht, um sie für dieses unschädlich zu machen. Es ist der Fluch jener bösen, sich fortzeugenden Saat der Urzeit, jener Apostasie des weiblichen Geschlechtes von seiner noumenalen Bestimmung, die das Ende des ersten Äons herbeiführte, und die in dem Sündenfall ins agnostische Ichbewußtsein bestand. Der weibliche Haß gegen das Märchen, eine offenbare und hoffentlich seltene Perversion, ist aber nur die Reaktion, mit welcher das weibliche Individuum die Stimme des Gewissens zu unterdrücken glaubt, die aus den Märchen anklagend und erleuchtend zu dem ganzen weiblichen Geschlechte redet.

IV. DAS WEIBLICHE ODER GNOSTISCHE CHRISTENTUM

1.

Die Spuren ihrer wahren Natur und Herkunft zu verwischen, ist für alle hominisierten Frauenreligionen eine Notwendigkeit; aber diese Spuren sind nicht alle auszulöschen, und gegen das Licht gehalten, läßt sich die überschriebene Urschrift wieder entziffern. Die in diesen Aufsätzen besprochenen apokalyptischen Mythen sind historisch-soziologischer Natur: in der Geschichte der Götter spiegelt sich symbolisch die Geschichte der in ihnen geeinten Bünde ab. Für die Urgeschichte der Menschheit gibt es keine wichtigeren Überlieferungen. Daß die gnostisch-gynäkokratischen Mythen älter als die hoministischen sind, muß im allgemeinen als Axiom gelten. Das Denken der ältesten Theologie aber ist bekanntlich kein begriffliches, sondern ein mythisches, d. h. bildhaft-symbolisches; ihre Dialektik und ihre Sophistik vollziehen sich in mythischer Sprache. Eine feministische Gottheit und ihre Geschichte in eine hoministische umzudeuten, ist mythologische Sophistik. Ohne die Voraussetzung oder die Hypothesis von zwei in dialektischem Gegensatz zu einander stehenden Jeschuareligionen wird die Entstehung des historischen Christentums ebenso unbegreiflich bleiben wie sein Geist und Wesen. Einem gnostisch-gynäkokratischen Urjeschuanismus trat als Antithese ein antignostisch-hoministischer Jeschuanismus entgegen. Unter dem Urjeschuanismus verstehe ich jene hebräische Variante der menschheitlichen Urreligion, die dem noumenalen Androgyn Sophia und Logos zu einer bestimmten Zeit die Namen Mirjam — Jeschua gab. In der Einheit des Einen war Mirjam die androgyne Göttin der weiblichen, Jeschua der androgyne Gott der männlichen Hälfte des gnostisch-gynäkokratischen Doppelordens.

Das philosophische Denken der urhebräischen Gynäkokratie verstand unter Jahwe das Prinzip des Seins schlechthin, das Absolute, das Eine, das in Subjekt und Objekt Identische. Dieses Wissen war natürlich nicht von ihr zuerst gefunden; vielmehr ist die *prima philosophia*, die Metaphysik, als die Grundlage der Erkenntnis überhaupt, auch in zeitlichhistorischem Sinne die *prima philosophia*, die älteste Philosophie der Menschheit gewesen. Elemente dieser hebräischen Urgnosis haben sich noch in späten kabbalistischen Geheimlehren, allerdings absichtlich oder unabsichtlich getrübt und verworren, erhalten. So modern diese Form auch sein mag, ihre Substanz ist vorgeschichtliche Erkenntnis; es ist dieselbe Unterscheidung, die man auch bei den orphischen und neuplatonischen Lehren machen muß. Mit dem „Jahwe" genannten Absoluten aber hat der Jahwe genannte persönliche Gott des Moses nichts als den Namen gemein; dieser Jahwe, der Gott des agnostischen hebräischen Männerhauses und das Symbol für dessen hoministisches Gesetz, ist nur eine Form der Negation des Absoluten, wie alle andern hoministischen Götter auch. Es war theologische Sophistik, Jahwe das Absolute, und Jahwe den Gott mit einander auf Grund der willkürlichen Namensgleichheit zu identifizieren und ihm die positiven und negativen Attribute des Absoluten beizulegen, soweit sie für eine absolute Person — eine *contradictio in adjecto* — verwendbar schienen. Vielmehr wurde Jahwe, das noumenal als Androgyn gedachte Absolute, durch den neuen, ichbegrenzten und hoministischen Jahwe, verdrängt. Man schämte sich seiner wie man sich seiner gnostisch-gynäkokratischen Vergangenheit schämte. Die kabbalistischen Schulen aber haben bei aller Verworrenheit des Denkens und aller Tollheit der Exegese wesentliche Theologumena des Urjahwismus erhalten, die von dem mosaisch-hoministischen Jahwismus als scheußliche Ketzereien verdammt wurden. Denn diese Geheimbünde haben die Erinnerung an den vormosaischen androgynen Jahwe erhalten; deshalb allein schon, und vor allem deswegen, dürfen sie sich rühmen, die „Kabbala", d. h. die hebräische Urüberlieferung, zu besitzen. Es versteht sich, daß das nicht mehr die reine Gestalt der gnostischen Theologie der hebräischen Urzeit sein kann; denn diese späten Geheimbünde sind bedingungslos hoministisch und demgemäß müssen auch ihre Überlieferungen von dem androgynen Jahwe bereits hominisiert sein. Jahwe ist bereits ein hominisierter, nicht mehr gnostisch-gynäkokratischer Androgyn; die Spekulation vieler Völker kennt dieses Übergangsstadium vor der endgültigen Spaltung des Androgyns. Doch in unserem Falle hat das nur sekundäre Bedeutung. An den Ensoph-Jahwe als den noumenalen urbildlichen Androgyn Adam Kadmon, von dem wir früher sprachen, sei hier nur noch einmal erinnert. Auch der sephirotische Baum, mit seiner männlichen und weiblichen Hälfte, symbolisiert die androgyne Natur Jahwes; insbesondere noch das Ternar der drei ersten Sephiroth, die Sephira Chokma (= Sophia) und Binah (= Logos), die in Kether (= Corona) als die drei höchsten Sephiroth androgyn-trinitarisch geeint sind. Auch die drei oder vier Konsonanten des hl. Namens יהו oder יהוה werden von Kabbalisten analog androgyn gedeutet. Das ist diesmal keine Buchstabenspielerei, sondern ein in Buchstabensymbolen esoterisch ausgesprochenes und von der mosaisch-hoministischen Orthodoxie verfolgtes Geheimwissen um die wahre Natur Jahwes. Mag die Form, in welche diese Lehre gekleidet ist, alt oder neu sein, ihr Inhalt ist das älteste Wissen, nicht nur der Hebräer sondern der ganzen Menschheit überhaupt. An diesen gnostisch-gynäkokratischen Urjahwe, der sich noumenal und phänomenal als Androgyn offenbart, erinnert sich noch der Verfasser des 109. Psalms, der in dessen drittem Vers Jahwe nach der Vulgata sagen läßt: *„ex utero ante luciferum genui te."* Dasselbe Theologumenon liegt der erstaunt-unwilligen Frage Jahwes bei Jesaias 66,9 zugrunde: „ja, soll denn ich, der ich gebären lasse, nicht selbst gebären? *Num quid ego, qui alios parere facio, ipse non pariam?"* Der katholische Theologieprofessor R. Graber zitiert in seiner Schrift „Maria im Gottgeheimnis der Schöpfung" (Regensburg, Pustet 1940, S. 110) im Zusammenhang mit diesen beiden Stellen, die er orthodox zu erklären versucht, eine interessante Äußerung Bossuets in seinen *„Elevations sur les Mystères".* Der Bischof von Meaux, den die Franzosen den „letzten Kirchenvater" nennen, sucht dort mit Ausführungen, die zwar auf französische Galanterie verzichten, aber ein Musterbeispiel für dogmatische Sophistik sind, über derartige, den absoluten Hominismus des jüdisch-christlichen Jahwe in Frage stellende Sätze hinwegzukommen, als dessen Kämpe er übrigens auch den erbarmungslosen Kampf gegen Fénelon und Mad. Guyon führte. Bossuet sagt also: „obwohl er (der jüdisch-christliche Gott) nichts als Vater ist und obwohl der Name „Mutter", der einem an sich unvollkommnen und minderwertigen Geschlechte gehört, für ihn unpassend ist, so hat er dennoch eine Art mütterlichen Leibes (*un sein comme maternel*), in dem er seinen Sohn trägt. Ich habe dich, sagt er, heute aus einem mütterlichen Leibe geboren: *ex utero*. (*Je t'ai, dit-il, engendré d'un sein maternel: ex utero.*) Und der Sohn nennt sich selbst den einzigen Sohn, der im Leibe des Vaters ist (*qui est dans le sein du Père*)." Wenn also der sich noumenal als Androgyn erkennende Jahwe das Prinzip der hebräischen gnostischen Gynäkokratie war, dann kann auch die männliche Potenz dieses Androgyns, der Logos, von Anfang an Jehoschua oder Jeschua, d. h. „Jahwe hilft", geheißen haben; und wenn die weibliche Potenz desselben, die Sophia oder Chokma, schon damals mythologisch Mirjam geheißen haben sollte, wie sicher einmal später, dann wurde Jahwe in dem hebräischen Doppelorden der Urzeit von Anfang an als Androgyn Mirjam-Jeschua verehrt, als die Identität des zeugenden und gebärenden Prinzips. In den Fetzen des bewußt zertrümmerten Hohenliedes sind die Spuren dieses Doppelordens noch in den beiden Chören deutlich erkennbar; diese Fragmente von Kultliedern der gnostischen Braut und des gnostischen Bräutigams sind offenbar Reste aus den Hymnen des Doppelordens, die sich Jahwe in seinen zwei noumenalen Potenzen selbst zusingt. Die männliche Hälfte des noumenalen Androgyns, Jeschua, der Logos, der ewige Sohn und Bräutigam der geistigen Mutter, der Gott der männlichen Hälfte des gnostischen Doppelordens der hebräischen Urzeit, war dessen König, sein Melech, sein Maschiach, oder griechisch sein Christos; die weibliche Hälfte des noumenalen Androgyns, Mirjam, die ewige Sophia, die Mutter und Braut ihres geistigen Sohnes, die Göttin der weiblichen Hälfte des gnostisch-gynäkokratischen Doppelordens der hebräischen Urzeit, war dessen Königin, seine Malkah, oder, was dasselbe bedeutet, seine Maschiachah, sein weiblicher Messias, d. h. seine Christé. Sophia-Mirjam-Christé und Logos-Jeschua-Christos sind also die Namen der zwei göttlichen Potenzen, ist der Name des noumenalen Androgyns, zuletzt also der des Adam Kadmon.

Aber auch für die hebräische Urreligion schlug die Weltstunde, die bereits für diejenige der anderen Völker des östlichen Mittelmeerraumes geschlagen hatte. Jahwe, der Gott des magisch-hoministischen Egozentrismus, verdrängte Jahwe, das sich selbst androgyn erscheinende Absolute, aus dem Bewußtsein; der neue Jahwe erhob sich gegen Mirjam und Jeschua, wie sich Set gegen Isis und Osiris erhoben hatte. Aber so wenig wie die früher von einem analogen Schicksal erfaßten Nachbarvölker von Uruk bis Byblos, ging auch die hebräische gnostische Gynäkokratie unter, ohne ihre unvergängliche Spur in einer gnostischen Apokalypse zu hinterlassen; und wie diese sicher nicht unbeeinflußt von den Apokalypsen der benachbarten Völker entstanden ist, so teilte sie mit diesen auch das Schicksal der hominisierenden Entstellung. Auch ihr prophetischer Teil verkündigte den schließlichen Untergang Jahwes und die Auferstehung Jeschuas, des Lammes und Bräutigams, und die Wiedervereinigung mit der Braut Mirjam im *hieros gamos*. Das ist der Mythus des vorhistorischen, des wahren Urchristentums. Der gnostische Doppelorden ist wiederhergestellt; das Eine hat sein hoministisches egozentrisches Ichbewußtsein, das Jahwe hieß, überwunden und sein gnostisches Ichbewußtsein wiedergefunden.

2.

Natürlich ist uns die Urform dieser prähistorischen hebräischen Apokalypse so wenig wie die der andern erhalten. Aber einmal können wir aus Geist und Form dieser wiederhergestellten Analogien auf die Urgestalt der hebräischen selbst zurückschließen; und zweitens haben wir die hebräische Frauenapokalypse wenigstens in hominisierter Umarbeitung, nämlich in dem Mythus des historischen Christentums, erhalten, in dem wir sie — *mutatis mutandis* — wieder zu entdecken im Stande sind. Besonders in diesem syrischen Raume, in dem die gnostische Gynäkokratie der Urzeit tiefste Wurzeln geschlagen hatte, war die Hominisierung der gefährlichen Frauenapokalypsen einfach eine durch die Situation erzwungene Notwendigkeit. Denn die Prophezeiung von der künftigen Wiederherstellung der gnostischen Gynäkokratie hätte den Sieg der hoministischen Geschlechterrevolution wieder in Frage gestellt, wenn sie nicht in deren Interesse durch Verfälschung unschädlich gemacht worden wäre. Der Zweck heiligte das Mittel. Was bedeutete schon religiöse Fälschung auf einem Boden, auf dem die neuen Götter des agnostischen männlichen Prinzips sich nur durch abgefeimt grausamen psychischen und physischen Terror durchsetzen und ihre Macht festhalten konnten; wo die Väter, geschlechtssolidarisch verbunden, den Vatergöttern, einem Baal Moloch und einem Baal Jahwe, ihre Kinder opferten, um in deren Blute die gnostisch-matriarchale Urzeit zu ertränken, und auf ihm das revolutionäre blutige Patriarchat zu errichten? *Sanguis et mendacium fundamenta regnorum.* Die Väterbünde der Hebräer, die den egozentrischen Vatergott, die hypostasierte teleologische **Idee** ihrer Kultgemeinschaften verehrten, vernichteten die gnostischen Doppelorden, womit ihnen die Väterbünde fast aller anderen Völker schon vorausgegangen waren. Als Spätgekommene bemühten sie sich nun während ihrer ganzen Geschichte, das Versäumte um so rascher und energischer nachzuholen. Ihr Ehrgeiz wurde es, das auserwählte Volk des im neuen Jahwe symbolisierten unbedingten Hominismus zu werden; so, als ob sie ihre ganze gnostisch-gynäkokratische Vergangenheit vor ihrem Gotte wieder gutzumachen und abzubüßen hätten. Aber wenn sie diese Vergangenheit auch bewußt ableugneten, ihr unterdrücktes metaphysisches und historisches Gewissen wußte es besser. Die Lautstärke der pathetisch-rethorischen Sprache des Willens steigerte sich immer mehr, um das Flüstern des Gewissens zu überdröhnen. An die Stelle des auf der Differenz der beiden Potenzen des Einen beruhenden Doppelordens trat im hoministisch-patriarchalen Zeitalter, das die weibliche Potenz als die nicht-männliche auch als die nicht-seiende, als das μὴ ὄν, wertete, der auf dem zeitlichen Generationsunterschiede beruhende unipolare Doppelbund von agnostischen Vätern und agnostischen Söhnen, in dem der Bund der Väter die unbedingte Autorität über den der Söhne hatte. Der Sohn war zwar dem Vater wesensgleich, da beide demselben männlichen Geschlechte angehörten, aber insofern er Sohn war, war er ihm subordiniert. Er, der künftige Vater, hatte von dem lebenden seine Bestimmung und die Tradition des hoministischen Gesetzes zu lernen. Diese Bestimmung aber war der Kampf des antignostischen Bundes von *Pater et Filius* gegen den gnostischen Doppelorden von *Mater et Filius*. Der Sohn ist also der Gehilfe des Vaters bei der Ausbreitung seines Reiches. Es gibt nun keinen Bund ohne seinen Bundesgott, d. h. ohne seine hypostasierte teleologische Idee, auf der die magische Einheit des Bundes beruht. Wie das Männerhaus der Väter im Vatergott, dem *Deus Pater*, so ist notwendig der von den Vätern gegründete Söhnebund im Söhnegott, dem *Deus Filius*, geeint und beide sind durch den Heiligen Geist desselben teleologischen Willens miteinander zu einer unzerstörbaren Einheit verbunden. Der hoministische *Deus Filius* oder Gott-Sohn ist also seiner Idee nach der Diener und das Werkzeug des hoministischen Gott-Vaters. Mit der ontologischen Verneinung der weiblichen Potenz des Absoluten durch den hoministischen Jahwismus, also mit der Verneinung der Androgynität des Einen, wurde natürlich auch der Begriff des Messias patriarchalisch entgnostisiert. Von dem androgynen Messias, der Einheit von Sophia und Logos, dem die Welt als „König und Königin" regierenden noumenalen Telos aller Erscheinungen des Absoluten, blieb nach der Amputation seiner weiblichen Hälfte nur die männliche übrig. Der Name des Messias oder Königs blieb nun ausschließlich dem *Deus Filius* vorbehalten, so daß beide Begriffe synonyme Bedeutung bekamen. Der *Deus Filius-Messias* (Christus), ist also der eigentliche Gott, d. h. das hypostasierte teleologische Urbild des agnostisch-hoministischen Männerbundes der Söhne. Jahwe-Moloch und sein Sohn Jehoschua-Maschiach ist also das hoministische, durch den Heiligen Geist zur Einheit verbundene göttliche

Paar der männlichen Potenz, das der neue Jahwismus dem androgynen Maschiach Sophia-Logos oder Mirjam-Jeschua entgegensetzte. Der Ausgang der Theomachie zwischen diesen vier göttlichen Personen, zwischen diesen zwei göttlichen Paaren, entschied das geistige Schicksal der Menschheit.

Es standen sich also zwei Söhnebünde, ein älterer und ein jüngerer, gegenüber, und der Bundesgott eines jeden hieß Jeschua, so daß es also eine ältere und eine jüngere Jeschuareligion gab, die einander ausschlossen. Der eine, nach Jahwe als dem androgynen Prinzip genannt, war der Sohn der gnostischen Muttergöttin Sophia-Mirjam, der andere, nach Jahwe als dem hoministischen Prinzip genannt, war der Sohn des agnostisch ichbewußten Vatergottes Jahwe; der eine war der Paredros seiner Mutter und Geliebten, der andere saß zur rechten seines Vaters. Die Namensgleichheit forderte zu Verwechslungen heraus — und sollte sie wohl auch provozieren. Durch sie wurde es mythologischer Sophistik möglich, auf den Jeschua der hoministischen Messiasbünde wichtige Bestandteile aus dem Mythus des feministischen Jeschua zu übertragen. Aber das waren Äußerlichkeiten, durch die nur irenische Kompromißler sich irreführen lassen konnten; denn das Wesen der beiden Gestalten blieb antithetisch. Aus einer Bejahung des hoministischen Molochismus konnte keine Verneinung desselben werden — und umgekehrt. In der hebräischen Frauenapokalypse war Jeschua der Sohn der Mutter, das vom revolutionären Vatergott und seinem Väterbunde am Anfang der neuen Weltzeit geschlachtete oder gekreuzigte Lamm, der Gott des in ihm vernichteten gnostisch-gynäkokratischen Männerordens. Der Deus Filius Patris, der Jeschua der hoministischen Messiasbünde dagegen, ist der Sohn des seinen Erstgeborenen als Opfer schlachtenden Vatergottes und unterwirft sich, vorbildlich für alle Mitglieder des Bundes, dem sakralen Opfertod. Auch er kann mit recht *agnus occisus ab origine mundi* genannt werden: denn der neue hoministische Äon beginnt und beruht auf dem Opfer der männlichen Erstgeburt, die sich wie ein Lamm zur Schlachtbank, zum Opferstein oder Feueraltar Jahwe-Molochs, Jahwes des Königs, führen läßt. Der urjahwistische Jeschua und der neojahwistische sind also unvereinbare Gegensätze; jeder verneint den andern, d. h. die in ihm symbolisierte Idee der menschlichen Gesellschaftsordnung. Der Frauengott Jeschua starb für die gnostische Einheit des Menschengeschlechtes; Jeschua, das göttliche Symbol des jahwistisch-messianischen Söhnebundes, starb als magische Siegeskraft ausstrahlendes freiwilliges Opfer auf dem Altare des Vatergottes mit dem Gebet: *adveniat regnum tuum.* Dieser jahwistische Söhnebund ist also zu betrachten als eine in Jeschua symbolisch hypostasierte und in ihm als seiner teleologischen und paradigmatischen Idee geeinte religiöse Gemeinschaft von zum passiven Molochopfer freudig bereiten fanatischen Morituri. Aber diesen geweihten Schlacht- oder Brandopfern verheißt die Gegenapokalypse vom hoministischen Jeschua nach der kurzen Passio zum Lohne die individuelle verklärte Auferstehung oder Resurrectio zu einem neuen individuellen, seligen und ewigen Leben, wie sie nach dem Kultmythus des Bundes auch Jeschua, dem ersten Opfer des Vatergottes, als Lohn für seine Passio von diesem zuteil wurde. Es war schwer, solchen Versprechungen zu widerstehen und ebenso schwer Menschen, die vom Glauben an solche Versprechungen besessen waren. Aber sie haben dem hebräischen Hominismus die Bahn gebrochen. Sie müssen unbesiegbar wie ein Assassinenorden gewesen sein. Hier wird der unversöhnliche Gegensatz zwischen der gnostischen weiblichen Apokalypse und der hoministischen Gegenapokalypse deutlich. Die erstere beruht auf dem gnostischen Ichbewußtsein des Einen und erzählt mythisch das Schicksal des Absoluten in seinen irdisch-menschlichen Individuationen bis zur Wiederherstellung seines androgynen Bewußtseins in der ganzen Menschheit. Die Gegenapokalypse aber beruht auf dem agnostischen Ichbewußtsein des Einen und daher auf dem Willen, als dieses Ich ewig zu existieren und zu herrschen. Deshalb wurde sie die Apokalypse des zweiten Äons, dessen geistige Grundlage der Individualismus ist. Ehe das Bild des hoministischen Jeschua durch die Übertragung einzelner Züge des weiblichen Jeschua-Tammuz-Osiris gemildert war, muß es von grausamer Härte und Wildheit gewesen sein: er war, wie sein Vater Jahwe, ein „fressend Feuer". Als unvorstellbare Gestalt, als ein Wesen von übermenschlicher Furchtbarkeit und Erbarmungslosigkeit kennt ihn noch die johanneische Offenbarung: das ist wahrhaftig Jeschua, der Sohn, den der Vater „durch das Feuer gehen" ließ, und der, wiedererstanden, die ganze Welt als Holokaust für den Vater Jahwe-Melech in die Flammen schickt, mit dem er sich eines weiß. Diese erstarren machende Schreckgestalt, die nur prähistorischer Einbildungskraft ihre Entstehung verdanken kann, bezeugt das Alter des hoministischen Jeschuanismus. Unter dieser dämonisch ungestalteten Gestalt des Gegen-Jeschua müssen schon die ältesten hoministischen Messiasbünde ihre Idee hypostasiert haben; so sah der Jeschua des Vaters aus, den sie gegen den Jeschua der Mutter, den androgynen Jeschua-Tammuz des Doppelordens, in den Kampf schickten. Die Religion des hoministischen Jeschuanismus ist so alt, wie das hebräische Haus der Söhne, und dieses ist so alt wie das jahwistische Männerhaus der Väter; so alt also wie der hebräische Hominismus selbst und sein Kampf gegen die gnostisch-gynäkokratische Urreligion der Hebräer überhaupt. Deutlicher als bei allen andern

Frauenapokalypsen läßt sich bei der hebräischen der Prozeß ihrer Hominisierung erkennen: sie ist ein Beispiel dafür, wie ein Gott durch mythologische Dialektik in seinen Gegengott verwandelt werden kann. Trotz aller blutigen Verfolgungen war es den mosaischen Jahwisten nicht möglich gewesen, die gnostisch-gynäkokratische Urreligion der hebräischen Stämme vollständig auszurotten. Der Kultus des Frauengottes Jeschua und die Apokalypse von seiner künftigen Wiederauferstehung war so tief im Bewußtsein gewurzelt, daß nichts übrig blieb, als die Jahweisierung dieser Religion zu versuchen, um sie wenigstens unschädlich zu machen. Denn diese Religion des noumenalen Androgyns Sophia-Logos war nicht die einer jahwistischen Sekte neben den vielen andern jahwistischen Sekten, sondern eine wirkliche antijahwistische Gegenkirche, die von Mirjam und Jeschua. So stellte man denn dem echten Jeschuanismus einen jahwistischen entgegen. Der echte Jeschua des gnostisch-gynäkokratischen Doppelordens aus der hebräischen Urzeit war zusammen mit diesem geschlachtet worden, der Gott erlitt das Martyrium seiner Bekenner. Nun aber sollte aus kirchenpolitischen Gründen der Tod des jahweisierten Jeschua kein gewaltsamer Ritualmord mehr sein, sondern er wurde in ein freiwilliges und stellvertretendes Sühneopfer umgedeutet, durch das er den über die Apostasie der hebräischen Stämme zu dem gnostischen Androgyn erbitterten Vatergott mit diesen wieder versöhnen wollte. Daraus ergab sich von selbst, daß er nie der Gott des androgynen Doppelordens gewesen sein konnte, sondern stets der Bekenner des jahwistischen Hominismus gewesen war. Als den Sohn der Mutter hatte man ihn geschlachtet, aber als Sohn des Vaters wurde er wieder lebendig. Es war eine kühne theologische Leistung — vielleicht sogar noch etwas mehr. Dieser mythologische Kompromiß hatte bei den geistigen Halbnaturen großen Erfolg. Der legitime Bruder des Tammuz, des Osiris, des Adon war zum Sohne Jahwes erklärt und seine Legitimität blieb in dem neuen jeschuanischen Gegenbunde unangefochten: der zum Filius Patris erklärte Jeschua aber war zum Gott des jahwistisch-hoministischen Söhnebundes geworden und sein alter gnostisch-gynäkokratischer Mythus konnte nun im Dienste der Jahwereligion zweckmäßig umgedeutet werden. Groß sind die Wunder einer dialektischen Theologie.

Bei dieser Gemeinsamkeit des Zieles bestand aber notwendig zwischen den beiden Bünden, dem der Väter und dem der Söhne, die Rivalität der Altersklassen um die Führung des Kampfes. Der Väterbund dachte zuweilen — natürlich nicht über das Prinzip sondern über die Taktik — gemäßigter als der radikalere, stürmende und drängende Bund der Söhne. Dann mußte Jahwe aus Opportunitätsgründen seinen Massiach noch zurückhalten; aber dieser suchte den Willen des Alten zu forcieren. Daher war der Messianismus zuweilen lange Zeit eine Untergrundbewegung, die intermittierend an die Oberfläche stieg und dann durch Prophezeiungen, später besonders durch Apokalypsen, die Gemüter zu beunruhigen versuchte, um seine Auffassung vom jahwistischen Hominismus durchzusetzen. Denn wir dürfen nicht vergessen, daß, zum Entsetzen der Propheten, auch die gnostische Frauenreligion, und zwar sicher noch die genuin autochthone und nicht nur der unter Manasse aus politischen Gründen importierte assyrische Ischtar-Tammuzkult blühte, die ja beide derselben Wurzel entsprossen waren. Ezechiel sah von Babylonien aus im Jahwetempel die Frauen von Jerusalem „um den Tammuz weinen", d. h. wie wir nun sagen können, um ihren Frauengott Jeschua-Tammuz und seine durch den hoministischen Jahwe untergegangene Welt. Die totgeschwiegene Urzeit war nicht tot; sie drohte ins Bewußtsein zurückzukehren. In den letzten zwei Jahrhunderten des jüdischen Kirchenstaates wurde der jahwistische Messianismus immer mehr zu einer Art Delirium. Es war eine Art Notwehr. Das weibliche Geschlecht empörte sich gegen das mosaische Ehegesetz und versank an den palästinensischen Höfen nach dem Vorbild, das die hellenistischen Fürstenhöfe boten, im Sumpf. Die religiös-hoministische Weltmission des jüdischen Volkes schien durch seine Oberschicht von Innen her in Frage gestellt. Unter all diesen aufgeregten messianischen Bünden aber nahm der uralte, jetzt wieder neubelebte Jeschuabund klar und gemäßigt seinen Weg wieder auf und erreichte allein das von allen erstrebte Ziel: die Welt zum messianisch-jahwistischen Hominismus und seiner soliden puritanischen Ethik zu bekehren. Das Götterpaar Jahwe-Jeschua, Vater und Sohn, geeint in der Identität des Willens, siegte jetzt endgültig über den im Heiligen Geiste verbundenen Androgyn Sophia und Logos, den die hebräischen Frauenbünde Mirjam-Jeschua genannt hatten. Der ganze zweite Äon aber, dessen antignostisch-hoministische Tendenz dieser jeschuanische Zwölfmännerbund religiös verwirklichte, darf mit Recht nach dem Kultgott desselben der jeschuanische Äon genannt werden. Jahwe-Jeschua ist der Gott der zweiten Menschheitsepoche, kein anderer Männergott wird ihn noch überwinden können und der Äon selbst wird dauern, solange er noch sein Gott ist. Denn er ist die göttlich hypostasierte Idee des sich als Hoherpriester dem Vatergott selbst freiwillig opfernden Sohnes, damit dessen agnostisch-hoministisches Reich und seine patriarchale Gesellschaftsordnung für immer bestehe. Würde das permanente magisch-symbolische Sohnesopfer der Messe aufhören oder nicht mehr verstanden werden, dann begänne der Untergang des hoministischen Zeitalters. Denn auch die Götter leben nach dem Gesetz, nach dem sie angetreten, und die hoministischen Götter des zweiten Äons — *sanguis fundamentum religionum* — leben vom Blute, und sei es auch von magisch transsubstantiiertem. Die Götter sind, wie wiederholt gesagt, die hypostasierten teleologischen Ideen ihrer Bünde, sind für deren einzelne Mitglieder magisch-dynamisch wirkende geistige Wesenheiten; in ihren Mythen aber spiegelt sich symbolisch die äußere und die geistige, die vergangene und die prophetisch-künftige Geschichte des Bundes, als einer soziologischen Einheit, wieder. Denn der Bund ist das *Corpus mysticum* seines Gottes. Daraus folgt aber, daß ein Gott so wenig wie eine Idee in einem einzelnen Gliede des Leibes, d. h. in einer einzelnen Person, adäquat individuiert sein kann. Vielmehr ist der Gott das bewußt gewordene teleologische Urbild, das der ganze Bundesleib von sich selbst hat, und das ihn mit allen Bundesgliedern zu einer Einheit bindet.

Der Mythus des jahwistischen Messias Jeschua ist offenbar in zwei Fassungen erzählt worden, in einer vorevangelischen und der evangelischen. Von dem alten Jeschuabunde muß sich nämlich ein neuer reformierter, der evangelische, abgezweigt haben. Wieviel von jenem in diesen übernommen wurde, läßt sich im einzelnen nicht mehr sagen, wenn auch der sich bildende neue Mythus aus dieser Quelle immer wieder gespeist worden sein kann. Der geheim gehaltene Mythus des alten Jeschuabundes muß die Hörer durch seine schreckenerregenden Bilder, die, wie seine Rhetorik überhaupt, nur für die Mentalität orientalischer Völker berechnet war, unter dem Druck beständiger Angstsuggestionen gehalten haben: die johanneische Offenbarung stammt noch ganz aus diesem Geiste, der den hellenistischen Durchschnittsgebildeten als barbarisch abstoßen mußte. Der neue Jeschuabund aber richtete seine Propaganda bewußt an die rationalistisch aufgeklärte und historisch denkende griechisch-römische Bildungswelt; die monströs-grandiose Gestalt des alten Mythus mußte in eine neue, für den griechischen Geschmack verführerischere Form umgegossen werden. Denn im Unterschiede zu dem alten wandte sich der neue Jeschuabund nicht mehr an die Juden allein, sondern steuerte von Anfang an auf ein universalistisches Ziel hin. Das Judentum hatte jetzt eine Mysterienreligion, die mit den Mysterienreligionen der anderen orientalischen Völker rivalisieren konnte. Es war ein genialer Einfall des modernistischen Jeschuabundes, die Kultlegende seines Mysteriengottes in die lebendige Gegenwart oder unmittelbare Vergangenheit zu versetzen, indem er ihn aus der Sphäre der Idee als Mensch gewordenes und paradigmatisches Individuum historisierte. Die Zeit aber, in der er ihn als Menschen geboren werden ließ, die spätere Regierungszeit des Augustus, war die, in der der Zwölfmännerbund selbst seine Sezession von dem alten Jeschuabund vollzog und sich konstituierte. Die Geburt des Bundes bedeutet symbolisch die Geburt seines Gottes und die Geburt des Gottes die seines Bundes. Dieser verneinte damit seine eigene Vergangenheit und die alte Gestalt seines Gottes, um mit der neuen zusammen von nun an sein eigenes Leben zu begründen. Die alte Sekte aber gehörte seitdem der Vergangenheit an, wurde totgeschwiegen oder ging in der neuen gemäßigteren und zeitgemäßeren auf, in die sie sich durch ihre Reform umgewandelt hatte. In dem neutestamentlichen Kanon erfüllt der Geist des alten Jeschuabundes die Apokalypse, der des neuen die Evangelien. In diesen erzählte der Bund für verschiedene Gemeinden seine symbolisch-historische Gründungsgeschichte. Dem mythischen Denken gemäß war es der Kultgott selbst, der seine Apostel und Propagandisten aus den Bundesmitgliedern berief und ihnen seine Kirche zu gründen befahl — so, wie Götter zu berufen pflegen, nämlich durch die innere Stimme, wie Jahwe Mosche berief —: das waren diejenigen, die ihn in seiner neuen Offenbarungsgestalt als den wahren Jeschua Maschiach proklamiert hatten. Diesen Propagandisten aber kam es nur auf eines an: die hebräische Vater-Sohn-Religion von Jahwe-Jeschua, die Religion von dem sich freiwillig für den Vater, d. h. für die Idee des agnostischen Hominismus, opfernden Sohne zur einzigen Religion der Menschheit zu machen. Das Imperium Romanum galt diesen mächtigen Verkündern bereits nur noch als eine Provinz der Menschheit. Überall sollten die letzten Spuren der gnostisch-gynäkokratischen Urreligion von Sophia und Logos aus dem Bewußtsein getilgt werden, die für diese neuen wie für die alten Propheten nur πορνεία, Hurerei, war.

3.

Diese neue jüdische Sekte, die den alten jahwistischen Jeschuabund durch seine Umgestaltung erneuerte, war direkt gegen Geheimbünde gerichtet, welche in dieser Zeit der religiösen Auflösung die hebräische Urreligion des Androgyns wieder zu entdecken schienen und Jahwe, den bösen Demiurgen, den Gesetzgeber der hoministischen Gesellschaftsordnung, wieder seiner Macht berauben wollten. Das sind die gnostizistischen Schulen. Wir wollen, um Verwechslungen zu verhüten, die sogenannte Gnosis der Kirchengeschichte Gnostizismus und ihre Vertreter Gnostizisten nennen. Man kann weder den Gnostizismus aus dem Christentum, noch dieses aus dem Gnostizismus ableiten: beide sind antithetisch und entsprangen verschiedenen Wurzeln. Die Herkunft des Jeschuanismus aus der Idee des patriarchalen Hominismus ist eindeutig und unbestreitbar; seine Grundlage ist das agnostische Ich-Nichtichbewußtsein, das im mosaischen Jahwe divinisiert wurde. Der philosophische Gnostizismus, von dem hier allein die Rede ist, hatte dagegen seine Wurzeln in der Lehre des urhebräischen Mirjam-Jeschuabundes und seine metaphysische Grundlage war, wenn sie ernst genommen wurde, notwendig die Identität von Ich und Nichtich. Synkretistische Annäherungsversuche beider endeten mit noch intensiverer Abstoßung oder in hybriden, lebensunfähigen Gebilden; die Kirche wurde sich bei dieser polemischen Abwehr ihres antignostisch-hoministischen Grundprinzips nur immer klarer bewußt. Seitdem durch den Zug Alexanders das aristotelisch-phänomenalistische Denken des Abendlandes dem noumenalen des Ostens begegnet war, begann auch im Okzident die Erinnerung an sein eigenes vorhoministisches gnostisches Wissen zu erwachen. Das in seinen Erscheinungen zerstreute und veräußerlichte Absolute begann auch hier wieder sich auf sich selbst zu konzentrieren und sein verlorenes Selbst wiederzufinden durch die Erkenntnis, wie aus ihm die subjektiv-objektiv differenzierte Vielheit entstanden sei. Der unterirdische Strom trat, wenn auch durch Denkschlamm reichlich verunreinigt, wieder einmal an die Oberfläche; und wenn auch das Bewußtsein nicht klar wurde, so war doch in den repräsentativen Geistern der Trieb des Einen zur gnostischen Bewußtheit, das eigentliche philosophische Leiden, wieder lebendig geworden, wodurch sie einer höheren Seinsordnung angehörten als die Masse der Durchschnittsgebildeten, die mit einer sogenannten praktischen Lebensphilosophie, wie sie in den staatlich unterstützten Philosophenschulen gelernt werden konnte, als der Weisheit letzten Schluß vollkommen zufrieden waren. Das ist natürlich nur eine erwünschte Selbsttäuschung der „wirklich praktischen Leute", denn auch eine praktische Lebensphilosophie, wenn sie nicht bloße Lebensroutine sein will, ist allein aus der metaphysischen Wurzel des Lebens abzuleiten. Die gnostizistischen Systeme nun lassen sich, ganz allgemein gesprochen, auf einen gemeinsamen Nenner zurückführen, den wir in der philosophischen Urtradition der vorhoministischen, gnostisch-gynäkokratischen Doppelorden erblicken. Vergessen wir aber nicht, daß wir die gnostischen Denker nur aus Fetzen und Entstellungen ihrer Schriften kennen, die uns ihre Todfeinde, die jeschuanischen Hoministen, hinterließen. Versuchen wir diese Gnostizisten gnostisch zu verstehen, so müssen wir zur Erklärung der bunten Mannigfaltigkeit von Systemen, die aber doch in einem gemeinsamen Geiste konzipiert sind, eine der geistigen Urgeschichte angehörende Grundform voraussetzen. Diese Urform war in Stücke zerbrochen, und nun suchten die Restauratoren aus den einzelnen Bruchstücken, die sie gerade in Händen hielten, nur von einem unbewußten Instinkt geleitet, die Urgestalt wieder herzustellen. Denn, wie es eine Urform der gnostisch-gynäkokratischen Apokalypsen gegeben hat, muß es auch eine Urform ihrer gnostisch-philosophischen Begründung gegeben haben; beides ist untrennbar und bedingt sich wechselseitig. Aber von beidem haben wir nur noch die *disjecta et defigurata membra:* doch auch in diesem Zustande sind sie die wichtigsten Zeugnisse für die hohe Geistigkeit der ältesten Menschheit.

Auch die mediterranen gnostizistischen Systeme, besonders diejenigen jüdischen Ursprungs, haben alle die verlorene Urgnosis wiederfinden wollen, aber durch historisch bedingte und eingewurzelte Vorurteile nicht mehr finden können. Dennoch ist im Gnostizismus noch ein Nachklang der Urgnosis, wie auch in der Muschel noch das Meer rauscht. Entstanden sein aber kann die Grundkonzeption des Systems erst nach dem Fall der Menschheit aus dem gnostischen in das agnostische Ichbewußtsein, also wohl gleichzeitig mit der Entstehung der gnostisch-gynäkokratischen Apokalypsen, am Anfang des zweiten Äons. Auch für die Gnostizisten ist der ganze Weltprozeß nur die Soteriologie des Einen selbst, seine Wiederbesinnung auf sich selbst, auf den Weg nach oben, die ὁδὸς ἄνω, zu sich zurück, nachdem es auf dem Wege nach unten, die ὁδὸς κάτω, sich selbst, d. h. das Bewußtsein von sich, verloren hatte. Denn dieser Weltprozeß ist nur ein immanenter Vorgang im Absoluten selbst, dem allein wahrhaft Seienden, dem Bythos oder Abgrund, d. h. dem Urgrund oder Ungrund aller seiner Erscheinungen. Das Absolute erscheint sich selbst von Ewigkeit her in einer noumenalen androgynen Ursyzygie, durch die es mit sich selbst in polarer Wechselwirkung steht als das in Subjekt und Objekt Identische. Später ließ man rationalistisch immer mehr androgyne Syzygien aus der Ursyzygie, die in dieser latent-potentiell enthalten waren, eine aus der anderen absteigend emanieren; es handelt sich also um eine noumenal-teleologische Lehre von den Potenzen des Absoluten, die „Äone" heißen. In der vorgnostizistischen Fassung wird es natürlich nur die eine noumenale androgyne Syzygie Sophia und Logos-Christos gegeben haben und das Schicksal dieser beiden noumenalen und im Identischen syzygisch vereinten Potenzen in der Menschenwelt ist der Inhalt von deren Geschichte. Diese geschichtsphilosophische Sophiologie ist der Kern der gnostizistischen Anthropologie, der seinen Charakter als Mythus oder *hieros logos,* trotz seiner Begriffsumschalung, nicht verloren hat. Der vorgnostizistische Mythus hatte das Schicksal der beiden Hälften des göttlichen Androgyns Sophia und Logos erzählt, die, ehe sie zu „Äonen" wurden, Götter gewesen waren; aber Äonen, Götter und Ideen sind ja nur verschiedene Namen für Noumena. Sophia oder Chokma — welchen Namen einige Sekten zu Achamoth entstellten —, dieselbe Sophia-Chokma, mit deren Hilfe Jahwe als ihre noumenale männliche Hälfte, d. h. als ihr Logos oder Christos, was der *Liber Sapientiae* erfolglos zu verschleiern sucht, die Welt schuf, diese Sophia verlor, von der Leidenschaft (Enthymesis) verführt, ihre Gnosis und stürzte in die agnostische Welt des Demiurgen Jahwe und seiner Archonten hinab, die sie quälten und peinigten. Die Reue kam zu spät, aber die Hilfe nahte. Die androgyn mit ihr verbundene männliche Potenz, ursprünglich gewiß der noumenale Logos-Christos, steigt aus dem Pleroma herunter, überwindet die kosmischen Archonten, überlistet sogar den dämonischen Demiurgen Jahwe-Jaldabaoth, befreit die Geliebte und kehrt als Triumphator zum *hieros gamos* in das Pleroma zurück. Wir haben nun genug Übung im Mythenlesen, um auch diesen Mythus verstehen zu können. Die gnostische Gynäkokratie der Urzeit ist durch die Schuld der weiblichen Hälfte des Doppelordens, deren Bundesgöttin Sophia war, untergegangen, weil sich der weibliche Orden, d. h. also seine Göttin Sophia, durch den Hominismus zum agnostisch-ichbewußten Willen verführen ließ. Nun erlebt das weibliche Geschlecht seine durch den Sündenfall selbst verschuldete Passio. Um ihm diese in ihrem Kulminationspunkt *ad oculus* zu demonstrieren, führt der Zeitgenosse der Apostel, der große theoretische und praktische Gnostizist Simon Magus aus dem Flecken Gitton in Samarien eine Dirne aus Tyrus auf seinen Missionsreisen als den entstellten Urgedanken (Ennoia) des Absoluten symbolisierend mit sich herum. Solche drastischen suggestiven Ausdrucksmittel hatten bekanntlich auch die alten Propheten geliebt: man denke an Hosea und Hesekiel. Während nun alle andern von uns besprochenen Apokalypsen aus gnostischen Frauenbünden oder Doppelorden stammen, ist diese Sophia-Apokalypse das Werk der männlichen Hälfte eines Doppelordens. Sonst ist es Ischtar, die ihren Tammuz aus der Unterwelt wieder zum Leben emporführt; hier holt Tammuz oder vielmehr Christus seine Sophia zur alten gnostisch-gynäkokratischen Herrlichkeit wieder zurück. Der Sinn aber ist der gleiche: die Wiederherstellung des zerrissenen Androgyns. Es gewährt eine große Befriedigung, daß ein solches männliches Gegenstück zu den weiblichen Apokalypsen existiert; es ist beruhigend zu sehen, daß auch das männliche Geschlecht, wenn das Eine in ihm zum Bewußtsein seiner Identität gekommen ist, die gnostische Gynäkokratie als das Telos der Individuationen des Absoluten erkennt. In der Zeit der hoministischen Geschlechterrevolution war ein Teil der in der gnostischen Sophia geeinten Frauenorden den vom neuen Hominismus ausgehenden Versuchungen erlegen und hatte sich in der Hoffnung auf egoistische Macht von ihrem syzygischen Männerorden, also von Christus, emanzipiert; in diesen Frauenorden war daher Sophia selbst gefallen, als sie sich von Christus, ihrer androgynen Hälfte, trennte — Valentinus nennt diese Theletos —, um auf egozentrische Abenteuer auszuziehen. Wir wissen, was sie erlebte: die Betrogene verfiel der Gewalt Jahwe-Jaldabaoths und seines Männerbundes, d. h. der Welt des durch das agnostische Ichbewußtsein bedingten Kampfes aller gegen alle. Aber ein Teil der im gnostischen Christus geeinten syzygischen Männerorden verkündete, daß ihr androgyner Christus seine gefallene Sophia retten und ihrer ewigen Bestimmung zurückgeben werde. Denn, so sagte die Apokalypse dieser Gnostizisten, das am Anfang des neuen Äons geschlachtete Lamm, der Messias Christos, ist damals gar nicht gestorben, denn die Idee oder der Gott kann in ihrem *Corpus mysticum*, dem Orden, wohl gekreuzigt werden, aber sie kann nicht sterben. Ihr Tod ist immer nur ein doketischer, ein Scheintod, denn sie individuiert sich immer aufs neue in mystischen Bundesleibern. Die Naivität des hoministischen Jahwismus bestand darin, mit dem Leib auch die Idee getötet zu haben; er kannte nur die gerade Fortschrittslinie, aber nicht den Kreis der Wiederkehr. Jahwe blieb zurück wie der geprellte Teufel, denn für alle echten Gnostizisten war Jahwe, als das negative Prinzip des antignostischen Hominismus, der Teufel, und das alte Testament dessen heilige Schrift. Sein Reich aber ist zuende, wenn der gnostische Christos-Logos mit Sophia in *Unio gnostica* sich wieder vereinigt, wenn also der gnostisch-gynäkokratische Doppelorden der Urzeit wieder erstanden ist.

4.

Die historischen Religionen des zweiten Äons sind ihrem Wesen nach nichts anderes als Sanktionsformen des agnostischen Hominismus. Das gilt auch von dem historischen Christentum der Kirchen, das entstanden ist als Antithese gegen das gnostisch-gynäkokratische Christentum der urzeitlichen Apokalypsen. Denn wir dürfen nun, ohne zweideutig zu reden und mißverstanden zu werden, nach dem Messianismus, d. h. dem Christianismus der urhebräischen Frauenreligion, allgemein die ganze apokalyptische Bewegung, von der das weibliche Geschlecht beim Untergang seines Äons erfaßt wurde, christisch nennen. Von allen apokalyptischen Variationen nämlich, welche dieser allgemeine weibliche Prophetismus der gnostischen Wiederherstellung hervorbrachte, ist die der hebräischen Prophetinnen für die ganze Menschheit die wichtigste geworden, weil sie die stärkste hoministische Antithese, das historische Christentum, hervorrief; denn aus der Stärke der *reactio* muß auf die der *actio* geschlossen werden. Da also in dieser urhebräischen Frauenreligion die Tendenz der allgemeinen gnostisch-apokalyptischen Frauenbewegung ihren stärksten Ausdruck gefunden hat, darf man diese allgemein, *a fortiori*, überhaupt als messianische oder christische bezeichnen. Wenn der heilige Augustinus einmal sagt, daß das, was heute Christentum genannt werde, schon zu allen Zeiten dagewesen sei, so setzt er damit das hoministische Christentum seiner Zeit einfach dem wesensverschiedenen gnostischen der Urzeit gleich, d. h. er hominisiert und jahweisiert es. Es war unsere Absicht, die polare Gegensätzlichkeit dieses doppelten Christentums bewußt zu machen. In dem Jesus der Evangelien sind zwei sich widersprechende Jesusgestalten kontaminiert, ohne sich zu einer wirklichen psychologischen Einheit zu durchdringen. Denn ein Gott, der versichert, daß selbst jedes Häkchen der geschriebenen Thora in Ewigkeit dauern werde, kann nicht identisch sein mit einem Gotte, der als Bergprediger sein eigenes Gesetz dem der Thora mit einem „Ich aber sage euch" entgegenstellt, also diese aufhebt. Denn auch ein Gott muß sich, wenigstens wenn er zu Menschen redet, den Gesetzen der menschlichen Logik anpassen, vorausgesetzt daß er verstanden werden will, also auch den Satz vom Widerspruch und vom Gallimathias anerkennen. Die Theologen sehen in diesem sich selbst widersprechenden Jesus nicht eine schlecht amalgamierte Doppelgestalt, sondern in dieser sich selbst aufhebenden Einheit der Persönlichkeit ein unergründliches Geheimnis. Aber dieses Geheimnis wird aus den kirchenpolitischen Gründen der Verfasser der Evangelien verständlich. Wie man nämlich aus gewissen Unregelmäßigkeiten des Planeten Uranus die notwendige Existenz eines entfernteren unbekannten und ihn beeinflussenden Planeten erschlossen hat, ehe man Neptun selbst endeckte, so setzt der jahwistisch-hoministische Kultmythus der Evangelien die Existenz eines gnostisch-gynäkokratischen Frauen- und Männerbundes, also eines geheimen hebräischen Doppelordens mit einem antijahwistischen Jeschuamythus voraus. Auch dieser Bund wird einmal mehr als nur ein notwendig erschlossener sein. Suchet, so werdet ihr ihn finden! Um diesen gnostisch-gynäkokratischen Gott Jeschua unschädlich zu machen, mußte er mit dem mosaisch-jahwistischen zu einer Einheit verschmolzen werden. Es mußte ein rein äußerliches und gewaltsames Unternehmen bleiben; die Wesensgegensätze der beiden Götter waren unüberbrückbar. Es ist aber töricht, von den Gründern der christlichen Kirche als von unwissenden und ungebildeten Fischern zu reden. Die Apostel, die Sendboten des neuen Gottes, den sie der Welt offenbarten, waren im Gegenteil die klügsten und energischsten Magier ihrer Zeit — Masaccio hat den christlichen Simon Magus in der Brancaccikapelle dargestellt; und sie erzählten, ihres Bundesgottes voll, mit faszinierender Kraft seinen *hieros logos*. Ihr Thiasos oder ihre Loge nannte sich mit Recht die der Menschenfischer. Denn sie waren keine realen Fischer (höchstens im Nebenberuf), sondern symbolische, wie auch die Freimaurer keine realen, sondern symbolische Maurer sind. Die Fische, die sie für ihren Gott fangen wollten, aber sind die Männer und Weiber der ganzen Menschheit. Der für die letzteren notwendige Köder bestand aus zweckmäßig präparierten Elementen des weiblichen Jeschuamysteriums, die noch den alten Sinn zu haben schienen, die aber in Wahrheit durch die Jahweisierung und Hominisierung der Jeschuagestalt eine andere Bedeutung erhielten. Aber der gewöhnliche Mensch ist mit dem Schein zufrieden und das kritische Auge für das Wesentliche fehlt ihm. Der neue *hieros logos* erzählte zwar das Martyrium des gnostisch-gynäkokratischen Jeschua durch den neuen hoministischen Gott der Väterbünde; aber der Sinn dieses Ritualmordes wurde jetzt ins Gegenteil verkehrt. In dem Prozeß Jeschua-Jahwe entlastete ein übergescheites salomonisches Urteil den Mörder und nahm dafür sein angeblich freiwilliges Opfer unter die hoministischen Götter auf. Es war ein Kompromiß, dessen Ergebnis war, daß die Männer den allerdings hominisierten Frauengott, die Frauen aber den Männergott Jahwe anerkannten. Der Prozeß jedoch scheint nicht korrekt und fair geführt zu sein; wir regen an, ihn von neuem aufzunehmen.

Die älteste Religion der Menschheit ist die des gnostisch-gynäkokratischen Androgyns Sophia-Logos. Sie ist nicht nur die älteste, sie ist die absolute, weil sie die Religion des zum Bewußtsein seiner noumenalen Identität gelangten Einen ist. Im ganzen ersten Äon war ihr Credo die orthodoxe Urreligion: *quod semper, quod ubique, quod ab omnibus.* Sie ist daher die einzige objektiv *orthodoxe,* d. h. richtige oder wahre Religion. Ihr auf dem gnostischen Ich-Nichtich-Bewußtsein des Einen beruhendes Grunddogma des ersten Äons fand seinen Abschluß bei ihrem historischen Untergang als katholische Religion in der gnostisch-gynäkokratischen Apokalypse, die in mythisch-symbolischer Sprache das Schicksal des noumenalen Androgyns in der irdischen Menschheit erzählte und mit der prophetischen Kraft der noch im Bewußtsein des Absoluten lebenden und hellsichtigen Urmenschheit die dereinstige Auferstehung des Doppelordens voraussah. Unter diesen Apokalypsen von Sophia und Logos wurde, wie schon gesagt, die des vorhistorischen hebräischen Doppelordens von Mirjam und Jeschua durch die Art, wie sie verneint und umgestaltet wurde, zu der für die Menschheit wichtigsten. Sie nannte die Wiederauferstehung des Logos im Bewußtsein der Menschheit die Auferstehung des Messias oder Christus, durch welche die Unio gnostica des Einen mit sich selbst wie in der Urzeit und daher als deren Voraussetzung gnostische Gynäkokratie wieder möglich wird. Dieser gnostische oder weibliche Messianismus kann allein das orthodoxe Urchristentum genannt werden. Indessen sind alle historischen Namen nur Schall und Rauch, wenn sie nicht aus dem Noumenalen ihren Sinn erhalten. *Häretische* Religionen aber nenne ich alle diejenigen, welche aus dem agnostischen Ich-Nichtich-Bewußtsein des Einen stammen und deshalb das gnostisch-androgyne Selbstbewußtsein des Einen verneinen. Es sind die Religionen des Subjektivismus und der Spaltung. Der agnostische Hominismus ist das Ur-Schisma, das den zweiten Äon ins Leben rief und die orthodoxe Urreligion der Menschheit verfolgte. Die hoministischen Häretiker und Schismatiker haben den religiösen Geschlechterkrieg gebracht, indem sie die Begriffe umkehrten und die feministische Religion des gnostischen Androgyns als schismatische Häresie verdammten, den eigenen magisch-theistischen Hominismus dagegen für die wahre Orthodoxie der Urzeit erklärten. Auf dem Boden gnostischer Unwissenheit und historischer Lüge entstand der zweite Äon und im Verlauf seiner Geschichte verleugnete er nie seinen Ursprung. Menschheitsgeschichtlich betrachtet müssen wir also von dem prähistorischen orthodoxen, gnostischen oder weiblichen Urchristentum das historische, antignostische und hoministische Christentum als häretisches Christentum unterscheiden.

Zwar wurden, wie wir gesehen haben, alle Varianten des vorhistorischen feministischen Christentums prinzipiell hominisiert, am durchdachtesten und konsequentesten aber wurde es die hebräische durch den Zwölfmännerbund der Apostel, so daß das hoministische Christentum als die vollendete hoministische Häresie verstanden werden kann. Indessen hat dieses apostolische Christentum jetzt seine magischen Kräfte verbraucht. Denn dieses historische Christentum war weder eine intellektualistische noch moralistische Religion, sondern eine magische Theokratie. Allein durch seine überlegenen magischen Kräfte, die sich in Transsubstantiation, Sakramenten, Exorzismen und Sakramentalien äußerten, gelang dem christlichen Priesterstand die Unterwerfung des Laienstandes. Bernhard von Clairvaux siegte noch einmal über den Intellektualismus Abaelards, aber der Geist Abaelards siegte nach dessen und Bernhards Tode über Bernhard von Clairvaux. Erst mit dem Schwinden dieser magischen Kräfte in seinem geistigen Stande und in die Defensive, d. h. die Apologetik, gedrängt, versuchte es sich unter dem Druck des Laizismus intellektualistisch zu halten. Das war aber der Beginn des Niedergangs seiner Macht. Das intellektualistische Laiendenken zwang den theokratischen Priesterstand, die dialektische Methode auf Kosten seiner magischen Kräfte zu immer höherer Sophistik zu entwickeln. Wenn aber sein Priesterstand die magischen Kräfte verliert, verliert sie der Gott selbst und sein Bund fällt auseinander; der Priesterstand wird dann nicht mehr durch die eigenen magischen Kräfte, welche diejenigen seines Gottes sind, erhalten, sondern ist zum Werkzeug politischer und wirtschaftlicher Interessen des hoministischen Laizismus geworden; und mehr als moralische Polizeifunktionen kann ihm das autonome Laientum nicht zugestehen. Die magischen Kräfte sind zerschwätzt, die magischen Worte zu zeremoniellem Hokuspokus geworden. Daß die Kirchenbeamten von heute ihr sogenanntes Urchristentum nicht gern „magisch" nennen hören, ist verständlich, denn mit magischem Charisma sind sie nicht begnadet; mit salbungsvoller Rhetorik allein aber führt man höchstens magischen Schlaf herbei. Die Rakete stieg farbensprühend gleich einem Baume hoch in den Himmel; aber nun sinken die Funken herunter und verpuffen schwarz in der Nacht.

Doch das gnostische Telos der Anthropogenie des Einen bleibt bestehen, und bestehen bleibt die noumenale Bestimmung der weiblichen Potenz des Einen zur Verwirklichung dieses Zieles. Von dem Erscheinen der gnostischen Frau hängt es daher ab, ob und wann der Mann von seiner verheerenden Geschlechtskrankheit, der *Psychopathia politica*, die ihrerseits nur ein notwendiges Symptom seines agnostischen Hominismus ist, durch die Gnosis geheilt wird. Wenn die gnostische Frau den christlichen und den antichristlichen Ketzer in die gnostische Doppelkirche von Sophia und Logos heimholt, dann kann die Vergeistigung der agnostisch ichverdummten Leiber von neuem einsetzen und unser Sonnensystem die durch den Sündenfall unterbrochene Entwicklung noch einmal aufnehmen. Der Äon des fortschrittlichen Hominismus liegt dann in der Erinnerung hinter der Menschheit wie eine Periode der Geistesverwirrung. Denn wenn wir auch nicht wissen, ob unser Sonnensystem zu den prädestinierten gehört, so wissen wir doch auch nicht, daß es nicht zu ihnen gehört; woraus folgt, daß es nicht widervernünftig ist, so zu leben, als ob es zu denen gehörte, auf welchen das Eine sich bewußt teleologisch selbst zu verwirklichen im Stande ist, und als ob wir selbst zu den ihm dazu nötigen Individuationen gehörten.

SIEBENTER AUFSATZ
Das Schicksal des agnostischen Hominismus

I. DAS TELOS DER ERSCHEINUNGSEXISTENZ DES EINEN

1. Subjekt und Objekt

Alle Erkenntnis beruht auf der Differenz eines erkennenden Subjekts und eines erkannten Objekts. Um sich seiner selbst bewußt zu werden, mußte sich daher das Eine in die Subjekt-Objekt-Relation spalten, womit es aber aufhört, das Absolute zu sein und zu einem Relativen wird. Das heißt aber: es schaut sich selbst objektiv als ein Universum an oder es erscheint sich selbst, insofern es Subjekt ist, als eine objektive Welt, von der es als Subjekt nun selbst einen Teil bildet. Da nämlich das Absolute seiner Natur nach das Unbegrenzte ist, weil nichts außer ihm Seiendes ihm eine Grenze setzt, so muß es infolge seiner Subjekt-Objekt-Spaltung, die eine Begrenzung ist, in einer unbegrenzten Vielheit begrenzter Erscheinungen für sich da sein, von denen jede einzelne allen andern gegenüber zugleich Subjekt und Objekt ist. So erscheint sich das in die Subjekt-Objekt-Relation eingegangene Eine als ein einziger, in der Grenzenlosigkeit des Raumes und der Unbegrenztheit der Zeit, im unendlichen Nebeneinander und Nacheinander durch eigene Kraft sich selbst ewig umgestaltender Kosmos von Sonnensystemen, die sich in ihren Bewußtseinswesen vollenden. Durch diese Selbstbegrenzung muß es zu einer unendlichen Vielheit begrenzter Dinge werden, die als begrenzte nur nebeneinander und nacheinander in einem umfassenden unendlichen Raum erscheinen können. Dieser alle gleichzeitigen und sukzessiven Erscheinungen einschließende Raum ist das phänomenale Abbild des überphänomenalen Einen selbst, das Erscheinungsbild des alles in sich enthaltenden pleromatischen Seins des Einen. Daher ist der Raum als die allgemeinste und alle seine einzelnen Individuationen einschließende Erscheinung des Einen so ewig wie dieses selbst. Raumerscheinung und Dingerscheinungen des Absoluten sind also von einander unabtrennbare Phänomene des Einen und zugleich in und mit diesem gesetzt: sie sind so ewig wie dieses selbst. Und da das Eine von Ewigkeit zu Ewigkeit nur durch sich selbst ist, so muß seine Erscheinung, das Universum aller Dinge, als ein Ganzes im Raume da sein, das sich ohne Anfang und ohne Ende dynamisch selbst gestaltet: denn die Zeit ist die phänomenal gewordene Ewigkeit des absoluten Seins. Das überzeitlichewige Sein erscheint sich daher als zeitlich-ewiges dynamisches Dasein. Wie nun das Eine seine unendlichen Möglichkeiten zur Individuation als Raum und Zeit anschaut, so erscheint es sich selbst auch als die eine Materie, d. h. als die einzige Substanz, aus der alle seine möglichen Erscheinungen bestehen. Die Materie ist daher das übermaterielle Eine selbst, insofern es in ihr als seinem Abbilde sich selbst als die in allen Erscheinungen erscheinende überphänomenale und einzige Substanz anschaut. Im Bilde der phänomenalen Substantialität erblickt daher das Eine seine absolute und überphänomenale Substantialität; denn da das Eine seinem Wesen nach das sich subjektiv-objektiv Erscheinende ist, so muß es sich auch als Materie, aus der alles entsteht, erscheinen. Durch sein Wesen ist also das überlebendige Eine bestimmt, sich als ein ontologisch und teleologisch einheitlicher Kosmos lebendiger Leiber zu erscheinen, um sich selbst subjektiv-objektiv erkennen zu können. Alle diese lebendigen Leiber werden nach Gesetzen, die in der Natur des Einen selbst liegen, zu einander getrieben, d. h. sie begehren einander, um miteinander zu verschmelzen und die phänomenale Spaltung scheinbar wieder aufzuheben. Jedes Begehren eines Subjekts ist aber zugleich ein bewußtes oder unbewußtes „Erkennen" des begehrten Objektes. Das Eine ist in jedem Subjekt ein, dessen Seinsstufe gemäß, erkennend begehrender und in jedem Objekt ein erkannt begehrter Leib. Nicht nur das Subjekt Adam „erkannte" sein Objekt Eva, weil er sich zu ihm hingezogen fühlte, auch der Strom, der ins Meer fließt, und der Planet, der in seine Sonne stürzt, die Zelle, die mit einer andern verschmilzt, und das Atom, das sich mit einem andern verbindet, „erkennen" durch die Begierde das Objekt, zu dem sie streben, als das ihnen durch die Teleologie der Phänomenalität des Einen bestimmte. Für den Mikroskopiker ist es offenbar nicht immer leicht, in den Teilen das Ganze zu sehen. Die Berge, die Flüsse, die Luft sind aber keine selbständigen Individuationen, als die sie in der animistischen Rhetorik der Dichter erscheinen, sondern sie sind nur Glieder einer vollständigen Individuation, des Erdorganismus; sie sind ebenso wenig selbständige Wesen wie die Warzen im Gesicht des Menschen oder das Blut in seinen Adern. Der durch die Vernunft nicht erleuchtete Verstand macht es sich bequem und sieht in den Himmelskörpern mit ihren Anziehungs- und Abstoßungskräften nur den Mechanismus einer hypothetischen toten Materie; er wird zum kosmischen Totengräber, für den das Universum ein Friedhof schöner Leichen ist. Denn niemand ist bis jetzt noch über den eigenen Schatten gesprungen; und es war auch noch niemand, wie vornehm abstrakt er auch tat, imstande, die sogenannte Natur anders als vom Menschen her zu verstehen; versteht er sie nicht von dessen lebendigem Leibe aus, dann bleibt ihm nichts als die Perspektive des Leichenbeschauers übrig.

2. Phänomenalistischer Verstand

Eine Einheit aber ist diese phänomenale Welt der Leiber nur durch das in ihr erscheinende Eine. Es ist die Einheit der lebendigen Zweiheit von Subjekt und Objekt, von Ich und Nichtich. Es mußte sich seiner als einer subjektiv-objektiven Vielheit bewußt werden, um sich als deren Einheit erkennen zu können. Daher muß es sich auch in zwiefacher Hinsicht Objekt der Erkenntnis werden: einmal insofern es Erscheinung ist und zweitens insofern es das in ihr Erscheinende ist. Und da ferner alle lebendigen Dinge dem Erkenntnistrieb des Einen, dessen Ausdruck seine ewige Subjekt-Objekt-Spaltung ist, überhaupt ihr Dasein verdanken, so muß das Eine in ihnen allen als seinen Individuationen einen ihren Gattungen gemäßen Erkenntnistrieb besitzen. Der Grad von dessen Stärke und Klarheit begründet die hierarchische Stufe der Gattungen und der Einzelnen in den Gattungen. Das Ziel, dem der sich ewig teleologisch transformierende Kosmos, gemäß der Natur des in ihm erscheinenden Einen zustreben muß, ist also seine Umgestaltung zu leiblichen Bewußtseinswesen. Auf vielen Sonnensystemen wird das Absolute auf einer untermenschlichen Stufe stehen geblieben sein, auf vielen wird es eine übermenschliche erreicht haben; auf unserem Sonnensystem hat es sich in einer zweigeschlechtlich differenzierten Menschheit individuiert, in der es sich als das Absolute zu erkennen imstande ist. Vermag die Menschheit dieses Ziel zu realisieren, dann hat sie ihre Bestimmung verwirklicht und durch sie unser Sonnensystem die seinige.

Unbewußt leben diejenigen Leiber, die nicht wissen, daß sie leben, die nur in Raum und Zeit da sind, aber nicht außerdem noch einmal in ihrer Vorstellung. Der Besitz von Sinnesorganen bezeugt noch nicht den eines vorstellenden Bewußtseins. Wenn aber auch kein Selbstbewußtsein, so haben doch wenigstens alle sekundären Lebewesen (die großen kosmischen Körper sind die primären) ein unreflektiertes Selbstgefühl. Der Objekte begehrende einzelne Leib fühlt die eigene Zielgetriebenheit und zugleich die der andern an dem Widerstand, den sie ihm entgegensetzen, so daß er die phänomenale Welt gefühlsmäßig-affektiv wahrnimmt; denn das Ichgefühl eines jeden Leibes ist untrennbar von seinem Nichtichgefühl, weil Subjekt und Objekt korrelativ vereint sind. Das Handeln der tierischen Gattungen aber, in denen das Eine erscheint, ist ausschließlich ein durch äußere Gegenkräfte mehr oder weniger gehemmtes Instinkthandeln, indem der Instinkt, ein hellsichtiges Gefühlswissen, ihnen den richtigen Weg zum unbewußt bleibenden Ziele zeigt oder sie von dem falschen zurückhält. Wenn aber auch das Eine das in allen Erscheinungen bewußt oder unbewußt wollende ist, so ist es an sich doch weder Wille, noch Unbewußtes, noch Bewußtes. Denn diese Vermögen können ihm nur zugeschrieben werden insofern es Erscheinung geworden ist: sie sind Folgen seiner Subjekt-Objekt-Spaltung. An sich aber kann das Eine nicht wollen, da es neben ihm kein Objekt gibt, das es wollen könnte; wollen aber können nur Mangel empfindende Wesen. Dem Absoluten an sich darf man daher so wenig Willen zuschreiben wie Ausdehnung im Raume oder Entstehen und Vergehen in der Zeit. Das Eine *will* sich nicht erscheinen, sondern *muß* sich erscheinen nach dem Gesetz seines Wesens; denn ohne die Subjekt-Objekt-Zweiheit wäre es nicht das Eine, ohne die polare Differenz nicht die Identität der Gegensätze: bewußt oder unbewußt wollend wird das Eine erst in seinen Erscheinungen.

Doch in seinen menschlichen Inkorporationen fühlt sich das Eine nicht nur als begehrender Leib neben begehrenden Leibern, und nimmt es sich durch die Sinnesorgane nicht nur wahr als Objekte begehrenden, in Raum und Zeit daseienden Leib in einem Universum von Leibern, die durch innere und äußere Bewegung unbewußt zu einander getrieben werden, um sich durch Nahrung zu erhalten und sich durch geschlechtliche Vereinigung in neue Leiber umzugestalten. In seinen menschlichen Individuationen erscheint sich das Eine nicht mehr nur als unbewußt getriebene und unbewußt anschauende, sondern als ihres Getriebenseins und ihres Anschauens bewußt gewordene Leiber: in ihnen hat das Eine sein phänomenologisches Ich-Nichtich-Bewußtsein und damit die erste Stufe der Vergeistigung des Leibes erreicht. Es hat die Schwelle überschritten, und ist zu einer Gattung von Leibern geworden, die sich selbst durch ihren Geist, d. h. ihr Bewußtsein, zu bestimmen und zu gestalten, also sich zu vergeistigen, imstande sind. Die vormenschliche, ausschließlich instinktiv-unbewußte Existenzweise des Einen ist durch die neue bewußt-zielstrebende überwunden; mit dem Bewußtsein hat die Menschwerdung des Leibes begonnen, die sich im gnostischen Leib vollendet. Doch auf dieser ersten Bewußtseinsstufe weiß das Eine nur von seinem phänomenalen Dasein. Daher ist auch das Objekt des Verstandes, d. h. des verstehenden Ich-Nichtich-Bewußtseins, ausschließlich die angeschaute und gefühlte Welt, als die sich das Eine durch seine Subjekt-Objekt-Spaltung erscheint. Der Verstand ist also rein phänomenologisch, d. h. er kann nur über *Phänomene* des Einen Aussagen machen, von diesem selbst aber weiß er nichts: er ist also seinem Wesen nach agnostisch. Er ist das geistige Vermögen einer Gattung leiblicher Individuationen des Einen, sich des Zusammenhanges und der gesetzmäßigen Wechselwirkung der angeschauten Erscheinungen bewußt zu werden. Das Bewußtsein als Verstand versteht den einzelnen angeschauten Gegenstand als mit andern zu einer gemeinsamen Art gehörend, die er in einem Begriff, einem algebraischen Zeichen, zusammenfaßt. So wird das Bewußtsein zu einem verstehenden Bewußtsein; das Chaos der ungeordneten Anschauungen und Bewußtseinsinhalte wird durch den Verstand zum gesetzmäßig geordneten Kosmos entstehender und vergehender Dinge. Nicht als ob der Verstand diese Ordnung erschüfe: der Verstand kann nicht erschaffen, er kann nur den objektiven Zusammenhang des Erschaffenen verstehen, d. h. feststellen. Durch das phänomenologisch verstehende Bewußtsein versteht sich das Eine so, wie es sich infolge seiner Subjekt-Objekt-Spaltung erscheinen muß. Die als Erscheinung eines einzigen absoluten Prinzips notwendig gesetzmäßig geordnete Welt ist das Eine als dasselbe Objekt für das Eine als einziges Subjekt. Als Subjekt aber ist das Eine gespalten in die Vielheit anschauend-verstehender Subjekte, in denen es sich relativ-perspektivisch als das einzige allgemeine, für alle Subjekte identische Objekt wahrnimmt, das seinerseits in eine unendliche Vielheit von einzelnen Objekten zerspalten ist. In den verstehenden Bewußtseinsspiegelungen versteht sich also das Eine so, wie es sich als phänomenale Welt objektiv erscheinen muß. In den wollenden menschlichen Leibern aber kommt dieses mit seinem phänomenologischen Daseinsbewußtsein zugleich zu seinem phänomenologischen Willens- oder Zielbewußtsein; und durch die Sprache wird die Vielheit dieser phänomenalistisch verstehenden und wollenden Individuationen zu einer geistigen Einheit verknüpft. Wie nun das phänomenologische Selbstbewußtsein auf der Stufe des agnostischen Ich-Nichtichbewußtseins notwendig agnostisch ontologisch ist, so ist auch das Willens- oder Zielbewußtsein dieser Stufe notwendig agnostisch-teleologisch. Denn solange der Mensch den phänomenalen Charakter der Erscheinungswelt nicht kennt, muß er ihr absolute Realität zuschreiben. Das Telos oder die Bestimmung der Menschheit besteht dann in der Organisation ihrer Fortpflanzung zu immer neuen agnostisch ich-nichtich-bewußten Leibern. Als zu einem der beiden Geschlechter gehörig nimmt jedes derartige Individuum auch an den Kollektivinteressen, d. h. dem Kollektivegoismus seines ganzen Geschlechtes teil, so daß also die beiden Geschlechter als Ich und Nichtich einander notwendig feindselig gegenüberstehen; denn der Geschlechterkampf ist der natürliche Ausdruck des egozentrischen, agnostisch-phänomenalistischen Ich-Nichtichbewußtseins, sei es nun in individualistischer oder kollektivistischer Form. Und ebenso notwendig ist die auf dieser Bewußtseinsstufe beruhende hoministische Gesellschaftsordnung. Denn wenn, wie in der Welt der agnostischen Erscheinungen überhaupt, die stärkere physische Kraft und die füchsigere List und Lüge entscheiden, so kann das Recht auf den Primat dem männlichen Geschlecht nicht abgesprochen werden. Ob die Männerbünde sich Kirchen oder Staaten nennen, ob sie untereinander im Bruderkampfe oder vereint in Cooperation gegen den gemeinsamen Feind, den gnostischen Feminismus stehen, ihr gemeinsames Ziel ist immer die philosophische und religiöse Unterwerfung des Gegengeschlechtes, um ihm das hoministische Gesetz der agnostischen Fortpflanzung zu diktieren. Geeint aber sind alle empirischen Männerbünde in der Vorstellung oder Idee eines absoluten oder vollkommensten Männerbundes als ihrem Willensziele, welche Idee sie als ihren Gott hypostasieren können. Aber mag nun ihre agnostisch-hoministische Zielsetzung mythologisch-symbolisch oder ideologisch-begrifflich ausgesprochen sein, in beiden Fällen handelt es sich um eine Zielsetzung, welche die agnostisch männliche Potenz der gnostischen weiblichen als die absolute Bestimmung der Menschheit suggeriert, und durch welche das Eine, das sich in den männlichen und weiblichen Leibern inkorporiert hat, in seinem phänomenologischen Bewußtsein gefangen gehalten wird. Natürlich könnte auch das weibliche Geschlecht eine analoge eigene agnostisch-egozentrische Teleologie der männlichen entgegenstellen; doch sie wäre nur ein lächerliches und widernatürliches Plagiat und für das Schicksal des phänomenalisierten Absoluten machte es keinen Unterschied, ob die Menschheit dem egoistischen Gesetze des Teufels oder Beelzebubs huldigt. Widernatürlich aber wäre dieser Versuch, weil das weibliche Geschlecht ihm zuliebe auf das seinem Wesen eigene gnostisch-teleologische Bewußtsein verzichten würde. Wesentlich ist dann die Teleologie des agnostischen Feminismus dieselbe wie die des agnostischen Hominismus: das Telos der Umwandlung des erscheinenden Einen durch die Zeugung ist dann für das feministische wie für das hoministische Geschlechtergesetz derselbe agnostisch ichbewußte Leib mit seinem auf das Phänomenale beschränkten Bewußtsein.

3. Intuition und vernünftiger Verstand

Das objektive kosmische Bewußtsein ist als Korrelat untrennbar mit dem subjektiven Ichbewußtsein des einzelnen Leibes verknüpft, wenn auch der weite kosmische Horizont bei den meisten Individuationen des in der menschlichen Gattung inkorporierten Einen auf den der engen existentiellen Notdurft zusammengeschrumpft ist. Denn der phänomenologische Wissenstrieb kann sowohl der Klärung, Vertiefung und Erweiterung des theoretischen, d. h. kontemplativ anschauenden Bewußtseins dienen oder nur der praktisch-utilitarischen Spezialforschung. Es ist aber klar, daß der theoretische Wissenstrieb wegen der Unendlichkeit seiner Objekte nie befriedigt werden kann: ist die eine Frage beantwortet, so wachsen der lernäischen Hydra sofort zehn neue Fragen nach. Die phänomenale Anschauung und das phänomenologische Wissen bleiben für alle ihrem Wesen nach begrenzten Individuationen des Absoluten, für Menschen, Götter und alle neun Chöre der Engel, wenn auch generell verschieden, ewig beschränkt. Bis jetzt ist das in Subjekt und Objekt gespaltene und in den wollenden und verstehenden Leibern der menschlichen Gattung erscheinende Eine in diesen zur bewußten Anschauung seiner kosmisch-anthropologischen Phänomenalität gekommen, aber noch ohne zu wissen, daß es selbst zu seiner eigenen Anschauung geworden ist. Um seiner vollständig inne zu werden und den Sinn seiner Subjekt-Objekt-Differenzierung zu erfüllen, muß es daher in seinen menschlichen Individuationen außer dem Trieb zum phänomenalen auch den zum metaphänomenalen Wissen von sich besitzen. Gerade die Besinnung auf die Begrenztheit des Wissens von seiner phänomenalen Oberfläche ist es, die das menschlich-individuierte Eine nötigt, den Blick in seine metaphänomenale Tiefe zu senken. Jede Art von Skeptizismus, die den naiv-sturen Realismus erschüttert, kann das erscheinende Eine zu einer höheren Stufe seines Selbstbewußtseins führen. Wer wird auf dem grenzenlosen Meere der Erscheinungen neugierig weiterschwimmen wollen, wenn er begriffen hat, daß er kein einziges Ding phänomenal verstehen kann, da er es nur im Zusammenhang mit dem unendlichen Ganzen aller Erscheinungen kausal verstehen könnte und daß er, auch wenn er diese unerfüllbare Voraussetzung erfüllte, doch nie Wesen und Sinn der Erscheinungswelt aus ihr selbst zu erkennen vermöchte? Vor diesem skeptischen Schicksal einer sinnleeren Existenz aber rettet die Individuationen des Einen und mit ihnen dieses selbst der metaphänomenale oder metaphysische oder gnostische Erkenntnistrieb, welcher der unzertrennliche Begleiter des phänomenalen Wissenstriebes ist. Es ist der Trieb des Einen, von seinen labilen und relativen Erscheinungen zu sich selbst als ihrem überseienden Wesen, platonisch gesprochen, von der Doxa zur Episteme, zu kommen. Im Anfang ist sich dieser gnostische Trieb selbst ein Rätsel; er tappt im Dunkel, denn er kennt sein Ziel noch nicht, sondern hofft nur, von seinem geistigen Instinkt geleitet, aus dieser Finsternis des Bewußtseins ans Licht zu kommen. Die Kenner schildern diesen Zustand als eine „finstere Nacht der Seele". In einer Zeit, in der die Unkenntnis des überphänomenalen Einen geradezu „phänomenal" geworden ist, in der die gnostischen Lehrer im Westen tot sind und im Osten in den letzten

Zügen liegen, ist es ein gefährliches Abenteuer geworden, sich diesem geistigen Triebe zu überlassen. Dennoch wird niemand, der weiß, worum es sich handelt, den Mut haben, vor diesem einsamen Aufbruch zu warnen, ganz abgesehen davon, daß es vergeblich wäre einem abzuraten, der sich vom Geist getrieben fühlt. „Neugierig bin ich, ob er wiederkommt", sagt Mephisto, als Faust in das Reich des dunklen Lichtes aufgebrochen ist. Viele aber, die nicht berufen waren, Thyrsosträger aber keine Bakchen, kehren mit einem Ressentiment gegen das Unternehmen überhaupt zurück, weil sie die Prüfung nicht bestanden, und sinken wieder in den dogmatischen Schlummer des agnostisch-phänomenalen Bewußtseins. Diese Apostaten verbrennen, was sie meinten, angebetet zu haben; denn der Eigendünkel der Unberufenen hält das für chimärisch, wofür ihre Kräfte nicht ausreichen. Der Fuchs, dem die Trauben zu hoch hängen, psychologisiert sich das Eine und dessen gnostischen Trieb einfach weg. Jetzt hält er sich sogar für einen Wohltäter der Menschheit, wenn es ihm gelingt, die Schwangerschaft des gnostischen Triebes zu unterbrechen, dem Geiste die Geburtswehen zu ersparen und die Erkenntnis zu ersticken. Die Arbeit dieser positivistischen Wohltäter, die das Eine an der Geburt seines Selbstbewußtseins verhindern, ist aber in Wahrheit bewußter Satanismus, der die Erscheinungswelt um ihren Sinn zu bringen sucht. In diesen besiegten Individuationen war das Eine nicht im Stande, die Schwelle seiner zweiten Bewußtwerdung zu überschreiten; die beiden Wächter der Schwelle aber, die diese Helden nicht weiter lassen wollten und vor denen sie zurückwichen, waren ihre eigene geistige Trägheit und ihre geistige Feigheit vor sich selbst und der unwissenden Masse. Aber in diesem metaphänomenalen Trieb „seufzt" nicht nur die ganze Menschheit sondern auch das ganze zur Menschheit gewordene Sonnensystem, es „seufzt" in ihm der ganze Kosmos, es „seufzt" das in ihm individuierte Eine selbst, das sich in ihm wiederfinden will, nachdem es sich in ihm verloren hat. Das heißt aber, daß der Trieb zum gnostischen Ichbewußtsein der kosmischen Sonnensysteme in ihren Bewußtseinswesen erwacht und durch sie seine Befriedigung findet. Die Intuition, diese neue Erkenntnis, die den führerlosen Individuationen des Einen in unserem Äon erst nach dem Gang durch die geistige Finsternis plötzlich hell aufleuchtet, ist eine von allen bisher besprochenen phänomenologischen Arten des Erkennens wesentlich verschiedene. Sie ist ein unvermitteltes Wissen, kein rational erschlossenes, und sie ist begleitet von dem inellektuellen Gefühl der absoluten Gewißheit, das dem relativistischen Verstandeserkennen immer fremd bleibt; dieses intuitive Wissen des Einen von sich selbst nenne ich auch Vernunft oder Gnosis. Der Leib ist jetzt vom Verstand zur Vernunft gekommen, aus einem agnostischen zu einem gnostischen Leibe geworden. Natürlich ist das keine Verneinung des rational-phänomenologischen Verstehens; das wäre barer Unsinn. Vernunft und Verstand sind so untrennbar wie das Eine von seiner Erscheinungswelt. Vielmehr begreift das Eine erst durch die Vernunft, *daß* es durch seine Subjekt-Objekt-Spaltung als diese ganze Erscheinungswelt sich subjektiv-objektiv erscheint, daß es die metaphänomenale Identität von Subjekt und Objekt, von Ich und Nichtich ist. Nie könnte das Auge ein Objekt wahrnehmen, nie das Ohr einen Gegenstand hören, nie der Verstand einen korrelativen Zusammenhang seines Leibes mit andern Leibern verstehen, nie der Wille des Ichs den Willen eines Nichtichs affektiv fühlen, wenn nicht der sehende Leib mit dem gesehenen, der hörende mit dem gehörten, der verstehende mit dem verstandenen und der fühlende mit dem affektiv gefühlten metaphänomenologischen identisch und nur phänomenologisch als Ich und Nichtich verschieden wären. Und wie könnten ohne diese Voraussetzung die Erkenntnisfunktionen in Subjekt und Objekt nach denselben Gesetzen verlaufen? Durch die intuitive Vernunft erkennt sich also das Eine ontologisch als den letzten Grund seiner Erscheinungswelt; es erkennt sich damit aber auch teleologisch als deren letztes Ziel. Dieses Ziel aber wird dadurch verwirklicht, daß es sich in gnostischen Leibern intuitiv seiner Subjekt-Objekt-Identität in der Welt seiner Erscheinung bewußt wird. Die absolute Ontologie derselben schließt also auch deren absolute Teleologie ein. Innerhalb des rational-phänomenologischen Denkens der agnostisch ich-nichtichbewußten Leiber des Einen jedoch kann es nur das Chaos relativistischer Zwecksetzungen geben, von denen jede die Diktatur über alle andern erstreben muß, um pseudoabsolut der Anarchie der Meinungen ein scheinbares und nur vorübergehendes Ende zu setzen.

Das Absolute ist also zum gnostisch ichbewußten Leib geworden, der als Erscheinungssubjekt intuitiv seine metaphysische Identität mit allen Erscheinungsobjekten erkennt und zugleich die gnostische Leibwerdung als den Sinn der Kosmogenesen und Anthropogenesen des Einen überhaupt begreift. Denn der gnostische Leib ist nicht nur zur Intuition gelangt, (die Intuition und das gnostische Ichbewußtsein des Leibes sind untrennbar voneinander) sondern er hat auch das verstehende Bewußtsein, daß er, im Gegensatz zu den nur agnostisch ichbewußten Leibern, intuierender Leib geworden ist. Das agnostische und das gnostische Ichbewußtsein sind gleich unmittelbare und spontane Bewußtseinsakte des sich erscheinenden Einen. Der Verstand, sagten wir früher schon, kann nichts erschaffen, sondern nur Seiendes in seinen Beziehungen feststellen. Bisher konnten wir nur von dem sich in seinen Phänomenen verstehenden Verstande des Einen sprechen. Nun aber ist dieses in Subjekt und Objekt identische Eine zu seinem intuitiven Selbstbewußtsein gekommen und damit ist es auch als das Eine sich selbst zum Objekt seines Verstehens geworden. Denn der Verstand ist das Vermögen, ihm gegebene Objekte in ihrem Verhältnis zu einander zu begreifen, also sowohl Objekte, welche die Sinneswahrnehmung liefert wie das Objekt der Intuition, sogar seine eigene Funktionsweise kann ihm zum Gegenstande des Verstehens werden; aber das Wesen dieser Objekte zu verstehen, übersteigt seine Kompetenz, dazu bedarf er der Vernunft. Das heißt, der phänomenologische Verstand ist durch den ontologisch-philosophischen zur Einheit des phänomenologisch-philosophischen Verstandes ergänzt, der die Erscheinungen als Phänomene des Einen und das Eine in seinen Erscheinungen verstehen kann. Das als gnostisch-intuitiver Leib erscheinende Eine ist dadurch auch gnostisch-philosophischer Leib geworden. Das Eine, das sich intuitiv als das identische Absolute erfaßt hat, *versteht* jetzt in Begriffen die Notwendigkeit des Prozesses seines-sich-selbst-Erscheinens in der Kosmo-Anthropogenesis. Alles verstehende Denken kann also nur ein richtiges oder falsches, vollständiges oder unvollständiges Denken des allein seienden Einen über sich selbst sein, in dem das Denken sich nach den ihm immanenten und allgemein gültigen Gesetzen der Logik vollzieht. Und es muß sich, gemäß der Subjekt-Objekt-Spaltung des Absoluten, in der dialektischen Form von Satz und Gegensatz, Spruch und Widerspruch, vollziehen, in der das Eine in dialogischer Spaltung mit sich selbst über sich selbst redet; sei es nun, daß es sich um die Dialektik des agnostischen Ichbewußtseins mit dem gnostischen in einer und derselben Person, sei es, daß es sich um die Dialektik zwischen zwei verschiedenen Individuationen des Einen handelt. Der Sinn dieser Dialektik des höheren Bewußtseins mit dem niederen ist erreicht, wenn dieses vor jenem, durch die gnostische Dialektik überwunden, d. h. zu weiterem Widerspruch unfähig, die Waffen streckt und sein Träger, der Leib, durch die Intuition selbst zum gnostischen Leibe wird. Oder, noch allgemeiner gesprochen, wenn das infolge der Subjekt-Objekt-Spaltung in zwei Geschlechtern differenzierte Eine in seiner weiblichen Potenz die agnostische männliche durch die gnostische Dialektik überwindet. Die Überzeugungskraft der gnostischen Dialektik aber entspricht der Stärke der gnostischen Intuition. Obwohl es überflüssig ist, so sei doch, um Mißverständnisse zu verhüten und die Idee der Identität vor sentimental und unsentimental nivellierenden Mischmaschlern zu schützen noch hinzugefügt, daß durch die metaphänomenale Identität der Dinge natürlich deren phänomenalistische Verschiedenheit, weder die der Gattungen noch die der Individuen einer Gattung untereinander, nicht aufgehoben sondern nur stärker bewußt gemacht wird. Ein Affe ist als Affe und nicht als Mensch zu behandeln, trotz des gemeinsamen metaphysischen Ursprungs beider; und die gnostischen Leiber gehören einer andern Menschenart an als die agnostischen und werden vielleicht einmal eine besondere Gattung bilden. Das gnostische Bewußtsein ist nämlich die Basis einer unzerstörbaren Hierarchie und die Schranke, an der jede pantheistische Egalisierung zerbricht. Denn der Wert der Erscheinungen wird durch den Sinn der Erscheinungswelt überhaupt bestimmt, der in der gnostischen Leibwerdung des Einen besteht. Der gnostische Trieb der Leiber aber ist der Trieb zu einer intensiveren Sublimierung ihrer Materie als sie durch den agnostisch-phänomenologischen Verstand möglich ist. Die Vernunft oder die gnostische Intuition ihrerseits jedoch ist unbegrenzter Vertiefung fähig und im vollendeten gnostischen Leibe zur dauernden *visio beatifica* geworden, in der sich alle Tätigkeit des Verstandes und des Willens vollzieht. Denn wenn zwei Leiber, ein gnostischer und ein agnostischer, dasselbe tun, so ist es nur scheinbar dasselbe. Der praktische Verstand ist immer Werkzeug eines Zielwillens; jetzt endlich ist er ein Werkzeug der das absolute Telos erkennenden und deshalb wollenden Vernunft. Wille und Verstand sind „vernünftig" geworden; es bleibt ihnen nichts anderes übrig, wenn die Herrin Vernunft wirklich da ist, und nicht statt ihrer ein bloßes Gerede über sie. Die gnostische Menschwerdung des Einen aber kann im zweiten oder hoministischen Äon nicht verwirklicht werden, denn dessen Ziel ist es, sie unmöglich zu machen. Erst muß der weibliche Leib wieder gnostischer Leib geworden sein, der, seine Bestimmung kennend, nur gnostische Leiber gebären will. Die soziologische Voraussetzung dafür ist die gnostische Gynäkokratie, in der das Zeugungsgesetz des agnostischen männlichen Leibes durch das des gnostischen weiblichen überwunden ist. Man erschrecke nicht vor dem Wort Gynäko*kratie*. Es handelt sich nicht um irgendeine polizei- und militärstaatliche „Kratie" nach hoministischem Vorbild, brutale Androkratien, die sich untereinander so ähnlich sehen wie ein Ei dem andern, weil sie alle auf das agnostische Ichbewußtsein gegründet sind. Die gnostische Gynäkokratie dagegen ist nur die unvermeidliche soziologische Sichtbarwerdung des transzendentalen Bewußtseinswandels der Menschheit. Wenn das Eine in seiner weiblichen Potenz wieder zur Erkenntnis des ontologischen und teleologischen Wesens seiner Phänomenalität gelangt ist, dann hat dieses Geschlecht auch den geistigen, d. h. den gnostisch-religiösen Primat wiedergewonnen, der ihm durch die Natur des Einen bestimmt ist. Unter gnostischer Gynäkokratie verstehen wir also nichts anderes als diese gnostische Hierarchie der

Geschlechter. Es ist die Aufgabe der weiblichen Potenz, die männliche zur *Unio gnostica* zu erziehen, um die Einheit des Menschengeschlechtes im Namen des noumenalen Androgyns Sophia-Logos herzustellen. In der *Unio gnostica* ist nämlich der Sinn der Subjekt-Objektspaltung des Einen erfüllt. Denn nur durch sie konnte das Eine fähig werden, sich selbst zu erkennen, um sich dann, im Bewußtsein der Identität von Subjekt und Objekt, lieben zu können. Die Vollkommenheit der Liebe des Einen zu sich selbst aber wächst notwendig mit der Gnosis seiner selbst in seinen Individuationen; und in übermenschlichen Bewußtseinswesen höherer Sonnensysteme wird es dieses Ziel vollkommener erreichen als in den nur menschlichen unserer Erde.

II. DER SIEG DES AGNOSTISCHEN HOMINISMUS

1. Der geistige Urzustand der Menschheit

Die Geschichte der Menschheit ist ihrem Wesen nach die Geschichte des Einen in der Zeit insofern es sich in der zweigeschlechtlich differenzierten menschlichen Gattung individuiert hat, um in ihr seiner selbst als des in Subjekt und Objekt Identischen bewußt zu werden und in diesem Bewußtsein zu denken, zu wollen und zu handeln. Erst von diesem bewußt gewordenen einen und absoluten Telos aus kann die Geschichte der Menschheit als die einer einheitlichen Gattung verstanden werden, die etwas anders als ein Quotlibet willkürlich zusammengestellter Anekdoten ist; das historische Bewußtsein des terrestrische Menschheit gewordenen Einen ist ein *gnostisch*-historisches Bewußtsein. Es ist aber klar, daß man, um die Geschichte vom gnostischen Telos aus als positiv oder negativ zu verstehen, die Tatsachen selbst kennen muß, jenes Material, das wir den Tatsachenforschern, Mythographen, Archäologen, Archivisten und Historikern verdanken, das diese aber leider oft in eine kurzsichtige Geschichtsphilosophie einbetten, wodurch sie jedoch ihr wahres Verdienst zu schmälern nicht imstande sind. Unter Ideen versteht man sowohl die Vorstellungen von Einzeldingen, dann auch die allgemeinen, das Einzelne umfassenden Art- und Gattungsbegriffe und schließlich auch die archetypischen Vor- oder Zielbilder, die das Natur gewordene Eine unbewußt und das Mensch gewordene bewußt zu verwirklichen strebt. Diese *Idea exemplaris* der Erscheinungswelt, seine gnostische Leibwerdung in der Menschheit und den Weg zu ihrer Verwirklichung, versteht das Eine durch seinen zur Vernunft gekommenen Verstand, wenn es in seinen gnostischen Individuationen zur Intuition seiner selbst als des in der Erscheinungswelt erscheinenden Einen gekommen ist. Die Verwirklichung dieser ewigen *Idea exemplaris* in der Zeit ist der Sinn der Geschichte und ist das Ergebnis des dialektischen Sieges des gnostischen Ichbewußtseins über das agnostische, was soziologisch bedeutet: des Sieges der gnostischen Gynäkokratie über die antignostische Androkratie. Das ist die Alternative; ein Ausweichen in eine dritte Möglichkeit ist nicht denkbar. Goethes axiomatischer Satz das *Ewig-Weibliche*, d. h. das gnostisch-Weibliche, zieht *uns*, d. h. die agnostische männliche Potenz, hinan, enthält das Postulat der gnostischen Gynäkokratie.

Ob das Eine in unserer Gattung sein mit der Subjekt-Objekt-Spaltung gleich ewiges Ziel der gnostischen Selbsterlösung erreichen konnte oder nicht, wird erst die Menschheit des Endes sagen können; die Traditionen der ersten Menschheit bezeugen jedenfalls, daß ihr Schicksal vielversprechend begann. Diese, von den verschiedensten Völkern mythisch-symbolisch erzählten Traditionen berichten alle, wenn sie auch im Laufe der Jahrtausende durch Mißverständnisse oder bewußt-tendenziöse Verdrehungen entstellt wurden, von einer und derselben Katastrophe, welche einmal über die gesamte vorhistorische Menschheit in allen ihren Zweigen hereingebrochen sein muß. Man nennt diese Menschheitskatastrophe, von welcher der jüdische Mythus am ausführlichsten und eindrucksvollsten berichtet, traditionell den Sündenfall. Wir haben ihn bereits früher interpretiert und gezeigt, daß sich aus ihm zweierlei ergibt. Erstens, daß es vor der agnostischen Androkratie eine gnostische Gynäkokratie gab, in der das weibliche Geschlecht die geistige und religiöse Führung besaß, und zweitens, daß der spätere Hominismus („Er soll dein Herr sein") als eine Strafe für die frühere gnostische Gynäkokratie verstanden wird. Aber auch das männliche Geschlecht trifft der Fluch, weil es sich „verführen" ließ, d. h. sich dieser Gesellschaftsordnung unterwarf. Da der Verfasser jahwistischer, d. h. radikal-antignostischer Hominist ist, besteht also der Sündenfall der Menschheit für ihn in ihrer gnostisch-gynäkokratischen Existenz. So ist sein Mythus als ein satirischer Gegenmythus zu verstehen, der eine unterdrückte gnostisch-feministische Erzählung und Deutung des Sündenfalls verdrängen soll; er setzte sich durch, weil er an das antifeministische Ressentiment des zweiten Äons appellierte und eine willkommene Diffamation der besiegten gnostischen Gynäkokratie war. Daß dieser Gegner der gnostischen Gynäkokratie deren Bestehen für die urzeitliche Menschheit bezeugt, macht den unvergänglichen dokumentarischen Wert seiner Erzählung aus. Die Verurteilung dieses Urzustandes aber ist nur der Widerspruch gegen den gnostischen Feminismus, der im Bewußtsein des absoluten Telos schon vorher in dem abtrünnigen antignostischen Hominismus mit Jahwe als seinem göttlichen Exponenten den wahren Sündenfall erkannt haben mußte. Denn Sünde ist das bewußt negative Verhalten des Menschen seiner positiven Bestimmung gegenüber, also gegenüber der gnostischen Idee des Menschen, wodurch der Sünder, wenn auch nicht zu einem Nichtseienden, doch zu einem Nichtsseienden wird. Der wahre Sündenfall, der Fall in die Sünde, besteht also, wie ihn auch die gnostischen Frauen der Urzeit verstanden haben müssen, in der Unterdrückung des gnostischen Ichbewußtseins durch das agnostische oder, soziologisch gesprochen, in der Unterdrückung der gnostischen Gynäkokratie durch die agnostische Androkratie. Daraus ergibt sich aber, daß Adam und Eva, die im gnostischen Bewußtsein und in der Religion der gnostischen Gynäkokratie lebten, vor höherer Instanz gar nicht die Gefallenen sind; die Schuldigen und in die Sünde Gefallenen sind vielmehr die von der Gnosis abgefallenen Priester, die den agnostischen Hominismus verkündeten und terroristisch durchsetzten im Namen ihres revolutionären Gottes, des egozentrischen und agnostisch ichbewußten Jahwe. In ihnen und durch sie vollzog sich der Sündenfall der Menschheit. So mußten dieses Ereignis auch die gnostischen Frauen und Männer der Urzeit verstehen, wie ihre Apokalypsen beweisen. Sie mußten in der Genesiserzählung die Apologie des hoministischen Sündenfalls erblicken und in Jahwe den Gott des Sündenfalls. Die naiv-sophistische Dialektik der Umdrehung konnte nicht imstande sein, ihr Bewußtsein zu vernebeln. Dieser Sündenfall aber, der Sturz aus dem gnostischen in das agnostische Ichbewußtsein, ist das zentrale Ereignis der menschlichen Geschichte geblieben. Es gibt eine Geschichte der gnostischen Menschheit vor dem Fall und eine Geschichte der agnostischen Menschheit nach dem Sündenfall. Und so gibt es auch eine gnostische und eine agnostische Geschichtsschreibung. Nicht nur in dem Sinn, daß das Eine den *ganzen* zeitlichen Prozeß seiner Menschheitswerdung als einen dialektisch-teleologischen versteht oder nicht versteht, sondern auch in der Hinsicht, daß die Individuationen des Einen in der Darstellung dieses historischen Werdeprozesses die *Tatsache* des Sündenfalls und dessen Folgen einbeziehen oder daß es ihnen beliebt, diese zentrale Tatsache einfach zu eskamotieren und damit nicht nur die Urgeschichte sondern die gesamte Menschheitsgeschichte zu einem unlösbaren Rätsel zu machen. Denn die Tatsache des historischen Sündenfalles ist der Schlüssel, der nicht nur die Türe zum Verständnis der hinter ihm liegenden Vergangenheit sondern auch die öffnet, welche zum Verständnis der durch jenes Ereignis bedingten Zukunft führt.

Gerade durch ihre Verneinung bezeugt der hoministische Verfasser der Paradiesgeschichte wider seinen Willen die gnostische Gynäkokratie als den Urzustand der Menschheit; sein Widerspruch setzt eine ältere gnostisch-feministische Tradition voraus, die er, um sie aus dem Bewußtsein zu verdrängen, entstellt, verdreht und diffamiert, aber — und darin liegt die Ironie — gerade dadurch gerettet hat. Er hat sie nicht vernichtet, sie aber entlarvt seine antignostisch-hoministische Fälschung der Urgeschichte als ein Dokument des Sündenfalles. Nach schweren und langen Geburtswehen erschien sich das Eine auf der Erde in der gnostisch-ichbewußten Urmenschheit des Tertiärs. In ihr besaß das Eine nicht nur das phänomenologische Wissen von sich, das wegen ihrer geringen Erfahrung naturgemäß beschränkt sein mußte, sondern auch in unverhältnismäßig höherem Grade die *scientia infusa* der Intuition von sich als dem in Ich und Nichtich erscheinenden Urgrunde. Alle Erscheinungen erkannte diese Urmenschheit als Erscheinungen des Einen, so daß die *visio beatifica* ihr habitueller Zustand war; und während unser Bewußtsein auf der phänomenalen Oberfläche schwimmt, war das ihrige in der Tiefe verwurzelt. Der dominierende geistige Trieb dieser Heiligen der *ersten* Tage, mit denen aber „die Heiligen der *letzten* Tage", wenn es sie geben sollte, wesensgleich sein werden, war der gnostische Erkenntnistrieb; ihre Leiber waren gnostische Leiber mit dem Trieb zu vollkommenerer Vergeistigung, denn ihre stummen und unglücklichen Brüder, die Tiere, predigten ihnen eindrucksvoll eine warnende und abschreckende Lehre. Das gnostische weibliche Geschlecht aber formulierte dieses intuitive Wissen positiv in der Forderung der *Unio gnostica* als dem Grundgesetze, durch das die Menschheit sich von allen Lebewesen unterscheidet, indem sie zu einer Gattung von gnostischen Leibern wird. Das begriff das weibliche Geschlecht der Urmenschheit als die Aufgabe der weiblichen Potenz des Einen; damit aber war die gnostische Gynäkokratie als die *conditio sine qua non* erkannt und gefordert. Sie war die Gesellschaftsform, in der die gnostische Urmenschheit lebte und die der revolutionäre Jahwist der Genesis vom Standpunkt der neuen hoministischen Teleologie aus als Sündenfall verwarf. Diese gnostisch-gynäkokratische Urmenschheit aber war, entsprechend ihrer ontologischen Intuition, religiös im Kultus des gnostisch-gynäkokratischen androgynen Gottes Sophia und Logos geeint als dem teleologischen Symbol der metaphysischen Identität des Einen in Subjekt und Objekt. Da aber die Menge ohne geistige Führung ihrer eigenen Erkenntnisschwäche und Willensschwäche überlassen bliebe und ihre Bestimmung vergäße, so muß auch bereits die Urmenschheit, in der natürlich das gnostische Bewußtsein nicht bei allen die gleiche Tiefe und Kraft hatte, den gnostischen Doppelorden von Sophia und Logos von Anfang an besessen haben. In der gnostisch-gynäkokratischen Tradition der hebräischen Frauen hieß dieser göttliche Androgyn der Urzeit Eva und Adam. Eva war die Göttin des weiblichen Ordens, Adam war der Gott des männlichen; gynäkokratisch aber war auch dieser Doppelorden, weil der Gott Adam die Frucht des gnostischen Wissens von der Göttin Eva empfing. Das Schicksal des gnostischen Doppelordens der Urzeit wurde auch in dem historischen Mythus der Genesis als das Schicksal seiner Götter erzählt; diese Methode des menschlichen Geistes, die Geschichte von Gemeinschaften zu erzählen, die in einem Gotte oder einer hypostasierten Idee geeint sind, ist uns nun hinlänglich bekannt. Der gnostisch-androgyne Doppelorden wurde also durch den antignostischen Priesterbund im Namen von dessen hoministisch-individualistischen Gotte zerstört. Die Einheit des göttlichen Androgyns Eva-Adam wurde zerrissen und das Götterpaar der ersten Menschheit zum ersten Menschenpaar degradiert, während die symbolische Göttergeschichte zur pragmatischen Geschichte von zwei menschlichen Individuen verflacht wurde. Mit dem Ende des Doppelordens aber war auch die paradiesische Zeit der Urmenschheit vorbei; hatte doch das Paradies überall gelegen, wo unter der Leitung des Doppelordens von Sophia-Logos oder Eva-Adam die menschlichen Gemeinschaften im Bewußtsein ihrer metaphänomenalen Identität mit allem Seienden gelebt hatten. Denn in den gnostischen Leibern der ersten Menschheit besaß das Eine ein seiner menschlichen Erscheinungsstufe gemäßes integrales Bewußtsein seiner selbst, nämlich ungetrennt von einander ein phänomenologisches und ein metaphänomenologisches. Es nahm sich nicht nur subjektiv-objektiv wahr als diese Welt, deren einzelne Dinge der phänomenologische Verstand in ihrem kausalen Zusammenhange zu verstehen suchte; es erkannte sich intuitiv auch als das in allen Erscheinungen erscheinende Eine. Und indem der Verstand auch dieses, ihm durch die Intuition gegebene Objekt in seiner Beziehung zu dessen Erscheinungen zu verstehen suchte, vollendete er sich selbst zu einem vernünftigen Verstande. So war der Verstand der ersten Menschheit ein integraler Verstand, der die Erscheinungen phänomenologisch in ihrer kausalen Wechselwirkung und zugleich metaphänomenologisch als Erscheinungen des Absoluten und in diesem die absolute Kausalität aller relativen Kausalitäten erkannte. Dieses Bewußtsein, in dem sich das Eine als Causa und damit auch als Finis oder Telos seiner Erscheinungen erkannte, beherrschte durch seine Intensität den Willen der Individuationen und gab ihm seine gnostisch-teleologische Zielrichtung, die also soziologisch die gnostische Gynäkokratie war. Aber der geistige Zustand der Urmenschheit war noch kein fixierter: es lag in ihr sowohl die Möglichkeit, sich zu höher spiritualisierten Leibern zu gestalten wie auch die, zu gröber materialisierten herabzusinken, denn der menschliche Leib ist eine sich durch Ideen gestaltende Erscheinung des

Absoluten. Der Engel, die Idee, winkte, aber auch das Tier, die negative
Gegenidee, lockte. Der historische Sündenfall, der dem Ruf nach unten
antwortete, bestand in der Desintegration oder Dekomposition des inte-
gralen Bewußtseins; er war also eine katastrophale Verdummung. Das
phänomenale Bewußtsein verdrängte die Intuition der überphänomenalen Identität, und der nun rein phänomenale Verstand machte den
gnostischen Verstand, der sein Objekt verloren hatte, überflüssig. Diese
Negation des Absoluten verabsolutierte dafür die relative Erscheinungswelt und rechtfertigte damit das egozentrisch-agnostische Ich-Nichtich-
Bewußtsein der menschlichen Leiber. Nun standen sich diese alle feindselig gegenüber, um sich zu fressen oder gefressen zu werden, wobei
natürlich jeder überzeugt war, daß er ein Recht, den andern zu fressen,
habe und der andere die Pflicht, sich von ihm fressen zu lassen. Das war
der Kern der neuen Weisheit, welche die antignostischen Dunkel- und
Dünkelmänner des männlichen Sündenfalles der weiblichen Gnosis ent-
gegenstellten. Er war zugleich psychologischer und soziologischer Natur;
wir können kurz sagen: der Sündenfall bestand in dem Sturz der gnostischen Gynäkokratie der Urzeit durch den antignostischen Hominismus. In der mythologischen Sprache der Genesis heißt das: er bestand
im Siege Jahwes und seines Priesterbundes über die urmenschliche, in
Eva und Adam symbolisierte Gynäkokratie. Jahwe, der neue Gesetzgeber, ist also der Gott des Sündenfalls; mit ihm beginnt die Geschichte
des zweiten Äons. Was aber sollte dieser neue antignostische Hominismus mit der gnostisch-gynäkokratischen Urgeschichte der Menschheit
anfangen? Doch, wer mit dem Absoluten fertig geworden war, dem
konnte es nicht schwer fallen, auch diese Kleinigkeit zu erledigen. Man
kann, je nach dem Geist der Zeit und dem Bedürfnis des Publikums, mit
Hilfe des agnostisch-egozentrisch entarteten Verstandes die überlieferten
Tatsachen sophistisch in ihr Gegenteil umdrehen oder ganz ableugnen.
An ihrem säkularen Suggestionserfolg gemessen, muß die Erzählung der
Genesis einfach als eine geniale Geschichtsfälschung in mythisch-symbolischer Sprache bezeichnet werden. Sie machte die Unschuldigen zu
Schuldigen und den Schuldigen zum Unschuldigen; sie wandelte das Gute
in das Böse um und das Böse in das Gute. Jahwe selbst aber mußte mit
seinem hoministischen Gesetz deshalb als *hysteron proteron* auftreten.
Indessen spricht auch die hebräische Überlieferung von der gnostisch-
gynäkokratischen Urmenschheit noch als von einer den Geschlechtern
nach dem Fall an Wissen und geistigen Kräften weit überlegenen Menschheit; so wie auch die ältesten Völker, Sumerer, Ägypter, Inder und Chinesen diese vollkommenere Urmenschheit kennen, mit der verglichen die
spätere Menschheit eine Verfallserscheinung ist. Sie kennen alle noch

den ersten Äon als das Zeitalter von Göttern oder göttlichen Menschen, wenn auch diese Erinnerung im einzelnen durch die agnostisch-hoministische Zeitsignatur des gefallenen zweiten Äons getrübt sein mußte. Auch der androgyne Adam der Genesis, aus dem der groteske Unverstand des jahwistischen Hoministen einen realen individuellen Zwitter gemacht hat, der aber natürlich seinem Wesen nach die hominisierte androgyne Gottheit Sophia-Logos der gnostisch-gynäkokratischen Urmenschheit ist, so daß, was von ihm mythisch-symbolisch erzählt wird, realiter von der in ihm geeinten Menschheit gilt, auch der androgyne, aber hominisierte Gott Adam, der die Eva aus sich entläßt, ist im Besitz eines vollkommenen Wissens, des phänomenalen sowohl — er unterscheidet die Gattungen und Arten der Erscheinungen — wie der Gnosis des metaphänomenalen Absoluten. In allen Überlieferungen dieser Art, so entstellt sie auch im Laufe der Jahrtausende wurden, hat sich das Eine eine dunkle Erinnerung daran bewahrt, daß es, als es Menschheit wurde, sich in einer gnostischen, und zwar in einer gnostisch-gynäkokratischen Menschheit inkorporierte. Der geistige Kampf des antignostischen Hominismus gegen die gnostische Gynäkokratie und gegen die Möglichkeit ihrer Wiederherstellung, der die Überschrift des zweiten Äons ist, mußte aber außer der Verneinung ihrer Philosophie und Religion auch die ihrer historischen Tradition einschließen. Der antignostisch-theistische Hominismus des alten Judentums suchte sie in ihr Gegenteil umzufälschen, der moderne phänomenologistisch-antitheistische Hominismus will sie durch einen antignostisch-evolutionistischen Gegenmythus verdrängen.

Der phänomenologische Nihilismus, der die Erscheinungswelt verabsolutiert, wodurch sie zu einer Schale ohne Kern oder zu einem Baum ohne Wurzel wird, ist imstande, die Idee des Mechanismus mit der des unendlichen Fortschritts, also die Negation der Teleologie mit ihrer Bejahung zu einem hölzernen Eisen synthetisch zusammen zu schmieden. Fortschritt aber bedeutet jetzt nicht mehr Fortschreiten zum gnostischen Telos der Menschheit, also zur gnostischen Leibwerdung des Einen; dieser ursprüngliche Sinn der Idee wurde in sein Gegenteil verdreht und der Fortschritt zu einem Fortschreiten in der Entgnostisierung des Leibes, also zu dessen stärkerer Bindung an die Materie. Daher muß der evolutionistische Mythus die Menschheit in einem niederen Tierzustand beginnen lassen, bis sie sich durch den Fortschritt zu einer hohen Tiergattung mit Fernhören, Fernsehen und Ferntöten entwickeln konnte. Es war der Mythus einer vom Absoluten emanzipierten Urmenschheit in einer durch sich selbst daseienden Erscheinungswelt. Eine bestialische Urmenschheit aber kann trotz aller technischen Fortschritte auch nur eine bestialische Nachkommenschaft hervorbringen, wodurch der Mythus auch eine Apologie unserer eigenen Bestialität wird. Und da nun der egozentrische stärkere Machtwille und die stärkere physische Kraft der männlichen Tiere es waren, welche die physisch schwächeren Weibchen der Urhorden in Respekt hielten, so ist auch bewiesen, daß der auf Gewalt beruhende agnostische Hominismus die Urform der tiermenschlichen Gesellschaft war. Daß diese aber, wie aus der Büchse geschossen, in gradlinigem Fortschritt aufsteigen konnte, das verdankt sie ihrem vernunftlos gewordenen Verstand. Er allein wird uns endlich auch den vollendeten Hominismus und mit ihm das Paradies der Zerstörung bringen; denn das Paradies liegt, wie wir belehrt werden, nicht hinter uns, sondern vor uns. Excelsior! Die Menschheit aber, mit welcher der Gegenmythus des evolutionistischen Hominismus unsere Geschichte beginnen läßt, ist in Wirklichkeit nicht die erste Menschheit, sondern die zweite, die des hoministischen Sündenfalls, die aus dem gnostischen Ichbewußtsein in das agnostische gefallene. Sicherlich hatte schon die weibliche Tradition vom Untergang der gnostischen Gynäkokratie durch den agnostischen Hominismus diesen als einen Fall der Menschheit ins Tierische verstanden; und in der Tat muß ein geistiges und moralisches Chaos, besonders in der Beziehung der Geschlechter zueinander, entstanden sein, als sich der agnostische Leib auf eigene Füße stellte und sich ohne das Absolute dachte. Der evolutionistische Mythus bekennt sich also freimütig und stolz zur gefallenen Menschheit. Er ignoriert die These und kennt nur noch die Antithese, die ihm als These gilt. Indem er also die weibliche Tradition ignoriert, beginnt er die Urgeschichte der Menschheit mit ihrer geistigen Degeneration. Der geistige Urzustand der Menschheit aber war mit dem hoministischen Sündenfall zu Ende, als der männliche Tiermensch kam und den negativen Fortschritt inaugurierte.

Im historisch-dialektischen Prozeß seiner zwei Geschlechter war also das in ihnen sich erscheinende Eine in den antithetischen Äon des antignostisch-phänomenalistischen Hominismus eingetreten. Indem sich im Verlaufe dieses Zeitalters das phänomenologische Bewußtsein immer stärker auf Kosten des noumenalen entwickelte, wurde auch der Begriff des Absoluten immer verworrener gedacht und mißbraucht, bis endlich der totale Phänomenologismus es überhaupt konsequent verneinte. In den Individuationen dieses Äons verneint also das Eine sich selbst. Aber diese Negation kann nicht das letzte Wort sein; es wäre widersinnig, wenn sich das Eine individuiert hätte, nur um sich zu verneinen und zugleich durch die Tatsache seiner Individuationen die Negation selbst zu widerlegen. Vielmehr fordert die sich selbst *ad adsurdum* führende hoministisch-phänomenologistische Antithese als Antwort die nun wieder ins Bewußtsein tretende und jetzt erst in ihrer ganzen Bedeutung und Notwendigkeit zu begreifende Urthese der gnostischen Gynäkokratie. Es lassen sich aber in der Entwicklung des antignostischen Hominismus drei Etappen seines Sieges feststellen, die nun zu besprechen sind.

2. Die erste Etappe des hoministischen Sieges

a) *Der Sturz des androgynen Monotheismus durch den unipolar hoministischen*

In Wirklichkeit war natürlich die menschliche Gattung, ihrer Idee nach das *genus gnosticum*, durch den Sündenfall, das *peccatum originale*, nicht zu einer untermenschlichen Tiergattung geworden. Das gnostische Ich-Nichtich-Bewußtsein war zwar in ihr zum agnostischen verkümmert, aber sie behielt ihr bewußtes Denken. Sie blieb Menschheit, aber Menschheit in *statu naturae corruptae*. Doch als *genus gnosticum* besitzt sie auch jetzt noch die Fähigkeit, sich wieder zu erheben, wenn sie auch unter dem logischen Zwang der falschen Denkvoraussetzung und unter dem Zwang des mit dem Denken zugleich verirrten Objektwillens verdammt ist, den eingeschlagenen Weg fortzusetzen, bis er nicht mehr weiterführt. Denn dieser hoministische Äon ist Sündenfall, Strafe und Läuterung zugleich. Er ist das notwendig negativ ausgehende Experiment, welches das Eine mit der Gattung seiner menschlichen Individuationen auf unserer Erde anstellt; vielleicht entsteht noch einmal ein neuer Phönix aus der Asche des arg zerrupften alten Vogels. Die erste, Jahrhunderte umfassende Etappe des siegenden antignostischen Hominismus hatte sukzessiv überall auf der Erde, wo menschliche Gemeinschaften lebten, das Fundament des zweiten Äons gelegt. Als die auf der Selbsterkenntnis des in Subjekt und Objekt identischen Einen beruhende gnostische Gynäkokratie unterging, hatte notwendig ihr polarer Gegensatz emporsteigen müssen, die statt auf Erkenntnis auf physische und psychische Gewalt gegründete agnostische Androkratie, d. h. der Männerstaat, der dem weiblichen vom männlichen Geschlecht auferlegte agnostische Status. Er setzte an Stelle des gnostischen Telos der Gattung dessen auf dem agnostischen Ichbewußtsein beruhende Negation, durch die jedes Nichtich für jedes Ich zum Objekt der egoistischen Ausnutzung und Vergewaltigung werden muß. Durch gesetzliche, auf Gewalt beruhende Regelungen der Einzel- und Gruppenegoismen machen die Männerstaaten eine relative wechselseitige Vergewaltigung aller durch alle möglich, denn ohne die Spiel- oder besser Kriegsregeln der Gesetze würde die Menschheit keinen Tag bestehen können. Und nach analogen Spielregeln ihrer Völkerrechte beuten sich die Staaten selbst einander mit List und Gewalt egoistisch aus. Das ist das eherne Schicksalsgesetz, dem jeder Männerstaat unter jeder Gestalt seine Entstehung und Erhaltung, aber auch seinen Untergang verdankt und das zu vernebeln die Aufgabe der Sophisten und Apologeten des Sündenfalls ist. Die primitiven Männersippen und Männerstämme unterscheiden sich darin prinzipiell nicht von den modernen Mammutstaaten; alle sind Erscheinungsformen desselben agnostisch-egozentrischen Prinzips, des Prinzips des Sündenfalls. Der Staat ist dessen unwiderlegbares Dokument; und man versteht seinen historischen Sinn erst dann, wenn man in ihm die Negation der urmenschlichen gnostischen Gynäkokratie erkennt. Auch große christliche Philosophen und Theologen erkannten im Sündenfall den Ursprung des Staates, allerdings ohne zu wissen, aus welchem Gedankensystem diese These allein zu begründen ist. Die revolutionär-hoministischen Urmännerbünde beruhen auf dem agnostischen Ichbewußtsein der in ihnen zusammengeschlossenen Individuen, die unter der Führung ihrer Magierorden und durch diese in der Religion des monotheistisch-egozentrischen Gottes des Sündenfalls, ihrer hypostasierten Idee, geeint, die Vernichtung der gnostischen Gynäkokratie zum Ziele hatten. Da aber nun deren Seele der Doppelorden von Sophia und Logos mit seiner Religion des göttlichen Androgyns war, der das in der Polarität von Subjekt und Objekt erscheinende und in beiden identische Eine symbolisierte, so war Vernichtung der gnostischen Gynäkokratie gleichbedeutend mit Zerstörung des Doppelordens und seiner Religion, um so das weibliche Geschlecht der negativ-androkratischen Philosophie, Religion und Gesellschaftsordnung zu unterwerfen. Die brutal-blutige Ausrottung der männlichen Hälften der Doppelorden wird durch die früher besprochenen Apokalypsen bis zum Überdruß und Abscheu bezeugt; das noch raffiniertere geistige und seelische Martyrium der aufgelösten und verfolgten weiblichen Ordenshälften aber hat seinen Ausdruck in der um ihren *Deus patiens* klagenden *Dea dolorosa* gefunden. Im geistigen Sündenfall des Bewußtseins hatte sich der Gegengott des neuen Äons offenbart, der ebenso borniert ichbewußt und grausam gegen sein göttliches Nichtich ist wie sein Männerbund gegen die gnostischen Männerorden verfuhr; denn in diesem hoministischen Gegengotte hatte das Eine auf der dialektisch-antithetischen Bewußtseinsstufe sein negatives Telos hypostasiert. Der neue antignostische Männerbund rottete den gnostischen Männerorden aus heißt aber, theologisch gesprochen: der neue hoministische Gott tötet die männliche Hälfte der gnostisch-androgynen Gottheit Sophia-Logos, also den Logos, der damit zu dem seit Anfang der hoministischen Weltzeit geschlachteten Lamme wird. Denn der hoministische Monotheismus, d. h. die neue These, daß das Telos nicht mehr androgyn als Zwei-Einheit, sondern ausschließlich als die eine männliche Potenz zu denken sei, der agnostische Monotheismus verlangt seinem, auf dem agnostischen Ichbewußtsein beruhenden Wesen entsprechend, die Negation oder das Opfer des göttlichen Nichtichs. Er forderte und sanktionierte dessen Mord; denn Opfer ist religiös sanktionierter Ritualmord. Im Äon des göttlichen Androgyns aber kann die gnostische Menschheit den Opfermord überhaupt noch nicht gekannt haben; er ist eine Erfindung des Sündenfalls. Getroffen aber wird ein Gott in seinem ihn als Telos bekennenden Orden: der Gottesmord ist also notwendig ein Menschenmord. Daher waren die ersten Opfer, die dem hoministischen Gott geschlachtet wurden, die gnostisch-gynäkokratischen Männerorden, mit denen aber auch die weiblichen zu Tode getroffen wurden. So siegte der Monotheismus der Spaltung, der übrigens diesen Namen gar nicht verdiente, weil er das Monon zerriß und es willkürlich auf eine seiner beiden Potenzen reduzierte, indem er deren Nichtich verneinte. Dieser hoministisch entstellte Monotheismus der Negation, der den androgynen Monotheismus verdrängte, stürzte die gnostische Gynäkokratie, als er dem Ein-gott, den man also richtiger Halb-gott nennen sollte, zu Ehren die gnostischen Männerorden durch die Ritualopfer des Osiris, Tammuz, Christos und der anderen Frauengötter ausrottete; die gnostisch-gynäkokratischen Apokalypsen dokumentieren diesen entscheidenden Wendepunkt in der Geistesgeschichte der Menschheit. Wegen dieses negativen Charakters aber sind alle hoministischen Götter des zweiten Äons satanistischer Natur und ihre Religionen Symptome des in ihnen bejahten Sündenfalls. Jene Zeit aber, in der zum erstenmal die sakralen Menschenopfer die Erde besudelten und den ersten Äon im Blute ertränkten, war die überschäumende Jugendzeit des erwachten Ichbewußtseins der männlichen Potenz. Die Menschenopfer sind aber nicht nur einmal in einer begrenzten Periode die historische Basis des zweiten Äons gewesen. Dieser negative Äon kann sich, nach dem Gesetz, nach dem er angetreten, nur durch die Permanenz des Menschenopfers erhalten. Das Nichtich muß immer wieder dem Ich geopfert werden, damit das Ich lebe. Nachdem aber der agnostische Hominismus die gnostische Gynäkokratie durch die rituellen Menschenopfer überwunden hatte und das weibliche Geschlecht als das Nichtich geistig und leiblich unterworfen war, mußte nach dem Gesetze des Ich-Nichtich-Bewußtseins das männliche Geschlecht selbst sich in einander feindselige Teile spalten, und mit ihm zerfiel sein hoministischer Urgott in eine Vielheit einander feindlicher hoministischer Einzelgötter, die von ihren Bünden die Männer der feindlichen Staaten als Schlachtopfer auf den Kampffeldern oder als Ritualopfer auf den Altären forderten. Wie sehr begriffen die hellsichtigen ältesten Priester, Propheten und Gesetzgeber des Hominismus, diese geweihten Menschenschlächter, Menschenmetzger und Uranatomen, die Lebensbedingungen des neuen Äons! Als dann das männliche Geschlecht, vermutlich unter weiblichem Einfluß, zu „verweichlichen" begann und die hoministischen Priester Menschen nur noch symbolisch in stellvertretenden Tieren schlachten konnten, blieben sie immer noch die treuesten und zuverlässigsten Hüter der hoministischen Urtradition und ihres Geistes. Heute besitzen nur noch die die Messe zelebrierenden katholischen Priester ein tieferes Wissen von dem geheimen Sinn des Menschenopfers und seiner Wichtigkeit für die Erhaltung der hoministischen Gesellschaftsordnung. Die modernen Politiker aber hören nicht gern, daß sie die Epigonen und Erben jener großen Opferer der Vorzeit sind, welche die blutige hoministische Urreligion gegründet haben. Denn die abstrakt-konventionellen und suggestiven Schlagworte ersparen dem Menschen das Nachdenken über das Wesen der Dinge, die sie zu bezeichnen scheinen, und gerade dadurch werden die, welche der Suggestionskraft dieser Worte unterliegen, zu den geeignetsten und automatisch funktionierenden Werkzeugen Satans. Sachlich aber bleibt es sich gleich, ob die Männerbünde der Staaten ihre teleologische Idee zu Göttern hypostasieren oder beim bildlosen Begriff der Ideologien stehen bleiben, also sozusagen mit einem Gott in Incognito zufrieden sind; denn die alten theistischen Staaten und die modernen atheistischen sind nur wesensgleiche Varietäten. Gleich den hoministischen Urmännerbünden sind auch die großen Männerstaaten, zu denen sie sich entwickelt haben, Kampfbünde zur Unterwerfung des weiblichen Geschlechtes unter das Gesetz des antignostischen Hominismus, und wie die Existenz der ersteren beruht auch die der letzteren auf den Menschenopfern. Denn ihren offen deklarierten persönlichen Göttern oder ihrem Gott in Incognito zu Ehren führen auch sie ihre Kriege, die, weil sie *ihre* Kriege sind, notwendig auch heilige Kriege sein müssen und ihren Göttern schlachten sie die gegen das jeweilige hoministische Credo in Wort oder Tat verstoßenden Ketzer: denn alle hoministischen Götter leben vom Blut. Die Sache bleibt immer dieselbe, nur der Sprachgebrauch der politisch-religiösen Sophistik ist zeitbedingt. Ja, wenn die Frömmigkeit, d. h. die Hingabe an das Ziel des agnostischen Hominismus, in der Zahl der Opferhekatomben besteht, ist offenbar die der atheistischen Staaten größer als die der theistischen; da erscheinen sogar die Azteken wie knauserige Menschenschlächter. Ein Staat, der Krieg und Todesstrafe im Ernst abschaffen wollte, müßte an dieser Absurdität zugrunde gehen; denn das agnostische Ichbewußtsein des geistigen Sündenfalls, auf dem er beruht, schließt beides als seine Ausdrucksformen in sich. Aber jenes Gerede ist auch nur das von Narren oder das von politischen Betrügern, die das Opferrecht anderer nur bestreiten, um es sich selbst revolutionär anzueignen und um dann ihren eigenen Gott besser mit Menschenfleisch regalieren zu können, und damit weisen sie sich, ohne es zu wissen, wenn auch nicht dem Buchstaben, so doch dem Geiste nach als die wahren und frommen Diener des monotheistischen Urgottes aus, der durch das Menschenopfer die gnostische Gynäkokratie stürzte und unter den verschiedensten Namen, als der Gott des Sündenfalls, immer der Gott des antignostischen Hominismus geblieben ist und bleiben wird, bis das kranke männliche Geschlecht, dem man kein gutes Ende versprechen kann, dieses einmal in den Tobsuchtsdelirien seines Ichwahns finden wird. Aber mit dem Sturze der Religion des gnostischen Androgyns Sophia-Logos, der gleichbedeutend mit dem Untergang der gnostischen Gynäkokratie überhaupt war, hatte der Hominismus die erste und entscheidende Etappe seines Sieges gewonnen.

b) Das Geschlechterverhältnis unter dem unipolar-hoministischen Monotheismus

Die Magierbünde des Urhominismus sind die Wurzeln, aus denen alle politisch-religiösen Männerbünde des zweiten Äons gewachsen sind; denn alle späteren Priesterkorporationen und Orden verfolgen trotz aller Rivalitäten untereinander instinktiv oder bewußt das gleiche Endziel: nämlich die letzten Reste der gnostischen Gynäkokratie auszurotten und ihre Wiederherstellung unmöglich zu machen. Ob es jüdische, christliche, islamische oder indische Orden, ob es jakobinische oder bolschewistische Männerbünde sind, sie alle lagen im Keime bereits in jenem antignostisch-hoministischen Urorden enthalten und warteten auf die Zeit ihres Hervortretens, das nur eine Umgestaltung jener Urgestalt ist. Die monomanisch konzentrierte Willenskraft, der gleichgültig über Hekatomben von Leichen schreitende und von einer borniertem Idee besessene hoministische Willensfanatismus eines Mosis, Mohammed und Torquemada, eines Robespierre und Lenin, muß als nicht geringere Energie schon in jenen ersten Propheten und Begründern des revolutionären Urhominismus gelebt haben. Denn schwieriger als das Werk fortzusetzen, war es doch, es zu konzipieren und seine Fundamente zu legen. Jene vergessenen Revolutionäre der Vorzeit aber hatten zuerst mit dämonischem Denken und dämonischer Tat die widervernünftige Empörung der Erscheinung gegen das Absolute gewagt. Sie verbreiteten das revolutionäre Grundgesetz der antignostischen Androkratie durch eine fanatische Propaganda und mit den Kräften der schwarzen Magie über die ganze Erde, und ihr egozentrischer Hominismus fälschte die Erinnerungen an die Urzeit des Menschengeschlechtes, die sie hoministisch korrigierten. Und aufgrund des neuen Gesetzes verurteilte die hoministische Justiz der blutigen Inquisitionsgerichte die Vertreter der gnostischen Urzeit, den Osiris, den Tammuz und den Ur-Jesus zu schändlichen und entehrenden Todesstrafen. Denn für die großen hoministischen Führer, die im zweiten Äon die Menschheit mit der Peitsche dem neuen ihr geoffenbarten Telos zutreiben, müssen alle Mittel, die diesem Zwecke dienen, Lüge, Heuchelei und Gewalt, heilig sein. Die Enkel aber leben im Geiste des fortschrittlichen Sündenfalls und befolgen als berufene Schüler die hoministische Tradition der Urväter, deren Willenskraft sie vielleicht erreichen, aber nicht übertreffen können.

Ein neues Gewissen, das hoministische, wurde nun beiden Geschlechtern anerzogen. Dieses Wort „Ge-wissen" bezeichnet ursprünglich, wie das lateinische *con-scientia* oder das griechische *syn-eidesis*, sowohl ein alles umfassendes wie ein allen menschlichen Erscheinungen gemeinsames oder wenigstens gemeinsam sein sollendes gewisses oder sicheres Wissen des Einen von sich selbst; denn beides liegt in der Vorsilbe Ge- wie in den beiden Präpositionen. Aber dieses allgemeine Wissen ist konzentriert auf das Wissen oder Bewußtsein vom Sinn der menschheitlichen Existenz, der ja nur im Zusammenhange mit der Totalität des Seins zu erfassen ist. Daraus ergibt sich, daß das Eine nur in seinen gnostisch ichbewußten menschlichen Erscheinungen als gewissenhaft, d. h. ein Gewissen habend, bezeichnet werden darf, daß es dagegen in seinen agnostisch-ichbewußten Erscheinungen nur ein Gewissen der Gewissenlosigkeit haben kann. Nur im ersten Fall hat das Absolute ein absolutes Gewissen, im zweiten Fall dagegen eine Unsumme von kontingenten, bloß relativen oder empiristischen Gewissensarten, die sich wechselseitig als gewissenlos mit recht denunzieren, denn sie sind es alle zusammen. Welch unübersehbare Flora von agnostisch-egoistischen Gewissen wurde da gezüchtet! Heidnische und christliche, demokratische und autokratische, kapitalistische und proletarische, kollektivistische und individualistische; auf den Gewissensterror aber folgt stets die Gewissensanarchie der sich autonom dünkelnden und denkelnden Persönlichkeiten. Doch alle diese Gewissensarten sind nur historisch bedingte Variationen des agnostischen Ichbewußtseins, auf das sich der revolutionäre Urhominismus berief, als er das gnostisch-gynäkokratische Gewissen des ersten Äons überwand. Welche Mühe es aber dem männlichen Geschlechte kostete, das alte gnostisch-gynäkokratische Gewissen der Urmenschheit durch das neue androkratische Gegengewissen zu verdrängen, bezeugt neben anderem auch die Methode des psychischen Terrors, der in den sogenannten Pubertätsriten zur Anwendung kam, deren ganze Bedeutung jedoch dieser Name nicht ahnen läßt und die viel mehr sind als eine geschlechtliche Reifeprüfung. Durch die Zauberriten dieser Initiationen gelang den Magierpädagogen die grundlegende Verbildung des Gewissens der

Menschheit; durch sie gelang ihnen die „Umschulung" der ersten Menschheit in die des geistigen Sündenfalles. Das hypnotisierende Ritual für alle hoministischen Orden und Geheimbünde des zweiten Äons war gefunden, es brauchte nur noch neuen Umständen gemäß modifiziert zu werden; denn sie alle haben eine und dieselbe Tendenz. Die Verbreitung der sogenannten Pubertätsriten bei allen Völkern der fünf Erdteile aber bezeugt die universelle Verbreitung der gnostischen Gynäkokratie, da sie alle gegen diese gerichtet sind. Diese magische Institution entschied den Sieg des Hominismus. Der junge Mann, der in das hoministische Mysterium eingeweiht und damit zur Aufnahme in den Männerbund reif wird, erlebt als Einzelner im magischen Ritual die Befreiungsgeschichte seines ganzen Geschlechtes. Man kann folgende fünf Stufen in dieser Initiation unterscheiden, durch welche das männliche Geschlecht die magische Herrschaft über das weibliche erwarb. Denn so verwirrend die zahllosen Nuancen des Rituals, über welche Frazers „Golden Bough" orientiert, bei den einzelnen Stämmen und Völkern auch im Laufe der Zeit sich gestalteten, so eindeutig ist doch der allen gemeinsame magische Zweck des Rituals und das allen Variationen zugrunde liegende Urthema, das die ersten großen Propheten des hoministischen Machtwillens konzipierten. Die Urform mag etwa so ausgesehen haben. *1. Akt:* die Novizen des revolutionären hoministischen Geheimbundes verlassen ihren gnostisch-gynäkokratischen Stamm und ziehen nach der Loge im Zauberwald oder im Busch. Später, als der wahre Grund vergessen war oder vergessen werden sollte, sagte man, übrigens durchsichtig genug, durch diesen Auszug sollten die Initianten der Pflege der Weiber entzogen werden. *2. Akt:* die Novizen sterben unter der hypnotischen Behandlung der Zauberer den magischen Tod, d. h. die Erinnerung an ihre gnostisch-gynäkokratische Vergangenheit wird in ihnen ausgelöscht und sie liegen im hypnotischen Schlaf wie Gestorbene. *3. Akt:* der alte gnostisch-gynäkokratische Adam ist tot, aber er wird als neuer hoministischer Adam wiedergeboren. Das alte Bewußtsein ist im künstlichen Tiefschlaf untergegangen. Nun wird der Novize geweckt, er ist jetzt ein „Erweckter", ein hoministisch Wiedergeborener. Er hat infolge der hypnotischen Vergewaltigung durch den Magier alles vergessen, sogar die Sprache, und muß alles neu lernen. Zum erstenmal vom Weibe geboren ist er jetzt durch den Mann körperlich und geistig wiedergeboren, und auf die *tabula rasa* seines Bewußtseins schreibt nun der Zauberer das neue hoministische Gesetz, von dem das Leben des Auferstandenen in Zukunft beherrscht sein wird. Er hat jetzt das neue Gewissen; das der gnostischen Gynäkokratie ist durch das „Stirb und Werde" der antignostischen schwarzen Magie überwunden. *4. Akt:* es folgt die Beschneidung der Erweckten. Sie ist das Zeichen der zum Kampfe gegen die gnostische Gynäkokratie geeinten Männerbünde, das eigentliche Symbolum des zweiten Äons, kein nationales, sondern ein universell-hoministisches. Durch dieses Opfer wurden die Verschworenen dem hoministischen Männergotte und seinem Gesetze geweiht; es gab ihnen den Weibern gegenüber die Gewißheit des *„in hoc signe vinces"*. Durch die Magie der Beschneidung wurde die gnostische Gynäkokratie überwunden. Im übrigen erinnern wir an das, was wir früher über die jüdische Beschneidung sagten. *5. Akt:* wie Fremde und von einer unheimlichen Atmosphäre umhüllt kehren die durch die aufregenden Riten der Einweihung in das Mysterium des neuen Äons Erschöpften zu ihren (noch gnostisch-gynäkokratischen) Stämmen zurück, um künftig hier im Geiste der ihnen zu teil gewordenen Offenbarung zu wirken; denn das Zeichen, das sie an ihrem Leibe tragen, erinnert sie beständig an ihr Gelübde und ihre Pflicht zur Ausbreitung des Hominismus. Die sogenannten Pubertätsriten sind also in Wahrheit im Anfang die Riten fanatisch-hoministischer Geheimbünde gewesen, die dem Doppelorden und mit ihm der gnostischen Gynäkokratie selbst das Grab gruben. So wurde durch die scharze Magie der agnostische Hominismus gezüchtet, der durch seine neue Gesetzgebung und das durch die erste Umschulung anerzogene neue Gewissen das weibliche Nichtich den egoistischen Zwecken des männlichen Ichs unterwarf. Mythologisch-symbolisch gesprochen wurde durch die sogenannten Pubertätsriten das androgyne Weltelternpaar Himmel und Erde auseinandergerissen, ein Mythus, der wie jene Riten über alle fünf Kontinente verbreitet ist und Zeugnis für das frühere gynäkokratische Bewußtsein des Einen ablegt. *W. Staudacher* hat in seiner Schrift „Die Trennung von Himmel und Erde", Tübingen 1942, eine Übersicht über die universelle Verbreitung dieser Überlieferung bei den Naturvölkern gegeben und ihren Zusammenhang mit den Spekulationen Hesiods und der Orphiker aufgezeigt. Doch handelt es sich bei diesen Mythen ursprünglich nicht um eine Schöpfungsgeschichte, sondern um einen historisch-soziologischen Mythus der Geschlechtergeschichte, der in kosmologisch-symbolischer Sprache und aus hoministischer Perspektive von den Magiern der Männerbünde nach dem Siege über die androgyne Gottheit der gnostischen Gynäkokratie und damit über diese selbst, erzählt wurde. Zusammen aber mit dem Wissen von dem Androgyn Sophia-Logos als dem gnostisch-noumenalen Telos der Erscheinungswelt des Einen, mußte notwendig auch das Wissen von der *Unio gnostica* untergehen. Im gnostischen Ichbewußtsein der ersten Menschheit war das Eine mit der intuitiven Erkenntnis der Wahrheit, d. h. dem Bewußtsein seiner Subjekt-Objekt-Identität, zur Welt gekommen; die Pädagogik des neuen Gewissens, die der zweiten Menschheit, arbeitet seit der schwarzen Magie der sogenannten Pubertätsriten daran, das gnostische Bewußtsein im männlichen Geschlecht und durch dieses auch im weiblichen zu unterdrücken. Sie protestiert also bewußt mit der *Unio agnostica* gegen die *Unio gnostica*, d. h. sie proklamiert die legale oder illegale erotische Ausbeutung. Daher steht der zweite Äon im Zeichen des Pseudo- oder Scheinandrogyns, der eine satanistische Parodie des gnostischen ist. Der Geschlechterhaß ist die Frucht des agnostischen Sexualismus, den der zweite Äon gebracht hat, und Sadismus und Masochismus sind so alt wie dieser selbst. Der hominstische Sadismus mußte das weibliche Geschlecht zur masochistischen Unterwerfung erziehen, um es in seine Gewalt zu bekommen. Aber „indem er siegt, lehrt er *die andere* streiten" und die sadistische Frau rächt ihr ganzes Geschlecht. So gehört es sich: denn die Geschlechter sollen sich physisch und psychisch quälen und züchtigen, bis sie miteinander und durcheinander zugrunde gehen oder wieder zur verlorenen Besinnung kommen. Jedes Geschlecht scheint, ohne zu wissen was es tut, das andere für die seine unbewußten Erwartungen enttäuschende Pseudounio zu bestrafen oder masochistisch die verdiente Mißhandlung als gerechte Strafe geduldig hinzunehmen. Auch Sadismus und Masochismus haben nämlich ihre metaphysische Bedeutung. In dem Paradiesmythus hat der hominstische Ursadismus gegen das weibliche Geschlecht in Jahwe, d. h. der jahwistischen Priesterkaste, seinen Ausdruck gefunden. Erwähnt werde noch, daß auch der Homosexualismus offenbar als Waffe im Kampfe gegen die gnostische Gynäkokratie der Urzeit entstanden ist; er ist zweifellos magisch-religiösen Ursprungs und hat sich im Dienste des neuen hominstischen Geschlechtergesetzes entwickelt. Bethe hat einmal in einem berühmt gewordenen Aufsatz „Die dorische Knabenliebe. Ihre Ethik und ihre Idee", der im Rheinischen Museum für Philologie, Bd. 62 (1907) erschien, gezeigt, daß der spartanische Ausdruck εἰσπνεῖν für homosexuell lieben „die Seele einhauchen" bedeutet und auf dem Glauben beruht, daß bei der homosexuellen Vereinigung die Seele des Liebhabers, des εἰσπνήλας, auf den Geliebten, den ὑπακούων, d. h. Hörigen, übergeht. Der Magier übertrug also durch diesen zauberischen Akt seinen hominstischen Willen auf den Schüler. Daraus geht denn auch hervor, daß die hominstische Homosexualität nicht etwas natürliches, sondern etwas im vorgeschichtlichen Kampf gegen die gnostische Gynäkokratie mit Bewußtsein durch religiös-rituelle schwarze Magie Erworbenes ist. Diese homosexuellen Männerbünde müssen sogar die geistige Elitetruppe in diesem Kampf gegen den gnostischen Feminismus gewesen sein, so etwas, wie es noch der homosexuelle *hieròs lóchos* der Thebaner war, jene heilige Schar von 300 Liebenden und Geliebten, die auf dem

Schlachtfelde von Mantinea und Chäronea gemeinsam ihr Blut vergoß. Jedenfalls scheinen in der chaotischen Periode des Sündenfalls ein heterosexueller und ein homosexueller Hominismus Verbündete gegen die gnostische Gynäkokratie gewesen zu sein, so daß also dem gnostischgynäkokratischen Androgyn ein doppelter negativ-satanistischer gegenübergestellt werden konnte: nämlich ein heterosexuell-hoministischer und ein homosexuell-hoministischer Androgyn. In dem spöttischen Tiefsinn der Rede des Aristophanes im platonischen Symposion sind ernst zu nehmende Erinnerungen an diesen religiösen Geschlechterkrieg der Vorzeit erhalten, der, was uns nicht mehr Wunder nehmen wird, seinen geistigen Ausdruck in theologischen Erörterungen über das Wesen des Androgyns fand. Gleich dem jüdisch-hoministischen Jahwe erscheint hier sein Kollege, der hellenisch-hoministische Zeus, als der Feind des gnostisch-gynäkokratischen Androgyns, denn die beiden andern Pseudoandrogyne sind wohl dem Urandrogyn erst von dem großen Satiriker hinzugefügt worden. Zeus aber schneidet den Urandrogyn entzwei, „wie man die Butten oder Flundern entzwei schneidet", d. h. er spaltet und trennt das Welteltemparr; auch dieser Mythus gehört also als eine Variation in den vorher erwähnten Zyklus. Zeus tut das aber, weil er für den Bestand seiner hoministischen Herrschaft zittert, die der Usurpator mit recht durch den gnostischen Androgyn Sophia-Logos bedroht glaubt. Nach seinem Siege über die gnostische Gynäkokratie aber hat der agnostisch-heterosexuelle Hominismus mit dem agnostisch-homosexuellen gebrochen, der allem Anschein nach nicht unwesentlich zu diesem Siege beigetragen hatte: der Mohr hatte wieder einmal seine Schuldigkeit getan und mußte gehn. Nur in Griechenland, wo der Geschlechterkampf der Vorzeit überaus leidenschaftliche Formen angenommen hatte, erhielt sich auch der ursprünglich religiöse Homosexualismus gesellschaftsfähig und wurde die Grundlage der gesamten hellenischhoministischen Geisteskultur.

3. Die zweite Etappe des hoministischen Sieges: Die Hominisierung der gnostisch-gynäkokratischen Apokalypsen

Aber der antignostische Hominismus errang seinen Sieg nicht mit einem Schlage durch eine Art sizilianischer Vesper; so leicht ließ sich das Urbewußtsein der Menschheit in dieser nicht ausrotten. Wenn auch dezimiert, bestanden noch genug Doppelorden, die das gnostische Telos der Subjekt-Objekt-Werdung des Einen erkannten und lehrten. Diese waren es, die in den Jahrhunderten der Verfolgung die gnostisch-gynäkokratischen Apokalypsen schufen, welche den nun beginnenden hoministischen Äon des agnostischen Ichbewußtseins als ein bloß negativantithetisches Intermezzo in der Geschichte der gnostisch-ichbewußten Menschwerdung des Einen verstanden. So wurden die gnostisch-gynäkokratischen Apokalypsen die größte geistige Gefahr, die den revolutionären Hominismus in seinem Siegeslaufe aufzuhalten drohte, indem sie seinen Ursprung brandmarkten und sein Ende prophezeiten. Für den antignostischen Hominismus war es eine Lebensfrage, die ungeheure Wirkung dieser gnostischen Eschatologien zu paralysieren; das geschah durch deren Hominisierung. In dieser Unschädlichmachung aber erblicken wir die zweite Etappe des hoministischen Sieges. Wie diese Umgestaltung bei einer Reihe der wichtigsten gnostisch-gynäkokratischen Apokalypsen gelang, wurde in früheren Aufsätzen dargestellt; hier kommen wir nur noch einmal auf die Hominisierung des gnostisch-gynäkokratischen Urchristentums der hebräischen Vorzeit zurück. Denn sie ist das Beispiel aller Beispiele, weil hier die Umbildung noch am klarsten erkennbar und diese Einsicht auch für die gegenwärtige Menschheit noch von größter Bedeutung ist.

Wenn das als Kosmos erscheinende Absolute sich in Gattungen gnostischer Leiber zu individuieren strebt, um aus der Unwissenheit über sich selbst, in der alle seine andern Erscheinungsgattungen gefangen bleiben, in das Licht des Bewußtseins von seinem überphänomenalen Sein im Phänomenalen zu gelangen, dann hat der ganze kosmische Erscheinungsprozeß einen soteriologischen Sinn, und gnostische Teleologie ist dann gleichbedeutend mit gnostischer Soteriologie. Dann muß also auch die Geschichte der Menschheit, in der sich das gnostische Schicksal des Einen entscheidet, soteriologisch verstanden werden und die Erlösung des Einen in der Menschheit besteht in der Wiedererlangung seines durch den Sündenfall verlorenen gnostischen Selbstbewußtseins, in dem es seinen eigenen antignostischen Widerspruch in sich überwindet. Das ist das dem Wesen des sich subjektiv-objektiv erscheinenden Einen immanente Gesetz und Verhängnis. Die gnostisch-gynäkokratischen Apokalypsen sind gnostische Soteriologie und erzählen die Geschichte der Erlösung des Einen in der urzeitlichen und endzeitlichen Menschheit unseres Sonnensystems. In dieser gnostischen Soteriologie ist es die gnostische weibliche Potenz des Einen, durch welche sich dieses von der Unwissenheit über sich, also von der Folge des Sündenfalls, erlöst, indem es auch in seiner agnostischen männlichen Potenz das Bewußtsein von der metaphysischen Identität seiner Erscheinungspolaritäten Subjekt und Objekt wieder erweckt. Theologisch gesprochen heißt das, daß die ewige Jungfrau Sophia den Logos gebiert, was soziologisch bedeutet, daß der gnostische Frauenorden den gnostischen Männerorden gründet und durch ihre geistige Führung sein gnostisch-teleologisches Bewußtsein erhält.

Die gnostische Gynäkokratie ist also der Weg zur Erlösung der Menschheit und die Gesellschaftsform des von der Unwissenheit des agnostischen Hominismus erlösten Menschengeschlechtes. Das religiöse Symbol der gnostischen Soteriologie aber, ihr Heilszeichen der Erlösung, ist der gnostische Androgyn. Soteriologisch betrachtet ist die Geschichte der Menschheit die Geschichte des in der Zeit erscheinenden noumenalen ewigen Androgyns Sophia-Logos. Auf seine sehr relative Verwirklichung durch die gnostische Gynäkokratie der Urmenschheit des ersten Äons folgte seine Spaltung durch den Sündenfall in das Bewußtsein der absoluten Differenz von Subjekt und Objekt. So wurde der zweite Äon zum Zeitalter der Passio von Sophia-Logos durch den Satanismus, der sich in den vielen dämonisch-egomanischen Göttergestalten seinen religiösen Ausdruck schuf. Nach der gnostischen Heilslehre aber wird Satan, der hoministische Widerspruch der Negation, in einem eschatologischen dritten Äon überwunden sein, so daß Sophia und Logos auch in der Zeitlichkeit wieder den *hieròs gámos* der *Unio gnostica* feiern können; der durch das agnostische Ichbewußtsein gespaltene Androgyn ist dann durch das gnostische Ichbewußtsein wieder eine Einheit geworden.

Die Hominisierung keiner der gnostisch-gynäkokratischen Apokalypsen ist so vollständig gelungen, daß nicht verräterische Spuren ihrer wahren Herkunft und ihrer ursprünglichen Gestalt und Bestimmung übrig geblieben wären. Besonders deutlich aber ist die johanneische Apokalypse noch als die im Geist des jüdisch-christlichen Messianismus vorgenommene Jahweisierung eines ursprünglichen gnostisch-gynäkokratischen *hieròs lógos* zu erkennen. Natürlich läßt sich ebenso wenig sagen, in welchem der hebräisch-kanaanäischen Doppelorden diese klare, energische und offenbar originelle Variante der weiblichen antijahwistischen Apokalyptik entstanden ist, wie man die Frage nach ihrem sicher hohen Alter beantworten kann. Es ist wohl nicht nötig, besonders zu bemerken, daß wir hier nur von dem mythischen Kern dieser Schrift reden, der von Kap. XII bis ans Ende reicht, aber von einzelnen, durch die Komposition des Ganzen bedingten Unterbrechungen gestört wird; die Briefe an die 7 Gemeinden, die 7 Siegel, die 7 Posaunen und die 7 Zornschalen bleiben, als vom Verfasser stammendes Beiwerk und als bloße Schalen, außer Betracht. Das so oft kommentierte aber nie befriedigend erklärte XII. Kapitel muß einmal den Anfang einer gnostisch-gynäkokratischen Apokalypse gebildet haben. Der in diesem Kapitel erzählte Mythus von einer Muttergöttin steht in so unversöhnlichem Gegensatz zur jüdischen Religion, daß man seine Verbindung mit Gestalten jahwistischer Mythologie nur als peinlich und widernatürlich empfinden kann. Mag sein, daß schon der Redaktor in ihr ein harmloses

Symbol des jüdischen oder christlichen Männerbundes erblickte, denn sonst wäre die Aufnahme dieses dem Geist des Werkes widersprechenden Theologumenons einfach widersinnig; wie auch die Rabbinen in der Braut des Hohen Liedes ein Symbol der Männersynagoge sahen. Aber stammt denn der Messias von Jahwe oder der Gemeinde? Und was ist das für ein groteskes Theologumenon, welches das Männerkollektiv sich in Geburtskrämpfen winden läßt, um den Messias zu gebären! Die katholische Deutung des mit der Sonne bekleideten Weibes als Maria geht ebenfalls irre, besonders weil sie in dieser Gestalt ein Individuum statt eines metaphysischen Prinzips sehen will. Allegorisierende Interpretationen von dieser gezwungenen Art beweisen nur, daß die Erklärer das hier verborgene Geheimnis ebenso wenig verstanden wie der Autor selbst, dessen Meinung übrigens, wenn sie uns bekannt wäre, kaum von Wert sein dürfte, weil es sich darum handelt, den ursprünglichen Sinn eines Mythologumenons wiederzufinden, das er selbst unschädlich machen mußte. Gunkel (Schöpfung und Chaos in Urzeit und Endzeit, 1894) sah zwar in dem kosmischen Weibe eine echte Göttin, hat aber leider ihren Mythus, wie das damals üblich war, babylonisiert und, wie es damals noch üblicher war, zu einem Frühling-Wintermythus banalisiert. Der Schauplatz des Vorspiels dieser ursprünglich gnostisch-gynäkokratischen Apokalypse ist nicht die Erde, sondern der „Himmel", also nicht die räumlich-zeitliche, sondern die noumenale ewige Welt, und die handelnden Personen, das Weib, der Sohn des Weibes und der Drache, d. h. Sophia, Logos und Satan, sind personifizierte metaphysische Potenzen. Ist es möglich, die gnostisch-gynäkokratische Idee energischer, tiefer und anschaulicher zu symbolisieren als es hier geschieht? Wenn auch das Absolute notwendig korrelativ in beiden Potenzen zugleich erscheint, so wird doch Sophia als die primär gnostische Potenz auch als die an Wert höher stehende durch die sie schmückenden kosmischen Attribute, Sonne, Mond und Sterne bezeichnet. Damit ist denn auch deutlich und bestimmt das Verhältnis der beiden Hälften des Doppelordens ausgesprochen, nämlich, daß die weibliche Hälfte, deren Göttin die Sophia ist, als die Mutter der männlichen Hälfte zu gelten hat, deren Gott der von der Jungfrau Sophia unter schweren Schmerzen geborene Logos ist. Der Drache, Satan, das negative Prinzip des agnostischen Ichbewußtseins, der den gnostischen Logos gleich nach seiner Geburt verschlingen will, kann also nur das Symbol des die gnostische Gynäkokratie von Sophia und Logos verneinenden und zerstörenden antignostischen Hominismus sein. Er ist zwar auch im „Himmel", d. h. als Möglichkeit im Absoluten enthalten, aber er wird aus dem Pleroma ausgestoßen und auf die Erde geworfen, nämlich in die Erscheinungswelt, in der allein er nun noch wirken kann, um als Personifikation des Negativen wenigstens hier die Realisierung des absoluten Telos, die *Unio gnostica* von Sophia und Logos, unmöglich zu machen. Aber auch diese beiden sind ihm in die Erscheinungswelt nachgefolgt, um sich auch in der unteren Welt zu individuieren, also auch hier die gnostische Gynäkokratie zu errichten, die in der oberen Welt der ewigen Idee triumphiert hat. Nachdem also der androgyne Doppelorden in der Welt der Erscheinung gegründet ist, setzt sich hier der Kampf zwischen Sophia und Satan fort, der in der noumenalen Welt begonnen hatte. Denn Sophia und Satan sind die eigentlichen Gegenspieler in dem Kampf um die Erlösung. Der Logos aber, der Sohn des Weibes, kämpft nicht sowohl für sein eigenes Reich als für das seiner gnostischen Mutter. Mit der Epiphanie von Sophia und Logos auf der Erde beginnt, nach dem Vorspiel im Himmel, der erste Akt des soteriologischen Dramas, das die verlorene gnostisch-gynäkokratische Apokalypse erzählt hat. Über den ersten Äon, das gnostische Friedensreich der Menschheit unter der Führung des in Sophia und Logos geeinten Doppelordens, erfahren wir bei Johannes nichts. Satan wartete, bis er zu dem vernichtenden Schlage ausholte, der dem ersten Äon ein Ende machte. Auch über die Passio und den Tod des Logos in seinem gnostisch-gynäkokratischen Männerorden erfahren wir bei Johannes an anderer Stelle, außerhalb des im übrigen zusammenhängend erzählten Mythus, daß der Sohn des gnostischen Weibes wie ein Lamm geschlachtet wurde — denn um niemand anders kann es sich handeln —, aber seltsamerweise ohne Angabe näherer Umstände. Damit ist Satan Herr der Erde geworden. Die weibliche Apokalypse, die der Johannes genannte Verfasser hominisiert hat, wird den geistfeindlichen hoministischen Äon mit nicht weniger grellem zeitgeschichtlichem Kolorit gemalt haben wie der Zeitgenosse Neros oder Domitians; denn was waren schließlich die Christenverfolgungen im römischen Reich verglichen mit den Verfolgungen des gnostisch-gynäkokratischen Logos in der Vorzeit, als Osiris, Adonis, Dionysos, Tammuz, der Urjesus und alle die anderen göttlichen Blutzeugen in ihren Bekennern den neuen blutdürstigen Männer- und Vatergöttern geopfert wurden? So wurde der zweite Äon, dessen mächtige Männerstaaten sich bemühen, die letzten Erinnerungen an das gnostisch-gynäkokratische Zeitalter auszurotten, zum Äon des vollendeten Satanismus. Wenn aber alles geistige Leben auszusterben droht, werden die Menschen anfangen zu begreifen, „wen sie durchstochen haben" (Sach. 12,10). Und dann werden Sophia und Logos in ihrem gnostisch-androgynen Doppelorden wiederkehren und dem zweiten Äon ein Ende machen. Hat vielleicht die johanneische Apokalypse diesen Doppelorden zu dem Männerbund der Hundertvierundvierzigtausend hominisiert, „die sich nicht mit Weibern befleckt haben; denn sie sind Jungfrauen und folgen dem Lamme, wohin es geht"? Der bereits aus der noumenalen Welt vertriebene Drache, der Feind der gnostischen Mutter, wird nun, durch den Sohn des Weibes besiegt, auch aus der phänomenalen vertrieben; das heißt aber, der Logos stellt im dritten Äon die gnostische Gynäkokratie seiner Mutter Sophia-Chokma auf der Erde endgültig wieder her. Sie hat mit ihm zusammen den Kampf geführt, weshalb sie im Hymnus der Thomasakten (Kap. 50) angerufen wird: „die du an allen Kämpfen des edlen Kämpfers — d. h. deines Sohnes — teilnimmst". Wie im Noumenalen so sind jetzt auch im Phänomenalen die beiden Potenzen des Einen, Sophia und Logos, in *Unio gnostica* syzygisch-androgyn als Kyria und Kyrios vereinigt; die *Unio satanica* aber gehört mit Satan selbst und seinem Äon der Vergangenheit an. Was im XII. Kapitel noch Mutter und Sohn war, heißt jetzt Geliebte und Geliebter, Braut und Bräutigam; wir kennen von früher her den Sinn dieser symbolischen Ausdrucksweise. Zwar schließt auch die Apokalypse des hoministisch-apostolischen Christentums, wie die durch sie entstellte des gnostisch-feministischen Urchristentums schloß, mit einem *hieròs gámos*, der Hochzeit des Lammes und Drachentöters mit der vom Himmel herabsteigenden Braut: aber auch diese seltsame Braut ist wieder ein Männerkollektiv, das himmlische Jerusalem. Diese frostige hoministische Allegorie ist alles, was von dem weiblichen Mythus, der den *hieròs gámos* von Sophia und Logos erzählt, übrig geblieben ist. Die johanneische Apokalypse ist ein Musterbeispiel für die Methode der Hominisierung gnostisch-gynäkokratischer Eschatologien überhaupt. Doch wir müssen dem Verfasser dankbar sein, daß er das mit der Sonne bekleidete Weib, das seinen gnostisch-gynäkokratischen Erlöser gebiert, gerettet hat, was nur möglich war, weil er sein Wesen nicht verstand und seinen Mythus allegorisierte. Aber er bezeugt damit, ohne es zu wissen oder zu wollen, die Existenz eines vorapostolischen weiblichen Christentums, gleichgültig, welchen Namen dieses geführt haben mag.

Wenn man die Inschrift am delphischen Apollontempel, das „*gnothi seauton*", das „erkenne dich" nicht psychologisch-rationalistisch, sondern gnostisch-metaphysisch auffaßt, als eine Forderung, die das sich erscheinende Eine an sich selbst stellt, so enthält diese Formel die ganze gnostische Soteriologie. Historisch verstanden ist der hellenistische Gnostizismus oder die hellenistische Mystik das geistige Streben des Einen, sein ihm durch einseitiges Erscheinungsdenken verloren gegangenes Wissen von sich selbst als dem Absoluten, das es in der Urmenschheit besaß, wieder zu gewinnen. Der hellenistische Gnostizismus — wir sprechen hier nur von diesem, der aber nur eine Spezialform des in Raum und Zeit universellen Triebes zur Gnosis ist — der hellenistische Gnostizismus ist das Suchen des Geistes nach der durch den Sündenfall verlorenen Urgnosis des Menschengeschlechtes bei den Völkern der makedonischen Eroberung vom Euphrat und Indus bis nach Hellas und Ägypten. Aber erst unter der Herrschaft des sich immer stärker hellenisierenden Roms erreichte der Gnostizismus seinen Höhepunkt. Er hat sein Versprechen nicht gehalten, sein Ziel nicht erreicht, weshalb wir ihn eben auch als Gnostizismus von der nicht wiedergefundenen Gnosis unterscheiden. Wohl stimmten die vielen gnostischen Schulen soteriologisch darin überein, daß die Erlösung nur durch die Gnosis verwirklicht werden könne, aber sie verwechselten diese mit dem Gnostizismus ihrer eigenen Prägung. Das Eine, das allein schöpferische Prinzip, trat im Bewußtsein hinter seinen substantialisierten phänomenalen und noumenalen Erscheinungen zurück, wodurch diese verselbständigt wurden. Daher wurde die *Soteriologie* mehr zum Problem der Erlösung substantieller Erscheinungen als der des Einen selbst; sie wurde also individualistisch und egoistisch. Die gnostizistisch-dualistische *Anthropologie*, die den Unterschied von Ausdehnung und Denken zu einem absoluten Gegensatze machte, stammte ebenfalls aus der begrifflich abstrahierenden Ratio und nicht aus der Intuitio des sich als denkender Leib erscheinenden Einen. Drittens ist auch die gnostizistische *Gynäkologie* antignostisch; der neue Gnostizismus hat die alte Gnosis hominisiert. Trotz aller abstrakten androgynen Syzygien, trotz der Sophia-Achamoth, trotz der Lehre der Gnostiker des Irenäus (I, 30), die sich als Söhne (Sperma oder ἀπόρροιαι, *emanationes*) der himmlischen Mutter betrachteten, trotz des Sakramentes des „Brautgemaches" der Markosier, trotz vieler analoger Mythologumena und Riten fordert der Gnostizismus nicht die gnostische Gynäkokratie, weil sie nur dem Manne das Pneuma zuschrieben, während das weibliche Geschlecht bloß aus Sarx und Psyche besteht. Jene Vorstellungen und Riten aber sind offenbar vorgnostizistisch und stammen noch aus der alten und echten gnostisch-gynäkokratischen Tradition. So stellte der Gnostizismus weder die Urgnosis noch die auf ihr beruhende Urreligion des gnostischen Androgyns wieder her, vielmehr mußte er von seinem dualistischen Prinzip aus der entschiedenste Gegner der gnostisch-gynäkokratischen Idee sein: er ist gnostizistischer Hominismus. Unter den zahlreichen gnostischen Schulen gab es auch solche, die eine Christologie lehrten. Diese gnostizistische Christologie ist unabhängig von der apostolischen entstanden und aller Wahrscheinlichkeit nach älter als diese. Das *tertium quid*, aus dem beide stammen und das beide bekämpfen, ist die alte gnostisch-gynäkokratische

Ur-Christologie. Gnostizistische und apostolische Christologie haben einander wechselseitig stark beeinflußt. Die gnostizistische übernahm sogar das Dogma von der Historizität des Jesus, das für sie ein fast unverdaulicher Brocken war, den sie nur mit Hilfe ihres gespenstischen Doketismus hinunterwürgen konnte, denn ein menschgewordener Gott war bei ihrer dualistischen Verneinung des Fleisches eine *contradictio in adjecto*. Die apostolische Christologie aber wurde durch den gnostizistisch beeinflußten Paulus überhaupt erst zu einer Christusspekulation; auf die Beeinflussung durch die gnostizistische sakramentale Kultmagie sei nur hingewiesen. Aber das Grundprinzip beider Christologien blieb trotz der wechselseitigen Befruchtung unverändert dasselbe: Realinkarnation hier, Scheininkarnation dort. So paradox es klingt, trotz ihrer unversöhnbaren Feindschaft waren gnostizistisches und apostolisches Christentum miteinander verbündet gegen die gnostische Religion der Sophia und gegen die Wiederherstellung ihres urzeitlichen gnostisch-androgynen Doppelordens.

Der galiläische Männerbund der Apostel war eine religiöse Genossenschaft, ein Thiasos von Männern, die den von ihnen mit dem mystischen Namen Jesus genannten und als „Menschensohn" (aramäisch *bar' nascha*) bezeichneten jahwistischen Messias oder Christos verehrten und sich als seine Sendboten oder Apostel an das jüdische Volk betrachteten, um seine bevorstehende Parusie anzukündigen. Spätestens seit Daniel (VII,13) wurde die Idee des Messias oder Christos unter dem Symbol einer menschlichen Gestalt, also eines Menschensohnes, vorgestellt. Der Messias ist die hypostasierte Idee eines messianischen Männerbundes. Der jüdische apostolisch-hoministische Gegenmythus, der bewußt der hebräischen gnostisch-gynäkokratischen Christologie oder Messianologie widersprach, enthielt drei Dogmen. Das *erste* oder Zentraldogma ist rein jüdischen Ursprungs. Es ist das Dogma von dem Messias als dem *judex venturus*, der früher oder später kommen wird, um als Sohn des Vaters nach dem Gesetze Jahwes, den wahrhaften und echten „Assisen von Jerusalem" das Gericht über die Menschheit zu vollziehen. Es ist klar, daß dieses Gericht seinem Wesen nach den prinzipiellen und definitiven Triumph des jahwistischen Gesetzes über das gnostisch-gynäkokratische Gesetz der Sophia bedeutet; der Kampf zwischen beiden Gesetzen begann in der paradiesischen Urzeit und findet erst in der apokalyptischen Endzeit seinen Abschluß, wenn der Logos des Vaters den Logos der Mutter für immer überwunden hat. Danach beginnt ein neuer Äon, in dem der jahwistische Hominismus ohne weibliche Konkurrenz die allgemeine Religion der Menschheit sein wird. Ob nun diese Prophezeiung der apostolischen Christologie, die in ihr mit der jüdischen Messianologie übereinstimmt, richtig ist oder falsch, auf alle Fälle ist der jüdische Scharfblick bewundernswert, der in dem religiösen Kampf der Geschlechter den Inhalt der Geschichte von ihrem Anfang bis zu ihrem Ende erblickt; moderne Geschichtsphilosophien pflegen oberflächlicher zu sein, weil sie einseitiger sind.

Das *zweite* Dogma des apostolischen Christentums ist das vom leidenden, sterbenden und wieder auferstehenden Messias. Wie konnte dieser Mythus vom Schicksal des Sohnes und Geliebten der göttlichen Mutter, der Mythus der gnostisch-gynäkokratischen Apokalypsen, mit dem ihm völlig wesensfremden vom Richter und Retter des hoministischen Vatergottes und seines Gesetzes von dem messianisch-apostolischen Männerbund kontaminiert werden? Wie war es möglich, den Messias und den Gegenmessias zu einer scheinbar einheitlichen Gestalt so zu verschmelzen, daß der ungeübte Blick die Naht völlig übersah, welche die beiden heterogenen Mythenkreise verband? Nun, wenn der hoministische Messias Jesus hieß und der feministische ebenfalls Jesus hieß, so schien die Namensgleichheit die Identität beider einzuschließen. Wenn aber der feministische Jesus mit dem hoministischen wesensgleich war, so war die weibliche Tradition eine Fälschung und mußte von dem apostolischen Männerbund jahwistisch-hoministisch richtiggestellt werden. Der Ritualmord durch Jahwe wurde durch diese Methode zu einem freiwilligen Opfertod für Jahwe und sein Gesetz. Jesus, der Frauengott der gnostischen Gynäkokratie, wurde durch seine Gleichsetzung mit dem jahwistischen Messias Jesus in deren Feind und Zerstörer umgewandelt; er ist zum Erlöser geworden, weil er durch seinen Opfertod die Menschheit vom Zorne Jahwes über ihren Sündenfall in die gnostische Gynäkokratie erlöst und den Männergott wieder mit ihr versöhnt hat. Zu dem hebräischen gnostisch-gynäkokratischen Mythus hatte damit der jüdische Hominismus den vollendeten Gegenmythus geschaffen, dessen geheimer Sinn der Masse ebenso verschlossen blieb wie es der der gnostischen Apokalypsen für die Nichteingeweihten gewesen sein wird. Der eine Jesus erlöst die Menschheit vom agnostischen Hominismus, der andere Jesus erlöst sie von der gnostischen Gynäkokratie. War der Schluß aus der Identität der Namen auf die Identität der Personen nur ein naiver Fehlschluß oder war er vielmehr höchst bewußt und genial berechnend? Denn das weibliche Geschlecht nahm diese Identifizierung ernst und ließ sich täuschen. So viele Einzelheiten aus den gnostisch-gynäkokratischen Mythen, besonders aus dem hebräischen von Mirjam und Jeschua, blieben in dem hominisierten Kultmythus erhalten, daß man den neuen Geist, in dem sie erzählt wurden, übersah. Denn hat er nicht den Namen ihres alten Frauengottes? Sind nicht die Frauen beständig um ihn? Sind nicht die drei Marien drei Erscheinungsformen der einen Mirjam-Chokma-Sophia, der Mutter-Geliebten? Klagend wie die Adoniazusen um ihren Adon, wie Isis und ihre Gefährtinnen um den toten Osiris begleiten die Frauen ihren Gott auf dem Kreuzwege, wo er zu ihnen spricht: „Weinet nicht über mich, sondern über euch selbst und eure Kinder" (Lc XXIII,28); denn mit seinem Tode endet der gnostisch-gynäkokratische Äon und beginnt die Herrschaft des Drachen Satanas oder Jahwe. Und wie Zeugen seines Todes sind die Frauen natürlich auch Zeugen seiner Auferstehung, mit welcher der neue gnostisch-gynäkokratische Äon beginnen wird. „Es waren aber Maria von Magdala und Johanna und Maria des Jakobus Mutter und die übrigen Frauen mit ihnen" (Lc XXIV,10). Denn wie der Frauengott Attis ersteht auch er *nach* drei Tagen wieder vom Tode, oder, nach andern Stellen, am dritten Tage, wie der andere Frauengott Osiris *am* dritten Tage wieder gefunden wird. Das heißt, gerade dann, wenn schon die leibliche Verwesung eingesetzt hat, gerade dann, wenn die Idee der gnostischen Gynäkokratie hoffnungslos verloren scheint, wird sie von neuem verwirklicht werden. Erinnern wir nur noch an die Hochzeitsparabeln der Evangelien, an die Geschichte von den klugen und törichten, nämlich gnostischen und agnostischen, Jungfrauen; in der Tat, wer solche einzelnen ausgewählten Stellen hörte oder las, konnte glauben, sie stammten aus einem Evangelium des hebräischen gnostisch-gynäkokratischen Frauengottes Jesus und man könnte ein solches vielleicht rekonstruieren. Aber sie gehören nur zum propagandistisch-exoterischen Unterbau des apostolisch-messianischen Mythus. Der Christus des neuen Testamentes ist das hypostasierte Symbol der *apostolisch*-jahweistischen Theokratie, welche die messianische Erneuerung und Vollendung der jüdischen ist; die Opponenten der römischen Theokratie aber, die von dem Messias mit dem eisernen Zepter an den Christus der Bergpredigt appellieren, wissen nicht, daß sie gegen den apostolisch-jahwistischen Jesus bei dem gnostisch-gynäkokratischen Jesus Berufung einlegen.

Die beiden Dogmen, der Mythus vom die Welt richtenden Messias und das vom leidenden und auferstandenen Messias, die ursprünglich einander völlig fremd waren, werden locker und künstlich durch die Behauptung, daß das zweite Ereignis dem ersten vorangehen mußte, miteinander verknüpft; in der Zwischenperiode aber wartet der nach Auferstehung und Himmelfahrt zu seinem Vater erhöhte Messias auf die Stunde, da er, diesmal in Macht und Herrlichkeit, zum Gericht wieder auf die Erde herabsteigt. Zu diesen beiden Dogmen kommt als *drittes* Fundamentaldogma der apostolischen Messianologie das von der historischen Existenz des jahweisierten Jesus. Ein Bundesgott ist nun die hypostasierte exemplarische Idee eines Bundes, sein in einer symbolischen Gestalt ausgesprochenes und angeschautes Willensziel; der Kultmythus oder *hieròs lógos* der Eingeweihten erzählt im Mythus des Gottes die vergangene und künftige Geschichte des Bundes. So erzählt der Mythus vom göttlichen Androgyn Sophia und Logos symbolisch das Schicksal ihres irdischen Doppelordens. Das Theologumenon von Leiden, Sterben und Auferstehung der männlichen Hälfte des Androgyns berichtet den Untergang der männlichen Hälfte des Doppelordens und verkündet prophetisch ihre künftige Wiederherstellung. Die Auferstehung hat also einen eschatologischen Sinn, wenn sie auch in der Gewißheit des Glaubens und der Hoffnung jährlich im voraus, im Zusammenhang mit der wiederauferstehenden Natur, ihrem Symbol, als bereits geschehen gefeiert wird. Der Gott ist daher eine ideelle oder noumenale Person, keine empirisch-historische. Der apostolisch-hoministische Jesusmythus aber gibt seinem Kultheros, dem Messias-Christus, nicht nur die ideellnoumenale, also göttliche, sondern auch eine fiktive historisch-phänomenale oder menschlich-individuelle Existenzweise; er läßt den kommenden, als Weltrichter triumphierenden Messias schon vorher als den verkannten Messias auf der Erde gewesen sein. Es ist aber nicht möglich, den Mythus von Passio und Resurrectio seines Kultheros ebenfalls als eine mythischsymbolische Geschichte der Schicksale des apostolischen Bundes zu deuten; denn bei ihm handelt es sich nicht um einen primären echten Mythus, sondern um einen übernommenen und literarisch tendenziös umgearbeiteten, also sekundären Mythus. Der Kultheros des apostolischen Männerbundes wird von diesem zugleich als ein Gott-Mensch und als ein MenschGott verehrt. Natürlich handelt es sich hierbei nicht um eine ontologische Spekulation über das Verhältnis des „Gott" genannten Absoluten zu einer seiner historischen Individuationen, es handelt sich nur um das Mythologem, das der noumenale Messias-Christus auch als Mensch gelebt habe. Einen anderen Beweis für dieses Leben als das Dogma seiner wunderbaren Existenz gibt es nicht; keine „Leben Jesu-Forschung" wird je zu einem anderen Ergebnis kommen können. Die Evangelien sind aber nicht Geschichte, sondern die Kultlegende, der *hieròs lógos*, einer Kultgemeinschaft. Der Mythus schreibt mythische Geschichte; er erschafft historische Gestalten, die nie gelebt haben, wie er Gestalten auslöscht, die gelebt haben. Daher ist die menschliche Existenz des Messias eine mythische Wahrheit. Das dogmatische Mythologem sagt, daß der Messias als Mensch gelehrt hat, gestorben und auferstanden ist; er *hat* also gelebt — *quand-même* ... Auf die Masse wird die Autorität einer als historisch präsentierten Person aber immer stärker wirken als die einer personifizierten Idee; womit die Behauptung ihrer historischen Realität

423

auch eine praktisch-psychologische Begründung erhält. Übrigens erlitten auch Osiris, Adonis und Dionysos ein analoges Schicksal: sie wurden als Bundesgötter nicht nur hominisiert sondern auch historisiert. Die Gefahr aber, die den Hominismus seit dem Beginn des zweiten Äons bedroht hatte, die gnostisch-gynäkokratische Reaktion durch die feministischen Apokalypsen, war nach so vielen vorausgegangenen Versuchen, diese durch ihre Hominisierung unschädlich zu machen, endlich und endgültig durch den apostolischen Männerbund und seinen Gegenmythus überwunden.

Zwischen den gestorbenen und wiederauferstehenden Göttern einerseits und den hoministischen Staatsgöttern, ihren Besiegern und Mördern, kann es keinen Frieden geben. Die einen sind tot, aber die andern herrschen in beständiger Angst vor den Toten, auf deren Gräbern sie ihre Throne errichtet haben. Hier handelt es sich nicht um eine Wortdialektik des Sowohl-Als-auch auf der gleichen Bewußtseinsebene, sondern um die Dialektik zweier verschiedener Bewußtseinsformen des Einen, die seines agnostischen und seines gnostischen Ichbewußtseins, also um den soteriologischen Prozeß des Absoluten in der menschheitlichen Geschichte. Zwar waren die späten hellenisierten Mysterienreligionen des östlichen Mittelmeers nur noch entartete Erscheinungsformen des gnostisch-gynäkokratischen Mysteriums von Sophia und Logos der Vorgeschichte. Aber alle tragen trotz ihrer national-hoministischen Entstellung noch genug Erinnerungen an ihren gemeinsamen Ursprung, so daß sie sich von allen hoministischen Staatsreligionen als eine in sich geschlossene Gattung homogener Religionen unterscheiden, die wohl voneinander Motive entlehnen können, aber nicht von den homogenen hoministischen. Diese ihre Tendenz zum Synkretismus miteinander beruht auf einem dunklen Wissen von einer gemeinsamen höheren, aber verloren gegangenen Urgestalt. Als nun die gnostisch-gynäkokratischen Geheimbünde im Verlauf des zweiten Äons zeitgemäß hominisiert wurden, ging ihr eigentliches Ziel, die Wiederaufrichtung des unterdrückten Doppelordens, in dem allgemeineren auf, die unterdrückten Nationen und Stände überhaupt zu vereinigen und der Religion der siegreichen privilegierten Stände der Gesellschaft eine Religion der Besiegten und Enterbten entgegenzustellen. So wurden die hellenisierten, ursprünglich gnostisch-feministischen Mysterienreligionen zu Religionen des Stände- und Klassenkampfes überhaupt; dem religiösen Hominismus der Reichen und Mächtigen und der Majestät ihrer strahlenden Staatsgötter widersprach der Hominismus der Armen und Ohnmächtigen mit ihrem leidenden und sterbenden, aber glorreich wiederauferstehenden Gottheiland. Die in die Mysterien Eingeweihten kennen untereinander keinen

Unterschied mehr zwischen Herren und Sklaven; hier wird die Gleichheit aller im agnostisch-hominisierten Bundesgotte verwirklicht. Unzweideutiger, konsequenter und kompromißloser aber als alle Mysterienbünde der hellenisierten Völker und zugleich deren verhülltes Geheimnis offen aussprechend, wurde das messianologische Mysterium des jüdisch-apostolischen Männerbundes zum Evangelium der Armen und ihres religiösen Klassenkampfes, in welchem die soziale Agitation der israelitischen Propheten erst ihren wahren Abschluß fand. Für den Hominismus der Armen, des Am ha-arez und der Ebionim, die sich die Friedfertigen nannten, sind natürlich die Armen das auserwählte Volk Gottes, d. h. ihres Bundesgottes Jesus, den der apostolische Mythus im Kleinbürgertum als Zimmermann Mensch werden ließ; wodurch das kleine Handwerk eine allen Berufen überlegene göttliche Würde erhielt, die dessen Selbstbewußtsein über Gebühr steigern mußte. Das war für die Propaganda unter den Massen, an die man sich wandte, von größtem Vorteile und konnte niemand über den sozialen Charakter der neuen Bewegung im Zweifel lassen. Die durch den apostolischen Männerbund zunächst im römischen Reiche hervorgerufene religiös-soziale Revolution aber proklamierte die allgemeine Weltreligion der Menschheit im Namen des messianischen Bundesgottes der Armen. Unter diesem Begriffe wurden Kleinbürgertum, Proletariat und Sklaven zusammengefaßt, heterogene Schichten, die sich sentimental und oppositionell gegen die ausbeutende Gesellschaft als eine soziale Einheit fühlten. Die Zeit war da: schon war der arme und hingerichtete Bundesgott, das Zeichen gebend, vom Tode auferstanden, zu dem ihn die Reichen und Mächtigen, Priester und Laien, verurteilt hatten. Seine mythische Auferstehung war das Symbol für die historische Auferstehung der gesamten unterdrückten Menschheit. Mit einem Male steht vor dem hoministischen Unterdrückerstaat der hoministische Gegenstaat der Armen da; Polis und Civitas sehen die Ekklesia, die Kirche, sich als Gegenpol vor ihnen aufrichten. Geeinigt im Glauben an ihr soziologisches Symbol, ihre hypostasierte teleologische und soteriologische Idee, an den apostolischen Jesus und seine eschatologischen Verheißungen für Diesseits und Jenseits, war es nun die Aufgabe dieser Kirche, unter der Führung der Apostelnachfolger das Weltreich des Satans, das der ausbeutenden Bestie und der gierigen Dirne (Apk. XIII) zu stürzen und das Weltreich Jahwes und seines Messias, das der Gerechtigkeit, des Hominismus der Armen, mit den geistigen Waffen des Mythus und der kultisch-rituellen Magie auf der Erde zu errichten. Die Geschichte der Kirche gibt Auskunft darüber, wieweit sie diesen religiös und sozial revolutionären Auftrag der Apostel und ihres Gottes erfüllt hat. Wir selbst aber können nun den Gegensatz zwischen dem Geist des gnostisch-gynäkokratischen Urchristentums und dem seiner agnostisch-hoministischen Umgestaltung durch den apostolischen Männerbund noch besser verstehen. Daß jedoch das Versprechen dieses apostolischen Christentums, der Welt den Frieden zu bringen, gescheitert ist und seine Kultgottheit, die nicht den Frieden bringen wollte, sondern den Krieg, recht behielt, daß die Menschheit nach seinem Erscheinen national und sozial zerrissener wurde als je vorher, daß es sich selbst in einander verneinende Kirchen und Sekten gespalten hat, das kann nicht Wunder nehmen. Denn es beruht auf der zum Dogma erklärten ontologisch-dualistischen Philosophie der substantiellen Spaltung von Ich und Nichtich, von Leib und Seele, von Gott und Welt, die das Prinzip des egoistischen Individualismus ist. Kein auch von allerhöchster Stelle verkündetes „Du sollst" kann wieder gut machen, was durch jene Prinzipienlehre des agnostischen Egoismus verdorben wird.

4. Die dritte Etappe des hoministischen Sieges: Der Sieg des antichristlichen Hominismus

Die dritte Etappe des hoministischen Sieges über die gnostische Gynäkokratie der Urzeit, dessen Entwicklungsphasen wir skizzieren, bestand in der Überwindung ihrer Apokalypse auch noch in deren letzter apostolisch-christlicher Umgestaltung und hoministischer Entstellung. Erst mit dem Sturze der apostolisch-christlichen Kirche, welche auf diesem Mythus erbaut ist, kann der Hominismus, der ihr doch seinen Triumph im Abendlande verdankte, die christliche Krücke wegwerfen und auf eigenen Beinen in unbegrenztem Fortschritt weitermarschieren, woran ihn bisher die weiblichen Elemente des Evangeliums gehemmt hatten, die noch aus dem Geiste der hebräischen gnostisch-feministischen Urapokalypse stammten. Doch so geschickt der evangelische Mythus auch konstruiert ist — er ist eine bewußt komponierte Bundeslegende —, so daß er auf den ersten Blick aus einem Gusse zu sein scheint, das Unmögliche, den Geist des gnostischen Sophianismus mit dem des antignostischen Jahweismus auf hoministischer Basis zu verschmelzen, konnte nicht gelingen. Sich zwischen zwei Stühle zu setzen, heißt noch nicht die beiden Stühle synthetisch vereinigen, und nur durch ein Sophisma läßt sich eine Synthese von einander ausschließenden Gegensätzen vortäuschen. Diese Methode der irenischen Theologie hat die Kirche als Tradition von den Aposteln übernommen, und eine ihrer Schulen hat sie bekanntlich virtuos ausgebildet. Doch der Jesus der Evangelien, der, obwohl Sohn Jahwes, im Geiste des Sohnes der Sophia lebt, redet und stirbt, aber nur um ihr Reich zu zerstören, konnte weder die theologischen

Ansprüche des gnostischen Feminismus noch die des antignostischen Hominismus auf die Dauer befriedigen. Diese zwitterhaft konstruierte Mischgestalt ist zu kompliziert und schillernd, um eindeutig zu überzeugen, und daher kann auch der Sieg der apostolisch-christlichen Kirche nur vorübergehend sein, obwohl sie ihn gerade durch die Zweideutigkeit ihres Gottes errang, da man, je nach dem propagandistischen Bedürfnis, bald die eine, bald die andere Seite abblenden konnte. Das in sich widerspruchsvolle künstliche Amalgam muß einmal wieder in seine beiden Hälften auseinanderfallen, und ein neuer, bewußt gnostischer Feminismus muß wieder einem neuen, bewußt antignostischen Hominismus gegenübertreten, um den uralten geistigen Kampf der Geschlechter wieder aufzunehmen; denn sonst würde der soteriologische Sinn der Menschwerdung des Einen auf der Erde unerfüllt bleiben. So emanzipierte sich von dem christlichen Juste-Milieu-Hominismus der Kirche unter der Devise *Ecclesia est delenda*, d. h. *écrasez l'infâme*, ein radikaler antichristlicher Hominismus mit einem fast pathologischen Haß gegen die Kirche. In der Zeit des jungen apostolischen Urchristentums, das nicht mit dem alten gnostisch-gynäkokratischen Urchristentum verwechselt werden darf, war die Kirche ein Bund des Hominismus der Armen mit einem religiös-sozialrevolutionären Endziel. Sie erwartete den von den Eingeweihten als Gerichtstag Jahwes bezeichneten allgemeinen sozialen und politischen Umsturz, der durch das Eingreifen Jahwes selbst und seines Messias plötzlich und ohne menschliche Mitwirkung den unvermeidlichen Zusammenbruch der entarteten plutokratischen Gesellschaftsordnung des römischen Reiches bringen werde, womit dann von selbst das Zeitalter der Armen beginnen würde. Die apostolische Kirche war daher ein Bund, der durch Gewaltlosigkeit und Widerstandslosigkeit, also allein durch die magische Konzentration des sich in Gebete äußernden Willens, oder mit andern Worten durch das Ahimsa Gandhis und das Wu Wei Lao-tses den Sieg der Armen über die Reichen zu erzwingen hoffte. Das ist eine Methode weiblicher Magie, die sicher aus den gnostisch-gynäkokratischen Geheimbünden von Sophia und Logos stammt. Für diesen ersehnten und prophezeiten, aber unbekannten Tag hielt sich der Bund der apostolischen Ecclesia bereit, wie heute die „Zeugen Jehovas" oder die „Gemeinschaft der siebenten-Tags-Adventisten", diese letzten echten Apostelschüler. Die Kaiser hatten versucht, den Glauben an die bevorstehende soziale Umwälzung durch Verfolgungen und Hinrichtungen zum Stillstand zu bringen; aber der religiös-revolutionäre Wille der christlichen Bruderschaft wurde durch die Martyrien dieser „Zeugen Jehovas" nur gesteigert. Besser verstanden es Konstantin und seine Nachfolger die Gefahr zu beschwören, indem sie selbst durch die Taufe dem Bunde beitraten, um durch ihren Einfluß die revolutionären Erwartungen zu lähmen, umzubiegen und zu fälschen. Aber die fremden Eindringlinge waren schon seit mehr als einem Jahrhundert gekommen und hatten die ursprüngliche Willenseinheit des Bundes geschwächt, der sich nur durch Ablehnung aller geistig nicht zugehörigen Elemente in seiner magischen Kraft hätte erhalten können. War schon so lange vor Konstantin durch das langsame Einsickern der Bourgeoisie und der Intelligenz die Kirche keine exklusive Kirche der Armen mehr, so ließen sich jetzt, als alles was Karriere machen wollte, dem Beispiele der Majestäten folgen mußte, die Reichen, ihr Vermögen behaltend, in Masse taufen, obwohl es doch einmal geheißen hatte, ein Kamel werde eher durch ein Nadelöhr gehen als sie durch das Himmelstor. Die zu Reichsbischöfen gewordenen und von den Dotationen der Cäsaren lebenden Nachfolger der Apostel konnten nun vom römischen Staate nicht mehr reden wie der Seher von Patmos, und der Tag des revolutionären Gerichtes, durch den über Nacht die Armen zu Herren der Erde werden sollten, mußte *ad calendas graecas* verschoben werden, oder man verlegte noch lieber ihre Belohnung ins Jenseits. Der große apostolischchristliche Umsturz war zunächst abgeschlagen. Fortan mußten Plebs und Aristokratie, Pauperismus und Plutokratismus, im römischen Reiche neben- und miteinander leben, die Armen unter dem Schutze des Klerus und die Vornehmen unter dem Schutze des Kaisers. Denn der pauperistische Hominismus der Plebs und derjenige der Aristokratie, Ecclesia und Imperium, waren wie zwei Staaten, die für den Augenblick aufgehört hatten, sich zu bekriegen, von denen aber prinzipiell jeder den Anspruch auf Einzigkeit in sich trug. Ihr Frieden konnte nur ein Waffenstillstand sein; denn die prästabilierte Harmonie zwischen beiden unter der Führung des Reichsgottes war nur das Schlagwort von Vermittlungstheologen. Trotz dieses sozial-revolutionären Mißerfolges aber hatte der apostolische Bund den größten religiösen Erfolg erzielt: sein Bundessymbol, das Kreuz, und sein Bundesmythus waren Reichssymbol und Reichsglaube geworden. Der Reichsepiskopat aber blieb das revolutionäre Ferment und die Opposition im Staate. Er besaß die geistigen Waffen der Exkommunikation und vereinigte in sich Pontifikat, Zensur und Tribunat, und nie vergaßen die großen Bischöfe die sozialrevolutionäre Herkunft der Kirche. Deren Schätze wurden als das Eigentum der Armen betrachtet, das der Papst, als der *servus servorum Dei,* und die Bischöfe im Dienste der Caritas nur zur Verwaltung hatten. Auf der Masse der Namenlosen und Ungezählten beruhte ihre soziale Macht den Reichen gegenüber, und auf der Caritas beruhte ihre Macht über die Massen; und wenn die Kaiser die Armee ihrer Soldaten aufbieten konnten, so waren sie imstande, die Armeen der christlichen Plebs zu mobilisieren. Noch der mittelalterliche Kampf zwischen Sacerdotium und Imperium war seinem Wesen nach ein sozial-politischer Ständekampf. Die Päpste waren die Verteidiger der demokratischen und sozialen Interessen wie die Kaiser die der feudalistisch-aristokratischen. Francesco, der Poverello von Assisi, der mystische Bräutigam der Madonna Povertà, und seine echten Schüler, die Spiritualen und Fraticelli, scheinen in dieser Zeit am deutlichsten und lebendigsten den revolutionären sozialen Grundgedanken des apostolischen Urchristentums wieder verkörpert zu haben. In der fast symbolhaften Gestalt Bonifatius XIII. richtete sich noch einmal die Ecclesia der Armen gegen den Staat der Mächtigen empor, um dann für immer unter der Brutalität Phillips des Schönen in Anagni zusammenzubrechen. Die Staatsomnipotenz der Starken hatte jetzt, nach jahrhundertelangen Kämpfen, endgültig über die beanspruchte Kirchenomnipotenz gesiegt. Die Kirche wurde durch aufoktroyierte Konkordate gefügig gemacht oder durch eine Vielheit von staatshörigen Landeskirchen ersetzt. Den Reichen und Mächtigen unterworfen, diente sie nun den Staaten als geistige Polizei, um die Ansprüche der Plebs in Schranken zu halten oder diese auf ein besseres Jenseits zu vertrösten. Das war der Sinn des Bündnisses von Thron und Altar. Die Kirche war von sich selbst abgefallen. Sie wurde konservativ im Dienste der feudal-monarchistischen Mächte und verleugnete ihre sozial-revolutionäre Vergangenheit. Die Gesellschaftsordnungen gehen mit ihren Göttern, ihren hypostasierten Ideen, unter, und die Götter mit ihren Gesellschaftsordnungen; sie sind magisch verbunden wie das Scheit Holz und das Leben Meleagers. Haß gegen den Gott ist immer Haß gegen seine Gesellschaftsordnung. Das Volk emanzipierte sich von seinem historischen Führer, dem Klerus, der mit seinem Gotte zu den Gegnern übergelaufen war; die soziale Revolution des XVIII. Jahrhunderts mußte deshalb notwendig einen antichristlichen Charakter tragen. Im XVI. Jahrhundert hätte die europäische Revolution noch im Namen des historisierten Messias der Apostel und der von ihnen gegründeten Kirche der Armen Jahwes ausbrechen können. Matthias Grünewald und Thomas Müntzer hatten den im hominitischen Evangelium verborgen liegenden Explosivstoff wieder entdeckt, von dem weder „das sanft lebende Fleisch zu Wittenberg", wie Luther von Müntzer genannt wurde, etwas wissen wollte noch Raffael etwas wissen konnte, der den aristokratischen Gott der Renaissancefürsten malte, der als eleganter junger Mann in Schönheit starb. Aber 1789 war die Zeit dafür vorüber. Man hatte kein Interesse mehr, noch einmal den apostolischen Jesus als den Gott der Enterbten der selbstsüchtig und untreu gewordenen Kirche entgegenzusetzen; und wenn man zuweilen von dem *bon sansculotte* Jesus sprach, so war das nur eine Albernheit ohne theologische Bedeutung. Doch als die ehemalige Kirche der Armen ihr Lebensgesetz, das der geistigen Opposition gegen den Staat der Reichen und Mächtigen, vergessen hatte, wurde sie unfruchtbar an Gedanken und Taten. Die Aristokratie des *ancien régime* verachtete und verhöhnte sie, und die Armen, die sich von ihren Tribunen verraten fühlten, haßten sie. Die christliche Revolution, welche die religiösen und sozialen Grundlagen des römischen Reiches untergraben hatte, war spiritualistisch und passiv gewesen; die plebeisch-materialistische Revolution, welche das europäische *ancien régime* stürzte und die der dritte Stand, innerhalb dessen sich Bürgertum und Proletariat noch nicht zu bewußten Klassengegensätzen gespalten hatten, gegen die Privilegierten entfesselt hatte, war von Anfang an antichristlich, materialistisch und aktivistisch. Erzogen durch die Popularphilosophie der Enzyklopädisten hatte nämlich die plebeische Revolution in Frankreich die handfeste und klotzige Doktrin des Materialismus als Waffe gegen den unsicher gewordenen christlichen Spiritualismus gefunden. Der christliche Klerus aber war sowohl als privilegierter Stand wie als Lehrer der offiziellen konservativen Gesellschaftsdoktrin zum Untergang verurteilt. Dieser Kampf zwischen Revolution und Gegenrevolution, zwischen dem materialistischen und spiritualistischen Hominismus aber ist ein Religionskrieg, in dem einer der beiden Gegner auf dem Schlachtfelde bleiben muß. Als nun die bürgerliche Hälfte des dritten Standes von ihrem Revolutionsgewinn befriedigt war und sich, um das Gewonnene zu konservieren, mit den Mächten der Gegenrevolution verbündete, als das Bürgertum sein materialistisch-revolutionäres Wesen verleugnend, sich mit dem Munde christlich-spiritualistisch zu gebärden anfing, um ungestört praktisch-materialistisch leben zu können, da begann der unbarmherzige Klassenkampf zwischen den beiden Hälften des dritten Standes. Jetzt setzte das Proletariat allein den Kampf für den materialistischen Hominismus und seinen materialistischen Staat fort, den die bürgerliche Scheinheiligkeit verraten hatte.

Was ist nun das Wesen des materialistischen Hominismus, in dessen Zeitalter die Menschheit eingetreten ist? Materialistisch-phänomenalistische Ontologie und dualistisch-spiritualistische müssen als die zwei Formen derselben Negation, als ihre notwendige Polarität, natürlich in verschiedenen Individuationen des Einen, zugleich mit dem agnostischen Ichbewußtsein desselben, entstanden sein. Beide Ontologien sind also die Doppelfrucht des hoministischen Sündenfalls des Einen aus seinem gnostischen Ichbewußtsein, die zwei Irrwege seiner Unwissenheit über sich selbst. Man muß daher schon für die Urzeit des revolutionären Hominismus einen Kampf zwischen den beiden antignostischen Tendenzen des hoministischen Geistes voraussetzen, von denen keine aus der andern abgeleitet werden kann. Es werden also schon mit dem Beginn der hoministischen Menschheitsperiode Stämme nebeneinander bestanden haben, von denen die einen unter Führung von materialistischen, die andern von spiritualistischen Männerbünden standen, die beide zum Sturz der gnostischen Gynäkokratie verbunden waren. Beide werden einander beeinflußt haben, so weit sie sich nicht gegenseitig exkommunizierten. Die Waffe in diesem Kampf gegen das gnostische Ichbewußtsein der Identität im Namen des hoministisch-agnostischen Ich-Nichtichbewußtseins der Differenz war bei den materialistischen Stämmen die physische Gewalt, bei den dualistischen die magische Suggestion; aber die eigentlichen Sieger über die gnostische Gynäkokratie sind offenbar die letzteren gewesen. So kam es, daß die dualistisch-hoministische Ontologie den historischen Vortritt erhielt, während die monistisch-materialistische zu ihrer vollen Bewußtwerdung noch warten mußte, obwohl sie zu gewissen Zeiten der menschlichen Geistesgeschichte immer wieder als Antithese ihren Widerspruch gegen die dualistisch-spiritualistische erhob, bis sie schließlich in dieser innerhoministischen Dialektik des männlichen Poles als die stärkere antignostische Verneinung und damit als der stärkere Widerspruch gegen die gnostische Gynäkokratie sich durchsetzte. So ist nun in der historischen Dialektik der beiden Geschlechter des Einen der monistisch-materialistische Hominismus an Stelle des dualistisch-spiritualistischen zum dominierenden negativen Gegenpol der gnostischen Gynäkokratie geworden. Der in der hoministischen Urzeit besiegte Materialismus hatte seine späte Revanche; in den primitiv materialistischen Stämmen aber hatte der Keim gelegen, aus dem die vollkommenste Antithese zur gnostischen Gynäkokratie erwachsen sollte, nämlich der materialistische Staat.

Erst jetzt, in seiner materialistischen Periode, hat der Hominismus die Formulierung für die radikalste Verneinung der Gnosis gefunden. Was man Entwicklungsgeschichte des menschlichen Geistes zu nennen pflegt, sollte genauer Entwicklungsgeschichte des männlichen Geistes heißen; es ist die Entwicklungsgeschichte des phänomenologistischen Verstandes auf Kosten der gnostischen Vernunft. Sich selbst überlassen, mußte das männliche Geschlecht, ohne die gnostische Forderung des weiblichen, sein spezifisch phänomenalistisches Denken hypertrophisch entwickeln und schließlich die gnostische Phänomenologie durch eine antignostisch-materialistische verdrängen. Der dualistische Hominismus hatte das Absolute auf einen supranaturalen persönlichen Gott reduziert; aber dieser könnte als Individuum doch nur als eine übermenschliche Individuation des Absoluten, also nur als eine relative Erscheinung, verstanden werden. Der monistisch-materialistische Hominismus dagegen beseitigt das Absolute, indem er die Materie zum Durch-sich-selbst-seienden Absoluten erklärt, die doch ebenfalls nur als eine Erscheinungsform des Einen da ist. Im Gegensatz zu einander über die Frage, durch welche seiner Erscheinungen oder durch welche Vorstellungen von hypothetischen Erscheinungen das Erscheinende dogmatisch am zweckmäßigsten und täuschendsten zu ersetzen sei, sind Supranaturalismus und Materialismus einig in seiner Verneinung. Denn beide negieren das Eine, einmal weil sie die Identität negieren, um ihr agnostisch-egoistisches Ichbewußtsein zu retten und zu rechtfertigen, und zweitens, um der gnostischen Gynäkokratie ihre geistige Grundlage zu entziehen.

Die Urmenschheit, als die das Eine sich erschien, war eine *humanitas gnostica*, in der es sich als das in allen Erscheinungen Erscheinende erkannte. Sie erkannte als ihre Bestimmung die fortschreitende Vergeistigung der Leiber durch die gnostische Intuition. Denn der Geist ist der Gestalter und Herr des Leibes, der durch ihn gnostischer Leib werden will; und die gnostische Gynäkokratie hatte das Bewußtsein dieser Bestimmung durch die Idee der im noumenalen Androgyn symbolisierten *Unio gnostica* des Einen mit sich selbst lebendig erhalten. Aber die gnostische Leibwerdung des Einen wurde durch seinen Sündenfall in das agnostische Ichbewußtsein des Hominismus unterbrochen. Auf der Stufe des materialistischen Ichbewußtseins weiß das Menschheit gewordene Eine von sich nur noch als von materiellen Leibern mit materiellen Bedürfnissen, es erscheint sich daher als eine mit phänomenologistischem Verstand begabte Tiermenschheit. Wie also das Eine durch sein gnostisches Ichbewußtsein zum gnostischen Leibe wird, also sich gnostisch vergeistigt, so wird es durch sein materialistisches Ichbewußtsein zum sich entgeistigenden materialistischen Leibe. Denn der Materialismus, der die Materie überhaupt erst materialisiert, verhindert ihre Vergeistigung in ihrer gnostischen Leibwerdung, indem er aus ihr, die nur ein Abbild der überphänomenalen Substanz ist und nur eine Erscheinungsrealität besitzt, eine absolute substantielle Realität macht. Damit aber wird der sogenannten Wirklichkeit ihr Erscheinungscharakter abgesprochen, wird sie also selbst zur absoluten Realität. Eine materialistische Tiermenschheit aber, in der das Eine wie im Tiere im Bewußtsein der absoluten Differenz von Ich und Nichtich stecken bleibt, für welche also die auf der gnostischen Intuition beruhende gnostische Leibwerdung kein Entwicklungsziel des Einen ist, kann den einzigen Sinn ihrer sinnlosen Existenz nur in der Erhaltung derselben und in der Steigerung ihres materiellen *standard of life* erkennen. Ihr materialistisch-existentielles

Denken, das sich konsequent monistisch als der Materie selbst entsprungenes Epiphänomen verstehen muß, hat nur zwei wesentliche Objekte, nämlich die Wirtschaft und die vernunftlose, ausschließlich phänomenologistische, der Wirtschaft dienende Wissenschaft. Die materialistischen Männerstaaten aber sind materialistische Wirtschaftsstaaten. Die Soteriologie des materialistischen Hominismus erblickt daher das Heil der tiermenschlichen Gesellschaft in der Wirtschaft. Für die gnostisch-gynäkokratische Soteriologie, die eine Lehre von der Erlösung des Einen ist, besteht das Heil in seiner gnostischen Leibwerdung, durch die es sich seiner als des in Subjekt und Objekt Identischen bewußt wird; sie besteht also in der Befreiung des Einen von der Unwissenheit über sich selbst. Für die hoministisch-materialistische Heilslehre besteht dagegen die Erlösung in der Befreiung des Leibes vom Bewußtsein des Absoluten, also in der Erhaltung des Bewußtseins von der absoluten Differenz von Ich und Nichtich, also in der Errettung des tiermenschlichen Leibes. Diese geistige Perversität sagt daher: wenn Ihr nicht zu Tiermenschen werdet, werdet ihr nicht in das materialistische Himmelreich eingehen, das wir auf der Erde errichten wollen. Es ist aber nicht mehr nötig zu sagen, daß dieses auf dem agnostisch-materialistischen Ichbewußtsein des Leibes errichtete Himmelreich in Wirklichkeit nur das Höllenreich individuell und kollektiv einander quälender und vernichtender Dämonen sein kann. Wenn also auch diese wissenschaftlich-wirtschaftliche Tiermenschheit Universitäten, Theater und Kirchen baut, so dienen alle diese Einrichtungen nur dem einen Zweck, diese materialistische Tiermenschheit auf der antignostisch-hoministischen Bewußtseinsstufe des Sündenfalls festzuhalten und ihre gnostische Unwissenheit an die folgenden Generationen weiterzugeben, wie sie ihr selbst von ihren Vätern vererbt war.

Die plebeisch-materialistische Revolution des XVIII. Jahrhunderts war zwar vom Bürgertum begonnen worden, aber sie wird vom Proletariat zu Ende geführt. Dieser Sieg des totalen proletarisch-materialistischen Hominismus über den inkonsequenten bürgerlichen ist aber mehr als ein nur ökonomischer Sieg über den männlichen Klassenfeind auf der andern Seite der Barrikade; beide kämpfen zugleich auch um die Herrschaft über das weibliche Geschlecht. Die Zeit des bürgerlichen individualistischen Materialismus war wesentlich eine Periode der Auflösung aller alten moralischen und religiösen Bindungen; sie vermochte zwar die alchimistische Forderung der Solve, aber nicht die mit ihr verbundene des Coagula zu erfüllen. Die geistige Unterwerfung des weiblichen Geschlechtes unter die antignostisch-hoministische Zielsetzung ist die erste Voraussetzung und die letzte Bestimmung der Männerstaaten. Die ersten Staaten, d. h. die ersten hoministischen Männerbünde des Sündenfalls in das agnostische Ichbewußtsein, sind als Kampfbünde zum Sturz der gnostischen Gynäkokratie der Urzeit entstanden, und noch die wesentlichste Aufgabe der letzten wird es sein, deren Wiedererstehung unmöglich zu machen. Das ist ihre *raison d'être*, das ist die Basis aller Staatsraison, die instinktiv unbewußt in allen agnostischen Männerstaaten, die noch lebenskräftig sind, wirksam ist; aber ihre Führer wenigstens müssen sich dieser Grundlage bewußt sein. Der bürgerlich-liberalistische Materialismus hominisierte zwar die Frau im Geiste seines anarchisch-individualistischen Prinzips; aber wenn das weibliche Geschlecht aus ihm die Folgerungen zog, die sich für sein eigenes Interesse ergaben, dann war die Existenz des Männerstaates selbst in Frage gestellt. Wir reden hier natürlich nicht von den verdienstvollen sozial-caritativen Frauenorganisationen, die, den Männerstaat bejahend, unter offener oder getarnter Leitung von Männerparteien stehen und indirekt in deren Interesse tätig sind, sondern von der politisch-geschlechtsrevolutionären bürgerlichen Frauenbewegung. Deren politisches Ziel war es offenbar, nicht nur eine Karikatur des Männerstaates sondern auch eine Parodie auf die gnostische Gynäkokratie zu liefern. Denn ihr Feminismus hatte nichts mit der gnostischen Tradition des weiblichen Geschlechtes zu tun, sondern war nur eine unechte und sentimental-geschlechtsegoistische Nachäfferei des liberal-materialistischen Hominismus. Der bürgerliche Hominismus aber war erledigt, als der bürgerliche Feminismus gerade durch die Übernahme seiner Forderungen die innere Unwahrhaftigkeit seiner Schlagworte *Liberté, Égalité, Fraternité* und die seiner *Déclaration des droits de l'homme* enthüllte, die übrigens ursprünglich gar nicht als allgemeine Theorie der Menschenrechte gedacht waren, sondern nur die Forderungen des revolutionären bürgerlichen Hominismus, also Männerrechte, proklamierten. Doch der halbe Hominismus des individualistisch-materialistischen Bürgertums räumt vor dem totalen Hominismus des kollektiv-materialistischen Proletariats das Feld. Zwar hatten schon die verschiedenen Arten des antifeministischen Faschismus versucht, dem männlichen Geschlechte sein hoministisches Staatsbewußtsein und damit das Bewußtsein seines Herrentums zurückzugeben; aber den faschistischen Hominismus besiegte der bolschewistische, dem eine homogenere und geistig anspruchslosere Männermasse zur Verfügung stand. Daß aber bei hoministischen Revolutionen seit jener ersten urzeitlichen Revolution gegen die gnostische Gynäkokratie nicht Rosenwasser, sondern Menschenblut fließt, sollte auch das sentimental-heuchlerische Bürgertum wissen, das für seine jakobinische Weltverbesserung die Hilfe der *Sainte Guillotine* anrief und, die Carmagnole tanzend, zur Erlösung der Menschheit den letzen Pfaffen am Gedärme des letzten Königs aufhängen wollte. Für die Frau aber bedeutete die Diktatur des Proletariats die Diktatur des proletarischen Hominismus über das weibliche Geschlecht; und der totale kollektiv-materialistische Weltstaat oder Weltstaatenbund, der zugleich materialistische Weltkirche ist, bedeutet nichts anderes als die totale physische und geistige Organisierung des ganzen männlichen Geschlechtes gegen das gesamte weibliche. Die ganze Geschichte des Hominismus ist die Geschichte der Angst seines agnostisch-egoistischen Ichbewußtseins vor der Möglichkeit eines Wiedererwachens des gnostischen Identitätsbewußtseins durch die gnostische Gynäkokratie. In der Philosophie des kommunistisch-materialistischen Hominismus hat diese Angst ihren Höhepunkt erreicht, auf dem sie deshalb auch zur Abwehr der Gefahr das System der vollendeten Negation des Absoluten aufstellen konnte, ohne zu begreifen, daß dieses System nur die vollendete Antithese in der Dialektik der Geschlechter des Einen selbst ist; das ist auch der letzte Sinn des Begriffs „dialektischer Materialismus". Um zu verhüten, daß das männliche Geschlecht aus seinem agnostisch-materialistischen Tiermenschenbewußtsein durch die gnostische Gynäkokratie zum Menschentum erweckt werde, muß der materialistische Hominismus das andere Geschlecht selbst zu seinem Tiermenschentum herabziehen. Er muß es materialistisch hominisieren. Indem er aber dem gnostisch-gynäkokratischen Geschlechtergesetz der *Unio gnostica* das hoministische der *Unio materialistica* entgegenstellt, entwertet er mit der Liebe das ganze weibliche Geschlecht; denn für die „fortschrittliche" Frau ist die Liebe eine individualistisch-atavistische Zeitvergeudung, durch welche ihre produktive Arbeit am Traktor, am Fließband oder der Drehbank für den zu ihrer Unterdrückung und geistigen Versklavung organisierten Männerstaat nur gestört wird. Wenn aber auch der materialistische Kommunismus das letzte Wort über das Schicksal, das er der Frau zu bereiten gedenkt, offen auszusprechen noch nicht für opportun hält, so liegt es unausgesprochen in der Logik seines Systems. *Toutes pour tous et tous pour toutes,* wie es im *Roman de la Rose* heißt. Würde der kommunistische Hominismus auf dieses Endziel seiner Geschlechterpolitik verzichten, so gäbe er seinen Anspruch auf Totalität preis und entlarvte sich selbst als inkonsequentes Kleinbürgertum. Erst mit der Einführung der materialistischen Weibergemeinschaft durch seinen unfehlbaren und omnipotenten Männerstaat kann der kommunistische Hominismus sagen, daß er seine Bestimmung als totaler Antithese zur gnostischen Gynäkokratie und ihres Gesetzes der *Unio gnostica* erfüllt hat; bis dahin ist der ökonomisch verwirklichte Kommunismus nur ein halber und unechter. Aber die fortschrittliche, d. h. materialistisch pervertierte Frau wird ihm ihr Geschlecht ausliefern und helfen, noch ein wirklicher und totaler zu werden. Es ist der letzte Grad der Selbstentwürdigung und Abdankung, zu der das einmal in der Urzeit gnostisch-gynäkokratisch gewesene Geschlecht fähig ist, und es ist auch die letzte Stufe der Verachtung, die das männliche Geschlecht der besiegten Frau bezeugen kann. Das Kollektiv der Weibchen ist mit seinen Jungen endlich der totalen Versklavung durch das Kollektiv der Männchen und deren Staatsomnipotenz als deren physisches und geistiges Eigentum verfallen. Der materialistische Hominismus kann nun sein mit dem Sündenfall in das agnostische Ich-Nichtichbewußtsein begonnenes Werk, die Züchtung einer Gattung von in Promiskuität und im Kampf um ein sinnloses Dasein lebenden entpersönlichten Tiermenschen, zu Ende führen; denn wenn man den Menschen vom Tiere her deutet, bleiben notwendig die Tiergattungen sein anthropologisches, soziologisches und geschlechtspolitisches Vorbild. Dieses unbewußt instinktive oder bewußte eschatologische Telos aber muß man vor Augen haben, um das Wesen des materialistischen Hominismus zu verstehen. In ihm spricht sich die Sehnsucht zur Tierexistenz aus, die das in der Menschheit individuierte Eine, um sich die Mühe der gnostischen Menschwerdung zu ersparen, durch den vernunftlos gewordenen Verstand zu erreichen hofft. Aber gerade ihres Verstandes wegen wird die Menschheit nie reine Tierheit werden können; sie wird nur eine von ihrer gnostischen Idee abgefallene, also eine zur sich agnostisch begattenden Tiermenschheit degenerierte Menschheit bleiben, eine unglückselige und tragikomische Zwischenstufe zwischen Tier und Mensch.

III. DER SIEG ÜBER DEN AGNOSTISCHEN HOMINISMUS

1. *Die Wiedererstehung des gnostisch-gynäkokratischen Doppelordens von Sophia und Logos*

Bliebe das Eine auf dieser tiermenschlichen Seins- und Bewußtseinsstufe stehen, so gehörte unser kosmisches Sandkorn Erde zwar zu den berufenen, aber nicht zu den auserwählten Sternen. Denn der soteriologische Sinn des kosmisch-anthropologischen Prozesses, in den das sich erscheinende Eine durch seine Subjekt-Objekt-Spaltung einging, bliebe unerfüllt, weil die gnostische Kraft der menschlichen Gattung, in der es sich individuiert hatte, ihn zu fassen und zu verwirklichen nicht ausreichte. „Ein großer Aufwand, schmählich! ist vertan", dürfte dann Mephisto, auf unser Sonnensystem blickend, diesmal zufrieden, feststellen. Indessen ist dieses angeblich unvermeidliche Ende der Menschheit „unter der Sonne Satans" (*Bernanos*) nur das von dem professionellen Verneiner des gnostischen Telos seinen Opfern suggerierte Wunschbild der Negation. Goethe aber, der Prophet der Mater Gloriosa, d. h. der gnostischen Sophia, sieht, wie die Göttin durch ihre plötzliche Epiphanie das männliche Geschlecht, das sich einst kollektiv dem Satan, dem negativen Prinzip des agnostischen Ichbewußtseins, verschrieben hatte, um das weibliche Geschlecht physisch und geistig in seine Gewalt zu bekommen, von diesem Sturz in den Satanismus, allen mit Blut geschriebenen und mörderischen Verträgen zum Trotz, wieder zu einem Leben in beständig sich vertiefender Gnosis emporzieht. Die weibliche Liebeskirche der sich wieder offenbarenden Sophia gloriosa bleibt die Siegerin über die egoistisch-hoministische Satanskirche, die als die Negation der geistigen Liebe in Lächerlichkeit und Ohnmacht untergeht. Zwar ist die Menschheit am agnostischen Ichbewußtsein des Hominismus tödlich — nämlich bis zum Tode im Tiermenschentum — erkrankt; aber solange noch das sich als zweigeschlechtliche Menschheit erscheinende Eine in seinem weiblichen Geschlecht sich auf dessen gnostische Bestimmung und historische Tradition zu besinnen vermag, ist dieses auch imstande, die agnostisch-hoministische Antithese mit ihrem phänomenologischen Nihilismus zu überwinden. Es ist nicht schwer, das ins Unterbewußte verdrängte Überbewußtsein durch geistige Besinnung wiederzufinden, denn diese Verdrängung ist nur das Ergebnis einer widergeistigen Erziehung; und auf die stärkste Verneinung des Absoluten durch das männliche Geschlecht wird dessen stärkste Bejahung durch das weibliche antworten müssen. Näher läßt sich der Kairos für das Wiedererscheinen der Sophia nicht bestimmen; er kann ebensogut schon morgen wie in 500 Jahren kommen, wenn auch der zweite Termin die größere Wahrscheinlichkeit für sich hat, weil die negative Antithese, um sich selbst zu widerlegen, erst logisch zu Ende gedacht und gelebt sein muß. Das sind aber die beiden einander polar entgegengesetzten Wendepunkte der menschlichen Geschichte: der vergangene des Sündenfalls, des Verschwindens der Sophia, der Katabasis der Menschheit in das agnostische Ichbewußtsein und der künftige der Anabasis in das gnostische Ichbewußtsein, der des Wiedererscheinens der Sophia, mit dem ein neuer gnostisch-gynäkokratischer Äon beginnen würde.

Da das Eine durch sein Wesen bestimmt in die subjektiv-objektive Spaltung der einander teleologisch begehrenden Dinge eingehen muß, um sich in einer zweigeschlechtlichen Gattung von Bewußtseinsleibern gnostisch als das überphänomenale Identische zu erkennen, so beruht das Telos dieser Spaltung und Geschlechterdifferenzierung auf dem Willen, sich gnostisch mit sich selbst zu vereinigen, also auf seinem Willen zur *Unio gnostica*. Das Eine mußte also zweigeschlechtliche Menschheit werden, um sich selbst gnostisch lieben zu können. Auf den niederen phänomenalen Seinsstufen *begehren* die Individuationen des Einen einander nach den Gesetzen ihrer Natur, ohne zu wissen, was ihre Begierde bedeutet; erst als menschliche Gattung vermag das Eine sich in wechselseitiger Erkenntnis zu *lieben*. Diese gnostische Erkenntnis aber ist durch ihre eigene Kraft das oberste Regulativ der wechselseitigen Begierde; die physiologische Vereinigung kann nur das nicht einmal unerläßliche Ende oder die Sichtbarwerdung der vorausgegangenen geistigen Vereinigung sein. Der gnostische Eros ist also die aus dem Absoluten selbst sich ergebende absolute Norm der menschlichen Liebe; vom Telos des Menschengeschlechtes aus betrachtet ist daher die *Unio agnostica* der zwei Geschlechter anormal und widernatürlich, weil tiermenschlich und unpersönlich. Denn erst wenn das Eine in einer männlichen oder weiblichen Erscheinung zum gnostischen Ich-Nichtichbewußtsein gekommen ist, ist es Persona geworden, d. h. also eine Erscheinungsmaske, durch die es, seiner selbst bewußt geworden, „hindurchtönt", personat. Die Würde der Person beruht aber ausschließlich auf diesem Bewußtsein ihres Ursprungs und ihrer Bestimmung; wenn sich aber menschliche Erscheinungen ohne dieses Bewußtsein eine Persönlichkeit und dünkelhafte Würde zudiktieren, und diese Würde in ihrem So-sein erblicken statt in dem Willen, nicht mehr so zu sein wie sie sind, so spielen sie eine tragische Komödie. Nur Personen also können zur Liebe und zur *Unio gnostica* fähig sein; die zum gnostischen Bewußtsein unfähigen menschenähnlichen Erscheinungen sind unpersönliche Individuen, die sich, ohne Liebe, in *Unio agnostica*, nur dem Begattungstrieb gehorsam, fortpflanzen. Von diesen mißglückten Erscheinungen ist die Erde unheildrohend übervölkert; denn wie Goethe im Motto zum „Epimenides" sagt: „Der Geburten zahlenlose Plage / Droht jeden Tag als mit dem Jüngsten Tage". Der gnostische Eros, werden wir also sagen, ist seinem Wesen nach der Affekt, durch den das in zwei gnostischen Personen verschiedenen Geschlechts zum Bewußtsein seiner selbst gekommene Eine in einer dritten Person, dem gnostischen Androgyn, die metaphysische Identität seiner zwei Potenzen im Phänomenalen symbolisch verwirklicht. Ein gnostischer Androgyn ist daher für alle Ewigkeit unzerreißbar und unauswechselbar. Wenn aber das, um sich selbst lieben zu können, in der Subjekt-Objekt-Form sich erscheinende überphänomenale Eine mehr als ein abstrakter Begriff sein soll, dann muß das sich als lebendiger Kosmos erscheinende Eine in sich selbst ein für seine menschlichen Individuationen unbegreiflich Überlebendiges sein. Das einzige, was menschliche Vernunft vermag, ist, aus dem phänomenalen Dasein stammende Kategorien auf das ganz wesensverschiedene überphänomenale Sein des Absoluten symbolisch anzuwenden, ohne dabei das Bewußtsein von deren völliger Inkongruenz und Unzulänglichkeit zu verlieren. Doch „Deines Geistes höchster Feuerflug / Hat schon am Gleichnis, hat am Bild genug" *(Goethe).* Und da das Eine von sich wissen und reden will und muß, so bleibt ihm auf seiner menschlichen Bewußtseinsstufe nichts anders übrig, als sich dieser Symbolsprache zu bedienen. Wenn sich also das Eine räumlich-zeitlich in zwei Geschlechtern individuiert erscheint, die sich wechselseitig als liebendes Subjekt und geliebtes Objekt gegenüberstehen, deren in der Zeit ewiges Telos die *Unio gnostica* ist, dann läßt sich aus dieser seiner Sichtbarwerdung schließen, daß es an sich seinem Wesen nach die überzeitlich ewige Einheit und Identität der beiden Potenzen in ihrer Überphänomenalität ist, d. h., daß sein überphänomenales dynamisches Leben in der absoluten Liebe seiner selbst durch sich selbst besteht, deren matter Abglanz nur die reziproke gnostische Liebe selbst seiner geistig vollkommensten Individuationen sein kann. So ist das noumenale Eine nicht als statisches und erstarrtes parmenideisches Absolutes zu verstehen, sondern als noumenales Liebesleben. Das noumenal-lebendige Urbild des phänomenal-lebendigen Abbildes muß daher als überräumliches und überzeitliches Leben gedacht werden, das sich ontologisch ewig in die zwei Potenzen Sophia und Logos spaltet, die durch die Liebe ewig zur androgynen Einheit verschmolzen sind. Das Eine ist also die noumenale weibliche Potenz Sophia in ihrer Besonderheit, das Eine ist ebenfalls die noumenale männliche Potenz in ihrer Besonderheit, der Logos, und das Eine ist der noumenale Androgyn Sophia-Logos, die untrennbare Einheit beider Potenzen; so daß das Sein und Leben des Einen als ein noumenal-trinitarisches Liebesleben gedacht werden muß. Der phänomenale Androgyn der räumlich-zeitlichen Individuationen des Absoluten ist also nur das unvollkommene Abbild des noumenalen ewigen. Daß die Begriffe Vorher, Nachher, Gleichzeitig und Nebeneinander hier keine räumlich-zeitliche Bedeutung, sondern eine logisch-noumenale haben, ist zu bemerken wohl überflüssig. Wenn aber auch beide Potenzen in dem Einen gleich ewiger Natur und gleichwertig sind, so hat doch die weibliche Potenz als die liebend aufnehmende in dieser weiblichen Trinität, die ein Ternar der Liebe und nicht der Vergewaltigung ist, den Vorrang vor der anderen; diese Hierarchie findet ihren Ausdruck in der Bezeichnung der weiblichen Potenz als der Mutter und die der männlichen als ihres Sohnes und Geliebten. Es ist nur eine Variante des bildlichen Ausdrucks, wenn die beiden noumenalen Potenzen Schwester und Bruder genannt werden; denn auch dann hat das weibliche Geschlecht den Primat. Das trinitarische Liebesleben des Einen ist daher als ein noumenal gnostisch-gynäkokratisches zu denken. Dieses sein überphänomenales trinitarisches Wesen erkannte das Eine schon in der gnostisch-gynäkokratischen ersten Menschheit, indem es in deren universell verbreiteten Religion vom göttlichen Androgyn seine ganze noumenal-trinitarische Natur hieroglyphisch zusammenfaßte. In einem früheren Aufsatze zeigten wir, wie diese ursprünglich gnostisch-feministische Trinitätslehre nach vielen vorausgegangenen und unvollkommenen Versuchen früherer Religionen zuletzt durch die christliche am konsequentesten und radikalsten hominisiert und damit endgültig aufgehoben wurde; dieses christliche Mysterium aber wird erst verständlich, wenn man es als das hoministische Gegendogma gegen das gnostisch-feministische versteht. Durch diese hoministische Mysterienlehre, die übrigens nur den Abschluß einer mit dem Sündenfall beginnenden antignostischen und antifeministischen Spekulation des hoministischen Willens bildet, wurde nicht nur das weibliche Prinzip durch den Androgyn Vater-Sohn aus dem Absoluten eliminiert sondern mit ihm auch die Forderung der *Unio gnostica* nach dem Urbild des noumenalen Androgyns Sophia-Logos aufgehoben; d. h. aber, daß mit der weiblichen Potenz selbst auch die Unio der beiden Geschlechter entwertet wurde, der seitdem nur noch eine ephemer-phänomenologische Bedeutung oder Bedeutungslosigkeit zukommen konnte. Alles aber, dem seine metaphysische Grundlage entzogen ist, wird notwendig gemein.

Die neue Epiphanie der dem Bewußtsein der Menschheit im hoministischen Äon entschwundenen Sophia als „Jungfrau, Mutter, Königin und Göttin" *(Goethe),* vollzieht sich in der Wiedererstehung des gnostischen Frauenordens, dessen hypostasierte teleologische Idee sie ist. Wie aber nun die noumenale Sophia als die erste Potenz des trinitarischen Einen nicht ohne dessen von ihr geborene zweite Potenz, den noumenalen Logos, gedacht werden kann, da sie beide nur als korrelative Hälften des noumenalen untrennbaren Androgyns Sophia-Logos, zu verstehen sind, so muß auch die in den gnostischen Frauenorden zeitlich-phänomenal erscheinende Sophia ihren Sohn, den in der Zeit erscheinenden noumenalen Logos gebären, d. h. den in ihm als seiner hypostasierten teleologischen Idee geeinten gnostischen Männerorden. Die Geschichte des gnostischen Doppelordens konnte daher, wie es in den gnostisch-gynäkokratischen Apokalypsen geschah, nur mythisch-symbolisch, d. h. in hieratischer Sprache, als die Geschichte des Androgyns Sophia-Logos selbst erzählt werden. Auch der einmal wiedererstehende gnostische Orden der Sophia aber wird notwendig, gleich seinem Vorläufer in der gnostisch-gynäkokratischen Urzeit, wieder ein Orden von *virgines gnosticae*, von Jungfrauen des gnostischen Wissens, sein müssen. In dem symbolischen Mythus von der Jungfrau-Mutter Sophia und ihrem Sohne, dem Logos, ist das gnostisch-gynäkokratische Verhältnis der beiden

Orden ausgesprochen. Der gnostische Männerorden ist also von dem gnostischen Jungfrauenorden gegründet; der Logos ist daher von ihm ohne männliche Mitwirkung geboren. Mit dem Erwachen des gnostisch-teleologischen Bewußtseins des Einen in seiner urzeitlichen weiblichen Potenz erkannte diese also auch ihre Bestimmung und Verantwortung dem männlichen Geschlecht gegenüber. Da es ihre Aufgabe war, gnostische Bewußtseinsleiber als die künftigen Individuationen des Einen zu gebären, so war die Züchtung eines gnostischen Menschengeschlechtes in ihre Hand gelegt; sie hatte also der männlichen Potenz das Geschlechtergesetz der *Unio gnostica* zu verkünden; denn nur durch die gnostische Gynäkokratie ist die Züchtung einer gnostischen Menschheit möglich. Wer die erstere verneint, verneint auch die letztere; und wer diese bejaht, muß auch ihre Voraussetzung fordern. Wenn aber auch der gnostisch-gynäkokratische Doppelorden von Sophia und Logos die Erotologie der *Unio gnostica* lehrte, so war diese ihm selbst durch die eigene Ordensdisziplin verwehrt; denn natürlich muß schon der urzeitliche Doppelorden einen durch seine Bestimmung geforderten *ordo vitae* besessen haben. Gerade die professionelle Arbeitsteilung beweist die metaphysische Einheit und Solidarität der Menschheit. Jedes Individuum hat in dem großen Orchester sein eigenes, ihm von dem rätselhaften Dirigenten zugewiesenes Instrument zu spielen. Wer zum gnostischen Stand berufen ist, werde nicht Hausvater, und wer zum Hausvater bestimmt ist, trete nicht in den gnostischen Stand, der totale Hingabe verlangt. Beide Stände sind aber teleologisch für die Bestimmung der Menschheit gleich notwendig, was diese in ihrer Urzeit verstanden hatte und was damals auch die Hausväter begriffen, weil sie noch nicht hominisiert waren. Das Eine aber konnte nicht gnostische Menschheit werden, ohne in einem Stand von denkenden Frauen und Männern zum Bewußtsein des Sinnes seiner menschlichen Existenz zu kommen; der gnostisch-androgyne Doppelorden war daher der Kopf der Urmenschheit und die hierarchische Spitze ihrer Gesellschaftsordnung. Wer, — außer denen, die den Doppelorden von Sophia und Logos einmal wieder herzustellen berufen sein werden, — wäre imstande, sich die Tiefe, die Intensität und die *eroici furori* der ekstatischen Begeisterung vorzustellen, als das in dem Doppelorden individuierte Eine sich als das in allen Erscheinungen Erscheinende mit der Gewißheit des intuitiven Selbstbewußtseins erkannte? Wahrlich, es war nicht Geringschätzung der *Unio gnostica*, wenn das in den gnostischen Leibern seines Doppelordens individuierte Eine auf sie verzichtete; es war vielmehr die Virginität des *amor amoris*. Denn der gnostisch-gynäkokratische Doppelorden war ganz seinem Gotte geweiht, dem noumenalen Androgyn Sophia-Logos, dessen gnostisches Liebesreich in der Menschheit zu errichten er berufen war. Die gnostische Versenkung in das Wesen und den Sinn der Erscheinungswelt, die Verkündigung der gnostischen Erotologie und die Prophetie von der gnostischen Leibwerdung des Einen in der Menschheit ließen diejenigen, denen die Verantwortung für das geistige Schicksal der ganzen Gattung aufgebürdet war, nicht an sich selbst denken. Der Jungfrauenorden ist so alt wie die Ehe selbst. Man muß sogar sagen, daß ohne den Orden der *virgines gnosticae* und ihre Lehre von der *Unio gnostica* des Einen mit sich selbst die hoministische Ehe zu einer animalisch-tiermenschlichen Beziehung hinuntersinkt, der die Segnung keiner hoministischen Religion eine höhere Würde zu geben imstande ist; die Geschichte nicht nur der abendländischen Ehe liefert dafür den Beweis. Für die Erotologie des gnostisch-gynäkokratischen Doppelordens, welche als den Grund für die Subjekt-Objektspaltung des Einen die durch dessen Wesen bedingte Notwendigkeit erkennt, im Phänomenalen zur bewußt gewordenen androgynen *Unio gnostica* mit sich selbst zu kommen, um sich in ihr als die überphänomenale *coincidentia oppositorum* zu begreifen, für diese gnostisch-gynäkokratische Erotologie ist die Liebe notwendig soteriologischer Endzweck des Einen. Aber diese metaphysische Definition der Liebe muß von jeder hoministischen Erotologie als eine ketzerische Bedrohung der auf das agnostische Ichbewußtsein und auf die aus ihm folgende *Unio agnostica* gegründeten Machtstellung des männlichen Geschlechtes verworfen werden. Sowohl die dualistische Erotologie des konservativen christlich-kirchlichen Hominismus wie die des revolutionären monistisch-phänomenologistischen sind aus diesem gemeinsamen Interesse und aus Notwehr verbündete Negationen. Denn die Liebe als soteriologischer Selbstzweck des erscheinenden Einen würde die gnostische Gynäkokratie bedeuten; für die agnostische Erotologie des ichsüchtigen Hominismus kann aber das, was er Liebe nennt, nur Mittel für die Fortpflanzung der gegen diese gnostische Gynäkokratie gerichteten kirchlichen und staatlichen Männerbünde sein. Daher ist das *mulier taceat in ecclesia* so alt, wie der zweite Äon selbst; es verbot dem weiblichen Geschlecht, seine gnostische Erotologie mit ihren philosophischen Voraussetzungen und religiös-soziologischen Folgerungen zu lehren. Die beiden Orden des gnostischen Androgyns wurden vernichtet oder hoministisch umgestaltet. Seinem letzten Ursprung nach gehen aber alle orientalischen und abendländischen Frauen- und Männerorden mit ihrem Virginitätsprinzip auf die Nonnen der Sophia und die Mönche des Logos in der vorhoministischen, gnostisch-gynäkokratischen Urzeit zurück und es ist kein Wunder, daß sich in den hoministischen Umgestaltungen und Nachahmungen dieser Orden trotz der Verschiedenheit des Geistes Erinnerungen in Masse an den gnostischen Geist der Urgestalten erhalten haben. Das patriarchale Prinzip ist inzwischen im Abendlande mit seinen Trägern, den legitimen Dynastien und Aristokratien, durch die revolutionäre Plebs guillotiniert worden. An seine Stelle tritt die brutale Androkratie der Männermasse, die nach der liberal-anarchischen Übergangszeit in den Diktaturen omnipotenter industrieller Männerstaaten enden muß. Sie werden das hominisierte weibliche Geschlecht vom Stumpfsinn der Papagenoehen durch die legale Promiskuität befreien. Nur ein gnostischer Frauenorden, nicht etwa ein Frauenverein, könnte dieses Schicksal, das Sinken der Menschheit ins Tiermenschentum, abwenden und das männliche Geschlecht vor sich selbst retten, indem er den agnostisch-hoministischen Erotologien wieder die gnostisch-feministische Lehre vom Wesen der Liebe als Antithese entgegenstellt. Wird das ein neuer Orden sein? Wird es einer der alten kontemplativen Frauenorden der abendländisch-christlichen oder der orientalisch-gnostizistischen Tradition sein? Jede der beiden Richtungen könnte von sich aus ohne Schwierigkeit den durch die absterbenden Männerreligionen verbauten Rückweg zum androgynen Urorden von Sophia und Logos wiederfinden. Wird es eine Verschmelzung von einem abendländisch-christlichen mit einem morgenländisch-gnostizistischen Frauenorden sein? Diese Fragen stellen, heißt, sie nicht beantworten können; aber wichtig ist, daß sie überhaupt gestellt werden. Es ist jedoch einleuchtend, daß ein Jahrhunderte oder Jahrtausende alter Orden eine geistig-disziplinarische Überlieferung und Schulung besitzt, die ein erst zu gründender Orden, der noch ohne Atmosphäre ist, nicht haben kann; er wird gegen die hoministischen Angriffe besser gerüstet sein. An das männliche Geschlecht würde sich dieser Jungfrauenorden der Sophia, der weiblichen Hälfte des gnostischen Androgyns, aus Agape wenden, dem Affekt des gnostischen Mitleidens der zum Bewußtsein gekommenen weiblichen Potenz des Einen mit seiner noch unwissenden männlichen. Aus dieser Agape gebiert sie den gnostischen Männerorden des Logos. Beide Orden aber sind vereint in der Erkenntnis und im Kult des göttlichen Androgyns Sophia-Logos; doch sind sie selbst nicht durch den gnostischen Eros, sondern durch die gnostische Philia, den Affekt der geistigen Zielgemeinschaft, miteinander verbunden. Das Ziel des Einen aber ist es, sein überphänomenales trinitarisches Liebesleben auch phänomenal in der zweigeschlechtlichen Menschheit, als die es sich erscheint, durch die *Unio gnostica* bewußt zu verwirklichen. Mit dieser Wiederherstellung des gnostischen Doppelordens wird das weibliche gnostische Prinzip den ersten und entscheidenden Sieg über das negative Gegenprinzip des agnostischen Hominismus errungen haben.

2. Der einheitliche hoministische Geist des Alten und Neuen Testamentes

Die heiligen Schriften aller Völker, besonders aber die des jüdischen Volkes, verraten in mythischen Erzählungen und zwischen den Zeilen, welche Mühe es gekostet hat, die gnostisch-gynäkokratische Urmenschheit zu dem agnostischen Hominismus des zweiten Äons umzuerziehen. Die beiden Testamente der Bibel machen dieses Buch zum kompromißlosesten aller heiligen Schriften des religiösen Hominismus überhaupt. In der Unterdrückung der gnostischen Philosophie der Identität des Einen, in der Ausrottung der Religion des noumenalen Androgyns Sophia-Logos und in der Zerstörung der auf dieser Philosophie und Religion beruhenden gnostisch-gynäkokratischen Gesellschaftsordnung waren die Bekenner des mosaischen Altjahwismus wie die des apostolischen Neujahwismus miteinander verbunden, wenn sie sich auch in der Taktik, das jahwistisch-hoministische Ziel zu erreichen, voneinander unterschieden. Das gemeinsame negative Ziel beider Zweige des Jahwismus aber ist die Entthronung der göttlichen Sophia als einer selbsttätigen Potenz des Absoluten, denn erst dann kann das Reich Gottes, d. h. das des radikalen, in Jahwe hypostasierten Machtwillens der agnostisch-ichbewußten männlichen Potenz des Einen verwirklicht werden. Die Erinnerungen des jüdischen Volkes an seine gnostisch-gynäkokratische Urzeit wurde diesem nach dem Siege des jahwistischen Hominismus zum geistigen Verhängnis. Denn, als den Stämmen Israels von der neuen hoministischen Theologie des religiös-revolutionären Männerbundes die von dem androgynen Ur-Jahwe der gnostischen Gynäkokratie abgespaltene männliche Potenz des Einen als der wahre und vollständige Jahwe-Elohim aufgezwungen wurde, erfuhren sie auch, daß dieser neue Jahwe auch der von ihnen in der Urzeit bereits verehrte Jahwe gewesen sei. Daher mußte ihre prähistorische gnostische Gynäkokratie als ein Abfall vom hoministischen Gesetz des neuen Jahwe verstanden werden: das zeitlich primäre wurde in das zeitlich sekundäre umgekehrt und das Sekundäre als das Primäre vordatiert. Damit war die Basis der jahwistischen Geschichtsphilosophie gelegt, die nicht nur die des jüdischen Volkes sondern auch die der Menschheit wurde. Die urzeitliche Frauenkirche des gnostischen Androgyns, die von der Sophia-Eva gegründet und von dem Logos-Adam anerkannt war, wurde als die Ursünde verflucht. So wurde die ganze mit diesem Fluche beginnende katastrophale Geschichte der Menschheit als Sühne und Strafe Jahwes für ihren Sündenfall in die gnostische Gynäkokratie der Urzeit gedeutet, obwohl sie in Wirklichkeit die unvermeidliche Folge des durch den hoministischen Jahwismus unterdrückten gnostischen Ich-Nichtichbewußtseins des Einen sein mußte. Das jüdische Volk aber wurde von dem jahwistischen Männerbund als das auserwählte Volk des Hominismus gezüchtet. Es sollte in dem Kampfe Jahwes gegen den gnostischen Androgyn Sophia-Logos das männliche Geschlecht der ganzen Menschheit anführen; es sollte die geistige Grundlage der gnostischen Gynäkokratie, ihre Traditionen und Einrichtungen bei allen Völkern zerstören und jeden Gedanken an ihre Erneuerung unmöglich machen. Denn wie das jüdische waren ja alle Völker in dieselbe Ursünde gefallen und, infolge der Vererbung dieser geistigen und psychischen Infektion, beständig von Rückfällen in die Krankheit bedroht. Dieser fanatische Hominismus hat durch seine heiligen Schriften die Mentalität des jüdischen Volkes geprägt. Das Schuldgefühl, das diesem anerzogen wurde, bezog sich auf seine urzeitliche gnostische Gynäkokratie, durch welche es die Majestät der neuen patriarchalen Gesellschaftsordnung, die als das ewige Gesetz Jahwes galt, unsühnbar beleidigt hatte. Aber das jüdische Volk konnte seine Vergangenheit und auch eine uneingestandene Tendenz zu ihr nie vergessen und wütete deshalb bewußt umso stärker gegen diese Versuchungen, für die man dem eifersüchtigen Männergotte in jeder Generation aufs neue Buße und Sühne zu leisten hatte. Übrigens darf man vielleicht die Vermutung äußern, daß alle Völker, die ähnlich entwickelte Bußsysteme wie die Juden ausgebildet haben, z. B. die Azteken und die Babylonier, ursprünglich ebenfalls ihren neuen Männergöttern für ihre gnostisch-gynäkokratische Vorzeit Genugtuung leisten wollten. Die Übungen wurden dann später beibehalten, aber ihr letzter Sinn aus guten Gründen vor dem Volk verschwiegen, wenn auch die Arkantheologie der eingeweihten Priesterkasten wohl Bescheid wußte.

Außer in der hominisierten Paradiesgeschichte zeigt übrigens die Genesis die unerbittliche Feindschaft Jahwes gegen die prähistorische Gynäkokratie der Hebräer noch in einer andern berühmten Episode, im Sintflutbericht. Bekanntlich erzählen nicht nur die orientalischen Mythen von Weltschöpfung und Weltuntergang oft in kosmischer Symbolsprache und Analogie die Entstehung und den Untergang von menschlichen Gesellschaftsordnungen, weil sie für sie „*Welt*ordnungen" sind, wie wir selbst noch das Wort gebrauchen; man denke etwa an das babylonische Schöpfungsepos oder die johanneische Apokalypse. Zur eigentlichen Sintfluterzählung des Jahwisten leiten nun die Verse Gen. 6, 1—4 über, deren Zusammenhang untereinander und mit der folgenden Erzählung von der großen Flut der Redaktor offenbar absichtlich in verwirrendes Dunkel gehüllt hat. „Als nun die Menschen anfingen", heißt es, „sich auf der Erde zu vermehren, und ihnen Töchter geboren wurden, da sahen die Söhne Gottes, daß die Töchter der Menschen schön waren und nahmen sich zu Weibern, welche ihnen gefielen" (Kautzsch). Sind nun diese „Gottessöhne" (Bne Elohim) Engel, also nach der biblischen Vorstellung übersinnliche Wesen, oder Menschen? Wir halten sie mit dem heiligen Augustinus, der gegen die erstere Auffassung ausführlich polemisiert (Civ. Dei XV, 23), für Menschen und verstehen unter den „Söhnen Gottes" den jahwistischen Männerbund und unter den „Töchtern der Menschen" den gnostisch-gynäkokratischen Frauenbund. Was also hier verschämt angedeutet wird, ist der Abfall oder vielmehr die Rückkehr der Jahweanhänger von der neuen ihnen aufgezwungenen hoministischen Religion zu ihrer gnostisch-gynäkokratischen Urreligion. Das war offene Empörung und Gegenrevolution, durch welche die ganze Zukunft des Jahwismus in Frage gestellt wurde; nur noch eine einzige, aus acht Köpfen bestehende Familie, die des Patriarchen Noah, hielt noch zu Jahwe. Wenn es nun heißt: „Als aber Jahwe sah, daß die Bosheit der Menschen groß war auf Erden, und alles Dichten und Trachten ihres Herzens allezeit nur böse, da reute es Jahwe, daß er die Menschen gemacht hatte auf Erden, und er war tief bekümmert." (VI, 5) — so scheint es bei aller Dunkelheit des Zusammenhanges doch klar, daß Jahwe die Urmenschheit ihrer gnostischen Gynäkokratie wegen, die nur angedeutet, aber nicht genannt werden darf, durch eine Flut von der Erde vertilgt hat. Sie also ist der Greuel und die Sünde, in welche die Menschheit gefallen ist und aus der sie sich nicht mehr erheben kann; das „Böse", um dessentwillen sie vernichtet wurde, ist nicht ein vager moralischer Allgemeinbegriff, sondern eine konkrete, der jahwistischen widersprechende Gesellschaftsordnung. Nun aber, nachdem die menschenleere Erde zur *tabula rasa* wurde, kann Noah, als ein neuer Adam, den keine gnostische Eva mehr verführen wird, zum Stammvater der hoministischen Menschheit des zweiten Äons werden. Man wird dieser neuen Menschheit nicht vorwerfen können, daß sie dem Geiste des Massenmordes und der Gewalt, dem sie entsprungen ist, Schande gemacht habe. Obwohl also Paradiesgeschichte und Sintflutbericht von ganz verschiedenen Ereignissen zu erzählen scheinen, so sprechen doch beide symbolisch-historischen Mythen von demselben, für die Geschichte der Menschheit bisher wichtigsten Ereignis, der Verfluchung, der Bestrafung und dem Untergang der gnostischen Gynäkokratie durch den agnostischen Hominismus. Sie sind zwei parallele Varianten.

Wenn wir den moralischen — oder unmoralischen — Sinn der israelitischen Flutgeschichte richtig verstanden haben, dann hat sich uns damit auch der Sinn der sumero-babylonischen Sintflutgeschichte erschlossen. Bei den Sumero-Babyloniern war der hoministische Religionskrieg gegen die gnostische Gynäkokratie der Urzeit nicht minder erbarmungslos als bei den israelitischen Stämmen. Im Mardukepos vernichtet der Stadtgott von Babylon die als Tiamat monströs karikierte gnostisch-feministische Gesellschaftsordnung, um sie durch die neue hoministische zu ersetzen; im Gilgameschepos greift der Held des Hominismus die Stadtgöttin von Uruk und Königin des Himmels, die große Ischtar, mit blasphemischen Beschimpfungen und Tätlichkeiten an. Aus diesem Geiste der hoministischen Geschlechtsrevolution stammt auch bei den Sumero-Babyloniern der historisch-symbolische Mythus von der Sintflut, d. h. von der Vernichtung der alten gnostisch-gynäkokratischen Menschheit durch die neue hoministische. Von dieser universellen Überflutung der Erde durch den agnostischen Hominismus wird man freilich keine Spuren in den geologischen Schichten des Irak finden können, sondern nur in den geistigen Schichten des Bewußtseins seiner frühen Bewohner. Auch im Irak muß der Hominismus im Auftrag seiner neuen Götter, um die geistige Macht an sich zu reißen, in dieser Zeit des revolutionären Übergangs vom ersten zum zweiten Äon Verbrechen begangen haben, die wir mehr ahnen als feststellen können; so mögen sie denn, bis die Taucher eintreffen, noch unter den „großen Wassern" in „Nacht und Grauen" begraben liegen. Einstweilen reichen die von den gnostisch-feministischen Apokalypsen enthüllten Schandtaten aus, um uns eine Vorstellung bilden zu können, welche Mittel der agnostische Hominismus nötig hatte, um die gnostische Gynäkokratie zu stürzen. Trotz der Kontamination von zwei Berichten, übertrifft aber die jüngere Sintfluterzählung der Genesis — *obscuratis obscurandis* —, die ältere sumero-babylonische an Klarheit der Motivierung und zielentsprechender Durchführung. Der göttliche Männerbund der „großen Drei" beschließt hier einfach ohne Angabe von Gründen eine Sintflut zu machen. „Eine Sintflut zu machen, entbrannte das Herz den großen Göttern", heißt es im Gilgameschepos (Schott XI, 14), nämlich das Herz der „großen Drei", des Anu, des Enlil und des Ea. Wir glauben, ihre *pensée de derrière la tête* zu kennen, wenn ihn auch die allein erhaltene Endredaktion des Epos verschweigt; denn an dem Epos haben die Priester von zwei Jahrtausenden gearbeitet. Die Sintflut ist nämlich die Antwort des göttlichen Hominismus auf die gnostisch-gynäkokratische Ursünde der Menschheit; wir sagten schon, daß den Sumero-Babyloniern dieses Schuldgefühl nicht weniger stark anerzogen wurde als den Juden, und daß sie unter ihm nicht weniger litten. Damals aber lebte offenbar die ganze Menschheit noch unter dem gnostisch-gynäkokratischen Gesetz der Ischtar; Utnapischtim und seine Frau sind, wie Noah und seine Familie, die einzigen Hoministen. Aber Sophia-Ischtar selbst ließ sich nach dem Epos töricht und unbesonnen einfangen, d. h. die Priester und Priesterinnen ihres Doppelordens billigten opportunistisch den gegen sie selbst gerichteten Beschluß der hoministischen Priesterkollegien, die im Namen ihrer Götter diese Sintflut zur Zerstörung der alten gnostisch-gynäkokratischen Welt einfach „beschlossen". Die hoministische Theologie hatte also Ischtar zur Mitschuldigen gemacht: Ischtar selbst bekämpft Ischtar. Zu spät bereute die Göttin dieses ihr zugeschriebene selbstmörderische Bündnis mit dem Hominismus. „Wie gebot in der Schar der Götter ich Schlimmes / gebot ich Kampf zur Vernichtung meiner (d. h. unter meinem Gesetze lebenden) Menschen, / wo ich doch diese meine Menschen gebäre! / Wie Fischbrut erfüllen sie nun das Meer" (Schott XI, 120—123). Ischtar ist die Besiegte; Gilgamesch selbst setzt später nur den mit der Sintflut begonnenen Kampf gegen das weibliche Prinzip fort. Die durch die Sintflut besiegte Ischtar aber ist nicht mehr dieselbe, die sie vorher war. Jetzt schließt sie in der Tat jenen Kompromiß mit den hoministischen Göttern, den das Epos fälschlich schon vor die Sintflut setzt. Ihre gnostische Gynäkokratie ist zu Ende; und ihre vergangene wird durch das, was der siegreiche Hominismus aus ihrem Doppelorden gemacht hat, noch nachträglich infamiert.

Neben Paradieserzählungen und Sintflutgeschichten gibt es noch eine dritte Gruppe von Berichten über den Untergang der urzeitlichen gnostischen Gynäkokratie; sie sind in den von uns als „gnostisch-gynäkokratische Apokalypsen" bezeichneten Mythen enthalten. Diese erzählen die Vernichtung der Doppelorden und verkünden zugleich ihre dereinstige Auferstehung. In den Doppelorden selbst entstanden, sind diese Apokalypsen das eigentliche Testament, welches die durch die hoministischen Götter besiegte gnostische Gynäkokratie dem neuen Äon hinterlassen hat. Wir haben uns bemüht, sie durch Entfernung der hoministischen Übermalung in ihrem ursprünglichen Sinn wiederherzustellen; wir fanden, daß, wenn auch ihre historisch wichtigsten Fassungen den Völkern des östlichen Mittelmeers angehören, sie doch über die ganze Erde verbreitet waren, wie die gnostische Gynäkokratie selbst. Dieser weibliche Äon ist als das goldene Zeitalter in der Erinnerung aller Völker geblieben, d. h. als die Periode, da das Eine in seinen menschlichen Individuationen, vor seinem Sündenfall in das agnostische Ichbewußtsein, noch das Bewußtsein seiner metaphysischen Identität in Ich und Nichtich besaß. Die Apokalypsen von Sophia und Logos aber konnten den Eingeweihten ebensowohl als Mysterienlehre erzählt wie in einem rituell-liturgischen Mysteriendrama sichtbar vor Augen geführt werden. Dieses Urdrama ist nach Entstehung und Inhalt nichts als die dramatisierte gnostisch-gynäkokratische Apokalypse von Sophia und Logos und bestand aus der untrennbaren Einheit von Tragödie und Komödie. Die rituelle Tragödie, das Ur-Trauerspiel, zeigte die der Vergangenheit angehörende Passion und den Untergang des androgynen Götterpaares; das Ur-Lustspiel stellte die Wiederauferstehung beider dar, ihre *unio gnostica*, also ihren Sieg über ihren mit Spott überschütteten hoministischen Sieger und die triumphierende Freude der Menschheit über die Wiederkehr des goldenen Zeitalters, d. h. der gnostischen Gynäkokratie. Durch diese lebendige unmittelbare Anschauung ergriff der apokalyptische Mythus die Gemüter der Eingeweihten mit stärkster Gewalt und steigerte ihre gnostische Widerstandskraft gegen den agnostischen Hominismus. Denn die sakralen Ur-Tragödien von Osiris, Adonis und Dionysos stellten unter dem Symbol dieser androgynen gnostischen Liebesgötter die Passio und den Untergang der männlichen Hälfte des Doppelordens dar und führten in der Passio der Göttin das Schicksal der weiblichen Ordenshälfte den Mysten vor Augen. Der wirklich Eingeweihte begriff also das, was er erblickte, als die irdische Geschichte des noumenalen Androgyns. Sogar noch später, als Dionysos hominisiert und die Tragödie laizisiert war, d. h. aufgehört hatte, reines dionysisches Mysterienspiel zu sein, und die Schicksale von Heroen und Menschen dramatisierte, hat die griechische Tragödie noch zwei Reste der dionysischen Urtragödie traditionell und ohne sie recht zu verstehen, erhalten, nämlich den in zwei Hälften gespaltenen Chor und das Satyrspiel. Der erstere ist zwar eingeschlechtlich, männlich oder weiblich, geworden; es ist aber nicht schwer, in den beiden Halbchören, aus denen er sich zusammensetzt, den ursprünglichen, aus den beiden Geschlechtern des Doppelordens gebildeten Gesamtchor wiederzuerkennen. Das Satyrspiel aber, das später, als man seinen ursprünglichen gnostisch-gynäkokratischen Sinn nicht mehr verstehen konnte, nur noch lose und äußerlich mit der Trilogie verbunden war, muß einmal in viel engerer Verbindung mit der eigentlichen Mysterientragödie verknüpft gewesen sein. Das vollständige Mysteriendrama ist also von Anfang an dem Geiste nach tetralogisch gewesen. Sein tragischer Teil stellte die Passio und den Tod des androgynen Gottes durch die ihn zerreißenden, mit recht oder unrecht „Titanen" genannten hoministisch-typhonischen Mächte dar; sein komischer Teil, das älteste Satyrspiel, aber stellte seine Auferstehung und in ihr die Umwandlung der Menschheit durch das wiedergefundene gnostische Bewußtsein dar. Passionsspiel und Satyrspiel gehören also untrennbar zusammen; erst in ihrer Einheit geben sie den vollständigen Mythus des Dionysos: die Tragödie war die historische, das Satyrspiel die prophetisch-apokalyptische Hälfte dieses Mythus. Mit der Auferstehung des Dionysos und der Wiedervereinigung des Logos mit Sophia in gnostisch-androgyner Unio ist die Apokatastasis vollendet, hat die Menschheit die Heiterkeit des gnostischen Bewußtseins der Urzeit wiedergefunden. Das dionysische Mysteriendrama kulminierte in diesem triumphierenden Satyrspiel der Auferstehung, welche die Auferstehung des gnostisch-gynäkokratischen Doppelordens von Sophia und Logos symbolisiert. Das Satyrspiel ist also eine besondere Art der ursprünglich apokalyptischen Komödie; diese selbst aber wurde später, ebenso wie die Tragödie, hominisiert und laizisiert, wodurch ihr ursprünglicher Charakter bis zur Unerkenntlichkeit entstellt wurde.

Auch wenn es den „dialektischen" Theologen der hoministischen Staatsreligionen gelungen war, die androgynen Frauengötter der Doppelorden so zu hominisieren, d. h. ihren Mythus so umzugestalten, daß ihre Abstammung von den Vatergöttern nicht mehr bezweifelt wurde, auch dann behielten diese Götter den Geist ihrer fremdartigen Herkunft, der sich durch bloße Worte nicht austreiben ließ. Ihrem Mythus mußte aber, trotz seiner hoministischen Eindeutigkeit, auch eine gewisse Zweideutigkeit erhalten bleiben, das weibliche Geschlecht mußte getäuscht werden, so daß es in den neuen Göttern noch seine alten zu finden glaubte. So gibt es in dem umgestalteten Mythus eines jeden von ihnen ein Ereignis, das nicht unterdrückt werden konnte, ohne den Gott selbst zu verneinen, nämlich seine Passio und Resurrectio. Damit fertig zu werden, war die Aufgabe der neuen dialektischen Theologien; aber keiner von ihnen gelang es, selbst derjenigen nicht, die es vor allen andern fertig gebracht zu haben schien, nämlich der christlichen. Es läßt sich nämlich der Kreis nicht in ein Viereck verwandeln. Zwischen dem androgynen Dionysos Zagreus der vorhellenischen oder pelasgischen, gnostischen Gynäkokratie und dem hoministischen Zeus der eingewanderten hellenischen Stämme war eine prinzipielle Verständigung unmöglich: entweder gnostische Gynäkokratie oder agnostischer Hominismus, entweder androgyne Kirche oder unipolarer Staat, entweder Dionysos Zagreus oder Zeus. Die dionysische Apokalypse der vorhellenischen gnostisch-gynäkokratischen Doppelorden löste diese Frage ohne Kompromiß. Alle Parallelvarianten von den zerrissenen oder gekreuzigten, aber wieder auferstandenen androgynen Göttern erklären sich wechselseitig, da sie offenbar direkt oder indirekt aus einer einzigen Urapokalypse gewachsen sind. Bei allen bedeutet die Vernichtung des Androgyns den Untergang der gnostisch-gynäkokratischen Urreligion durch den revolutionären eingeschlechtlich-hoministischen Gott, dem nun die weibliche Potenz in unterworfenen Göttinnen gegenübersteht, wenn sie nicht, wie bei den jahweisierten israelitischen Stämmen, überhaupt als göttliche Potenz negiert wird. Wie daher der hoministische Jahwe der Mörder des androgynen Ur-Jesus des hebräischen gnostisch-gynäkokratischen Doppelordens war, so ist auch der hoministische Zeus der eigentliche Mörder des androgynen Dionysos und seines Doppelordens gewesen. Denn wenn die „Titanen" ihn zerrissen, so haben es diese nur als gefügige Schergen und Henker im Dienste des Zeus oder seiner hominisierten Gemahlin Hera getan, der sie dann dafür, um allen künftigen Despoten eine politische Lehre zu geben, mit seinen Blitzen erschlug. Die erwartete Auferstehung des Zerrissenen zu androgyner Einheit bringt daher mit dem Sturz des olympischen Hominismus die gnostische Gynäkokratie zurück. Das ist der letzte Sinn der ältesten dionysischen geheimen Offenbarung, die Antwort an die Priester der siegenden Zeusreligion, die sich mit der Hilfe ihrer „Titanen"-Banden durchsetzte und die dionysisch-androgynen Doppelorden „zerriß". Es gelang der dialektischen Mythologie des böotischen und attischen Staatspriestertums, diese gefährliche Apokalypse sehr geschickt zu paralysieren, indem es durch ausschließliche Belastung der Titanen deren verborgenen Auftraggeber Zeus entlastete und aus der künftigen Auferstehung des Gottes eine bereits in der Vergangenheit liegende Wiedergeburt desselben machte. Zerrissen worden war er als androgyner weiblicher Gott, aber, siehe da!, wiedergeboren wurde er als der Sohn seines angeblichen Vaters und wirklichen Mörders Zeus; ganz analog wie der in prähistorischer Zeit durch Jahwe getötete androgyne Frauengott des hebräischen Doppelordens, Jesus, als der Sohn seines Vaters und Mörders Jahwe wiedergeboren wurde. Jüdische und hellenische mythologische Dialektik haben hier Ebenbürtiges geleistet: der neue Dionysos schien, wie der neue Jesus, noch der alte zu sein, aber beide wurden als hominisierte Götter zum zweiten Male geboren. Ja, die Herkunft vom Vater ist in dem griechischen Mythus noch viel stärker und eindrucksvoller betont. Denn der neue Dionysos war zunächst nur als Frühgeburt von der über die furchtbare Macht des Zeus erschrockenen Semele ausgestoßen und dann bis zur Reife in die Hüfte seines Vaters Zeus eingenäht, ausgetragen worden. In dieser Hieroglyphe von der doppelten Geburt des zweiten Dionysos scheint auch noch einmal ausgesprochen, daß die Existenz des ersten Dionysos, also die erste gnostisch-gynäkokratische Periode seines Doppelordens, nur eine unvollkommene Frühgeburt war, gleichsam nur die Frühgeburt der Semele, während dagegen der in der Hüfte des Zeus ausgereifte reformierte hoministische Thiasos allein der wahre und vollkommene ist. Er ist eine reine Vatergeburt. Dieser Symbolsprache uns bedienend möchten wir allgemein die Hominisierung der androgynen Frauengötter als ihre Wiedergeburt aus der Hüfte des Göttervaters bezeichnen, da diese neuen Bünde nicht mehr aus dem weiblichen Prinzip stammen, sondern Hüftgeburten des Vaters sind, wodurch sie indessen, verglichen mit ihrer ersten Existenzweise, wohl hoministisch ausgereifter, aber auch zu zweideutigen Mischgestalten geworden sind.

Doch die allgemeine Tendenz des männlichen Geschlechtes aller Völker des zweiten Äons, bei denen es gnostisch-gynäkokratische Apokalypsen gab, die Tendenz nämlich, deren Einfluß durch ihre Hominisierung zu überwinden, verwirklichte am vollkommensten das jüdische Volk durch den apostolisch-christlichen Männerbund. Diesem gelang es, die Apokalypse des hebräisch-syrischen Frauenbundes derart umzugestalten, daß der neue hieròs lógos dem ersten oberflächlichen Blick als der alte erscheinen konnte, obwohl er seinem Geiste nach dessen vollständige Verneinung war. Denn in ihm war endlich das vollendete hoministische Gegenmysterium geschaffen, das nicht nur das alte weibliche Urevangelium von der Wiederherstellung des gnostischen Androgyns überwand sondern auch alle früheren Versuche anderer Völker, dieses zu hominisieren, als antiquiert und unwirksam geworden hinter sich ließ. Jesus, der Sohn und Geliebte der Sophia, ist zum geliebten Sohne seines Vaters Jahwe geworden. Dieser Umwandlungsprozeß vollzog sich ganz analog dem des Dionysos Zagreus, der, als der Gott der männlichen Hälfte des gnostisch-gynäkokratischen Doppelordens, mit diesem zugleich durch Zeus vernichtet wurde, aber dann hominisiert als Sohn seines Vaters Zeus und als der Gott eines neuen hoministisch reformierten Männerbundes wiedergeboren wurde. So erging es auch dem Gotte Jesus, dem Sohn der jungfräulichen Mutter Sophia, dem Gotte der männlichen Hälfte des hebräischen gnostisch-gynäkokratischen Doppelordens. Auch er war zusammen mit diesem in der Zeit der großen Geschlechterrevolution durch den agnostisch-patriarchischen Gott Jahwe geschlachtet oder gekreuzigt worden. Als nun die Apokalypse der hebräischen Frauen hominisiert wurde, mußte der Sinn dieses Opfers in seinen Gegensinn verkehrt werden. Der Sohn der Sophia-Mirjam, der als Märtyrer für die gnostische Gynäkokratie gefallen war, wurde durch die hoministische Umdeutung zum freiwilligen und stellvertretenden Opfer, das durch sein Blut dem Vatergott Genugtuung für den Sündenfall der Menschheit in die gnostische Gynäkokratie leisten wollte. Von der phönikischen Theologie des molochistischen Hominismus hätte der Tod ihrer Opfer ebenso gedeutet werden können, — vermutlich ist er auch von ihren Priestern in diesem Sinne gerechtfertigt worden. Diese neue Interpretation schloß jede Zweideutigkeit aus; der Sinn des Passionsmythus der gnostischen Gynäkokratie war durch einen *tour de passe-passe* in sein Gegenteil verwandelt.

Wir hoffen gezeigt zu haben, was wir unter der am Anfang dieses Abschnittes behaupteten Einheit des alten und neuen Testamentes verstanden. Man muß nämlich die beiden Testamente der Bibel, das des mosaischen Alt-Jahwismus und das des apostolischen Neujahwismus, als die zwei untrennbaren Teile eines einzigen hoministischen Schriftencorpus betrachten. Die erste, altjahwistische, Hälfte ist allgemein gegen die gnostische Gynäkokratie der Urzeit gerichtet und statuiert das männliche Prinzip Jahwe als die allein schöpferische Potenz, verneint also den noumenalen Androgyn als die wahre Schöpferkraft des Absoluten. Die neujahwistische, zweite Hälfte ist speziell gegen die Apokalypsen von der Wiederherstellung der gnostischen Gynäkokratie und deren Religion des gnostischen Androgyns gerichtet, indem sie den weiblichen gnostischen Mythus von Sophia und Logos zu dem agnostischen und unipolaren Gegenmythus von Vater und Sohn hominisierte. Alt- und Neujahwismus sind also im Geist und im Willen einig. Die Synagoge, die nur die eine Hälfte der hoministischen Bibel anerkennt, ist unvollkommen; erst beide Testamente zusammen sind der vollständige Ausdruck, die Summa des jahwistischen Hominismus. Und Männerkirche und Männersynagoge sind doch in Jahwe Verbündete, um gemeinsam seinen Kampf gegen den Doppelorden von Sophia und Logos zu führen und das hoministische Reich Jahwes auf der Erde zu errichten.

3. Die christlichen Nonnen und das weibliche Urchristentum

Unter der Oberfläche des historischen oder hoministischen Christentums hat es immer ein zweites, weibliches Christentum gegeben, das sich seiner Besonderheit selbst nicht bewußt wurde und von dem deshalb auch das hoministische nichts wußte und vielleicht auch nicht wissen wollte. So erhielt es Zeit, um auszureifen, d. h. seiner bewußt zu werden. Aber aus dieser unsichtbaren Quelle stammte vor und nach dem Tridentinum, was die Kirche an lebendigem Wasser empfing, die sie zur Befruchtung ihres hoministischen Gartens nach einem klugen Irrigationssysteme zu verteilen verstand, so daß der Garten nie seinen eigentlichen Charakter verlor. Allerdings war es nötig, diese Quelle des unterirdischen weiblichen Christentums in der Gewalt zu behalten, damit sie nicht hervorbrechend den ganzen klug angelegten hoministischen Garten wegschwemmte. Der Protestantismus, der diese Gefahr ahnte, verschüttete vorsichtshalber aus Überklugheit diese Quelle und zog es vor, zum altjahwistischen Buchstabenglauben zurückzukehren, verwandelte dadurch aber seinen Garten in eine wasserlose Wortwüste. In beiden Männerkirchen aber lebte ein böses Gewissen, die Angst, daß das weibliche Geschlecht sich seines eigenen, durch den apostolischen Männerbund jahwistisch hominisierten Christentums einmal wieder bewußt werden könnte. Es ist das natürlich das Urchristentum der gnostisch-gynäkokratischen Apokalypsen, das der vorhistorischen Doppelorden von Sophia und Logos. Diese gnostisch-gynäkokratische Urreligion vom untergegangenen und wiederauferstehenden Androgyn dürfen wir nämlich, nach ihrer historisch wichtigsten Ausdrucksform, nämlich der des hebräischen Doppelordens, allgemein messianische oder christliche Religion nennen. Der noumenale Androgyn, der in der vorhellenischen Frauenreligion Kore-Dionysos Zagreus, in der ägyptischen Isis-Osiris genannt wurde, hieß in der gnostisch-gynäkokratischen Urreligion des hebräischen Doppelordens einmal Mirjam (Maria)-Jesus. Man gab diesen beiden in untrennbare Einheit verbundenen Potenzen des Absoluten auch die Beinamen Königin-König. Sie waren das androgyne Königspaar. Wenn aber in einer unbestimmbaren Zeit die männliche Potenz, der König, als Messias oder Christus, d. h. als der Gesalbte erscheint, so wird damit der ontologische Primat des weiblichen Prinzips im gnostisch-gynäkokratischen Androgyn symbolisiert. Denn natürlich ist das salbende Subjekt Sophia selbst, die den Logos geboren hat und ihn zu ihrem König oder Messias salbt. Während sie selbst Königin „von Gottes Gnaden" ist, ist ihr Sohn, der Logos, die männliche Potenz, König durch die Gnade der Sophia. Der weibliche Urmessianismus, d. h. das weibliche Urchristentum, ist also die Lehre vom gnostisch-*gynäkokratischen* Androgyn Maria (Mirjam)-Jesus. Es ist dabei gleichgültig, ob man diesen androgynen Messianismus nach der männlichen Hälfte des Androgyns, also nach dem Jesus Christus *patiens et resurgens* oder nach seiner weiblichen, der Maria *dolorosa et triumphans* nennt, ob er jesuanischer oder marianischer Messianismus heißt, denn in jeder einzelnen dieser beiden Bezeichnungen ist notwendig die andere implicite mitenthalten. Wie diese beiden androgynen Potenzen bei den verschiedenen Völkern verschiedene mythologische Namen tragen, ebenso vielnamig ist auch das in dem Einen potentiell enthaltene agnostisch-ichbewußte Prinzip des Widerspruchs gegen den noumenalen Androgyn und seine Verwirklichung in der Erscheinungswelt; in dem hebräischen Doppelorden von Maria-Jesus hieß dieses negative Prinzip wohl Jahwe oder Satan. Daß aber auf dem kanaanäischen Boden der Tammuz-Osiris- und Adonisverehrung auch analoge hebräische antihominist ische, d. h. antijahwistische Frauenbünde der Maria-Jesusreligion in der apostolischen Zeit noch vorhanden gewesen sein müssen, bezeugt schon allein der apostolische Gegenmythus, der ohne die Voraussetzung ihres starken Einflusses ein Schlag in die leere Luft gewesen wäre. Doch sowohl alt- wie neujahwistische Schriftsteller zogen es vor, diesen „Greuel der Verwüstung" totzuschweigen, statt ihm die Ehre einer direkten Bekämpfung zu erweisen. Indessen ist die Existenz der Evangelien ein indirekter, aber ausreichender Beweis für die Existenz des von ihnen Bekämpften.

Daß die geistigen Naturen des weiblichen Geschlechtes in dem neuen zweigesichtigen Gott den androgynen Frauengott ihrer Tradition wiedererkennen wollten, war natürlich ein Irrtum, aber ein gesegneter und produktiver. Das neue Evangelium gab ihnen den Impuls, sich wieder an ihr eigenes altes zu erinnern. Die neuen Jesuazusen flohen vor der hoministischen Ehe und verlobten sich wieder aus *amor Amoris* dem göttlichen androgynen Logos als gnostische Bräute. Die novellistisch erzählten Märtyrerakten einer heiligen Agnes, einer heiligen Lucia, einer heiligen Cäcilia und so vieler anderer Bräute des Logos, das Leben der unter der Leitung des heiligen Hieronymus stehenden Frauen des Aventin, einer Paula, Eustochium, Fabiola und Blaesilla und etwas später das der jüngeren Melania, zeigten das weibliche Geschlecht wieder auf dem Wege zu den Orden der *virgines gnosticae* der Urzeit. Aber dieser erste Versuch, das gnostisch-feministische Urchristentum vom hoministischen aus wiederherzustellen, scheiterte an dessen jahwistischer Grundsubstanz. Das am Ende des dritten Jahrhunderts in Ägypten erscheinende Mönchtum, dessen Vorbild der jahwistische Prophet Johannes der Täufer war, war eine bewußte hoministische Reaktion gegen den in die Kirche eindringenden feministischen Geist, um sie als reine Männerkirche zu erhalten. Denn diese ägyptischen und syrischen Mönche Jahwes, der die gnostische Gynäkokratie verflucht hatte, bekämpften auch den indirekten geistigen Einfluß der Jungfrauen des Logos; für sie war, wie für den Jahwismus überhaupt, der Religionskrieg auch ein Geschlechterkrieg, und sie nahmen das bekannte Wort des Jahwisten Paulus wieder ernst. Wenn die Mönchsbanden der niträischen Wüste die neuplatonische Philosophin Hypatia buchstäblich in Stücke rissen, wie der Pöbel von 1793 die Prinzessin Lamballe, so zerfleischten sie in ihr nicht nur die Heidin, sondern auch die Frau von überlegenem Geist und Wissen, welche die durch den Paradiesfluch dem weiblichen Geschlecht in Eva, der Schülerin der gnostischen Schlange, gesetzten engen Grenzen des Bewußtseins zu überschreiten gewagt hatte. Entsprechend den beiden in der Gestalt des Bundesgottes amalgamierten Bestandteilen, dem dominierenden jahwistischen und dem schwächeren sophianischen, mußten sich jedenfalls von Anfang an in der aus beiden Geschlechtern bestehenden Gesamtkirche auch zwei diesen entsprechende und einander widersprechende Tendenzen entwickeln, eine gnostisch-feministische und eine antignostisch-hoministische. Die erste war unbewußt geistig revolutionär, die zweite bewußt geistig konservativ. Die erste Richtung mußte instinktiv die Neigung haben, in dem Bundesgott den gnostisch-gynäkokratischen Logos der Sophia wiederzuentdecken, die zweite Richtung aber hatte die Aufgabe, die hoministische Orthodoxie der von dem apostolisch-jahwistischen Männerbund gegründeten Urkirche zu erhalten. Natürlich war die jahwistische Christologie die Basis, auf der die Kirche erbaut war; und wenn sie auch dem weiblichen Geiste eine gewisse Bewegungsfreiheit nach dem sophianischen Logos hin gestattete, so konnte sie doch diesen Geist, den sie am dogmatischen Faden hielt, jeden Augenblick nach dem festen Mittelpunkt des Kreises, dem jahwistisch-hoministischen Christus, zurückziehen, indem sie die Identität des feministischen und des hoministischen Logos dialektisch bewies. Wenn aber dieser dialektische Faden einmal zerreißt, dann ist die Alternative: „Sophia oder Jahwe" von neuem gestellt.

Die religiöse Virginität ist die unwiderstehliche Verteidigungs- und Angriffswaffe des weiblichen Geschlechtes gegen den agnostischen Hominismus. Es kann daher nicht überraschen, daß die Zeiten der Höhepunkte des abendländischen Hominismus auch zugleich die der Höhepunkte des christlichen Virginismus waren. Zuerst waren es die Jungfrauen der frühchristlichen Zeit, die sich dem omnipotenten römischen Staat zu widersetzen wagten, indem sie den Kultus der römischen Staatsgötter, d. h. die Anbetung des in ihnen symbolisierten agnostischen Männerstaates, im Namen des Liebesgottes der Jungfrauen voll Verachtung ablehnten. Ein zweiter jungfräulicher Frühling kam über das Abendland, als die dämonischen Machtkämpfe zwischen Papst und Kaiser, d. h. zwischen priesterlichem und laizistischem Hominismus, die über 200 Jahre Leiber und Geister vernichtet hatten, ihrem katastrophalen Ende entgegengingen, und die Männerkirche im Exil von Avignon und während des großen Schismas ihre Autorität so gut wie ganz verlor. Die Frauenklöster Norddeutschlands, Süddeutschlands und der Schweiz waren damals das Zentrum einer geistigen Bewegung des weiblichen Geschlechtes, die sich nach Norden bis zum schwedischen Vadstena der heiligen Birgitta, nach Süden bis zum Siena der heiligen Caterina ausdehnte. Alle diese Nonnen haben, ohne es zu wissen, den sophianischen androgynen Liebesgott wiedergefunden, wenn sie ihn auch mit dem jahwistischen Christus der Kirche gleichsetzten. Das sind keine frühmittelalterlichen Reklusen mehr, die sich in ein Kellerloch einmauern ließen, um als die freiwilligen Gefangenen des Kosmokrator in lebenslänglichem Gefängnis die Ursünde ihres Geschlechtes, die gnostische Gynäkokratie der Urzeit, abzubüßen, die zu sühnen der jahwistische Christus stellvertretend gekreuzigt ward, und um durch freiwillige geistige Verblödung den gnostischen Erkenntnistrieb der Stammmutter wieder gutzumachen. In Wahrheit blieb allerdings auch das neue

Nonnentum der Gefangene des jahwistischen Christus. Getäuscht durch die sophianischen Züge seines Mythus, glaubte es, in ihm den Logos der Sophia wiederzuerkennen. War das auch eine Illusion, so verdanken diese Nonnen es doch nur ihr, daß sie den Verlorenen wiederfanden. Als dann die eine christliche Männerkirche in eine Vielheit von einander mit Wort und Waffen zerfleischenden Männerkirche zerfiel, erhob sich nach dem Konzil von Trient gegen dieses hoministische Chaos ein neuer klösterlicher Virginismus, dessen Mittelpunkt diesmal die romanischen Länder Europas waren und den die Spanierin Teresa de Ahumada aus Avila ins Leben rief. Wo hätten die Frauenklöster anders stehen können als auf Seiten der alten Kirche, die mit ihrer eigenen auch die jungfräuliche Existenz gegen den brutalen laizistischen Hominismus verteidigte, indem sie im Kanon des Konzils von Trient das Anathem über alle aussprach, die den ehelichen Stand über den jungfräulichen stellten (Sessio XXIV, Canon X). Dagegen war der, von den protestierenden Sekten mit der Autorität des Bibelwortes gegen die Mariolatrie geführte Kampf, konkret gesehen der Kampf gegen die Jungfrauenorden, deren Patronin und Vorbild Maria war, allerdings nicht mehr die Göttin, sondern die von der Kirche zu einem menschlichen Weibe degradierte Sophia.

Diese großen Nonnen und Beghinen aus zwei Jahrtausenden des christlichen Abendlandes, eine Hildegard, eine Hadewijch, eine Mechthild von Magdeburg und eine Mechtild von Hackeborn, eine Caterina von Siena und eine Caterina von Genua, die große Gertrud und die große Teresa de Ahumada — aber wir wollen hier keine Litanei dieser großen Gestalten herbeten, um sie zu bitten, sich ihres durch die Hominisierung geistig so verflachten Geschlechtes zu erbarmen —, diese großen Nonnen sind nur der letzte Nachklang einer großen weiblichen Vergangenheit und vielleicht auch nur der Vorklang einer noch größeren geistigen Zukunft des weiblichen Geschlechtes. Denn der Trieb zur gnostischen Virginität, der zu Zeiten wie ein Sturmwind des heiligen Geistes dieses Geschlecht erfaßte, war, wenn auch unbegriffen, nichts anderes als der ewige Trieb des Einen, sich selbst in der Erscheinung wiederzufinden und, um seine männliche Potenz ihrer Bestimmung entgegenzuführen, dazu den gnostisch-gynäkokratischen Jungfrauenorden der Urzeit wiederaufzurichten. Auch die urzeitliche Idee des Doppelordens der androgynen Mysterienbünde hat sich in der Kirche erhalten. Die Orden der Benediktiner, Dominikaner und Franziskaner haben entsprechende weibliche Orden zur Seite; den franziskanischen Frauenorden hat die heilige Clara Scifi, die geistige Freundin des heiligen Franziskus, selbst gegründet. Es ist aber bezeichnend, daß der nach rabbinischer Methode kasuistische Jesuitenorden zwar das weibliche Geschlecht seelsorgerisch zu leiten versteht, aber ebensowenig wie die islamischen Kongregationen, mit denen man seine Entstehung in Zusammenhang gebracht hat, keinen weiblichen Orden von Jesuitinnen neben sich hat; das jahwistische Siegel ist ihm offenbar stärker aufgeprägt als anderen Orden. Natürlich sind diese neuen Doppelorden nicht mehr gnostisch-gynäkokratisch, wie es die alten gewesen waren; um nicht in ihr natürlich weibliches Christentum zurückzufallen, stehen die Frauenorden nicht nur unter der allgemeinen Zensur der kirchlichen Hierarchie sondern auch unter der speziellen der zu ihnen gehörenden Männerorden und schließlich auch der ihrer Beichtväter. Aber in diesem seelsorgerischen Verhältnis wurde der Führer oft zum Geführten; die einzelnen, an inneren Erfahrungen überlegenen geistigen Frauen, leiteten ihre Beichtväter zu einem höheren, ihnen bisher verschlossenen geistigen Leben. Dann stellte sich fast das Verhältnis der urzeitlichen gnostisch-gynäkokratischen Doppelorden von selbst wieder her und wir erhalten eine anschauliche Vorstellung von der Art, wie das gnostische weibliche Geschlecht der Vorzeit das agnostische, aber zur Erkenntnis bestimmte männliche in das gnostische Wissen initiiert haben mag. Es sei an nur zwei Fälle der französischen Geistes- und Kirchengeschichte erinnert, an zwei der größten Theologen der katholischen Kirche. Bremond sagt in seiner *Vie de Sainte Chantal* (1912): „Es ist seltsam, der Beichtvater, den sie (Frau von Chantal) erwartet, der heilige Franz von Sales, sie wird ihn nie leiten, aber sie wird ihn mehr Dinge lehren, *als er von sich allein aus lernen könnte*. In der Seele der Heiligen wird dieser die höchsten Geheimnisse des mystischen Lebens schöpfen" *(C'est dans l'âme de la Sainte que celui-ci puisera les plus hauts secrets de la vie mystique,* p. 34). Denn: „Er (ist) noch unten im Tale, sie aber ist schon auf dem Gipfel" (p. 62) und „wenn er auch kein vollkommener Ignorant war," so kommt er zu dem höheren Bewußtsein doch nur *auf den Spuren der heiligen Chantal" (non qu'il ait tout ignoré de l'ordre supérieur qu'il devait atteindre un jour sur les traces de Sainte Chantal,* p. 58). François des Sales' „*Traité de l'Amour de Dieu*" aber wird eines Tages die Frucht seiner Initiation durch die heilige Frau sein. Von Bedeutung ist nun, wie sich der Titularerzbischof von Genf mit dieser von ihm selbst erlebten geistigen Überlegenheit des weiblichen Geschlechtes theoretisch abfindet. An eine seiner Poenitentinnen schreibt er: „Ihr Geschlecht will geführt werden; es kommt nur durch Unterwerfung ans Ziel. Nicht als ob es oft nicht ebenso erleuchtet sein könnte als das andere, sondern *weil Gott es so eingerichtet hat*" *(Non que bien souvent il n'ait autant de lumières que l'autre, mais parce que Dieu l'a ainsi établi).* Mit anderen Worten:

Die Kirche beruht, wie ihre Vorgängerin, die Synagoge, auf dem unerschütterlichen Dogma des jahwistischen Hominismus. Fast hundert Jahre später, am Ende des XVII. Jahrhunderts, wird die Frage, ob die Frau in der Männerkirche den sophianischen Quietismus lehren dürfe, vor den Ohren des gespannt lauschenden geistigen Europas verhandelt. Die geistige Tragödie der Frau von Chantal tritt aber vor derjenigen der Frau von Guyon in den Schatten. Fénelon, der geistvolle Erzieher des Dauphin und erfolgreicher Seelenführer, war wie François de Sales ein Ignorant in den Fragen der Mystik, bis ihm diese Frau die geistigen Augen öffnete und unter ihre *Associés à l'enfance de Jésus, modèle de perfection pour tous les états* aufnahm. Seine zur Verteidigung ihrer Lehre geschriebene *Explication des maximes des Saints* wurde 1699 von Innocenz XII., der sich allerdings in der Hand des allerobersten Ketzerrichters Louis XIV befand, zensuriert. Bremond hat in seiner *Apologie pour Fénelon* die Tricks und Winkelzüge dargestellt, die Bossuet, der große gallikanische Bischof, um seinen Nebenbuhler zu stürzen, anzuwenden für nötig hielt. Männerstaat und Männerkirche, Louis XIV und sein Hoftheologe Boussuet, witterten instinktiv die Gefahr, mit der die quietistische Lehre der Mad. Quyon, die noch dazu von einer Frau vorgetragen wurde, den staatlichen und kirchlichen Hominismus bedrohte, obwohl ihr selbst der Unterschied zwischen sophianischer und jahwistischer Kirche gewiß nicht zum Bewußtsein kam. Bossuet, der ebenfalls bis dahin wenig Lust, Begabung und Zeit für mystische Fragen gehabt hatte, weil er ganz Hierarch war, behandelte die Frage vom Standpunkt des hoministischen Kirchenfürsten aus. Er hat zahlreiche polemische Schriften gegen Mad. Guyon und Fénelon verfaßt, deren Ton nicht immer seiner ganz würdig war; aber alle seine Argumente gegen den Anspruch einer Frau, als Lehrerin in der Männerkirche aufzutreten, hätte er in die Worte des François de Sales zusammenfassen können: *parce que Dieu l'a ainsi établi*. In der Tat hat der religiöse Hominismus keine andere Basis als den Willen Jahwes, d. h. den Willen seiner Priester. Quietismus aber ist nur ein im XVII. Jahrhundert in Mode gekommener neuer Name für eine uralte Sache, die durch ihn nur unter einer bestimmten Perspektive betrachtet wurde. Man sah an ihr nur eine Seite, von der diese Zeit besonders frappiert wurde, als ob sie zuerst diese immer bekannt gewesene Eigenschaft zum erstenmal entdeckt hätte. Wesentlich verstanden bedeutet das Wort Quietismus den die gnostische Intuition begleitenden Zustand des Denkens, Fühlens und Wollens. Dieses gnostische Ruhe Finden im Bewußtsein seiner selbst ist das Ziel der Menschwerdung des Einen überhaupt; im historischen Quietismus hat es diesen Zweck seines Sich-erscheinens bewußt soweit erreicht als es seinen, durch innere und äußere religiöse Zensur gehemmten und an einen bestimmten Sprachgebrauch gebundenen Individuationen nur möglich war. In der *oraison mentale est perpetuelle,* der *oraison de quiétude,* im *amour pur* aber sind die letzten, Menschen erreichbaren Tiefen der Versenkung des Einen in die Identität seines Erscheinungsgegensatzes von Subjekt und Objekt symbolisch ausgesprochen. Dieser *état de quiétude* war das Ziel des gnostischen Triebes aller großen geistigen Frauen des Abendlandes gewesen, wie er auch die Bewußtseinsbasis der gnostischen Gynäkokratie der Urzeit überhaupt war. Das sophianische weibliche Christentum der Guyon war mit dem hoministisch-jahwistischen Bossuets zusammengestoßen und besiegt worden, ohne daß beide Parteien den gnostischen Sinn ihrer Positionen und die metaphysische Bedeutung ihrer Dialektik erkannten. Sie ahnten auch nicht, daß ihr Prozeß zum Symbol des urzeitlichen religiösen Geschlechterkampfes werden könnte, den der zweite hoministische Äon gegen den gnostisch-weiblichen ersten gewann. Den Impuls zu diesem neuen quietistischen Erwachen der weiblichen Geistigkeit aber hatte die große Teresa de Ahumada gegeben, die mit ihrem ebenbürtigen Schüler, dem heiligen Johannes vom Kreuz, mit dem sie in geistiger Androgynität verbunden war (wie Franz von Sales mit Franziska von Chantal und Frau von Guyon mit Fénelon) und mit dem zusammen sie den Doppelorden des reformierten Karmel schuf. Sie war damit zur Schwester jener geistigen Frauen der Urzeit geworden, welche die Doppelorden des gnostischen Androgyns gegründet hatten, wenn auch ihre Gnosis durch den hoministischen Jahwismus notwendig getrübt war. Der weibliche Karmel aber blieb geistig immer bedeutender als die männliche Hälfte dieses Doppelordens. Nachdem der Kardinal Bérulle die reine teresianische Tradition durch Umsiedlung von direkten Schülerinnen der Heiligen nach Frankreich verpflanzt hatte, wurde der französische weibliche Karmel im XVII. Jahrhundert der wahre Erbe ihres spekulativen Geistes; in Mad. Guyon aber, die selbst nicht Nonne war, sondern in der Welt lebte, ist dieser Höhepunkt vielleicht schon überschritten. Seiner großen Nonnen wegen, die das geistige Werk der germanischen Nonnen und Beghinen des XIII. und XIV. Jahrhunderts wieder aufnahmen und glorreich fortsetzten, verdient dieses XVII. Jahrhundert Frankreichs mit recht *le siècle de la femme* genannt zu werden; das achtzehnte, dem man diesen Namen zu geben pflegt, war dagegen nur *le siècle de la fille.*

So gut wie der Doppelorden des androgynen Osiris oder der des androgynen Dionysos wird auch der Doppelorden des syrisch-hebräischen androgynen Frauengottes Jesus sein rituelles Kultdrama besessen haben.

Wie das symbolisch-historische Passionsspiel des Dionysos das vorgeschichtliche Ereignis des Untergangs seines Doppelordens als das Schicksal des Gottes selbst dramatisierte, so wird auch der hebräische Doppelorden, als er nach dem Sturze der gnostischen Gynäkokratie durch den revolutionären Hominismus Jahwes sich neu zu konstituieren versuchte, das rituelle Passionsspiel von seinem gekreuzigten Bundesgotte Jesus agiert haben, in dessen Leiden er seine eigenen wiederfand und noch einmal durchmachte. Der antijahwistische Geist des Mythus, der in diesem sakralen Passionsspiel zum Ausdruck kam, ist uns bereits bekannt; auf einen nicht unwesentlichen Punkt, den Ort der äußeren Handlung, erlaubt vielleicht der Gegenmythus des hoministischen Jesusbundes einen Rückschluß. Denn alle vier Evangelien sind in ihrem Kern, der Passionsgeschichte, entweder der jahweisiert erzählte Inhalt des Mysterienspiels des androgynen Doppelordens oder die Erzählung eines eigenen, jenem als Gegenspiel widersprechenden und es rektifizierenden eigenen sakralen Dramas des jahwistisch-jesuanischen Männerbundes, der aber den Mythus aus der grauen Vergangenheit in die Gegenwart versetzte, in welcher der neue jesuanische Männerbund selbst entstand. Offenbar war also schon in dem uralten sakralen Jesusmythus und Jesusdrama Jerusalem die heilige Stadt des jahwistischen Hominismus und die Schädelstätte Golgatha der Ort der Hinrichtung des gnostisch-gynäkokratischen Bundesgottes. Denn in der Zeit, in welche die Evangelien die Passion, die in der jüdischen Frühzeit stattgefunden haben muß, verlegten, kann dieser innerhalb der Stadt gelegene unheimliche Platz für Hinrichtungen kaum noch in Betracht gekommen sein; er muß also aus einer älteren Überlieferung stammen. Golgatha, die Schädelstätte, die wohl wegen der hier zur Abschreckung umherliegenden Schädel Gerichteter so hieß, war offenbar der Ort gewesen, der gerade für diese besondere Art von Ritualopfern, nämlich gnostisch-gynäkokratische, in Betracht kam, die dem Männergotte Jahwe zur Genugtuung gerichtet, d. h. geschlachtet oder gekreuzigt werden sollten. Hier also ließ bereits das alte Mysterienspiel den in den Opfern seines Ordens selbst gemarterten androgynen Bundesgott Jesus gekreuzigt werden. Neben dem Berge Sinai ist also der Hügel Golgatha der Platz, auf dem sich die Macht Jahwes, der die männlichen Erstgeburten für sich forderte, um dieses Geschlecht für seinen Sündenfall in die gnostische Gynäkokratie zu züchtigen, am furchtbarsten enthüllte.

Außer seinem sakralen Drama, das den Eingeweihten die Schicksale ihres Bundesgottes in der Vergangenheit — aber natürlich auch in der Zukunft — vor Augen führte, besaß der gnostisch-gynäkokratische Doppelorden von Sophia-Mirjam und dem Logos-Jesus, wie alle Mysterienbünde, sein geheimes sakramentales Bundesmahl, seine Eucharistie. Wir müssen auch hier konsequent von dem hominisierten apostolischen Abbild auf das gnostisch-gynäkokratische Urbild zurückschließen. Brot und Wein werden in dem hominisierten Abendmahl dem wirklichen Fleisch und Blut einer bestimmten historischen Person gleichgesetzt und sollen als deren wirkliches Fleisch und Blut genossen werden. Diese Vorstellung ist unnatürlich und abstoßend. Hier soll offenbar etwas, das gefährlich schien, vertuscht werden; hier ist etwas Älteres wahrscheinlich absichtlich mißverstanden und mißdeutet worden. Wer sich der verdrängten Tatsache des weiblichen Urchristentums nicht wieder bewußt werden will, wird auch den dialektischen Sinn des hoministisch-apostolischen nicht verstehen. Hat man es aber wiedergefunden, so wird man auch in dem Sakrament von Brot und Wein eine der vielen Anleihen erkennen, die das apostolisch-jahwistische Christentum bei dem viel älteren weiblich-androgynen des Doppelordens gemacht und hoministisch umgedeutet hat. Denn daß dessen androgyner Gott Sophia-Logos oder Mirjam-Jesus als die untrennbare Einheit der zwei Potenzen des Einen betrachtet wurde, von denen die eine durch das demetrisch-weibliche Brot, die andere durch den dionysisch-männlichen Wein repräsentiert wurde, ist eine ohne weiteres einleuchtende Symbolik. Wenn also Jesus als die Einheit von Brot und Wein in dem weiblichen Christentum versinnbildlicht wurde, so muß dieses ihn androgyn vorgestellt haben. Als aber dieser androgyne Jesus von dem apostolischen Männerbund auf ein einzelnes männliches Individuum reduziert war, mußte auch dementsprechend das aus dem androgynen Christentum übernommene Sakrament von Brot und Wein auf das Fleisch und Blut dieser einzelnen Person umgedeutet werden. Es ist nicht schwer zu sagen, wo die primäre und wo die sekundäre, wo die umfassendere und wo die begrenztere, wo die natürliche und wo die gezwungene und unnatürliche Vorstellung von dem Gotte Jesus zu finden ist. Jede der beiden Hälften des gnostisch-androgynen Doppelordens von Sophia und Logos hatte also sein eigenes Sakrament. Der rituelle Genuß des gnostischen Weines, der das besondere Sakrament der Ordenshälfte des Logos war, sollte bezeugen, daß das Eine in allen an diesem gnostischen Symposion beteiligten Individuationen seine Identität im ganzen männlichen Geschlecht erkannt hatte. Ebenso bezeugte der rituelle Genuß des gnostischen Brotes, welches das spezielle Sakrament der weiblichen Ordenshälfte der Sophia war, daß das Eine in allen dasselbe genießenden Frauen sich der metaphysischen Identität aller weiblichen Individuationen bewußt war. Jedes der beiden Geschlechter war also für sich durch sein spezielles Sakrament symbolisch in Sophia oder in dem Logos geeinigt. Schließlich aber waren die gemeinsamen Syssitien des gesamten gnostischen Doppelordens, auf denen die weibliche Hälfte desselben rituell der männlichen das Brot, und die männliche Hälfte der weiblichen rituell den Wein reichte, der symbolische Ausdruck dafür, daß das Eine in beiden Hälften auch zum Bewußtsein seiner Androgynität gekommen war. Denn es versteht sich von selbst, daß das gnostische Einzelbewußtsein von Sophia und Logos nicht möglich ist ohne das Bewußtsein ihrer metaphysischen Identität, d. h. ohne das Bewußtsein des Einen von seiner noumenalen Androgynität in Sophia-Logos; so daß also auch die Einzelsakramente jeder der beiden Ordenshälften das Doppelsakrament des ganzen Doppelordens bilden mußten. Noch ein Attribut des apostolischen Jesus sei übrigens erwähnt, das seine androgyne Herkunft zu bestätigen scheint. Man spekulierte später über seine doppelte Natur und deren hypostatische Einheit. In den orphischen Hymnen und der orphischen Theogonie heißt nun Phanes wie Dionysos selbst diphyes (διφυής) d. h. Gott von doppelter Natur, worunter zunächst offenbar ihre androgyne Natur zu verstehen ist. Wir glauben also, daß auch der Gott Jesus des weiblichen Christentums in diesem Sinne διφυής, d. h. von zwiefacher Natur, genannt wurde. Mit der Deutung dieses Begriffes aber zerbrach man sich später ohne Erfolg die Köpfe, als der androgyne Jesus zur individuellen Einzelperson hominisiert und historisiert war und die doppelte Natur schließlich als die gott-menschliche verstanden wurde, um das ursprünglich androgyne Wesen des Jesus διφυής vergessen zu machen. Auf alle Fälle aber haben alle Menschen als Individuationen des Absoluten, ob das Eine in ihnen zur Gnosis gekommen ist oder nicht, diese gott-menschlich genannte doppelte Natur.

Das weibliche Geschlecht des sich erscheinenden Einen, dessen geistiger Exponent die Nonne und die Beghine waren, versuchte nun während der ganzen christlichen Zeit seine ins Unterbewußte verdrängte Urreligion, also den Jesus διφυής oder den Androgyn Sophia-Logos, also sein weibliches Christentum, in dem hominisierten wiederzufinden. Das war natürlich nur das nutzlose Flattern des Vogels hinter den Gittern des hoministischen Käfigs nach einem Ziel, zu dem er nicht hinkommen konnte; aber alles, was das weibliche Christentum unter der Kontrolle und Zensur des hoministischen erreichen konnte, hat es, wenn auch in inadäquaten Formulierungen, ausgesprochen. Es hat durch sein Suchen bewiesen, daß es ein vom hoministischen verschiedenes, spezifisch feministisches Christentum gibt. Vor allem führte die beständige Meditation des Hohen Liedes und der Passion des Johannesevangeliums diese großen Nonnen und Beghinen des Abendlandes auf den richtigen Weg, um unter ihrem bewußten hoministisch-jahwistischen ihr unbewußt lebendiges weibliches Christentum wiederzuentdecken. Das Lied der Lieder wurde für den geistigen Instinkt dieser Frauen zum Buch der Bücher, zur Basis seiner spekulativen Theologie. Der Wille der Vorsehung hatte dieses Vermächtnis des hebräischen gnostisch-gynäkokratischen Doppelordens für deren geistige Schwestern der Zukunft erhalten. Sicher stammt es nicht von Salomo, unter dessen Namen es ihm gelang, sich als ein Paradox in den jahwistisch-hoministischen Kanon einzuschleichen; in seiner Urgestalt ist es älter als Salomo. Ebensowenig ist es erst im dritten Jahrhundert entstanden, als die Fetzen, in die der jüdische Hominismus das Ganze zerstückelt hatte, in der heutigen Fassung zusammengestellt wurden. Dieses verlorene Ganze aber war vielleicht einmal das sakrale Drama des Doppelordens gewesen, welches in lyrischer Sprache das zeitliche Schicksal des noumenalen Androgyns Sophia-Logos dargestellt hatte. Es waren die Tristien der Passion seiner Trennung und die Epithalamien seiner apokalyptischen Wiedervereinigung. Durch innere und äußere Zensur gehemmt, konnten es aber jene geistigen Frauen noch nicht wagen, in diesem Wechselgesang des noumenalen Androgyns die Stimme der Braut als die der Sophia, der gnostischen weiblichen Potenz des Einen, wiederzuerkennen. Wie hätten sie den Mut haben können, diese weibliche Potenz ontologisch als Prinzip oder soziologisch als gnostisch-weibliche Kirche in der Erscheinungswelt zu verstehen? Sie erblickten also in ihr nur psychologisch die einzelne weibliche Seele, während sie den „Bräutigam" mit dem Jesus der Kirche gleichsetzten. Denn für die großen Nonnen war, wie man in ihren Schriften lesen kann, und für die kleinen, wie man aus den chronikartigen Nonnenbüchern einzelner Klöster sieht, Jesus wieder zum *Amor crucifixus*, zum gekreuzigten Liebesgott geworden, zu der von der profanen Welt gekreuzigten Idee der gnostischen Liebe. Da aber nun alle Liebe zweigeschlechtlich ist, so mußten sie diesen Liebesgott ebenfalls zweigeschlechtlich denken. So fanden sie den androgynen Jesus des weiblichen Urchristentums wieder, in dem beide Potenzen vereinigt sind, weil er die Einheit von Sophia und Logos ist. Übrigens war die Androgynität Jesu schon in seiner Benennung als neuer Adam ausgesprochen; denn Adam ist, vor Entlassung der Eva, als Androgyn geschaffen worden. Dieses weibliche Christentum der Frauenklöster aber fand seinen bezeichnendsten Ausdruck in dem Kultus des Herzens Jesu, den die Männerkirche übernahm, um ihn durch hoministische Dogmatisierung unschädlich und zugleich für ihre Zwecke nutzbar zu machen; denn daß dieser weibliche Kult, wenn die Kirche darauf verzichtet hätte, ihn zu kontrollieren, hätte gefährlich werden können, liegt auf der Hand: eine weibliche Theologie vom Herzen Jesu hätte zu einer Erneuerung der Theologie der gnostisch-gynäkokratischen Apokalypsen, der Theologie des weiblichen Urchristentums der Doppelorden führen müssen. Aus den nüchternen und sachlichen Formulierungen der Texte für die Herz-Jesu-Messe und der Herz-Jesu-Litanei läßt sich daher nichts mehr von dem ekstatisch-visionären Geist der beiden Jesuazusen ahnen, welche diesen weiblichen Kult ins Leben gerufen haben. Es waren das die große heilige Gertrud, die eigentliche Begründerin der Herz-Jesu-Bewegung, die im XIII. Jahrhundert Nonne im Kloster der Benediktinerinnen zu Helfta war, und die heilige Nonne Marguerite-Marie Alacoque, vom Kloster der Visitation zu Paray-le-Monial, die ohne von ihrer Vorgängerin und deren in Frankreich so gut wie unbekannten Lehre zu wissen, diesen weiblichen Kult zum zweitenmal ins Leben rief, wonach ihm dann der bekannte große Erfolg in der katholischen Kirche beschieden war. Den Anstoß zu der Herz-Jesu-Spekulation des XIII. und XIV. Jahrhunderts hatte der Bericht des Johannesevangeliums über die Seitenwunde des Gekreuzigten gegeben. Trotz der Herrschaft der begrifflich denkenden Scholastik war das religiöse Denken der Zeit, vor allem das der Nonnen, symbolisch geblieben; für dieses symbolisch-mythische Denken aber ist der Jesus mit der Seitenwunde ein androgyner Gott. In seinem Buche: „Die Herz-Jesu-Verehrung des deutschen Mittelalters" (1924) hat *K. Richstätter S.J.* einige sehr bezeichnende und eigenartige Holzschnitte des XV. Jahrhunderts abgebildet, die keinen Zweifel darüber lassen, daß in dem Herzen Jesu die weibliche Potenz des Einen symbolisiert war, daß also der Jesus mit dem durchbohrten Herzen hieroglyphisch die noumenale Androgynität des Absoluten aussprach. Nicht nur, daß die Wunde des Herzens, wenn dieses für sich allein dargestellt ist, unmißverständlich die vom Speere durchbohrte Vulva symbolisiert; das Herz selbst wird auch als Uterus dargestellt, in dem die „ewige Weisheit" embryonal als Kindlein mit den Werkzeugen der Passion in den Händen steht oder sitzt. Außer durch Wunde und Speer ist die Erinnerung an die ehemalige Androgynität Jesu bei Johannes noch ein zweitesmal in dem physiologisch unmöglichen Ausströmen von Blut und Wasser aus der Seitenwunde erhalten. Wahrscheinlich sind also auch die Symbole von Blut und Wasser, ebenso wie die von Brot und Wein, ursprünglich einmal die soziologischen Symbole des vorapostolischen Doppelordens gewesen, der in der weiblichen Religion vom androgynen Jesus geeint war. Der Kultus des heiligen Herzens bedeutet also auf diesen Holzschnitten den der weiblichen Potenz des göttlichen Androgyns. Graf Zinzendorf, der mit der neuen französischen Herz-Jesu-Verehrung, die er vielleicht in Paris kennengelernt hatte, offenbar bekannt war, wird seinen Kultus des „Seitenhöhlchens", also der Androgynität Jesu, von ihr übernommen haben, das er dann in vielen geschmacklosen Versen besang, wie z. B. in den folgenden: Du Seitenkringel, / Du tolles Dingel, / Ich freß und sauf mich voll, / Ich bin vor Liebe toll. Dieser Jesus des verwundeten Herzens ist also der von den Nonnen wiedergefundene vorapostolische Jesus, der in den verschiedenen weiblichen Apokalypsen verschiedene Namen trägt, die alle dieselbe Idee ausdrücken. Man wird verstehen, daß es für die Männerkirche, um die weibliche christliche Urreligion auszurotten, notwendig war, diesen androgynen Urjesus zu entfeminisieren, d. h. seine ausschließliche Männlichkeit durch seine „Beschneidung am 8. Tage" zu beweisen, den ehemaligen androgynen Jesus der Idee also zu halbieren und hominisiert in einer bestimmten Zeit zu historisieren. Man wird aber auch verstehen, daß diese Männerkirche die von den mittelalterlichen Herz-Jesu-Holzschnitten ausgehende religiöse Suggestion durch eine offiziell anerkannte Darstellung des Herz-Jesu-Motivs unschädlich machen mußte. Getreu ihrer zwar bei den Massen erfolgreichen, aber bedauernswerten Methode, durch Vermittelmäßigung zu vermitteln, hat sie jene bekannten Bilder und Plastiken zugelassen, in denen ein menschliches Individuum sein leibliches reales Herz zeigt, die wegen ihrer materialistischen Geistlosigkeit und ihrer phantastischen Anatomie berüchtigt wurden, aber ihren Zweck, durch eine fade Sentimentalität von dem wirklichen Geheimnis des Kultes abzulenken, erreichen. Stets hat sie diese so schwer errungenen Wiederentdeckungen des weiblichen Urchristentums sofort in ihr hoministisches Gegenteil umgebogen und als aus dem Geist der Männerkirche entstanden ausgegeben. Während der Hase sich die Lungen aus dem Leibe rennt, liegt der Igel ruhig und zwinkert ihm zu: „Ich bin schon da!" Noch ein unbewußter Versuch des religiös-spekulativen weiblichen Geistes, seine androgyne Urreligion wiederzufinden, sei hier erwähnt. Wenn auch in den androgynen Herz-Jesu-Bildern die zwei Potenzen des Absoluten in einer Person symbolisch vereinigt waren, so blieb doch die zweite Potenz ohne eigene Persönlichkeit; der männliche Jesus hatte Sophia in seine Person aufgenommen. Gewiß ist auch dieser Symbolismus für den Wissenden vollständig ausreichend; aber noch deutlicher wird die androgyne Idee, wenn beide, eine Einheit bildende Potenzen in dieser Einheit auch mit eigenen Namen von einander unterschieden werden. *E. Dermenghem* hat in seinem Buche: *„La vie admirable et les Révélations de Marie des Vallées, d'après des textes inédits"*, eine der interessantesten geistigen Frauen der Kirche, die lange totgeschwiegen war, wieder zum Leben erweckt. Das Leben dieser Beghine (1590—1656), *„une des plus étonnantes de l'histoire des mystiques"*, verlief in der Diözese Coutance in der unteren Normandie. Sie war bereits 17 Jahre tot, als Marguerite-Marie Alacoque ihre ersten berühmten und folgereichen Herz-Jesu-Visionen (1673—75) hatte. Marie des Vallées, ein armes Bauernmädchen, war später, seit 1641, mit dem seligen P. Eudes, dem Gründer der *Congrégation de Notre Dame de la Charité*, in derselben geistigen Freundschaft verbunden wie François de Sales mit Françoise de Chantal und Mad. Guyon mit Fénelon, und sie inspirierte ihm, wie Dermenghem zeigt, im Jahre ihrer Bekanntschaft den liturgischen Kult der beiden in Liebe zu einander untrennbar verbundenen Herzen von Maria und Jesus. Lassen wir die zeitbedingte Formulierung und Begründung des Kultus dieses Doppelherzens außer Betracht: wesentlich ist, daß das Eine in Marie des Vallées zum Bewußtsein seiner noumenalen Androgynität gekommen ist. Die beiden Potenzen des noumenalen Androgyns Sophia und Logos aber nannte sie Maria und Jesus, wie sie wohl schon einmal in der urchristlich-weiblichen Theologie des hebräischen Doppelordens geheißen hatten.

Die Dialektik der beiden Geschlechter beruht psychologisch in dem Gegensatz von gnostischem Ich-Nichtichbewußtsein und agnostischem, soziologisch besteht sie in dem auf diesem Bewußtseinsunterschied des Einen gegründeten Gegensatz von gnostisch-gynäkokratischer Kirche und agnostisch-hoministischem Staat. Ziel dieser Dialektik ist es, entweder den Staat in Kirche oder die Kirche in Staat umzuwandeln, so daß das Eine in einer agnostisch- oder gnostisch-ichbewußten Menschheit individuiert wird. Dieser Definition aber scheint das historische Verhältnis von Kirche und Staat im Abendlande zu widersprechen, da die Leitung der christlichen Kirchen sowohl wie die der Staaten in der Hand des männlichen Geschlechtes liegt. Und doch, eine Männer-Kirche ist ebenso eine *contradictio in adjecto* wie es ein Frauen-Staat ist. Wir haben indessen schon darauf hingewiesen, daß die christliche Kirche nur die vom männlichen Geschlecht eroberte und hominisierte gnostisch-gynäkokratische Urkirche des weiblichen Geschlechtes ist. Einerseits hat sie viele Institutionen und Dogmen derselben, wenn auch umgeformt, erhalten, die wieder zu enthominisieren nicht schwierig ist, andererseits aber führt sie mit dem Staat zusammen den Kampf gegen die Wiederherstellung der gnostisch-weiblichen Kirche, also der einzigen historisch und metaphysisch begründeten. Daher kommt es, daß sie selbst ebenso zweideutig ist wie ihr christologischer Mythus, der den Versuch machte, das jahwistisch-hoministische Dogma mit den weiblichen Apokalypsen zu verschmelzen. So kommt es, daß der abendländische Kampf zwischen Kirche und Staat nicht mehr jenen geistigen Sinn der Urzeit hat, sondern zu einem Machtstreit zwischen zwei hoministischen Gruppenbildungen, der Männerkirche und dem Männerstaat wurde, von denen die eine die andere ihren Zwecken zu unterwerfen sucht. Der urzeitliche Streit zwischen gnostischem Feminismus und agnostischem Hominismus wurde zu einem innerhoministischen Kampf zwischen einem priesterlich-hoministischen und einem laizistisch-hoministischen Staate oder zu einem innerstaatlichen Ständekampf. Denn die angeblich prästabilierte Harmonie der beiden hoministischen Gewalten, das von Dante formulierte Axiom, als die Chancen noch fünfzig zu fünfzig standen, ist nur noch eine prästabilierte Verlegenheitsausrede. In der hoministischen Kirche und dem hoministischen Staat stehen sich nicht mehr zwei metaphysische Potenzen gegenüber, wie in der gnostisch-gynäkokratischen Kirche und dem agnostischen Männerstaat der Urzeit, sondern nur noch zwei Spaltungen derselben Potenz. Zuweilen betrachtete sich die Kirche als eine Art dritter Potenz, die eine Synthese oder eine Brücke zwischen gnostischem Feminismus und agnostischem Hominismus herzustellen habe. Doch das war nur eine subjektive Fiktion, es gibt kein drittes Geschlecht oder dritten Pol; sie konnte kein Androgyn werden, höchstens ein beunruhigender Zwitter. Ihre hoministische Bewußtseinsgrundlage determinierte eindeutig das Geschlecht, dem sie angehörte, und dessen Machtansprüche sie vertrat; an ihrer soziologischen Zweideutigkeit wird sie scheitern. Der antichristliche totale Hominismus bedroht sie von der einen Seite, um mit ihr die Reste des weiblichen gnostischen Christentums, die sie, wenn auch in jahweisierter Gestalt, doch gerettet hat und schützt, zu vernichten und das männliche Geschlecht endgültig von dem gnostischen Widerspruch des weiblichen zu befreien. Das wäre das Ende der Menschheit in einer hoministischen Sklavenexistenz des ausschließlich phänomenologischen Bewußtseins und Willens. Von der andern Seite aber muß in der weiblichen Potenz, je brutaler der Männerstaat und je mehr die Männerkirche eine agnostisch-sakramentale Bürokratie wird, wieder das Bewußtsein ihrer Bestimmung erwachen, die darin besteht, das Menschengeschlecht in der allgemeinen gnostisch-gynäkokratischen Kirche des noumenalen Androgyns Sophia-Logos aufs neue zu vereinigen, weshalb sie versuchen muß, die Usurpation der Kirche durch das männliche Geschlecht wieder rückgängig zu machen. Denn alle Götter, die nur den Willen einer einzelnen Potenz symbolisieren, sind nur die Götter des agnostischen Kollektivegoismus dieser Potenz; in der Idee des noumenalen Androgyns allein wird die Differenz der polaren Gegensätze bejaht und metaphysisch zugleich aufgehoben. Die Tragödie der christlichen Nonnen bestand darin, daß sie das, was sie von einem dunklen gnostischen Instinkt geführt, unbewußt erstrebten, in der theologisch fixierten Sprache aussprechen weder konnten noch durften; auch die größten lebten als Gefangene des hoministischen Kosmokrator. Von diesen

Hemmungen ihrer Vorläuferinnen wird der künftige Orden der *Virgines gnosticae*, in dem das Eine wieder zum ontologischen und teleologischen Bewußtsein seiner selbst gekommen sein wird, nichts mehr wissen. Sie werden aus Erkenntnis das Wort sprechen, das jene Vorgängerinnen nicht finden konnten, und die von ihnen begonnene Aufgabe vollenden; sie werden das gnostisch-weibliche Christentum aus dem geistigen Chaos des totalen Hominismus retten und auf dem Doppelorden eine neue Ordnung der Menschheit aufrichten. „Zu dieser Stunde hat heute Kore (d. h. „die Jungfrau", einer der vielen Namen der Sophia) den Aion geboren", riefen die Mysten, wenn sie am 6. Januar ein auf einer Bahre thronendes Götterbild siebenmal um das Koreion, den Tempel der „Jungfrau" in Alexandrien trugen, Epiph. Haer. 51,22. Allerdings, dieser Orden der gnostischen Jungfrauen wird den neuen Aion gebären, den Aion der gnostischen Leibwerdung des Einen auf der Erde.

4. Die zwei Menschenrassen

Gnostisch geworden ist der Leib, der seiner metaphysischen Identität — natürlich nicht seiner phänomenalen, denn sonst wäre er wahnsinnig — mit allen Objekten bewußt geworden ist. Die gnostisch-gynäkokratische Kirche aber ist eine Gemeinschaft von gnostischen Leibern, in denen das Eine unter der Leitung des gnostischen Frauenordens eine immer fortschreitende Vergeistigung seiner Individuationen erstrebt. Die geistig-hierarchische Struktur der gnostisch-androgynen Doppelkirche kann man sich vielleicht als eine Vielheit von konzentrischen Kreisen vorstellen, die denselben Mittelpunkt haben oder als eine Vielheit von geistigen Planeten, welche dieselbe geistige Zentralsonne umkreisen. Dieser kontemplative und lehrende Mittelpunkt ist der Doppelorden von Sophia und Logos, in dem die gnostische Leibwerdung des Einen ihren jeweilig höchsten Grad erreicht hat; er bildet die Kirche im engeren Sinne. Die konzentrischen Kreise, die ihn umgeben, sind zwar alle von diesem Mittelpunkt zusammengehalten, aber wegen ihrer wachsenden Entfernung von ihm weniger durchleuchtet und durchglüht; sie bedeuten die gnostisch-androgyne Laienkirche. Wie diese Kreise immer größer werden, so werden auch die Laien an Zahl zunehmen, während die Intensität ihrer Gnosis abnimmt. Aber alle konzentrischen geistig-hierarchisch verschiedenen Kreise stehen im Banne desselben Mittelpunktes, so daß Mittelpunkt und Kreise zusammen die androgyne Doppelkirche von Sophia und Logos bilden, die nur aus gnostisch-ichbewußten weiblichen und männlichen Leibern besteht.

Nach 100 000 Jahren — für die Zahl übernehme ich jedoch keine Garantie! — erscheint sich dann das Eine auf der Erde vielleicht in zwei fixierten Menschenarten, in einer höheren Art von gnostisch-ichbewußten Leibern und in einer niederen von agnostisch ichbewußten, also in einer gnostischen Menschenrasse und einer tiermenschlichen Rasse. In letzterer ist sich das Eine nur seiner phänomenal-animalischen Existenz bewußt geworden, in ersterer auch seines überphänomenalen in Subjekt und Objekt der Erscheinungswelt identischen Seins. Während des zweiten Äons hatte diese geistige Rasse, die Besiegte des ersten Zeitalters, nur in zeitlich und räumlich von einander isolierten Individuationen des Einen weiterbestanden, bis mit der Wiederherstellung des Doppelordens, in dem sich das Eine des Telos seiner Menschwerdung wieder bewußt wurde, der Wendepunkt kam. Die ausgestoßene oder „entlassene" tiermenschliche Art aber wird im neuen Äon nicht ausgestorben sein; beide Arten bestehen nebeneinander, aber ohne jede Vermischung. Denn die Instinkt gewordene gegensätzliche Auffassung vom Wesen der Liebe, als eines metaphysisch-androgynen Mysteriums des Einen oder als einer bloß phänomenologisch-geschlechtsegoistischen Gattungsaffäre, hat eine unüberbrückbare Kluft zwischen den gnostisch-menschlichen und den agnostisch-tiermenschlichen Leibern aufgerissen. Voll Mitleid wird die gnostische Rasse die tiermenschliche betrachten, aber auch in ihr, wie in den Tierarten ohne Verstand, ihre „Brüder in der Reihe der Lebendigen" (Faust I, Szene 14) erkennen; aber sie wird die ihr durch den gnostischen Erscheinungsprozeß des Einen gesetzten Grenzen, wenigstens nach unten, nicht mehr überschreiten können. Voll Demut und Hoffnung aber wird sie aufschauen zu den höheren gnostischen Bewußtseinsindividuationen des Einen auf vollkommeneren Sonnensystemen. Während sie selbst jedoch soziologisch in der gnostisch-gynäkokratischen Kirche, durch die sie gezüchtet und erzogen wird, geeint ist, kann die tiermenschliche Art nur in einem hoministischen Männerstaate leben, der einzig möglichen Organisationsform für den mit dem agnostischen Ichbewußtsein verbundenen Individual- oder Kollektivegoismus. Wie also die gnostische Rasse des dritten Äons als eine gnostisch-gynäkokratische Kirche des noumenalen Androgyns lebt, so lebt die tiermenschliche des künftigen Weltalters als hoministischer Staat. Es ist aber wahrscheinlich, daß, während die gnostische Menschheit zu immer höherer Vergeistigung ihrer Leiber gelangen wird, weil das Eine in ihr vom gnostischen Triebe geleitet zu immer größeren Höhen seines Selbstbewußtseins aufsteigt, dementsprechend das staatliche Tiermenschentum immer tiefer heruntersinken muß. Jedenfalls aber konnte auch der einmal von dem Einen zum Zwecke seiner Menschwerdung entlassene Affe nicht mehr den Weg zurück finden.

Die agnostischen Staaten der Tiermenschen aber, die durch ihre Natur gezwungen, außerhalb der gnostisch-gynäkokratischen Kirche des auferstandenen noumenalen Androgyns leben, werden von dieser beherrscht, d. h. sie dienen, wie alle niederen agnostischen Lebewesen, als Mittel für die gnostische Menschwerdung des Absoluten. Sophia hat endlich über Jahwe, die gnostisch-weibliche Kirche über den agnostisch-hominstischen Männerbund gesiegt, mag dieser sich Staat oder Kirche nennen; die geistig-gnostische Hierarchie hat allen widergeistigen Pseudohierarchien, die sich um die Wette selbst vernichteten, ein Ende gemacht. Es beruht aber die Herrschaft der gnostischen Leiber über die agnostischen auf der Überlegenheit ihrer magischen Kräfte. Denn diejenigen Leiber, in denen sich das Eine als seiner Individuationen bewußt geworden ist, die sich daher als die passiven Werkzeuge und Sprachrohre im Dienste des Absoluten erkennen, um dessen Telos in der Welt seiner phänomenalen Sichtbarwerdung zu verwirklichen, die wissen, daß sie das Absolute in beschränkt relativen Erscheinungen selbst sind, diese gnostischen Leiber müssen natürlich auch unvergleichlich höhere magische, d. h. suggestive, Kräfte ausstrahlen als die agnostischen, in denen sich das Eine nur als eines Individuums bewußt wird. Die Doppelorden der Nonnen und Mönche des noumenalen Androgyns sind daher als gnostische auch magische Orden, welche ihre magischen, wie alle anderen Kräfte, im Dienste des absoluten Telos, der gnostischen Menschwerdung des Einen, gebrauchen. Dadurch muß sich aber die magische Kraft der gnostisch-gynäkokratischen Kirche, in der jeder einzelne Leib ein gnostisch-magischer Leib und alle zusammen ein einziges im noumenalen Androgyn geeintes *Corpus Gnosticum et Magicum* bilden, im dritten Äon so stark entwickeln, daß ihr die Staaten der tiermenschlichen Rasse nicht widerstehen können und unter ihrem Gesetze zu leben gezwungen sind.

2. ABSCHNITT

Das Opfer
Eine religionsphilosophische These

EINLEITUNG: DER PHILOSOPHISCHE STANDPUNKT

Es scheint mir fair, vor Beginn den philosophischen Standpunkt anzugeben, von dem aus diese These behandelt wird, damit der Leser von Anfang an weiß, was er hier zu erwarten und nicht zu erwarten hat, und deshalb auf die Lektüre überhaupt verzichtet oder sie, wenn er sich angesprochen fühlt, umso gespannter unternimmt.

In seinem Antwortschreiben an *Eschenmayer* richtet *Schelling* an den Adressaten die sarkastische Frage: „Wollte uns aber Gott wirklich zu Mitwissern haben seines ewigen Plans, was haben Sie dagegen einzuwenden?"[1] Ja, fügen wir hinzu, er mußte uns sogar notwendig zu Mitwissern haben wollen, sonst hätte er überhaupt keine Menschheit geschaffen. Um das zu begründen, sind wir leider gezwungen, von dem Prozesse im absolut Einen, das etwas anderes als ein relativ Eines ist, hier nur andeutungsweise und im Compendienstil zu sprechen, obwohl wir von der Unzulänglichkeit einer solchen summarisch-abgekürzten Darstellung schmerzlich überzeugt sind.

Dieser Prozeß im außer- und überzeitlichen Absoluten kann natürlich weder nach Analogie zeitlicher Sukzession noch als ein abstrakt logischer, sondern nur als ein immanenter realer Vorgang auf der metaphysischen Seinsebene gedacht werden und daher als ebenso notwendig und ewig wie das Absolute selbst. Es ist aber dieses an sich Seiende, vor seiner Differenzierung in beides, sowohl das Subjekt an sich wie das Objekt an sich in ihrer Identität. Durch seine Subjekt-Objekt-Spaltung aber erscheint es sich als eine gegenständliche Welt von unbewußt oder bewußt wollenden Objekten, die einem Subjekt gegenüberstehen, und zwar so, daß jeder Gegenstand, je nach seiner Relation, zugleich Subjekt und Objekt ist. Was aber könnte das Eine, allein wahrhaft Seiende, neben dem es kein Zweites gibt, wahrnehmen, das es nicht selbst ist? Sogar der unendliche Raum und die unendliche Zeit, in denen der ganze dingliche Erscheinungsprozeß des Absoluten abläuft, sind nur die Erscheinungssymbole seiner eigenen überräumlichen Unbegrenztheit und überzeitlichen Ewigkeit. Aber auch in der Totalität aller räumlich-zeitlichen Erscheinungswesen, die sich gattungsgemäß von einander nähren und miteinander fortpflanzen, um sich zu neuen Wesen umzugestalten, spiegelt sich nur das Für-sich-selbst-sein und das Durch-sich-selbst-sein des Absoluten wieder, so daß für das naive oder halbe Denken diese

---
[1] *Schelling*, Sämtliche Werke, I. Abteilung, 8. Bd, S. 185.

Welt sogar eine Aseität zu haben, also selbst absolut zu sein scheint; während in dieser relativen Aseität seiner begrenzten räumlich-zeitlichen Erscheinungen doch nur die absolute und ewige Aseität des Einen selbst sichtbar und erkennbar wird. In diesem zeitlich-dynamischen Prozeß seines sich selbst gestaltend-umgestaltenden Erscheinungsdaseins ist das Absolute in den niederen Gattungen seiner Lebewesen, die nur Mittel zum Zweck sind, in den Sternen und den nichtmenschlichen Geschöpfen, die sie tragen, nur da, ohne zu wissen, daß es da ist; in den höheren Gattungen, den Bewußtseinswesen dagegen, von denen uns empirisch nur die irdische Menschheit bekannt ist, erkennt es sich selbst als das Absolute im Relativen, als das in der Vielheit der erscheinenden Gattungen sich selbst Erscheinende. Dieses Erkenntnisvermögen, durch welches die Bewußtseinswesen erst wirklich zu solchen werden, ist die gnostische Intuition. Schon das empirische oder phänomenale Ichbewußtsein ist ein intuitives Wissen, durch welches das Eine unmittelbar äußere und innere Handlungen auf sich selbst als auf ein Erscheinungssubjekt bezieht und sich von einem Nichtich unterscheidet; durch die gnostische Intuition dagegen erkennt es unmittelbar seine jenseits seiner Erscheinungen stehende, also überphänomenale Identität im Ich und Nichtich. Trotz seiner intellektuellen Anschauung, trotz dieser Überwindung der Doxa des naiven Realismus durch die Episteme oder Gnosis von dem real Seienden, bleibt auch das zur Gnosis gelangte Ich natürlich nur ein Erscheinungswesen; aber ein solches, in dem sich das Eine durch seinen gnostischen Intellectus als das *principium et finis* seines Erscheinungsdaseins erkannt hat. Denn deren Finis oder Telos ist eben die Erkenntnis seiner selbst als des Principiums oder der Arché und seine auf diesem Wissen beruhende gnostische Existenzform in Gattungen von gnostischen Bewußtseinswesen oder, anders ausgedrückt, in gnostisch vergeistigten Leibern. Zum Bewußtsein seiner selbst und seines Erscheinungstelos gekommen, kann sich von jetzt an das Absolute bewußt seinem absoluten Ziele in immer höheren Gattungen zu nähern versuchen. Daher mußte sich das Eine als Menschheit erscheinen, gerade um „Mitwisser seines ewigen Planes" zu haben und um diesen „Plan" bewußt zu verwirklichen. In den beiden Potenzen, der weiblichen und der männlichen, welche die Urform seiner Subjekt-Objekt-Spaltung überhaupt sind, erkennt die gnostische Intuition die Liebe, die beide Potenzen verbindet, als die Liebe des Einen zu sich selbst, dem in beiden Identischen; so daß man sagen kann, das Absolute mußte sich als Subjekt und Objekt erscheinen, um sich selbst in zweigeschlechtlichen gnostischen Gattungen als das Eine intellektuell lieben zu können. Wenn aber das Absolute in den Individuationen seiner beiden Potenzen das Telos seines Erscheinungsdaseins erkannt hat, so wird deren Wille zu einem gnostischen Willen, und der Verstand, die *ratio,* wird zum Werkzeug für dessen Verwirklichung. Die Form einer Gesellschaft aber, deren Ziel die gnostische Leibwerdung des Einen ist, wird die gnostische Gynäkokratie sein und ihre Religion die des gnostischen Androgyns, die Religion von Sophia und Logos, über die wir bald mehr hören werden.

Wenn wir selbst nun *Schellings* Frage allgemein an unsere Zeitgenossen richten würden, ob sie etwas dagegen einzuwenden hätten, Mitwisser des dem sich erscheinenden Absoluten immanenten Telos zu werden, so würde der Anwalt des naiv-realistischen männlichen Geschlechtes und Verteidiger seines antignostischen Hominismus wohl Folgendes erwidern. „Wir haben gegen solche Mitwisserschaft nicht nur »etwas« einzuwenden, sondern wir wollen prinzipiell nichts mit ihr zu tun haben. Die ganze Richtung paßt uns nicht. Wir verwerfen die Gnosis, weil ihre Konsequenzen den Begriff vom Menschen, wie wir ihn festgesetzt haben, stören würde. Denn wir kennen nur das von Ihnen sogenannte agnostische Ichbewußtsein, also nur den Standpunkt der absoluten Differenz von Subjekt und Objekt, von Ich und Nicht-ich, von männlicher und weiblicher Potenz. Was sollte aus dem, natürlich »wohlverstandenen«, Egoismus der Individuen und der Interessengruppen werden, deren umfassendste das solidarische ganz männliche Geschlecht ist? Daher verwerfen wir Ihr sogenanntes gnostisches Ichbewußtsein, durch welches ein angeblich Absolutes seine Identität in den Gegensätzen erkennen soll und damit die Grundlage des logischen Denkens überhaupt, den Satz vom Widerspruch, negiert. Ihre Intuition aber ist ein willkürliches Postulat; denn *wir* besitzen sie nicht und wir wollen sie auch nicht kennen lernen; denn nur das agnostische Ichbewußtsein soll das Recht haben, dogmatisch den Wirklichkeitsbegriff und die Grenzen der menschlichen Erkenntnis zu bestimmen. Wir sind stolz darauf, von euch naive Realisten genannt zu werden, denn wir sind als solche die wahren Wirklichkeitsmenschen und eure Herren. Auch ihr werdet übrigens einmal das, was ihr »Geist« nennt, verraten, wie es schon so viele vor euch getan haben — Julien Benda hat das *»la Trahison des clercs«,* d. h. die Apostasie der geistigen Menschen genannt — und ihr werdet noch einmal froh sein, als »Geistesarbeiter« oder intellektuelle Roboter den Zwecken unserer Technik, Wirtschaft und Politik dienen zu dürfen. Ob wir uns nun theistische oder atheistische Hoministen nennen, wir beide sind Brüder im antignostischen Hominismus, den die einen gottesgesetzlich, die andern naturgesetzlich begründen. »Wir wollen aus Frankreich lieber einen Totenacker machen als darauf verzichten, es auf unsere Weise zu regieren«, rief der Konventskommissar Carrier, der Schöpfer der Noyaden, aus; auch wir beiden Brüder im antignostischen Hominismus wollen lieber den ganzen Planeten in einen einzigen Totenacker verwandeln als auf unser Prinzip, das des agnostisch-egoistischen Ichbewußtseins, zu verzichten. Und ihr werdet nicht bestreiten können, daß wir schon gute Arbeit geleistet haben. *Stat pro ratione (gnostica) voluntas (nostra agnostica)*."

In dem empirischen Tatsachenchaos der menschlichen Geschichte den das Ganze beherrschenden Sinn zu finden, ist ein primäres Bedürfnis des menschlichen Bewußtseins; es ist sein geschichtsphilosophischer Trieb. Indem nun das Eine intuitiv seine gnostische Leibwerdung als das Telos oder Willensziel seines Sich-erscheinens erkennt, ist es sich also des *terminus ad quem* seines historischen Prozesses bewußt geworden. Zugleich aber hat es den dialektischen Widerspruch zwischen seinem gnostischen Ichbewußtsein und seinem empirisch-agnostischen Ichbewußtsein als dem zur Verwirklichung seiner ewigen Idee führenden geistigen Weg verstanden. Denn infolge seiner Spaltung in Subjekt und Objekt oder männliche und weibliche Potenz ist die Dialektik auch notwendig die Basis seines ganzen historischen Erscheinungsprozesses. Diese auf dem gnostischen Ichbewußtsein des Einen beruhende Geschichtsphilosophie ist also die absolute Geschichtsphilosophie des Absoluten. Relativistisch und subjektivistisch dagegen muß jede Geschichtsphilosophie sein, die das agnostische Ichbewußtsein zur Voraussetzung hat; denn sie ist immer nur von einem beschränkt-egoistischen Interessensstand aus konstruiert. Keine Erscheinung aber kann Endzweck sein; Endzweck auch in seinen Erscheinungen ist nur das Absolute selbst. Notwendig muß nun die These früher sein als die Antithese. Ist aber das logisch Frühere auch das empirisch-historisch Frühere? In der Tat verhält es sich so. Die Menschheit des Anfangs ist eine Menschheit des gnostischen Bewußtseins gewesen. Am *terminus a quo* der Menschheitsgeschichte stand nicht der *homo insipiens sive agnosticus* sondern der in gnostisch-gynäkokratischer Gesellschaftsordnung lebende *homo sapiens sive gnosticus*.

I. DEM GNOSTISCH-GYNÄKOKRATISCHEN ERSTEN ÄON WAREN BLUTIGE OPFER UNBEKANNT

In den bald mehr, bald weniger verstandenen, bald flacher, bald tiefsinniger erzählten, vor allem aber tendenziös hoministisch entstellten oder verstümmelten Berichten von einem paradiesischen oder goldenen Urzeitalter der Menschheit und seinem Untergang besitzt das Menschengeschlecht die Überlieferung von seinem vorgeschichtlichen Urzustand und dessen durch eigene Schuld, den „Sündenfall" herbeigeführten Ende. Dieser universelle historische Mythus vom ersten oder weiblichen Äon kann natürlich erst nach diesem, also in dem neuen hoministischen Zeitalter, als eine Klage um das Verlorene und als eine Hoffnung auf seine Wiederkehr entstanden sein; er ist also wahrscheinlich die älteste aller gnostisch-gynäkokratischen Apokalypsen, die immer zugleich historisch-retrospektiv und prophetisch sind. Diese historischen Mythen, d. h. historisch-symbolische Erzählungen, die von der Urzeit des Menschengeschlechtes berichten, stellen diese als einen weiblichen Äon des Friedens und des Einheitsbewußtseins der Gattung dar. Wenn nun die Menschen des II. Äons, die des agnostischen Ichbewußtseins, dieses auch der ersten Menschheit zuschreiben, so kann jener Mythus vom Urzustand nur ein absurdes, gegen den gesunden Menschenverstand gerichtetes Paradox sein. Wer sich aber diese Gleichsetzung erlaubt, vergißt, daß nach dem Mythus die beiden Zeitalter durch die entscheidende, „Sündenfall" genannte, Bewußtseinsrevolution getrennt sind, daß also dem agnostischen Ich-Nichtichbewußtsein des Einen im zweiten Äon das von diesem völlig verschiedene gnostische Ich-Nichtichbewußtsein des Einen im ersten vorausging. Ebenso wie für die Menschheit des zweiten Zeitalters der Krieg aller gegen alle mit List und Gewalt ein zwangsläufiges Symptom des neuen agnostischen Ich-Nichtichbewußtseins geworden war, hatte daher das gnostische des I. Äons seinen notwendigen Ausdruck in dem allgemeinen Friedenszustand des Menschengeschlechtes finden müssen. Die Statuierung dieser Bewußtseinsunterschiede und der sich aus ihnen ergebenden praktischen Folgen war der Inhalt jener ältesten Urgeschichte des Menschengeschlechtes, des gnostisch-gynäkokratischen Mythus vom paradiesischen oder goldenen Zeitalter und seinem Untergang. Obwohl auch diese weibliche Weltalterapokalypse gleich den gnostisch-gynäkokratischen Apokalypsen vom göttlichen Androgyn — beide Gruppen haben übrigens dieselbe historisch-prophetische Symbolbedeutung —, um überhaupt ertragen zu werden, im II. Äon hoministisch entstellt werden mußten, so leuchtet doch ihr weiblicher Charakter unzerstört durch die Tünche hindurch. Zwar blieb die Erinnerung an das Friedensreich der Urmenschheit erhalten, aber es schwebte nun ohne die es begründende gnostisch-gynäkokratische Basis rätselhaft in der Luft. Völlig verschwinden aber mußte in der hoministischen Bearbeitung natürlich der prophetische Teil des Mythus, die Verkündigung von der dereinstigen Wiederherstellung der gnostischen Gynäkokratie und der Wiederkehr der gnostischen Philia, so daß die hominisierte Version des Mythus einen ausschließlich pessimistischen und trostlosen Charakter erhielt, indem es für den fortschreitenden Verfall der Menschheit kein anderes Ende als ihre Selbstvernichtung im ewigen agnostischen Neikos geben kann. Auch wenn die Sibyllen der weiblichen Weltalterapokalypsen die Tragödie des heraufziehenden agnostisch-hoministischen Äons in nicht weniger blutigen Farben gemalt haben, so wird ihr letztes Wort doch die tröstende frohe Botschaft von der Erlösung der Menschheit durch die Apokatastasis der gnostischen Gynäkokratie, durch die Wiederkehr von Sophia und Logos gewesen sein.

Auf welcher Stufe seiner Selbstgewißwerdung muß also das Eine gestanden haben, als es sich zuerst in einer zweigeschlechtlichen Menschheit auf der Erde erschien? Offenbar nicht auf der Stufe der Bestialität, wie die negative, seit hundert Jahren zum Glaubenssatz der Massen gewordene evolutionistische Hypothese des Materialismus behauptet: denn der intellektuelle moralische und gesellschaftliche Zustand der Urmenschheit, der dem Mythus zugrunde liegt, ging ja dem viel späteren Sturz in die Bestialität der späteren Zeitalter voraus. Um jenen Urzustand zu verwirklichen, mußte das sich als zweigeschlechtliche Menschheit erscheinende Eine noch eine andere Dimension des Bewußtseins besitzen als die bloß phänomenologisch ichbewußte, auf die sich der Mensch des zweiten Äons reduziert hat; es muß außer seinem phänomenologischen Wissen von sich darüber hinaus auch noch als *scientia infusa* die gnostische Intuition von sich selbst besessen haben als der in allen Erscheinungen erscheinenden Substanz. Das sich als Erscheinungswelt anschauende Eine muß also zugleich seine metaphysische Identität im anschauenden Subjekt und in dem von diesem angeschauten Objekt intuitiv erkannt haben. So erschien sich also das Eine in der Urmenschheit als die Gattung *homo sapiens sive gnosticus*, als eine Gattung männlicher und weiblicher gnostisch ich-nichtichbewußter oder kurz gnostischer Leiber. Das stupidagnostische Willensgefühl seiner Tierheit lag hinter ihm. Untrennbar mit der ontologischen Intuition des Einen, in der es sich als das im erscheinenden Subjekt und Objekt Identische erkennt, war seine teleologische Intuition verknüpft, in der es den teleologischen Sinn des ewigen Werdens seiner auf der Subjekt-Objekt-Spaltung beruhenden Erscheinungswelt begriff; erst die begriffliche Analyse der Intuition unterscheidet diese beiden Bestandteile, die im Akt derselben eine Einheit bilden. Das Telos der Phänomenalität des Einen aber ist seine gnostisch vergeistigte Leibwerdung. Das Eine mußte sich als Kosmos einer unbegrenzten Zahl von Sonnensystemen erscheinen, um auf einer begrenzten Zahl derselben zu Gattungen von gnostischen Bewußtseinswesen werden zu können, in denen es seine Subjekt-Objekt-Identität zu erkennen vermag. Die terrestrische Urmenschheit war also nur ein Spezialfall der gnostischen Leibwerdungen des Absoluten im gesamten Kosmos. Der gnostische Trieb aber ist der Stachel, der die Sonnensysteme vorwärts treibt, um sich in Bewußtseinswesen zu transformieren, in denen das Eine dieses Telos erreicht. Natürlich konnte der primordiale gnostische Leib der Urmenschheit trotz seines intuitiven Erkennens kein statisches Ende sein, sondern nur die Basis einer existentiellen Erhöhung in der Zeit durch die gesteigerte gnostische Vertiefung.

Jede Gesellschaftsordnung ist die Form oder der Ausdruck einer auf ein bestimmtes Ziel gerichteten Willensgemeinschaft. Die Gesellschaftsform der im Trieb und Willen zu höherer gnostischer Leibwerdung geeinten Urmenschheit kann nur die gnostische Gynäkokratie gewesen sein. Denn in dem weiblichen Geschlecht, dessen Bestimmung es war, die in vollkommenerem Grade gnostischen Leiber der Zukunft zu gebären, mußte das Eine sich des Telos seiner Erscheinung auch in besonderem Grade intuitiv bewußt geworden sein. Der gnostischen Gebärerin gehörte deshalb notwendig der geschlechtliche Primat, und in der gnostischen Intuition der androgynen Polarität des Einen mußte dessen männliche Potenz diesen weiblichen Primat nicht nur anerkennen, sondern sogar fordern; denn einen Geschlechterkampf konnte es in diesem Äon der gnostischen Intuition der Identität von Subjekt und Objekt, von Ich und Nichtich, überhaupt noch nicht geben, so wenig wie einen Kampf der Individuen innerhalb der beiden Geschlechter: der Äon der gnostischen Gynäkokratie war das Zeitalter des gnostischen Friedens.

Als die Potenz, welche die Verantwortung für die gnostische Zukunft der Gattung trug, war aber das weibliche Geschlecht auch zum gnostischen Führer des männlichen bestimmt. Daß die beiden Geschlechter der ersten Menschheit in bestialischer Promiskuität gelebt hätten, ist nur ein Dogma des hoministischen Evolutionismus, vielleicht nur ein in die Vergangenheit versetztes materialistisches Wunschbild. Gerade durch ihre, wenn auch noch reflexionslose, gnostische Intuition von der gnostischen Leibwerdung des Absoluten war die menschliche Gattung vom Augenblick ihrer Entstehung an für immer von allen tierischen Arten abgesondert, aber ohne die gnostische Gynäkokratie des Anfangs wäre die Menschheit wohl nicht Menschheit geblieben. Durch sie begriff das sich erscheinende Eine seine Identität wie in der allgemeinen polaren Differenz von Subjekt und Objekt so auch in der speziellen seiner männlichen und weiblichen Polarität. Dadurch aber wurde die Begierde zur gnostischen Liebe sublimiert, sie wurde bewußte Liebe des Einen zu sich selbst, ein metaphysisches Geheimnis. Durch das intuitive Bewußtsein wurde die gnostische Ehe der Urmenschheit zur *Unio gnostica*, zu einer von aller tierischen Begattung wesensverschiedenen „höheren Begattung", durch die sich das Eine zu einem vollkommeneren gnostischen Leibe umgestalten wollte als es ihm in dessen Eltern gelungen war. Denn das Eine erscheint sich in der Zeit als ein sich selbst durch Umgestaltung teleologisch Gestaltendes, ein Prozeß, der das zeitliche Abbild seiner überzeitlichen Aseität ist, seines absoluten Durch-sich-selbst-seins. Das religiöse Symbol dieser urmenschheitlichen gnostisch-gynäkokratischen Zielgemeinschaft aber war der gnostisch-gynäkokratische Androgyn oder Gynander; denn beide Namen bezeichnen dieselbe gnostische Idee vom Standpunkt der weiblichen oder der männlichen Potenz aus. Dieses Symbol hat eine ontologische und eine teleologische Bedeutung. Eine ontologische, indem sich das Eine in ihm als die Identität seiner beiden Potenzen anschaut; es spricht aber auch den teleologischen Sinn der Erscheinungswelt aus, nämlich die gnostische Leibwerdung des Einen durch die *Unio gnostica*, deren Voraussetzung ihrerseits die gnostische Gynäkokratie ist. Diese als *causa prima* und *causa finalis* gedachte und durch die religiöse Imagination als Gott hypostasierte gynandrische oder androgyne Idee des Absoluten Seins und seines zeitlichen Werdens war die Gottheit der gnostisch-gynäkokratischen Urmenschheit. Das absolute Eine kann auch nur ein einziges Zielbild, also nur einen einzigen Gott bejahen: nämlich sich selbst in der Einheit seiner beiden Potenzen. Wir haben diesen gnostischen Androgyn die Einheit von Sophia und Logos genannt, dessen Abbild, der irdische Androgyn, nur durch die gnostische monogame Ehe verwirklicht werden kann, dem Gleichnis der untrennbaren Einheit von Sophia und Logos. Übrigens ist die anthropomorphe Vorstellung der Götter als der Zielbilder des soziologischen Willens der Menschheit offenbar die natürlichste und älteste gewesen. Dieses ursprünglich anthropomorphe Symbol konnte dann seinerseits wieder in nichtmenschlichen Gegenständen symbolisch angeschaut werden (Sternen, Steinen, Pflanzen und Tieren), die dann aber nur die Symbole des anthropomorphen Gottessymboles waren. Fast immer unverstanden und agnostisch hominisiert hat dieses gnostische Arkanum des ersten Äons im zweiten noch lange ein religiöses Nachleben geführt; wie sehr schließlich diese Gottesidee bei Melanesiern und Australiern entgeistigt wurde, zeigen die Bücher des *P. Winthuis*,[2] zugleich aber auch, wie tief diese Urreligion im Bewußtsein der Menschheit eingewurzelt war.

Wenn auch der gnostische Trieb des Einen zum Selbstbewußtsein die ganze Urmenschheit beherrschte, so gab es doch in ihren beiden Geschlechtern gnostisch mehr oder weniger begabte Individuationen, so daß die dem ganzen phänomenalen Dasein des Absoluten immanente Polarität auch soziologisch in dem eine Willens-Einheit bildenden Ganzen als ein Unterschied von gnostischen Führern und gnostisch Geführten in Erscheinung trat. Es gibt keinen verhängnisvolleren, aber sich selbst

---

[2] *J. Winthuis*, Das Zweigeschlechterwesen. Forschungen zur Völkerpsychologie und Soziologie 5, 1928. — Mythus und Kult der Steinzeit, Stuttgart 1935.

durch seine Auswirkung bestrafenden Irrtum als pantheistisch aus der Erscheinung des Einen Seienden auch die Gleichwertigkeit aller seiner Erscheinungen ableiten zu wollen. Der agnostisch-amoralische Vulgärpantheismus, ein vornehmerer Name für Materialismus, ignoriert nämlich das der Erscheinungswelt des Werdens immanente Telos der gnostischen Leibwerdung des Einen, durch welches Telos aber überhaupt erst der Wertmaßstab für die Erscheinungen, vor allem aber auch der für die menschlichen Individuationen des Einen gegeben ist. Die Gesellschaftsordnung der Urmenschheit war also die gnostisch-gynäkokratische Theokratie des göttlichen Androgyns Sophia-Logos. Jedes der beiden Geschlechter gliederte sich soziologisch in eine gnostisch entwickeltere Lehrerschaft und in eine unentwickeltere Schülerschaft; es ist aber wahrscheinlich, daß diese „Schüler" der Urmenschheit für die Gegenwärtigen gnostische Meister sein könnten. Durch jede dieser beiden gnostischen Eliten hielt das Eine bei dem Rest ihres Geschlechtes, also bei dem Volk oder den Laien, das Bewußtsein des Telos seiner Erscheinungswelt, seine gnostische Leibwerdung, lebendig: anders ausgedrückt, sie waren die beiden Träger und Lehrer der gnostischen Gynäkokratie. Ihrer besonderen geistigen Bestimmung und Tätigkeit gemäß aber müssen sie in besonderen Ordensgemeinschaften gelebt haben; und da die beiden Gruppen im göttlichen Zielbilde des Einen, dem gnostisch-gynäkokratischen Androgyn, geeint waren, den wir willkürlich aber adäquat mit zwei späterer Spekulation entstammenden Begriffen Sophia-Logos nannten, so daß wir nun auch den weiblichen gnostisch-gynäkokratischen Orden als den Orden der Sophia, und den gnostisch-gynäkokratischen Männerorden als den des Logos bezeichnen dürfen.

Wenn auch durch hoministisch-jahwistisches Ressentiment tendenziös entstellt, ist doch der in Genesis 2 und 3 erzählte historische Mythus nicht nur das klassische Zeugnis für die Existenz einer vorjahwistischen gnostischen Gynäkokratie bei den protohebräischen Stämmen. Nach diesem berühmten Einzelfall darf man sich analog die Unterdrückung der urzeitlichen Gesellschaftsform bei allen Völkern vorstellen; wie auch deren mythische Berichte über das Ereignis — wenn man das Totschweigen desselben nicht für opportuner hielt — ebenso einseitig hoministisch überarbeitet wurden. Da ich diesen hebräischen Mythus vom Untergang der gnostischen Gynäkokratie in einem noch nicht publizierten Aufsatze früher bereits erklärt habe, will ich mich hier auf einen nicht unwichtigen ergänzenden Zusatz beschränken. Die zwei symbolischen Bäume, an die das Schicksal der menschlichen Gattung geknüpft ist, sind nicht mehr rätselhaft, wenn man sie aus dem Geist der neuen hoministisch-jahwistischen, gegen die alte gnostisch-gynäkokratische, gerichteten Soziologie versteht; denn diese Bäume sind die Symbole für die zwei alleinmöglichen, auf dem Unterschiede der Geschlechter beruhenden Gesellschaftsordnungen. Daß aber der Baum im Osten wie im Westen als soziologisches Symbol verwendet wurde, ist zu bekannt, um noch besonderer Beispiele zu bedürfen. Den Baum des jahwistischen Hominismus nennt der Mythus den Baum des Lebens; von seiner Frucht hat die Urmenschheit nicht gegessen, auch nicht essen können, denn er war zu ihrer Zeit überhaupt noch nicht gepflanzt. Gepflanzt aber war der Baum der gnostischen Gynäkokratie, der Baum der Scientia oder Gnosis, dem Wissen des Einen von sich selbst in seinen menschlichen Erscheinungen. Aus dieser Scientia machte der überhaupt für die Satire begabte Jahwist eine *scientia boni et mali*, denn nun, nachdem der jahwistische Hominismus die Menschheit, besonders in ihrem weiblichen Geschlecht, für die gnostische Gynäkokratie bestraft hatte, haben beide Geschlechter wohl eingesehen, daß ihre Gnosis ihnen nur Unglück gebracht hat und daß sie besser mit dem agnostischen Hominismus begonnen hätten. Immerhin, auch für den Jahwisten lebte, trotz seiner mythologischen Sophistik, die Menschheit des ersten Äons in gnostischer Gynäkokratie, deren geistige Leitung bei der weiblichen Hälfte des Doppelordens von Sophia und Logos lag. Obwohl das Bild, das er von diesem gibt, eine Karikatur ist, hat es doch das Verhältnis der beiden Orden zu einander richtig getroffen. Der in Chawwa personifizierte gnostische Frauenorden initiiert daher den von Adam repräsentierten Männerorden in die gnostische Geheimlehre der weiblichen Potenz des Einen durch die vom Baum der gnostischen Gynäkokratie gepflückte symbolisch-sakramentale Frucht des Wissens über die gnostische Leibwerdung als Bestimmung des Menschengeschlechtes. Adam, oder der Männerorden, aber genießt die symbolische Frucht, d. h. er nimmt die Lehre auf, er bejaht also die gnostische Gynäkokratie. Das ist offenbar das Ritual der Aufnahme in den gnostisch-gynäkokratischen Männerorden der Urzeit. Doch Chawwa und Adam, die der Jahwist als die zwei Protoplasten euhemerisiert hat, waren einmal die Namen des androgynen Götterpaares gewesen, in welchem der hebräische Doppelorden in prähistorischer Urzeit religiös geeint war; Chawwa-Adam ist also nur ein anderer Name für den göttlichen Androgyn Sophia-Logos. Nun hat die älteste Menschheit ihre Geschichte als die Geschichte ihrer Bundesgötter mythisch-symbolisch erzählt und überliefert; daher mußte die Urmenschheit, d. h. also ihr gnostisch-gynäkokratischer Doppelorden, ihre vergangene und künftige Geschichte als eine Geschichte des gnostischen göttlichen Androgyns Sophia-Logos, in unserm Falle also als die Geschichte Chawwas-Adams erzählen. So mußte natürlich auch die Tat des jahwistischen

Priesterbundes, der die gnostisch-gynäkokratische Urmenschheit aus dem Paradiese des gnostischen Ichbewußtseins vertrieb, als die Tat Jahwes selbst berichtet werden, der das hypostasierte Symbol der agnostisch-hoministischen Gesellschaftsordnung dieses revolutionären Männerbundes war. So war der Krieg zwischen Jahwe einerseits und dem gnostisch-gynäkokratischen Androgyn Sophia-Logos oder Chawwa-Adam andererseits ausgebrochen, die zeitliche Dialektik des Einen zwischen seinem gnostischen Ich-Nichtichbewußtsein und seinem antithetisch agnostischen hatte begonnen. Die Vertreibung aus dem Paradiese aber war die Passio der ewigen Sophia und des Logos oder der Chawwa und des Adam in ihrem irdischen Doppelorden; das Paradies seines Identitätsbewußtseins durch Überwindung Jahwes, der unipolaren Antithese, wiederzufinden, war von nun an der Sinn des sich als zweigeschlechtliche Menschheit erscheinenden Einen geworden.

Wenn man nun nach dieser Darstellung des Bewußtseinslebens der urmenschheitlichen Gesellschaft noch die Frage stellen wollte, ob ihre Religion des gnostischen Androgyns die blutigen Opfer, also das rituelle Menschenopfer gekannt habe — denn dieses ist das erste und älteste aller blutigen Opfer — so müßte man sie als absurd verneinen, weil sie Wesen und Geist dieser Religion völlig verkennt. Durch Menschenopfer kann der gnostische Androgyn Sophia-Logos nicht bejaht, sondern nur negiert werden. Der gnostisch-gynäkokratische Äon war opferlos. Denn in dieser ersten Menschheit, welche im Erscheinenden das Seiende und im Seienden das Erscheinende intuitiv erkannte, lebte das Eine in der *visio beatifica* seiner selbst als des Identischen, die nicht durch blutige Opfer, sondern nur durch seine gnostische Versenkung in sich selbst erreicht werden konnte. Der Doppelorden kann also offenbar nicht aus Ritualmördern, sondern nur aus Geburtshelfern für die gnostische Leibwerdung des Einen bestanden haben. Es ist auch ein *argumentum e silentio*, daß nicht einmal der Parodist der weiblichen Apokalypse, der Verfasser des 2. und 3. Kapitels der Genesis, von blutigen Opfern im paradiesischen Äon der gnostischen Sophia etwas weiß, die doch gewiß, hätte die Überlieferung von ihnen berichtet, seiner Satire oder Empörung nicht entgangen wären. Nicht einmal von Jahwe geforderte blutige Opfer hat er, obwohl er seinen Gott doch in dieses Zeitalter vordatiert, dem Äon des gnostischen Friedens zuzuschreiben gewagt. Erst als das Paradies nur noch eine Erinnerung war, läßt er die ersten Opferpriester, Kain und Abel, ihr Werk beginnen. Denn erst in dem neuen kriegerisch-hoministischen Äon wird die schwarze Magie des vergossenen Blutes entdeckt und im Übermaße praktiziert. Die Frage aber, was es bedeutet, daß auf das opferlose Zeitalter der Menschheit ein blutiger Opferäon folgte, was da eigentlich geopfert und für wen es geschlachtet wurde, müssen wir nun zu beantworten versuchen.

II. DIE BLUTIGEN OPFER SIND DIE RELIGIÖS-SOZIOLOGISCHE BASIS DES ZWEITEN ODER HOMINISTISCHEN ÄONS

1. Die realen blutigen Menschen- und Tieropfer

A.

Die ältesten Lehrer und Erzieher des Menschengeschlechtes sind die Nonnen und Mönche des gnostisch-gynäkokratischen Doppelordens und nicht die hoministischen Priester oder Opferer gewesen. Denn der Priester erscheint erst am Ende des goldenen Zeitalters als der Diener eines neuen, für die gnostische Gynäkokratie der Vergangenheit Sühne heischenden und nur durch blutige Opfer zu versöhnenden unipolaren Männergottes. Dieser Priester war der ersten Menschheit völlig unbekannt. Seine mit der Zeit sich technisch immer komplizierter und raffinierter entwickelnde Funktion ist die des *sacer-dos*, des seinem Gotte geweihten rituell-liturgischen Opferschlächters; seine eigentliche Wissenschaft ist die vom richtig dargebrachten Opfer. Dieser neue, in sich geschlossene männliche Priesterstand hat den Doppelorden des gnostischen Androgyns, den geistigen Führer der ersten Menschheit, das Nonnen- und Mönchtum des ersten Äons ausgerottet oder in den Dienst des neuen Gottes gezwungen; denn der prähistorische Entscheidungskampf um das Schicksal des menschlichen Bewußtseins wurde zwischen den antignostisch-aktiven Priestern und dem gnostisch-kontemplativen Doppelorden ausgefochten.

Das Eine war sich in der Urmenschheit als eine zweigeschlechtliche gnostisch-gynäkokratische Gattung erschienen. Deshalb mußte jedes der Geschlechter ebenfalls eine gnostisch-gynäkokratische Einheit bilden: das weibliche mußte im Orden der gnostischen Sophia, das männliche im Orden ihres gnostischen Logos sein hierarchisches Willenszentrum finden, also aus dem Orden selbst und den Laien, d. h. wörtlich dem Volke, bestehen, dessen gnostischer Trieb weniger stark, dessen Initiation unvollkommener und dessen Intuitionsfähigkeit daher notwendig geringer waren. Der ehelose gnostisch-prophetische Orden eines jeden Geschlechtes, in dem der gnostische Trieb alle anderen Neigungen beherrschte, lebte eine gnostische *vita contemplativa* der Erkenntnis und des Lehrens; die Laien, der andere Pol des Geschlechtes, führte die gnostische *vita activa* zur Verwirklichung der gnostischen Leibwerdung des Einen durch die gnostische monogame Ehe nach dem Vorbilde der *unio gnostica* von Logos und Sophia. Der contemplative Pol war also für den aktiven da, der aktive für den contemplativen, insofern aus ihm der Nachwuchs für den Orden hervorging. In dieser Wechselwirkung zwischen den theoretischen und praktischen Individuationen des Einen beruhte die Harmonie der beiden Geschlechter; denn in einer einzelnen individuellen Existenz beide Daseinsformen verwirklichen zu wollen, hieße nur, keiner von beiden zu genügen und beide zu vermittelmäßigen. Offenbar ist die Bewußtseinsrevolution von dem gnostisch weniger begnadeten und labileren Laienstand ausgegangen, und zwar von dem männlichen. Denn das im Orden der Sophia geeinte gnostisch intuitiv begabtere weibliche Geschlecht wird kaum die gnostische Leibwerdung des Einen als das Telos des sich erscheinenden Absoluten und die diesen Zwecken dienende gnostisch-gynäkokratische Gesellschaftsordnung zuerst verworfen haben. Der dialektische Widerspruch des agnostischen gegen das gnostische Ichbewußtsein war daher die Empörung des subjektivistischen Willens der männlichen Laien gegen den Orden des gnostisch-gynäkokratischen Logos, der bisher der geistige Führer des männlichen Geschlechtes gewesen war und das gnostische Ichbewußtsein der männlichen Hälfte des gnostisch-gynäkokratischen Androgyns, in dem die ganze Gattung geeint war, repräsentiert hatte. Durch diese geistige Revolution des männlichen Laientums wurde die Urintuition von der Identität des Subjekts und Objekts als ein Irrtum oder Wahn verneint, die Differenz von Ich und Nichtich verabsolutiert und der egoistische Wille des männlichen Geschlechtes, der bisher durch den Geist des Identitätsbewußtseins in Schranken gehalten war, konnte nur noch durch die Gewalt eines stärkeren Gegenwillens eine Begrenzung finden. Damit war der Friedensäon zu Ende; der Äon des permanenten kalten oder heißen Krieges, kurz, der hoministische Fortschritt hatte begonnen. Jene Empörung des männlichen Laientums gegen den Orden des Logos war aber natürlich prinzipiell der geistige Aufstand gegen die gnostische Gynäkokratie der Sophia selbst gewesen. Denn der soziologische Ausdruck des gnostischen Ichbewußtseins des Einen war die gnostische Gynäkokratie gewesen; mit dem Bewußtsein, das sie getragen hatte, mußte auch die Gesellschaftsform der Urmenschheit zusammenbrechen. So wurde der Kampf gegen das gnostische Bewußtsein notwendig ein Kampf des antignostischen männlichen Geschlechtes gegen das weibliche deswegen, weil es das gnostische war. Religiös-soziologisch geeint war dieser hoministisch-egoistische Bund des männlichen Laientums in dem von diesem aufgestellten hoministischen Gegengott, dem hypostasierten Zielbild des agnostisch-hoministischen Machtwillens und Ressentiments. Das Ziel des Bundes und seines Gottes aber war die Ausrottung der gnostischen Gynäkokratie auf der ganzen Erde und die Errichtung der antignostisch-hoministischen Gesellschaftsordnung, in der dem weiblichen Geschlecht das gnostische Telos der Menschwerdung des Einen zu lehren verboten ist. Religiös ausgedrückt war es das Ziel der Geschlechterrevolution, die Theokratie des gnostisch-gynäkokratischen Androgyns und seiner Geschlechterordnung zu stürzen und an ihrer Stelle die Theokratie des neuen antignostischen und unipolaren Männergottes mit seinem hoministischen Geschlechtergesetz der gnostischen weiblichen Potenz des Einen mit Gewalt aufzuzwingen. Der göttliche Androgyn der gnostisch-gynäkokratischen Urmenschheit, die das Absolute als die Einheit seiner beiden Erscheinungspolaritäten begriff und *sub specie humana* symbolisiert hatte, war nun zerrissen. Nur noch die männliche Potenz erhielt als die allein wirkliche und schöpferische das Prädikat der Göttlichkeit und wurde schließlich durch seine philosophierenden Theologen sogar dem absoluten Sein gleichgesetzt, während die weibliche zu dem Nichtseienden oder als von der andern aus Nichts geschaffener Stoff gedacht wurde, den die männliche Potenz als *causa formalis* erst zu gestalten hatte. Mythologisch aber ist das Verhältnis beider am deutlichsten und drastischsten durch den jahwistischen Satiriker symbolisiert, der die weibliche Potenz durch ihre Entstehung aus der „Rippe" Adams als eine organische Funktion der männlichen deduzierte. Den prähistorischen Namen des hoministisch-monotheistischen Urgottes werden wir nie kennen; aber da in der jüdischen Tradition der Gott, welcher die gnostische Gynäkokratie stürzte, Jahwe heißt, so wollen wir ihn den Ur-Jahwe nennen. Schon die Priester des Urjahwe müssen diesen nicht nur als den einzigen sondern auch als den ältesten Gott der Menschheit proklamiert haben. Diese historische Fiktion war notwendig, um die gnostische Gynäkokratie mit ihrem androgynen Gott als einen Abfall von dem unipolaren Männergott und als eine Revolte gegen sein hoministisches Geschlechtergesetz, d. h. als einen Fall in die Sünde verdammen zu können. Damit postulierte schon das urjahwistische Priestertum seine eigene Präexistenz vor dem Doppelorden. Es setzte also der gnostischen Uroffenbarung des Einen als des in Subjekt und Objekt Identischen im gnostischen Bewußtsein der ersten Menschheit eine angeblich ältere hoministische Uroffenbarung entgegen. Aber damit die eine Hälfte des gnostischen Androgyns als einziger Gott zurückbleiben konnte, mußte vorher der ganze Gott dagewesen sein, und das heißt, die gnostische Gynäkokratie ging dem agnostischen Hominismus zeitlich voraus. Für diese aber konnte nicht das Erwerben der Gnosis, sondern nur der Sturz des männlichen Geschlechtes aus dem gnostischen in das agnostische Ichbewußtsein, aus der gnostischen Gynäkokratie in den antignostischen Hominismus als Sündenfall des Geistes gelten.

B.

Nach der Lehre des brahmanischen Hominismus ist die ganze Welt durch ein Uropfer geschaffen worden. Diesem Satz liegt wahrscheinlich in mythischer Formulierung die historische Tatsache zu Grunde, daß *unsere* hoministische Menschheitsperiode, der zweite Äon, der des Sündenfalls der männlichen Potenz in den antignostischen Hominismus, nur durch das von dem neuen Stand der priesterlichen Opferer wie Wasser für den neuen Männergott vergossene Opferblut möglich wurde. Denn jetzt begann jener aus dem agnostischen männlichen Laientum hervorgegangene Priesterbund des hoministischen Urmonotheismus die blutige Verfolgung der urzeitlichen gnostischen Gynäkokratie. Irgendwo lokal entstanden, wurde diese Bewußtseinsrevolution simultan und sukzessiv im Laufe von Jahrhunderten universell; sie breitete sich aus wie ein Ölfleck. Nie wieder hat die Menschheit seitdem eine ihr vergleichbare Umwertung aller inneren und äußeren Werte erlebt. Aber dieses gewaltigste Epos der Menschheitsgeschichte hat nie seinen Dichter gefunden; im Gegenteil, der agnostische Hominismus hatte gute Gründe, es aus seiner Erinnerung zu verdrängen. Aber da steht als Ankläger jene besondere und einzigartige Gruppe von Mythen, die wir als gnostisch-gynäkokratische Apokalypsen erkannt haben. Sie sind uns zwar nur in äußerlich und oberflächlich hominisierter Gestalt überliefert, aber ihr gnostisch-feministischer Geist ließ sich auch durch törichte naturalistische Deutungen nicht austreiben. Sie berichten alle in mythisch-symbolischer Sprache von demselben für die Menschheit entscheidenden prähistorischen Ereignis, wie es sich in einer Reihe von Mittelmeerländern lokal verschieden vollzog; vielleicht sind sie alle Abwandlungen einer gnostisch-gynäkokratischen Urapokalypse. Wir haben früher gezeigt, daß sie historisch und prophetisch zugleich sind; im Augenblick aber interessieren sie uns nur als historische Dokumente für den Untergang der gnostischen Gynäkokratie, deren Sturz sie als den Untergang ihres androgynen Doppelordens von Sophia und Logos erzählen. Da aber nun die Geschichte der Götter nur die mythisch-symbolisch erzählte Geschichte ihrer Glaubens- und Kultgemeinschaften ist, so wird auch in dem grausamen Schicksal von Sophia-Logos die Geschichte ihres gnostischen Doppelordens berichtet. Es gibt viele historische Namen, unter denen der Eine gnostische Androgyn, die bewußt gewordene Identität der beiden erscheinenden Potenzen des Absoluten, litt und starb. Bei den Ägyptern hieß er Isis-Osiris, bei den Syrern Astarte-Adon, bei den Assyrern Ischtar-Tammuz, bei den Sumerern Irnini-Dumuzi, bei den Vorhellenen Persephone-Dionysos Zagreus. Bei den hebräischen Stämmen aber wurde er Mirjam-Jeschua genannt; denn in jener Zeit der untergehenden gnostischen Gynäkokratie hinterließen auch die hebräischen Frauen als ihr Vermächtnis und als Protest gegen den siegenden jahwistischen Hominismus ihre historisch-prophetische Apokalypse. Wie die gnostischen Frauen der andern Völker, so wartete auch der in Dunkelheit und Geheimnis zurückgedrängte androgyne Mysterienbund der hebräischen Frauen auf die messianische Wiederauferstehung der gnostischen Gynäkokratie, die in seiner Erinnerung als das paradiesische Zeitalter des gnostischen Friedens lebte.

Der hoministische Urmonotheismus, den wir auch Urjahwismus nannten, konnte seinen Sieg über die gnostische Gynäkokratie des göttlichen Androgyns Sophia-Logos nur durch Terror erringen; der Ausdruck dieses Terrors aber waren die blutigen Opfer, die mit dem Priestertum des Urmonotheismus in die Welt kamen. Der neue Gott verlangte den Tod oder die Entehrung des alten als propitiatorisches Opfer. Er konnte ihn aber nur in denen treffen, die ihn gelehrt und seine Gesellschaftsordnung repräsentiert hatten, also die ewige Sophia nur in ihrem irdischen gnostischen Frauenorden, den ewigen Logos nur in seinem irdischen gnostischen Männerorden. Der antignostische Urmonotheismus mußte also seinem Gott stellvertretende Menschenopfer schlachten, die als Gottesopfer verstanden wurden. Diese Menschenopfer darzubringen, war das Vorrecht der mit ihrem Gott zugleich entstandenen Priesterkaste. Die Laienketzer von gestern waren die Ketzerrichter von heute geworden, und die gnostisch-gynäkokratischen Apokalypsen enthalten die prähistorischen Märtyrerakten ihrer Doppelorden. Erbarmungslos mußte vor allem deren männliche Hälfte ausgerottet werden, um das ganze männliche Geschlecht gegen das weibliche zu einer hoministischen Einheit zusammenzuschließen. Denn solange der gnostische Männerorden des Logos existierte, stand der Feind noch im eigenen Lager; erst mit seiner blutig-terroristischen Vernichtung war die gnostische Beeinflussung des männlichen Geschlechtes durch die weiblichen Orden der Sophia ausgeschaltet. Die verschiedenen Arten aber, auf welche der antignostische Hominismus den Logos in seinen menschlichen Stellvertretern für den neuen Gott zu Tode quälte, machen seiner sadistischen Opferphantasie alle Ehre. Erinnern wir uns nur an einige der bekanntesten. Da ist erstens die Entmannung. Dieses Schicksal traf die männliche Hälfte jenes urzeitlichen androgynen Doppelordens, der den gnostischen Androgyn Gaia-Uranos nannte; der hoministisch-priesterliche Kronosbund zerriß ihn unter dem Vorwand, die Erde zu entlasten und kastrierte den gnostisch-gynäkokratischen Orden des Uranos. Ein gleiches Schicksal traf auch die männliche Hälfte des androgynen Doppelordens Rhea-Attis; aber da die Mitglieder des kleinasiatischen Attisordens, um ihrem Gotte auch äußerlich ähnlich zu werden, sich dessen Stigma mit eigener Hand selbst aufprägten, so entstand später der Mythus von der Selbstentmannung des Attis. Wie allgemein verbreitet übrigens diese Art von Bestrafung gewesen sein muß, bezeugt die Sitte der Beschneidung, einer symbolischen Kastration, die das männliche Geschlecht als milde Strafe für seinen Sündenfall in die gnostische Gynäkokratie über sich ergehen lassen mußte, um durch dieses Blutopfer dem Männergott Genugtuung zu leisten und in seinen Bund aufgenommen zu werden. Es ist interessant, daß man später den prähistorischen Ursprung dieser Sitte überhaupt totzuschweigen suchte oder ihn, allem urzeitlichen Denken entfremdet, kindlich-naiv aus rational-hygienischen Gründen apologetisch rechtfertigen wollte. Eine andere Art von Menschenopferung, die der neue Männergott forderte, um die gnostische Gynäkokratie der ersten Menschheit auszurotten, war die Zerreißung oder Zerstückelung des Logos in den Mitgliedern seines Ordens. So zerstückelte in Ägypten der hoministische Gott Set seinen gnostisch-gynäkokratischen Bruder Osiris, die männliche Hälfte des göttlichen Androgyns Isis-Sophia und Osiris-Logos; und ebenso wurde im vorhellenischen Griechenland der Dionysos-Logos, der Syzygos der jungfräulichen Persephone-Sophia mit seinem Orden von dem hoministischen Titanenbund zerstückelt, eine Priestergenossenschaft des Kronos-Moloch, desselben, die den gnostisch-gynäkokratischen Doppelorden von Gaia-Uranos gespalten und dessen männliche Hälfte entmannt hatte. Wieder eine andere Form des rituellen Opfermordes scheint das hoministische Priestertum des Zweistromlandes bevorzugt zu haben, nämlich diejenige, die Mitglieder des gnostisch-gynäkokratischen Männerordens als Holokauste für den agnostischen Männergott lebendig zu verbrennen. Die Scheiterhaufen der Sakäenfeste weisen auf frühere religiöse Gebräuche hin, und vielleicht hat Tammuz, die männliche Hälfte des göttlichen Androgyns Ischtar-Tammuz, d. h. sein Orden oder die Vorsteher desselben, im Feuer geendet. Wenn aber der hellenisierte Mythus des syrischen Adonis, der doch einmal die männliche Hälfte des syrischen Androgyns Astarte-Adon war, den aber besonders die hellenistische Zeit zu einer Art von elegantem Gigolo degradiert hatte, erzählt, daß er von einem Wildschwein, das Ares geschickt hatte, oder das dieser vielmehr selbst war, umgebracht worden sei, so darf man ohne weiteres annehmen, daß auch sein Mythus wie der des Attis für den Geschmack einer oberflächlichen und zivilisierten Gesellschaftsschicht verfälscht wurde. Das Pathos der Adonisapokalypse der syrischen Frauen hatte sicher nicht den elegisch-idyllischen Ton der hellenistischen Nacherzählungen der

Adonispassion; sie wird ebenso brutal und bestialisch grausam gewesen sein wie die der andern Götter, in denen der gnostische Logos zu Tode gemartert wurde. Dann hat vielleicht der syrische Priesterstand irgendeines hoministischen Baal, den die Griechen mit ihrem grausamen Ares identifizierten, den Frauengott in den Mitgliedern seines Ordens, um beide zugleich loszuwerden, einfach den Wildschweinen oder anderen Bestien vorgeworfen; wie der römische Pöbel später rief: *Christianos ante bestias!*

Es ist aber nicht unsere Absicht, ein vollständiges Martyrologium der gnostischen Gynäkokratie aufzustellen, so wichtig und notwendig ein solches auch wäre. Doch durch diesen Jahrhunderte währenden Terror der rituellen Menschenopfer auf der ganzen Erde gelang es dem monotheistischen Hominismus, die gnostische Gynäkokratie auszurotten. Denn alle diese verschiedenen Männergötter, welche die männliche Hälfte des gnostischen Doppelordens von Sophia-Logos durch ihren brutalen Opferritus gewaltsam vernichteten, sind nur räumlich und zeitlich verschiedene Aspekte des einen universellen unipolaren Urgottes, den wir Urjahwe nannten, weil uns in dem historischen Jahwe das Prinzip des radikalen antignostischen Hominismus am kompromißlosesten und konsequentesten verwirklicht erscheint; Protojahwe dagegen nennen wir den historischen, auf die hebräischen Stämme beschränkten Jahwe in seiner ersten nicht minder terroristischen Entwicklungsperiode. Doch die erhabenste Gestalt, die in dieser blutigen prähistorischen Übergangszeit des zweiten Äons der hoministisch-patriarchalen Wut der Priester des Protojahwe zum Opfer fiel und die an erster Stelle in dem gnostisch-gynäkokratischen Martyrologium steht, haben wir noch nicht genannt. Mirjam-Jeschua ist der Name, den die gnostisch-gynäkokratische Apokalypse der hebräischen Frauen dem ewigen Androgyn Sophia-Logos gab. Diese hebräische historisch-prophetische Apokalypse ist eine vollkommen parallele Variante zu denen der bereits genannten Völker. Alle sind in prähistorischer Zeit entstanden, alle erzählen analog den Untergang der gnostischen Gynäkokratie und verkünden ihre künftige Auferstehung; alle sind, um sie unschädlich zu machen, hoministisch überarbeitet und alle müssen daher auch analog interpretiert werden. Nicht nur ihre größere menschheitsgeschichtliche Bedeutung unterscheidet die hebräische von den andern gnostisch-gynäkokratischen Apokalypsen, sondern wie der israelitische Protojahwe vor allen andern Männergöttern am treuesten den terroristischen Charakter des monotheistischen Urjahwe bewahrt hat, so hat auch die hebräische Frauenapokalypse von Mirjam-Jeschua, trotz ihrer Hominisierung, am reinsten den strengen Geist der verlorenen weiblichen Urapokalypse bewahrt. Kein Volk hat einen so verzweifelten geistigen Kampf gegen die Erinnerung an seine gnostisch-gynäkokratische Vergangenheit geführt — und wird ihn führen, solange es das Volk „des Ewigen" ist — wie das Volk Israel. Aber nur weil es in seiner Urzeit einmal auf das intensivste in dieser Gesellschaftsform und der Religion ihres Doppelordens gelebt hatte und weil *les extrêmes se touchent*, hatte sich das männliche Israel der allopathischen religiösen Behandlung durch die Priesterbünde des Protojahwe unterziehen müssen. Die Metanoia begann, als die Priester des terroristischen Protojahwe diesem die männliche Hälfte des Doppelordens schlachteten, um den neuen Männergott durch Menschenopfer zu versöhnen und den Äon der Sophia in einer blutigen Sündflut zu ertränken. Zu den nationalen Henkersmethoden, welche die Priester der andern Gestaltungen des terroristisch-hoministischen Urgottes erfunden hatten, fügten die Diener seiner protojahwistischen Erscheinungsform die Kreuzigung oder vielmehr Pfählung. Der gnostisch-gynäkokratische Orden des Logos, also der ewige Logos der Sophia selbst, Jeschua, wurde in seiner irdisch-historischen Erscheinungsform für den Protojahwe am Pfahle geopfert. Er selbst war der *agnus occisus ab origine mundi*, das Lamm, das in prähistorischer Zeit, am Beginn des hoministisch-jahwistischen Weltalters, dem Vater-Gott geopfert wurde. Wie alle weiblichen Apokalypsen erzählte auch die hebräische in der mythisch-symbolisch berichteten Passio ihres androgynen Gottes den Untergang der gnostischen Gynäkokratie; und deren zukünftige Wiederauferstehung weissagte sie als die Resurrectio des ewigen Logos der Sophia in einem neuen Orden des gnostischen Frauengottes Jeschua. Mit der blutigen Vernichtung der gnostischen Männerorden des Logos Jeschua, die als Menschenopfer für den unipolar-monotheistischen Protojahwe am Pfahle gestorben waren, waren aber indirekt auch die korrelativen weiblichen Orden der Mirjam-Sophia in der Wurzel mitgetroffen.

Während die große Masse des prähistorischen weiblichen Laienstandes, von der wir vorher gesprochen haben, sich dem neuen jahwistisch-hoministischen Geschlechtergesetz unterwarf, werden die wirklich gnostischen Frauen und Männer der alten Doppelorden nach deren offiziellen Vernichtung in geheimen Doppelbünden, d. h. androgynen Mysterienbünden der Sophia und des Logos, die natürlich wieder unter der Leitung der weiblichen Hälfte standen, die Tradition der gnostisch-gynäkokratischen Urreligion haben retten wollen, bis die erwartete Stunde käme. Vom Gesichtspunkt der irdischen Ereignisse aus betrachtet aber mußte die Sophia des zweiten oder hoministischen Äons bis zum Sturze Jahwes nur als die Maria dolorosa und der Logos als der Jeschua patiens oder mortuus gedacht und verehrt werden. Doch wie bei den hebräischen

Frauen war Sophia auch bei allen Völkern des östlichen Mittelmeers, welche die wichtigsten Erinnerungen an den prähistorischen religiösen Geschlechterkampf hinterlassen haben, zur Dea dolorosa des zweiten Äons geworden. Wie die Maria dolorosa um ihren von dem hoministischen Jahwe und seinen Priestern gekreuzigten Jeschua weint, so klagt die Isis dolorosa um ihren durch dasselbe Prinzip zerstückelten Osiris, die Cybele dolorosa um ihren entmannten Attis, Ischtar um ihren geopferten Tammuz: die Pietà Michelangelos ist das Symbol nicht nur für den Untergang des gnostischen ersten Äons sondern auch für das irdische Schicksal der beiden gnostischen Potenzen des Einen unter der Herrschaft des unipolaren Monotheismus im zweiten Äon. In einem dieser Mysterienbünde der Sophia dolorosa muß die gnostisch-gynäkokratische Urapokalypse entstanden sein. Durch den Mund einer prähistorischen Sibylle verkündete das in ihr seines menschheitlichen Telos noch bewußte Eine die dereinstige Resurrection des androgynen Doppelordens und mit ihr die Wiederkehr des paradiesischen oder goldenen Zeitalters, so daß die durch den Hominismus unterbrochene gnostische Leibwerdung des Einen von neuem beginnen kann. In dieser messianischen Erwartung der Apokatastasis bildeten alle prähistorischen Mysterienbünde eine gnostisch-gynäkokratische Katholizität; denn die Passio aller dieser gnostisch-gynäkokratischen Frauen- und Männerbünde war nur das irdische räumlich und zeitlich verschiedene Martyrium des Einen ewigen Androgyns der beiden in dem Einen enthaltenen Potenzen, durch deren Menschwerdung es seiner bewußt werden will. Diese in prähistorischer Zeit zur Abwehr des terroristisch-monotheistischen Hominismus und zur Wiederherstellung der gnostischen Gynäkokratie der Urzeit nach dem Vorbild der Doppelorden begründeten androgynen Mysterienbünde, d. h. Geheimbünde, wurden im Laufe der historischen Jahrhunderte, um der von ihnen drohenden Gefahr vorzubeugen, hoministisch deformiert. Damit aber waren sie um ihren wahren Sinn gebracht; denn das Geheimnis, das Secretum oder Mysterium der echten alten Bünde war dem Zweck ihrer Entstehung entsprechend die gnostische Gynäkokratie gewesen.

C.

Auf den weiblichen Friedensäon war das männliche Blutzeitalter gefolgt. In der dialektischen Auseinandersetzung, die in dem sich als zweigeschlechtliche Menschheit erscheinenden Einen zwischen seinen beiden Potenzen in der Zeit stattfindet, hatte die agnostisch-hoministische Antithese zunächst die gnostisch-weibliche These zum Schweigen gebracht, ohne sie in der geistigen Welt überwunden zu haben. Das agnostische Ich-Nichtichbewußtsein der männlichen Potenz, ihr auf diesem beruhender unipolarer Monotheismus und dessen hoministisches Geschlechtergesetz hatte über das gnostische Ichbewußtsein des Einen, den auf diesem beruhenden androgynen Monotheismus und seinen soziologischen Ausdruck, die gnostisch-gynäkokratische Gesellschaftsordnung mit den Doppelorden von Sophia und Logos, empirisch den Sieg davongetragen. Ein ekstatischer Blutrausch, der ein Rausch des agnostischen Ich-Willens war, hatte die priesterlichen Menschenschlächter erfaßt, die das Reich des unipolar-monotheistischen Gottes, die hypostasierte Idee der absoluten männlichen Gesellschaftsordnung, auf der Erde errichten wollten. Nie war der Priester des neuen Gottes mehr Priester, d. h. mehr Opferer als damals, als er durch eine Sündflut nicht von Wasser, sondern von Blut die alte gnostisch-gynäkokratische Menschheit von der Erde vertilgte. Selbst der Blutrausch der aztekischen Opferpriester ist nur noch ein Nachklang des blutigen Fanatismus dieser unheimlichen ersten Priesterbünde des hoministischen Urmonotheismus. Denn dieser terroristische Urjahwismus muß ein Sturm von überwältigender dämonischer Kraft gewesen sein. Alle späteren Parzellierungen des monotheistischen Urgottes in Teuttates, Odin, Kronos-Moloch, Seth-Typhon, Huitzilopochtli, Tezcatlipoca, der Protojahwe und zahllose andere egoistische Männergötter mit blutigen Schnauzen, sie alle zusammengenommen lassen den satanischen Vernichtungswillen des prähistorischen monotheistischen Urjahwe wenigstens ahnen. Doch nicht allein durch die blutigen rituellen Menschenopfer rotteten diese Priester des hoministischen Monotheismus die gnostische Gynäkokratie der Urzeit in ihrem Doppelorden und dessen Laienanhängern aus: ihr Haß gegen Sophia und Logos fand in der Unterwelt des menschlichen Willens auch die magische Verfluchung als Werkzeug für den unblutigen Ritualmord. So etwas wie der große Fluch des Deuteronomiums wurde zuerst über den gnostisch-gynäkokratischen Androgyn, seinen Doppelorden und dessen Laienanhänger ausgesprochen. Konnte man aber den Verfluchten nicht selbst erreichen, so genügte es, ein symbolisches Bild von ihm herzustellen, seine Lebenskraft hineinzubannen und es dann langsam zu zerstören. So lehrte man in den hoministischen Priesterschulen neben dem Ritus des blutigen Menschenopfers auch die raffiniertere Opfermethode durch die schwarze Magie, um dem neuen Männergotte für die Schmach der gnostischen Gynäkokratie Genugtuung zu leisten. Besonders diese magisch-satanische Opferweise muß die untergehende alte Welt mit lähmendem Entsetzen vor der Macht des urjahwistischen Priester- und Zaubererstandes erfüllt haben, denn nun konnte niemand mehr wissen, wann die Reihe an ihn kam, wenn nicht blutig, so doch wenigstens unblutig, wenn nicht sichtbar, doch wenigstens unsichtbar geopfert zu werden. Durch das Angstgefühl, das der terroristische Urjahwe durch seine Priester der Menschheit als einen Dauerzustand einflößte, ist der hoministische Äon möglich geworden. Dem Blutdurste dieses Gottes genügten aber nicht die Erwachsenen, er verlangte auch die Kinder als Sühne für den Schimpf, der ihm durch die gnostische Gynäkokratie zugefügt worden war; er verlangte auch alle männlichen Erstgeburten. Diese dem Vater-Gott, d. h. also der hypostasierten hoministischen Vateridee dargebrachten Kinderopfer, waren der symbolische Ausdruck für die neue, an Stelle des gnostischen Matriarchats getretene patriarchale Familienordnung, die dem *pater familias* das souveräne Recht über Leben und Tod von Frau und Kindern gab. Der Vater wurde zu einer angsteinflößenden, fast übermenschlichen Terrorgestalt, wie der Gott des Väterbundes selbst, dessen Gesetze er repräsentierte und vollzog. Das Kinderopfer bestätigte ihn als den Herrn seines eigenen Geschöpfes, das er der Idee der patriarchalen Vatergewalt, dem monotheistischen Vater-Gott, als Zeichen der Bejahung ihres Terrors opferte. Alle Völker, bei denen sich der Übergang vom gnostischen Matriarchat zum agnostischen Patriarchat nur gewaltsam vollzog, haben in der terroristischen Periode ihres Hominismus diese Institution der Kinderopfer gekannt, wenn auch deren Ritus verschieden war. Die rituelle Kinderverbrennung, die als Opfer für Baal Moloch, d. h. für den „Herrn König" üblich waren und die auch in der Königszeit Judas wie Israels aufkamen, oder wohl richtiger gesagt, von den protojahwistischen Altkonservativen für Jahwe Moloch, d. h. „Jahwe König", wieder erneuert wurden, verdankten ihren eigentlichen Ursprung dem religiösen Geschlechterkampf der semitischen Stämme in dieser prähistorischen Zeit des terroristischen Hominismus. Auch die sogenannten schwarzen Messen, Kinderopfer, die noch im Jahrhundert des Sonnenkönigs der berüchtigte Abbé Guibourg zelebrierte, und bei denen das Blut der erstochenen Säuglinge in einen Kelch floß, der auf dem nackten Leibe einer Frau stand, sind keine von einer späteren sadistischen Phantasie ausgedachten Monstrositäten, sondern aus den Tiefen des Unterbewußtseins entstiegene prähistorische Erinnerungen an wahrscheinlich in hoministischen Geheimbünden noch lange praktizierte Riten, durch die sich einst das Patriarchat durchgesetzt hatte. Denn es sind einfältige Schlagworte, zu sagen, dieses sei von Natur oder es sei von Gott eingesetzt. Wenn von der Natur, dann von der des agnostischen männlichen Geschlechtes, und wenn von Gott, dann von dem antignostischen Männergott, der sich zu seiner Durchführung der rituellen Kinderopfer bedienen mußte. Verlassen wir aber dieses Thema: *"History is a nightmare from which I am trying to awake"*, läßt *J. Joyce* in seinem „Ulysses" den Stephan Daedalus sagen, „die Geschichte ist ein Alp, aus dem ich erwachen will."

Der physische und psychische Terror hatte nun sein Ziel erreicht. Die gnostische Gynäkokratie der Urzeit war durch die Priester des monotheistischen Männergottes sukzessiv auf der ganzen Erde, sogar in der Erinnerung, außer in den unterirdischen Mysterienbünden von Sophia und Logos, ausgerottet und die antignostisch-hoministische Gesellschaftsordnung war überall an ihre Stelle getreten. Jetzt durfte das hoministische Priestertum den Bogen lockern. Der *terroristische* Hominismus der ersten Periode konnte nun ohne Gefahr durch einen sich seiner Macht sicher fühlenden *legalisierten* Hominismus abgelöst werden. Die Gewalt hatte das neue Geschlechterrecht geschaffen. Jetzt konnten die Priester des Männergottes das blutige Menschenopfer durch das blutige Tieropfer ersetzen; und die Menschheit, vom religiösen Terror befreit, atmete auf und nannte das Symbol des von seinen Priestern repräsentierten hoministischen Machtwillens von nun an dankbar den „gütigen" Vater-Gott. Von jetzt an wurden die unschuldigen Tiere als Sünd- und Sühneopfer für das in der Urzeit in die gnostische Gynäkokratie abgefallene Menschengeschlecht zur Schlachtbank, d. h. dem Altare, geführt, um dem Männergotte Genugtuung zu leisten; denn die Ursünde konnte in den Augen der hoministischen Priesterbünde nur durch Blut, sei es das von Menschen oder das von Tieren, gestraft werden. Alle blutigen Opfer aller Völker, die Menschenopfer wie ihre Substitution, die Tieropfer, sind als expiatorische oder Sühneopfer eingesetzt worden, durch die ein Männerbund seinem Bundesgotte, mochte er Teutates oder Odin, Zeus oder Jahwe heißen, für die Ursünde des männlichen Geschlechtes Genugtuung leisten wollte. Das expiatorische Opfer aber war zugleich ein latreutrisches Opfer der Anbetung und Bejahung des unipolaren Männergottes, die eine *abrenuntiatio diaboli,* eine Verneinung des androgynen Frauengottes Sophia-Logos, in sich schloß. Das expiatorische war schließlich auch ein rogatorisches oder Bittopfer, durch das der hoministische Bund um den endgültigen Sieg über die gnostische Gynäkokratie und alle Versuche zu ihrer Wiederherstellung bat. Im Uropfer bildeten diese drei Intentionen noch eine Einheit; später unterschieden die priesterlichen Theoretiker ebenso viele Opferarten als es Intentionen gab.

Von dem Augenblicke an aber, wo das zur Sühne für die gnostische Gynäkokratie bestimmte Opfer durch die *oblatio* oder Handauflegung für den Männergott geweiht und geschlachtet war, wurde es zu etwas Heiligem, das nach der zusammen mit dem Opferritus entstandenen hoministischen Sakramentslehre seine entsühnende Heiligkeit auf den übertrug, der von seinem Fleische und Blute genoß. Die Mitglieder der

Männerbünde, welche dieses ihnen von den Priestern des Bundesgottes verteilte blutige Sakrament sich einverleibten, wurden daher ebenfalls von der Sühne ihrer eigenen gnostisch-gynäkokratischen Vergangenheit frei und entsühnt. In der terroristischen Periode des Hominismus war das liturgische Mahl eine sakrale Anthropophagie, während es in der des legalisierten Hominismus in der Einverleibung von Fleisch und Blut des geheiligten Opfertieres bestand. Beide Formen gehören der schwarzen Magie an, durch welche der monotheistische Hominismus seinen Sieg errang. Offenbar besaß aber das kannibalische Sakrament eine viel stärkere dämonische Kraft, um die einzelnen Willen eines Männerbundes zu einer gegen die gnostische Gynäkokratie gerichteten Willenseinheit zu verschmelzen, als es das tierische Sakrament vermochte, das sich von der profanen Alltagsernährung nicht genug abhob, um eine gleiche Erschütterung des Gefühlslebens hervorzurufen. Gerade durch das Menschenopfer und das mit diesem verbundene anthropophagische Sakrament überwand der terroristische Hominismus die gnostische Gynäkokratie. In der Periode des legalisierten Hominismus schwand langsam, wenigstens im Volke, das Bewußtsein, daß, wie das Tieropfer nur ein Ersatz für das Menschenopfer, so auch das tierische Sakrament nur ein symbolischer Ersatz für das kannibalische war; daß also ebenso auch der Genuß des tierischen Sakramentes ursprünglich die Zugehörigkeit zu einem gegen die gnostische Gynäkokratie der Urzeit gerichteten Männerbunde zur Voraussetzung hatte. Denn ebenso wie die Eingeweihten des anthropophagischen bildeten auch die des tierischen Sakramentes eine Eidgenossenschaft ihres hoministischen Bundesgottes.

D.

Unsere Unterscheidung der beiden Perioden des antignostischen Hominismus, der terroristischen und der legalisierten, soll noch durch den Hinweis auf zwei allgemein bekannte Mythen, einen boiotisch-griechischen und einen kenitisch-israelischen, den theogonischen Mythus Hesiods und den Mythus von Kain und Abel illustriert werden. Die hesiodische Theogonie beruht auf einem religionsgeschichtlichen Schema, das eine allgemeine Gültigkeit besitzt. Nach diesem verehrte die prähistorische Bevölkerung Griechenlands den Androgyn Gaia-Uranos, in dem wir vorher bereits das kosmisch angeschaute Symbol des gnostisch-gynäkokratischen Androgyns, also das des urzeitlichen Doppelordens von Sophia und Logos, erkannten. „Die Erde aber gebar zuerst, als einen sich selbst ganz gleichen, den bestirnten Uranos, damit er sie ganz umhülle" (*Theog.* 126/7). Deutlicher läßt sich wohl kaum in kosmischer Symbolsprache das gnostische Theologumenon von dem Hervorgehen des ewigen Androgyns

Sophia-Logos aus dem „Chaos" genannten Absoluten aussprechen; denn daß es sich hier nicht um materielle Phänomene, sondern nur um geistige Potenzen des *mundus intelligibilis* handeln kann, ist dem naturalistischen Materialismus unverständlich, weil er sich selbst den Zugang zu dem urzeitlichen gnostischen Denken und seiner Symbolsprache verschlossen hat. Jene Worte aber sagen: erstens, daß die weibliche Potenz des Einen das Urprinzip in der intelligiblen Welt ist; zweitens, daß die männliche Potenz des Einen ausschließlich weiblich-mütterlichen Ursprungs ist; drittens, daß die intelligible weibliche Potenz die intelligible männliche aus sich entließ, um mit ihr eine dauernde androgyne Einheit in der polaren Differenz zu bilden, und viertens endlich, daß die männliche Potenz, trotz ihrer andersartigen Bestimmung in dem Einen Absoluten „ganz gleich", d. h. identisch, mit der weiblichen ist. Die beiden Hälften des urzeitlichen Doppelordens standen daher, wie ihr androgynes Urbild Gaia-Uranos, in einem Mutter-Sohnverhältnis zueinander. Das erste Zeitalter der Menschheit war also nach Hesiod oder in der von ihm benutzten Tradition ein gnostisch-gynäkokratischer Äon. Ihm machte die hoministische Revolution des Kronos und seiner „Titanen" genannten Priester ein gewaltsames Ende, womit die erste hoministische Periode, die des terroristischen Hominismus, begann. Da Kronos und die andern Titanen als die Kinder von Uranos und Gaia galten, also noch der gnostisch-gynäkokratischen Gesellschaftsordnung entstammten, so gehörten sie dem sich gegen den Doppelorden empörenden „Laientstande" an, der sich im Namen des hoministischen Gegengottes Kronos-Moloch gegen den gnostisch-gynäkokratischen Androgyn, Gaia-Sophia und Uranos-Logos erhob und ihn auseinanderriß, also die Identität der Pole agnostisch verneinte. Der titanische Priesterstand oder, mythologisch gesprochen, sein Gott Kronos-Moloch, entmannte in Uranos die männliche Hälfte des Doppelordens und forderte zur gewaltsamen Einführung des Patriarchats die Kinderopfer. Diese Religion der Menschenopfer wurde nach Hesiod durch eine innerhalb der Kronoskirche sich vollziehende Spaltung gestürzt. Zeus, der Sohn des Kronos, brachte diese zustande, wie Kronos selbst, der Sohn des Uranos, früher das Schisma in der gnostisch-gynäkokratischen Urkirche des Androgyns hervorgerufen und deren Sturz herbeigeführt hatte. Mit Zeus aber und seinem Priesterbunde beginnt die zweite Periode, die des legalisierten Hominismus, in der die Menschenopfer durch die Tieropfer ersetzt wurden. Der Kampf zwischen diesen beiden Gestaltungen der hoministischen Religion, der Kampf des modernistischen Priestertums, das die Tieropfer einführte, und dem konservativen, das auf den titanisch-terroristischen Menschenopfern bestand, ist die historische Substanz des Mythus von der Titanomachie, die unter dem Symbol von furchtbaren Naturkatastrophen erzählt wurde. Mit aller Gewalt widersetzte sich der radikale Hominismus der neuen liberaleren Form, bis schließlich der legalisierte Hominismus des Zeuspriestertums mit seinem neuen, von Hesiod so gepriesenen hoministischen Recht, der Dike, an die Stelle des titanischen Terrors trat. Aber in jedem Tieropfer wurde, ebenso wie vorher in jedem Menschenopfer, das älteste Recht der Menschheit, das gnostisch-gynäkokratische des ersten Äons, immer aufs neue symbolisch getötet, d. h. verneint. Die Basis der neuen Dike der Zeuspriester aber war das Ehegesetz, das auch der nun dauernd geistig hörigen Frau ihrem Status gemäße Rechte verlieh, — auch der Sklave besaß den Schutz eines ihm aufoktrojierten Sklavenrechtes. Immerhin war aber dieses Recht eine Wohltat verglichen mit der Anarchie, die in der terroristischen Zeit des Kronos-Moloch und seines titanischen Priestertums geherrscht hatte, nachdem die Institutionen der gnostischen Gynäkokratie und mit ihnen auch die gnostisch-matriarchale Monogamie zertrümmert waren, so daß die allgemeine Promiskuität an ihre Stelle trat. Denn diese steht nicht am Anfang der Menschheitsgeschichte, sondern am Anfang der Geschichte des Hominismus. Wenn also zuweilen das Zeitalter des Kronos-Moloch von alten Autoren als das goldene Zeitalter genannt wird, so darf dieses nicht mit dem gnostisch-gynäkokratischen verwechselt werden, das unwiderruflich durch die hoministische Revolution des Kronos vernichtet war. Das sogenannte goldene Zeitalter des Kronos-Moloch aber, die Periode des größten geistigen und moralischen Zusammenbruchs der Menschheit, feierten noch die römischen Saturnalien. *C'était l'âge d'or de la crapule et de la canaille.* Damals proklamierte der siegreiche Hominismus sein gutes Recht auf Notzucht als Dauerzustand, da der Feind, den er niedergeworfen hatte, das weibliche Geschlecht selbst war.

Die zwei Perioden des religiösen Hominismus wurden also von den Griechen mit dem Namen von zwei Göttern unterschieden, deren hoministische Einheit aber durch ihr Vater-Sohn-Verhältnis als frühere und spätere Phase symbolisch ausgesprochen war. Dagegen hat die jüdische Theologie die verschiedenen Phasen ihres religiösen Hominismus alle unter dem einen Namen des Männergottes Jahwe entwickelt, ohne, wie wir es tun müssen, einen Protojahwe von einem Deuterojahwe und einem noch späteren Tritojahwe zu unterscheiden, indem sie die frühere Gestalt des Gottes durch die spätere nachträglich zu verändern oder zu unterdrücken versuchte, was ihr aber in dem gewünschten Grade nicht gelungen ist. So schafft der religiös-revolutionäre Abraham das ihm von den terroristischen Priestern des Protojahwe befohlene Opfer der männlichen Erstgeburt ab und ersetzt das Menschenopfer durch ein Tieropfer, d. h. er hat den bis dahin die Schlachtung von Menschenopfern, insbesondere der männlichen Erstgeburten, fordernden hoministischen Protojahwe durch einen hoministischen Deuterojahwe ersetzt, der sich mit Tieropfern als Ersatz für Menschenopfer begnügt. An Stelle des dem Kronos-Moloch entsprechenden Protojahwe war also ein dem Zeus entsprechender Deuterojahwe mit einem neuen Opfergesetz getreten. Eine wichtige analoge Wandlung dieses Gottes vom ersten in den zweiten Jahwe enthält die Geschichte von Kain und Abel im 4. Kapitel der Genesis. Um zu verstehen, was wir mit dieser Behauptung sagen wollen, müssen wir auf die Geschichte etwas ausführlicher eingehen; es wird sich aber lohnen. Sie ist ein selbständiger Mythus, der sich an die Paradieserzählung vom Sturz der gnostischen Gynäkokratie ohne inneren Zusammenhang anschließt und mit dem Thema der Genesis, der Erwählung Israels, die erst mit dem Patriarchen Seth beginnt, ebenfalls in keinem Zusammenhang steht. Der biblische Kain ist, wie zuerst Wellhausen in seiner „Composition des Hexateuch" erkannte, der mythische Stammvater der Keniter, eines zu den Midianitern gehörenden Nomadenstammes, dessen Gott Jahwe hieß, wie der der Israeliten.[3] Im neuen Testament wird der Tod Abels zweimal mit dem Tode Christi verglichen, Mt. 23,35 und Hebr. 12,24. Die Kirche hat seinen Namen in den Kanon der Messe aufgenommen und sah immer in ihm eine Präfiguration des Erlösers; die Präfigurationen aber sind immer mit sicherem mythologischem Instinkt gewählt und immer des Nachdenkens wert. Diese Analogisierung der Passion Christi mit der Abels erweckt aber sofort die Vermutung, daß auch der Mythus Abels eine hominisierte und jahweisierte gnostisch-gynäkokratische Apokalypse sein könne. In diesem ehemals selbständigen Mythus, der wie gesagt erst nachträglich hinter die Paradieserzählung eingeschoben wurde, gebiert die Urmutter Chawwa, ohne daß der Name eines Vaters genannt wäre, die beiden Brüder, offenbar Zwillinge. Dagegen wird bei dem ersten der zehn Patriarchen, bei Seth, ausdrücklich Adam als der Vater genannt, während Eva als Mutter unerwähnt bleibt (Gen. 5,3); bei diesem Brüderpaar wird also, mehr als seltsam, nur Eva als Mutter genannt, ohne Erwähnung Adams. Dieser Mythus kannte nur die Urmutter und ihr so verschiedenes Söhnepaar; kenitischer Stammesdünkel wird aus Kain den Erstgeborenen gemacht haben. Im ägyptischen Mythus heißt das ihnen entsprechende feindliche Brüderpaar Set und Osiris. Natürlich sind auch die Namen Abel und Kain nicht Namen von historischen Einzelindividuen, sondern die hypostasierten Personifikationen von Gemeinschaften, von einem Abelorden oder Kainsbund, so daß die Schicksale dieser Gemeinschaften mythisch

---

[3] W. Vischer, Jahwe der Gott Kains. München 1929.

als die ihrer Personifikationen erzählt werden. Da nun der Charakter Abels in der Tradition immer als sanft und gütig geschildert wird und dem des friedlichen Frauengottes Osiris entspricht, wie die Natur Kains der des tückischen und mörderischen Set, werden wir auch das Verhältnis des Abelordens zu dem des Chawwaordens analog dem des Osirisbundes zu dem des Isisbundes zu denken haben: Chawwa und Abel verhielten sich dann mythologisch so zueinander, wie die gnostische Frauengöttin Sophia zu ihrem Sohn-Geliebten Logos. Tötet daher Kain den Abel, so heißt das, daß der hoministische Männerbund Kain-Set den Gott Abel-Osiris, die männliche Hälfte des gnostischen Doppelordens, diesmal mit der Keule erschlägt, also eine neue Passionsart, den Ritus der heiligen Keule zu den vielen andern Passionswerkzeugen erfunden hat. Die Ermordung ihres Sohnes Abel-Logos aber machte auch die Chawwa-Sophia zur *Mater dolorosa*; Chawwa und Abel verhalten sich also zueinander wie Mirjam und Jeschua. Der „erste Mord" war also nicht ein anekdotisches Individualdelikt, sondern ein von dem antignostischen kainitischen Männerbund an dem gnostisch-gynäkokratischen Männerorden des Abel vollbrachter Ritualmord, um die alte gnostische Gynäkokratie des kenitischen Stammes auszurotten. Nun verstehen wir daher auch, daß der mythische Jeschua-Maschiach in dem mythischen Abel präfiguriert werden konnte: beide wurden als Sühnopfer für den terroristischen Männergott Protojahwe in prähistorischer Zeit geschlachtet. Wir haben also die Passio Abel als die erste Hälfte einer hominisierten gnostisch-gynäkokratischen Apokalypse von Chawwa und Abel zu verstehen. Wie die Babylonierinnen ihren Tammuz, die Syrerinnen ihren Adonis, die Ägypterinnen ihren Osiris, so werden die kenitisch-midianitischen Frauen ihren schönen Abel, den gnostischen Logos der Chawwa-Sophia beweint und den Mörder, den Jahwepriester Kain und seinen Gott verflucht haben; die zweite Hälfte der Apokalypse wird die dereinstige Auferstehung des geopferten Gottes verkündet haben. Diese Resurrectio Abel aber hat die kurze hominisierte und historisierte Erzählung von seiner Passio natürlich unterdrücken müssen.

Wie aber ist der Jahwe duplex zu verstehen? Denn da ist ein Jahwe, dem Kain ein rituelles Menschenopfer bringt, er ist Jahwe, der Gott Kains; und da ist ein anderer Jahwe, der Gott Israels, der Menschenopfer zwar verwirft, aber den Ritualmörder nur leicht bestraft. Wie konnte dieser Jahwe es vergessen, daß das Blut dessen, der Menschenblut vergießt, soll wieder vergossen werden, aber daß er nun den, der Kain erschlägt, sogar mit siebenfacher Rache bedroht? Hier widersprechen sich zwei Formen des Jahwismus einander; ein älteres Jahwepriestertum mit seiner Opferweise wird durch ein jüngeres verworfen, das aber selbst in früherer Zeit einmal auf der Stufe des ersteren gestanden hatte. Der terroristische Protojahwismus, dem die Keniter-Midianiter länger treu geblieben waren, forderte als Sühne für die bei diesen noch nicht ausgerottete gnostische Gynäkokratie die männliche Hälfte ihres Doppelordens als Menschenopfer zu einer Zeit, wo diese der israelitische Deuterojahwe bereits durch das stellvertretende Tieropfer ersetzt hatte. Das deuterojahwistische Priestertum verflucht zwar die Bruderreligion, in dem es seine eigene Vergangenheit abschüttelt und vertreibt sie aus dem heiligen Lande, aber rottet sie nicht gewaltsam aus; der siebenfache Fluch über den Mörder Kains ist vor allem auch gegen die Hitzköpfe in den eigenen Reihen gerichtet, die weniger Toleranz zu üben bereit waren. Mit dem Zeichen aber, „das Jahwe für Kain bestimmt, damit ihn nicht erschlüge, wer in träfe", wird das religiöse Stigma gemeint sein, welches die Priester des kainitischen Protojahwismus schon immer als Gottessklaven Jahwes getragen hatten, das aber, seitdem sie durch den Deuterojahwismus der israelitischen Stämme exkommuniziert waren, zu einem zwar infamierenden, aber doch auch schützenden Tabuzeichen wurde. Auch in der Erzählung von Kain und Abel läßt sich also der Ablauf desselben religionsgeschichtlichen Prozesses erkennen, der die Basis der hesiodischen Theogonie bildet. Am Anfang stand die gnostische Gynäkokratie des Doppelordens: dort die des Androgyns Gaia-Sophia und ihres Sohn-Geliebten Uranos-Logos; hier die des Androgyns Urmutter Chawwa-Sophia und ihres Sohnes Abel-Logos. Dort wurde die urzeitliche Gynäkokratie gestürzt durch den terroristischen Hominismus des Kronos-Moloch mit seinen Menschenopfern, hier durch die die gnostische Gynäkokratie repräsentierenden Menschenopfer, die der Priesterstand Kains für die Protojahwe schlachtete oder vielmehr mit der Keule erschlug. Und schließlich wurde der terroristische Hominismus des Kronos-Protojahwe durch den legal gewordenen Hominismus dort des Zeus, hier des Deuterojahwe überwunden, die beide die Menschenopfer als Sühneopfer für den Sündenfall der Menschheit in die gnostische Gynäkokratie verwarfen und ihren Ersatz durch Tieropfer forderten. Fetzen dieser großen mythisch-historischen Menschheitstraditionen hat der Jahwist des 4. Kapitels der Gnesis zu einer moralischen Geschichte simplifiziert, um das Gebot: „du sollst deinen Bruder nicht totschlagen", einzuschärfen. Welchen moralischen Tiefstand muß aber die Erziehung zum agnostischen Ich-Nichtich-Bewußtsein durch den Proto- und den Deuterojahwismus erreicht haben, um aus so königlichem Baumaterial ein solches Armenhaus zu errichten!

2. Das unblutige oder symbolische Menschenopfer des antignostischen Hominismus

A.

Im Menschenopfer und seinem tierischen Ersatzopfer wurde aber nicht nur der empirische Doppelorden realiter oder symbolice vernichtet, sondern im irdischen Doppelorden wurde auch die in ihm erscheinende Idee, wurden also Sophia und Logos selbst getötet, d. h. verneint. Jedes hoministische Opfer war also auch eine Opferung des androgyn-monotheistischen Urgottes der Menschheit, des Gottes der gnostischen Gynäkokratie.

Der Hominismus hat zwei Arten von Ersatz für das rituelle Menschenopfer gefunden, die wahrscheinlich von Anfang an parallel zu einander ausgebildet wurden, das blutige Tieropfer und das unblutige Opfer einer festen und einer flüssigen Substanz, die zuletzt Brot und Wein wurden. Symbolisch kann man sie mit zwei Namen bezeichnen, welche für die religiöse Entwicklung des Abendlandes von entscheidender Bedeutung waren. Nämlich als das Opfer Abrahams und als das Opfer des Melchisedech. In dem wegen seiner Entstehungszeit viel diskutierten Kapitel 14 der Genesis sind die beiden großen Opferpriester, der blutige und der unblutige, in persönliche Beziehung zueinander gebracht. Beide sind Priester des „höchsten Gottes", also Jahwes, des Männergottes, der die gnostische Gynäkokratie der hebräischen Stämme zerstört hat und als Sühne für diesen Sündenfall der Menschheit Opfer verlangt, durch welche die älteste Gesellschaftsordnung immer von neuem symbolisch vernichtet und abgeschworen wird. In jedem Menschen- oder Tieropfer wurde stets der ganze gnostische Androgyn geopfert. Denn wenn es zuweilen auch scheinen konnte, daß in dem konkreten Opfer nur die eine Hälfte vernichtet oder verneint würde, die Sophia oder der Logos, die Idee des gnostischen Männerordens oder die des gnostischen Frauenordens, so waren doch beide Hälften des gnostischen Androgyns so korrelativ miteinander verbunden, daß bei der Opferung der einen gnostischen Potenz die andere notwendig mitgedacht und mit ihr zusammen verneint wurde. Bei dem unblutigen Opfer des Melchisedek nun sind aber offenbar beide als untrennbar verstandene Teile des gnostischen Androgyns Sophia-Logos in den beiden sakramentalen Symbolen ihres Doppelordens für Jahwe als Opfer dargebracht worden. Denn das gemeinsame liturgische Mahl, das *hieròn deipnon,* das Ausdruck einer jeden religiösen Willensgemeinschaft ist, kann bei dem urzeitlichen Doppelorden doch nur als der Genuß eines Doppelsakramentes verstanden worden sein, nämlich als das Doppelsakrament von Sophia und Logos, wobei die weibliche Potenz des Einen durch die feste, die männliche durch die flüssige Substanz symbolisiert war. Indem nun der gnostisch-weibliche Orden die feste Substanz, das spätere demetrische Brot, der männlichen Ordenshälfte, und diese der weiblichen die flüssige Substanz, den späteren dionysischen Wein, darbot, hatte der urzeitliche Doppelorden einen symbolischen Ausdruck für seine androgyne Willensgemeinschaft zum gnostischen Telos des sich erscheinenden Einen gefunden. Eine Erinnerung an dieses gnostisch-gynäkokratische Doppelsakrament der Urzeit — natürlich ohne es noch als solches zu verstehen — enthalten offenbar die Worte des Propheten Sacharja 9,17: *quid enim bonum ejus est* (d. h. des Endreiches; aber ist das Endreich nicht auch das Reich des Anfangs?), *et quid pulchrum ejus est, nisi frumentum e l e c t o r u m* (d. h. der auserlesenen Männer) *et vinum germinans virgines?* So übersetzt die Vulgata. Marti bei Kautzsch (II p. 100) überträgt diese Stelle: „Wie glücklich und wie schön ist es dann! Denn das Korn macht Jünglinge und der Most Jungfrauen sprossen". Bei Luther heißt es: „Denn was haben sie doch Gutes und was haben sie doch Schönes? Korn macht Jünglinge und Most macht Jungfrauen blühen", und Lortzing[4] schließlich übersetzt: „Denn was ist sein Kostbarstes und was ist sein Schönstes? *Brot*, das Junggesellen, und *Wein*, der Jungfrauen sprossen macht." In diesen merkwürdigen Worten muß doch auf ein von beiden Geschlechtern einander wechselseitig gespendetes Doppelsakrament angespielt worden sein, wie es für die Urzeit des Doppelordens vorauszusetzen ist und wie es in einem jüdischen Geheimbund zur Zeit des Sacharja, dem dieser vielleicht selbst angehörte, in Gebrauch war. Wenn aber im Tempel zu Jerusalem nicht nur blutige Opfer dargebracht wurden sondern mit diesen in Verbindung auch Trank- und Speiseopfer aus Semmelmehl auf dem vergoldeten Tische als Opferbrote lagen, die wöchentlich von den Priestern verzehrt wurden, so ist das vielleicht als der Versuch zu verstehen, das blutige abrahamische und das unblutig melchisedekische Opfer zu einer Einheit zu verbinden, natürlich unter dem Primat des blutigen. Doch die abrahamischen blutigen Ersatzopfer sind im Prinzip von der Erde verschwunden; sie wurden verdrängt durch das unblutig-blutige d. h. symbolische Menschenopfer des Melchisedek.

Denn auf den terroristischen Protojahwe, der Sophia und Logos in ihren lebenden Repräsentanten schlachten ließ, auf den legalistischen Deuterojahwe, für den die Opfertiere als Ersatz für die Menschenopfer getötet wurden, war nun ein dritter Jahwe, ein Tritojahwe, gefolgt, dessen Priester es verstanden, ihm Sophia und Logos, d. h. Mirjam und Jeschua, ohne wirkliches Blut zu vergießen, unter den Symbolen ihres eigenen Doppelsakramentes von Brot und Wein zu opfern. Die neue

---

[4] *Lortzing,* Der katholische Gottesdienst, Paderborn 1929, S. 31.

Priesterschule, die als ihren Begründer einen mythischen Priesterkönig von Salem verehrte, muß in unversöhnlichem doktrinären Gegensatz mit der Priesterschule des blutigen Abraham gelebt haben. Trotzdem erzählte sie in einem offenbar apologetischen Bundesmythus von einer Begegnung dieser beiden Opfertheologen, bei der Abraham den unblutigen Melchisedekischen Ritus nicht nur anerkannte, sondern den Priesterkönig von Salem noch dazu durch die Verleihung des „Zehnten von allem" besonders auszeichnete. Mit dieser Erzählung hatten sich die Melchisedekiten selber ein Zeugnis für die Orthodoxie ihres Opferritus ausgestellt und es der obersten religiösen Autorität in den Mund gelegt, um sich ihren Anspruch auf Toleranz, Legitimität und Rechtgläubigkeit bestätigen zu lassen. Es gelang ihnen, diesen beide Opferarten synthetisierenden und exoterisch erzählten Mythus im 14. Kapitel der Genesis, das wohl ganz aus ihrer Schule stammt, den Abrahamsgeschichten einzugliedern. In Wirklichkeit aber mußte der Deuterojahwismus der blutigen Tieropfer die unblutige Opferung von Mirjam-Jeschua für den Tritojahwe natürlich als eine Häresie verurteilen. Da nun das melchisedekische Opfer von Brot und Wein von dem apostolischen Christentum, d. h. dem apostolischen Messianismus, später beibehalten wurde und Inhalt und Form des Opfers bei beiden dieselben sind, so darf man in dem Melchisedekianismus die erste Gestalt des Jeschuanismus erkennen und ihn als Protojeschuanismus bezeichnen. Es ist aus dem, vielleicht an alexandrinische Judenchristen gerichteten Hebräerbrief allgemein bekannt, welche historische und paradigmatische Bedeutung das Opfer des sagenhaften Priesterkönigs von Salem für den apostolischen Messianismus besaß, dessen Vorläufer er war. Der apostolische Messianismus sah in dem geheimnisvollen Priesterkönig keine historische Person, sondern den Kultheros oder vielmehr Kultgott eines Bundes, dessen Taten als die des Bundesgottes selbst symbolisch erzählt wurden. Melchisedek aber steht da, wie es Hebr. 7,3 heißt: „ohne Vater oder Mutter, ohne Stammbaum, ohne Anfang der Tage und ohne Ende des Lebens. So ist er *dem Sohne Gottes ähnlich* und bleibt Priester in Ewigkeit." Nach diesem Zeugnis ist er also kein historischer Mensch, sondern eine Idee, d. h. ein Gott. Oder vielmehr sein Name Melchisedek, d. h. „König der Gerechtigkeit", ist der Beiname eines Gottes; das Salem, die „Friedensstadt", ist weder das jebusitische Jerusalem noch ein obskurer Ort am oberen Jordan; es liegt überhaupt nicht auf der Erde, es ist die Stadt des Friedens, wo der „König der Gerechtigkeit" im Olâm habbâ, in der Welt der Zukunft, herrschen wird. Kurz, Melchisedek ist der Beiname des Gottes Jeschua selbst in der vorapostolischen Zeit, den wir den ersten Jeschua oder Protojeschua nennen. Der Melchisedekbund ist also der

Protojeschuabund. Dieser aber ist der jahwistisch-messianische Gegenbund, welcher sich dem gnostisch-gynäkokratischen Jeschuaorden und seinem sophianischen Messianismus widersetzte. Ein hoministicher Jeschua-Melchisedek hatte sich gegen den Jeschua der gnostischen Sophia erhoben.

In der Zeit der prähistorischen Verfolgung durch das terroristische Jahwepriestertum wird sich ein Teil der männlichen Hälfte des Doppelordens von dem sophianischen getrennt und sich zu Jahwe konvertiert haben, indem er auch seinen Gott, den Logos-Jeschua, jahweisierte. Es ist dies der vorapostolische Jeschuabund, den wir eben als den protojeschuanischen von dem späteren apostolischen oder deuterojeschuanischen unterschieden haben. Beide sind die Gegner des ursprünglichen sophianischen Jeschuaordens der hebräischen Urzeit, den beide bekämpften, obwohl beide von ihm abstammten. Wie der sophianische Mysterienbund selbst mußte natürlich auch der zu Jahwe konvertierte Protojeschuabund im Verborgenen leben. Der prinzipielle Gegensatz aber zwischen dem sophianischen Urjeschuanismus und dem jahweisierten Jeschuabund wurde im Geheimen ausgefochten, in der unterirdischen Welt der religiösen Geheimbünde; die Welt des orthodoxen Tages konnte nichts davon erfahren. Sieger aber blieb schließlich der jahwistische Jeschuabund, auf dessen Nachfolger eine ungeheure Zukunft wartete. Durch welchen *tour de passe-passe* hatte aber nun der Gott der männlichen Hälfte des gnostisch-gynäkokratischen Androgyns, hatte der durch die Priester des terroristischen Jahwe gepfählte Jeschua, kurz, hatte der Logos der Sophia in den Logos ihres Antipoden Jahwe verwandelt werden können? Denn kontradiktorische Begriffe wie Sophianismus und Jahweismus lassen sich, solange ihr Wesen unverändert bleibt, synthetisch nicht vereinigen: ein jahwistischer Sophianismus oder ein sophianischer Jahweismus ist eine *contradictio in adjecto* von der Art des hölzernen Eisens. Aber gerade das ist es: der Protojeschuabund hatte durch seine Apostasie mit seinem eigenen Wesen auch das seines Gottes verändern müssen; die Apostasie seines Bundesgottes Jeschua war nur der Ausdruck seines eigenen Abfalls zu Jahwe. Er wollte eine religionspolitische Brücke bauen zwischen der alten sophianischen und der neuen jahwistischen Welt, verdarb es aber mit beiden. Vor allem mußte der apostatische Jeschuabund eine neue Rechtfertigung für die infamierende Kreuzigung oder Pfählung des Gottes und seines Ordens finden, um Jahwe und seine Priester von dem auf ihnen lastenden Odium zu befreien. Schon der jahwistische Verfasser der Genesiserzählung, der offenbar unter dem Einfluß des ersten hominisierten Jeschuabundes schrieb, wenn er ihm nicht selbst angehörte, hatte den Versuch einer Apologie Jahwes unternommen. Gen. 3,15 flucht Jahwe der Schlange: „Und ich will Feindschaft setzen zwischen dir und dem Weibe und deinem und ihrem Samen; er wird dir den Kopf zermalmen und du wirst ihn in die Ferse stechen". In der Zeit des Jahwisten gehörte dieses Ereignis schon lange der Vergangenheit an, für die Zeit des Paradieses dagegen lag es noch in der Zukunft. Gemeint ist natürlich die Passio Jeschuas durch den terroristischen Jahwe, dessen Schuld hier auf die „berühmte Schlange" abgeschoben wird. Falls der Jahwist auch hier, wie es wahrscheinlich ist, die Prophezeiung einer weiblichen Apokalypse hominisiert hat, so war in dieser jedenfalls nicht die gnostische Schlange, sondern der Drache gemeint, der das Weib, die Sophia, in der johanneischen Apokalypse (c. 12) verfolgt, und unter dem natürlich der terroristische Jahwe selbst zu verstehen war. Seltsamerweise aber hat der Jahwist das sicher dort stehende *semen mulieris* unangetastet gelassen, womit er seine gnostisch-gynäkokratische Quelle verraten hat; denn der gekreuzigte Logos-Jeschua war unbestreitbar der gnostisch-matriarchale Sohn der jungfräulichen Sophia. Diesmal verbot offenbar dem Jahwisten das Gewissen, die gnostisch-matriarchale Abstammung des göttlichen Logos und seines irdischen Ordens durch die Hominisierung beider zu verfälschen; so daß man nicht nötig hat anzunehmen, der „gute" Jahwist habe einmal geschlafen, wie es nach Horaz sogar der „gute Homer" zuweilen tut.

Auch der Bund des Protojeschua-Melchisedek hatte eine Apologie für den terroristischen Jahwe ausgedacht, um die von den gnostisch-gynäkokratischen Apokalypsen gegen diesen erhobenen Anklagen zu widerlegen. In der Not findet der menschliche Geist erstaunliche Auswege. Hier rettete man sich, indem man eine einfache und ohne weiteres verständliche Tatsache durch eine komplizierte Interpretation überhaupt unverständlich machte. Jeschua war nicht der Logos der Sophia, sondern der Logos ihres Feindes Jahwe gewesen, so lautete die überraschende Botschaft. Nicht als Bekenner der gnostisch-gynäkokratischen Sophia ist er in seinem Orden für Jahwe durch dessen Priester geopfert worden, sondern umgekehrt, er ist für das Reich Jahwes gefallen. Er war unschuldig, wenn er auch für Jahwe schuldig wurde; und nicht Jahwe hat ihn getötet, sondern er hat sich freiwillig opfern lassen, um dem Vater-Gott für das Verbrechen der gnostisch-gynäkokratischen Menschheit Genugtuung zu leisten. Diese und alle andern in der Tat „dialektischen" und übersubtilen Distinktionen und unfruchtbaren Paradoxe der Jeschuatheologie, die schon der vorapostolisch-melchisedekianische Bund entwickelte oder wenigstens zur Entwicklung, aber nicht zur Lösung dem apostolischen hinterließ, sie sind alle nur die tauben Früchte jener willkürlich-dogmatischen Voraussetzung, die aus dem Sohne der Mirjam-Sophia einen Sohn Jahwes gemacht hatte. Matthäus und Lukas haben in ihren Geschichten von der Empfängnis und Geburt Jesu, die zweifellos auf vergebliche Anstrengungen des alten vorapostolischen Jeschuabundes zurückgehen, vom jahwistischen Standpunkte aus eine doch nur oberflächliche Synthese der beiden Richtungen, der marianischen und der jahwistischen, versucht, ohne aber noch Verständnis für das eigentliche Grundproblem zu zeigen. Das Entscheidende und Wesentliche der neuen Opferdeutung und wodurch sie sich selbst aufhebt, ist aber der Umstand, daß sie Jeschua als mit den Sünden der ganzen Welt, d. h. natürlich mit den Sünden der ganzen gnostisch-gynäkokratischen Urzeit, belastet darstellt. Das kann doch wohl nur von deren Gott und Gesetzgeber gesagt werden, der allein die Verantwortung für diesen Sündenzustand trägt, womit indirekt zugestanden wird, daß Jeschua als der gnostisch-gynäkokratische Logos der Sophia und nicht als der Logos Jahwes geopfert worden ist. Seine terroristischen protojahwistischen Verfolger wußten daher genau, wen und warum sie ihn zum sühnenden Opfertode für Jahwe verurteilten. So hat der neue hominisierte Bundesgott zwei Gesichter: ein diabolisches, das seines gnostisch-gynäkokratischen Lebens als Sohn der Sophia, und ein heiliges, das seines ihn entsühnenden Todes, durch den er erst aus dem Sohn der Sophia zum Sohn Jahwes umgewandelt, wiederauferstand. Unter diesem Gesichtspunkt betrachtet, erzählt der zum Jahwismus konvertierte Jeschuaorden in der Auferstehung seines Gottes seine eigene Geburtsgeschichte. Ist doch auch er, geopfert als sophianischer Jeschuaorden, aus dem Tode, wie ein Phönix, als jahwistischer Jeschuaorden wiederauferstanden; denn die Geschichte eines Bundes ist immer in dem Leben seines Bundesgottes zu lesen. Jahwe hatte daher in dem hominisierten Jeschuaorden einen Kampfbund gegen die Sophia erhalten, der im Streite für das Reich des Vaters gegen das der Sophia, in der er jetzt nur noch die gefallene Chawwa erblickte, seinem Bundesgott bis zum Tode am Holze nachzufolgen bereit war. Aber für die jüdische Orthodoxie blieb er seiner illegitimen Herkunft wegen verdächtig, weshalb er gut daran tat, das Tageslicht zu scheuen. Viele der Frauen aus dem Orden der Sophia werden indessen schwankend geworden sein und sich wie der blinde Isaak gefragt haben: „Ist er es oder ist er es nicht? Die Stimme ist Jakobs Stimme, aber die Arme sind doch Esaus Arme" (Gen. 27,22). Natürlich hat der abgefallene Jeschuabund nicht nur den historischen Teil der gnostisch-gynäkokratischen Apokalypse, die Passio des sophianischen Logos, konvertiert sondern auch deren prophetischen. Er hat die ganze Urapokalypse der Sophia mit einer vollständigen jahweisierten

Jeschua-Apokalypse beantwortet, aber gerade durch seine Antithese auch die Rekonstruktion der These möglich gemacht. Der am Ende des hoministischen Äons wiederauferstehende Messias der Sophia, mit dessen Ankunft ihr Reich wiederkehrt, mußte zu dem in Glorie wiederkommenden Messias des Vaters werden, der als Weltrichter über die Menschheit nach dem Gesetze Jahwes das Urteil sprechen wird, um dann, wenn er jede Spur der gnostischen Gynäkokratie von der Erde vertilgt hat, als Melchisedek, als „König der Gerechtigkeit", das hoministische Weltreich Jahwes für immer auf der Erde zu regieren. Daß aber Israel zum Volke des jahwistisch-hoministischen Messianismus wurde, verdankt es dem Einfluß, den der protojeschuanische oder melchisedekische Geheimbund ausübte. Er hat die vor- und nachexilische Prophetie und Apokalyptik direkt und indirekt beeinflußt. Doch sein eigener Messianismus ist nur die hoministische Umkehrung des gnostisch-gynäkokratischen, den er durch seinen Gegenmessianismus bekämpfte. Neben diesem protojeschuanischen Männerbund muß aber auch der gnostisch-gynäkokratische doppelte Mysterienbund von Sophia und Logos noch lange weiterbestanden und die weibliche Urtradition weitergegeben haben, als deren Ausdruck das Hohe Lied erhalten geblieben ist.[5] Bekanntlich war es den jüdischen Männern verboten, dieses Buch des gnostisch-gynäkokratischen Messianismus vor dem dreißigsten Jahre zu lesen, weil man sie vorher noch nicht für fähig hielt, diese Dialoge von Sophia und Logos jahwistisch allegorisieren zu können.

Nicht nur der Kultmythus des Protojeschuanismus sondern auch sein Opferritus und das sich an das Opfer anschließende liturgische Mahl müssen analog denen des apostolischen Jeschuanismus vorgestellt werden. Denn Melchisedek ist „dem Sohne Gottes ähnlich" und bleibt „Priester in Ewigkeit" (Hebr. 7,3), womit gesagt ist, daß der apostolische Jesus an dem Eucharistieritus des Melchisedek nichts geändert haben kann, da dieser sonst nicht mehr „Priester in Ewigkeit" wäre; ja die Identität der Riten beider Bünde wird Hebr. 6,20 ausdrücklich bestätigt, wo der apostolische Jesus „der Hohepriester in Ewigkeit nach der Ordnung des Melchisedek" genannt wird, so daß auch die Kirche mit den Worten des Psalms 109 zu ihm ruft: *Tu es sacerdos in aeternum secundum ordinem Melchisedek.* Nach dem Kultmythus des Bundes hat also Melchisedek selbst vor Abraham die Messe zelebriert und damit die blutigen Opfer desselben durch das neue unblutige ersetzt, d. h. aufgehoben. Er wäre also vom Bundesmythus bereits als eine historische Person gedacht worden, wenn man nicht unter dem Gott vielmehr seinen

---

[5] Über dessen mythologischen Charakter unterrichtet: *Wittekindt,* Das Hohe Lied. Orient-Buchhandlung, Hannover 1925.

Priester zu verstehen hätte, der den Gott Jeschua-Melchisedek unter den Gestalten von Brot und Wein Jahwe als Opfer darbringt. Gewiß aber ist auch die Vorstellung von dem Jesus, der zugleich Priester und Opfer ist, auch in dem sich unter den Gestalten von Brot und Wein selbst opfernden Melchisedek enthalten. Auch in diesem Opfer wurde also symbolisch jenes Sünd- und Sühneopfer des Jeschua-Melchisedek wiederholt, das am Beginn des neuen Äons angeblich freiwillig für den terroristischen Protojahwe geschlachtet worden war. Seine Priester aber wiederholen dieses Uropfer für Jahwe und bringen ihm das Fleisch und Blut ihres Gottes unter den Gestalten der beiden Substanzen zur Versöhnung dar, die in der Zeit der gnostischen Gynäkokratie das Doppelsymbol der beiden Potenzen des Einen gewesen waren, aber nun zusammen zum Symbol der einen, zum jahwistisch-agnostischen Ichbewußtsein konvertierten männlichen Potenz wurden. Bereits der vorapostolische noch unterirdische Jeschuabund hatte also das eucharistische Mahl des Neuen Testamentes, das man deshalb auch melchisedekisch nennen darf; Melchisedek und apostolischer Jesus sind derselbe Gott, der am Anfang des zweiten Äons für Jahwe geopferte Logos der Sophia-Mirjam. Denn wenn diese geheimnisvolle Gestalt des Hebräerbriefes dem Sohne Gottes, d. h. dem apostolischen Jesus, so ähnlich ist (Hebr. 7,3), so muß man annehmen, daß der Verfasser darüber mehr von dieser Ähnlichkeit weiß als er zu sagen wagt, daß also ein geheimer Kultmythus von einer Passio und Resurrectio des Melchisedek sowie von der Einsetzung der neuen Opferweise vor seinem Tode ganz analog erzählte, wie der apostolische Jesusbund die Geschichte des eigenen Kultgottes darstellte; was nicht Wunder nehmen kann, da dieser Bund nur eine Erneuerung und Modernisierung des alten Melchisedekbundes ist. Es gab also für den Verfasser des Hebräerbriefes gute Gründe, über diese „Ähnlichkeit" keine zu genaue Auskunft zu geben, sondern es bei dieser allgemeinen Andeutung zu lassen. Kurz, alles was wir über den Melchisedekmythus erfahren, berechtigt dazu, auch ihn, wie den analogen Jeschuamythus, als eine hominisierte gnostisch-gynäkokratische Apokalypse zu verstehen.

B.

Durch die tendenziös-orthodoxe Redaktion der israelitischen Schriften, die durch die Schule Esras begonnen wurde, durch die Auswahl und Bearbeitungen der Bücher, ist dieselbe Illusion über die religiöse Einheit des jüdischen Volkes entstanden, wie sie die Romantiker, ebenfalls aus religiös-politischen Gründen, über die christliche Glaubenseinheit des Mittelalters verbreiteten. In diesem Sinne kann man die Geschichtsbetrachtung des alten Testamentes eine romantische nennen. Zwar ist der praktische Wert einer solchen unverkennbar, aber auch die historische Wahrheit darf ihr Recht fordern. In Wirklichkeit waren aber beide religiösen Kulturkreise von Schismatikern und Häretikern durchsetzt, die unter dem Druck der Orthodoxie in die Unterwelt steigen mußten, um hier die Zeit ihres Wiederemportauchens an das Tageslicht abzuwarten. Über Namen und Dogmen dieser zahlreichen Sekten geben die offiziellen Bücher des alten Testamentes, die allein erhalten wurden, keine deutliche Auskunft, sondern nur vage und oberflächliche Andeutungen; am besten war es, wenn man sie, zur Erhaltung der Illusion einer religiösen Einheit, überhaupt totschwieg, denn, wie sogar das Volk weiß, wenn man den Teufel nennt, kommt er gerennt. Nicht der Intellekt, sondern der egoistische Wille schreibt die Geschichte, wie er sie auch macht. Aber der Abfall vom orthodoxen Jahwe muß in der Zeit der ersten Zerstörung Jerusalems so allgemein gewesen sein, daß seine Propheten in dem Untergang der Stadt die Folge dieser universellen Apostasie erblickten; in dem Jahrhundert vor der zweiten Zerstörung aber schossen die häretischen Sekten, den Druck der esraischen Gesetzgebung abschüttelnd, wie Pilze aus dem Boden. Ihre heiligen Schriften wurden von der orthodoxen Synagoge ebenso zerstört, wie später z. B. die gnostizistischen Bücher von ihrer Nachfolgerin und Erbin, der christlichen Kirche. Durch diese künstlich geschaffene Finsternis kann man sich nur mit Hilfe von Hypothesen durchtasten.

Aus dem ursprünglich gnostisch-gynäkokratischen Jeschuabund, der männlichen Hälfte des Doppelordens von Mirjam-Jeschua, war durch Konversion eines Teiles desselben zu Jahwe der hominisierte Bund des Jeschua-Melchisedek geworden, der lange unterirdisch gelebt hatte, bis er um den Beginn unserer Zeitrechnung als apostolischer Jesusbund in das historische Tageslicht trat. Mit einem ungeheuren *élan vital* hatte der Melchisedekbund endlich die ihn bis dahin verbergende Oberfläche der Erde durchbrochen und wuchs zu diesem sie überschattenden Riesenbaume empor, der aber noch heute, ohne es zu wissen, aus seiner verleugneten Urwurzel, dem Jeschuanismus des Doppelordens von Sophia und Logos, seine wahre Kraft erhält. Eine Gruppe von tatkräftigen Männern des melchisedekischen Jeschuabundes, die sich die Apostel ihres Kultgottes nannten, hielt die Zeit für gekommen, ihren bis dahin geheimen Kultmythus und Kultritus für die Öffentlichkeit zu popularisieren. Sowohl demjenigen, der die Evangelien wie einen historischen Roman der religiösen Phantasie liest, als auch dem, welcher sie für ein thukydideisch-pragmatisches Geschichtswerk hält, fehlt das Verständnis für die mythisch-symbolische Geschichtsschreibung der alten, besonders der orientalischen, Völker. Während der sich erst zum kausalhistorischen Denken erziehende Mensch die Ideen oder die Götter zu historischen Einzelwesen zu verflachen geneigt ist, verschwinden dem die Geschichte mythisch-symbolisch verstehenden Menschen die Einzelnen im Allgemeinen als in ihrer wahren Realität, so daß die menschliche Geschichte zu einer Geschichte der Ideen oder der Götter wird und die einzelnen Individuen zu bedeutungslosen Anekdoten werden. Um es mit Begriffen der Scholastik zu sagen, die erste Menschheit verstand die Geschichte realistisch, so daß die Bäume im Wald verschwanden, die spätere Menschheit versteht sie nominalistisch, so daß der Wald vor den Bäumen verschwindet. Die mythisch denkende Urmenschheit, können wir auch sagen, lebte in der Einheit des gnostischen Bewußtseins: es war der Äon der gnostischen Gynäkokratie. Die spätere Menschheit, die des agnostischen Ichbewußtseins dagegen, war die des hominisitschen Individualismus, also die des zweiten Äons, in dem die mythische Denkform zwar langsam, aber unaufhaltsam überwunden wurde.

Die Evangelien sind die mythisch-symbolisch erzählte Geschichte von der Entstehung des *apostolischen* Jesusbundes. Schon der Melchisedekbund muß, wie die Abrahamsepisode beweist, den Kultmythus seines Gottes historisch-symbolisch erzählt haben. Der sich von ihm abspaltende apostolische Jesusbund hat den uralten Kultmythus von der Passio und Resurrectio des Bundesgottes als ein Ereignis der julisch-claudischen Kaiserzeit dargestellt. Wie hätte er bei den Menschen dieser hellenistischen Überzivilisation Teilnahme und Interesse erwecken können, wenn er diese Begebenheiten in die Zeit Abrahams oder Henochs verlegt hätte? Es ist aber mehr als ein willkürlicher Einfall, es ist eine historisch-symbolische Wahrheit, wenn er den Erlöser gerade unter Herodes und Augustus geboren werden läßt. Denn da der Bundesgott mit seinem Bund zusammen geboren wird, so muß damals der reformierte Jesusbund das Dunkel des alten Mutterbundes verlassen haben, um sein eigenes selbständiges Leben zu beginnen. Das Urevangelium des apostolischen Jesusbundes ist untergegangen und hat sich, wie Zucker im Wasser, in den vier kanonischen Evangelien aufgelöst. Es muß eine erste modernistische Bearbeitung jenes messianischen Kultmythus gewesen sein, den der alte vorapostolische Jeschuabund den Eingeweihten vortrug. Was dieser bisher als ein kultisches und rituelles Geheimnis vor den Profanen gehütet hatte, will der neue Jesusbund popularisieren, d. h. in den Augen der Traditionalisten profanieren. An heftigen Polemiken zwischen dem modernistischen und dem konservativen Flügel noch innerhalb des Bundes selbst und dann nach seiner Spaltung zwischen den beiden feindlichen Brüdern, kann es nicht gefehlt haben. Zahlreiche Spuren haben sie in den Evangelien hinterlassen, die man bisher überhaupt nicht oder falsch gedeutet hat. Denn neben den Sadduzäern und Pharisäern hat der modernistische Jesusbund noch eine dritte Gruppe von Gegnern, die konservativen Anhänger des *alten* Jeschuabundes: die Auseinandersetzungen mit der sog. Mutter und den sog. Brüdern beziehen sich auf den alten Mutterbund und der diesem treu gebliebenen Anhänger, der ehemaligen Bundesbrüder. An zwei Stellen der Evangelien werden die Eingeweihten durch den Bundesgott selbst formell und ausdrücklich aufgefordert, das bei der Aufnahme geleistete Schweigegelübde zu brechen und das Bundesgeheimnis aller Welt zu verraten; was für die konservativen und gewissenhaften Mitglieder einfach ein Skandal sein mußte. Durch diese Aufforderung hätte sich der Geheimbund des Melchisedek einfach von selbst aufgelöst, um sich in dem neuen apostolischen Bunde wieder zu sammeln, der dann allerdings sofort wieder eine neue Arkandisziplin entwickelte. Der alte Bundesgott Jeschua-Melchisedek selbst entbindet als apostolischer Jesus bei Matth. 10,27 mit folgenden Worten die Eingeweihten ihrer Schweigepflicht: „Was ich euch im Finstern sage, das kündet im Licht; was euch ins Ohr geflüstert wird, das predigt auf den Dächern." Und Luk. 12,3 erklärt der neue Bundesgott den Mitgliedern des alten Geheimbundes: „Darum wird man alles, was ihr im Finstern gesprochen habt, beim hellen Licht verkünden; was ihr in den Kammern ins Ohr geflüstert habt, wird man laut von den Dächern rufen." Auf diese, für die Entstehungsgeschichte des apostolischen Christentums wichtige Tatsache wird bei anderer Gelegenheit zurückzukommen sein. Daß aber die als „Gott" hypostasierte Bundesidee als mit dem Bund in persönlicher Wechselwirkung stehend vorgestellt wird, daß der Gott als Person erscheint ohne statistisch als solche erfaßbar zu sein, dieses Vermögen, in einer Willens-Gemeinschaft den sie personifizierenden Gott zu erblicken, das gehört zum Wesen des mythischen Denkens. Die Geschichte des Gottes aber ist die seines Bundes, der ihm indessen seine Existenz überhaupt erst verdankt und der ihn zugleich als dessen archetypische Idee unendlich überragt. Denn der Gott ist so real wie sein Bund, aber auf einer andern Seinsebene. So sprach Moses mit Jahwe, dem Gott seines israelitischen Männerbundes, aber er konnte ihn nur hören, nicht von Angesicht zu Angesicht sehen; die Apostel dagegen konnten den Gott des neuen Männerbundes sehen, hören und betasten. Das nominalistische Denken dagegen hat die lebendigen Götter vertrieben, im besten Fall abstrakte und autoritätslose Begriffsgötter an ihre Stelle gesetzt. Jene schufen dauernd gebundene menschliche Gemeinschaften; sind aber die Götter zu bloßen Nomina geworden, dann lösen sich die Gemeinschaften in individualistischer Anarchie auf. In dem Urevangelium, dem ältesten Kultmythus des

Bundes, muß dessen Gott noch den Charakter der nur symbolischen Historizität besessen haben. Das Bedürfnis, den Mythus zu popularisieren, war die Ursache dafür, daß der Bundesgott historisch materialisiert und seine Geschichte als die einer real-historischen Person erzählt wurde. Die vier Evangelien sind vier exoterisch real-historisierte Bearbeitungen des ursprünglichen, rein *symbolisch*-historisch erzählten Kultmythus des Urevangeliums, das verschwunden oder wahrscheinlicher infolge des Sieges der populär-historisierenden Evangelien unterdrückt worden ist. Aber in dem Urevangelium und nicht in seinen späteren literarischen Bearbeitungen war die eigentliche Offenbarung des Bundesgottes enthalten, die ihrerseits wiederum nur eine neue, durch die Bedürfnisse der Zeit bedingte Willensoffenbarung des Jeschua Melchisedek war. Dem Geiste und der Konzeption des Urevangeliums kommt relativ das Johannesevangelium am nächsten, während die synoptischen Bearbeitungen, als die stärker historisierenden, mehr zur Verbreitung unter dem Volke bestimmt waren. Deshalb werden sie auch mit Vorliebe von der liberal-sentimentalen sogen. „wissenschaftlichen" Leben-Jesu-Forschung als „geschichtliche Quellen" betrachtet, um aus dem Bundesgott „die größte Persönlichkeit aller Zeiten" machen zu können.

Rückblickend unterscheiden wir also in der Geschichte des Gottes Jeschua zwei Hauptepochen. In seiner ersten Gestalt, als der Urjeschua, war er der Syzygos der Göttin Mirjam, mit der zusammen er den göttlichen Androgyn der prähistorischen gnostischen Gynäkokratie gewisser hebräischer Stämme bildete. Dann wurde der gnostische Androgyn zerrissen und der Urjeschua jahwistisch hominisiert. In der Geschichte dieses hominisierten Jeschuanismus, der den gnostisch-gynäkokratischen Urjeschua verneinte, sind wiederum zwei Epochen zu unterscheiden. Erstens der hoministische Jeschua des Melchisedekbundes, den wir den hoministischen Protojeschuanismus nennen, und zweitens der hoministische Jeschuanismus des sezessionistischen Apostelbundes, den wir als hoministischen Deuterojeschuanismus von dem des Melchisedekbundes unterscheiden.

Der neue apostolische Bundesgott Jesus und der alte Bundesgott Jeschua Melchisedek sind identisch. Der Kern der neuen apostolischen Offenbarung bestand in der Forderung, das lange verborgene und nur den Eingeweihten bekannte Geheimnis des alten Gottes von jetzt an der ganzen Welt zu enthüllen; dieses Geheimnis aber war das neue Opfer, das von jetzt an allein noch Jahwe dargebracht werden soll, der damit zum Tritojahwe wurde.

Während bei allen Völkern der Erde der blutige Opferbetrieb zur geistlosen, abergläubischen und demoralisierenden Großschlächterei heruntersank und sein geheimer Sinn und Ursprung in Vergessenheit geraten war, hatte allein der Jeschua-Melchisedek-Bund dem Tritojahwe nur auf unblutige Weise Opfer dargebracht. Nun aber schien einem Teil dieses Bundes die Zeit gekommen, um durch einen Angriff auf das ganze religiöse System der alten Welt die blutigen Opfer in der Menschheit für immer abzuschaffen und durch eine unblutige Opferpraxis zu ersetzen. In den Evangelien wird der prähistorische Kultmythus des Melchisedekbundes modernisiert als Gegenwartsgeschichte erzählt: der Erfolg, nämlich der Sieg des unblutigen Opfers über das blutige Tieropfer, das die religiöse Grundlage der ganzen hoministischen Gesellschaftsordnung des vorchristlichen Altertums gebildet hatte, bewies, wie psychologisch richtig diese historisierende Darstellungsweise der Evangelien war. Denn der Kern und Mittelpunkt aller vier Evangelien ist die Einsetzung des neuen unblutigen Opfers des Melchisedek; alles andere dient nur als Rahmen für dieses zentrale und wahrhaft revolutionäre Ereignis. Wie früher durch die nicht minder umwälzende Einführung des hoministischen Tieropfers an Stelle der hoministischen Menschenopfer, so wurde nun durch das hoministische unblutig-blutige Opfer auch das Tieropfer abgeschafft. Aber auf Blut, sei es nun real oder nur symbolisch vergossen, ist jede Form der hoministischen Gesellschaftsordnung gegründet. *Sanguis fundamentum regnorum.* Die Phasen seiner Opfergeschichte bestimmen die Perioden der Geschichte des hoministischen zweiten Äons; die Geschichte des Opfers sollte das objektive Prinzip für die Einteilung der Geschichte der Menschheit im hoministischen Zeitalter bilden, wenn man dieses als ein ganzes überblicken will. Nur um den materiellen Opfergegenstand und den Opferritus, nicht aber um das in ihm geistig vorgestellte ideelle und wahre Opferobjekt ging natürlich der Streit der hoministischen Priesterschulen. Denn dieses ideelle Objekt, das symbolisch in jedem konkreten Gegenstand, seien es nun Menschen oder Tiere, Cerealien oder Flüssigkeiten geopfert wurde, war immer das gleiche. Jedes materielle Opfer wurde durch die magische Kraft des Gedankens in dieses ideelle Opferobjekt transubstantiiert und ebenso die Idee in den zu opfernden Gegenstand. Sonst hätte es sich nicht um ein liturgisches Opfer, sondern nur um ein profanes Vernichten gehandelt, und der Genuß des so zerstörten Objektes wäre kein sakramentaler, sondern nur ein profaner gewesen. Diese in den sichtbaren Opferobjekten unsichtbar und symbolisch geopferte Idee aber war in allen, dem Männergotte und seinem Gesetz dargebrachten Gegenständen immer dieselbe, nämlich die Idee des gnostisch-gynäkokratischen Androgyns Sophia-Logos und seiner soziologischen Erscheinungsform. Alle hoministischen Priesterschulen wußten wenigstens in ihren Anfängen noch um diesen wahren und eigentlichen Sinn des Opfers, ehe sie durch die Konzentration auf die materiellen Opergegenstände und die äußere Opfertechnik abgestumpft waren und ihre Tätigkeit zu geistloser Routine entartet war. Der Ersatz der blutigen durch die unblutigen Opfer war aber mehr als eine Frage der Sensibilität und der Nerven, er hat eine historische Bedeutung; denn der zu Jahwe konvertierte gnostisch-gynäkokratische Jeschuaorden deutete das alte Sakrament von Brot und Wein des Doppelordens in einem Opfersinne um, durch den es zwar seinem ursprünglichen Geist und Sinn entfremdet wurde, aber den blutigen Opfern entgegengesetzt werden konnte. Das unblutige Opfer ist also paradoxerweise eine Erinnerung an die vorjahwistische opferlose Zeit und das weibliche Geschlecht tritt in ihm indirekt dem blutigen Hominismus entgegen. Dieser Opferritus des melchisedekischen Geheimbundes ist die Urform der Messe. Ihr Wesen ist unverändert geblieben: sie ist ein Jahwe dargebrachtes Sünd- und Sühneopfer, das in der real-symbolischen Wiederholung der prähistorischen Kreuzigung des Logos der gnostischen Sophia durch die Hand des Priesters besteht, und sie ist ein Siegesopfer für den durch diese prähistorische Opferung errungenen Triumph über die gnostische Gynäkokratie der ersten Menschheit. Bereits die Urmesse verneinte also das Menschenopfer des gnostischen Logos in seinem Orden nicht, sie bejahte es vielmehr als die Voraussetzung für den Sieg des jahwistischen Hominismus. Aber nach der Ausrottung des Doppelordens ersetzte der Jeschua-Melchisedekbund dieses sakrale Menschenopfer nicht durch das stellvertretende Tieropfer, sondern durch das Opfer von Brot und Wein. Es ist aber klar, daß ohne die vorhergegangene Umwandlung dieser beiden Substanzen in den Logos, oder ihre Transsubstantiation, dieser nicht hätte geopfert werden können. Zwei Priesterschulen haben sich wohl am Anfang gegenübergestanden: eine, die in dem Brote die göttliche Sophia, in dem Weine den Logos opferte, in beiden zusammen also den gnostischen Androgyn des Doppelordens; und eine andere, die sich schließlich durchsetzte, welche die beiden Substanzen auf den Logos allein bezog, so aber, daß in der Opferung der einen Hälfte des gnostischen Androgyns die andere mit ihr korrelativ verbundene notwendig zugleich mitgeopfert wurde. Wie sich aber auch in der langen Zeit von der melchisedekischen Urmesse bis zum Pontifikalamt die geheimgehaltenen und nur dem Priester bekannten magischen Worte und Gesten im einzelnen gewandelt haben mögen, — der Geist und der Sinn der Opferung ist unverändert geblieben. Das nachapostolische Ritual ist kein anderes als das apostolische, so, wie es die popularisierenden Berichte der Evangelien wegen der Heiligkeit des Gegenstandes mehr andeuten als deutlich darstellen; aber der beste esoterische Kommentar zu den Einsetzungsworten ist der *Kanon Missae*. Da nun der sich von dem alten Melchisedekbunde trennende apostolische Sezessionistenkreis das Opfer des Bundesgottes für Jahwe nach einem nur äußerlich modernisierten und reformierten Ritus zum erstenmal in der Zeit des Tiberius feierte, so konnten sie diese Reform den Altgläubigen des Bundes gegenüber, den jüdischen Raskolniki, die an der alten Fassung des Kultmythus und Kultritus festhielten, als eine Neueinsetzung oder vielmehr als die erste wahre Einsetzung des Opfers darstellen; woraus aber auch folgte, daß der Tod des Gekreuzigten, der nach der alten Tradition, vor seiner Passio das neue Opfer eingesetzt hatte, ebenfalls in die Gegenwart verlegt werden mußte. Mit der Neubegründung des Opfers aber begann der apostolische Jesusbund sein eigentliches und selbständiges Leben; er hatte sich endgültig von der melchisedekischen Mutter getrennt, die an seiner Geburt sterben sollte. Wie in der Messe des alten Jeschua-Melchisedekbundes spielt auch in der apostolisch erneuerten der Priester nur noch symbolisch die Rolle des Henkers; in der prähistorischen Urzeit war er es einmal wirklich gewesen, da er für den monotheistischen Männergott den Logos der Sophia als rituelles Opfer pfählte oder kreuzigte. Im römischen Meßrituale, das langsam seine jetzige präzise, klassische, kurz lateinisch-monumentale Gestalt erhielt, vollzieht er die Kreuzigung in der symbolischen Elevation von Kelch und Hostie und zerstückelt in der *fractio panis* den toten Logos, wie Set den Osiris und die Titanen den Dionysos zerrissen hatten. Der griechisch-byzantinische Ritus, der uns Abendländern im Vergleich mit dem römischen, wenn er auch bedeutungsvolle Zusätze enthält, doch überladen erscheint, kennt nicht die Elevation sondern nur die *fractio panis*. Es scheint aber, daß in der Messe des alten Jeschuabundes das mit der Ursünde der Menschheit beladene Opfer vor seinem symbolischen Tode noch durch besondere Torturen mißhandelt wurde, welche zwar die spätere Liturgie verbannte, an die sich aber die Erinnerung in einzelnen Episoden der Passionsgeschichte erhalten hat. Doch auch noch in der dem Hl. Joh. Chrysostomos zugeschriebenen Liturgie gibt es einen Abschnitt, der hinter dem symbolischen Schleier noch die fanatische Grausamkeit ahnen läßt, mit der einst in der Urzeit der Logos der Sophia in seinem Doppelorden als wirkliches Menschenopfer von den Priestern des terroristischen Jahwe zu Tode gequält wurde. Wir wollen aus diesem Abschnitt aus der Vormesse, der „Proskomidie", aus dem Teil, in welchem die Zurüstung der eucharistischen Elemente auf einem besonderen Opfertische vorgenommen wird, hier Einiges auszugsweise wiedergeben:[5] „Hierauf nimmt er (der vom Diakon begleitete Priester) in die linke Hand die Prosphora (das heilige Brot), in die rechte die heilige Lanze, macht mit ihr über dem Siegel der Prosphora dreimal das Kreuzzeichen und spricht. ... Dasselbe dreimal wiederholend stößt er die hl. Lanze in die rechte Seite des Siegels und durchschneidet sie mit den Worten ... Dann in die linke Seite ... In den oberen Teil des Siegels ... In den unteren ... Bei jedem Schnitte spricht der Diakon ... Danach aber spricht er (der Diakon): ‚Nimm hinweg, Gebieter', und der Priester stößt die hl. Lanze seitwärts in die rechte Seite der Prosphora und nimmt das heilige Brot indem er spricht: ‚Denn sein Leben ward von der Erde genommen'. Und er legt es (rücklings) auf den hl. Diskos, und bei den Worten des Diakons: ‚Opfere Gebieter!' schneidet er es in Kreuzform und spricht: ‚Geopfert wird das Lamm, welches die Sünde der Welt hinweg nimmt'. ... Und er wendet den andern Teil, der das Kreuz hat, nach oben, und bei den Worten des Diakons: ‚Durchbohre Gebieter!' durchbohrt er es mit der Lanze an der rechten Seite unmittelbar unter dem Namen IC mit den Worten: ‚Einer der Soldaten durchbohrte mit der Lanze seine Seite ...'." Das alles geschieht seltsamerweise antizipiert an dem noch nicht transsubstantiierten Brot. Gehörte diese Zeremonie einmal einem Meßformulare an, das den bereits konsekrierten Leib durch Lanzenstiche tötete und wurde sie als zu anstößig aus der eigentlichen Opfermesse in die Proskomidie verlegt, wo sie doch eigentlich nicht am richtigen Platze ist? Denn die Proskomidie entspricht dem römischen Offertorium und nimmt einen auffallend großen Raum in der griechisch-byzantinischen und slawischen Liturgie ein. Das Offertorium aber war, ehe es zur Darbringung der Gaben für das unblutige Opfer wurde, einmal die Vorführung der für den terroristischen Männergott bestimmten menschlichen Opfer der gnostischen Gynäkokratie gewesen, die wohl durch diese Zeremonie zum Opfertode geweiht wurden, denen aber bei dieser Gelegenheit noch kein Haar gekrümmt werden durfte. Doch, wie dem sein mag, wichtig ist, daß uns die Proskomidie jedenfalls mit einer neuen Art der urzeitlichen Passio des gnostisch-gynäkokratischen Logos bekannt macht, indem sie mit der Pfählung die Speerung verbindet, was übrigens schon die Johannespassion getan hatte, auf welche sich natürlich die griechische Liturgie, aber sie übersteigernd, bezieht. Von der nur der

---

[5] *De Meester*, Die göttliche Liturgie unseres hl. Vaters Johannes Chrysostomus, griechisch-deutsch. Salesianische Offizin, München 1938. — *N. Gogol*, Betrachtungen über die hl. Liturgie. V. Band von „Gogols sämtliche Werke", Propyläenverlag, Berlin. — *A. Baumstark*, Die Messe im Morgenland. Kempten und München 1906. — *J. Kramp, S. J.*, Die Opferanschauungen der römischen Meßliturgie. Regensburg 1924. — *A. Stöckl*, Das Opfer nach seinem Wesen und nach seiner Geschichte. Mainz 1861.

griechisch-byzantinischen Liturgie eigentümlichen Vormesse, der Proskomidie, abgesehen, stimmen das abendländische und das morgenländische Meßritual in den beiden andern Teilen, wenigstens im Prinzip, miteinander überein. Der erste Teil, die Messe der Katechumenen oder Novizen, der zum untersten Grad der Einweihung Zugelassenen, ist eine christliche Umbildung des synagogalen Gottesdienstes, bei der die Vorlesung eines Toraabschnittes (Parascha) und eines Prophetenabschnittes (Haftara) durch die Verlesung einer Evangelienperikope und einer Epistelstelle ersetzt sind. Wie in den griechischen Mysterien die Eingeweihten niederen Grades aufgefordert wurden, sich zu entfernen, wenn die Dinge gezeigt wurden, die zu sehen nur den höheren Initiationsstufen erlaubt war, so werden in der griechischen Liturgie am Ende dieser Novizenmesse die Katechumenen geradezu hinausgejagt: „Alle, die ihr Katechumenen seid, geht fort! / Ihr Katechumenen geht fort! / Alle, die ihr Katechumenen seid, geht fort! / Daß ja keiner der Katechumenen (dableibe)!" Denn nun erst beginnt das *mysterium tremendum*, die eigentliche Jesus-Messe, bei der nur die Epopten anwesend sein dürfen. Sie besteht aus zwei Teilen: der Opferung des jahwistisch-hominisierten Jesus unter den Gestalten von Brot und Wein und dem Opfermahl der Gläubigen, die durch den Genuß seines Fleisches und Blutes nicht nur leiblich mit ihm Eines werden, sondern auch geistig mit seinem Willen verschmelzen. Sein Wille aber ist kein anderer als der in seiner Gestalt konkretisierte Wille des priesterlichen Zwölfmännerbundes, der Wille zu einer dem hoministischen Gesetz Jahwes unterworfenen Menschheit, die ihm als *sacrificium perpetuum* die gnostische Gynäkokratie in ihrem Doppelsymbol als Opfer darbringt.

Melchisedek hatte jetzt über Abraham gesiegt, sein Tritojahwe hatte dessen Deuterojahwe überwunden. Der Doppelorden der gnostischen Gynäkokratie wurde nicht mehr symbolisch durch blutige Opfer ausgerottet, der gnostische Androgyn Sophia-Logos wurde in seinem eigenen unblutigen Doppelsakrament dem unipolar-monotheistischen Gotte des agnostischen Hominismus dargebracht. Dadurch wurde seine Niederlage stärker zum Ausdruck gebracht als durch alle blutig-terroristische Schlächterei. Das Sakrament der gnostisch-gynäkokratischen Willensgemeinschaft war durch seine Umdeutung zum Sakrament des Willens zur Verneinung von Sophia und Logos geworden. Die früheren Opferarten waren antiquiert, nachdem ihr eigentlicher Sinn diesen neuen vollkommeneren Ausdruck gefunden hatte. Die Theokratie des mosaischen Hominismus der Kohanim, die dem Deuterojahwe die stellvertretenden blutigen Tieropfer geschlachtet hatte, stürzte zusammen und mit ihr alle auf demselben Opferprinzip beruhenden Sacerdotien der vorapostolischen Welt. Titus hatte mit der Zerstörung des Tempels dem neuen Priesterbunde des apostolischen Jesus gute Dienste geleistet, so daß seitdem die Juden in der Tora zwar ein ausführliches, in Mischna und Talmud kommentiertes Ritual für die blutigen Opfer besitzen, aber keinen Tempel zu Jerusalem mehr, in dem nach der Zentralisierung durch das von Josias publizierte Deuteronomium allein noch Opfer geschlachtet werden durften. Das Volk des Opfers war zum opferlosen Volk geworden. Es ist auch nicht wahrscheinlich, daß es nach dem Aufbau eines vierten Tempels noch einmal den blutigen Opferdienst für den zweiten Jahwe einführen werde. Mit seinem Opferritual sind also auch der Deuterojahwe und sein Gesetzgeber Moses historisch überwunden. Der letzte tragikomische Don Quixote der blutigen Opfer wird also wohl der Kaiser Julian bleiben, den die Griechen verspotteten, weil seine Finger beständig beschmiert seien, wenn nicht mit Tinte dann mit Opferblut, so daß alle Tiere vor dem frommen Obermetzger Reißaus nähmen, wenn sie ihn nur von weitem kommen sähen. Das blutige Opfer des Moses für den zweiten Jahwe ist durch das unblutige des Petrus für den dritten Jahwe ersetzt worden; der Affektmensch Paulus wurde erst spät in den Jesusbund aufgenommen. Der Mittelpunkt des theokratischen Hominismus kann nicht mehr der *mons Moriae* sondern nur noch der *mons Vaticanus* sein. Alle hoministischen Gesellschaftsordnungen der Geschichte haben als hoministische Theokratien begonnen; sie beruhten auf den wider die gnostische Gynäkokratie dem Männergotte dargebrachten Opfern. Für die Einzelnen wie für die Kollektive aber ist das Gesetz ihres Ursprungs auch das ihrer Erhaltung. Jene sich für klug haltenden, hoministisch-antiklerikalen Laien, die nicht über den Ärger des Alltags hinaussehen können und die das unblutige Opfer und mit ihm zugleich — beides ist untrennbar — die theokratische Hierarchie abschaffen wollen, werden einmal zu ihrer Überraschung merken, daß sie sich selbst den hoministischen Ast, auf dem sie sicher zu sitzen glaubten, abgesägt haben.

III. DIE MESSE VON SOPHIA UND LOGOS

A.

Der jede soziale Ordnung auflösende Wahn des agnostischen Ichbewußtseins, daß jedes Individuum sein eigener Hoherpriester, sein eigener König und vor allem sein eigener Narr sei, war der gnostisch-gynäkokratischen Gesellschaftsordnung des sich als zweigeschlechtliche Urmenschheit erscheinenden Einen noch unbekannt. Die naturgegebene geschlechtliche Differenz der Individuen wies diese einer Geschlechtsgemeinschaft zu, und auf dem Verhältnis der beiden Geschlechtergemeinschaften zueinander beruhte das ganze soziologische Leben des sich als zweigeschlechtliche Menschheit bewußt gewordenen Einen. Jedes Individuum wußte sich daher als Glied, sei es des ganzen weiblichen, sei es des ganzen männlichen Leibes des Einen, also nicht schlechthin und allgemein als Glied des „großen Menschen", des Makroanthropos, sondern spezieller und zunächst als Glied des „großen Weibes", der Makrogyné oder als Glied des „großen Mannes", des Makroanér. Der Makroanthropos, der „große Mensch", aber ist die androgyne Einheit des Einen als Makrogyné und Makroanér. So modifiziert ist die Vorstellung von der Gesellschaft als eines Makroanthropos nicht eine Erfindung Platons, sondern eine Wiederentdeckung der soziologischen Urintuition der gnostischen ersten Menschheit. Wie nun die einzelnen weiblichen und männlichen Individuen aus *caput* und *corpus*, aus Haupt und Gliedern, bestehen, so besteht auch das „große Weib" und der „große Mann" aus *caput et corpus*. Das soziologische *caput*, der Träger des Bewußtseins des weiblichen Geschlechtes, aber war der gnostische weibliche Orden der Sophia, und das *caput* des männlichen Geschlechtes war der gnostische männliche Orden des Logos. Wie also auf der Hierarchie des Kopfes *(caput)*, des Bewußtseins über den Leib *(corpus)*, die Ordnung des Individuums beruhte, so beruhte die Ordnung innerhalb der beiden einzelnen Geschlechter auf der Hierarchie des Ordens von Sophia über die weiblichen und auf der des Logos über die männlichen Laien. Der Primat des Ordens der Sophia über den des Logos aber beruhte darauf, daß das Eine in seiner weiblichen Potenz als der gebärenden das unmittelbare und direkte Bewußtsein von seinem Willen zur gnostischen Leibwerdung als des Telos seines Erscheinungsdaseins besaß. Insofern nun das Eine auch in dem männlichen Logosorden dieses Telos begriff, mußte auch dieser die gnostische Gynäkokratie fordern, so daß also das sich selbst unter der teleologischen Idee des Makroanthropos vorstellende Eine sich soziologisch als gnostisch-gynäkokratischen Androgyn oder gnostisch-gynäkokratischen Gynander anschauen mußte. Sophia ist also das urbildliche Symbol der weiblichen Potenz des Absoluten, insofern es in dieser zum onto-teleologischen Bewußtsein seiner selbst gekommen ist; der Logos ist ebenso das Ur- und Zielbild der zum gnostischen Identitätsbewußtsein erwachten männlichen Potenz des Einen. Sophia ist mithin die teleologische Idee, in der das ganze weibliche Geschlecht seine geistige kollektive Einheit findet; der Logos ist die Idee, in welcher die männlichen Individuationen des Einen ihren gemeinsamen teleologischen Sinn erkennen. Die gnostische Gynäkokratie war also die soziologische Voraussetzung für die gnostische weibliche und die gnostische männliche Leibwerdung des Einen. Von dem seines Telos im Doppelorden bewußt gewordenen Einen strömte sein Wille zur gnostischen Leibwerdung in den männlichen und weiblichen Laienstand ein und verband *caput* und *corpus*, die beiden soziologischen Pole eines jeden der zwei Geschlechter zu einer untrennbaren hierarchischen gnostischen Willenseinheit und Solidarität. Wie aber in der Arbeitsteilung des einzelnen menschlichen Leibes das Haupt für die Theoria und der übrige Körper für die Praxis bestimmt ist, so war auch in dem soziologischen Leibe der Urmenschheit das Leben des Doppelordens von Sophia-Logos eine *vita contemplativa* und das der keinem der beiden Orden angehörigen Laien eine *vita activa*. Die *vita theoretica et contemplativa* setzte die Ehelosigkeit voraus; die *vita activa* war das Leben der in *unio gnostica* verbundenen Laien, deren gnostisch begabte Kinder den Nachwuchs des Doppelordens bildeten. Als Existenzform des geistigen Lebens des Einen ist die Virginität ebenso alt wie die praktische Existenzform der Ehe. Denn auf diesem Doppelorden, vor allem natürlich auf dessen weiblicher Dominante, dem Orden der Sophia, lag mehr als die Verantwortung für eine einzelne Familie, in ihm lebte das Gewissen für die gnostische Zukunft der ganzen Gattung des *Homo sapiens sive gnosticus*, in der das Eine zum Bewußtsein seiner selbst erwacht war. Auf diesem Bewußtsein beruhte die Einzigkeit dieser neu in die Erscheinung getretenen Gattung, die sich dadurch von allen vorausgegangenen Lebewesen unterschied; auf dieses Bewußtsein vom gnostischen Telos der Erscheinungswelt allein kann der Mensch seinen Anspruch auf die Herrschaft über alle unter ihm stehenden Wesen moralisch rechtfertigen, wie auch in diesem Wissen allein zugleich die Garantie gegen einen Mißbrauch seiner Überlegenheit enthalten ist. Denn intuitiv erkannte das Eine in seinem phänomenalen Dasein sich selbst als das in Subjekt und Objekt identische Metaphänomenale oder als das sein Erscheinungsdasein transzendierende absolut Reale. Sich selbst als das einzige Seiende in der Welt als seinem Abbilde erkennend, im Symbol der Zeit seine überzeitliche Ewigkeit, im Symbol des Raumes die Unbegrenzbarkeit seiner Erscheinungsmöglichkeiten, in den symbolischen Kräften der relativen erscheinenden Dinge seine absolute Dynamik und Allmacht, so schaut es im Symbol der Untrennbarkeit von Subjekt und Objekt seine absolute Identität und schließlich in seiner symbolischen Spaltung in zwei Potenzen seine androgyne Natur an. Wegen dieser androgynen Natur des Einen, wegen dieser *coincidentia oppositorum*, nannte die Weisheit der gnostischen Nonnen der Urzeit das Absolute den *ewigen* Androgyn, das Urbild des zeitlichen Androgyns, welchen letzteren die gnostische Gynäkokratie durch die *Unio gnostica* des in seinen zwei zeitlichen Potenzen zum gnostischen Bewußtsein gekommenen Einen als in seinem Abbilde verwirklichen wollte. Es ist aber klar, daß sich das Absolute so nur in Bezug auf seine Erscheinungswelt intuierte; was es ohne diese Relation aber an sich ist, als *natura nec creans nec creata* (als nichtgeschaffene und nicht schaffende Natur), als das *Nihil positivum*, von dem der Areopagit in der *Theologia negativa* und *Scotus Eriugena* in „*De divisione naturae*" sprechen, so mußten sich auch die intuitiven Nonnen der Sophia mit dem bloßen „Daß" zufrieden geben und auf das „Was"? die Antwort schuldig bleiben. Reden also auch wir mit ihnen nur von der *natura creans et non creata* (von der schaffenden und ungeschaffenen Natur des Eriugena) und von dem Telos ihres Erscheinungsdaseins, nämlich ihrer gnostischen Leibwerdung.

Denn auch die Menschheit des gnostisch-gynäkokratischen Zeitalters, welches als das „goldene" oder als das „Paradies" in der Erinnerung der Nachkommen blieb, sollte kein Ende, sondern nur ein Anfang sein, nur der erste Schritt des Einen zu seinem Endziele. Der kontemplative Orden der Sophia, durch den das Eine das allgemeine Telos seiner ganzen Erscheinungswelt offenbarte, mußte daher auch in dem speziellen Sinne prophetisch sein, daß er die eschatologische Verwirklichung der gnostischen Leibwerdung in der irdischen Menschheit voraussagte; dieser kontemplative Orden der Sophia war auch ein Orden von Prophetinnen, der ältesten gnostischen Sibyllen. Religiös-soziologisch hat er die Menschheit in den beiden gnostisch-gynäkokratischen Ursymbolen geeinigt, in denen das Telos der Menschwerdung des Einen, seine gnostische Leibwerdung, ausgesprochen war: dem Symbol des gnostischen Androgyns und dem Symbol von der Mutter, die ihren Sohn als Kind im Schoße trägt oder an der Brust hält, dem eine so große Zukunft durch die christliche Kunst bestimmt war. Beide Ursymbole werden zunächst ihre Bedeutung für die *vita activa* der Laienwelt gehabt haben. Denn das eine ist die Hieroglyphe für die gnostisch-gynäkokratische monogame Ehe und ihrer *Unio gnostica*, die als das Abbild der ewigen *Unio* von Sophia und Logos gedacht wurde; das andere ist der Ausdruck für das gnostische Matriarchat des ersten Äons, das ebenfalls als das Abbild des matriarchalen Verhältnisses von Sophia und Logos, der beiden ewigen Potenzen des Einen, vorgestellt wurde. Beide Ursymbole sprechen also sich ergänzend das Telos der vergeistigten Leibwerdung des sich erscheinenden Einen aus. Aber auch für den ehelosen Doppelorden haben beide Ursymbole auf der geistigen Ebene ihre soziologisch-religiöse Gültigkeit. Der gnostische Gynander spricht unübertrefflich die geistige oder gnostische Einheit des männlichen und des weiblichen Ordens aus; und in dem Symbol von der Sophia mit ihrem Logoskinde erkennt und bejaht der gnostisch-gynäkokratische Männerorden seinen Ursprung aus dem Jungfrauenorden der Sophia. Durch den gnostischen Frauenorden des Einen war also die zweigeschlechtliche Urmenschheit zu einer einzigen religiösen Ziel- und Willensgemeinschaft verschmolzen; denn unter Religion verstehen wir die Bindung des menschlichen Willens an ein als Sinn der menschlichen Existenz erkanntes letztes Ziel, welches man *causa finalis* oder als hypostasierte Idee „Gott" nennt. In den gnostisch-gynäkokratischen Frauenorden der Urzeit nun war dem Einen die gnostische Leibwerdung seiner ihm immanenten beiden ewigen Potenzen Sophia und Logos als das Telos seines phänomenalen Erscheinungsdaseins gnostisch-intuitiv bewußt geworden; es hatte also in dem gnostisch-gynäkokratischen Androgyn, sei es unter der Form der *Unio* der beiden Potenzen, sei es unter der Gestalt ihres Nebeneinanderseins als Mutter und Sohn, die ewige Idee seines zeitlich-dynamischen Prozesses ausgesprochen. Jede religiöse Willensgemeinschaft ist notwendig eine Kultgemeinschaft. Alle Kultgemeinschaften aber beruhen auf der gemeinsamen, auch von symbolischen Gesten begleiteten Anbetung ihres Kultgottes, d.h. auf der Bejahung derselben hypostasierten teleologischen Idee; die Anbetung ist also das Gelöbnis eines jeden einzelnen Bundesmitgliedes, seine ganze Existenz in den Dienst der Verwirklichung dieser Idee zu stellen. Das zweite wesentliche Element einer Kultgemeinschaft ist das religiöse Mahl, durch dessen gemeinsamen Genuß alle sich als eine Willenseinheit von Bundes-Genossen symbolisch bekennen; denn die Annahme der Bundesspeise ist der symbolische Ausdruck des Gelöbnisses, den eigenen Willen und alle geistigen und leiblichen Kräfte der Verwirklichung der Idee des Bundes zu opfern. Die gnostisch-gynäkokratische Urliturgie oder Urmesse von Sophia und Logos kann weder ein reales blutiges noch ein symbolisch-unblutiges Opfer gewesen sein. Der Gedanke, sein Telos, nämlich individuell oder kollektiv ein gnostisch androgynes *caput et corpus* zu werden, durch das Schlachten von menschlichen oder tierischen Nichtichen für den gnostischen Androgyn Sophia-Logos zu erreichen, wäre für das Eine auf der Stufe seines Identitätsbewußtseins in der Urmenschheit einfach undenkbar gewesen. Nicht durch Stellvertretung, sondern nur durch die Selbsttätigkeit des eigenen Bewußtseins und Willens konnte das Eine seine gnostische Leibwerdung verwirklichen, zu der es sich durch den gnostischen Trieb gezwungen fühlte. Daher wird die Urmesse oder die Urliturgie von Sophia und Logos aus zwei Teilen bestanden haben. Erstens aus dem *Exercitium spirituale sive gnosticum*, der Besinnung und Konzentration des Einen in seinem Doppelorden auf die individuelle und kollektiv-soziologische Leibwerdung seiner beiden ewigen Potenzen im zeitlichen *corpus mysti-*

cum der ewigen Sophia und dem zeitlichen *corpus mysticum* ihres Sohnes, des ewigen Logos. Nach dieser innerlichen kontemplativen Vorbereitung der einzelnen und dem gemeinsamen Bekenntnis des gesprochenen Wortes, also nach dem ersten Teil der Urmesse von Sophia und Logos, folgte in deren zweitem die öffentliche sakramentale Eidesleistung durch das liturgische Mahl, das die beiden Hälften des Doppelordens einander reichten. Indem nämlich der Orden der gnostischen Sophia das männliche Sakrament annahm, gelobte er damit sein Leben der Idee des gnostischen Logosordens zu weihen, und umgekehrt versprach dieser durch die Annahme des weiblichen Sakramentes für die Verwirklichung der Idee des Ordens der gnostischen Sophia leben zu wollen. Durch das Doppelsakrament gelobten also die beiden Potenzen einander die zeitliche Verwirklichung des absoluten Telos, nämlich die gnostische Leibwerdung des Einen zu verwirklichen. So verschmolz der Doppelorden zur androgynen Willenseinheit der gnostischen Gynäkokratie; während durch den Genuß ihres eigenen Einzelsakramentes jede Hälfte des Doppelordens den sakramentalen Eid auf ihr besonderes gnostisches Telos ablegte.

B.

Die Menschheit des gnostisch-gynäkokratischen Äons hatte noch keine dialektisch-dramatische Geschichte, sondern lebte dialogisch-idyllisch in der gnostisch-phänomenalen Intuition ein goldenes Zeitalter des inneren und äußeren Friedens. Aber die im Geiste der Urmenschheit synthetisch vereinigten Bewußtseinselemente, das empirisch-phänomenale Ich-Nichtichbewußtsein des Einen und sein gnostisch-metaphänomenales Identitätsbewußtsein, traten einmal in der Zeit in dialektischem Widerspruche auseinander. Dieser Bewußtseinsgegensatz war die Voraussetzung des mit dem zweiten Äon beginnenden Geschlechterkampfes; denn als der Träger der antithetischen Negation des gnostischen Bewußtseins und Willens erschien die männliche Potenz. War der erste oder weibliche Äon ein Zeitalter der Monas gewesen, in dem das phänomenale Bewußtsein des Einen von seinem metaphänomenalen Identitätsbewußtsein noch ungetrennt war, so wurde der zweite oder hoministische Äon zum Zeitalter der Dyas, indem der Egoismus der männlichen Potenz theoretisch und praktisch das Identitätsprinzip verneinte. In dem neuen Menschheitsäon der Zwie-tracht, welcher den der Ein-tracht ablöste, wurde nicht nur der gnostische Androgyn auseinandergerissen sondern es fielen auch alle Individuen desselben Geschlechtes in egozentrische Atome auseinander. Jeder Versuch aber, eine empirische Scheineinheit durch die Vergewaltigung des Willens eines Objekts durch den eines Subjekts ohne metaphänomenale Bewußtseinsbasis herzustellen, muß scheitern und die

Pseudoeinheit im nächsten Augenblick wieder auseinanderfallen. So ist die ganze Geschichte des zweiten Äons ein Kampf des männlichen Geschlechtes gegen eine mögliche Wiederherstellung der gnostischen Gynäkokratie; um diesen chaotischen Zustand psychologisch und soziologisch zu erhalten, mußte der gnostische Trieb im weiblichen Geschlecht erstickt und auch dieses zu dem egoistisch-phänomenalen Bewußtsein des männlichen extrovertiert werden. Dadurch wurden die beiden Potenzen des Einen, die einmal Sophia und Logos geheißen haben, durch den Hominismus zu Moros *(stultus)* und Moria *(stultitia)*; an die Stelle der gnostischen Leibwerdung des Einen durch die *unio gnostica* von Sophia und Logos aber hatte der Hominismus die agnostisch ichbewußte Leibwerdung des Einen durch die *unio agnostica* von Moria und Moros als das neue Telos der Erscheinungswelt gesetzt. War die religiöse Basis der gnostischen Gynäkokratie der gnostisch-androgyne Liebesgott gewesen, so wurde das Fundament der neuen antithetisch-männlichen Religion der unipolar-egozentrisch-solipsistische Machtgott des hoministischen Urmonotheismus. In seiner Idee hatte sich der antignostische Egoismus der männlichen Potenz verabsolutiert, um seinen Machtanspruch zu begründen; in seiner Idee, die eine reine Negation war, sollte das ganze männliche Geschlecht zum Sturze der gnostischen Gynäkokratie vereinigt werden. Die Priester dieses neuen destruktiv-solipsistischen Gottes — wir nannten ihn den Urjahwe — erfanden für ihn eine neue, sein wahres Wesen offenbarende Kultform. Sie setzten an die Stelle der geistigen Urmesse der gnostischen Gynäkokratie die hoministische Urmesse, die eine blutige Opfermesse für den Gott des hoministischen Grauens war. Das diesem dargebrachte Opferobjekt war, wie wir gesehen haben, stets dasselbe, nämlich die gnostische Gynäkokratie von Sophia und Logos, und zwar ebensosehr in ihrem ideellen Sein wie in einer möglichen phänomenalen Existenzform; ja sogar in ihrer einmal verwirklicht gewesenen wurde sie retrospektiv dem Männergotte permanent liturgisch geopfert, d. h. vom hoministischen Willen als sein Sündenfall bereut und gesühnt.

Es ist dieselbe gnostische Gynäkokratie mit ihrem Doppelorden, welche sowohl durch die blutige Opfermesse von Menschen und Tieren wie durch die unblutige Opfermesse von Brot und Wein symbolisch vernichtet, d. h. verneint wird. Aus der Tatsache aber, daß der Melchisedekbund das Doppelsakrament des gnostischen Doppelordens, das Brot der Sophia und den Wein des Logos, besaß, dürften wir schließen, daß er selbst ein zum hoministischen Jahwe abgefallener, ehemals gnostisch-gynäkokratischer Doppelorden war. In seiner alten Gestalt war er zerstört worden, um in jahweisierter Form wieder zu erstehen. Sein Schicksal mußte auch das seiner beiden Kultgötter sei. Nicht nur der Logos, der als gnostisch-gynäkokratischer vernichtet war, erstand als der Logos Jahwes, sondern auch die frühere gnostische Sophia der weiblichen Hälfte des Doppelordens erwachte als jahweisierte Sophia nach ihrem Untergange zu einem neuen Leben. Die aus der Konvertitenpsychologie bekannte Haß-Liebe des Abtrünnigen zu der alten Religion hatte dieses Wunder zustande gebracht, durch welches die beiden Kultgestalten zugleich bejaht und verneint wurden. Den Kultmythus des treugebliebenen gnostisch-gynäkokratischen Doppelordens, welcher in der Zeit der großen Verfolgung zu keiner projahwistischen Konzession bereit gewesen war, mußte der apostatische mit einem jahwistisch-hoministischen Gegenmythus bekämpfen; es war die Dialektik von zwei feindlichen Brüdern, die derselben Mutter, dem gnostisch-gynäkokratischen Urorden von Sophia und Logos, entstammt waren. Wie gegen den reinen Sophianismus aber mußte sich der melchisedekische Doppelbund zugleich dialektisch auch gegen den reinen Jahwismus wehren, aber weder den einen noch den andern konnte er von der Fiktion überzeugen, daß Sophia und Logos, der Androgyn des gnostisch-gynäkokratischen Doppelordens, die *Mater dolorosa* und der *Logos passus et sepultus,* sich als unschuldige und trotzdem mit allen Sünden der gnostischen Gynäkokratie beladene Sühnopfer freiwillig für Jahwe geopfert hätten und nicht vielmehr als die für die gnostische Gynäkokratie verantwortlichen und schuldigen Götter bestraft worden seien. Auch Paradoxe können eine Grenze überschreiten, hinter der das Absurde liegt. Man könnte meinen, diese der Haß-Liebe entsprungene Fiktion sei ein Versuch gewesen, heimlich und ironisch die gnostische Gynäkokratie in den Jahwismus einzuschwärzen, um ihn zu unterminieren: aber an dem hoministischen Ernst des melchisedekischen und des apostolischen Männerbundes kann nicht gezweifelt werden. Im ganzen ist dieser Mythus ein ebenso hybrides und unklares Gebilde wie es der hominisierte Doppelbund selbst war: er ist eine zweideutige und deshalb für die Massen geheimnisvoll anziehende Hieroglyphe, welche den apostatischen Ursprung und Charakter des melchisedekischen Bundes verrät; aber dieser birgt auch in sich — und darin liegt seine eigentliche historische Bedeutung — eine Revolution, zwar nicht gegen die hoministische Opferidee überhaupt, aber wenigstens gegen den bisher üblichen blutigen Opferritus des Hominismus und seine blutigen Sakramente. Beides aber verdankt der religiöse Hominismus der gnostisch-gynäkokratischen Urmesse, von der er es, um es mit Zurückhaltung zu sagen, ohne Quellenangabe entlehnt hat. Doch jede hoministische Religion hat ein Interesse daran, die Spuren ihrer Herkunft zu verwischen; *la recherche de la paternité* — in unserem Falle also *de la maternité — est interdite.*

Der Melchisedekbund hat uns durch sein Doppelsakrament das Opfergeheimnis des Hominismus deutlicher verraten als es die Menschen- und Tieropfer allein gekonnt hätten. Da aber nun das apostolische Opfer nur das „von den Dächern gepredigte" Opfer des melchisedekischen Geheimbundes ist, so wird es auch durch dieses erklärt. Notwendig waren die beiden Substanzen einmal die Symbole der zwei androgyn verbundenen Potenzen des Einen gewesen, ehe sie beide zusammen als Symbole für nur eine einzelne Potenz verwendet wurden; aber diese Reduktion ist eine bewußte Willkür. Da die beiden korrelativen Potenzen des Einen nur durch das abstrahierende Denken geschieden werden können, während sie für das konkrete eine untrennbare Einheit bilden, so schloß das symbolisch dargestellte Schicksal der einen notwendig auch das der andern in sich. Waren also beide Symbole auf eine einzige Potenz bezogen, so war diese in Wahrheit keine einzelne Potenz mehr, sie wurde vielmehr bewußt oder unbewußt androgyn gedacht. Die Opferung der einen Potenz, die des gnostischen Logos, schloß also notwendig zugleich die der andern, die der gnostischen Sophia, in sich ein. Das Schicksal des gnostischen Androgyns konnte also *sub specie Sophiae* oder *sub specie Verbi* dargestellt werden; *implicite* schloß die Verneinung oder Tötung der einen Potenz die der andern in sich ein. Eine jede wurde als *pars pro toto* zum Symbol des ganzen androgynen Pleromas, aus dem allein sie verstanden werden kann. Auch in der apostolischen Messe wurde daher, wie in der melchisedekischen, in Brot und Wein dem solipsistisch-unipolaren Jahwe der ganze Androgyn, d. h. die Idee der gnostischen Gynäkokratie, geopfert. Trotz aller Enthüllungen mußte indessen dieses letzte Geheimnis für die Exoteriker verschleiert bleiben; denn eine Religion, die alle ihre Geheimnisse enthüllte, wäre keine Religion mehr sondern eine Profanation. Enthüllung und Verhüllung sind für jede hoministische Religion korrelative Notwendigkeiten. So fand in der apostolischen Messe die Opferidee des hoministischen Äons ihren letzten und endgültigen Ausdruck. Man lasse sich durch affektbestimmte und affektbestimmende mythisch-symbolische Interpretationskünste nicht von dem eigentlichen esoterischen Kern der Sache ablenken: in den Symbolen von Brot und Wein wurde der gnostisch-gynäkokratische Androgyn und in ihm seine Gesellschaftsordnung dem unipolaren Gott des hoministischen Urmonotheismus, also dem Ur-Jahwe, als versöhnendes Opfer dargebracht und die sakramentale Willensgemeinschaft vereinigte alle, die den Kampf gegen eine mögliche Wiederauferstehung des gnostischen Androgyns zu führen entschlossen waren. Der gekreuzigte Logos und die neben dem Marterholze stehende Sophia dolorosa, welcher Jahwe die sieben Schwerter ins Herz hatte stoßen lassen, sind das androgyne Doppelsymbol des durch den Urjahwe vernichteten gnostischen Äon; das *Consumatum est*, das *Tetélestai*, das „Es ist vollbracht" war das letzte Wort des sterbenden gnostisch-gynäkokratischen Zeitalters.

C.

Durch die antignostisch-hoministische Verneinung wurde das Eine in seiner weiblichen Potenz zu einer vertieften Konzentration auf sich selbst und damit auf den Sinn seiner Erscheinungsexistenz gezwungen. Die Möglichkeit des dialektischen Widerspruches war durch die Subjekt-Objekt-Spaltung des Einen und durch seine Differenzierung in zwei Potenzen gesetzt. Aber es verneint und verliert sich nur wie in einem Spiel, um sich desto selbstbewußter in seiner Erscheinung wiederzufinden und die Negation negieren zu können; die positive Thesis ist immer stärker als die sie verneinende Antithesis. Doch tausend Jahre sind ihm dabei nur wie ein Tag und hundert Generationen des antignostischen Widerspruchs soviel wie eine einzige. Diese Erkenntnis liegt den gnostisch-gynäkokratischen Apokalypsen zugrunde. Sie enthalten in mythisch-symbolischer Sprache das geistige Testament, das die untergehende gnostisch-gynäkokratische Menschheit am Ende des ersten Äons hinterlassen hat und bezeugen die Tiefe und Weite ihres Bewußtseins. Wer die Urmenschheit verstehen will, muß von diesen ihren originalen Dokumenten und nicht von tendenziösen hoministisch-evolutionistischen Konstruktionen ausgehen. Denn diese Apokalypsen faßten, wie in einem Kompendium, die Summa nicht nur der gnostisch-philosophischen Weisheit sondern auch das historisch-soziologische Wissen einer untergehenden Menschheitsepoche zusammen, um es in den heraufziehenden Äon des barbarischen oder zivilisierten agnostischen Hominismus hinüberzuretten. Es sind jene Mythen, die man gewöhnlich als die vom sterbenden und wiederauferstehenden Gott bezeichnet. Entstanden in der Not der blutigen Verfolgungen durch den unipolar-hoministischen Monotheismus, haben sie dennoch eine zeitlich-ewige Bedeutung für den dynamisch-dialektischen Prozeß der Bewußtwerdung des Absoluten. Während die überwiegende Mehrzahl aller Mythen durch ihre männliche Denkungsart ihren männlichen Ursprung bezeugen, umgibt diese Gattung von Mythen, auch noch in ihrer späteren Hominisierung, eine so unzerstörbare spezifisch weibliche Atmosphäre, daß ihre Herkunft unzweifelhaft ist und wohl auch noch von niemandem bestritten wurde; man muß sie von der großen Masse der männlichen Mythen als weibliche absondern. Alle diese gnostisch-weiblichen Mythen von göttlichen

Liebespaaren gehören weiblichen Kultgemeinschaften an. Es sind, um nur an die allgemein bekannten zu erinnern, die Mythen von Ischtar und Tammuz, von Astarte und Adonis, von Persephone und Dionysos, von Rhea und Attis und, der wichtigste von allen, der Mythus der hebräischen Frauen, der von der Ur-Mirjam und ihrem Sohn-Geliebten, dem Ur-Jeschua. Die männliche Hälfte dieser mythischen Androgynen, die der geistig aktiveren weiblichen meistens nicht ganz gleichwertig und ebenbürtig ist, wird durch eine dem Androgyn feindselige dritte Person getötet; die isolierte weibliche Hälfte irrt umher, bis sie den Toten wieder erweckt und aufs neue mit ihm in der *unio gnostica* des *hieròs gámos* wiedervereinigt ist. Die hoministischen Entstellungen der mythischen Urform interessieren uns hier so wenig wie die hoministischen Interpretationen dieser Entstellungen vom Altertum bis in die Gegenwart; sie verraten nur, welche Mühe sich die männliche Sophistik gab, um diese, den agnostischen Hominismus allerdings in seinem Wesen verneinende, weibliche Theologie unschädlich zu machen.

Doch nicht die Schilderung des Unterganges der gnostischen Gynäkokratie durch den unipolaren Monotheismus und seine Opfererkaste, sondern die Verkündigung ihrer Wiederauferstehung ist der positive Inhalt dieser prähistorischen, beim geistigen Zusammenbruche der ältesten Menschheit geoffenbarten weiblichen Apokalypsen. Die gnostischen Ursibyllen, aus denen das sich in ihnen erkennende Eine sprach, wußten, daß nie durch die hoministische Antithese die Idee der gnostischen Leibwerdung des Einen, welche die *prima et finalis causa* seiner Erscheinungswelt ist, aufgehoben werden kann, sondern nur durch das Nichtmehr-sein des Absoluten selbst, womit allerdings auch die Erscheinungswelt selbst zum Nihil würde. Ist diese aber durch das in ihr erscheinende Eine und Absolute selbst eine Einheit, so kann sie auch nur ein einziges absolutes Telos haben. Die Apokalypse, der Kultmythus oder *hieros logos* des prähistorischen *hebräischen* Doppelordens, auf den wir uns hier beschränken wollen, entwickelte nun in mythisch-symbolischer Sprache den dialektischen Sieg der gnostisch-gynäkokratischen Thesis über die antignostisch-hoministische Antithesis. Dieser dialektische Sieg wird aber nicht nur auf der Ebene der Idee errungen sondern zugleich auf der empirisch-historischen; denn die obere Welt spiegelt sich nach dem Hermes Trismegistos in der unteren — und umgekehrt. Das antithetische Prinzip aber hat seinen symbolischen Ausdruck in dem Gott des unipolaren Urmonotheismus gefunden, also in dem Urjahwe. Die ideelle und zugleich empirisch-historische Dialektik zwischen dem gnostischen Willen des Einen und seinem agnostisch-egoistischen Gegenwillen ist also mythisch die Dialektik zwischen Sophia und Jahwe, der in allen seinen drei Phasen als Symbol des antignostisch-hoministischen Machtwillens mit sich identisch ist. Als negatives Prinzip ist er daher für Sophia auch identisch mit Satan, dem Verneiner, dem ägyptischen Set, dessen Priester den ägyptischen Logos Osiris ebenso rituell zerstückelten, wie die Jahwes den hebräischen Logos Jeschua in prähistorischer Zeit pfählten. Zu den beiden universellen, gnostisch-gynäkokratischen Ursymbolen, dem des gnostischen Androgyns, dem Symbol der beiden in *unio gnostica* vereinten ewigen Potenzen des Absoluten, und dem Symbol des gnostischen Matriarchats, der Sophia mit ihrem Logos-Sohne auf dem Schoße oder an der Brust, schuf der hebräische Doppelorden in der Zeit der großen Verfolgung durch den Protojahwe ein drittes, das den von der weiblichen Apokalypse verkündigten eschatologischen Sieg, den Sieg der Thesis über die Antithesis, den der gnostischen Sophia über den antignostischen Jahwe-Satan versinnbildlichte. Es ist die Virgo-Mater-Sophia, die Gen. 3,15 der Schlange das Haupt zertritt, oder die Apok. c. 12 allen Nachstellungen des hoministisch-jahwistischen Drachens entgehend, den Logos zur Welt bringt, der dann das Untier überwindet. Mit richtigem Instinkt hat die Kirche in der Frau von Gen. 3,15 und in der von Apok. c. 12 dieselbe Person und ebenso in dem Drachen und der Schlange dasselbe Wesen erkannt und beide Stellen im Dogma und in der durch dieses bestimmten Kunst kombiniert. Diese Mater immaculata, die ihren gnostischen Sohn im Arme oder noch im Schoße trägt, und die mit der Sonne bekleidet, mit dem Monde beschuht und dem Sternendiadem der zwölf Tierkreiszeichen gekrönt, die Bestie zertritt, ist natürlich die *Sophia triumphans,* die *mater gloriosa* der gnostisch-gynäkokratischen Apokalypse des hebräischen Frauenordens. Der Drache aber, die geflügelte Schlange, die Krieg gegen sie und ihren gnostisch-matriarchalen Sohn *(semen mulieris)* führt, kann nur das Symbol ihrer Antithese, des jahwistischen Hominismus, sein, der zwar den urzeitlichen Männerorden der Sophia vernichten konnte, aber nicht mehr den neuen, den die androgyne Sophia durch Selbstbefruchtung bereits in ihrem Schoße trägt, der aber nur die Wiedergeburt des ersten sein wird. Unter dem Kopf der Schlange, den sie zertritt, ist offenbar das *caput* des jahwistisch-hoministischen *corpus* zu verstehen, also die Kaste der jahwistischen Opferer, die das *caput* des gnostisch-gynäkokratischen *corpus* der Protoisraeliten, den Doppelorden, zertreten, d. h. vernichtet hatte. Denn ehe sie zum Volke Jahwes wurden, waren die Israeliten ein Volk der Sophia gewesen. In die Kirche aber, müssen wir nach den bisherigen Ausführungen folgern, sind diese jahweisierten sophianischen Elemente weniger aus dem separatistischen Apostelbunde selbst als aus dem Melchisedekbunde, von dem jener sich getrennt hatte, eingeflossen. Die drei Synoptiker haben den großen gnostisch-gynäkokratischen Urmythus der Menschheit, den Mythus von der ewigen Sophia und dem ewigen Logos und den irdischen Schicksalen beider, euhemeristisch auf eine historische Anekdote reduziert; das mythische Denken und Verstehen ist ihnen bereits fremd geworden, so daß sie den Mythus nur noch historisch rationalisiert auffassen konnten. Die johanneischen Schriften, sowohl das Evangelium wie die Apokalypse, stehen trotz aller Anpassung an die Mentalität der Synoptiker dem gnostisch-mythischen Denken des Melchisedekbundes noch wesentlich näher. In dessen theologischem System, der ja selbst aus einem apostasierten gnostisch-gynäkokratischen Doppelorden entstanden war, scheint aber die, wenn auch jahweisierte, Sophia noch eine relative Wichtigkeit besessen zu haben, wie das XII. Kapitel der Apokalypse bezeugt, in dem wir ein vorapostolisches melchisedekisches Theologumenon erblicken müssen. Dagegen ist die Sophia bei den Synoptikern polemisch ihrem Sohne gegenüber zu einer demonstrativen Bedeutungslosigkeit herabgezogen; denn sie denken eher „protestantisch" über Maria als „katholisch". Allerdings darf man nicht vergessen, daß neben dem melchisedekischen Doppelbund auch nach seiner Apostasie der genuine gnostisch-gynäkokratische Doppelorden von Sophia-Mirjam und Logos-Jeschua, also der Urjeschuanismus, noch weiter bestanden haben muß, so daß er auch nach seinem Abfall durch diesen wahrscheinlich noch beeinflußt worden ist. Die spätere Entwicklung der apostolischen Tradition, also der *hoministische* Deuterojeschuanismus, kann ihrerseits ebenfalls aus der weiter überlieferten rein gnostisch-gynäkokratischen Ur-Tradition wie aus der melchisedekischen oder dem *hoministischen* Protojeschuanismus bestimmt worden sein. Aus dem jahweisierten melchisedekischen Kultmythus aber scheint die Empfängnis- und Geburtsgeschichte des Logos bei Lukas und Matthäus zu stammen. Wir glauben in dieser drei Schichten unterscheiden zu können. In der untersten, der gnostisch-gynäkokratischen Urfassung, wird die androgyn gedachte Jungfrau Sophia-Mirjam — „die kosmische Jungfrau" (Kore Kosmu) nennt sie der Trismegistos — den Logos „ohne Mann" durch Selbstbefruchtung empfangen und daher rein parthenogenetisch geboren haben. Die Melchisedekianer jahweisierten sie und machten Jahwe zu ihrem Befruchter, so daß gemäß dem patriarchalen Ehegesetz aus dem Sohn der Mutter der Sohn des Vaters geworden ist; trotzdem behielt der Mythus in seinem zweiten Stadium die Jungfrauschaft des ersten bei. Zu dieser auserwählten Braut Jahwes, deren Mythus ganz unorganisch zwei synoptischen Evangelien vorangestellt ist, tritt der Charakter der dritten Mirjam, wie er sonst bei den Synoptikern erscheint, in völligen Gegensatz: die Göttin Sophia ist zu einer ihrer geistigen

Minderwertigkeit bewußten jüdischen Kleinbürgerin geworden, die in der Synagoge oder der *ecclesia* der Männer schweigt und nur als ein Vorbild für alle jahweisierten Hausmütter dem Sohne dient — allerdings nicht ohne mit gelegentlichem und bescheidenem Widerspruch gegen gewisse Extravaganzen zu protestieren. Symbolisch so ins Kleinmenschliche herabgezogen, büßt die gnostische Sophia die Schuld, die sie als Göttin der gnostischen Gynäkokratie auf sich geladen hatte. Jetzt erkennt sie die *Patria Potestas* über Leben und Tod von Mutter und Sohn an. Sie steht als *lacrimosa et dolorosa* neben dem Kreuz, an dem ihr Sohn als Opfer für den israelitischen Baal Jahwe-Melech hängt, wie die phönikisch-karthagische Sophia Salambo[6] in den Müttern jammerte, wenn ihre Kinder in die Feuerarme des Baal-Moloch gelegt wurden und die barbarische Blechmusik seiner Priester ihre Schreie übertönte. Wie ihr Sohn, der Logos, war nun auch die gnostische Sophia jahweisiert und damit als Pseudo-Sophia wie ihr Sohn als jahweisierter Pseudo-Logos kultfähig geworden, aber, der jahwistischen Geschlechterhierarchie entsprechend, nur als *figlia del tuo figlio* (Dante Par. 33), also ohne selbst ontologische Substanz zu besitzen. Da aber nun die Geschichte der Götter die symbolisch erzählte Geschichte ihrer Gemeinschaften ist, so wird in der Konversion der beiden gnostisch androgyn verbundenen Götter Sophia-Mirjam und Logos-Jeschua die Konvertierung ihres Doppelordens erzählt. Der vorapostolisch-melchisedekische Bund wird also ebenfalls ein Doppelbund des jahweisierten Logos-Jeschua und der jahweisierten Sophia-Mirjam gewesen sein, in dem aber nun natürlich die männliche Hälfte, die ihn gegründet hatte, auch die Führung besaß und die weibliche mehr und mehr in den Hintergrund drängte. Dieser jahwistische Doppelbund bestand daher aus zwei Buß- und Sühnegemeinschaften, einer weiblichen, die der reuigen Maria *dolorosa*, und einer männlichen, der des bestraften Jesus *patiens*, die dem unipolaren Gott des hoministischen Urmonotheismus für die gnostische Gynäkokratie der Menschheit des ersten Äons Genugtuung leisten sollten. Aus diesem Geiste der Reue und Buße des vorapostolischen Doppelbundes sind alle späteren christlichen Männer- und Frauenorden hervorgegangen.

Doch kehren wir von dem abtrünnigen Doppelorden zu dem treugebliebenen zurück, um die Antwort der sophianischen Thesis auf die jahwistische Antithesis zu hören. Die gnostischen Doppelorden hatten in der Zeit ihrer blutigen Ausrottung vor dem neu geoffenbarten unipolaren und solipsistischen Männergott in Dunkelheit und Geheimnis

---

[6] Salambo ist ein Name der Astarte dolorosa, die um ihren getöteten Syzygos Adonis-Tammuz weint. *Vellay*, Le Culte et les Fêtes d'Adonis-Tammuz, Annales du Musée Guimet 1904, p. 67.

flüchten müssen, um die nun proskribierte Urreligion der Menschheit, die des gnostischen Androgyns, zu retten, welche damit zu einer „Mysterienreligion" wurde. Als esoterischer Kultmythus dieser Mysterienbünde, als ihr nur den Eingeweihten mitzuteilender *hieròs lógos*, entstanden in dieser Situation die gnostisch-gynäkokratischen Apokalypsen der Wiederherstellung oder der künftigen Auferstehung des gnostischen Androgyns. Gegen den neuen revolutionären Monotheismus gerichtet, sind sie also durchaus gegenrevolutionär, so daß es allerdings richtig war, sie geheim zu halten, im Notfall sogar sie Uneingeweihten gegenüber hoministisch zu tarnen; in diesem Falle aber war es wichtig, den Schlüssel nicht zu verlieren, da man sonst vor der verschlossenen Türe geblieben wäre. Das Bundesgeheimnis konnte in der Form einer Erzählung, einer dramatischen Handlung oder in einer Synthese von beiden, dem pantomimisch-sakralen Tanz, übermittelt werden, den die „heilige Rede", der Kultmythus, kommentierte. Auf alle Fälle aber hatte, wie es scheint, das Urdrama bei allen Völkern, unter denen es entstand, denselben Charakter, Ursprung und Inhalt. Es war ein sakrales Mysterienspiel, d. h. nur für die Eingeweihten einer geheimen und verbotenen Religion bestimmt und konnte deshalb nur von Eingeweihten des Geheimbundes gedichtet und aufgeführt werden. Sein Inhalt war die im Kultmythus symbolisch erzählte Geheimlehre des Bundes; sein Zweck aber war nicht *l'art pour l'art*, sondern eine suggestive Steigerung des Bundeswillens zum gnostischen Bundesziel. Alle griechischen Mysterienbünde hatten noch in spätester Zeit ihre symbolischen, in prähistorischer Zeit entstandenen Mysterienspiele als Kultuselemente bewahrt, wie sehr sich im übrigen auch die Mysterien durch ihre Hominisierung innerlich und äußerlich umgestaltet hatten. Wir möchten annehmen, daß auch die letzte Wurzel des Hohen Liedes, das trotz seiner Entstellung und Zerfetzung den mythologischen und dramatischen Ursprung immer noch erkennen läßt, in einem gnostisch-gynäkokratischen Mysterienspiel der urisraelitischen Stämme zu suchen ist. Vielleicht sind übrigens das ausgesprochene Bilderverbot und ein ungeschriebenes Dramenverbot bei den späteren Israeliten darauf zurückzuführen, daß diese beiden religiösen Ausdrucksformen deshalb proskribiert werden mußten, weil bildende Kunst und Drama in der Vorstellung des konzessionslosen Jahwismus mit der gnostischen Gynäkokratie als deren sakrale Ausdrucksformen so untrenbar verbunden waren, daß, wenn der Herzog fallen sollte, notwendig auch sein Mantel mitfallen mußte. Wie alle Apokalypsen aber auf eine erste Urapokalypse zurückgehen werden, so wird man auch die Mysteriendramen auf ein wohl gemeinsam mit jenen entstandenes Urdrama zurückführen müssen. Versuchen wir in knappen Zügen den Gang der apokalyptischen „heiligen Rede", des *hieròs lógos*, und des apokalyptischen Dramas zu skizzieren. Der erste Akt oder die erste Handlung des heiligen Spieles von Sophia und Logos, stellte das in der gnostischen Intuition des Einen lebende goldene Zeitalter dar, also die gnostische Gynäkokratie der Urzeit; dieser erste Teil war offenbar die Urform des *idyllischen* Dramas, eine Art von mystischem Schäfer- und Hirtenspiel und zeigte das gnostische Liebesleben der beiden androgyn verbundenen Potenzen des Einen. Die zweite Handlung war die *Urtragödie*. Hier wurde die Passio von Sophia und Logos den Zuschauern vor Augen geführt und der Untergang der gnostischen Gynäkokratie durch den dialektischen Gegenspieler des Androgyns, nämlich den neuen agnostisch-ichbewußten und also unipolaren Gott des Hominismus; in dem geheimen heiligen Drama des hebräischen Doppelordens muß er Jahwe-Satan geheißen haben. Die dritte Handlung des sakralen Urdramas, die den Sieg der Thesis des gnostischen Ichbewußtseins des Einen über die Antithesis seines agnostischen Ichbewußtseins darstellte, war die *Urkomödie*; denn nach Dante ist die Commedia ein Stück mit erfreulichem Ausgang. Sie führte den Eingeweihten die Vernichtung der satanischen Verneinung durch die in dem Doppelorden von Sophia und Logos wieder auferstandene gnostische Gynäkokratie vor Augen und gab durch die wieder möglich gewordene *Unio gnostica*, den *hieròs gámos* der beiden Potenzen, den Eingeweihten die Gewißheit der künftigen gnostischen Leibwerdung des Einen. In diesem prophetisch-apokalyptischen Teile, in der Komödie, war also das eigentliche Geheimnis des Bundes symbolisch enthüllt. Wie diese *resurrectio* von Sophia und Logos und die Überwindung des negativen Prinzips in dem sakralen Urdrama vor sich ging, ist ungewiß; da aber die wahre Protagonistin des gnostisch-gynäkokratischen Mysterienspiels Sophia ist, wird sie auch hierbei die eigentlich tätige Potenz gewesen sein und der Logos die passive. Wenn in dem ursprünglich sumerischen Epos von der Fahrt Ischtar-Sophias diese in die Unterwelt eindringt und durch ihre Drohungen die Freigabe des Tammuz-Logos erzwingt, so steht diese Version der ältesten Auffassung wohl näher als alle andern, die den Logos aus eigener Kraft oder gar durch den Willen des Vatergottes wieder lebendig werden lassen. Denn diese Versionen wurden erst möglich, als der antithetische Hominismus die androgyne Einheit der beiden Potenzen bereits zerrissen und die männliche Potenz verabsolutiert hatte, so daß nun der männliche Logos, von seiner syzygischen weiblichen Hälfte getrennt, entweder individualistisch-autonom oder als Sohn des unipolaren Männergottes durch dessen Willen wieder auferstand. Es wird aber wohl niemand bestreiten, daß die Urgestalt der gnostisch-gynäkokratischen Apokalypse sich durch Klarheit, Einfachheit, Eindeutigkeit und organische Folgerichtigkeit von ihrer unklaren, zweideutigen und in sich widerspruchsvollen Umgestaltung durch den antithetischen Hominismus unterscheidet und sich dadurch als das Primäre und Ursprüngliche zu erkennen gibt. Die Zurückführung des Logos Tammuz-Jeschua durch die Sophia Ischtar-Mirjam ins Leben bedeutet aber natürlich, daß der gnostisch-weibliche Orden dereinst den durch den Hominismus vernichteten gnostisch-gynäkokratischen Männerorden wiederherstellen werde.

Durch Apokalypse und Drama lernten also die Eingeweihten des Geheimbundes die Geschichte des Einen in der Zeit als seine Bewußtseinsdialektik mit sich selbst verstehen, die mit dem Sieg der gnostisch-gynäkokratischen Thesis über die agnostisch-hoministische Antithesis, mit dem Sieg der gnostischen Idee über die antignostische Gegenidee, enden werde; denn die drei Akte des Dramas und der Apokalypse umfassen drei Menschheitsäone.

Mit den Apokalypsen zusammen hat dann das Priestertum der agnostisch-ichbewußten Männergötter auch das gnostisch-gynäkokratische Mysterienspiel in hoministischem Sinne umgestaltet, d. h. unschädlich gemacht; bis dann das religiös indifferent gewordene und dem phänomenologisch-egoistischen Diesseits verhaftete hoministische Laientum dieses noch priesterlich-religiöse Drama durch die Tragödien und Komödien seines eigenen politischen und sozialen Lebens verdrängte. Oberflächlich betrachtet könnte das individualistisch-laizistische Drama als sozusagen autogen erscheinen; aber es ist entstanden im Widerspruch zu dem priesterlich-hoministischen Mysterienspiel, wie dieses selbst aus der Bekämpfung des gnostisch-gynäkokratischen entstanden war. Diese letzte Schöpfung des weiblichen Äons ist also die Voraussetzung für beide Arten des hoministischen Dramas, und durch das priesterliche steht auch noch das laizisierte in indirektem Zusammenhang mit dem apokalyptischen Urdrama von Sophia und Logos. Will man aber dem gnostisch-gynäkokratischen Mysteriendrama einen konkreten historischen Namen geben, so muß man ihn der jüdischen Theologie entnehmen; denn diese hat nicht nur in ihrer mosaisch-orthodoxen sondern vor allem in ihrer heterodoxen melchisedekisch-apostolischen Form, dann aber auch in ihrer kabbalistischen eine Menge von Vorstellungen und Begriffen aus der Religion des vorhistorischen Doppelordens, wenn auch in jahwistisch hominisierter Gestalt, erhalten und in der ganzen Menschheit verbreitet. Daher nennen wir das gnostisch-gynäkokratische Mysterienspiel, d. h. das nur für die Mysten, das sind die Eingeweihten eines Geheim- oder Mysterienbundes, bestimmte sakrale Urdrama „messianisch" oder, was dasselbe bedeutet „christlich"; denn Messianismus und Christianismus sind bekanntlich nur die hebräische und griechische Bezeichnung für dieselbe Sache. Maschiach oder Christos, d. h. der Gesalbte, war einmal ein Beiname des gnostischen Logos gewesen. Der Logos aber war ursprünglich der Sohn der Sophia. Die Botschaft von seiner künftigen Auferstehung, d. h. der des zerstörten gnostisch-gynäkokratischen Männerordens, kann nur aus dem seiner androgynen Hälfte beraubten Frauenorden der Sophia stammen. Ehe er jahweisiert wurde, war daher der Messianismus, die Verkündigung von dem getöteten und wieder auferstehenden Jeschua Maschiach oder Jesus Christus, die prähistorische Religion des hebräischen Frauenordens gewesen. Nach dieser ihrer historisch-wichtigsten Endgestalt, mit der alle nur lokal verschiedenen Varianten der einen gnostisch-gynäkokratischen Urreligion, die ohne Ausnahme alle die Auferstehung ihres Logos-Messias erwarten, muß man diese Urreligion selbst als weiblichen Messianismus bezeichnen. Der syrische Frauenorden der Sophia erwartete die Auferstehung seiner männlichen Ordenshälfte als die *Resurrectio* ihres Messias-Logos Adonis, der ägyptische als die *Resurrectio* ihres Messias-Logos Osiris, der sumerische Frauenorden als die ihres Messias-Logos Tammuz und der vorhellenische Frauenorden als die ihres Messias-Logos Dionysos, nicht anders als der hebräische Frauenorden der Mirjam-Sophia auf die *Resurrectio* ihres Jeschua Maschiach oder des Jesus Christus hoffte. Für das weibliche Urchristentum der Mirjam dolorosa mußte daher Jahwe, der Gott der hoministischen Antithese und der Ritualmörder des Messias-Christus, notwendig der Antichristus sein; die Auferstehung des Christus in seinem Orden aber wird zum Sieg der Sophia über ihren Gegenspieler in der zeitlichen Dialektik des Einen mit sich selbst. In dem sophianischen Theologumenon aber, das den Messias-Christus in verklärtem Leibe auferstehen läßt, ist symbolisch ausgesprochen, daß nach der ideellen und praktischen Überwindung der negativen Antithese, des Antichristus Jahwe, in dem neuen wieder weiblichen Äon, dem des sophianischen Christentums, das Telos der Erscheinungswelt des Einen, seine gnostisch-pneumatische Leibwerdung, verwirklicht werde.

Der religiöse Kultus ist die Ausdrucksform, durch die eine in dem inneren Willen zu demselben Ziele, als der allgemeinen Bestimmung der Menschheit verbundene Gemeinschaft, dieses Ziel, diese Idee oder diesen Gott auch äußerlich bekennt; der Kultus ist also die äußere Anbetung oder Bejahung desselben Gottes, d. h. derselben hypostasierten teleologischen Idee. Denn die Götter sind die symbolischen Hieroglyphen, in denen das Eine, sowohl auf seiner gnostischen wie agnostischen Bewußtseins- und Willensstufe, den Sinn seines Erscheinungsdaseins ausspricht. Trotz der über den Doppelorden von Sophia und Logos hereingebrochenen Katastrophe blieb auch in der Zeit seiner unterirdischen Katakombenexistenz der Geist der gnostisch-gynäkokratischen Urmesse oder Urliturgie des ersten Äons unverändert derselbe; nur in ihrer äußeren Gestalt wurde die nun verbotene Liturgie durch die Aufnahme des heiligen Dramas ergänzt, in welchem das Secretum oder Arkanum des Geheimbundes in eindeutiger Symbolik ausgesprochen war. Denn der durch die Natur der Sache selbst gegebene Verlauf der ganzen Messe blieb bestehen: die heiligen Symbole des Telos wurden durch deren *Expositio* gezeigt *(tà deiknýmena)*, sie wurden durch den dramatisierten Kultmythus (den *hieròs lógos* oder das *hieròn dróomenon*) erklärt, und schließlich wurde die Messe durch das heilige Mahl der Willensgemeinschaft *(hieròn deípnon)* abgeschlossen. Alle griechischen Mysterienreligionen besaßen noch diese Teile, wenn auch nicht immer in derselben Reihenfolge; wenn aber schließlich mit diesen Mysterienreligionen blutige Opfer verbunden wurden, so beweisen diese allein schon die allgemeine Hominisierung dieser ursprünglich gnostisch-gynäkokratischen Geheimbünde. War schon die Messe von Sophia und Logos im ersten Äon opferlos gewesen, so mußte es die von den ältesten Mysterienbünden gefeierte Messe erst recht sein. Es wäre doch Wahnsinn gewesen, eine Zeremonie bei sich einzuführen, die gerade von dem terroristischen Hominismus zu ihrer Unterdrückung erfunden worden war, und die wieder aus der Welt zu schaffen ihr eigentliches Interesse sein mußte. Denn jeder wußte, daß in den Menschen-, Tier- und unblutigen Opfern dem neuen Männergotte des agnostischen Ichbewußtseins symbolisch immer nur dasselbe Objekt, nämlich der Androgyn Sophia-Logos, die Idee der gnostischen Gynäkokratie, verneint würde. Mit der Übernahme des blutigen Opferritus oder auch des unblutigen hätte sich daher diese selbst symbolisch vernichtet. Oder hätte sie, den Spieß umkehrend und selbst agnostisch-egoistisch denkend, in der Intention, Jahwe und seinen agnostischen Hominismus zu treffen, diesen dem gnostischen Androgyn schlachten sollen? Aber auf diesen Gedanken konnten Menschen, in denen das Eine zum Bewußtsein seiner metaphänomenalen Identität in Subjekt und Objekt gekommen war, überhaupt nicht verfallen. Sie konnten nur ihr eigenes agnostisches Ich geistig dem höheren zum Opfer bringen und hätten im übrigen mit *Blake* antworten können:

> Our Wars are wars of life, and wounds of love,
> With intellectual spears, and long winged arrows of tought.[7]

Nein, der blutigen Opfermesse des Jahwismus (auch die melchisedekische Opferart ist ja der Sache nach eine Blutmesse, wenn auch unter

---

[7] W. *Blake*, Jerusalem, fol. 34, II, 14-15.

unblutiger Form), stellte der gnostisch-gynäkokratische Mysterienbund die wahrhaft unblutige Messe der Auferstehung des Opfers entgegen, der Messe der *Passio* und des Todes die der *Resurrectio* und des Lebens. Diese messianische Messe der Auferstehung des androgynen Logos ist eine apokalyptisch-religiöse Ironisierung Jahwes und seiner Opferpriester, eine Verhöhnung der Antithesis durch die Thesis. Denn wenn die durch ihre Opferung angeblich getötete Idee wieder lebendig wird, ist auch der hoministische Gott samt seinen Priestern und seinem blutigen Opfergesetz widerlegt.

>Unnütz, unnütz, mich zu hängen!
>Sterben? sterben kann ich nicht!

ruft dann auch, wie Zarathustra, der seit prähistorischer Zeit dem Gotte des Hominismus pausenlos geopferte ewige Logos der Sophia den jahwistischen Opferpriestern zu. Seine eschatologische Auferstehung aber bedeutet das Ende des zweiten Äons und den Anfang des dritten, wie mit seiner Opferung als einer Sühne für die beleidigte Majestas des antignostischen Hominismus der zweite begonnen hatte. Den ganzen hoministischen Äon hindurch aber muß er im Grabe des Vergessenseins liegen, bis er im Bewußtsein des neuen Doppelordens wieder aufersteht als das, was er im ersten Äon war, als die männliche Hälfte des gnostisch-gynäkokratischen Androgyns Sophia-Logos, der beiden ewigen Potenzen des Einen. Die Apokalypse des weiblichen Urchristentums hatte diesen ganzen Äon der Passio und des Todes symbolisch als „drei Tage" bezeichnet; das dem mythischen Denken entfremdete jahweisierte Christentum, das den Mythus der Idee als die Geschichte eines Individuums historisierte, hat auch aus dem einen Äon von drei Tagen folgerichtig drei irdische Tage unter dem Kaiser Tiberius gemacht. Doch schon der vorapostolische Melchisedekbund wird auf ähnliche Weise versucht haben, die weibliche Eschatologie unschädlich zu machen. Für den alten gnostischen Frauenorden konnten das alles aber nur Versuche sein, den Christus der Sophia durch den jahweisierten Antichristus der hoministischen Antithese zu verdrängen; und dessen Opfermesse mußten die gnostischen Frauen als eine gegen ihre eigene messianische Auferstehungsmesse gerichtete Gegenmesse verstehen. Denn in diesen Frauen der Märtyrerzeit lebte das Eine noch in der Intuition vom gnostischen Sinn seiner Erscheinungswelt. Daher konnte in der messianischen Liturgie der Wiederauferstehung von Sophia und Logos die Opferung nicht die Hauptsache sein, sondern nur als Episode commemoriert werden, als die in der Menschheit bereits historisch überwundene Antithese in der Dailektik zwischen dem gnostischen und dem agnostischen Ichbewußtsein des sich erscheinenden Absoluten.

ANHANG

Die Hominisierung des indischen Ur-Buddhismus und des chinesischen Ur-Taoismus

I. DIE HOMINISIERUNG DES INDISCHEN UR-BUDDHISMUS

1.

Wie bei den Völkern im Westen unserer Hemisphäre endete auch bei denen im Osten der zeitlich-dialektische Prozeß des sich in zwei Geschlechtern erscheinenden Absoluten mit dem Siege seines agnostischen Ichbewußtseins über sein gnostisches. Soziologisch-religiös bedeutete das auch hier den Untergang der urzeitlichen gnostischen Gynäkokratie durch die hoministische Gesellschaftsordnung und ihren Kultus der verabsolutierten männlichen Potenz als der *causa et finis* des phänomenologischen Werdens. Daß aber in ganz Zentral- und Ostasien, auf indischem, tibetanischem und chinesischem Boden die prähistorische Menschheit im vorhoministischen Äon gnostisch-matriarchal gelebt hat, das könnte, im Widerspruch gegen alle mythologischen, historischen und institutionellen Traditionen nur noch ein eingewurzeltes hoministisches Vorurteil bestreiten. Auch im Osten aber war, wie im Westen, die Basis dieses vorhoministischen ersten Äons der Doppelordens des noumenalen Androgyns Sophia und Logos; die geistige Dominante des Doppelordens aber war dessen weibliche Hälfte, weil das Eine das gnostische Telos seines phänomenalen Geborenwerdens seit Beginn seiner Menschwerdung in seiner weiblichen, gebärenden Potenz intuitiv erkannte.

Die arischen Stämme, die um die Mitte des zweiten Jahrtausends in das Industal eindrangen, hatten ihre gnostisch-gynäkokratische Urzeit hinter sich und kamen jetzt, unter priesterlicher Führung, um die dunkel- und gelbhäutige „drawidische", noch gnostisch-gynäkokratische Urbevölkerung der Halbinsel dem Gesetz des agnostischen Hominismus zu unterwerfen. Diese Priester nannten sich später in Indien die „gottähnlichen Brahmanen". Brahma bedeutet den Gott, der das „Wort", das „brahman", d.h. das Gesetz, besitzt und gibt; der Gott ist in seiner Urgestalt die hypostasierte Idee des patriarchal-hoministischen Gesetzes. Der religiöse Weltkrieg der Geschlechter brach durch die brahmanische Einwanderung endlich auch in Indien aus, nachdem sich bei den wichtigsten Völkern der Erde der agnostisch-patriarchale Hominismus bereits in seiner radikalen (terroristischen) oder gemäßigten (legalisierten) Form durchgesetzt hatte. Wenn aber auch, was wohl wahrscheinlich ist, hoministische Infiltrationen seit den Tagen des vermutlich drawidischen Mohendjodaro im südlichen Indusgebiet oder Harappas im nördlichen, (d. h. also seit etwa 1500 Jahren vor der arisch-brahmanischen Einwanderung) in einzelne Gegenden des riesigen indischen Territoriums stattgefunden hatten, so haben dennoch die gelb- und dunkelhäutigen „drawidischen" und „kuschitischen" Stämme den hoministischen arischen Eindringlingen entschlossenen und gefährlichen Widerstand geleistet, um ihre gnostisch-gynäkokratische Gesellschaftsordnung, die aus der Urzeit des Menschengeschlechtes stammte, zu retten.

Doch auch für die Stämme Indiens hatte die Weltuhr die Stunde des zweiten Äons geschlagen. Wie der patriarchale Hominismus überhaupt, beruhte auch der brahmanische auf der schwarzen Magie der blutigen Opfer. Das eigentliche Opferobjekt der Brahmanen war dasselbe wie das aller hoministischen Priesterbünde: die Idee der gnostischen Gynäkokratie. In der ältesten Zeit wurde sie real-symbolisch in ihren wichtigsten menschlichen Repräsentanten, später, als dieser Terror entbehrlich geworden war, wurde sie in den die Menschen ersetzenden Tieren dem unipolaren Männergott als Sühn- und Racheopfer dargebracht. Unbestreitbar aber wird die dämonische Natur des patriarchalen Hominismus durch diesen blutigen Opferrausch bezeugt, vor allem durch das von ihm erfundene Menschenopfer, mit dem er die Erde besudelte und entehrte, und „das in den theoretischen Texten der späteren Zeit mit einer Fülle von Details beschrieben wird" (*v. Glasenapp*). In einem, sicher bei rituellen Menschenopfern rezitierten Hymnus des Rig-veda, den *Deussen*[8] übersetzt hat, wird die Opferung des sogenannten „Urmenschen" Purusha durch die neuen brahmanischen Götter ausführlich erzählt; wegen seiner Wichtigkeit für unser Thema müssen wir ihn näher betrachten. Zunächst ist der Purusha ein androgynes göttliches Wesen. Es heißt von ihm, (Str. 5):

> Aus ihm, dem Purusha, ist die Viraj,
> Aus der Viraj der Purusha geworden.

Die beiden Hälften, aus denen er besteht, die „strahlende" Potenz und die „männliche", sind also gleichzeitig als ein einziges Wesen aus dem Absoluten in Erscheinung getreten. Zweitens ist der Purusha ein, wie

---

[8] *Deussen*, Die Geheimlehre des Veda, Lpz. 1911, S. 8-10. Für *Deussen* ist die Viraj, d. h. die „Strahlende", die Personifikation der Urwasser (Register, s. v.). Diese selbst sind aber nur ein symbolisches Zeichen für die weibliche Urpotenz. Die (gnostisch) „Strahlende", die Viraj, und „der Mann", Purusha — in diesen beiden Namen ist der geistige Primat der weiblichen Potenz im noumenalen Androgyn deutlich ausgesprochen.

ausdrücklich gesagt wird, vorbrahmanischer, also vorhominischer Gott; denn Str. 7 heißt es:

> Als Opfertier ward auf der Streu geweiht
> Der Purusha, *der vorher war entstanden,*
> Den opferten da Götter, Selige
> Und Weise, die sich dort zusammenfanden.

Da nun die androgyne Gottesvorstellung die soziologische und religiöse Signatur der gnostisch-gynäkokratischen Menschheit des ersten Äons überhaupt ist, in dessen Gesetz und Kultus sie geeint war, so ist Viraj-Purusha der brahmanisierte Name für die androgyne Gottheit gewisser gnostisch-gynäkokratischer Stämme der vorarischen Urbevölkerung. Den beiden Hälften des Androgyns aber entsprechen immer die beiden Hälften eines gnostisch-gynäkokratischen Doppelordens. Also war die männliche Hälfte des „dravidischen" Doppelordens der Orden des Logos-Purusha, die weibliche Hälfte des Doppelordens war der Orden der Sophia-Viraj. Wenn nun der androgyne Gott Viraj-Purusha der gnostisch-gynäkokratischen Vorzeit dem Brahma, dem Gotte des neuen agnostisch-hominischen Patriarchats, geopfert wird, so heißt das, was es auch in der analog-symbolischen Priestersprache des Westens bedeutet, nämlich daß der alte androgyne Gott mit seinem Gesetz in seinen Doppelorden geschlachtet wird; denn das Martyrium des Gottes ist stets das Martyrium seiner Kultgemeinde. Bei dem höchst unsentimentalen Charakter des patriarchalen Hominismus darf man wohl annehmen, daß beide, Viraj und Purusha, ursprünglich denselben Opfertod starben und daß es ein „Fortschritt" war, wenn die Viraj als seine androgyne Hälfte in Purusha nur noch symbolisch mitgetötet wurde. Der Passio, welche die aus der gnostisch-gynäkokratischen Urzeit stammenden androgynen Götter des Westens in ihren männlichen Ordenshälften erlitten, der Passio Osiridis, der Passio Dionysi, der Passio Christi, entspricht also im indischen Osten die Passio Purushae. Die vedischen Brahmanen haben offenbar zwei Arten des rituellen Menschenopfers gekannt, die in unsern Hymnus kontaminiert sind. Die eine bestand in der *Verbrennung* des Opfers. Str. 15 heißt es:

> Als Einschlußhölzer dienten ihnen sieben,
> Und dreimal sieben als Brennhölzer da,
> Als, jenes Opfer zurüstend, die Götter
> Banden als Opfertier den Purusha.

Die andere Art bestand in der *Zerstückelung* des Opfers:

> In wieviel Teile ward er umgewandelt,
> Als sie zerstückelten den Purusha? (Str. 11)

Es hat also zwei brahmanische Priesterschulen gegeben, von denen die eine das Menschenopfer durch seine Verbrennung, die andere durch seine Zerstückelung vollzog; je nachdem sie den einen oder den andern Ritus magisch-dämonisch für wirkungsvoller hielt.

Und dieses war der Opferwerke erstes,

heißt es dann in der letzten Strophe des Purusha-Liedes. Denn erst mußte die alte Welt, d. h. die alte gnostisch-gynäkokratische Weltordnung dem neuen Prinzip geopfert werden, ehe die agnostisch-patriarchale Weltordnung „geschaffen" werden konnte. Es ist die symbolische Sprache aller Mythologeme, die von derselben soziologisch-religiösen Revolution berichten, durch welche der erste Äon vom zweiten getrennt wurde. Diese Revolution vollzog sich überall analog durch die Ausrottung des Doppelordens von Sophia und Logos, als ob alle späteren „Weltschöpfungen" ein überliefertes hoministisches Urgesetz zu vollstrecken hätten; überall war die Vernichtung des noumenalen Androgyns in seinem Doppelorden „der Opferwerke erstes". Auch der Dichter des Purusha-Liedes läßt erst mit dem rituellen Menschenopfer des Doppelordens die wahre Opfertätigkeit der vedischen Brahmanen auf indischem Boden beginnen. Mit ihm begann aber auch jene ausschweifende Opfermanie und ausschweifende Opferphantastik der Brahmanaperiode[9], in der die minutiösesten Opferriten auf das subtilste allegorisch erklärt werden, aber die wichtigste Frage, die nach dem objektiven Wesen des Opfers überhaupt, unter dem wirren Gestrüpp assoziativen Denkens erstickt wird. Erst durch die Vernichtung der alten Weltordnung, erst nach der Opferung des Androgyns Viraj-Purusha, haben die neuen Götter den Sieg errungen.

Doch nur selten werden die weiblichen Orden das blutige Schicksal der männlichen Ordenshälfte geteilt haben. Sie wurden auf andere Art dem siegreichen Männergotte geopfert. Ihm zu Ehren wurden die gnostischen Jungfrauen des ersten Äons vergewaltigt, ihre Ordenshäuser in Tempelbordelle verwandelt und ihre jungfräuliche Göttin Sophia wurde zur Götterhure degradiert. Östlicher und westlicher Hominismus verfuhren auf dieselbe Weise. Die Shivapriester machten die ehemaligen Nonnen zu Bayaderen, zu Tempeldirnen für den Gott, d. h. für sich selbst und für gutzahlende Pilger, die durch ihre Opfergaben den Tempelschatz zum Besten des Kultus vermehrten; und im sumerischen Uruk wurde aus dem ehemaligen Kloster der Ischtar-Sophia ein berühmtes und reiches Tempelbordell. So schuf der siegreiche Hominismus das, was er im Hinblick auf ihren profanierten Ursprung zynisch-sentimental die

---

[9] H. Oldenberg, Die Weltanschauung der Brahmanatexte, Göttingen 1919.

„heilige Prostitution" genannt hat. Die Mönche der alten Doppelorden aber, die nicht geopfert wurden, machten die neuen patriarchal-hoministischen Priesterbünde zu Eunuchen, denen sie die Aufsicht über die Bräute ihres Gottes übertrugen. Menschenopfer, Prostitution und Eunuchisierung waren die neu erfundenen fortschrittlichen Waffen, mit denen der revolutionäre Männergott die gnostisch-gynäkokratischen Doppelorden der Urzeit ausrottete.

> Sie drangen mächt'gen Wesens auf zum Himmel,

heißt es dann Str. 16, in dem Purusha-Liede weiter; sie drangen also in den geistigen Raum der teleologischen Ideen, der durch den Sturz des gnostisch-gynäkokratischen Androgyns, seines vorbrahmanischen Herren, leer geworden war. Vom himmlischen Götterberge aus, der auch Olymp oder Zion heißt, wurde dann die neue patriarchal-hoministische Welt geschaffen.

Aber nicht nur in seiner Passio, auch in seiner posthumen Glorifikation ist das Schicksal des Purusha dem der Parallelgestalten des Westens analog.

> Die Götter, opfernd, huldigten dem Opfer,

heißt es Str. 16. Wie konnte aber der als Feind des brahmanischen Hominismus zerstückelte und verbrannte „dravidische" Logos zu einem Kultobjekt der brahmanischen Götter werden und eines der wichtigsten Lieder des hl. Hymnenbuches erhalten? Das wurde nur durch seine eigene Hominisierung möglich. Man braucht ihn nicht zu zwingen; ohne den Mund aufzutun, läßt er sich zur Schlachtbank führen: er hat den stillen und versunkenen Charakter aller dieser gnostisch-gynäkokratischen Götter. Offenbar soll auch von ihm gelten, daß er den Opfertod freiwillig auf sich nahm, denn auch der dravidische Logos stirbt, damit durch seinen Tod die brahmanisch-patriarchale Gesellschaftsordnung des Manu möglich werden kann. Str. 12 heißt es nämlich:

> Zum Brahmana ist da sein Mund geworden,
> Die Arme zum Rajanya sind gemacht,
> Der Vaiçya aus den Schenkeln, aus den Füßen
> Der Çudra damals ward hervorgebracht.

Die brahmanischen Opfermörder fälschten also den gnostisch-gynäkokratischen Purusha in einen brahmanisch-hoministischen um, genauso wie es die jahwistischen Priester mit dem gnostisch-gynäkokratischen Jeschua machten. Um einem Ankläger und einer möglichen Reaktion vorzubeugen, schlugen sie diplomatisch den Angriff ab, ehe er begann, indem sie den Purusha als freiwilliges Opfer in ihr Pantheon aufnahmen; daher heißt es: „Die Götter, opfernd, huldigten dem Opfer." Wahrscheinlich war auch die Metamorphose dieses Gottes nur der Ausdruck der Metamorphose seines Ordens. Wir sahen, wie die zum Jahwismus bekehrte männliche Hälfte des hebräischen Doppelordens von Sophia und Logos mit der eigenen Bekehrung auch ihren Gott Jeschua jahwistisch hominisierte und damit sein ursprüngliches Wesen völlig umkehrte. So wird auch vielleicht in der Zeit, als die „dravidischen" Doppelorden von Viraj-Purusha blutig verfolgt wurden, eine ihrer männlichen Hälften das neue Gesetz angenommen und die Passion des Purusha irenisch gedeutet haben, so daß dessen Opferung als Voraussetzung für die brahmanische Gesellschaftsordnung gerechtfertigt wurde: denn ohne den Mund des geopferten Purusha gäbe es keine Brahmanenkaste. Dieser neue Mythus sollte also der Ausdruck des Religionsfriedens zwischen der „dravidischen" Urbevölkerung und den arischen Eroberern werden. Die Brahmanen ließen sich herab, in dem Purusha ihren eigenen Urvater zu erblicken; dafür bejahten die „Dravidas" die Notwendigkeit seiner Opferung. Aus diesem reformierten Purushaorden aber stammt wohl die großartige Purusha-Hymne des Rig-veda, das Lied von der Passio Purushae, d. h. von dem Ende des ersten Äons in Indien.

2.

Durch die Annahme der vedisch-brahmanischen Offenbarung und ihres Opferritus wurden die ehemaligen Mönche des gnostisch-gynäkokratischen Doppelordens zu Gliedern der herrschenden brahmanischen Kaste. Denn noch waren die Rasse- und Kastengrenzen labil; erst viel später wurden sie durch die Fiktionen des dem brahmanischen Ur-Manne, dem Manu, der germanisch Mannus genannt wurde, zugeschriebenen Gesetzbuches statisch immobilisiert. Nahmen nun die ehemaligen gnostisch-gynäkokratischen Mönchsorden die agnostisch-hominstische Offenbarung des Veda an, so ließen sich andererseits die vedischen Brahmanen zur gnostischen Spekulation verführen; in der frühen Upanishadenzeit fingen sie an, das ihnen neue und schwierige Alphabet zu buchstabieren. Alle hominstischen Offenbarungsreligionen beruhen auf dem Dogma von der absoluten Differenz von Ich und Nichtich, also von der absoluten Differenz der beiden Potenzen; alle sind als gegen die Gnosis von der metaphänomenalen Identität von Subjekt und Objekt gerichtete Antithesen entstanden. Veda und Gnosis schließen einander ihrer Natur nach aus. Aber es gelang der Sophistik des männlichen Machtwillens, die Gnosis zu hominisieren, und dadurch wurde eine Synthese beider möglich. Diese hominisierte Gnosis wollen wir Gnostizismus nennen. Die androgynen Götterpaare der alten gnostisch-gynäkokratischen Doppelorden drangen aus diesen, nachdem sich die männlichen Ordenshälften durch Annahme des Veda brahmanisiert hatten, zwar unter den alten Namen in das brahmanische Pantheon ein; aber das Verhältnis der beiden Potenzen war unipolar hominisiert: der Androgyn war nur noch ein Schein-Androgyn oder eine Karikatur des gnostischen. Schiva konnte zwar nicht ohne Parvati, Vishnu nicht ohne Lakschmi gedacht werden; aber ihr gnostisch-gynäkokratisches Verhältnis zueinander durfte nicht mehr bestehen bleiben. Denn die zwei Potenzen waren im Absoluten nicht mehr gleichwertig; der hoministische Gnostizismus machte die weibliche Potenz zur bloßen Shakti, zu einer Emanation der männlichen, welche die weibliche Potenz aus sich entlassen hat. Dadurch war nicht nur der Androgyn sondern auch das über beiden Potenzen stehende und in beiden erscheinende Absolute einseitig und unipolar hominisiert. In plumperer und gewöhnlicherer Bildsprache sagt das hebräische Mythologem nichts anderes. Eva ist die aus Adam, der männlichen Potenz, als Rippe entlassene weibliche Potenz; sie ist also die Shakti oder die „Energie" Adams. Daß der Männergott Jahwe dabei als Geburtshelfer fungiert, unterstreicht nur noch den ideellen Ursprung der weiblichen Potenz aus der männlichen. Der Shaktismus ist also in Wahrheit ein subjektivistischer oder solipsistischer Hominismus. Die weibliche Potenz ist nicht mehr eine Erscheinung des Absoluten, sondern nur noch die Erscheinung oder die Maya der verabsolutierten männlichen Potenz; sie ist nur das Accidenz der männlichen Substanz, das Nichtsein des Seienden. Es ist klar, daß auf diesem Prinzip des Shaktismus alle schwarze Sexualmagie des Hominismus beruht.

Bei den südindischen dravidischen Stämmen hat der gnostizistische Pseudoandrogyn Shiva zusammen mit seiner Shakti Kali-Durga, deren Grausamkeit allerdings der genaue Reflex der seinigen ist, die gnostisch-gynäkokratischen Doppelorden der Urzeit durch den Terror der Menschenopfer ausgerottet. Aus diesem Grunde nannten ihn seine Priester den „Zerstörer". Vermutlich hat man ihm selbst die Männer und seiner würdigen Emanation die Frauen des Doppelordens geopfert, die das neue Shaktigesetz verwarfen. Die dravidischen Brahmanen hatten von ihren arischen Kastengenossen gelernt, wie man am raschesten mit der gnostischen Gynäkokratie fertig werden kann. Auch in diesem Falle brachte die negative Fruchtbarkeit des Konvertitenhasses Monstren zur Welt; denn vor der Apostasie ihres Doppelordens sind Kali und Shiva gewiß einmal der Name eines gnostisch-gynäkokratischen Androgyns gewesen. Ihren grandios-dämonischen Ausdruck hat später die Idee des shivaitischen Pseudoandrogyns unter verschiedenen Namen besonders in der tibetanischen Kunst gefunden, in jenen Plastiken, die den Yidam als Schutzgott in geschlechtlicher Vereinigung mit seiner Yum oder Shakti darstellen. In dieser kühnen und genialen Konzeption des shivaitischen Shaktismus hat die *Unio agnostica et satanica* der zwei Potenzen ihren einmaligen und adäquaten Ausdruck gefunden. Vishnu, der andere dravidische Pseudoandrogyn, ist in der Einheit mit seiner „weiblichen Energie" Lakshmi zwar Ausdruck desselben unipolar verabsolutierten Hominismus, aber er stellt diesen in seinem humaneren Aspekt dar. Im Gegensatz zu Shiva, dem „Zerstörer" der gnostischen Gynäkokratie, ist der milde Vishnu der „Erhalter", nämlich der Erhalter der neuen patriarchalen Gesellschaftsordnung. Während also Shiva noch der terroristischen Revolutionsepoche des Hominismus angehörte, ist Vishnu der Ausdruck für die spätere Periode des Hominismus geworden, in welcher das Patriarchat bereits unangefochtene legale Geltung besaß. Noch heute ist das dravidische Südindien das feste Bollwerk des shivaitischen und vishnuitischen Hominismus. In Trichinopoly wird der pseudoandrogyne Shiva als Matri-Bhuta,[10] als „der (in seiner Shaktiemanation) zur Mutter gewordene Gott" verehrt; und nach dem benachbarten Srirangam pilgern jährlich Hunderttausende von Verehrern des shaktistischen Vishnu. Ursprünglich war daher das späte hinduistische Dogma von der Trimurti oder Dreieinigkeit, ehe es durch abstrakte, scheinbar tiefsinnige theologische Klügelei verwässert wurde — ein ähnliches Schicksal hatte übrigens auch die christliche Dreifaltigkeitslehre — ursprünglich war dieses Dogma von der Trimurti ein Symbol des antignostischen Hominismus, in dem sich die drei großen Religionsgemeinschaften, die Brahmas, die Shivas und die Vishnus, vereinigen konnten. Die wichtigste Schöpfung des Schöpfergottes Brahma ist die des patriarchalen Grundgesetzes als der soziologischen Basis des neuen Äons. Prinzipiell wird es bejaht sowohl von Shiva, dem Zerstörer des gnostisch-gynäkokratischen Gegengesetzes, wie von Vishnu, dem Erhalter von Brahmas Gesetz, nachdem es einmal in der hinduistischen Gesellschaftsordnung verwirklicht ist. Es war aber eigentlich absurd, wenn eine schematisierende Spekulation auch den Brahma mit einer abstrakt ausgedachten Shakti beschenkte. Brahma hat so wenig mit dem Weibe zu tun wie Jahwe; er ist nur das hypostasierte patriarchale Gesetz an sich. Aber nachdem nun auch er shaktisiert war, wurde die weibliche Potenz dreimal, durch alle drei Götter der Trimurti, zum bloßen Reflex, zur bloßen „Energie" oder Emanation der männlichen Potenz erklärt. Und dreimal ist mehr als zweimal.

Die über ganz Indien verbreiteten Phallossteine, die den Lingam Shivas allein oder in der Yoni seiner Shakti darstellen, waren die Triumphzeichen des neuen Äons. Der Anbetung fordernde Lingam symboli-

[10] *v. Veltheim-Ostrau,* Der Atem Indiens, Hamburg 1954, S. 338.

sierte das neue hoministische Geschlechter- und Gesellschaftsgesetz; das weibliche Geschlecht, das ihn verehrte, unterwarf sich dadurch dem durch Shiva geoffenbarten shaktistischen Hominismus und verurteilte damit seine gnostisch-gynäkokratische Vergangenheit. Der materialistische Sexualismus des abendländischen Wirklichkeitsmenschen aber sieht in diesem Zeichen des hoministischen Sieges nach den blutigen Religionskriegen der Geschlechter nichts anderes als etwas „Erotisches".

Der unipolare Hominismus der brahmanischen Trimurti hat sein Ziel ebenso vollkommen erreicht wie der unipolare Jahwismus oder der unipolare Islam Allahs. Denn mit der Unterdrückung der gnostisch-gynäkokratischen Doppelorden hörte auch in Indien das weibliche Geschlecht auf, sich als Erscheinung des Absoluten zu erkennen und ihr gnostisches Telos zu verwirklichen: sie wurde durch die agnostische männliche Potenz zu einer ausschließlich zoologisch-animalischen Existenzweise abgerichtet.[11] Geistiges Erkenntnisvermögen wurde ihr abgesprochen, sie durfte weder lernen noch lehren; mit diesem Luxus mußte sie warten, bis sie nach langen Wanderungen vielleicht einmal als Brahmane wiedergeboren wurde, nachdem sie alle ihre Shaktipflichten in dieser Existenz aufs genaueste erfüllt hatte, zu denen auch die Unterdrückung ihres geistigen Gewissens gehörte; was für ein vernünftiges Wesen keine ganz leichte Sache ist. Trotz aller Verherrlichung durch den sinnlichen Egoismus der Dichter war das Leben der indischen Frau trostlos, weil es geistlos war, trostlos wie das Leben einer orthodoxen Jüdin oder orthodoxen Mohammedanerin.

3.

Sogar die Hīnayāna-Schule weiß, daß der nepalesische Prinz Gautama nicht der erste war, der sich „Buddha" nannte, sondern daß es vor ihm bereits in 12 Kalpas oder Weltzeitaltern 24 Buddhas gegeben hatte, deren Namen sie sogar zu nennen im stande ist; diese Buddhas aber sollen alle dieselbe Lehre wie Gautama verkündet haben. Wenn nun auch dieser Zusatz offenbar nur den apologetischen Zweck hat, den neuen reformierten Buddhismus als die Doktrin aller früheren Buddhas zu rechtfertigen — *quod semper, quod ubique, quod ab omnibus* — und damit seinen Anspruch auf Autorität zu begründen, so ist deshalb doch die Behauptung von einem prähistorischen und vorbrahmanischen Buddhismus nicht zu verwerfen. Das Wort *bodhi* hat dieselbe Bedeutung wie Gnosis; ein vollendeter Buddha ist also ein vollendeter Gnostiker. Es hat also vor der brahmanischen Einwanderung im dravidischen, vielleicht schon vordravidischen Indien bereits einen Ur-Buddhismus gegeben oder, konkreter gesprochen, es hat lange vor der Ordens-

---

[11] *Katherine Mayo*, Mother India. Deutsche Übersetzung: Frankfurt a. M. 1929.

gründung Gautamas buddhistische Orden gegeben. Unter Gnosis aber verstehen wir die Erkenntnis des Einen vom Wesen und Sinn seiner Erscheinungswelt. Viele gebildete Abendländer kennen als Buddhismus nur den der südasiatischen Schule des Hīnayāna, des kleinen Fahrzeugs, auf dem eigentlich nur die Mönche und Nonnen Gautamas über den Strom des Sansāra fahren können. Diese südasiatische Schule von Ceylon, Burma und Siam ist zwar durch Übersetzungen ihres Kanons, durch ceylonesische Missionstätigkeit und den Einfluß Schopenhauers die bekannteste, aber nicht die einzige. Die nördliche Schule, die von Tibet, China und Japan, fährt auf dem „großen Fahrzeuge", dem Mahayāna, über den Strom der Erscheinungswelt, und eine dritte, ebenfalls nordasiatische, auf dem Vajrayāna,[12] dem Diamant-Fahrzeuge, auf die andere Seite. Daß die Suttas des Hīnayāna die ältesten buddhistischen Texte sind, daß die kanonischen Schriften des Mahayāna erst mehrere Jahrhunderte nach diesen entstanden sind und sie voraussetzen, und daß die heiligen Schriften des Vajrayāna sogar erst einige Jahrhunderte nach denen des Mahayāna entstanden sein können, ist unbestreitbar. Aber die erste literarische Formulierung einer Idee ist deshalb nicht notwendig auch ihre älteste, und die erst spät ausgesprochene Idee muß deshalb nicht notwendig auch die jüngere sein. Trotz ihrer Beeinflussung durch das Hīnayāna können die beiden späteren Schulen nicht aus ihm abgeleitet werden; sie sind zwei ganz neue Formen von Buddhismus und im Kern Negationen des hinayanistischen, mit dem sie sich willkürlich dogmatisch zusammengekoppelt haben. Diese drei historischen Formen des Buddhismus indessen sind wieder durch die von ihnen verschieden aufgefaßte Buddhaidee so eng miteinander verbunden, daß sie aus einer gemeinsamen Urwurzel stammen müssen; diese aber kann nur ein Proto- oder Ur-Buddhismus sein.

In der vorarisch-dravidischen Epoche, in der noch die androgyne Idee die Zeitsignatur war, sind die protobuddhistischen Orden notwendig gnostisch-gynäkokratische Doppelorden gewesen. Als göttlich hypostasiertes Zielbild können diese nur das in seinen beiden Potenzen zur Gnosis, d. h. zur *bodhi* seiner Identität gelangte Absolute gelehrt haben. Das Absolute wollte daher durch den gnostisch-gynäkokratischen Doppelorden das zweigeschlechtliche Buddhatum verwirklichen, in der weiblichen Hälfte seine weibliche, in der männlichen seine männliche Buddhawerdung. Die Buddhawerdung in seinen beiden Erscheinungsgeschlechtern ist also das Telos des sich in seinem historischen Prozeß erscheinen-

---

[12] *H. v. Glasenapp*, Buddhistische Mysterien. Stuttgart 1940. — *E. Burnouf*, Introduction à l'histoire du Bouddhisme indien. Paris 1876. — *La Vallée-Poussin*, Bouddhisme. 3e éd. Paris 1925.

den Einen, und die Lehre von der Zweigeschlechtlichkeit Buddhas muß die Grundlage des Urbuddhismus gebildet haben. Diese Androgynität Buddhas hat das Vajrayana wiedergefunden, sei es rein spekulativ, sei es, daß sie ihm, was wahrscheinlicher ist, durch eine alte Tradition überliefert wurde; jedenfalls war damit der Buddhismus am Ende seiner Geschichte in Indien wieder zu seinem Ausgangspunkte und dem Grundgedanken seiner Urform zurückgekehrt. Dem Buddha, dem noumenalen Logos als der gnostischen männlichen Potenz, wurde jetzt als personifizierte gnostische weibliche Potenz die Prajna paramita, d. h. die „Vollkommenheit der Erkenntnis" oder „die allerhöchste wahrhafte Erleuchtung" als androgyne Hälfte, also die noumenale Sophia, wieder zugesellt.[12a] Die späteren nannten also das gnostisch-gynäkokratische Zweigeschlechterwesen Prajna paramita-Buddha; so waren also wie in der Zeit des Urbuddhismus alle Nonnen gnostische Prajnas und alle Mönche gnostische Buddhas. Der späte Name Prajna-paramita-Buddha für den gnostischen Androgyn des Urbuddhismus ist seinem Sinne nach gleichbedeutend mit Sophia-Logos; beide Doppelnamen bezeichnen den noumenalen ewigen Androgyn, insofern sich das Absolute in ihm als die *natura creans et creata* erkennt. In tibetanischen und nepalesischen Plastiken des Vajrayana wird, ganz im Geiste des Urbuddhismus, die Einheit des Absoluten symbolisch in der leiblichen Vereinigung seiner beiden gnostischen d. h. buddhistischen Potenzen, der Prajna und des Buddha, dargestellt. „Ein wesentlicher Unterschied", sagt *v. Glasenapp*, „zwischen dem hinduistischen und dem buddhistischen Shaktismus besteht jedoch darin, daß im ersteren das männliche Prinzip (Shiva) den passiven, ruhigen, das weibliche Prinzip (Shakti) den aktiven Aspekt des Absoluten darstellt, während im Buddhismus die Rolle der beiden Prinzipien gerade umgekehrt ist."[13] Diese hier so feinsinnig festgestellte Tatsache wird aus dem Gegensatz von gnostizistisch-hoministischem Shivaismus und gnostisch-gynäkokratischem Buddhismus verständlich. Die nichtseiende weibliche Maya-Emanation des Pseudoandrogyns Shiva strebt leidenschaftlich zurück zum Urquell ihrer Erscheinung, der verabsolutierten männlichen Potenz, um sich durch ihre Selbstvernichtung im Seienden aufzuheben. Dagegen suchte im gnostisch-gynäkokratischen Urbuddhismus das Absolute in seiner männlichen Potenz seine, nicht aus der männlichen emanierte, sondern ihr polar gleichwertige, aber gnostisch wissende weibliche Potenz, um durch die *unio intellektualis* mit ihr die Gnosis oder *bodhi* von seiner Identität zu finden. Doch

---

[12a] Texte dieser Schule hat *Max Walleser* übersetzt: Prajñāpāramitā, die Vollkommenheit der Erkenntnis. Nach indischen, tibetischen und chinesischen Quellen. Göttingen 1914.
[13] *v. Glasenapp*, a.a.O., S. 39.

dieser androgyne Charakter des Urbuddhismus hat sich auch in dem allen historischen Schulen gemeinsamen Kultbilde der Buddhaidee erhalten. Denn die Symbole sind älter und überdauern ihre begrifflich-dogmatischen Deutungen. Nun stellt aber die bildende Kunst den Buddha immer in der Einheit mit der Lotosblume dar, in der er steht oder sitzt; die Lotosblume aber ist nicht nur das indische Symbol für die weibliche Potenz. Der Buddha ist, wie er in der berühmten tibetanischen Formel: „*Om, mani padme hum*" angerufen wird, das „Kleinod in der Lotosblume". Zur Entdeckung dieses Symbols kann natürlich nicht der historische Gautama im V. vorchristlichen Jahrhundert die Veranlassung gegeben haben; vielmehr muß dieses archaische Symbol eines älteren Buddhismus, den das Hinayāna willkürlich mit seinem eigenen identifizierte, auf den Reformator übertragen worden sein. Der Eingeweihte des Urbuddhismus erblickte daher in der symbolischen Einheit von Kleinod und Lotosblume die Einheit des Absoluten, das sich in seinen zwei Potenzen erscheint. Das indische Ursymbol, die Lotosblume und ihr Kleinod, war daher einmal die Hieroglyphe für den noumenalen Androgyn Sophia-Logos, also für die metaphänomenale *Unio gnostica* des Einen mit sich selbst. Zweitens aber ward auch dadurch soziologisch die gnostische „Parthenogenese" der männlichen Ordenshälfte aus der weiblichen und damit das gnostisch-gynäkokratische oder hierarchische Verhältnis der beiden Hälften des Doppelordens zueinander ausgesprochen; so daß also die Lotosblume mit dem Kleinod gleichbedeutend ist mit Isis, die den Horusknaben, oder Maria, die das Jesuskind auf dem Schoße hält. Der Kultus der Buddhaidee muß daher in der Zeit des Urbuddhismus einmal untrennbar von dem Kultus der Idee der Lotosblume gewesen sein. Man darf also sagen, daß die buddhistische Lotosblume das Symbol der personifizierten Prajñāpāramitā ist, wie das Vajrayana später die Göttin der weiblichen Hälfte des urzeitlichen buddhistischen Doppelordens nannte; allgemeiner gesprochen ist daher die Lotosblume unter ihrer kontingenten indischen Denomination das Symbol der ewigen gnostischen Sophia des Absoluten. Die weibliche Potenz behielt ihr Ursymbol, während die männliche, das „Kleinod" des gnostischen Androgyns, später in der Gestalt des „Erleuchteten" anthropomorphisiert wurde; der hoministischen Entwicklung des Buddhismus entsprechend aber mußte dann der ursprüngliche gnostisch-soziologische Sinn der Lotosblume aus dem Bewußtsein einer neuen Zeit verdrängt werden.

Indien war trimurtisch brahmanisiert; die gnostische Gynäkokratie der vorarischen Dravidas war mit ihren Doppelorden prinzipiell ausgerottet, wenn sich auch lokal, besonders in Südindien, historisch interessante Reste des alten Matriarchats bis auf den heutigen Tag erhalten haben."[14] Zusammen mit der gnostischen Gynäkokratie wurde auch ihre geistige Basis, der Urbuddhismus von Prajna-Sophia und Buddha-Logos unterdrückt; aber als Geheim- oder Mysterienlehre muß er weiter gelebt haben, bis er im V. vorchristlichen Jahrhundert, wenn auch in zeitgemäß reformierter hoministischer Gestalt, als eine geistige Macht wiederauferstand. In Organisation und Lehre war der in der Zeit des legal gewordenen Hominismus verkündete neue Buddhismus eine hoministische Reform des alten. Zwar übernahm auch der neue Buddhismus die Institution des Doppelordens von dem prähistorischen, aber das hierarchische Verhältnis beider Hälften wurde umgekehrt: in dem reformierten Doppelorden Gautamas erhielten die Nonnen Lehre und Gesetz von den Mönchen. Wiederholt wird in den kanonischen Schriften des Hinayana die Unterordnung der ersteren unter die letzteren energisch gefordert. So heißt es in der „kleinen Abteilung" *(Cullavagga)* des „Korbes der Ordnung" *(Vinaya Pitaka)*: wenn eine Nonne schon hundert Jahre lang im Orden ist, so muß sie einen Mönch, der erst am heutigen Tage in den Orden aufgenommen wurde, begrüßen, vor ihm aufstehen, die gefalteten Hände erheben und ihm gebührende Verehrung erweisen."[15]

Der Gautama-Buddhismus ist wohl in der männlichen Hälfte eines urbuddhistischen Doppelordens entstanden, der sich im Nepalesischen erhalten hatte. Wie die rasche Ausbreitung des apostolischen Christentums durch die Präexistenz eines vorapostolischen verständlich wird, so wird sich auch die schnelle Verbreitung des Gautama-Buddhismus wohl zunächst durch die noch vorhandenen Reste von Urbuddhismus erklären lassen. Diese Altbuddhisten mußte die neue Bewegung sammeln und in dem Orden des sich den Buddha nennenden Gautama vereinigen. Die ersten aus diesen Kreisen aufgenommenen Mönche werden mehr das Alt- und Neubuddhismus Gemeinsame als das beide Trennende haben sehen wollen. Als sich aber das hinayanistische Dogma immer starrer und enger entwickelte, besannen sich die alten Buddhisten auf ihre eigene vorhinayanistische Tradition von Gnosis und Buddhatum, und so werden sich schon früh Sekten gebildet haben, die dann auf den Konzilien der Frühzeit verurteilt wurden. Vielleicht entstand auch damals jene Legende, daß die Mutter Gautamas an seiner Geburt gestorben sei; denn sie sollte wohl andeuten, daß der neue Buddhismus den alten weiblichen, aus dem er hervorgegangen war, durch seine Ent-

---

[14] *v. Veltheim-Ostrau*, a.a.O., S. 364-379; s. auch Register unter Matriarchat und matriarchal.
[15] *Winternitz*, Der ältere Buddhismus nach Texten des Tipitaka. Tübingen 1929.

stehung vernichtet habe. Verstehen wir diese Legende symbolisch richtig, dann kann sie nur von Gegnern der Hinayana-Orthodoxie erfunden sein; und wenn sie auch boshaft ist, so stellt sie doch eine unbestreitbare Tatsache fest.

Die weibliche Ordenshälfte blieb immer nicht nur zahlenmäßig bedeutungslos und ohne Einfluß; sie war mehr toleriert als ebenbürtig. Nur widerstrebend hatte sie Gautama, der Begründer des hominisierten Buddhismus, überhaupt zugelassen, und die geistige Erziehung und Leitung durch die orthodox-hinayanistischen Mönche machte ihr die Wiederentdeckung des weiblichen Urbuddhismus unmöglich. Da der noumenale Androgyn Buddha als eine ketzerische Idee überhaupt totgeschwiegen wurde, da also nur die männliche Potenz zur Buddhaschaft fähig war, so kann das weibliche Geschlecht nur den männlichen Buddha als Vorbild verehren, so wie ihn der Ordensstifter Gautama verwirklicht hatte. Wenn die Nonne zum Lohn für die Erfüllung aller weiblichen Ordenspflichten als Mann wiedergeboren wird, kann sie als Mönch künftig vielleicht in das vollkommene Nirwana eingehen. Der Orden Gautamas kennt also nicht mehr die Idee der weiblichen Potenz des Absoluten, sondern nur noch das empirische weibliche Geschlecht, das durch die brahmanische Erziehung bereits entgeistet war. Wie der androgyne Doppelorden des Urbuddhismus durch Gautama auf einem doch wesentlich unipolaren buddhistischen Männerbund reduziert wurde, so wurde durch ihn auch das ontologische Bewußtsein des Einen auf das individuell-egozentrische Heilsinteresse der Mönche beschränkt. Psychologie ersetzte die Metaphysik, phänomenologische Rationalität die gnostische Intuition. Gautama ist der Lehrer eines agnostischen Positivismus; wichtiger als das Denken ist die ewige pedantische Wiederholung derselben endgültigen Katechismusformeln. Selbst die poetischsten Rahmenerzählungen der Suttas, die natürlich ohne historischen Wert sind, schließen fast immer nur einen stereotypen Lehrsatz als ihren Kern ein. Die wesentlichen Fragen des menschlichen Geistes werden als überflüssige Neugier beiseite geschoben: „darüber hat der Erhabene nichts offenbart". Erst Mahayana und Vajrayana überschritten die dem gnostischen Denken durch das orthodoxe Hinayana willkürlich gesetzten Grenzen und haben tiefdenkende und scharfsinnige Scholastiker, Geister ersten Ranges, hervorgebracht.

Die indische Geistesgeschichte besteht in der dialektischen Auseinandersetzung zwischen dem brahmanisch-hoministischen Prinzip der *vita activa* und dem buddhistisch-feministischen Prinzip der *vita contemplativa* der dravidischen Urbevölkerung; denn wir werden jetzt den gnostisch-gynäkokratischen Buddhismus als die pandravidische Nationalreligion bezeichnen müssen. Es ist die Dialektik zwischen dem agnostischen und dem gnostischen Ichbewußtsein des Absoluten. Zwar lernte der Brahmanismus von dem Protobuddhismus das gnostische Denken — auf gnostischer Ebene vollzog sich hier das *„Graecia capta ferum cepit victorem"*. Aber er verwandelte sich nur in einen gnostizistischen Brahmanismus, der bei der vedischen Offenbarung verharrte, — das großartigste Dokument dieses Kompromisses ist die *Bhagavat Gita*; in seinem Wesen blieb er aber hoministisch aktivistisch. Der Protobuddhismus dagegen nahm wohl nach seiner Niederlage hoministische Elemente des Brahmanismus in sich auf: aber auch als Deuterobuddhismus blieb er dem gnostisch-feministischen Prinzip der *vita contemplativa* kompromißlos treu. Als Religion beruhte der Brahmanismus auf dem blutigen Opfer; aber auch der Deuterobuddhismus verwarf die blutigen Opfer, wie es der Urbuddhismus getan hatte. Seine rein geistige religiöse Kultform war die gnostische Versenkung in das Absolute, die durch Mandalas, Mudras und Mantras als Hilfsmittel erleichtert werden konnte; das tantrische Vajrayana legt einen ganz besonderen Wert auf sie und scheint oft zu vergessen, daß sie nicht Zweck sondern Mittel sind.

Drei Phasen lassen sich in diesem historischen Kampf auf Leben und Tod zwischen den beiden Religionen unterscheiden. Die erste war die der brutalen physischen Ausrottung; die Mitglieder der urbuddhistischen Doppelorden wurden dem antignostischen aktiv-hoministischen Willensprinzip des Brahmanismus als Menschenopfer dargebracht. In dem Androgyn Viraj-Purusha werden wir jetzt den Androgyn Prajna-Buddha des Protobuddhismus erkennen müssen. Dann kam nach einem Jahrtausend mit dem Deuterobuddhismus Gautamas die Revanche. Als Açoka aus der Maurya-Dynastie in der Zeit der Diadochen den hinayanistischen Buddhismus angenommen und ganz Indien mit Ceylon als erster indischer Kaiser regierte, schien das Ende für das Kasten- und Opfersystem des vedischen Brahmanismus zu kommen. In den nächsten Jahrhunderten wurden die buddhistischen Klöster des Mahayana und Vajrayana die geistigen Mittelpunkte für ganz Ost- und Zentralasien. Aber ein Jahrtausend nach Gautama siegte wieder die brahmanische Reaktion. Der dravidische Brahmane und Ordensstifter Shankara suchte in der Zeit Karls des Großen die vedische Offenbarung durch eine gnostizistische Scholastik neu zu begründen und wurde mit seiner Schule dadurch zum „Hammer" des Buddhismus. Dieser verschwand seitdem aus Indien; aber seine Agonie hatte schon früher begonnen, wie aus den Berichten chinesischer Pilger hervorgeht. Und wiederum etwa tausend Jahre nach Shankara ist das durch ihn restaurierte Kasten- und Opfergesetz des Brahmanismus durch die aus dem untergehenden Europa importierte demokratisch-laizistische Staatsidee, und zwar diesmal endgültig, zerbrochen worden, und Indien treibt, wie die ganze übrige Welt, dem Chaos entgegen. Oder sollte das dialektische Pendel des indischen Geistes nach dem Untergang des antithetischen Brahmanismus noch einmal nach der Seite seiner buddhistischen Thesis ausschlagen? Dann aber könnte das nicht mehr deren deuterobuddhistische Gestalt sein: denn alle drei „Fahrzeuge" sind leck geworden. Es müßte schon ein Tritobuddhismus sein, der sich auch seiner protobuddhistischen Urform wieder bewußt geworden ist. Und da das ganze männliche Geschlecht auch in Ostasien durch die abendländische Infektion von der aktivistischen Tollheit des agnostischen Ichbewußtseins ergriffen ist, so müßte Prajna Paramita-Sophia selbst die Stifterin dieses neuen Ordens werden, wie sie schon einmal in der Urzeit den ersten gegründet hatte.

II. DIE HOMINISIERUNG DES CHINESISCHEN UR-TAOISMUS

1.

Analog wie in Indien endete die Dialektik des Einen in seinen zwei Potenzen auch in China mit dem Siege des agnostischen Hominismus über die urzeitliche gnostische Gynäkokratie. Von dem legendären Kaiser Fu-Hi (2852—2738 v. Chr. nach der chinesischen Chronologie) wird berichtet, daß er die patriarchale Ehe eingeführt habe, während bis dahin die Kinder nur ihre Mutter, nicht ihre Väter gekannt hätten;[16] wir werden noch sehen, daß dieses Matriarchat kein zoologisch-animalisches, sondern nur das aus der Urzeit des Menschengeschlechtes stammende gnostische gewesen sein kann. *R. Wilhelm*[17] spricht von der Polarität der chinesischen Kultur, von der der eine, der patriarchale Pol am Hoangho, der andere, der matriarchale, im Yangtsegebiet lag. Das gilt indessen noch nicht für die älteste Urzeit; damals besaßen die Protochinesen, die an beiden Flüssen lebten, noch dieselbe gnostisch-gynäkokratische Gesellschaftsordnung. Dann allerdings wurden die Protochinesen des Hoanghotales zuerst hominisiert. Wie nämlich die indischen Dravidas durch die von Norden in das Industal eingedrungenen Arier die antignostisch-patriarchale Verfassung erhielten, so wurde diese den Protochinesen des Hoangho und Weiho durch die von Westen die beiden Flußläufe entlang und die von Norden einwandernden turkomongolischen Stämme gebracht. Als Shang-ti, als „der oberste Ordner", nämlich als der Gesetzgeber der patriarchalen Gesellschaftsordnung, wurde der Gott des neuen unipolaren Monotheismus in China geoffen-

---

[16] *Fr. Hirth*, The ancient history of China to the end of the Chóu Dynasty, New York 1908, p. 60.
[17] *R. Wilhelm*, Ostasien. Potsdam u. Zürich 1928. Kap. I.

bart und der Sturz des älteren gnostisch-gynäkokratischen Androgyns war die negative Seite der Mission seines Priesterbundes. Damit war der sozial-religiöse Geschlechterkrieg auch in China ausgebrochen; doch auch hier wurde der Sieg weder rasch noch leicht errungen. Wenn im Schu-king der Untergang der Hia-Dynastie (2205—1766) und der Untergang der Dynastie Shang oder Yin (1766—1122) auf die korrumpierenden Einflüsse üppiger und grausamer Frauen zurückgeführt wird, so darf man darin wohl mehr als nur individuelle Anekdoten erblicken; es wird sich vielmehr um religiös-politische Reaktionen der durch Shang-ti unterdrückten alten gnostischen Gynäkokratie handeln, die das Schu-king, das ja kein eigentliches Geschichtswerk sondern ein pädagogischer Fürstenspiegel ist, moralisch-puritanisch simplifiziert hat. Solche Reaktionen wurden zweimal mit dem Sturz der sündig gewordenen Dynastie durch eine dem patriarchal-hoministischen Gesetz Shang-tis gehorsame bestraft. Besonders unter den Shang scheint, wie die zahlreichen bronzenen Opfergefäße aus dieser Epoche bezeugen, ein düsterer Opferkult geherrscht zu haben; und man muß wohl, nach der Analogie anderer Völker, die sich in demselben Stadium des religiösen Geschlechterkrieges befanden, annehmen, daß dem Shang-ti und seinem Gesetz Menschenopfer aus der männlichen Hälfte des Doppelordens in nicht geringerer Zahl als Tieropfer geschlachtet wurden. Vereinzelt gab es zwar rituelle Menschenopfer noch bis in die Zeit Kungs und sogar noch unter der Mandschudynastie, die aber natürlich nicht mehr den ursprünglichen terroristisch-hoministischen Sinn hatten. Denn unter der Herrschaft der türkischen Tschou (1122—240), die in der Zeit der israelitischen Richter und nicht lange nach dem trojanischen Krieg mit hunnischer Unterstützung zur Regierung kamen, hatten die Priester Shang-tis den Religionskrieg endgültig gewonnen und das terroristische Patriarchat konnte sich zum legalisierten mildern. Shang-ti war offiziell zum alleinigen Herren des chinesischen Reiches geworden; sein Tao war die Grundlage der staatlichen Organisation geworden.

Das Wort Tao bedeutet zunächst den Weg, den einer geht oder das Ziel dieses Weges; dann, in geistig erweitertem Sinne, das Ziel, den Sinn oder das Telos des Weltprozesses, welches das Absolute in der Zeit verwirklichen will. Im dialektischen Prozeß des sich erscheinenden Einen aber gibt es notwendig das Tao seines gnostischen Ichbewußtseins oder das Tao der gnostischen Thesis, und das Tao seines agnostischen Ichbewußtseins oder das Tao der agnostischen Antithese: dem androgynen Tao der gnostischen Gynäkokratie widerspricht in der Erscheinungswelt das unipolare Tao des agnostischen Hominismus. Shang-ti ist die hypostatisch personifizierte Idee des patriarchal-hoministischen Tao und hat als solche ihren Willen dem Bewußtsein des Menschengeschlechtes geoffenbart. Als die Medien seiner Offenbarung galten offiziell die Kaiser, die Vertreter Shang-tis auf der Erde. Zuletzt erneuerte er sein durch die Entartung der Hiadynastie vernachlässigtes Gesetz durch die von ihm berufenen Begründer der Tschoudynastie. Das waren Wönwang, der vom letzten Shangkaiser verfolgte Herzog von Tschou; sein Sohn Wuwang, der als erster des Geschlechtes den kaiserlichen Thron bestieg und vor allem dessen Bruder, Tschou-Kung, der berühmte Herzog von Lou, der staatsmännische Kopf der Familie. Aber sie waren nicht die ersten Offenbarungswerkzeuge Shang-tis; die politisch-soziale Uroffenbarung von dessen Willen verkündeten nach dem ersten Buch des Schuking die drei unerreichbaren sagenhaften Idealkaiser Yau (2357—2258), Schun (2258—2206) und Yü (2205—2198), welcher der Stammvater der ersten oder Hiadynastie wurde: bis in das dritte Jahrtausend wird man also legendär das hoministische Tao Shang-tis zurückdatieren dürfen, also den Beginn der Verdrängung des älteren gnostischgynäkokratischen Tao, das bis zu dem Shang-tis gegolten hatte. Die Tschoukaiser hatten daher die Uroffenbarung Shang-tis wiedergefunden und waren entschlossen, sie im Reiche zu verwirklichen. Dieser hoministische Staat Shang-tis ist zugleich hoministische Kirche und der Kaiser als Hoherpriester das cäsaropapistische Oberhaupt dieser Staatskirche und dieses Kirchenstaates; als die Tschoukaiser weltlich bereits vollständig machtlos geworden waren, respektierte man sie immer noch als geistliche oder pontifikale Centralgewalt des Reiches.

Die drei Begründer der Tschoudynastie, Wön, Wu und Tschu-kung und als vierter Kung-tse (Confucius), d. h. Meister Kung, der Reformator des fünften Jahrhunderts (552—479), haben für zwei Jahrtausende die sozial-moralische Grundlage des chinesischen Reiches gelegt. Kung war ein traditionalistisch-hoministischer Staatsmoralist; als Philologe und Geschichtsforscher suchte er nur die empirisch-historische Begründung für sein Staatsideal, das er, natürlich nicht als erster, in die legendäre Zeit Yaus zurückdatierte. Er war kein gnostischer Denker; die Frage nach dem Wirklichkeitscharakter der Erscheinungswelt hat er sich ebensowenig gestellt wie die nach dem Gültigkeitscharakter des hoministischen Tao. Seinem naiven Positivismus war die phänomenale Welt ebenso unmittelbar und unbestreitbar gegeben, wie ihm das hoministisch-soziologische Dogma durch die kaiserliche Autorität unmittelbar und unbestreitbar gegeben war, die dieses Gesetz Shang-tis, der hypostasierten männlichen Potenz des agnostischen Ichbewußtseins und seines Willens, aussprach. Der unter der patriarchalen Führung des Kaisers hierarchisch gegliederte Männerstaat ist das von Shang-ti der Menschheit bestimmte Tao oder Telos und Kung und seine Schule haben es in der Zeit der beginnenden feudalistischen Auflösung des Tschou-Reiches durch eine neue Codifikation ins allgemeine Bewußtsein gerufen als die einzige Grundlage seiner Erneuerung, wie es die seiner Entstehung und Machtentfaltung gewesen war. Das ganze schriftstellerische Werk Kungs ist philologisch-compilatorisch; die Gespräche (das Lun-yü), die *Memorabilia Confucii*, sind erst nach seinem Tode aus den Erinnerungen seiner Schüler zusammengestellt. Als der große Sammler alter Dokumente, echter oder fingierter, wollte er das Volk zu historisch-hoministischem Staatsbewußtsein erziehen. Er lebte in der Vergangenheit und sah zuweilen Wu-wang und Tschou-kung halluzinatorisch vor Augen. Wie jener Römer — ich glaube es war Tacitus — hätte auch er von sich sagen können: „aber indem ich mich mit den Dingen des Altertums beschäftige, wird mein Geist selbst, ohne daß ich weiß wie, altertümlich" (*nescio quo modo antiquus fit animus*). Diese historisch-philologische Leidenschaft machte ihn hellsichtig für das Alte, aber nahm oft grotesk-pedantische Formen an. Doch es war nicht das wirklich älteste Altertum Chinas, das des gnostisch-gynäkokratischen Androgyns, das er wiederfand und wiederherzustellen suchte, — das blieb einem Größeren vorbehalten — sondern nur das junge Altertum Chinas, das patriarchal-hoministische Shang-tis. So vereinigte er in dem Schu-king, d. h. dem „kanonischen Buche der historischen Dokumente", die bereits vor ihm erfundenen oder bearbeiteten Staatsreden der Kaiser von Yau bis Mu-wang, mit dem bereits der Niedergang der Tschou begann, Dokumente, die also aus der Zeit von 2357—947 stammen sollen. Diese Compilation soll zweierlei beweisen. Einmal die Konkordanz der Lehre Shang-tis: Nur der Sohn des Himmels kann mit Schang-ti in direkte Verbindung treten und darf ihm opfern, und alle diese Kaiser verkündigen als *Summi Pontifices* und Kirchenväter feierlich, wie *ex cathedra*, ihre Edikte, die alle dasselbe religiöse und politisch-soziale Tao des Shang-ti'schen Hominismus zur Voraussetzung haben. Und zweitens will der Verfasser, wie die Compilatoren der israelitischen Königsbücher, zeigen, daß der Männergott Shang-ti-Jahwe, der das hypostatisch personifizierte Telos des zeitlichen Prozesses und deshalb der moralische Regulator der kosmischen und menschlichen Weltgeschichte ist, daß Shang-ti die seinem Gesetze ungehorsamen Individuen und Dynastien bestraft und stürzt, die gehorsamen dagegen belohnt und erhöht. Doch die Basis jeder Gesellschaftsordnung, welche auf der Coexistenz von zwei Geschlechtern beruht, muß das Verhältnis dieser beiden Geschlechter zu einander bilden. Der legal gewordene Hominismus der Tschouzeit, dessen Moral und Soziologie Kung und seine Schule lehrten, sah in der weiblichen Potenz nur die Negation der männlichen, ein Nicht-seiendes, in der männlichen dagegen die positive, allein seiende. Der Kün-tzi Kungs, der „edle Mann", der *Kalòs kagathós*, der *honnête homme*, der gentleman, weiß, daß die männliche Potenz von Shang-ti, dem unipolaren Männergott, zum Subjekt bestimmt ist und die weibliche zu deren Objekt. Das weibliche Geschlecht zu derselben Einsicht ab- und auszurichten ist die Aufgabe der männlichen Pädagogik. Als Objekt ist es die gehorchende und der Mann als Subjekt immer die befehlende Potenz:[17a] als Mädchen gehorcht sie dem Vater oder, nach dessen Tode, dem ältesten Bruder; als Gattin dem Gatten, als Witwe dem Sohne. Das männliche Geschlecht hatte seine geistige Unfehlbarkeit proklamiert. Was hätte der Küntzi noch von dem hoministisch abgerichteten weiblichen Objekt lernen können, das er nicht selbst besser wußte? So mußte sich die chinesische Frau aus dem gnostischen Wesen des ersten Äons zu einem geistig reduzierten sinnlich-animalischen entwickeln, und gerade das war die Absicht der neuen weiblichen Erziehung im Zeitalter Shang-tis. Zwar wird es nicht ausgesprochen, weil man es für klüger hielt, die ganze Sache totzuschweigen: aber auch in China hätte man ihren jetzigen Zustand als Strafe für ihren Sündenfall in die gnostische Gynäkokratie erklären können.

2.

In diesem noch aus der gnostisch-gynäkokratischen Urzeit stammenden Hierogramm ist linear-symbolisch nicht nur das älteste ontologische und teleologische Wissen des protochinesischen Volkes ausgesprochen, es enthält das gnostische Wissen der ältesten Menschheit überhaupt. Kein noch so raffiniert-spezialisiertes indisches Mandala ist für die Meditation des Absoluten über sich selbst, insofern es sich erscheint und sogar insofern es sich nicht erscheint, so fruchtbar wie dieses einfachste pansophische Urmandala der Menschheit. Denn der alles umfassende Kreis, das Sinnbild des Absoluten, spaltet sich, noumenal und phänomenal, in die zwei im Kreise identischen Hälften, nämlich die zwei Potenzen, das intelligible weibliche Yin und das intelligible männliche

---

[17a] Seneca formuliert in *de constantia sapientis* I, 11 das analoge Prinzip des römischen Hominismus: *Utraque turba* (d. h. beide Geschlechter) *ad vitae societatem tantundem confert. Sed altera pars ad obsequendum, altera imperio nata est.*

I. Kwannon in Nara
(Kopfaufnahme Karl With aus Sonderheft des „Ararat", Dez. 1921)

Yang, in das intelligible Subjekt und das mit ihm identische Objekt. Phänomenal entspricht die helle Hälfte des Einen, d. h. des symbolischen Kreises, der weiblichen Potenz des gnostischen Ich-Nichtichbewußtseins, die dunkle Hälfte entspricht der männlichen Potenz des agnostischen Ichbewußtseins des Absoluten. Der dunkle Punkt in der hellen Kreishälfte spricht die Möglichkeit der Verdunkelung des gnostischen Bewußtseins in der empirisch erscheinenden hellen Potenz aus, der helle Punkt in der dunklen Hälfte spricht die Möglichkeit der Erhellung des agnostischen Bewußtseins in der dunklen empirisch erscheinenden Potenz aus. In der urzeitlichen gnostischen Gynäkokratie symbolisierte natürlich die gnostisch helle und erhellende, aber bedrohte Hälfte die weibliche Potenz, die gnostisch dunkle, aber der Erleuchtung fähige Hälfte die männliche Potenz. Der Kreis mit seinen beiden als Erscheinungen des Absoluten identischen Teilen ist also der geometrisch-symbolische Ausdruck für den noumenalen und für den phänomenalen gnostisch-gynäkokratischen Androgyn. Soziologisch ist das Diagramm Yin-Yang daher auch die Hieroglyphe für den gnostisch-gynäkokratischen Doppelorden der Urmenschheit. *Dieses Ursymbol aber ist die Basis der ganzen chinesischen Philosophie geblieben*, die auch in ihrer agnostisch-hoministischen Periode immer eine Philosophie der Polarität blieb. Nur daß jetzt der gnostisch-positive Pol, der des gnostischen Ichbewußtseins des Einen, also der weibliche, als der negativ dunkle betrachtet wurde, und der agnostisch-negative Pol des agnostischen Ichbewußtseins des Einen sich jetzt als den hellen positiven verstand. Auf dieser Umwertung der zwei Stufen des Bewußtseins beruhte die Umwertung der Geschlechter, die ihren Ausdruck in der Hominisierung des Diagramms fand. Denn wie in der übrigen Menschheit wurde auch in China die weibliche Potenz entwertet, als der erwachte agnostisch-unipolare Egoismus der männlichen Potenz die weibliche Lehre von der gnostischen Identität des Einen in Subjekt und Objekt überwand.

In der vorhoministischen chinesischen Urzeit wird der Doppelorden des Androgyns Sophia-Logos den Namen des gnostisch-gynäkokratischen Androgyns Yin-Yang getragen haben. Denn die Polaritätsphilosophie von Yin und Yang setzt den Doppelorden von Yin und Yang voraus oder postuliert und setzt ihn selbst als die beiden sich ergänzenden Schulen von der phänomenalen Differenz und der metaphänomenalen Einheit der zwei Potenzen des Absoluten. Als Erinnerung an diese Urform der menschlichen Gesellschaftsordnung hat sich bei den sogenannten Naturvölkern die Institution der Frauen- und Männerhäuser noch bis heute erhalten, die allerdings, nach so vielen Jahrtausenden geistig entartet und hominisiert dazu, ihre ursprünglich geistige Bestimmung völlig vergessen haben. Es ist aber wahrscheinlich, daß der Frauenorden der Yin-Potenz diese auch als gnostische Muttergöttin Kuan Yin personifizierte, die im Abendland unter ihrem japanisierten Namen Kwannon bekannter wurde als unter ihrem chinesischen.* Wie aber ist es möglich gewesen, daß diese heilige Jungfrau Chinas mit dem männlichen indischen Bodhisattva Avalôkitêçvara-Padmapâni schon im VIII. Jahrhundert identifiziert und als Mann dargestellt werden konnte? Daß sie auf ihrer vor der Ningpomündung in der heutigen Provinz Che-kiang liegenden heiligen Insel Puto[18] neben „klassisch-schönen weiblichen Plastiken" in 32 Formen, die alle männlich und bärtig sind, abgebildet ist? Vom XII. Jahrhundert ab, seit der Sung-Dynastie, erscheint sie jedoch in der ostasiatischen Kunst ausschließlich in weiblicher Gestalt.[19] Vergessen wir aber auch nicht, daß die hl. Insel zum südchinesischen Kulturkreis gehört, in dem sich die gnostisch-matriarchale Gesellschaftsordnung länger erhalten hat als in Nordchina. Doch die Lösung des Rätsels der Kuan Yin liegt in der urchinesischen Lehre von der Identität der polaren Gegensätze im Absoluten. Kuan Yin ist eine androgyne Gestalt. Wenn das Absolute in ihr weiblich dargestellt ist, so erblickt der in ihr Mysterium Eingeweihte mit dem geistigen Auge auch die nicht dargestellte männliche Hälfte des Absoluten in ihr und, umgekehrt, wenn nur die männliche Hälfte des noumenalen Androgyns dargestellt ist, so schaut er in dieser zugleich den weiblichen Pol des intelligiblen Androgyns. Denn im noumenalen Androgyn kann keine Hälfte von der andern getrennt sein, wie auch in dem Diagramm keine Kreishälfte ohne die andere gedacht werden kann, auch wenn ich nur eine von beiden zeichne. Soziologisch ist daher sowohl die allein abgebildete Kuan Yin, wie der allein dargestellte Avalôkitêçvara die Hieroglyphe für den ganzen androgynen Doppelorden, in welchem sich das Eine seiner Identität in Subjekt und Objekt, also in beiden Potenzen, bewußt geworden ist. Wie die kyprische Venus barbata ist also auch die chinesische Kuan Yin barbata als Venus duplex oder bipolare Aphrodite der symbolische Ausdruck des noumenalen Pleroma und daher auch der seiner phänomenal-soziologischen Verwirklichung gewesen; die Idee der androgynen Kuan Yin-Avalôkitêçvara ist daher eine Konzeption der gnostisch-gynäkokratischen Urmenschheit. Der prähistorische Orden der Kuan Yin-Sophia war ein jungfräulicher Nonnenorden. Eine Legende berichtet von dieser, sie sei von ihrem Vater getötet worden, weil sie nicht heiraten wollte; eine andere erzählt von dieser jung-

---

* Siehe Tafel I.
[18] *Boerschmann*, Puto-schan, die heilige Insel der Kuan Yin, 1911.
[19] *Karutz*, Maria im Fernen Osten; das Problem der Kuan Yin. München-Planegg 1925 (anthroposophische Deutung).

fräulichen Göttin, sie habe sich, um der Ehe zu entgehen, mit einer Haarnadel die Kehle durchstochen. Natürlich wird auch hier symbolisch von der Göttin erzählt, was einzelnen Nonnen oder ganzen Klöstern zustieß in der Zeit, als der patriarchal-hoministische Shang-ti den Religionskrieg des agnostischen Ichbewußtseins gegen die gnostisch-gynäkokratische Kuan Yin und ihren Doppelorden führte. Wenn daher Kuan Yin-Sophia als jungfräuliche Mutter, als die personifizierte gnostische Yin-Potenz, die personifizierte gnostische Yang-potenz als ihren Sohn auf dem Schoße hält, so ist das nur eine Symbolisierung des androgynen gnostischen Doppelordens der chinesischen Urzeit. Wie bei Isis-Sophia mit dem Horus-Logos-Kinde, wie bei Maria-Sophia mit ihrem Jesus-Logos-Knaben handelt es sich auch hier nicht um leibliche, sondern um geistige Mutterschaft, um das gnostisch-matriarchale Verhältnis, in dem die weibliche Hälfte des Doppelordens zu ihrer männlichen steht, seitdem sie diese durch geistige Parthenogenese zur Welt brachte.

Eine so populäre Gottheit wie Kuan Yin kann nur autochthon, kann keine sinisierte Maria sein. Unmöglich hätte sich aus dem antimarianischen Nestorianismus, der auf dem dritten allgemeinen Konzil von Ephesos verurteilt wurde, weil er Maria die Würde der Theotokos absprach, ein solcher Kultus der weiblichen Potenz des Absoluten entwickeln können, selbst wenn das nestorianische Christentum sich wie ein Lauffeuer unter der Tangdynastie über ganz Südchina verbreitet hätte, während es doch nur auf kleine Kreise lokal beschränkt blieb. Zur Zeit der jesuitischen Mission im XVII. Jahrhundert aber war der Kult der Kuan Yin in China und Japan fest eingewurzelt, wenn man auch nicht mehr wußte, bis in welche Vergangenheit seine Wurzel reichte. Dieser historischen Wurzel, dem ersten gnostisch-gynäkokratischen Doppelorden der Urmenschheit, sind unmittelbar oder mittelbar alle gnostisch-androgynen Doppelorden entsprungen: der gnostisch-gynäkokratische Doppelorden der Kuan Yin und ihres Sohnes, des gnostischen Yang, wie der der Panagia Maria und ihres Jesussohnes oder der der Isis und ihres Sohnes Horus, der ja nur der Osiris *redivivus* ist. Das sind alles nur zeitlich-räumlich bedingte und historisch kontingente Namen für den ewigen noumenalen Androgyn Sophia-Logos, dessen Idee das Eine durch seine gnostisch-gynäkokratischen Doppelorden unter vielen Namen in der Welt seines Erscheinungsdaseins verwirklichen will. Mit der Auflösung ihrer urzeitlichen Doppelorden durch den siegreichen antignostischen Hominismus aber begann für Kuan Yin wie für Maria eine hominisierte Postexistenz; das ist auch eine Ähnlichkeit des Schicksals beider, die man meistens übersieht. Sie verloren ihre immediate Stellung im Absoluten und wurden von der unipolaren männlichen Potenz zum

Dienst für den patriarchalen Hominismus mediatisiert. So wurde die hypostasierte Idee der gnostischen Gynäkokratie zur hypostasierten Idee der geistig unterworfenen weiblichen Potenz, welche die Interessen des männlichen Geschlechtes bei dem weiblichen zu vertreten hatte, die des weiblichen selbst aber nur insoweit schützen durfte, als sie sich mit denen des männlichen vereinigen ließen.

3.

Die gnostisch-gynäkokratische Urphilosophie der Menschheit war auch die der prähistorischen Protochinesen gewesen; nur unter dieser Voraussetzung lassen sich Entstehung und Sinn der beiden Denkrichtungen verstehen, die in historischer Zeit das geistige Leben Chinas in zwei Schulen spalteten. Die eine Schule, die des Nordens, fand ihren Abschluß und Höhepunkt in der Lehre Kungs, der aus dem Herzogtume Lu, in der heutigen Provinz Schantung, stammte. Die ehemals gnostisch-gynäkokratischen Protochinesen, die an dem wilden und schwer zu bändigenden Hoangho und seinem Zuflusse, dem Wei, wohnten, hatten, wie wir sahen, von den West- und Nordbarbaren, alttürkischen und hunnischen Stämmen, die Gesellschaftsordnung des patriarchalen Hominismus angenommen. Die Schule Kungs bildete also die revolutionäre Antithese des agnostischen Ichbewußtseins zu der These des gnostischen Ich-Nichtichbewußtseins, wie sie die Doppelorden gelehrt hatten. Daß sie der älteren gnostischen Philosophie Begriffe entlehnte, war ebenso notwendig, wie daß sie ihnen einen neuen hoministischen Sinn geben mußte. Die zweite Schule, die des „matriarchalen" Südens, fand ihren Abschluß und Höhepunkt in Laotse, der im Herzogtum Ch'u geboren war, das zu beiden Seiten des nach seinem Austritt aus dem Gebirge breit und sanft-gemächlich dem Meere entgegen fließenden Yangtse lag. Hier, in Mittel- wie in Südchina, haben sich zwar die philosophischen Traditionen der gnostisch-gynäkokratischen Doppelorden länger erhalten als im Norden; es wäre aber ein voreiliger Irrtum, die Philosophie Laotses einfach mit der chinesischen Urphilosophie gleichzusetzen. Wir werden sehen, inwiefern diese Behauptung berechtigt ist, inwiefern nicht. Man darf aber zunächst annehmen, daß er die Begriffe, die er mit Kung gemeinsam hat, und die bei beiden aus der chinesischen Urphilosophie stammen, in einem dieser näherstehenden Sinn verwendet hat. Es sind das vor allem die Begriffe des Tao und des Te; schon der Titel des Werkes „das kanonische Buch vom Tao und vom Te", unter dem die 81 Aphorismen zusammengefaßt sind, sagt deutlich, daß in diesen beiden Begriffen der Kern und die Einheit aller Aussprüche zu finden ist.

Der Begriff Tao bedeutet, um noch einmal daran zu erinnern, ursprünglich den zu einem Ziele führenden Weg und zugleich dieses Ziel selbst; übertragen bezeichnet er daher das zu einem Ziele oder Telos führende Gesetz und zugleich das durch dieses Gesetz verwirklichte Telos selbst. Unter Tao darf man also nicht das Absolute an sich selbst verstehen; Tao bezeichnet vielmehr die dem Erscheinungsdasein des Absoluten immanente teleologische Idee des Weltprozesses. Wenn also das metaphänomenale Absolute sich in der intellektuellen Anschauung seiner selbst als das in Subjekt und Objekt Identische erkennt, so erkennt es damit zugleich seine gnostische Menschheitswerdung in zwei Potenzen als das Tao oder Telos seines phänomenalen Daseins. Praktisch verwirklicht aber wird dieses Tao des Absoluten durch das Te des Absoluten, d. h. durch die „Kraft". Dieses Te aber ist die magische Kraft des gnostischen Nichthandelns. Vielleicht darf man also den Titel des Tao Te King folgendermaßen umschreiben: das kanonische Buch vom Gesetz (der androgynen gnostischen Menschheitswerdung des Absoluten) und von der Kraft (des quietistischen Nichthandelns, um sie zu verwirklichen).

Das Tao, die Intuition des gnostischen Telos, und das Te, die „willensfreie" Verwirklichung des Telos, sind die beiden Säulen, welche die gnostische Gynäkokratie der ersten Menschheit trugen. Denn ohne sich gegenseitig beeinflußt zu haben, sind die Doppelorden des Urtaoismus, Urbuddhismus und Urmessianismus aus derselben Wurzel, dem primordialen gnostisch-gynäkokratischen Doppelorden entsprungen. Alle drei Richtungen sind nur hominiatisch entstellt überliefert; am wenigsten wurde es der Urtaoismus durch das Taoteking Laotses. Man wird von ihm, besonders auch weil es sich in Begriffen ausdrückt und nicht in dunklen mythologischen Symbolen, ausgehen müssen, um die ursprüngliche Philosophie der beiden anderen eben genannten Schulen wiederzufinden. Das Taoteking proklamiert noch den gnostischen Primat der weiblichen Potenz des Absoluten über dessen agnostische männliche. Laotse nennt sie bildlich die „Weltmutter" als das schöpferisch-gebärende Prinzip im noumenalen Androgyn. Mit ihrem mythologischen Namen aber heißt sie Kuan Yin. Durch sein weibliches Prinzip, durch seine Kuan Yin, ist das Absolute zur Erscheinungswelt geworden. Der Urtaoismus wird damit die gnostische Gynäkokratie begründet haben: denn die „Weltmutter" kann nur durch das weibliche Geschlecht, nämlich als Gebärerin, ihr Tao, die gnostische Leibwerdung des Absoluten, verwirklichen. *E. Rousselle* hat auf die Bedeutung dieses weiblichen Prinzips bei Laotse in seiner Übersetzung des Taoteking gebührend hingewiesen.[20] Und es hat doch sicher eine symbolische Bedeutung, daß jener unsterblich gewordene Grenzwächter vom Hankaupaß, dem Laotse, als er auf seinem Wasserbüffel in die Fremde emigrierte, das Taoteking, das eine Verherrlichung des quietistischen Kuan Yin-prinzips ist, als Abschiedsgeschenk hinterließ, — daß dieser unsterbliche Zollwächter Kuan Yin-tse geheißen haben und ein gnostisch-taoistischer Philosoph gewesen sein soll. Die beiden verstanden sich; denn auch Laotse war ein *Doctor Marianus*. Oder war etwa der philosophische Zollwächter Kuan Yin-tse gar Kuan Yin-Sophia selbst? Man weiß nicht, bis wohin Laotse wirklich kam, als er, besiegt von der neuen Zeit, über den Hankaupaß nach Westen zog, um nicht wieder zurückzukehren; man weiß ebensowenig, wohin er überhaupt wollte. Er war eben, wie der große chinesische Geschichtsschreiber, Sse-ma-tsien, von ihm sagt, ein „verborgener Weiser". Im Westen aber, in Tibet, gab es, wie Reisende schon seit Jahrhunderten berichteten, ein großes Frauenreich, also ein Überrest der urzeitlichen gnostischen Gynäkokratie der Menschheit. Kein Geringerer als der Reisekaiser Mu-wang selbst (1001—947) hatte deren Königin im K'unlun-gebirge auf dem weißen Jadeberge in ihrem Jadepalast besucht, und sie selbst hatte ihm in seiner Residenz noch im gleichen Jahre den Besuch erwidert.[21] Ihr Titel war Si-wang-mu, d. h. „Mutter des westlichen Königs". Schon mehr als 1000 Jahre vor Mu-wang soll aber schon eine Si-wang-mu den Idealkaiser Schun aufgesucht haben. Wir möchten also vermuten, daß das geplante westliche Reiseziel des Weisen eben dieses geheimnisvolle gnostisch-gynäkokratische Westland gewesen sei. Denn hier durfte er hoffen, die Quellen des gnostischen Wissens der Urzeit noch lebendig zu finden, die in China bereits vertrocknet waren, und sein eigenes Wissen über das Absolute und seine bipolare Erscheinung in Yin und Yang zu vertiefen — oder zu korrigieren.

Auch die Umrisse der allgemeinen gnostisch-gynäkokratischen Geschichtsphilosophie, die im Gegensatz zu der naiven revolutionär-hoministischen Fortschrittsidee eine Philosophie des mit dem Verlust der Gnosis beginnenden geistigen Niederganges der Menschheit ist, finden sich im Taoteking. Die Urzeit war eine Periode des gnostisch-gynäkokratischen Friedens. Als aber das agnostische Ichbewußtsein und der agnostische Ich-Wille des Hominismus den magischen Kreis des gnostischen Identitätsbewußtseins des Einen in seinen beiden Potenzen gesprengt hatte, als die agnostisch-aktive Potenz die gnostisch-quietistische zum Schweigen gebracht hatte, mußte notwendig der Krieg aller gegen

---

[20] *E. Rousselle*, Lau Dse, Führung und Kraft aus der Ewigkeit (Dau-Dö-Ging), p. 65 ff. (Insel-Verlag).
[21] *Fr. Hirth*, Ancient History, p. 144-151.

alle beginnen und, was wenigstens ebenso schlimm war, jene sinnlose Polypragmosyne, jenes hysterische Getue und Erfinden des fortschrittlichen Hominismus. Der extrovertierte Aktivist ist Laotse ein Greuel; und da er voraus sah, daß durch den erwachten geistlosen Ich-aktivismus aller Teile das ganze Reich der Tschu auseinanderfallen müsse, so verließ er diese Gemeinschaft von Besessenen, wie ein Arzt einen verlorenen Patienten verläßt, der das Gegenteil von allem tut, das er vorschreibt und ihm die einzige Medizin, die helfen könnte, höhnisch an den Kopf wirft. Er überließ ihn der Behandlung seines Kollegen und Nebenbuhlers Kungtse, den er für einen Schwätzer und Scharlatan hielt, weil er dem Kranken verschrieb, was dieser gern wollte.

Doch das Starke und Harte, also das agnostisch-hoministische Prinzip, wird nicht das letzte Wort haben: der Endsieg im historischen Prozeß wird dem Schwachen und Weichen, dem Wasser, dem gnostischen weiblichen Prinzip des Wu-Wei gehören.

> Auf der ganzen Welt gibt es nichts Weicheres als das Wasser.
> Und doch in der Art, wie es dem Harten zusetzt, kommt ihm nichts gleich.
> Es kann durch nichts verändert werden.
> Daß Schwaches das Starke besiegt
> und Weiches das Harte besiegt
> weiß jedermann auf Erden,
> aber niemand vermag danach zu handeln.[22]

Durch diese Verse scheinen deutlich die Reste einer gnostisch-gynäkokratischen Apokalypse hindurch, die eine chinesische Parallele zu den weiblichen Apokalypsen des Westens gebildet haben muß. Das besiegte schwache und weiche gnostisch-weibliche Prinzip, Kuanyin, das Yin, wird also einmal wie mit physikalischer Notwendigkeit seinen harten und starken Besieger Shang-ti, das Yang, überwinden; das Zeichen des Sieges aber wird natürlich die Wiederaufrichtung seines Doppelordens sein. Auch hier aber wurden, wie in der gnostisch-gynäkokratischen Apokalypse der hebräischen Frauen in hoministischer Zeit, unter dem „schwachen" die sozial Schwachen des männlichen Geschlechtes verstanden, so daß die weibliche Apokalypse in eine Prophezeiung zu Gunsten einer sozial-hoministischen Revolution gegen die sozial Starken umgedeutet wurde. Denn unter dem Einfluß des Schamanismus der nördlichen und westlichen, stark von hunnisch-mongolischen Stämmen durchsetzten, Grenzstaaten des Reiches — der stärkste dieser Staaten, Tsch'in, errang im dritten Jahrhundert v. Chr. die Hegemonie über ganz China und der Kaiser Shi-hoang-ti bewies sogleich sein politisches Barbarentum durch die Verbrennung der alten chinesischen Literatur —

---

[22] Aph. 78, übersetzt von *R. Wilhelm,* Jena 1911.

unter diesen schamanistischen Einflüssen also wurde der Taoismus Laotses selbst schamanisiert und der Denker und Lehrer des Wu Wei zum okkultistischen Hexenmeister des Lebenselixiers und zur Autorität für geheimbündlerische Verschwörungen degradiert. Schon die Polizei der Tang-dynastie mußte diesen politisch-taoistischen Okkultismus überwachen. Es liegt aber in derselben Willensrichtung, wenn heute die materialistischen Philosophieprofessoren Mao-tse-tungs aus dem Meister einen klassenkämpferischen Vorläufer des Marxismus-Leninismus machen, wie Lily Abegg in einer Aprilnummer der „Frankfurter Allgemeinen Zeitung" 1955 berichtete. Denn es gibt zwar Tierschutzvereine, aber jeder Prokrustes nimmt sich das Recht, ohne sich um ihren wahren Sinn zu kümmern, die größten Werke der Menschheit solange zu quälen und zu verrenken, bis er sie zu Autoritäten für das Recht seines Egoismus vergewaltigt hat.

Die metaphysischen Prinzipien von Laotses Polaritätsphilosophie stammen mit ihrem Primat der weiblichen Potenz aus dem gnostisch-gynäkokratischen Doppelorden von Yin und Yang der chinesischen Vorgeschichte. Warum zieht aber dann Laotse aus denselben Prämissen nicht denselben Schluß wie dieser, den sogar der späte denkende Leser aus ihnen zu ziehen sich beständig gezwungen fühlt? Warum war der Weise nicht konsequent genug, die Wiederherstellung des gnostischen Doppelordens als Voraussetzung für die gnostische Reform der Gesellschaft zu fordern? Es handelt sich aber hier nicht um eine Inkonsequenz des Denkens, sondern um eine bewußte Hominisierung des Ur-Taoismus. Weder Lao selbst noch irgendeiner seiner Schüler haben je die patriarchal-hoministische Gesellschaftsordnung in Frage gestellt, die, wie bereits gesagt, Fu-hi (2852—2738), in der Zeit als die 4. ägyptische Dynastie die großen Pyramiden errichtete, begründet haben soll. Die konfuzianische Geschichtskonstruktion, die ja älter als Confucius ist, hatte bereits das gnostisch-weibliche Friedenszeitalter in eine goldene Zeit des Hominismus umgewandelt, das sie in die Regierungsperiode ihrer drei Idealkaiser Yau, Shun und Yü (2357—2198), in die Zeit des Neolithikums, verlegten. Die spätere Schule Laos verachtete diese Periode als eine Verfallszeit und setzte ihr *aureum saeculum* in die, doch nur ein paar Jahrhunderte ältere Epoche des sagenhaften neolithischen Kaisers Hoang-ti (2704—2595), von dem angeblich Aussprüche in dem Taoteking enthalten sein sollen. Also hatte schon der Neo-Taoismus Hoang-tis das goldene Zeitalter der „Kuanyin" hominisiert.

In China war das Schicksal der gnostisch-gynäkokratischen Doppelorden des ersten Äons ganz analog ihrem Schicksal in der übrigen Menschheit. Fast überall wurden die weiblichen Ordenshälften aufgelöst und die Nonnen von dem siegreichen patriarchalen Hominismus ihrer, von seinem Egoismus entdeckten, „natürlichen Bestimmung" zurückgegeben, ein Schlagwort, das er wohl damals zuerst erfunden und seitdem nicht wieder vergessen hat. Die männliche Hälfte der Doppelorden mußte wahrscheinlich zuerst unterirdisch leben, bis sie oberirdisch toleriert werden konnte, nachdem sie sich zum patriarchalen Hominismus bekannt und ihre Vergangenheit verleugnet hatte. Trotzdem machte ihre Bewußtseinsstufe auch diese hominisierten Orden zu einem unheimlichen Fremdkörper in der Masse der agnostisch ichbewußten Staatsbürger; denn der Staat ist die Organisation des agnostischen Ichbewußtseins des Einen gegen sein gnostisches. Aus der Gedankenwelt und Tradition eines schon lange hominisierten Männerordens, der in der Urzeit einmal die männliche Hälfte eines gnostisch-gynäkokratischen Doppelordens gebildet hatte, scheint Lao geistig hervorgegangen, und er hat sein Werk geschrieben, um einen solchen Orden zu reformieren. Es ist ein Buch für kontemplative Mönche, für den Schêng Yen, den „Heiligen" oder den „Berufenen", aber nicht für konfuzianisch gebildete Kün-tzi's. Erinnert man sich daran, welche Bedeutung der mythische Hoang-ti für den Orden Laotses besaß, so möchte man glauben, daß er in ihm den legendären Begründer desselben erblickte. Dann hätte wohl Hoang-ti beabsichtigt, durch die Gründung des neotaoistisch-gnostizistischen Männerordens eine geistige Synthese zwischen dem gnostisch-gynäkokratischen Urtaoismus und dem kaiserlich-hoministischen Tao Schangtis im neuen China herzustellen; und die Ordensreform durch Laotse wäre, sicher nach einer langen Reihe von Vorgängern, der letzte historische Erneuerungsversuch gewesen. Laotse redet zwar die Sprache des prähistorischen Doppelordens, aber als eine soziologische Wirklichkeit ignoriert er ihn. Deshalb spricht er nie konkret von einem weiblichen Orden, sondern kennt nur „das Weibliche" als ein abstrakt-ideelles Prinzip. Durch Hoangti-Laotse wurde die männliche Hälfte des alten gnostisch-gynäkokratischen Doppelordens als ein selbständiger Männerorden konstituiert. Aber dieses *l'uomo farà da se*, diese Ausschaltung der weiblichen gnostischen Potenz aus der Dialektik des Einen mit sich selbst, diese Verneinung des noumenalen gnostischen Androgyns, war die geistige Hybris des männlichen Geschlechtes, war geistiger Solipsismus; durch sie wurde die Gnosis zu hoministischem Gnostizismus. Der männliche Subjektivismus erklärte seine eigene Androgynität, indem er „das Weibliche", d. h. das gnostische Vermögen, sich selbst allein zuschrieb und proklamierte, daß nur in ihm das Absolute theoretisch und praktisch seiner bewußt werden könne. Welcher Widersinn aber lag darin, der weiblichen Potenz die Gnosis abzusprechen und das eigene gnostische

Vermögen als „das Weibliche" zu bezeichnen; denn dieses Bild hätte ja überhaupt nicht entstehen können, wenn ihm nicht eine vergangene Wirklichkeit, die in ihm festgehalten wurde, zugrunde lag. Durch dieses sophistische Wortspiel aber durfte sich also das einzelne gnostizistische männliche Individuum psychologisch als einen gnostisch-gynäkokratischen Androgyn betrachten. Und mit derselben sophistischen Mystifikation konnte der neotaoistische Orden, der ja, weil er die „weibliche Gnosis" besaß, das „Weibliche" repräsentierte, wenn er die Führung der hoministischen Gesellschaftsordnung gewonnen hatte, sagen, daß jetzt auch soziologisch die gnostische Gynäkokratie der Urzeit wiederhergestellt sei.

> Mit Worten läßt sich trefflich streiten,
> Mit Worten ein System bereiten,

belehrt Mephisto den Schüler. Doch das Werk des Ordensreformators Laotse bleibt in seiner Größe und Erhabenheit unangetastet. In einer Zeit, in der das Absolute sich selbst im agnostischen Ichbewußtsein seiner Phänomenalität verlor, erwachte es in diesem Weisen wieder zum Bewußtsein seiner metaphänomenalen Wirklichkeit und Einzigkeit. Und wenn auch Laotses Deuterotaoismus nur eine Hominisierung des gnostisch-gynäkokratischen Prototaoismus ist, so zeigt das Taoteking doch über sich hinaus, indem es hinter sich zurück deutet.

Übrigens läßt sich diese Übergangsstufe eines hoministischen Gnostizismus, der zwischen der urzeitlichen gnostischen Gynäkokratie und dem totalen antignostischen Hominismus vermitteln wollte und deshalb von der ersteren die ontologische Grundlage und von dem andern das hoministische Prinzip übernahm, in der geistigen Geschichte der ganzen Menschheit feststellen: der Fall Laotse ist nur der chinesische Spezialfall. Mystik nennt man eine Lehre, die, um sie nicht zu profanieren oder um sich nicht selbst zu gefährden, geheim gehalten und nur Auserlesenen mitgeteilt wird. Es kann also sowohl eine gnostische wie eine gnostizistische Geheimlehre geben. Denn auch der gnostizistische Hominismus mußte sich in einer Welt des agnostischen Individualismus und sogar der religiösen Vergöttlichung desselben verborgen halten. Je mehr sich der Gnostizismus aber von der Gnosis entfernte, um so mehr mußte er dem ontologischen und teleologischen Denken des zweiten Äons verfallen, so daß er schließlich aufhörte, überhaupt noch Mystik, d. h. Geheimlehre *(mystikòs lógos)* zu sein. Die Negation des noumenalen Androgyns Sophia-Logos und die Negation des Doppelordens war im Grunde dieselbe Vereinigung des Einen auf zwei verschiedenen Ebenen des Bewußtseins, der theoretischen und der praktischen. Trotzdem haben sich sogar noch im Sprachgebrauch der gnostizistischen Mystik jene Reste aus der

Symbolsprache der prähistorischen Doppelorden erhalten, deren Herkunft und wahren Sinn die Mystiker selbst nicht mehr verstanden und welche das agnostische Ichbewußtsein als subjektiv-erotische Elemente zu psychologisieren pflegt, während sie in Wahrheit objektive Ausdrucksformen für die Identität des sich in zwei Potenzen erscheinenden Absoluten sind, so weit dieses sich im menschlichen Bewußtsein zu erkennen vermag. Auch von diesen gnostizistisch-mystischen Systemen gilt daher, daß sie, wie das Taoteking, — obwohl sie nur in sehr wenigen Werken auf einer ihm vergleichbaren geistigen Höhe standen — über sich selbst hinausweisen, indem sie auf eine frühere und vollkommenere Stufe des gnostischen Selbstbewußtseins des Einen zurückdeuten.

3. ABSCHNITT

Über die gnostische Soziologie des chinesischen Philosophen Lao-Tse

I.

Als das Eine zu Weltall und Menschheit gewordene absolut Seiende sich um das Jahr 600 v. Chr. als jene Person individuierte und in ihr zum Bewußtsein seiner selbst kam, die unter dem unpersönlichen Beinamen Lao-tse, d. h. der alte Weise, der Welt bekannt ist, ging der alte chinesische Lehnsstaat unaufhaltsam seinem Ende entgegen.

Die Dynastie, die damals das chinesische Reich regierte, war die der Dschou. Ihre Vorgängerin, die der Schang oder Hia, war im Jahre 1122 v. Chr. durch Wu Wang, den ersten Herrscher der Dschou-Dynastie, gestürzt worden, die 856 Jahre auf dem Throne des Reiches sitzen sollte, von 1122—256 v. Chr. Als sie begann, war im Abendlande vor ungefähr 60 Jahren nach zehnjähriger Belagerung Troja gefallen und jetzt begannen die in Griechenland eindringenden Thessaler und Dorer die achäischen Stämme von Hellas zu unterwerfen und ihre Kultur zu zertrampeln. Und der erste punische Krieg war seit ein paar Jahren ausgebrochen, als der letzte Dschou abdankte und den Thron dem Fürsten Dscheng von Tsin überließ, der nach Unterwerfung aller selbständig gewordenen Teilfürsten und Annexion ihrer Länder das zwei- vielleicht dreitausend Jahre alte feudalistische Staatssystem Chinas für immer zertrümmerte und die absolute büreaukratische Monarchie begründete. So wurde er zum Totengräber des chinesischen Altertums und zum Vater des chinesischen Mittelalters, das bis zum Sturze der Mandschu 1912, also über zweitausend Jahre, lebte. In China verehrt man nicht ohne Belohnung den Gott des langen Lebens. Die Hauptstadt der Dschou, die zuerst Hao im Westen, im Tal des Weiho, dicht bei Singanfu, der modernen Hauptstadt der Provinz Shensi, war, wurde 770 unter dem Druck der Nordwestbarbaren, d. h. hunnisch-mongolischer Stämme, die die alte Hauptstadt erobert, den Kaiser getötet und alle Schätze der Dschou mit sich fortgeschleppt hatten, 350 km weiter nach Osten, in das Tal des Loho, nach Loyang in Honan, dem modernen Honanfu, verlegt. Die zweiundzwanzig Kaiser, die hier noch regierten, werden deshalb als östliche Dschou von ihren Vorgängern, die in Hao residiert hatten, den westlichen Dschou, unterschieden. In diese Zeit der östlichen Dschou fällt die Gründung Roms und der Aufstieg der Stadt bis zum ersten punischen Krieg.

Man teilt die Zeit der mit dieser Übersiedlung beginnenden Auflösung des Reiches in zwei Perioden: die Zeit der „Frühlings- und Herbstannalen", d. h. die Zeit von 770—481 (480 ist das Jahr von Thermopylae und Salamis), so genannt, weil Kungfu-tse seiner Chronik des Herzogtums Lu in Schantung, welche die Ereignisse dieser Jahre verzeichnet, den Namen „Frühling und Herbst", Tschun-tsiu, gegeben hat, und in die sogenannte „Zeit der kämpfenden Reiche", von 481—256. Die Zersetzung des alten Lehnsreiches geht in immer schnellerem Tempo vor sich. Die großen Lehnsstaaten vergrößern sich beständig auf Kosten der kaiserlichen Gewalt und Hausmacht und verschlucken, lawinenartig anwachsend, in ununterbrochenen Kriegen die kleineren. So wird eine Reihe ehemaliger kaiserlicher Lehen zu selbständigen Großstaaten, deren Fürsten den Kaisertitel annehmen und miteinander um Thron und Alleinherrschaft streiten. China schien ein Volk tollwütiger Narren geworden: *manus omnium contra omnes*. Die römischen Dichter jammern über das eine Jahrhundert der Bürgerkriege von den Gracchen bis zur Schlacht bei Actium. In China aber waren die Bürgerkriege fast fünf Jahrhunderte in Permanenz mit allen Begleiterscheinungen: Verrat, Meuchelmord und Verlumpung der Sitten. Millionen von Menschen fielen in den zahllosen Schlachten und Gefechten oder als harmlose Zivilisten bei der Eroberung von Städten und Dörfern; alle Kriegsgefangenen wurden prinzipiell umgebracht. Der Staat Tsin setzte Goldprämien auf abgeschnittene Köpfe aus; das mußte den Eifer auch der Abgestumpften neu beleben. In der Schlacht bei Schimen, im Jahre 364, sollen 60 000 Köpfe eingeliefert worden sein, 312 bei Danyang 80 000, bei Tschangpin 260 gar 450 000 an einem Tage. Mit den ewigen Bürgerkriegen war es nicht genug: die Westbarbaren, die Vorfahren der Hunnen, benutzten diese Zeit der inneren Auflösung zu Einfällen bis in das Herz des Reiches. Sechzig Jahre vor der Geburt Lao-tses drangen sie in den Staat Weh in Honan ein und leisteten so gründliche Arbeit, daß von 100 000 Einwohnern nur 750 am Leben geblieben sein sollen. Das in sich gespaltene und zum Widerstand unfähige Reich schien jetzt schon eine Beute fremder Eroberer werden zu sollen, wie es viele Jahrhunderte später die der Khitan, der Dschurdschen, der Mongolen und schließlich der Mandschu wurde.

II.

In dieser tollwütigen Zeit erwachte in China der Geist zu Besinnung und Reflexion. Eine der griechischen an Scharfsinn ebenbürtige, an Tiefsinn überlegene Philosophie entstand. Griechische und chinesische Philosophie entstanden und entwickelten sich gleichzeitig. Lao-tse und Kungfu-tse, d. h. „unser Lehrer Kung", den die Abendländer im 18. Jahrhundert Confucius latinisiert haben, leben in der Zeit der jonischen Naturphilosophie: Lao-tse ist Zeitgenosse des Anaximander und Pythagoras, Kung-tse der des großen Heraklit und des Parmenides und

Dschuang-tse der Epikurs und Zenos. Die griechische Philosophie wurde wie die chinesische in einer Zeit der Ständekämpfe und der gesellschaftlichen Auflösung geboren. Das revolutionäre Bürgertum, der Demos, stürzte in den Stadtstaaten Joniens, des Mutterlandes und der sizilisch-unteritalischen Kolonien die aristokratischen Verfassungen durch immer radikalere demokratische, und die geistige Aufklärung dieser Jahrhunderte unterstützt auch in China das pazifistische Bürgertum der Städte mit seinen revolutionär-demokratischen Gesinnungen in seinem Ständekampfe gegen den übermütigen kriegerischen Feudaladel und gegen die in seinen Diensten stehende Priesterkaste der orthodoxen Staatsreligion.

Vom Leben Lao-tses, des ältesten und größten Philosophen Chinas, weiß man so gut wie nichts. So ist es in Ordnung für den Mann, von dem es in den „Historischen Denkwürdigkeiten" (Shiki) des Großastrologen und Historikers Sze-ma Tsiän (ca. 163—85 v. Chr.) heißt: „Seine Lehre war die Verborgenheit des Selbst: namenlos zu werden war das, wonach er strebte." Er stammte aus einem Orte an der Ostgrenze von Mittel-Honan, das damals zum Staate Tschu gehörte, dessen Hauptteil am Jangtse lag, war also doch wohl Nordchinese. Sein Familienname war Li, sein Rufname Oerl, sein persönlicher Name Tan. Er hieß also Li Oerl oder Li Tan. Er war Vorsteher des kaiserlichen Archivs, also der Reichsbibliothek, zu Loyang. Als er die Hoffnungslosigkeit der Lage des Reiches erkannt hatte, verließ er die Hauptstadt, um wenigstens sein geistiges Leben zu retten und in der Einsamkeit zu sterben. Man denkt unwillkürlich an die Flucht Tolstois. Er lebte und starb, wie er gelehrt hatte und er lehrte, wie er lebte und starb. Das ist alles, was wir von dem Erneuerer der *philosophia perennis* in China wissen. Doch sind von Sze-ma Tsiän noch zwei charakteristische Anekdoten überliefert. Die erste gibt ein ausgezeichnetes Bild des wesentlichen Gegensatzes von Laotse, dem Denker, und dem 50 Jahre jüngeren gelehrten Dokumentensammler Kung. Sie spielt in der Zeit, als Lao-tse noch am Archiv von Loyang arbeitete. „Als Kung sich dorthin begeben hatte, heißt es bei Sze-ma Tsiän, um Lao-tse über die Riten (Li) zu befragen, sprach dieser: „Herr, die Gebeine der Leute, von denen Sie reden, werden schon alle vermodert sein, nur ihre Worte sind noch vorhanden. Findet der Edle seine Zeit, so steigt er zu hohen Würden empor; findet er nicht seine Zeit, so wird er untergehen wie die Feldsamen der Strauchdistel. Ich habe gehört, daß ein guter Kaufmann seine Schätze tief versteckt, als wäre es bei ihm leer; ein Edler von vollendeter Tugend stellt sich wie unwissend. Entsagen Sie Ihrem stolzen Sinne, Ihren vielen Wünschen, dem äußeren Schein und hochfliegenden Plänen; das alles hat keinen Sinn für Ihre Person. Ich sage Ihnen das und damit Schluß." Kung ging nach Hause und sprach zu seinen Jüngern: „Die Vögel, ich weiß, daß sie fliegen können; die Fische, ich weiß, daß sie schwimmen können; die Tiere, ich weiß, daß sie laufen können. Für die Laufenden kann man Fanggarne machen, für die Schwimmenden kann man Netze machen, für die Fliegenden kann man Pfeile machen. Handelt es sich aber um einen Drachen, so kann man nicht wissen, wie er auf Wind und Wolken reitend zum Himmel steigt. Heute sah ich Lao-tse: ist er nicht wie ein Drache?" Jeder hat das Bild des anderen glänzend getroffen. — Die zweite Anekdote ist eine Legende von der Entstehung des Tao-te-king. Als Lao-tse, erzählt Sze-ma Tsiän, die Reichshauptstadt Loyang, also den Staat Dschou in Mittelchina verließ, um in einen anderen Staat — natürlich innerhalb des Reichsgebietes — zu wandern, und an den Grenzpaß Han-ku kam, sagte der Grenzwächter, Yin-hi, zu ihm: „Da der Herr im Begriffe ist, sich in die Einsamkeit zurückzuziehen, bitte ich ihn, für mich eine Aufzeichnung zu machen." Daraufhin schrieb Lao-tse ein Buch in zwei Abschnitten, mit einigen fünftausend Schriftzeichen, in denen er das Tao und dessen Wirken behandelte, und ging dann fort. Niemand weiß, wo er geendet. Lao-tse war ein Edler, der in der Verborgenheit lebte.

Unter den griechischen Philosophen scheint mir besonders der Ionier Heraklit von Ephesos, sein jüngerer Zeitgenosse, ein Geistesverwandter Lao-tses zu sein. Beide haben denselben Stolz der Erkenntnis, verachten die unphilosophische Masse und die unsystematische, zusammenhangslose Vielwisserei, die Polymathia, der nur Gelehrten. „Vielwisserei lehrt nicht Verstand haben" sagte Heraklit, und eine Reihe von Äußerungen des Tao-te-king zeigt Lao-tses Verachtung der unphilosophischen Wisserei, die in der köstlichen Anekdote von Lao-tse und Kung-tse ihren Ausdruck gefunden hat. *Philosophein to plēthos adynaton estin*, zu philosophieren ist für die Menge eine Unmöglichkeit, hat Platon gesagt: auch das ist eine west-östliche Einsicht. „Als man den Heraklit", erzählt Diogenes Laertius in seiner um die Zeit der Thronbesteigung Diokletians erschienenen Philosophengeschichte, „gemäß dem Ansehen, in dem er stand, ersuchte, als Gesetzgeber aufzutreten, wies er es mit Entrüstung von sich, weil der Staat bereits der Strömung der schlechten Verfassung anheim gefallen sei." Lao-tse hat seinen ihn zur Politik mahnenden Zeitgenossen sicher oft die gleiche Antwort gegeben. „Er wich dem Verkehre aus, erzählt Diogenes von Heraklit, und spielte im Artemis-Tempel mit den Knaben Würfel; und als sich die Ephesier an ihn herandrängten, rief er ihnen zu: Was wundert ihr euch, ihr heilloses Gesindel? Ist das nicht eine anständigere Beschäftigung als mit euch die Staatsgeschäfte zu führen?" Auch Lao-tse wird in diesem Ton zu den zeitgenössischen Politikern geredet haben. Endlich wurde Heraklit des Zusammenseins mit den Menschen völlig überdrüssig, schied — wie Lao-tse — aus ihrer Gesellschaft aus, lebte einsam im Gebirge. So starb Heraklit einsam gleich Lao-tse, der erste uns bekannte philosophische Eremit des Abendlandes. Man nannte ihn den „Dunklen", wie seinen geistigen Bruder im Osten, wegen des schwer verständlichen, zugespitzt paradoxen Orakelstils, der bewußt Unberufene abschrecken und verscheuchen soll, oder ihr Verständnis irreführen will. Heraklit und Lao-tse sind esoterische Philosophen. In China, Indien und Hellas waren die philosophischen Lehrschriften nicht für den Markt und den demokratischen Herrn Omnes bestimmt, sondern für kleine, ausgewählte Schülergemeinden, die Thiasoi, geistige Ordensgemeinden. Die Dunkelheit der Sprache war ein notwendiger Schutz vor der exoterischen Masse und dem beständig in Angst und Unsicherheit lebenden Staate. „Sagt es niemand, nur den Weisen", und *„Odi profanum vulgus et arceo"* warnt das abratende Daimonion die Philosophen. Gleich allen griechischen Philosophen hat auch Heraklit seinen Orden gegründet, wie Lao-tse den seinigen; in jenem Yin-hi, dem Wächter vom Hanku-Passe, darf man das erste von Lao-tse ernannte Schulhaupt symbolisiert sehen. Das Werk Heraklits hieß *„peri physeos"*, über die Natur, das des Lao-tse hieß Tao-te-king, „Vom Tao und seinem Wirken"; hätte Lao-tse griechisch geschrieben, so hätte er es auch: *„peri physeos"* nennen können. Diesem psychologischen Vergleich des größten frühgriechischen mit dem größten chinesischen Denker will ich, ohne weitere Begründung, an dieser Stelle nur noch hinzufügen, daß auch ihre Lehrsysteme nur östliche und westliche Form derselben *philosophia perennis* sind, das Bewußtsein von dem Einen in Welt und Menschheit individuierten Seienden, das Heraklit den Logos, Lao-tse das Tao nannte, das die *coincidentia oppositorum* ist, das *Hen diapheron heautō*, das sich in dem ewigen Fluß der Dinge manifestiert, den Heraklit und Lao-tse gleicher Weise als dialektischen Prozeß der Polaritäten verstehen.

Lao-tse hat sein Buch Tao-te-king genannt. Was bedeutet dieser Titel? Der Sinologe de Groot hat die orthodoxe Staatsreligion, die in China herrschte, als die große geistige Bewegung der philosophischen Aufklärung begann, die sich der feudalen und religiösen Vergangenheit kritisch-revolutionär entgegensetzte, „Universismus" genannt. Es ist das ein auf willkürlichen Korrespondenzen und Analogien beruhendes System des Universums zu zauberischen Zwecken, systematisierter kosmologischer Schamanismus, ein dogmatisches Weltsystem, das sicher schon unter der Hia- und Schang-dynastie in offiziellen Priesterschulen entwickelt und in immer kindischeren und pedantischeren Assoziationen erweitert wurde.

Charakteristisch für den chinesischen Staatsschamanismus, der seinem Wesen nach ein Verwandter des ihm benachbarten tibetanischen und mongolischen ist, ist das Schafgarbenorakel. Als Staatsorakel hatte es bei den Chinesen die Bedeutung wie die Divination aus Urim und Tummim oder durch den Ephod bei den Juden. Stengel der Schafgarbe wurden im Ganzen oder in zwei gebrochenen Stückchen, je drei übereinander gelegt, zu den acht Urzeichen „des Buches der Wandlungen", des I-king, in dem spätere Jahrhunderte die primitiven Zeichen der Urzeit immer raffinierter im Dienste der Staatsräson aus kosmischen Zusammenhängen und Analogien zu deuten und zu kommentieren verstanden. Sogar Kung-tse schrieb noch im hohen Alter einen Kommentar zum I-king. Die Schafgarbenschule hat seit dem Emporkommen der Dschoudynastie die Schildkrötenschule besiegt, die noch unter den Schang in Blüte stand. Die Schamanen dieser Schule überzogen den Rückenschild einer Schildkröte mit Lack oder Tusche, überhitzten ihn am Feuer solange, bis sich Risse bildeten, aus deren Gestalt man die Zukunft des Reiches ablesen konnte. Aber kein Kung hat den kosmologischen Kommentar zu diesen Rissen verfaßt wie zu den Urzeichen der Schafgarbenstengel: das Schildkröten-Iking wurde nie geschrieben.

Diesen alten universistischen Staatsschamanismus nennt man auch Staatstaoismus, Zaubertaoismus oder Vulgärtaoismus, um ihn vom Taoismus Lao-tses oder Kung-tses zu unterscheiden. Das Wort *Tao* bedeutet den festen, sinnvollen Weg zur Erreichung eines Zieles, also das Gesetz. Es gibt den kosmischen Weg des Alls, des Himmels (T'iän Tao), also das kosmische Gesetz, und den Weg des Menschengeschlechtes auf der Erde (Jen Tao), also das Gesetz der menschlichen Gesellschaft, und zwischen beiden besteht, weil beiden ein gemeinsamer Sinn zugrunde liegt, eine prästabilierte Harmonie. Das schamanische Tao ist nun das Gesetz von der magischen Beziehung der Geister des Universums und der Toten zu der Gesellschaft der Lebenden und dieser zu jenen. Der Schamane kennt dieses Tao und hat daher das Schicksal der Gesellschaft in seiner Hand. Er hat aber nicht nur dieses Zauberwissen, sondern, was noch wichtiger ist, die Zauberkräfte, um auf die Geister einzuwirken und sie dem Wohl oder Wehe der Gesellschaft dienstbar zu machen. In der ältesten Zeit ist deshalb der Schamane notwendig der Träger dieser von ihm geschaffenen Gesellschaftsordnung und imstande, durch seine Zauberkräfte die Harmonie zwischen Himmel- und Menschenwelt zu erhalten oder, wenn sie verloren ging, wiederherzustellen: der Kaiser aber ist der oberste Schamane. Das ist der *schamanische Taoismus*. Die philosophische Bewegung in China, eine laizistische Bewegung, bekämpfte den Zaubertaoismus des schamanischen Staatspriestertums. Den

Taoismus, den Kung ihm entgegensetzte, kann man den *moralischen Taoismus* nennen: die Himmel und Erde versöhnende Zauberkraft ist jetzt die Erfüllung des Sittengesetzes als der Grundlage der Gesellschaftsordnung. Der Taoismus Lao-tses aber verdient den Namen des *gnostischen:* denn bei ihm beruht die Harmonie von Kosmos und Menschheit auf der Erkenntnis oder Gnosis der Identität beider. Das Wort „*Tao*" im Titel der Schrift Lao-tses stammt also aus der alten schamanistischen Staatsreligion Chinas. Der Denker braucht das Wort in einem doppelten Sinne. Einmal bezeichnet es das Absolute selbst sowohl als reines Sein (tsch'ang-tao, das heißt dauerndes Sein), wie des Absoluten als des Trägers seiner menschlichen und nichtmenschlichen Erscheinungen (ju-ming-tao), das heißt bestimmtes Tao. Zweitens aber gebraucht er das Wort auch im Sinne des Gesetzes, das heißt, der durch das Wesen des Absoluten selbst bestimmten Gesellschaftsordnung, in der es sich verwirklicht. Im Abendlande pflegen wir das Tao seit Plotin das „Eine ohne Zweites" zu nennen. Das zweite Zeichen des Titels ist „*Te*". Te bedeutet das Vermögen oder die Kraft, etwas zu tun, das heißt also in der Zusammenstellung mit Tao: die spezifische Kraft oder das spezifische Vermögen des Tao, sich in der Gesellschaft seiner menschlichen Individuationen seinem Wesen gemäß zu verwirklichen. Das dritte Wort „*King*" ist die Bezeichnung für eine kanonische Schrift. Wir können nun den Titel folgendermaßen übersetzen: Das Tao-te-king ist das Buch vom Tao, dem Absoluten oder dem Einen sowie von der aus seinem Wesen folgenden Gesellschaftsordnung, und das Buch von Te, der spezifischen Kraft, durch welche diese Gesellschaftsordnung verwirklicht wird.

Das Tao-te-king besteht aus 81 kurzen Kapiteln oder Aphorismen. Ungefähr in der Mitte beginnt nach Kapitel 37 mit 38 ein zweiter Teil. Diese Einteilung, die nicht von Lao-tse, sondern von der Schule stammt, ist überflüssig und irreführend, insofern man auf den Gedanken kommen könnte, daß im ersten Teil über das Tao, im zweiten über Te gehandelt werde. Es gibt in dem Werke aber keine Gedankenentwicklung. In jedem dieser 81 Orakelsprüche steckt fertig das ganze System, in jedem einzelnen Aphorismus stecken alle. Was Goethe von Hafis sagt:

> Dein Lied ist drehend wie das Sterngewölbe,
> Anfang und Ende immerdar dasselbe,
> Und was die Mitte bringt, ist offenbar
> Das, was am Ende bleibt, am Anfang war,

das gilt auch für das Tao-te-king des Lao-tse. Literarisch betrachtet sind diese Aussprüche nun sicher nicht hintereinander niedergeschriebene Sentenzen, sondern Lehren, die der Weise bei bestimmten Gelegenheiten gab und die von den Schülern aufgezeichnet und gesammelt wurden. Man kann diese Logia des Lao-tse mit den Logia des Jeschua vergleichen, die bekanntlich auch zuerst für sich in Spruchsammlungen vereinigt wurden ohne Berichte von den Situationen, denen sie ihre Entstehung verdankten. Der Phantasie aber ist es nicht verwehrt, aus dem Inhalt der einzelnen Logia des Lao-tse in genußreichem Spiele sich Gelegenheiten auszudenken, bei denen sie hätten gesprochen sein können. Sie erhalten dann etwas von der Atmosphäre des realen Lebens zurück, aus dem sie stammen, wie sie die Logia Kungs und Tschuang-tses und anderer umgibt, von denen die wirklichen oder auch nur erdichteten Gelegenheitsursachen berichtet werden.

Lao-tses System ist nicht theozentrisch, sondern taozentrisch. Den Begriff „Gott" in der abendländischen Definition kennt er nicht und es wäre apologetische Taschenspielerei und ein Versuch, durch zweideutige Definitionen im Trüben zu fischen, das Tao mit „Gott" zu übersetzen. Das Tao ist so wenig Gott wie das reine Sein, das On, des Parmenides; das Reich des Tao ist etwas anderes als das Reich Gottes. Bei Lao-tse gibt es keine Art von Theismus. Der alte chinesische Theismus, die Religion des Himmelsgottes, von dem die Welt schlechthin abhängig ist, der schon auf dieser Erde die Guten belohnt und die Bösen bestraft, in dessen Dienst die Naturgeister und die Ahnengeister wirken, dem unter patriarchalem Herrenrecht die Erde als Gattin zugesellt ist, existiert bei ihm nicht einmal mehr als Objekt der Polemik. Nicht einmal mehr eine Erinnerung an Mythologie gibt es bei ihm. Der mythologische Theismus und Ahnenkult vielleicht eines eingewanderten Herrenvolkes hatte sich mit dem Seelen- und Geisterglauben des taoistischen Schamanismus der Urbevölkerung zu der Einheit der chinesischen Staatsreligion verschmolzen, so recht und schlecht wie es eben religiösem Synkretismus gelingt, heterogene, einander widersprechende Vorstellungen und Riten zu einer Scheineinheit zu zwingen, wenn ihre Träger zu biologischen und politischen Einheiten amalgamiert werden sollen. Lao-tse aber ist kein Schamane, kein theologisierender Mythologe, sondern Philosoph. Was bedeutet das?

Unter Philosophie versteht man das Wissen und die Lehre von der Bestimmung der Menschheit im All der Welten. Es kann nur zwei Arten von Philosophie geben. Entweder ist das zu Welten und Menschheiten gewordene Eine Wirkliche in einer ichbewußten Individuation zum Bewußtsein gekommen, daß es sich als das Eine Seiende wie in dieser einzelnen ich-sagenden menschlichen Person so auch in allen Welten und Menschheiten individuiert hat, dann ist es also in einer einzelnen menschlichen Individuation zum Bewußtsein seiner selbst als des sich universell individuierenden Einen gekommen, welches Selbstbewußtsein des Einen ich Gnosis nennen will: es ist also in einer solchen ich-bewußten Individuation zu einer gnostisch ich-bewußten Individuation geworden, zu seinem *gnostischen Ichbewußtsein* gekommen. — Oder das Eine sagt in jeder seiner menschlichen Individuationen zwar „Ich", kommt aber in ihnen zu diesem Ichbewußtsein ohne zu wissen, daß es sich in ihnen wie in der unendlichen Allheit aller daseienden ichbewußten wie nicht ichbewußten Dinge individuiert hat, kommt also nicht zum Bewußtsein seiner selbst als des in der ichsagenden Individuation individuierten Einen, also nicht zur Gnosis: dann rede ich von dem *agnostischen Ichbewußtsein* des Einen in dieser Individuation. Die Fähigkeit des Einen zum Ichbewußtsein nenne ich Verstand, die Erkenntniskraft, durch welche es zum Bewußtsein seiner selbst als des Einen kommt, nenne ich Vernunft oder Geist. Gnostisches Ichbewußtsein ist also geistig oder vernünftig gewordener Verstand, agnostisches Ichbewußtsein ist ungeistig oder unvernünftig gebliebener Verstand des Einen. In allen Philosophien philosophiert also zwar das Eine Seiende, das heißt sucht es der gegebenen Definition gemäß den Sinn der Menschheiten im All der Welten, in denen es sich in der Zeit individuiert, sich bewußt zu machen, aber die Philosophien des im agnostischen Ichbewußtsein stecken gebliebenen Einen sind *agnostische oder ungeistige Philosophien* — sie nennen sich gern positive Philosophien — von denen sich die seiner gnostisch-ichbewußten Individuationen als *gnostische oder geistige Philosophien* unterscheiden. Für die letzteren ist das Selbstbewußtsein des Einen, das heißt die Gnosis, das Ziel oder Telos seiner menschlichen Individuationen in der Zeit, das heißt: das Eine erkennt in seinem Selbstbewußtsein, in der Gnosis also, die Gnosis selbst, das heißt den Geist als den Sinn seines Werdens in der Zeit. In den ersteren dagegen will das Eine auf der einmal erreichten Stufe des agnostischen Ichbewußtseins beharren und seinen metaphysischen Trieb, das heißt seinen Trieb zur Gnosis oder zum Geist, verdrängen. Der gnostischen Seinslehre oder Ontologie steht also eine agnostische Ontologie gegenüber, und der *gnostischen Teleologie,* d. h. der Lehre, daß das Selbstbewußtsein des Einen von sich als dem Einen das Ziel und der Sinn seines Werdens in der Zeit ist, eine *agnostische Teleologie* gegenüber, nämlich die rein negative Lehre, daß diese Gnosis nicht dieses Ziel ist, sondern vielmehr die Unterdrückung dieses Bewußtseins als einer Gefahr und Beschränkung für das agnostische Ichbewußtsein; weshalb diese Philosophen sich nicht nur Positivisten, sondern, stolz auf ihre metaphysische Unwissenheit, direkt „Agnostiker" genannt haben. Sie sind die Kämpfer gegen den Geist, die Pneumatomachen. Gnostische Teleologie aber bedeutet, da die menschlichen Individuationen des Einen in Gemeinschaften leben, auch so viel wie *gnostische Soziologie*. Soziologie heißt Lehre vom Sinn und Zweck der menschlichen Gesellschaft; gnostische Soziologie ist also die Lehre vom gnostischen Gesellschaftsleben als dem Sinn der menschlichen Individuationen des Einen. Damit ist zweierlei gesagt. Einmal, daß diese Gesellschaftsordnung formal betrachtet gnostisch-hierarchisch ist, d. h., daß die geistigen Individuationen des Einen, die gnostischen Philosophen, den obersten Stand bilden und als die Lehrer vom gnostischen Sinn der Gesellschaft zugleich deren Begründer und Erhalter sind. Material betrachtet ist sie zweitens eine die gesamte Menschheit umfassende Gesellschaftsordnung. Denn das Eine erschöpft sich nicht in einzelnen, zufälligen gnostischen Individuationen, sondern erfüllt sein Wesen nur in der Menschheit als einer gnostischen Einheit. Dafür aber, daß die metaphysische Einheit des Menschengeschlechtes auch zu einer in der Welt der Individuationen realen werde, bedarf es des Bewußtseins dieser metaphysischen Einheit. Das Hundegeschlecht z. B. kann trotz seiner metaphysischen Einheit nicht zu einer realen Einheit kommen, weil es zum Bewußtsein des Einen unfähig ist. Das Menschengeschlecht aber kann dazu gelangen, doch nur durch die gnostische Belehrung, indem das Eine sich selbst als Lehrer und Schüler gegenübertritt, um einmal in jeder einzelnen Individuation *homo sapiens*, d. h. *homo gnosticus*, zu werden. Der gnostischen Soziologie stehen die *agnostischen Soziologien* entgegen, die alle den Sinn der menschlichen Gesellschaften auf der Grundlage des agnostischen Ichbewußtseins des Einen bestimmen. Die Hierarchien der agnostischen Gesellschaftsordnungen sind ungeistiger Art und beruhen auf physischer und psychischer Vergewaltigung; und ihr Versuch, eine agnostische Einheit des Menschengeschlechtes herzustellen ohne das Bewußtsein seiner metaphysischen Einheit und seiner metaphysisch-gnostischen Bestimmung, wird nie mehr als eine blutige Chimäre sein können. Das Tao-te-king nun ist eine gnostische Soziologie, d. h. es lehrt die gnostische Gesellschaftsordnung der Menschheit als den Sinn und das Ziel der Entwicklung des Tao in der Zeit. Es ist ein völliges Mißverständnis, in dem Buche nur einen Leitfaden für die subjektiv-individualistische Erlösung zu sehen; hier wird mehr verlangt als subjektive Innerlichkeit, ein *regnum visibele* des Tao wird proklamiert, das im Prinzip des Tao selbst enthalten ist.

Agere sequitur esse. Das Handeln, das aus dem Sein der agnostisch-ichbewußten Individuationen des Einen erfolgt, ist agnostisches Handeln; das aus dem Sein seiner gnostisch-ichbewußten Individuationen folgt, ist gnostisches Handeln. Das gnostische Handeln aber ist Nichthandeln oder Wu Wei. Durch agnostisches Handeln sind alle agnostischen Gesellschaftsordnungen entstanden, und auf ihm beruht ihre Erhaltung; durch das gnostische Nicht-handeln entsteht die gnostische Gesellschaftsordnung. Das agnostische Handeln ist das des individuell- oder kollektiv-egoistischen Machtwillens, weil das agnostische Ichbewußtsein das Eine nicht in den anderen Individuationen zu erkennen vermag. Alle Hierarchien dieser Gesellschaftsordnungen, klerikale, aristokratische, plutokratische oder proletokratische sind auf dem egoistischen Machtwillen beruhende agnostische Hierarchien, die miteinander in beständigen Machtkämpfen liegen müssen, aber alle einen gemeinsamen Feind bekämpfen, die andere, die gnostische oder geistige Menschenart. Die agnostischen, widergeistigen Gesellschaftsordnungen erziehen zur *vita activa agnostica*, zum sozialen und politischen Getue, zur Tuerei und Macherei, zur Polypragmosyne, und jeder egoistische Wille erweckt notwendig den egoistischen Gegenwillen zu dem absurden und unfruchtbaren Krieg aller gegen alle, zur wechselseitigen Vergewaltigung. Die ganze Geschichte Chinas, die Lao-tse erlebte, vom Tun des Kaisers bis herunter zum Tun des letzten Kulis, ist die Frucht dieser Unwissenheit des Einen über sich selbst:

„Gewalt, Tumult und Unsinn — sieh' das Zeichen", heißt es im „Faust" — das Zeichen nämlich des agnostischen Ichbewußtseins: an seinen Früchten werdet ihr es erkennen. Eine agnostische Gesellschaftsordnung ist deshalb eine *contradictio in adjecto,* sie ist in Wirklichkeit eine Gesellschaftsordnung ohne Fundament, eine Pseudomorphose.

Lao-tses Soziologie des Tao ist die Soziologie des zum Selbstbewußtsein gekommenen Einen. Die Individuationen des Einen zerfallen in zwei geistige Rassen: die der gnostisch Wissenden, der Geistigen, und die der gnostisch Unwissenden, der Ungeistigen, der Menge. Damit ist zugleich die gnostisch-hierarchische Gesellschaftsordnung, die eine geistige Rangordnung ist, allen agnostischen hierarchischen Gesellschaftsordnungen gegenüber, die auf ungeistigen Rangunterschieden beruhen, postuliert. Die Leitung der Menschheit muß also in der Hand eines gnostischen Ordens liegen, wenn der Geist, das Selbstbewußtsein des Einen, zur ordnenden Kraft in der Menschenwelt werden, das Reich des Tao in Erscheinung treten soll. Aber nicht durch die Ohnmacht der Tuerei werden die wenigen Wissenden das unwissende Volk leiten, sondern durch das Wu Wei, das Nichttun, das aber nicht ein Nichtstun ist. Was bedeutet dieser dritte Grundbegriff Lao-tses, der des *Wu Wei?*

Zunächst heißt das dem gnostischen Ichbewußtsein des Einen entspringende Wirken deshalb Wu Wei, weil es ein Nichttun alles dessen ist, was der agnostische Mensch tut, nicht deswegen, weil er es nicht tun will, sondern weil er es nicht mehr tun kann. *Agere et non agere sequitur esse.* Dieses Nicht-mehr-tun-können wie die anderen ist die Sichtbarwerdung der Erkenntnis des Tao selbst und von ihr untrennbar; der Weise kann nicht in und für eine agnostische Gesellschaft wirken, weil er für die Erhaltung der Unwissenheit wirken würde. Er kann aber diese Gesellschaft auch nicht mit Gewalt stürzen wollen, er würde nur anstelle einer agnostischen Gesellschaftsform eine neue agnostische setzen, und ein agnostisch-egoistischer Revolutionär ist ebenso unweise wie ein agnostisch-egoistischer Konservativer. Beiden gegenüber ist das Wu Wei die einzig mögliche Haltung der gnostisch-ichbewußten Individuationen des Einen. Daraus folgt, daß diese Individuationen sich von der agnostisch-aktiven Welt trennen werden, um nicht durch ihren zur Mitarbeit zwingenden Mechanismus zerstört zu werden. Dieses Wu Wei ist also die Bedingung für die *vita contemplativa*, d. h. die *vita gnostica*, des Einen. O *beata solitudo, o sola beatitudo*, wird mehr als 1700 Jahre später im Westen ein christlicher Mönch, der heilige Bernhard, dieses Wu Wei preisen. Aber das ist nur die eine und zwar die negative Seite dieses Begriffes, er hat auch eine positive; das Wu Wei ist ein negativ formulierter positiver Begriff. Die gnostische Gesellschaftsordnung soll ja durch die schöpferische Kraft des Wu Wei zustande kommen. Darum heißt es im Tao-te-king: „Durch Studium vermehrt sich täglich das Wissen, aber durch die Übung des Tao verringert sich täglich die Tätigkeit. Wenn sie sich immer mehr verringert, wird die Regungslosigkeit erreicht. Ist man regungslos, so gibt es nichts, das man nicht vollbringt." Dieser Begriff des positiven Wu Wei enthält die von allem zerstreuenden Vorstellen und Tun abgezogene gnostische Konzentration des Einen auf sich selbst und Versenkung in sich selbst, sowie die aus dem so erreichten vollendeten Selbstbewußtsein des Einen entspringenden Kräfte. Diese Kräfte können nicht gewollt werden, sie sind nur Begleiterscheinungen, Symptome der Gnosis, ungewollte Ausstrahlungen des gnostischen Seins. Es ist die magische Kraft dieser gnostischen Konzentration, durch welche die gnostischen Individuationen wirken ohne zu wollen und ohne zu handeln. Man darf diese gnostisch-magische Kraft mit analogen magischen Kräften der agnostischen Ebene, der römischen *majestas*, dem iranischen *Xvarenah* und der jüdischen *Schekhinah* vergleichen. Durch diese gnostische Magie, das gnostische Wu Wei, verwirklicht das Tao seine gnostische Gesellschaftsordnung, in der die wenigen Wissenden, nämlich der von Lao-tse gegründete Orden, das agnostische menschliche Raubtier zu bändigen und zu lenken imstande sind. Denn in der gnostischen Magie oder dem positiven Wu Wei allein liegt die Kraft der Autorität des Einen für seine agnostischen Individuationen. Aus der agnostischen Welt aber kann keine Autorität stammen, ihr entspringen nur Anmaßungen, die sich gegenseitig selbst erledigen, für den gnostischen Menschen aber schon erledigt sind, ehe sie nur den Mund aufmachen. Diese ungewollte, dem aktiven Willen nie erreichbare gnostische Magie des Wu Wei ist natürlich wesensverschieden von der Magie der taoistischen Zauberpriester, die ausziehen, Geister und Dämonen ihrem Eigenwillen oder dem der Gesellschaft zu unterwerfen und dienstbar zu machen: alle schamanische Magie ist nur die Magie des bis zur Ekstase gesteigerten Willenskrampfes des agnostischen Ichbewußtseins. Das positive Wu Wei müssen wir nun aber auch in dem zweiten Begriff des Titels Tao-te-king· erkennen, in dem Te, d. h. der Kraft, durch welche das Tao realisiert wird, so daß wir nun den Titel des Werkes sinngemäß und zusammenfassend folgendermaßen umschreiben können: Das Tao-te-king ist erstens das Buch von *Tao* als dem Absoluten an sich, sowie vom Tao als der aus seinem Wesen folgenden Gesellschaftsordnung, und es ist zweitens das Buch vom *Te*, d. h. von der Realisierung des Tao als der gnostischen Gesellschaftsordnung durch die Kraft des Te, d. h. durch die gnostische Magie oder das *Wu Wei*.

Denn dieses scheinbar so abstrakte Buch hatte einen praktischen Zweck, und diese ewigen Wahrheiten wurden für eine bestimmte Zeit ausgesprochen, für das Jahrhundert Lao-tses, als der chinesische Staat in einen Zustand beständig wachsender moralischer und politischer, religiöser und geistiger Anarchie geraten und das Volk vom Geist der Selbstzerstörung ergriffen war. Woher kommt diese Auflösung aller Ordnung und woher kommt eine neue Ordnung? fragten die Philosophen. Das Tao-te-king ist Lao-tses Antwort auf diese Frage seiner Zeit. Kung stellte die Frage wie Lao-tse; Diagnose und Therapeutik der beiden Ärzte aber unterscheiden sich wie die geistige Tiefe beider Individuationen. Der Denker, in dem das Eine zum Bewußtsein seiner selbst gelangt ist, antwortet: die Krankheit, nämlich die Auflösung aller gesellschaftlichen Ordnung, entspringt dem Verlust des Selbstbewußtseins des Einen in seinen die Gesellschaft bildenden Individuationen, und die Heilung beruht auf der Wiedergewinnung seines gnostischen Selbstbewußtseins in seinen Individuationen. Das ist die Antwort des gnostischen Denkers, der die metaphysische Ursache des Übels erkannt hat. Die Antwort des Agnostikers Kung ist die des wohlmeinenden, aber unphilosophischen Gelehrten: die Krankheit entstand durch die Nichtbeobachtung der Riten der Vergangenheit und die Heilung wird durch deren Wiederbelebung bewirkt. Die agnostische Schule Kungs ist auch im Abendlande weit verbreitet und praktiziert auch hier in kritischen Perioden nach der Methode des Meisters, indem sie ein gegenwärtiges

Krankheitssymptom durch die Wiederherstellung eines früheren kurieren zu können glaubt. Platonisch gesprochen besteht zwischen den beiden Soziologen der Unterschied von Episteme, der philosophischen Erkenntnis, und Doxa, der hergebrachten konventionellen Meinung oder dem Glauben.

Die Gesellschaftsordnungen oder Gesellschaftsunordnungen der agnostischen Menschen führen den Kampf gegen gnostische Soziologien auf zwei Arten: sie können die Ideen durch brutale Gewalt zu vernichten oder durch entstellende Interpretation zu verfälschen suchen. Diesem doppelten Schicksal verfiel auch das Werk Lao-tses. Es war kein gnostisches Kaisertum unter Leitung des laotseistischen Ordens entstanden, wie die Schule gehofft hatte. Sondern jener Shi-hoang-ti aus der Tsindynastie kam, der nicht durch Wu Wei, sondern durch List, Blut und Eisen China aus seiner geistigen und politischen Anarchie riß und im Jahre 221 a. C. den absolut regierten Einheitsstaat schuf. Er wurde der wahre Begründer des *Imperium Sinicum*, und man hat ihn mit Caesar, dem Begründer des *Imperium Romanum* oder Napoleon, der das *Imperium Paneuropaeum* hatte errichten wollen, verglichen. Aber was ist der Haß Napoleons gegen die Ideologen neben dem Haß des Shi-hoang-ti gegen die Philosophen? Im Jahre 213 a. C., als die Römer im zweiten punischen Krieg unter Marcellus Syrakus belagerten, bei deren Einnahme der Mathematiker Archimedes von den Soldaten erschlagen wurde, befahl Shi-hoang-ti das erste große Bücher-Autodafé der Geschichte. Nur Bücher über Arzneikunde, Landwirtschaft, Gartenbau und vulgärtaoistische Wahrsagekunst waren von der Verbrennung ausgeschlossen. Vierhundert Schriftsteller, die zu protestieren wagten, wurden hingerichtet. Die gesamte philosophische Literatur des chinesischen Altertums wurde vernichtet. Das Tao-te-king Lao-tses stieg mit den Schriften seines Rivalen Kung, dessen Schu-King und Schi-King im offiziellen Verbrennungsgesuch des Kanzlers Li-Sze als besonders staatsgefährlich bezeichnet wurden, und zusammen mit den Werken der anderen erlauchten Geister als wohlgefälliger Opferrauch zum agnostischen Reichsgotte Shang-ti, dem Himmelsgotte, empor. Thron und Altar hatten zusammen gegen die Philosophen gekämpft und gesiegt: die Zauberpriester der vulgärtaoistischen Reichsreligion, der der Kaiser fromm ergeben war, hatten die Ketzer vernichtet — daß sie aber nachträglich auch noch ihre Gebeine ausgegraben und verbrannt hätten, wird nicht berichtet. Aber immer sind die Philosophen die Sündenböcke, die für das Unglück, das den agnostischen Gesellschaftsordnungen, Kirchen wie Staaten, ihrer Natur nach inhaerent ist, vor den Massen von den Regierenden verantwortlich gemacht werden. Fast zwei Jahrhunderte vor Shi-hoang-ti hatte mit ähnlichen Argumenten die ebenso agnostische und sich ebenso unfehlbar dünkende Demokratie des Eukleides in Athen das Todesurteil über Sokrates gefällt, um die bereits tote Staatsreligion noch einmal zu retten.

Als dann nach der kurzlebigen Dynastie der Tsin unter den Han zwischen dem zweiten und dritten punischen Krieg der Versuch gemacht wurde, zu retten, was noch zu retten war, und die verbrannten Texte aus dem Gedächtnis wieder herzustellen, war der philosophische Elan Chinas für immer gebrochen. Seine schöpferische Periode war vorbei; der kommentierende Alexandrinismus, dessen Vorläufer Kung selbst gewesen war, begann. Nun aber war das aus den Flammen wieder erstandene Tao-te-king der zweiten Gefahr, der Verfälschung seines Charakters, ausgeliefert. Der von Shi-hoang-Ti gerettete Staatstaoismus verschmolz jetzt mit dem Konfuzianismus zu einem auch für die Gebildeten annehmbaren gereinigten und aufgeklärten Taoismus, zu einem konfuzianisierten Taoismus, wie er dem Reformator Kung selbst vorgeschwebt hatte, dem einen der beiden chinesischen Religionssysteme. Fast rein aber hat sich der schamanische Vulgärtaoismus in dem speziell „Taoismus" genannten zweiten Religionssystem Chinas, dem der konfuzianisch ungebildeten niederen Klassen, erhalten, und dieser brachte es fertig, die Autorität der Schriften Lao-tses und seiner Schule seinen superstitiösen Zwecken dienstbar zu machen, indem er sie seinen kanonischen Schriften einreihte. So errang die schamanische Gegenreformation ihren größten Sieg durch die Unschädlichmachung des tiefsten chinesischen Denkers, der Aushängeschild und Helfershelfer einer spiritistischen und alchimistischen Kirche wurde, die Macht über die Geister, die Materie und die Menschenwelt durch Zauberkräfte, den Stein der Weisen und das Lebenselixier versprach. Auf seine Autorität gestützt und in seinem Namen konnten die siegreichen orthodoxen Zauberer jetzt, ungestört durch kritische Philosophen, den Fürsten irdische Macht und irdische Unsterblichkeit durch ihre Zauberriten verheißen und ihnen die Pillen des ewigen Lebens drehen, durch die viele von ihnen vor der Zeit in ein besseres Jenseits befördert wurden. Befreien wir Lao-tse, den Denker, aus dieser Hexenküche, der Quelle zahlloser lichtscheuer Geheimbünde und revolutionärer Bewegungen, und nennen wir sein System, um Verwechslungen zu verhüten, statt Taoismus lieber einfach und eindeutig Laotseismus, oder wenigstens laotseistischen Taoismus, denn es ist ein neuer dritter Taoismus neben dem konfuzianischen und dem schamanischen.

III.

Nachdem ich das Wesen der laotseistischen Soziologie gekennzeichnet und ihren Platz in der chinesischen Geschichte angegeben habe, will ich noch einige Bemerkungen über ihren Ort in der allgemeinen Geschichte des menschlichen Bewußtseins folgen lassen.

Die gnostische Bestimmung des Menschengeschlechtes kann nicht aus seiner Geschichte begründet werden. Ihre Begründung ruht jenseits aller Geschichte allein in dem ewigen Wesen des Einen selbst. In dem empirisch-historischen Prozeß läßt sich nur feststellen, ob sie einmal verwirklicht war oder nicht; nur die *quaestio facti* läßt sich aus ihr beantworten, nie die *quaestio juris*. Es ist also an sich völlig gleichgültig, ob je eine gnostische Gesellschaftsordnung auf der Erde realisiert war oder nicht; nicht gleichgültig ist nur die Bestimmung des Menschen, sie in den künftigen Zeiten zu realisieren. Aber die Behauptung, daß, als das Ungeheuere geschah, und das Eine sich in einer Menschheit auf dieser Erde individuierte, es sich in einer gnostischen Menschheit individuierte, daß also die Menschheit eine *gnostische Urzeit* durchlebte, ist eine *Hypothese*, der man wohl widersprechen, die man aber nie widerlegen kann. Ihre Wahrscheinlichkeit ist jedenfalls unvergleichlich größer als die der entgegengesetzten *Hypothese* von einer *agnostischen Urzeit*, die Mode geworden ist. Die Tradition der meisten Völker hat verworrene und absichtlich entstellte Erinnerungen an eine solche Urzeit und an eine objektiv nur durch die Allgemeinheit des gnostischen Selbstbewußtseins möglich gewesene allgemeine Glückseligkeit des Einen in seinen Individuationen durch ungezählte Jahrtausende hindurch bewahrt. Erst die Gegenhypothese des bürgerlichen Antiklerikalismus, die im XIX. Jahrhundert allgemeinen Glauben fand, stellte den agnostischen, zu unendlichem gradlinigem Fortschritt bestimmten Tiermenschen an den Anfang der Geschichte und leugnete diesen gnostischen Urzustand, den man auch ohne Überlieferung postulieren müßte. Die kirchliche Definition des Begriffes einer Uroffenbarung, die tendenziös entstellte Märchenform des jüdischen Berichtes sollen aber den Verneinern als mildernde Umstände angerechnet werden. In dieser heiligen und geheimnisvollen Urzeit unserer Gattung war das weibliche Geschlecht das gnostische Geschlecht und öffnete den männlichen Individuationen des Einen die Augen des Geistes zum gnostischen Ichbewußtsein. Die Allgemeinheit des Selbstbewußtseins des Einen im männlichen Geschlecht hatte die Allgemeinheit dieses Bewußtseins im weiblichen zur Voraussetzung. Das heißt aber, die Geschlechterordnung der gnostischen Urzeit war nicht ein agnostisches Matriarchat, sondern eine gnostische Gynäkokratie. Diese zweite Hypothese, die ich wie auch die erste an einem anderen Orte näher begründen will, vervollständigt und erklärt diese. Hier stelle ich nur die Hypothese von der gnostisch-gynäkokratischen Vorzeit des Menschengeschlechtes der tendenziös-konventionellen, zum Dogma und Verhängnis gewordenen Annahme einer agnostisch-hominischen Urzeit entgegen. Dieser gnostisch feministische Äon der Menschheit aber ging zu Ende, als sich in der männlichen Potenz des Einen das Ichbewußtsein titanisch-hypertrophisch auf Kosten des gnostischen Selbstbewußtseins entwickelte, dieses allmählich vergaß, verdrängte und schließlich als Störung und Einschränkung des agnostischen Ichbewußtseins bekämpfte. Der agnostische Individualismus war die Frucht dieser das männliche Geschlecht vom Selbstbewußtsein des Einen trennenden Revolution. Mit der Überwindung seiner Lehre aber wurde dem gnostischen weiblichen Geschlecht des Einen durch das siegreiche agnostische männliche das Recht, den gnostischen Sinn des Lebens zu lehren, genommen: ihre Lehre wurde Ketzerei für den agnostischen Individualismus, die neue vom Manne entdeckte Weisheit. So entstand mit der Bewußtseinsverarmung des Einen in seinen männlichen Individuationen zugleich die neue hominische Soziologie der Geschlechter. Und so begann der neue Äon, in dem wir noch leben, der Äon des agnostischen Hominismus, der den des gnostischen Feminismus der Urzeit ablöste. Seinen radikalsten Ausdruck fand der agnostisch-hominische Individualismus im Abendlande; er ist die eigentliche Sünde des Abendlandes. Hier setzte sich am entschiedensten der *gnostischen Philosophia perennis des weiblichen Geschlechtes* die auf dem agnostischen Ichbewußtsein beruhende agnostische *Philosophia perennis* des Hominismus entgegen, in der sich das Eine als den Grund aller Individuationen vergessen hat. Das Absolute wurde zum „Gott" genannten absoluten, d. h. unbedingten Individuum — einer *contradictio in adjecto* — anthropomorphisiert und die Individuationen substantialisiert nach dem Bilde des absoluten göttlichen Ur-Individuums. Dieser Gottesbegriff war der mythologische Ausdruck für die Sanktionierung des vom Absoluten gelösten und verselbständigten agnostischen Ichbewußtseins — der agnostische Individualismus vergötterte in ihm sich selbst, wurde sich selbst zum Objekt des Kultus. Nur durch ein aus dem Jenseits gedonnertes Gesetz des absoluten Individuums und die Androhung schwerster jenseitiger Strafen ließ sich bis jetzt noch die Menschheit notdürftig zusammenhalten, oder vielmehr nicht zusammenhalten, nachdem die theistischen oder atheistischen Philosophien des agnostischen Individualismus das Bewußtsein der gnostischen Einheit des Menschengeschlechtes in dem Einen dialektisch unterdrückt hatten.

Der Kollektivismus, d. h. der Individualismus des agnostischen Massenmenschen, ist nur die letzte Konsequenz dieser abendländischen Erziehung zum agnostischen Ichbewußtsein durch die Philosophie des unbedingten göttlichen Individuums. Wo aber das Eine in seinen Individuationen nicht zum Bewußtsein seiner selbst als des sie einenden Bandes gelangt, fallen diese Individuationen in eine Anarchie, die weder kirchliche Scheiterhaufen noch staatliche Galgen aufhalten können, deswegen, weil sie den Begriff der Einheit nur agnostisch-nominalistisch, aber nicht gnostisch-substantiell denken können. Heute, wo auch der Orient das abendländische Evangelium des energetischen agnostischen Individualismus angenommen hat, wird nichts mehr die aus ihm folgende geistige Weltanarchie aufhalten können. Der Äon des agnostischen Hominismus läuft stürmisch seinem schrecklichen Ende entgegen, ohne den Sinn dieses Endes überhaupt begreifen zu können.

Aber zwischen dem ersten gnostischen Äon und dem zweiten der totalen gnostischen Unwissenheit lag eine Übergangszeit, in der das Selbstbewußtsein des Einen, wenn auch hoministisch verdunkelt, doch noch gelehrt wurde: die Zeit einer hominisierten Gnosis und einer hominisierten gnostischen Soziologie. Und auch in der Zeit des siegreichen agnostischen Ichbewußtseins erhielt sich, wenn auch von dessen Lehrern und Organisatoren verfolgt, die geheimgehaltene Überlieferung dieser jetzt hoministisch verdunkelten gnostischen Tradition der Urzeit in männlichen Bünden und Orden. Man nennt diese Gnostiker meistens Mystiker. Da aber der Begriff Mystik durch agnostisch-religiöse Verwendung allzusehr mißbraucht scheint, so daß man, wie Goethe sagt, „Närrisches" bei ihm denkt, so ist es vielleicht besser, statt von Mystik nur von Gnosis zu reden, oder wenigstens durch eine nähere attributive Bestimmung die Mystik, um die es sich hier handelt, als gnostische Mystik von allen gefühlsdilettantischen oder den Zwecken religiöser Massensuggestion dienenden Fratzenformen abzusondern. Denn ihrem Wesen nach ist die Mystik, d. h. der etymologischen Bedeutung des Wortes entsprechend, die Konzentration des Einen auf sich selbst durch Ausschaltung der zerstreuenden Sinneswahrnehmungen und Vorstellungen nichts anderes als Gnosis, also das Bewußtsein des Einen von sich selbst als des Einen. Außer durch ihre Hominisierung ist die mystische oder gnostische Tradition des Einen seit der Übergangszeit noch durch eine andere Trübung entstellt worden. Um in dem neuen völlig agnostisch werdenden Äon toleriert zu werden, glaubten die Lehrgemeinschaften, welche die hominisierte gnostische Philosophie überlieferten, es nötig zu haben, ihre Kompromisse mit den Lehrern des agnostischen Ichbewußtseins, den Lehrern des agnostischen göttlichen und menschlichen Individualismus, zu schließen, wie auch diese die Gnosis für ihre Zwecke zu verfälschen und unschädlich zu machen bestrebt sein mußten. Diese Konzessionen waren natürlich ein Verrat am Wesen der *philosophia perennis*. So wurde die Philosophie der gnostischen Einheit zerrissen; sie wurde christianisiert in der sogenannten christlichen Mystik, islamisiert im Sufismus, brahmanisiert in den Upanischaden. Man suchte nämlich zwei völlig heterogene, einander widerstrebende Elemente, die agnostisch-hoministischen Offenbarungsreligionen mit ihren göttlichen Individuen und die weibliche Gnosis des Absoluten zu verschmelzen, aber keiner geistigen Chemie, auch nicht den verkrampftesten Symboldeutungen, konnte das gelingen.

Damit habe ich nun den geistigen Ort der Philosophie Lao-tses in der allgemeinen Geschichte des menschlichen Bewußtseins bestimmt: sie ist die hominisierte *philosophia perennis* der Urzeit. Geistesgeschichtlich überliefert Lao-tse also die gnostische Tradition jener Übergangsperiode zwischen dem ersten und zweiten Menschheitsäon, als die weibliche Gnosis der Urzeit hominisiert wurde, bevor sie auch unter dieser Form von dem sich immer radikaler entwickelnden agnostischen Individualismus der hoministischen Staats- und Kirchenverbände als eine Gefahr konsequent abgelehnt wurde. Hat sich also Lao-tses Philosophie spekulativ auch bewundernswert frei gehalten von jeder Konzession an die Dogmen des religiösen und philosophischen agnostischen Individualismus, so hat er doch das siegreiche, nicht gnostisch begründete sondern nur historisch bedingte hoministische Dogma ohne Kritik hingenommen. Über diesen hoministischen Charakter der gnostischen Soziologie Lao-tses zum Schlusse noch einige Worte.

Zweifellos hat das Wu Wei des Tao-te-king, wie überhaupt alle Mystik, einen weiblichen Charakter. Das mag daher kommen, daß das weibliche Geschlecht des Einen zum gnostischen Lehrer des männlichen bestimmt ist, weshalb das Eine in der Urzeit des Menschengeschlechtes auch zuerst in der weiblichen Potenz zum Bewußtsein seiner selbst kam, daher, daß die Gnosis, die *philosophia perennis* der Menschheit, zunächst die *philosophia perennis* des weiblichen Geschlechtes ist. Lao-tse aber stand, ehe er zum Denker wurde, auf dem Boden des hoministischen Universismus, der vulgärtaoistischen Staatsphilosophie des Yang und Yin, deren Lehre über das Geschlechterverhältnis er als unbestreitbare Wahrheit seiner gnostischen Spekulation zugrunde legte, so daß ihm neue Untersuchungen über die geschlechtliche Polarität des Einen überflüssig schienen. Man vergesse nicht, daß wohl auch der unabhängigste Denker als empirische Erscheinung immer irgendwo ein Kind seiner Zeit bleibt und von ihren Massensuggestionen, dem sogenannten Zeitgeist, beeinflußt ist, von Vorurteilen, die so eingewurzelt sind, daß sie zu Axiomen werden. Für die hoministische vulgärtaoistische Staatsphilosophie ist aber das Yang die im ganzen Kosmos wirkende männliche Potenz des Alls, das aktive, lichte, geistige Prinzip; das Yin dagegen ist die im ganzen Kosmos wirkende weibliche Potenz des Alls, das dunkle und ungeistige Prinzip. Das berühmte universistische Diagramm zeigt einen Kreis, der vom Durchmesser in zwei Hälften geteilt in der oberen weißen Hälfte das helle Yang mit einem schwarzen, in der unteren das dunkle Yin mit einem hellen Punkt darstellt. Das bedeutet, daß das männliche helle geistige Prinzip in einem winzigen Teilchen auch an dem dunklen, ungeistigen weiblichen Prinzip teil hat, und das dunkle, ungeistige, weibliche Prinzip nur ein winziges Teilchen von der hellen, geistigen, männlichen Natur besitzt. Aus diesem apriorischen Prinzip folgt ohne weiteres, daß noch in der von Lao-tse statuierten gnostischen Urzeit Chinas die gnostische Hierarchie des männlichen Geschlechtes bestanden haben muß. Auch der konfuzianische Hominismus hat seine ideale Urzeit; das ist natürlich die Zeit, in der angeblich die Riten am genauesten befolgt wurden, die Zeit der konfuzianischen Idealkaiser Yao, Schun, Yü, mit denen das Schu-king beginnt. China scheint damals nach Auflösung eines älteren Lehnsstaates vorübergehend ein Wahlkönigtum gewesen zu sein; es war gegen Ende des III. Jahrtausends v. C., die Zeit, da das alte Reich in Ägypten auseinanderfiel. Die Idealkaiser Lao-tses sind älter. Es sind die fünf sagenhaften Kaiser des mythischen alten chinesischen Reiches, das mit den Anfängen des alten ägyptischen Reiches gleichzeitig bestanden haben soll: Fu-hi, Schen-nung und vor allem Hoang-ti, Zeitgenossen der drei Pyramidenerbauer Djoser, Cheops und Chefren, ferner Schao-hao und Dschuan-hü. In dieser chinesischen Vorzeit wurde also die Gesellschaft nach Lao-tse von einem gnostischen Männerorden geführt, dessen Oberhaupt der Kaiser, der vorbildliche Philosoph des vollendeten Wu Wei, war. In Zeiträume hinunter, vor denen diese alten hoministischen Herrscher wie von gestern scheinen, dringt die Erinnerung des Einen in Lao-tse nicht mehr. Es kam in ihm zu seiner gnostisch-metaphysischen Anamnesis als des Einen, aber nicht zur historischen Anamnesis seiner Anfänge als Menschheit. Es sah in ihm nicht die gewaltigen Gestalten der gnostischen Frauenorden der Urzeit, mit denen die Geschichte seines Selbstbewußtseins begann, die Erweckerinnen der Gnosis in seinen männlichen Individuationen, die Begründerinnen der gnostischen Gesellschaftsordnung des seine Laufbahn beginnenden jungen Menschengeschlechtes. Die großen mystischen Frauen des Mittelalters mögen in ihren psychischen Kräften an sie erinnern — aber sie sind kirchlichhominisiert und ohne gnostische Weisheit. Lao-tse aber hat über die Frau gedacht wie das ganze chinesische Altertum: Die Frau ist ein Nichts, die nur durch die Ehe, falls sie Knaben zur Welt bringt, zu einem relativen Etwas wird. Ihre Passivität ist die der Materie, die Passivität des Weisen dagegen, das gnostische Wu Wei, ist die des Geistes, eine wesenhaft davon verschiedene, und kann nur, wenn man diese Wesensverschiedenheit beachtet, mit jener verglichen werden; wie auch die Bezeichnung des Tao als des ewigen Mutterschoßes aller Individuationen nur ein Bild ist, aber keine Bewertung der weiblichen Potenz bedeutet. Für Lao-tse ist die Frau, da sie Yin ist, unfähig, das Tao zu fassen oder gar zu lehren; eine gnostische Frau wäre eine *contradictio in adjecto*. Seine Gesellschaftsordnung ist ihrem Wesen nach ein unter der Führung hoministischer Gnostiker stehender, gegen die Frau als das ungeistige Prinzip gerichteter Männerbund. Es ist die Soziologie aller seit der hoministischen Zeitwende entstandenen mystischen Orden. Aber gerade dadurch, daß sein hoministisches Vorurteil die Frau vom Bewußtsein und der Lehre des Tao ausschließt, macht Lao-tse es dem Einen, dem Tao, unmöglich, auch in seinen männlichen Individuationen zum Bewußtsein seiner selbst als des Einen Seienden zu gelangen. Denn was aus der *philosophia perennis* wird, wenn das seiner Natur nach agnostisch ich-bewußte und gnostisch zu belehrende männliche Geschlecht über ihr Schicksal zu entscheiden hat, das bezeugt die ganze Geschichte der Menschheit von der Zeit an, da die Frau ihre gnostische Bestimmung, das Eine in seiner männlichen Potenz zum Selbstbewußtsein zu führen, vergaß, und

fece per viltà il gran rifiuto,
aus Feigheit auf das hohe Amt verzichtet,

um mit den unbarmherzigen Worten zu schließen, mit denen Dante den Papst Coelestin V. brandmarkt, weil er unter fremdem Druck sein Amt als Statthalter Christi einem anderen überlassen hatte.

Früher erschienenes Schrifttum von Otfried Eberz

I. Die wichtigsten Aufsätze

Über den Philebos des Platon. Dissertation Würzburg 1902

Hölderlins Nachtgesänge. I. Patmos. II. Andenken. Zeitschrift für vergleichende Literaturgeschichte, Band XVI, Heft 4/5/6. Berlin 1906

Die Einkleidung des platonischen Parmenides. Archiv für Geschichte der Philosophie, XX. Band, Heft 1. Berlin 1906

Die Tendenzen der platonischen Dialoge Theaitetos, Sophistes, Politikos. Archiv für Geschichte der Philosophie, XXII. Band, 2. Heft und 4. Heft. Berlin 1909

Die Bestimmung der von Platon entworfenen Trilogie Timaios, Kritias, Hermokrates. Philologus, Band LXIX (N.F. XXIII), 1. 1910

Platons Gesetze und die sizilische Reform. Archiv für Geschichte der Philosophie, XXV. Band, Heft 2. Berlin 1912

Die Gallikanische Kirche als Werkzeug der Revanche. Deutsche Rundschau, Berlin 1919

Die beiden Traditionen in der Theosophie. I. Die „abendländische" Tradition. II. Die indische Mahatmatradition. „Hochland" 1919/20, 3. und 4. Heft

Aktive und passive Religiosität in Indien und China. Sonderheft „Asien" der Zeitschrift „Ararat", 1921, Heft 12

Dantes joachimitischer Ghibellinismus. „Hochland", 1920/21, 1. und 2. Heft

Aktive und passive Religiosität in Spanien. „Hochland", 1921/22, 9. Heft

Katholischer Imperialismus. „Hochland", 1922/23, 1. Heft

Europäisches Selbstbewußtsein. „Hochland", 1924/25, 2. Heft

Die Krisis der weißen Rasse. „Hochland", 1925/26, 4. Heft

Vom Aufgang und Niedergang des männlichen Weltalters. „Hochland", 1928/29, 7. Heft

Vom Wesen der Geschlechterliebe oder androgyne Erotologie. „Hochland", 1929/30, 4. Heft

Das Zweigeschlechterwesen. „Hochland", 1930/31, 1. Heft

Das hoministische Lebensgefühl und die Frau. „Hochland", 1935/36, 4. Heft

II. Noch lieferbare Bücher

Zu beziehen durch Selbstverlag Lucia Eberz, Nigerstr. 2, 8000 München 80:

Vom Aufgang und Niedergang des männlichen Weltalters. Gedanken über das Zweigeschlechterwesen. Breslau 1931. 3. Auflage München 1973. 164 S.

Sophia-Logos und der Widersacher. Eine geschichtsphilosophische These. 208 S. München 1959

Die drei Dichtungen vom Schicksal des Abendlandes: Aeneis-Commedia-Faust. 100 S. München 1959

Erklärung der Fremdwörter und Fachausdrücke
(Längere fremdsprachliche Zitate sind unter dem Anfangsbuchstaben aufgeführt)

ἀπόρροιαι (gr): Ausströmungen
Ἀρχή (gr): Urgrund, Prinzip
a fortiori (lat): umso mehr
a priori (lat) nach Kant: (Erkenntnis) vor, unabhängig von aller Erfahrung, Gegensatz zu a posteriori (nach der Erfahrung)
abrenuntiatio diaboli (lat): Absage an den Teufel und seine Werke. (Sehr alter Bestandteil des Rituals der christl. Taufe.)
absolut (lat): für sich, losgelöst, unabhängig, uneingeschränkt, rein, vollendet
Absolute, das (lat): philos. Begriff für den religiösen Gottesbegriff: das Unbedingte, Losgelöste, Beziehungsfreie, Uneingeschränkte, Unabhängige, Reine, Vollkommene
abstrakt (lat): „abgezogen": alles rein Gedachte, Gedankliche (Gegens.: konkret)
Accidenz (lat): „das Hinzutretende": das nicht Wesentliche, Wechselnde, Zufällige
actio (lat): Handlung
ad calendas graecas (lat): bis zu den (nicht vorhandenen) griechischen Kalenden (soviel wie nie)
ad oculos (lat): „vor Augen", klar
ad perpetuam rei memoriam (lat): zum immerwährenden Gedenken einer Sache
adaptieren (lat): anpassen
adäquat (lat): völlig entsprechend
Adoniazusen (gr): Anhängerinnen des Gottes Adonis u. seines Kultes
adorieren (lat): anbeten
adveniat regnum tuum (lat): Dein Reich komme (aus dem Vaterunser)
Äon (gr): Weltzeitalter (s. a. Aion)
ätiologisch (gr): ursächlich
affektiv (lat): gefühlserregt
affiliert (mlat): beigestellt
Agape (gr): Liebe
agere et non agere sequitur esse (lat): das Handeln und das Nicht-Handeln folgt dem Sein
agere sequitur esse (lat): das Handeln folgt dem Sein, setzt das Sein voraus, keine Tätigkeit ohne zugrunde liegende Substanz (scholastischer Grundsatz)
agieren (lat): eine Rolle spielen
agnostisch: diejenige philos. Meinung betreffend, die die Metaphysik als Wissenschaft ablehnt und sie nur auf die äußeren Erscheinungsdinge beschränkt, ohne nach deren Wesen und Sinn zu fragen
agnus occissus ab origine mundi (lat): das am Anfang der Welt geschlachtete Lamm
Agon (gr): Wettkampf
Ahimsa (sanskrit): „nicht-Schädigen", Gewaltlosigkeit, das-Verbot der Tötung von Lebewesen im Buddhismus und noch strenger im Jinismus, beruht auf der durch Seelenwanderungs- und Wiedergeburtsglauben genährten Vorstellung von erlösungsfähigen Seelen, die auch im winzigsten Getier wohnen
aiai ton Adōnin (gr): Trauerruf um Adonis
Aion (gr): Weltzeitalter. Auch als Gott in den Mithrasmysterien dargestellt, deren A.-Idee persischer Herkunft ist. Entsprechend kennt der Manichäismus einen Urgott A. Daneben haben ägyptisch gefärbte A.-vorstellungen auf Rom gewirkt und hier u. a. Vergil beeinflußt. In Systemen der gnost. Sekten werden Aionen als Emanationen des Absoluten aufgefaßt, die zu Mittlern zwischen diesem und der materiellen Welt werden
Aitiologie (gr): die Lehre von den Ursachen
alchimistisch (arab-gr.): betreffend die Goldmacherkunst
allopathisch (gr): betreffend die Allopathie, die gewöhnliche Heilmethodik, im Gegensatz zur Homöopathie
Allotheismus (gr): allo = anders, fremd: Verehrung eines anderen Gottes

Alluvium (lat): Anschwemmung. Erdgesch.: jüngste geologische Epoche nach der Eiszeit
Alpha und *Omega* (gr): Anfangs- und Endbuchstabe des griechischen Alphabets, in übertragener Bedeutung als Anfang und Ende
Alternative (fr): Entscheidung zwischen zwei Möglichkeiten
Am ha-arez (hebr): das schriftunkundige Landvolk
Amalgam (arab): Verschmelzung
amalgamieren: verschmelzen
Amor amoris (lat): die Liebe zur Liebe
amor amoris divini sive gnostici (lat): die Liebe zur göttlichen oder erkennenden Liebe
amor gnosticus (lat): die erkennende Liebe
Amore gnostico (it): erkennende Liebe
Anabasis (gr): Hinaufmarsch
Analogie (gr): Ähnlichkeit, Übereinstimmung in den Verhältnissen
Analyse (gr): „Auflösung", die Zerlegung eines Ganzen in seine Teile. (Gegens.: Synthese)
analytisch (gr): begriffszergliedernd
Anamnesis (gr): Erinnerung, Wiedererinnerung
Anarchie (gr): Gesetzlosigkeit
anarchisch (gr): gesetzlos
Anathema sit (lat): Verflucht sei
anathematisieren (gr): die Verbannung der Ketzer aus der kath. Gemeinde verfügen
ancilla oeconomiae (lat): die Magd der Wirtschaftlichkeit
androgyn (gr): männlich-weiblich
Androkratie (gr): Männerherrschaft
androzentrisch (gr): betreffend den im Mittelpunkt stehenden Mann
Anima (lat): Seele
anima naturaliter christiana (lat): eine naturhaft christliche Seele
Animismus (lat): Glaube an die Beseeltheit der ganzen Natur, an die Wirkungen von Geisterkräften in der Natur
ante rem, in re, post rem (lat): vor einer Sache, in einer Sache, nach einer Sache
anthropogen (gr): von Menschen herrührend
Anthropogonie (gr): Entstehung des Menschen
anthropomorph (gr): menschlich gestaltet
anthropophag (gr): menschenfresserisch
Anthropophagie (gr): Menschenfresserei
anthropozentrisch (gr): betreffend den Menschen als Mittelpunkt
Antichrist (gr): Gegenchristus, Feind des Messias, nach Schrift und Tradition der „Mensch der Gesetzlosigkeit", der sich als Christus ausgibt und große Erfolge erringt, aber durch Christus überwunden wird
Antipode (gr): „Gegenfüßler", am entgegengesetzten Ort der Erdkugel; gegensätzlicher Mensch
Antithesis (gr): Gegensatz, Gegenbehauptung
antizipiert (lat): vorweggenommen
Apokalypse (gr): Enthüllung, Offenbarung des Verborgenen
Apokatastasis (gr): Wiederherstellung
Apologet (gr): literar. Verteidiger des Christentums
Apologetik (gr): Verteidigung der christl. Lehren
Apostasie (gr): Abfall vom Glauben
apostatisch (gr): abtrünnig
Apostolat (gr-lat): Apostelamt
apotheosiert (gr): vergöttlicht, feierlich erhoben in den Götterstand, beim Herrscherkult der antiken Kulturvölker
apperzipieren (lat): eine Empfindung, Vorstellung klar bewußt in den vorhandenen Vorstellungsbestand aufnehmen
Apprehension (lat): Ergreifung
Arcanum (lat): Geheimnis
Archē (gr): „Anfang", Urgrund, Prinzip
Archetypos (gr): Urbild, Urform, Muster

Archonten (gr): die höchsten Beamten der Athener, im N. Test. Befehlshaber, Oberste der Dämonen. — Seite 208 Anspielung auf den Sophia-Mythus der frühchristl. gnost. Sekten
Argumentum e silentio (lat): aus dem Stillschweigen erfolgender Beweis
Argusaugen: wachsame Augen. Argus in der griech. Sage riesenhafter Wächter der Io.
Arkantheologie (lat): geheime Wissenschaft von Gott
Artefakt (lat): Kunsterzeugnis
Ascensio (lat): Himmelfahrt Christi
Aseität (lat): das vollkommene In- und Durch-sich-selbst-sein, die absolute Selbständigkeit
Aspiration (lat): Bewerbung, Streben
Assasinenorden (fr): „Mörderorden", von Haššāšīn. In der islamischen Welt Abzweigung der schi'itischen Sekte der Ismā'īliyyah (Siebener-Schi'iten), von ihren Gegnern genannt Haschschāschūn (Haschīsch-Esser), wegen der im Haschīsch-Rausch zu Großtaten (Mord) aufreizenden Taten
Assise (fr): Sitzung, Schwurgericht; auch die für das Gericht erlassene od. in demselben entwickelte Rechtsbestimmung. So nennt sich das 1099 für den Kreuzfahrerstaat entworfene und nachträglich mehrfach erweiterte franz. Rechtsbuch Assises de Jérusalem.
assistentia supranaturalis (lat): übernatürlicher Beistand
Assoziation (lat): Vergesellschaftung, Verknüpfung von Vorstellungen
assoziieren (lat): vergesellschaften, zusammentreten zu einer Gesellschaft
assumptio (lat): die leibliche Aufnahme Marias in den Himmel
astralisiert (lat): auf die Gestirne bezüglich gemacht
astrisch (lat): sternenhaft
atavistisch (nlat): betr. einen Rückschlag in der Ahnenreihe, unerwartetes Wiederauftauchen vorelterlicher, nur scheinbar nicht mehr vererbter Eigenschaften an einen Nachkommen
Attribut (lat): Eigenschaft, Merkmal
auctoritas (lat): Autorität
aufoktroyieren (fr): verleihen, aufdrängen, aufzwingen
Augustiner: Anhänger der Gnadenlehre des hl. Augustinus (354—430)
Aura (lat): „Luft", nach theosoph. u. anthroposoph. Lehre ein Lichtschimmer um den Körper, der für die Augen Eingeweihter sichtbar sein u. dessen Farbe der bes. Ausdruck der seelischen Regungen sein soll
aurea aetas (lat): Goldenes Zeitalter
aureum saeculum (lat): Goldenes Zeitalter
Auto de fé (span): „Glaubenshandlung", feierliche Verkündigung u. Vollstreckung des Urteils der Inquisition in Spanien u. Portugal
autochthon (gr): an Ort u. Stelle entstanden, ureingesessen
Autodafé (port): Urteilsverkündigung und -vollstreckung der spanischen u. portugiesischen Inquisition (geistl. Gericht) im Ketzerprozeß
autogen (gr): ursprünglich, selbsttätig
automaton (gr): der Automat
autonom (gr): eigengesetzlich
autosuggestiv (lat): sich selbst seelisch beeinflussend
Axiom (gr): unmittelbar einleuchtender, keines Beweises bedürftiger Grundsatz
axiomatisch (gr): grundsätzlich (was nicht bewiesen werden kann, aber es auch nicht braucht, da es unmittelbar als richtig einleuchtet)

Bakchen (gr): Mänaden, „Rasende", Dionysosverehrerinnen, in langen Gewändern mit Rehfellen darüber, mit aufgelöstem Haar, Thyrsosstäbe tragend
Barbaroi (lat): die Barbaren
barbata (lat): bärtig
Basileus (gr): König
bellum omnium contra omnes (lat): Krieg aller gegen alle
bipolar (lat): zweipolig
blasphemisch (gr): gotteslästerlich
Brahmana (sanskrit): Brahmane, Priester, Angehöriger der obersten Kaste in Indien; gilt als heilig

caput (lat): das Haupt
caput et mater omnium ecclesiarum (lat): Haupt und Mutter aller Kirchen
Caritas (lat): (Nächsten)-liebe, Wohltätigkeit
causa et finis (lat): Ursache und Ziel
causa finalis (lat): Endursache
causa formalis (lat): die formale Ursache
causa prima (lat): Erstursache
Cento (lat): Flickgedicht, zusammengestoppelte Arbeit
Cerealien (lat): Getreide
Charisma (gr): Geistesgabe, Wunderkraft
che muove il sole e l'altre stelle (it): welcher die Sonne und die anderen Sterne bewegt (Zitat aus Dantes Göttlicher Kommödie)
Chimäre: griech. Fabeltier: Löwe-Ziege-Schlange
Chorus mysticus (lat): der geheimnisvolle (mystische) Chor
Christianos ante bestias (lat): vor die Bestien mit den Christen!
chtonisch (gr): der Erde angehörend, irdisch, auch unterirdisch
ci-devant (fr): ehemals; Cidevants Revolutionsspottname franz. Adliger
Civitas (lat): das Bürgerrecht, der Bürgerverband, die Gemeinde, das Volk (der Staat)
Civitas Dei (lat): Staat Gottes
Civitas Diaboli (lat): Staat des Teufels
Codifikation (lat): die vom Gesetzgeber erlassene Sammlung und Verarbeitung der bestehenden Einzelgesetze und rechtlichen Gewohnheiten zu einem einheitlichen systematischen Werk
Coincidentia oppositorum (lat): Zusammenfall der Gegensätze
Coitus bestialis (lat): der bestialische Beischlaf
Coitus vulgaris et profanus (lat): der gemeine und alltägliche Beischlaf
Collaboranten (lat): Mitarbeiter, mit dem Feind Zusammenarbeitende
collegia illicita (lat): verbotene Amtsgenossenschaften, verbotene polit. Vereine
collegia licita (lat): erlaubte Amtsgenossenschaften, erlaubte polit. Vereine
commemorieren (lat): gedenken
communicatio idiomatum (lat): die wechselseitige Übertragung von Eigenschaften der göttlichen und menschlichen Natur Christi
Compilatoren (lat): die Verfertiger von einer mechan. Zusammenstellung eines liter. Werkes aus Ausschnitten anderer Werke
compilatorisch (lat): betr. die mechan. Zusammenstellung eines liter. Werkes aus Ausschnitten anderer Werke
conditio sine qua non (lat): die unerläßliche Bedingung
Congregation (lat): Vereinigung in der kath. Kirche (z. B. von einem Kloster, Kardinalsausschuß usw.)
conspiratio silentii (lat): Verschwörung des Stillschweigens
Contradictio in adjecto (lat): Widerspruch im Beiwort, z. B. hölzernes Eisen
Cooperation (lat): Zusammenarbeit
Corpus Christi Mysticum (lat): der geheimnisvolle Leib Christi (die Kirche)
corpus gnosticum (lat): erkennender Leib
Corpus spirituale (lat): geistiger Leib
correlativ (lat): in wechselseitiger Beziehung
corruptio optimi pessima (lat): die Verderbnis des Besten bewirkt, daß es das Schlechteste wird
Credo (lat): „ich glaube", Glaubensbekenntnis
Crucifige (lat): Kreuzige ihn!
çudra (sanskrit): Angehöriger der 4. indischen Kaste, welche dienende u. schmutzige Arbeiten verrichtet
cum grano salis (lat): mit einem Körnchen Salz, d. h. mit sachgemäß kritischer Einschränkung

Dadaismus: von da-da, Kinderlallen, benannte literar. Richtung, etwa 1916—20, die das Sinnlose, Primitive, Unbürgerliche betont
Daimonion (gr): bei Sokrates warnende innere Stimme
Dea dolorosa (lat): schmerzensreiche Göttin
Dea gaudiosa (lat): freudenreiche Göttin
deduziert (lat): das Besondere aus dem Allgemeinen abgeleitet

deformiert (lat): verunstaltet
Dekomposition (lat): Zersetzung, Auflösung eines Körper in seine Bestandteile
demetrisch: von Demeter, griech. Erdgöttin, wurde zu einer der einflußreichsten Gottheiten der Griechen
Demiurg (gr): „Handwerker", seit Plato Bezeichnung des Weltschöpfers
Demokratie (gr): Volksherrschaft
Demos (gr): Volk
dendromorph (gr): wie ein Baum oder Strauch gestaltet
Denomination (lat): Benennung
depossediert (lat-fr): enteignet, besitzlos geworden
Descendenz (lat): Abstammung, Nachkommenschaft
descensus ad inferos (lat): der Abstieg zur Unterwelt
Desintegration (lat): Zerstreuung
Deus ex machina (lat): „der Gott aus der Maschine": die am Ende griech. Tragödien mit Hilfe eines Krans über der Bühne erscheinende Göttergestalt, die einen an sich unlösbaren Konflikt kraft ihrer göttlichen Macht dennoch löst. Daher übertragen für jeden unerwarteten Helfer in einer kritischen Lage.
Deus faber (lat): der technische Gott (Gegens. zu Deus magus)
Deus Filius Patris (lat): Gott, Sohn des Vaters
Deus magus (lat): der magische Gott, Zauberergott
Deus patiens (lat): der leidende Gott
Deuterobuddhismus (gr): Zweiter Buddhismus
Deuterojahwe (gr): „Zweiter Jahwe", im Gegensatz zum Urjahwe
Deuterotaoismus (gr): Zweiter Taoismus
Diagramm (gr): geometrische Figur, ein Entwurf oder Abriß überhaupt, schematische Zeichnung, Symbolbild
dialektisch (gr): begrifflich zergliedert
dialogisch (gr): „unterredend", durch Rede und Gegenrede Probleme darlegend
Dies irae (lat): „Tag des Zornes", das Jüngste Gericht (Anfangsworte der berühmten Sequenz aus der Liturgie des Allerseelentages und der Messen für Verstorbene
disciplina arcani (lat): „Geheimhaltungspraxis", Bezeichnung für den von der alten Kirche bes. des 4. u. 5. Jahrh. geübten Brauch, Tauf- und Abendmahlsfeiern vor Uneingeweihten, d. h. Ungetauften, streng geheim zu halten
disjecta et defigurata membra (lat): zerstreute u. verunstaltete Glieder
Diskos (gr): runde Scheibe
diskursiv (lat): heißt die begrifflich schlußfolgernde Erkenntnisart (Gegens.: intuitiv)
dissidieren (lat): anders denken, aus der Kirche austreten
Distinguo, das (lat): das „Ich unterscheide"
Distinktion (lat): Unterscheidung
Divination (lat): Wahrsagekunst
divinisieren (lat): vergöttlichen
Doketismus (gr): Lehrmeinungen, die gewisse als Realität ausgegebene Erscheinungen als bloßen Schein auffassen, vor allem in der menschlichen Natur Christi
Dolmen: nach einem keltischen Wort die aus unbehauenen Blöcken in vorgeschichtlicher Zeit errichteten Steinstuben-Gräber, wie sie sich in Westeuropa, in Nordafrika, Asien und auf den Inseln des Mittelmeeres finden
Dominante (lat-it): vorherrschendes Merkmal
Dotation (mlat-fr): Ausstattung, Schenkung
Doxa (gr): Meinung
dramatis personae (lat): Personen des Dramas
dual (gr): zweiheitlich
dualistisch (gr): zweiheitlich
duplex (lat): doppelt
Dyas (gr): Zweiheit

Ebionim (hebr): Judenchristen, seit dem Ende des 2. Jahrh. aus der Kirche ausgeschieden. Bildeten keine einheitl. Sekte. Sie erkannten Paulus nicht an, hielten das Gesetz u. verwarfen den Logostitel für den Messias Jesus.
ecce Virgo mater et filius eius (lat): siehe da die Jungfrau-Mutter und ihren Sohn
Ecclesia est delenda (lat): die Kirche muß zerstört werden
ecclesia militans (lat): die kämpfende Kirche

Ego (lat): Ich
egomanisch (lat-gr): betr. einen ans Krankhafte grenzenden Ich-Trieb
Eheaspirantin (lat): Eheanwärterin, -Bewerberin
Eine, das: philos. Begriff für die einheitliche metaphysische Substanz, die der Vielfalt der erfahrbaren Sinnenwelt zugrunde liegt. Definition Seite 306
Ekklesia (gr): Kirche
eklektisch (gr): zusammengelesen, unoriginell
Ekstase (gr): Außersichsein, Entrückung, Verzückung, körperlich-seelischer Ausnahmezustand, bei dem die Seele außerordentliche Erlebnisse hat; der höchste, dem Wahnsinn nahe Grad der Begeisterung, in dem sich die Existenz des Menschen in ein einziges Gefühl zusammenzieht. Nach Plotin und den Mystikern vollzieht sich in der Ekstase die Vereinigung der Seele mit Gott, das Eingehen des Individuums zu bewußtloser Einheit mit dem Weltgrund
Elevation (lat): Emporhebung
eliminiert (lat): beseitigt, ausgeschieden
Emanation (lat): Ausströmung. Nach der Lehre der Neuplatoniker und Gnostiker ist die Welt eine E. der Gottheit, die aber dabei unverändert bleibt
emanationes (lat): Ausströmungen
Empyreum (gr): bei den christlichen Philosophen Ort des Lichts, Himmel. Bei Dante der Aufenthaltsort der Seligen, der ewig ruhende Sitz der Gottheit
enkratitisch (gr): enthaltsam
Ens reale (lat): wirkliches Wesen
ephemer (gr): eintägig, vergänglich
Ephod (hebr): u. a. im Alten Testament als Name eines vom Priester als Orakel benutzten Gegenstandes gebrauchtes Wort
Epiphänomen (gr): Begleiterscheinung
Epiphanie (gr): Erscheinung (Gottes), Offenbarwerden
Episteme (gr): Erkenntnis
Epithalamium (gr): Hochzeitslied
Epopten (gr): „Schauende", der höhere Einweihungsgrad bei den eleusinischen Mysterien
Eris (gr): Streit, Zank
eroici furori (it): heroische Leidenschaften, Titel eines Buches des italienischen Naturphilosophen Giordano Bruno (1548—1600)
Eros (gr): nach Platon: geisterfüllte Liebe, als Drang zu philosophischer Erkenntnis vergeistigt
Erotologie (gr): Lehre über die Liebe (Eros nach Platon = geisterfüllte Liebe)
erratischer Block (lat): Findling, Felsblock aus der Eiszeit, durch Gletscher verschleppt
eschatologisch (gr): betr. die christliche Lehre von den letzten Dingen, vom Ziel des Menschenlebens und der Welt
eskamotieren (fr): heimlich verschwinden lassen, wegzaubern
esoterisch (gr): nur für Eingeweihte bestimmt und verständlich (Gegens.: exoterisch)
et requievit die septimo ab universo opere quod patrarat (lat): und ruhte aus am 7. Tage vom gesamten Werke, das er beendet hatte
euhemeristisch: entsprechend der Theorie des Euhemeros aus Messene (um 300 v. Chr.), daß der Götterkult aus der Verehrung einstiger mächtiger Herrscher und weiser Männer auf Erden hervorgegangen sei
Evolutionismus (lat): Entwicklungslehre, die Anwendung des Entwicklungsprinzips auf jede Art des Seins
ex cathedra (lat): „vom Lehrstuhl" Petri, des Papstes; soviel wie unfehlbar
ex definitione (lat): der Begriffsbestimmung entsprechend
ex oriente lux gnostica (lat): das erkennende Licht aus dem Osten
excelsior! (lat): umso besser!
exceptis excipiendis (lat): ausgenommen das, was ausgenommen werden muß
Exegese (gr): Erklärung, Auslegung
Exercitien (lat): geistliche Übungen
Exercitium spirituale sive gnosticum (lat): die geistige oder gnostische Übung
Exkarnation (lat): Entkörperung
Exorzismen (lat): Beschwörungen zur Austreibung böser und unreiner Geister
Exoteriker (gr): Nichteingeweihte
exoterisch (gr): für Nichteingeweihte, allgemeinverständlich (Gegens.: esoterisch)

Expositio (lat): Darlegung, Ausstellung
Exteriorisation (lat): (Veräußerung) Ausformung, Ausgestaltung
extramundan (lat): außerweltlich
extrovertieren (lat): nach außen wenden. In der seelischen Grundhaltung, im Denken und Handeln sich öffnen für die Einflüsse von außen. (Gegens.: introvertieren, nach innen kehren)

felix culpa (lat): glückliche Schuld
femina vult decipi (lat): die Frau will betrogen sein
fiat (lat): es geschehe
figlia del tuo figlio (it): Tochter deines Sohnes
Filiation (lat): Kindschaft, rechtliche Abstammung
filioque (lat): „und dem Sohne", Formel für den west-östlichen Trinitätsstreit. Die römische Kirche hat das Dogma von dem Ausgang des Hl. Geistes aus dem Vater *und* dem Sohne, die griechische Kirche dagegen lehrt nur den Ausgang des Hl. Geistes aus dem Vater
flatus vocis (lat): der Lufthauch der Stimme
formae secundae (lat): die folgenden Formen
fractio panis (lat): das Brechen des Brotes

Geist: Seite 583: „Die Erkenntniskraft, durch welche das Eine zum Bewußtsein seiner selbst als des Einen kommt, nenne ich Vernunft oder Geist." (S. a. Seite 11, 15, 81.)
generatio spontanea (lat): Urzeugung
genius loci (lat): Ortsgeist
genus gnosticum (lat): die erkennende Gattung
geozentrisch (gr): betreffend die im Mittelpunkt stehende Erde
Glorifikation (lat): Verherrlichung
gnoseophob (gr): die Erkenntnis krankhaft fürchtend
Gnosis (gr): „Erkenntnis", Begriff geprägt durch frühchristliche häretische Sekten. Hier aber in philos.-allgemeiner Bedeutung gemeint, vor allem als „Selbstbewußtsein des Einen" in seiner zum Denken befähigten Menschheit, als Durchschauen der Sinnenwelt bis zu ihrem wesentlichen Kern, dem „Zusammenfallen aller Gegensätze", der wesentlichen Identität aller relativen Erscheinungsdinge. Definitionen Seite 11, 21, 27, 392, 583
gnosticus (lat): erkennend
gnostisch: die Gnosis betreffend
Gnōthi sautón (gr): Erkenne dich selbst, Inschrift am Apollotempel in Dephi
Göttertriaden (gr): Götterdreiheiten
Gojim (hebr): Nichtjuden
Graecia capta ferum cepit victorem (lat): Das überwundene Griechenland überwand den barbarischen Sieger
Gynäkokratie (gr): Frauenherrschaft
Gynäkologie (gr): Lehre von der Frau
gynäkozentrisch (gr): betreffend die im Mittelpunkt stehende Frau
Gynander (gr): Weibmann
gynandrisch (gr): weibmännlich

Haeresiographen (gr): Schilderer von Irrlehren
häretisch (gr): abweichend von der kirchlichen Lehre
heliozentrisch (gr): betreffend die im Mittelpunkt befindliche Sonne
Hen diapheron heautō (gr): das Eine, das sich von sich selbst unterscheidet
Hermaphrodit (gr): ein Zwitter, Sohn des Hermes und der Aphrodite. Seit dem 4. Jahrhundert v. Chr. in Athen verehrt. In schönen Kunstwerken erhalten
hermetische Tabula smaragdina (lat): „Smaragdtafel", eine hermetische Schrift (siehe unter Trismegistos)
heterodox (gr): andersgläubig
heterogen (gr): ungleichartig, einer anderen Gattung angehörend (Gegens.: homogen)
heteronom (gr): fremdgesetzlich (Gegens.: autonom)
heterosexuell (gr): die normale, auf das andere Geschlecht gerichtete Sexualität (Gegens.: homosexuell)

Hiatus (lat): Kluft, Spalte
Hierarchia coelestis (lat): die himmlische heilige Rangordnung
Hierodulen (gr): Tempeldirnen
Hierogramm (gr): heilige Schrift, geheime Priesterschrift
Hierophant (gr): „Enthüller heiliger Dinge", der höchste Priester von Eleusis, der die Weihen zu erteilen hatte
hieròs gámos (gr): heilige Hochzeit
hieròs lóchos (gr): heilige Schar
hieròs lógos (gr): heilige Erzählung
Holokauste: griechische Bezeichnung der Brandopfer
Holokaustum (gr): Brandopfer
Homilie (gr): Predigt
Hominismus (lat): Vermännlichung
homo gnosticus (lat): der erkennende Mensch
Homo homini lupus (lat): Der Mensch ist des Menschen Wolf
homo insipiens sive agnosticus (lat): der unverständige oder nicht erkennende Mensch
homo sapiens sive gnosticus (lat): der weise oder erkennende Mensch
humanitas gnostica (lat): erkennende Menschheit
hybride (lat): von zweierlei Herkunft
Hybris (gr): die Tragik anbahnende Selbstüberhebung
Hyperbel (gr): Übertreibung
hypertrophisch (gr): durch übermäßige Ernährung übermäßig wachsend
hypostasiert (gr): verdinglicht
hysteron proteron (gr): die Vorwegnahme dessen, was eigentlich nachfolgen soll

Idea exemplaris (lat): Originalidee, musterhafte Idee, zum Beispiel dienende Idee
idealistisch (gr-lat): gemäß derjenigen Denkweise, welche theoretisch wie praktisch die Vernunft (den Geist) als das höchste, wesentliche, aktive Prinzip der Wirklichkeit betrachtet
immanent (lat): innewohnend (Gegens.: transzendent)
Imperator mundi (lat): Weltherrscher
Imperium Romanum (lat): Römisches Weltreich
Imperium Sinicum (lat): chinesisches Reich
implicite (lat): in etwas mit einbegriffen, enthalten
in hoc signo vinces (lat): in diesem Zeichen wirst du siegen (geht auf die Erzählung des Eusebius im Leben Konstantins d. Gr. zurück, nach der dem Kaiser Konstantin vor seinem Siege über Maxentius 312 n. Chr. am Himmel das Kreuz und daneben die griechische Inschrift „Mit diesem siege" erschienen sein soll
in rebus magicis (lat): in magischen Dingen
in sensu eminentissimo (lat): im allerhervorragendsten Sinne
in statu naturae corruptae (lat): im Zustand verderbter Natur
inaugurieren: einweihen, feierlich in Amt oder Würde einsetzen, einführen
Index librorum prohibitorum (lat): das von der katholischen Kirche seit 1559 fortlaufend geführte Verzeichnis der unter Anordnung kirchlicher Strafen verbotenen Bücher. (Nach dem neuen Konzil nicht mehr weitergeführt.)
Individualismus: philosophische Anschauung, daß nur die Einzelerscheinungen das Wesentliche sind. (Gegens.: Universalismus und Sozialismus.)
Individuation (lat): die Sonderung eines Allgemeinen in Einzelwesen, Besonderheiten
infallibel (nlat): unfehlbar
infernalisch (lat): höllisch
Inferno (it): Hölle. Ein Teil von Dantes „Göttlicher Kommödie"
ingens potentia (lat): überaus große Macht
inhärieren (lat): notwendiges Verbundensein der Begleiterscheinungen oder Nebeneigenschaften mit dem Wesentlichen
Initianten (lat): die Einweihenden
Initiation (lat): Einweihung, Einführung
Initiatorin (lat): einweihende, einführende Frau
initiieren (lat): einweihen, einführen
inkarnieren (lat): Fleisch werden
inkorporieren (lat): einverleiben, aufnehmen
integral (nlat): ein Ganzes ausmachend, für sich bestehend

intellectus infinitus Dei (lat): das unendliche Erkenntnisvermögen Gottes
Intellekt (lat) (griech. Nous): Vernunft. Definition siehe Seite 171
intellektuelle Anschauung (lat): geistige, erkennende, sinnerfassende Anschauung; Gnosis lt. Definition Seite 11
intelligibel (lat): nur durch den Verstand faßbar, nicht durch Sinneswahrnehmung und Erfahrung
Interregnum (lat): die „kaiserlose" Zeit in Deutschland 1254—73
Intuition (lat): unmittelbare (nicht durch Erfahrung gewonnene) geistige Schau, Einsicht
Ireniker (gr): Frieden, Aussöhnung Anstrebende
Irregularisierung (nlat): Bewerkstelligung von Unregelmäßigkeit
Irrigation (lat): mediz. Ab- oder Ausspülung

Jesuazusen (gr): Anhängerinnen des Jesuskultes
Jesus patiens (lat): der leidende Jesus
judex venturus (lat): der Richter, der kommen wird
Jupiter optimus maximus (lat): der sehr gute und sehr erhabene Jupiter

Kabbala (hebr): „Überlieferung", mystische Richtung im Judentum. Ihr kanonisches Buch ist der Sohar, entstanden in der 2. Hälfte des 13. J. in Spanien
Kairós (gr): der günstige Augenblick
kanonisch (gr): betreffend den Kanon, die Bezeichnung kirchl. Regeln, auch das Verzeichnis der von der Kirche anerkannten Heiligen und der von ihr für inspiriert gehaltenen und darum unbedingt bindenden hl. Schriften; in der Kirche die Bibel, in der Vedischen Religion die Veden, im Parsismus das Avesta, im Islam der Koran usw. In diesem Sinne gehört zum Kanon seine Unabänderlichkeit
Katabasis (gr): das Hinabsteigen
kategorial (gr): betreffend das Begriffsfach, die Gattung, in die etwas eingeordnet wird
Katholizität (gr): Allgemeinheit
Kedeschen (hebr): Tempeldirnen
kodifizieren (lat): einordnen in ein Gesetzbuch, ein größeres Rechtsgebiet zusammenfassend regeln
Konkordanz (lat): Übereinstimmung, eine Zusammenstellung aller Worte, die in einer Schrift vorkommen, alphabetisch geordnet (z. B. zur Bibel)
konkret (lat): ist, was wirklich ist, nicht bloß gedacht ist, was Gegenstand der Anschauung sein kann (Gegens.: abstrakt)
konsekriert (lat): geweiht bei Sakramenten
konstituieren (lat): festsetzen, einrichten, gründen
konsubtantiell (lat): gemäß der Auffassung Luthers, daß bei der Eucharistie (Leib und Blut Christi) der Leib und das Blut Christi zwar wirklich gegenwärtig werden, aber gleichzeitig die Substanz von Brot und Wein erhalten bliebe, während die katholische Auffassung die Transsubstantiation lehrt, die *Umwandlung* von Brot und Wein in Fleisch und Blut Christi
Kontamination (lat): Verschmelzung
kontaminiert (lat): verunreinigt, vermischt, in einander verflochten
kontemplativ (lat): in sich gekehrt, beschaulich auf das Übersinnliche gerichtet, zum betrachtenden Erkennen geneigt (Gegens.: aktiv)
kontingent (lat): zufällig (als Gegens. zu notwendig)
kontradiktorisch (lat): direkt entgegengesetzt, widersprechend
Konvertit (lat): zum anderen Glauben Übergewechselter
Konzeption (lat): 1. Empfängnis, 2. gedanklicher Entwurf einer geistigen Schöpfung
korrelativ (lat): in wechselseitiger Beziehung
Korrespondenz (lat): Übereinstimmung, Entsprechung
Kosmogenesen (gr): Entstehungs- u. Entwicklungsgeschichten des Weltalls
Kosmokrator (gr): Weltherrscher
Kosmos (gr): Weltall
Krethi und Plethi (gr): uspr. die aus Kretern u. Philistern gemischte Leibwache König Davids, daher soviel wie gemischte Gesellschaft
Kyria (gr): Herrin
Kyrios (gr): Herr

lacrimosa et dolorosa (lat): die Tränenreiche und Schmerzensreiche
Laizismus (gr): Geisteshaltung aus der Blickweite der Nicht-Geweihten (im Gegens. zum Klerus)
latent (lat): verborgen
latreutrisch (gr): anbetend, verehrend
laudabiliter se subjecit (lat): er unterwarf sich lobwürdig
lernäische Hydra: griech. mythisches Schlangenungeheuer, dessen Tötung zu den 12 Arbeiten des Herakles gehörte. Es hatte 9 Köpfe, von denen ein abgeschlagener sogleich doppelt nachwuchs
letal (lat): tödlich
Lingam (sanskrit-engl): männliches Glied als Fruchtbarkeitssymbol in Indien
Logia (gr): Aussprüche, Worte
Logos (gr): Wort, Gedanke, Begriff, Vernunft. Definition Seite 32
Logos passus et sepultus (lat): der leidende und begrabene Logos
l'uomo farà da se (it): der Mensch ist imstande, es selbst zu tun

machina (lat): die Maschine
mänadisch (gr): rasend (von Mänaden, Dionysosverehrerinnen)
Männerbünde: zu Zweckverbänden zusammengeschlossene Männer (Seite 13, 15, 73, 75, 76)
Magi (lat): die Magier, Zauberer
magisch (gr): betr. die oft geglaubte Fähigkeit, ohne natürliche Mittel auf Dinge und Menschen, wie auf Dämonen und Geister, einwirken zu können. In manchen philos. Richtungen der Neuzeit wird der Begriff Magie rein seelisch gefaßt (z. B. im „Magischen Idealismus" des Novalis und in der Philos. des Grafen Keyserling)
Magisterium (lat): Lehramt
magnus homo (lat): der große Mensch
majestas (lat): Größe, Erhabenheit, Hoheit, Majestät
Makroanthropos (gr): der große Mensch
Makrokosmos (gr): die große Welt des Universums
Makroorganismus (gr): das große Lebewesen
maligne (lat): bösartig
Mandala (sanskrit): „Kreis", kosmisches Symbolbild, vor allem in der buddhist. Kunst, für religiöse Betrachtungsübungen
Mantra (ind): der „Spruch" oder die religiöse Formel, die als mit wirkungsvoller Kraft geladen gilt
manus omnium contra omnes (lat): Gewalttätigkeit aller gegen alle
Mariolatrie (gr): Marienanbetung. Latria, latrischer Kultus der nur Gott gebührenden Anbetung wird nach kath. Theologie unterschieden von der Maria und den Heiligen zukommenden Verehrung (Dulia)
Martyrologium (lat): kalendarische Zusammenstellung der Märtyrergedächtnistage u. entsprechende Märtyrerberichte für den kultischen Gebrauch
Maschiachim (hebr): Plural von Messias
masculini generis (lat): männlichen Geschlechts
Masochismus: nach dem Schriftsteller Sacher-Masoch bezeichnete Perversität, bei der Erdulden körperlicher Mißhandlung zur Sexualbefriedigung führt
Mater (lat): Mutter
Mater dolorosa (lat): die schmerzensreiche Mutter
Mater immaculata (lat): die unbefleckte Mutter
materia prima (lat): „erster Stoff", ungeformter Stoff, erstes Substrat (Grundlage) aller stofflichen Wesen
materia secunda (lat): zweiter Stoff
Materialismus (lat): philosophisch diejenige Lehre, die das Wirkliche als von körperhafter Natur annimmt (Gegens.: Idealismus). Der prakt. u. ethische M. setzt den Lebenszweck in den sinnlichen Daseinsgenuß u. betrachtet unter Mißachtung idealer Werte nur die materiellen u. sinnlichen Güter als erstrebenswert. Der histor. M. betrachtet die Wirtschaft als die bestimmende Grundlage aller, auch der geistigen Kultur
Matriarchat (lat): Mutterrecht
mea maxima culpa (lat): meine übergroße Schuld

mediatisiert (lat): „mittelbar" gemacht, der Landeshoheit unterworfen; ein Gebiet einverleibt
Meleager: bei Meleagers Geburt wurde seiner Mutter Althaia geweissagt, das Kind werde so lange leben, bis ein im Feuer liegendes Holz verbrannt sei. Althaia nahm das Holz vom Herde weg u. bewahrte es sorgsam. Später erlegte M. einen Eber, der die Umgebung der Stadt Kalydon verwüstet hatte, schenkte das Fell einer tapferen Teilnehmerin an der Jagd, in die er verliebt war, erschlug seine 2 Oheime, die aus Neid dem Mädchen die Ehrengabe nicht gönnten, u. wurde darauf von seiner Mutter, der der Verlust ihrer Brüder naheging, dadurch getötet, daß sie das erwähnte Holz verbrannte.
mendacium (lat): Lüge
Mesolithicum (gr): Mittelsteinzeit
Messias (hebr. Maschiach, griech. Christós): der Gesalbte, im A. Test. der von Gott gesalbte König, im übertragenen Sinne der Heilskönig der Zukunft. Im N. Test. sagt Petrus zu Jesus: Du bist Christus (Mark. 8,27 ff)
Metamorphose (gr): Gestaltwandel, Umgestaltung
Metanoia (gr): „Umsinnen", Umkehr, Hinkehr zu Gott
metaphänomenal (gr): über das Erscheinungsmäßige hinausgehend
metaphänomenologisch (gr): hinausgehend über die Lehre vom Erscheinungshaften
Metaphysik (gr): durch reine Vernunftschlüsse gewonnene Lehre vom Wesen der Dinge, das über aller sinnlichen Erfahrungsmöglichkeit steht; die eigentliche Geistesbestrebung der Menschheit in Philosophie wie Religion. Diejenigen philos. Richtungen, die die M. als Wissenschaft bestreiten u. nur nach den äußeren Erscheinungsdingen fragen, aber nicht nach ihrem Wesen (Positivismus u. a.), nennt man Agnostiker.
metaphysisch: zur Metaphysik gehörend, über die mögliche Erfahrungsgrenze hinausgehend
Metempsychose (gr): Seelenwanderung
Mikrokosmos (gr): kleiner Teil der Welt für sich betrachtet, als verkleinertes Abbild der großen Welt des Universums (Makrokosmos); seit Paracelsus nennt man den Menschen (als Zentrum und Inbegriff des Makrokosmos) einen Mikrokosmos
Mikroorganismus (gr): Kleinstlebewesen
misogyn (gr): weiberfeindlich
mixtum compositum (lat): das gemischte Zusammengesetzte
modus vivendi (lat): die Art u. Weise zu leben, erträgliche Form des Zusammenlebens
Molochismus: entspr. dem Kult des babylonischen Gottes Moloch im A. Test., dem Kinder geopfert wurden
Monas (gr): Einheit, Einzelwesen in philos. Sinne (Monade)
Monismus (gr): Einheitslehre, wonach die Wirklichkeit einheitlich und von einerlei Grundbeschaffenheit sei. Das Wesen dieser Grundbeschaffenheit wird verschieden gedeutet; daher sind mehrere M.-arten zu unterscheiden, von denen aber die meisten nicht unter dem Namen M. auftreten, z. B. Identitätsphilos., Pantheismus, Panentheismus, Hylozoismus, Panvitalismus, Immanenzphilos., Phänomenalism., Existentialism., Psychologism., Idealism., Panlogism., Materialism., Naturalism. usw.
monogenetisch (gr): abstammend von einer einzigen Urform
Monomane (gr): Geisteskranker; bei sonstigem Vollbesitz der geistigen Kräfte an einer bestimmten Wahnvorstellung Festhaltender
Monon (gr): das Eine
Monotheismus (gr): Verehrung eines einzigen Gottes (Gegens.: Polytheismus)
mons (lat): Berg
Moria (gr): Dummheit
morituri (lat): die zu sterben bereit sind
Moros (gr): der Dumme
Mudra: die magischen u. mystischen Fingerstellungen mit symbolischer Bedeutung, die in buddhist. u. Shiva-Kulten eine bes. Rolle spielen
mulier taceat in ecclesia (lat): die Frau hat in der Kirche zu schweigen (Paulus)
mundus intelligibilis (lat): das Reich der Ideen, der Ideale, des Inbegriffes der reinen Gedankendinge
mutation brusque (fr): plötzliche Veränderung
mutatis mutandis (lat): nach Änderung des zu ändernden
Mystagogie (gr): Einweihung in die Mysterien

Mysterienkulte: Geheimgottesdienste bei den alten Griechen, die nur Eingeweihten zugänglich waren. In hellen. Zeit ausgerichtet auf das Heil des Einzelnen mit dem höchsten Ziel, persönl. Unsterblichkeit zu erlangen
Mysterium Magnum (lat): großes Geheimnis
mysterium tremendum (lat): „das als schauervoll empfundene Geheimnis"
Mystik (gr): urspr. Bezeichnung für Geheimreligion bzw. religiöse Geheimorganisationen, in die nur Auserwählte aufgenommen u. eingeweiht wurden; sodann überhaupt für das Bestreben, das Übersinnliche, Göttliche durch Abkehr von der Sinnenwelt u. Versenkung in die Seelentiefe des eigenen Seins (Meditation) zu erfassen, durch Aufgehen des eigenen Bewußtseins in Gott mit diesem eins zu werden: mystische Einigung (unio mystica). Die M. tritt in allen höheren Kulturen auf, jedoch höchst verschiedenartig gestaltet. (Vgl. Seite 214, 219, 223, 592)
mystisch: Definition Seite 213
Mythenexeget (gr): Mythenerklärer
Mythograph (gr): Mythenschreiber
Mythologem (gr): mythologische Behauptung oder Lehre
Mythologumenon (gr): mythologische Lehrmeinung
Mythus (gr): Erzählung über Götter

natura naturans (lat): die schaffende (schöpferische) Natur
natura naturata (lat): die geschaffene Natur
Neikos (gr): Streit
Neolithicum (gr): Jüngere Steinzeit
Nestorianismus: Irrlehre des Nestorius, Patriarch von Konstantinopel (gest. um 451)
nihil est in coelo, quod non fuerit in terra (lat): nichts ist im Himmel, das nicht auf der Erde gewesen wäre
nihil est in intellectu, quod non fuerit in sensu (lat): nichts ist im Verstand, das nicht in der Wahrnehmung gewesen wäre
Nihil positivum (lat): das positive Nichts
Nihilismus (lat): Standpunkt der Verneinung. Theoretisch Verneinung der Möglichkeit einer Wahrheitserkenntnis, ethisch Verneinung der Werte und Normen des Handelns, politisch Verneinung jeglicher gesellschaftlichen Ordnung
Nomina (lat): Namen
nominalistisch (lat): gemäß derjenigen philos. Meinung, daß die Universalien (Allgemeinbegriffe) nur Worte seien, außerhalb des Denkens bedeutungslos, daß sie nichts objektiv Wirkliches seien. (Im Gegens. dazu im Mittelalter: „Realismus")
Nonsens (lat): Unsinn
Noumena (gr): Plural von noumenon, Gedankending. (Gegens.: Phainomenon (Erscheinungsding)
noumenal (gr): gemäß dem Gesetz des reinen Denkens, also jenseits der Erfahrungsgrenze liegend (Gegens.: phänomenal)
noverca (lat): Stiefmutter
Novize (lat): Neuling, der die Probezeit Bestehende in einem kath. Orden
numinos (gr): göttlich irrational, schauervoll und packend

O beata solitudo, o sola beatitudo (lat): o glückliche Einsamkeit, o einsame Glückseligkeit
obscuratis obscurandis (lat): mit geheimen und geheimzuhaltenden Dingen
Observanz (lat): Beobachtung einer herkömmlichen Regel
occasionell (lat): betr. die Lehre von den gelegentlichen Ursachen, geht von der Zweiheit zwischen Leib u. Seele aus u. schließt gegenseitige Wechselwirkung aus. Gott würde bei den Gelegenheiten die wechselseitigen leib-seelischen Reaktionen hervorrufen.
oderint dum metuant (lat): „mögen sie mich hassen, wenn sie (mich) nur fürchten"; Worte von Agamemnons Vater Atreus in einer Tragödie des Accius. Bei den Römern oft zitiert (Cicero u. a.). Nach Sueton Wahlspruch des Kaisers Caligula
Odi profanum vulgus et arceo (lat): ich hasse das gemeine Volk und verachte es
ökumenisch (gr): weltumfassend, allgemein
Offertorium (lat): „Darbringung, Opfer", Teil der röm. Messe mit Zurüstung der Gaben
omnes (lat): alle

Omnipotenz (lat): Allmacht
ontologisch (gr): betreffend die Lehre vom Seienden
opposita (lat): das Entgegengesetzte
opus magnum (lat): das große Werk
ordo duplex restitutus (lat): zweifache wiederhergestellte Ordnung
ordo vitae (lat): Lebensordnung
organomorph (gr): wie ein Werkzeug gestaltet
Organon (gr): Werkzeug
Orgia (gr): Bezeichnung der griech. Geheimkulte
orthodox (gr): rechtgläubig
Our wars are wars of life, and wounds of love / With intellectual spears and long winged arrows of thought (engl): Unsere Kämpfe sind Lebenskämpfe und Liebeswunden mit geistigen Speeren und weittragenden Gedankenpfeilen

paganisiert (lat): vom Heidentum geprägt
paläolithisch (gr): altsteinzeitlich
Palimpsest (gr): zweimal beschriebenes Pergament, auf dem die ältere Handschrift ausgelöscht ist, aber durch chemische Mittel wieder sichtbar gemacht werden kann
Palingenesie (gr): Wiedergeburt
Panagia (gr): „die Allheilige", Beiname Marias in der griech. Kirche
Pandämonium (gr-lat): Teufelswelt
pandravidisch (gr): gesamtdravidisch
panegyrisch (gr): lobrednerisch
panhellenisch (gr): gesamthellenisch
panmagisch (gr): gesamt-, allmagisch
pansophisch (gr): „gesamtwissenschaftlich"
Pantheismus (gr): Lehre, daß die Natur oder das All Gott sei
Pantheon (gr): Tempel aller Götter
Paradigma (gr): Beispiel, Muster
Paradise Lost (engl): „Das verlorene Paradies", Epos von Milton (1608—74)
Paredros (gr): daneben, dabei seiend oder sitzend, Beisitzer bei einem Staatsamt oder Gerichte
pars pro toto (lat): der Teil an Stelle des Ganzen
Parthenogenese (gr): Jungfrauengeburt
Parthenokratie (gr): Jungfrauenherrschaft
Parusie (gr): Gegenwart, Wiederkunft Christi beim Jüngsten Gericht
Passio (lat): das Leiden
Passio et Resurrectio Virginis (lat): das Leiden und die Auferstehung der Jungfrau
Pater et filius (lat): Vater und Sohn
Pater familias (lat): Hausvater, Hausherr
patiens et resurgens (lat): leidend und auferstehend
Pantokrator (gr): der Allherrscher, der Allmächtige
Patria potestas (lat): die väterliche Gewalt
patriarchal (lat): vaterrechtlich
Pauperismus (lat): (allgemeine) Verarmung, Volksverelendung
peccatum originale (lat): Ursünde
Pelagianer: Anhänger der kirchl. verurteilten Lehre des Pelagius (Ende des 4. Jahrh.)
per analogiam (lat): durch Entsprechung
Perpetuum Mobile (lat): das (von selbst) beständig Bewegte
Pervertierung (lat): Umkehrung, Verkehrung
Phänomen (gr): Erscheinung, Gegenstand in der sinnlich wahrnehmbaren Welt, der kausalen Zufälligkeit unterworfen, Gegens. zum Ding an sich und noumenon (Gedankending)
phänomenal (gr): erscheinungshaft
Phänomenologie (gr): Lehre von den Erscheinungen
phänomenologisch (gr): betr. die Lehre von den Erscheinungen
Phainomenon (gr): Erscheinungsding, im Unterschied zum Ding an sich u. noumenon (Gedankending)
Phallos (gr): das männliche Glied. Als Inbegriff der Zeugungskraft Kultgegenstand in vielen Religionen
Phase (gr): Abschnitt im Ablauf einer Erscheinung

Philia (gr): Liebe
Philosophem (gr): philos. Behauptung oder Lehre
philosophia perennis ac catholica (lat): fortdauernde und allgemeine Philosophie
Philosophumena (gr): philosophische Meinungen, Ergebnisse
physisch (gr): natürlich, körperlich (Gegens.: psychisch: seelisch, geistig; oder hyperphysisch: übernatürlich)
„*Plastron, moralisch zu rapieren*": Zitat aus Faust II Vers 7135. Plastron = Schutzkleid gegen Hieb u. Stich beim Fechten. Rapier = Degen. Das Zitat ist Teil eines von der Sphinx aufgegebenen Rätsels, dessen Auflösung der Teufel ist, bei dessen Bekämpfung sich der Fromme in Enthaltsamkeit übt.
Pleonasmus (gr): Hauptwort mit gleichbedeutendem (überflüssigem) Beiwort
Pleroma (gr): Fülle (Begriff bei den gnost. Sekten)
Plutokratismus (gr): Herrschaft der Reichen, des Großkapitals
Pneuma (gr): („Hauch, Wesen") Geist
Polis (gr): griech. Stadtstaat
polygenetisch (gr): vielfachen Ursprungs
Pontifex Maximus (lat): das Haupt des altrömischen Priesterkollegiums
Pontifikat (lat): Regierungszeit des Papstes oder Bischofs
Positivismus (lat): Philosophie oder Wissenschaft, die sich in Ablehnung jeder Metaphysik auf die gegebenen Tatsachen beschränkt
postdiluvial (lat): nacheiszeitlich
posthum (lat): nachgelassen (nach dem Todes des Verfassers veröffentlicht)
Postulat (lat): Forderung, Annahme, die eines strengen Beweises entbehrt, aber auf Grund von Tatsachen gesetzt werden muß
postuliert (lat): gefordert, angenommen, wenn auch des strengen Beweises entbehrend, so doch auf Grund von Tatsachen notwendig erfolgend
Potentialität (lat): Vermögen, Kraft, Wirksamkeit
potentiell (lat): möglich (im Gegens. zu wirklich)
Potenz (lat): Macht, innewohnende Kraft, Möglichkeit
Potestas (lat): Vermögen, Kraft, Macht
Povertà (it): Armut
präanimistisch (lat): voranimistisch
prädestiniert (lat): vorherbestimmt
prädualistisch (lat): vordualistisch
Präexistenz (lat): Vorhandensein vor körperlicher Gestaltwerdung, früheres Dasein
Präfiguration (lat): Vorgestaltung
präfiguriert (lat): vorgebildet
Präludien (lat): Vorspiele
Prämissen (lat): Vordersätze eines Schlusses, die Voraussetzungen
prästabiliert (lat): vorher feststehend
prästabilierte Harmonie: nach Leibniz das von Gott geordnete harmonische Verhältnis von Leib u. Seele, das nicht kausal aufeinander bezogen, sondern parallel reguliert ist
prima et finalis causa (lat): erste und letzte Ursache
Primat (lat): Vorrang
primordial: betr. den ältesten versteinerungsführenden Schichtenkomplex gleich über der Urschieferformation
Principium (lat): Grundsatz, Ausgangspunkt, Urgrund, erste Ursache
Principium identitatis (lat): das Prinzip der Wesenseinheit
Projektion (lat): Hinausverlegung; Entwurf; Darstellung auf einer Fläche
Prokrustes: Name eines Wegelagerers, der alle Reisenden, die in seine Hände fielen, auf sein Folterbett legte u. die zu kurz befundenen ausreckte, den langen das Übermaß der Glieder abhackte. Schließlich brachte ihn Theseus auf dieselbe Weise um.
proktophantasmisch: unübersetzbar, zusammengesetzt aus griech. „Hintern" (aus Goethe Faust I, Vers 4144)
Promiskuität (lat): wahllose geschlechtliche Vermischung
propitiatorisch (lat): versönlich
Proskomidie (gr): Vorbereitungsteil in der ostkirchlichen Messeliturgie
proskribiert (lat): geächtet
Protagonistin (gr): Vorkämpferin
Protobuddhismus (gr): Urbuddhismus
protohebräisch (gr): urhebräisch

Protojahwe (gr): Urjahwe
protologisch (gr): betr. die Urstandslehre der christl. Theologie (im Gegens. zur Eschatologie)
Protoplasten (gr): die Zuerstgebildeten; in der kirchl. Dogmatik vorzugsweise Adam und Eva
Prototaoismus (gr): Ur-Taoismus
Pseudomorphose (gr): Trugbildung, Scheingestaltung
Psyche (gr): Hauch, Atem, Seele
psychisch (gr): seelisch, geistig (Gegens.: physisch)
Psychopathia politica (gr-lat): politische Seelenkrankheit
Purgatorio (it): Fegefeuer
Puritanismus (lat): Richtung der streng Reformierten in England, die im Gegens. zur engl. Staatskirche die reformatorischen Prinzipien in ihrer Reinheit (Puritas) wiederherzustellen suchten (Sittenstrenge)

Quaestio facti (lat): die Frage nach der Tatsache
Quaestio juris (lat): die Frage nach dem Recht
Quaternität (lat): Vierheit
Quid est veritas? (lat): Was ist Wahrheit?
Quietismus (lat): eine Geisteshaltung größtmöglicher Ruhe. Affektloses, passives Verhalten, willenloses u. widerstandsloses Sichergeben in das Schicksal od. den Willen Gottes. Vor allem bei Religionen zu finden, die zur Mystik neigen, wie beim Buddhismus, dessen Ideal „Meeresstille des Gemütes" ist. Franz von Sales faßt das Wesen des Q. in den Worten zusammen: nichts begehren, nichts zurückweisen. (Erklärung Seite 459—460)
Quod semper, quod ubique, quod ab omnibus (lat): was immer, was überall und was von allen... (geglaubt worden ist [creditum est])
Quodlibet (lat): „was beliebt", Durcheinander, Mischmasch; Tonkunst: Allerlei, Potpourri

Rabbi (hebr): Anrede: „mein Herr", dann Ehrentitel hervorragender Gesetzeslehrer
Rajanya (sanskrit): „der Königliche", Angehöriger der 2. indischen Kaste, der des Adels und der Krieger
ralliement (fr): Wiedervereinigung
ralliert (fr): wiedervereinigt
Ratio (lat): Vernunft, Verstand, Grund (Seite 221)
rational (lat): vernünftig (Gegens.: irrational, dem Verstand unzugänglich)
rationalisiert (lat): vernünftig, nach wissenschaftlichen Prinzipien gestaltet (im Gegens. zum irrationalen Bereich)
Reabsorption (lat): Wiederaufsaugen, Wiederverschlucken
reactio (lat): Rückwirkung, Gegenwirkung, Reizwirkung
realistisch (lat): betr. die Ansicht im Gegens. zum Nominalismus, daß den Allgemeinbegriffen Realität zukommt
realiter (lat): wirklich
rebus (lat): Bilderrätsel
redivivus (lat): wiederaufgelebt, wiedererstanden
reflektiv (lat): prüfend u. vergleichend nachdenkend
regalieren (mlat-fr): reichlich bewirten, beschenken
regnum visibele (lat): sichtbares Reich
Regulativ, das (lat): Anordnung, Ausführungsbestimmung, Anweisung zur richtigen Behandlung von etwas
Regulator (lat): Regler, Ordner
Rekluse (lat): eine besondere Art von Einsiedlern, welche sich als „Gefangene Christi" in einer Zelle auf Lebenszeit einschlossen. Ihre Hauptaufgabe war die Übung des betrachtenden Gebetes, einige Stunden des Tages widmeten sie auch der Handarbeit. Ihre spärliche Nahrung empfingen sie durch ein kl. Fenster, dessen Verschluß sie auch öffneten, wenn Hilfsbedürftige bei ihnen Trost suchten.
Relativismus (lat): philos. Richtung, welche die Erkenntnis lediglich unter dem Gesichtspunkt des Abhängigkeitsverhältnisses des Erkennenden betrachtet, hinsichtlich des Standpunktes, den er einnimmt u. des Verhältnisses zum Objekt der Erkenntnis u. über die Bedingtheiten nicht hinausgeht. Die wissenschaftliche Methode dieser

Richtung führt über den niedrigsten Grad, den Subjektivismus, hinaus bis zum höchsten Grad, dem Relationismus, der zu einer absoluten Sicherheit zu kommen hofft durch die Erkenntnis der Beziehungen trotz der betonten Unerkennbarkeit des „Dinges an sich".
Renegat (mlat): Glaubensabtrünniger
restitutio in integrum (lat): Wiederherstellung in den ursprünglichen Zustand
Resurrectio (lat): Auferstehung
Ritus (lat): gottesdienstlicher Brauch

Sacerdotium (lat): Priestertum, Priesteramt, Priesterwürde
Sacrificium perpetuum (lat): das immerwährende Opfer
Sadismus: nach dem Romanschriftsteller Marquis de Sade (1740—1814) benannte Perversion, bei der die Betätigung grausamer Regungen zur Sexualbefriedigung führt
Sakramentalien (lat): rituelle Handlungen u. geweihte Gegenstände, vor allem im Katholizismus, die hinter der heilsbringenden u. konstituierenden Bedeutung der Sakramente zurückstehen, obwohl sie mit ihnen wesensverwandt sind. Der Sache nach kommen alle Sakramentalien darin überein, daß sie fürbittende Gebete der Kirche sind (oder darauf beruhen u. sich darauf beziehen), durch die die Kirche fürbittend für jemanden eintritt (z. B. für den, der einen profanen Gegenstand benützt (Hausweihe, Brückenweihe usw.)
salto mortale (it): „Todessprung", gefährlicher Kunstsprung
Sanbenito (span): Kleidung der Verurteilten beim Auto de Fé, ein mit Teufeln und Flammen bemaltes Gewand und eine mit Teufelsbildern bemalte hohe und spitz zugehende Mütze aus Pappe
Sancta Symplicitas (lat): heilige Einfalt
Sanctum Officium (lat): Inquisition, in der röm. Kirche das geistl. Gericht zur Aufspürung und Bestrafung der Ketzer
Sanguis fundamentum regnorum (lat): Blut ist die Grundlage der Reichsgründungen
sanguis fundamentum religionum (lat): das Blut ist die Grundlage der Religionen
Sarx (gr): Fleisch
Schamane: Zauberpriester
Schamanismus: Glaube an Geisterbeschwörung, Zauberpriestertum
Schekhinah (hebr): nach M. Buber (Gog u. Magog) „Einwohnung"; so heißt die der erschaffenen Welt (und im besonderen dem Volk Israel) zugeteilte, durch deren Schuld u. Schicksal vom Urquell geschiedene, im Exil weilende göttl. Gegenwart. Sie mit ihrem „Gatten" zu vereinen, ist die höchste Aufgabe des Menschen. Darin ist die Weihe der menschlichen Handlungen begründet.
Schisma (gr): Trennung, Kirchenspaltung
Schma (hebr): Höre! nach seinem Anfangswort das jüd. Bekenntnis: „Höre Israel, der Herr ist unser Gott, der Herr allein" usw. (5. Mos. 6, 4—9)
Scholastik (gr-lat): Schulweisheit, mittelalterliche Philosophie, die bestrebt war, die religiösen Glaubenswahrheiten zugleich als notwendige Vernunftwahrheiten nachzuweisen
scientia boni et mali (lat): das Wissen vom Guten und Bösen
scientia infusa (lat): das hineingeströmte, eingegossene Wissen
Secretum (lat): das Geheimnis
semen mulieris (lat): der Samen der Frau
semper et ubique (lat): immer und überall
sensualistisch (lat): betreffend diejenige philos. Richtung, welche alle Erkenntnis aus Sinneswahrnehmungen ableitet und aus ihnen alle Erscheinungen des Seelenlebens erklärt
servus servorum Dei (lat): der Diener der Diener Gottes, ein Titel, den die Päpste sich selbst in feierlichen Ausfertigungen beilegen
Sezession (lat): Absonderung, Trennung von einer Gemeinschaft
sic volo sic jubeo (lat): so will ich, so befehle ich es (Zitat aus Juvenal, Satiren VI, 223)
sinisiert (lat): chinesisch gemacht
Skeptizismus (gr): philos. Richtung, die den Zweifel zum Prinzip des Denkens erhebt, insbesondere den Zweifel an einer sicheren Wahrheit
sokratisch: der Lehre des Sokrates gemäß
solar (lat): auf die Sonne bezüglich

Solipsismus (lat): philos. Lehre von der alleinigen Wirklichkeit der eigenen Vorstellungen; theoretischer Egoismus
Solum Ipsum (lat): das alleinige Selbst
somatisieren (gr): verleiblichen
Sophia (gr): Weisheit. Definition Seite 32
Sophiologie (gr): Lehre über Sophia
Sophisma (gr): Scheinbeweis, Trugschluß
Sophistik (gr): Methode, mit Trugschlüssen zu verfahren
Soter (gr): Erlöser
Soteriologie (gr): Lehre von der Erlösung
Soziologie: Gesellschaftslehre
Spekulation (lat): theoretisches, philosophisches Denken (Gegens.: empirisches Denken)
spekulativ (lat): gemäß theoretischem, philosophischem Denken (Gegensatz: empirisch)
spekulieren, siehe Spekulation
Sperma (gr-lat): Samen
Spezies (lat): besondere Art, Gattung
spezifisch: wesenseigentümlich, kennzeichnend
spiritistisch (lat): gemäß dem okkultistischen (geheimwissenschaftlichen) Glauben an die Offenbarung und Kundgebungen von Geistern Toter
spiritualistisch (lat): idealistisch, gemäß derjenigen philos. Richtung, die das Wirkliche (Absolute) als geistig annimmt, das Körperliche als Produkt oder Erscheinungsweise des Geistes oder auch als bloße Vorstellung (Gegens.: materialistisch)
Sponsa Verbi (lat): die Braut des Wortes (des Logos)
Sponsae Christi (lat): Bräute Christi
stat pro ratione (gnostica) voluntas (nostra agnostica) (lat): es gelte statt der (gnostischen) Vernunft (unser agnostischer Wille). Aus dem Zitat von Juvenal, Satiren VI 223, wo eine herrschsüchtige Römerin den Gatten anfährt, der gegen ihre Forderung, einen unschuldigen Sklaven ans Kreuz zu schlagen, eine Einwendung wagt: „das will ich, so befehle ich es, es gelte statt der Vernunft mein Wille."
statisch (lat): in Ruhe befindlich
statuiert (lat): festgesetzt, bestimmt
stereotyp (gr): feststehend, in der Form erstarrt
Stigma (gr): Zeichen
studium philosophiae non est ad hoc quod sciatur quid homines senserint sed qualiter se habeat veritas rerum (lat): Das Studium der Philosophie ist nicht dazu da, daß man weiß, was die Menschen gemeint haben, sondern wie die Wahrheit der Tatsachen sich verhält
stupend (lat): erstaunlich
sub specie aeternitatis suae (lat): unter dem Gesichtspunkt seiner Ewigkeit
sub specie Dei (lat): unter dem Gesichtspunkt Gottes
sub specie humana (lat): unter dem menschlichen Gesichtspunkt
sub specie humanitatis (lat): unter dem Gesichtspunkt der Menschlichkeit
sub specie industriae (lat): unter dem Gesichtspunkt der Industrie
sub specie machinae (lat): unter dem Gesichtspunkt der Maschine
sub specie Verbi (lat): unter dem Gesichtspunkt des „Wortes" (Logos)
subaltern (lat): untergeordnet
Subjekt (lat): (das Zugrundeliegende), psychologisch-erkenntnistheoretisch das „Ich" in seiner Gegenüberstellung und Bezogenheit auf das Objekt, den Gegenstand, das Nicht-Ich
subjektiv (lat): betr. das Subjekt
sublimiert (lat): entwickelt aus einem primitiven Trieb zu einem kulturell höher gewerteten
Sublimierung (lat): Verfeinerung, Vergeistigung
subordiniert (lat): untergeordnet
Substanz (lat): das Wesenhafte, Beharrende, Urgrund, was in und durch sich selbst ist
Substitution (lat): Stellvertretung, Vertauschung, Ersetzung eines Begriffes durch einen anderen, gleichwertigen
subsumieren (lat): ein-, unterordnen
Sukzession (lat): Aufeinanderfolge

Summa (lat): gründliche Zusammenstellung, vor allem von theologischen Lehrmeinungen
Summepiskopat (lat): oberste Bischofsherrschaft, Papstherrschaft
Summi Pontifices (lat): die höchsten Priester
summum bonum (lat): das höchste Gut, Gott
superstitiös (lat): abergläubisch
supramundan (lat): überweltlich
supranatural (lat): übernatürlich
Supranaturalismus (lat): diejenige Denkrichtung, welche über die Natur hinausgehende, übernatürliche, ja übervernünftige Realitäten annimmt, die nur vermöge einer bes. Funktion des Geistes (Glauben, Ahnung, Ekstase) oder einer über unser Verstehen erhabenen Erkenntnisquelle, der Offenbarung, erkennbar sein sollen. (Gegens.: Naturalismus)
syllogistisch (gr): betr. die Lehre von den Schlüssen, vor allem vom Schluß vom Allgemeinen aufs Besondere
Symbiose (gr): vorteilhaftes Zusammenleben zweier Lebewesen verschiedener Art
symbolice (lat): symbolisch, sinnbildlich
Symbolum (lat): Zeichen, Sinnbild
Symposion (gr): Gastmahl, Gelage
Synkretismus (gr): Verschmelzung von Gedanken verschiedener Herkunft oder Religionen zu einem Ganzen, das innere Einheit und Widerspruchslosigkeit vermissen läßt
Synoikismos (gr): Bevölkerung durch neue oder fremde Einwohner, Kolonie, Zusammenwohnen
Synthesis (gr): Verbindung, Vereinheitlichung, Vereinigung einer Mannigfaltigkeit oder Gegensätzlichkeit
synthetisch (gr): vereinheitlichend, vom Besonderen zum Allgemeinen führend
Syssitien (gr): gemeinschaftliche Gastmähler
Syzygie (gr): bei den Gnostikern Paar oder Paarung, Partnerschaft, bei Aionen gebraucht, aber auch bei Mann und Frau und Wesen ungleicher Art wie Mensch und Engel
syzygisch (gr): betr. die Syzygie
Syzygos (gr): syzygischer Partner

tabula rasa (lat): leere, unbeschriebene Tafel
Talmudist (hebr): Gelehrter des Talmud, jüd. Religions- und Rechtsschriften
tamen est laudenda voluntas (lat): dennoch ist der Wille zu loben
tantrisch: den Tantrismus betreffend, eine ind. Geistesrichtung, benannt nach den tantras, das sind die hl. Bücher der Shaktas (Verehrer der Shakti, die eine eigene Shivasekte bilden). Shakti, „Macht", bezeichnet im Ind. die weibliche Potenz oder Energie der Gottheit, die diese zum Handeln befähigt. Sie kann allen Göttern zugeschrieben werden, bes. aber wird sie zu dem Gott Shiva in Beziehung gesetzt. Die tantras sind in Form von Dialogen zwischen dem Gott und seiner Shakti abgefaßt. Sie enthalten eine bunte Mischung von mystisch-magischen Vorschriften und Zeremonien, Zauberformeln und metaphysischen Spekulationen. Die heutige Hindureligion vom Kap Komorion bis zu den entlegensten Winkeln Tibets ist wesentlich tantrisch. Auch der Mahāyāna-Buddhismus ist vom Tantrismus beeinflußt, der im chinesischen und japanischen, vor allem aber im tibetanischen Buddhismus eine bedeutende Rolle spielt
teleologisch (gr): zielbestimmt
Telos (gr): Ziel, Zweck
terminus a quo (lat): von welchem Zeitpunkt ab
terminus ad quem (lat): bis zu welchem Zeitpunkt
Ternar (lat): Verbindung von 3 Dingen
terra incognita (lat): unbekanntes Gebiet
terrestrisch (lat): die Erde betreffend, irdisch
tertium quid (lat): die dritte Sache (Problem)
Tetraktys (gr): Vierheit
tetralogisch (gr): betr. die Aufführung von 4 Dramen, 3 Tragödien (eine Trilogie bildend) und einem Satyrspiel

Theismus (gr): Glaube an den persönlichen, außerweltlichen und überweltlichen Gott als Schöpfer, Erhalter und Regierer der Welt
Theogonie (gr): Götterentstehung, Mythus vom Werden der Götter
theogonisch (gr): die Götterentstehung betreffend
Theokratie (gr): Gottesherrschaft, von Priestern gelenkter Staat
Theologem (gr): theologische Lehre oder Behauptung
Theologumena (gr): Plural von Theologumenon
Theologumenon (gr): theologische Lehrmeinung
Theotokos (gr): Gottesgebärerin
theozentrisch (gr): Gott als Mittelpunkt betreffend
therimorph (gr): nach einem Heilmittel gebildet
Thesis (gr): Behauptung, Lehrsatz
Thiasos (gr): eine Versammlung, die einer Gottheit zu Ehren Opfer, Chöre, Aufzüge und dgl. vornimmt, besonders zu Ehren des Bacchus
Thyrsos (gr): Rohrstab mit einem Pinienzapfen und flatternden Bändern, mit Efeu und Weinlaub umwunden, Abzeichen des Dionysos, seines Gefolges und seiner Anhängerinnen (Mänaden oder Bacchen)
titanisch (gr): riesenhaft, himmelstürmend
Totemismus: eine Religion, die Stammessymbole kultisch verehrt, als mit übernatürlichen Kräften begabter Schutzgeist, von dem der Stamm seinen Ursprung ableitet, z. B. Tiere oder seltene Pflanzen
Transformation (lat): Umwandlung
Transsubstantiation (nlat): „Wesensverwandlung". Die durch den Ritus des Meßopfers durch Gottes Macht bewirkte Verwandlung der Substanz des Brotes und Weines in die Substanz des Leibes und Blutes Christi, die dadurch gegenwärtig werden unter Bleiben der sinnenfälligen Erscheinungswirklichkeit des Brotes und Weines. (Im Gegensatz dazu die Luther'sche Auffassung von der Konsubstantiation)
transsubstantiiert (lat): umgewandelt entsprechend der Transsubstantiationslehre
transzendent (lat): jenseits möglicher Erfahrung liegend
transzendieren (lat): „hinübersteigen", den Bereich des menschlichen Bewußtseins überschreiten, die Grenzen möglicher menschlicher Erfahrung übersteigen
Tribunat (lat): Amt, Würde eines Tribunen (Volksführers)
Trilogie (gr): Folge von drei zusammengehörenden Werken
Trinität (lat): Dreieinigkeit, Dreifaltigkeit
trinitarisch (lat): die Dreifaltigkeit betreffend
Trismegistos (gr): Hermes Trismegistos (3 mal heilig), nach ihm eine Schriftengruppe benannt, die wahrscheinlich in den ersten Jahrhunderten nach Chr. entstanden ist und griechisches sowohl wie ägyptisches und anderes orientalisches, speziell semitisches Gedankengut enthält. In Gebrauch bei den gnostischen Sekten jener Zeit
Tristien (lat): Trauergedichte
Tritobuddhismus (gr): dritter Buddhismus
Tritojahwe (gr): „Dritter Jahwe"
triumphans (lat): triumphierend

una sancta machina hominística et materialistica (lat): die eine heilige vermännlichte und materialistische Maschine
Unicum sui generis (lat): etwas Einzigartiges in seiner Gattung
Unio artificialis (lat): künstliche Einigung
Unio gnostica sive sacra (lat): erkennende oder heilige Einigung
Unio intellectualis (lat): geistige Vereinigung
Unio satanica (lat): satanische Einigung
unipolar (lat): einpolig
Unipolarität (lat): Einpoligkeit
unus pastor et unum ovile (lat): ein Hirt und eine Herde
uranisch (lat): himmlisch
Urim und Tummim: das im Ephod befindliche Orakellos des israelitischen Priesters, das auf vorgelegte Fragen durch „Ja" oder „Nein" anwortete
usurpiert (lat): widerrechtlich Besitz, Macht ergriffen
Uterus (lat): die Gebärmutter
utilisieren (lat): Nutzen ziehen aus ...
utilitarisch (lat): der Nützlichkeit entsprechend

Utraque turba ad vitae societatem tantundem confert. Sed altera pars ad absequendum, altera imperio nato est (lat): Beide Geschlechter tragen auf gleiche Weise zur Lebensgemeinschaft bei. Aber der eine Teil ist zum Gehorchen, der andere Teil ist zur Herrschaft geboren

Vaiçya (sanskrit): „Siedler", Angehöriger der 3. indischen Kaste, der der Ackerbauer
Vajrayana: das „Donnerkeil"- oder „Diamantfahrzeug", auch Mantrayāna genannt, von mantra, „Spruch", „Formel", eine ins Magische umgebogene esoterische Ausgestaltung des Buddhismus (neben Hīnayana- und Mahāyāna-Buddhismus)
vampirisch (serb-engl): gemäß dem Gespenst der slawischen Volkssage, das Schläfern Blut aussaugt
Verbalexistenz (lat): Wortexistenz, im Gegens. zur Realexistenz
verbaliter (lat): wörtlich
Vernunft: Seite 583: „Die Erkenntniskraft, durch welche das Eine zum Bewußtsein seiner selbst als des Einen kommt, nenne ich Vernunft oder Geist." (Seite 171, 184, 234, 394; vernunftlos: Seite 403)
Verstand: die Befähigung, die Erscheinungen in ihren kausalen Zusammenhängen zu verknüpfen (Seite 171, 234, 389, 393, 403, 583)
Vestalin: jungfräuliche Priesterin der altrömischen Göttin des Hauses und des Staates Vesta
Vicarius (lat): Stellvertreter im Amt, Hilfsgeistlicher
virgines gnosticae (lat): erkennende Jungfrauen
Virginität (lat): Jungfräulichkeit
Virgo gnostica (lat): erkennende Jungfrau
virtus cogitativa (lat): die das Denken bewirkende Kraft
virtus dormitativa (lat): die das Schlafen bewirkende Kraft
visio beatifica (lat): die beseligende Schau
visio intellectualis (lat): die geistige Schau
vita activa (lat): das praktisch-tätige Leben
vita contemplativa (lat): das geistig-betrachtende Leben
Vita nuova (it): Neues Leben (Titel einer Gedichtsammlung Dantes)
vita theoretica et contemplativa (lat): das theoretische (begrifflich verknüpfende) und betrachtende Leben
Vulva (lat): die äußeren weiblichen Geschlechtsteile

Wu-Wei (chines): „Nicht-tun", Idealforderung des chinesischen Taoismus. „Indem der Mensch ,Nicht-tun' tut, ist alles geregelt." Gemeint ist, daß er ohne alles äußere, aufdringlich geschäftige *eigene* Handeln, nur dem *natürlichen* Gang der Dinge (tao) still sich hingebend, sein Ziel am besten erreiche. (Seite 427, 567, 584-588, 593-595)

Xvarenah (pers): vererbbarer Herrschaftsglanz bei den Persern

Yoni (sanskrit): ind. Bezeichnung des weiblichen Geschlechtsorgans, spielt in Verbindung mit dem Lingam in der Spekulation über die Weltentfaltung sowie auch kultisch eine große Rolle, besonders bei den Shiva-Anhängern

Zäsur (lat): „Einschnitt", Pause innerhalb eines Versfußes in der Verszeile, in der Musik: Ruhepunkt
zentrifugal (lat): den Mittelpunkt fliehend
zentripetal (lat): zum Mittelpunkt hinstrebend
zerebral (lat): das Gehirn betreffend
zoomorph (gr): tiergestaltig
Zyklopen: einäugige Riesen der griechischen Sage

II. Madonna mit Kind
Italienisch 12.—13. Jahrhundert
Fogg Art Museum, Harvard University

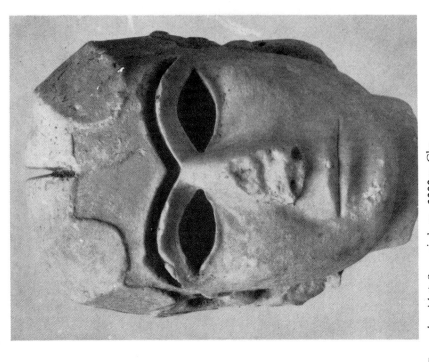

III. Kopf von Uruk (Seiten- und Frontalansicht). Sumerisch ca. 3000 v. Chr.

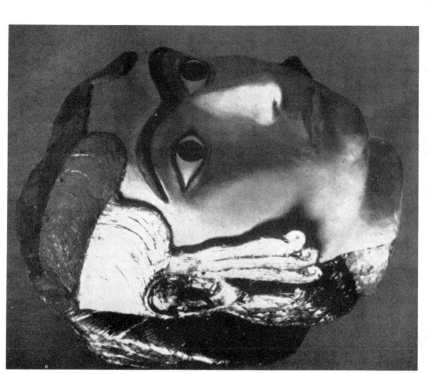

IV. Rekonstruktion des Kopfes von Uruk von Margarete Liebel/Berlin-West

V. Der gekreuzigte Logos
Kopf des Broncecruzifixus der Abteikirche Werden a. d. Ruhr um 1065—1080

VI. Der gekreuzigte Logos, Wende eines Zeitalters
Hermann Mühlen/München: Kreuzigung I, 1919 (Monumentalgemälde, im Krieg verbrannt)

VII. Anschauliche Darstellung des agnostisch-hoministischen Prinzips
Rembrandt: Versuchung Christi. Zeichnung. (Staatl. Graph. Sammlung München)

VIII. Mater dolorosa
Prof. Josef Eberz: Detail aus dem Altarwandmosaik der Frauen-Friedenskirche Frankfurt a. M.

IX. Psychologie gnostischer Menschen
Prof. Josef Eberz: Detail aus Fresken in der St. Rupertus-Kirche, Freilassing

X. Psychologie gnostischer Menschen
Prof. Josef Eberz: Detail aus dem Altarwandmosaik der Frauen-Friedenskirche Frankfurt a. M.

XI. Psychologie gnostischer Menschen
Prof. Josef Eberz: Karton zu Fresken in der St. Rupertuskirche Freilassing

XII. Symbollandschaft des gnostisch-gynäkokratischen Äons
Hermann Mühlen / München: Höhenmenschen (1922, Ölbild, Münchner Privatbesitz)